UNTERWEGS IN DEUTSCHLAND

DAS GROSSE REISEBUCH

UNTERWEGS IN DEUTSCHLAND

DAS GROSSE REISEBUCH

375
315
310
334
299
222

Deutschland ist in den vergangenen Jahren – nicht nur für Touristen aus Europa und Übersee, sondern auch für die Deutschen selbst – ein immer beliebteres Reiseland geworden. Dabei stehen natürlich Nordsee, Ostsee oder Bayerische Alpen sowie Metropolen wie Berlin, Hamburg oder München an erster Stelle in der Rangfolge der beliebtesten Reiseziele. Aber auch abseits der touristischen Brennpunkte gibt es – gerade in der sogenannten Provinz – grandiose Naturlandschaften und unvermutete kulturelle Schätze zu entdecken.

»Unterwegs in Deutschland« präsentiert unser Land aus unterschiedlichen Perspektiven. Im ersten, ausführlichsten Teil werden »die schönsten Reiseziele« nach Bundesländern und innerhalb dieser geografisch geordnet vorgestellt. Wie man das Land entlang faszinierender Reiserouten erkunden kann, wird im Abschnitt »Die schönsten Ferienstraßen« beschrieben. Schließlich ist den 33 deutschen UNESCO-Welterbestätten noch ein separates Kapitel gewidmet.

Illustriert mit über 1000 teils großformatigen Bildern und ergänzt um einen 116-seitigen Deutschland-Atlas bietet »Unterwegs in Deutschland« einen umfassenden Überblick über die Fülle und Vielfalt unseres Lands und macht Lust, aufzubrechen und seine Attraktionen vor Ort zu erkunden.

Vorherige Seiten: Herbe Naturschönheiten in Norddeutschland – die Lüneburger Heide und der Nordseestrand bei St. Peter-Ording

Diese Seite: Romantisches Heidelberg mit Ruine des Schlosses, Scheffelterrasse des Schlossgartens Hortus Palatinus und Alter Brücke

DIE SCHÖNSTEN REISEZIELE

Schleswig-Holstein **14**
Kiel 25
Lübeck 27
Hamburg **34**
Bremen **46**
Niedersachsen **52**
Hannover 73
Mecklenburg-Vorpommern **78**
Rostock 88
Stralsund 92
Schwerin 103
Brandenburg **104**
Frankfurt an der Oder 109
Potsdam 113
Berlin **118**
Nordrhein-Westfalen **134**
Köln 147
Düsseldorf 153
Sachsen-Anhalt **154**
Magdeburg 159
Sachsen **170**
Dresden 177
Thüringen **186**
Erfurt 195
Hessen **202**
Frankfurt am Main 221
Rheinland-Pfalz **222**
Mainz 235
Saarland **236**
Saarbrücken 245
Baden-Württemberg **248**
Stuttgart 258
Bayern **278**
Nürnberg 289
München 299

In diesem Abschnitt werden 21 Reiserouten vorgestellt, deren jeweiliger Verlauf auf der Überblickskarte unten dargestellt ist. Meist führen sie entlang einer der über 150 offiziellen Ferienstraßen, die in den letzten Jahrzehnten in Deutschland eingerichtet wurden – von der Grünen Küstenstraße im Norden über die Route der Industriekultur und die Romantische Straße bis zur Deutschen Alpenstraße im Süden. Wo es sich anbietet, folgt eine Route abseits der offiziellen Ferienstraßen den landschaftlichen und kulturellen Attraktionen – etwa durch das romantische Rheintal zwischen Koblenz und Bingen. Die Texte zu jeder Tour geben einen Abriss über die Reiseroute und stellen die jeweiligen Regionen sowie ihre landschaftlichen, historischen und kulturellen Besonderheiten vor.

Die Texte werden komplettiert durch Tourenkarten, die den Verlauf der jeweiligen Reiseroute und ihre wichtigsten Orte und

Naturlandschaften und Naturmonumente

- Gebirgslandschaft
- Vulkan erloschen
- Felslandschaft
- Canyon
- Höhle
- Gletscher
- Flusslandschaft
- Wasserfall/Stromschnelle
- Seenlandschaft
- Nationalpark (Fauna)
- Nationalpark (Flora)
- Nationalpark (Kultur)
- Nationalpark (Landschaft)
- Naturpark
- Küstenlandschaft
- Strand
- Insel
- Zoo
- Fossilienstätte
- Wildreservat

Kulturmonumente und Kulturveranstaltungen

- Vor- und Frühgeschichte
- Römische Antike
- Judentum
- Kirche/Kloster
- Felsbilder
- Wikinger
- Kulturlandschaft
- Burg/Festung
- Palast
- Industriemonument
- Mahnmal
- Historisches Stadtbild
- Skyline
- Feste und Festivals
- Museum
- Theater
- Olympiastadt
- Denkmal/Monument
- Märkte
- sehenswerter Leuchtturm
- herausragende Brücke

Bedeutende Sport- und Freizeitziele

- Rennstrecke
- Segelrevier
- Windsurfen
- Mineralbad/Therme
- Badeort
- Freizeitpark
- Spielkasino
- Pferdesport
- Seehafen

Sehenswürdigkeiten zeigen. Hauptroute und Abstecher sind farblich markiert (siehe Beispiel unten rechts), Piktogramme (siehe Liste linke Spalte) symbolisieren bedeutende Sehenswürdigkeiten. Die Nummern entlang der Route sollen die Orientierung und Planung erleichtern und Fahrtrichtung sowie Ausgangs- und Endpunkt kennzeichnen. Jede Tourenkarte wird von Farbfotos und informativen Kurztexten zu den wichtigsten Stationen der jeweiligen Route eingerahmt.

DIE SCHÖNSTEN FERIENSTRASSEN

Route 1	Grüne Küstenstraße	318
Route 2	Alte Salzstraße und Hanse-Route	320
Route 3	Wege in die Romanik und Straße der Romanik	324
Route 4	Klassikerstraße und Straße der Wettiner	326
Route 5	Deutsche Märchenstraße und Straße der Weserrenaissance	328
Route 6	Deutsche Alleenstraße	330
Route 7	Route der Industriekultur	332
Route 8	Vom Münsterland in die Kölner Bucht	334
Route 9	Durch Sauerland und Siegerland ins Lahntal	336
Route 10	Große Eifeltour	338
Route 11	Moselweinstraße und Rheingauer Riesling-Route	340
Route 12	Nibelungen- und Siegfriedstraße/Bergstraße	342
Route 13	Burgenstraße von Mannheim nach Bayreuth	344
Route 14	Württemberger Wein- und Schwäbische Dichterstraße	348
Route 15	Oberschwäbische Barockstraße	350
Route 16	Von Baden-Baden durch den Schwarzwald	352
Route 17	Deutsche und Badische Weinstraße	354
Route 18	Fränkische Bocksbeutelstraße	356
Route 19	Romantische Straße	358
Route 20	Glasstraße und Donautal	360
Route 21	Deutsche Alpenstraße	362

Rheinromantik pur – so zeigt sich Bacharach mit mittelalterlicher Stadtbefestigung, Fachwerkhäusern und romanisch-gotischer Kirche St. Peter. Der Weinort gehört zur Kulturlandschaft Oberes Mittelrheintal, das im Abschnitt zwischen Bingen und Koblenz als Weltkulturerbe ausgezeichnet wurde.

DAS UNESCO-WELTERBE

Hansestadt Lübeck	366
Altstädte von Stralsund und Wismar	367
Rathaus und Roland in Bremen	368
Dom und Michaeliskirche in Hildesheim	369
Goslar	370
Quedlinburg	371
Bauhausstätten in Dessau und Weimar	372
Gartenreich Dessau-Wörlitz	373
Luthergedenkstätten in Eisleben und Wittenberg	374
Schlösser und Parks in Potsdam und Berlin	375
Museumsinsel Berlin	378
Siedlungen der Berliner Moderne	379
Wartburg	382
Klassisches Weimar	383
Dresdner Elbtal	384
Muskauer Park	385
Zeche Zollverein in Essen	390
Kölner Dom	391
Schlösser Augustusburg und Falkenlust in Brühl	392
Aachener Dom	393
Oberes Mittelrheintal	396
Trier	397
Dom von Speyer	398
Völklinger Hütte	399
Kloster Lorsch	400
Grube Messel	401
Klosteranlage Maulbronn	402
Klosterinsel Reichenau	403
Grenzen des Römischen Reichs: Limes	404
Altstadt von Bamberg	405
Würzburger Residenz	406
Altstadt von Regensburg mit Stadtamhof	410
Wallfahrtskirche »Die Wies«	411
Reiseatlas Deutschland 1:340 000	412
Register	528
Impressum	544

Höhepunkt deutscher Barockbaukunst: der Dresdner Zwinger mit dem Wallpavillon

Die schönsten Reiseziele

*Deutschland bietet eine unendliche Fülle an faszinierenden Reisezielen: großartige Hoch- und Mittelgebirge, verwunschene Seenlandschaften, stille National- und Naturparks, prachtvolle Kirchen und Klöster, imposante Burgen und Schlösser, pulsierende Metropolen und verträumte Kleinstädte. Rund 800 der interessantesten Reiseziele Deutschlands werden hier Bundesland für Bundesland in Text und Bild sowie mit Stadtplänen der wichtigsten Metropolen vorgestellt. Interessante Aspekte zu Kultur und Natur werden in rund 150 Themenartikeln vertieft. Detaillierte Informationen zu rund 400 Museen, Gedenkstätten, Schlössern, Theatern, Zoos, Stadtfesten und Festivals sowie ein Klassifizierungssystem mit Sternchen – *** drei Sterne = »eine eigene Reise wert«, **zwei Sterne = »einen Abstecher wert«, *ein Stern = »sehenswert« – erhöhen den praktischen Nutzwert.*

Seit 1858 Orientierungspunkt für Seefahrer und Landratten: der Leuchtturm List-Ost auf Sylt

Schleswig-Holstein

Schleswig-Holstein – das ist das »Land zwischen den Meeren«, zwischen der ruhigen Ostsee und der oft sturmgepeitschten Nordsee. Zwischen beiden erstreckt sich eine liebliche Landschaft aus bewaldeten Geesthügeln und Seen. Wuchtige Backsteinkirchen, reetgedeckte Höfe und zahlreiche Museen zeugen von der reichen Kultur des nördlichsten Bundeslands Deutschlands.

Schleswig-Holstein

»Land unter!« heißt es mehrmals im Jahr auf den zehn Halligen vor dem Festland Nordfrieslands. Denn wenn die herbstlichen Stürme über das Meer fegen, bleibt von den kleinen Überbleibseln ehemaliger

TIPP++TIPP++

Nolde-Stiftung Seebüll
Dramatisches Licht über dem Meer, beeindruckende Wolkenlandschaften am Himmel – die Bilder des Künstlers Emil Nolde (1867 bis 1956) sind in den Galerieräumen seines ehemaligen Wohn- und Atelierhauses zu besichtigen. Zu dem Areal der Stiftung gehört ein 120 Hektar großer Blumengarten.
Niebüll, Tel. 0 46 64/98 39 30, www.nolde-stiftung.de, März–Nov. 10–18 Uhr

Dr.-Carl-Häberlin-Friesenmuseum
Nachdem man das Museumsareal durch zwei große Walknochen betreten hat, kann man sich über Leben und Brauchtum der Friesen informieren. Zu sehen sind alte Friesenhäuser und eine Bockwindmühle.
Wyk, Rebbelstieg 34, Tel. 0 46 81/25 71, www.friesen-museum.de, Di–Do 10–17 Uhr

World Cup Sylt
Treffpunkt der weltbesten Windsurfer. An rund zehn Tagen im September zeigt die Windsurf-Elite beim World Cup ihr Können. Am Brandenburger Strand finden sich dann bis zu 180 000 Zuschauer ein.
www.worldcupsylt.de

Nordseeküste

Die Nordseeküste von Schleswig-Holstein ist nicht nur für ihr Wattenmeer berühmt, sondern auch für ihre Marschlandschaften mit Flussläufen, schönen Wäldern und beeindruckenden Deichen. Und natürlich für ihre zahlreichen Ferieninseln und Halligen.

*** Niebüll** Die Geschichte Niebülls, des kleinen Orts auf dem Geestrücken, reicht zurück bis ins 13. Jahrhundert. Wie man hier einst lebte, zeigt das *Friesische Museum. Im *Naturkundemuseum werden Exponate aus nordfriesischer Fauna und Flora gezeigt. Oberhalb von Niebüll, in Seebüll, befindet sich in einem im Bauhausstil errichteten Backsteinhaus die *Nolde-Stiftung, wo Werke des expressionistischen Malers ausgestellt sind.

***** Sylt** Im Jahr 1927 wurde der Hindenburgdamm fertiggestellt, der seitdem die nördlichste Insel Deutschlands mit dem Festland verbindet. **Westerland ist der Hauptort der Insel. Eine Besichtigung lohnt die Kirche **St. Niels (1635) mit ihrem spätgotischen Schnitzaltar. In dem ehemaligen *Kurhaus von 1896 befinden sich heute das Rathaus und eine Spielbank. In ***Keitum stehen noch über 200 Jahre alte inseltypische Friesenhäuser, etwa das **Altfriesische Haus. Nördlich von Keitum, an der Wattseite, können in der **Kirche St. Severin (13. Jahrhundert) ein Schnitzaltar aus dem 15. und eine Kanzel aus dem 17. Jahrhundert besichtigt werden. Den Nobelort **Kampen zeichnen endlose Strände, Heide, Dünen und reetgedeckte Katen aus. Im Wattenmeer hinter **List, der nördlichsten Gemeinde Deutschlands, wird die »Sylter Royal«, eine schmackhafte Auster, gezüchtet.

*** Listland** In dem Naturschutzgebiet an der oberen Spitze von Sylt beeindrucken vor allem die Wanderdünen. Sie verschieben sich jedes Jahr um einige Meter.

*** Morsum-Kliff** An dem teilweise 20 Meter hohen Steilufer in der Nähe von Morsum auf Sylt verbergen sich Fossilien aus 15 Millionen Jahren Erdgeschichte. Aber auch Romantiker kommen hier gerade während des Sonnenuntergangs nicht zu kurz.

***** Föhr** Die knapp 83 Quadratkilometer große, fast kreisrunde Insel ist weitestgehend von Wattenmeer umgeben. 1819 wurde der Hauptort **Wyk gegründet. 1842 entdeckte der dänische König das Seebad für sich. Damit begann die Blütezeit des Ortes und der Insel als Heilbad. Das *Dr.-Carl-Häberlin-Friesenmuseum bringt dem Besucher die Geschichte der Insel und ihrer Bürger näher. Im Ortsteil Boldixum steht die *Kirche St. Nikolai (13. Jahrhundert) mit Renaissancealtar. In **Nieblum befindet sich ein Friesendorf mit der *St.-Johannis-Kirche (12. Jahrhundert).

Museum Königspesel auf der Hallig Hooge

***** Amrum** Rund 2000 Menschen leben auf der mit 20 Quadratkilometern kleinsten der nordfriesischen Ferieninseln. Im Westen wird sie von einem breiten *Sandstrand begrenzt, dem »Kniepsand«. Landschaftlich geprägt ist Amrum von Kiefernwäldern und Dünen. Im Hauptort **Nebel steht eine **Holländerwindmühle aus dem Jahre 1771.

*** Hallig Hooge** Die Hallig, auf der 1825 der dänische König Friedrich VI. während eines Sturms Rettung fand, kann im Sommer besichtigt werden. Eine Prachtstube in der »Hanswarft« erinnert an seinen Aufenthalt.

**** Pellworm** Die Insel liegt etwa einen halben Meter unter dem Meeresspiegel und wird lediglich durch Deiche vor Überschwemmungen geschützt. Die Turmruine der Kirche St. Salvator ist ein Mahnmal für die auch heute heftig wütenden Sturmfluten. Berühmt ist die Arp-Schnitger-Orgel von 1711 im Saalbau.

**** Nordstrand** Die knapp 50 Quadratkilometer große Insel wurde 1906 bis 1934 durch den Bau eines 2,5 Kilometer langen Straßendammes mit dem Festland verbunden. Die Insel wurde durch zahlreiche schwere Sturmfluten immer wieder zerstört. Menschen flüchteten auf Nachbarinseln oder aufs Festland. Heute ist Nordstrand durch so hohe

Inseln oder den winzigen Landfetzen des einstigen Festlands nicht mehr viel übrig: Wiesen und Weiden werden überflutet, das Vieh eilig in die Stallungen getrieben, die Fenster verschlossen, und dann beginnen das Warten und das Hoffen. Das Warten auf das Ende der Flut und das Hoffen, dass nicht einer der Bullen in der Enge der Warft durchdreht. Fünf der Halligen sind bewohnt: Gröde, Hooge, Langeneß (links), Nordstrandischmoor und Oland. Langeneß ist mit seinen 956 Hektar, 16 Warften und 110 Einwohnern die größte. Die kleinste Hallig ist Habel. Sie ist nur sieben Hektar groß und unbewohnt. Norderoog und Süderoog haben Vogelschutzstationen, die teilweise ganzjährig besetzt sind, gehören zum Schutzgebiet des Nationalparks Schleswig-Holsteinisches Wattenmeer und können besichtigt werden.

Deiche geschützt, dass es als sturmflutsicher gilt. Seit 1990 ist es Nordseeheilbad.

*** Husum** Der Dichter Theodor Storm, der 1817 in Husum geboren wurde, hat die Stadt berühmt gemacht. In der Wasserreihe 31 ist sein *Wohnhaus zu besichtigen. Bürgerhäuser aus dem 16. und 17. Jahrhundert sowie das Rathaus (1601) umrahmen malerisch den **Marktplatz. Sehenswert ist die *Marienkirche mit einem Bronzetaufbecken (1643). Im Norden des Stadtzentrums liegt das von den Herzögen von Gottorf zwischen 1577 und 1582 errichtete **Husumer Schloss, das von einem schönen Schlosspark umgeben ist.

**** Eiderstedt** 15 Kilometer breit und 30 Kilometer lang ist die Halbinsel Eiderstedt, die im 15. Jahrhundert von Menschenhand unter Mühsal dem Meer abgerungen wurde – wunderschönes Marschland, auf dem es mehr Schafe als Menschen gibt. Steht man auf dem hohen Deich, der die Halbinsel vor den Fluten schützt, kann man weit hinaus ins Land schauen. Dann sieht man die gedrungenen romanischen Kirchen in den Orten und die Haubarge, jene für diese Gegend typischen friesischen Bauernhäuser. Hier wohnten die Bauern mit ihren großen Familien, hatten unter den hohen Dächern ihre Vorratsräume, das Vieh tummelte sich in den Stallungen, und im Mittelgeviert lagerte man sein Heu.

*** Tönning** Das schöne Städtchen an der Eidermündung war einst ein wichtiger Umschlagplatz, an dessen frühere Bedeutung das gut 200 Jahre alte Packhaus am Hafen mit einer Ausstellung erinnert. Ein Bummel über den Marktplatz mit den malerischen Bürgerhäusern und der das Stadtbild beherrschenden romanischen St.-Laurentius-Kirche rundet den Gesamteindruck ab. Auf der Weiterfahrt in Richtung St. Peter-Ording liegen an der B 202 die Orte Tetenbüll, Katharinenheerd, Garding und Tating, die ihrer schmucken alten Backsteinkirchen wegen allemal einen Kurzbesuch wert sind.

**** St. Peter-Ording** Ganz am äußersten Zipfel der Halbinsel Eiderstedt liegt St. Peter-Ording, das in den vergangenen Jahrzehnten aus vier Dörfern zusammengewachsen ist. Die Gemeinde St. Peter-Dorf ist mit ihrer gotischen Backsteinkirche St. Petri die älteste unter ihnen. St. Peter-Bad wurde durch seine Schwefelquellen, St. Peter-Böhl durch seinen Leuchtturm bekannt. St. Peter-Ording als ein Mekka für Strandsegler, Wattwanderer und Drachenflieger bekannt. Elf Kilometer lang und teilweise über 500 Meter breit ist der Strand dort. Bei Ebbe ist Zeit genug, um sich in einem der Pfahlbau-Restaurants am Strand eine Stärkung zu gönnen.

**** Friedrichstadt** Glaubensfreiheit und ein neues Zuhause versprach Herzog Friedrich III. von Schleswig-Gottorf zahlreichen holländischen Religionsflüchtlingen. Zu Beginn des 17. Jahrhunderts gründete er die kleine Siedlung Friedrichstadt und baute den Heimatlosen kleine Giebelhäuser und Grachten. Am Mittelburgwall steht die *Lutherische Kirche (1643) mit einem Altarbild (1675) von Jürgen Oven, ein Schüler Rembrandts. Die »Alte Münze« diente dem herzogli-

Von oben nach unten: Dünenlandschaft auf dem Sylter Ellenbogen; Rotes Kliff auf Sylt; Borksumer Mühle auf der Insel Föhr; Deichschafe auf der Insel Nordstrand

Bei Ebbe wirkt der sedimentreiche Schlickboden des Watts mit seiner reichen Mikrofauna öde und leblos. Doch exakt von Letzterer ernähren sich Fische, Krebse, Muscheln und Würmer (Bildleiste unten: Scholle und

Strandkrabbe). Deshalb ist das Wattenmeer ein beliebter Rast- und Nistplatz für Millionen Zug- und Brutvögel, etwa Säbelschnäbler, Uferschnepfen und Lachmöwen (Bildleiste oben: von links). Der Nationalpark Schleswig-Holsteinisches Wattenmeer bietet auf über 4000 Quadratkilometern von Sylt (großes Bild: Morsumer Kliff) über die Halbinsel Eiderstedt (links, mit Leuchtturm Westerheversand) bis zur Elbmündung rund 3000 Tier- und Pflanzenarten ideale Bedingungen. 1985 wurde hier ein Nationalpark eingerichtet, 1999 das Areal vergrößert, 2005 zum UNESCO-Biosphärenreservat aufgewertet. Aufgeteilt ist das Gebiet in eine absolut geschützte Kernzone (mit Seehundbänken, unten), eine Pufferzone (mit Walschutzgebiet) und eine aus Halligen bestehende Entwicklungszone mit nachhaltiger wirtschaftlicher Nutzung.

chen Statthalter als Residenz. Im Quersaal liegt der Betsaal der Mennoniten.

*** Büsum** Im Nordseeheilbad erwartet den Besucher ein »grüner Strand« – Liegewiesen am Deich mit 3000 Strandkörben! Der rot-weiße Leuchtturm weist den Weg zum Hafen, dort sind Krabbenkutter zu bestaunen. Über die Geschichte und die Technik des Krabbenfangs informiert das Museum am Meer. Von Büsum aus schippern Ausflugsdampfer nach Helgoland und zu den Seehundbänken.

*** Heide** Einst war sie lediglich Versammlungsort der Bauern, heute hat die kleine Stadt in Dithmarschen den größten Marktplatz Deutschlands. Südwestlich davon steht die spätgotische Kirche St. Jürgen aus dem 16. Jahrhundert.

*** Meldorf** Der kleine Ort südlich von Heide war früher Hauptort der Bauernrepublik Dithmarschen. Die St.-Johannis-Kirche, auch Dom genannt, stammt aus dem 13. Jahrhundert. Ein Prunksaal (16. Jahrhundert) im Landesmuseum und ein original Dithmarscher Bauernhaus aus dem 17. Jahrhundert gewähren einen Einblick in den Alltag der einstigen Bauernrepublik.

**** Friedrichskoog** König Friedrich VII. von Dänemark gab

Fischkutter im Hafen des Nordseeheilbads Friedrichskoog

Verträumte Landschaft in der Wilster Marsch

Jährlich befahren rund 50 000 Schiffe diese künstliche Wasserstraße zwischen Brunsbüttel und Kieler Förde. Schon die Wikinger kannten eine Verbindung – allerdings mussten sie ihre Drachenboote noch mehrere Kilometer über Land schleppen. Ab 1784 schloss der Schleswig-Holstein-Kanal diese Lücke. Als dieser zu eng wurde, hoben 9000 Arbeiter in nur acht Jahren den Kaiser-Wilhelm-Kanal aus. Militärische Erwägungen hatten das Mammutprojekt beschleunigt: Die neue deutsche Flotte sollte sowohl in der Ost- als auch in der Nordsee komplett zum Einsatz kommen können. Die heute Nord-Ostsee-Kanal genannte internationale Wasserstraße mit 98,6 Kilometer Länge erspart rund 740 Kilometer Seeweg um die dänische Halbinsel herum und beschert verblüffende Perspektiven mit Ozeanriesen inmitten grüner Landschaft (links).

dem ursprünglichen Fischerdorf seinen Namen. Im Laufe der letzten Jahrzehnte mauserte sich der durch Eindeichungen entstandene Ort zu einem beliebten Nordseebad. Besonders reizvoll ist der kleine **Hafen, in dem noch heute fangfrische Krabben vom Kutter verkauft werden. In der 1985 gegründeten **Seehundstation wachsen verlassene Seehundbabys auf, und verletzte Tiere werden hier gesundgepflegt.

*** Wilster Marsch** Sonnengelb und mild ist der Wilstermarschkäse, der die holsteinische Wilster Marsch nordöstlich der Elbe zwischen Stör und Nord-Ostsee-Kanal bekannt gemacht hat. Der einstige Wohlstand ist noch an den gut erhaltenen Fachwerkhäusern, wie dem Rathaus von Wilster aus dem Jahre 1585, erkennbar. Die Gemeinde Neuendorf liegt auf dem tiefsten Punkt der Bundesrepublik Deutschland: 3,54 Meter unter Normalnull.

**** Glückstadt** Die Stadt an der Niederelbe wurde zu Beginn des 17. Jahrhunderts vom dänischen König Christian IV. gegründet. Die Anlagen der damaligen Festungsstadt können besichtigt werden. Im Zentrum beeindrucken insbesondere das Renaissancerathaus am Markt sowie zahlreiche schmucke Adels-, Bürger- und Beamtenhäuser. Auch ein Besuch des Detlefsen-Museums, wo man viel Wissenswertes zur Geschichte des Walfangs erfahren kann, ist lohnenswert.

*** Helgoland** Deutschlands einzige Felsen- und Hochseeinsel liegt in der Deutschen Bucht, etwa 60 Kilometer nordwestlich der Elbemündung und 40 Kilometer westlich der Halbinsel Eiderstedt. Helgoland setzt sich zusammen aus der rund einen Quadratkilometer messenden Hauptinsel aus rotem Buntsandstein, mit bis zu 50 Meter hoher Steilküste, sowie einer 0,7 Quadratkilometer großen Düne. Ihr Wahrzeichen ist der Felssporn »Lange Anna«. Die Felsen und Dünen sind das Revier von Trottellummen, Basstölpeln, Tordalken, Dreizehenmöwen, Seehunden und Kegelrobben. Helgoland gehörte einst viele Jahre zu Großbritannien, bevor es Deutschland 1890 gegen Sansibar eintauschte. Im Dritten Reich war Helgoland militärischer Stützpunkt, wurde während des Zweiten Weltkriegs bombardiert und sollte nach dem Krieg gesprengt werden. Das misslang glücklicherweise. Mitte der 1950er-Jahre kamen die ersten Menschen zurück nach Helgoland, bauten sich eine neue Existenz auf und begrüßten schon bald Touristen. Tagesgäste, die nur die klare Luft genießen und die Möglichkeit des steuerfreien Einkaufs nutzen möchten, kommen noch heute zahlreich per Schiff.

»Lange Anna« wird dieser fast 50 Meter hohe Felssporn vor Helgoland genannt (oben).

TIPP++TIPP++

Hochseeinsel Helgoland
Täglich fahren Schiffe ab Wilhelmshaven nach Helgoland, während der Saison steuern auch Ausflugsschiffe von Bremerhaven, Husum und Cuxhaven aus die Insel an. Ein altes Privileg sichert den Helgoländer Fischern das Recht, die Tagesgäste, die an der Reede vor der Insel ankommen, mit ihren Börtebooten überzusetzen.
Helgoland Touristik,
Lung Wai 28 (im Rathaus),
Tel. 01 80/5 64 37 37,
www.helgoland.de

Schleswig-Holstein

Als 1979 bei archäologischen Untersuchungen in der Schlei ein hölzernes Wrack entdeckt wurde, war die Sensation perfekt: ein Drachenboot in der Wikingerstadt Haithabu! Heute ist das 30 Meter lange Haithabu-Schiff Prunkstück des Wikinger-Museums Haithabu in Haddeby bei Schleswig (links). Haithabu wurde gegen Ende des 8. Jahrhunderts gegründet, in seiner Blütezeit bewohnten mindestens 1500 Menschen die 26 Hek-

Binnenland

Das Land zwischen den Meeren, das Binnenland Schleswig-Holsteins, ist geprägt durch malerische Flüsse wie Treene und Eider, aber auch durch den 98,7 Kilometer langen Nord-Ostsee-Kanal. Geologische Besonderheiten wie Gipsberg oder Kreidegruben finden sich in Bad Segeberg und Lägerdorf. Dazu gibt es schöne Städtchen wie Schleswig oder Bad Bramstedt.

* **Schleswig** Im Jahre 804 wurde der Ort an der Schlei erstmals erwähnt, 1200 – damals noch Sliaswic – zur Stadt erhoben. Durch zahlreiche Eingemeindungen entstand 1711 das heutige Schleswig. Der gotische **Dom St. Petri (12.–15. Jahrhundert) ist ein prunkvolles Gotteshaus mit einem 112 Meter hohen Turm. Beachtlich sind das *Marmorgrabmal des Dänenkönigs Friedrich I. und der von Hans Brüggemann geschnitzte 12 Meter hohe **Altar mit seinen 392 Figuren. Im Stadtteil Friedrichsberg liegt das **Renaissance- und Barockschloss Gottorf, das 1544 bis 1713 Residenz der Herzöge von Schleswig-Holstein-Gottorf war. Die Reste des Hafens und des Handelplatzes **Haithabu der Wikinger kann man in der Nähe besichtigen.

* **Rendsburg** Die einstige dänische Festung ist heute wichtigster Binnenhafen am Nord-Ostsee-Kanal. Das Alte Rathaus, ein Fachwerkbau (16. Jahrhundert) mit einem offenen Glockenspiel, und die gotische Marienkirche mit Schnitzaltar aus dem Jahre 1649 erinnern an alte Zeiten.

* **Naturpark Westensee** Viele Seen und Mischwälder bestimmen das Erscheinungsbild dieses fast 260 Quadratkilometer großen Naturparks.

* **Neumünster** Erst mittelalterliche Wehrburg, dann Siedlung, bildete sich in Novum Monasterium im 17. Jahrhundert ein reges Handwerkerleben aus. Wahrzeichen ist die Vicelinkirche mit ihrem Viereckturm.

* **Itzehoe** Vom ursprünglichen Ort sind noch das Alte Rathaus von 1695, der spätklassizistische Ständesaal (1835) und die Kirche St. Laurentius mit ihrem markanten Backsteinturm (19.

Schloss Breitenburg im Stil des Historismus

tar große Siedlung, die durch einen neun Meter hohen Erdwall geschützt war. 1050 ließ König Hardraba von Norwegen den Bischofssitz erobern und plündern. Die überlebenden Bewohner siedelten sich daraufhin im nahen Schleswig an, Haithabu wurde aufgegeben und vergessen. Heute liefert die Ausgrabungsstätte wertvolle Erkenntnisse über die Wikinger: Die Nordmänner mit ihren äußerst seetüchtigen Schiffen waren keine einheitliche Ethnie, sondern bäuerliche Abkömmlinge diverser skandinavischer Volksstämme, die zwischen 500 und 1000 wohl wegen Überbevölkerung und Hungersnöten ihre Heimat verließen. Sie waren aber mehr als nur »wilde Barbaren«. Viele siedelten sich in Mitteleuropa, England oder der Normandie an, betrieben Ackerbau, Handwerk und Handel. Die Spuren der Wikinger reichen bis nach Sizilien, Afrika und Amerika.

Jahrhundert) erhalten geblieben. Östlich von Itzehoe befindet sich Schloss Breitenburg.

* **Bad Bramstedt** Hauptattraktionen des Kurorts sind der Marktplatz und das Herrenhaus, das der Dänenkönig Christian IV. 1635 seiner Geliebten Wiebke Kruse schenkte.

* **Reinfeld** Von dem 1186 hier gegründeten Zisterzienserkloster und dem 1599 bis 1604 errichteten Renaissanceschloss ist nichts mehr erhalten. An den in Reinfeld 1740 geborenen Lyriker Matthias Claudius erinnert eine Gedenkstätte sowie die Matthias-Claudius-Kirche mit sehenswerter Barockaustattung.

Ahrensburger Schloss mit seinen vier markanten Ecktürmen

* **Ahrensburg** Wie aus einem Märchen liegt das elegante **Schloss Ahrensburg (16. Jahrhundert) vor den Toren Hamburgs. Der weiße quadratische Bau mit vier achteckigen Türmen zählt zu den schönsten und elegantesten Herrenhäusern Schleswig-Holsteins.

* **Wedel** Große Zeiten erlebte die kleine Elbestadt im 17. Jahrhundert, als dort auf dem alljährlichen Ochsenmarkt bis zu 30 000 Tiere gehandelt wurden. 1919 wurde in Schulau eine **Schiffsbegrüßungsanlage gebaut, in der man jedes Schiff mit Landesflagge und Nationalhymne willkommen heißt.

Im Dom von Schleswig zieht der von Hans Brüggemann geschnitzte zwölf Meter hohe Altar von 1521 die Blicke auf sich (oben).

TIPP++TIPP++

Schloss Gottorf
Das hier residierende Schleswig-Holsteinische Landesmuseum umfasst die Landesmuseen für Kunst- und Kulturgeschichte und für Archäologie.
Tel. 0 46 21/81 32 22, www.schloss-gottorf.de tgl. 10–18 Uhr, Nov.–März Di–Fr 10–16 Uhr, Sa–So/Feiertage 10–17 Uhr

Wikinger-Museum Haithabu
Das Wikinger-Museum in Haithabu zeigt Exponate, die erst in den vergangenen Jahrzehnten ausgegraben wurden – darunter auch den sogenannten »Haithabu-Drachen«, ein über 1000 Jahre altes Langschiff.
Schloss Gottorf, Tel. 0 46 21/ 81 30, www.haithabu.de

Wikingertage in Schleswig
Alljährlich wird am Schleiufer eines der größten Open-Air-Spektakel in Schleswig-Holstein abgehalten. Am ersten Wochenende im August dreht sich dort alles um die Sitten und Gebräuche der Männer aus dem hohen Norden.
Tel. 0 46 21/2 25 44, www.wikingertage.de

Schleswiger Dom
In St. Petri, das für seinen überwältigenden Bordesholmer Altar, ein Meisterwerk niederdeutscher Holzschnitzkunst, bekannt ist, finden regelmäßig Chor- und Orgelkonzerte statt.
Schleswig, Tel. 0 46 21/96 30 54, www.schleswigerdom.de

Schleswig-Holstein

TIPP++TIPP++

Flensburger Schiffahrtsmuseum
In einem 1842 erbauten Zollpackhaus befindet sich seit 1984 dieses Museum mit Modellen und schifffahrtsbezogenen Exponaten.
Schiffbrücke 39, Tel. 04 61/85 29 70, Apr.–Okt. Di–So 10–17 Uhr (Winter bis 16 Uhr)

Museumswerft
Nach alten Plänen werden an der Flensburger Förde Holzboote nach historischem Vorbild nachgebaut.
Flensburg, Schiffbrücke 43–45, Tel. 04 61/18 22 47, www.hafen-in-flensburg.de

Kieler Woche
Die Kieler Woche ist eines der größten Volksfeste in Deutschland und die weltgrößte Segelsportveranstaltung zugleich. Die bunte Mischung aus Musik- und Artistikveranstaltung, Jahrmarkt, Windjammerparade und vielem mehr findet in der letzten vollen Juniwoche längs der Förde statt. Während draußen auf der Förde die Segler ihre Regatten durchführen, ist auf der »Kiellinie«, auf dem Internationalen Markt am Rathaus und beim Holsten-Bummel allerhand geboten: Spiele, Konzerte, Karussells und auf Schritt und Tritt Buden, in denen für das leibliche Wohl gesorgt wird.
Tel. 04 31/90 19 05, www.kieler-woche.de

Ostseeküste

In diesem Abschnitt von Schleswig-Holstein treffen wir auf Bauernland mit Wäldern und Feldern im Norden, altehrwürdige Badeorte und Strandbäder an der Ostsee, hügelige Geestrücken im Hinterland und die Insel Fehmarn als Tor nach Dänemark. Dazwischen liegt die Landeshauptstadt Kiel.

Glücksburg In dem kleinen Residenzstädtchen verbirgt sich ein Ende des 16. Jahrhunderts erbautes **Wasserschloss. Das dazugehörige Schlossmuseum birgt wertvolle Möbel, Ledertapeten und Gobelins. Beeindruckend ist vor allem der Rote Saal.

Imposanter Renaissancebau: Schloss Glücksburg

***Flensburg** Berüchtigt ist die zwischen Hügeln und Wäldern an der Förde gelegene Stadt vor allem als Sitz des Verkehrszentralregisters. Aber die nördlichste Hafenstadt Deutschlands hat mehr zu bieten: so etwa schön restaurierte Patrizierhäuser und Handelshöfe in der Altstadt oder den Südermarkt mit der St.-Nikolai-Kirche (14.–16. Jahrhundert) mit *Renaissanceorgel. Im *Museumshafen liegen häufig bis zu 30 alte Segelschiffe. Dort befindet sich auch Deutschlands einziges Rummuseum.

**** Schlei** Wasser verbindet – besonders, wenn es nur drei Meter tief ist. Die seichte Schlei schlängelt sich 43 Kilometer von Schleswig durch die Marsch bis zur Ostseemündung bei Kappeln. Der längste Fjord Schleswig-Holsteins entstand einst als Schmelzwasserrinne für die abtauenden Gletscher der letzten Eiszeit. Die Schlei gleicht einer Seenkette, verbunden durch einen Fluss – die Breite variiert zwischen 100 Metern und 4,1 Kilometern.

Eckernförde 1288 erhielt die kleine Siedlung in der Ostseebucht das Stadtrecht. Im Laufe der Jahrhunderte wurde sie zunächst Hafen- und Handels-, dann Garnisonsstadt. Heute ist sie als Ostseebad und Herkunftsort der Kieler Sprotten bekannt, der goldgelb geräucherten Heringsfische. Sehenswert ist vor allem die gotische Backsteinkirche *St. Nikolai (13. Jahrhundert) am Kirchplatz.

**** Schloss Ludwigsburg** Ursprünglich hieß das Wasserschloss Kohöved. In seiner heutigen barocken Form mit umliegenden Gärten ließ es Baron Ludwig von Dehn, nach dem die Anlage benannt wurde, erbauen. Eine Besichtigung lohnt neben dem Goldenen Saal die Bunte Kammer mit 145 historischen Ölgemälden.

*** Schwedeneck** Nördlich von Gettorf erstreckt sich ein Küstenabschnitt mit schönen Buchenwäldern und beachtlichem Steilufer. Über 30 Meter hoch liegt die Abbruchkante über den Fluten der Ostsee.

**** Gettorf** Der kleine Ort ist Mittelpunkt des Dänischen Wohldes (Dänischer Wald), einer Halbinsel zwischen der Eckernförder Bucht und der Kieler Förde. Sehenswert sind hier die alte *Windmühle und die Kirche *St. Jürgen aus dem 13. Jahrhundert.

*** Kiel** Siehe Stadtplan rechts

**** Probstei** So werden seit jeher die Ländereien zwischen Schönberg und Lütjenburg bezeichnet. Es handelt sich dabei um grüne Hügel mit schönen Landsitzen, die noch heute in Privatbesitz sind. Lediglich das spätklassizistische Schloss Salzau (1881) gehört dem Land Schleswig-Holstein.

**** Selenter See** Der Selenter See ist mit rund 25 Quadratkilometer Fläche der zweitgrößte des Bundeslandes und eignet sich vorzüglich zum Paddeln, Segeln und Surfen. Das Flüsschen Mühlenau verbindet ihn mit der rund zehn Kilometer entfernten Ostsee, die dort teilweise von einer Steilküste gesäumt wird. Bekannt ist das Gewässer vor allem für seinen Fischreichtum. Hier tummeln sich Aale, Barsche, Hechte, Maränen und Plötzen.

Zwischen der Flensburger Förde und der Schlei liegt die Halbinsel Angeln. Ihren Namen bekam die Region, weil man hier den Ursprung des Volksstamms der Angeln vermutet. Nach Westen hin grenzt die Region an den historischen Ochsenweg, eine alte schleswig-holsteinische Fernroute von Hamburg ins dänische Viborg. Die Landschaft in Angeln haben Kleinbauern geprägt – typisch für sie sind kleine Gehöfte, meist in Dreiseitenbauweise errichtet, und kleine, oft mit Raps bepflanzte Felder (links), die durch Knicke und gewundene Straßen voneinander getrennt sind. Seltener sind die eindrucksvollen Herrenhäuser, etwa die Güter Düttebüll, Toesdorf, Drült und Dänisch-Lindau, bekannt auch aus der beliebten TV-Serie »Der Landarzt«. Besonders sehenswert ist zudem die kleinste Stadt Deutschlands, der auf einer Halbinsel in der Schlei gelegene Fischerort Arnis.

Kiel

Die Landeshauptstadt verfügt über einen der bedeutendsten Häfen der Ostsee, wo die großen Fähren nach Skandinavien und ins Baltikum ablegen.

1242 erhielt Kiel das Stadtrecht. 1665 gründete Herzog Christian Albrecht die erste Universität des Landes, 1867 wurde der Marinehafen zum Reichskriegshafen ausgebaut. Werften entstanden, und der Kaiser-Wilhelm-Kanal, die Wasserstraße zwischen Kiel und Brunsbüttel an der Elbe, wurde fertiggestellt. Am Alten Markt befindet sich die St.-Nikolai-Kirche (13. Jahrhundert) mit einer Plastik von Ernst Barlach. Innen sind das Taufbecken (14. Jahrhundert) sowie ein Altar und ein Triumphkreuz (15. Jahrhundert) sehenswert. Das Jugendstil-Rathaus zeichnet sich durch seinen 106 Meter hohen Turm aus. Unweit des Rathausplatzes befindet sich das Geburtshaus des Physik-Nobelpreisträgers Max Planck (1858–1947), der Ende des 19. Jahrhunderts an der Kieler Universität lehrte. Am Ostufer der Förde liegt das alte **U-Boot 995, und in Molfsee befindet sich ein **Freilichtmuseum.

Rathaus mit »Campanile«

Am Schwedenkai

Schleswig-Holstein

»Sommerferien an der See! Begriff wohl irgendjemand weit und breit, was für ein Glück das bedeutete?« Wenige Sätze hat Thomas Mann wohl so von der eigenen Seele geschrieben wie diesen, der den Gemütszustand des kleinen Hanno Buddenbrook reflektiert, nachdem »tags zuvor das Vorzeigen der Zeugnisse wohl oder übel überstanden und die Fahrt in der bepackten Droschke zurückgelegt war!« Noch mehr als das Seebad Tra-

**** Fehmarn** Nach Rügen ist Fehmarn mit 185 Quadratkilometern die zweitgrößte deutsche Ostseeinsel und mit herrlichen Sandstränden bei bis zu 1900 Sonnenstunden jährlich ein beliebtes Ferienziel. Viele

Hafen Orth im Südwesten der Insel Fehmarn

*Fachwerkhäuser aus dem 16. und 17. Jahrhundert säumen die kopfsteingepflasterten Straßen des Hauptortes Burg. Die Kirche St. Nikolai stammt aus dem 13. und 14. Jahrhundert.

*** Oldenburg** Die Stadt gilt als älteste permanent bewohnte Siedlung Schleswig-Holsteins. Die Überreste der Wallanlage, die den Ort schützte, sind noch heute deutlich zu erkennen. Die Wohnhäuser stammen aus dem 18. und 19. Jahrhundert. Die St.-Johannis-Kirche geht auf das Jahr 1156 zurück, wurde allerdings durch einen Brand zerstört. Ihr heutiges Aussehen erhielt sie im 18. Jahrhundert.

***** Grömitz** Der acht Kilometer lange **Sandstrand, eine Strandeisenbahn, ein Jachthafen und eine fast 400 Meter lange *Seebrücke locken viele Badeurlauber in die alte slawische Siedlung aus dem 11. Jahrhundert. Die Kirche *St. Nikolaus (13. Jahrhundert) wurde aus grob behauenen Findlingen errichtet. Von einem Benediktinerkloster mit einer Heilquelle im Norden von Grömitz ist noch die *Klosterkirche (13. Jahrhundert) mit einem Gewölbe in gotischer Backsteinarchitektur erhalten.

**** Scharbeutz-Haffkrug** Die Doppelgemeinde an der Ostsee ist ein beliebter Kur- und Badeort, vor allem für Familien (»größte Badewanne Deutschlands«). Hektik gibt es hier kaum, die Strände sind flach und somit für Kinder bestens geeignet.

**** Brodtener Steilufer** Nördlich von Travemünde findet sich dieses etwa vier Kilometer lange und teilweise bis zu 30 Meter hohe Steilufer mit der Hermannshöhe.

**** Travemünde** Um 1900 war das Seebad mit dem fünf Kilometer langen Sandstrand noch in der Hand betuchter Gäste. Heute zeugen nur noch die schönen Fachwerkhäuser (18. und 19. Jahrhundert), die Villen, das Kasino (1861) und die edlen Hotels aus den Anfangstagen des Seebads von seinem mondänen Ursprung.

***** Lübeck** Siehe Stadtplan rechts

Lübeck

Deutschlands größter Ostseehafen zeigt in seinem historischen Kern noch das Bild einer traditionsreichen mittelalterlichen Hansestadt.

Graf Adolf II. von Holstein gründete 1143 eine Kaufmannssiedlung, die 1226 zur Freien Reichsstadt erhoben wurde und sich schnell zu einem wichtigen Handelsort entwickelte. 1358 wurde Lübeck Zentrum der Hanse, doch mit der Reformation und der Auflösung des Städtebundes 1630 sank der Stern der Stadt. Die napoleonischen Kriege sowie der Zweite Weltkrieg brachten schwere Zerstörungen. Vieles wurde in den letzten Jahrzehnten behutsam restauriert, sodass sich die traditionsreiche Handelsmetropole, 1987 zum UNESCO-Weltkulturerbe ernannt, ihr mittelalterliches Gepräge bis heute erhalten konnte. Lübecks Wahrzeichen ist das **Holstentor mit seinen beiden wuchtigen Türmen (1478). Die **fünfschiffige Kirche St. Petri stammt aus dem 13. bis 16. Jahrhundert. Nördlich davon befindet sich der Marktplatz mit dem schönen **Rathaus (13. Jahrhundert). Die **Marienkirche (13./14. Jahrhundert) mit ihren je 125 Meter hohen Vierecktürmen ist weithin sichtbar. Das Haus der Großeltern von Thomas und Heinrich Mann, das »Buddenbrookhaus«, dient heute als Dokumentationszentrum und Literaturmuseum. Die Vierecktürme des **Doms ragen je 115 Meter in die Höhe. Ins Innere gelangt man über die 1260 errichtete Vorhalle, das »Paradies«. Sehenswert ist auch das *Heilig-Geist-Hospital, eine der ältesten Sozialeinrichtungen Europas. Die *Aegidienkirche wurde im 14. Jahrhundert vor allem für Handwerker errichtet. Ein gelungenes Ensemble aus zeitgenössischer und gotischer Architektur bilden die **Kunsthalle und das Augustinerinnenkloster, in dem das St.-Annen-Museum untergebracht ist. Das Gängeviertel zeichnet sich durch enge Straßen sowie Kaufmannhäuser aus dem 15. bis 19. Jahrhundert aus.

Heilig-Geist-Hospital von 1286

vemünde erzählt die alte Kaufmannsstadt Lübeck Geschichten aus »Buddenbrooks«, für die Mann einst als Nestbeschmutzer angefeindet wurde. Heute ist der Roman ein Glücksfall für die Stadt: Zehntausende besuchen jährlich das Buddenbrookhaus im Schatten der mächtigen Marienkirche und gehen auf literarische Spurensuche zwischen Obertrave und Dom. Viele Charaktere aus dem Roman hat der Autor lebenden Personen und authentischen Orten entlehnt: das Rathaus mit Laube, in der Senator Buddenbrook ungeduldig das Ende der Wahlen abwartete, die Villen vor dem Burgtor, wo der betrügerische Grünlich um die Gunst Tony Buddenbrooks warb, den ehemals Mann'schen Familiensitz in der Mengstraße, in dem heute die Schriftstellerdynastie präsentiert wird. Und sofort möchte man das dicke Buch zur Hand nehmen und alles nachlesen …

TIPP++TIPP++

Buddenbrookhaus

Das Buddenbrookhaus mit Museum und Heinrich-und-Thomas-Mann-Zentrum gibt es eine informative Ausstellung über Leben und Werk der beiden Schriftsteller.

Lübeck, Mengstr. 4, Tel. 0 18 05/ 92 92 00, So–Fr 10–18 Uhr, Jan.–1. Apr. 11–17 Uhr

Kunsthalle St. Annen

Auf dem Gelände des St.-Annen-Klosters wird in einem unter Einbeziehung der Kirchenruine 2004 errichteten Museumsneubau moderne Kunst des 20. Jahrhunderts gezeigt.

Lübeck, St.-Annen-Str. 15, Tel. 04 51/1 22 41 37, Apr.–Sept. Di–So 10–17 Uhr (Winter 16 Uhr)

Marzipanmuseum

Im Obergeschoss des Café Niederegger erfährt man alles über die Geschichte und Herstellung des edlen Konfekts.

Lübeck, Breite Str. 89, Tel. 04 51/ 5 30 11 26, www.niederegger.de, Mo–Fr 9–19, Sa 9–18, So ab 10 Uhr

Museumshafen

An die glorreichen Zeiten der Hansestadt Lübeck erinnern über 20 historische Schiffe aus dem 19. und 20. Jahrhundert.

www.museumshafen-luebeck.org

CONCORDIA DOMI FORIS PAX

CONCORDIA DOMI FORIS

»Concordia Domis Foris Pax« – »Drinnen Eintracht, draußen Friede« steht seit 1863 feierlich als Wahlspruch über dem Portal des Holstentores. Es ist neben dem Burgtor das einzig erhaltene von einst vier prachtvollen Stadttoren. Als Teil einer starken Festung wurde das Holstentor 1464 bis 1478 im spätgotischen Stil erbaut. Seine 3,5 Meter dicken Mauern mit Schießscharten schützten es vor Kanonen. Das Gemäuer ist so schwer, dass der Untergrund bereits kurz nach der Errichtung wegsackte; der Südturm steht seitdem ein wenig schief. 1855 wäre das Prestigetor beinahe dem Eisenbahnbau geopfert worden, mit einer Stimme sprach sich die Bürgerschaft damals jedoch für seine Erhaltung aus. Heute ist das Holstentor, das Wahrzeichen Lübecks, offizielles Denkmal und beherbergt eine Dauerausstellung zur Hansezeit.

Schleswig-Holstein

Stille Wälder, weite Wasserflächen, Wiesen und Hecken voll geheimem Leben – das ist die Holsteinische Schweiz mit über 200 Seen, auf etwa halber Strecke zwischen Lübeck und Kiel gelegen. Ihre höchste Erhe-

Holsteinische Schweiz

Stattliche Herrenhäuser, beschauliche Städtchen in romantischer Landschaft mit grünen Hügeln und schönen Seen – all das bietet die Holsteinische Schweiz.

** **Preetz** Bekannt wurde die Siedlung am Fluss Schwentine 1260, als hier ein Benediktinerkloster mit schönen Wohnhäusern errichtet wurde, in denen unverheiratete Damen ein standesgemäßes Zuhause fanden. Die Klosterkirche birgt gotische und barocke Altäre, eine Renaissancekanzel und ein gotisches Chorgestühl mit Bibelillustrationen.

** **Plön** Herrschaftlich am Nordufer des großen Plöner Sees gelegen, ist es schon von Weitem sichtbar: das weiße *Plöner Schloss (1633–1636), ein Dreiflügelbau im Stil der Renaissance. Im Zentrum der Stadt befindet sich die St.-Nikolai-Kirche, ein 1868 aus Backstein errichtetes einschiffiges Gotteshaus. Die Fachwerkkirche St. Johannis wurde 1685 erbaut. In der Altstadt stehen noch heute historische Fachwerkhäuser. Einen guten Überblick über den Plöner See mit seinen Inseln hat man vom **Parnassturm.

* **Malente-Gremsmühlen** Die früher durch den Fluss Schwentine getrennten Orte sind inzwischen zu einem Doppelort zusammengewachsen. Seit 1955 darf er sich Kneippbad nennen und wurde inzwischen zum heilklimatischen Kurort gekürt.

*** **Eutin** Zwischen Kleinem und Großem Eutiner See liegt die im 11. Jahrhundert gegründete Rosenstadt Eutin. Die Region wurde 1150 von Friesen urbar gemacht. Hauptattraktion ist das **Schloss (1716–1727), ein vierflügeliger Backsteinbau am Großen Eutiner See. Die Schlosskapelle birgt eine **Arp-Schnitger-Orgel (1750), der Schlossplatz wird gesäumt von Wirtschaftsgebäuden aus dem 18. und 19. Jahrhundert. Der **Schlossgarten wurde Ende des 18. Jahrhunderts zu einem Landschaftspark im englischen Stil umgestaltet. Fürstbischof Friedrich August engagierte 1770 Johann Gottfried Herder als Hauslehrer.

Juwel romanischer Backsteinarchitektur: der Ratzeburger Dom

Damit begann Eutins Karriere als »Weimar des Nordens«. Zahlreiche Gelehrte und Literaten wie Wilhelm von Humboldt, Friedrich Gottlieb Klopstock oder Matthias Claudius lebten zeitweilig in Eutin. Wilhelm Tischbein arbeitete hier als Schlossmaler. Der berühmteste Eutiner, Carl Maria von Weber, wurde 1786 hier geboren. Unterhalb des Schlosses befindet sich die **Altstadt mit kleinen Gassen und schönem Marktplatz. Das gelb verputzte Rathaus wurde 1791 gebaut. Die Kirche **St. Michaelis stammt ursprünglich aus dem 13. Jahrhundert, erhielt ihr heutiges Aussehen aber erst im 14. und 15. Jahrhundert.

** **Gipshöhlen** Anfang des 20. Jahrhundets wurden im Kalkberg bei Bad Segeberg einige Gipshöhlen entdeckt. Sie waren durch Sickerwasser, das sich seit Jahrtausenden durch den Berg frisst, entstanden.

* **Bad Segeberg** Bekannt wurde die Stadt durch die alljährlichen **Karl-May-Festspiele. Im Zentrum der Stadt steht die *St.-Marien-Kirche (13. Jahrhundert) mit einem Schnitzaltar von 1515 und einer Kanzel von 1612.

bung, der Bungsberg, misst zwar nur 168 Meter, doch es führt sogar ein Schlepplift in Deutschlands »nördlichstes Skigebiet«. Hier beginnt die Schwentine – mit 62 Kilometern der längste Fluss Schleswig-Holsteins – ihre verschlungene Reise von See zu See bis nach Kiel. Sie ist sogar schiffbar – die Fünf-Seen-Fahrt, die von Plön dem Lauf der Schwentine folgt, führt mitten durch die unverbaute Landschaft. 1986 wurde die Region größter Naturpark des Landes und bietet nun Seeadlern und anderen seltenen Tier- und Pflanzenarten besonderen Schutz. In Dörfern nisten Rauchschwalben (links) und Ringeltauben, am Wasser findet man Teichfrösche, und auf den Wiesen wachsen Wiesenkerbel, Sauerampfer und Hahnenfuß (ganz links). Erste Adresse für Besucher ist das Naturpark-Haus, die alte Reithalle von Schloss Plön.

Herzogtum Lauenburg

Mehr als 80 Seen liegen im Herzogtum Lauenburg mit seiner wunderschönen, teilweise hügeligen Landschaft. Die Orte Ratzeburg, Mölln und Lauenburg liegen an einstmals sehr bedeutenden Handelsrouten wie der Salzstraße und blicken auf eine lange Geschichte zurück. Der Naturpark Lauenburgische Seen und der Sachsenwald sind mit ihren Wander- und Radwegen beliebtes Ziel von Naturliebhabern.

*** **Ratzeburg** Durch ihre Insellage war die im 9. Jahrhundert errichtete Burg vor Übergriffen sicher. Dann entstand hier die wendische Siedlung Racesburg, die Kaiser Heinrich IV. 1062 dem sächsischen Herzog Otto Ordulf übergab. Das zu diesem Zeitpunkt bereits bestehende Missionarskloster wurde 1066 von heidnischen Slawen zerstört. Es folgten die Christianisierung der Region und die Gründung eines Bistums. Herzog Heinrich der Löwe, Gründer der Dome von Braunschweig, Lübeck und Schwerin, ließ hier eine Kathedrale bauen (1160 bis 1220). Der dreischiffige **Backsteindom der Inselstadt ist weithin zu sehen. Er zählt zu den wichtigsten mittelalterlichen Kirchenbauwerken Schleswig-Holsteins. Der Kreuzgang aus dem 13. Jahrhundert ist noch ein Überrest des alten Domklosters der Prämonstratenser. An der Ostseite des Klosterhofs steht eine Plastik von Ernst Barlach. Das dreiflügelige Backsteingebäude vor dem Dom, das ehemalige Herrenhaus der Lauenburger Herzöge, stammt aus dem 18. Jahrhundert. Ende des 17. und Anfang des 19. Jahrhunderts wurde Ratzeburg durch die Dänen zerstört, sodass die historischen Gebäude der Stadt heute größtenteils auf das 18. und das 19. Jahrhundert zurückgehen. Sehenswert sind auch die Gebäude um den Markt. Das klassizistische Rathaus wurde 1824 gebaut, die Alte Wache ebenfalls im 19. Jahrhundert. Südlich des Marktes befindet sich das **Ernst-Barlach-Museum. In dem Gebäude lebte Barlach (1870–1938) während seiner Kindheit, heute werden darin Zeichnungen, Holzschnitte und Plastiken des Bildhauers und Grafikers gezeigt.

* **Salemer Moor** Nordwestlich von Seedorf gelangt man über einen kleinen Weg in das Naturschutzgebiet mit seinen lichten Birkenwäldern. Teilweise sind hier noch bis zu fünf Meter hohe Torfschichten erhalten.

** **Mölln** Im Jahre 1188 wurde die Till-Eulenspiegel-Stadt erstmals erwähnt. Nur wenige Jahre später (1202) erhielt die Siedlung bereits Stadtrecht. Damals war Mölln noch unbedeutend und nicht besonders wohlhabend. Ende des 14. Jahrhunderts baute man hier die erste künstliche Wasserstraße Europas – den Vorgänger des Elbe-Lübeck-Kanals –, wodurch sich Mölln, neben der Salzstraße, den Zugang zu einer weiteren Handelsroute geschaffen hatte. Die Händler kamen unweigerlich an Mölln vorbei und entrichteten ihren Wegezoll. Im

Hoch über dem Plöner See thront das im Dreißigjährigen Krieg errichtete Renaissanceschloss Plön (oben). Rechts im Bild die Nikolaikirche

TIPP++TIPP++

Schleswig-Holstein Musik Festival
Seit 1986 werden im Rahmen dieses Festivals jedes Jahr von Mitte Juli bis Ende August an verschiedenen Orten Schleswig-Holsteins über 100 klassische Konzerte in Theatern oder Kirchen gegeben. Ein besonderes Erlebnis sind die Aufführungen an den Wochenenden auf dem Land: Urige Scheunen, aber auch große Herrenhäuser und alte Burgen werden dann zu Konzertsälen umfunktioniert – wer will, kann die Musik dort während eines romantischen Picknicks in Parks von Gutshöfen und Schlössern wie Gut Hasselburg (oben) und Schloss Salzau (unten) genießen.
Karten gibt es immer ab Mitte Apr., www.shmf.de, Tel. 04 31/57 04 70

Stiftung Schloss Eutin
Eine Führung durch das Schloss vermittelt dem Besucher ein eindrucksvolles Bild von herrschaftlicher Wohnkultur.
Eutin, Tel. 0 45 21/7 09 50, Führungen: Frühjahr–Okt. tgl. 10, 11, 12, 14, 15, 16 Uhr

Möllner Museum
Die Ausstellung im zweitältesten Rathaus Schleswig-Holsteins (1373 erbaut) zeigt Ausschnitte aus dem Alltagsleben zwischen 1750 und 1950. Besonders prachtvoll sind das wertvolle Ratssilber auf der Ratsdiele und die Pokale der Gilden.
Mölln, Historisches Rathaus, Am Markt 12, Tel. 0 45 42/83 54 62

TIPP++TIPP++

Eulenspiegelmuseum
In einem schmucken Möllner Fachwerkhaus aus dem 16. Jahrhundert residiert dieses dem Urahn aller deutschen Narren und Gaukler gewidmete Museum. Es zeigt Gemälde, Grafiken und Plastiken zu Till Eulenspiegels Leben und Wirken sowie wertvolle Buchausgaben.
Mölln, Am Markt 2,
Tel. 0 45 42/83 54 62,
Di–Fr 10–12 und 14–17 Uhr, Sa, So, 11–16 Uhr

Zentrum der schönen mittelalterlichen Stadt liegt auf einem kleinen Hügel die *St.-Nikolai-Kirche (1200–1250). Der massive Backsteinbau enthält innen schöne Wandmalereien, ein geschnitztes Gestühl und ein großes Triumphkreuz (15. Jahrhundert). Das gotische Rathaus ist einzigartig in Schleswig-Holstein. Das zweistöckige Gebäude wurde 1373 erbaut und immer wieder durch An- und Umbauten ergänzt. Vor dem Eingangsportal des Westturms liegt das Grabmal Till Eulenspiegels, der hier 1350 im Heilig-Geist-Hospital starb. Till Eulenspiegel soll um 1300 in der Nähe von Braunschweig geboren worden sein, aber die längste Zeit seines Lebens in Mölln verbracht haben. Erst im 15. Jahrhundert trugen zwei Braunschweiger all die Sagen und Geschichten, die sich um ihn rankten, sorgsam zusammen und schrieben sie nieder.

Grander Mühle im Tal der Bille

Eine Bronzeplastik des Schalks, geschaffen von Karlheinz Goedtke, steht unterhalb der Kirche. Am Markt ist auch ein Heimatmuseum untergebracht, das über den berühmten Schalk und seine Späße informiert.

** **Sachsenwald** Das knapp 70 Quadratkilometer große Areal ist das größte zusammenhängende Waldgebiet Norddeutschlands. Es befindet sich im Besitz der Familie von Bismarck. Der Preußenkönig Wilhelm I. hatte es Otto Fürst von Bismarck 1871 für seine politischen Verdienste geschenkt. Das Tal des kleinen Flusses Bille steht heute unter Naturschutz.

** **Lauenburg** Die kleine Schifferstadt am Nordufer der Elbe grenzt sowohl an Mecklenburg-Vorpommern als auch, durch die Elbe getrennt, an Niedersachsen. Lauenburg wurde Ende des 12. Jahrhunderts als Feste auf einer kleinen Anhöhe von Bernhard von Askanien ge-

Ganz im Südosten von Schleswig-Holstein, an der Grenze zu Mecklenburg-Vorpommern, erstreckt sich der Naturpark Lauenburgische Seen. Auf rund 450 Quadratkilometern umfasst er neben den Städten Ratzeburg und Mölln eine noch sehr naturnahe und verwunschen anmutende Landschaft mit zahlreichen Kanälen, Mooren und Seen. Der größte See ist der 23 Quadratkilometer große Schaalsee direkt auf der Landesgrenze, der erst seit der Grenzöffnung 1989 wieder komplett zugänglich ist. Eingefasst wird er von bis zu 25 Meter hohen Steilufern, grün bewachsenen Schilfgürteln und sandigen Badebuchten. Der Naturpark ist ein Refugium für Vögel: Eisvogel, Schleiereule, Stieglitz (Bildleiste von links), Seeadler, Kranich und Schwarzstorch, aber auch Säugetier- und Fischarten wie Fischotter und Maräne sind hier heimisch.

gründet. Es lag schon damals handelsstrategisch günstig an der Salzstraße und an der ersten künstlichen Wasserstraße Europas, dem Vorgänger des Elbe-Lübeck-Kanals. So ist östlich der Stadt noch heute die älteste *gemauerte Kammerschleuse Europas zu besichtigen: die Palmschleuse von 1725. In der **Unterstadt von Lauenburg drängen sich Fachwerkhäuser aus dem 16. und 17. Jahrhundert an kopfsteingepflasterten, kurvenreichen Straßen. Auf dem *Marktplatz steht das älteste Bürgerhaus der Stadt, das »Mesingsche Haus« (1573). Sehenswert sind auch die Alte Apotheke, das Alte Schifferhaus und das Fährleutehaus. Der *Museumsdampfer »Kaiser Wilhelm« bietet Ausflugsfahrten auf der Elbe an. Die Maria-Magdalenen-Kirche mit ihrem bronzebeschlagenen Turm stammt aus dem 13. Jahrhundert. Ende des 16. Jahrhunderts wurde sie umgebaut und diente den Landesherren von Sachsen-Lauenburg als Grablege und Residenzkirche. In der herzoglichen Gruft liegen noch heute 18 sorgsam gravierte Metallsärge. In der modernen Oberstadt befinden sich die Überreste des einstigen Schlosses, das 1616 durch einen Brand zerstört wurde.

*** Reinbek** Das Areal an der heutigen Grenze zu Hamburg war 1227 ein Geschenk des Grafen Adolf IV. von Schauenburg an das Hoibeker Kloster. Nur wenige Jahre später (1238) verlegten die Nonnen ihre Klosteranlage und zogen nach Reinbek. Im Rahmen der Reformation verkauften sie das Kloster an den König von Dänemark. Später wurde es in der sogenannten Grafenfehde komplett zerstört. 1570 baute Herzog Adolf I. von Schleswig-Holstein-Gottorf an dieser Stelle ein *Schloss im Stil der Renaissance, in das sich im 16. und 17. Jahrhundert gern die Herzogwitwen zurückzogen. Heute ist der dreiflügelige Backsteinbau mit seinem schönen Innenhof und den großen Sälen kulturelles Zentrum von Reinbek.

*** Friedrichsruh** Von 1890 bis zu seinem Tode 1898 lebte der »Eiserne Kanzler«, Otto Fürst von Bismarck, im Sachsenwälder Schloss in Friedrichsruh. In einem Fachwerkbau von 1887 ist heute ein umfassendes Bismarck-Museum untergebracht, in dem zahlreiche Dokumente, Bilder und persönliche Gegenstände des Kanzlers gezeigt werden.

An das Ufer der Elbe schmiegt sich Lauenburg, einst Residenz des gleichnamigen Herzogtums (oben). Links im Bild die in der Anlage romanische Maria-Magdalenen-Kirche

TIPP++TIPP++

Bismarck-Museum
Das Bismarck-Museum befindet sich im »Alten Landhaus« in Friedrichsruh im Sachsenwald. Schon 1927 wurden vom Stammgut seines Geburtsortes Schönhausen/Altmark Erinnerungsstücke, Bilder und Gemälde vom dortigen Museum nach Aumühle in den »Alten Forsthof« gebracht und der Öffentlichkeit zugänglich gemacht.
Friedrichsruh, Am Museum 2, Tel. 0 41 04/24 19

Blick von der Lombardbrücke über die Binnenalster auf den Jungfernstieg und St. Nikolai

Hamburg

Das Herz Hamburgs schlägt im Hafen. Sein Pulsschlag bestimmt seit über 800 Jahren das Auf und Ab der Elbmetropole. Ohne ihn wäre die »Freie und Hansestadt« nicht das, was sie heute ist: eine weltoffene Wirtschaftsmetropole, ein internationaler Handelsplatz und eine facettenreiche Kulturstadt. Dabei hat sich das »Tor zur Welt« – von schweren Schicksalsschlägen nicht verschont geblieben – im Laufe der Jahrhunderte immer wieder neu erfunden, ist aber nach hanseatischer Art seiner Tradition treu geblieben.

Hamburg

Von wegen, Hanseaten hätten keinen Sinn für die Künste: So gibt es in Hamburg allein mehr als 40 Bühnen, darunter das Schauspielhaus, das Thalia Theater, die erste ständige Oper Deutschlands, rund 50 Museen

TIPP++TIPP++

Einkaufspassagen
Mit einem Netz von Passagen wurde die Hamburger Innenstadt seit den 1980er-Jahren wieder zu einem beliebten Einkaufsparadies. Neben den altehrwürdigen Colonnaden und Alsterarkaden laden im Passagenlabyrinth zwischen Gänsemarkt, Bleichenfleet und Mönckebergstraße die Galleria (oben), das Hanse-Viertel, die Mellin-Passage, der Hamburger Hof und die 2006 eröffnete Europa-Passage zu noblem und stilvollem Shoppen ein.

Hamburgische Staatsoper
Das älteste Opernhaus Deutschlands zeigt das gesamte Spektrum des Musiktheaters von Barockoper bis zeitgenössischer Uraufführung – und das auf höchstem Niveau. Experimentelles Musiktheater bietet die kleine Bühne »Opera stabile«.
Dammtorstr. 2, Tel. 0 40/35 68 68, www.hamburgische-staatsoper.de

Laeiszhalle
Das neobarocke Konzertgebäude von 1908, eine Schenkung des Reeders Carl Heinrich Laeisz, bietet das passende Ambiente für klassische Musikabende, sowohl bei Aufführungen der diversen heimischen Orchester als auch bei Gastspielen der internationalen Stars der Branche.
Johannes-Brahms-Platz, Tel. 0 40/3 57 66 60, www.laeiszhalle.de

Hamburg

Der Stadtstaat liegt an der Einmündung von Alster und Bille in die Niederelbe. Drei Naturräume prägen sein Landschaftsbild: die Geestgebiete, die steil zur Elbe abfallen, das Stromtal der Elbe und die Harburger Berge im Süden. Das Klima ist ozeanisch-mild und aufgrund einer ständigen Brise frisch. »Tor zur Welt« wird Hamburg auch genannt – 3000 Im- und Exportfirmen sowie fast hundert Generalkonsulate haben hier ihren Sitz. Außerdem ist die Stadt ein wichtiger Medienstandort. Des Weiteren steht Hamburg für altehrwürdige Hotels, Amüsement und edle Restaurants in der noblen Innenstadt rund um das Rathaus oder auf der Vergnügungsmeile St. Pauli.

** **Mönckebergstraße** Um 1900 sollte eine repräsentative Geschäftsstraße zwischen Hauptbahnhof und Rathausmarkt das Erscheinungsbild Hamburgs aufwerten. An die Stelle des alten Gängeviertels traten Waren- und Kontorhäuser, großzügig geplant und aufeinander abgestimmt. Hamburgs erste Architektengarde baute, was heute noch die Namen ihrer Auftraggeber trägt. Dazwischen entstanden kleine Plätze mit Musentempeln wie dem Thalia Theater am Gerhard-Hauptmann-Platz. Mit zurückhaltender Eleganz erfüllt die nun verkehrsberuhigte und ein wenig geliftete Einkaufsmeile auch heute noch die Erwartungen, die Bürgermeister Mönckeberg ihr einst zugedacht hatte.

* **Rathaus** Das weithin sichtbare Rathaus mitten im Zentrum ist bereits das sechste der Stadt. Während des großen Brandes (1842) wurde das letzte zerstört. Erst 1886 war der Neubau mit Skulpturen und Neorenaissancefassade bezugsfertig. 4000 Pfähle stützen den 70 Meter tiefen und 113 Meter breiten Bau. Im Gebäude gibt es 647 Räume in den unterschiedlichsten Stilen. Der Festsaal beeindruckt durch seine riesigen Dimensionen und durch Gemälde, die die Stadtgeschichte illustrieren.

** **Jungfernstieg** Um 1235 wurde die Straße erstmals als Mühlendamm errichtet. Mitte des 17. Jahrhunderts wurde sie verbreitert, gepflastert und mit Bäumen verschönert. Seit 1684 trägt sie den Namen Jungfernstieg – als Promenade, die einst hauptsächlich von Damen aufgesucht wurde. Nach aufwendiger Renovierung ist sie heute die schönste Straße der Innenstadt mit noblen Geschäften und Blick auf die Binnenalster.

** **Bäckerbreitergang** Die geschlossene Reihe von schlichten Fachwerkhäusern, die so charakteristisch für das »Gängeviertel« sind, stammt aus dem 18. und 19. Jahrhundert. Die Gänge waren typisch für Hamburg: morsche Fachwerkbauten und Häuserzeilen, enge Hinterhöfe, wenig Licht, engster Wohnraum, ein ständiger Unruheherd noch bis in die 1930er-Jahre. Hier wurde Johannes Brahms (1833–1896) geboren.

*** **St. Michaelis** Die Hamburger nennen ihre Hauptkirche (1750–1762) – ein Barockbau – schlicht und einfach »Michel«. Kurz nach Fertigstellung des Gotteshauses übernahm Philipp Emanuel Bach, der Sohn Johann Sebastians, hier die Musikdirektion. Nach Zerstörungen 1906 und im Zweiten Weltkrieg wurde der Michel jeweils umgehend wiederaufgebaut. Der 132 Meter hohe Turm kann über 449 Stufen erklommen werden.

** **Krameramtsstuben** Idyllisch und verwinkelt liegen die einstigen Wohnungen (17. Jahrhundert) im Krayenkamp. Sie dienten Witwen und Arbeitsunfähigen als Sozialwohnungen, bis 1866 das städtische Arbeitskollegium diese übernahm.

Einkaufsboulevard an der Alster

* **Fleetinsel** Die historische Bebauung der Fleetinsel zwischen Herrengraben und Alsterfleet, heute Hauptabfluss der Alster in die Elbe, war im Zweiten Weltkrieg weitgehend zerstört und die Ödfläche bis zu den 80er-Jahren nicht wieder ausgebaut worden. Durch Proteste ansässiger Künstler und Galeristen konnten die letzten historischen Kontor- und Speicherhäuser vor dem Abriss gerettet werden, wodurch in der Admiralitätsstraße ein Zentrum der Kunst mit Ateliers, Galerien und Buchhandlungen inmitten von Büro- und Geschäftsbauten

und über 100 Galerien. Vom Hauptbahnhof aus kann man die bedeutendsten Museen bequem zu Fuß erreichen. So etwa die Hamburger Kunsthalle (links), die durch den 1817 gegründeten ersten deutschen Kunstverein ins Leben gerufen wurde. Bereits unter ihrem ersten Direktor Alfred Lichtwark erlangte die Sammlung alter und neuer Malerei Weltruhm. Die angeschlossene, 1997 eröffnete Galerie der Gegenwart von O. M. Ungers widmet sich der modernen Kunst ab 1960. Eine bedeutende Jugendstilsammlung beherbergt das Museum für Kunst und Gewerbe, und die Deichtorhallen am Ende der Kunstmeile bieten wechselnde Ausstellungen zeitgenössischer Kunst. Dazwischen residiert in den Markthallen das Ausstellungszentrum des Kunstvereins, des Berufsverbands Bildender Künstler und der Freien Akademie der Künste.

aus Backstein und Glas im »Hamburger Stil« entstand. Zwischen Fleethof, Steigenberger Hotel und Neidlingerhaus öffnet sich ein Platz mit Treppe zum Herrengrabenfleet.

**** Nikolaifleet/Deichstraße** Am Mündungsarm der Alster in die Elbe, der jetzt Nikolaifleet heißt, liegt die Geburtsstätte der Hansestadt. Die Trostbrücke stellte einst die Verbindung von gräflicher Neustadt und bischöflicher Altstadt dar. Hier befanden sich der Hafen, die städtische Waage, seit 1558 die erste deutsche Börse und – wo heute das Gebäude der Patriotischen Gesellschaft steht – bis zum großen Brand das alte Rathaus. In der Deichstraße hatte sich 1842 die Feuersbrunst entzündet. Einige zerstörte Häuser wurden wiederaufgebaut. Darauf verzichtete man bei der im Zweiten Weltkrieg zerstörten Kirche St. Nikolai. Die 147 Meter hohe Turmruine blieb als Mahnmal erhalten.

*** St.-Katharinenviertel** Bereits um 1250 wurde die Katharinenkirche für die Bewohner der Marschinseln Cremon und Grimm errichtet. Der Backsteinbau entstand 1377 bis 1426, der barocke Turmhelm im 17. Jahrhundert. Die goldene Verzierung stammt angeblich aus dem Schatz von Klaus Störtebeker. Nach Kriegszerstörungen wurde die Kirche in den 50er-Jahren rekonstruiert. Die Innenausstattung war für immer verloren. Auch die mittelalterliche Altstadt rund um die Kirche vis-à-vis der Speicherstadt gibt es nicht mehr. Was den Krieg überstanden hatte, fiel der Ost-West-, heute Willy-Brandt-Straße, oder Bürogebäuden wie dem »Spiegel«-Hochhaus zum Opfer.

**** Chilehaus** 1922 bis 1924 wurde von Frith Höger das ehemalige Kontorhaus errichtet,

heute ein Wahrzeichen Hamburgs. Seine Ostecke ist einem Schiffsbug nachempfunden.

**** Museum für Kunst und Gewerbe** Das traditionsreiche Haus von 1877 zählt zu den wichtigsten Museen Europas für angewandte Kunst vom Mittelalter bis heute. Die Sammlung umfasst etwa Gebrauchsgegenstände im Bauhausstil, Jugendstilobjekte, ein japanisches Teehaus oder historische Tasteninstrumente.

***** Kunsthalle** Mit der Errichtung der Kunsthalle konnte 1863 die Sammlung des Kunstvereins endlich ausgestellt werden. Das Haus unterteilt sich in Altbau (1863–1869), Neubau (1911–1919) und Ungersbau (1997). Mit ihrer Gemälde- und Skulpturensammlung ist die Kunsthalle, deren Repertoire von den Alten Meistern bis zur Pop-Art reicht, eines der wichtigsten Museen Deutschlands.

**** St. Petri** Das älteste Gotteshaus der Stadt (11. Jahrhundert) mit seiner dreischiffigen Halle (14. Jahrhundert) wurde 1842 durch Feuer zerstört und danach mit Backsteinen im neugotischen Stil wiederaufgebaut. Sehenswert ist der Passionsaltar.

**** St. Jakobi** Die 1255 erstmals erwähnte, mehrfach durch Brände und Kriege beschädigte und restaurierte Kirche gibt einen schönen Einblick in mittelalterliche Architektur. Höhepunkte sind die dreischiffige Backsteinhalle, der Hauptaltar (16. Jahrhundert), der Lukasaltar und der Altar der Fischerzunft (beide 1500). Die **Arp-Schnitger-Orgeln (1689–1693) ist eine der bedeutendsten ihrer Art.

Von oben: Alsterarkaden mit Rathaus; historische Gebäude am Nikolaifleet; St.-Katharinenkirche mit Speicherstadt; Innenhof des Chilehauses

Die Reeperbahn im Herzen St. Paulis gilt als die »sündigste Meile der Welt«. Ihren Namen verdankt sie den Reepschlägern, die hier noch bis um 1900 Schiffstaue drehten. Schon damals hatte sich ein ausgedehn-

TIPP++TIPP++

Deichtorhallen
Der ehemalige Großmarkt dient nach dem von Kurt A. Körber finanzierten Umbau als Ausstellungshalle für Gegenwartskunst.
Deichtorstr. 1–2, Tel. 0 40/32 10 30, www.deichtorhallen.de
Di–So 11–18 Uhr

Schmidts
Unterhaltung für Kopf, Herz und Bauch – wie vom Hausherrn Conny Littmann versprochen – garantieren Schmidt Theater & Schmidts TIVOLI. Ob Musicals, Schmidt Mitternachts-Shows, Comedy-Revue oder musikalisches Gastspiel, stets gilt: Schräg und schön, aber schrill muss es sein!
Spielbudenplatz 24–28,
Tel. 0 40/31 77 88 99,
www.schmidts.de

*** **Speicherstadt** Wer ahnt beim Gang durch die Speicherstadt mit ihren Backsteinfassaden, Kupferdächern und Türmchen mit Zinnen, dass sich hier Ende des 19. Jahrhunderts ein dicht bevölkertes Altstadtviertel befand? Kurzerhand wurde es abgerissen, als Hamburg damals neue Flächen zur zollfreien Lagerung von Waren brauchte. Inzwischen hat das Gebiet den Status als Freihafen verloren, etliche Lagerhäuser wurden von den alteingesessenen Firmen aufgegeben. Einblicke in die Welt der exotischen Waren gewähren heute noch Speicherstadtmuseum, Deutsches Zollmuseum, Afghanisches Kunst- und Kulturmuseum und Gewürzmuseum.

** **St. Pauli Landungsbrücken** Lange waren sie das Tor zur Welt, das die Hansestadt stolz als Beinamen führt. 1839 als Anleger für Dampfschiffe nach Übersee gebaut, dienten die St. Pauli Landungsbrücken später Fähren nach England und Kreuzfahrtschiffen. Heute legen – in Sichtweite der Museumsschiffe »Rickmer Rickmers« und »Cap San Diego« – Barkassen zur Hafenrundfahrt und Elbfähren ab. Die 688 Meter lange schwimmende Pontonanlage, die durch mehrere Brücken mit dem markanten Abfertigungsgebäude verbunden ist, passt sich dem steten Auf und Ab der Gezeiten an. Am Ende der Landungsbrücken befindet sich der Eingang zum Alten Elbtunnel. Zu Fuß oder mit dem Auto geht es per Fahrstuhl 24 Meter in die Tiefe und dann unter der Elbe hindurch auf die Insel Steinwerder.

** **Fischmarkt** Einst befand sich hier der Fischhandelsplatz von Hamburg. 1895/96 entstand zusätzlich eine Fischauktionshalle als Stahl- und Glaskonstruktion, die im Zweiten Weltkrieg stark beschädigt wurde. Erst Anfang der 80er-Jahre wurde sie restauriert und dient seitdem als Veranstaltungszentrum. Sonntags ist hier nach wie vor Fischmarkt.

*** **Reeperbahn** Fischmarkt, Hamburger Dom, FC St. Pauli, Reeperbahn, Herbertstraße, Große Freiheit: St. Pauli ist der bekannteste und berüchtigste Stadtteil Hamburgs. Vom einstigen Niemandsland zwischen Hamburg und Altona, wo angesiedelt wurde, was innerhalb der Stadtmauern unerwünscht war, entwickelte sich der »Hamburger Berg« zum Inbegriff des sündhaften Vergnügens. Inzwischen werden die Besucher nicht allein von der käuflichen Liebe angezogen. Der Kiez hat sich zur Anlaufstation für Szenegänger gemausert, mit neuen Musikclubs, Bars und Diskotheken. Alte Theater in frischem Glanz bieten Unterhaltung, das Operettenhaus Musicals als Dauerbrenner. St. Pauli wird auch als Wohngegend zunehmend beliebt, besonders mit Hafenblick.

tes Amüsier- und Rotlichtviertel etabliert, geprägt von schweren Jungs und leichten Mädchen. Doch mit der viel besungenen Seefahrerromantik à la Hans Albers hat der Kiez nicht mehr viel zu tun. Sie wurde verdrängt von Kontakthöfen, Eros-Center und Peepshows und verschwand endgültig, als das große Geschäft mit der käuflichen Liebe im Sumpf von organisiertem Verbrechen, Bandenkriegen und Drogenhandel versank. Als das Rotlicht verblasste, erfuhr der Kiez seine kulturelle Renaissance. Auf der Reeperbahn, dem Spielbudenplatz und der Großen Freiheit tauchten alternative Varietés, edle Clubs und stilvolle Szenebars zwischen Spielhöllen und Sexshops auf (links). Partyhungriges Szenevolk mischt sich jetzt unter die endlosen Besucherströme, bei denen die Erwartung von etwas Frivolität in der Pauschalreise inbegriffen ist.

***** Planten un Blomen** Der Name – »Pflanzen und Blumen« – beschränkte sich ursprünglich auf die anlässlich der Niederdeutschen Gartenschau 1935 neu gestaltete Parkanlage zwischen Congress Centrum und Messehallen. 1986 wurde der Name auch auf den Alten Botanischen Garten sowie die Kleine und Große Wallanlage mit dem Museum für Hamburgische Geschichte ausgeweitet. Neben Pflanzen und Blumen erwarten die Besucher auf ihrem Streifzug auf der ehemaligen Befestigungsanlage zwischen Bahnhof Dammtor und St. Pauli denkmalgeschützte Gewächshäuser, prachtvolle Blumenbeete und Themengärten, Bachläufe und kleine Seen, japanische Teezeremonien, abendliche Wasserlichtkonzerte oder winterliches Eislaufvergnügen.

*** Roter Baum/Harvestehude** Das westliche Alsterufer gehört zu den feinsten Adressen Hamburgs. Betuchte Einwohner schätzen die vornehmen Jugendstilhäuser am Innocentiapark, die edlen Altbauten im mondänen Pöseldorf oder die großzügigen Etagenwohnungen entlang der Rothenbaumchaussee. Hier liegen auch das Stammhaus des NDR, das Museum für Völkerkunde und die Tennisanlage des Deutschen Tennis Bundes. In den repräsentativen weißen Villen mit wassernahen Aussichtslagen haben sich zahlreiche Konsulate und Unternehmen niedergelassen. Im noblen Palais des Bankiers Henry Budge werden heute die Studenten der Hochschule für Musik und Theater ausgebildet. Gegenüber liegt der Alsterpark.

**** Außenalster** Die Außenalster, 165 Hektar groß und beinahe ringsum von Grünanlagen gesäumt, ist ein Lieblingsort der Hamburger. Bei schönem Wetter treffen sich hier Jogger oder Müßiggänger am und Segler, Ruderer oder Kanuten auf dem Wasser. Die Wohnlagen an ihrem Ufer gehören zu den besten Adressen der Stadt.

Imposante Kulisse mächtiger Backsteinbauten: die Ende des 19. Jahrhunderts für die zollfreie Lagerung von Waren errichtete Speicherstadt (oben)

**** Schanzenviertel** Noch gibt es hier – der Name stammt übrigens von dem militärischen Fort ab, das im heutigen Sternschanzenpark 1662 als Ergänzung der Wallanlagen errichtet wurde – die alternative Szene mit ihrer Subkultur, die seit den 70er-Jahren auf der Suche nach billigem Wohnraum das alte Arbeiterviertel hinter dem Schlachthof rund um das Schulterblatt wieder mit Leben erfüllt hat. Doch um die einst heiß umkämpfte »Rote Flora« hat in den sanierten Häusern längst der trendbewusste Zeitgeist Einzug gehalten, mit noblen Restaurants, Bars und Läden.

Villenpracht im mondänen Stadtteil Harvestehude

Über 800 Jahre alt ist der Hamburger Hafen (links: Turm der Landungsbrücken; großes Bild: Schiff im Trockendock). Die 1189 gewährte Zollfreiheit verschaffte der Stadt enorme Wettbewerbsvorteile. Im Zweiten Weltkrieg wurde der Hafen zu 80 Prozent zerstört. Nach der Sturmflut von 1962, bei der viele Deiche brachen und 315 Menschen ums Leben kamen, sicherte man ihn durch Flutsicherungswerke ab. Heute ist

der Hamburger Hafen einer der größten Europas. Über 10 000 Schiffe laufen ihn jährlich an. Seitdem in den 1960er-Jahren die ersten Container im Hamburger Hafen gelöscht wurden, hat sich sein Erscheinungsbild grundlegend verändert. Wo einst Kisten, Fässer, Ballen oder Säcke noch erahnen ließen, was hier umgeschlagen wurde, beherrscht heute genormtes Einerlei die Szenerie. Mit Milliardeninvestitionen wurden neue Lagerflächen und Anlagen zum Löschen und Beladen der Schiffe geschaffen (Bildleiste unten). Dabei fiel mit Altenwerder ein ganzes Dorf zum Opfer; nur die Kirche samt Friedhof blieb erhalten neben dem modernen, automatisierten Containerterminal, das Tag und Nacht in Betrieb ist. Inzwischen gehört Hamburg zu den größten Containerhäfen der Welt – rund zehn Millionen Container werden hier jährlich umgeschlagen.

Hamburg

Jahrhundertelang hat Hamburg der Elbe den Rücken gekehrt und sich stets Richtung Norden orientiert. Seit einiger Zeit haben die Hanseaten jedoch ihre Liebe zum Hafengebiet wiederentdeckt. Was mit dem Heraus-

TIPP++TIPP++

Hafengeburtstag
Das Datum ist zwar historisch falsch, gefeiert wird um den 7. Mai aber trotzdem mit einer dreitägigen Riesenparty zwischen Kehrwiederspitze und Fischauktionshalle. Höhepunkte sind die Windjammerparade und das Schlepperballett.
Tel. 0 40/4 03 56 90, 2. Maiwochenende, www.hafengeburtstag.de

Museum für Hamburgische Geschichte
Anhand eindrucksvoller Stadtmodelle wird die Geschichte Hamburgs von der ersten Besiedlung um 800 bis in die Gegenwart nachgebildet.
Holstenwall 24, Tel. 0 40/42 81 32 23 80, Di–Sa 10–17, So 10–18 Uhr, www.hamburgmuseum.de

Hagenbeck
Der weltbekannte Tierpark hält vom Streichelzoo bis zu den Dschungel-

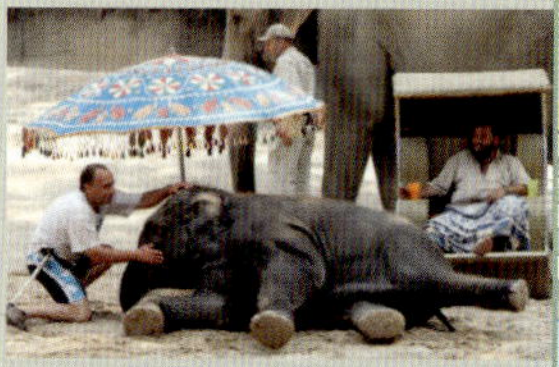

und Romantiknächten Angebote für die ganze Familie bereit.
Lokstedter Grenzstr. 2, Tel. 0 40/5 30 03 30, www.hagenbeck-tierpark.de März–Juni, Sept.–Okt. tgl. 9 bis 18 Uhr, Juli, Aug. 9–19 Uhr, Nov.–Feb. 9–16.30 Uhr

putzen des lange verschmähten nördlichen Elbufers begann, gipfelt momentan im größten innerstädtischen Bauprojekt Europas. Auf 155 Hektar Industriebrache entsteht zwischen Elbbrücken und Kehrwiederspitze ein urbanes Quartier mit neuer Architektur und maritimem Charakter. Um 2020 soll die HafenCity (links) vollendet sein, mit 5500 Wohnungen, Raum für rund 40 000 Arbeitsplätze, Geschäften, Lokalen, Plätzen und Promenaden. Alles hochwassersicher auf 7,5 Metern über Normalnull. Flaggschiff des Projekts ist die Elbphilharmonie, eine futuristische Konzerthalle auf dem historischen Kaispeicher A. Über den Verlauf der Arbeiten informiert das »InfoCenter« im Kesselhaus, einem Backsteinbau von 1886/87. Vom stählernen »View Point« am Kreuzfahrtterminal kann man die Szenerie in Augenschein nehmen.

Die Elbchaussee beginnt in Altona und führt über den Geestrücken flussabwärts durch die Elbvororte bis Blankenese. Rund 500 Gebäude, davon jedes vierte denkmalgeschützt, säumen – mal diskret im Verborgenen,

TIPP++TIPP++

Theater Neue Flora
Das Theater Neue Flora wurde 1990 erbaut, um Musicals aufzuführen. »Phantom der Oper« war dort über zehn Jahre erfolgreich (bis 2001), seitdem liefen auch Bearbeitungen von »Dirty Dancing« und »Tarzan«.
Stresemannstr. 159 a, Tel. 0 18 05 44 44, www.stage-entertainment.de

Museumshafen Övelgönne
Historische Segel- und Maschinenschiffe, die aufwendig restauriert

wurden, liegen hier im Hafen.
Anleger Neumühlen, Tel. 0 40/41 91 27 61, www.museumshafen-oevelgoenne.de Innenbesichtigung nur möglich, falls Crew an Bord

**** Altona** »All to nah« empfanden Hamburger die kleine Fischer- und Handwerkersiedlung an ihrer Westgrenze, die sich unter dänischer Herrschaft zu einer Konkurrenz für die Hansestadt entwickelte. Von den Dänen erhielt Altona auch die Stadtrechte, Freihafen- und Zollprivilegien sowie die tolerante Haltung gegenüber Gewerbe und Glauben. Nach dem Anschluss an Preußen 1866 erfuhr Altona, auch durch die Eingemeindungen von Bahrenfeld und Ottensen, einen rasanten Aufschwung zur Industriestadt. Den Mittelpunkt bildete das neue weiße Rathaus nahe der Palmaille mit ihren klassizistischen Häusern. Das eigentliche Herz schlägt heute jedoch in Ottensen, das sich zum multikulturellen Szeneviertel gemausert hat. Die einstigen Fabriken beherbergen heute Läden, Theater und (Musik-)Lokale.

*** Palmaille** Der Straßenzug in der Nähe der Elbe ist ein Gesamtkunstwerk. Christian Friedrich Hansen ließ die einstige Prachtstraße zwischen 1786 und 1825 im norddeutsch-klassizistischen Stil errichten. Über die Hälfte der Häuser wur-

Altonaer Rathaus mit Reiterstandbild Kaiser Wilhelms I. und Giebelrelief von Ernst Barlach

mal gut sichtbar – die »nasse« und die »trockene« Seite der Prachtstraße. Hier ließen seit dem 18. Jahrhundert reiche Kaufleute und Reeder ihre klassizistischen oder gründerzeitlichen Landvillen mit französischen Gärten und englischen Parklandschaften errichten. Einige historische Gebäude, wie das Jenisch Haus oder der Internationale Seegerichtshof (links), sind öffentlich zugänglich. Zwischen die Villen mischen sich moderne Nobelherbergen, Zweckbauten und Gourmetrestaurants, etwa der 1791 gegründete Gasthof »Jacob« in Nienstedten, dessen Lindenterrasse bereits von Max Liebermann festgehalten wurde. Auch wenn der Sandweg, der die Elbchaussee einst war, heute eine viel befahrene Verkehrsader ist, konnte das Gesamtkunstwerk großbürgerlicher Prachtentfaltung bis heute seinen Charme bewahren.

de im Zweiten Weltkrieg zerstört. Das Haus Nr. 16 baute der Architekt für sich selber.

**** Övelgönne** Damit bezeichnet man etwa einen Kilometer langen Uferabschnitt unterhalb der Elbchaussee. Er besteht aus Strand, einer Häuserzeile und einem Stück Schifffahrtsgeschichte. Der Strand ist ein beliebter Treffpunkt für Jung und Alt, für Szene- wie Spaziergänger. Landseitig führt der Elbwanderweg vorbei an den Gärten und Hauseingängen alter Lotsen- und Kapitänshäuser, die teils noch aus dem 18. Jahrhundert stammen. Das schwimmende Museum am Schiffsanleger Neumühlen umfasst rund 30 originalgetreu restaurierte Schiffe – darunter Dampfschlepper und Barkassen, ein Feuerschiff, ein Schwimmkran, ein Rettungskreuzer und eine zum Café umgebaute alte Hafenfähre –, die hier vor Anker liegen. Gelegentlich heißt es auch »Leinen los«, denn alle Oldtimer sind noch fahrtüchtig.

***** Blankenese** Der heutige Nobelvorort war einst ein kleines, im 14. Jahrhundert gegründetes Fischerdorf am Hang. Später wählten es Kapitäne und Lotsen als Residenz, Ende des 18. Jahrhunderts entdeckten dann wohlhabende Kaufleute aus Altona und Hamburg ihre Vorliebe für das beschauliche Dorf am abfallenden Geestrücken der Unterelbe. In geschützter Hanglage mit Elbblick bauten sie noble Villen und großzügige Parkanlagen, die sich um den bürgerlich geprägten Ortskern mit den kleinen Kapitäns- und Fischerhäusern schmiegten. Dieses eng bebaute Treppenviertel mit seinen 4864 amtlich gezählten Stufen, das bis zum Strandweg unten reicht, ist heute ein begehrtes Domizil für Reiche und Prominente. Vom 75 Meter hohen Süllberg über Blankenese bietet sich eine herrliche Aussicht auf den breiten Strom, die vorbeiziehenden Schiffe und die Werkshallen von Airbus. Viele der ehemaligen Anwesen der Reeder und Kaufleute gehören der Stadt Hamburg und sind öffentlich zugänglich.

***** Hagenbecks Tierpark** Am 7. Mai 1907 eröffnete Carl Hagenbeck auf einem Areal von 27 Hektar den ersten Tierpark Hamburgs. Es war der erste Tierpark-Landschaftsgarten, in dem beispielsweise künstliche Felsen errichtet wurden, um die Tiere unter möglichst naturgetreuen Bedingungen halten zu können. Im Zweiten Weltkrieg wurde die Anlage fast vollständig zerstört, in den 50er-Jahren dann wiederaufgebaut. Seit 1997 steht der Zoo unter Denkmalschutz.

Eine der begehrtesten Adressen Hamburgs ist Blankenese, das sich über einen Höhenrücken am Ufer der Unterelbe entlangzieht (oben).

TIPP++TIPP++

Ernst Barlach Haus
Am Rande des Jenischparks gelegen, beherbergt das Haus eine umfassende Sammlung von Werken des expressionistischen Bildhauers und Grafikers. Darunter ist auch ein Drittel seiner Holzskulpturen zu sehen.
Baron-Voght-Str. 50 a,
Tel. 0 40/82 60 85,
Di–So 11–18 Uhr,
www.barlach-haus.de

Jenisch Haus
Das klassizistische Landhaus dient als Museum für großbürgerliche Wohnkultur des 19. Jahrhunderts.
Baron-Voght-Str. 50,
Tel. 0 40/82 87 90,
Di–So 11–18 Uhr,
www.jenisch-haus.de

Die Rolandstatue wacht als Symbol für Freiheit und Gerechtigkeit vor dem Bremer Rathaus.

Bremen

Bremen war einst einer der größten Seehandelsplätze Deutschlands. Doch der Zweite Weltkrieg hat sein Gesicht stark entstellt: Die Stadt wurde durch Bombardements stark in Mitleidenschaft gezogen, moderne Trabantenstädte entstanden. Dennoch konnte sich die Hansestadt ihren Charme vor allem zwischen Domhügel und Weser erhalten. Bremen ist die Hauptstadt des gleichnamigen Bundeslandes, zu dem auch Bremerhaven zählt. Dort befinden sich Deutschlands größter Autoverlade- und Fischereihafen sowie das Alfred-Wegener-Institut für Polar- und Meeresforschung.

Bremen

250 Stationen auf 4000 Quadratmeter Ausstellungsfläche: Das Universum Science Center Bremen ist ein wahrer Superlativ. Schon die äußere Form des Gebäudes, die an eine große Muschel erinnert (links), ist viel-

TIPP++TIPP++

Antikenmuseum im Schnoor
Schwerpunkt der kostbaren Ausstellung, die zu den bedeutendsten ihrer Art in Deutschland gehört, sind kunstvolle Keramikarbeiten aus dem antiken Griechenland. Im Mittelpunkt stehen Vasen und Gefäße der klassischen Zeit Athens vom 6. bis 4. vorchristlichen Jahrhundert.
Marterburg 55–58,
Tel. 04 21/6 39 35 40,
www.antikenmuseum.de
Mo–Fr 10–13, 15–18,
Sa, So 10–18 Uhr

Kunsthalle Bremen
Drei Etagen Kunst – ob Alte Meister, Impressionisten, Neue Meister oder Medienkünstler. Allein das Kupferstichkabinett verfügt über rund 200 000 Handzeichnungen.
Tel. 04 21/32 90 80,
www.kunsthalle-bremen.de
Mo–So 10–18 Uhr

Schauspielhaus Bremer Theater
Das Schauspielhaus ist eine Spielstätte des Bremer Theaters. Neben Sprechtheater werden auch Tanzstücke aufgeführt. Im Foyer befindet sich eine Kleinkunstbühne.
Goetheplatz 1–3,
Tel. 04 21/3 65 30,
www.bremertheater.com

Freimarkt
Auch im Norden gibt es eine fünfte Jahreszeit: Der Bremer Freimarkt begeistert Jung und Alt mit Umzügen, Kostümen, Musik und mit ausgelassener Stimmung.
Bürgerweide,
www.freimarkt.de
jährlich im Herbst, Okt./Nov.

Bremen

Über fast 42 Kilometer Länge zieht sich Bremen an der Weser entlang, ist aber nur halb so breit wie diese Distanz. Bis zum Weserwehr im Norden der Stadt ist die Weser noch gezeitenabhängig, hohe Deiche säumen die Ufer. Bremen ist heute vor allem Dienstleistungszentrum und Industriestandort.

**** Roland** Der mit Baldachin fast zehn Meter hohe Roland auf dem Marktplatz ist Bremens Wahrzeichen. Seit 1404 steht der steinerne Ritter, mehrfach restauriert, auf seinem Platz. Mit Schwert und Schild symbolisiert Roland die Gerichtsbarkeit und die Stadtfreiheit der Hansestadt Bremen. Er wendet sich bewusst trutzig dem Dom zu, um ein Zeichen gegen den einstigen Herrschaftsanspruch der bremischen Erzbischöfe zu setzen.

***** Rathaus** Ebenso wie der Roland gehört das Bremer Rathaus seit 2004 zum UNESCO-Weltkulturerbe. Der spätgotische Bau aus dem frühen 15. Jahrhundert erhielt 1609 bis 1612 eine Prachtfassade im Stil der Weserrenaissance. Innen sind die 45 Meter lange Obere Rathaushalle, von deren bemalter Eichenholzdecke große Schiffsmodelle herunterhängen, sowie die Güldenkammer besonders sehenswert. Dieses Juwel frühbarocker Schnitzkunst wurde durch die Ledertapeten und Möbel Heinrich Vogelers auch zu einem Meisterstück des Jugendstils. Im historischen Ratskeller mit alten Weinfässern und den Fresken von Max Slevogt werden Weine aus allen deutschen Weinbauregionen angeboten. Nur wenige Schritte vom Niedergang zum Ratskeller entfernt steht die berühmte Skulptur der *Bremer Stadtmusikanten.

*** Liebfrauenkirche** Die frühgotische dreischiffige Hallenkirche am Rande des Marktplatzes wurde um 1230 ganz in der Nähe des Doms erbaut, um den Freiheitswillen der Kaufleute gegenüber dem Erzbischof zu betonen. Krypta und Südturm stammen noch von einem Vorgängerbau aus dem 11. Jahrhundert. Besonders stimmungsvoll ist der Kirchenbesuch, wenn die Sonne durch die 1966/67 eingebauten Glasfenster fällt, die aus einer Werkstatt in Chartres stammen.

Rathaus und steinerner Roland am Bremer Marktplatz

Die Bremer Stadtmusikanten am Eingang zum Ratskeller

***** Dom St. Petri, Dom-Museum und Bleikeller** Mit dem Bau des Bremer Doms wurde bereits 1041 begonnen. Im 13. Jahrhundert wurde die ursprüngliche dreischiffige Pfeilerbasilika im Stil der Frühgotik eingewölbt und erhielt die beiden mächtigen Türme. Einer von ihnen kann bestiegen werden und bietet die schönste Aussicht über die Stadt. Im 16. Jahrhundert wurden zahlreiche Umbauten im gotischen Stil vorgenommen. Im Dom-Museum sind die restaurierten Textilfunde aus mittelalterlichen Bischofsgräbern besonders bemerkenswert. Spektakulär sind auch die acht mumifizierten Leichen aus dem 15., 17. und 18. Jahrhundert im Bleikeller, die so gut erhalten sind, dass man sogar die Fingernägel noch deutlich erkennen kann.

***** Böttcherstraße** Die schmale, autofreie Straße zwischen Marktplatz und Weser ist ein Gesamtkunstwerk, bei dem

versprechend. Bei einem Rundgang durch das Wissenschafts-Erlebniszentrum werden die Besucher durch drei große Themenbereiche geleitet: Mensch, Erde und Kosmos. Das Thema Mensch erstreckt sich von der Sekunde der Zeugung über unsere Sinne bis zu den Welten in unseren Köpfen. Das Thema Erde ist eine Expedition zum Mittelpunkt unseres Planeten. Man erlebt, wie Planeten entstehen, wie die Erde im Innersten und an der Oberfläche aussieht. Das Thema Kosmos bringt uns die unendlichen Weiten des Alls näher, mit den kleinsten Bausteinen der Materie, dem Sonnenlicht und den Kräften der Erde. Hier wackeln etwa die Wände, wenn der Simulator ein Erdbeben in Gang setzt. Bremens Universum ist ein Ort, in dem man in die Welt der Wunder unseres Lebens abtauchen und sie spielerisch erleben und studieren kann.

sich mittelalterliche mit expressionistischen Formen verbinden. 1923 bis 1931 schufen die Architekten Eduard Scotland und Alfred Runge zusammen mit dem Bildhauer Bernhard Hoetger zwei Häuserreihen aus Backstein, in denen heute Kunsthandwerksgeschäfte, das Bremer Spielcasino, ein Kino und die Kunstsammlungen Böttcherstraße untergebracht sind. Das Paula-Modersohn-Becker-Museum ist ganz den Werken dieser Worpsweder Künstlerin gewidmet. Im Roselius-Haus lernt man den Wohnstil Bremer Kaufleute des 19. Jahrhunderts kennen und sieht u. a. Kunstwerke von Tilman Riemenschneider und Lucas Cranach d. Ä. Am Haus des Glockenspiels drehen sich täglich um 12, 15 und 18 Uhr zehn Ozeanbezwinger von Leif Erikson und Kolumbus bis zu Charles Lindbergh und Graf Zeppelin im Kreise.

**** Schlachte** Die Weserpromenade Schlachte war im Mittelalter Bremens Hafen mit vielen Lager- und Kontorhäusern. Einige von ihnen hat man renoviert oder nach historischen Vorbildern wiederaufgebaut; heute ist die Schlachte Bremens sommerliches Kneipenviertel am Fluss.

*** St. Stephani** Die um 1050 erstmals geweihte Kirche wurde nach kriegsbedingten Beschädigungen in den 1950er-Jahren wieder ganz aus Backstein aufgebaut, wobei man allerdings auf die einstigen Seitenschiffe verzichtete. Der Kirchturm ist aber weiterhin ein bestimmendes Element der Silhouette der Bremer Innenstadt.

***** Schnoor** Auf dem Pflaster der autofreien verwinkelten Gassen im Schnoor-Viertel fühlt sich der Reisende ins Mittelalter versetzt. In den schmalen und giebelständigen Häusern ver-

Die Windjammer, jene Segelschiffgattung, die ab 1870 gebaut wurde, war nie auf Schnelligkeit ausgelegt. Wer solch ein Schiff erwarb – hauptsächlich als Drei- oder Viermaster, rund 100 Meter lang, mit 30 000 Brut-

TIPP++TIPP++

Wilhelm Wagenfeld Haus
Das nach dem 1900 in Bremen geborenen Bauhaus-Künstler und Produktdesigner benannte klassizistische Gebäude an den Wallanlagen zeigt wechselnde Ausstellungen von industriellem Design.
Am Wall 209,
Tel. 04 21/3 38 81 16,
Di 15–21 Uhr, Mi–So 10–18 Uhr,
nur zu Ausstellungen,
www.wwh-bremen.de

Gerhard-Marcks-Haus
Der Berliner Bildhauer und Grafiker Gerhard Marcks (1889–1981), der u. a. die Bronzeskulptur der Stadtmusikanten am Rathaus schuf, hat in der alten Ostertorwache an den Wallanlagen sein eigenes Museum erhalten. Es präsentiert Teile seiner Sammlung, die 400 Skulpturen und über 600 Blatt Druckgrafik umfasst.
Am Wall 208,
Tel. 04 21/32 72 00,
Di–So 10–18 Uhr,
www.marcks.de

Focke-Museum
Das in einem kleinen Park gelegene Museum präsentiert Objekte aus der Stadtgeschichte, vom 1:1-Holzmodell eines Borgward bis zu Originalskulpturen vom Bremer Rathaus. Auf dem Außengelände zeigt das Haus Riensberg Bremer Wohnkultur seit dem Rokoko. Der Ur- und Frühgeschichte widmet sich die Ausstellung im Eichenhof, der Seefahrt und frühen Industrie das Haus Mittelsbüren.
Schwachhauser Heerstraße 240,
Tel. 04 21/6 99 60 00,
Di 10–21, Mi–So 10–17 Uhr,
www.focke-museum.de

schiedener Baustile wohnen und arbeiten heute Kunsthandwerker und Schmuckdesigner. Stilvolle Restaurants, ein Teestübchen und Cafés sowie ein Theater ergänzen das illustre Angebot.

**** Kunsthalle** Die vom 1823 gegründeten Bremer Kunstverein getragene Sammlung zeigt vor allem deutsche und französische Malerei des 19. und 20. Jahrhunderts sowie holländische Meister des 17. Jahrhunderts. Von internationalem Rang ist auch das **Kupferstichkabinett.

*** Wallanlagen und Wallmühle** Schon 1802 begannen die Bremer damit, die mittelalterlichen Stadtmauern einzureißen; nach den napoleonischen Kriegen legten sie an ihrer Stelle die vom Wallgraben umgebenen Wallanlagen an. Auf der leichten Erhebung der ehemaligen Gießbergbastion thront die letzte von einst zwölf Windmühlen, die bis 1802 auf den Wällen der Stadt standen.

**** Überseemuseum** Das Museum am Hauptbahnhof zeigt in seinen Sälen und Lichthöfen ausgewählte Aspekte außereuropäischer Welten unter einem Dach. Vier große Bereiche sind Afrika, Amerika, Asien und vor allem Ozeanien gewidmet. Ausgestellt sind etwa vielerlei Boote und Wohnhäuser aus der Südsee, chinesische Tempel und mongolische Jurten. Dioramen bringen dem Besucher auch die Tierwelt der Kontinente und deren Lebensräume näher. Ein wesentlicher Schwerpunkt der Ausstellungen ist zudem die Geschichte der Bremer Handelsbeziehungen seit der Kolonialzeit.

**** Bürgerpark und Stadtwald** Ein besonderes Kennzeichen des 136 Hektar großen Bürgerparks ist es, dass er nach 1865 allein durch die Spenden Bremer Bürger und Unternehmen geschaffen wurde und bis heute dadurch unterhalten wird. Architektonisch außergewöhnliche Gebäude wie das Park-Hotel, die Meierei und die Waldbühne setzen optische Akzente, ein kleiner Tierpark sorgt für zusätzliche Anziehungskraft. Vom angrenzenden Stadtwald, der bis zur Universität reicht, wird der Bürgerpark lediglich durch die Bahnlinie Bremen–Hamburg getrennt, sodass sich eine Parkfläche von insgesamt über 200 Hektar ergibt.

**** Rhododendronpark** Der mehr als 46 Hektar große Park ist vor allem im späten Frühjahr ein Paradies für Liebhaber von Rhododendren und Azaleen. Hier wachsen rund 500 der weltweit 1000 wilden Rhododendronarten und 2000 weitere Zuchtvarietäten. Eine besondere Attraktion ist die »Botanika«. In deren Gewächshäusern glaubt man durch den Regenwald Borneos, die Gebirgslandschaft des Himalaja und einen japanischen Teegarten zu spazieren.

**** EADS Space Transportation** Bei EADS am Bremer Flughafen werden die Oberstufen der Ariane-Raketen und das Columbus-Modul der internationalen Raumstation ISS gebaut. Im Rahmen von Führungen kann man ein Modell des Moduls betreten. Ein Besuch in der Galerie der Luft- und Raumfahrt am Flughafen mit ihren Oldtimer-Flugzeugen – darunter eine VFW 614 – rundet das Programm ab.

Bremerhaven: Columbus-Center und Museumsbark »Seute Deern«

Bremerhaven

Das nördlich von Bremen gelegene und landseitig von Niedersachsen umzingelte Bremerhaven wurde 1827 als dessen Vorhafen angelegt und steht noch heute ganz im Zeichen von Fischerei und Schifffahrt. Nach Hamburg ist Bremerhaven der zweitgrößte Handels- und der größte Fischereihafen Deutschlands.

***** Deutsches Schiffahrtsmuseum** Das konservierte Wrack einer 1380 erbauten Hansekogge, die gleich nach dem Stapellauf in der Weser

toregistertonnen und 4000 Tonnen Tragfähigkeit –, wollte große Mengen an Gütern günstig transportieren. Windjammer sind Tiefwassersegler mit riesigen Laderäumen, die sich mit ihrer besseren Besegelung für Fahrten auf den großen Ozeanen eigneten, zum Transport von Massengütern wie Kohle, Salpeter, Weizen und Zement. Sogar nach Einführung der Dampfschiffe wurden für den Transport empfindlicher Güter, die durch das rhythmische Stampfen der Maschinen Schaden genommen hätten, Windjammer genutzt. Einige Windjammer werden heute als Segel-Schulschiffe von der Marine (z. B. »Gorch Fock«) oder als Museumsschiffe (»Passat« in Travemünde) genutzt. Die schönsten Exemplare lassen sich auf Windjammertreffen wie der Sail in Bremerhaven (links) oder der Hanse Sail in Rostock bestaunen.

versank und erst 1962 geborgen werden konnte, ist das wertvollste Objekt der Sammlung, die vor allem nautische Geräte aller Art und über 500 originalgetreue Schiffsmodelle umfasst. Die spektakulärsten Exponate sind die Originalkabine eines Luxusliners aus dem Jahr 1912, das Mittelschiff eines 1881 erbauten Seitenraddampfers und das Skelett eines Pottwals.

*** **Museumshafen** Im Hafenbecken vor dem Schiffahrtsmuseum liegen zahlreiche Museumsschiffe, von denen die meisten besichtigt werden können. Besonders eindrucksvoll ist der Gang durch die Enge des 76 Meter langen U-Boots »Wilhelm Bauer«, das 1943/44 als »U 2540« erbaut wurde.

* **Zoo am Meer** Der kleine Zoo am Weserufer konzentriert sich vor allem auf die Präsentation von Tieren aus den kühleren Regionen der Welt: Pinguine, Seehunde, Robben und Eisbären. Aus der Vogelwelt sind u. a. Basstölpel und Schneeeule vertreten. Für Exotik sorgen Puma, Königspython, Chamäleon und Schimpanse.

* **Klimahaus 8° Ost** Im 2009 eröffnenden Klimahaus wird der Besucher entlang des achten Längengrads von der Polarregion bis zum Äquator geführt, erlebt dabei die ganz unterschiedlichen Klimazonen der Erde von eiskalt bis glühend heiß und lernt auch die diversen Wetterphänomene wie Wirbel- und Sandstürme kennen.

* **Radarturm** Der 114 Meter hohe Richtfunkturm am alten Vorhafen ist ein weithin sichtbares Wahrzeichen der Stadt. Mit einem Fahrstuhl gelangt man auf eine Aussichtsplattform in 65 Meter Höhe, von der aus der Blick über die Stadt bis zur Wesermündung und manchmal sogar bis zum Leuchtturm Roter Sand in der Deutschen Bucht reicht.

* **Container-Aussichtsplattform** Im weitläufigen Containerhafen ist ein Besuch aus Sicherheitsgründen untersagt. Aus diesem Grunde wurde aus ausgedienten Containern am Rande der Verladeflächen eine nur zu Fuß zu erklimmende Aussichtsplattform errichtet, von der aus man dem Treiben auf den Kais stundenlang zuschauen kann.

Segelboote im Deutschen Schiffahrtsmuseum Bremerhaven

* **Lloyd Werft** In der letzten großen Werft Bremerhavens werden vor allem riesige Kreuzfahrtschiffe repariert und modernisiert. Im Rahmen täglich angebotener Führungen gewinnen Besucher von einer Aussichtsplattform aus einen Einblick in die Arbeitsprozesse.

* **Columbuskaje** Heute legen vor dem Kreuzfahrt-Terminal Bremerhavens jährlich Dutzende von Kreuzfahrtschiffen aus aller Welt an. Bis weit in die Nachkriegszeit hinein war die Columbuskaje zuvor für Millionen von Auswanderern der Ort des Abschieds von der alten Heimat. Auch wer hier nicht an Bord geht, kann vom Café aus die luxuriösen Traumschiffe aus der Nähe beobachten.

** **Schaufenster Fischereihafen** In diesem touristisch ausgebauten Teil des Fischereihafens kann man nicht nur in zahlreichen maritimen Lokalen fangfrischen Fisch genießen, sondern auch beim Fischräuchern zusehen und an Bord des Museumsschiffs »Gera« gehen. Der 1959/60 in Rostock gebaute Seitentrawler war noch bis 1980 im rauen Nordmeer auf Fangfahrten unterwegs. Eine Ausstellung an Bord zeigt die Härte des Alltags der Besatzung.

* **Atlanticum** Das moderne Gebäude am Fischereihafen birgt mehr als nur ein Seewasseraquarium. Man kann hier akustisch bei einer Fischauktion dabei sein, in 12,5 Min. den Ablauf der Gezeiten verfolgen und einen großen Heringsschwarm im 150 000-Liter-Becken um Wrackteile eines Schiffs herumschwimmen sehen.

TIPP++TIPP++

Deutsches Schiffahrtsmuseum
Es gibt kaum Faszinierenderes, wenn man sich für die Schifffahrt und alles Maritime interessiert. Von der Geschichte der Schifffahrt bis zur Forschung darüber wird man hier umfassend informiert.
Hans-Scharoun-Platz 1,
Tel. 04 71/48 20 70,
Mo–So 10–18 Uhr,
Nov.–März Mo geschlossen,
www.dsm.museum

Historisches Museum Bremerhaven
Eine museale Zeitreise vermittelt anschaulich die Geschichte der Hafenstadt Bremerhaven. Rekonstruiert wurde die Lebens- und Arbeitswelt früherer Zeiten, darunter etwa eine Hafenkneipe, ein Fischladen oder ein Werftarbeiterhaus. Durch Filmvorführungen, Dia-Shows und Computer erhält man zusätzliche Informationen über Bremerhaven und das Umland.
An der Geeste,
Tel. 04 71/30 81 60,
Di–So 10 bis 18 Uhr,
www.historisches-museum-bremerhaven.de

Deutsches Auswandererhaus
Die Ausstellung führt den Besucher multimedial vom Auswandererkai in Bremerhaven an Bord historischer Segel- und Dampfschiffe, wo sich nachempfinden lässt, wie Auswanderer in unterschiedlichen Zeiten und Klassen reisten. Man erlebt die Einwanderungsprozeduren auf Ellis Island in New York mit und kann mithilfe einer Datenbank herauszufinden versuchen, ob sich damals eigene Vorfahren auf den Weg in die Neue Welt gemacht haben.
Columbusstraße 65,
Tel. 04 71/90 22 00,
Mo–So 10–18 Uhr,
Nov.–Feb. 10–17 Uhr,
www.dah-bremerhaven.de

Sie gehören zum Landschaftsbild Ostfrieslands – die alten Holländerwindmühlen.

Niedersachsen

Deutschlands zweitgrößtes Bundesland erstreckt sich von den Ostfriesischen Inseln im Norden bis zum Weser- und Weser-Leine-Bergland im Süden, vom Emsland im Westen bis zur unteren Elbe, Wendland, Harz und Eichsfeld im Osten. Obwohl in weiten Teilen noch landwirtschaftlich geprägt, hat es auch in kultureller Hinsicht viel zu bieten. Davon zeugen geschichtsträchtige Städte wie Oldenburg, Hildesheim, Goslar, Braunschweig oder Hannover.

Mal ganz Meer, mal ganz Land, und durch den ständigen Wechsel von Ebbe und Flut eine Landschaft in beständigem Wechsel (links) – das ist das Wattenmeer. Zu seinem Schutz wurden an der Nordseeküste

TIPP++TIPP++

commedia nova
Ein noch relativ junges, aber sehr erfolgreiches und freies Theater, das sich mit der Suche nach neuen Ausdrucksformen beschäftigt.
Stade, Hohe Reihe 5, Tel. 0 41 41/60 05 17, www.commedianova.de

STADEUM
Theater und Musik klassisch und modern – das STADEUM zählt zu den wichtigsten kulturellen Treffpunkten zwischen Weser und Elbe
Stade, Schiffertorsstr.6, Tel. 0 41 41/4 09 10, www.stadeum.de

Schloss Ritzebüttel
Eintauchen in die Vergangenheit, in rund 600 Jahre Geschichte des Schlosses und des Lebens in Cuxhaven. Aber das Schloss hat nach der Renovierung nicht nur musealen Wert, sondern wird auch als Veranstaltungsort für Konzerte und Vorträge genutzt.
Cuxhaven, Tel. 0 47 21/72 18 12, Di–Do 9.30–12.30, 14–16.30, Fr 14–16.30, Sa, So nur vorm.

Barkenhoff
Hier wohnte einst der Künstler Heinrich Vogeler. Nach der Sanierung des Gebäudes wurde es im Jahre 2004 wiedereröffnet und bietet heute exquisite Ausstellungsflächen, die von Künstlern aus aller Welt genutzt werden. Darüber hinaus werden hier Leben und Werk Heinrich Vogelers präsentiert.
Worpswede, Ostendorfer Str. 10, Tel. 0 47 92/39 68, www.barkenhoff-stiftung.de, tgl. 10–18 Uhr

Zwischen Elbe und Weser

Schöne Hansestädte, blühende Apfelbaumplantagen, stille Kanäle und dunkle Moore – die Region zwischen Elbe und Weser hat ihren ganz besonderen Charme. Sie ist platt wie ein Brett, herb und süß zugleich – wie der Apfelkuchen aus der Gegend.

**** Buxtehude** In der hübschen Altstadt sind vor allem die Backsteinbasilika St. Petri aus dem 14. und die zahlreichen Bürgerhäuser aus dem 16. Jahrhundert sehenswert. »Up de lütje Haide bi Buxtehude« ließ Wilhelm Schröder einst Hase und Igel um die Wette laufen.

*** Altes Land/Land Kehdingen** Hier befindet sich das größte zusammenhängende und gleichzeitig nördlichste Obstanbaugebiet Deutschlands. Wenn sich im Frühling auf 157 Quadratkilometern die Blütenpracht der Apfel- und Kirschbäume entfaltet, kommen Wanderer und Radfahrer in das Alte Land südlich der Elbe, um sich von den hohen Deichen aus das Naturschauspiel anzuschauen. Im Herbst reisen sie dann noch einmal an – diesmal mit ihren Autos. Säckeweise wird dann vor den Anwesen das frisch geerntete Obst eingeladen. Mittelpunkt der Region ist die Gemeinde Jork mit ihren beeindruckenden alten Fachwerkbauernhäusern. Der kleine Landstrich Kehdingen in der Nähe von Stade bekommt von all dem Trubel nichts mit. Er ist vor allem für Zugvögel ein beliebter Rastort. So feiert man im Herbst im ganzen Land Kehdingen die Wildganstage.

**** Stade** Im Mittelalter war Stade neben Hamburg einer der wichtigsten Hafen- und Hanseorte. Wirklich bedeutend ist Stade an der Unterelbe mit seinen knapp 50 000 Einwohnern heute nicht mehr, aber es hat sich sein historisches Stadtbild behalten können. Die Altstadt ist noch von Festungswällen und Wassergräben umschlossen. Enge Gassen und alte Fachwerkbauten verströmen einen ganz besonderen Zauber. Am Alten Hafen steht noch der Schwedenspeicher (1692 bis 1705), in dem heute ein Museum eingerichtet ist. An die schwedische Zeit der Stadt (1642–1712) erinnert auch das Portal des Rathauses, eines Barockbaus aus dem Jahre 1667. Über dem Portal halten zwei Löwen das schwedische Wappen. Überragt wird die Altstadt von der Kirche St. Cosmae (12. Jahrhundert) mit einer Arp-Schnitger-Orgel und der Kirche St. Wilhaldi (13./14. Jahrhundert).

Stade mit Fleet und Bürgermeister-Hintze-Haus

*** Wingst** In der kleinen Gemeinde südlich von Cuxhaven befindet sich ein Dorado für Blumenfreunde. Im »Kamelien-Paradies Wingst« wachsen die schönsten Kamelien Europas.

*** Cuxhaven** Die Stadt mit ihren 56 000 Einwohnern am Westufer der Elbmündung ist das zweitälteste Seebad Deutschlands (1816). Der eigentliche Kern von Cuxhaven, die heutige Altstadt, befindet sich im Süden um das ehemalige Schloss Ritzebüttel herum. Der Fischereihafen und der Großmarkt liegen im Osten, ganz in der Nähe der Außenmole »Steubenhöft«, wo früher die Auswandererschiffe nach Amerika ablegten und heute die großen Passagierschiffe festmachen und das Feuerschiff »Elbe 1« vertäut ist, das 1988 als Letztes seiner Art aus dem Dienst genommen wurde. Daneben gibt es einen neuen Tiefseehafen vor allem für den Containerverkehr, CuxPort. Einen guten Überblick über das gesamte Hafenareal hat man von der Aussichtsplattform »Alte

die Nationalparks Wattenmeer eingerichtet – jeweils einer in Dänemark, Schleswig-Holstein, Hamburg und Niedersachsen. Die vier aneinandergrenzenden Areale bilden so das größte zusammenhängende Nationalparkgebiet Mitteleuropas. Der 1986 gegründete, etwa 2800 Quadratkilometer große Nationalpark Niedersächsisches Wattenmeer erstreckt sich entlang der Nordseeküste vom Dollart an der niederländischen Grenze über die Ostfriesischen Inseln bis nach Cuxhaven. Man sieht es dem schlickähnlichen Untergrund kaum an, dass er Grundlage eines der produktivsten Ökosysteme der Welt ist. Neben Vögeln – darunter 18 Gänse- und 20 Entenarten – und Säugetieren (Seehund, Kegelrobbe, Schweinswal) sind im niedersächsischen Watt zahlreiche Fische, Würmer, Muscheln, Schnecken, Krebse, Insekten und Nesseltiere heimisch.

Liebe«. Wahrzeichen Cuxhavens ist eine große hölzerne Kugelbake, die einst den Seefahrern als nautisches Seezeichen diente. Heute, im Zeitalter von GPS, hat sie jedoch ausgedient.

*** Hadeln/Wurster Heide** Die Geschichte der Geest- und Moorgebiete Hadeln und Wursten südlich der Elbe und deren Mündung im heutigen Landkreis Cuxhaven reicht weit in die Steinzeit zurück. Im Mittelalter war sie bestimmt durch freiheitsliebende Bauern. Erst im 19. und 20. Jahrhundert erlangten Zentren wie Bremerhaven und Cuxhaven städtisches Flair. Heute ist die historische Landschaft mit ihren stolzen Fachwerkhäusern vor allem durch Landwirtschaft mit Weiden für Milchvieh und Fischerei mit kleinen Häfen geprägt. Daneben ist in der durch zahlreiche Wasserläufe entwässerten Landschaft auch der Seebädertourismus eine Haupteinnahmequelle. Zu den beliebtesten Zielen zählen das über 1000 Jahre alte Bad Bederkesa mit seiner Burg aus dem 12. Jahrhundert und Moorrandseen sowie Otterndorf mit seinem Schöpfwerk und dem Museum für gegenstandsfreie Kunst.

*** Bad Bederkesa** Mittelpunkt des beliebten Urlaubs- und Ausflugsorts ist die von einem Graben umgebene Burg aus dem 12. Jahrhundert, von deren Blütezeit unter Bremer Herrschaft ein Roland im Burghof zeugt. Sie wurde vorbildlich restauriert und beherbergt ein archäologisches und kulturgeschichtliches Museum.

*** Teufelsmoor** Rund 400 Quadratkilometer Hoch- und Niedermoor, dunkle Wälder, kuschelige Niederungen, darin ein Sandhügel, der Weyerberg, mit dem malerischen Worpswede – das ist das Teufelsmoor, einst eines der größten Moore Nordwestdeutschlands mit Torf bis zu elf Meter Tiefe. Eine Landschaft mit geheimnisvoller Aura, die in neuerer Zeit vor allem Kunstmaler anzog. Das war noch anders während der Besiedlung im 17./18. Jahrhundert, als die Menschen Torf stachen und ein Kanalsystem anlegten, um das Teufelsmoor zu entwässern. Letztere war noch bis in die 1980er-Jahre hinein der Fall, um die Flächen für die Landwirtschaft urbar zu machen. Erst dann hat ein Umdenken begonnen. Nach und nach werden Flächen wiederbewässert und andere stillgelegt, um noch ein Stück dieser einzigartigen Landschaft erhalten zu können.

**** Worpswede** Einst ein kleines unscheinbares Dorf im Teufelsmoor, knapp 30 Kilometer nordöstlich von Bremen, entwickelte sich Worpswede Ende des 19. Jahrhunderts zu dem heute bekannten Künstlerort. Das Licht in der bizarren Moorlandschaft und die vom Wind wild zerzausten Bäume – der Dichter Rainer Maria Rilke schwärmte einst von einem »Himmel von unbeschreiblicher Veränderlichkeit und Größe« – zogen immer mehr Maler und Künstler an. Zu den bekanntesten zählen Paula Modersohn-Becker und Heinrich Vogeler, dessen ehemaliges Wohnhaus, der Barkenhoff, noch heute zu besichtigen ist. In den letzten Jahrzehnten haben sich in Worpswede zahlreiche Kunsthandwerker niedergelassen, die ihre Werke in alten Fachwerkhäusern verkaufen und den Ort damit zu einem beliebten Ausflugsziel für Kunstliebhaber gemacht haben.

Von oben nach unten: Fachwerkbauernhof im Alten Land; Feuerschiff »Elbe 1« im Hafen von Cuxhaven; Burg von Bad Bederkesa; Teufelsmoor mit blühendem Wollgras

Niedersachsen

Hering und Scholle von Juli bis Oktober, das sind für die Fischer die wichtigsten und ertragreichsten Fischfänge in der Nordsee. Doch beliebt sind bei den Konsumenten auch die Nordseegarnelen, im Volksmund

TIPP++TIPP++

Küstenmuseum Juist
Das wohl empfehlenswerteste Museum der Ostfriesischen Inseln. Von Geschichte und Alltag auf den Inseln über die Entstehung der Seenotrettung bis zu einer Dokumentation über die Erdgas- und Erdölförderung in der Nordsee reicht die Themenpalette.
Juist, Loogster Pad, Tel. 0 49 35/14 88, Apr.–Okt. Mo–Fr 9–12 und 14.30–18 Uhr, Sa 9–12 Uhr, Nov.–März Do 14–17 Uhr

Dykhus Borkum
In diesem Heimatmuseum werden Inselgeschichte, Seeschifffahrt und Vogelkunde dokumentiert.
Borkum, Roelof-Gerritz-Meyer-Straße, Tel. 0 49 22/48 60, Apr.–Okt. Di–So 10–12 und 16–18 Uhr, Nov.–März Di, Sa 15–18 Uhr

Fischerhausmuseum Norderney
Im Heimatmuseum der Insel kann man etwa in alten Kurnachrichten nachlesen, wer vor hundert Jahren im mondänen Seebad zu Gast war.
Norderney, Argonnerwäldchen, Tel. 0 49 32/17 91, Apr.–Sept. Mo–Fr 15–17 Uhr, So, Fei 10–12 Uhr, März, Okt. Di, Do, Sa 15–17 Uhr, Nov.–Feb. Fr 15–16 Uhr, Gruppen nur n. V.

Feuerschiff »Borkumriff«
Das Feuerschiff «Borkumriff« lag 1956 bis 1988 ca. 30 Kilometer nordwestlich der Insel Borkum in einem der Hauptschifffahrtswege der Deutschen Bucht vor Anker. Auf dieser Position diente das Leuchtfeuer der »Borkumriff« Schiffen aus aller Welt als Ansteuerungspunkt bei der Einfahrt in die Ems. Heute dient sie als Museumsschiff im Rahmen von Führungen und Ausstellungen zu den Themen »Nationalpark Wattenmeer« und »Nordseeschutz«.
Borkum, Am Nordufer, Tel. 0 49 22/20 30, März–Okt. öffentliche Führung um: 10.45, 11.45, 13.45, 14.45, Juni–Aug. auch 16.15 Uhr

Ostfriesische Inseln

Direkt vor der Nordseeküste Niedersachsens liegen im Nationalpark Niedersächsisches Wattenmeer wie auf einer Schnur aufgereiht die Ostfriesischen Inseln: Borkum, Juist, Norderney, Baltrum, Langeoog, Spiekeroog und Wangerooge. Kennzeichnend sind ihre Dünenlandschaften und weißen Strände – und vor allem die unendliche Ruhe. Lediglich auf Borkum und Norderney darf man Auto fahren – und das auch nur eingeschränkt.

*** **Borkum** Die größte der Ostfriesischen Inseln (30 Quadratkilometer) bietet einen schlickfreien Südstrand und Hochseeklima. Erst Mitte des 19. Jahrhunderts wurde Borkum als Ferieninsel entdeckt. Die anspruchsvolle Architektur im Ort Borkum verrät, dass hier einst »höhere Herrschaften« Urlaub gemacht haben. An der Strandpromenade stehen edle, weiß getünchte Häuser, die um 1900 errichtet wurden. Die ehemalige »Kurhalle am Meer« ist heute ein Komplex mit zahlreichen Restaurants, Cafés und Galerien. Der 60 Meter hohe Leuchtturm, das Wahrzeichen der Insel, wurde im Jahr 1879 erbaut und ersetzte den Alten Leuchtturm, einen ehemaligen Kirchturm von 1576.

*** **Juist** Das 17 Quadratkilometer große Juist ist die längste der Ostfriesischen Inseln. Inmitten der Insel liegt der gleichnamige Hauptort. Das alte *Kurhaus wurde Ende des 19. Jahrhunderts erbaut und nach zwischenzeitlichem Verfall wiederaufgebaut. Der erste prominente Urlauber war der König von Sachsen nebst Gefolgschaft. Im Küstenmuseum in Loog sind Geschichte und Entwicklung der Ostfriesischen Inseln dokumentiert.

*** **Norderney** Das 26 Quadratkilometer große Norderney ist die jüngste der sieben Ostfriesischen Inseln. Es entstand erst im 16. Jahrhundert, gehörte gleichwohl zu den ersten mondänen Inselbädern Deutschlands. Hier traf sich, wer Rang und Namen hatte. Zu Norderneys berühmtesten Gästen zählten Heinrich Heine, Theodor Fontane und Reichskanzler Otto von Bismarck, dem 1898 ein Denkmal errichtet wurde, von den Insulanern nur kurz »Klamottendenkmal« genannt. Trotz zahlreicher Bausünden an der Promenade hat sich die Insel mit dem Kurhaus und dem Kurpark im Zentrum ein wenig vom einstigen Flair erhalten können. Von dem knapp 55 Meter hohen Leuchtturm neben der reetgedeckten Mühle und dem Wasserturm, einem der Wahrzeichen der Insel, blickt man auf die Dünenlandschaft und Teile des Nationalparks – Orte der Ruhe.

* **Baltrum** Die mit nur gut sechs Quadratkilometer Fläche kleinste der Ostfriesischen Inseln hat keinen Glamour zu bieten, dafür aber den feinsten Sandstrand weit und breit sowie absolute Ruhe. Nicht einmal Fahrräder sind hier gern gesehen – und eigentlich braucht man sie auch nicht. Bei einem Bummel durchs Dorf kann man das Alter der Häuser an ihren Hausnummern ausmachen, denn diese werden chronologisch vergeben. Ein Besuch der Alten Kirche mit ihrem Glockengerüst, dem Wahrzeichen der Insel, sollte auf keinen Fall fehlen. In der Inselkammer, dem kleinen Heimatmuseum, wird die bewegte Geschichte des kleinen Eilands anschaulich dargestellt. Der Osten der Insel bietet dann nur noch reine, unberührte Natur. Hier kann man das unter Naturschutz stehende große Dünental mit seinen seltenen Pflanzen und Tieren, endlose Salzwiesen und nicht zuletzt das vogelreiche Watt erkunden.

** **Langeoog** Die »Lange Insel« ist ein besonders beliebtes Feriendomizil, hat sie doch von allen Ostfriesischen Inseln das vielfältigste Angebot in Sachen Sport, Freizeit, Familie. Auf 20 Quadratkilometer Inselfläche finden die Gäste 14 Kilometer feinsten Sandstrand, ein Vogelschutzgebiet, eine wunderschöne 1,5 Kilometer lange Höhenpromenade sowie die über 20 Meter hohe Melkhorndüne – Ostfrieslands höchste Erhebung. Das Wahrzeichen Langeoogs ist nur wenig höher – der Wasserturm, der ab 1909 als Wasserspeicher diente. Ein weiterer markanter Ort ganz anderer Art ist der Dünenfriedhof mit dem Grab der Sängerin Lale Andersen, die mit dem Lied »Lili Marleen« berühmt wurde. Auf eigenen Wunsch wurde sie nach ihrem Tod 1972 auf Langeoog beerdigt. Das Haus Sonnenhof in der Straße Gerk sin Spoor gehörte einst der Sängerin. Heute residiert in dem Haus eine Tee- und Weinstube.

** **Spiekeroog** Die »grüne« Insel unter den »Sieben Schwestern« bezaubert mit Linden und Kastanien, welche die betagten Inselhäuser beschatten. Der gesamte Ostteil der Insel gehört zur Ruhezone des »Nationalparks Wattenmeer« und darf nur auf den ausgeschilderten Wegen durchwandert werden. Aber eilig darf man es auf der knapp 20 Quadratkilometer kleinen Insel mit ihren 750 Einwohnern nicht haben, denn hier gibt es weder Autos noch eine Möglichkeit, sich ein Fahrrad zu mieten. Seit 1885 kann man sich mittels einer Pferdebahn – der Letzten ihrer Art in Deutschland – fortbewegen. Muße ist auch angebracht, um die Schönheiten der Insel, die bereits seit Mitte des 19. Jahrhun-

»Krabbe« genannt. Um sie zu fangen, bedarf es besonderer Boote. Die Krabbenkutter (links) wurden speziell dafür entwickelt. Diese flachbodigen Schiffe haben einen maximalen Tiefgang von 1,8 Metern. Große Kutter sind bis zu 20 Meter lang und 4,5 Meter breit und haben sowohl die typische Kuttertakelung mit Groß- und Focksegeln als auch einen Dieselmotor. Zum Fangen der Krabben lassen die Fischer große Fangnetze an zwei seitlichen Auslegern, den Baumkurren, ins Wasser und ziehen sie seitlich auf Rollen gleitend langsam über den Meeresgrund. Da Nordseegarnelen schnell verderben, werden sie noch an Bord in Seewasser gekocht – dadurch erhalten sie ihr unvergleichliches Aroma. Von der Krabbenfischerei aber können die wenigsten Fischer leben. Viele setzen deshalb ihre Kutter auch für Ausflüge und Angeltouren ein.

derts Seebad ist, zu erkunden und zu genießen: hinreißende Dünen, artenreiche Salzwiesen im Westen, einen mit Wasserläufen durchzogenen Kurpark, das Wrack eines britischen Dampfers, der Ende des 19. Jahrhunderts vor Spiekeroog strandete, und das seit vielen Jahrhunderten unversehrte Dorf. Hier steht noch das alte Kirchlein aus dem 17. Jahrhundert, dessen Pietà, so sagt es eine Legende, von einem 1588 vor Spiekeroog gestrandeten spanischen Schiff stammen soll.

** **Wangerooge** Die mit nur knapp acht Quadratkilometer Fläche zweitkleinste und östlichste der Ostfriesischen Inseln ist eine beschauliche, autofreie Familieninsel, deren bewegte Geschichte bis zu ihrer Entdeckung Anfang des 14. Jahrhunderts zurückreicht. Da Wangerooge jenseits der Goldenen Linie liegt, die das Fürstentum Ostfriesland von der Grafschaft Oldenburg mit dem Jeverland trennte, gehört Wangerooge streng genommen gar nicht zu Ostfriesland. Immer wieder wurde die Insel von Piraten überfallen. Von all den Turbulenzen merken die Gäste des 21. Jahrhunderts nichts, wenn sie mit der bunten Inselbahn an der grünen Lagunenlandschaft, einem Vogelschutzgebiet, den Deichen und Stränden vorbeizuckeln, um ins Dorf Wangerooge zu gelangen. Dort kann man in der Zedeliusstraße einkaufen oder das älteste auf der Insel erhaltene Bauwerk, den 39 Meter hohen Alten Leuchtturm mit Museum, besichtigen. Weithin sichtbar ist der neue, 67 Meter hohe Leuchtturm, eines der Wahrzeichen der Insel.

Impressionen von den Ostfriesischen Inseln (von oben nach unten): Dünenlandschaften auf Juist (zweimal) und Langeoog, Strandkörbe auf Spiekeroog

Carolinensiel, Greetsiel (unten und rechts), Hooksiel und Neuharlingersiel (links) – kleine, charmante Orte an der Nordseeküste mit großer Vergangenheit. Sie sind Musterbeispiele für eine besondere Siedlungsform aus dem 16. bis 19. Jahrhundert, die sich bereits in ihren Namen offenbart. Sie alle liegen an »Sielen«, jenen Öffnungen in Seedeichen, die dazu dienten, das Binnenland zu entwässern. Die Siele wurden mit Toren aus-

gestattet, die sich bei Ebbe durch das aus dem Hinterland ablaufende Wasser öffneten, wodurch das Binnenland entwässert wurde. Bei Flut schlossen sich die Tore und verhinderten so Überschwemmung und Versalzung der Wiesen. Das ablaufende Wasser spülte nach und nach eine flache, von speziellen Schiffen befahrbare Rinne in das Wattenmeer. Sielhäfen dienten vor allem als Umschlagplatz für lokale Produkte. Hier florierte die Wirtschaft, man lieferte zu Zeiten der Segelschifffahrt Waren in die nähere Umgebung und auch in ferne Welten. Kaufleute und weit gereiste Seeleute lebten in den Sielorten und verliehen ihnen ihre besondere Ausstrahlung, Urbanität und Weltoffenheit. Mit Beginn der Dampfschifffahrt verloren die Sielhäfen ihre Bedeutung, teilweise verschlickten die Häfen oder wurden sogar zugeschüttet.

Windmühlen gibt es schon seit der Antike. Die uns geläufige Form mit horizontal liegender Rotordrehachse und vier Windflügeln ist in Europa seit dem 12. Jahrhundert verbreitet. Traditionell verwendete man Wind-

TIPP++TIPP++

Teemuseum Norden
Das dem Lokalmuseum angeschlossene Teemuseum ist das einzige seiner Art in Europa und bietet alles Wissenswerte und auch Vergnügliches über das Nationalgetränk der Ostfriesen. Eine interessante Aus-

stellung informiert über die Kulturgeschichte des Tees, seine Verarbeitung und Zubereitung und zeigt wertvolles Teegeschirr aus allen Epochen und Ländern wie beispielsweise England, Russland und China.
Norden, Am Markt 36,
Tel. 0 49 31/1 21 00,
März–Okt. Di–So 10–16 Uhr

Ostfriesland, Ammerland, Oldenburg

Ostfriesland, das Land zwischen den Niederlanden im Westen und Oldenburg im Osten, der Nordsee im Norden und Papenburg im Süden, kennt fast jeder – sei es durch seinen kräftigen Tee, sei es durch die vor vielen Jahren kursierenden Ostfriesenwitze. Südöstlich davon liegt der Landkreis Ammerland, der von den Landkreisen Leer, Friesland, Wesermarsch, Oldenburg und Cloppenburg umgeben wird.

* **Norden** Die nordwestlichste Stadt Deutschlands ist vor allem durch ihr Seebad Norddeich und ihre **Seehundaufzucht- und Forschungsstation bekannt. Einen Besuch lohnt auch die *Ludgerikirche aus dem 13./14. Jahrhundert mit einem spätgotischen Sakramentshaus, einem Chorgestühl samt Fürstenstuhl (1601) und einer Arp-Schnitger-Orgel.

* **Marienhafe** Das legendäre Hauptquartier Klaus Störtebekers, an den hier ein Denkmal erinnert, war einst ein betriebsamer Hafen. Heute liegt der Ort rund 15 Kilometer von der Küste entfernt. Der Mariendom mit dem früher 70 Meter hohen Turm – heute ist er nur etwa halb so hoch – diente nicht nur dem Lob des Herrn, sondern auch als erstklassiges Seezeichen. Bei einem Spaziergang durch den Ortskern sollte man in einem der zahlreichen Teestübchen einkehren.

** **Aurich** Jahrhundertelang war das von einem Oldenburger Grafen gegründete Aurich die Hauptstadt von Ostfriesland. Sehenswert ist hier die Lambertuskirche aufgrund ihrer wertvollen Ausstattung. Der gotische Schnitzaltar aus dem

Schloss von Jever mit barockem Turmaufsatz

mühlen zum Mahlen von Getreide, aber nach und nach kamen andere Nutzungen hinzu wie etwa das Mahlen von Gewürzen und Mineralien oder das Antreiben von Ölpressen und Sägewerken. Der älteste Windmühlentyp Europas ist die in Nordddeutschland weit verbreitete Bockwindmühle oder auch »Deutsche Windmühle«: ein Holzgebäude mit vier Flügeln, das drehbar auf einem Bock gelagert wurde. Um die Flügel in Bewegung zu setzen, wurde die gesamte Mühle in den Wind gedreht. Im 16. Jahrhundert etablierten sich Holländerwindmühlen mit drehbarer Kappe, die oft in Ostfriesland zu sehen sind (links: Wedelmühle in Neustadtgödens). Insgesamt gibt es in Deutschland noch einige Hundert Windmühlen. Glücklicherweise finden sich immer wieder Liebhaber dieser alten Bauwerke, um sie zu restaurieren und zu erhalten.

16. Jahrhundert stammt aus Antwerpen. In dem »Haus der Ostfriesischen Landschaft« befinden sich im Sitzungssaal Porträts ostfriesischer Grafen und Fürsten. Eine Besichtigung verdient auch die Stiftsmühle, an die ein Mühlenmuseum angeschlossen ist.

*** Jever** Bereits im 10. Jahrhundert wurde die Stadt erstmals erwähnt. Viele Fürsten regierten in den folgenden Jahrhunderten das Jeverland, darunter auch Zarin Katharina II. (1793–1806). Überregional bekannt wurde das ostfriesische Städtchen jedoch erst durch die gleichnamige Brauerei, die bereits 1848 gegründet wurde. Hauptsehenswürdigkeiten sind das *Schloss aus dem 15./16. Jahrhundert, das Rathaus im historischen Zentrum (17. Jahrhundert) und das *Friesische Brauhaus mit Museum und Brauereiführungen.

Gebäude der Ostfriesischen Landschaft und Pingelhus in Aurich

*** Wilhelmshaven** Auch wenn das direkt am Jadebusen am Endpunkt des Ems-Jade-Kanals gelegene Wilhelmshaven schon lange Zeit als Hafen bedeutend war, wurde es erst Ende des 19. Jahrhunderts eine richtige Stadt. Vorher hatte Preußen hier in einem Kraftakt über 14 Jahre einen Kriegshafen bauen lassen. Heute ist Wilhelmshaven noch immer der wichtigste Hafen für die Bundesmarine an der Nordsee. Am großen Hafen befindet sich die größte Drehbrücke Europas, die Kaiser-Wilhelm-Brücke von Anfang des 20. Jahrhunderts. Für die Durchfahrt großer Schiffe muss sie nach wie vor regelmäßig geöffnet werden. Sehenswert ist das Rathaus mit seinem 49 Meter hohen Turm, das Fritz Höger 1927 bis 1929 errichten ließ. Maritime Welten erschließen einige Museen Wilhelmshavens, etwa das Marinemuseum oder die Unterwasserstation Oceanis, ein Überbleibsel der Weltausstellung 2000.

**** Neuenburger Urwald** Auf einer Fläche von rund 22 Hektar hat sich hier im flachen Land bei Zetel noch ein richtiger Urwald erhalten. Die meisten Bäume, vorwiegend Eichen und Buchen, sind zwischen 200 und 500 Jahre alt, einige sogar 800.

Varel Hauptsehenswürdigkeit von Varel ist die Schlosskirche, eine friesische Wehrkirche aus dem 12. Jahrhundert. Das Kircheninnere wurde von dem Hamburger Bildhauer Ludwig Münstermann (1579–1637) gestaltet. Neben der achteckigen Sandsteinkanzel und dem reich verzierten Taufstein mit Alabasterfiguren verdient der fast zehn Meter hohe Schnitzaltar Beachtung. Weiteres markantes Wahrzeichen von Varel ist die restaurierte fünfgeschossige Holländermühle.

Seit 1915 nicht mehr in Betrieb, gleichwohl beliebtes Fotomotiv: Pilsumer Leuchtturm bei Krummhörn (oben)

Sie wirken so gemütlich und anheimelnd und tragen so vertrauenswürdige Namen wie Elisabethfehn oder Augustfehn: die Fehndörfer Ostfrieslands (»Fehn« bedeutet im Niederländisch-Norddeutschen »Moor«).

TIPP++TIPP++

Kunsthalle Emden
In der nordwestlichsten Ecke von Deutschland gibt es einen Ausstellungsort der Sonderklasse. Der Verleger Henri Nannen hatte mit seiner Frau 1986 seiner Heimatstadt Gebäude und eine exquisite Sammlung deutscher Expressionisten gestiftet. Hinzu kam später eine Schenkung von Otto van de Loo. Neben klassischer moderner Kunst werden in wechselnden Sonderausstellungen auch Werke zeitgenössischer Künstler präsentiert. Zum Ausruhen lädt die Cafeteria des Museums ein.
Emden, Hinter dem Rahmen 13, Tel. 0 49 21/9 75 00, www.kunsthalle-emden.de, Di 10–20, Mi–Fr 10–17, Sa, So 11–17 Uhr

Krummhörn Zwischen Emden und Greetsiel haben sich 19 auf ehemaligen Wurten (künstlich aufgeschüttete Besiedlungshügel, auch Warft genannt) errichtete Dörfer in der historischen Landschaft Krummhörn zur gleichnamigen Gemeinde zusammengeschlossen. Im Dorf Pewsum, in der Mitte Krummhörns, gibt das Museum in der Manninga-Burg (15. Jahrhundert) einen Einblick in die Regionalgeschichte. Ein Wahrzeichen von Krummhörn ist der auf dem Deich erbaute Leuchtturm von Pilsum.

** **Emden** Das Tor zur Welt – so sehen die Ostfriesen die altehrwürdige Handelsstadt an der Emsmündung. Im 16. Jahrhundert angesehen und wohlhabend, im Zweiten Weltkrieg zerbombt, zählt Emden heute zu den wichtigsten Seehäfen Deutschlands und ist der Mittelpunkt Ostfrieslands. Den Weltkrieg überstanden hat das Pelzerhaus (erbaut 1585), das Rathaus hingegen ist eine Rekonstruktion des Originals aus dem 16. Jahrhundert. Vom Rathausturm aus bietet sich ein weiter Blick über die Stadt und den Hafen mit seinen Kränen und Docks. Ganz in der Nähe ragt die Neue Kirche, ein imposanter Barockbau, hoch in den Himmel. Ein Spaziergang auf den begrünten Wallanlagen, die noch immer einen großen Teil Emdens umgeben, führt an Stadtgraben und Altem Graben entlang. Das bedeutendste Museum von Emden ist die von Henri Nannen gegründete Kunsthalle mit den Sammlungsschwerpunkten Expressionismus und Neue Sachlichkeit.

Leer Auf eine über 1000-jährigen Geschichte blickt die an Ems und Leda gelegene Seehafenstadt zurück. Die wunderschöne Altstadt verdankt ihr Gepräge nicht zuletzt auch den zahlreichen holländischen Glaubensflüchtlingen. Mit der Mennonitenkirche, der Lutherkirche, der Großen Kirche und der Kirche St. Michael konzentrieren sich hier gleich vier stattliche Gotteshäuser. Die Harderwykenburg und die Haneburg waren bereits im Spätmittelalter die Sitze ostfriesischer Häuptlinge; die Evenburg und das Schlösschen Philippsburg stammen hingegen aus der Barockzeit. Etwas südlich der Stadt sollte man einmal mit der Fähre »Wiltshausen« über die Jümme setzen. Sie ist die letzte noch handbetriebene Zugfähre Deutschlands.

Papenburg Wer in die Emsstadt kommt, wähnt sich fast in Holland. Die älteste und längste deutsche Fehnkolonie weist ein Kanalnetz von über 40 Kilometer Länge auf. Und so führt ein Spaziergang durch Papenburg über (Zug-)Brücken und an Grachten entlang. Dabei stößt man auf sechs nachgebaute historische Schiffe des Freiluft-Schifffahrtsmuseums. In der jahrhundertealten Schiffsbau-

Doch die Geschichte dieser Dörfer ist alles andere als gemütlich und anheimelnd. Während des Dreißigjährigen Kriegs, als den Menschen hier ihr wichtigstes Brennmaterial Holz ausging, begannen die Emdener Kaufleute Torf aus den nahen Mooren zu stechen und diese mit Kanälen (links) zu entwässern. Friedrich der Große warb im 18. Jahrhundert Männer für diese Arbeit an und lockte sie mit Vergünstigungen wie Gewährung von Glaubensfreiheit in die gefährlichen Sümpfe. Das Leben der Fehntjer in ihren dunklen Moorkolonien war erbärmlich. Sie lebten in Hütten aus Torfplacken, ernährten sich schlecht und arbeiteten sich oft zu Tode. Einige Moorarbeiter konnten sich aus ihrem Elend herausarbeiten, viele Fehnsiedlungen erlebten einen bescheidenen Wohlstand. Die älteste und wohl reichste Fehnsiedlung Deutschlands ist übrigens Papenburg.

tradition der Stadt steht die Meyer-Werft mit dem größten überdachten Trockendock der Welt. Zahlreiche Schaulustige säumen die Deiche, wenn sich ein großer Pott auf dem Weg zum Meer durch die schmale Ems zwängen muss.

*** Westerstede** Sehenswert in der Hauptstadt des Ammerlandes ist die St.-Petri-Kirche (1123) mit ihrem schiefen Glockenturm. In dem Bahnhof (1906) ist heute eine Galerie ansässig.

*** Bad Zwischenahn** Der vornehme Moor- und Kneippkurort im Herzen des Ammerlands am Zwischenahner Meer hat Abwechslungsreiches zu bieten: Wassersport, Kur- und Fitnessanlagen sowie idyllische Wanderwege an den Seeufern, aber auch zahlreiche Cafés und kleine Läden an den Straßen, in denen es sich entspannt flanieren lässt. Die Restaurants servieren regionale Spezialitäten wie Ammerländer Schinken oder köstlich geräucherten »Smoortaal«. Für Abendunterhaltung sorgt die Spielbank.

**** Oldenburg** Die 160 000-Einwohner-Großstadt zählt zu den kulturellen Zentren des Nordwestens, was teils auch der 1973 hier angesiedelten Universität zu verdanken ist. Besonders sehenswert in der ehemaligen Residenzstadt sind der Markt mit dem Rathaus von 1877, das Degode-Haus (ein Bürgerhaus von 1502) und der »Lappan«, ein ehemaliger Glockenturm des Heiligen-Geist-Spitals (1468) und heute Wahrzeichen von Oldenburg. Südlich des Marktes befindet sich das Schloss, in dem das Landesmuseum für Kunst und Kulturgeschichte mit wertvollen Exponaten untergebracht ist, etwa von Wilhelm Tischbein (1751–1829). Der Schlossgarten ist im englischen Stil gestaltet.

Emsland, Osnabrücker Land, Untere Weser

Das Emsland erstreckt sich südlich von Ostfriesland entlang von Ems und niederländischer Grenze. Die Verbindung zur Region Untere Weser zwischen Bremen und Rehburg-Loccum bilden Teutoburger Wald, Wiehengebirge und das Osnabrücker Land mit stattlichen Bauernhöfen, Heilbädern und schöner Fachwerkarchitektur.

Frenswegen 1394 wurde hier, am heutigen westlichen Stadtrand von Nordhorn, ein Augustiner-Chorherrenstift gegründet. Bis auf den östlichen Südflügel und die Klosterkirche, die 1880/81 durch Brand und Blitzschlag zerstört wurden, sind noch alle Gebäude erhalten.

Nordhorn Die markantesten Gebäude der Kreisstadt im äußersten Südwesten Niedersachsens sind die Alte Kirche (1445) mit schönen Gewölbemalereien und die neuromanische Augustinuskirche (1913).

*** Bad Bentheim** Hauptsehenswürdigkeit des Heilbads ist das Schloss der fürstlichen Familie Bentheim. Im Burghof steht der »Herrgott von Bentheim«, ein Steinkruzifix aus dem 11. Jahrhundert.

Dümmer Nordöstlich von Osnabrück liegt dieses Niedermoorgebiet, in dem zahlreiche Steinzeitfunde gemacht wurden. Vollkommen ausgegraben wurde das Moordorf Hüde I., das auf den Zeitraum 4200 bis 2700 v. Chr. zurückgeht.

*** Naturpark Dümmer** Mittelpunkt des 472 Quadratkilometer großen Naturparks ist der Dümmer See, Niedersachsens zweitgrößtes Binnengewässer. Er ist Brut- und Rastplatz für viele Zugvögel. Die weitläufigen Hochmoore weisen eine einzigartige Flora und Fauna auf.

**** Osnabrück** Karl der Große erhob die Siedlung um 800 zum Bischofssitz, im 13. Jahrhundert trat die Stadt der Hanse bei. Berühmt wurde sie 1643 bis 1648 durch die Verhandlungen, die dann zum Westfälischen Frieden führten. Ein berühmter Sohn der Stadt ist der 1898 hier geborene Schriftsteller Erich-Maria Remarque. Der *Dom St. Petri (13. Jahrhundert) mit dem romanischen Vierungsturm birgt ein Bronzetaufbecken (1225) und acht Apostelplastiken. Im Diözesanmuseum kann man den Domschatz begutachten. Das Rathaus wurde um 1500 erbaut. In der Marienkirche (1520) steht ein Flügelaltar aus dem 14. Jahrhundert. Schöne Fachwerkbauten sind noch im Heger-Tor-Viertel zu bewundern.

Nachgebautes historisches Segelschiff vor dem Rathaus von Papenburg (oben links); Dom St. Petri in Oldenburg mit Triumphkreuz (oben rechts)

Wenige Kilometer nördlich des Naturschutzparks Lüneburger Heide liegt das kleine Städtchen Jesteburg am Flüsschen Seeve, das zum Wandern, Radeln und Baden einlädt. Im hölzernen Turm von Jesteburgs Kir-

Insel Wilhelmstein mit Festung im Steinhuder Meer

Das prächtigste Gebäude der Stadt ist das Rathaus (14. Jahrhundert). Die St.-Martins-Kirche, eine Hallenkirche im Stil der norddeutschen Backsteingotik, birgt zahlreiche Kunstschätze.

Rehburg-Loccum Bad Rehburg besitzt mit den ehemals königlichen Kuranlagen ein einzigartiges Kulturdenkmal aus der Zeit der Romantik. Die »Reheburgk« aus dem 12. Jahrhundert war einst eine Wasserburg. In Loccum steht ein 1163 gegründetes Zisterzienserkloster.

** **Naturpark Nördlicher Teutoburger Wald-Wiehengebirge** Prägend für den auch als TERRA.vita bezeichneten Naturpark sind die bewaldeten Höhenzüge des Teutoburger Waldes, des Wiehengebirges und die Parklandschaft des Osnabrücker Landes. Der Naturpark gehört seit 2000 zum European Geopark Network; Saurierfährten und bizarre Felsformationen zeugen vom besonderen geologischen Erbe dieses Gebiets.

Verden In der eigentümlichen Gestalt des 1290 bis 1490 erbauten gotischen Doms St. Maria und Caecilia spiegelt sich dessen lange Baugeschichte. Die dreischiffige Hallenkirche verfügt über den ältesten Hallenumgangschor Deutschlands. Vom einstigen Reichtum der Erzbistumsstadt zeugt auch das barocke Rathaus. Heute ist Verden an der Aller ein Zentrum von Pferdezucht und Reitsport, und so gibt es hier ein Pferdemuseum und ein Hippologisches Institut in einem schön gestalteten Fachwerkhaus.

Nienburg Jahrhundertelang bewachte hier eine Festung einen der wichtigsten Weserübergänge. Die Altstadt ist geprägt von Fachwerkhäusern und Hofanlagen und vermittelt noch heute ein lebendiges Bild des Mittelalters: Zu den schönsten Höfen gehören der Fresenhof (1263) und der Burgmannhof.

** **Naturpark Steinhuder Meer** Das größte Binnengewässer Nordwestdeutschlands (30 Quadratkilometer) ist nur 1,5 Meter tief. Im See gibt es zwei künstliche Inseln: die 1765 vollendete Inselfestung Wilhelmstein und die beliebte Badeinsel am Südufer. Am Nordufer lockt der Strand an der Weißen Düne. Der See ist Teil eines Feuchtgebiets und mit dem Umland als Naturschutzgebiet ausgewiesen.

che schlägt Niedersachsens älteste Glocke, gegossen im Jahr 1190. Eine Freude nicht nur für kleine Mädchen ist das umfangreiche Puppenmuseum. Auf dem Weg nach Jesteburg, im Wald am Rande des Dörfchens Lüllau, trifft man in einsamer Landschaft auf eine unvermutete Attraktion: den eigentümlichen Kunsttempel von Johann Michael Bossard (1874 bis 1950). Das 1926 bis 1929 erbaute Haus ist das Lebenswerk des aus der Schweiz stammenden Hamburger Kunstprofessors und seiner ehemaligen Schülerin Jutta Krull, die er 1926 heiratete. Es stellt ein fantastisches Gebilde aus kuriosen architektonischen, bildhauerischen und gartenbaukünstlerischen Elementen, das beide immer weiter vervollkommneten (links: Edda-Saal mit isländischen Motiven). Ab 1944 hatte das kreative Paar hier seinen festen Wohnsitz.

Lüneburger Heide und Wendland

Zwischen dem 6. und dem 8. Jahrhundert war die Region schon von Slawen und Sachsen besiedelt. Wirtschaftliche Bedeutung hatten hier über 1000 Jahre lang die Salzgewinnung und dessen Transport auf der Salzstraße. So birgt die Region zwischen Elbe, Weser und Aller sowohl geschichtsträchtige Bauten als auch wilde Natur.

** **Scharnebeck** Direkt am Elbe-Seitenkanal befindet sich das zweitgrößte Schiffshebewerk der Welt. Die Schiffe überwinden in mit Wasser gefüllten »Fahrstühlen« in nur nur drei Minuten 38 Meter Höhendifferenz zwischen Elbe und Geest.

*** **Naturschutzpark Lüneburger Heide** Der 1921 gegründete Naturschutzpark war der erste seiner Art in Deutschland. Ein Gebiet von rund 20 000 Hektar ist für Autos gesperrt, zugelassen sind nur Pferdefuhrwerke und Fahrräder. Vom 169 Meter hohen Wilseder Berg bietet sich im Spätsommer ein bezaubernder Blick über das dunkelrosa Blütenmeer dieser historischen Kulturlandschaft. Allgegenwärtig sind in der Heide die Heidschnucken, eine genügsame Schafart.

Buchholz Das Städtchen ist bestens als Ausgangspunkt für Entdeckungstouren in die Nordheide geeignet. Los geht es im Ortsteil Seppensen mit einer Stippvisite in den Tropen: Im »Alaris-Schmetterlingspark«, ein in verschiedene Klimazonen unterteiltes Gewächshaus, kann man sich von April bis Oktober von Hunderten von Falterarten umflattern lassen.

* **Hanstedt** Hier ist man der eigentlichen Heide bereits ganz nah. Der Naturschutzpark beginnt gleich an der westlichen Ortsgrenze. Wander- und Radwege führen von hier nach Undeloh und zum Wilseder Berg, also mitten ins Herz der im August violett erblühenden Heidelandschaft. Die Attraktion Hanstedts liegt im Ortsteil Nindorf: der Wildpark Lüneburger Heide mit europäischem Großwild, Greifvögeln und einem Streichelzoo. Kunstliebhaber sollten die romantische Galerie Overbeck besuchen, in der Gemälde aus dem 20. Jahrhundert ausgestellt sind.

Bispingen Auch dieser Ort ist ein beliebtes Tor zum Naturschutzpark. Ehe man zu Fuß oder per Rad aufbricht, sollte man einen Blick auf die aus Feldsteinen erbaute schlichte »Ole Kerk«, die »alte Kirche«, von 1353 werfen und vielleicht auch den »Center Parc Bispinger Heide« besuchen, eine Freizeitlandschaft mit Bungalows, Hotel, künstlicher, überglaster

Verden an der Aller ist überregional für seine Pferdezucht bekannt. Ein mächtiger gotischer Dom beherrscht das Stadtbild (oben).

TIPP++TIPP++

Center Parc Bispinger Heide
Am Ortsrand von Bispingen, inmitten der wunderschönen Landschaft der Lüneburger Heide, erwartet den Besucher das volle Programm an Spaß und Action. Ratsam für mehrere Tage Aufenthalt, Tagesausflüge möglich.
Bispinger Heide, Töpinger Str. 69, Tel. 0 18 05/72 75 24

Galerie Overbeck
Eine Hommage an regionale Künstler mit einer exquisiten Auswahl von Bildern, Stillleben und Aquarellen.
Hanstedt/Ortsteil Nindorf, Im Auetel 21, Tel. 0 41 84/76 08, vorherige Anmeldung

Salzmuseum
Kein staubiges Museum, sondern eines zum Anfassen und Be-Greifen. Für diesen lebendigen Ansatz erhielt es 1991 den Museumspreis des Europarates in Straßburg.
Lüneburg, Sülfmeisterstr. 1, Tel. 0 41 31/4 50 65, Führungen: Mo–Fr 11, 12.30 und 15 Uhr, Sa/So 11.30 und 15 Uhr

Bereits im 16. Jahrhundert gehörte Lüneburg zu den reichsten Städten Norddeutschlands. In der Neuzeit gewann die gut erhaltene Stadt durch ihr anerkanntes Moor- und Solebad, einige Industriebetriebe und seit 1980 auch durch die Universität an Bedeutung. In der alten Salzstadt gibt es eine Fülle von Backsteingebäuden aus Spätgotik und Renaissance (links und unten). Sehenswert ist das Rathaus mit seiner gotischen

Gerichtslaube. Um 1410 entstand hier das leuchtende Neunheldenfenster, Sinnbilder der Gerechtigkeit (großes Bild). Durch die schöne Altstadt gelangt man zur 1409 geweihten Nikolaikirche. Die Straße Am Sande, einst Handelsplatz, wird von Häusern aus Renaissance und Barockzeit gesäumt. Die beeindruckende Johanniskirche (13./14. Jahrhundert) beherrscht mit ihrem 108 Meter hohen Turm den Platz. Die Orgel der Kirche gehört zu den ältesten Deutschlands. Im Deutschen Salzmuseum auf einem ehemaligen Salinengelände kann man sich über die 1000-jährige Geschichte der Salzgewinnung in Lüneburg informieren. Das »weiße Gold« wurde von hier aus in die Ostseeländer verschifft. Das Kloster Lüne wurde 1172 gegründet und dient seit der Reformation als Damenstift. Eine Zelle zeigt, wie die Nonnen damals lebten.

Sie gilt in Deutschland als Verkörperung der Heidelandschaft schlechthin – die im Städtedreieck Hannover – Hamburg – Wolfsburg gelegene Lüneburger Heide mit ihren Birkenhainen, Heidschnucken und Wassermühlen. Was heute so fasziniert, ist allerdings das Ergebnis jahrhundertelangen Raubbaus. Noch im Mittelalter wuchsen hier dichte Eichen-, Kiefern- und Birkenwälder. Sie wurden in den Salinen verheizt, und zurück blieb eine

Steppenlandschaft. Im Laufe der Jahrhunderte hat sich das triste Areal jedoch in eine pittoreske Heidelandschaft verwandelt. Im September blüht das Heidekraut und verzaubert die Landschaft in ein altrosa bis violett glühendes Farbenmeer (links). Dazwischen gibt es nur wenige Bauerndörfer oder einzelne Gehöfte, die sich als sogenannte Fachhallenhäuser mit Krüppelwalmdächern aus Reet harmonisch in die Landschaft einpassen (großes Bild). Eine Vorstellung vom Alltag der Heidelandwirtschaft vermitteln noch die Freilichtmuseen in Wilsede und Walsrode. Gekrönt wird das Idyll durch die allgegenwärtigen Heidschnucken. Diese genügsame Schafrasse ist das Haupthaustier der Heidjer – Sinnbild tiefsten Friedens, auch wenn an einigen Stellen der Heide Kanonendonner von den hier noch existierenden Truppenübungsplätzen herüberhallt.

Eine kulturgeschichtliche Besonderheit der nur dünn besiedelten, noch dazu evangelisch geprägten Lüneburger Heide sind die Heideklöster. Fünf von ihnen – Lüne, Medingen, Ebstorf, Isenhagen und Wienhau-

TIPP++TIPP++

Heimatmuseum Schneverdingen
Der »Theeshof« war einer der größten und ältesten Höfe im ehemaligen Dorf Hansahlen. Seit 1978 dient die Hofanlage als Heimathaus. Im Inneren geben Ausstellungen einen Einblick in das bäuerliche Wohn- und Arbeitsleben zwischen 1850 und 1950 in Schneverdingen und der Region. Der Theeshof ist aber auch ein Veranstaltungsort für Theateraufführungen, Dichterlesungen oder Filmabende.
Schneverdingen, Langelohsberg/Hansahlener Dorfstraße, Tel. 0 51 93/21 99

Badelandschaft und Karibikflair. Wer das wirkliche Leben vorzieht, nimmt ein Bad im Brunausee oder fährt zum Ortsteil Volkwardingen, von wo aus ein Wanderweg durch das Heidetal des Totengrunds nach Wilsede führt.

* **Schneverdingen** Wie in manchem anderen Heideort wird auch hier Ende August ein Heideblütenfest gefeiert, das in der Kür einer Heidekönigin seinen Höhepunkt findet. Im Zentrum des Trubels steht die Freilichtbühne des Höpen. Der Höpen ist eine 120 Meter hohe heidebewachsene Anhöhe, an der sich die Ställe der Schneverdinger Heidschnucken befinden. Im nahen, drei Hektar großen Heidegarten wurden allerlei Arten von Heidesträuchern, die zu unterschiedlichen Zeiten blühen, so gepflanzt, dass ein »Blütenkalender« entstand. Südöstlich des Ortes befindet sich – im Prozess der Renaturierung begriffen – das nasse Pietzmoor, durch das ein markierter Wanderweg führt.

Soltau Dass das auf angenehme Weise schlichte und freundliche Städtchen schon über 1000 Jahre alt ist, sieht man ihm nicht an, da historische Gebäude vollkommen fehlen. Die hübsche Ortsmitte »Am Hagen« erfreut mit kleinen Häusern, allerlei Gastronomiebetrieben, Handwerksstätten und dem Heiratsbrunnen, an dem sich einst die jungen Leute kennenlernten, wenn sie zum Wasserholen kamen. Besonders entlang dem Aller-Nebenflüsschen Böhme lässt sich gut radeln und wandern. Seit 1987, als in Soltau eine Solquelle erschlossen wurde, gibt es hier auch einen Kurbetrieb, dazu das Erlebnisbad »Soltau Therme«. Überregional ist die Stadt vor allem wegen des »Heide-Park Resort« mit reichlich Nervenkitzel und tollen Attraktionen für die ganze Familie bekannt.

* **Neuenkirchen** Hier verbindet sich Erdig-Bodenständiges mit Modern-Ambitioniertem. Neuenkirchen ist ein Zentrum des Kartoffelanbaus. Der Heideboden bringt besonders schmackhafte Erdäpfel hervor. Daher wird die Ernte im September mit einem Kartoffelfest gefeiert. Heideidyll wie aus dem Bilderbuch erlebt man aber schon täglich abends, wenn an der B 71 Richtung Soltau die große Heidschnuckenherde heim in die Ställe getrieben wird. Auch das Dörfchen selbst strahlt Beschaulichkeit aus. Umso mehr überrascht das Umland: Dort entstanden seit 1974 im Rahmen des Projekts der »Kunst-Landschaft« mehr als 30 ungewöhnliche Freiluftkunstwerke, darunter Skulpturen international bekannter Künstlern wie Tony Cragg. Informationen über genaue Standorte erhält man im Springhornhof (im Winter geschlossen), aber auch viele Neuenkirchener wissen gut Bescheid.

* **Bad Fallingbostel** Die schönste Ecke der Kreis- und Kurstadt findet sich im nördlich gelegenen Ortsteil Dorfmark in Form eines idyllischen Fachwerkensembles mit einer alten Dorfkirche. Wer Zeit und Muße hat, sollte den Ort einmal von der Wasserseite her betrachten, denn auf der Böhme lässt es sich gut paddeln. Flussabwärts gelangt man zum Vorort Tietlingen, wo sich in einem ruhigen Wacholderhain das Grab des 1914 in Frankreich gefallenen Heidedichters Hermann Löns befindet.

* **Walsrode** Das im Jahr 986 gegründete Kloster ist das älteste der sechs noch bestehenden Heideklöster. Zwar brannte es 1486 weitgehend aus und erlitt auch später große Schäden, doch einige historische Kunstschätze blieben erhalten, so die bemalte Holzdecke und die Glasmalereien des Nonnenchors, die Figur des Jesuskinds mit seinem bestickten Umhang, in dem Süßwasserperlen aus der Heide verarbeitet

sen (links: Kirche und Nonnenchor) – stammen aus dem 12. bis 14. Jahrhundert, hinzu kommt Kloster Walsrode aus dem 10. Jahrhundert. Die meist gotischen Backsteingebäude sind oft noch im Originalzustand erhalten. Nur das Medinger sowie teilweise das Walsroder Kloster mussten nach Bränden neu errichtet werden. Alle Klöster wurden nach der Reformation als evangelische Damenstifte genutzt. Wer nun aber meint, die Klosterschwestern hätten in den Gemäuern in entsagungsvoller Frömmigkeit gedarbt, irrt sich gründlich. Nicht nur die über reichlich Grundbesitz verfügenden Klöster, sondern auch viele Stiftsdamen, oft adligen Geblüts, waren ausgesprochen wohlhabend. Kloster Ebstorf wurde ein berühmter Wallfahrtsort. Wienhausen wurde als Familienkloster des Lüneburger Herzogshauses prächtig ausgestattet.

sind, ein gotischer Altarbehang sowie die um 1300 entstandene Figur des Stifters. Verwaltungsmäßig zu Walsrode gehört auch Hodenhagen. Hier hat sich der »Serengeti-Safaripark« einen Namen gemacht. Wie in den südafrikanischen Nationalparks fährt man mit dem Auto durchs Gelände und bestaunt Giraffen, Elefanten und Tiger.

Schwarmstedt Wo die Leine in die Aller mündet, geraten Vogelfreunde ins Schwärmen. Die weiten, feuchten Auen dieser unbegradigten Flüsse bieten vielen Reihern, Störchen und Milanen Lebensraum. Blickfang im Ort ist das Fachwerkhaus »Alte Burg« von 1632.

*** Uelzen** Hauptsehenswürdigkeiten sind hier das »Goldene Schiff«, das Modell einer Hansekogge, in der gotischen Marienkirche sowie der von Friedensreich Hundertwasser gestaltete Bahnhof.

Suhlendorf Im Handwerksmuseum des Heideorts auf dem Mühlenberg lässt sich in rekonstruierten Werkstätten die Arbeitswelt alter ländlicher Handwerkerberufe wie Stellmacher und Sattler nacherleben. Ursprünglich war es als Mühlenmuseum konzipiert – deshalb auch die vielen Mühlenmodelle sowie die 1999 rekonstruierte Bockwindmühle aus dem Jahre 1810.

*** Hankensbüttel** Der Ort am Südostrand der Lüneburger Heide ist in Tierschützerkreisen ein Begriff. Den stark gefährdeten Fischottern mehr Lebensraum zu verschaffen und ihre Lebensgewohnheiten gründlich zu erforschen ist nämlich Ziel des von einem Verein getragenen Otterzentrums, von dessen Arbeit und Engagement natürlich auch andere Tierarten profitieren. Im nahe gelegenen Kloster Isenhagen kann die Ausstattung der Kirche, darunter Truhen und teils über 700 Jahre alte Stickereien mit Flussperlen aus der Heide, besichtigt werden. Schlicht wie schön sind die Wandmalereien der Dorfkirche.

Uelzener Backsteinkirche St. Marien mit »Goldenem Schiff«

***** Celle** Die Stadt im Süden der Lüneburger Heide wurde 1292 von Herzog Otto dem Strengen gegründet. 1433 wurde sie Residenz der Herzöge von Braunschweig-Lüneburg. Das **Schloss (16./17. Jahrhundert) beeindruckt durch seine Renaissancefassade, die Prunkräume und das Theater. Die Stadtkirche wurde 1308 erbaut, das Rathaus 1581. Sehenswert sind auch die **Fachwerkhäuser in der Zöllnerstraße. Südlich der Altstadt liegt ein Französischer Garten mit Imkereimuseum. Das **Niedersächsische Landgestüt, bekannt durch die Zucht bester Hannoveraner Pferde, besteht seit 1735.

Bergen-Belsen Nördlich von Celle liegt Bergen mit der Gedenkstätte des ehemaligen Konzentrationslagers Bergen-Belsen. Hier kamen 1941 bis 1945 rund 50 000 Häftlinge und 20 000 sowjetische Kriegsge-

Kloster Walsrode (oben links); Blick vom Kirchturm von Celle auf die Altstadt mit ihren schönen Fachwerkbauten (oben rechts)

Niedersachsen

Das Adelsgeschlecht der Welfen ist seit dem 9. Jahrhundert, der Zeit Karls des Großen, nachweisbar. Der wohl berühmteste Welfe war Heinrich der Löwe (12. Jahrhundert), Herzog von Sachsen und Bayern. Zu seiner

Erlebniszentrum »Autostadt« in Wolfsburg mit Autotürmen und Hotel Ritz Carlton (oben)

TIPP++TIPP++

Internationales Wind- und Wassermühlen-Museum
Neben dem Historischen Museum Schloss Gifhorn ist das **Internationale Wind- und Wassermühlen-Museum sehenswert. Das einzigartige Mühlenmuseum zeigt dreizehn Mühlen in Originalgröße sowie 40 weitere Modelle aus aller Herren Länder, die naturgetreu und maßstabsgerecht gemäß der Orginale verkleinert nachgebaut sind.
Gifhorn, Bromer Str. 2, Tel. 0 53 71/5 54 66, geöffnet tägl. 10–18 Uhr, Nov.–März geschlossen

fangene ums Leben, 15 000 starben nach der Befreiung an den Folgen der Haft. Ein Mahnmal und eine Dauerausstellung erinnern an die Lagergeschichte.

* **Wienhausen** Nur elf Tage lange werden hier ab Freitag nach Pfingsten die gotischen Bildteppiche gezeigt, die die vornehmen Bewohnerinnen des einstigen Zisterzienserklosters und heutigen Damenstifts Wienhausen im 14. und 15. Jahrhundert geschaffen hatten. Die gotischen Backsteingebäude mit prächtig ausgemaltem Nonnenchor und Glasmalereien machen einen Besuch auch im Rest des Jahres zu einem eindrucksvollen Erlebnis.

** **Hitzacker** Die kleine Stadt auf einer Insel zwischen Elbe und Jeetzel zählt zu den schönsten im Wendland. Sehenswert ist die historische Altstadt mit vielen Fachwerkhäusern. Im ältesten (1589) ist das ehemalige Zollhaus untergebracht.

** **Lübeln** Hier handelt es sich um ein Rundlingsdorf, eine jahrhundertealte Bauform im Nordosten Niedersachsens. Der autofreie Dorfplatz wird von zwölf Höfen umgeben. Im 1972 gegründeten Freilichtmuseum wird der Alltag der wendländischen Bauern dokumentiert.

** **Wolfsburg** Hauptattraktionen der 1938 gegründeten VW-Stadt ist das **Erlebniszentrum »Autostadt« mit einer faszinierenden Seen- und Parklandschaft, Themenpavillons, Hotel, Kino und interaktivem Museum. Ferner sind hier herausragende Bauten von Zaha Hadid (Wissenschaftsmuseum »phæno«), Alvar Aalto (Kulturhaus, Heiliggeist-, Stephanuskirche) und Hans Scharoun (Städtisches Theater) zu bewundern. Schloss Wolfsburg (16./17. Jahrhundert) beherbergt die Städtische Galerie und das Stadtmuseum.

** **Naturpark Elbufer-Drawehn** Hier findet man Auen, Wälder und Deiche aus dem 13. Jahrhundert. Teile der Elbtalauen wurden 1997 als UNESCO-Biosphärenreservat anerkannt.

Hannover und Südniedersachsen mit Harz

Herrschaftliche Schlösser und vornehme Gärten, der Harz, altehrwürdige Städte, die Landesmetropole Hannover mit ihren Messen – die Region Hannover und Südniedersachsen bieten viel Abwechslung.

** **Hannover** Siehe Stadtplan rechts

*** **Herrenhäuser Gärten** Das Schloss der Herrenhäuser Gärten war einst Sommerresidenz der Herrscher von Hannover. Die Familie Calenberg hatte es im 17. Jahrhundert errichten lassen. Im Zweiten Weltkrieg wurde es dem Erdboden gleichgemacht, doch die »Herrenhäuser Gärten« – Georgengarten, Großer Garten und Berggarten – blieben erhalten.

* **Nordstemmen** Für den letzten König von Hannover, Georg V., wurde hier Mitte des 19. Jahrhunderts Schloss Marienburg im neugotischen Stil erbaut. Im Schloss befindet sich

Residenz wählte er Braunschweig, wo er ab 1160 die Burg Dankwarderode errichten ließ. Der Bau in seiner heutigen Form beruht auf einer Rekonstruktion von 1889. Nachdem die Welfen 1255 Wolfenbüttel erobert hatten, wichen sie vor den streitbaren Braunschweigern dorthin aus und erkoren es 1432 zur Residenz. Ab 1553 wurde Wolfenbüttels alte Wasserburg zum Renaissanceschloss ausgebaut, die Stadt vergrößert und befestigt. 1671 gelang es den Welfen, Braunschweig zurückzuerobern; 1753 kehrten sie nach Dankwarderode zurück – eine Seitenlinie, die ab 1636 in Hannover residierte, hatte es zur Kurfürstenwürde gebracht. Von der im 17. Jahrhundert errichteten Sommerresidenz Herrenhausen des hannoverschen Herrscherhauses sind die Galeriegebäude und der barocke Große Garten erhalten geblieben (links).

Hannover

Trotz großer Kriegszerstörungen hat Hannover reiche kulturelle Schätze zu bieten und ist vielleicht die am meisten unterschätzte Großstadt Deutschlands.

1150 war Hannover Marktsiedlung, 1495 übernahmen die Calenberger die Herrschaft und machten es im 17. Jahrhundert zur Residenzstadt. Seine Blüte setzte ein, als Ernst August 1692 bis 1698 erster Kurfürst von Hannover war. Als Kurfürst Georg Ludwig 1714 als König Georg I. den englischen Thron bestieg, begann die Ära der

Neues Rathaus am Maschsee

engen Verbindungen zwischen dem Kurfürstentum und England, die bis 1837 anhielten. An die königlichen Zeiten erinnert vor dem Hauptbahnhof das Reiterstandbild von König Ernst August I. Ein Mahnmal des Zweiten Weltkriegs ist die Ruine der Aegidienkirche (14. Jahrhundert). Zum Wahrzeichen der Stadt wurde das 1913 am Maschsee erbaute *Neue Rathaus. Norddeutsche Backsteingotik lässt sich am *Alten Rathaus studieren. Die Residenz König Georgs V. befand sich im Wangenheim-Palais. Herzog Georg von Calenberg erbaute im 17. Jahrhundert das *Leineschloss. Im wohl schönsten Fachwerkbau der Stadt spielt das Niedersächsische Staatstheater. Sehenswert ist auch das *Opernhaus. Die *Marktkirche birgt einen Schnitzaltar und ein Bronzetaufbecken aus dem 14. und dem 15. Jahrhundert.

Im 8. Jahrhundert war Hildesheim eine Siedlung für Kaufleute. Unter Kaiser Ludwig dem Frommen wurde das erste wichtige Gotteshaus errichtet. Ihm folgten Bischöfe, die weitere Kirchen erbauen ließen. Hil-

TIPP++TIPP++

Kurpark Bad Pyrmont
Das niedersächsische Staatsbad Bad Pyrmont besitzt einen der größten Kurparks in Europa. Besonders sehenswert ist der Palmengarten, in dem an die 300 Palmen bis zu 11 Meter hoch wachsen. Darüber hinaus findet man in dem Park bis zu 400 weitere tropische und subtropische Pflanzen.
Bad Pyrmont, Hufeland Therme, Forstweg 17, Tel. 0 52 81/5 17 50 oder Bad Pyrmont, Kur und Gast, Tel. 0 52 81/15 15 15

ein Museum, das über die Geschichte des Landes Niedersachsen aufklärt.

** **Braunschweig** Heinrich der Löwe (1129–1195) machte einst die Siedlung zu seiner Residenz und erteilte ihr Stadtrechte. 1247 wurde Braunschweig Mitglied der Hanse, 1745 erfolgte die Gründung der Technischen Hochschule, 1753 bis 1918 glänzte es als Residenz der Herzöge. Im Zweiten Weltkrieg wurde der historische Stadtkern bis auf wenige Gebäudeensembles zerstört. Erhalten geblieben ist der romanisch-gotische **Dom St. Blasius, vollendet 1195 unter Heinrich dem Löwen. Von ihm stammt auch der siebenarmige 4,5 Meter hohe Bronzeleuchter im Hochchor. Im Mittelschiff befindet sich sein **Grabmal, das zu den wichtigen Werken der spätromanischen Bildhauerschule zählt. Kaiser Otto IV. und seine Gemahlin Beatrix ruhen unter einer Messingplatte vor dem Chor. Am **Burgplatz steht vor dem rekonstruierten Palas von Burg Dankwarderode, Residenz Heinrichs des Löwen, eine Nachbildung des in Erz gegossenen *Löwen von 1166. Das Original befindet sich im Burgmuseum. Im Braunschweigischen Landesmuseum lässt sich die Landesgeschichte studieren. In der Museumstraße residiert das älteste Museum Deutschlands, das **Herzog-Anton-Ulrich-Museum. Sehenswert ist der Hagenmarkt mit der gotischen Hallenkirche St. Katharinen (1300), dem 1780 umgestalteten gotischen Rathaus und der Andreaskirche aus dem 12. Jahrhundert, die 1742 den neuen Südturm erhielt. Das schönste noch erhaltene Gebäudeensemble der Stadt ist der Altstadtmarkt. Ebenfalls eine Besichtigung wert sind die Marienkirche (12.–14. Jahrhundert) und das Gewandhaus. Sein Ostgiebel entstand Ende des 16. Jahrhunderts und zählt zu den Hauptwerken der Braunschweiger Renaissance. Erwähnenswert ist auch die älteste noch erhaltene Fachwerkfassade (1470) in der Knochenhauerstraße 11. *Schloss Richmond ließ der Herzog von Braunschweig-Wolfenbüttel 1768/69 für seine Gemahlin bauen.

* **Helmstedt** In der ehemaligen innerdeutschen Grenzstadt sind noch viele Fachwerkhäuser aus dem 16. Jahrhundert erhalten geblieben. Herzog Julius von Braunschweig gründete hier 1576 eine Universität, die bis zu ihrer Schließung 1810 viel besucht war. Im ehemaligen Universitätsgebäude, dem Juleum, befinden sich eine beeindruckende Bibliothek sowie das *Kreisheimatmuseum. Sehenswert ist das *Zonengrenzmuseum mit Exponaten, die an die Ära als Grenzstadt erinnern.

** **Wolfenbüttel** Die am Fluss Oker gelegene gut erhaltene Fürstenresidenz wurde 1308 bis 1753 von den Herzögen von Braunschweig bewohnt. Man pflegte in Wolfenbüttel die Wissenschaft und die Kunst, die ersten Berufsschauspieler lebten hier, und Herzog August (1635–1666) gründete eine

desheim wurde so zu einem Ort frühromanischer Baukunst – bis zum März 1945, als ein Großteil der Altstadt durch Bombardierung zerstört wurde. Der Dom und die Kirche St. Michael wurden danach originalgetreu wiederaufgebaut und sind seit 1985 UNESCO-Weltkulturerbe. Zu den kostbarsten Ausstattungsstücken des 1079 errichteten Doms gehören die Bronzetür und der Radleuchter über dem Altar (11. Jahrhundert). Die 1033 vollendete Michaeliskirche verfügt über eine bemalte Holzdecke mit der Darstellung des Jesseboms, des Stammbaus Christi (13. Jahrhundert), und birgt den Steinsarg des hl. Bernward (933–1022). Neben vielen anderen Fachwerkbauten (links) wurde auch der Marktplatz von Hildesheim mit dem Knochenhaueramtshaus von 1529 (ganz links), einem der schönsten Fachwerkhäuser der Welt, rekonstruiert.

Bibliothek, die Berühmtheit erlangte und an der Gelehrte wie Leibnitz und Lessing wirkten. Sehenswert ist das *Schloss aus dem 16. Jahrhundert, das sein jetziges Aussehen im 18. Jahrhundert erhielt. Am Stadtmarkt steht das Fachwerk-Rathaus von 1600. Die *Marienkirche (1607–1623) ist ein Hauptwerk aus der Zeit des frühen Protestantismus. Der Hochaltar stammt von 1618, die Kanzel von 1623.

**** Hameln** Bekannt wurde die Stadt am Fuße des Weserberglandes mit ihren zahlreichen Fachwerkhäusern und Gebäuden im Stil der Weserrenaissance als Schauplatz des Rattenfängers, der hier im 13. Jahrhundert 130 Kinder aus der Stadt entführt haben soll. Auf dem *Markt, der auch heute noch den Mittelpunkt Hamelns darstellt, wurde in den 50er-Jahren die frühgotische St.-Nicolai-Kirche wiederaufgebaut. Die Weserrenaissance spiegelt die »Erlebniswelt Renaissance« im *»Hochzeitshaus« wider. Hier wird auch an die Geschichte des Rattenfängers erinnert. Das Münster, St. Bonifatius, wurde zwischen dem 11. und 14. Jahrhundert erbaut. Weiter sehenswert sind das **Rattenfänger- und das *Leisthaus.

***** Naturpark Weserbergland** Der rund 1000 Quadratkilometer große Park beiderseits der Weser zwischen Rinteln und Hameln bietet bewaldete Höhenzüge, schroffe Felskanten, liebliche Fluss- und Bachtäler sowie ausgedehnte Nadel- und Laubwälder.

*** Bodenwerder** Der »Lügenbaron« Freiherr Karl Friedrich

Trinitatiskirche am Holzmarkt von Wolfenbüttel (oben links); Braunschweiger Burgplatz mit Burglöwe, Dom St. Blasius und Burg Dankwarderode (rechts)

Im Einzugsgebiet der Weser, im heutigen Grenzgebiet von Niedersachsen und Nordrhein-Westfalen, bildete sich ab 1520 für rund hundert Jahre ein eigenständiger Baustil heraus, die sogenannte »Weserrenais-

Hieronymus von Münchhausen wurde hier 1720 im heutigen Rathaus geboren. Im Stadtbild beeindrucken die zahlreichen gut erhaltenen Fachwerkbauten.

**** Goslar** Vor über 1000 Jahren begann die Blütezeit der einstigen Kaiser- und Hansestadt am Rande des Harzes durch den Fund einer Silberader am Rammelsberg. Anfang des 11. Jahrhunderts kam Heinrich II. nach Goslar. In der Folgezeit wurde es eine der wichtigsten Reichsstädte. Im 16. Jahrhundert büßte Goslar seine Schürfrechte ein, unweigerlich folgte der wirtschaftliche Niedergang. Erst mit Beginn der Industrialisierung und Einsetzen des Tourismus erholte sich die Stadt wieder langsam. Unbedingt sehenswert ist die **Altstadt. Den Marktbrunnen aus dem 13. Jahrhundert auf dem Marktplatz krönt ein vergoldeter Adler, einst Symbol der Freien Reichsstadt. Das Rathaus mit **Huldigungssaal und Ratsherrenstube (samt **Evangeliar) stammt aus dem 15. Jahrhundert. Dahinter befindet sich die Marktkirche (12., 13. und 16. Jahrhundert). Gegenüber dem Westportal befindet sich ein mit Schnitzereien verziertes schönes Patrizierhaus aus dem 16. Jahrhundert. Eine Besichtigung wert sind auch die Jakobikirche mit ihrer Pietà (16. Jahrhundert) sowie die Neuwerkkirche (12. und 13. Jahrhundert) mit spätromanischen Wandmalereien. Von dem 1050 geweihten einstigen Dom steht nur noch die Vorhalle. Beim heutigen Bau der **Kaiserpfalz (11. Jahrhundert) handelt es sich lediglich um eine Rekonstruktion aus dem 19. Jahrhundert. Die St.-Ulrichs-Kapelle mit dem dort bestatteten Herzen Heinrichs III. geht auf das 11./12. Jahrhundert zurück. Sein Leib befindet sich im Dom zu Speyer. Das **Mönchehaus-Museum für moderne Kunst zeigt eine Sammlung zeitgenössischer Werke. Darüber hinaus sind über die gesamte Stadt verteilt **moderne Plastiken und Skulpturen zu bewundern. Im nördlichen Stadtteil Jürgenohl steht eine der schönsten Barockkirchen Norddeutschlands: die Klosterkirche des ehemaligen Augustiner-Chorherrenstifts. Deutschlands einzige Stabkirche aus dem frühen 20. Jahrhundert liegt im Stadtteil Hahnenklee-Bockswiese. Eine Erkundung lohnt auch das **Bergbaumuseum Rammelsberg. Das 1988 stillgelegte Bergwerk gehört zu den ältesten weltweit.

**** Okertal** Wenige Kilometer südlich von Goslar befindet sich das romantische Flusstal der Oker. Besonders reizvoll ist die Gegend zwischen dem Romkerhaller Wasserfall und der Stadt Oker. Die Okertalsperre wurde in den 50er-Jahren fertiggestellt. Im See versunken liegt der Ort Schulenberg.

Bad Harzburg Am Ende des Radautales liegt der kleine Ort, der mit seinem großen Angebot an Kurkliniken zu den größten Heilbädern des Harzes zählt. Reste der Harzburg sind am Großen Burgberg zu erkennen.

**** Clausthal-Zellerfeld** Der Kurort im Oberharz bietet vielfältige Wintersportmöglichkeiten. Sehenswert ist die größte Holzkirche Deutschlands im Stadtteil Clausthal. Die *Marktkirche zum Heiligen Geist mit ihren über 2000 Sitzplätzen wurde in nur drei Jahren 1639 bis 1642 erbaut. Eine der weltweit größten *Mineraliensammlungen befindet sich in der Universität. In der Doppelgemeinde wurde Robert Koch (1843–1910), der Begründer der Bakteriologie, geboren.

Die Altstadt von Goslar ist geprägt von einem in Norddeutschland einzigartig dichten Fachwerkbestand (oben).

sance«. Baumeister wie etwa Jörg Unkair hatten Anregungen aus den Niederlanden, Frankreich, Italien und Böhmen aufgenommen und eine eigene und vielfältige Formensprache entwickelt. Adel und Landesherren ließen zwischen Hann. Münden und Bremen, Bielefeld und Paderborn zahlreiche Schlösser neu erbauen bzw. im Stil der Weserrenaissance umgestalten, so etwa Schloss Bevern, Schloss Hämelschenburg, Schloss Bückeburg (links: Schlosskapelle), das Welfenschloss in Gifhorn oder auch Schloss Brake bei Lemgo, heute Sitz des Weserrenaissance-Museums. Aber auch in den Städten wurden Rathäuser und Fachwerkbauten in diesem Stil errichtet. Die typischen Kennzeichen sind reich geschmückte Fassaden und Erkervorbauten, wie sie sich in Höxter, Hameln, Minden, Lemgo oder Rinteln bewundern lassen.

Rabenklippen bei Bad Harzburg

Kästeklippen im Tal der Oker

***** Nationalpark Harz** Der knapp 25 000 Hektar große Nationalpark (zwei Drittel in Niedersachsen, ein Drittel in Sachsen-Anhalt) nimmt etwa ein Zehntel des Mittelgebirges ein. Er zeichnet sich durch seine großen Waldbestände aus, vor allem Fichten und Buchen. Vielfältig und oft bizarr sind hier die Landschaften, etwa die Kästeklippen im Tal der Oker, dem bedeutendsten der Harzflüsse, oder die Leistenklippen auf dem Hohnekamm. Nur knapp jenseits der Grenze in Sachsen-Anhalt liegt der 1141 Meter hohe Brocken, der höchste Berg Norddeutschlands.

*** Oberharzer Wasserregal** Über 1000 Jahre lang wurden die Geschicke des Oberharzes durch den Abbau von Silber, Blei, Kupfer, Eisen bestimmt. Das Oberharzer Wasserregal, ein miteinander verbundenes Wassersystem von etwa 120 Teichen, über 500 Kilometer Gräben und 30 Kilometer Wasserläufen zur Nutzung der Wasserkraft, stellt ein Relikt aus der Blütezeit des Bergbaus zwischen 1534 und 1864 dar.

*** St. Andreasberg** Für Bergbauinteressierte ist der kleine Kurort auf 900 Meter Meereshöhe ein Muss. Hier befand sich bis 1910 ein Silberbergwerk mit einer Fahrkunst, die noch heute funktionstüchtig ist. Diese Einrichtung wurde Anfang des 19. Jahrhunderts in Clausthal entwickelt und half den Bergleuten bei der Ein- und Ausfahrt in die und aus den Gruben.

*** Bad Sachsa** Vom ehemaligen Zisterzienserkloster Walkenried ist nur mehr eine Ruine übrig. Es wurde 1127 erbaut und gehörte zu den bedeutenden gotischen Klosteranlagen. Der Kreuzgang ist gut erhalten und wird für Konzerte genutzt.

**** Göttingen** Berühmt ist die Stadt ganz im Südosten Niedersachsens vor allem für ihre Universität, an der über 40 Nobelpreisträger studiert bzw. gewirkt haben. Zu verdanken ist dies Kurfürst Georg August von Hannover, der die Bildungsstätte 1734 gegründet hat. Sehenswert ist das *Alte Rathaus (1369–1443) inmitten der Altstadt. Auf dem Marktplatz steht der Brunnen mit der »Gänseliesel«, die nach jeder bestandenen Promotion von den Doktoren geküsst werden muss. In der Paulinerkirche des ehemaligen Dominikanerklosters (13. Jahrhundert) befindet sich ein Teil der Alten Staats- und Universitätsbibliothek. Mit ihrem neuen Teil im Norden der Stadt ist sie heute eine der modernsten Bibliotheken weltweit. Die Marienkirche, die 1290 bis 1440 erbaut wurde, gehört zum ehemaligen Deutschritterorden. Schöne *Fachwerkhäuser aus dem 15. und 16. Jahrhundert findet man im Osten der Altstadt. Die St.-Jacobi-Kirche (14. und 15. Jahrhundert) besitzt einen sehenswerten Doppelflügelaltar. Im Adelspalais im Renaissancestil (1592) und in der Alten Post (1740–1780) befindet sich das Städtische Museum.

*** Hann. Münden** Als »eine der sieben schönstgelegenen Städte der Welt« soll der reisende Gelehrte Alexander von Humboldt die Siedlung am Zusammenfluss von Werra und Fulda zur Weser einst bezeichnet haben. Noch heute weist sie mehr als 700 Fachwerkhäuser, Reste der Stadtbefestigung und prächtige Bauten der Weserrenaissance auf. Als architektonische Höhepunkte gelten das *Rathaus mit seiner Schmuckfassade, das Welfenschloss, die alte Werrabrücke (1329), das Stadttor Rotunde aus dem 16. Jahrhundert und der klassizistische Packhof.

TIPP++TIPP++

Göttingens Unterwelt
Im alten Stadtkern Göttingens gibt es nicht nur oberirdische Sehenswürdigkeiten. Mehrere mittelalterliche Gewölbekeller wurden mit Liebe zum Detail wiederhergestellt. Sie dienten einst Kaufleuten, Handwerkern und Mönchen als Arbeits- und Wohnraum, aber auch dem unfreiwilligen Aufenthalt Gefangener. Einige dieser sonst der Öffentlichkeit nicht zugänglichen Keller werden beim Rundgang erkundet.
Jeden dritten Samstag im Monat, jeweils um 15 Uhr, Treffpunkt: Altes Rathaus/Halle

Museum Schloss Herzberg
Sehenswert im kleinen Ferienort Herzberg ist die Geburtsstätte von Herzog Ernst August, dem Begrün-

der des englisch-hannoverschen Königshauses. Die Residenz der Welfenherzöge wurde 1510 auf dem Schlossberg erbaut. Heute ist sie Museum und zeigt eine Ausstellung, die das Leben im Harz verdeutlicht.
Herzberg am Harz, Schloss 2, Tel. 0 55 21/47 99

Hämelschenburg
Der imposante Bau gilt als das Hauptwerk der Weserrenaissance und bildet mit seinen Kunstsamm-

lungen, Gartenanlagen Wirtschaftsgebäuden und der Kirche eine der schönsten Renaissanceanlagen Deutschlands.
Emmerthal, Stiftung Rittergut Hämelschenburg, Schlossstr. 1 Tel. 0 51 55/95 16 90

Promenade über der Ostsee – die Seebrücke von Sellin auf Rügen mit Kaiserpavillon und Palmenhaus

Mecklenburg-Vorpommern

Sandstrände und Steilküsten, Buchten und Bodden, im Hinterland ausgedehnte Laubwälder und Tausende von Moore und Seen – in Mecklenburg-Vorpommern ist die Landschaft über weite Strecken naturbelassen. Aber auch kulturhistorisch Interessierte können sich hier auf Spurensuche begeben. Im einstigen Junkerland gibt es noch zahlreiche Schlösser und verträumte Dörfer, und den Glanz vergangener Zeiten lassen die prächtig restaurierten Hansestädte Wismar, Rostock, Stralsund und Greifswald erahnen.

Mecklenburg-Vorpommern

Die Halbinsel Mönchgut mit ihrer verschlungenen Küste, ihren Bodden und Hügeln ist als Abbild der Wasserlandschaft von Mecklenburg-Vorpommern besonders geschützt; 1990 wurde hier ein Biosphärenreservat ein-

TIPP++TIPP++

Museum für Unterwasser--archäologie
Dieses einzigartige Museum zeigt bis zu 6000 Jahre alte Funde, die man aus den Gewässern vor der Ostseeküste geborgen hat.
Sassnitz, Alter Fährhafen, Mitte April–Mitte Okt. tgl. 10–18 Uhr, Mitte Okt–Mitte April tgl. 13–17 Uhr, Tel. 03 83 92/32 30 00

Kreidemuseum
Seit etwa 200 Jahren wird das »Weiße Gold« Rügens abgebaut und auf vielfältige Weise genutzt. Eine detaillierte Ausstellung mit Lehrpfad zum »Kleinen Königstuhl« existiert im Kreidemuseum.
Gummanz 3 a, Tel. 03 83 02/5 62 29, www.kreidemuseum.de, Ostern–Ende Okt. tgl. 10–17 Uhr, sonst 11–15 Uhr

U-Boot-Museum
Eine außergewöhnliche Stätte: Das 90 Meter lange ehemalige britische Atom-U-Boot »HMS Otus«, 1963 in Dienst gestellt, liegt als Museumsschiff im Stadthafen.
Sassnitz, Tel. 03 83 92/3 15 16, www.hms-otus.com, tgl. 10–19 Uhr, Nebensaison bis 16 Uhr

Jagdschloss Granitz
Das klassizistische Schloss auf dem Tempelberg ist ein Ergebnis der Baufreudigkeit des Fürsten Malte von Putbus. Die historischen Ausstellungsräume geben Einblick in einen fürstlichen Haushalt des 19. Jahrhunderts. Über 143 Stufen gelangt man auf die Spitze des Turms, von wo aus sich ein wunderbarer Blick über die Insel bietet.
Binz, Tel. 03 83 92/3 15 16, Mai–Sep. tgl. 9–18, sonst 10–16 Uhr

Rügen, Hiddensee und Usedom

An der Küste von Vorpommern liegen die beiden größten deutschen Inseln, Rügen und Usedom. Die Küste Rügens ist stark gegliedert in zahlreiche Buchten und Halbinseln, Bodden und Landzungen. Unablässig verändern Wind und Wellen hier die Gestalt der Küste. Berühmt ist Rügen für seine Kreidefelsen, die Caspar David Friedrich 1818 verewigt hat. Rügens westlich vorgelagerte kleine Schwester Hiddensee steht komplett unter Naturschutz – Schriftsteller wie Gerhard Hauptmann, Thomas Mann oder Hans Fallada haben hier einst den Sommer verbracht. Usedom, dessen östlicher Teil bereits zu Polen gehört, bezaubert durch seine reizvolle Landschaft mit Seen, Mooren, Wäldern und einer der Ostsee abgewandten Binnenküste.

*** **Kap Arkona** Weit in die Ostsee reckt sich Kap Arkona, eine der sonnenreichsten Ecken Deutschlands. Die exponierte Lage an der äußersten Nordspitze Rügens ist vor allem für die Seefahrt bedeutsam. Bei unsichtiger Wetterlage, Sturm oder Fehlnavigation laufen Schiffe auf West- oder Ostkurs hier Gefahr zu stranden. Kein Zufall, dass auf Kap Arkona der älteste Leuchtturm der Ostseeküste steht. Den 1826 erbauten 21 Meter hohen Turm hat Karl Friedrich Schinkel entworfen. Der markante Ziegelbau mit viereckigem Grundriss war bis 1905 in Betrieb. Direkt neben dem klassizistischen Oldtimer ragt der inzwischen bereits über 100 Jahre alte, heute noch betriebene Nachfolger auf. Noch älter ist unweit der beiden Leuchttürme die namensgebende slawische Tempelburg »Arkona«, von der ein etwa 1400 Jahre alter Ringwall erhalten ist.

** **Vitt** Der kleine Fischerort, den man zu Fuß vom Kap Arkona aus erreicht, ist mit seinen reetgedeckten Katenhäusern ein Bilderbuchdorf, das wie ein Relikt aus vergangenen Zeiten wirkt.

* **Altenkirchen** In der kleinen Gemeinde ließ Pastor Gotthard Ludwig Kosegarten 1806 für die Heringsfischer der Umgebung eine kleine achteckige Kapelle mit Blick aufs Meer erbauen. Auf diese Weise konnten die Fischer zum Gottesdienst kommen und gleichzeitig nach den fürs Überleben wichtigen Heringen Ausschau halten.

Eckiger Schinkel-Leuchtturm mit Nachfolger am Kap Arkona

Wiek Direkt am Wieker Bodden liegt dieser nette Fischerort mit einer Brücke aus dem Ersten Weltkrieg. Die Dorfkirche im Stil der Backsteingotik stammt aus dem 15. Jahrhundert und ist dem hl. Georg gewidmet.

* **Schaabe** Die Schaabe ist eine natürliche Landbrücke von der Halbinsel Wittow zur Halbinsel Jasmund. Auf dem von der Natur damals aufgeschütteten Sandstrand wurden Mitte des 19. Jahrhunderts Birken, Fichten und Kiefern angepflanzt, um zu verhindern, dass der Sand wieder wegfliegt. Heute ist die Schaabe ein beliebtes Ziel für Strand- und Badegäste.

** **Breege-Juliusruh** Im 19. Jahrhundert durch den Handel mit England reich geworden, wurde Breege Anfang des 20. Jahrhunderts mit Juliusruh vereinigt. In Breege lohnt sich ein Besuch des Hochzeitsberges mit kleinen Kapitänshäuschen, Schifferhäusern und der ältesten Scheune der Halbinsel Wittow. Sehenswert ist der Kurpark Juliusruh, den Julius von der Lancken 1795 als französischen Landschaftspark anlegen ließ.

*** **Nationalpark Jasmund** Der 3000 Hektar große Nationalpark bezaubert vor allem durch seine wunderschönen Buchenwälder, die nicht bewirtschaftet werden, sondern noch ganz sich selbst überlassen sind. Im Nationalpark sind mehr als 20 Orchideenarten heimisch. Sein Herz ist die Stubnitz mit ihren berühmten, strahlend weißen Kreidefelsen.

** **Kreidefelsen** Als Hauptattraktion Rügens gilt die Kreideküste der **Stubbenkammer mit dem rund 120 Meter hohen Königsstuhl als bekanntestem Felsen, von dessen Aussichtsplattform sich ein grandioser Ausblick auf das Meer bietet. Die vor 50 Millionen Jahren aus den kalkhaltigen Ablagerungen

gerichtet. Mit dem Titel »Biosphärenreservat« zeichnet die UNESCO weltweit Landschaften aus, die typisch für eine bestimmte Vegetationszone sind. In solchen Regionen geht es um den Schutz der Natur und der Kulturlandschaft. Auf Rügen sind das die schmalen Nehrungen und Halbinseln zwischen den flachen Boddengewässern sowie schroffe Steilküsten im Kontrast zu langen, flachen Sandstränden. Direkt hinter Binz beginnt das Schutzgebiet, einschließlich der Orte Sellin, Baabe, Göhren und Putbus. Auch die 66 Meter hohen Zickerschen Berge gehören dazu – mit dem romantischen Kliff am Zickerschen Höft reicht die Formation bis in den Greifswalder Bodden hinein. Trotz strenger Richtlinien gilt, dass Mensch und Natur in Koexistenz leben sollen; Fremdenverkehr und Fischfang sind erwünscht (links: Hafen von Gager).

von Kleinstlebewesen entstandenen Felsformationen ragen an der Steilküste über 100 Meter auf und bieten – zusammen mit dem Meer und den Buchenwäldern – ein einzigartiges Landschaftsensemble, das bereits mehrere Künstler beflügelt hat. Neben Caspar David Friedrich, den die Felsen zu seinem berühmten Gemälde inspirierten, sind dies etwa Johannes Brahms, der angesichts der Felsen eine Symphonie komponierte, oder Elisabeth von Arnim, die in einem Roman von diesem Landstrich schwärmte. Bisweilen stürzen aufgrund der Kräfte von Meeresbrandung und eingeschlossenem Eis ganze Felsformationen ins Meer ab, wie etwa 2005 der Wissower Klinken.

*** Sassnitz** Nach schweren Verwüstungen im Zweiten Weltkrieg wurde die auf der Halbinsel Jasmund gelegene Hafenstadt wiederaufgebaut und etablierte sich zu DDR-Zeiten als bedeutender Handels- und Fischerhafen. Inzwischen wurde im benachbarten Mukran ein neuer, größerer Hafen angelegt. Von der 1,4 Kilometer langen *Steinmole hat man eine gute Sicht auf das Städtchen. Oberhalb der Promenade liegt die Altstadt mit einigen schönen Villen.

*** Sagard** Hier begann einst der so wichtige Badebetrieb auf Rügen. Die Mineralquelle wurde ab Mitte des 18. Jahrhunderts als Badeanstalt genutzt. Die gotische Dorfkirche stammt aus dem 14. Jahrhundert.

***** Binz** Mit insgesamt rund zehn Kilometer langen Sandstränden ist Binz das größte Seebad auf Rügen. Mitte des 19. Jahrhunderts begann sich der Ort zu einem mondänen Treffpunkt der damaligen Eliten zu entwickeln. Zu DDR-Zeiten verbrachten Arbeiter hier ihre Ferien. Nach der Wende 1989 wurden die heruntergekommenen Villen und Hotels aufwendig restauriert, sodass Binz heute wieder in altem Glanz erstrahlt. Die **Strandpromenade ist über drei Kilometer lang und von Villen im Stil der Bäderarchitektur gesäumt. Nördlich von Binz entlang der Prorer Wiek ließen die Nationalsozialisten 1936 bis 1939 in **Prora das »KdF-Bad der Zwanzigtausend« bauen. Die gigantische, rund 4,5 Kilometer lange Anlage, die nie fertiggestellt wurde, war als Ferien- und Freizeitanlage für die Volksgenossen konzipiert. In der DDR diente sie teilweise der Volksarmee. Heute ist dort u. a. das Dokumentationszentrum Prora mit Ausstellungen zur Geschichte untergebracht.

*** Sellin/Baabe** 1896 wurde Sellin zum Seebad ausgebaut. Die ursprüngliche Seebrücke wurde 1941 zerstört. Sehenswert sind die *Villen aus der Gründerzeit an der Wilhelmstraße. Das 1837 bis 1851 erbaute Jagdschloss Granitz westlich von Sellin ziert ein 38 Meter hoher Turm, der nach einer Idee Schinkels entstand. Das Schmuckstück des kleinen Seebades Baabe nebenan ist seine breite Lindenallee, die vom Bahnhof geradewegs auf den Strand zuführt.

*** Göhren** Der Badeort auf der Halbinsel Mönchgut mit seinen kilometerlangen Stränden ist einer der beliebtesten Rügens. Am Nordstrand ragt der Buskam, der größte Findling der deutschen Ostseeküste, aus dem Wasser. Schön ist hier das Heimatmuseum.

Von oben: Buchen- und Erlenwald am Hochufer der Kreideküste; Wissower Klinken vor seinem Absturz 2005; Luxushotel »Kurhaus Binz«; Fischerboote am Strand von Baabe

Noch heute verweisen Lübeck, Rostock (rechts oben), Wismar (großes Bild), Stralsund und andere Städte an der Ostseeküste stolz auf ihre einstige Mitgliedschaft in der Hanse. Das lockere Bündnis entstand im Hochmittelalter, als der Fernhandel viele deutsche Kaufmannsgilden im Ostseeraum reich machte. Im Machtvakuum eines schwachen deutschen Kaisertums und zum Schutz gegen Piraten, Feudalherren und Konkurrenten

bildete sich eine Schar (althochdeutsch: »Hansa«) von 70 Städten unter Führung Lübecks und 130 Verbündeten, darunter auch der deutsche Ritterorden. Auf jährlichen Hansetagen verhandelten Gesandte aktuelle Probleme, von Rechtsfragen bis zu Kriegen. In den Kontoren von Nowgorod, Brügge und London wickelte das Kartell Geschäfte ab. Ihren Höhepunkt erlebte die Hanse Ende des 15. Jahrhunderts, als ihre Flotten den dänischen König besiegten und den Seeräuber Klaus Störtebeker bezwangen. Der florierende Seehandel stand im Zeichen der Kogge (links), die viele Hansestädte auch im Siegel führten: ein neuer Schiffstyp, dessen gedrungener Rumpf für Seetüchtigkeit und großen Laderaum sorgte; Kanonen schützten vor Piraten. Das Ende der Hanse setzte ein mit der Entdeckung Amerikas 1492, als sich der Handel nach Westen verlagerte.

Mecklenburg-Vorpommern

Als nördlichste Gemeinde auf der Insel Usedom ist Peenemünde so etwas wie ein Außenposten Deutschlands. Ihre Lage so ganz im Abseits machte die Region bestens geeignet für militärische Zwecke. 1936 errichteten die Nationalsozialisten die Heeresversuchsanstalt Peenemünde und später die Erprobungsstelle der Deutschen Luftwaffe. Dort wurde die erste Großrakete der Welt entwickelt und unter dem Propaganda-

*** Bergen** Die Kreisstadt im Zentrum von Rügen war seit jeher Verwaltungszentrum und Marktplatz für die Inselbewohner. Zum Markt und zur Marienkirche gelangt man über kopfsteingepflasterte Straßen. Sehenswert sind die spätgotischen Fresken der Kirche. Der 91 Meter hohe Ernst-Moritz-Arndt-Turm wurde von Gesangsvereinen zu Ehren des gleichnamigen Dichters hier errichtet.

**** Putbus** Ursprünglich ging Putbus aus einer slawischen Siedlung hervor. Anfang des 13. Jahrhunderts erwarben die Freiherren von Putbus die Stadt, und Anfang des 19. Jahrhunderts ließ Fürst Malte von Putbus den Ort zu einer klassizistischen Residenz ausbauen. Die Häuser sind um den sogenannten Circus, einen kreisrunden Prunkplatz, angeordnet. Die Gäste des Fürsten amüsierten sich mit Aufführungen im Theater oder lustwandelten im Park. Die 75 Hektar große Grünfläche ließ Fürst Putbus zu einem englischen Landschaftsgarten ausbauen und dort Mammutbäume pflanzen, ein Wildgehege einrichten und eine Orangerie erbauen.

*** Garz** Der kleine Ort im Inselinneren hat bereits 1319 das Stadtrecht erhalten und ist damit die älteste Stadt der Insel. Garz war, bis die Ranen, ein auf Rügen ansässiges westslawisches Volk, im 12. Jahrhundert unterworfen wurden, deren politisches Zentrum. Der Burgwall, auf dem sich eine Tempelanlage befand, ist noch erhalten. Die spätgotische Backsteinkirche stammt aus dem 14., das Taufbecken aus dem 13. und der Altar aus dem 18. Jahrhundert.

*** Tollow** Im Süden von Rügen liegt die kleine Insel Tollow, auf der etwa 2500 Kormoranpaare nisten – für Vogelfreunde ein imponierender Anblick, für die Fischer ein Gräuel. Sie machen die Kormorane verantwortlich für den Rückgang des hiesigen Fischbestands.

***** Hiddensee** Autofrei leben die gut 1000 ständigen Bewohner der Insel Hiddensee, die Bestandteil des Nationalparks Vorpommersche Boddenlandschaft ist. Heideflächen, Wald, Dünen und Meer verei-

Vom See- zum Wahrzeichen: der Leuchtturm auf dem Dornbusch auf der Insel Hiddensee

namen »V2« (Vergeltungswaffe 2) getestet. Das auch nach dem Krieg militärisch genutzte Gelände war bis 1990 Sperrgebiet, erst 1993 löste man den Truppenstandort auf. Seit 1991 erinnert das Historisch-Technische Informationszentrum besonders an die Geschichte der hiesigen Raketentests unter den Nationalsozialisten und den Einsatz und die Opfer von KZ-Häftlingen, Kriegsgefangenen und Zwangsarbeitern. Etwa 3000 der in Peenemünde entwickelten »V2-Raketen« wurden später von anderen Standorten aus Richtung Großbritannien, Belgien und Frankreich abgefeuert und forderten Tausende Opfer. Auf dem Areal mit dem Kraftwerk und der Denkmallandschaft fallen neben anderen Großobjekten (links: Jagdflieger MiG-17 F) Nachbauten der »V2« und des Marschflugkörpers »V1« sowie die Ruinen der Versuchsanstalten auf.

nen sich hier zu einem einzigartigen Naturerlebnis. Eines der meistfotografierten und -gezeichneten Motive der Insel ist der Leuchtturm auf dem Dornbusch im hügeligen Nordteil von Hiddensee. In Kloster dient **Haus Seedorn, in dem Gerhart Hauptmann die Sommer verbrachte, als Gedenkstätte für den Dichter. Der kleine Ort **Neuendorf im Süden präsentiert sich als eine Ansammlung weiß gekalkter Reetdachhäuser, die durch enge Pfade miteinander verbunden sind.

*** **Usedom** Kilometerlange Sandstrände und heilsame Seeluft – nicht umsonst galt Usedom in den 1920er-Jahren als »Badewanne Berlins«. Ganz im Westen der Insel ist im Historisch-Technischen Informationszentrum Peenemünde die Geschichte der einstigen Heeresversuchsanstalt dokumentiert, wo die Nationalsozialisten einst unter Einsatz von Zwangsarbeitern Raketen entwickelt und Raketenstarts durchgeführt hatten. Die älteste Siedlung der Insel trägt ebenfalls den Namen *Usedom. Deren spätgotische dreischiffige Marienkirche stammt aus dem 15. Jahrhundert. Der berühmteste Ort der Insel ist das Seebad ***Ahlbeck mit seiner 1898 erbauten Seebrücke. Uferpromenade und Strand verbinden es mit den benachbarten Seebädern Heringsdorf und Bansin.

** **Naturpark Usedom** Der 632 Quadratkilometer große Park umfasst einen Festlandstreifen, die Peenemündung und die Insel Usedom. Highlights sind die abwechslungsreichen Landschaftsformen wie die Binnenküste des Peenestroms oder das Stettiner Haff.

Fischerboot bei Zempin am Achterwasser

Die Seebrücke von Ahlbeck (oben) hat als einzige an der Ostseeküste ihre historische Bausubstanz bewahrt.

TIPP++TIPP++

Gerhart-Hauptmann-Haus
Das einzige Haus eines deutschen Literaten – Hauptmann erwarb es 1930 –, das bis ins Detail im Original erhalten ist.
Hiddensee, Kirchweg 13, Tel. 0 38 3 00/3 97, www.Gerhart-Hauptmann-Museen.de, Mai bis Okt. tgl. 10–17 Uhr, Nov.–April 11–16 Uhr, 4.–31. Jan. geschl.

Theater Putbus
Der historische Theaterbau in der Residenz Putbus ist frisch restauriert und wird regelmäßig bespielt.
Tel. 0 18 05/05 24 25, www.theater-putbus.de

Mecklenburg-Vorpommern

Paläste für die Gäste – das waren und sind die Häuser im Stil der Bäderarchitektur, die mit ihren filigranen Säulen und hölzernen Loggien, gedrechselten Geländern, Giebeln und Türmchen in Binz auf Rügen

TIPP++TIPP++

Alter Hafen von Wismar
Im Hafen, der mit der Altstadt seit 2002 zum UNESCO-Welterbe zählt, kann man die historischen Segler besichtigen oder auch an Bord der Ausflugsdampfer gehen.
Wismar, Blüffelstr. 3–5, www.alterhafenwismar.de

Schabbellhaus
Das Museum ist in einem Gebäude im Stil der niederländischen Renaissance untergebracht und zeigt Exponate und Sammlungen zur Geschichte der Hansestadt und Region.
Wismar, Schweinsbrücke 8, Tel. 0 38 41/ 28 23 50, www.schabbellhaus.de

Mecklenburger Bucht und Boddenlandschaft

Die Mecklenburger Bucht von Travemünde bis zur Halbinsel Darß wird gesäumt von altehrwürdigen Hansestädten, verträumten Fischerdörfern und mondänen Seebädern. Östlich davon erstrecken sich ausgedehnte Bodden, vom Meer durch Landzungen getrennte Küstengewässer.

**** Wismar** Die 1229 erstmals urkundlich erwähnte Stadt liegt an der nach ihr benannten Bucht. Ihre Altstadt wurde 2002 Weltkulturerbe. Wismar entwickelte sich dank der Lage an der Handelsstraße zwischen Lübeck und dem Baltikum bald zu einem wichtigen Warenumschlagplatz. 1259 trat es der Hanse bei. Der wirtschaftliche Aufstieg endete vorläufig im Dreißigjährigen Krieg. Im 20. Jahrhundert wurde Wismar zur Industriestadt ausgebaut. Wirtschaftlich bedeutend ist heute noch die Werftindustrie. Obwohl im Zweiten Weltkrieg stark zerstört, erstrahlt Wismar nach umfangreicher Restaurierung heute wieder in neuem Glanz. Eines der Prunkstücke ist der weiträumige, fast quadratische **Marktplatz, der von schönen Giebelhäusern gesäumt wird. Der *»Alte Schwede« an der Ostseite geht auf das 14. Jahrhundert zurück und gilt als das älteste profane Gebäude der Stadt. Der Name erinnert an die schwedische Herrschaft (1648–1803). Die *»Wasserkunst«, ein filigranes Gebäude mit Kupferkuppel (1580–1602), diente bis Ende des 19. Jahrhunderts der Wasserversorgung. Die Nordseite des Platzes wird vom Rathaus (1817–1819) dominiert. Westlich des Marktes befindet sich die *Marienkirche (1339), 1945 bis auf den Turm zerstört. Das *Archidiakonat (15. Jahrhundert) beeindruckt durch die zahlreichen Details in seinem Staffelgiebel. Der **Fürstenhof ist der ehemalige Wohnsitz der Herzöge. Der dreigeschossige Renaissanceflügel mit figurengeschmücktem Sandsteinportal und Fensterrahmungen aus Terrakotta wurde nach dem Vorbild des Palazzo Roverela in Ferrara erbaut. Die Georgenkirche (15. Jahrhundert), 1945 schwer beschädigt, wird seit 1990 restauriert. **St. Nikolai mit 37 Meter hohem Mittelschiff und spätgotischer bis barocker Ausstattung wurde im 14. und 15. Jahrhundert nach dem Vorbild der Lübecker und Wismarer Marienkirche erbaut. Der Alte Hafen dient heute als Fischerhafen. Die »Schwedenköpfe«, zwei barock bemalte Herkulesbüsten vor dem Hafenamt, sind Zeugen schwedischer Herrschaft.

*** Dorf Mecklenburg** Etwa sechs Kilometer südlich von Wismar liegt das namensgebende Dorf des Bundeslandes. Slawische Stämme der Obotriten gründeten hier die Burganlage Wiligrad und erkoren sie zum Hauptsitz ihrer Stammes-

(links) und in den Kaiserbädern Ahlbeck (ganz links), Bansin und Heringsdorf ihre schönsten Blüten treibt. Doch auch in vielen anderen Seebädern an der Ostsee sind ganze Straßenzüge in Bäderarchitektur erhalten. Die gegen Ende des 19. Jahrhunderts, als Ferien an der Ostsee in Mode kamen, fertiggestellten weißen Villen boten begüterten Bürgern, vor allem aus der Hauptstadt Berlin, Quartier. In der DDR verfielen die zumeist hölzernen Häuser, inzwischen wurden viele saniert. Die Bäderarchitektur stellt keinen einheitlichen Stil dar, sondern präsentiert sich als pittoreskes Potpourri verschiedener Baustile. Elemente der Gotik sind enthalten wie solche des Barocks oder des Jugendstils, mit klassizistischen Akzenten wie Dreiecksgiebeln, Säulen und Kapitellen, Gesimsen und Friesen. Darum herum wurden hübsche, kleine Parks angelegt.

fürsten. 995 stellte König Otto III. eine Urkunde aus, auf der erstmals der Name »Michelenburg« erwähnt wurde, woraus der heutige Name Mecklenburg abgeleitet wurde. Die einstige Wasserburg verfiel, nachdem sie im 13./14. Jahrhundert verlassen worden war. Archäologen fanden 1970 bei Ausgrabungen Reste von Block- und Flechtwandhäusern. Eine Besichtigung lohnt die *Backsteinkirche mit ihrer Knorpelwerkornamentik im Inneren.

Kliffküste bei Timmendorf auf der Insel Poel

* **Neukloster** Das heute rund 15 Kilometer östlich von Wismar gelegene Kloster wurde 1219 von Benediktinerinnen (die 1245 die Regeln der Zisterzienser übernahmen) gegründet. Die schlichte Basilika und älteste Klosterkirche Mecklenburgs ist streng gegliedert und gilt als Vorbild zahlreicher Kirchen im Lande. 1865 wurde die Kirche restauriert und die Balkendecke bemalt. Die schlanken Glasfenster an der Chorwand entstanden 1245 und sind damit die ältesten ihrer Art in Mecklenburg. Der achteckige Glockenturm entstand im 15. Jahrhundert als flaches Gebäude. Mitte des 16. Jahrhunderts wurde es aufgestockt.

* **Poel** Im Jahr 1163 wurde die 37 Quadratkilometer große Insel bei Wismar, die heute durch einen Damm mit dem Festland verbunden ist, erstmals urkundlich erwähnt, 1648 fiel sie an Schweden. Mit seinen weißen Sandstränden war und ist Poel eine beliebte Ferieninsel.

* **Rerik** Das einstige Fischerdorf ist heute ein Eldorado für Wassersportler. Liebhaber von Buddelschiffen und Schiffsmodellen kommen im Heimatmuseum auf ihre Kosten. Sehenswert ist die von außen schlichte frühgotische Pfarrkirche, die im Inneren barock gestaltet wurde. Die Bemalungen, die zu den üppigsten an der mecklenburgischen Ostseeküste gehören, stammen von Hinrich Greve aus Wismar (1668).

* **Kühlungsborn** Eine Ahnung vom Glanz alter Seebadzeiten erhält man hier in der Ostseeallee mit ihren Häusern im Stil der Bäderarchitektur. An der vier Kilometer langen Strandpromenade ragt die Seebrücke 400 Meter in die Ostsee hinaus.

*** **Heiligendamm** Das älteste Seebad Deutschlands wurde 1793 als »Weiße Stadt am Meer« gegründet. Sie war im 19. und zu Beginn des 20. Jahrhunderts Treffpunkt des europäischen Hochadels. Kurhaus, Haus Mecklenburg, Burg Hohenzollern oder auch Orangerie wurden zwischenzeitlich restauriert und erstrahlen wieder in altem Glanz. Den besten Überblick über das mondäne Ensemble, in dem heute das Grand Hotel Heiligendamm residiert, hat man auf der rund 200 Meter langen Seebrücke.

Alter Hafen von Wismar mit Marienkirche (oben links); Nobelresidenz »Weiße Stadt« von Heiligendamm (oben)

Wo ist backbord, wo steuerbord? Zum Glück bedient ein Seebär das Steuerrad – die Gäste lehnen lieber gemütlich an der Reling und genießen das Hafenpanorama von Rostock, wenn über ihnen eine seichte

Rostock

Mit Überseehafen, Werften und der ältesten Universität im Ostseeraum ist Rostock ein bedeutendes wirtschaftliches Zentrum der Region.

Nach dem Ende der wirtschaftlichen Blüte durch Auflösung der Hanse im 17. Jahrhundert bescherte erst die Segelschifffahrt Rostock wieder einen neuen Aufschwung. Trotz Zerstörungen im Zweiten Weltkrieg bietet Rostock zahlreiche Sehenswürdigkeiten. Der *Neue Markt in der restaurierten Altstadt ist gesäumt von Bürgerhäusern und der **Marienkirche. Der Backsteinbau (1260–1450) birgt einen drei Meter hohen Bronzetaufkessel (1290), eine astronomische Uhr (15. Jahrhundert) und eine Barockorgel. Das *Rathaus

Rostock mit Petrikirche

entstand im 13. Jahrhundert aus der Vereinigung dreier Giebelhäuser. Parallel zur Langen Straße verläuft die *Kröpeliner Straße mit zahlreichen Giebelhäusern und der Universität (1876–1870) im Stil der Neorenaissance. Das *Kröpeliner Tor (13./14. Jahrhundert) ist das älteste Stadttor Rostocks und heute Sitz des Kulturhistorischen Museums. Die Nikolaikirche wurde 1250 gebaut und im 15. Jahrhundert erweitert. Die 1994 restaurierte Petrikirche ist mit ihrem 117 Meter hohen Turm eines der Wahrzeichen Rostocks.

Brise die großen weißen Segel vor sich herschiebt. Wenn im August bei der »Hanse Sail« ein Wald von Masten auf der Warnow die große Zeit der Windjammer heraufbeschwört, sind zahlreiche Gäste mit an Bord der alten und neuen Segelschiffe – auf denen man »anheuern« und einen Tag auf Bark, Schoner oder Brigg zur Ostsee und zurück schippern kann. Auf ungefähr 200 Schiffen stehen 30 000 Plätze zur Verfügung. Die »Hanse Sail« ist seit ihrer Etablierung 1991 eine Erfolgsgeschichte. Zum größten Volksfest Mecklenburg-Vorpommerns samt Jahrmarkt mit rund 500 Ausstellern, Buden und Fahrgeschäften (links) kommen auch Passagiere der Kreuzfahrtschiffe, die im Hafen Warnemünde festmachen. Alles ist in Sichtweite des Ufers, damit man keinen der stolzen Segler übersieht, die dort festlich beflaggt paradieren und Regatta fahren.

*** **Bad Doberan** Die Stadt mit ihren klassizistischen Bauten um den Kamp wie dem Salongebäude (1802) und dem Großherzoglichen Palais (1809) ist die ehemalige Sommerresidenz des Mecklenburger Hofes. Hier wurde die erste Pferderennbahn Europas außerhalb Großbritanniens eröffnet (1807). Heute kommen Besucher vor allem wegen der ehemaligen **Klosterkirche nach Bad Doberan. Sie wurde 1295 bis 1368 inmitten eines englischen Landschaftsgartens als Zisterzienserklosterkirche erbaut und zählt zu den schönsten gotischen Backsteinkirchen im gesamten Ostseeraum. Der Hochaltar wurde 1310 errichtet, das über zehn Meter hohe Sakramentshaus 1280. Zahlreiche Grabmäler, die Chorkapelle (1604) und das achteckige, mit glasierten Backsteinen verzierte Beinhaus (13. Jahrhundert) sind ebenso sehenswert.

Klosterkirche Bad Doberan

** **Rostock** Siehe Stadtplan auf Seite 88

* **Warnemünde** Das heutige Seebad begann einst als kleiner Fischerort. Anfang des 14. Jahrhunderts kaufte der Rostocker Rat dem Fürsten von Mecklenburg den Ort ab. Im 19. und 20. Jahrhundert entwickelte sich die Siedlung zunächst zum exklusiven Seebad für Badegäste und später zum Naherholungsgebiet für die Hansestadt.

* **Graal-Müritz** Eine über hundertjährige Badetradition hat der kleine Ort mit seiner 350 Meter langen Seebrücke vorzuweisen. Eine Besichtigung wert ist der Rhododendronpark, wo auf einer Fläche von 4,5 Hektar im Frühling mehr als 2000 Rhododendron- und Azaleenstauden blühen.

* **Ribnitz-Damgarten** In der »Bernsteinstadt« befindet sich das Deutsche Bernsteinmuseum. Einen Besuch wert sind auch die Marienkirche (13. und 18. Jahrhundert) sowie das ehemalige Klarissinnenkloster, das 1323 gegründet wurde. Im Chorsaal der Kirche ist mittelalterliche Sakralkunst zu besichtigen.

* **Ahrenshoop** Das reizvoll am Saaler Bodden gelegene Dorf hat schon immer Maler und Dichter angezogen. Die kleinen reetgedeckten Fischerhäuser mit ihren schön geschnitzten Türe sowie die Galerien und Kunstkaten verleihen dem Fischerort ein ganz besonderes Flair.

** **Nationalpark Vorpommersche Boddenlandschaft** Der 805 Quadratkilometer große Nationalpark umfasst neben einem Großteil der Halbinsel Fischland-Darß-Zingst die Insel Hiddensee und einen kleinen Teil von Rügen. Bodden sind kleine Buchten, die durch Inseln und Halbinseln vom offenen Meer weitgehend abgeschnitten sind und sich durch eine ganz spezfische Fauna und Flora auszeichnen. Der Nationalpark ist eine viel frequentierte Zwischenstation für Hunderttausende von Zugvögeln wie etwa Kraniche.

*** **Fischland-Darß-Zingst** Die Halbinsel – ursprünglich waren es drei Inseln – ist vor allem bei Naturfreunden beliebt. Ein unberührter Urwald mit jahrhundertealten knorrigen Buchen, Gestrüpp, Sümpfen, Moorgebieten und riesigen Farnwäldern bedeckt den größten Teil des Darß. Im Laufe der Jahrhunderte wuchsen die Inseln zusammen, immer wieder entstehende Durchbrüche wurden schließlich durch Deiche geschlossen. Seit Jahrhunderten nagt das Meer an der Landzunge von Fischland; zwischen Wustrow und Ahrenshoop holt sich das Wasser jährlich einen halben Meter Land, um es im Norden des Darß wieder anzulanden. Über den Permin – heute eine Bucht, früher eine Durchfahrt – erreicht man Wustrow. Im Mittelalter war der Ort ein bedeutender Hafen, im 19. Jahrhundert Sitz einer Navigationsschule.

Blick vom Fischland auf Ahrenshoop mit seinen reetgedeckten Häusern

Sie sind die Sympathieträger der Küsten: Starr und unerschütterlich trotzen sie Wind und Wellen, auf der Spitze ein Leuchtfeuer, das Schiffen den Weg durch die Finsternis weist. Sie kennzeichnen Hafeneinfahrten, signalisieren Untiefen und markieren sicheres Fahrwasser. Jede Epoche hat sich in ihren Leuchttürmen verewigt. Eines der berühmtesten Exemplare ist der viereckige klassizistische Schinkelturm am Kap Arkona auf Rü-

gen. Die »Zwillinge«, Richtfeuer an der Warnemünder Hafeneinfahrt (ganz links), sehen entsprechend ihrem Baujahr 1998 sachlich-funktional aus. Zwischen beiden Extremen gibt es an der deutschen Ostseeküste vielfältige Variationen, über 35 Türme auf Inseln, Kliffs und Sandbänken verleihen den jeweiligen Landschaften ihren ganz eigenen Charakter (links: am Darßer Ort; unten: auf dem Dornbusch auf Hiddensee). Die letzten Leuchtturmwärter kletterten in den 70er-Jahren herab, doch die Türme blieben – als denkmalgeschützte Unikate sind sie heute ein Identifikationsmerkmal zur See- wie auch zur Landseite hin. Ihre navigatorische Bedeutung indes geht zurück, denn dank der Satellitennavigation GPS kann sich heute jeder Jollensegler auch durch noch so unbekannte Gewässer bewegen, ohne die Orientierung zu verlieren.

Mecklenburg-Vorpommern

Der Schiffbau ist ein hart umkämpfter Markt – allein 40 Prozent der weltweiten Jahresproduktion laufen in Südkorea vom Stapel. Doch die Werften an Deutschlands Ostseeküste haben sich angepasst und beset-

*** Prerow** Das Ostseebad lockt mit weiten Sand- und Dünengebieten sowie zahlreichen Kuranlagen und dient als Ausgangspunkt für Wanderungen in den Darßer Urwald. Das kleine Born am Saaler Bodden ist ein idyllisches ruhiges Dorf mit hübschen Häuschen und einer sehenswerten Fischerkirche. Noch romantischer und verschlafener zeigt sich Wieck am Bodstedter Bodden, dessen Fischer reiche Fänge einfahren.

*** Zingst** Hierbei handelt es sich um eine zwei bis vier Kilometer schmale und rund 20 Kilometer lange, sich in west-östlicher Richtung erstreckende Landzunge östlich der Halbinsel Darß. Sie beeindruckt durch Dünengebiete und Salzwiesen sowie eine weite, menschenleere Landschaft. Salzwiesen gehen hier in Wattlandschaften und seichte Bodden über. Zweimal im Jahr versammeln sich Zehntausende Graue Kraniche auf der Zingst und machen das Gebiet zu einem der ausgedehntesten Rastplätze Nordeuropas. Der einzige größere Ort ist das gleichnamige Zingst – längst kein armes Fischerdorf mehr, sondern ein lebhaftes Ferienzentrum. Die Heimatdichterin Martha Müller-Grählert schrieb hier das populäre »Ostseewellenlied«, das später auch für die Nordsee umgedichtet wurde. Vom Turm der Barther Marienkirche genießt man aus 80 Meter Höhe einen guten Ausblick.

*** Barth** Im Ortskern des über 750 Jahre alten Hafen- und Handwerkerstädtchens, in dessen Nähe das sagenhafte Vineta gelegen haben soll, erhebt sich die gotische Marienkirche (14. Jahrhundert) mit einer Orgel aus dem Jahr 1821. Das Dammtor ist der einzige Überrest der alten Stadtmauer.

**** Stralsund** Siehe Stadtplan rechts

zen profitable Nischen. So ist die HDW Kiel weltweit führend im U-Boot-Bau, die Flensburger Schiffbau-Gesellschaft (FSG) fertigt spezialisierte RoRo-Schiffe. Auch in Mecklenburg-Vorpommern wird diese maritime Tradition fortgeführt. Eine ganze Reihe von Werften lässt von der Segeljolle bis zum Forschungsschiff alles vom Stapel, was zwischen Wind und Wellen seinen Platz hat (links: Reparaturdock in Warnemünde). Die Krise nach dem Ende der DDR wurde bewältigt – heute stammt fast ein Drittel aller in Deutschland gebauten Schiffe von dort. Interessante Einblicke in die hochkomplexe Industrie gewährt das Schifffahrtsmuseum Rostock mit seiner Ausstellung zur Schiffbaugeschichte des Landes – vom slawischen Einbaum über eine historische Schiffszimmermannswerkstatt bis zum stählernen Frachtschiff.

Stralsund

Eines der schönsten Ensembles norddeutscher Backsteingotik kündet davon, dass Stralsund zu Hansezeiten eine der mächtigsten Städte im Ostseeraum war.

Trotz erheblicher Kriegsschäden verfügt Stralsund noch über ein fast geschlossenes Altstadtensemble, das nach der Wende aufwendig restauriert und 2002 zum UNESCO-Weltkulturerbe erklärt wurde. Aus dem 14. Jahrhundert sind noch das Küter- und das Kniepertor sowie einige Teile der Stadtmauer erhalten. Um den Alten Markt im Norden der Altstadt reihen sich wichtige Sehenswürdigkeiten. Das um 1400 im Stil der Backsteingotik errichtete Rathaus ist heute das Wahrzeichen der Stadt, die **Nikolaikirche (1270 bis 1350) der älteste Sakralbau Stralsunds. Höhepunkte der Innenausstattung sind die Gewölbemalereien aus dem 14. und 15., die Anna-Selbdritt-Skulptur aus dem 13. sowie die astronomische Uhr aus dem 14. Jahrhundert. Das von Dominikanermönchen gegründete ehemalige **Katharinenkloster beherbergt heute das *Deutsche Meeresmseum und das Kulturhistorische Museum. Der Neue Markt im Süden der Altstadt wird vom Turm der Marienkirche (14. Jahrhundert) überragt.

Hafen von Stralsund

Historische Fischerboote im Museumshafen von Greifswald vor dem Fangenturm mit Speichern

Östliches Vorpommern mit Ostseeküste

Ganz im Osten, zwischen Greifswald und Stettiner Haff, ändert sich die Küste: Die Wälder reichen noch näher ans Ufer heran, die Dörfer werden kleiner, die Menschen stiller. Die Insel Usedom schirmt die Küste gegen die offene Ostsee ab. Dazwischen beschauliche Fischer- und Hafenstädtchen – und als einzig größere Metropole Greifswald.

** **Greifswald** Neben dem einstigen Zisterzienserkloster Eldena (1199) etablierte sich eine Handwerker- und Bauernsiedlung, die rasch wuchs, bereits 1250 von den Herzögen von Pommern das Stadtrecht erhielt und der Hanse beitrat. Greifswald blühte wirtschaftlich auf, und das Geistesleben wurde 1496 durch die Gründung einer Universität bereichert, die zweitälteste im Ostseeraum. Den Zweiten Weltkrieg überstand Greifswald relativ unbeschadet, weniger gut hingegen die Zeit der DDR. Ganze Stadtviertel verfielen und wurden abgerissen. Seit der Wende wurde der historische Stadtkern aufwendig restauriert. An der Westseite des denkmalgeschützten *Marktplatzes befindet sich das Rathaus, ein gotischer Backsteinbau aus dem 14. Jahrhundert. Bürgerhäuser aus verschiedenen Epochen und Jahrhunderten säumen den Platz; besonders stechen die Häuser Nr. 11 und Nr. 13 mit ihren schönen Giebelfassaden hervor. Die dreischiffige *Marienkirche aus dem 14. Jahrhundert ist das älteste der drei mittelalterlichen Gotteshäuser. Die Renaissancekanzel mit ihren Intarsien stammt aus dem 16. Jahrhundert. Der *Dom St. Nikolai, ursprünglich im 13. Jahrhundert errichtet, wurde im 15. Jahrhundert zu einer Basilika umgebaut. Ihre Barockhaube ist heute ein prägnanter Bestandteil des Greifswalder Stadtbilds. Die Ruine des ehemaligen Zisterzienserklosters ragt an der Ausfallstraße Richtung Wolgast auf. Berühmt wurde sie durch ein Bild von Caspar David Friedrich. Nach holländischem Vorbild wurde 1886 in Wieck, einem ehemaligen Fischerdorf an der Nordseite der Ryckmündung, eine hölzerne Klappbrücke erbaut, die auch heute noch in Betrieb ist.

* **Wolgast** Die Kreisstadt ist das Tor zur Insel Usedom. Von

TIPP++TIPP++

Kulturhistorisches Museum
Das Kulturhistorische Museum teilt sich mit dem Meeresmuseum den Platz im Kloster St. Katharinen. Die Themen: Archäologie und Kunstgeschichte der Region sowie Goldschmuck aus der Wikingerzeit.
Stralsund, Mönchstr. 25–27, Tel. 0 38 31/2 87 90, Di–So 10–17 Uhr

Museumsschiff »Gorch Fock« I
Auf dem Vorgänger des gleichnamigen Segelschulschiffes der Bundesmarine, die 1933 als Schulschiff der Reichsmarine begann, finden auf

Anmeldung auch Trauungen statt.
Stralsund, Tel. 0 38 31/66 65 20, www.gorchfock1.de

Caspar-David-Friedrich-Zentrum
Wo am 5. September 1774 der Maler Caspar David Friedrich in Greifswald geboren wurde, befindet sich heute ein multimediales Museum.
Greifswald, Lange-Str. 57, Tel. 0 38 34/77 62 38, www.caspar-david-friedrich-gesellschaft.de

Mecklenburg-Vorpommern

Ein Fremder kreierte einst die Darßer Türenmode. Wie in Ahrenshoop hatten sich zu Beginn der 20. Jahrhunderts auch anderswo auf dem Darß Künstler eingefunden, die von den wechselnden Farben an Ostsee- und

TIPP++TIPP++

Internationales Sundschwimmen
Alljährlich im Juli findet der traditionsreiche regionale Schwimmwettkampf statt. Die Strecke führt von Altefähr auf Rügen nach Stralsund.
Sundpromenade,
www.sundschwimmen.de, Juli

Wallensteintage Stralsund
Das Fest erinnert an den erfolgreichen Widerstand gegen die Belagerung durch die kaiserlichen Truppen, unter der Führung Wallensteins, während des Dreißigjährigen Kriegs im Jahr 1628. Das alljährlich stattfindende Volksfest wird in historischen Kostümen begangen.
www.wallensteintage.de, Juli

Haffmuseum Ueckermünde
Das Museum befindet sich im Schloss in der Altstadt von Ueckermünde, nahe des Stadthafens. Eine Besonderheit des kleinen Museums ist der Schlossturm als Teil des Ausstellungsbereichs.
Ueckermünde, Am Rathaus 3,
Tel. 03 97 71/284 42

Ernst Barlach Stiftung
Die Ernst Barlach Stiftung wurde zum 1994 gegründet und bildet mit ihren Museen Gertrudenkapelle und Atelierhaus kulturelle Zentren Mecklenburg-Vorpommerns. Die Werke des deutschen Expressionisten sind in Güstrow verwurzelt.
Güstrow, Heidberg 15,
Tel. 0 38 43/844 00-0,
www.ernst-barlach-stiftung.de

1295 bis 1625 war Wolgast Residenzstadt der Herzöge von Pommern-Wolgast. Nach zahlreichen kriegerischen Auseinandersetzungen blieb vom einstigen Renaissanceschloss nur ein einziger Stein übrig. Die Backsteinbasilika St. Petri stammt aus dem 14. Jahrhundert und wurde Anfang des 18. Jahrhunderts erneuert. In ihrer Gruft ruhen die Pommernherzöge. Das Rathaus aus dem 15. Jahrhundert erhielt seine heutige Form Anfang des 18. Jahrhunderts.

* **Anklam** Der berühmteste Sohn der Stadt ist Otto Lilienthal, der hier 1848 geboren wurde. In der Ellbogenstraße ist ihm ein Museum gewidmet. Im Zweiten Weltkrieg wurde Anklam stark zerstört. Erhalten blieben lediglich die Marienkirche (13. Jahrhundert) mit ihren gotischen Wandmalereien, das Steintor und der Pulverturm der ehemaligen Stadtbefestigung.

* **Ueckermünde** Der Hafenort am Stettiner Haff war einst ein Handwerkerstädtchen. Im 19. und 20. Jahrhundert war hier die Ziegelindustrie dominierend. Seitdem der letzte Brennofen 1997 ausging, lebt der Ort vor allem vom Tourismus. Im ehemaligen Renaissanceschloss ist heute das Haffmuseum untergebracht. In Torgelow südlich von Ueckermünde gründete Friedrich der Große 1754 ein Eisenhüttenwerk, aus dem 1993 die Eisengießerei Torgelow hervorging.

* **Pasewalk** Etwas im Hinterland der Küste in der Uckermark liegt das kleine Städtchen an der Uecker, eines der ältesten in Pommern. Nur wenig historische Bausubstanz überstand den Zweiten Weltkrieg, wurde dann aber sorgfältig saniert, wie etwa das Mühlentor aus dem 14./15., die Marienkirche aus dem 14. und der Pulverturm aus dem 15. Jahrhundert.

Mecklenburgische Seenplatte und Mecklenburgische Schweiz

In diesem Labyrinth von Seen, Flüssen und Kanälen im südlichen Teil von Mecklenburg-Vorpommern überschlagen sich die Superlative: Mit über 1000 Seen, gesäumt von schönen Buchenwäldern, Mooren und Hügeln, ist die Mecklenburgische Seenplatte das größte zusammenhängende Seengebiet Mitteleuropas. Am nördlichen Rand der Seenplatte erstreckt sich von Dargun entlang des Kummerower und des Malchiner Sees in südwestlicher Richtung die Mecklenburgische Schweiz, ein rund 20 Kilometer langer und zehn Kilometer breiter Höhenzug mit Erhebungen von bis zu 120 Metern. Der größte Teil dieser Landschaft gehört zum Naturpark Mecklenburgische Schweiz und Kummerower See. Beide Regionen verzaubern den Besucher nicht nur durch ihre weitgehend unberührte Seen- und Wälderlandschaft, sondern auch durch herrliche Schlösser und Herrenhäuser sowie Dörfer mit großem Dorfanger und alten Backsteinkirchen.

* **Demmin** Die einstige Hansestadt am nordöstlichen Rand der Mecklenburgischen Schweiz ist heute ein beliebtes Ausflugsziel. Die Backsteinkirche St. Bartholomaei ist mit ihrem über 90 Meter hohen Turm das Wahrzeichen Demmins. Ursprünglich im 13. Jahrhundert errichtet, wurde sie dann nach Plänen Karl Friedrich Schinkels Ende des 19. Jahrhunderts umgestaltet. Das Rathaus (14./15. Jahrhundert) brannte Ende des Zweiten Weltkrieges ab und wurde 1997/98 wiederaufgebaut. Der Backsteinspeicher am Peenehafen, wo einst Getreide umgeschlagen wurde, ist heute Sitz des Kreisheimatmuseums.

* **Reuterstadt Stavenhagen** Dem niederdeutschen Dichter Fritz Reuter (1810–1874) verdankt Stavenhagen seinen Beinamen. Alles ist hier Reuter gewidmet: Apotheke, Schule, Straßen. Am historischen kopfsteingepflasterten Marktplatz befindet sich das Literaturmuseum, einst Rathaus und Geburtshaus des Dichters. Es beherbergt eine umfangreiche Sammlung seiner Schriften. Auch das Schloss ist eng mit Reuters Leben verknüpft: Hier verbrachte er in seiner Jugend viele Stunden.

* **Malchin** Zu zwei Dritteln wurde die Stadt während des Zweiten Weltkrieges zerstört. Übrig geblieben ist eine etwas skurrile Mischung aus buntem Plattenbau und mittelalterlicher Architektur. Wie wohlhabend das Städtchen einmal war, offenbart die gotische dreischiffige Backsteinbasilika St. Johannis (1440). Der Schnitzaltar mit der Marienkrönung und den 36 Aposteln stammt aus dem 15. Jahrhundert. Im Rathaus (1927) sind die 72 Zunftgemälde sehenswert.

* **Teterow** Das kleine Städtchen am gleichnamigen See wartet mit einem schönen mittelalterlichen Kern, Backsteinbauten mit Stufengiebeln und zwei Stadttoren, dem Malchiner und dem Rostocker Tor, auf. Das Wahrzeichen der Stadt ist der Hechtbrunnen vor dem Rathaus. Die *Backsteinkirche hinter dem Rathaus stammt aus dem 13. Jahrhundert, sie weist einen wertvollen gotischen Flügelaltar (1300) auf.

* **Basedow** Die Hauptattraktion des kleinen Orts ist sein **Schloss. Die dreiflügelige Anlage wurde vom 16. bis zum

Boddenküste begeistert waren. Der Maler Theodor Schultze-Jasmer bezog 1921 ein altes Fischerhaus in Prerow, das er zum Atelier umbaute. Als 1931 ein neues Gemeindehaus gebaut wurde, bat man den Künstler, die Gestaltung zu übernehmen. Schultze-Jasmer malte das hölzerne Portal quietschbunt. Der farbenfrohe Schmuck kam gut an, die Mode breitete sich über den ganzen Darß aus. Ornamente in den Türen hatte es bereits zu slawischen Zeiten gegeben – sie dienten zum Schutz vor Bösem und Naturgewalten. Traditionelle Motive sind die aufgehende Sonne gegen Dunkelheit, der Lebensbaum gegen den Tod und das Kreuz gegen Dämonen. Später kamen reine Schmuckbilder mit Möwen, Blumen oder Leuchttürme dazu. Die meisten Türen gibt es in Prerow, Wustrow und Zingst. Historische Exemplare zeigt das Darß-Museum in Prerow.

19. Jahrhundert erbaut. Der älteste Teil ist der Mitteltrakt (1552). Der zweigeschossige Flügel geht auf das 17. Jahrhundert zurück, während sich der Südflügel von 1895 im Neorenaissancestil präsentiert. Das älteste Bauwerk des Ortes ist die Kirche aus dem 13. Jahrhundert.

**** Burg Schlitz** Eine Lindenallee führt 15 Kilometer südlich von Teterow hinauf zur Burg Schlitz, einer der bedeutendsten Schlossanlagen Mecklenburgs. Eine imposante Freitreppe vor dem Mittelbau wird von den Seitenpavillons gerahmt. Von der Schlossterrasse hat man einen herrlichen Blick, den schon Goethe genossen hat. Im Park lohnen Kapelle und Nymphenbrunnen eine Besichtigung.

**** Güstrow** Das »kleine Paris des Nordens« liegt im geografischen Mittelpunkt des Bundeslandes und bietet Sehenswürdigkeiten von hohem Rang. Im 14. und 15. Jahrhundert wurde Güstrow durch Brauereien, Tuchproduktion und Wollhandel bekannt und kam zu erheblichem Wohlstand. Mitte des 16. Jahrhunderts wurde es Residenzstadt der Herzöge von Mecklenburg-Vorpommern. Das **Schloss von Güstrow ist das größte Renaissancebauwerk von Mecklenburg-Vorpommern. Der imposante Dreiflügelbau mit seinen Türmen und Giebeln und dem grandiosen Festsaal mit Wandmalereien und Stuckaturen ist heute ein Museum. Es zeigt Kunst aus dem 16. und 17. Jahrhundert, Möbel und Keramiken. Das Ernst-Barlach-Theater wurde 1828/29 errichtet und ist damit das älteste Theater Mecklen-

Ein prächtiger Renaissancebau ist das im 16. Jahrhundert von italienischen und niederländischen Baumeistern errichtete Schloss von Güstrow (rechts).

Mecklenburg-Vorpommern

Die Müritz-Elde-Wasserstraße ist (noch) ein Geheimtipp für Wasserwanderer: Über insgesamt mehr als 180 Kilometer (von Dömitz bis Plau: 121 Kilometer) zieht sie sich durch unberührte Landschaften bis nach

burgs. Der gotische **Dom St. Maria, St. Johannes Evangelista und St. Cecilia mit spätgotischem Flügelaltar (um 1500) sowie dem Marmorgrab für Herzog Ulrich III. und seine Gemahlinnen (1585–1599) wurde 1226 bis 1335 errichtet. Die Bronzeplastik »Der Schwebende« von Ernst Barlach hängt in der Nordhalle des Gotteshauses. Weitere Werke des Künstlers sind in der **Gertrudenkapelle (15. Jahrhundert) zu besichtigen. Der Domplatz imponiert durch seine Renaissancewohnhäuser. Folgt man der Domstraße, gelangt man direkt zum **Markt der Stadt. Dessen Mittelpunkt bilden das Rathaus (1797/98) und die St.-Marien-Kirche. Das vierschiffige Gotteshaus stammt aus dem 16. Jahrhundert. Sehenswert sind hier der Flügelaltar (1522) und die Triumphkreuzgruppe (1516). Die Güstrower Altstadt besteht aus einem eindrucksvollen Ensemble von Giebelhäusern.

Malchow am Plauer See mit neugotischer Klosterkirche

**** Durchbruchstal der Warnow** Ein Naturparadies ist das größte Durchbruchstal Mecklenburgs bei Groß Görnow, sechs Kilometer nördlich von Sternberg, wo sich die Warnow 30 Meter tief in einen Endmoränenwall eingegraben hat. Kurz nach der Einmündung der Mildenitz zwängen sich hier die Wassermassen einem Wildbach gleich zwischen steilen Uferwänden hindurch.

*** Sternberg** In der Kleinstadt am Sternberger See sind noch viele schöne Fachwerkhäuser aus dem 18. und 19. Jahrhundert zu bewundern. Beachtlich ist auch die kleine Stadtkirche aus dem 13./14. Jahrhundert. Im neogotischen Rathaus trat bis 1918 der Mecklenburger Landtag zusammen. Nur wenige Kilometer nordöstlich der Stadt kann im Freilichtmuseum Groß Raden eine rekonstruierte Siedlung slawischer Obotriten besichtigt werden.

**** Krakower Obersee** Südlich von Güstrow liegt dieser Klarwassersee mit seinen zahlreichen Inselchen. Mit einer Fläche von 850 Hektar ist er der größte See des Naturparks Nossentiner/Schwinzer Heide. Er beherbergt eines der wichtigsten Rast- und Brutgebiete für viele Wasservögel. Um den See herum verläuft ein schöner Spazierweg.

**** Naturpark Nossentiner/Schwinzer Heide** Über eine Fläche von rund 360 Quadratkilometern erstreckt sich dieser Park zwischen Plau, Goldberg, Krakow und Malchow. Zu seinem Areal gehören nicht weniger als 60 Seen sowie ausgedehnte Wälder, vor allem Kiefernbestände. Hier brüten auch See- und Fischadler.

**** Plau am See** 1225 wurde die Stadt am gleichnamigen See mit guter Anbindung an die Handelsstraße zwischen Rostock und Brandenburg gegründet. Im 19. Jahrhundert siedelte sich hier Industrie an. Ernst Al-

Dömitz. Entlang der Strecke, die durch 17 Schleusen unterbrochen wird, befinden sich zahlreiche Rast- und Liegeplätze, von denen aus Wanderungen unternommen werden können. Auch abseits der malerischen Müritz ist die Seenplatte ein beliebtes Wassersport- und Camping-Revier. Im Boot auf dem Fleesensee hat man einen schönen Blick auf die neugotische Klosterkirche von Malchow. Der Heimatdichter Fritz Reuter weilte gern in der »lieblichen Krakowschen Gegend«, einem der reizvollsten Plätze der Seenplatte (links: Bootshäuser am Krakower See). Vom beschaulichen Goldberg am Goldberger See bietet sich ein Ausflug in die besonders stille Nossentiner-Schwinzer-Heide an. Und die meisten Gewässer lassen die Herzen vieler Angler höherschlagen: In manchen Seen und Flüssen werden bis zu 34 Fischarten gezählt.

ban, der Sohn des Plauer Pfarrers, war es, der 1841 hier die Hochdruckdampfmaschine erfand. Er baute sie in einen Schaufelraddampfer ein und ließ das erste Personendampfschiff auf dem Plauer See zu Wasser. Das Wahrzeichen der Stadt ist der *Burgturm aus dem 15. Jahrhundert, der heutige Sitz des Heimatkundlichen Museums. Hauptsehenswürdigkeit des Ortes ist der *Marktplatz mit seinen Fachwerkhäusern. An der Elde-Schleuse befinden sich ein historischer Getreidespeicher und eine Hubbrücke.

* **Malchow** Das einstige Tuchmacherstädtchen zwischen dem Fleesen-, Malchower und Plauer See beeindruckt mit einer schönen *neugotischen Klosterkirche inmitten eines gut erhaltenen historischen Altstadtkerns. 1846 befand sich Malchow noch auf einer Insel. Später wurde ein Damm aufgeschüttet, der den Ort mit dem Festland verband. Die Klosterkirche wurde Mitte des 19. Jahrhunderts erbaut. Die Apostelfenster im Chorraum stammen aus Innsbruck. 1997 wurde in Malchow das erste Orgelmuseum Norddeutschlands eröffnet.

* **Klink** Hauptattraktion dieses auf einer kleinen Landzunge zwischen Müritz und Kölpinsee gelegenen Ortes ist Schloss Klink, das 1898 vom Berliner Gründerzeitarchitekten Hans Grisebach im Neorenaissancestil erbaut wurde. Mit seinen runden Ecktürmen ist es den Loire-Schlössern nachempfunden. Hier wurde übrigens die Fernsehserie »Unser Charly« gedreht.

*** **Waren** Am Nordufer der Müritz, des mit 117 Quadratkilometern größten Sees Norddeutschlands, und damit mitten im Herzen der Mecklenburgischen Seenplatte, liegt Waren. 1260 erhielt die Siedlung Stadtrecht. Dank des großen Fischreichtums der Müritz und der umliegenden Seen brachte es Waren zu einem gewissen Wohlstand. Theodor Fontane war es, der die Vorzüge der Seenplatte rund um Waren als Ort der Ruhe und Erholung entdeckte und die Schönheit ihrer Natur in seinen Büchern pries. So wurden Waren und die Müritz bereits im 19. Jahrhundert ein beliebtes Ziel für Sommerfrischler. Nach der Wende wurde die Altstadt saniert und ein Jachthafen erbaut. Waren wurde damit zum touristischen Zentrum der Mecklenburgischen Seenplatte. In der Altstadt reihen sich barocke Fachwerkhäuser aneinander. Zu den schönsten gehört die Löwen-Apotheke (18. Jahrhundert) auf dem Neuen Markt. Den Alten Markt zieren das Alte Rathaus aus dem 14. und die Georgenkirche aus dem 13. Jahrhundert. Auf dem Neuen Markt erhebt sich das Neue Rathaus (Ende 18. Jahrhundert) mit dem Stadtgeschichtlichen Museum. Am Stadthafen sind noch einige Getreidespeicher aus dem 19. Jahrhundert erhalten, die heute teilweise als Ferienwohnungen genutzt werden.

** **Röbel** Die kleine Stadt, die früher aus zwei Teilen bestand, ist heute ein beliebtes

Wasser so weit das Auge reicht: die Müritz bei Waren (oben links) und bei Röbel (oben rechts)

TIPP++TIPP++

Marinemuseum in Waren
Das Marinemuseum ist ein wahres Eldorado für Militärfans. Uniformen, Abzeichen & Co. sind hier zu finden. Der Zeitraum der ausgestellten Exponate umfasst die der Kaiserlichen Marine, der Reichsmarine und der Kriegsmarine bis zum Ende des Zweiten Weltkriegs. Auch die Exponate der DDR-Volksmarine und der Bundesmarine fehlen nicht.
Waren (Müritz), Lange Straße 3, Tel. 0 39 91/66 47 30

Müritzeum
Das Naturkundemuseum informiert anschaulich und lebendig über die geologische Entstehung der Mecklenburgischen Landschaft, die Ur- und Frühgeschichte sowie über die Tier- und Pflanzenwelt der Region.
Waren (Müritz), Zur Steinmole 1, Tel. 0 39 91/633 68-0 www.Mueritzeum.de

Mecklenburg-Vorpommern

Caspar David Friedrich (1774 bis 1840) ist der Landschaftsmaler der deutschen Romantik schlechthin. Seine Gemälde sind der Inbegriff empfindsamer Naturauffassung und symbolhaft-religiöser Weltsicht. Der

Schloss Mirow, Residenz der Herzöge von Mecklenburg-Strelitz

Luisentempel im Neustrelitzer Schlosspark

touristisches Zentrum. Mit dem Bau der **frühgotischen Marienkirche wurde 1235 begonnen. Sie ist eine der ältesten Hallenbacksteinkirchen des Bundeslandes. Von der 68 Meter hohen **Turmplattform genießt man einen herrlichen Blick über Stadt und Land. Der Innenraum der Kirche birgt einen Schnitzaltar aus dem 16. Jahrhundert und ein Kreuzrippengewölbe im Chorraum.

* **Mirow** Der Ort ist das Tor zur Brandenburgischen Seenplatte am Müritz-Havel-Kanal. Wassersportlern ist vor allem die Mirower Schleuse ein Begriff, denn sie verbindet die mecklenburgischen Gewässer mit den brandenburgischen. Mirow war einst Residenz des Herzogs Karl von Mecklenburg-Strelitz, der sich hier Ende des 16. Jahrhunderts niederließ. Auf seine Initiative geht auch das schöne *Barockschloss zurück. Die Schlossinsel ist durch eine Steinbrücke mit der Altstadt des Ortes verbunden. Während des 18. und des 19. Jahrhunderts wurden hier alle Familienmitglieder des Strelitzer Hauses begraben. Lediglich Großherzog Adolf Friedrich VI., der letzte regierende Großherzog der Dynastie, fand seine letzte Ruhe etwas abgelegen auf einer separaten Insel. Sein Grab kennzeichnet eine gebrochene Säule.

** **Neustrelitz** Das Städtchen versprüht auch heute noch den Charme des 18. und 19. Jahrhunderts. Herzog Adolf Friedrich III. von Mecklenburg-Strelitz gründete den Ort 1733 und verlegte seine Residenz hierher. Seine und weiterer Herzöge Anwesenheit zogen Kaufmänner, Händler, wohlhabende Bürger und Militärs an. Und Neustrelitz blieb bis 1918 Residenzstadt. Die spätbarocke Stadtanlage von Julius Löwe zeichnet sich durch acht sternförmig verlaufende Straßen aus. Die Stadtkirche von 1778 bekam 1831 einen massigen Glockenturm angegliedert, das Rathaus wurde 1841 erbaut. Das Schloss wurde Ende des Zweiten Weltkriegs zerstört, der Schlossgarten, im 19. Jahrhundert zum englischen Landschaftsgarten erweitert, blieb hingegen er-halten und ist heute eine der Hauptattraktionen der Stadt. Besonders sehenswert sind in der Anlage die Orangerie von 1755 (1842 umgestaltet), der Luisentempel (Ende 19. Jahrhundert), der Marstall (1872) und die Schlosskirche (1855 bis 1859).

** **Nationalpark Müritz** Ein Kaleidoskop unterschiedlicher Landschaften und Lebensräume bietet dieser Nationalpark mit nicht weniger als 107 Seen auf einer Fläche von 322 Quadratkilometern. Der Park besteht aus zwei räumlich getrennten Abschnitten: Das größere Teilge-

Maler wurde 1774 in Greifswald als Sohn eines Kerzengießers geboren, erhielt ab 1790 privaten Zeichenunterricht und studierte dann an der Akademie in Kopenhagen. 1798 ging er nach Dresden, wo er mit seiner Frau Caroline und den drei Kindern bis zu seinem Tod lebte. Die Landschaft Rügens beflügelte in den ersten Jahren seine künstlerische Entwicklung. Allein oder in Begleitung eines Künstlerfreundes durchwanderte er diese Landschaften und schärfte dabei seinen Blick, eine Mischung aus tiefreligiöser, introvertierter Innenschau und präziser Naturbeobachtung. Erst 1807 wandte er sich, der bis dahin meist mit Sepiatusche gezeichnet hatte, der Ölmalerei zu. Eldena, die monumentale Backsteinfassade des ehemaligen Zisterzienserklosters von Greifswald, stand dem Künstler Modell für einige mystische Gemälde von Weltrang (links).

biet Müritz erstreckt sich in einem Halbbogen entlang des Ostufers des gleichnamigen Sees, der östliche Teil umfasst die Wälder und Seen um Serrahn und Neustrelitz. Hier ist die Landschaft vor allem durch urtümliche Buchenwälder und Moore gekennzeichnet. Neben zahlreichen anderen Vogelarten sind im Park auch See- und Fischadler, Kraniche sowie Schwarzstörche zu Hause. Zum Schutz dieses sensiblen Ökosystems wurden insgesamt 660 Kilometer markierte Wege angelegt, die Besucher nicht verlassen dürfen.

* **Ankershagen** Hier wurde der berühmte Archäologe Heinrich Schliemann (1822–1890) geboren. In seinem Elternhaus, dem Schliemann-Haus, wurde ein Museum eingerichtet, das dem Werk Schliemanns gewidmet ist. Gegenüber dem Haus befindet sich die Kirche, in der Vater Schliemann als Pfarrer predigte.

** **Neubrandenburg** Markgraf Johann von Brandenburg gründete die Stadt im 13. Jahrhundert. Bis zum Dreißigjährigen Krieg ein blühender Handelsort, fiel Neubrandenburg dann in die völlige Bedeutungslosigkeit zurück. Erst mit der Industrialisierung im 19. Jahrhundert gewann es wieder an Relevanz. Im Zweiten Weltkrieg wurde die Innenstadt größtenteils zerstört. Im historischen Zentrum liegt der Alte Marktplatz, dessen Bild heute von modernen Nachkriegsbauten geprägt ist. Zu sehen ist hier noch die alte Feldsteinmauer, an der die Wiekhäuser, heute teilweise rekonstruiert, standen. Von den ehemaligen Stadttoren sind besonders das Stargarder und das Treptower Tor aus dem 14. und 15. Jh. eine Besichtigung wert. Im Treptower Tor befindet sich das Regionalmuseum für Ur- und Frühgeschichte. Die *Johanniskirche aus dem 13. Jahrhundert wurde im 14. Jahr-

Prachtbau im Stil der Backsteingotik: das Treptower Tor in Neubrandenburg mit Fachwerkhaus und Vortor (oben)

TIPP++TIPP++

Operettenfestspiele Neustrelitz
Jeden Sommer wird Neustrelitz für mehrere Wochen zur »Residenzstadt der Operette«. Dann bieten die Schlossgartenfestspiele vor malerischer Kulisse und Zehntausenden Zuschauern große Inszenierungen beliebter klassischer Operetten. Bereits zweimal wurde auch das Leben der Königin Luise von Preußen zum Sujet von Operetten-Uraufführungen.
Schlossgartenfestspiele Neustrelitz e.V., Glambecker Straße 41, Tel. 0 39 81/23 93-0

Mecklenburg-Vorpommern

Dachte Bismarck an Klütz, als er spottete, in Mecklenburg wünsche er beim Weltuntergang zu sein, weil hier alles rund 100 Jahre später passiere? Noch immer ist die Marienkirche höchster Punkt des 3500-hundert zu einer zweischiffigen Backsteinkirche umgebaut. Ihre Prunkstücke sind die Kalksteinkanzel (1588) und der Kreuzgang der einstigen Klosteranlage. Der Turm der Marienkirche (13. Jahrhundert), heute eine Konzertkirche, ist schon von Weitem sichtbar. Auf das 15. Jahrhundert geht die Spitalkapelle St. Georg zurück.

Feldberg Am Südwestufer des Haussees liegt die kleine Provinzstadt an der Grenze zum Bundesland Brandenburg. Zwischen dem 7. und 9. Jahrhundert stand hier eine slawische Burg, in der rund 1000 Menschen lebten. Die Heimatstube im ehemaligen Spritzenhaus am Amtsplatz beherbergt heute ein Museum zur Geschichte der Burg.

*** Stargard** In der bewaldeten Hügellandschaft thront, schon von Weitem zu erkennen, eine wehrhafte Burg über diesem kleinen Städtchen. Die Feste entstand im 13. Jahrhundert zur Verteidigung eines wichtigen strategischen Punktes während der deutschen Ostexpansion. In den kleinen Straßen der Altstadt, die in ihrer heutigen Gestalt auf das 18. Jahrhundert zurückgeht und immer noch den Charakter einer idyllischen Handwerkerstadt aufweist, befinden sich die Stadtkirche und die Kapelle, in der das sehenswerte Heimatmuseum untergebracht ist.

*** Heilige Hallen** In der Nähe von Lüttenhagen bei Feldberg erstreckt sich das Naturschutzgebiet »Heilige Hallen«, das Bestandteil des Naturparks Feldberger Seenlandschaft ist. Es verdankt seinen Namen rund 350 Jahre alten Rotbuchenbeständen, deren bis zu 50 Meter hohen Stämme Großherzog Georg von Mecklenburg-Strelitz an gotische Kirchen erinnerten – daher der Name.

*** Carwitz** Der reizvoll an Seen und Flüssen gelegene Ort ist die Heimat des durch seine sozialkritischen Romane bekannt gewordenen Schriftstellers Hans Fallada. Der einstige Wohnsitz der Familie am Ende des Dorfes beherbergt heute das Hans-Fallada-Museum. Fallada erwarb das Fachwerkhaus, nachdem er mit seinem Roman »Kleiner Mann – was nun?« großen Erfolg feiern konnte. In seinem Roman »Heute bei uns zu Hause« berichtet er vom Landleben in Carwitz. Sein Arbeitszimmer inklusive der alten Schreibmaschine blieb fast unangetastet. Die niedliche Fachwerkkirche des Ortes wurde 1706 errichtet. Sie weist einen barocken Kanzelaltar auf und enthält Schnitzfiguren sowie Flügel eines spätgotischen Altars.

**** Naturpark Feldberger Seenlandschaft** Der rund 360 Quadratkilometer große Naturpark zwischen Fürstenberg, Woldegk und Neustrelitz umfasst 15 kleinere Naturschutzgebiete mit uralten Buchenwäldern, klaren Seen und Kesselmooren. Zu den bekanntesten Seen gehören Breiter und Schmaler Luzin, Haussee, Zansen und Carwitzer See. In der Ungestörtheit der Seenlandschaft leben neben See-, Fisch- und Schreiadler noch zahlreiche Fischotter und Biber. In der nordöstlichen Region des Naturparks können Gartenanlagen des Landschaftsarchitekten Peter Josef Lenné bewundert werden.

*** Woldegk** Der unscheinbare Ort liegt etwas östlich der Mecklenburgischen Seenplatte. Der Abstecher zu ihm lohnt sich vor allem wegen eines Komplexes von fünf noch gut erhaltenen Windmühlen. Die 1993 restaurierte Holländerwindmühle aus dem Jahr 1883 beherbergt heute ein Heimatmuseum.

TIPP++TIPP++

Literaturzentrum Neubrandenburg e.V. mit Brigitte-Reimann-Literaturhaus
Im Brigitte-Reimann-Literaturhaus, das an der Stelle des letzten Wohnhauses der deutschen Schriftstellerin (1933–1973) steht, befinden sich eine ständige Ausstellung zu Brigitte Reimann mit wertvollen Ausstellungsstücken aus ihrem Nachlass, das Hans-Fallada-Archiv und ein Literaturarchiv der Regionalliteratur nach 1945. Das ursprüngliche Gebäude aus dem Jahr 1914 stürzte bei den Sanierungsarbeiten ein und musste vollständig abgerissen werden. An seiner Stelle steht nun der im Vorfeld heftig umstrittene, bei seiner Eröffnung am 20. Februar 1999 aber begeistert angenommene Neubau des Brigitte-Reimann-Literaturhauses.
Neubrandenburg, Gartenstraße 6, www.literaturzentrum-nb.de

Schloss Bothmer
Schloss Bothmer liegt im Klützer Winkel am Rande der Ortschaft Klütz. Eine über 200-jährige Linden-

allee führt zu dem 1726 bis 1732 erbauten barocken Schlosskomplex. Das Schloss ist von einem breiten Wassergraben umgeben, den Ehrenhof erreicht man über eine Brücke. Die gepflegte Parkanlage umfasst mehrere Hektar, ihr Erscheinungsbild wird durch Alleen, Rasenflächen, seltene Bäume und eine Teichanlage geprägt.
Klütz, Schlossstraße, Dienerhaus Tel. 0 38 41/22 43 97, www.schloss-bothmer.info

Schwerin und Elbetal

Die beschauliche Landeshauptstadt mit ihrer Vielzahl historischer Gebäude und dem Schloss versprüht ihren ganz eigenen Charme. Von hier lassen sich Abstecher an die ehemalige innerdeutsche Grenze und an die untere Mittelelbe unternehmen.

**** Schwerin** Siehe Stadtplan auf Seite 103

*** Neustadt-Glewe** Die Kleinstadt wird dominiert von der Alten Burg, die um 1250 erbaut wurde. Auf einem künstlichen Hügel hat sich der älteste Profanbau des Landes erhalten. Im 17. Jahrhundert entstand das Schloss, einst Nebenresidenz der Mecklenburger Herzöge.

***Parchim** Um die Burg, die um 1170 erstmals erwähnt wurde, bildete sich die Altstadt, die mit ihren reich verzierten Fachwerkhäusern am Marktplatz und dem Rathaus aus dem 14. Jahrhundert sehr sehenswert ist. Die gotische Georgenkirche am Alten Markt birgt einen schönen Schnitzaltar.

*** Gadebusch** 1225 erhielt die Siedlung am Schnittpunkt der Handelswege von Wismar nach Hamburg und von Schwerin nach Lübeck das Stadtrecht. Das Rathaus wurde 1614 als Backsteinbau errichtet. Hinter dem Rathaus befindet sich die *Kirche St. Jakob und St. Dionysos von 1230 mit Backsteinverzierungen am Südportal, Bronzetaufe (1450) und Kanzel (1607). Das Renaissanceschloss ließ Herzog Christoph 1570 erbauen. Der ehemalige Wirtschaftstrakt des Schlosses beherbergt heute ein Heimatmuseum. Im nahen Möllin steht

Das Schloss von Schwerin mit märchenhaft anmutenden Erkern und Türmchen (rechts)

Einwohner-Städtchens. So markiert sie heute wie einst die Grenzen des Klützer Winkels: Dem Volksmund nach endet er nämlich dort, wo die Kirchturmspitze außer Sicht gerät. Die Region zwischen Lübecker und Wismarer Bucht gehört zu den Landschaften, in denen während des Kalten Krieges die Zeit stillstand. Kopfsteinpflaster und Reetdächer haben in einer leicht hügeligen Natur, die von der letzten Eiszeit geformt wurde, überdauert. Die einstige Randlage hinter dem Todesstreifen lockt heute Touristen. Die nahe Küste ist vielfach unbebaut, in zahlreichen Dörfern stehen noch ehemalige Gutshöfe und herrschaftliche Häuser. Paradestück ist Schloss Bothmer in Klütz – mit fast zwölf Hektar die größte Barockanlage Mecklenburgs. Eine prächtige Lindenallee (links) bildet das malerische Entrée zum Schloss.

seit 1788 ein reetgedecktes Hallenhaus, das Rauchhaus Möllin, in dem Schinken und Mettwurst geräuchert werden.

*** Zarrentin** Jahrzehntelang fristete Zarrentin als innerdeutsches Grenzstädtchen ein wenig beachtetes Dasein. Doch gerade deshalb konnte es sich einen ganz eigenen Charme bewahren. Von einem Zisterzienserkloster, das sich um 1250 hier befunden hat, sind noch der Ostflügel und die Klosterkirche erhalten geblieben. Der Ortskern präsentiert sich mit Häusern aus dem 18. und 19. Jahrhundert.

*** Boizenburg** Auch die kleine Siedlung an der Mündung der

Schloss Ludwigslust

Boize in die Elbe war Grenzort. Sehenswert ist das *Rathaus, ein schöner Fachwerkbau mit Laternenturm und Laubengang. Die Stadtkirche wurde um 1860 neugotisch umgestaltet. 1998 wurde hier das erste deutsche Fliesenmuseum eröffnet.

**** Naturpark Mecklenburgisches Elbetal** Der Naturpark erstreckt sich zwischen Boizenburg und Dömitz über 65 Kilometer entlang der Elbe. In dem UNESCO-Biosphärenreservat hat sich noch eine naturnahe Flussauenlandschaft mit Schwarzstörchen und Wanderdünen erhalten.

**** Redefin** Das Landgestüt Redefin ist eines der schönsten Europas. Es wurde von Herzog Friedrich Franz I. von Mecklenburg-Schwerin gegründet und 1820 im Stil des Klassizismus nach Plänen des mecklenburgischen Oberlandbaumeisters Carl Heinrich Wünsch erbaut.

**** Dömitz** In der kleinen Stadt zwischen Elbe, Dove Elbe und der Müritz-Elde-Wasserstraße steht Deutschlands einzige erhaltene Flachlandfestung (1565). Der Dichter Fritz Reuter saß hier 1839/40 in Festungshaft. Ein Prunkstück ist das prächtige Renaissancetor. Im Innenhof befindet sich das Kommandantenhaus mit Museum. Die neugotische Backstein-

Landgestüt Redefin

Stadtkirche des Orts geht auf das Jahr 1872 zurück.

**** Ludwigslust** An der Stelle eines Jagdschlosses beim Dorf Klenow ließ sich Herzog Friedrich der Fromme 1772 bis 1776 eine barocke Residenz erbauen. Das **Schloss Ludwigslust wurde mit Sandstein verblendet, das Attikageschoss mit 40 Statuen geschmückt und der riesige Schlosspark mit Wasserspielen, Brücken und Kanälen versehen. Die **Schlosskirche (1765–1770) beeindruckt mit toskanischen Säulen und dem Altarbild »Die Anbetung der Hirten«.

Schwerin

In der mit rund 100 000 Einwohnern kleinsten deutschen Landeshauptstadt dreht sich alles ums Wasser. Gleich mehrere Seen inner- und außerhalb des Stadtgebiets verleihen Schwerin eher ländlichen Charakter.

Bereits zu slawischen Zeiten ragte auf der heutigen Schlossinsel eine Burg auf (erstmals 1018 erwähnt). 1160 gründete Heinrich der Löwe neben der Insel eine Siedlung und erhob sie zur Stadt. 1167 wurde Schwerin Bischofssitz, 1358 erfolgte die Gründung der Grafschaft Schwerin. Damit war der Weg geebnet für den Aufstieg Schwerins zum politischen und kulturellen Mittelpunkt Mecklenburgs.

Staatstheater und Staatliches Museum (rechts) von Schwerin

Das heutige Erscheinungsbild Schwerins geht vor allem zurück auf den Großherzog Paul Friedrich. Er hatte die Stadt im 19. Jahrhundert als Residenz auserkoren und viele Repräsentationsbauten errichten lassen. Märchenhaft mutet das **Schweriner Schloss an, das sein heutiges Aussehen 1843 bis 1857 nach dem Vorbild des Loireschlosses Chambord erhielt. Sehenswert sind die Prunkräume in Beletage und Festetage mit vergoldeten Stuckaturen und Intarsienböden. Vom Burggarten gelangt man in den Schlossgarten, 1748 bis 1756 im Stil des Barock angelegt. Im **Alten Garten befindet sich ein *spätklassizistisches Gebäude, in dem das Staatliche Museum mit einer Kunstsammlung residiert. Das Staatstheater neben dem Museum wurde 1886 erbaut. Das Alte Palais (Ende 18. Jahrhundert) diente als Witwensitz. Das Kollegiengebäude (1883–1886) entwarf Georg Adolph Demmler.
Die Innenstadt wird dominiert von Häusern aus dem 18. und 19. Jahrhundert wie dem Brandenstein'schen und dem Neustädtischen Palais. Der Marktplatz wird von Bürgerhäusern gesäumt. An der Nordseite des Platzes erhebt sich die alte Markthalle von 1785. Der **Schweriner Dom St. Maria und St. Johannes (13.–15. Jahrhundert) ist ein gut gelungenes Exemplar norddeutscher Backsteingotik. Der Kreuzaltar stammt von 1440, die Grabplatten aus dem 14. Jahrhundert. Unweit des Doms liegt der **Pfaffenteich mit Wohnhäusern aus dem 19. Jahrhundert. Einen Abstecher lohnt die Siedlung **Schelfstadt von 1705.

Das Reich der Stille liegt etwa 50 Kilometer östlich von Hamburg und erstreckt sich von Zarrentin gen Ostsee: Eine weite Wasserfläche breitet sich aus, am Ufer nickt der Schilf, hinter Bruchwäldern und glucksenden Tümpeln liegen alte Dörfchen, oft mit nur einem Dutzend Häusern. Der Schaalsee (links) ist ein Paradies – und das ist letztendlich der deutschen Teilung zu verdanken: Der 24 Quadratkilometer große See mit seinem umgebenden Ring von Feuchtgebieten und Auen liegt im einstigen Grenzgebiet und war früher eingezäunt. Rund 40 Jahre lang konnte die Natur hier frei walten. Als die Grenze 1989 fiel, kam dieses einzigartige Naturrefugium mit Seeadlern, Kranichen, Fischottern und Bibern, Amphibien und 200 Vogelarten zutage. Im Jahr 2000 wurde das 309 Quadratkilometer große Areal als UNESCO-Biosphärenreservat ausgewiesen.

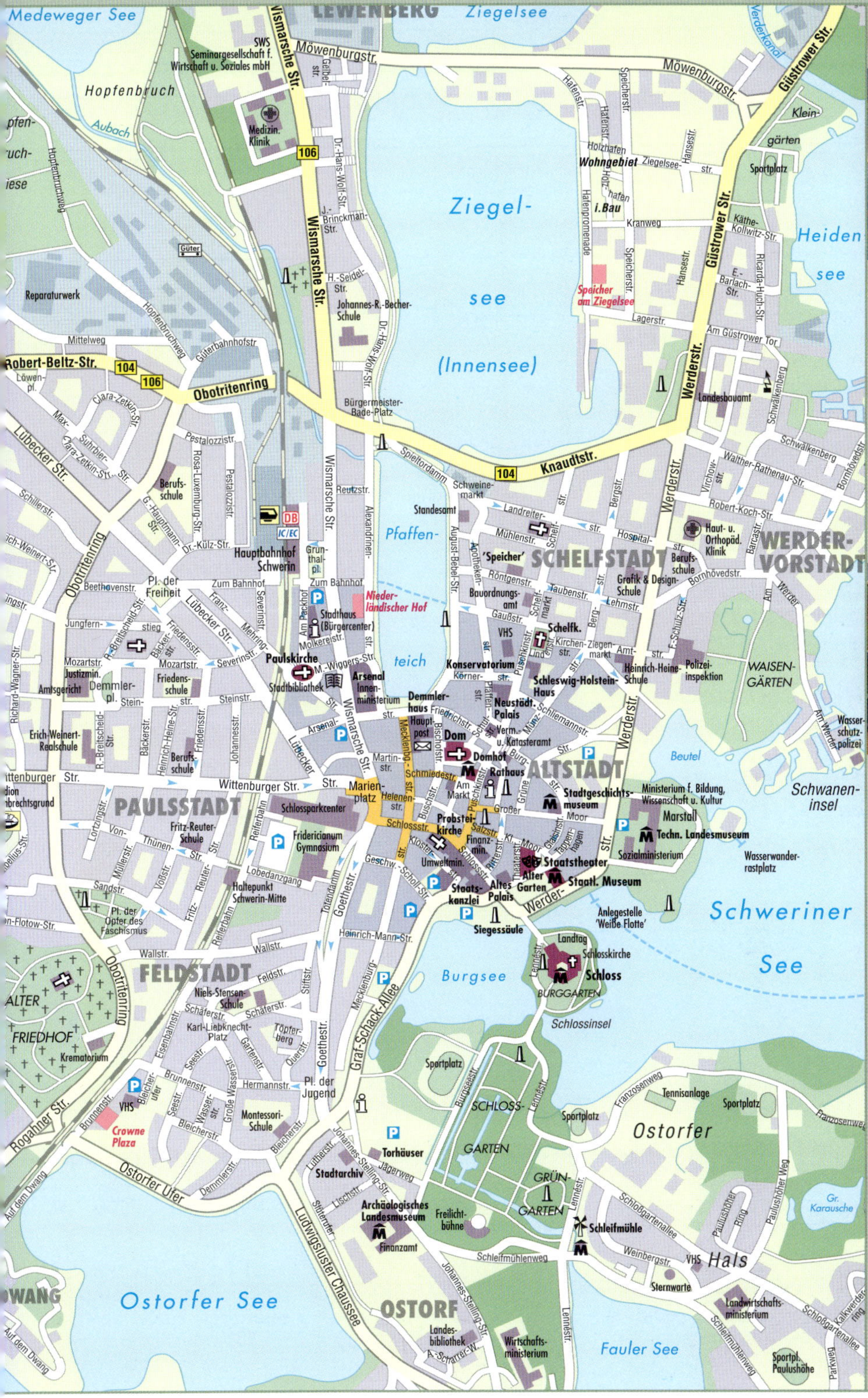

TIPP++TIPP++

Schloss Ludwigslust

Das muss man gesehen haben: Ein »nördliches Versailles« sollte es werden, doch die finanziellen Mittel waren begrenzt. Und so bestehen alle goldene Pracht und die verspielte Rokokoausstattung der Säle bis hin zum Inneren der Schlosskirche aus Pappmaschee.

Schlossfreiheit, Tel. 03874/5719-0, Mai–Okt. Di–So 10–18 Uhr, Nov.–Apr. Di–So 10–17 Uhr

Staatliches Museum Schwerin

In dem klassizistischen Gebäude gleich neben dem Staatstheater ist eine monumentale Sammlung flämischer und holländischer Meister des 17. Jahrhunderts untergebracht, außerdem ein Kupferstich- und ein Münzkabinett.

Alter Garten 3, Tel. 0385/59 58-0, Mitte Okt.–Mitte Apr. Di 10–20 Uhr, Mi–So 10–17 Uhr, Mitte Apr.–Mitte Okt. Di 10–20 Uhr, Mi–So 10–18 Uhr

Schlossmuseum Schwerin

Obwohl im heutigen Schloss der Landtag von Mecklenburg-Vorpommern seinen Sitz hat, sind insgesamt 25 Räume zu besichtigen.

Lennéstr. 1, Tel. 0385/52 52 92-0, Mitte Apr.–Mitte Okt. Di–So 10–18 Uhr, Mitte Okt.–Mitte Apr. Di–So 10–17 Uhr

Glanzstück des Friderizianischen Rokoko: Schloss Rheinsberg am Grienericksee

Brandenburg

Mehr als 100 Jahre nach ihrem Erscheinen haben Fontanes »Wanderungen durch die Mark Brandenburg« kaum etwas von ihrer Aktualität eingebüßt. Dieses Labyrinth aus Flüssen, Kanälen und Mooren, sich scheinbar ins Unendliche erstreckenden Wiesen, Wäldern und Seen wurde einst von mächtigen Gletschern geformt. Unter alten Fischerdörfern und traditionsreichen Hansestädten ragt das alles übertrumpfende Potsdam heraus. Schloss Sanssouci ist ein Gesamtkunstwerk und zugleich das Wahrzeichen des Landes Brandenburg.

Fontane und Brandenburg – man kann kaum das eine sagen, ohne das andere zu denken: »Wanderungen durch die Mark Brandenburg«, »Herr von Ribbeck auf Ribbeck im Havelland« ... Kein anderer großer

Ruppiner Land und Prignitz

170 durch Flüsse und Kanäle miteinander verbundene Seen machen die Rheinsberger Seenkette im romantischen Ruppiner Land zum Eldorado für Wassersportler. Die Prignitz zwischen Elbe und Dosse ist ein Paradies für Zehntausende Wasservögel und zahlreiche Störche.

Schloss Oranienburg beherbergt heute ein Kunstmuseum.

* **Oranienburg** Seinen Namen verdankt die Stadt Kurfürstin Luise Henriette, die eine Prinzessin von Oranien war und hier das ab 1651 erbaute Schloss bewohnte. Ab 1689 wurde es nach holländischem Vorbild im Stil des Barocks umgebaut. Das Schlossmuseum beherbergt Elfenbeinmöbel und Gemälde von niederländischen Meistern. Vor den Toren Oranienburgs erstreckt sich auf dem Areal des einstigen Konzentrationslagers die **Mahn- und Gedenkstätte Sachsenhausen. Bis 1945 wurden hier Zigtausende bei Massentötungsaktionen ermordet oder starben an Hunger und Krankheiten. Nach Kriegsende befand sich hier das sowjetische »Speziallager Nr. 7«, in dem bis zur Auflösung 1950 rund 60 000 Häftlinge einsaßen.

* **Neuruppin** Die beiden berühmtesten Söhne des schmucken Landstädtchens am Ruppiner See sind der 1781 hier geborene große Baumeister Preußens, Karl Friedrich Schinkel, sowie Theodor Fontane, der in der *Löwenapotheke 1819 das Licht der Welt erblickte. Nach einem verheerenden Brand 1787 wurde der Ort frühklassizistisch wiederaufgebaut. Heute steht er als herausragendes Beispiel klassizistischer Städtebaukunst komplett unter Denkmalschutz: dazu zählen die Marienkirche, die Dominikanerklosterkirche, Rathaus, Tempelgarten und Stadtpark.

** **Rheinsberg** Ein Wasserschloss im Stil der Renaissance ließ Kronprinz Friedrich, der spätere König Friedrich II. von Preußen, 1734 durch seinen Architekten Knobelsdorff um-

deutscher Schriftsteller ist so in einer Landschaft verwurzelt wie Theodor Fontane (ganz links: Aufnahme von 1885), der 1819 in Neuruppin als Sohn eines Apothekers zur Welt kam. Mit 19 Jahren veröffentlichte er seine erste Novelle. Jahrelang arbeitete er an verschiedenen Orten als Apotheker und schrieb regelmäßig. Die sich seit 1847 anbahnende Revolution politisierte auch ihn, er kämpfte zeitweilig auf den Barrikaden. 1849 entschloss er sich, nur noch zu schreiben. Zunächst produzierte er vor allem Texte für Zeitungen, auch Auslandsberichte, Theaterkritiken und Kriegsreportagen. Seit 1862 schrieb er über 15 Jahre an den »Wanderungen«. Später entstanden Werke wie »Effi Briest«, »Stine«, »Irrungen, Wirrungen«, »Die Poggenpuhls« und »Der Stechlin« (links: Originalmanuskripte aus dem Fontane-Archiv Potsdam). Fontane starb 1898.

bauen. In malerischer Lage am Grienericksee verbrachte Friedrich die glücklichste Zeit seines Lebens. Heute ist das barock und frühklassizistisch geprägte **Schloss Rheinsberg im Sommer Kulisse für Opernaufführungen, zu denen die Kammeroper Schloss Rheinsberg unter freiem Himmel einlädt. In seinen »Wanderungen durch die Mark Brandenburg« setzte Theodor Fontane der Stadt ein literarisches Denkmal, und Kurt Tucholsky machte Rheinsberg 1912 in seiner Erzählung »Rheinsberg – ein Bilderbuch für Verliebte« zum Schauplatz einer unbeschwerten Sommerliebe.

* **Fürstenberg** Hauptsehenswürdigkeiten des idyllischen Luftkurorts am Schwedt- und Röblinsee sind das Wasserschloss mit Heimatmuseum und das dreiflügelige Barockschloss. In unmittelbarer Nachbarschaft von Fürstenberg liegt das einstige »Frauen-KZ« Ravensbrück, das zwischen 1939 und 1945 Leidensstätte für über 130000 Frauen und Kinder war. 1959 wurde die Anlage in eine **Mahn- und Gedenkstätte umgewandelt.

*** **Biosphärenreservat Flusslandschaft Elbe-Brandenburg** Auwälder, Brackwasser und weite Feuchtgebiete prägen das 3750 Quadratkilometer große Naturschutzgebiet in der Prignitz, das sich Mecklenburg-Vorpommern, Niedersachsen, Schleswig-Holstein, Sachsen-Anhalt und Brandenburg entlang der Elbe auf 400 Stromkilometern teilen. Wasservögeln wie Kranichen, Schwänen und Blessgänsen hat die Natur eine reichhaltige Tafel bestellt. Über den Auen kreisen Fisch- und Seeadler, am Boden baut der Biber seine Burgen. Rund 50 Storchenpaare ziehen ihren Nachwuchs im Dörfchen *Rühstädt auf.

Barnimer Land und Uckermark

Von Westen nach Osten durchzieht der Oder-Havel-Kanal das Barnimer Land, das in weiten Teilen von den Wäldern und Seen der Schorfheide eingenommen wird. Die stille Uckermark im nordöstlichsten Winkel Brandenburgs mit ihren mehr als 400 Seen gehört zu den am dünnsten besiedelten Regionen Deutschlands.

** **Templin** Eine fast vollständig erhaltene, im 13./14. Jahrhundert aus massiven Feldsteinen errichtete **Stadtmauer umschließt die schmucke Altstadt des kleinen Thermalbadeorts. Nahebei wird aus 1635 Meter Tiefe jodhaltige Thermalsole gefördert. 57 °C warm tritt sie

Bezaubernde Flussauenlandschaften im Nationalpark Unteres Odertal (oben)

TIPP++TIPP++

Museum Neuruppin
»Was ist der Ruhm der Times gegen die zivilisatorische Aufgabe des Ruppiner Bilderbogens?«, fragte einst Theodor Fontane. In der Tat ist die in der Welt einmalige Sammlung dieser Bilderbögen beeindruckend. Vor der Erfindung der Fotografie

wurden die wichtigen Ereignisse erstaunlich aktuell einem breiten Publikum vermittelt.
Neuruppin, Museum und Galerie, August-Bebel-Str. 14–15, 47–48, Tel. 0 33 91/4 58 06-0

Tucholsky kam am 9. Januar 1890 in Berlin als Sohn eines Bankkaufmanns zur Welt (ganz links: Aufnahme aus der Zeit um 1930). Er studierte ab 1909 Jura, begann sich aber immer mehr für Literatur zu interessie-

TIPP++TIPP++

Choriner Musiksommer
Eine schönere Kulisse für ein Klassik-Festival kann man sich nicht wünschen. In der Ruine des ehemaligen Zisterzienserklosters musizieren alljährlich berühmte Orchester und namhafte Solisten. Aber auch die Besichtigung des Baudenkmals allein ist einen Ausflug wert.
Chorin, Klosterverwaltung, Amt Chorin 11, Tel. 03 33 66/7 03 77, jährlich Konzerte von Anfang bis Juni–Aug./Sept., Geschäftsstelle in Eberswalde: Tel. 0 33 34/65 73 10

zutage und speist die **Naturtherme Templin mit ihren therapeutischen Einrichtungen, Thermalsole-Badelandschaft und Sauna- und Wellnessbereich.

** **Biosphärenreservat Schorfheide-Chorin** Die ausgedehnten Wälder, Seen, Moore und Wiesenlandschaften der Schorfheide wurden auf 1300 Quadratkilometern als UNESCO-Biosphärenreservat ausgewiesen. Viele bedrohte Tierarten haben hier ihr Habitat: See- und Fischadler, Schwarzstörche, Eisvögel, Kraniche, Kreuzottern und Rotbauchunken. Der Werbellinsee lädt mit schönen Stränden zum Baden ein.

** **Nationalpark Unteres Odertal** Auf 105 Quadratkilometern steht hier eine der letzten natürlichen Flussauenlandschaften Mitteleuropas unter Schutz. Zwischen Hohensaaten und Stettin umfasst der Park die weiten Auen an den Oderufern und geht jenseits der Grenze in den polnischen Landschaftsschutzpark Unteres Odertal über.

** **Kloster Chorin** Die backsteinrote Klosteranlage Chorin im Herzen der Schorfheide zählt zu den schönsten Werken der norddeutschen Backsteingotik. Um 1273 gestiftet, wurde sie in der Reformation aufgelassen, verfiel, diente als Steinbruch und wurde 1817 vom preußischen Baumeister Karl Friedrich Schinkel wiederentdeckt. Auf seine Initiative hin begannen die Restaurierungsarbeiten, die mit Unterbrechungen bis 1960 andauerten. Seit diesem Jahr findet in der ehemaligen Zisterzienserabtei der »Choriner Musiksommer« statt.

* **Niederfinow** Wo am Rande der Schorfheide das Land auf einmal fast senkrecht abknickt, hievt seit 1934 das **Schiffshebewerk Niederfinow Flusskähne und Ausflugsdampfer über das Gefälle vom Oder-Havel-Kanal in die Alte Oder. In nur fünf Minuten überwindet der Schiffsfahrstuhl die 36 Meter Höhenunterschied. Das Hebewerk ist ein Industriedenkmal, gleichwohl noch in Betrieb.

Oder-Spree-Seengebiet und Märkisch Oderland

Leicht gewellt und von Seen und Wäldern bedeckt zeigt sich das Land hier östlich von Berlin. Zahlreiche Gewässer funkeln im Oder-Spree-Seengebiet. Nordöstlich davon haben die Hügel in Märkisch Oderland der Region den Namen »Märkische Schweiz« eingetragen. Vor der Grenze zum Nachbarland Polen wird Brandenburg vom Oderbruch abgeschlossen. Auf einer Breite von bis zu 20 Kilometern erstreckt sich an der Oder das herb-schöne Auenland.

* **Bad Freienwalde** Bereits Ende des 17. Jahrhunderts entdeckte man die Wirkung der heilkräftigen Quellen im ältesten Kurort von Brandenburg.

Ein imposantes Zeugnis märkischer Backsteingotik stellt die Kirche des Klosters Chorin dar (oben).

ren. 1912 erschien seine Erzählung »Rheinsberg – ein Bilderbuch für Verliebte« – die verspielt-erotische Schilderung des Ausflugs eines jungen Berliner Paars in das märkische Residenzstädtchen; es wurde sofort ein Erfolg. Im Jahr darauf begann er für die Zeitschrift »Schaubühne« zu arbeiten, später für die »Weltbühne« und veröffentlichte dort Reportagen, Leitartikel, Theaterkritiken und Buchbesprechungen. Er war so produktiv, dass er außer seinem Namen noch vier Pseudonyme mit Leben füllte. Von 1929 an lebte er aus politischen Gründen überwiegend in Schweden und veröffentlichte fast nichts mehr. Am 21. Dezember 1935 starb Kurt Tucholsky in einem Göteborger Krankenhaus an den Folgen einer Überdosis Schlaftabletten. Auf der Grabplatte in Mariefred steht das Faust-Zitat »Alles Vergängliche ist nur ein Gleichnis« (links).

Frankfurt an der Oder

Zwischen Oderbruch und Spreewald, an der Grenze zu Polen, liegt die größte Stadt Ostbrandenburgs.

Im Zweiten Weltkrieg wurde Frankfurt großteils zerstört. An der hier 1506 gegründeten Universität wirkten viele bedeutende Gelehrte. Die 1811 geschlossene Alma Mater wurde 1991 als Europa-Universität Viadrina wiedereröffnet. Die Franziskanerklosterkirche wird heute als Konzertsaal genutzt, die ursprünglich gotische Gertraudenkirche wurde immer wieder umgestaltet. Die Marienkirche,

Frankfurt/Oder mit Rathaus

seit 1945 eine Ruine, wird seit 1980 wiederaufgebaut; inzwischen wurden die von Russland als »Beutekunst« zurückgegebenen Bleiglasfenster wieder eingebaut. In der ehemaligen, von Friedrich Knoblauch 1777 erbauten Garnisonsschule befindet sich ein dem hier geborenen Heinrich von Kleist gewidmetes Museum. Sehenswert ist auch das mittelalterliche Rathaus. Im einstigen Junkerhaus sind im Bezirksmuseum Viadrina Exponate zu Früh-, Vor- und Stadtgeschichte ausgestellt. Bemerkenswert sind die Schuhsammlung und die Musikinstrumentensammlung.

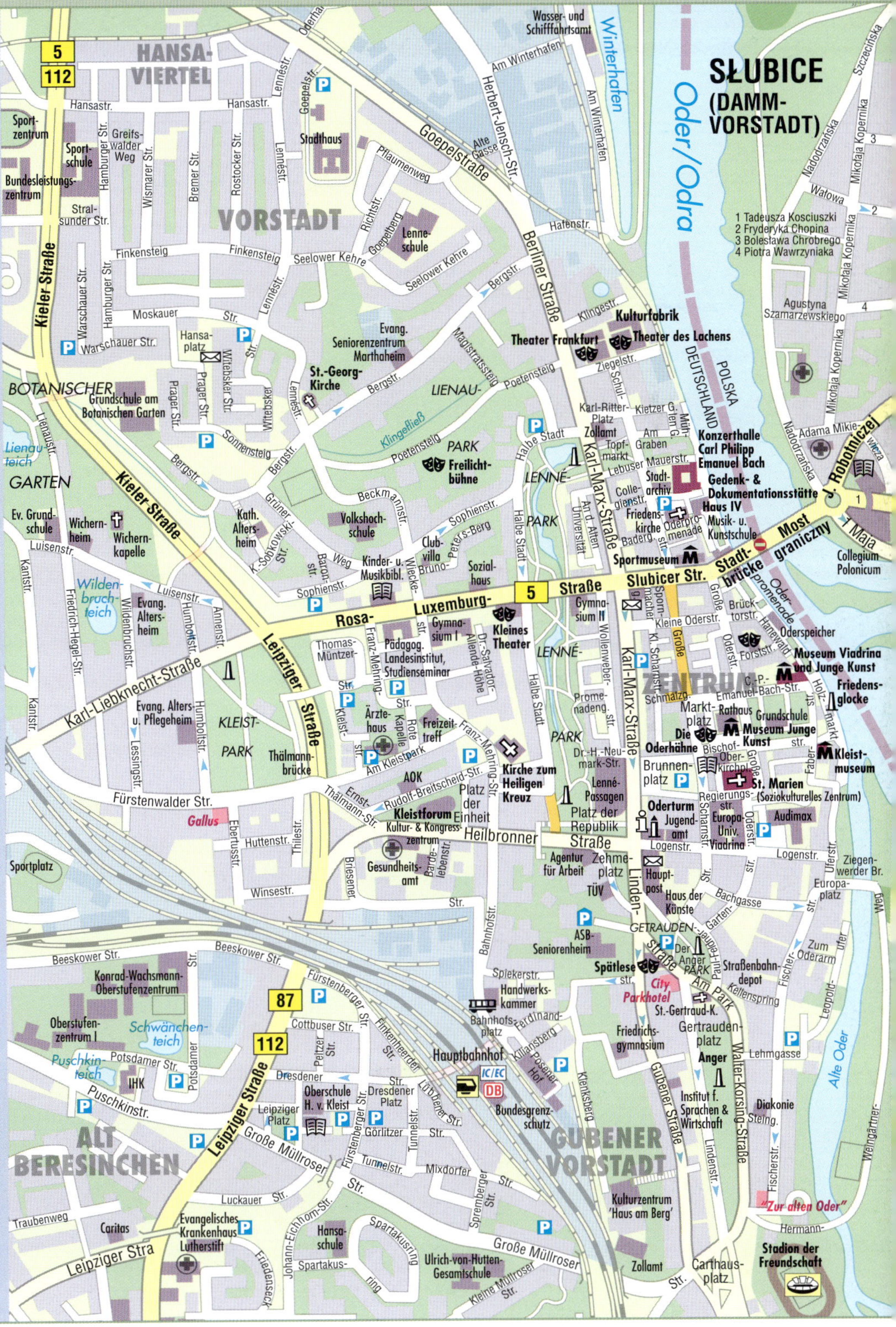

Friedrich II. von Preußen (ganz links: Porträt von Anton Graff, 1781), genannt der Große, ist immer noch der beliebteste deutsche König, erkennbar auch am kumpelhaften Spitznamen »der Alte Fritz«. Die musische

TIPP++TIPP++

Museum Junge Kunst
Das Museum Junge Kunst besitzt eine der wesentlichsten Sammlungen von Kunst aus dem Osten Deutschlands. Aber nicht alleine sein Kunstbesitz, auch sein Ausstellungsprogramm macht es zu einer der ambitioniertesten Einrichtungen für Gegenwartskunst. Alte Bauformen und zeitgenössische Kunst bilden einen herausfordernden Dialog. Für einen Besuch stehen zwei Häuser zur Verfügung:
Frankfurt/Oder, Packhof des Museums, Carl-Philipp-Emanuel-Bach-Straße 11, Tel. 03 35/40 15 60, Rathaus, Marktplatz 1, Tel. 03 35/ 5 52 41 50; Öffnungszeiten: Di–So 11–17 Uhr

Kleist-Museum
Das Museum widmet sich dem Leben und Werk des in Frankfurt/

Oder geborenen Dichters Heinrich von Kleist (1777–1811). Mehr als 34 000 Bestandseinheiten bilden die weltweit umfangreichste Sammlung zu dem Künstler und seinem literarischen Umfeld.
Frankfurt/Oder, Faberstraße 7, Tel. 03 35/53 11 55, www.kleist-museum.de Öffnungszeiten: Di–So 10–18 Uhr, Montag geschlossen

N-Ostalgie-Museum
Bilder, Dokumente, Konsumartikel und eine umfangreiche Sammlung von Alltagsgegenständen der DDR. Dokumentiert wird außerdem die Geschichte der Stadt Brandenburg/Havel von 1945 bis 1990.
Brandenburg/Havel, Steinstraße 52, Tel. 0 33 81/22 06 20, www.n-ost-algie.de

Gerne weilte die preußische Königin Friederike Luise in der Idylle, für sie errichtete Baumeister David Gilly ein *Schloss im frühklassizistischen Stil. Das nahe Dorf **Altranft mit seinen typisch ostbrandenburgischen Häusern, mit Schule, Schmiede, Fischerhaus, Korbmacherei und Schloss aus dem 16. Jahrhundert fungiert heute als Freilichtmuseum.

*** Buckow** Den kleinen Ort in der Märkischen Schweiz wählten Bertolt Brecht und Helene Weigel als Sommersitz. 1952 bezogen sie ihr Ferienhaus am Ufer des Schermützelsees, seit 1977 ist das hiesige *Brecht-Weigel-Haus ein Museum, das jährlich zum Literatursommer Brecht-Freunde aus aller Welt anzieht.

**** Naturpark Märkische Schweiz** Wiesen und Wälder, zwischen denen zahlreiche Seen und Teiche aufblitzen, bedecken die sanften Hügel im ältesten Naturpark Brandenburgs. Beinahe 150 Brutvogelarten werden hier gezählt, darunter Schwarz- und Weißstorch, Milan und Bussard, Seeadler und Kranich, und in den Schilfgürteln rund um die Teiche rasten unzählige nordeuropäische Zugvögel. Von zwei Aussichtskanzeln bei *Altfriedland aus kann man sie mit dem Feldstecher beobachten oder dort im Frühjahr den Wasservögeln beim Brüten zuschauen.

**** Frankfurt an der Oder**
Siehe Stadtplan auf Seite 109

*** Eisenhüttenstadt** Das einstige Fürstenberg war ursprünglich eine slawische Siedlung, die später zu Böhmen und Kursachsen gehörte, bevor sie 1815 an Preußen fiel. Sehenswert ist allenfalls die gotische Pfarrkirche, aufschlussreich dagegen das einstige Stalinstadt, eine 1951 auf dem Reißbrett entworfene sozialistische Industriesiedlung. Rund um die Hochöfen und die Hafenanlagen entstand in mehreren Bauphasen eine Stadt, an der sich heute der Geschmack der SED-Planer von den 50er- bis in die 80er-Jahre ablesen lässt. Nachdem Stalin postum in Ungnade gefallen war, wurde der Name des Eisenhüttenkombinats geändert und Stalinstadt und Fürstenberg 1961 zu Eisenhüttenstadt zusammengelegt.

*** Neuzelle** Nur wenige Kilometer südlich von Frankfurt an der Oder stiftete 1268 der Markgraf von Meißen und der Ostmark das **Zisterzienserkloster Neuzelle. Als einzige Anlage des Zisterzienserordens in Brandenburg überdauerte es die Reformation, wurde im 18. Jahrhundert barock umgestaltet und 1817 säkularisiert. Prunkstück ist die Stiftskirche mit ihrer barocken Innendekoration. In den Sommermonaten findet ein buntes Kulturprogramm mit Konzerten und Ausstellungen statt. In der Klosterbrauerei wird seit 1589 ein kräftiges Schwarzbier gebraut.

**** Naturpark Schlaubetal** Durch Seen, Wälder, Wiesen und Moore schlängeln sich die Flüsschen Schlaube, Oelse und Dorche. Zahlreiche Mühlen klapperten einst an ihren Wassern. Von ihnen sind noch die *Ragower Mühle im Schlaubetal und die *Schwerzkoer Mühle im Dorchetal erhalten und laden, sorgfältig restauriert, zur Besichtigung ein. Das Tor zum Schlaubetal ist das lauschige Örtchen Müllrose, mit seiner barocken *Pfarrkirche und einer Barockorgel von 1772.

Stiftskirche des ehemaligen Zisterzienserklosters Neuzelle

Ader des Regenten spricht für sich (links: »Flötenkonzert Friedrich des Großen« von Adolph Menzel). Im Europa des 18. Jahrhunderts erregte Friedrichs straff organisierter kleiner Staat Aufsehen: Während sonst jeder Provinzfürst dem französischen »Sonnenkönig« Ludwig XIV. nacheiferte und am eigenen Versailles bastelte, verkündete Friedrich: »Ich bin der erste Diener meines Staates.« Er schaffte die Folter ab, erlaubte Religionsfreiheit, ließ Einwanderer ins Land und verfügte die Gleichbehandlung aller Bürger. Trotzdem hatte das Militär absolute Priorität – ganz der Vater, der »Soldatenkönig« Friedrich Wilhelm I., gegen dessen autoritäre Erziehung er sonst rebellierte. Den Beinamen verdankte Friedrich der Große seinem Einsatz im Siebenjährigen Krieg (1756 bis 1763), bei dem Preußen durch seinen Sieg als europäische Großmacht hervorging.

Havelland

Von sanften Hügelketten umrahmt, ist das Havelland ganz vom Wasser geprägt. Zwischen Feldern, Wiesen und Wäldern erstrecken sich weit verzweigte Seen, die von der gemächlich dahinfließenden Havel ausgeformt werden. Sie bilden die Kulisse für die einzigartige Potsdamer Schlösser- und Gartenlandschaft, die seit 1990 zum UNESCO-Weltkulturerbe zählt.

**** Naturpark Westhavelland** Wasser, so weit das Auge reicht, weite Feuchtniederungen, große Moor- und Sumpfgebiete wie das Havelländische Luch oder das Rhinluch prägen zusammen mit kleinen, typisch märkischen Dörfern die Landschaft im Naturpark. Tausende von Gänsen aus Nordeuropa rasten hier auf ihrem Zug in den Süden, und der Kampfläufer nutzt das feuchte Land als Bühne für Balzauftritte und leidenschaftliche Schaukämpfe. Mit dem gespreizten Federkragen ist der streng geschützte Vogel das Wappentier des Naturparks.

*** Paretz** Unter Baumeister David Gilly entstanden 1797 bis 1804 **Schloss und Dorf Paretz als Sommerresidenz für Friedrich Wilhelm III. und seine Gemahlin Luise. Das Schloss zählt zu den herausragenden Beispielen der Landbaukunst in Preußen um 1800. Und auch im denkmalgeschützten Dörfchen wandelt man auf den Spuren der von Volk wie Hochadel geliebten Königin Luise.

**** Brandenburg** Im fluss- und seenreichen Gebiet der mittleren Havel liegt die älteste Stadt der Mark, die ihr auch den Namen gab. Hier ist vor allem der reich ausgestattete Dom St. Peter und Paul aus dem 13. Jahrhundert sehenswert.

Auch das Dommuseum lohnt einen Besuch. Weitere sehenswerte Gotteshäuser sind die Gotthard-, die Katharinen- und die Nikolaikirche. Imponierend auch das Altstädtische Rathaus, ein Paradebeispiel gotischer Backsteinbaukunst. Der turmbewehrte Bau verfügt über einen blendengeschmückten Staffelgiebel, neben dem Hauptportal steht eine Rolandstatue. Außerdem sind die Altstadt und die alte Befestigung eine Besichtigung wert. Im Heimatmuseum kann man sich über die Stadtgeschichte informieren und Plastiken von August Wredow bewundern.

*** Petzow** Zwischen Schwielowsee und Glindower See erhebt sich in einem von Peter Joseph Lenné gestalteten Landschaftspark das neugotische *Schloss Petzow. Für die Planung des 1825 fertiggestellten Schlosses war einmal mehr Karl Friedrich Schinkel zuständig.

***** Potsdam** Siehe Stadtplan auf Seite 113

*** Caputh** Mit dem winzigen Flecken am Templiner See verbindet sich einer der größten Namen der Wissenschaftsgeschichte. 1929 bezogen Albert Einstein und seine Frau Elsa ihr am Waldrand errichtetes *Sommerhaus. 1933 zwangen die Nationalsozialisten das Ehepaar zur Emigration. Nahebei stellt *Schloss Caputh eine Besonderheit unter den preußischen Adelssitzen dar. Ab 1662 erbaut, ist es das einzige erhaltene Schloss aus der Zeit des Großen Kurfürsten Friedrich Wilhelm von Brandenburg.

Von oben: Blick über die alte Oder auf den alten Stadtteil Fürstenberg von Eisenhüttenstadt; spätgotisches Rathaus mit Roland in der Stadt Brandenburg; Kreuzgang im Kloster St. Pauli in Brandenburg

Schloss Glienicke ist Bestandteil des Gesamtkunstwerks der Berlin-Potsdamer Kulturlandschaft, in der die Hohenzollern-Herrscher seit dem 17. Jahrhundert berühmte Architekten und Gartenkünstler Parks, Schlösser

* **Jüterbog** Am Nordwestrand des Niederen Fläming gründete Erzbischof Wichmann 1174 diese Stadt, die erst 1815 an Brandenburg-Preußen fiel. An die mittelalterliche Vergangenheit erinnern die Liebfrauenkirche, die seit dem 12. Jahrhundert ständig erweitert und umgebaut wurde, die Nikolaikirche aus dem 13. Jahrhundert mit dem »Tetzelkasten« (einer Baumtruhe als Zeugnis der Ablasspredigten Tetzels von 1517) und die Mönchskirche des ehemaligen Franziskanerklosters. Von der Stadtbefestigung sind weite Teile mit Wiekhäusern, sieben Wehrtürme und drei Stadttore erhalten. Am Marktplatz steht das spätgotische Rathaus.

* **Kloster Zinna** Etwa vier Kilometer nördlich von Jüterbog liegt das 1171 gegründete Zisterzienserkloster Zinna. Um 1220 begann der Bau der Klosterkirche, die bis zum 18. Jahrhundert mehrfach erweitert und umgebaut wurde. Von den Klostergebäuden sind Siechen- und Gästehaus aus dem 14. Jahrhundert sowie das Abthaus aus dem 15. Jahrhundert erhalten. Im Abthaus ist das Heimatmuseum untergebracht, das die Geschichte von Abtei und Ort für die Nachwelt festhält.

** **Kloster Lehnin** Das Dorf Lehnin als Kern der heutigen Großgemeinde wurde 1180 von Markgraf Otto I. gegründet und um 1260 vollendet. Das dem Ort den Namen gebende Kloster Lehnin ist die älteste Abtei der Mark Brandenburg, die maßgeblich zur Entwicklung der Region beitrug. Mit einem für die Zisterzienser typischen Dachreiter schmückt sich der backsteinerne Bau. Darunter ragt die als kreuzförmige Pfeilerbasilika ausgeführte Klosterkirche heraus. Zur Reformation wurde die Anlage säkularisiert, später ließ der Große Kurfürst das Konversiengebäude zum Jagdschloss umbauen; Kurfürstin Luise-Henriette nutzte Lehnin als Sommersitz und starb hier auch. Ende des 19. Jahrhunderts wurden die Gebäude der inzwischen verfallenen Anlage samt Kirche, Königshaus und Falkonierhaus restauriert. Weitere Sanierungen erfolgten nach der deutschen Wiedervereinigung. Seit 1911 wird Lehnin von der Evangelischen Landeskirche genutzt, die hier diakonische Einrichtungen betreibt.

Kloster Zinna bei Jüterbog

Potsdam

Die einstige Residenzstadt von Preußen und heutige Hauptstadt von Brandenburg bildet das Zentrum einer einzigartigen Schlösser- und Parklandschaft.

»Jott-weh-deh« (janz weit draußen) gründete im 17. Jahrhundert Kurfürst Friedrich Wilhelm von Brandenburg in Potsdam seine Residenz. Ab 1745 ließ sein Urenkel, König Friedrich II., hier auf einem Weinberg Schloss ***Sanssouci errichten, das erste einer Reihe von königlich-friderizianischen Bauwerken, die im ***Park Sanssouci in den folgenden Jahrzehnten entstanden: **Neue Kammern, **Chinesisches Haus, **Bildergalerie, *Neues Palais und Belvedere, der kuppelgekrönte Rundbau auf dem Klausberg. Friedrich Wilhelm IV. vervollkommnete Sanssouci durch die im Stil italienischer Renaissancevillen erbaute **Orangerie sowie ***Schloss Charlottenhof nach Plänen von Schinkel. An den Ufern des Jungfernsees und des Heiligen Sees erstreckt sich der ***Neue Garten, als Gegenentwurf zum ursprünglich barocken Park Sanssouci im Auftrag Friedrich Wilhelms II. nach Art englischer Landschaftsparks angelegt. In seinem Zentrum erhebt sich das klassizistische ***Marmorpalais. Ab 1913 ließ Kaiser Wilhelm II. das nahe gelegene **Schloss Cecilienhof errichten. Hier tagte 1945 die Potsdamer Konferenz, bei der die Teilung Deutschlands beschlossen wurde. Das **Belvedere auf dem Pfingstberg bietet eine herrliche Aussicht. Klassizistische Bürgerhäuser zieren die Potsdamer Altstadt, die im Westen vom *Brandenburger Tor abgeschlossen wird. Der Alte Markt wird vom Kuppelbau der klassizistischen *Nikolaikirche dominiert. 134 Häuschen in rotem Klinkerstein zählt das **Holländische Viertel. Die russische Kolonie **Alexandrowka entstand 1827 auf Geheiß Friedrich Wilhelms III. Hauptattraktionen des Stadtteils Babelsberg sind das neugotische *Schloss samt ***Park sowie Filmstudio und Filmland Babelsberg.

Potsdam: Alter Markt mit Nikolaikirche und Altem Rathaus

und Villen an markanten Uferzonen erschaffen ließen. Prinz Carl von Preußen hatte 1824 von Fürst Hardenberg das Schloss erworben. Letzterer hatte um das einstige Gutshaus von Lenné einen bis zur Havel reichenden »Pleasureground« anlegen lassen. Prinz Carl ließ die Anlage dann unter dem Eindruck einer Italienreise nach Entwürfen von Schinkel und Parsius im Stil eines klassizistischen Schlosses umbauen (ganz links; links: Detail der Rotunde »Große Neugierde« im Park), Lenné wurde weiterhin mit der Umgestaltung der umgebenden Gartenlandschaft beauftragt. Auch die Glienicker Brücke über die Havel wurde von Schinkel entworfen. Sie wurde jedoch 1907 durch eine Eisen- und Stahlbrücke ersetzt. Bekannt geworden ist diese dann als »Agentenbrücke« zwischen Ost und West in der Zeit des Kalten Kriegs.

TIPP++TIPP++

Musikfestspiele

Jedes Jahr im Juni treffen sich international bekannte Orchester und Solisten in Brandenburgs Metropole. Der klassische Ohrenschmaus findet an rund 15 Veranstaltungsorten statt.
Potsdam, Wilhelm-Staab-Str. 10–11, Besucherservice und Kartenreservierung: Tel. 03 31/2 88 88 28

Schloss Sanssouci

In regelmäßigen Abständen finden Führungen durch die prachtvollen Räume des Schlosses statt.
Potsdam, Maulbeerallee, Eingang Schopenhauerstraße, Besucherzentrum: An der Orangerie 1, Tel. 03 31/96 94-202

Filmmuseum

Vom Potsdamer Stadtschloss ist nur der Marstall erhalten geblieben. In dem ehemaligen Pferdestall ist das Filmmuseum untergebracht: Dokumentationen und Ausstellungen zur Filmgeschichte von UFA und DEFA.
Potsdam, Marstall am Lustgarten, Breite Straße 1 a, Tel. 03 31/ 2 71 81-0

Filmpark Babelsberg

Zu Zeiten der alten UFA wurde hier Filmgeschichte geschrieben. Eine Tour durch das Gelände gibt einen Blick hinter die Kulissen von Film- und Fernsehproduktionen frei.
Potsdam, Großbeerenstraße, Tel. 03 31/7 21 27 50, Ende März bis Anfang Nov. tgl. 10–18 Uhr, teils montags geschlossen

Die weltberühmten Schlossbauten und der Park von Sanssouci sind ein außergewöhnliches Ensemble von Architekturschöpfungen und Landschaftsgestaltung des 18. und 19. Jahrhunderts. »Sanssouci«, »ohne Sorge«, wollte der preußische König Friedrich der Große in seiner Sommerresidenz in Potsdam leben. Teils nach eigenen Entwürfen ließ er das Schloss 1745 bis 1747 durch Georg Wenzeslaus von Knobelsdorff

auf den Weinbergterrassen als eingeschossigen Bau anlegen (unten). Mit seinem plastischen Schmuck und der reichen Ausstattung gilt es als ein Hauptwerk des deutschen Rokoko. Von Knobelsdorff stammt auch der Entwurf für den Park. Weitere Bauwerke kamen hinzu, wie die Neptungrotte, der Freundschafts- und der Antikentempel, das Chinesische Haus, der Belvedere auf dem Klausberg, die Bildergalerie, die Neuen Kammern und das gewaltige Neue Palais. Friedrich Wilhelm IV. setzte im 19. Jahrhundert die Bautätigkeit fort. Nach Plänen von Schinkel und Persius wurde auf einem angrenzenden Areal Schloss Charlottenhof errichtet; Joseph Lenné gestaltete den Park Charlottenhof im romantischen Sinn. Bis 1860 wurde der Park Sanssouci durch die Römischen Bäder (links), die Orangerie und die Friedenskirche vervollkommnet.

Als Folge der letzten Eiszeit vor rund 20 000 Jahren teilte sich die Spree in ein fein gegliedertes Netz von Fließen und Kanälen. Aufgrund des geringen Gefälles des Geländes hatte sich hier einst ein Binnendelta

TIPP++TIPP++

Filmfestival Cottbus
Cineasten mit gehobenem Anspruch zieht es jeden Herbst gegen November nach Cottbus. Das Festival bietet keinen Hollywood-Glamour, sondern hochwertigen, neuen osteuropäischen Film, der sonst kaum ein deutsches Publikum erreichen kann.
Film-Festival Cottbus, Bautzener Str. 91, Tel. 03 55/43 10 70

Apothekenmuseum Cottbus
Wie man einstmals sein Zipperlein auskurierte, ist in der ehemaligen Löwenapotheke ausführlich dokumentiert. In fachkundigen Führungen werden dem Besucher die historischen Räumlichkeiten und die Heilmethoden erklärt.
Cottbus, Altmarkt 24, Tel. 03 55/2 39 97, Führungen: Di–Fr 11 und 14 Uhr, Sa, So und Fei 14 und 15 Uhr

Staatstheater Cottbus
Das Gebäude – ein Bauwerk des sezessionistischen Jugendstils – ist die

perfekte Symbiose aus Architektur, Kunsthandwerk, Malerei und Plastik. Nach nur 16 Monaten Bauzeit wurde das Theater am 1. Oktober 1908 mit Lessings Schauspiel »Minna von Barnhelm« eröffnet. Seit 1992 ist es das einzige Staatstheater im Land Brandenburg.
Cottbus, August-Bebel-Straße 2, Service Tel. 0 18 03/44 03 44, verschiedene Spielstätten

Spreewald und Niederlausitz

Auf den »Straßen« im Spreewald wird nicht gefahren, sondern in kiellosen Kähnen gestakt. Unzählige Wasserarme – Fließe genannt – durchziehen den Spreewald zwischen Lieberoser Heide und Lausitzer Grenzwall und bilden einen märchenhaft anmutenden Gewässerirrgarten. Ein weiteres Wasserparadies entsteht in der Niederlausitz durch Flutung ehemaliger Braunkohletagebauflächen.

*** Luckau** Die Stadt am Westrand der Niederlausitz wurde um 1300 nahe einer heute nicht mehr existierenden Burg gegründet. Aus dieser Zeit stammt auch die Stadtkirche St. Nikolai, an der mehrere Hundert Jahre lang gebaut wurde. Nach einem Brand 1644 wurde die Kirche im barocken Stil neu gestaltet. Ebenfalls aus dem 13. Jahrhundert stammt die Georgenkapelle mit ihrem dominierenden Hausmannsturm. Die mittelalterliche Stadtmauer blieb in weiten Teilen erhalten, wobei insbesondere der Rote Turm sehenswert ist. In der Umgebung des Marktes stehen noch viele alte Schmuckgiebelhäuser aus dem 18. Jahrhundert. Das Rathaus wurde 1852 im spätklassizistischen Stil fertiggestellt.

*** Lübbenau** Mit seinem Kahnfährhafen ist der kleine Ort Lübbenau die »Metropole« des Spreewalds. Bootspartien führen in das Lagunendorf *Leipe, das noch bis 1968 nur per Kahn zu erreichen war, sowie zum Lagunendorf **Lehde, dem »Venedig des Spreewalds«. Das Freilandmuseum im 160-Einwohner-Flecken Lehde wartet mit drei altsorbischen Bauernhöfen, Kahnbauerei, Trachtenausstellung und Deutschlands einzigem Gurkenmuseum auf, in dem sich alles um die kulinarische Spezialität aus dem Spreewald dreht. Noch etwa 60 000 Sorben leben in der Region. Als Nachkommen slawischer Stämme, die einst im Zuge der Völkerwanderung hierhergekommen waren, sind sie nach jahrhundertelanger Unterdrückung inzwischen als ethnische Minderheit anerkannt. Ihre Sprache und ihre spitzengeklöppelten Trachten, ihr Brauchtum und ihre Lieder haben die Sorben bis heute bewahrt.

Altmarkt von Cottbus mit Marktbrunnen und Barockhäusern

*** Cottbus** Die Herren von Cottbus verkauften den Ort 1455 an Brandenburg. Von ihrem Schloss ist nur der Amtsturm erhalten geblieben. Von der Backsteinstadtmauer stehen noch einzelne Teile, darunter ein Wiekhaus, der Münzturm und der Spremberger Turm. Backstein war auch das Baumaterial der Oberkirche St. Nikolai (13. Jahrhundert) und der Franziskanerklosterkirche. Die Schlosskirche wurde 1730 für die eingewanderten Hugenotten fertiggestellt. Sehenswert ist auch das in den 1980er-Jahren restaurierte Jugendstiltheater. Rund um den Markt stehen Wohnhäuser aus der Zeit des Barocks und des Klassizismus.

**** Schloss und Park Branitz** 1845 zog der leidenschaftliche Gartenbaukünstler Fürst Hermann von Pückler-Muskau, Schöpfer des in Sachsen gelegenen Muskauer Parks, in das heruntergekommene Schloss Branitz südöstlich von Cottbus und baute es nach Plänen Gottfried Sempers um. Um den spätbarocken Herrschaftssitz herum legte er einen Landschaftspark mit Teichen und Wasserläufen nach englischem Vorbild an. Kurioser Höhepunkt dort sind Deutschlands einzige Pyramiden. In der größeren, mitten in einem Teich, liegt der exzentrische Fürst begraben.

Inmitten eines herrlichen Landschaftsgartens liegt Schloss Branitz (rechts) mit dem Fürst-Pückler-Museum.

herausgebildet, mit zahlreichen Flussarmen, das der Mensch im Laufe der Jahrhunderte durch seine Nutzung prägte. Eine Fläche von knapp 500 Quadratkilometern umfasst das von der Spree gespeiste Naturschutzgebiet rund 100 Kilometer südlich von Berlin. Heute durchzieht ein fein gegliedertes Netz von Fließen – insgesamt mehr als 1500 Kilometer lange natürliche und künstliche Wasserläufe – den Spreewald. In den teils noch naturnahen, mit Niederungswäldern bestandenen Moor- und Auenlandschaften, die lediglich mit Kahn oder Kanu angesteuert werden können, gibt es eine große Artenvielfalt von Pflanzen und Tieren. So nisten hier auch seltene Vögel wie Kranich, Seeadler, Schwarzstorch und Eisvogel. Seit 1991 ist die einzigartige Wasserlandschaft zum UNESCO-Biosphärenreservat erklärt, um den Lebensraum zu schützen.

Klassizistisches Ensemble: Schauspielhaus und Marmorstatue Schillers am Gendarmenmarkt

Berlin

Berlin ist nicht nur Hauptstadt und die größte Stadt Deutschlands. Zusammen mit dem brandenburgischen Speckgürtel im Umland bildet es einen der größten Ballungsräume Europas. Menschen aus über 190 Nationen leben in der pulsierenden Spreemetropole. Kosmopolitische Weltläufigkeit, ein breites Angebot an Hochkultur, eine kunterbunte Szenekultur und ein großer Reichtum an Zeugnissen aus Geschichte und Gegenwart haben Berlin zu einem der beliebtesten europäischen Städtereiseziele gemacht.

Berlins aufregendste Treppe führt über 27 Stufen, vorbei an Göttern und Giganten, hinauf zum Pergamonaltar (ganz links). Carl Humann hat den um 180 bis 160 v. Chr. geschaffenen Altar ausgegraben und 1902 nach

TIPP++TIPP++

Bode-Museum
Nach fast sechsjähriger Renovierungszeit wurde das Bode-Museum im Oktober 2006 glanzvoll wiedereröffnet. Der an der Spitze der Museumsinsel gelegene Bau beherbergt die Skulpturensammlung, das Museum für Byzantinische Kunst, das Münzkabinett sowie Werke der Gemäldegalerie.
Bodestr. 1–3, Tel. 0 30/20 90 55 77, tgl. 10–18, Do 10–22 Uhr, www.smb.spk-berlin.de

Alte Nationalgalerie
Der Musentempel für ursprünglich nur deutsche Kultur, 1876 erbaut, präsentiert sich nach umfangreicher Sanierung als Hort europäsicher Kunst. Die Gemäldesammlung umfasst Meisterwerke aus Klassizismus, Romantik, Impressionismus und Moderne mit Werken von Menzel, Friedrich, Manet, Monet, Renoir, Liebermann, Cezanne und anderen.
Bodestr. 1–3, tgl. 10–18, Do bis 22 Uhr, Tel. 0 30/20 90 58 01

Berliner Ensemble
Für viele das schönste Theater der Stadt, in dem Bertolt Brecht und Heiner Müller immer wieder auf dem Spielplan stehen.
Bertolt-Brecht-Platz 1, Tel. 0 30/28 40 81 55, www.berliner-ensemble.de

Historisches Zentrum

Die Spreeinsel im Herzen der Stadt ist die Wiege Berlins. Noch vor 1450 wurde dort der Grundstein zu einem Schloss gelegt. 1470 machten die brandenburgischen Kurfürsten Berlin zu ihrer Residenz, und mit dem Aufstieg Preußens zur Großmacht im 18. Jahrhundert begann der repräsentative Ausbau der Stadt. Von der Spreeinsel bis zum Brandenburger Tor reihen sich am Prachtboulevard Unter den Linden eine Fülle historischer Sehenswürdigkeiten aneinander. Im Zweiten Weltkrieg wurden sie überwiegend zerstört, später rekonstruiert. Das Gebiet östlich der Spreeinsel hat man dagegen als das neue Berlin in der damaligen Hauptstadt der DDR modern wiederaufgebaut. Nördlich der Spree entwickelte sich die Spandauer Vorstadt seit der Wiedervereinigung zur touristischen Ausgehmeile. Im südlichen historischen Zentrum sind Friedrichstraße und Gendarmenmarkt beliebte Ziele von Stadtspaziergängern.

**** Oranienburger Straße** Das Scheunenviertel rings um die Oranienburger Straße war zu DDR-Zeiten in seiner baulichen Substanz völlig heruntergekommen. Unmittelbar nach dem Mauerfall erwachte es zu neuem Leben: Kneipen und Cafés jeglicher Couleur, avantgardistische Galerien sowie Szenetreffs schossen wie Pilze aus dem Boden. Später kamen vornehmere Restaurants und Bars hinzu. Das alte Postfuhramt Ecke Tucholskystraße, einer der repräsentativsten Behördenbauten Berlins, wird derzeit als Ausstellungsort für Fotografien genutzt. Erholen vom Trubel der Oranienburger Straße kann man sich im angrenzenden Monbijoupark mit Strandbar und Uferpromenade gegenüber der Museumsinsel.

**** Neue Synagoge** Weithin sichtbar sind die goldenen Kuppeln des jüdischen Gotteshauses, das 1859 bis 1866 von Eduard Knoblauch und Friedrich August Stüler erbaut wurde. Vom ursprünglichen Bau blieb nach Kriegszerstörungen nur die Vorsynagoge direkt an der Oranienburger Straße erhalten. Nur diese wurde 1988 bis 1993 originalgetreu rekonstruiert; dahinter markieren auf einer Freifläche schlichte Marmorstelen den Grundriss der früheren Hauptsynagoge und den einstigen Standort des Thoraschreins.

***** Hackesche Höfe** Am Hackeschen Markt befindet sich Deutschlands größtes geschlossenes Hofareal. Kurz nach 1900 bezogen die ersten Mieter das acht Höfe umfassende Quartier, das man in der damals berlintypischen Mischung für Wohn- und Gewerbezwecke errichtete. Mit Boutiquen, Kino, Theater, Cafés, Restaurants, Galerien und Ateliers nebst Wohnungen sind die Hackeschen Höfe auch heute noch ein viel und gern frequentierter Ort.

**** Fernsehturm** 368 Meter hoch ragt der 1969 fertiggestellte Turm als höchstes Bauwerk der Stadt auf. Vom Sockel saust ein Fahrstuhl in 40 Sekunden hinauf zum Tele-Café, das sich zweimal pro Stunde um die Achse dreht.

*** Alexanderplatz** Das weitläufige, von Hochhäusern und vielspurigen Straßen geprägte Geviert erlangte durch Alfred Döblins Roman »Berlin Alexanderplatz« 1929 literarischen Ruhm. Von der Vorkriegsbebauung haben sich nur das *Alexander- und das *Berolinahaus aus den 1930er-Jahren erhalten. Sehenswert sind auch Erich Johns *Urania-Weltzeituhr und Walter Womackas *Brunnen der Völkerfreundschaft.

Imposantes Hoflabyrinth: die Hackeschen Höfe in Berlin-Mitte

*** Rotes Rathaus** Roter Backstein ziert das Neorenaissance-Gebäude (1861–1869), den Sitz des Berliner Senats. Auf dem Platz davor plätschert der **Neptunbrunnen (1891), der die vier Hauptflüsse des damaligen Deutschen Reiches symbolisiert.

**** Nikolaiviertel** Das von zahlreichen Cafés, Kneipen und Restaurants durchsetzte Alt-Berliner Viertel zwischen Spree, Rathaus und Mühlendamm, im 18. Jahrhundert errichtet und im Zweiten Weltkrieg zerstört, wurde 1987 zum 750. Stadt-

Berlin bringen lassen. Das gigantische Weihegeschenk von König Eumenes an Zeus und Athene, Schutzgöttin der Stadt Pergamon in Kleinasien (heute das türkische Bergama), sollte in Berlin in einem eigens errichteten Gebäude ausgestellt werden. So wurde nach Plänen von Alfred Messel und Ludwig Hoffmann anstelle eines Vorgängerbaus das älteste Architekturmuseum der Welt gebaut (1910 bis 1930). Die Dreiflügelanlage beherbergt heute die Antikensammlung, das Museum für Islamische Kunst und das Vorderasiatische Museum. Hauptattraktionen sind – neben dem Pergamonaltar – das Markttor von Milet, das Ischtar-Tor (links) samt Prozessionsstraße von Babylon sowie zahlreiche von der Deutschen Orientgesellschaft zwischen 1898 und 1917 ausgegrabene Exponate der hethitischen, assyrischen, babylonischen und persischen Kultur.

jubliäum nahezu originalgetreu wiederaufgebaut. Aus der Zeit um 1380 stammt die spätgotische **Nikolaikirche. Eine Ausstellung informiert über die bau- und kirchengeschichtliche Rolle des Gotteshauses.

** **St.-Marien-Kirche** Die Hallenkirche zu Füßen des Fernsehturms wurde bereits um 1270 im Stil der Backsteingotik errichtet. Damit ist sie eines der ältesten Gotteshäuser Berlins.

*** **Museumsinsel** Das 1824 bis 1930 entstandene Ensemble von Museumsbauten auf der nördlichen Hälfte der Spreeinsel hat Berlin den Namen »Spree-Athen« eingetragen. Seit 1999 gehört es zum UNESCO-Weltkulturerbe. Als erstes Bauwerk eröffnete 1830 das klassizistische **Alte Museum, das nach Plänen von Karl Friedrich Schinkel erbaut wurde. Es birgt kostbare Sammlungen der griechischen und römischen Antike. Zwischenzeitlich war hier auch die Sammlung des *Ägyptischen Museums (mit der Büste der Nofretete) untergebracht, das zusammen mit einem Teil des Museums für Vor- und Frühgeschichte nach abgeschlossener Sanierung ab 2009 im 1843 bis 1855 von Friedrich August Stüler errichteten **Neuen Museum residiert. Als dritter Bau folgte 1876, ebenfalls nach Entwürfen Stülers, die **Alte Nationalgalerie, die Malerei des 19. Jahrhunderts ausstellt. Ein wertvolles Münzkabinett, das Museum für Byzantinische Kunst und die Skulpturensammlung vereinigt das **Bode-Museum. Jüngstes Bauwerk am Platz ist das ***Pergamonmuseum (1910–1930) mit archäologischen Monumentalexponaten wie dem namengebenden Pergamonaltar.

** **Berliner Dom** Neubarock und goldverziert präsentiert sich das direkt an der Spree gelegene Gotteshaus (1894 bis 1905). Zur kostbaren Innenausstattung gehören Schinkels Altarwand, Stülers Marmoraltar sowie die Mosaiken in der 74 Meter hohen Kirchenkuppel, die Kaiser Wilhelms II. Lieblingsmaler, Anton von Werner, schuf. In der Hohenzollerngruft ruhen zahlreiche Mitglieder des Herrschergeschlechts.

** **Kronprinzenpalais und Opernpalais** Im Kronprinzenpalais wurde Geschichte geschrieben: 1859 kam hier der letzte deutsche Kaiser zur Welt, 1990 wurde in seinen Räumlichkeiten der deutsch-deutsche Einigungsvertrag unterzeichnet. Seit 1811 ist es mit dem benachbarten Opernpalais verbunden, dessen Operncafé schon zu DDR-Zeiten für seine Torten berühmt war.

*** **Friedrichswerdersche Kirche** Die neugotische Kirche liegt am Werderschen Markt im Ortsteil Mitte. Sie wurde zwischen 1824 und 1831 von Karl Friedrich Schinkel erbaut. Heute ist sie ein Museum mit einer Ausstellung zum Werk des preußischen Architekten und mit klassizistischen Skulpturen von Künstlern der Berliner Schule (Schadow, Rauch, Wolff, Tieck).

*** **Zeughaus** 1695 bis 1730 als Waffenkammer erbaut, ist das Zeughaus das bedeutendste Barockgebäude Berlins. Seit 1991 beherbergt es das Deutsche Historische Museum (dort Dauerausstellung »Deutsche Geschichte in Bildern und Zeugnissen«), das 2003 um einen Ausstellungsbau von I. M. Pei erweitert wurde.

Von oben: Neue Synagoge mit Kuppel; Rotes Rathaus im Zentrum; Berliner Dom und Reiterskulptur am Gendarmenmarkt; Zeughaus am Boulevard Unter den Linden

Nicht dass es der Hauptstadt an Fünfsternehotels mangelte. Aber das »Adlon«, das bleibt etwas Besonderes. »Tempel der Lüste« nannte es Kaiser Wilhelm II. und bestand darauf, bei der Eröffnung 1907 als Erster

Schiller-Statue mit allegorischen Figuren auf dem Gendarmenmarkt, im Hintergrund der Französische Dom (links)

*** **Neue Wache** Schinkels 1816 bis 1818 entstandene Wache dient heute als zentrale Gedenkstätte der Bundesrepublik Deutschland für die Opfer von Krieg und Gewaltherrschaft. Den Innenraum nimmt im Zentrum eine lebensgroße Kopie der Pietà von Käthe Kollwitz ein.

*** **Forum Fridericianum** Nach dem Regierungsantritt Friedrichs des Großen entstand das Forum Fridericianum ab 1741 als Zentrum der Kunst und der Wissenschaft. 1743 eröffnete die von Knobelsdorff entworfene **Deutsche Staatsoper Unter den Linden, 1773 wurde in der Nachbarschaft die nach Plänen desselben Baumeisters erbaute **St.-Hedwigs-Kathedrale eingeweiht, die dem rö-mischen Pantheon nachempfunden ist. Die katholische Bischofskirche geht auf Skizzen Friedrichs II. zurück, der mit diesem Bau die religiöse Toleranz Preußens demonstrieren wollte. Die beiden Gebäude flankieren den Bebelplatz, auf dem (er hieß damals noch Opernplatz) 1933 die erste Bücherverbrennung der Nationalsozialisten stattfand. Seit 1995 erinnert die ins Erdreich eingelassene *Versunkene Bibliothek von Micha Ullmann daran. Bereits 1753 war das *Prinz-Heinrich-Palais für den Bruder des Königs fertiggestellt worden. Es dient heute der Humboldt-Universität ebenso wie die neubarocke *Alte Bibliothek. Dessen konkave und konvexe Formen brachten dem barocken Bauwerk den Spitznamen »Kommode« ein. Das 13 Meter hohe **Reiterstandbild Friedrichs des Großen mitten auf dem Boulevard Unter den Linden bildet den kunstvollen Abschluss des Forums.

** **Unter den Linden** Vom Glanz des bedeutendsten Boulevards Berlins hatten die alliierten Fliegerbomben im Zweiten Weltkrieg wenig übrig gelassen. Inzwischen hat der Boulevard wieder etwas von seinem alten Flair. Von der Schlossbrücke mit ihren Schinkel-Figuren bis zum Pariser Platz säumen auf einer Strecke von anderthalb Kilometern zahlreiche geschichtsträchtige Bauten die Prachtstraße, darunter die 1810 gegründete Humboldt-Universität, das 1963 wiedererrichtete Prinzessinnen- und Kronprinzenpalais, die Neue Wache Schinkels, das Zeughaus, das 2001 bis 2003 vollständig rekonstruierte Kommandantenhaus und die russische Botschaft.

*** **Brandenburger Tor und Pariser Platz** Am westlichen Ende der Straße Unter den Linden erhebt sich am Pariser Platz das Berliner Wahrzeichen schlechthin, das Brandenburger Tor, das von der von Schadow geschafffenen Quadriga mit der Siegesgöttin gekrönt wird. Unmittelbar davor verlief bis 1989 die Mauer. Der kriegszerstörte Platz, jahrzehntelang im Grenzstreifen gelegen, erstand erst nach dem Fall der Mauer wieder neu und wird heute vom **Luxushotel Adlon sowie dem *Haus Sommer und dem *Haus Liebermann zu beiden Seiten des Brandenburger Tors flankiert. Außergewöhnliche Gebäude unter den Neubauten am Platz sind die von Günther Behnisch entworfene **Akademie der Künste und die nach Plänen von Frank O. Gehry entstandene **DZ-Bank.

*** **Gendarmenmarkt** Mit seinem Ensemble aus Schauspielhaus, Deutschem und Französischem Dom sowie der Marmorstatue Schillers gilt der Gendarmenmarkt als einer der schönsten Plätze Berlins und als

die Schwelle zu überschreiten. Schon das Foyer schien aus Glanz und Zauberlicht, Dekadenz und Geld gewirkt. Bäder gab es, und angenehmen Firlefanz wie Klingeln mit Quasten fürs Personal und Bänkchen für Taschentuch und Täschchen. Und noch ein Märchen gehört zum Adlon – das vom Tischlergesellen und Schausteller Lorenz Adlon, der aus Mainz kam und Hotelkönig und Patron der Nobelherberge wurde. Das Gebäude hatte Luftangriffe halbwegs überstanden, aber ein brennendes Streichholz zerstörte die Legende im Mai 1945. Nach der Wende erstand das Adlon 1996 wieder als erstes Haus am Pariser Platz (ganz links; links: Lobby). Die Adresse Unter den Linden 1 hatte man erhofft, die Nr. 77 ist es geworden. Kritiker schmähen das Haus als »Architektur der röhrenden Hirsche«. Berlinern und Besuchern gefällt es.

Inbegriff des romantischen Klassizismus. Schon Friedrich II. hatte auf dem nach den Gens d'Armes, einem Kürassierregiment, benannten Platz ein Komödienhaus errichten lassen. Die Kirchen verdanken ihre landläufige Bezeichnung den Kuppeln ihrer identischen Türme (französisch: »dôme«). Friedrich II. hatte Carl von Gontard beauftragt, den zu Beginn des 18. Jahrhunderts bereits existierenden Kirchen die repräsentativen Kuppeltürme aufzusetzen. Die Schiller-Statue von Reinhold Begas vor der Freitreppe, sechs Meter hoch und von Allegorien der Künste Lyrik, Dramatik, Philosophie und Geschichte umringt, war 1935 entfernt worden und kehrte erst 1987 wieder zurück an ihren Platz.

Die Neue Wache von Schinkel, heute nationale Gedenkstätte

Brandenburger Tor, das Wahrzeichen Berlins

**** Friedrichstadtpassagen und Galerie Lafayette** Lange Zeit im Schatten der Mauer gelegen, ist die pulsierende Friedrichstraße nach der Wiedervereinigung als eine der ersten Shopping-Adressen Berlins wiedererstanden. Unter den zahlreichen Neubauten gelten die aus drei Gebäudekomplexen bestehenden Friedrichstadtpassagen und die Galerie Lafayette als die spektakulärsten. 1997 eröffnet, sind sie unterirdisch miteinander verbunden und laden mit ihren Läden, Boutiquen und einem Kaufhaus zu einem ausgedehnten Einkaufsbummel ein.

**** Geschichtsmeile Wilhelmstraße** Bis zum Untergang des »Tausendjährigen Reiches« ballte sich in der Wilhelmstraße mit Reichskanzlei, Führerbunker und zahlreichen Ministerien die Exekutive des nationalsozialistischen Regimes. Von ihnen überdauerten nur wenige die Bombennächte des Zweiten Weltkriegs, darunter das Reichsministerium für Volksaufklärung und Propaganda sowie das gigantische Reichsluftministerium (heute Sitz des Finanzministeriums).

**** Topographie des Terrors** Zwischen Wilhelm- und Niederkirchnerstraße befanden sich bis 1945 die wichtigsten Einrichtungen des nationalsozialistischen Terrorapparats: Gestapo, Reichsführung SS und Reichssicherheitshauptamt. Organisation und Vorgehensweise dieser Institutionen werden in den baulichen Überresten in einem Ausgrabungsgang dokumentiert. Auf dem Gelände soll ein Ausstellungsgebäude errichtet werden.

***** Holocaust-Mahnmal** Wenige Schritte südlich vom Brandenburger Tor erstreckt sich auf rund 19 000 m² das von Peter Eisenman entworfene »Denkmal für die ermordeten Juden Europas« (2005). 2711 unterschiedlich hohe, im Raster angeordnete Stelen erinnern an den Massenmord an sechs Millionen Juden während des Nationalsozialismus.

**** Martin-Gropius-Bau** Das 1881 von Martin Gropius und Heino Schmieden im Stil der italienischen Renaissance errichtete Gebäude an der Niederkirchner Straße war Sitz diverser Museen. Heute dient es als Präsentationsort für hochrangige Wechselausstellungen.

TIPP++TIPP++

Friedrichstadtpalast
Große Revuen und Shows präsentiert Europas modernstes Revuetheater mit Platz für 2000 Besucher.
Friedrichstr. 107,
Tel. 0 30/23 26 23 26,
www.friedrichstadtpalast.de

Maxim-Gorki-Theater
In der ehemaligen Singakademie hinter der Neuen Wache inszenieren Gastregisseure und russische Autoren kritische Gegenwartsstücke.
Am Festungsgraben 2,
Tel. 0 30/20 22 11 15,
www.gorki.de

Hamburger Bahnhof – Museum für Gegewart
Ein Prachtbau für zeitgenössische Kunst, deren Schwerpunkt die

Sammlung Erich Marx mit Werken von Joseph Beuys, Andy Warhol und Anselm Kiefer bildet. Fast bescheiden wirken daneben die weitläufigen Hallen der Friedrich Christian Flick Collection mit Werken von Bruce Naumann und Pippilotti Rist.
Invalidenstr. 50/51,
Tel. 0 30/39 78 34 12,
www.smb.spk-berlin.de, Di–Fr 10–18, Sa 11–20, So 11–18 Uhr

In der Nacht zum 13. August 1961 begannen DDR-Grenztruppen mit dem Bau des »antifaschistischen Schutzwalls«, der die Flucht der Menschen aus dem Ostteil der Stadt verhindern sollte. 28 Jahre lang teilte die Mauer nicht nur Familien, sondern auch die Welt. In der Euphorie nach dem Mauerfall wurde abgeklopft, abgerissen, zerteilt und geschreddert, was an die Teilung der Stadt erinnerte, bis sich Besucher und Berli-

ner fragten, wo die Mauer denn nun stand. Inzwischen führt ein Mauer-Radweg 155 Kilometer durch und teils um die Stadt herum; im Zentrum markiert ein Pflasterstreifen im Asphalt ihren Verlauf (links: bemalte Mauerreste »East Side Gallery«). Erst 2006 befasste sich der Berliner Senat damit, an Originalschauplätzen Gedächtnisstätten zu bewahren (unten: Mauergedenkstätte Bernauer Straße). Das mit der Mauer verbundene Gefühl der alltäglichen Gewalt ist verloren gegangen, lebt im Gedächtnis einzelner Menschen jedoch fort. Eine Betonmauer durch die Stadt, ein stets ausgeleuchteter Todesstreifen, 293 Beobachtungstürme, Hundelaufanlagen, Patrouillenwege, Selbstschussanlagen, Panzersperren und eine 100 Meter breite Sperrzone sind kaum noch vorstellbar. 237 »Republikflüchtlinge« wurden mit Schusswaffen, 33 durch Minen getötet.

Die 50. Internationalen Filmfestspiele in Berlin wurden im Februar 2000 zum ganz besonderen Ereignis. Erstmals wurde der rote Teppich am nagelneuen Potsdamer Platz ausgerollt, während die Füße rundherum noch im

Regierungsviertel und Potsdamer Platz

Westlich des Brandenburger Tors dehnt sich das grüne Herz der Innenstadt, der Tiergarten, aus. Einst Jagdrevier der brandenburgischen Kurfürsten, wurde er 1740 unter Friedrich dem Großen gärtnerisch gestaltet und später in einen Landschaftspark umgewandelt. Ab 1991 entstanden am Ostrand rund um den Reichstag das neue Regierungsviertel und südlich der neue Potsdamer Platz.

Reichstagsgebäude mit der Kuppel von Sir Norman Foster

*** **Reichstagsgebäude** Kaiser Wilhelm I. persönlich legte 1884 den Grundstein zu dem Gebäude, das wie kein anderes für die Wechselfälle der jüngeren deutschen Geschichte steht. 1894 tagte ein deutsches Parlament erstmals in dem von einer mächtigen Kuppel überwölbten Neorenaissancebau. 1918 proklamierte Philipp Scheidemann hier die Republik, 1933 ging der Reichstag kurz nach Hitlers Ernennung zum Reichskanzler in Flammen auf. 1961 bis 1989 verlief an seiner Rückseite die Mauer, 1990 fanden hier die offiziellen Feiern zur Wiedervereinigung statt. 1995 von Christo vorübergehend in silberglänzende Folie verpackt, verwandelte sich der Reichstag ihn den folgenden Jahren in eine gigantische Baustelle. Am 23. Mai 1999 nahm der Deutsche Bundestag seine Arbeit im Reichstagsgebäude auf – nun gekrönt von der gläsernen ***Kuppel von Sir Norman Foster, die seitdem das neue Wahrzeichen von Berlin ist.

* **Kanzleramt** Östlich und nördlich flankieren den Bundestag Gebäude mit Abgeordnetenbüros und für Ausschusssitzungen. Als »Band des Bundes« korrespondieren sie vis-à-vis mit dem von Schultes und Frank entworfenen Kanzleramt, einem 2001 fertiggestellten postmodernen Monumentalbau.

** **Hauptbahnhof** Ende Mai 2006 wurde der größte Kreuzungsbahnhof Europas im nördlichen Spreebogen eröffnet. Seine beiden von Gerkan konzipierten 46 Meter hohen Bügelbauten überspannen eine 321 Meter lange gläserne Ost-West-Halle, die eine 40 Meter kürzere Nord-Süd-Halle kreuzt.

** **Haus der Kulturen der Welt** 1957 wurde Hugh Stubbins »Schwangere Auster« – so genannt wegen ihrer wie eine geöffnete Muschel wirkenden Dachkonstruktion – im Rahmen der Internationalen Bauausstellung errichtet. Seit 1989 dient das Haus als Veranstaltungsort für Musik, Tanz, Theater und Kunst aus aller Welt.

** **Siegessäule** Im Zentrum des Großen Sterns am Tiergarten steht diese von der Siegesgöttin Victoria gekrönte Säule. Das 1873 nach den siegreichen preußischen Einigungskriegen enthüllte Monument kann über 280 Stufen bestiegen werden.

** **Schloss Bellevue** Das dreiflügelige frühklassizistische Schloss, 1785 vollendet, ist heute als Amtssitz des Bundespräsidenten die erste Staatsadresse.

Schlamm versanken. Das Musical-Theater (links) wurde zum Filmpalast, und auch die Stars, die zuvor oft den tristen Berliner Winter gescheut hatten, waren wieder dabei. Nicht nur, um den Berlinale-Bären nach Hause zu tragen. Es war ein neuer Anfang. 14 Jahre vorher hatte Wim Wenders hier seinen »Himmel über Berlin« gedreht und den 86 Jahre alten Curt Bois in die Einöde rufen lassen: »Ich kann den Potsdamer Platz nicht finden ...«. Als IFB, Internationale Filmfestspiele Berlin, hat 1951 begonnen, was nach einer Idee der Kabarettistin Tatjana Sais zur Berlinale wurde. Die alliierten Kulturoffiziere förderten das neue Ereignis im Westberliner Zoopalast, ein Festspiel aus der Retorte, mit eingeflogenen Filmrollen und bestellten Stars zur Erbauung der Zivilbevölkerung. Zur Konkurrenz für Venedig und Cannes wurde die Berlinale erst spät und allmählich.

Hauptbahnhof Berlin mit seinen markanten Bügelbauten

***** Potsdamer Platz** Vor dem Krieg einer der verkehrsreichsten Plätze Europas, wurde der Potsdamer Platz nach dem Mauerbau ödes Brachland. Nach dem Fall der Mauer wurde er großflächig bebaut, es entstanden hier komplett neue Stadträume. 19 Gebäude zählt die ***Daimler City, die unter Federführung von Renzo Piano heranwuchs. An der Nordostspitze stellt das weinrot geklinkerte **Kollhoff-Hochhaus eine besondere Wegmarke dar. Daneben glänzt der 103 Meter hohe gläserne Büroturm des ***Sony Center von Helmut Jahn, dessen Forum eine imposante Zeltdachkonstruktion überspannt. An das Sony-Areal schließt sich mit zwei weißen Hochhäusern das **Beisheim-Center von Hilmer & Sattler und Albrecht an. Nach Süden abgeschlossen wird der Platz durch die *Park-Kolonnaden von Giorgio Grassi.

***** Neue Nationalgalerie** Die 1965 bis 1968 nach Plänen Mies van der Rohes erbaute Stahl-Glas-Konstruktion beherbergt eine exquisite Sammlung von Werken der klassischen Moderne und ist Schauplatz spektakulärer Sonderausstellungen.

**** Kulturforum** Das Kulturforum ist ein weiterer bedeutender Museumsstandort Berlins. 1984 eröffnete hier das **Musikinstrumentenmuseum, 1985 das **Kunstgewerbemuseum. Dazu gesellten sich 1993 das **Kupferstichkabinett und die **Kunstbibliothek sowie 1998 die **Gemäldegalerie.

**** Philharmonie** Ganz im Dienst der Musik steht das Hauptwerk von Hans Scharoun, das das Kulturforum nach Norden zum Tiergarten hin abschließt. 1960 bis 1963 errichtet, gilt die Spielstätte der Berliner Philharmoniker als eines der herausragenden Bauwerke der Nachkriegsmoderne in Westberlin

Architektonische Wegmarken: Philharmonie von Scharoun, Kanzleramt von Schultes und Frank (oben links und rechts)

TIPP++TIPP++

Museum für Film und Fernsehen
Unter einem Dach befinden sich im Sony Center am Potsdamer Platz das Filmmuseum, ein Fernsehmuseum (seit 2006), die Deutsche Film- und Fernsehakademie Berlin, das

Internationale Forum des Jungen Films der Berlinale, die Stiftung Deutsche Kinemathek mit Filmarchiven sowie das Programmkino »Arsenal«. Es gibt fast nichts, was Freunde der Filmgeschichte hier nicht erfahren können.
Potsdamer Str. 2,
Tel. 0 30/3 00 90 30,
Di–So 10–18, Do bis 20 Uhr,
www.deutsche-kinemathek.de

Rund 160 000 Juden lebten 1933 in Berlin. 1939 hatte schon die Hälfte von ihnen das Land verlassen. 55 000 wurden verschleppt, am S-Bahnhof Grunewald in Viehwaggons gesperrt, in Vernichtungslager transportiert und ermordet. Viele der 8000 Überlebenden warteten 1945 in großen Sammelunterkünften auf ihre Auswanderungsgenehmigung. Berlins ältester jüdischer Friedhof an der Großen Hamburger Straße

TIPP++TIPP++

Schaubühne am Lehniner Platz
Die legendäre Sprechbühne ist, nachdem die Choreografin Sasha Waltz die Bühne verlassen hat, heute das Refugium von Thomas Ostermeier, der mit zeitgenössischen Inszenierungen viel Beachtung findet.
Kurfürstendamm 153, Tel. 0 30/89 00 23, www.schaubuehne.de

Käthe-Kollwitz-Museum
Eines der wenigen Privatmuseen der Stadt zeigt sozialkritische und politische Grafiken sowie das plastische Gesamtwerk der deutschen Künstlerin (1867–1945).
Fasanenstr. 24, Tel. 0 30/8 82 52 10, Mi–Mo und Feiertage 11–18 Uhr, www.kaethe-kollwitz.de

West-City

Seit der Wiedervereinigung sind die Touristenmagneten im alten Zentrum Westberlins ein wenig ins Hintertreffen geraten. Dennoch haben die Sehenswürdigkeiten rund um die Kaiser-Wihelm-Gedächtnis-Kirche und den platanengesäumten Kurfürstendamm nichts von ihrer Attraktivität eingebüßt.

**** Kaiser-Wilhelm-Gedächtniskirche** »Hohler Zahn« nannte die Berliner Schnauze das Gotteshaus von 1895, von dem im Zweiten Weltkrieg nur der Kirchturm erhalten blieb. Diesem fügte man 1956 ein modernes Kirchenschiff an. Dergestalt wurde die Kirche zu einem der Wahrzeichen Westberlins.

**** Europacenter** Der 1965 errichtete 22-stöckige Bau mit dem riesigen Mercedes-Stern auf dem Dach war das erste Hochhaus Berlins. Davor gurgelt der *Weltkugelbrunnen, den die Berliner »Wasserklops« nennen.

***** KaDeWe** 1907 öffnete das Kaufhaus des Westens am Wittenbergplatz seine Tore. Binnen weniger Jahre stieg es zu einem der größten Warenhäuser des Kontinents auf.

***** Zoologischer Garten** Der älteste Zoo Deutschlands (1844) ist auch der artenreichste der Welt. Einschließlich des Aquariums können hier, teils in spektakulären zooarchitektonischen Bauten, fast 1500 Tierarten mit 15 000 Individuen bestaunt werden.

**** Kurfürstendamm** Die über drei Kilometer lange Straße, von den Berlinern Ku'damm genannt, war einst neben dem Boulevard Unter den Linden die Flaniermeile Berlins, mit zahlreichen Geschäften, Theatern und Cafés. Seit dem Mauerfall hat sie zugunsten von Berlin-Mitte an Bedeutung verloren.

***** Schloss Charlottenburg** »Hier finde ich mein Versailles wieder!«, rief 1806 Napoleon mit Blick auf das prachtvolle Bauwerk aus. 1695 bis 1699 wurde der barocke Kernbau fertiggestellt. Erweiterungsbauten folgten. Im Verlauf eines Jahrhunderts war ein majestätisches Domizil für die preußischen Kö-

Prächtiger Barockbau im Westen Berlins: Schloss Charlottenburg

wurde zerstört, und Europas größter jüdischer Friedhof in Weißensee bedarf dringend der Sanierung. Heute zählt die jüdische Gemeinde in Berlin wieder 12 000 Mitglieder. Die Hauptstadt krankt noch immer am Verlust einer Elite, die nicht nur das geistige Leben der Stadt, sondern das einer ganzen Epoche prägte: Max Liebermann, Lesser Ury, Martin Buber, Ludwig Marcuse, Walter Benjamin, Albert Einstein, Kurt Tucholsky, Lion Feuchtwanger, Samuel Fischer, Rudolf Mosse und Leopold Ullstein – um nur einige zu nennen. Die Zahl der jüdischen Einrichtungen in Berlin nimmt heute wieder zu. Der Zentralrat der Juden in Deutschland hat 1999 seine Arbeit in Berlin aufgenommen, es gibt wieder jüdische Theater, Menschen besuchen ihre Synagogen (links: Synagoge Rykestraße), und Museen erzählen vom Berliner jüdischen Alltag vor dem Krieg.

nige entstanden. Den Höhepunkt der glanzvollen Inneneinrichtung bilden der Thron- und der Speisesaal Friedrichs des Großen sowie die Goldene Galerie, die zu den schönsten Rokokosälen Deutschlands zählt. Heute wird das Schloss als Standort von Museen genutzt, der barocke Schlosspark ist Erholungsareal für die Bewohner Charlottenburgs.

**** Funkturm und Messegelände** 1926 ging der 150 Meter hohe »Lange Lulatsch« in Betrieb. Von der Aussichtsplattform genießt man einen Blick über die Dächer Berlins, auf das elegante *Palais am Funkturm aus den 1930er-Jahren sowie das silberglänzende Internationale Kongresszentrum (ICC).

**** Olympia-Stadion** Kennzeichen der für die Olympischen Spiele 1936 eingeweihten Sportarena ist das Olympische Tor mit den beiden 35 Meter hohen Türmen und den olympischen Ringen. Für die Fußball-WM 2006 wurde das Stadion denkmalgerecht modernisiert.

Prenzlauer Berg

Zu DDR-Zeiten bevölkerten oppositionelle Künstler und Schriftsteller die bröckelnden Gründerzeithäuser in dem einstigen Arbeiterviertel nördlich der Stadtmitte. Prachtvoll saniert zählt das Ausgehviertel heute zu den teuersten Innenstadtlagen.

*** Kulturbrauerei** Auf dem Gelände der alten Schultheiß-Brauerei werden auf rund 20 000 Quadratmetern Kino, Konzerte, Theater, Ausstellungen und Lesungen geboten. Eine stattliche Café- und Kneipenparade hat sich in den Straßen ringsum etabliert.

*** Kollwitzplatz** Von zahlreichen Restaurants, Bars, Cafés und exquisiten Läden gesäumt wird dieser vor allem bei Touristen beliebte Platz im Kollwitz-Kiez. Samstags gibt es hier einen Markt mit Öko-Bauern und Kunsthandwerkern.

Breitscheidplatz mit Turmruine der Kaiser-Wilhelm-Gedächtniskirche (oben links), Flußpferdhaus im Zoo (oben rechts)

*** Synagoge** In der Rykestraße steht Deutschlands größte Synagoge. Das 1904 geweihte Gotteshaus mit Platz für rund 2000 Menschen wurde 1938 in der Reichspogromnacht geschändet. 1953 wurde sie wieder eingeweiht und 2007 – nach umfassender Sanierung – wieder eröffnet.

*** Husemannstraße** Während ringsum alles verfiel, wurde diese kleine Straße für die 750-Jahr-Feier der Hauptstadt der DDR 1987 sorgfältig restauriert. Mit alten Gaslaternen und nostalgischen Kramläden hat sie ihren Charme bis heute bewahrt.

*** Wasserturm** Im Jahr 1877 ging der »Dicke Hermann« als der erste Wasserturm Berlins in Betrieb. Gegenüber, in der Knaackstraße, reiht sich ein Café an das andere.

*** Kastanienallee** Zwischen Mitte und Prenzlauer Berg hat sich hier in den vergangenen Jahren ein Szenetreffpunkt etabliert, mit jeder Menge Bars, Cafés, Restaurants, dem Prater-Biergarten und hippen Modeboutiquen.

Einst Braustätte, heute Kulturzentrum: die Kulturbrauererei

Berlin

Die Karibik und Río de Janeiro liegen an Pfingsten in Kreuzberg. Was 1996 in der Werkstatt der Kulturen entwickelt wurde, die das künstlerische Potenzial der in Berlin lebenden Zuwanderer fördern und erlebbar ma-

TIPP++TIPP++

Deutsches Historisches Museum
Nach jahrelanger Renovierung des Zeughauses und der Errichtung des Erweiterungsbaus von I. M. Pei lassen sich hier eine Dauerausstellung zu den Epochen der deutschen Geschichte sowie interessante Wechselausstellungen besichtigen.
Unter den Linden 2,
Tel. 0 30/20 30 40,
tgl. 10–18 Uhr,
www.dhm.de

Konzerthaus Berlin
Das von Karl Friedrich Schinkel in den Jahren 1818 bis 1821 errichtete

Schauspielhaus, am traditionsreichen Gendarmenmarkt gelegen, gehört zu den Meisterwerken klassizistischer Architektur in Deutschland.
Gendarmenmarkt 2,
Tel. 0 30/20 30 90,
www.konzerthaus.de

Jüdisches Museum
Am Eingang steht ein Granatapfelbaum, er steht in der jüdischen Kultur für Fruchtbarkeit und leitet hier ein in 2000 Jahre jüdischer Geschichte. Die zeigt sich in Dokumenten einzelner jüdischer Schicksale in verschiedenen Jahrhunderten, aber auch in Objekten wie der Barbiepuppe mit Kippa.
Lindenstr. 9–14, Tel. 0 30/25 99 33 00, ww.jmberlin.de, tgl. 10–20, Mo bis 22 Uhr, an jüdischen Feiertagen geschl.

chen will, ist im Laufe der Jahre zu einem Volksfest geworden, an dem mittlerweile Millionen Besucher teilnehmen. Alle Altersgruppen sind vertreten, viele Emigrantenvereine, aber auch Berliner Jugend- und Kultureinrichtungen. Wenn der Karnevalszug, von rund tausend Künstlern gestaltet, mit Masken, Musik, geschmückten Wagen und Tänzern den ganzen Tag lang die Kreuzberger Hasenheide entlangzieht, lassen sich viele Zuschauer von den fremden Rhythmen anstecken. Etwa 450 000 Ausländer leben in Berlin. Mit Masken und Kostümen sowie ihrer heimatlichen Musik präsentieren auch diejenigen ihre Kultur, deren Heimat keinen Karneval kennt. Die Vorbereitungen für das nächste Fest beginnen, wenn das vorherige zu Ende ist – dann werden wieder aufwendige Kostüme (links) genäht und Choreografien einstudiert.

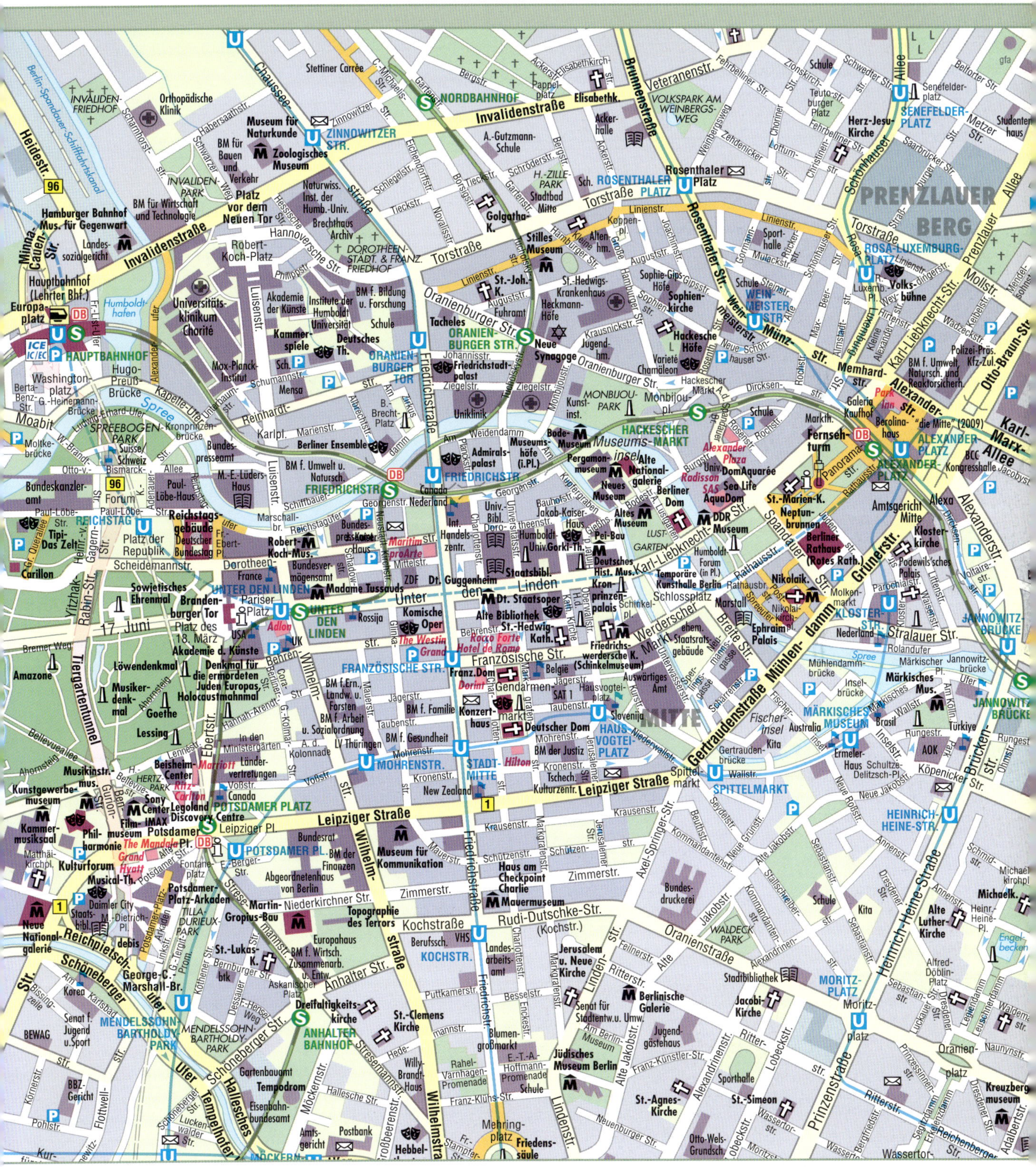

1906 machte der 57 Jahre alte Schuhmacher Wilhelm Voigt (links: Denkmal vor dem Rathaus Köpenick) aus Tilsit den Berliner Bezirk überregional bekannt. Da ihm die Obrigkeit nach einem Gefängnisaufenthalt die Rückkehr in eine bürgerliche Existenz verwehrte – in Potsdam bekam er keine Arbeit, aus Berlin wurde er ausgewiesen –, erstand er bei Trödlern, was ihn als Hauptmann des 1. Garderegiments kenntlich

Kreuzberg – Friedrichshain

»Kreuzberger Nächte sind lang« – der Gassenhauer von 1978 ist nach wie vor gültig. Was die Oranienburger Straße für die Stadtmitte, ist die Oranienstraße zwischen Skalitzer Straße und Heinrichplatz mit dem für Kreuzberg einst legendären SO 36: Kneipenrevier Nr. 1. Clubgänger zieht es Richtung Oberbaumbrücke und Osthafen, wo in den vergangenen Jahren diesseits und jenseits der Spree im Wrangel-Kiez sowie in Friedrichshain rund um den Boxhagener Platz Berlins angesagteste Partyzone entstanden ist.

**** Karl-Marx-Allee** Die Magistrale, die vom Alexanderplatz ostwärts durch Friedrichshain verläuft, wurde ab 1952 von Tausenden von freiwilligen Helfern im stalinistischen Zuckerbäckerstil aufgebaut. Die beiden kuppelgeschmückten Hochhäuser von Norbert Henselmann am Frankfurter Tor (1960) bilden ihren östlichen Abschluss.

*** Oberbaumbrück**e Einst unüberwindbare Grenzanlage, verbindet die neugotische türmchengeschmückte Spreebrücke am Osthafen (1894–1896) heute Kreuzberg und Friedrichshain.

**** East Side Gallery** Am östlichen Spreeufer zwischen Ostbahnhof und Oberbaumbrücke blieben mehrere Hundert Mauermeter erhalten, die 1990 von Künstlern aus aller Welt bemalt wurden.

.

*** Checkpoint Charlie** Bis zum Mauerfall diente der hermetisch abgeriegelte innerstädtische Kontrollpunkt alliierten Streitkräften, Ausländern und Diplomaten als Grenzübergang zwischen West- und Ostberlin. Westberliner und Westdeutsche durften hier nicht passieren. Ein Originalschild mit der Aufschrift »You are leaving the American Sector« und das **Mauermuseum am Checkpoint Charlie erinnern heute noch daran.

***** Jüdisches Museum** Bereits Monate vor der offiziellen Eröffnung 2001 standen die Menschen Schlange, um Daniel Libeskinds grandiosen Museumsneubau zu besichtigen. Das in Form eines zerborstenen Davidsterns errichtete silberglänzende Bauwerk beherbergt eine Dauerausstel-lung zur deutsch-jüdischen Geschichte.

Geborstener Davidstern: das Jüdische Museum

*** Neues Kreuzberger Zentrum** Eine Attraktion der anderen Art ist das »NKZ« am Kottbusser Tor. Der in den 1970er-Jahren erbaute Betonkoloss zählt heute zu den sozialen Brennpunkten der Stadt.

*** Luftbrückendenkmal** Die »Hungerkralle« am Platz der Luftbrücke erinnert an die Blockade Westberlins 1948/1949, während der amerikanische »Rosinenbomber« die Bevölkerung aus der Luft versorgten.

***** Deutsches Technikmuseum** Ein »Rosinenbomber« schwebt vor der Hauptfassade des Museums, das auf 50 000 Quadratmeter Innenfläche und in einem angeschlossenen Museumspark Dampfmaschinen, historische Verkehrsmittel und andere Objekte aus der Geschichte der Technik präsentiert.

Der Strausberger Platz bildet den Auftakt zum Gebäudeensemble der Karl-Marx-Allee (oben links). Zu Baden und Wassersport lädt der Wannsee ein (oben rechts).

machte: Uniform und Mantel. Dann unterstellte er zwölf Grenadiere von der Militärbadeanstalt Plötzensee seinem Kommando, fuhr mit diesem Trupp nach Köpenick und verhaftete dort den Oberstadtsekretär und den Bürgermeister Dr. Langerhans. Eine Kutsche wurde herbeigeschafft, um den Bürgermeister und dessen Frau zur Wache nach Berlin zu bringen. Voigt selbst begab sich mit zwei seiner Soldaten ins Kassenzimmer, erklärte, er habe die Verwaltung der Stadt übernommen und müsse den Geldbestand überprüfen. Für die vorhandenen 4002 Mark ließ er sich zwei Beutel bringen – das Geld sei beschlagnahmt. Er ordnete die Rückkehr seiner Mannschaft an und fuhr selbst nach Berlin. Der Tipp eines ehemaligen Mithäftlings führte zu Voigts Verhaftung. Carl Zuckmayer machte den falschen Hauptmann zur literarischen Figur.

Peripherie

Berlin ist eine grüne Stadt. Das zeigt sich schon in den historischen Zentren, erst recht weiter außerhalb, wo man an Wälder und Seen Erholung findet. Am Rande der südlichen Innenstadt liegt zudem ein Architekturdenkmal der besonderen Art.

* **Flughafen Tempelhof** Am 30. Oktober 2008 endete hier eine Ära, als von einem der einst größten Flughäfen Europas das letzte Flugzeug abhob. Hauptattraktion ist das gigantische Flughafengebäude, das sich in seiner bogenförmigen Anlage über eine Länge von 1,2 Kilometern erstreckt und zu seiner Entstehungszeit 1936 bereits viele Merkmale moderner Flughäfen aufwies. Der Gebäuderiegel sollte das südliche Ende der gigantischen Nord-Süd-Achse in Hitlers Reichshauptstadt Germania sein. Am 26. Juni 1948, nachdem die Sowjetunion alle Zufahrtswege nach West-Berlin blockiert hatte, begann, was Tempelhof bis heute zum Mythos macht: die Luftbrücke, während der die Bevölkerung bis September 1949 von »Rosinenbombern« versorgt wurde. Über die künftige dauerhafte Nutzung des Areals ist noch nicht entschieden.

* **Grunewald** Der nach dem gleichnamigen Stadtwald benannte Stadtteil ist mit seiner Villenkolonie eine von Berlins exklusivsten Adressen. Das Viertel entstand entstand Ende des 19. Jahrhunderts auf Initiative Bismarcks. Am Bahnhof Grunewald erinnert das Mahnmal »Gleis 17« an die Berliner Juden, die von dort aus ab 1942 deportiert wurden.

* **Strandbad Wannsee** Das 1907 eröffnete Strandbad im Südwesten der Stadt am Ostufer des Wannsees ist eines der ältesten in Deutschland. Ein 1300 Meter langer Sandstrand lässt hier fast Mittelmeerstimmung aufkommen. Die denkmalgeschützte Anlage wurde zum hundertjährigen Jubiläum 2007 umfassend saniert.

*** **Pfaueninsel** Berühmt wurde die »Perle im Havelmeer«, gerade 98 Hektar groß, als Liebesnest von Friedrich Wilhelm II. Hier wollte er seine Geliebte Wilhelmine Encke, die er zur Gräfin Lichtenau adeln ließ, treffen. Sie gebar ihm fünf Kinder, 1797 starb er in ihren Armen. Da war das Schlösschen noch gar nicht fertig. Sohn Friedrich Wilhelm III. verbannte die Gräfin und nutzte die Insel mit Königin Luise als Sommersitz. An einigen Wochentagen durfte auch die Bevölkerung kommen und erlebte eine Märchenwelt mit Fontänen, Rosengärten und Palmen, eine Menagerie, die später zum Grundstock des Zoologischen Gartens wurde. Riesen und Zwerge gab es als Hofangestellte zu sehen. und ein Afrikaner vervollständigte die Exotik. Heute gibt es nach kurzer Überfahrt mit der Fähre Rosen- und Biedermeiergarten sowie Wiesen zu bewundern.

* **Müggelsee** Im Bezirk Treptow-Köpenick erstreckt sich der vier Kilometer lange und bis zu zwei Kilometer breite Müggelsee. Seit über 70 Jahren bietet das denkmalgeschützte Strandbad am nördlichen Seeufer die Möglichkeit zum Badespaß in der eigenen Stadt.

TIPP++TIPP++

Berlinische Galerie
Das Landesmuseum für Moderne Kunst, Fotografie und Architektur präsentiert sehr anschaulich in Berlin entstandene Kunst von 1870 bis zur Gegenwart.
Alte Jakobstr. 124–128, Tel. 0 30/78 90 26 00, Mo–So 10–18 Uhr, www.berlinischegalerie.de

Liebermann-Villa am Wannsee
Ein ganzer Werkzyklus ist dort entstanden, wo der Maler Max Liebermann 1909 ein Ufergrundstück am Großen Wannsee erwarb. Der Garten ist wieder nach seinen Ideen gestaltet worden. Besucher können auf weißen Bänken die Perspektiven seiner Bilder nacherleben.
Colomierstr. 3, Tel. 0 30/80 58 38 30, April–Okt. Mi–Mo 11–18, Do 11–20 Uhr, www.max-liebermann.de

Museen in Dahlem
Gleich vier Museen sind in Dahlem unter einem Dach vereint, drei davon zu außereuropäischer Kunst und Kultur: das Museum für Indische Kunst (u. a. Turfan-Sammlung mit Wandmalereien und Skulpturen aus buddhistischen Klöstern), das Museum für Ostasiatische Kunst (u. a. mit einem kompletten japanischen Teeraum), das Ethnologische Museum und das Museum Europäischer Kulturen.
Lansstr. 8, Tel. 0 30/8 30 13 61 und 8 30 14 38, Di–Fr 10–18, Sa, So 11–18 Uhr

Haus Bodelschwingh in Dortmund: Die Wasserburg vereint Gotik, Renaissance und Barock.

Nordrhein-Westfalen

Das einwohnerstärkste Bundesland umfasst das größte Ballungsgebiet Deutschlands, beeindruckt aber auch durch seine Vielfalt unterschiedlicher Landschaften. Die Wege durch Münsterland und Teutoburger Wald führen vorbei an romantischen Windmühlen und trutzigen Wasserschlössern. Ganz anders als Westfalen präsentiert sich das nördliche Rheinland, wo in Köln oder Düsseldorf das urbane Leben tobt. Im Ruhrgebiet, einst Synonym für Kohle- und Stahlindustrie, erfreuen heute reizvolle Landschaftsparks das Auge.

Nordrhein-Westfalen

Hermann wurde als Sohn des Cheruskerfürsten Sigimer geboren. Er stammte aus der Oberschicht der Cherusker, die in der Gegend um Weser und Elbe lebten, war aber im Römischen Reich aufgewachsen und dort ausgebildet worden. Er und sein Bruder waren als Kinder dorthin verschleppt worden – damals kein ungewöhnliches Schicksal. In der römischen Armee, wo er eine Einheit aus cheruskischen Söldnern führte, lernte er das

TIPP++TIPP++

Vogel- und Blumenpark Heiligenkirchen
Unterhalb des Hermann-Denkmals wurde ein Park eingerichtet, der durch seine Blumenpracht besticht. Inmitten des Blütenmeers zwitschern über 2000 heimische und exotische Vögel. Besonders beliebt ist die Papageien-Show. Es stehen aber auch Fahrgeschäfte und ein Kinderspielplatz zur Verfügung. Nach Vereinbarung bietet die Zooschule Führungen für Kinder und Erwachsene an. Auch Führungen für Blinde sind möglich.
Vogelpark Heiligenkirchen, Ostertalstraße 1, Tel. 0 52 31/ 4 74 39, März–Nov. tgl. 9–18 Uhr

Westfälisches Freilichtmuseum
Den ganz normalen Alltag der Menschen auf dem Land zwischen 1800

und 1930 zeigt das Westfälische Freilichtmuseum Detmold.
Detmold, Paderborner Straße/ Krummes Haus, Tel. 0 52 31/70 61 04, Apr.–Okt. Di–So 9–17 Uhr

Ostwestfalen und Lippe

Das bewegte Relief des östlichen Westfalen formen Mittelgebirge wie der Teutoburger Wald, Hochflächen, Bördelandschaften und die Westfälische Bucht. Ein gewisses zähes Eigenleben behauptet Lippe – es konnte sein Symbol, die Rose, als eigenen Bestandteil des nordrhein-westfälischen Landeswappens durchsetzen.

*** Minden** Die **Propsteikirche war einst Mittelpunkt des wohl 799 gegründeten Bistums Minden. Ein imposanter spätromanischer Querbau schließt das sonst gotische Gotteshaus nach Westen ab. Wertvolle Stücke, darunter ein Bronzekruzifix von 1070, birgt der Domschatz. Vom Rathaus (13. Jahrhundert) am Marktplatz blieb der untere Teil erhalten. Die Museumszeile Ritterstraße 23–33 ist ein Bürgerhausensemble aus dem 16. Jahrhundert.

*** Porta Westfalica** Durch die »Westfälische Pforte« tritt die Weser ins Tiefland, rechts das Weser-, links das Wiehengebirge. Der Durchbruch ist außerdem ein Knotenpunkt der Wanderwege durch diese waldreichen Höhezüge. Hauptattraktion ist das gewaltige Kaiser-Wilhelm-Denkmal (88 Meter) auf dem Wittekindsberg.

Enger In St. Dionysius befindet sich das Grabmal des 707 verstorbenen »Sachsenherzogs« Widukind. Der zähe Widersacher von Kaiser Karl dem Großen begegnet uns hier als *Flachrelief (um 1080) auf der Sargplatte.

*** Herford** Die evangelische *Münsterkirche (13. Jahrhundert), ursprünglich das Gotteshaus eines Damenstifts, gilt als älteste Hallenkirche Westfalens. Wertvollstes Ausstattungsstück ist der großartige Taufstein (um 1500). Auch die Marienkirche (13./14. Jahrhundert) und die Johanniskirche (14. Jahrhundert) verdanken ihr Entstehen einem Stift. Spektakuläre Architektur der Moderne bietet das *MARTa, (ein Museum für Möbel, Kunst, Architektur und Ambiente) von Frank O. Gehry.

**** Lemgo** Das Stadtbild wird geprägt von der Weserrenaissance, berühmtestes Bauwerk ist das *Hexenbürgermeisterhaus von 1571. Eine reich geschmückte Fassade weist auch der Erker am Rathaus auf (16. Jahrhundert). Weitere schöne Bürgerhäuser säumen den Marktplatz. Darüber erheben sich die Türme der Nikolaikirche (13.–15. Jahrhundert). Zentrum der Neustadt ist die Marienkirche (13./14. Jahrhundert). Im **Schloss Brake des gleichnamigen Lemgoer Stadtteils ist das Weserrenaissance-Museum untergebracht. Sein Turm und sein Nordflügel weisen die charakteristischen Schmuckformen dieses Regionalstils auf.

Spektakuläre Felsformation: Externsteine im Teutoburger Wald

*** Bielefeld** Die an einer alten Handelsstraße gelegene junge Universitätsstadt hat eine große Tradition als Zentrum der Leinenherstellung und -verarbeitung. Ihr Mittelpunkt ist der Alte Markt mit Brunnen und historischen Bürgerhäusern. Wichtigstes Gotteshaus ist die **Neustädter Marienkirche, ein Hallenbau aus dem 14. Jahrhundert über kreuzförmigem Grundriss. Um 1320 wurde in der Kirche das Grabmal des Grafen Otto III. von Ravensberg und seiner Gemahlin Hedwig zur Lippe errichtet.

Marienfeld Die ehemalige *Klosterkirche der Zisterzienserinnen (Weihe 1222) bestimmte die Entwicklung der westfälischen Hallenkirche. Die riesige Orgel schuf Johann Patroklus Möller um 1750.

Rheda-Wiedenbrück Beispielhaft verschränkt der Torturm (um 1225) von Schloss Rheda Wohn- und Wehrfunktion. Ein besonders schönes Beispiel staufischer Architektur ist die *Kapelle. Im Stadtteil Wiedenbrück beeindruckt die Kirche St. Ägidius vor allem wegen ihres Taufsteins (um 1500) und der üppigen Kanzel (um 1630).

*** Senne** Südlich von Bielefeld erstreckt sich bis vor die Tore Paderborns ein Sandterrain, das über eine längere Zeit hinweg Truppenübungsplatz war. Hier konnte sich deshalb eine offene Landschaft aus Heiden, Mooren und mageren Wiesen halten – heute sehr rare Lebensräume, die ihrerseits bedrohten Tier- und Pflanzenarten Asyl bieten.

Kriegshandwerk. Als Offizier und Bürger des Römischen Reichs kehrte er wahrscheinlich um das Jahr 7 oder 8 n. Chr. in seine Heimat zurück. Dort führte er einen Aufstand gegen die Römer an. In den folgenden Kämpfen schlug er das zahlenmäßig weit überlegene römische Heer unter Publius Quinctilius Varus in der berühmten »Varusschlacht« im Teutoburger Wald (links: Hermannsdenkmal) so vernichtend, dass dies das Ende der römischen Expansion in Germanien bedeutete. Sein Ziel, aus diesem Sieg politisches Kapital zu schlagen und eine größere Zahl germanischer Stämme gegen die Römer zu vereinen, erreichte er jedoch nur kurzfristig. Im Jahre 21 wurde er von innercheruskischen Gegnern ermordet – vermutlich von Segestes, dem Vater seiner Frau Thusnelda, die Hermann aus dessen Haus entführt und gegen dessen Willen geheiratet hatte.

**** Detmold** Prunkstück der Residenzstadt des Fürstentums Lippe-Detmold ist das repräsentative **Schloss. Der Vierflügelbau wuchs über drei Jahrhunderte zu seiner heutigen Größe heran. Ältester Teil ist der Bergfried (wohl 14. Jahrhundert). 1549 begann der Bau des eigentlichen Schlosses unter Cord Tönnies, einem der profiliertesten Baumeister der Weserrenaissance. Zuletzt wurden Teile der Anlage bis 1715 barockisiert. Im Süden Detmolds liegt das **Westfälische Freilichtmuseum, mit 95 alten Bauernhäusern aus der Region das größte seiner Art in Deutschland.

*** Externsteine** Die großartigen, bis zu 40 Meter hoch aufragenden Sandsteinklippen am Südostende des Teutoburger Walds sind ein bedeutendes Natur- und Kulturdenkmal. Aus den Felsen haben die Mönche des Paderborner Klosters Abdinghof um 1115 das größte Kreuzabnahmerelief Europas unter freiem Himmel gemeißelt.

**** Höxter** Im historischen Zentrum finden sich schöne Renaissance-Fachwerkhäuser aus dem 16. Jahrhundert. Machtvoll vertritt das Rathaus (1613) die Weserrenaissance. Die *Kilianikirche wurde um 1400 zu einer zweischiffigen, quer gestellten Halle umgestaltet. Erhalten blieb ihr romanischer Westbau. Im Ortsteil ***Corvey liegt mit der ehemaligen Klosterkirche der älteste Sakralbau Deutschlands. Sein Westwerk (873 bis 885) reicht bis in karolingische Zeit zurück. Im Barock entstand als schlossähnlicher Vierflügelbau das neue Kloster mit dem Kaisersaal und den einzigartigen Beständen der Bibliothek. Im Kirchhof liegt die Grabstätte Hoffmanns von Fallersleben, des Autors des Deutschlandslieds.

*** Warburg** Die Neustädter Pfarrkirche (13.–15. Jahrhundert) krönt ein von Fachwerkbauten geprägtes Stadtbild. An der Grenze von Neu- und Altstadt liegt das Rathaus von 1568 (1902 erweitert). Die Altstadt am Diemelufer wird von der Kirche Mariä Heimsuchung (Chorweihe 1297) beherrscht.

**** Paderborn** Zentrum der Bistumsstadt ist der ***Dom (11.–13. Jahrhundert) mit seinem markanten Westturm. Um 1250 entstand das Paradiesportal, sein Aussehen wurde durch Umbauten des 16. und 17. Jahrhunderts verändert. Neben dem Dom wurden die Reste zweier Kaiserpfalzen Karls des Großen und Heinrichs II. gefunden. Letztere wurde rekonstruiert und beherbergt heute ein Museum. Das *Rathaus mit seiner eindrucksvollen Westfassade wurde 1620 vollendet. Die barocke Portalfront der Gaukirche lässt nichts von der klaren romanischen Architektur im Inneren ahnen. Herbe Romanik offenbart die 1078 geweihte **Abdinghofkirche, während die Franziskanerkirche (1671) und die ehemalige *Jesuitenkirche (1692) mit prunkvollem Barock imponieren. Im Stadtteil **Schloss Neuhaus glänzt die ehemalige fürstbischöfliche Residenz mit ihrem barocken Erscheinungsbild.

*** Büren** Trotz barocker Schaufront gilt die 1772 vollendete **Immaculatakirche als der schönste Rokokobau Nordwestdeutschlands. Sie gehörte zum Jesuitenkolleg (1728), dessen Dreiflügelbau ganz der Schlossarchitektur verpflichtet ist. Die *Wewelsburg aus dem 17. Jahrhundert, eine machtvolle Dreiecksanlage über dem Almetal, diente einst als SS-Ordensburg.

Von oben nach unten: Renaissancerathaus in Lemgo; Fachwerkpracht in Minden; Dom zu Paderborn; Schloss Corvey mit Klosterkirche

Die Trinkwasserversorgung des Ruhrgebiets wird zu einem großen Teil durch die Stauseen im Sauerland gewährleistet. Außerdem dienen diese der Wasserregulierung der Ruhr und verringern somit die Hochwas-

Sauerland und Siegerland

Seit jeher hat der gebirgige Süden Westfalens die Verbindung zur Handelsstraße des Hellwegs gesucht. Der Soester Börde folgt der Arnsberger Wald am Nordrand des Sauerlands, das eine Religionsgrenze in das kurkölnische Herzogtum Westfalen und das protestantische Märkische Sauerland aufteilte. Den südlichsten Zipfel von Nordrhein-Westfalen bildet die Region Wittgensteiner und Siegerland.

Geseke Eindrucksvoll gelegen, weist die Kirche *St. Cyriakus noch Bauteile aus der Zeit um 950 auf. Die ungewöhnliche Chorfassade entstand im 12. Jahrhundert, ebenso der Westturm (jedoch im 19. Jahrhundert verändert). Die Halle des Langhauses wurde etwa ein Jahrhundert später errichtet, die Ausstattung stammt großteils aus dem Barock.

**** Lippstadt** Die *Pfarr- und Marktkirche St. Marien hat einen imposanten Turm mit Wahrzeichencharakter und ist eine der bedeutendsten Hallenkirchen Westfalens. Nur noch als eindrucksvolle Ruine hat sich die ehemalige Stiftskirche St. Marien mit schönen Maßwerkfenstern erhalten. Allen Zauber des Rokoko zeigen **Haus Köppelmanns Wand- und Deckenstuckaturen von etwa 1750. Schloss Overhagen liegt im gleichnamigen Stadtteil; seine reizvolle Schaufassade datiert in die Spätrenaissance.

**** Soest** Der **historische Kern der einstigen Hansestadt sucht in Deutschland seinesgleichen. Rund 600 Häuser stehen unter Denkmalschutz, die Gotteshäuser setzen besonders kräftige Akzente. Die monumentale **Propsteikirche St. Patroklus hat einen gewaltigen Turm, dessen Baugeschichte die der ganzen Kirche (12./13. Jahrhundert) widerspiegelt.

Marsberg Im Stadtteil Obermarsberg befinden sich mit St. Nikolaus und St. Peter und Paul gleich zwei sehenswerte Gotteshäuser. Die qualitätsvolle Halle von St. Nikolaus weist ein schönes Südportal der späten Romanik auf. Die einstige Klosterkirche St. Peter und Paul (13. Jahrhundert) soll in der sagenumwobenen Eresburg errichtet worden sein.

*** Brilon** Das Rathaus (Arkaden um 1250, Fassade um 1755) und der historische Marktbrunnen bezeichnen das Zentrum der einstigen »Hauptstadt« des Herzogtums Westfalen und des kurkölnischen Sauerlands. Die Propsteikirche St. Petrus und Andreas hat eine Halle als Langhaus (1276 geweiht).

Meschede Bedeutendster Bau des Sauerlandstädtchens ist die Pfarrkirche St. Walburga (um 1660, mit älterem Westturm), deren *Ringkrypta auf die Karolingerzeit (um 900) zurückgeht.

**** Rothaarsteig** Der Hauptweg von Brilon im Norden nach Dillenburg im Süden führt über mehr als 200 Kilometer durch die reizvollsten Partien des Rothaargebirges. Abseits der Straßen und Forstwege ist er ein Steig, der intensive Landschaftserlebnisse garantiert und ausschließlich Wanderern vorbehalten bleibt.

*** Neuer Hagen** Im Hochsauerland, östlich von Niedersfeld und dicht an der Grenze zu Hessen, liegt diese größte Zwergstrauchheide des Landes. Sie hat ein fast alpines Gepräge und bietet als weite Hochfläche ein ausgesprochen melancholisches Landschaftsbild.

sergefahr. Für den Touristen jedoch sind sie wahre Freizeitparadiese: Wanderwege und Fahrradtouren an den Seeufern sowie Surf-, Segel-, Schwimm- und Angelmöglichkeiten gibt es zuhauf. 1 135 Millionen Kubikmeter Wasser werden an der 40 Meter hohen und 650 Meter langen Staumauer des »Westfälischen Meeres« aufgestaut. Seit 1913 versorgt die Möhnetalsperre im Norden des Naturparks Arnsberger Wald (links) das Ruhrgebiet mit Wasser. Neben den üblichen Wassersport- und Wandermöglichkeiten rund um den See gibt es deutliche Beschränkungen im Naturschutzgebiet Hevearm, um die einzigartige Vogelwelt zu schützen. Der zwischen 1957 und 1965 entstandene Biggesee ist der größte Stausee Westfalens. Nach der Flutung wurde die Kuppe einer Erhebung zur Insel, die Lebens- und Brutraum für seltene Vogelarten darstellt.

Schmallenberg Das touristische Zentrum des Sauerlands kann im Ortsteil Wormbach eine kleine *Hallenkirche (13. Jahrhundert) mit einer regionaltypischen Barockausstattung vorweisen.

*** Arnsberg** Hoch über einer spektakulären Ruhrschleife gelegen und von der Schlossruine gekrönt, bietet die Altstadt ein malerisches Erscheinungsbild. Die *Propsteikirche St. Laurentius (13.–15. Jahrhundert) mit bedeutenden Glasmalereien (um 1250) besitzt drei sehenswerte Grabmale aus dem 14. und dem 17. Jahrhundert. Im Stadtteil Oerlinghausen imponiert *St. Peter, ehemals das Gotteshaus eines Prämonstratenserinnenklosters, mit üppiger Barockausstattung.

Balve Der ältere Teil von St. Blasius – 1910 kam ein mächtiger Kuppelbau hinzu – ist eine typische südwestfälische Hallenkirche. Einer der bedeutendsten eiszeitlichen Siedlungsplätze in Deutschland findet sich in der Balver Höhle. Das Industriedenkmal *Luisenhütte Wocklum ist ein fast komplett eingerichteter Montanbetrieb, in dem noch mit Holzkohlehochofen gearbeitet wurde.

Attendorn Das imposante historische *Rathaus am Alten Markt geht auf das 14. Jahrhundert zurück, die Arkaden im Erdgeschoss dienten als Kaufhalle. Die Pfarrkirche St. Johannes Baptist ist nur wenig älter, ihr Westturm stammt von einem romanischen Vorgängerbau. Die nahe *Burg Schnellenberg (17. Jahrhundert) beherbergt im Torturm der Oberburg eine Kapelle mit sehenswerter Ausstattung.

Iserlohn Die größte Stadt des Sauerlands war berühmt für ihr Messinggewerbe. Prunkstück der Obersten Stadtkirche ist ein flandrischer *Schnitzaltar (um 1400) mit 18 Apostel- und Heiligenfiguren.

Hagen Das »Tor zum Sauerland« verdankt seine wichtigsten Baudenkmäler dem Jugendstil. Dazu gehört das von Henry van de Velde gestaltete Karl-Ernst-Osthaus-Museum. Von ihm stammt auch der *Hohenhof in der Gartenstadt. Im Stadtteil Selbecke ist das **Westfälische Freilichtmuseum einen Abstecher wert.

Bad Berleburg Das *Schloss über der Oberstadt erhielt 1733 sein heutiges Gesicht. Die effektvollen Rokokostuckaturen des Musiksaals entstanden nur wenige Jahre später. In der Unterstadt imponiert die Ludwigsburg, ein reizvoller Fachwerkbau aus dem 18. Jahrhundert.

Siegen Das Zentrum des alten Eisenlandes wurde im Krieg stark zerstört. Die Martinikirche (13. und 15. Jahrhundert) liegt auf einem Sporn oberhalb der Sieg, die *Nikolaikirche gleich am Marktplatz. Letztere ist ein bemerkenswerter Zentralbau, der überwiegend aus dem 13. Jahrhundert stammt. Mit dem Unteren und dem *Oberen Schloss beherbergt die Stadt gleich zwei Herrensitze.

**** Freudenberg** In kaum einem Buch über Fachwerkbau fehlt die eindrucksvolle Kulisse des »Alten Fleckens«. Die fünf Häuserzeilen in Schwarz-Weiß, die den Hang bis zur Kirche dominieren, entstanden großteils nach dem Stadtbrand von 1666.

Fachwerkgeschmücktes Stadtzentrum von Soest (links); Schloss Berleburg (oben)

TIPP++TIPP++

Wendener Hütte
Die Hochofenanlage, eine der ältesten erhaltenen dieser Art, ist als technisches Kulturdenkmal der Öffentlichkeit zugänglich.
Wenden, Hochofenstraße 6 d, Tel. 0 27 61/8 14 01, Apr.–Okt. Di–So 15–18 Uhr, Führungen n. V.

Atta-Höhle
Steinbrucharbeiter der Biggetaler Kalkwerke trauten am 19. Juli 1907 bei Sprengungen ihren Augen nicht: Sie erblickten ein Labyrinth aus kunstvoll gewachsenen Stalagmiten und Stalaktiten. Das größte zusammenhängende Tropfstein-Höhlensys-

tem Deutschlands, benannt nach der Fürstin Atta, die der Hansestadt Attendorn ihren Namen gab.
Atta-Höhle Attendorn, Finnentroper Str. 39, Tel. 0 27 22/ 93 75-0

Nordrhein-Westfalen

Aus altem westfälischem Adel stammend und auf dem Familiensitz Schloss Hülshoff (ganz links) im Münsterland geboren, war Annette von Droste-Hülshoff (links Mitte) zeitlebens in das Korsett ihrer Gesellschafts-

TIPP++TIPP++

Westfälisches Landesmuseum für Kunst und Kulturgeschichte
Die umfangreiche Sammlung von Malerei und Plastik reicht vom Mittelalter bis in unsere Tage hinein. Einen Schwerpunkt bildet die Westfälische Tafelmalerei. Neben der ständigen Ausstellung werden auch Wechselausstellungen angeboten.
Münster, Domplatz 10, Tel. 02 51/59 07 01, Di, Mi und Fr–So 10–18 Uhr, Do 10– 20 Uhr

Krippenmuseum Telgte
Im Krippenmuseum herrscht das ganze Jahr über weihnachtliche Stimmung. Wechselnde Ausstellungen zeigen kunsthandwerkliche Meisterleistungen. Überraschend ist die große Vielfalt der Krippen.
Telgte, Herrenstr. 2, Tel. 0 25 04/9 31 20, Di–So 10 bis 18 Uhr

Münsterland

Die nordwestlichste Region Westfalens erstreckt sich zwischen dem Teutoburger Wald und der Lippe. Hier leben die »Stockwestfalen«. Attraktivstes Reiseziel sind die vielen Wasserburgen. Zentrum der Region ist die Bischofs- und Universitätsstadt Münster.

** **Warendorf** Die »Pferdestadt« weist ein charakteristisches Ortsbild auf, mit vielen historischen Fachwerk- und Massivhäusern. Ihren Markt überragt die Pfarrkirche St. Laurentius mit dem Warendorfer Altar (um 1430). Im Stadtteil Freckenhorst liegt die ehemalige **Stiftskirche St. Bonifatius (Weihe 1129). Die mächtige Pfeilerbasilika weist kaum Bauzier auf, dafür aber fünf Türme und ein imposantes Westwerk, das noch in die vorletzte Jahrtausendwende datiert.

Telgte Die Kleinstadt östlich von Münster ist vor allem als Wallfahrtsort bekannt. Mittelpunkt der populären Marienwallfahrt ist ein gotisches Gnadenbild in der Wallfahrtskapelle, einem Zentralbau des Barock.

** **Münster** Das »Rom Niederdeutschlands« entwickelte sich aus einer sächsischen Siedlung zum Bischofssitz. Bald wurde der Bischof auch Landesherr und Münster weltliches Zentrum eines Fürstbistums. Ausgangspunkt der städtischen Entwicklung war der Bezirk um den **Dom (12.–16. Jahrhunderts), der als bedeutendstes Bauwerk Westfalens gilt. Von hohem Rang ist die 1230–1240 entstandene Plastik in der Vorhalle, innen findet die *astronomische Uhr (1560) die größte Aufmerksamkeit. Im **Rathaus, einem der prächtigsten seiner Art aus dem 14. Jahrhundert, wurde 1648 das Ende des Dreißigjährigen Krieges besiegelt. Der historische Sitz des Stadtregiments liegt am Prinzipalmarkt; mit den exquisiten Geschäften unter seinen Lauben ist er die Visitenkarte der Stadt. Die Überwasser- und die *Marktkirche St. Lamberti sind zwei gotische Gotteshäuser, St. Lamberti gilt als Prototyp der westfälischen Stufenhalle. Mit der *Clemenskirche (1753) schuf Johann Conrad Schlaun (1695–1773) einen ambitionierten Sakralbau des Barocks,

Pferdegespann bei der Warendorfer Hengstparade

schicht eingebunden. Ihre Ausbildung erhielt sie bei einem Hauslehrer. Dabei entdeckte sie schon früh ihre Begabung für das Schreiben. 1826 zog sie nach dem Tod des Vaters mit Mutter und Schwester in das Rüschhaus in Nienberge bei Münster (heute Museum; links), wo die meisten ihrer Werke entstanden. Erst 1838 gelang es ihr, erste Gedichte zu veröffentlichen. Ihre Dichtung, obwohl zur Zeit der Restauration entstanden, wurzelt eher in der Romantik, jedoch ohne deren Ungestüm und Ironie. 1842 erschien ihr bekanntestes Werk, die Novelle »Die Judenbuche«, eine tiefgründig-moralische Kriminalgeschichte mit gesellschaftskritischem Unterton. Ab 1841 verbrachte sie einen Großteil ihrer Zeit bei ihrem Schwager in Meersburg am Bodensee, wo sie 1843 ein Häuschen kaufte. Hier starb sie im Mai 1848.

auch der **Erbdrostenhof (1753 bis 1757) ist ein großer Wurf von ihm. Den Schlussstein seines Wirkens setzte er mit dem *Fürstbischöflichen Residenzschloss (1773, heute Universität), einem glanzvollen Abgesang der Epoche. Im Stadtteil Nienberge errichtete Schlaun für sich selbst *Haus Rüschhaus (1748). Hier lebte von 1826 bis 1846 die Dichterin Annette von Droste-Hülshoff.

**** Schloss Nordkirchen** Dem »westfälischen Versailles« kommt keine hiesige Anlage an Größe und Weitläufigkeit gleich. 1703 bestimmte sie der Fürstbischof zu seiner Residenz. Hofarchitekt Pictorius lieferte die Pläne, wobei er sich deutlich an französischen Schlössern orientierte. Eine historische Gartenanlage umgibt das Schloss.

*** Schloss Cappenberg** Die ehemalige Propstei (1708), auf einer Anhöhe hoch über der Lippeniederung gelegen, wurde vom Freiherrn von Stein als Familiensitz erworben und beherbergt noch das Familienarchiv. Die zugehörige Kirche St. Johannes Evangelist ist ein gotisch überprägter romanischer Bau, der Kunstwerke höchsten Ranges birgt, etwa das **Kopfreliquiar als Bildnis des Kaisers Barbarossa und die von ihm geschenkte Taufschale für Otto von Cappenberg (heute Kopien).

*** Burg Vischering** Die besterhaltene Wasserburg Westfalens am nördlichen Stadtrand von Lüdinghausen ist eine Wehranlage und kein Schloss. Das eindrucksvolle Torhaus der runden Hauptburg entstand 1519, der noch imposantere Dreistaffelgiebel 1622.

Steinfurt-Burgsteinfurt Die 1129 erstmals erwähnte Anlage auf zwei Inseln der Aa gliedert sich in *Schloss und Vorburg. Aus der Romanik stammt die Schlosskapelle (um 1200), der Rittersaal aus dem 13. Jahrhundert wurde 1879 überarbeitet. Im weitläufigen Park aus dem 18. Jahrhundert liegt das *Bagno, ein europaweit einzigartiger Konzertsaal von 1774.

Billerbeck *St. Johannes der Täufer entstand um 1230 als dreischiffige Hallenkirche. An ihrer Außenfront weist sie eine reichere Bauzier auf als die meisten anderen Kirchen Westfalens aus der späten Romanik.

Zwillbrocker Venn Ein sechs Kilometer langer Wanderweg führt durch eine Heide- und Moorlandschaft um den See. Größte Attraktion ist eine Flamingokolonie.

*** Schloss Raesfeld** Die heutige Anlage entstand großteils im 17. Jahrhundert und verkörpert den Übergang von Renaissance zu Barock. Eindrucksvoll ist die Schlosskapelle (1658) im Bereich der Vorburg. Ihre Doppelturmfassade lässt auf die großen politischen Ambitionen des Bauherrn schließen, der Raesfeld zum Mittelpunkt eines Fürstentums machen wollte.

Bocholt Die Stadt (seit 1222) hat ein *Renaissance-Rathaus mit offener Halle und repräsentativer Fassade nebst besonders prunkvollem Erker. Die 1486 vollendete Kirche St. Georg ist eine Stufenhalle. Ihre Schatzkammer birgt hochrangige sakrale Kunstwerke.

*** Schloss Anholt** Das dicht an der Grenze zu den Niederlanden gelegene Wasserschloss (13.–17. Jahrhundert) begeistert vor allem durch einen großzügigen Landschaftspark.

Oben links: Prinzipalmarkt in Münster; rechts von oben nach unten: Schlösser Nordkirchen, Vischering, Raesfeld und Anholt

Nordrhein-Westfalen

Auf rund 150 Jahre Bergbau und Schwerindustrie blickt das zwischen den Flüssen Lippe und Ruhr gelegene Revier zurück. Die Erfindung der Dampfmaschine ermöglichte einst die Förderung der Kohle, vorher nur

TIPP++TIPP++

Gasometer Oberhausen
Der Gasometer ist mehr als ein Industriedenkmal. Seit seiner Stilllegung vor rund zwanzig Jahren hat er sich zum Wahrzeichen der Stadt entwickelt.Neben wechselnden Ausstellungen ist allzeit der faszinierende Blick vom Dach des Gasometers über das westliche Ruhrgebiet zu empfehlen: von den Stahlwerken am Rhein bis zur Arena auf Schalke in Gelsenkirchen.
Oberhausen, Arenastraße 11, Tel. 02 08/8 50 37 30

Deutsches Bergbau-Museum
Ebenerdige Ausstellungen und ein originalgetreues Anschauungsbergwerk in 17 bis 22 Meter Tiefe des Museumsgeländes eröffnen den Besuchern umfassende Einblicke in die Welt des Bergbaus. Zusätzlich bietet das Fördergerüst in 50 Meter und 62 Meter Höhe einen fantastischen Blick über Bochum und Ruhrgebiet.
Bochum, Am Bergbaumuseum 28, Besuchereingang: Europaplatz, Anmeldung/Führungen: Tel. 02 34/58 77-1 46, www.bergbaumuseum.de

Villa Hügel
Das ehemalige Wohnhaus der Krupp-Dynastie liegt in einem 75 Hektar großen Waldpark und ist seit 1953 der Öffentlichkeit zugänglich. Die Historische Sammlung Krupp im Kleinen Haus erzählt die Geschichte der Stahlbarone.
Essen, Hügel 15, Tel. 02 01/42 25 59, Di–So 10–18 Uhr

Ruhrgebiet

Über die Provinzgrenzen von Rheinland und Westfalen hinweg hat die Industrialisierung das Ruhrgebiet konstituiert. Noch heute und mitten im Strukturwandel bildet die Region einen Kernraum, der sich seiner Kohle- und Stahltradition mit Stolz besinnt. Die ganze »Route der Industriekultur« erschließt die eindrucksvollsten architektonischen Zeugen dieser Vergangenheit.

Hamm Das auffälligste Kunstwerk im Nordosten des Ruhrgebiets ist der Glaselefant im Maximilianpark. Der Park verdankt Namen und Gelände einer Zeche, die nur kurz in Betrieb war, und ist heute eine Freizeitanlage mit Schmetterlingshaus und Eisenbahnmuseum.

* **Dortmund** Die ehedem Freie Reichs- und (spätere) Bierstadt hat im Alten Markt ihren historischen Mittelpunkt. Der 104 Meter hohe Turm der nahen *Reinoldikirche ist ein Monument der Bürgerstolzes. Die *Marienkirche kann mit dem außerordentlichen Marienaltar (um 1415) des Konrad von Soest ein Hauptwerk deutscher Tafelmalerei vorweisen, die Petrikirche birgt einen gewaltigen Antwerpener Flügelaltar (1521) und die Propsteikirche mit dem Hochaltar (um 1470) eine Arbeit des Weseler Malers Derick Baegert. Hauptattraktion der heute stark durchgrünten Ruhrmetropole ist der Westfalenpark.

Marl Am Nordwestrand des Ruhrgebiets entwickelte sich Marl mit der Abteufung zweier Schächte 1905 vom unbedeutenden Dorf zur prosperierenden Industriestadt. 1938 siedelte sich die chemische Großindustrie hier an. Dies verwandelte die Region aber nicht in eine eintönige Industrielandschaft, wie es der Citysee, der Volkspark in Alt-Marl, die Loemühle und der Naturpark Hohe Mark unter Beweis stellen. Ein Museum der besonderen Art ist der »Glaskasten« genannte Skulpturenpark, der etwa 60 Großplastiken namhafter Künstler des 20. Jahrhunderts unter freiem Himmel vereint, darunter Arbeiten von Max Ernst, Hans Arp und Richard Serra.

Recklinghausen Mit den Ruhrfestspielen hat sich die einstige Hansestadt in der Nachkriegszeit einen Namen als Kulturstadt gemacht. Darüber hinaus gibt es hier eine bedeutende Ikonensammlung sowie moderne Malerei und Grafik in der Städtischen Kunsthalle zu sehen. Nach einem Bummel im Stadtgarten oder einem Zoobesuch kann man im Planetarium der Volkssternwarte in entfernte Galaxien vordringen.

Freizeitpark in Hamm

Bochum Der 68 Meter hohe Förderturm des Deutschen Bergbaumuseums ist die Kennmarke der Stadt. Im Stadtteil Stiepel gibt es in der evangelischen Pfarrkirche Wandmalereien aus dem 12. bis 16. Jahrhunderts zu sehen, darunter auch eine Darstellung des bethlehemitischen Kindermords.

Gelsenkirchen Die Stadt ist mehr als nur die neue »Arena auf Schalke«. Auf einer Industriebrache entstand der *»Skulpturenwald Rheinelbe«, und mit *Schloss Horst (Baubeginn 1552) im gleichnamigen Stadtteil hielt die Renaissancearchitektur in Westfalen Einzug. Erst als Kohle und Stahl Mitte des 19. Jahrhunderts ihren Siegeszug antraten, verlor Gelsenkirchen seinen dörflichen Charakter. Mittlerweile hat es sich zu einer modernen Großstadt mit attraktivem Freizeitangebot und lebendiger Kulturszene entwickelt. Die Zeche »Consolidation« und die Bergarbeitersiedlungen in Buer und Schüngelberg vermitteln immer noch einen guten Eindruck von der einstigen Bedeutung der Kohleförderung.

* **Kirchheller Heide und Hiesfelder Wald** Großenteils zwischen den Ruhrstädten Oberhausen und Bottrop erstreckt sich dieses Waldgebiet, das von Eichen und Buchen dominiert wird. Von landschaftlichem Reiz sind hier außerdem die Auen kleiner Bäche.

** **Essen** Als europäische Kulturhauptstadt 2010 hat die rheinische Ruhrmetropole auch Weltkulturerbe zu bieten. Die ***Zeche Zollverein ist ein spektakuläres Industriedenkmal. Das *Opernhaus nach Plänen des finnischen Architekten Alvar Aalto (1898–1976) zählt zu den Schlüsselbauten der Moderne. Im **karolingischen Münster mit majestätischem Westwerk (10./11. Jahrhundert) ist die »Goldene Madonna« (um 980) zu bewundern, das älteste vollplastische Bildwerk der abendländischen Kunst. Im Stadtteil Werden steht die Basilika *St. Ludgerus, einst Zentrum einer reichsunmittelbaren

im Tagebau gewonnen, auch aus tieferen Erdschichten – Voraussetzung für die Entwicklung der Schwerindustrie, die das Ruhrgebiet in kürzester Zeit radikal veränderte. Fördertürme, Hochöfen und rauchende Schlote galten lange als Symbole wirtschaftlicher Stärke. Um 1970 setzte ein radikaler Strukturwandel ein, weg von der Schwerindustrie, hin zum Dienstleistungssektor. Heute sind die eisernen »Industriekathedralen«, soweit noch erhalten, museale Erinnerungsstücke in einer weitläufigen Erlebnis-, und Kulturlandschaft. Da sind stillgelegte Zechen mit Fördertürmen und Maschinenhallen (von links: Zeche Nordstern in Gelsenkirchen, Zeche Zollern in Dortmund), ehemalige Stahlwerke mit Hochöfen wie der »Landschaftspark Duisburg-Nord« oder der 116 Meter hohe gigantische Gasometer bei Oberhausen.

Abtei. Auch hier blieb ein eindrucksvolles Westwerk (Weihe 943) erhalten.

Oberhausen Nicht nur während der Kurzfilmtage ist die Stadt einen Besuch wert. Abgesehen von der Wasserburg Vondern sucht man alte Bauwerke zwar vergeblich, doch die Industriearchitektur an der Essener Straße und die Arbeitersiedlungen aus dem 19. Jahrhundert in Osterfeld sind durchaus akzeptable Entschädigungen. Nach einem Spaziergang durch den Kaisergarten kann man im Schloss Oberhausen die Kunst der DDR besichtigen. Das gigantische CentrO steht für modernes Shopping, und der Revierpark Vonderort ist eine beliebte Freizeitanlage.

Bottrop Hier sollte man einen Besuch des Medienzentrums »Quadrat« einplanen, das ein Museum für Ur- und Ortsgeschichte, die Moderne Galerie sowie eine Sammlung der Werke des Bottroper Malers Joseph Albers beherbergt. Ein Beispiel für gelungene moderne sakrale Baukunst ist die Heilig-Kreuz-Kirche mit dem berühmten Glasfenster von Georg Meistermann. Nahe dem barocken Wasserschloss Beck wurde ein Märchenwald eingerichtet. Etwas mehr »Action« bietet der Filmpark in Kirchhellen.

Mülheim an der Ruhr Im Ortsteil Broich lohnt der Besuch der MüGA-Parks mit verschiedenen Attraktionen. Die Geschichte des stattlichen Schlosses lässt sich bis in die Karolingerzeit zurückverfolgen. In Mülheim-Saarn steht eine der wenigen nahezu vollständig erhaltenen Klosteranlagen der Zisterzienserinnen.

Duisburg Mit dem Städtebauprojekt *Innenhafen wird der größte Binnenhafen Europas zur Stadt hin geöffnet. Hier hat der Künstler Dani Karavan einen »Garten der Erinnerungen« geschaffen. Der **Landschaftspark Duisburg-Nord verbindet auf 200 Hektar Industriebrache Natur und Kultur. Ein Gasometer beherbergt dort Europas größtes Tauchsportzentrum.

Hansaplatz in Dortmund

Die ehemalige Meidericher Eisenhütte im Landschaftspark Duisburg-Nord wird bei Dämmerung zu einer spektakulären Lichtskulptur (rechts).

Nordrhein-Westfalen

Im Briller Viertel von Elberfeld, heute ein Stadtteil von Wuppertal, wuchs die dort 1894 geborene expressionistische Dichterin Else Lasker-Schüler auf. Sie hinterließ nicht nur ein großes literarisches Werk, sondern illustrierte auch einige ihrer Bücher selbst, zeichnete und malte. Liebeslyrik nimmt in ihrem ungemein facettenreichen Werk einen breiten Raum ein, ebenso religiös-mystische Gedichte. Sie neigte zu grandioser Selbst-

Bergisches Land, Niederrheinische Bucht und Eifel

Tief greift die Niederrheinische Bucht ins Rheinische Schiefergebirge ein, seit jeher ist dieser Teil des Rheinlands auf das Zentrum Köln ausgerichtet. Das Bergische Land gehört zu den frühen deutschen Industrieregionen. Kultur und Natur vereint die Eifel. Das meistbedichtete Landschaftsbild aber sind die Vulkankuppen des Siebengebirges.

Wuppertal Die Stadt ist das kulturelle Zentrum des Bergischen Landes. Ihre größte Attraktion ist die direkt über der Wupper verlaufende *Schwebebahn. Als idyllischster Stadtteil gilt *Beyenburg hoch über dem Stausee. Inmitten bergischer Bürgerhäuser liegt hier die um 1500 errichtete Kreuzherrenklosterkirche St. Maria Magdalena, eines der schönsten spätgotischen Gotteshäuser der Region.

Solingen Im Stadtteil Ohligs-Merscheid steht als Denkmal der bekannten bergischen Eisenindustrie die *Gesenkschmiede Henrichs. *Schloss Burg an der Wupper, ein Wiederaufbau des 19. Jahrhunderts, war Sitz der Grafen von Berg. Die Müngstener Brücke ist eine spektakuläre Stahlgitter-Bogenkonstruktion und verbindet Solingen und Remscheid 107 Meter über der Wupper.

**** Altenberger Dom** Die Kirche (1255–1379) der ehemaligen Zisterzienserabtei am Flüsschen Dhünn ist eines der schönsten gotischen Bauwerke im Rheinland. Sie war bis 1511 Grablege der Grafen und späteren Herzöge von Berg.

**** Blankenberg** Fachwerkhäuser des 17. und 18. Jahrhunderts, die Stadtbefestigung mit den Ruinen einer ehemaligen Landesburg und die Pfarrkirche St. Katharina (1245/1246) hoch über der Sieg hat das Burgstädtchen ein selten prägnantes Ortsbild bewahrt.

Einblicke in den Altenberger Dom

*** Siegburg** Auf einer Vulkankuppe gelegen, beherrscht die Abtei Michaelsberg eindrucksvoll das Stadtbild. Ein Schmuckstück der Kirche ist der Anno-Schrein (wohl 1183), ein Hauptwerk rhein-maasländischer Goldschmiedekunst.

*** Königswinter** Mit dem Drachenfels (321 Meter) liebt neben dem Städtchen der »höchste Berg Hollands«. Auf halber Höhe zur Burgruine liegt die *Drachenburg (19. Jahrhundert), die alle Pracht der Gründerzeit bündelt. Der Berg kann erwandert oder mit der Zahnradbahn erobert werden. Eine Ikone der Rheinromantik ist die **Chorruine Heisterbach (1237) in dem Ortsteil Oberdollendorf.

*** Siebengebirge** Obwohl nur maximal 461 Meter hoch (Großer Ölberg), waren die Vulkankuppen unmittelbar am Rhein immer ein beliebtes Objekt poetischer Naturbeschreibungen. In

inszenierung, trug weite Hosen und kurze Haare (links) oder verkleidete sich als Prinz von Theben, sie jonglierte im Leben und im Schreiben mit Fakten und Fiktion, spielte mit Namen und Daten, reicherte ihre Biografie mit fantastischen Legenden an, sodass sie selbst im exaltierten Berlin der 20er-Jahre, wo sie seit 1894 lebte, als Paradiesvogel galt. Künstler wie Gottfried Benn, Georg Trakl, Karl Kraus und Franz Marc verehrten sie; von den Bürgern dagegen wurde sie als zweifach geschiedene, immer in Geldnöten lebende Vagabundin verachtet und verspottet. 1933 floh sie vor den Nationalsozialisten in die Schweiz, 1939 ließ sie sich endgültig in Palästina nieder. Als sie am 23. Januar 1945 in Jerusalem auf dem Ölberg beigesetzt wurde, hatte ein wildes, ungeheuer kreatives, unkonventionelles Leben seinen Abschluss gefunden.

einem der ältesten Naturschutzgebiete Deutschlands bietet die Pflanzen- und Tierwelt der stromzugewandten Felspartien einen Hauch von Mediterranität. Und jenseits vom Drachenfels findet der Wanderer einsame Wege durch den Laubwald, die oft mit wunderschönen Ausblicken auf die Rheinlandschaft überraschen.

Bad Honnef Hier lohnen sich eine Besichtigung der ursprünglich romanischen, später gotisierten Basilika St. Johann Baptist und ein Besuch des Adenauer-Hauses im Ortsteil Rhöndorf.

* **Bad Godesberg** Die Godesburg ist das Wahrzeichen der einst selbstständigen Stadt, heute Stadtteil von Bonn. 1210 wurde mit dem Bau begonnen, der 1583 im Truchsessischen Krieg einer Sprengung zum Opfer fiel. Vom Turm der Ruine aus genießt man einen Panoramablick über die Kölner Bucht auf das Siebengebirge. Die Michaeliskapelle stammt aus dem 7. Jahrhundert, erhielt aber erst im Barock ihr heutiges Aussehen. Sehenswert ist auch der in Terrassen angelegte Burgfriedhof. Die spätklassizistische Redoute war bis 1999 Ort repräsentativer Staatsbankette und Diplomatenempfänge.

** **Bonn** Die ehemalige Bundeshauptstadt hat sich seit Anfang der 1990er-Jahre als bedeutender Museumsstandort etabliert. Entlang der Museumsmeile, eines Abschnitts der B 9, reihen sich die modernen Museumsbauten des Hauses der Geschichte (mit dem Bonn auch sich selbst ein Denkmal gesetzt hat), des Kunstmuseums und der Bundeskunsthalle. Das *Münster im Zentrum (11.–13. Jahrhundert) ist ein markanter Bau der Romanik, ein barockes Kleinod (um 1750) dagegen die heilige Stiege an der Kreuzbergkirche. Mehr Besucher lockt das Geburtshaus Beethovens an. Den rechtsrheinischen Stadtteil Schwarzrheindorf beherrscht die zweigeschossige *Doppelkirche.

*** **Köln** Siehe Stadtplan auf Seite 147

** **Brühl** Die Kölner sind zwar katholisch, doch das Verhältnis zur geistlichen Obrigkeit war nie besonders herzlich. So fühlten sich die Erzbischöfe seit 1288 im nahen Brühl sicherer. Nachdem die Residenz der geistlichen Würdenträger 1689 von französischen Truppen gesprengt worden war, ließ Erzbischof Clemens ab 1725 einen Neubau errichten. Schloss Augustusburg imponiert durch seinen bezaubernden Barockgarten und das Treppenhaus von Balthasar Neumann. Nach dem anstrengenden Geschäft der Diplomatie entspannten sich die hohen Herren gern bei der Falkenjagd. Zu diesem Zweck schuf François Cuvilliés 1729 bis 1740 das Jagdschloss Falkenlust. Die Brühler Schlösser sind mit dem Schlosspark seit 1984 UNESCO-Weltkulturerbe.

Oben links und rechts: Schwebebahn in Wuppertal; Treppenhaus in Schloss Augustusburg

TIPP++TIPP++

Museumsmeile Bonn
Zwei spektakuläre Neubauten beherbergen die bedeutendsten Kunstschätze Bonns. Die Kunst- und Ausstellungshalle der Bundesrepublik Deutschland zeigt hochkarätige Wechselausstellungen. August Macke, rheinische Expressionisten und deutsche Kunst nach 1945 gibt es im Kunstmuseum Bonn.
Kunst- und Ausstellungshalle: Friedrich-Ebert-Allee 4, Tel. 02 28/9 17 12 00, Di bis So 11–18 Uhr, Mi bis 21. Uhr; Kunstmuseum Bonn: Friedrich-Ebert-Allee 2, Tel. 02 28/77 62 60 oder 77 62 70, Di–So 10–18 Uhr

Bei einem Spaziergang durch das Stadtzentrum von Köln stößt man allenthalben auf Spuren des römischen Erbes. Als Ausgangspunkt bietet sich das Praetorium an. Wo heute das Rathaus steht, residierte im 1. Jahrhundert der Statthalter der römischen Provinz Niedergermanien. Die Reste des Palastes können auch unterirdisch besichtigt werden. Die wichtigsten oberirdischen Baudenkmäler der Römerzeit bilden die

Beide Paläste präsentieren bestes Barock und Rokoko. Ein eigenes Museum ist dem in Brühl geborenen Maler und Bildhauer Max Ernst gewidmet. Für Familien mit Kindern bietet sich ein Besuch im Freizeitpark Phantasialand an.

**** Bad Münstereifel** Auch diese Stadt verdankte ihren Wohlstand dem Tuchgewerbe. Ende des 13. Jahrhunderts ließen die Grafen von Jülich die Stadtbefestigung und die weniger gut erhaltene Burg errichten. Das Rathaus mit der rot getünchten Fassade stammt aus dem 15. Jahrhundert, die Jesuitenklosterkirche St. Donatus wurde 1670 geweiht. Das beherrschende Gotteshaus ist **St. Chrysanthus und Daria, das sein heutiges Erscheinungsbild samt Doppelturmfassade im 12. Jahrhundert erhielt. Im Mittelschiff befindet sich das Hochgrab des Grafen Gottfried von Bergheim (vor 1350).

Steinfeld Das ehemalige Prämonstratenserkloster zählt zu den besterhaltenen Klosteranlagen des Rheinlands. Der um drei Höfe gruppierte Bau erhielt sein schlossähnliches Erscheinungsbild im 17. und 18. Jahrhundert. Die *Kirche St. Maria und Potentinus ist wesentlich älter (1142–1160), ihr mächtiger Westbau mit den runden Flankentürmen schon weithin sichtbar.

*** Monschau** Dem an einer Rurschleife gelegenen Städtchen, seit dem 17. Jahrhundert vom Tuchgewerbe geprägt, lässt der tief eingeschnittene Fluss nur wenig Raum zur Erweiterung. Von den dicht gedrängten Wohnstätten ist das 1756 vom Tuchfabrikanten Johann Heinrich Scheibler erbaute **Rote Haus das stattlichste.

**** Nationalpark Eifel** In der hohen Eifel prägen Stauseen und Buchenwälder die Szenerie. Hier leben noch Schwarzstorch und Wildkatze. Die Blüte der raren Wilden Narzisse lockt Ende April Tausende Besucher in die Gegend nahe der belgischen Grenze. Zum abwechslungsreichen Landschaftsmosaik an der oberen Ahr gehören anmutige Wiesentäler mit reichen Orchideenvorkommen. Auf Wanderwegen lässt sich der ganze Nationalpark gut erwandern.

*** Nideggen** Das malerische Städtchen wird gekrönt von den Ruinen einer *Burg (12.–14. Jahrhundert), die auf einer steilen Sandsteinklippe hoch über dem Rurtal erbaut wurde und zu den eindrucksvollsten Wehranlagen des Landes zählt. Die Pfarrkirche St. Johann Baptist aus dem 13. Jahrhundert ist ein typischer Sakralbau der rheinischen Romanik.

*** Kornelimünster** St. Kornelius war einst die **Abteikirche

Monschau: Fachwerkzeile am Flüsschen Rur

Köln

Neben Dom, Karneval und Kölsch gibt es in der bereits seit Römerzeiten existierenden Rheinmetropole noch sehr viel mehr zu entdecken, vor allem alte und neue Kunst.

Unumstrittener Besuchermagnet Kölns ist der ***Dom, der als Vollendung der französischen Kathedralengotik gilt, seit 1996 UNESCO-Weltkulturerbe. 1248 begonnen, wurde er erst 1880 fertiggestellt. Seine bedeutendsten Schätze sind der **Dreikönigsschrein (um 1200) von Nikolaus von Verdun, das 200 Jahre ältere **Gerokreuz mit monumentaler Christusfigur sowie der Altar der Stadtpatrone von Stephan Lochner (um 1440). Von höchstem Rang sind auch die großen romanischen Kirchen der Stadt: St. Pantaleon reicht mit imposantem Westwerk (um 1000) noch in die Zeit der Ottonen zurück. Der markanteste Bauteil von **St. Maria im Kapitol (geweiht 1065) ist der Kleeblattchor. Als schönster Vierungsturm der Romanik gilt derjenige von *Groß St. Martin. Der Grundriss von **St. Gereon hält noch den spätantiken Zentralbau gegenwärtig, aus dem das 1227 vollendete Zehneck hervorging. Während der Romanik entstand auch *St. Ursula, wurde später aber gotisch und barock umgestaltet. Inzwischen hat sich die einstige Industriestadt zu einem bedeutenden Kunst- und Medienstandort entwickelt. Davon zeugen nicht nur Dutzende von Kunstgalerien und bedeutende Kunstmessen wie die Art Cologne, sondern auch Museen von Weltrang. Zu nennen sind hier das Wallraf-Richartz-Museum mit Gemälden vom Mittelalter bis zum Impressionismus, das der Kunst des 20. Jahrhunderts und der Gegenwart gewidmete Museum Ludwig, das Römisch-Germanische Museum mit Exponaten aus der prähistorischen und römischen Epoche der Stadt und das Rautenstrauch-Joest-Museum mit Kunst und Kultur außereuropäischer Völker.

Groß St. Martin, Dom und Hohenzollernbrücke

Severinsbrücke und Imhoff-Schokoladenmuseum

vereinzelten Reste der Stadtmauer, so etwa im Schatten des Doms das Nordtor. In der benachbarten Tiefgarage können noch Mauerreste aufgespürt werden. Der mit 140 Meter längste Abschnitt der ursprünglich rund vier Kilometer langen Befestigungsanlage findet sich etwas abgelegen am Mauritiussteinweg. Von den einst 19 Türmen existieren nur Reste, am besten erhalten ist der Römerturm, der die Nordwestecke der antiken Stadt markierte. Seine Zinnen haben aber nichts mit den Römern zu tun, sie wurden ihm erst vor einem Jahrhundert aufgesetzt. Ein besonderes Relikt der Römerzeit ist für Tagesbesucher nicht zu Fuß erreichbar: An der Aachener Straße liegt eine Grabkammer, die zu einem Gutshof gehörte. Wer in die zwölf Quadratmeter große Gruft steigt, wird von dem originalen Sarkophag (links) begeistert sein.

TIPP++TIPP++

Römisch-Germanisches Museum

Das römische Erbe von Colonia Claudia Ara Agrippinensium bewahren die Kölner im 1974 eröffneten Museumsbau im Schatten des Doms. Das bekannteste Ausstellungsstück ist das prächtige Dionysosmosaik.

Köln, Roncalliplatz 4, Tel. 02 21/ 2 21 45 90, Di–So 10–17 Uhr

Philharmonie

Im Stammhaus des Gürzenichorchesters und des überregional bekannten WDR-Sinfonieorchesters treten zahlreiche renommierte Künstler aus der ganzen Welt auf.

Köln, Bischofsgartenstr. 1, www.koelnmusik.de

4711

Bereits seit zwei Jahrhunderten zählt »4711 Echt Kölnisch Wasser« zu den weltweit bekannten Kölner Klassikern. Im Stammhaus in der Glockengasse lockt eine riesige Auswahl an hauseigenen Duftwässern, Seifen, Er-

frischungstüchern, auch in attraktiven Geschenkpackungen.

Glockengasse, Tel. 02 21/57 28 92 50, Mo–Fr 9–19 Uhr, Sa 9–18 Uhr, www.4711.de

»Einmol Prinz zu sin, in Kölle am Rhing …«, davon träumt so mancher Kölner. Prinz, Bauer und Jungfrau (unten) sind als Dreigestirn seit fast 200 Jahren die höchsten Repräsentanten des Kölner Karnevals. Als sich 1823 der erste Rosenmontagszug durch die Innenstadt schlängelte, hieß der Prinz noch »Held Karneval« und verkörperte die romantische Idee eines Freudenfürsten. Schon damals wurde er von »seiner Def-

tigkeit«, dem Bauern, begleitet. Als Schild- und Wap-penhalter symbolisiert er die Wehrhaftigkeit der Stadt Köln. Kettenhemd und Dreschflegel gehören neben den Stadtschlüsseln bis heute zur bäuerlichen Ausstattung. Die Dritte im Bunde ist die Jungfrau, unter deren Kostüm und Perücke stets ein Mann steckt. »Ihre Lieblichkeit« symbolisiert die Unabhängigkeit, die zinnenförmige Krone weist auf die Unversehrtheit der mittelalterlichen Stadtmauer hin. Jedes Jahr stellt eine andere Gesellschaft das karnevalistische »Trifolium«. Für die drei Herren bedeutet die Karnevalssaison harte Arbeit: Nach der Inthronisation Anfang des Jahres absolvieren sie bis Aschermittwoch rund 400 Auftritte. Bauer und Jungfrau werden von der Ehrengarde (links) begleitet, dem Prinzen steht mit der Prinzengarde (ganz links) ein eigenes Korps zu.

Ludwig Mies van der Rohe (links), gebürtig in Aachen als Sohn eines Steinmetzes (1886 bis 1969), ist einer der bedeutendsten deutschen Architekten der Moderne. In seinem Geburtsort als Steinmetz und an

TIPP++TIPP++

Stiftung Museum Schloss Moyland
Seit 1997 erstrahlt das Wasserschloss Moyland wieder im alten Glanz. Das Museum beherbergt eine eindrucksvolle Kunstsammlung des 19. und 20. Jahrhunderts. Schwerpunkt sind zahlreiche Objekte des Künstlers Joseph Beuys.
Kalkar, Am Schloss 4, Tel. 0 28 24/95 10 66, Nov.–März Di–So 10–17 Uhr, Apr.–Okt. Sa bis Do 10–18 Uhr, Fr 10–21 Uhr

Archäologischer Park Xanten
Wie das Leben der Römer in der einstigen Colonia Ulpia Traiana ausgesehen hat, demonstrieren die sorgfältigen Rekonstruktionen im Archäologischen Park.
Xanten, Wardter Straße, Tel. 0 28 01/98 30 10, März–Nov. tgl. 9–18 Uhr, Dez.–Feb. tgl. 10–16 Uhr

Stadttheater Aachen
Das städtische Theater bietet im Großen Haus, den Kammerspielen, dem Mörgens und weiteren Spielstätten ein breites Spektrum in den Bereichen Oper, Schauspiel, Tanz und Konzert an. Seit 1825 residiert es in einem neoklassizistischen Bau.
Aachen, Theaterplatz Tel. 02 41/ 47 84-2 44 und -2 37

eines begüterten Benediktinerklosters (814 gegründet). 1310 wurde das ottonische Gotteshaus durch einen Neubau ersetzt. Dank lebhaftem Pilgerzuspruch konnte St. Kornelius mehrfach erweitert werden, 1706 entstand als Anbau an den Hauptchor eine Reliquienkapelle. Zur Ausstattung der Kirche gehören das Chorgestühl des 14. Jahrhunderts und die steinerne Plastik des Kirchenpatrons vom Kölner Dombaumeister Konrad Kuyn.

**** Aachen** Bedeutendstes Denkmal der Kaiserstadt ist der ***Dom, von 936 bis 1531 Krönungsort 30 deutscher Könige und seit 1978 UNESCO-Weltkulturerbe. Seinen Kern bildet die Pfalzkapelle Karls des Großen (um 800 geweiht), ein achteckiger Zentralbau, den über zwei Geschosse hinweg ein 16-seitiger Umgang einfasst. Im Westen auf der Empore steht der Karlsthron, von dem aus der Kaiser den Gottesdienst verfolgte. Um 1350 wurde dem karolingischen Bau ein Chor in elegantester Gotik hinzugefügt. Mit dem Karls- (1215) und dem Marienschrein (begonnen um 1220) birgt der Dom zwei außerordentlich wertvolle Reliquiare. Grandiose Kunstwerke sind auch der goldene Ambo (um 1014) und der Barbarossaleuchter, gestiftet 1165 von Kaiser Friedrich I. Das Rathaus der Stadt ging aus der Palastaula Karls des Großen hervor, im prächtigen Krönungsfestsaal (14. Jahrhundert) wird heute der Karlspreis verliehen. An das mondäne Bad Aachen erinnert der Elisenbrunnen (begonnen 1822), ein bedeutendes Monument des Klassizismus. Kurzentrum ist heute der Ortsteil Burtscheid, in dem Johann Joseph Couven mit der *Pfarrkirche St. Michael (1747–1751) und der *Klosterkirche St. Johann (1754 vollendet) ein imposantes Barockensemble schuf.

Niederrheinisches Tiefland

Das ist der Niederrhein schlechthin – die weite, oft wiesengrüne Ebene des Stroms, die nur ein paar Eiszeitmoränen gliedern. In den Randbereichen blieben Heiden und Bruchlandschaften erhalten. Dennoch ist diese Region altes Kulturland, fest verbunden auch mit der Nibelungensage.

Emmerich Zur einst bedeutenden Handelsstadt gehört heute die längste Hängebrücke der Republik. Im ältesten Stadtkern steht die Pfarrkirche St. Aldegundis aus der späten Gotik. *St. Martin ist eine ehemalige Stiftskirche, der vor allem die Hochwasser des Rheins zu einer bewegten Baugeschichte verholfen haben. Ihr Kirchenschatz birgt mit der Arche des hl. Willibrord (10. Jahrhundert, spätgotisch umgearbeitet) das wohl älteste Reliquiar am Niederrhein.

**** Kleve** Burg- und Kirchberg prägen das Stadtbild. Die Schwanenburg (15.–17. Jahrhundert) soll ihren Namen Lohengrin verdanken, dem Helden der Nibelungensage. Die spätgotische Stiftskirche *St. Mariä Himmelfahrt musste mehrfach erneuert werden, erhalten blieben jedoch wertvolle Holzplastiken und das vorzügliche Doppelgrabmal des Grafen Adolf VI. und seiner Gemahlin Margaretha von Berg. Ein schönes Beispiel europäischer Gartenkunst ist das **Amphitheater am Stadtberg (17. Jahrhundert), das auf Johann Moritz von Siegen-Nassau zurückgeht.

**** Kalkar** Von der reichen Handelsstadt des späten Mittelalters zeugen die repräsentativen Backsteingiebel der Bürgerhäuser und das Rathaus am

der Gewerbeschule ausgebildet, hatte er zunächst als Stuckzeichner und ab 1908 im Büro von Peter Behrens in Berlin gearbeitet. 1912 machte er sich als Architekt selbstständig. 1927 leitete er den Bau der berühmten Weißenhofsiedlung in Stuttgart, bei der er auch als Architekt mit zwei Häusern vertreten war. Aufsehen erregte er 1929 mit dem deutschen Pavillon für die Weltausstellung in Barcelona, einem flachen, lichten Betonbau mit klaren, minimalistischen Formen. Ab 1930 bis zu seiner Auflösung 1933 leitete van der Rohe das Bauhaus. 1938 floh er vor den Nationalsozialisten und emigrierte in die USA. Dort leitete er fortan die Architekturabteilung am Illinois Institute of Technology in Chicago. Sein bekanntestes Werk und zugleich sein letztes großes Projekt in Deutschland ist die Neue Nationalgalerie in Berlin (1965–1968; ganz links).

Schloss Kleve, auch Schwanenburg genannt

Marktplatz (1438–1446). Sie werden noch übertroffen vom Gesamtkunstwerk der **Kirche St. Nikolai (15. Jahrhundert). Allein ihr Reichtum an hochrangigen Schnitzaltären lohnt einen Besuch der Stadt.

Goch Auch wenn der Ort auf eine über 700-jährige Geschichte zurückblicken kann, ist das Stadtbild nur wenig spektakulär. Eine Ausnahme stellt die Backsteinkirche St. Maria Magdalena (14. Jahrhundert) dar, deren Turm 1993 als Spätfolge von Kriegsschäden einstürzte. Den Reiz der Stadt macht die einmalige Landschaft an Niers und Reichswald aus, aber auch der Kahlbecker Wald und die Gocher Heide laden zu ausgiebigen Spaziergängen ein.

** **Kevelaer** Neben Lourdes und Tschenstochau ist Kevelaer einer der wichtigsten Marienwallfahrtsorte Europas. Seit 1645 wird die Muttergottes von Kevelaer, die 1641 einem Kaufmann erschienen sein soll, in der Gnadenkapelle verehrt. Mitte des 19. Jahrhunderts entstand die neugotische Wallfahrtskirche St. Maria, die jährlich von etwa 500 000 Gläubigen besucht wird. Viele kleine Geschäfte bieten Pilgerbedarf aller Art an, vom preiswerten Menü bis zu Rosenkränzen, Kruzifixen und sonstigen Devotionalien.

** **Xanten** Einst gehörte der **Dom (1263–1519) zu einem der reichsten Stifte des Erzbistums Köln, und seine grandiose Ausstattung blieb selten vollständig erhalten. Ein wenig nördlich liegt der **Archäologische Park Xanten, der die alte Römerstadt Ulpia Traiana als Rekonstruktion neu erstehen lässt.

Wesel Nur wenig erinnert an die große Vergangenheit der einstigen Hansemetropole. In den letzten Kriegstagen wurde der schöne Stadtkern beinahe vollständig zerstört. In reduzierter Form wiederaufgebaut hat man die Stadtkirche St. Willibrord mit ihren sehenswerten Maßwerkfenstern. Auch Teile der Stadtmauer sind noch erhalten, so das barocke Zitadellentor und das Berliner Tor von 1722. Geschmeide aus Gold und Edelsteinen sowie rheinische Kunst kann man im Stadtmuseum in der Ritterstraße besichtigen.

Dinslaken Das Gebiet am rechten Niederrhein ist etwas weniger attraktiv, doch in Dinslaken

Oben links: Glasfenster im Hochchor des Aachener Doms; oben rechts: Amphitheater und Hafentempel im Archäologischen Park von Xanten

Nordrhein-Westfalen

Heinrich Heine kam als Sohn eines Tuchhändlers in Düsseldorf zur Welt, eine Gedenktafel erinnert an sein Geburtshaus (links). Fürs Geschäftliche zeigte er weder Neigung noch Begabung, dafür aber ein hitziges

TIPP++TIPP++

Stiftung Insel Hombroich
Die Stiftung Insel Hombroich ist ein Freilichtmuseum unter dem Motto »Kunst parallel zur Natur«. Der Düsseldorfer Sammler und Immobilienmakler Karl-Heinrich Müller (1936 bis 2007) hat hier seine Kunstobjekte im Dialog mit der Umgebung installiert. In Zusammenarbeit mit mehreren bildenden Künstlern und dem Düsseldorfer Bildhauer Erwin Heerich entstand so eine Auenlandschaft mit integrierten Exponaten.
Neuss-Holzheim, Stiftung Insel Hombroich, Minkel 2, Tel. 0 21 82/ 20 94, April–Sept. 10–19 Uhr, Okt. 10–18 Uhr, Nov.–März 10–17 Uhr

Kom(m)ödchen
Das von Kay und Lore Lorentz gegründete Kabarett genießt seit 50 Jahren einen ausgezeichneten Ruf. Alle namhaften deutschen Kabarettisten haben schon auf der kleinen Bühne in der Altstadt gastiert.
Düsseldorf, Kay-und-Lore-Lorentz-Platz, Kasse: Tel. 02 11/32 94 43

Deutsches Textilmuseum
Die Themen der Wechselausstellungen reichen von mittelalterlicher Garderobe bis zur Geschichte des Dessous.
Krefeld, Andreasmarkt 8, Tel. 0 21 51/57 20 46, Termine der Wechselausstellungen sind zu erfragen

kann man Planwagenfahrten buchen oder die einzige Halbmeilentrabrennbahn Deutschlands besuchen. Das »Haus der Heimat« vermittelt einen guten Eindruck vom bürgerlichen und bäuerlichen Leben in der Region. In der denkmalgeschützten Wassermühle in Hiesfeld ist ein Museum untergebracht.

* **Dingdener Heide** Einen Streifzug durch Natur und Geschichte bietet diese alte Kulturlandschaft an der Grenze von Nordrhein und Westfalen. Drei Zeitstufen kann der Wanderer durchschreiten und erleben, wie es hier vor zehn, vor 120 und sogar vor 600 Jahren ausgesehen hat.

Kamp-Lintfort Das 1123 gegründete Kloster Kamp ist die älteste Zisterzienserniederlassung Deutschlands. Die stimmungsvolle Anlage mit der Abteikirche glänzt vor allem durch ihren ungewöhnlichen Terrassengarten, der nach barockem Vorbild unter Einbezug moderner Architekturelemente gestaltet wurde.

Moers Bis in die 70er-Jahre hinein glich die Altstadt von Moers eher einem Ruinenfeld. Nach ihrer Sanierung erstrahlen die historischen Bauten, etwa in der Friedrich- und in der Pfefferstraße, wieder in altem Glanz. Der renovierte »Klompenwinkel« in der Neustraße, einst die Werkstatt eines Holzschuhmachers, erinnert an ein altes Handwerk. Das von einem wunderschönen Park umgebene Moerser Schloss beherbergt das kleine, aber feine Schlosstheater sowie das Grafschaftmuseum. Sowohl das Jazzfestival »MoersFestival« als auch das Comedy-Arts-Festival von Moers sind weit über die Region hinaus bekannt.

** **Düsseldorf** Siehe Stadtplan auf Seite 153

* **Neuss** Das *Münster St. Quirin (spätes 13. Jahrhundert) gehört zu den schönsten Gotteshäusern der rheinischen Spätromanik und zeigt schwelgerischen Formenreichtum. Zur Stadt gehört auch die **Museumsinsel Hombroich, deren parkartig gestaltete Aue moderne Architektur, Kunst und Natur aufs Glücklichste vereint.

Krefeld Der Wohlstand der Stadt gründete sich früher auf die Seidenweberei. Daran erinnern das Deutsche Textilmuseum, die alten Weberhäuser am Andreasmarkt sowie die imposante Stadtresidenz des Seidenbarons Konrad von der Leyen, seit 1860 das Rathaus von Krefeld. Aus dem 12. Jahrhundert stammt die malerische Burg Linn, die heute ein Landschaftsmuseum mit archäologischen Funden aus der Römerzeit beherbergt. Kunst aus neuerer Zeit wird im Kaiser-Wilhelm-Museum gezeigt, und Freunde des Bauhauses kommen in Haus Lange und in Haus Esters auf ihre Kosten.

Mönchengladbach Auch hier blühte einst die Textilindustrie, wie das Museum im Wasserschloss Rheydt eindrucksvoll dokumentiert. Dessen Name geht auf die Klostergründung am »klaren Bach« zurück. Die Ursprünge des Klostergebäudes auf dem Abteiberg, das heute als Rathaus dient, reichen bis ins 10. Jahrhundert zurück. Das *St.-Vitus-Münster (1257) ist ein schöner Bau der rheinischen Spätromanik mit einem gotischen Chor (1300). Mit dem Museum Abteiberg hat Hans Hollein ein wegweisendes Gebäude der Architektur der Moderne (1982) entworfen. Am *Schloss im Stadtteil Rheydt offenbaren die Schauseiten eine Abkehr von der italienischen (Außenfront von 1569) zugunsten der niederländischen Renaissance (Hoffassade von 1581). Und für alle Fußballfans obligatorisch sind die Altstadt rund um den Markt mit über 100 Kneipen, Cafés und Diskotheken sowie die Eickener Fußgängerpassage mit den in Bronze gegossenen Fußball-legenden Netzer, Vogts und Wimmer.

Innenraum mit Chor des Neusser Münsters St. Quirin

* **Naturpark Maas-Schwalm-Nette** Über die Grenze zu den Niederlanden hinweg verlaufen Rad- und Wanderwege durch beschauliche Bruchwälder, Heide- und Seenlandschaften. Im deutschen Teil bieten zahlreiche Schutzgebiete Lebensraum für seltene Fauna und Flora wie Blaukehlchen und Grauheide.

Temperament und einen brillanten Intellekt. In Göttingen wurde er 1825 zum Doktor der Rechte promoviert, am liebsten wäre er Universitätsprofessor geworden, doch er stand sich selbst im Weg. Legendär ist seine Polemik gegen Göttingen (»berühmt für seine Würste und Universität«), und auch in München wollte man diesen Querdenker nicht haben. Dabei begann er schon in dieser Zeit, sich als Dichter einen Namen zu machen: 1824 war in einer Gedichtsammlung die »Loreley« erschienen, 1826 folgte die »Harzreise«, 1827 das erfolgreiche »Buch der Lieder«. Um dem zunehmenden Druck in Deutschland zu entgehen, siedelte Heine 1831 nach Paris über und schrieb für französische Blätter über die Verhältnisse in Deutschland (ganz links: Porträt von Moritz Daniel Oppenheim, 1831). 1856 starb er im Alter von 58 Jahren.

Düsseldorf

Die Landeshauptstadt ist ein wichtiges Verwaltungs- und Finanzzentrum und bedeutender Standort für Mode und Kultur.

Besondere städtebauliche Akzent setzen der **Medienhafen mit dem Neuen Zollhof von Frank O. Gehry und der neue Landtag. Zu den großen Boulevards des Kontinents zählt die *Königsallee. In der meist ganz anders konnotierten *Altstadt (»längste Theke der Welt«) liegen die ehemalige Jesuitenkirche St. Andreas und die einstige *Stiftskirche St. Lambertus mit

Jan-Wellem-Denkmal, Rathaus

Neuer Zollhof von Frank Gehry

dem Grabmal Herzog Wilhelms des Reichen. Außerdem eine Besichtigung wert sind das *Rathaus (16. Jahrhundert), die **Kunstsammlung Nordrhein-Westfalen, das **Deutsche Keramikmuseum, das *Stadt- und das **Filmmuseum. Im Stadtteil Kaiserswerth beeindruckt neben Überresten der Pfalz Kaiser Friedrich Barbarossas auch die romanische Suitbertus-Basilika am stimmungsvollen **Stiftsplatz. Einen Höhepunkt europäischer Palastarchitektur stellt das spätbarocke **Schloss Benrath samt zugehörigem Park dar.

Im Zentrum der Heimatstadt Martin Luthers: der Marktplatz von Eisleben

Sachsen-Anhalt

Der Harz mit seinen Skipisten, Wanderwegen, romantischen Fachwerkstädten und Kurorten ist seit alters ein klassisches Reiseziel. Auf dem Brocken fühlt sich die deutsche Seele besonders zu Haus. Vom Gipfel schweift der Blick über dunkle Wälder und kleine Städte. Die Region zwischen Harz und Erzgebirge, Neiße, Elbe und Saale gilt als historisches Stammland deutscher Kultur und Geschichte. In keinem anderen Bundesland finden sich so viele romanische Kirchen und Klöster, wo die Reformation Martin Luthers ihren Ausgang nahm.

Otto von Bismarck (ganz links: Porträt von Franz von Lenbach, stammte aus altem Adel. Er kam am 1. April 1815 auf dem Familiensitz Gut Schönhausen in der Altmark zur Welt, rund 70 Kilometer nördlich von Magdeburg.

TIPP++TIPP++

Prignitz-Museum Havelberg
Das Museum besitzt Sammlungen zur Siedlungsgeschichte der Region, aus den Bereichen Sakralkunst, Dombaugeschichte, Bistums- und Stadtgeschichte.
Havelberg, Domplatz 3, Tel. 03 93 87/2 14 22, Öffnungszeiten: Di–So 10–12 und 13–18 Uhr

Altmärkisches Museum
In den Räumen des einstigen Katharinenklosters erhellen Exponate aus weit über tausend Jahren die Geschichte der Altmark.
Stendal, Schadewachten 48, Tel. 0 39 31/65 17 00, März–Okt. Di 13–17 Uhr, Mi–Fr 10–17 Uhr, Sa 13–17 Uhr, So, Fei 11–17 Uhr

Jenny-Marx-Haus
Von 1809 bis 1816 diente das Gebäude dem Unterpräfekten Johann Ludwig von Westphalen als Amts- und Wohnhaus, in dem am 12. Februar 1814 dessen Tochter Jenny geboren wurde, die spätere Ehefrau von Karl Marx. Seit 1968 beherbergt das Haus eine Marx-Gedenkstätte. Die Bronzeplastik »Jenny« in der Gartenanlage wurde von Heinrich Apel künstlerisch gestaltet.
Salzwedel, Jenny-Marx-Straße 20, Tel. 0 39 01/42 30 81

Altmark

Die nördlichste Region von Sachsen-Anhalt ist vorwiegend flaches Land, das nur in der Gegend um Gardelegen etwas hügelig und als westlicher Teil der Mark Brandenburg im Osten durch die Elbe begrenzt wird. Im Norden bestimmen größere Waldgebiete das Bild, im Süden dehnt sich das riesige Gebiet der Letzlinger Heide aus. Den Südwesten nimmt der Naturpark Drömling ein.

** **Havelberg** Reizvoll erhebt sich über der Havel der Bischofsberg mit dem **Dom, der 1170 als romanische Basilika geweiht und im 13. Jahrhundert gotisch umgebaut wurde. Meisterhaft ausgeführt sind das wuchtige Chorgestühl aus dem 13. Jahrhundert und der Lettner (um 1400). Im Zentrum des Orts bestimmen spätklassizistische Fassaden das Bild, etwa die des Rathauses. Die Stadtkirche *St. Laurentius ist ein schöner Backsteinbau.

* **Werben** Diese Kleinstadt in der Niederung der Wische beeindruckt mit einem prächtigen, aus Torhaus und Tor bestehenden zinnenbekrönten Backsteinbau, dem Elbtor von 1460/70. In der Johanniskirche ist die mittelalterliche Ausstattung sehenswert. Herausragend auch der **Schnitzaltar (um 1430) mit einer Szene der Marienkrönung.

* **Arendsee** Am Südufer des gleichnamigen Sees erhebt sich die 1184 bis 1240 erbaute *Klosterkirche als Teil einer Benediktinerniederlassung. Sie gilt als Nachfolgebau der Klosterkirche von **Jerichow und beeindruckt durch ihre Verarbeitung und die Wirkung des Backsteins. Südlich der Kirche steht der spätgotische Kluhturm. Von den Klostergebäuden sind jedoch nur noch Reste vorhanden.

** **Salzwedel** Salz gab dem Ort seinen Namen, der an der alten Salzstraße von Magdeburg nach Lüneburg liegt. Bereits im 9. Jahrhundert sicherte den wichtigen Handelsknotenpunkt eine Burg, von der nur noch der runde Bergfried mit einem Durchmesser von 14 Metern erhalten ist. Lohnend auch ein Rundgang durch die Altstadt, in der Balken und Türpfosten mit Figuren, Sprüchen und Jahreszahlen versehen sind. In der *Mönchskirche aus dem 15. Jahrhundert beeindrucken an der Brüstung der Orgelempore 24 gemalte Szenen aus dem Neuen Testament. Zu den herausragenden Kirchen der Altmark zählt die **Marienkirche wegen ihrer reichen Ausstattung, mit Resten einer Wandmalerei (13. Jahrhundert), Hauptaltar (1510), Bronzetaufe (1520), Glasmalereien (14. bis 16. Jahrhundert) und einer großen Orgel. In der nahe gelegenen Propstei befindet sich das Johann-Friedrich-Danneil-Museum mit Bibliothek und wertvollen Sammlungen zu Kunst und Handwerk. Rund um die Marienkirche verlaufen urig schmale Gassen, die von schönen Bürgerhäusern gesäumt sind.

** **Diesdorf** Vom einstigen Franziskanerchorfrauenstift (12. Jahrhundert) hat sich nur noch die **Klosterkirche (13. Jahrhundert) erhalten. Sie ist neben der Kirche in Arendsee eine der am besten erhaltenen spätromanischen Kirchen der Altmark. Etwas außerhalb des Dorfes befindet sich ein **Freilichtmuseum.

* **Naturpark Drömling** Mit seinem ausgeklügelten System der Wasserregulierung wird der Naturpark auch als »Land der tausend Gräben« bezeichnet. Er entstand auf den Befehl Friedrichs des Großen hin, dieses große Moorgebiet zu entwässern und zu kultivieren. Der 800 Hektar große Naturpark ist Lebensraum für seltene Vögel wie Schwarzstorch, Kranich und Seeadler. Neben 13 Fledermausarten leben hier Biber und Fischotter. Auch Weißstörche haben sich dank Schutzmaßnahmen im Naturpark wieder vermehrt angesiedelt.

** **Gardelegen** Zwischen Hellbergen und der riesigen Flä-

Hoch über der Elbe thront der Mariendom von Havelberg.

Er studierte in Göttingen, arbeitete kurz als Beamter und kümmerte sich um die Familiengüter, bis er Ende der 1840er-Jahre eine politische Karriere begann. Zunächst als Abgeordneter des Preußischen Landtags, ab 1851 als preußischer Gesandter beim Bundestag in Frankfurt, vertrat er eine strikt monarchistische, antidemokratische und preußisch-nationalistische Linie. 1862 wurde Bismarck preußischer Ministerpräsident und Außenminister und führte durch mehrere Kriege die Gründung eines einheitlichen Deutschen Reichs unter der Führung Preußens herbei (links: Proklamation des Deutschen Kaiserreichs 1871 in Versailles). Der außenpolitisch außerordentlich geschickte Bündnispolitiker und Einiger Deutschlands wurde 1890 vom jungen und allzu ehrgeizigen Kaiser Wilhelm II. entlassen. Bismarck starb am 30. Juli 1898 in Friedrichsruh.

che der Letzlinger Heide gelegen, war Gardelegen im Mittelalter ein wichtiger Knotenpunkt der beiden Handelsstraßen von Lüneburg nach Magdeburg und von Oebisfelde nach Stendal. Obwohl der Ort vor dem Dreißigjährigen Krieg laut Chronik nur 478 Häuser zählte, gab es hier einst 250 Brauereien. Imponierendstes Monument der Stadtbefestigung ist das *Salzwedeler Tor. In der **Marien-kirche (14. Jahrhundert) beeindruckt neben diversen Schnitzarbeiten der vierflügelige Schnitzaltar (Anfang des 15. Jahrhunderts). Einen schönen Anblick bietet auch der Marktplatz mit dem über 700 Jahre alten Rathaus.

*** Jagdschloss Letzlingen** Das Schloss erinnert an die Zeit, als die Letzlinger Heide für deutsche Kaiser, Fürsten und Reichskanzler noch ein bevorzugtes Jagdgebiet war. Dieser romanisierende Putzbau mit Türmen, Zinnen und Wassergraben geht auf einen von 1560 stammenden Vorgängerbau zurück und wurde vom preußischen Baumeister Friedrich August Stüler 1843 im Stil englischer Adelsburgen umgebaut.

*** Großsteingräber in Steinfeld** Kurz vor Stendal lohnt sich der Besuch eines der größten Großsteingräber der mittleren Steinzeit in Deutschland. Das Hünenbett ist zehn Meter lang, drei Meter breit und von einer 47 Meter langen Steinumhegung eingefasst.

**** Stendal** Die Existenz einer markgräflichen Münzstätte sowie Markt- und Zollprivilegien ließen das Straßendorf »Steinedal« im Mittelalter auf-

Am Marktplatz von Stendal wacht die drittgrößte Rolandsfigur Deutschlands vor der gotischen Backsteinkirche St. Marien (rechts).

Otto I., der zu seinen Lebzeiten (912–973) Otto der Große genannt wurde, war eine ähnlich herausragende Figur wie Karl der Große, der zweieinhalb Jahrhunderte vor ihm gelebt hatte. Auch sonst sind einige

TIPP++TIPP++

Kulturhistorisches Museum
Die einst bedeutende Gemäldesammlung wurde im Zweiten Weltkrieg fast völlig vernichtet. Zu sehen sind das Original des »Magdeburger Reiters«, historische Möbel und Kunstgewerbe sowie eine informative Darstellung zur Stadtgeschichte.
Magdeburg,
Otto-von-Guericke-Str. 68–73,
Tel. 03 91/5 40 35 01,
Di–So 10–17 Uhr

Puppentheater Magdeburg
Das Repertoire des Magdeburger Puppentheaters besteht kontinuierlich aus 25 bis 30 Inszenierungen. Geschichten für die Kleinsten gehören ebenso dazu wie klassische Märchen, Gegenwartsdramatik und Klassiker der Weltliteratur.
Magdeburg, Warschauer Straße 25, Tel. 03 91/5 40-33 10

blühen. Heute stellt der Marktplatz mit dem Rathaus und der dahinter aufragenden mächtigen Marienkirche eines der schönsten städtebaulichen Ensembles im nordöstlichen Deutschland dar. Vor dem Rathaus (15. Jahrhundert) mit Schweifgiebel und Zwerchhäusern steht der Roland, eine originalgetreue Nachbildung des verwitterten Originals von 1525. Die *Marienkirche aus dem 14./15. Jahrhundert war außer Gotteshaus auch Markthalle und Versammlungsraum. Zeugnis davon legt das trennende Eisengitter in der prächtigen Chorschranke ab, das den Altarbereich schützte. Eine besondere Kostbarkeit findet sich unter der Orgelempore mit der astronomischen Uhr aus dem 16. Jahrhundert. Die Stiftskirche, allgemein auch als *Dom bezeichnet, gilt als eine der gelungensten und größten Backsteinkirchen der Altmark. Als Teil der Stadtbefestigung hat sich das reich verzierte Uenglinger Tor, wohl das schönste märkische Stadttor, erhalten.

** **Tangermünde** Backstein- und Fachwerkbauten bestimmen das Erscheinungsbild dieser Stadt am Zusammenfluss von Elbe und Tanger. Von der noch größtenteils vorhandenen Stadtbefestigung gilt das **Neustädter Tor (1450) – mit verschiedenen brandenburgischen Wappen verziert als das schönste. Sehenswert ist auch das Rathaus, das 1430 im Stil deutscher Backsteingotik mit prachtvollem Schaugiebel errichtet wurde. Beherrschender Kirchenbau ist die *Stephanskirche, die bereits 1184 begonnen wurde. Von der Burg haben sich neben Teilen der Ringmauer das kompakte Tor und der mehr als 50 Meter hohe Bergfried erhalten.

** **Jerichow** Weithin sichtbar ragen aus der Ebene die Spitztürme der einstigen Prämonstratenser-Stiftskirche in den Himmel. Als erster geistlicher Konvent in der Diözese Havelberg 1144 gegründet, entstand hier bis 1240 das Kollegiatsstift mit Kirche, Klausurgebäuden, Kreuzgang und Krypta. Ebenfalls ein spätromanischer Backsteinbau ist die Stadtkirche Jerichow. Unweit davon steht noch eine 2005 restaurierte Holländerwindmühle.

Die Börde

Im Süden und Westen der sachsen-anhaltinischen Landeshauptstadt Magdeburg erstreckt sich eine ebene Niederung, die als Magdeburger Börde bekannt ist. Diese Landschaftsformation verdankt ihre Entstehung der Eiszeit, als dicke Eispanzer die Fläche »glatt hobelten«. Später angewehte, bis zu zwei Meter mächtige Lössböden bildeten die fruchtbare Schwarzerde, die vorwiegend für den Anbau von Weizen und Zuckerrüben genutzt wird.

* **Haldenslebener Forst** In der sogenannten »historischen Quadratmeile« gibt es inmitten eines schönen Mischwaldes 84 Jungsteinzeitgräber. Im Haldenslebener Forst befand sich vor 4500 Jahren ein Zentrum von Ackerbauern und Viehzüchtern. Allerdings gehört etwas Spürsinn dazu, die teilweise von Gras bewachsenen Grabstellen aus Findlingssteinen zu finden.

Tangermünde mit der Silhouette der Stephanskirche jenseits der Elbwiesen (oben)

Parallelen zwischen ihnen augenfällig: So wussten beide, dass sie die Macht der Kirche systematisch einbinden mussten, um ihr Reich im Inneren zu stabilisieren. Beide ließen sich vom herrschenden Papst zum Kaiser krönen, nachdem sie ihm zuvor zu Hilfe gekommen waren. Ottos Leistung bestand in der Konsolidierung des ostfränkischen Reichs und dessen Neuerfindung als »Heiliges Römisches Reich Deutscher Nation«. Einer seiner größten Erfolge war 955 der triumphale Sieg über ein ungarisches Reiterheer, der das Ende der jahrzehntelangen ungarischen Raubzüge bedeutete. Otto ließ Magdeburg zum Machtzentrum ausbauen (links: Reiterstatue auf dem Magdeburger Markt), gründete das Bistum Merseburg und damit die Basis für mitteldeutsche Romanik. Sein Grab befindet sich im Magdeburger Dom (ganz links).

Magdeburg

Die Geschichte des einstigen »dritten Roms« ist eng mit den deutschen Kaisern verbunden, die hier Kirchen und Klöster gründeten.

Bereits 805 wurde Magdeburg als karolingischer Handelshof erwähnt. Auf dem Domplatz entstand 955 eine prachtvolle Basilika. An ihrer Stelle steht heute der gewaltige **Dom (1209 begonnen), der erste gotische Sakralbau auf deutschem Boden. Zur Ausstattung zählen der Figurenzyklus der klugen und der törichten Jungfrauen sowie das thronende Sitzpaar – angeblich Otto I. und seine Frau Editha. Meisterwerke sind auch die Kanzel (1395–1397) und zahlreiche Grabmäler (12.–16. Jahrhundert). Attraktionen unweit des Doms sind das **Kloster Unser Lieben Frauen mit einem schönen Kreuzgang und dem ältesten Brunnenhaus Deutschlands (12. Jahrhundert) und die *Propsteikirche St. Sebastian. Im Kulturhistorischen Museum steht der Magdeburger Reiter, das älteste frei stehende Reiterstandbild Deutschlands, eine Kopie davon am Alten Markt vor dem Magdeburger Rathaus.

Rathaus, Magdeburger Reiter

Das Innere des Doms

Sachsen-Anhalt

Während die Städte am Harzrand meist schon tausend Jahre oder älter sind, wurde der Harz als solcher im Mittelalter gemieden. Mit seinen undurchdringlichen Wäldern, schroffen Klippen und wolkenverhange-

**** Magdeburg** Siehe Stadtplan auf Seite 159

*** Barby** Von der mittelalterlichen Stadtbefestigung blieb nur das »Prinzesschen«, ein hübscher Turm mit Fachwerkaufsatz, erhalten. In der **Johanniskirche (13. Jahrhundert), der ehemaligen Klosterkirche der Franziskaner, ist eine im mitteldeutschen Raum einzigartige Sammlung von Grabplatten zu bewundern.

*** Calbe** Der am südöstlichen Rand der Börde gelegene Ort war zeitweilig Residenz der Bischöfe von Magdeburg. Hübsch anzusehen ist hier der Markt mit Häusern aus dem 17. und 18. Jahrhundert sowie dem Rathaus im Neorenaissancestil, vor dem eine Rolandstatue wacht.

*** Egeln** Die Klosterkirche des 1259 gegründeten und in einer Auenmulde der Bode gelegenen Zisterzienserklosters beeindruckt durch ihre prunkvolle Ausstattung mit einem bis in die Chorwölbung reichenden Hauptaltar von 1737.

*** Wanzleben** Die hübsche Kleinstadt an der Sarre wurde im Jahre 889 erstmals urkundlich erwähnt. Von der Burg (12. Jahrhundert) blieb nur der quadratische Bergfried erhalten. Um den dreieckigen Markt finden sich schöne Fachwerkgeschosse und alte Portale.

*** Gröningen** Die Bode trennt den Ort vom Kloster. Im Zentrum fallen einige hübsche Fachwerkhäuser aus dem 17. Jahrhundert ins Auge. Die ursprünglich dreischiffige **Basilika St. Cyriakus (um 1100) des Klosters präsentiert sich als erlesenes Baudenkmal. Bemerkenswert sind hier zierende Ornamente in Form von Bändern, Pflanzen und Tieren.

**** Hamersleben** Nach der Verlegung des Augustinerchorherrenstifts von Osterwieck nach Hamersleben begann man um 1110 mit der Errichtung der **Stiftskirche St. Pankratius. Der romanische Bau beeindruckt durch seine Strenge und Schlichtheit sowie den reichen hochromanischen Schmuck der Säulenkapitelle.

*** Flechtingen** Sehr romantisch mutet am Ortsrand die auf einem Porphyrfelsen im künstlich angestauten Schlosssee gelegene Burg (um 1300) an. Fachwerkgeschosse auf Steinmauern verleihen dem engen dreieckigen Innenhof besonderen Reiz.

*** Oebisfelde** Am Rand einer Sumpfniederung der Aller erhebt sich die Burg des Ortes. Das 1267 erstmals erwähnte Bauwerk kann mit einem vollständig erhaltenen Zinnenkranz aufwarten.

Harz

Tief eingeschnittene Täler zwischen bizarr verwitterten Felsformationen, wilde Flussläufe und der Gipfel des Brockens – das ist der Harz. Wie eine Insel erhebt sich dieses Mittelgebirge aus dem Tiefland. Ausgedehnte Laub- und Nadelwälder wechseln sich ab mit Bergwiesen und Wasserfällen. Besondere Anziehungspunkte der Region sind Tropfsteinhöhlen und kulturhistorische Sehenswürdigkeiten.

**** Osterwieck** In der bedeutendsten Kleinstadt der Region steht der gesamte historische Stadtkern unter Denkmalschutz. Fachwerkhäuser aus verschiedenen Epochen findet man in der Neukirchen-, Nikolai-, Mittel- und Kapellenstraße. Besonders prachtvoll ist der Gasthof »Zur Tanne« von 1614

nen Gipfeln war er unheimlich und galt als Sitz von Hexen und Unholden. Besonders traf dies auf den 1142 Meter hohen Brocken zu (links: »Hexenaltar«). In späterer Zeit aber übte gerade das Geheimnisvolle einen unwiderstehlichen Reiz aus und wurde ein begehrtes Reiseziel. 1736 entstand auf dem kahlen Gipfel die erste Schutzhütte. Seit Goethe in seinem »Faust« die Walpurgisnacht schilderte, wuchs der Berg den Deutschen ans Herz. »Der Brocken ist ein Deutscher«, befand Heinrich Heine. Zwar gebe er sich mit der Nebelkappe auf seinem Kahlkopf zuweilen als Philister aus, »aber, wie bei manchen anderen großen Deutschen, geschieht es aus purer Ironie«, und wirkt »recht echtdeutsch romantisch verrückt«. Durch die Einrichtung des Nationalparks Hochharz wird der Brocken heute vor allzu erdrückender Besucherliebe geschützt.

in der Rosmarinstraße. Überragt wird das Städtchen vom 53 Meter hohen Turmpaar der Stephanikirche, in deren Innenraum neben Kanzel (1570) und Chorgestühl (1620) vor allem die Friese aus Pflanzenmotiven und die Wappen in den Arkadenbögen sehenswert sind.

*** Ilsenburg** Berühmt wurde der Ort durch die »Harzreise« von Heinrich Heine, aber auch durch den Metallguss, über dessen Tradition ein Hüttenmuseum informiert. Verträumt liegen an einem Steilabfall zur Ilse das neugotische Schloss und der spätromanische Ost- und Südflügel des einstigen Klosters samt Kirche (11. Jahrhundert).

*** Drübeck** Die hiesige Klosterkirche wurde bereits in einer Urkunde Kaiser Heinrichs II. 1004 als »moderne« Kirche erwähnt. Das wichtigste romanische Baudenkmal nördlich des Harzes geht auf eine Missionsgründung des Klosters Corvey im 10. Jahrhundert zurück.

*** Kloster Huysburg** Wo sich die Höhenrücken von Fallstein, Huy und Hakel am Rande des Harzes entlangziehen, ragen die beiden spitzen Türme der Kirche von Kloster Huysburg auf. Im 11. Jahrhundert begonnen, ist sie ein seltenes Zeugnis der Architektur des Übergangs von Früh- zu Hochromanik. Heute lebt ein kleiner Konvent von Benediktinermönchen hier.

**** Halberstadt** Seit dem Mittelalter neben Goslar mächtigste Stadt der nördlichen Harzregion und Sitz eines Bistums der Erzdiözese Mainz, verfügt Halberstadt mit dem **Dom St. Stephanus und St. Sixtus über eines der bedeutendsten Bauwerke der Gotik. Besonders sehenswert ist der reiche **Domschatz, eine Sammlung künstlerischer und kunstgewerblicher Kostbarkeiten des Mittelalters. Ebenbürtig auch die monumentale **Triumphkreuzgruppe (um 1220) auf einem Balken über dem Lettner. In der **Liebfrauenkirche beeindrucken die weithin berühmten Stuckreliefs der Chorschranken (13. Jahrhundert). In der Altstadt finden sich zahlreiche Fachwerkbauten, von der Gotik bis zum Klassizismus.

*** Burg Regenstein** Auf einem 75 Meter hohen schroffen Sandsteinmassiv blieben nur noch Reste der angeblich ältesten Steinburg Deutschlands erhalten. Das heute als Freilichtmuseum genutzte Ensemble ist durchlöchert von

Pankratius-Kirche in Hamersleben (links oben); Markt mit Stephani-Kirche in Osterwieck (darunter); Dom und Martini-Kirche in Halberstadt (oben)

TIPP++TIPP++

Kloster Ilsenburg
Eine Reise in die Vergangenheit führt in das Mittelalter und die Zeit der Ottonenkaiser: In den 1000-jährigen Klosteranlagen in Ilsenburg

findet man ein historisches Kleinod von hoher architektonischer und kulturhistorischer Bedeutung.
Öffnungszeiten der Klosteranlage: Mo 10–14.30 Uhr, Di–Fr 10–15 Uhr, Sa und So 13–15 Uhr, Eintritt ist frei, Führungen unter Tourist-Information Ilsenburg Tel. 03 94 52/1 94 33

Sachsen-Anhalt

Romantische Gassen und Fachwerkhäuser aus dem Zeitraum vom 16. bis zum 19. Jahrhundert bestimmen das Erscheinungsbild der »bunten Stadt am Harz« Wernigerode. Ihr Schmuckstück und unverwech-

TIPP++TIPP++

Lyonel-Feininger-Galerie
Einem Freund des deutsch-amerikanischen Malers und Grafikers Lyonel Feininger (1871–1956), dem Quedlinburger Dr. Hermann Klumpp, gelang es, die heute in der Galerie befindlichen Kunstwerke vor der

Vernichtung durch die Nazis zu bewahren. Die Sammlung umfasst Werke aus der Schaffenszeit von 1906 bis 1937.
Quedlinburg, Finkenherd 5 a, Tel. 0 39 46/22 38 oder 23 84, Apr.–Okt. Di–So 10–18 Uhr, Nov.–März Di–So 10–17 Uhr, Führung n. V.

natürlichen und künstlich in den Stein gehauenen Höhlen, die dem Sandsteinfelsen sein kurioses Aussehen geben.

***** Quedlinburg** Rund 1300 Fachwerkhäuser, die über einen Zeitraum von 600 Jahren errichtet wurden, legen Zeugnis von der Geschichte des niedersächsischen Fachwerkbaus ab. Das Zentrum der Altstadt – seit 1995 UNESCO-Weltkulturerbe – bildet der Marktplatz mit dem *Rathaus, das, im Kern spätgotisch, 1619 umgebaut wurde. Eines der schönsten spätbarocken Fachwerkhäuser ist das Gebäude der ehemaligen Ratswaage. In der *Marktkirche St. Benedikti mit ihrer malerischen Turmkomposition sind zwei spätgotische Schnitzaltäre und der barocke Hochaltar sehenswert. Das dominierende Ensemble auf dem Burgberg bilden die **romanische Stiftskirche St. Servatius (1129) mit großteils erhaltener romanischer Ausmalung der Krypta (1070) sowie das Renaissanceschloss (16. bis 18. Jahrhundert) mit herrlichem Ausblick auf die Stadt.

**** Thale und das Bodetal** Wo die liebliche Landschaft des Harzrandes – lediglich von der steil aufragenden Felsformation der Teufelsmauer unterbrochen – an die Hänge des Harzes stößt, liegt Thale. Das Gebirge sowie die bizarre Felsschlucht des Bodetals mit den Felsen der Roßtrappe und des ***Hexentanzplatzes bieten hier ein imposantes Panorama.

**** Stolberg** An der alten, von Braunschweig nach Erfurt führenden Handelsstraße gelegen, gehört Stolberg mit seinen gut erhaltenen Fachwerkhäusern des 15. bis 18. Jahrhunderts zu den reizvollsten Kleinstädten in Sachsen-Anhalt. Von der ***Lutherbuche aus genießt man die Aussicht auf die Stadt mit der Stadtkirche St. Martini (13.–15. Jahrhundert) und dem Schloss (16. Jahrhundert). Originell ist die in den Rundturm gebaute Schlosskapelle St. Julia mit ihren Stern- und Netzgewölben. Am *Rathaus mit Fachwerkobergeschoss prangt eine Sonnenuhr von 1724. Auf dem nahen Auersberg steht das 38 Meter hohe *Josephskreuz, das größte eiserne Doppelkreuz der Welt.

*** Biosphärenreservat Karstlandschaft Südharz** Im Südwesten von Sachsen-Anhalt gelegen, ist diese Gipskarstlandschaft reich an Naturschönheiten. Orchideenbuchenwälder und Halbtrockenrasen bieten Lebensraum für eine vielfältige Flora und Fauna.

*** Blankenburg** Der Weg nach Blankenburg führt von Timmenrode aus am schönsten Stück der Teufelsmauer entlang. Am Schnappelberg steht im hübschen barocken Lustgarten das

selbares Wahrzeichen ist das über 500 Jahre alte Rathaus mit den zwei schlanken, aus der Schaufront hervorspringenden Erkern mit spitzen Schieferhelmen und Prunkfassade (ganz links). Neben der gelungenen Fachwerkkonstruktion fällt an dem Gebäude besonders der figürliche Schmuck auf. Die Holzfiguren stellen vorwiegend Heilige, Handwerker und Narren dar. Eines der bekanntesten Fachwerkhäuser, das Krummelsche Haus (1674) mit fein geschnitzter Barockfassade, kann in der Breiten Straße bewundert werden. Eine weitere bauliche Pretiose ist das *Nöschenröder Amtshaus (1598) mit seinem beachtlichen Fassadenschmuck. Hoch über der Stadt thront Schloss Wernigerode mit seinen bizarren Türmen und Erkern (links), das im 17. und im 18. Jahrhundert im Stil des Barocks und des Historismus umgebaut wurde.

Stiftskirche St. Cyriakus in Gernrode

Kleine *Schloss (1777). Zum Ensemble der insgesamt über 100 Hektar großen Schlossgärten gehören der *Schlosspark, der Tier- und der Berggarten.

*** Nationalpark Harz** Laubmisch- und Bergfichtenwälder bestimmen das Bild des knapp 25 000 Hektar umfassenden Nationalparks. Vom 1142 Meter hoch gelegenen Brocken bieten sich herrliche Aussichten auf Thüringer Wald und Wesergebirge. Im 1890 angelegten Brockengarten wachsen über 1500 Pflanzenarten aus allen Hochgebirgsregionen der Erde.

Anhalt

Anders als im hügeligen Harzkreis bestimmen im von Saale, Mulde und Elbe durchflossenen Tiefland von Anhalt flache, von Ackerbau und Viehzucht geprägte Landschaften das Bild.

*** Burg Falkenstein** Als Stammsitz der Herren von Konradsburg (»Grafen von Falkenstein«) entstand ab 1120 die am besten erhaltene mittelalterliche Burganlage des Harzes. Sehenswert sind die Stuckarbeiten (16. Jahrhundert) in Schiefem Saal und Grüner Stube. Als Juwel des Biedermeiers gilt die Ausstattung des Herrensaals.

*** Ballenstedt** Sehenswert ist der barocke Garten von Schloss Ballenstedt, der 1862 nach Entwürfen von Peter Joseph Lenné im englischen Stil umgestaltet wurde. Über dem Park thront das Schloss (16. Jahrhundert).

**** Gernrode** Als eines der bedeutendsten Zeugnisse ottonischer Architektur gilt die über 1000 Jahre alte Stiftskirche St. Cyriakus mit den original erhaltenen quadratischen Mittelschiffwänden. Ältester Teil des Gotteshauses ist die Ostkrypta (um 960).

**** Aschersleben** Von der einst mustergültigen Stadtbefestigung sind mehrere Türme erhalten. Der markanteste ist der 42 Meter hohe *Johannisturm (vor 1450) mit Schieferhaube und vier Ecktürmchen. Alle Türme der Stadt überragt der 80 Meter hohe Turm der **Stephanikirche (1406–1507). Sehenswert ist auch das **Rathaus mit Treppenturm und der barocken Kunstuhr, bei der zur vollen Stunde zwei Ziegenböcke aufeinander zustürmen.

Oben links und rechts: Fachwerkimpressionen aus Quedlinburg und Stolberg

Geboren in Eisleben, hatte Martin Luther (1483–1546) Philosophie und Rechtswissenschaften studiert, bevor er 1505 ins Kloster ging. Nach zwei Jahren bei den Augustinern wurde er zum Priester geweiht und bald nach

Kahnfahrt im Wörlitzer Park, mit Venustempel im Hintergrund

**** Bernburg** An beiden Ufern der Saale gelegen, teilt sich der Ort in eine Tal- und eine Bergstadt. In der Talstadt ist die Neustädter Brücke mit ihren sechs mächtigen Bögen zu eine der wenigen erhaltenen Natursteinbrücken von Sachsen-Anhalt. Hat man vom reizvollen Markt aus die Saalebrücke überquert, führen mehrere Wege hinauf zum Schloss (16. Jahrhundert), das malerisch auf einem Felsen thront.

*** Biosphärenreservat Mittelelbe** Entlang der Elbe von Wittenberg über das Dessau-Wörlitzer Gartenreich bis kurz vor Magdeburg sowie entlang ihres Nebenflusses Mulde erstreckt sich diese fast unberührte Flussauenlandschaft mit Elbebibern und Weißstörchen.

*** Hecklingen** Hier steht eine der am besten erhaltenen romanischen Basiliken, die Benediktiner-Klosterkirche aus dem 12. Jahrhundert. Besondere Aufmerksamkeit verdienen die 14 Engelsfiguren (1230–1240) über den Arkadenzwickeln.

**** Köthen** Unter Fürst Ludwig von Anhalt-Köthen (1579 bis 1650) wurde die kleine Residenzstadt durch die Gründung der »Fruchtbringenden Gesellschaft«, der ersten deutschen Sprachgesellschaft, ein bedeutsames kulturelles Zentrum. Alle Häupter des Fürstenhauses sind in der Gruft der *Stadtkirche St. Jakob bestattet. An die Tätigkeit Johann Sebastian Bachs (1685 bis 1750) als Hofkapellmeister erinnert das Denkmal auf dem Bachplatz. Im Stil des Spätklassizismus erbaut wurde die Schlosskirche St. Marien, im Schloss selbst ist besonders der **Spiegelsaal sehenswert.

**** Mosigkau** Nur acht Kilometer südwestlich von Dessau liegt Mosigkau, wo ein sehenswertes Schloss mit Park den Besuch lohnt. Berühmt ist der Gartensaal (1756), der wohl schönste Rokokosaal Anhalts.

**** Dessau** Unter Fürst Leopold III. Friedrich Franz (1740 bis 1814) wurde das kleine Fürstentum Anhalt-Dessau zu einem Musterstaat der deutschen Aufklärung. In und um Dessau entstand auf seine Initiative Ende des 18. Jahrhunderts das ***»Gartenreich«, in dem englische Landschaftsgärten und Natur ineinander übergehen. In Dessau selbst gehören hierzu die Schlösser und Parks **Georgium und Luisium. Weltberühmt ist das **Bauhaus, das als Hochschule für

Wittenberg (links: Lutherhaus) versetzt. Die Erfahrung einer Romreise und sein Suchen nach dem richtigen Verhältnis zu Gott führten ihn zu einer zunehmend kritischen Haltung gegenüber der Amtskirche. Luther (ganz links: Cranach-Porträt) prangerte alle Formen von Bigotterie an, besonders den Ablasshandel. Im »Turmzimmererlebnis« überkam ihn die Erkenntnis, dass die Gnade Gottes dem Einzelnen nur direkt zuteil werden kann und die kirchlichen Autoritäten dabei keine Rolle spielen. Durch Thesenpapiere (der Thesenanschlag an der Wittenberger Schlosskirche ist historisch umstritten) gewann sein Kampf an Schärfe. 1521 wurde er exkommuniziert und für vogelfrei erklärt. Kurfürst Friedrich der Weise versteckte ihn auf der Wartburg, wo Luther das Neue Testament ins Deutsche übersetzte und so zum bedeutenden Sprachschöpfer wurde.

Gestaltung zum Inbegriff moderner Architektur und Formgestaltung wurde. Walter Gropius entwarf hier 1925/26 das Bauhaus-Gebäude sowie die Meisterhäuser, aus teils normierten Elementen gefertigte Doppelhäuser, in denen Kandinsky, Klee, Feininger und Schlemmer mit ihren Familien wohnten.

*** Waldersee** In dem heutigen Dessauer Stadtteil erbaute Friedrich Wilhelm von Erdmannsdorff ab 1775 das Schlösschen Luisium, das sich in einem Park auf einem sanften Hügel über einem Teich erhebt. Im Park befinden sich auch eine Orangerie sowie das neugotische Schlangenhäuschen.

***** Wörlitz** Der berühmteste Landschaftspark Sachsen-Anhalts entstand ab 1764 unter Leopold III. Friedrich Franz von Anhalt-Dessau nach Plänen von Erdmansdorff und Johann Friedrich Eyserbeck. Er erstreckt sich auf einer Fläche von über 100 Hektar am Wörlitzer See. Kanäle, Inseln, Gärten, Tempel, Grotten und Plastiken gliedern das Areal. Das Schloss, im Stil englischer Landsitze erbaut, beeindruckt durch seine Ausstattung, u. a. mit Gemälden von Rubens, Canaletto und Pesne. Sehenswert ist auch die Bibliothek mit Fresken und Reliefs.

**** Oranienbaum** Vor dem Schloss – einer niederländisch geprägten barocken Dreiflügelanlage mit Ehrenhof (1698) – steht das Wahrzeichen von Oranienbaum, ein schmiedeeisernes Orangenbäumchen mit vergoldeten Früchten. Der englisch-chinesische Garten bezaubert mit Pagode, Teehäuschen und Bogenbrücken.

*** Naturpark Dübener Heide** Der zu Sachsen (35 000 Hektar) und zu Sachsen-Anhalt (40 000 Hektar) gehörende Park ist gekennzeichnet durch Wälder, Heideflächen, Moore, Feuchtgebiete und Auenlandschaften. Seine Fauna umfasst Kraniche, Seeadler und Schwarzstörche sowie andere seltene Vogelarten.

***** Lutherstadt Wittenberg** Die Stadt steht ganz im Zeichen Martin Luthers, der hier mit seinen 95 Thesen die Reformation einleitete. An die Tür des Nordportals der Schlosskirche soll er 1517 seine weltberühmten Thesen geschlagen haben, in der *Stadtkirche St. Marien mit dem Hauptaltar von Lukas Cranach d. Ä. predigte er. Sehenswert ist das Ensemble des *Marktplatzes mit dem Rathaus, den Denkmälern von Luther und Melanchthon sowie der Kirche St. Marien

Hoch über der Saale thront das prächtige Renaissanceschloss von Bernburg (oben).

TIPP++TIPP++

Anhaltische Gemäldegalerie
Die bedeutendste Sammlung alter Malerei und Grafik, darunter Werke von Lucas Cranach und Hans Baldung Grien, von Flamen und Niederländern. Auch Meister des 19. und

20. Jahrhunderts sind vertreten.
Dessau, Schloss Georgium und Historisches Fremdenhaus, Puschkinallee 100, Tel. 03 40/ 61 38 74, Di–So 10–17 Uhr

Walter Gropius (1883–1969) trat 1907 in das Büro von Peter Behrens in Berlin ein, wo er auch Le Corbusier und Mies van der Rohe kennenlernte. 1910 machte er sich als Architekt und Industriedesigner selbstständig. Gleich sein erster großer Auftrag geriet zu einem Meilenstein der deutschen Industriearchitektur: das Fagus-Werk in Alfeld/Leine, das er ab 1911 mit Adolf Meyer baute. Mehrere Gestaltungselemente, die Gro-

pius und Meyer hier entwickelten, setzten sich rasch weltweit durch: die Glasfassade, die kubischen Formen sowie die Skelettbauweise der Stahlträger, die das Gebäude leicht und elegant wirken lassen (großes Bild: Haus Muche in Dessau). 1919 wurde Gropius (unten links) Direktor der großherzoglich-sächsischen Hochschule für Bildende Kunst in Weimar, die er in »Staatliches Bauhaus« umbenannnte und zu Weltgeltung führte. Seine Architektur übte maßgeblichen Einfluss auf den International Style aus. 1925 zog das Bauhaus nach Dessau um, wo Gropius das Bauhausgebäude (ganz links) entwarf. 1934 floh er vor den Nationalsozialisten nach England und in die USA, wo er Professor in Harvard wurde. Nach dem Krieg verwirklichte Gropius wieder Projekte in Deutschland, so das Museumsgbäude »Bauhaus-Archiv« in Berlin (links).

Georg Friedrich Händel (links) kam am 23. Februar 1685 in Halle an der Saale zur Welt – im selben Jahr wie Johann Sebastian Bach und Domenico Scarlatti. Früh erkannte man die Begabung des Knaben, und er erhielt ersten Orgelunterricht. Dennoch begann Georg Friedrich 1702 zunächst ein Jurastudium und arbeitete nebenbei als Organist. Ab 1703 widmete er sich ganz der Musik und zwar als Geiger des Opernorchesters

TIPP++TIPP++

Händel-Haus
Zehn Ausstellungsräume des Museums informieren über Leben, Werk und Zeit Georg Friedrich Händels. Bei einem Rundgang können sich die Besucher von Musik und kurzen Erläuterungen in wahlweise mehreren Sprachen leiten lassen. Etwa 700 historische Musikinstrumente gehören zu den Sammlungen
Halle (Saale), Große Nikolaistr. 5, Auskünfte und Anmeldungen unter Tel. 03 45/50 09 01 27

Geburtshaus Martin Luthers
Familie, Kindheit und Jugend Luthers sind die Themen der kleinen Ausstellung in dem spätgotischen Gebäude, das auch als solches sehenswert ist.
Eisleben, Lutherstr. 15, Tel. 0 34 75/60 27 75, Apr.–Okt. tgl. 10–18 Uhr, Nov.–März Di–Fr 10–16 Uhr, Sa, So 10–12 Uhr

Spengler-Museum
Das 1952 eröffnete Haus zeigt in verschiedenen Abteilungen Exponate zur Stadt- und Bergbaugeschichte sowie zur Vor-, Früh- und Naturgeschichte – darunter ein intaktes Mammutskelett.
Sangerhausen, Bahnhofstr. 33, Tel. 0 34 64/57 30 48, Di–Fr, So 10–17 Uhr, Sa 14–17 Uhr

Zwischen Saale und Unstrut

Die südliche Region von Sachsen-Anhalt hat viele Gesichter. Berühmt sind die Weine, die am Zusammenfluss von Saale und Unstrut schon seit dem 10. Jahrhundert reifen. Aber auch Flussauen und Streuobstwiesen, Wälder und Trockenrasen prägen das Landschaftsbild dieser Region.

*** Lutherstadt Eisleben** Im Geburts- und Sterbeort Martin Luthers wird man auf Schritt und Tritt an den Reformator erinnert. Den schönen Markt mit Rathaus und *St.-Andreas-Kirche schmückt sein Denkmal, in der Lutherstraße steht das schlichte *Geburtshaus und in der Sangerhäuser Straße das *»Museum Luthers Sterbehaus«. Getauft wurde Luther in der *Kirche St. Peter und Paul, woran vier kleine Gemälde (16. Jahrundert) erinnern.

*** Naturpark Unteres Saaletal** Steil aufragende Felsen wechseln sich hier ab mit sanften Hängen. Zur Fauna und Flora gehören seltene Orchideen, Schmetterlinge, Grasmücken und Stieglitze sowie andere rare Brutvögel.

***** Sangerhausen** Das ***Rosarium gehört zu den bedeutendsten Rosengärten der Welt. Auf 15 Hektar blühen hier neben zahlreichen Wildrosenarten über 6500 Rosensorten. Die *Ulrichskirche (um 1100) ist eine bemerkenswerte romanische Basilika.

*** Bad Lauchstädt** Einst Modebad des kursächsischen Adels im 18. und 19. Jahrhundert, sind die historischen Kuranlagen mit Teich, Pavillons (1776), Kursaal (1780) und hölzernen Kolonnaden auch heute noch einen Besuch wert.

**** Halle an der Saale** In der über 1000-jährigen Stadt beeindrucken am Markt die spätgotische **Marktkirche mit zwei Turmpaaren und sehenswerter Innenausstattung, das *Marktschlösschen sowie der **Rote Turm (15. Jahrhundert). In der Mitte des Platzes steht das Denkmal für Georg Friedrich Händel, dessen Geburtshaus sich in der nahen Großen Nikolaistraße befindet. In der *Moritzburg sind das **Brautzimmer der Halloren (Bruderschaft der Salzwirker) sowie die **Moritzburggalerie einen Besuch wert. Das Portal zur Sakristei des *Doms ist eines der vorzüglichsten Frührenaissancemonumente in Mitteldeutschland. Von der Oberburg der **Burg Giebichenstein bietet sich der schönste Blick auf Saale und Giebichensteinbrücke.

*** Lützen** Berühmt wurde der kleine Ort durch die Schlacht zwischen den Schweden und den kaiserlichen Truppen 1632. Obwohl Erstere siegten, fiel ihr König Gustav Adolf II. in der Schlacht. An ihn erinnern ein Standbild am Rathaus, die Gustav-Adolf-Gedächtniskapelle und das »Schwedenzimmer« im Gasthaus »Roter Löwe«.

**** Merseburg** Die reizvolle Anlage der Domburg ist eine Symbiose von Schloss und **Dom. Im Dom imponiert besonders die monumentale Orgel (1697). Nördlich vom Schloss erstreckt sich der **Schlossgarten (1661), eine schöne Parkanlage mit der toskanischen Säulenhalle eines zweigeschossigen Schlossgartensalons (1727 bis 1738).

Naumburger Altstadt mit Dom im Hintergrund

*** Freyburg** Der Ort im unteren Unstrut-Tal ist das Zentrum des Weinanbaus in Sachsen-Anhalt. Oberhalb der Weinhänge thront auf einem Bergsporn

in Hamburg. Dort entdeckte er seine Liebe zur Bühne, was schon 1705 zur Aufführung seiner ersten Oper »Almira« führte. Um seine musikalischen Kenntnisse zu vertiefen und Kontakte zu knüpfen, reiste er von 1706 bis 1710 durch Italien. Zurück in Deutschland, begab er sich in die Dienste des Kurfürsten von Hannover. Ab 1712 lebte er überwiegend in London, wo er aufgrund der Beziehungen des Hauses Hannover erste Aufträge erhielt. 1714 wurde sein Dienstherr Kurfürst Georg von Hannover zum König Georg I. von England gekrönt. In London feierte Händel große Erfolge mit italienischen Opern wie »Giulio Cesare in Egitto« oder »Rodelinda«, später mit Oratorien wie dem »Messias«. Ebenso schrieb er glänzende Kirchenmusiken und Konzerte. 1726 ließ er sich in England einbürgern, wo er am 14. April 1759 starb.

die Neuenburg (1062) mit der um 1180 auf dem inneren Burghof erbauten Doppelkapelle.

* **Naturpark Saale-Unstrut-Triasland** Kleine, verstreut gelegene Weinberge bestimmen hier das Landschaftsbild. Besonders typisch hierfür ist der »Herzogliche Weinberg« in Freyburg.

** **Weißenfels** Das Stadtbild wird dominiert von Schloss Neu-Augustusburg, einer frühbarocken Dreiflügelanlage. Die Schlosskirche imponiert durch ihre barocke Ausstattung. Auffälligster Renaissancebau der Stadt ist das *Geleitshaus.

** **Naumburg** Ein Rundblick über die weitgehend homogen erhaltene, fast 1000-jährige Stadt bietet sich von der Aussichtsplattform des Turms der Wenzelkirche. Zu den wertvollsten europäischen Kulturdenkmälern gehört der **Dom St. Peter und Paul (spätromanisch-frühgotisch) mit den weltberühmten zwölf Stifterfiguren im Westchor. Am Markt vermitteln schöne Fassaden der Spätgotik und Renaissance ein heiteres Bild, das Rathaus begrüßt den Besucher mit einem prachtvollen Renaissanceportal.

* **Zeitz** In der »Zeitzer Unterwelt« mit ihren seit dem 13. Jahrhundert angelegten Gängen und Gewölben wurde einst Bier gelagert. Anziehungspunkt ist auch das spätgotische *Rathaus (1505–1509) mit Ziergiebel am Markt. Das frühbarocke Schloss **Moritzburg hält neben einer Möbelsammlung von der Spätgotik bis zum Biedermeier Malereien in der Tafelstube (1663) von Christian und Wilhelm Richter parat.

Georg Friedrich Händel grüßt auf dem Marktplatz von Halle vor der Kulisse der Marienkirche vom Podest (rechts).

Einzigartige Kulisse am Dresdner Theaterplatz: Hausmannturm, Hofkirche und Semperoper

Sachsen

Sachsen ist immer eine Reise wert. Die Metropolen wie Dresden oder Leipzig und Landschaften wie die »Sächsische Schweiz« mit ihren bizarren Felsnadeln sind die Hauptattraktionen. Nahezu unberührte Natur findet man noch im Erzgebirge, das nicht nur im Winter einer Postkartenidylle gleicht. Gut erhaltene mittelalterliche Stadtkerne, etwa in Bautzen, Görlitz oder Zwickau, belegen mit herausragender Architektur und Zeugnissen der bildenden Kunst die reiche kulturelle Vergangenheit des Landes.

Müsste man einen Komponisten nennen, der mehr als alle anderen die Musik seiner Zeit befruchtet und die nach ihm Kommenden beeinflusst hat, dann fiele die Wahl wohl auf Johann Sebastian Bach (links). Im Kontrast zu seiner universellen Wirkung steht die Tatsache, dass sich fast sein gesamtes Leben in einem überschaubaren Radius in Thüringen, Sachsen und Anhalt abgespielt hat. Noch mehr mag überraschen, dass er zu

Leipzig und das Sächsische Burgenland

Das Sächsische Burgen- und Heideland erstreckt sich rings um Leipzig im nördlichsten Abschnitt Sachsens. Den flachen nordwestlichen Teil nimmt die Leipziger Tieflandsbucht ein. Südlich von Leipzig, wo einst riesige Bagger Braunkohle förderten, laden heute Seen zur Erholung ein. Westlich von Leipzig durchschneidet die von Burgen und alten Städten gesäumte Mulde eine sanfte Hügellandschaft.

**** Leipzig** In Chemnitz wird gearbeitet, in Leipzig gehandelt und in Dresden gefeiert – so heißt es im Volksmund. Schon im 17. Jahrhundert wurden in Leipzig Waren aus aller Welt gehandelt. Heute ist das neue *Messegelände fester Treffpunkt im internationalen Messekalender. Gegründet wurde Leipzig 1015 als Burg an der Kreuzung wichtiger Handelsstraßen. 1409 entstand hier die zweitälteste Universität Deutschlands. Im 18. Jahrhundert etablierte sich ein starkes Bürgertum, das zum Träger eines florierenden Kulturlebens wurde. Die wichtigsten Sehenswürdigkeiten sind am und um den Markt zu finden: das Alte **Renaissance-Rathaus mit der barocken Börse dahinter und die zahlreichen *Passagen vom Beginn des 20. Jahrhunderts, etwa die Mädlerpassage. Die gotische **Thomaskirche ist Heimat des Thomanerchors. Johann Sebastian Bach war hier Kantor und ist auch in der Apsis begraben. An der Südseite des Kirchhofs befindet sich das Bosehaus, heute Sitz des Bacharchivs und -museums. Die *Nikolaikirche war 1988/89 Schauplatz der Montagsdemonstrationen, die zur friedlichen Revolution in der DDR führten. Opernhaus (1960), das *Neue Gewandhaus (1981) und die Universität bilden ein imposantes Tryptichon am Augustusplatz. Im modernen *Bildermuseum sind berühmte Gemälde und Skulpturen zu bewundern. Lebendige Gründerzeitviertel haben sich im Westen und Süden der Stadt erhalten. Unübersehbar ist etwas außerhalb der dunkle, 91 Meter hohe Turm des monumentalen **Völkerschlachtdenkmals, das an die verlorene Schlacht Napoleons von 1813 erinnert.

Machern Wichtigste Sehenswürdigkeit in dem lang gestreckten Straßendorf ist der 1792 angelegte *Landschaftspark. Beim Spaziergang unter seltenen alten Bäumen stößt man immer wieder auf Überraschungen – von einer ägyptischen Pyramide über eine mittelalterliche Burgruine bis zum griechischen Tempel.

*** Wurzen** Wo die Mulde aus dem nordsächsischen Kuppenland in die Tiefebene übergeht, liegt das um 960 gegründete Wurzen. 1487 bis 1518 war der romanisch-gotische Dom Bischofssitz. Unterhalb des Dombezirks liegt der Markt mit barocken Bürgerhäusern und dem klassizistischen Alten Rathaus.

*** Dübener Heide** 1915 wurde in dem kleinen Korbmacherstädtchen Bad Düben an der Mulde ein Eisenmoorbad eröffnet. Direkt an den Kurort schließt sich der Naturpark Dübener Heide an. Ein Teil der Wald- und Moorlandschaft ist Naturschutzgebiet.

*** Dahlener Heide** Zwischen Torgau und Dahlen erstreckt sich Sachsens größtes Waldge-

Lebzeiten als Organist und Cembalovirtuose berühmt war, als Komponist aber im Schatten seiner Zeitgenossen Händel und Telemann stand. Geboren (1685) und aufgewachsen in Eisenach, kam Bach durch einen verwandten Organisten schon früh mit Kirchen- und Orgelmusik in Berührung. Als er neun Jahre alt war, starben Mutter und Vater innerhalb eines dreiviertel Jahres. Er zog zu seinem älteren Bruder Johann Christoph, von dem er Orgelspielen und Komponieren lernte. Außerdem war er bereits als Chorsänger tätig. Nach Stationen als Organist in Arnstadt und Mühlhausen wurde er Hoforganist und Konzertmeister in Weimar, schließlich Hofkapellmeister bei Fürst Leopold von Anhalt-Köthen. 1723 erlangte er die gut dotierte Stelle des Thomaskantors in Leipzig. Bach starb 1750 in Leipzig (ganz links: Grabstätte in der Thomaskirche Leipzig).

biet, die Dahlener Heide, die mit ihren Wäldern, Lichtungen, Seen und bis zu 205 Meter hohen Hügeln äußerst abwechslungsreich ist.

Collmberg Das leicht wellige Hügelland zwischen Wermsdorf und Oschatz wird vom 316 Meter hohen Collmberg überragt. Unter der 1000-jährigen Linde hielten im Mittelalter die Markgrafen von Meißen ihre Landtage ab. Vom Aussichtsturm kann man an klaren Tagen bis Leipzig und zum Erzgebirge sehen.

*** Schloss Hubertusburg** Sachsens größtes Barockschloss in Wermsdorf wurde unter August III. 1751 erbaut. Wenig später wurde es durch preußische Truppen geplündert. Danach wurde es als Lazarett, psychiatrisches Krankenhaus und Gefängnis genutzt – deshalb spiegeln im Inneren nur Schlosskapelle und Schlossmuseum die äußere Pracht wider.

Oschatz Schon von Weitem sieht der ankommende Besucher die Doppeltürme der gotischen Stadtkirche St. Ägidien. Weitere Sehenswürdigkeiten sind das von Gottfried Semper nach einem Stadtbrand wiederaufgebaute Rathaus und ein Rest der Stadtbefestigung mit der sogenannten Ratsfronfeste. Hier erinnert das *Stadtmuseum an die Waagenproduktion. Die Landschaft des Döllnitz-Tals südlich von Oschatz kann man mit der Schmalspurbahn *»Wilder Robert« erkunden.

*** Grimma** Das Städtchen an der Mulde beeindruckt vor allem mit seinem Renaissance-Rathaus von 1442 und der gotisch überbauten romanischen Kirche »Unserer Lieben Frauen«.

Leisnig Markantestes Gebäude hoch über dem Tal der Freiberger Mulde ist die fast 1000 Jahre alte *Burg Mildenstein, die auf eine wechselvolle Geschichte unter Saliern, Staufern und Wettinern zurückblickt.

**** Schloss Rochlitz** Wie eine Kathedrale erheben sich die beiden Türme von Schloss Rochlitz über das Muldental. Auch der Ort selbst wartet mit vielen historischen Bauwerken auf. Seine Altstadt steht unter Denkmalschutz.

**** Kloster Wechselburg** Sachsens besterhaltene romanische Kirche (1160–1180) ist seit 1993 wieder Benediktinerklosterkirche. Besonders wertvoll ist der Kanzellettner (um 1230).

Leipzig: Mädlerpassage mit steinernen »Faust«-Szenen vor »Auerbachs Keller« (oben)

TIPP++TIPP++

Orgelkonzerte Thomaskirche
Wer würde nicht gerne einem Konzert des Thomanerchors stilvoll in der Thomaskirche lauschen wollen? Motette ist freitags um 18 Uhr (in der liturgischen Form der Vesper, Dauer 1 Stunde) und samstags um 15 Uhr (mit einer Kantate von Johann Sebastian Bach, Dauer 75 Minuten). Wenn der Thomanerchor

ortsabwesend ist (Schulferien, Konzertreisen), singt ein Gastchor, oder es ist zur gleichen Zeit Orgelvesper.
Leipzig, Richard-Wagner-Str. 1, Tel. 03 41/7 10 42 60

Sachsen

Die gekreuzten blauen Schwerter gehören zu den ältesten Markenzeichen der Welt. Sie zieren das Meissener Porzellan, dessen Ursprünge vor rund 300 Jahren nicht in Meißen, sondern in Dresden lagen. Der Herrscher

Sächsisches Elbland und Dresden

Das Sächsische Elbland erstreckt sich vom Elbsandsteingebirge bis Torgau. Sein Zentrum ist Dresden, nordwestlich schließt sich entlang der Elbe bis Diesbar-Seußlitz ein Weinbaugebiet an, das durch die Sächsische Weinstraße erschlossen wird.

Sächsisches Staatsweingut Schloss Wackerbarth bei Radebeul mit Belvedere

**** Torgau** Schon 973 stand hier eine Burg. Die Wettiner erhoben die Stadt 1456 zu ihrer Residenz. Nach der sächsischen Landesteilung blieb Torgau bis 1547 Residenz der ernestinischen Linie. Danach verlor es rasch an Bedeutung, sein Renaissance-Stadtbild blieb fast vollständig erhalten. Weithin sichtbar thront **Schloss Hartenfels über der Elbe. Der Wendelstein ist ein Meisterwerk der sächsischen Renaissance. Der Markt wird beherrscht von Rathaus und *Nikolaikirche.

*** Großenhain** Die 800-jährige Stadt hat ihr spätbarockes Gesicht weitgehend bewahrt. Besonders sehenswert ist die *Marienkirche. Auf T-förmigem Grundriss entstand 1746 bis 1748 eine der originellsten Raumschöpfungen dieser Zeit.

*** Schloss Schönfeld** Ganz im Stil der Neorenaissance mit zahlreichen Türmchen, Spitzen, Kuppeln und Giebeln präsentiert sich das Schloss von 1882. Umgeben ist es von einem großen Landschaftsgarten.

**** Meißen** Von Kaiser Heinrich I. gegründet, war Meißen ab 968 als Bischofssitz geistliches Zentrum, mit Unterbrechungen bis 1485 auch Residenz der Wettiner und damit Hauptstadt Sachsens. Der **Dom auf dem Burgberg gilt als eines der stilreinsten Zeugnisse der Gotik im Osten Deutschlands. Die spätgotische **Albrechtsburg ist Deutschlands erster Schlossbau. Die 1710 gegründete ***Staatliche Porzellan Manufaktur mit Schauhalle und zwei Schauwerkstätten lohnt ebenso einen Besuch wie die mittelalterliche und barocke *Altstadt mit gotischer *Frauenkirche und spätgotischem *Rathaus oder der *Jahnaische Friedhof. In mehreren *Weingütern kann man den Meißener Tropfen probieren.

***** Schloss Moritzburg** 1723 bis 1733 ließ August der Starke einen Vorgängerbau zu einem barocken Jagd- und Lustschloss mit vier markanten Rundtürmen inmitten eines Teiches umbauen. Zum Ensemble gehören auch das später errichtete Fasanenschlösschen und ein 3,3 Hektar großer Park.

*** Radebeul** Die von Villen geprägte Stadt am Rand der Weinberge entstand aus dem

über Sachsen und Polen, August der Starke, hatte eine Leidenschaft für Porzellan entwickelt, eine »Maladie de Porcelaine« (»Porzellankrankheit«). Doch die zerbrechlichen Kostbarkeiten mussten teuer aus China eingeführt werden. 1707 ließ August deshalb den als vermeintlichen Goldmacher arretierten Apothekergehilfen Johann Friedrich Böttger in der Dresdner Jungfernbastei mit Experimenten zur Herstellung von Porzellan beginnen. Dort gelang diesem mit Ehrenfried Walter von Tschirnhaus zunächst die Herstellung von braunem Feinsteinzeug, dem Jaspisporzellan. Eine Labornotiz über das Brennen eines weißen durchscheinenden Scherbens vom Januar 1708 markierte die Geburtsstunde des europäischen Hartporzellans. Eine bedeutende Sammlung historischen Porzellans findet sich im Museum der Porzellan-Manufaktur Meißen (links).

Zusammenschluss mehrerer Dörfer. Der schönste Dorfkern ist in Altkötzschenbroda erhalten. Die *Hoflößnitz mit holzgetäfeltem Festsaal war das Weingut der Kurfürsten. **Schloss Wackerbarth ist heute Sitz des Sächsischen Staatsweinguts, die Villa des Abenteuerschriftstellers Karl May *Museum. Daneben fährt die Schmalspurbahn »Lößnitzdackel« an Moritzburg vorbei nach Radeburg.

***** Dresden** Siehe Stadtplan auf Seite 177

**** Nossen** Hauptsehenswürdigkeiten des Orts sind die Klosterruine **Altzella, romantisch in einem Landschaftspark gelegen, und *Burg Nossen, ein Renaissanceschloss auf einem Felsen am Ende der Altstadt.

*** Tharandt** Hier sieht man den Wald vor lauter Bäumen nicht: Im *Forstbotanischen Garten hat jeder Baum seine eigene Geschichte. Sehenswert auch die Burgruine und die Kirche oberhalb des Marktes.

Oberlausitz und Niederschlesien

Weite, teils unberührte Landschaften, von trockener Ebene im Norden bis zu kühlen, regenreichen Mittelgebirgen im Süden, prägen die Oberlausitz und Niederschlesien. Hier leben die Sorben – Reste der slawischsprachigen Urbevölkerung Sachsens.

***** Bad Muskau** Hier gilt es, auf 50 Kilometer Wegenetz ein UNESCO-Welterbe zu erwandern in Gestalt des von Herman Fürst von Pückler-Muskau 1815 bis 1844 im englischen Stil angelegten Muskauer Parks. Der acht Quadratkilometer große Landschaftspark beiderseits der deutsch-polnischen Grenze an der Neiße – die beiden Teile sind durch eine Brücke miteinander verbunden – ist der größte seiner Art in Mitteleuropa.

Hoyerswerda Einst Zentrum des Braunkohleabbaus, besinnt sich die Stadt nach drastischem Bevölkerungsschwund wieder ihrer historischen Wurzeln. Die Altstadt mit *Langer Straße, Johanniskirche und Schloss wurde vorbildlich restauriert.

Königsbrück Das Städtchen in der Westlausitz wurde bekannt durch seine Töpferbetriebe und die *Kameliensammlung. Mittelpunkt ist ein von einem Park umgebenes Barockschloss.

*** Kamenz** Hier wurde 1729 Gotthold Ephraim Lessing geboren. An ihn erinnert ein *Museum. Überragt wird Kamenz vom Turm der gotischen *Hauptkirche St. Marien. Der Markt mit dem Rathaus (1848) im toskanischen Stil erinnert an eine italienische Piazza.

Bischofswerda Hier hatten die Meißener Bischöfe ihren Stammbesitz. Da die gesamte Stadt 1813 von Napoleons plündernden Soldaten dem Erdbo-

Sächsische Schlösser- und Burgenpracht: Albrechtsburg mit Dom in Meißen sowie Moritzburg (oben links und rechts)

TIPP++TIPP++

Schloss Hartenfels
In den historischen Gewölben unter der Schlosskirche und in der ehemaligen unteren Hofstube werden über 80 herausragende originale Zeugnisse der Bildhauer- und Steinmetzkunst des Schlosses präsentiert. Die Wappengalerie ist eine Ahnenaufstellung ganz besonderer Art.
Torgau-Informations-Center, Markt 1, Tel. 0 34 21/7 01 40

Hengstparade
Alljährlich im September lädt das Sächsische Landgestüt zur traditionellen Hengstparade ein. Zwischen den züchterisch und sportlich geprägten Vorstellungen sind die Fahrvorführungen lohnende Fotomotive.
Landgestüt Moritzburg, Schlossallee 1, Tel. 03 52 07/89 01 06

Das Weinanbaugebiet Sachsen erstreckt sich der Elbe folgend von Pirna über Dresden, Radebeul und Meißen bis Diesbar-Seußlitz. Es ist das nordöstlichste Europas. Die 55 Kilometer lange Sächsische Weinstraße

den gleichgemacht wurde, fasziniert das Stadtbild heute durch die Einheitlichkeit der klassizistischen Architektur des frühen 19. Jahrhunderts, wie sie auch das Rathaus aufweist.

**** Rammenau** Das hiesige Barockschloss (1721–1737) gehört zu Sachsens schönsten Repräsentationsbauten. Nach Entwürfen von Johann Christoph Knöffel entstand über einem hufeisenförmigen Grundriss ein zweigeschossiger Dreiflügelbau aus Sandstein. Die enormen Baukosten haben den prestigesüchtigen Bauherrn letzten Endes ruiniert, und die Zwangsversteigerung folgte auf dem Fuße.

Hutberg und Seenlandschaft Biehla Der 294 Meter hohe Hutberg ist der Hausberg von Kamenz. Musikfreunde pilgern im Sommer zur Open-Air-Bühne. Naturliebhaber dagegen lassen sich lieber von den blühenden Rhododendren begeistern, die den Wald in ein prächtiges Farbenmeer tauchen.

**** Kloster Marienstern** Ein wichtiges geistliches Zentrum des katholischen und sorbisch sprechenden Teils der Oberlausitz ist dieses 1248 gegründete Zisterzienserinnenkloster. Von außen präsentiert es sich im Barockstil. Das Innere der Klosterkirche beeindruckt durch seine schlichte Backsteingotik.

*** Biosphärenreservat Oberlausitzer Heide- und Teichlandschaft** Das 26 000 Hektar große Biosphärenreservat mit über 2000 Seen und Teichen erhielt 1996 die höheren Weihen der UNESCO. Störche, Graureiher, Kormorane, Adler und andere Tiere haben hier ein Refugium gefunden.

*** Pulsnitz** Das Geburtshaus des Dresdner Bildhauers Ernst Rietschel und die *Nikolaikirche sind die wichtigsten Sehenswürdigkeiten des hübschen Städtchens. In der Adventszeit können Besucher hier den traditionellen *Pfefferküchlern und den Töpfern über die Schulter schauen.

***** Bautzen** Geschichte ist in der 1002 erstmals erwähnten Hauptstadt der sorbischen Oberlausitz auf Schritt und Tritt spürbar. Bedeutende Sehenswürdigkeiten der gut erhaltenen Altstadt sind der gotische **Dom St. Peter (1213–1497), das barocke *Rathaus (1732), die Bürgerhäuser entlang der *Inneren Lauenstraße und der *Reichenstraße sowie der schiefe Reichenturm. In der *Ortenburg dokumentiert das **Sorbische Museum die Traditionen der Sorben, der kleinsten slawischen Sprachgemeinschaft. Die *Alte Wasserkunst pumpte als technisches Meisterwerk des Mittelalters das Wasser der Spree in die 50 Meter höher gelegene Altstadt.

Löbau Eine überraschende Stilmischung weist das hiesige Rathaus auf, dessen mittelalter-

Bautzen: Blick von der Friedensbrücke auf die Stadtkulisse

Dresden

Mit dem Barock begann die Blütezeit der sächsischen Residenzstadt. Im 18. Jahrhundert wurde das »Elbflorenz« eine Metropole der Kunst und der Wissenschaft.

In der Dresdner Altstadt reiht sich ein Höhepunkt an den anderen: Das *Albertinum beherbergt die ***Gemäldegalerie Neue Meister und die Skulpturensammlung. Der barocke ***Zwinger (darin die weltgrößte **Porzellansammlung) mit der angeschlossenen *Sempergalerie (mit ***Gemäldegalerie Alte Meister), die ***Semperoper und das **Residenzschloss (mit Wandfries *Fürstenzug und ***Grünem Gewölbe) umrahmen den Theaterplatz. Erst kürzlich wiederaufgebaut wurden die ***Frauenkirche und ein Teil der barocken Bürgerhäuser am *Neumarkt. Von der *Augustusbrücke fällt der Blick auf die ***Elbsilhouette. Prächtige Bauwerke wie die gründerzeitliche Kunstakademie oder die spätbarocke ***Kathedrale St. Trinitatis überragen die Stadtbefestigung mit der **Brühlschen Terrasse. Sehenswert auch die Innere Neustadt mit Barockgebäuden wie dem *Japanischen Palais. Die Äußere Neustadt mit geschlossener Gründerzeitbebauung ist Dresdens Szeneviertel, die *Kunsthofpassage eine gelungene Symbiose von Alt und Neu. Weiter östlich schließen sich die *Villenvororte Preußisches Viertel, Weißer Hirsch, Loschwitz sowie südlich der Elbe Blasewitz und Striesen an. Die Elbe wird von *Schloss Albrechtsberg, Lingner Schloss, Schloss Eckberg und **Schloss Pillnitz gesäumt. Einen Abstecher wert sind die *Kreuzkirche am Altmarkt, das *Deutsche Hygiene-Museum und der Große Garten mit der *Gläsernen Automanufaktur, dem Zoo und dem ältesten Barockpalais Dresdens. Der Stadtteil *Hellerau ist Deutschlands erste Gartenstadt. Mit Festspielhaus und Deutschen Werkstätten ist hier Dresdens Aufbruch in die Moderne nachzuvolllziehen.

Elbblick mit Hofkirche, Semperoper; Zwinger mit Wallpavillon

führt durch eine alte Kulturlandschaft mit langer Weinbautradition. Bereits um 1100 soll Bischof Benno von Meißen nahe dem Burgberg Weinstöcke gepflanzt haben, die erste urkundliche Erwähnung fand der Weinanbau in Sachsen 1161. Heute gedeihen an den sonnigen Elbhängen auf 470 Hektar Rebfläche vor allem weiße Sorten wie Müller-Thurgau, Riesling und Weißburgunder, der Rotweinanteil liegt bei rund 15 Prozent. Zu den bekanntesten Produzenten der Region zählen das Sächsische Staatsweingut Schloss Wackerbarth in Radebeul, das Schloss Proschwitz Prinz zur Lippe in Meißen und die Winzergenossenschaft Meißen. 2004 wurde ein 90 Kilometer langer Weinwanderweg eingeweiht, vorbei an Weinbergen, -lokalen und Aussichtspunkten (links: barocke Weinbergkirche Zum Heiligen Geist. unterhalb des Pillnitzer Königlichen Weinbergs).

TIPP++TIPP++

Gemäldegalerie Dresden
Die Gemäldegalerie Alte Meister ist Teil einer einzigartigen Institution. Aus elf Einzelmuseen bestehend, gehören die Staatlichen Kunstsammlungen Dresden zu den bedeutendsten Museen der Welt.
Eingang Zwinger, Semperbau, Tel. 03 51/4 91 420 00, 10–18 Uhr, montags geschlossen

Musikfestspiele in Dresden
Die Musikfestspiele ziehen alljährlich in der zweiten Maihälfte eine treue, internationale Fangemeinde in die sächsische Metropole. Parallel dazu finden die berühmten Orgelkonzerte in der Hofkirche statt. Auch ein Konzert des international renommierten Kreuzchors sollte man einplanen.
Dresden, Büro der Musikfestspiele im Kulturpalast, Tel. 03 51/4 86 66 66

Semperoper
Gottfried Sempers 1841 eröffnetes Königliches Hoftheater war zweimal zerstört und wiederaufgebaut. Heute sind hier die Sächsische Staatsoper mit dem Dresden SemperOper Ballett

und die Sächsische Staatskapelle Dresden von 1548 zu Hause.
Sächsische Staatsoper Dresden, Theaterplatz 2, telefonische Reservierungen: Tel. 03 51/4 91 17 05

Der Anblick ist märchenhaft: Am Loschwitzer Elbhang stehen hoch über dem Fluss und eingerahmt von Parks und Weinbergen drei Schlösser. Mitte des 19. Jahrhunderts entwarf Adolph Lohse, ein Schüler Karl Friedrich Schinkels, das Schloss Albrechtsberg für Prinz Albrecht von Preußen sowie die benachbarte Villa Stockhausen für den Kammerherrn des Prinzen. Letztere ging später in den Besitz des Odol-Fabrikanten Karl August Lingner

über und wurde so zum Lingnerschloss. Karl August Lingner hinterließ seinen feudalen Wohnsitz der Stadt »zum Besten der Bevölkerung von Dresden und Umgebung.« Auch er selbst blieb dem Elbhang treu und ruht in einem Mausoleum im Weinberg des Schlosses (links). Auf Schloss Albrechtsberg residieren heute die »Jugend & KunstSchule« sowie eine Hotel- und Gaststättenschule. Im Lingnerschloss hat das »Welterbezentrum Dresdner Elbtal« seit 2007 sein Domizil. Beide Schlösser dienen zudem als extravagante Veranstaltungsorte. Das bis 1861 für den Großkaufmann Johann Daniel Souchay errichtete Schloss Eckberg beherbergt ein Luxushotel.

Vom linken Elbufer oder vom Dampfer der Sächsischen Schifffahrt lässt sich das stattliche, einer römischen Renaissancevilla nachempfundene Schloss Albrechtsberg in seiner ganzen Pracht erleben (großes Bild).

Sachsen

Deutschlands östlichste Stadt ist auch eine der schönsten des Landes. Sie überstand den Zweiten Weltkrieg weitgehend unversehrt; mehr als 3500 Baudenkmäler aller Stilepochen bilden in der Neiße-Stadt ein

licher Bergfried aus einem schönen barocken Umbau von 1711 emporsteigt. Das benachbarte Stadthaus von 1720 ist einer der beeindruckendsten Bürgerbauten des Ortes. Weitere schöne Häuser stehen in der Rittergasse hinter dem Rathaus.

Ostritz Der im Neißetal nördlich anschließende Ort wurde bereits 1005 erstmals urkundlich erwähnt und ist damit älter als alle heute bedeutenderen Nachbarstädte. Im Jahr 1243 legte hier in der Nähe die böhmische Königin Kunigunde den Grundstein zum Zisterziensernonnenkloster Marienthal. Nach einem Brand in der Mitte des 17. Jahrhunderts wurden die Kirche, der Konvent und die Probstei im damals vorherrschenden Stil des Barocks neu errichtet.

* **Herrnhut** Das Städtchen ist ab 1722 als Gründung der protestantisch-pietistischen Brüdergemeine entstanden, die aus Böhmen kommend hier Zuflucht fand. Einen Besuch lohnt das Völkerkundemuseum, in dem die Sammlungen der Missionare präsentiert werden.

** **Zittau** Im Dreiländereck von Tschechien, Polen und Deutschland gelegen, hat Zittau als böhmischer Handelsplatz schon bessere Zeiten erlebt. Davon künden eindrucksvolle Bauten und eine weitgehend intakte Altstadt. Das von Karl Friedrich Schinkel entworfene *Rathaus gibt dem Markt eine italienische Anmutung. Ebenfalls von Schinkel stammen die Pläne für die klassizistische *Johanniskirche (1837). Eine berühmte Reliquie sind die in der ehemaligen Friedhofskirche zum Heiligen Kreuz ausgestellten beiden mittelalterlichen **Zittauer Fastentücher.

** **Zittauer Gebirge/Oybin** Deutschlands kleinstes Mittelgebirge ist durch kühles, feuchtes Klima geprägt. Markantester Berg ist der *Oybin, der von den Ruinen einer Burg (später Kloster) bekrönt wird, die schon Caspar David Friedrich inspirierte.

Festung Königstein mit dem Flankierungsturm Friedrichsburg hoch über der Elbe

architektonisches Ensemble, das in seiner Geschlossenheit hierzulande seinesgleichen sucht. Während die Berliner Straße und den Postplatz prächtige Gründerzeitbauten säumen, stehen am Marienplatz die gotische Frauenkirche und das bestens erhaltene Jugendstilkaufhaus. Barock präsentiert sich der lang gestreckte Obermarkt mit der gotischen Dreifaltigkeitskirche, in böhmischer Renaissance dagegen der Untermarkt mit dem Rathaus (ganz links, mit Rathausturm). Hinter Laubengängen verbirgt sich der Eingang zum neuen Schlesischen Museum. In der Neißstraße befindet sich die Oberlausitzische Bilbiothek der Wissenschaften (links). Domartig erhebt sich die gotische Hallenkirche St. Peter und Paul über der Neiße. In der Nikolaivorstadt liegt das Heilige Grab, ein Nachbau des Jerusalemer Jesusgrabs (1481–1505).

Sächsische Schweiz

Deutschlands »Grand Canyon« mit schroffen Felsen und tief eingeschnittenen Tälern, sanfte Hochebenen und idyllische Orte – all das ist die Sächsische Schweiz, der deutsche Teil des Elbsandsteingebirges südöstlich von Dresden. Zwei in Dresden tätige Schweizer Hofmaler gaben dem Gebirge im 18. Jahrhundert seinen Beinamen.

** **Burg Stolpen** Fasts 49 Jahre lang büßte Gräfin Cosel, die berühmte Mätresse Augusts des Starken, hier als Gefangene für ihre politischen Ambitionen. Von hier oben hat man einen herrlichen Ausblick auf die Altstadt und das weite hügelige Umland.

* **Sebnitz** Das Städtchen in einem tief eingeschnittenen Tal war einst Zentrum der Produktion von Kunstblumen aus Seide. In einer *Schauwerkstatt kann man diese Tradition noch nachvollziehen. Afrika-Haus, Dorfkirche und Markt sind weitere Sehenswürdigkeiten.

* **Barockgarten Großsedlitz** Hier erfreut ein in seiner Substanz fast unverändertes spätbarockes Gartenkunstwerk mit Terrassen, Treppen, Orangerien, Skulpturen, Brunnen, Wasserspielen und Hunderten von Kübelpflanzen, darunter 150 Bitterorangen, das Auge. August der Starke hatte 1723 das Areal erworben und von seinen besten Architekten gestalten lassen.

* **Pirna** Der *Marktplatz mit dem Renaissancerathaus und zahlreichen historischen Bürgerhäusern sieht immer noch aus wie einst von Canaletto gemalt. Die spätgotische **Marienkirche (1502–1546) entfaltet im Inneren ihre ganze Pracht, mit dem Renaissance-Sandsteinaltar als Hauptwerk. Sehenswert ist auch das *Landschloss Zuschendorf mit seiner Kameliensammlung.

** **Bastei** Zwischen Rathen und Wehlen überagt der fast senkrecht abfallende Basteifelsen fast 200 Meter das Elbtal. Schon im frühen 19. Jahrhundert war er ein beliebtes Motiv für Reiseschriftsteller und Landschaftsmaler wie Caspar David Friedrich und wurde als Ausflugsziel touristisch erschlossen. Seit 1851 überspannt eine Sandsteinbrücke die 40 Meter tiefe Schlucht »Marterdelle«. Von der Aussichtsplattform genießt man einen grandiosen Blick auf Fluss und Felsen.

Kultur- und Naturdenkmäler im Tal der Elbe: Untere Orangerie im Barockgarten Großsedlitz (oben links) sowie Felsformation Bastei mit Brücke (oben rechts)

TIPP++TIPP++

Zisterzienserinnenabtei Kloster St. Marienthal
An der Neiße bei Ostritz liegt das älteste deutsche Zisterzienserinnenkloster (1234). Nach einem Brand wurde es 1683 im Stil des böhmischen Barock erneuert.
Ostritz, St. Marienthal 1,
Tel. 03 58 23/77 300,
www.kloster-marienthal.de

Schloss Weesenstein
Sachsens eigenwilligstes Schloss wurde von oben nach unten gebaut. Ältester Teil ist der Turm an der Spitze eines Bergkegels. Es folgten weitere Anbauten, u. a. eine prachtvolle Barockkapelle.
Müglitztal, Am Schlossberg 1,
Tel. 03 50 27/62 60
www.schloss-weesenstein.de,
tägl. 9–18 Uhr, Nov.–März 10 bis 17 Uhr

Burg Stolpen
Weithin sichtbar erhebt sich die Burg mit ihren markanten Türmen über das Land.
Burg Stolpen, Schlossstr. 10,
Tel. 03 59 73/2 34 10,
tgl. April–Okt. 9–18 Uhr,
Nov.–März 10–16 Uhr

Sachsen

Das Elbsandsteingebirge ist das Eldorado der Klettersportler. Genau genommen, wurde das Klettern ohne Hilfsmittel hier sogar erfunden. Die sportliche Erstbesteigung des Falkensteins durch fünf junge Schandauer

Rathen Hier lockt der Besuch der *Felsenbühne, Europas wohl schönstem Naturtheater, wo im Sommer regelmäßig Webers »Freischütz« oder Karl Mays »Winnetou« aufgeführt werden.

**** Festung Königstein** In der größten Bergfestung Europas zeugen Gebäude aus unterschiedlichen Epochen – von der Friedrichsburg über Brunnenhaus und Kriegslazarett bis zum Schatzhaus – von der wechselvollen Geschichte der Burg.

Bad Schandau Der malerische Kurort mit seinem komplett unter Denkmalschutz stehenden Zentrum knüpft mit der modernen *Toskana-Therme an die alte Kurtradition an. Ein 1904 erbauter Aufzug verbindet den Ort mit höher gelegenen Stadtteilen.

***** Nationalpark Sächsische Schweiz** Deutschlands kleinster Nationalpark besteht aus zwei Teilen: Der eine erstreckt sich rings um den Basteifelsen, der andere schließt sich östlich an Bad Schandau an. Die Felsen der Schramm- und Affensteine, der Große Winterberg oder der kuriose Lichtenhainer Wasserfall sind markante Orte des östlichen Nationalparks.

*** Hinterhermsdorf** »Sachsens schönstes Dorf« nennt sich der Ort unmittelbar an der tschechischen Grenze. Hier stehen noch die liebevoll restaurierten typischen Umgebindehäuser und eine hübsche Dorfkirche. Über romantische Waldwege erreicht man die *Obere Schleuse. Hinter der 1567 eingerichteten Stauanlage kann man auf einem See Boot fahren.

Links: Eine herrliche Aussicht auf das Durchbruchstal der Elbe genießt man von den Felstürmen der Bastei aus.

Erzgebirge und Westsachsen

Das Erzgebirge ragt über 1200 Meter auf. In die Tiefe kann man dort in zahlreichen Schaubergwerken vorstoßen. In Westsachsen dominiert das sanfte Hügelland um die Zwickauer Mulde das Landschaftsbild.

**** Freiberg** In der restaurierten Silberstadt findet sich mit *Rathaus, *Marktplatz, alten Kirchen und Deutschlands ältestem Stadttheater historisches Flair. Der ***Dom offenbart seine Werte erst im Inneren, mit goldener Pforte, zwei Kanzeln und einer Silbermann-Orgel. Sehenswert ist auch die *Mineraliensammlung »terra mineralia« auf Schloss Freudenstein. Die *Besucherbergwerke »Reiche Zeche« und »Alte Elisabeth« veranschaulichen, was die Stadt einst reich gemacht hat.

*** Glashütte** Gleich drei renommierte Manufakturen produzieren hier handwerkliche Präzisionsuhren. Im *Uhrenmuseum kann man mehr darüber erfahren.

*** Schloss Kuckuckstein** Das neugotische Schloss war einst Ritterburg und Zentrum der sächsischen Freimaurer. Heute ist es der romantische Mittelpunkt des Städtchens Liebstadt.

*** Lauenstein** Ein *Renaissanceschloss mit Erzgebirgsmuseum und Falkenzucht sowie ein historischer Marktplatz machen den Ort hoch über der Müglitz zu einem beliebten Ausflugsziel.

*** Frauenstein** Die mächtige Burg bietet nicht nur Ausblicke auf die Erzgebirgslandschaft, sondern auch Einblicke in Leben und Werk des Orgelbaumeisters Gottfried Silbermann.

Turner 1864 war die Geburtsstunde der Bergsportbewegung in der Sächsischen Schweiz. In den folgenden Jahrzehnten entschlossen sich immer mehr Kletterer, die Felsen ohne künstliche Hilfsmittel zu erklimmen. Der 1910 entwickelte Grundsatz des »freien Kletterns« ging in die drei Jahre später in einem Kletterführer von Rudolf Fehrmann erstmals veröffentlichten Sächsischen Kletterregeln ein. Diese legten fest, an welchen Felsen und unter welchen Bedingungen geklettert werden durfte, und bestimmten, dass Hilfsmittel künftig ausschließlich der Sicherung zu dienen hatten. Das Regelwerk gilt in seinen Grundzügen bis zum heutigen Tag und hat geholfen, den sensiblen, von Erosion bedrohten Sandstein zu schützen. Heute existieren rund 1100 Kletterfelsen mit Kletterrouten unterschiedlichster Schwierigkeitsgrade (links).

**** Schloss Augustusburg** Schon von Weitem sieht man Sachsens bekanntestes Renaissanceschloss auf der Kuppe des 516 Meter hohen Schellenbergs. Kurfürst August ließ den Prachtbau 1568 bis 1572 als Jagdschloss errichten.

*** Chemnitz** Der »Nischel«, das *Kolossaldenkmal von Karl Marx, ist das Wahrzeichen der Stadt. Weitere Höhepunkte sind die *Schlosskirche, die *Jugendstilvilla Esche, der Theaterplatz mit dem *Opernhaus, *Kunstsammlungen und dem **Steinernen Wald sowie etwas außerhalb das romantische Barockschloss *Lichtenwalde.

**** Seiffen** Das *Spielzeugmuseum und diverse Schauwerkstätten künden hier von der Tradition der Holzspielzeugmacher. Die *Seiffener Kirche ziert als Holzmodell zahlreiche Schwibbögen (Lichterbögen).

Imposanter Renaissancebau: Schloss Augustusburg

**** Annaberg-Buchholz** Die traditionsreiche alte Stadt mitten im Erzgebirge wird von der wuchtigen **St.-Annen-Kirche überragt. Im überraschend lichten Inneren entfaltet sich ein Bilderbuch aus Bibelszenen. Direkt neben der Kirche geht es im *Bergbaumuseum in die Unterwelt. Ein Museum erinnert an den hier geborenen Rechenkünstler Adam Ries.

*** Fichtelberg** Der 1214 Meter hohe Fichtelberg ist ein beliebtes Wintersportgebiet. Vom Gipfel bietet sich ein schöner Rundblick nach Deutschland und Tschechien. Von Oberwiesenthal, der höchstgelegenen Stadt Deutschlands (914 Meter), führt eine Seilbahn auf den Berg.

Schwarzenberg Die *St.-Georgen-Kirche bietet ein eindrucksvolles barockes Raumerlebnis. Das Schloss (1555) und die malerische Altstadt lohnen ebenfalls einen Besuch.

*** Schneeberg** 1470 wurde hier Silber gefunden. Vom einstigen Reichtum zeugen *St. Wolfgang, die größte gotische Hallenkirche Sachsens, und das barocke Stadtbild. Hier ist auch ein Zentrum der erzgebirgischen Weihnachtstradition.

**** Zwickau** Das **Robert-Schumann-Haus erinnert an den 1810 hier geborenen Komponisten. Sehenswert in der schön herausgeputzten Stadt sind der gotische **Dom St. Marien, die mittelalterlichen *Priesterhäuser und das *Renaissance-Gewandhaus. Im Gründerzeitviertel sticht das *Johannisbad hervor. Der Geschichte des Zwickauer Automobilbaus, von Horch über Audi, DKW und Trabant bis zu VW, ist das **August-Horch-Museum gewidmet.

Vogtland

Sanfte Hügel und ein raues Klima prägen das sächsische Vogtland. Seinen Namen verdankt es den Vögten, die der Kaiser im Mittelalter mit der Verwaltung des Landstrichs betraute. Im 19. und 20. Jahrhundert wurde die Region stark industrialisiert.

*** Mylau** Fast so eindrucksvoll wie die mächtige *Burg Mylau ist die nahe gelegene **Gölzschtalbrücke (1846 bis 1851), die größte Ziegelbrücke der Welt.

*** Naturpark Erzgebirge/ Vogtland** Die schönsten Abschnitte zwischen Bad Elster im Vogtland und Holzhau im Osterzgebirge sind als Naturpark deklariert. 15 Landschafts- und 41 Naturschutzgebiete sowie Naturdenkmäler wie die Drachenhöhle in Syrau oder die Greifensteine bei Ehrenfriedersdorf bieten darin auf 1495 Quadratkilometern Lebensraum für seltene Pflanzen und Tiere.

*** Plauen** Die größte Stadt im Vogtland ist für die Plauener Spitze berühmt, deren Herstellung man in Fabriken und in einem Museum nachvollziehen kann. Die doppeltürmige St. Johanniskirche, das *Alte Rathaus, das Theater, das *Vogtlandmuseum und das Museum für den Karikaturisten E. O. Plauen sind weitere Attraktionen.

**** Musikwinkel** Hier befindet sich bereits seit Jahrhunderten ein Zentrum des deutschen Musikinstrumentenbaus. In den Hauptorten Markneukirchen und Klingenthal kann man in *Schauwerkstätten sowie im *Musikinstrumentenmuseum die Entstehung von Akkordeons, Mundharmonikas, Geigen und Saxofonen sowie die Geschichte des Instrumentenbaus studieren.

TIPP++TIPP++

Sächsische Staatsbäder
Mondän geworden ist Bad Elster im »Bäderwinkel« an der tschechischen Grenze. Das Albertbad bietet hinter historischer Fassade Kuren und Wellness. Im Kurhaus und im Albertheater kann man Kultur genießen, im weitläufigen Kurpark Entspannung suchen. Kleiner und ländlicher ist das nahe Bad Brambach.
Sächsische Staatsbäder GmbH, Bad Brambach, Badstr. 47, Bad Elster, Badstr. 6, Tel. 03 74 37/7 11 11

August-Horch-Museum Zwickau
Genau im Herzen des alten Audi-Werkes, am Ursprung großer Automobilhistorie, kann man in diesem einzigartigen Umfeld seit September 2004 die legendäre Geschichte authentisch erleben.
Zwickau, Audistraße 7, Tel. 03 75/2 71 73 80

Festival »Mitte Europa«
Das Festival im Dreiländereck Sachsen – Böhmen – Bayern, das jedes Jahr im Juli/August in Plauen stattfindet, ist grenzüberschreitend. Es gibt Veranstaltungen in rund 40 Städten und ländlichen Gemeinden in Oberfranken, der Oberpfalz, Westböhmen und dem Vogtland. Die Bandbreite der Veranstaltungen reicht von Kunstausstellungen über Konzerte, Symposien und Theateraufführungen bis hin zu Workshops.
Plauen, Paul-Gerhardt-Str. 14, Tel. 0 37 41/52 53 31

Südöstlich von Dresden erstreckt sich eine der ungewöhnlichsten und schönsten Landschaften Mitteleuropas. In der Kreidezeit lag hier ein Meer, auf dessen Grund sich Sedimente ablagerten, die schließlich eine 600 Meter mächtige Sandsteinschicht bildeten. Nach dem Rückzug des Wassers formten Erosionskräfte daraus ein Gebirge aus Tafelbergen und bizarren Sandsteinfelsen (großes Bild: Basteifels). Die Schweizer

Maler Adrian Zingg und Anton Graff, die das Elbsandsteingebirge Ende des 18. Jahrhunderts erkundeten, fühlten sich hier an ihre eidgenössische Heimat erinnert – so kam die Sächsische Schweiz zu ihrem Namen. Nur Wochen vor der deutschen Wiedervereinigung im Herbst 1990 erklärte die letzte DDR-Regierung zwei räumlich getrennte rechtselbische Gebiete zum Nationalpark Sächsische Schweiz. Auf fast 40 Prozent dieser 93,5 Quadratkilometer kann sich die Natur weitgehend ursprünglich ohne lenkendes Eingreifen des Menschen entfalten. Wildschweine sowie Rot- und Schwarzwild gibt es hier reichlich. Außerdem ist es ein Refugium für seltene Tierarten wie Fischotter und Luchs (Bildleiste von unten). Insgesamt stehen drei Viertel des Elbsandsteingebirges unter Schutz, der Anteil soll in den nächsten 30 Jahren steigen.

Kulminationspunkt
deutscher Geschichte:
die Wartburg hoch
über Eisenach

Thüringen

Die Wartburg und die Minnesänger, Eisenach und Luther, Weimar mit Goethe und Schiller – wem fielen beim Stichwort Thüringen nicht die Namen großer Deutscher ein. Es ist das Städte-Kleeblatt Gotha – Erfurt – Weimar – Jena, in dem bewegende europäische Kulturgeschichte geschrieben wurde. Thüringen ist die Wiege von Reformation und Aufklärung, das Zentrum von Sturm und Drang und deutscher Klassik. Die waldreiche Lage in der Mitte Deutschlands begründet seinen Beinamen »Grünes Herz Deutschlands«.

Von Kaiser Friedrich I. (1122 bis 1190), wegen seines roten Bartes Barbarossa genannt, geht die Sage, dass er in einer Höhle in dem Berg Kyffhäuser sitze und auf seine Wiederkehr warte. Kleiner Haken an der Geschichte: Sie wurde gar nicht für Barbarosssa erdacht, sondern für seinen Enkel Friedrich II. Barbarossa war offenbar charismatisch, gut aussehend (links, mit Söhnen), maßlos in vielerlei Hinsicht und besaß die Gabe,

Nordthüringen und Kernland

Das Tal der Unstrut, die im Eichsfeld entspringt, bildet die Grenze zwischen dem Thüringer Kernland mit der Landeshauptstadt Erfurt und Nordthüringen mit dem thüringischen Harz und dem sagenumwobenen Kyffhäusergebirge. Etwas südlich der Unstrut bei Mühlhausen markiert die 1991 gepflanzte »Mittelpunktslinde« den geografischen Mittelpunkt des vereinten Deutschlands.

* **Heiligenstadt** An die jahrhundertelange Herrschaft des Erzbistums Mainz im Eichsfeld erinnert der Barockbau des Kurmainzer Schlosses (1736 bis 1738). Wahrzeichen der Stadt sind die beiden Türme der gotischen *St.-Marien-Kirche (»Altstädter Kirche«), die im Inneren eine schöne spätgotische Madonna und einen bedeutenden Flügelaltar birgt. Außerdem sehenswert sind die *St.-Annen-Kapelle, ein Meisterwerk gotischer Baukunst, die *St.-Aegidien-Kirche mit prächtiger Barockausstattung (darunter ein reich geschnitzter Hochaltar und Kanzel), die gotische St.-Martins-Kirche »Auf dem Berge« (14./15. Jahrhundert) sowie das Literaturmuseum Theodor Storm in einem Fachwerkbau (15. Jahrhundert).

* **Nordhausen** Der Nordhäuser Doppelkorn ist das heute bekannteste Produkt des 400 Jahre alten Branntweingewerbes der einstigen Reichs- und Hansestadt am Südrand des Harzes, die auch Hochburg des Kautabaks war. Alles darüber erfährt man im *Museum für Nordhäuser Handwerks- und Industriegeschichte im Tabakspeicher. Hauptsehenswürdigkeit ist jedoch der doppeltürmige **Heilig-Kreuz-Dom mit der romanischen Krypta (um 1130), dem frühgotischen Chor (um 1250) und der spätgotischen Halle (15. Jahrhundert) mit Netz- und Sterngewölbe. Spätgotisch ist die *Blasiikirche mit dem prächtigen Fachwerkpfarrhaus (1713). Die Kirche St. Maria auf dem Berge, ältestes Baudenkmal der Stadt, geht auf die Zeit vor 1200 zurück.

** **Kyffhäuserdenkmal** Inmitten des Kyffhäusergebirges mit seinen herrlichen Laubwäldern befindet sich das 81 Meter hohe Kyffhäuserdenkmal, das Ende des 19. Jahrhunderts als nationales Monument geschaffen wurde. Die in Stein gehauene Figur des aus dem Schlaf erwachenden Stauferkaisers Friedrich I. Barbarossa (reg. 1155–1190), über der das Reiterstandbild Kaiser Wilhelms I. (reg. 1871–1888) steht, knüpft an die mittelalterliche Kaisersage an: Demnach ist der Herrscher nicht tot, sondern nur im Berg entrückt, um eines Tages zur Erlösung seines Landes wiederzukehren. Vom Turm des Denkmals aus hat man eine großartige Aussicht. Die Anlage befindet sich an historischem Ort: Hier sind die Reste der im 11. Jahrhundert erbauten Reichsburg Kyffhausen zu sehen, damals eine der größten Höhenburgen Europas.

* **Barbarossahöhle** Gigantische Hohlräume, geheimnisvolle Grotten, glasklare unterirdische Seen und bizarre Deckengebilde bestimmen das Erscheinungsbild im Inneren der Höhle am südlichen Rand des Kyffhäusergebirges. Der Führungsweg (800 Meter) erschließt für Touristen einen Teil des weitläufigen Höhlensystems (Zugang nahe Bad Frankenhausen).

Nordhauser Roland

andere zu begeistern. Er führte fast permanent Krieg. Mit 25 Jahren wurde er als Nachfolger seines Vaters Herzog von Schwaben, fünf Jahre später, als sein Onkel Konrad III. starb, deutscher König. Seine Regierung wurde bestimmt von Dauerkonflikten mit dem Papst und den oberitalienischen Städten. Beim Kampf zwischen der Stadt Rom und Papst Hadrian IV. schlug er sich zunächst auf die Seite des Papstes und ließ sich dafür 1155 von diesem zum Kaiser krönen. Dennoch entfremdeten sich beide zunehmend, und als Hadrian IV. 1159 starb, führten widerstreitende Ansprüche zur Kirchenspaltung, dem Alexandrinischen Schisma. 1189 brach Barbarossa zum Kreuzzug auf. 1190 ertrank er im Fluss Saleph, dem heutigen Göksu, in der südlichen Türkei. Seine sterblichen Überreste wurden an unbekannter Stelle bestattet.

*** Schloss Heldrungen** Ein eindrucksvolles Zeugnis barocken Festungsbaus ist das Schloss (1664–1668) am Ortsrand von Heldrungen mit seinen Wassergräben, Rundbastionen und Wehrmauern.

*** Bad Frankenhausen** Die Salzgewinnung steht am Anfang der rund tausendjährigen Stadtgeschichte, und dank der heilkräftigen Sole gibt es in Bad Frankenhausen seit fast 200 Jahren Kurbetrieb. Auf die Auslaugung der unterirdischen Steinsalzlager ist auch das Kuriosum des schiefsten Turms Deutschlands zurückzuführen: Gut vier Meter ist der Turm der einstigen Oberkirche (1382) schon aus dem Lot geraten. Außerdem sehenswert sind die barocke Unterkirche (1703) mit prachtvoll geschnitzter Orgel, Teile der Altstädter Kirche St. Petri (um 1000), der Hausmannsturm, ehemals zur fränkischen Wehranlage gehörig, ferner im Kreisheimatmuseum im Renaissanceschloss (1533) mehrere naturkundliche und kulturhistorische Sammlungen zur Kyffhäuserlandschaft sowie im *Panoramamuseum auf dem Schlachtberg ein Rundgemälde zum Bauernkrieg (1525), der an dieser Stelle mit einer blutigen Niederlage der Aufständischen endete.

*** Sondershausen** Eindrucksvoll erhebt sich über dem altehrwürdigen Städtchen das ehemalige Residenzschloss der Fürsten von Schwarzburg-Sondershausen: eine gelungene Mischung unterschiedlicher Baustile und der bedeutendste Schlosskomplex Nordthüringens, mit Prunkräumen, Ahnengalerie und Schlossmuseum. Letzteres zeigt Kunst und Kuriositäten aus den fürstlichen Sammlungen sowie die städtischen Sammlungen zur Regionalgeschichte; beachtlich ist die Musikabteilung mit Instrumenten und Notenschriften.

**** Mühlhausen** Der Beiname »Thomas-Müntzer-Stadt« erinnert an jene Zeit, als der radikale Reformator und Bauernkriegsführer Thomas Münzer (um 1490–1525) in Mühlhausen den Kampf gegen die kirchliche und weltliche Ordnung predigte und schließlich nach der vernichtenden Niederlage der Bauern bei Frankenhausen hier enthauptet wurde. Dank dieser revolutionären Vergangenheit wurde das alte Stadtbild schon zu DDR-Zeiten sorgsam gepflegt. Noch fast vollständig erhalten ist die mittelalterliche *Stadtbefestigung. Weitere Sehenswürdigkeiten sind die gotische *Marienkirche mit reicher Bauplastik und spätgotischen Flügelaltären sowie das Rathaus (14.–16. Jahrhundert) mit freskengeschmückter Ratsstube und Ratssaal.

*** Creuzburg** Schon das Entrée in das Städtchen im Werratal ist mittelalterlich. Die *Werrabrücke (1223) gehört zu den ältesten deutschen Steinbrücken nördlich der Donau – Indiz dafür, dass Creuzburg schon früh ein bedeutender Handelsplatz war. Wichtigste Sehenswürdigkeit ist die *Creuzburg,

Oben: Kyffhäuserdenkmal mit Barbarossa bei Bad Frankenhausen (Mitte); Marienkirchen in Heiligenstadt (links) und Mühlhausen (rechts)

TIPP++TIPP++

Stadtfeste Mühlhausen
Die Leute in Mühlhausen feiern gern. Zu ihren schönsten Festen zählen das Brunnenfest an der Popperoder Quelle, das jedes Jahr im Juli von einer Schule veranstaltet wird, und die Holzfahrt im Stadtwald. Außerdem gibt es noch das Innenstadtfest zu Pfingsten und die einwöchige Stadtkirmes Ende August.
Mühlhausen-Information, Ratsstr. 20, Tel. 0 36 01/40 47 70

Barbarossahöhle
Die Besichtigung der Barbarossahöhle ist aufgrund bergrechtlicher Vorschriften nur im Rahmen einer Führung möglich.
Tgl. geöffnet 10–17 Uhr, Nov.– März bis 16 Uhr, Tel. 03 46 71/5 45 13

Eigentlich wurde die berühmte Weimarer Bibliothek bereits 1691 von Herzog Wilhelm Ernst im Stadtschloss begründet. Der Landesfürst setzte 1706 den Wittenberger Universitätsprofessor Konrad Samuel Schurzfleisch zum ersten Direktor der Fürstlichen Bibliothek ein. Unter Herzogin Anna Amalia (1739 bis 1807), einer Förderin der schönen Künste, zog die höfische Büchersammlung 1766 in das Grüne Schloss um. Ihr Sohn Carl

TIPP++TIPP++

Ekhof-Festival
Auf den »Vater der deutschen Schauspielkunst«, Konrad Ekhof (1720–1778), geht die Gründung des ersten deutschen Nationaltheaters zurück, das sich in Schloss Friedenstein befindet. Zwischen Juni und September findet in dem zauberhaften kleinen Barocktheater, das etwa 250 Besucher fasst, das Festival statt.
Gotha, Tourist-Info, Hauptmarkt 33, Tel. 0 36 21/5 07 85 70

Zwiebelmarkt in Weimar
Alljährlich am zweiten Oktoberwochenende läuten die Rathausglocken den Zwiebelmarkt ein. Den ersten gab es bereits 1653. Auch Goethe hat dort einkaufen lassen, die Zwiebelration für ein ganzes Jahr kostete ihn nur 14 Pfennige. Heute ist der Markt eines der beliebtesten Volksfeste und bietet viel mehr als nur Gemüse, nämlich auch Gaukler und Musikanten – und eine Zwiebelkönigin.
Weimar, Tourist-Information, Friedensstr. 1, Tel. 0 36 43/74 5-0

Goethes Geburtstag in Weimar
Rund um den Geburtstag des deutschen Nationaldichters (28. August) richten die Stadt Weimar und die Goethe-Gesellschaft verschiedene Feiern aus: Lesungen, Aufführungen etc. Die öffentlichste davon – und die dem lebenslustigen Dichter wohl entsprechendste – ist das Weinfest auf dem Frauenplan.

einst Residenz der thüringischen Landgrafen, mit romanischem Palas und Renaissancebau »Gelbes Haus«.

*** Werradurchbruch** Imposante Muschelkalkfelsen säumen den Werradurchbruch bei Creuzburg. Nicht zuletzt aufgrund der jahrzehntelangen Isolierung der Region entlang der innerdeutschen Grenze konnte sich an den malerischen Flussschleifen die Natur so ungestört entfalten. Seltene Pflanzen (Orchideen) und Tiere haben hier ihr Refugium.

Nach französischem Vorbild ab 1742 erbaut: Orangerie von Schloss Friedenstein in Gotha

**** Nationalpark Hainich** Der Muschelkalkhöhenzug Hainich, seit 1997 Nationalpark, ist das größte zusammenhängende Laubwaldgebiet in Deutschland. Der vorherrschende Baum in diesem mitteleuropäischen Urwald ist die Rotbuche, die von Frühjahr bis Herbst immer wieder andere Farben annimmt. Diese wunderbaren Baumwelten erlebt man hautnah auf dem »Baumkronenpfad«: Der gut 300 Meter lange Holzbohlenweg führt durch das Dach des Waldes zu einem 40 Meter hoch gelegenen Aussichtspunkt.

*** Bad Langensalza** Der Kern des traditionsreichen Thermalbads ist noch von der mittelalterlichen Stadtmauer umgeben. Am Marktplatz finden sich historische Bürgerhäuser, das noble barocke Rathaus (18. Jahrhundert), der Marktbrunnen (1582) und die spätgotische Bonifatiuskirche (14./15. Jahrhundert). Das barocke Friederikenschlösschen (18. Jahrhundert) gehört zum Kurbereich.

*** Gotha** Eine der ältesten Städte Thüringens und im Mittelalter bedeutender Handelsplatz, wurde Gotha 1640 Residenzstadt des Herzogtums Sachsen-Gotha. Seither beherrscht das grandiose *Schloss Friedenstein das Stadtbild. Zur barocken Dreiflügelanlage mit dem schönen Innenhof gehört eines der ältesten deutschen Barocktheater, in dem noch die Bühnentechnik erhalten ist. Sehenswert sind auch die Kunstsammlungen im Schlossmuseum. Jenseits des im englischen Landschaftsstil gestalteten Schlossparks steht das Barockschloss Friedrichsthal. Das Herz der Altstadt bildet der Hauptmarkt mit seiner historischen Bebauung und dem prächtigen *Renaissancerathaus (1574). Eine Besichtigung verdient die gotische, im 17./18. Jahrhundert barockisierte Augustinerkirche mit malerischem Kreuzgang (14. Jahrhundert).

*** Drei Gleichen** Durch die Autobahn geteilt ist das Ensemble der drei mittelalterlichen Burgen, die nach der sagenumwobenen Burgruine Gleichen »Drei Gleichen« genannt werden.

**** Arnstadt** An Johann Sebastian Bach, der hier 1703 bis 1707 Organist der 1683 vollendeten »Bachkirche« war, erinnern das Denkmal am historischen Marktplatz – wo das *Renaissancerathaus besonders sehenswert ist –, die Bach-Gedenkstätte im Haus zum Palmbaum (17. Jahrhundert) sowie auf dem Alten Friedhof die Grabstätten von zahlreichen Vorfahren und Verwandten des großen Komponisten. Bedeutendster Sakralbau ist die romanisch-gotische *Liebfrauenkirche (1180–1330) mit einer bemerkenswerten Ausstattung, darunter ein spätgotischer Vierflügelaltar. Kostbarkeiten birgt auch das barocke *Schloss (um 1730) mit Renaissancegobelins, Porzellansammlung sowie der zauberhaften Puppensammlung »Mon Plaisir« (um 1700): In Schaukästen sind rund 400 kleine Wachspuppen zu Szenen aus dem Leben der Barockzeit arrangiert.

**** Erfurt** Siehe Stadtplan auf Seite 195

August förderte weiterhin Literatur und Kunst und berief 1797 Johann Wolfgang von Goethe und dessen Ministerkollegen Christian Gottlob zum Leiter der Bibliothek. 35 Jahre lang, bis zu seinem Tod 1832, hatte Goethe die Oberaufsicht als Bibliothekar. Unter seiner Ägide wurde sie eine der bedeutendsten Buchsammlungen Mitteleuropas, mit einem breiten Spektrum von Kunst, Geschichte und Literatur. Bei einem Großbrand 2004 wurde das einzigartige Ensemble aus Büchern, Kunstbestand und Architektur, das zum UNESCO-Weltkulturerbe gehört, im dritten Geschoss und in der Mansarde gänzlich zerstört, rund 50 000 antiquarische Bücher verbrannten. 2007 wurde das historische Bibliotheksgebäude mit dem Rokokosaal (links: Wendeltreppe) nach umfassender Restaurierung und ergänzt um den Erweiterungsbau »Bücher-Kubus« wiedereröffnet.

Saaleland und Ostthüringen

Vom Ilmtal im Westen bis zum Thüringer Schiefergebirge im Osten, von Weimar bis Altenburg reicht diese geschichtsträchtige Region. Das landschaftlich prägende Tal der Saale weitet sich im Süden mit den riesigen Wasserflächen der Stauseen zum »Thüringer Meer«.

*** **Weimar** Als »Stadt der deutschen Klassik« genießt Weimar Weltruhm. Dank Goethe und Schiller und des »Musenhofes« von Herzogin Anna Amalia und ihrem Sohn Herzog Carl August war es um 1800 Mittelpunkt des deutschen Geisteslebens. Politische Geschichte schrieb Weimar 1919, als die Nationalversammlung der ersten deutschen Republik hier eine Verfassung gab. In die Kunstgeschichte ging das Bauhaus ein, die 1919 in Weimar gegründete *Ausbildungsstätte für Kunst, Architektur und Design, dokumentiert im **Bauhausmuseum. Bedeutendste Baudenkmäler des klassischen Weimar sind **Goethes Wohnhaus mit Goethe-Nationalmuseum, *Goethes Gartenhaus, *Schillers Wohnhaus, *Wittumspalais (1767) der Herzogin Anna Amalia mit Wieland-Museum, **Residenzschloss (1774–1803) mit exquisiten klassizistischen Prunkräumen und das **Schlossmuseum mit Kunstsammlungen von europäischem Rang. Der grandiose Rokoko-Bibliothekssaal der Anna-Amalia-Bibliothek im **Grünen Schloss wurde nach dem Großbrand von 2004 wieder restauriert. Sehenswert sind auch die gotische *Hallenkirche St. Peter und Paul sowie das *Kirms-Krackow-Haus.

Von Schinkel entworfen: Dichterzimmer im Residenzschloss von Weimar (rechts)

Der deutschen Kleinstaaterei ist es wohl zu verdanken, dass die beschauliche Residenzstadt eines Herzogtums Ende des 18. Jahrhunderts zum geistig-literarischen Zentrum Deutschlands werden konnte. Herzogin Anna

Amalia hatte 1772 als Erzieher ihrer Prinzen Christoph Martin Wieland an den Hof von Weimar geholt und mit diesem im Wittumspalais und in Schloss Tiefurt alsbald einen literarischen Kreis um sich versammelt. Bald berief Karl August, der Herzogin Sohn, Johann Gottfried von Herder und Johann Wolfgang von Goethe nach Weimar. 1799 folgte Friedrich Schiller. Gemeinsam begründeten sie den Weimarer Kreis und mit ihrem Schaffen den Ruhm ihrer Wahlheimat als Stadt der deutschen Klassik. Zu Zugpferden des heutigen Kulturtourismus avancierten vor allem die beiden Letzteren. Hauptpilgerort ist das Goethehaus am Frauenplan, wo der Geheimrat 47 Jahre lang lebte. Der schlichte Barockbau präsentiert sich original ausgestattet (links: Juno-Zimmer, Bibliothek). Authentisch nachgestellt ist die Einrichtung des Schillerhauses (unten: Wohnraum, Außenansicht).

Thüringen

Das fünfte von zwölf Kindern eines Weimarer Kunstdrechslermeisters erwies sich schon früh als technikbegeistert. Bereits während seiner Lehre beim Jenaer Hofmechanikus erhielt der junge Carl Friedrich die Erlaubnis, an der Universität Vorlesungen zu besuchen. Nach siebenjähriger Wanderschaft, die ihn nach Stuttgart, Darmstadt, Wien und Berlin führte, studierte er ab 1845 in Jena Mathematik und Chemie. Davon offenbar nicht

Außerhalb der Stadt liegt die Gedenkstätte Buchenwald auf dem weitgehend unveränderte Gelände des NS-Konzentrationslagers, das ab 1945 der sowjetischen Besatzung diente.

**** Dornburger Schlösser** Malerisch auf dem Steilufer über den Flussauen der Saale gelegen, bilden Altes Schloss, Renaissanceschloss und Rokokoschloss mit ihren herrlichen Parkanlagen und den Wein- und Rosengärten ein eindrucksvolles Ensemble. Goethe hatte sich hier öfter aufgehalten.

Jena Im Talkessel der mittleren Saale liegt die traditionsreiche Universitätsstadt, die im Zweiten Weltkrieg schwer zerstört wurde. Erhalten blieb der historische *Marktplatz mit dem gotischen *Rathaus, dem *»Romantikerhaus« mit Literaturmuseum und der spätgotischen Michaelskirche mit bemerkenswerter Ausstattung. Außerdem sehenswert sind das *Collegium Jenense, erste Heimat der 1558 gegründeten Universität, die *Friedenskirche, das *Zeiss-Planetarium mit Multivisionsshows, das *Optische Museum, *Schillers Gartenhaus, das *Ernst-Abbe-Denkmal und das *Ernst-Haeckel-Haus.

**** Rudolstadt** Einen Musenhof wie in Weimar zu kreieren gelang den Fürsten von Schwarzburg-Rudolstadt zwar nicht, gleichwohl gehört ihr **Schloss zu den schönsten Barockanlagen Deutschlands. Innen ist es prächtig ausgestattet und mit vorzüglichen Sammlungen (Thüringer Landesmuseum) bestückt. Zu seinen Füßen liegt die zauberhafte **Altstadt mit dem Lengefeld'schen Haus, wo sich Goethe und Schiller 1788 erstmals begegneten, und dem Barockschloss Ludwigsburg.

Bad Blankenburg Oberhalb des im malerischen Tal der Schwarza gelegenen Luftkurorts thront die Ruine Greifenstein. Einst hatte die 170 Meter hoch gelegene Feste Blankenburg geheißen. In der Stadt sind die Kirche Unser Lieben Frauen mit ihrem Turm (14. Jahrhundert) sowie das Fröbelmuseum sehenswert. Dieses erinnert an den Pädagogen Friedrich Fröbel, der hier 1840 den ersten deutschen Kindergarten einrichtete. Rund zehn Kilometer flussaufwärts steht eine weitere Burg hoch über der Schwarza. Mittelpunkt der Schwarzburg ist der Kaisersaal mit Herrscherbildnissen und einer Sammlung von Waffen und Rüstungen.

**** Klosterruine Paulinzella** Die monumentale romanische Architektur dieser Klosterruine hat schon Friedrich Schiller zu einem Gedicht inspiriert. Bis zur Reformation war das 1105 gegründete Kloster das geistige Zentrum der Region, ab 1664 wurde es teilweise abgetragen und dem Verfall preisgegeben.

Relikt romanischer Baukunst: Klosterruine Paulinzella

Erfurt

Die lebendige Landeshauptstadt Thüringens lässt mit ihren zahlreichen mittelalterlichen Prunkbauten und der über 600 Jahre alten Universität noch heute den Reichtum vergangener Tage erahnen.

Die im 8. Jahrhundert gegründete Stadt an der Gera galt im Mittelalter wegen ihrer vielen Kirchen und Klöster als »deutsches Rom« – und Kirchtürme prägen bis heute unverkennbar die Silhouette von Erfurt. Viel historische Bausubstanz hat sich zwischen Domplatz und Anger – seit Jahrhunderten der geschäftigste Platz der Stadt – erhalten. Eine einzigartige städtebauliche Konstellation bildet der weiträumige *Domplatz mit der breiten Freitreppe zum 1174 bis 1476 erbauten gotischen **Dom und zur 1278 bis 1340 errichteten gleichfalls gotischen **St.-Severi-Kirche. Den Dom sollte man nach Möglichkeit bei Sonnenschein besichtigen, wenn die herrlichen mittelalterlichen Glasmalereien (1370 bis 1420) am besten zur Geltung kommen. Zu den weiteren Sehenswürdigkeiten Erfurts gehören das in einem prächtigen Barockbau untergebrachte **Angermuseum mit seinen vorzüglichen kunst- und kulturhistorischen Sammlungen, das gotische **Augustinerkloster mit der Zelle, die Martin Luther 1505 bis 1511 als Mönch bewohnte, sowie Kreuzgang und Kirche, ferner die **Krämerbrücke, die längste bebaute Brückenstraße Europas mit vielen kleinen Läden, die Marktstraße mit alten Fachwerkhäusern, der *Fischmarkt mit seinen Renaissancegebäuden sowie das von einem Roland-Standbild von 1581 bewachte neugotische Rathaus.

Erfurter Dom (unten: Triangel-Portalvorhalle mit den klugen und törichten Jungfrauen) und benachbarte Severikirche

ausgefüllt, eröffnete er 1846 seinen eigenen Betrieb und spezialisierte sich schon bald auf die Herstellung von Mikroskopen. Dabei legte er größten Wert auf Qualität. Auch wollte er sich nicht mit den damaligen Fertigungsverfahren begnügen, die nur Unikate ermöglichten. Zeiss erkannte, dass er zur Poduktoptimierung wissenschaftlich vorgehen musste. Er holte sich Mathematiker und Physiker in seine Firma. Nach vielen Fehlschlägen gelang dem Physiker Ernst Abbe der Durchbruch. Ab 1866 wurden alle Mikroskope von Carl Zeiss nach dessen Berechnungen gefertigt. Zeiss machte Abbe 1875 zum Teilhaber des stark gewachsenen Betriebs und bestimmte ihn zu seinem Nachfolger. Im selben Jahr gründeten die beiden auch eine firmeneigene Sozialversicherung, die Zeiss-Krankenkasse – wieder ihrer Zeit voraus. Zeiss ist auf dem Johannisfriedhof in Jena bestattet.

TIPP++TIPP++

Schloss Molsdorf

Ein spätbarockes Interieurmuseum, das zu jeder vollen Stunde und nach Vereinbarung in Form einer Führung besucht werden kann. In den Nebenräumen des Hauses haben der Nachlass des Thüringer Malers Otto Knöpfer und eine Erotica-Sammlung ihren festen Platz.
Erfurt-Molsdorf, Schlossplatz, Tel. 0 36 02/9 05 05

Zeiss-Planetarium

Carl Zeiss hat Jena weltbekannt gemacht, als er hier seine berühmten optischen Geräte baute – dabei war der Erfinder ursprünglich nur angestellt, um sich in der Universität um die technischen Geräte zu kümmern. Seit 1928 gibt es im Zeiss-Planetarium Vorführungen. Dazu gehören auch Lasershows.
Jena, Am Planetarium 5, Tel. 0 36 41/88 54 88, Mo geschl.

Volkskundemuseum Thüringer Bauernhäuser

In diesem Freilichtmuseum im Heinrich-Heine-Park geben einige Fach-

werkhäuser Einblick in die ländliche Bauweise des 17. Jahrhunderts. Schon 1914 hatte man die Schaustücke aus den Orten Birkenheide und Unterhasel hierher versetzt.
Rudolstadt, Große Wiese 2, März–Okt. 11–18 Uhr, Tel. 0 36 72/42 24 65

Mit 22 Jahren hatte er bereits das Juraexamen geschafft, ein Zerwürfnis mit dem Vater hinter sich gebracht sowie nebenbei ein Kriminalstück geschrieben. 1773 veröffentlichte er den »Götz von Berlichingen« im

*** Ilmenau** Mit dem Geheimrat Goethe untrennbar verbunden ist die Kreisstadt am Fuße des Thüringer Walds. Der Dichterfürst schätzte sie wegen ihrer »Berg- und Waldnatur« als Erholungsort, war aber auch, als er den Bergbau – erfolglos – wiederzubeleben versuchte, Vorsitzender der hiesigen Bergwerkskommission. In dieser Funktion residierte er im Amtshaus von 1616, das zu einer Gedenkstätte umgewandelt wurde. Wie das Amtshaus geht auch das Rathaus auf die Renaissancezeit zurück. Letzteres hat man um 1785 erneuert. Ebenfalls im 18. Jahrhundert wurde die gotische Stadtkirche St. Jakob nach einem Brand im Stil der Zeit wiederaufgebaut.

*** Saalfeld** Hauptattraktion ist hier die **Feengrotte, aber auch das altertümliche Erscheinungsbild der durch Handel und Bergbau früh wohlhabenden Stadt macht Lust auf eine Besichtigung. Sehenswert sind besonders die spätgotische Hallenkirche *St. Johannis (1390 bis 1520) mit kostbarer Ausstattung, der romanische Wohnturm mit Hofapotheke, das Stadtmuseum im ehemaligen Franziskanerkloster sowie das barocke Schloss mit reich geschmückter *Schlosskapelle.

Pößneck Eine der schönsten Burgen Thüringens, Ranis, erhebt sich nahe dieses Städtchens mit seinem reizvollen Marktplatz, dem Rathaus aus Spätgotik und Renaissance und der gotischen Stadtkirche St. Bartholomäus. Ranis hat alles, was eine Bilderbuchburg ausmacht: Vor-, Haupt- und Unterburg sowie einen mächtigen Bergfried. Dieser stammt aus dem 12. Jahrhundert, während die Renaissanceflügel der Hauptburg um 1600 auf Fundamenten der Vorgängerburg emporwuchsen. Sie brannten allerdings nieder und erstanden im

Selbstverlag und, von dessen Erfolg beflügelt, kurz darauf »Die Leiden des jungen Werther«; mit 24 bereits ein Star der damaligen Literaturszene. Herzog Karl August von Sachsen-Weimar-Eisenach bot dem jungen Genie eine Stelle an seinem Hof in Weimar an, nicht allein, um den »Musenhof« zu bereichern, sondern um politische Aufgaben zu übernehmen. Ein Teil der Entlohnung bestand in dem Erwerb des Gartenhauses in Weimar für Goethe (ganz links). Hier schrieb er ein Stück Weltliteratur nach dem anderen, trieb naturwissenschaftliche Studien und pflegte eine intensive Freundschaft mit Friedrich von Schiller, die man später als Nukleus der »Weimarer Klassik« betrachtete. Seinen Ruf als Inbegriff des deutschen Dichters erwarb er vor allem mit der Tragödie in zwei Teilen: »Faust« (links: Büste von Christian Daniel).

17. Jahrhundert neu. Unter die Vorburg duckt sich die Ilsenhöhle, in der sich schon vor 40 000 Jahren Menschen versammelten, wie Funde von Feuersteinspitzen bezeugen.

Naturpark Thüringer Schiefergebirge Obere Saale Unterschiedliche Landschaften treffen im Südosten Thüringens aufeinander: die weiten welligen Hochflächen und die ausgedehnten Wälder des Schiefergebirges sowie die tief eingeschnittenen Täler von *Schwarza und Sormitz, wo sich die Natur die einstigen Schieferbrüche zurückerobert hat. Dazu kommen das idyllische *Plothener Teichgebiet und das *»Thüringer Meer« – die riesigen Wasserflächen der Stauseen Hohenwarte und Bleiloch im Oberen Saaletal, beliebte naturnahe Erholungsgebiete.

**** Schloss Burgk** Die exponierte Lage auf einem Bergrücken über der Saale, dazu mittelalterliche Festungsbauten und schließlich das im 17. Jahrhundert errichtete Jagdschloss der Fürsten Reuß mit Rittersaal, Prunkräumen, Schlosskapelle und Schlossküche ergeben ein eindrucksvolles Ensemble.

Weida Zwischen den Flüsschen Weida und Auma erbauten die elsterländischen Herren im 12. Jahrhundert ihre Feste, die Osterburg. Aus dem 12. Jahrhundert stammt die Basis des wuchtigen Bergfrieds, aus der Spätgotik dessen Oberbau und das benachbarte Giebelhaus, aus der Renaissance das dreigeschossige Schloss. Auch der Ort Weida hat eine lange Baugeschichte: So gehört die Widenkirche in die Spätromanik und die Hochgotik, die Stadtkirche in die Gotik und das Rathaus ins 16. Jahrhundert. Ein technisches Meisterwerk des 19. Jahrhunderts stellt die Eisenbahnbrücke über das Oschütztal dar.

Gera Die zweitgrößte Stadt Thüringens ist stolz auf ihren schönen *Marktplatz, auf dem das *Rathaus (15. Jahrhundert) mit dem prächtigen Portal, die *Stadtapotheke mit Renaissanceerker und Simsonbrunnen (1686) die Akzente setzen. Außerdem sehenswert sind die Orangerie mit **Kunstsammlungen, das *Geburtshaus von Otto Dix und das *Jugendstiltheater.

**** Altenburg** Die »Skatstadt«, in der seit 400 Jahren Spielkarten hergestellt werden und 1810 das Skatspiel erfunden wurde, hat ein Spielkartenmuseum im schönen **Schloss, das Baustile aus neun Jahrhunderten vereint. Im Schlosspark steht das *Lindenaumuseum mit einer erstklassigen Sammlung frühitalienischer Malerei. In der Altstadt gilt es alte Bürgerhäuser zu bewundern, ferner das Renaissancerathaus, das malerische Nikolaiviertel und die »Roten Spitzen« der beiden Türme der einstigen Augustinerkirche.

Thüringische Schlösserherrlichkeit: Schloss Burgk (links) und Schloss Altenburg (oben)

TIPP++TIPP++

Saalfelder Feengrotten
Als »farbenreichste Schaugrotten der Welt« stehen die Feengrotten im Guiness-Buch der Rekorde. Mit der Zeit schuf die Natur in den verlassenen Stollen und Weitungen ein unterirdisches Kleinod an Form und Farbe. Alljährlich lassen sich viele Besucher faszinieren von der unterirdischen Welt eines historischen Alaunschieferbergwerks.
Saalfeld, Feengrottenweg 2, Tel. 0 36 71/5 50 40, tgl. geöffnet, außer Januar nur am Wochenende

Thüringen

Die markanteste Erhebung des Thüringer Waldes ist der Große Inselberg, dessen runde Kuppe aus dem Grün der Bergkette ragt. Mit 916 Metern ist er eine der höchsten Erhebungen der von Nordwest nach Südost ver-

TIPP++TIPP++

Spielzeugmuseum Sonneberg
Auf drei Etagen findet man hier Spielzeuge von der Antike bis zur Gegenwart. Die Ausstellungen sind für Groß und Klein interessant.
Sonneberg, Beethovenstraße 10, Die– So sowie an Feiertagen 9–17 Uhr, Tel. 0 36 75/42 26 34-0

Museum für Glaskunst
Es sammelt, dokumentiert, erforscht und präsentiert das Thüringer Glas in seiner gesamten zeitlichen und thematischen Breite: vom späten Mittelalter bis in die Gegenwart.
Lauscha, Oberlandstr. 10, Di–So 10–17 Uhr, Tel. 0 3 67 02/2 07 24

Thüringer Wald

Der Kamm des waldreichen Mittelgebirges, das durchschnittlich 650 bis 850 Meter hoch ist, zieht sich auf einer Länge von 120 Kilometern und einer Breite von bis zu 35 Kilometern durch den gesamten Süden Thüringens. Eine touristische Attraktion ist der 168 Kilometer lange Rennsteig, der bekannte Fernwanderweg auf den Höhen des Thüringer Waldes von der Werra im Westen bis zur Saale im Osten.

*** Naturpark Thüringer Wald** Der Thüringer Wald stellt ein echtes Waldgebirge dar. In Höhen über 700 Meter ist die beinahe geschlossene Walddecke fast durchgängig mit Fichten bestanden, dazwischen finden sich Bergwiesen und Hochmoore. Rot- und Damwild hat hier ein Refugium, auch Schwarzwild, Fuchs, Marder und Wildkatze. Landschaftlich reizvoll ist der teils abrupte Gegensatz zwischen bewaldeten Höhen und tief eingeschnittenen Flusstälern. Die höchsten Erhebungen hat der mittlere Thüringer Wald mit dem Großen Beerberg (982 Meter) und dem Schneekopf (978 Meter). Touristisch ist das Gebiet für Wanderer und Skifahrer gut erschlossen.

Sonneberg Im südlichen Thüringer Wald liegt die traditionsreiche Spielzeugstadt, in der sich bereits im Jahr 1413 ein »Dockenmacher« (Spielzeugmacher) aus Nürnberg niederließ. Die einzigartige Sammlung des *Deutschen Spielzeugmuseums bringt nicht nur Kinderaugen zum Leuchten.

*** Lauscha** Was Sonneberg für Spielzeug, ist Lauscha für Glas: das einstige Zentrum einer weltweit boomenden Industrie. Einblick in Tradition und Bedeutung der Glasbläserei gibt das hiesige Museum für Glaskunst.

Römhild Auf dem Kleinen Gleichsberg bei Römhild findet sich das größte archäologische Bodendenkmal Thüringens, eine weitläufige *keltische Burganlage (5.–1. Jahrhundert v. Chr.), von der in den Wäldern noch kilometerlange Ringwälle auszumachen sind. Funde daraus sind im Steinsburg-Museum ausgestellt.

Schleusingen Als »castrum« der Grafen von Henneberg wurde das hiesige Schloss Bertholdsburg 1268 erstmals erwähnt. Die heutige Renaissanceanlage, die über dem Zusammenfluss von Schleuse, Nahe und Erle wacht, reicht in ihren Ursprüngen auf den Anfang des 16. Jahrhunderts zurück. Den Marktplatz des Ortes umgeben historische Häuser aus dem 17. bis 19. Jahrhundert, das Renaissancerathaus stammt von 1550.

***Hildburghausen** Durch seinen kraftvollen grünen Anstrich zieht das Rathaus der Werra-Stadt die Aufmerksamkeit des Betrachters sofort auf sich. Der

laufenden Bruchscholle und zugleich die Wasserscheide zwischen dem Weser- und dem Elbstromgebiet. Über den Berg führt der sagenumwobene Kammweg des Thüringer Waldes, der Rennsteig. Bei klarem Wetter sind die Höhenzüge des Harzes und der Rhön gut erkennbar. Faszinierende Naturerlebnisse säumen die Wege (ganz links). Oberhof ist der bedeutendste Wintersportort im Thüringer Wald – schon seit der Jahrhundertwende, als man es das »Thüringische St. Moritz« nannte (links). Hier wurde zu SED-Zeiten das Medaillensammeln trainiert. Neben den üblichen Ski- und Rodelmöglichkeiten gibt es Sprungschanzen, Kunsteisbob- und Rennschlittenbahnen sowie ein Eisstadion. Noch heute werden hier alljährlich nationale und internationale Wettkämpfe ausgetragen. Einige Anlagen stehen dem Breitensport offen.

Ruine der romanischen Kirche von Kloster Veßra

von einem hohen Volutengiebel geschmückte Renaissancebau wurde 1595 errichtet. Dem Barock sind das ehemalige herzogliche Amtshaus sowie die Stadtkirche verpflichtet. Im Stadtmuseum kann man die Erstausgaben von Meyers Konversationslexikon bewundern.

* **Eisfeld** Ebenfalls an der Werra liegt diese altfränkische Siedlung. Aus der Spätgotik stammt die Stadtkirche St. Nikolai. Das Langhaus hat man während der Renaissance umgebaut. Prachtvoll zeigen sich das benachbarte Fachwerkpfarrhaus, das seinen letzten Schliff 1632 erhielt, und das Schulhaus von 1653. Über Stadt und Werratal thront das Schloss, von dessen ursprünglichem Bau aus dem 12. Jahrhundert nur Bergfried und Palas übrig geblieben sind. Die anderen Teile wurden um 1650 erneuert.

* **Kloster Veßra** Im ehemaligen Klosterbezirk der 1131 begründeten Prämonstratenserabtei, die 1939 bei einem Brand schwer beschädigt wurde, ist das Hennebergische Freilichtmuseum entstanden – mit eindrucksvollen Sakralbauten der Romanik und Gotik und mehreren Wirtschaftsgebäuden des 16. bis 19. Jahrhunderts eine kleine Welt für sich, umgeben von der alten Klostermauer.

* **Biosphärenreservat Vessertal** Die idyllische Tallandschaft inmitten des Naturparks Thüringer Wald – sie soll Goethe zu seinem Gedicht »Über allen Wipfeln ist Ruh ...« inspiriert haben – bezaubert durch abwechslungsreiche Kleinteiligkeit mit Wäldern und Auen, Wiesen und Mooren.

* **Rennsteiggarten** In der Nähe des bekannten Wintersportorts Oberhof sind auf einem weiträumigen Gelände Tausende von Gebirgspflanzenarten angepflanzt – ein botanischer Garten im natürlichen Umfeld des Thüringer Walds. Der Name verweist auf den beliebten Höhenwanderweg Rennsteig, dem im Mittelalter eine bedeutende Rolle als Handelsroute zukam.

** **Meiningen** In der zweiten Hälfte des 19. Jahrhunderts haben »die Meininger«, das Theaterensemble des Herzogs von Sachsen-Meiningen, Theatergeschichte geschrieben. Auch heute ist diese Tradition im Stadttheater (1808) und im Theatermuseum noch ganz lebendig. Letzteres ist, neben anderen Museen und Sammlungen, in den Prunkräumen des Ende des 17. Jahrhunderts

Impression aus dem Thüringer Wald (oben links); Foyer des Meininger Theaters, der Wiege des deutschen Regietheaters (oben rechts)

errichteten grandiosen Barockschlosses **Elisabethenburg untergebracht.

Zella-Mehlis Den bedeutendsten spätbarocken Saalbau Thüringens findet man hier, in einer Doppelstadt in einem engen Tal des Thüringer Waldes. Die Stadtkirche St. Blasius wurde 1768 bis 1774 auf den Fundamenten eines gotischen Vorgängerbaus errichtet, von dem noch ein Turm erhalten ist. Dies ist auch bei der Kirche St. Magdalenen (1623) im Stadtteil Mehlis der Fall.

Suhl Südlich von Zella-Mehlis liegt an der alten Passstraße von Schleusingen nach Gotha die größte Stadt Südthüringens, eingerahmt vom Domberg im Westen und dem Ringberg im Osten. Das schönste Bauwerk ist das um 1650 im hennebergisch-fränkischen Stil errichtete Malzhaus, in dem ein Waffenmuseum untergebracht ist. Die Herstellung von Handfeuerwaffen hat in Suhl eine 400-jährige Tradition. Das Stadtzentrum bildet der Marktplatz mit dem neugotischen Rathaus, dem Waffenschmied-Brunnen und der Hauptkirche St. Marien. Ein Bummel vom Markt über den Steinweg zur Kreuzkirche macht mit schönen Fassaden aus verschiedenen Jahrhunderten, vor allem aus Barock und Rokoko, bekannt. Fachwerkliebhaber sollten den eingemeindeten Ort Heinrichs und sein einzigartig schönes Rathaus besuchen.

* **Walldorf** Das markanteste Bauwerk des Fachwerkdorfs ist die spätmittelalterliche Kirchenburg, die wohl schönste der zahlreichen Wehrkirchen, die sich in der Region noch erhalten haben.

Renaissanceschloss Wilhelmsburg in Schmalkalden

* **Wasungen** Die traditionsreiche Karnevalshochburg gibt sich mit Stadtmauer, viel Fachwerk – besondere Höhepunkte sind das Rathaus (1533) und das Amtshaus (1607) – sowie dem Pfaffenburg-Turm (14. Jahrhundert) noch ganz altertümlich. In der Renaissance-Stadtkirche (16. Jahrhundert) ist vorzügliche Schnitzkunst zu bewundern.

Salzungen Im Werratal liegt das Sol- und Thermalbad, das schon in römischer Zeit wegen seiner Salzvorräte umkämpft war. Deutliche Zeichen einsti-

Um 1067 als Sitz der thüringischen Landgrafen gegründet, war die Wartburg (ganz links) im hohen Mittelalter Wirkungsstätte der hl. Elisabeth und Schauplatz des legendären »Sängerkriegs«, an dem auch Wolfram von Eschenbach, Heinrich von Ofterdingen und Walther von der Vogelweide teilnahmen. 1521/22 fand Martin Luther hier als »Junker Jörg« Zuflucht und übersetzte das Neue Testament ins Deutsche. 1817 begann mit dem Wartburgfest der Burschenschaftler die liberal-nationale Bewegung. Hauptsehenswürdigkeiten sind der spätromanische Palas (1220) mit Rittersaal, die original erhaltene Lutherstube (links) in der Vogtei, die Elisabethgalerie mit dem historischen Freskenzyklus von Moritz von Schwind, die Neue Kemenate und der Rüstsaal Dirnitz (19. Jahrhundert) mit kostbaren Kunstsammlungen.

gen Reichtums sind Bürgerhäuser aus der Zeit der Renaissance sowie das Rathaus. Eine Attraktion bilden die Gradierwerke, deren erstes bereits 1796 entstand. Über Gestrüpp tropft die Sole herab, und die flanierenden Kurgäste atmen die salzhaltige Luft ein. Neben Husenkirche und Butlar'schem Schloss lohnt noch das Bergwerk Merkers eine Besichtigung, dessen Schmuckstück die 45 Meter lange »Kristallhöhle« ist.

**** Schmalkalden** Den Namen des romantischen Fachwerkstädtchens – die gesamte *Altstadt steht unter Denkmalschutz – kennt man aus dem Geschichtsunterricht: Im Jahre 1531 schlossen die protestantischen Fürsten den Schmalkaldischen Bund gegen den katholischen Kaiser. Bedeutendste Sehenswürdigkeit ist das erhöht gelegene **Schloss Wilhelmsburg, ein nobler Renaissancebau (1589) mit prächtiger Schlosskapelle (Orgel aus dem 16. Jahrhundert) und Prunksälen. Heute wird es als Museum genutzt. Einen Besuch wert ist auch das *technische Denkmal »Neue Hütte«, eine spätklassizistische Hochofenanlage.

**** Drachenschlucht** Der Name verrät, um was es sich handelt: eine wildromantische Klamm mit hohen Felswänden, Schluchtwäldern und sprudelnden Wasserläufen. Die Drachenschlucht bei Eisenach ist ein Teil des Annatals, das zum Naturschutzgebiet »Wartburg – Hohe Sonne« gehört, mit fast 500 Hektar eines der größten im Thüringer Wald.

***** Eisenach** Zwar ist hier die ***Wartburg, die auf dem Wartberg über Eisenach thront, unzweifelhaft die Hauptattraktion. Aber auch die alte Residenzstadt selbst am nordwestlichen Rand des Thüringer Walds hat Eindrucksvolles zu bieten. Besonders sehenswert sind der Marktplatz mit Fachwerkrathaus, Marktbrunnen (1549), barockem Stadtschloss und spätgotischer Georgenkirche, das **Lutherhaus, in dem Martin Luther als Lateinschüler (1498 bis 1501) wohnte (mit Ausstellung), das **Bachhaus, in dem Johann Sebastian Bach 1685 geboren wurde (ebenfalls mit Ausstellung), die frühgotische Predigerkirche mit Kunstmuseum sowie das *Automobilbaumuseum mit allen in der »Autostadt« Eisenach gebauten Modellen.

Wartburg: In der Vogtei mit dem Nürnberger Erker befindet sich die Lutherstube, wo der Reformator 1521/22 die Bibel übersetzte (oben)

TIPP++TIPP++

»Sommergewinn«
Im übrigen Deutschland ist eher unter Fasnacht bekannt, was die Eisenacher »Sommergewinn« nennen: die Austreibung des Winters. Zum 1286 erstmals erwähnten Fest gehört ein Umzug immer am vierten Samstag vor Ostern. Nach einem Streitgespräch zwischen Sunna und Winter wird der Winter (in Form einer Strohpuppe) verbrannt. Dem Umzug folgt ein einwöchiges Volksfest.
Eisenach-Information, Markt 9, Tel. 0 36 91/79 23-0

Nur ein Beispiel für die vielen reizvollen hessischen Fachwerkstädtchen: Melsungen im Schwalm-Eder-Kreis

Hessen

In der landschaftlich außerordentlich abwechslungsreichen Region zwischen Oberrheingraben und Weser, Westerwald und Rhön wurde kontinentale Geschichte geschrieben, nicht nur deutsche. Franken wie Staufer hatten hier ihre Pfalzen, die Kirche besaß einflussreiche Abteien, der Adel baute sich seine Burgen entlang den Flüssen, vor allem an der Lahn, und die kleinen Leute zogen sich in die Gemütlichkeit ihrer mittelalterlichen Städte zurück. Eine spannende Vielfalt, die eine Reise wert ist.

Sie existieren im öffentlichen Bewusstsein eigentlich nur als Paar: Jacob und Wilhelm Grimm (1785–1863 bzw. 1786–1859), die berühmten Märchensammler, Sprachforscher, Übersetzer, Germanisten (links: Denkmal in Kassel). Geboren in Hanau, verbrachten sie fast ihr gesamtes Leben gemeinsam: die Kindheit in Steinau, die Schule in Kassel, das Studium in Marburg, arbeitsreiche Phasen in Kassel und Göttingen, wo sie als Bibliothe-

TIPP++TIPP++

documenta
Alle vier bis fünf Jahre lockt Kassel mit der in Deutschland bedeutendsten Ausstellung moderner Kunst. Die erste documenta fand 1955 statt und trug Kassels Namen in alle Welt. Die zehnte documenta gab es 1997, die nächste soll im Jahr 2012 stattfinden.
documenta und Museum Fridericianum Veranstaltungs-GmbH
Kassel, Friedrichsplatz 18
Tel. 05 61/70 72 70

Grimm-Museum
In Kassel, der Hauptstadt der Deutschen Märchenstraße, zeugt das Brüder Grimm-Museum vom Leben und Schaffen der bekannten Sprachforscher und Märchensammler Jacob und Wilhelm Grimm.
Kassel, Palais Bellevue, Schöne Aussicht 2, Tel. 05 61/7 87-20 33, tgl. 10–17 Uhr, Mi bis 20 Uhr

Schloss Arolsen
Zu besichtigen sind u. a. der Steinerne Saal mit herrlichen Stuckarbeiten

und Deckengemälden, Pfälzisches Zimmer, die Alhambra – Hochzeitsgabe der Prinzessin Helene von Nassau, Weißer Saal mit Gemälden von Tischbein, Meytens und Aldegrever, der Musik-, Weiße-Empire-, Rote und Blaue Salon und das Kronprinzenzimmer.
Residenzschloss Arolsen, Schlossstr. 27, Tel. 0 56 91/89 55-26 oder 89 55-0

Kasseler Land

Die nördlichste Region Hessens mit dem Werra-Meißner-Land an ihrer Ostflanke und dem Waldecker Land im Südwesten prägen reizvolle Flusstäler, idyllische Städtchen, verwunschene Wälder und ausgedehnte Seenlandschaften. Die Berghänge des Hohen Meißner eignen sich gut für Wanderungen und Wintersport. Urbaner Mittelpunkt der Region ist Kassel.

*** **Bad Karlshafen** Barocke Schönheit vom Reißbrett: Landgraf Karl gab das Städtchen mit Weserhafen und Kanal 1699 bei dem hugenottischen Baumeister Paul du Ruy in Auftrag und siedelte auf dem streng geometrisch angelegten Areal französische Glaubensflüchtlinge an. Über deren Geschichte und handwerkliches Talent informiert das *Deutsche Hugenottenmuseum. Letzteres offenbarten auch die Mönche des Klosters Helmarshausen, das diesem von mittelalterlicher Fachwerkarchitektur geprägten Stadtteil von Karlshafen (das Attribut »Bad« kam erst im 19. Jahrhundert dank der Solequellen hinzu) seinen Namen gab. In der Kunstwerkstatt der Benediktiner entstand u. a. das *Evangeliar für Heinrich den Löwen. Ein Faksimile dieser Perle romanischer Buchmalerei liegt im alten Rathaus von Helmarshausen aus.

* **Trendelburg** Hauptattraktion des Fachwerkstädtchens an der Deutschen Märchenstraße ist die gleichnamige Burg, eine der wenigen nicht zerstörten mittelalterlichen Burganlagen Deutschlands. Einer ihrer Türme wird als »Rapunzelturm« vermarktet. Auf die Spuren einstigen jüdischen Lebens stößt man in der Altstadt, wo eine Mikwe, ein jüdisches Ritualbad, besichtigt werden kann.

** **Sababurg** Einen märchenhaften Anblick, vor allem zur Zeit der Rosenblüte, bietet das »Dornröschenschloss«, zu dem der Volksmund das 1334 als Pilgerschutzstätte errichtete, später zum Jagdschloss ausgebaute Ensemble erkor, nachdem es fast 150 Jahre lang in einen Schlaf des Vergessens versunken war. Die grimmsche Märchengestalt und ihr Prinz erzählen Besuchern persönlich ihre Geschichte. Sehenswert sind auch der Schlossgarten und der 1571 gegründete *Tierpark im Reinhardswald, die älteste zoologische Anlage Europas.

stil. Sehenswert sind auch die Altstädter Kirche (12.–14. Jahrhundert) mit Passionsflügelaltar, Deutschlands älteste Hugenotten-Fachwerkkirche (Stadtteil Carlsdorf) sowie die Anlagen des ehemaligen Bades (18. Jahrhundert) mit dem Schlösschen Schönburg.

* **Naturschutzgebiet Urwald Sababurg** Das älteste hessische Naturschutzgebiet (1907) mit seinen bis zu 1000 Jahre alten Eichen und meterhohem Farn liegt im Reinhardswald und hat noch echten Urwaldcharakter.

Der Kasseler Herkules hoch über Schloss Wilhelmshöhe

Naturpark Meißner-Kaufunger Wald Neben den namensgebenden Wäldern umfasst der Park das Mittelgebirge Söhre südöstlich von Kassel und Teile des Werratals. Das Frau-Holle-Märchen sowie viele andere Sagen sind am Hohen Meißner angesiedelt.

* **Hofgeismar** Zahlreiche mittelalterliche Bauwerke prägen den Kern des 1082 erstmals urkundlich erwähnten Orts, darunter das »Steinerne Haus« aus dem 13. Jahrhundert (heute Apotheken-Museum) und das Rathaus im Weserrenaissance-

** **Bad Arolsen** Von 1655 bis 1918 war Arolsen die Residenzstadt der Fürsten zu Waldeck und Pyrmont, deren prachtvolles *Schloss aus dem frühen 18. Jahrhundert oft als »hessisches Versailles« bezeichnet wird. Besonders sehenswert im Inneren sind das exquisite Rokoko-Audienzzimmer der Fürstin, der Weiße Saal mit Gemälden von Tischbein sowie der Damensalon mit Möbeln des Arolser Kunstschreiners Johann Wilhelm Kaulbach. Dessen Nachfahre Wilhelm von Kaulbach (1804–1874) ging als Hofmaler des bayerischen Königs

kar bzw. Sekretär angestellt waren. Gemeinsam wurden sie dort ausgewiesen, weil sie sich als Teil der »Göttinger Sieben« für Freiheit und Demokratie engagiert hatten. In Berlin schließlich lebten beide ab 1841 bis zu ihrem Tod. Sie ergänzten sich perfekt – Jacob war der Ungestüme, der Macher, Wilhelm der Besonnenere, der Feinarbeiter. Ihre Märchen schauten sie dem Volk »vom Maul ab«. Ihr Ruf wäre nicht so umfassend, wenn sie nicht auch wissenschaftlich Hervorragendes geleistet hätten. Sie haben die systematische deutsche Sprachwissenschaft begründet, Mythenforschung und Namenskunde entscheidend beeinflusst. Jacob Grimms »Deutsche Grammatik« war ein bahnbrechendes Werk, und ihr erst 1961 von anderen vollendetes »Deutsches Wörterbuch« mit dem gesamten Sprachschatz der Luther- bis zur Goethezeit ist weltweit einzigartig.

Ludwig I. in die Geschichte ein. Das Museum *Kaulbachhaus erinnert an das Schaffen der Künstlerfamilie.

*** Naturpark Habichtswald** Der bekannteste Abschnitt des knapp 500 Quadratkilometer großen Naturparks ist der Bergpark Wilhelmshöhe in Kassel. Ringwälle und Hünengräber zeugen davon, dass bereits seit der Antike Menschen im Habichtswald lebten.

*** Kassel** Drei Schlösser, drei Parks, die ***documenta für die Liebhaber zeitgenössischer Kunst – Nordhessens Metropole geizt nicht mit Reizen. Die einstige Residenzstadt in der Talsohle zwischen Habichts-, Reinhards- und Kaufunger Wald konnte ihr historisches Flair bewahren und es mit Leben erfüllen. Das versöhnt ein wenig mit den weitverbreiteten ästhetisch nicht ganz so gelungenen Nachkriegsbauten. Wahrzeichen der auch als Hauptort der Deutschen Märchenstraße bekannten Stadt an der Fulda ist der gut acht Meter hohe, in Kupferblech getriebene Herkules am höchsten Punkt der **Wilhelmshöhe, Europas größtem Bergpark. Zu den weiteren Attraktionen gehören neben den Wasserspielen zu Füßen des Herkules das *Schloss Wilhelmshöhe, einer der letzten Großbauten des Absolutismus (der Mittelteil beherbergt die Gemäldegalerie Alter Meister mit Werken von Cranach, Dürer, Rembrandt, Rubens, van Dyck und Tizian sowie eine Antikensammlung), die Löwenburg (1793–1801), eines der wichtigsten Beispiele neogotischer Ruinenarchitektur in Europa, das Gewächshaus (1822) sowie

Eine mystische Atmosphäre entfaltet der Reinhardswald, Schauplatz Grimm'scher Märchen, mit seinen uralten knorrigen Bäumen (rechts).

Hessen

Die Brüder Grimm waren noch in einem Alter, in dem man hingerissen Märchen lauscht, da wurde in der Nähe von Kassel ein Ensemble verwirklicht, das wie geschaffen ist als Kulisse für die Märchen, die sie später

das von Leo von Klenze Anfang des 19. Jahrhunderts als Theater erbaute Ballhaus. Weitere Highlights von Kassel sind die *Karlsaue, ein weitläufiger Barockpark mit der schlossartigen Orangerie als Blickfang, sowie das Rokokokleinod *Wilhelmsthal (im Ortsteil Calden). Park und Schloss Wilhelmsthal ließ Landgraf Wilhelm VIII. ab 1743 in ländlicher Umgebung vom bayerischen Hofarchitekten François de Cuvilliés d. Ä. als Sommerresidenz, Lust- und Jagdschloss errichten.

**** Bad Sooden-Allendorf** Liebevoll restauriert und dekoriert haben die Soodener den mittelalterlichen Fachwerkkern ihres Städtchens. Die Stadtgeschichte ist eng mit dem »weißen Gold« verknüpft, wovon das historische *Gradierwerk (1638) und das Salzmuseum zeugen. Eine weitere Attraktion ist die mythenumrankte *Kammerbacher Höhle, Hessens größter Höhlenraum.

**** Eschwege** Kaufleute, Nonnen und Handwerker, vor allem Weber und Gerber, sorgten seit dem Mittelalter für den Aufstieg der Siedlung, die nach dem Tod Kaiser Ottos II. in den Besitz seiner Gattin Teophanu kam. Über 1000 Fachwerkhäuser und das *Landgrafenschloss (17. Jahrhundert) mit der Dietemann-Kunstuhr künden von der historischen Prosperität. Opulenz im Miniaturformat birgt das Eschweger *Zinnfigurenkabinett: Fast 12 000 Figuren stellen dort rund 200 Szenen aus der Welt- und der Stadtgeschichte nach.

*** Hessisch Lichtenau** Das romantische Städtchen am Fuße des Hohen Meißners gilt als Ursprungsort des Grimm'schen Märchens von Frau Holle. Sein geschlossener Fachwerkkern umfasst 130 Gebäude. Besonders sehenswert sind Rathaus (1656) und Stadtkirche (1415).

*** Korbach** Historische Bauwerke verschiedenster Epochen prägen den alten Kern der einzigen hessischen Hansestadt. Ihre Blüte verdankt sie dem Eisenberg, von dem schon die Römer wussten, dass er »Hüter einer Goldader« ist. Ebenfalls berühmt ist die 1964 entdeckte Korbacher Spalte, eine Fossilienfundstätte von Wirbeltieren. Die 250 Millionen Jahre alten

Fachwerkhäuser in Korbach im Waldecker Land

sammelten. Ende des 18. Jahrhunderts, als die Romantik die europäische Kultur eroberte, entstand mit der Löwenburg auf der Wilhelmshöhe (links) ein pittoreskes Beispiel der Ruinenromantik. Kurfürst Wilhelm ließ sich ein Schloss erbauen, das nach außen wie eine bröckelnde Burgruine aus gotischer Zeit wirkt, im Inneren aber durchaus wohnliche Räume für ihn und seinen Hofstaat aufwies. Die Löwenburg, Schloss Wilhelmshöhe (ganz links), Tempel und Grotten sowie Herkules-Statue ergeben Wilhelmshöhe, den größten Bergpark Europas. Hauptattraktion sind jedoch die Wasserspiele mit ihren Kaskaden, Aquädukten und Teichen. Als die Grimms 1798 nach Kassel kamen, um hier das Lyzeum zu besuchen, wurde an der künstlichen Ruine noch gewerkelt; wie vorherbestimmt als Vorbild für das spätere Schloss »Dornröschens« ...

Funde und die Stadtgeschichte samt Goldbergbau bereitet das preisgekrönte *Wolfgang-Bonhage-Museum auf.

* **Bad Wildungen** Behütet vom Barockschloss Friedrichstein und geprägt durch exquisite Bauten der Gründerzeit wie des Jugendstils, zeigt sich das Städtchen am Ostrand des Kellerwaldes als Kurort par excellence.

* **Naturpark Kellerwald-Edersee** Der Naturpark, dessen nördlicher Teil zum Nationalpark erklärt wurde, ist gekennzeichnet durch ausgedehnte Buchenwälder sowie den durch eine Talsperre entstandenen Edersee.

Nahezu vollständig von einer mit Türmen gespickten mittelalterlichen Stadtmauer umgeben ist die alte Domstadt Fritzlar (oben).

** **Frankenberg** Originelle Huckepack-Figuren schmücken das zehntürmige, deutschlandweit bekannte *Frankenberger Rathaus aus dem 16. Jahrhundert, Teil eines vorbildlich restaurierten idyllischen Altstadtkerns zu Füßen des Burgbergs. Frankenberg ist auch seit 1891 Hauptsitz des berühmten Möbeldesigners Thonet; das *Museum Thonet illustriert die Familien- und Produktionsgeschichte. Ein weiteres interessantes Museum birgt das Geburtshaus des Malers Johann Heinrich Wilhelm Tischbein (»Goethe in der Campagna«) neben der vorzüglich erhaltenen Klosteranlage Haina aus dem 12. Jahrhundert, die heute als Krankenhaus und Psychiatriemuseum dient.

Hessisches Bergland

Weiße Berge, die vom Salzabbau künden, dunkle Haine, die grünen Auen der Fulda – im nordöstlichen Teil Hessens hat die Landschaft viele Gesichter. Lebendige Siedlungszentren sind die Kaiserstadt Fritzlar im Kurhessischen Bergland und die Thermen- und Festspielstadt Bad Hersfeld in Waldhessen.

** **Fritzlar** Die mittelalterliche Dom- und Kaiserstadt mit ihren rund 450 Fachwerkhäusern und einem der schönsten Marktplätze Hessens liegt malerisch auf einem Höhenzug über dem Edertal. Schon von Weitem grüßt das Wahrzeichen, die reich ausgestattete *St.-Petri-Basilika, in der Sachsenherzog Heinrich I. (genannt der Vogler) 919 zum König gewählt

TIPP++TIPP++

Wolfgang-Bonhage-Museum
Das 1997 neu eröffnete Museum bietet auf ca. 1700 Quadratmetern Geschichte aus Stadt und Region.
Korbach, Kirchplatz 2, Tel. 0 56 31/53 289, ganzjährig Di–So 11–16.30 Uhr

Zinnfigurenkabinett
Kulturgeschichte einmal anders.
Eschwege, Hospitalstr. 7, Mi, Sa und So 14–17 Uhr, Tel. 0 56 51/33 19 85

Korbacher Spalte
Führungen finden an jedem Sonntag zwischen Mai und Oktober jeweils um 10.15 und 11.15 Uhr statt. Treffpunkt: Überdachung der Korbacher Spalte, Frankenberger Landstraße. Dauer: ca. 1 Std.
Interessengemeinschaft »Korbacher Spalte«, Kontaktadresse: Korbach, An der Steinfurt 13, info@korbacher-spalte.de

Der erste Computer wurde weder in einer Garage im kalifornischen Silicon Valley noch von IBM gebaut. Den ersten vollwertigen Rechner mit Ein- und Ausgabeeinheit, Speicher, Rechenwerk und Steuerung baute vielmehr der 1910 in Berlin geborene Ingenieur Konrad Zuse bereits 1941. Zuse, zunächst als Statiker bei den Henschel-Flugzeugwerken tätig, widmete sich ab 1936 dem Bau vollautomatischer Rechenmaschinen. Der

wurde. Das Dommuseum zählt zu den wichtigsten sakralen Sammlungen Deutschlands. Ebenfalls von überregionaler Bedeutung ist das über 4000 Jahre alte Steinkammergrab.

* **Ars Natura** Buchstabenskulpturen, Scherbenarmbänder um knorrige Äste oder Spinnwebnetze aus regenbogenfarbenen Bändern: vom Heiligenberg westlich von Melsungen an säumen mehr als 100 Kunstwerke den Barbarossa-Fernwanderweg.

*** **Melsungen** »Bartenwetzer« nannte man im Mittelalter die Männer, die auszogen, um in den Melsunger Wäldern Holz zu schlagen und an den Sandsteinen der Fuldabrücke ihre Äxte (»Barten«) schärften (»wetzten«). Die *Bartenwetzer-Brücke (1596) mit ihren massiven Bögen zählt zu den schönsten Hessens, und auch das inmitten der historischen Altstadt völlig freistehende *Melsunger Rathaus von 1556 ist ein bauliches Juwel. In seinem Türmchen zeigt sich zweimal täglich eine Holzfigur: ein Bartenwetzer natürlich.

* **Lochbachklamm** So tief hat sich der Lochbach zwischen Hülsa und Wallenstein eingegraben, dass eine felsige Schlucht entstand. Über mehr als ein Dutzend Holzstege kann man diese wilde, feuchte Landschaft erkunden.

** **Rotenburg** Mauerumgürtet liegt der historische Kern des Städtchens an der engsten Stelle des Fuldatals. Sehenswert sind vor allem das landgräfliche Renaissanceschloss samt Schlossgarten und das Rathaus. Vom Rodenberg aus (historische Burgruine und moderne Klinikanlagen) bietet sich ein schöner Blick auf die Stadt.

* **Homberg (Efze)** Zu Füßen der ehemaligen Hohenburg, in der Stadtkirche St. Marien, wurde 1526 die Reformation in Hessen ausgerufen. Das Gotteshaus birgt einen der ältesten spätgotischen Kreuzwege Hes-

Glanzstück des Fachwerkbaus: das Rathaus von Melsungen

erste Apparat, Z1, funktionierte noch mechanisch, aber bereits im binären Code. Z3 enthielt bereits 2000 Telefonrelais und alle wesentlichen Teile, die ein PC auch heute noch aufweist. Die Programmierung erfolgte über Lochstreifen. Aufgrund der Isolierung Deutschlands im Zweiten Weltkrieg wusste Zuse nichts über den amerikanischen Computerbau – und umgekehrt. Deshalb galt lange Zeit der Mark I, den der Physiker Howard Aiken 1943 zusammen mit IBM baute, als weltweit erster Computer. Das Nachfolgemodell Z4 vermietete Zuse 1949 an die ETH Zürich. Es war der erste richtige Computer Europas. Zuses Firma, lieferte 1958 den ersten elektronischen Computer (Z22) aus. Ab 1949 hatte sich Zuse geschäftlich und privat in der Region von Bad Hersfeld niedergelassen. In Hünfeld (wo er 1995 starb) und in Bad Hersfeld erinnern Denkmäler an den Computerpionier.

sens und eine Original-Türmerwohnung (1705). Mit der gut 700 Jahre alten Kirchhoflinde und dem Marktplatz bildet die Kirche ein eindrucksvolles Ensemble in den Gassen des mittelalterlichen Stadtkerns.

*** Schwalm** Weit über die Grenzen Hessens hinaus bekannt ist die farbenfrohe Schwälmer Tracht, bei der das rote Käppchen der jungen Mädchen quasi das i-Tüpfelchen bildet. Wer dächte da wohl nicht an ein bestimmtes Märchen der Gebrüder Grimm! Im Kerngebiet des hessischen Brauchtums tragen die Frauen an Festtagen noch immer ihre historischen Gewänder, so im *Schloss- und Museumsort Ziegenhain (zur »Salatkirmes«) und in Treysa (zur »Hutzelkirmes«).

*** Willingshausen** Gerhard von Reutern verbrachte in dem reizenden Schwälmer Dorf nach der Leipziger Völkerschlacht malend seine Rekonvaleszenz und initiierte Deutschlands älteste Künstlerkolonie. Ludwig Emil Grimm (der Bruder der beiden Märchensammler) gehörte ihr ebenso an wie der Illustrator Otto Ubbeloh und Kurt Schwitters. Ein stattliches Fachwerkhaus im Ortskern, das schmucke *Reutern-Haus, birgt Werke sowie Fotos aus der Anfangszeit der Künstlerkolonie.

***** Bad Hersfeld** Sommerliche Festspiele erfüllen seit gut einem halben Jahrhundert Europas größte **romanische Stiftsruine mit Leben. Das imposante Gemäuer – im 40 Meter hohen Turm hängt Deutschlands älteste Glocke – war einst das Herz eines mächtigen Benediktinerklosters. Im Siebenjährigen Krieg hatten die Franzosen ihre Vorräte in der rund 100 Meter langen und im Querhaus 50 Meter breiten Stiftskirche gelagert. Als die Preußen überraschend schnell anrückten, flohen die Franzosen und zündeten vorher alles an. Das Museum im Klostergebäude dokumentiert die Geschichte der Abtei und der hübschen, großzügig gestalteten Kurstadt.

*** Heringen** Im mittleren Werratal ragen weithin sichtbare weiße Landmarken auf: die »Monte Kali«, Abraumhalden des Kalibergbaus. In der gleichnamigen Besucheranlage können sie bestiegen werden. Im Erlebnisbergwerk Merkers hingegen geht es rund 800 Meter in die Tiefe.

Fachwerkzeile am Flussbett der Fulda in Rotenburg (oben links); Stiftsruine von Bad Hersfeld, Schauplatz berühmter Festspiele (oben rechts)

TIPP++TIPP++

Bad Hersfelder Festspiele
Alle Jahre wieder treffen sich im Sommer Künstler und Festspielbesucher zum kreativen Miteinander.
Reservierung und Buchung vor Ort: Bad Hersfeld, Am Markt 1, per Tel. 0 66 21/20 13 60

Malerstübchen/Reutern-Haus
Das Malerstübchen Willingshausen ist das museale Erbe der Willingshäuser Malerkolonie.
Di–So 10–12, 14–17 Uhr, Anmeldung erforderlich, Tel. 0 66 97/14 18 oder 2 65

Sie gilt als Inbegriff deutscher Behaglichkeit: jene als Fachwerk bezeichnete Bauweise, bei der man ein Stabwerk aus Holz herstellt und dessen einzelne Fächer dann mit Lehm, Ziegel- oder Schwemmsteinen auffüllt.

Vorstufen sind schon für den vorchristlichen Vorderen Orient und das Römische Reich dokumentiert. Im Mittelalter kam sie auch in England, Holland und Skandinavien zur Anwendung. Doch zur vollen Blüte entwickelte sich die Technik, einen Basisbalken, die »Schwelle«, mit dem oben abschließenden Rahmen mittels Zapfen, Säulen und schrägen Streben zusammenzufügen, in deutschen Landen. Als Material dienten Eichen-, Tannen- und Fichtenholz. Konstruktionsweise und Musterung der Wandflächen durch das beiderseits sichtbare Holzskelett variieren je nach Region. Charakteristisch sind die vorkragenden oberen Stockwerke. Seinen Höhepunkt erlebte der Fachwerkbau im 16./17. Jahrhundert, als ganze Fachwerkensembles entstanden (von links im Uhrzeigersinn: Sooden-Allendorf, Melsungen, Homberg, Miltenberg, Michelstadt, Zwingenberg).

Die Barockstadt Fulda ist das wirtschaftliche, politische und kulturelle Zentrum Osthessens. Direkt gegenüber der schlichten romanischen Michaelskirche (links) ließen virtuose Bauleute Anfang des 18. Jahrhunderts ei-

TIPP++TIPP++

Naturparks
Hessens Landschaft ist von ungewöhnlicher Vielfalt. Von Odenwald und Westerwald über das Hessische Bergland bis zur Rhön zeigt Hessen die verschiedensten geologischen Beschaffenheiten und großflächige Waldgebiete. Viele Regionen wurden als Naturparks ausgewiesen, so Bergstraße-Odenwald, Habichtswald, Hoher Vogelsberg und Hessische Rhön. In den Naturparks kann man nicht nur wandern, son-

dern sich auch auf Natur- und Vogellehrpfaden bilden, mancherorts Wassersport treiben und in der Rhön sogar drachen- und segelfliegen.
Wiesbaden, Hessischer Fremdenverkehrsverband, Abraham-Lincoln-Str. 38–42, Tel. 06 11/77 88 00

Vogelsberg, Wetterau und Hessische Rhön

Europas größtes Vulkanmassiv und eine der ältesten und fruchtbarsten Kulturlandschaften Deutschlands, gepaart mit dem »Land der offenen Fernen«, prägen die Mitte und den östlichsten Rand Hessens. In das vielfältige Landschaftsbild aus Hügelkuppen und Flussgauen fügen sich heimelige Dörfer sowie romantische Burgen und Fachwerkstädtchen. Von vergangener weltlicher und kirchlicher Macht zeugt vor allem die Barockstadt Fulda.

* **Alsfeld** Anno 1069 erstmals erwähnt, gelangte die an einer der drei landgräflichen Handelsstraßen Hessens liegende Siedlung rasch zur Blüte. Ein besonders schönes Ensemble in der geschlossenen Altstadt bilden das *Rathaus in frühem Rähmbau (1516), das staffelgiebelige Weinhaus (1538), das älteste Fachwerkhaus (1350) und die Walpurgiskirche (13. Jahrhundert). Lohnenswert sind zudem Spielzeugmuseum und Märchenhaus.

* **Lauterbach** »In Lauterbach hab ich mein Strumpf verlorn ...« – die alte Volksweise vom barfüßigen Strolch machte das Vogelsberger Brauörtchen berühmt. Der lockige Kerl mit Regenschirm gab auch dem ersten deutschen Camembert seinen Namen. Ein Bronze-»Strolch« steht inzwischen im Flussbett der Lauter an den Trittsteinen beim Ankerturm, dem einzig erhaltenen Turm der einstigen Stadtmauer.

* **Bad Salzschlirf** Liebevoll erhaltene Fachwerkhäuser, romantische Gassen und Jugendstilgebäude, ein Kurpark mit altem Baumbestand sowie eine Nachbildung der Grotte von Lourdes (Mariengrotte) zählen zu den Sehenswürdigkeiten des Kurstädtchens.

** **Wasserkuppe** Die mit 950 Meter höchste Erhebung der Rhön gilt als Geburtsstätte des Segelflugs: 1924 wurde hier die erste Segelflugschule der Welt eröffnet. Im Deutschen Segelflugmuseum gleich nebenan reicht die Palette der Exponate vom Lilienthal-Gleiter bis zu modernsten Kunststoffseglern.

* **Gersfeld** Das Kneippheilbad gilt als »heimliche Hauptstadt der Rhön«. Von 450 bis auf 950 Meter Höhe erstreckt sich das Stadtgebiet mit reizvollem, von Fachwerk dominiertem Kern.

* **Grünberg** Die Geschichte des hessischen Fachwerkbaus der letzten 500 Jahre lässt sich in dem Luftkurort am Westrand des Vogelsbergs wie im Bilderbuch betrachten. Besonders augenfällig in den romantisch verwinkelten Altstadtgassen ist das Renaissancerathaus.

* **Lich** Sehenswert in dem Brauereistädtchen sind der

Impression von der Wasserkuppe in der Rhön (oben); Jugendstil-Kuranlage Sprudelhof in Bad Nauheim (rechts)

nen Dom (ganz links) entstehen, der seinesgleichen sucht. Komplett restauriert kündet das Gotteshaus nun wieder glanzvoll von der lebensfrohen Frömmigkeit der Fuldaer Fürstbi-schöfe. Vis-à-vis entstand ein prächtiges Barockschloss (heute Sitz der Stadtverwaltung), akzentuiert durch einen Garten mit Orangerie von 1730 und umgeben von barocken Adelspalästen sowie dem Wachengebäude. Im Schatten der Domtürme lockt der Hexenturm in die mittelalterliche Altstadt, mit kopfsteingepflasterten Straßen, verwinkelten Gassen und restauriertem Fachwerk. In der Gemarkung Eichenzell birgt Schloss Fasanerie (»Adolphseck«), einst fürstbischöfliche, später kurfürstlich-hessische Sommerresidenz (1730–1757), errichtet nach Plänen des italienischen Barockbaumeisters Andreas Gallasini, eine einzigartige Sammlung mit Fuldaer Porzellan.

48 Meter hohe Stadtturm (15. Jahrhundert), das Spätrenaissanceschloss der Fürsten zu Solms-Hohensolms-Lich mit seinem Park, das mit Fachwerk reich verzierte Textorhaus (1632, heute Heimatmuseum) sowie die spätgotische Marienstiftskirche. In der Umgebung lohnt die Klosterruine Arnsburg einen Abstecher.

* **Laubach** Prunkstück der noch einige Fachwerkbauten aufweisenden Kleinstadt im Vogelsberg ist das Schloss der Grafen zu Solms-Laubach mit Museum, historischem Eiskeller (18. Jahrhundert) und großem altem Park.

* **Naturpark Hoher Vogelsberg** Hessens ältester Naturpark erstreckt sich über 400 Quadratkilometer im Städtedreieck Frankfurt–Gießen–Fulda. Sein Kern ist ein vor 20 Millionen Jahren entstandener, erloschener Vulkan, Europas größtes zusammenhängendes Basaltmassiv. Naturwaldgebiete, ein Hochmoor und verschiedene Quellflüsse prägen die vielfältige Landschaft – ein ideales Wandergebiet. Das Zentrum bildet der Oberwald mit Taufstein (773 Meter) und Hoherodskopf (764 Meter) als den höchsten Erhebungen.

* **Schotten** Im mittelalterlichen Stadtkern mit Fachwerkkulisse sind das historische Rathaus (1512) sowie die Liebfrauenkirche (14. Jahrhundert) mit ihrem berühmten Flügelaltar besonders zu beachten.

* **Burg Münzenberg** Um 1160 unter Kaiser Barbarossa erbaut, gilt Münzenberg als eine der größten Burganlagen in Deutschland. Wegen ihrer Form nennt man sie auch das »Wetterauer Tintenfass«. An der Nordseite des Münzenbergs gelangt man zu den Münzenberger Höhlen.

Hessen

Das auf einem Bergsporn über der Lahn gelegene Schloss der Nassauischen Grafen (links) geht in seinen Ursprüngen auf das 14. Jahrhundert zurück. Zweimal wurde es grundlegend umgestaltet: Mitte des 16. Jahr-

TIPP++TIPP++

Musikalischer Sommer Gießen
Konzerte von Barock bis Rock, hauptsächlich Open Air, werden während des vier Monate währenden Musikalischen Sommers angeboten. An jedem Wochenende zwischen Mitte Mai und Mitte September spielen dann regionale und internationale Künstler in dem ehemaligen Augustiner Chorherrenstift auf dem Schiffenberg. Dessen Gründung geht auf eine Stiftung der Gräfin Clementia zu Gleiberg aus dem Jahr 1129 zurück.
Gießen-Information, Berliner Platz 2, Tel. 06 41/9 75 11 60

50er-Jahre-Museum
Das Museum nimmt seine Besucher mit auf eine Zeitreise in die Lebenswelt der noch jungen Bundesrepublik: Wirtschaftwunder, Petticoat, Nierentisch und Rock'n' Roll.
Büdingen, Auf dem Damm 3, Tel. und Fax: 0 60 42/95 00 49

** **Bad Nauheim** Nostalgisches Fachwerk und Fin-de-Siècle-Charme bestimmen das Städtchen in der Wetterau, dessen Solequellen schon die Kelten nutzten. *Trinkkuranlage und Sprudelhof bilden eines der größten geschlossenen Jugendstilensembles Deutschlands. Frische »Meeresluft« lässt sich an den Gradierbauten schnuppern.

** **Friedberg** Der kulturelle Mittelpunkt der Wetterau wurde bereits Ende des 12. Jahrhunderts gegründet. *Burg und Stadt liegen auf einem Basaltfelsen; die Burganlage mit dem 58 Meter hohen Adolfsturm ist die größte Deutschlands. Zu den Attraktionen der Altstadt zählen das Rathaus (1737–1740), die *Stadtkirche Unserer Lieben Frau, eine gotische Hallenkirche (1260–1410) sowie ein jüdisches Ritualbad (Mikwe). An der früher ob ihrer Breite als Markt genutzten Kaiserstraße ist noch eine Reihe von Fachwerkbauten des 15. bis 18. Jahrhunderts erhalten.

*** **Büdingen** »Hessens Rothenburg« in der Wetterau zählt zu den besterhaltenen mittelalterlichen Stadtanlagen Europas. Besonders reizvoll ist die Verbindung von Schloss, Wehranlagen, Kirche, Rathaus und Fachwerkbauten. Große Teile der Stadtmauer, Wehrtürme und Stadttore sind intakt und begehbar. Das Schloss war ursprünglich eine Wasserburg; heute ist es ein Hotel.

Birstein Weithin sichtbar über der »Perle des Vogelsberges« thront auf einem schmalen Felsrücken das Schloss der fürstlichen Familie von Isenburg mit seinem zauberhaften Park.

* **Naturpark Hessische Rhön** Östlich von Fulda an der Grenze zu Thüringen und Bayern gelegen, ist das 70 Quadratkilometer große Areal Teil des länderübergreifenden Biosphärenreservats Rhön. Es ist von Mischwald, Fließgewässern, Mooren, Grünland und Trockenbiotopen geprägt.

Lahn-Dill und Westerwald

Reizende Fluss- und Hügellandschaften wie jene von Lahn und Dill, dazu tiefe Taleinschnitte mit Hochwald und die rauen Hochflächen des Westerwalds – Hessens westliche Regionen bilden einen abwechslungsreichen Lebensraum. Hier entspringen einige Flüsse und liegen die reizvollen Städte Marburg, Limburg und Wetzlar.

*** **Marburg** Aus einer Grenzburg zwischen den Territorien der Landgrafen von Thüringen und der Erzbischöfe von Mainz hervorgegangen, wurde das Lahnstädtchen erst bedeutsamer, als es die später heiliggesprochene Elisabeth von Thüringen 1228 zum Witwensitz erkor. Über ihrem Grab ließ der Deutschorden die **Elisabethkirche errichten, einen der frühesten und schönsten gotischen Bauten Deutschlands. Gemeinsam mit dem **Land-

hunderts entstand das Hochschloss als Vierflügelbau – eine der am besten erhaltenen Renaissanceresidenzen Hessens. Zu Beginn des 18. Jahrhunderts wurde die Anlage im Stile des Barocks erweitert, um Viehhof, Kanzlei, Rentkammer, Orangerien, Rathaus, Kirche und Schlossgarten. Unter den Fachwerkhäusern gebührt jenen in Pisé-Technik errichteten besondere Aufmerksamkeit – eines ist sechs Stockwerke hoch und damit das größte (Stampf-) Lehmgebäude Deutschlands. Ein weiterer Superlativ ist der Schiffstunnel, den Herzog Adolf 1847 zur Abkürzung der Lahnschleife durch den Weilburger Bergrücken bohren ließ. Inzwischen liegen neben der Wasserstraße auch die Fahrtröhren für Auto und Eisenbahn – eine weltweit einmalige Kombination. Einen Besuch wert ist auch die Kubacher Kristallhöhle in Weilburg-Kubach.

grafenschloss ist sie das wohl markanteste Gebäude der verwinkelten Fachwerkaltstadt mit ihren unzähligen Treppengassen. Die imposantesten Gebäude befinden sich in der *Oberstadt um das Rathaus von 1527. Im gleichen Jahr gründete Philipp der Großmütige in Marburg auch die erste protestantische Universität der Welt.

* **Dillenburg** Wahrzeichen der Geburtsstadt Wilhelms von Oranien (1533–1584) ist der 1875 auf den Überresten einer Burg erbaute Wilhelmsturm. Die Stadt selbst geht auf das 17./18. Jahrhundert zurück und weist schöne Barockbauten auf. Die Kasematten entstanden schon zu Zeiten Wilhelms.

* **Herborn** Über zwei Jahrhunderte lang war das pittoreske Dillstädtchen Sitz von Deutschlands kleinster Hochschule, der Academia Nassauensis (gegründet 1584). Daneben gibt es hier weitere 400 teils sorgfältig restaurierte Fachwerkbauten zu Füßen des Schlossbergs.

* **Gießen** Die im Zweiten Weltkrieg großteils zerstörte Universitätsstadt ist durch typische Nachkriegsarchitektur geprägt. Ausnahmen bilden das *Alte Schloss mit einem der ältesten botanischen Gärten Deutschlands (1609), das Neue Schloss samt Zeughaus (16. Jahrhundert), das Leib'sche Haus (1350) und die Burgmannenhäuser in der einstigen Wasserburg.

** **Wetzlar** Zentrum des neuen Wetzlar wie auch der *Altstadt mit ihren schmucken Fachwerk- und Barock- bzw. Renaissancebauten ist der eigenwillige unvollendete *Dom (romanisch/gotisch). Weitere Attraktionen im historischen Teil sind das Rathaus von 1790, die Hauptwache und die Pfaffengasse mit dem Lottehaus (Charlotte Buff war Goethes Angebetete während seines Gerichtspraktikums in Wetzlar), das einstige Reichskammergericht sowie der Säuturm als einziges Relikt der mittelalterlichen Stadtbefestigung.

* **Braunfels** Mittelalterliche Burgenromantik prägt den Ort südlich von Wetzlar. »Hessisches Neuschwanstein« nennen manche die zur *Barockresidenz ausgebaute Trutzburg der Grafen zu Solms hoch über dem teils von einer Wehrmauer umgebenen Altstadtkern. Sie birgt Kunstwerke holländischer Meister sowie der Familie Tischbein.

* **Hadamar** Im malerischen Kern des Städtchens nördlich von Limburg zeugen Fürstenschloss und Rathaus vom einstigen Glanz als Nassauer Residenz, Markt- und Gerichtsplatz. Ein gotisches Schmuckstück ist die *Liebfrauenkirche im Elbbachtal. In den Nebengebäuden der Klinik für Forensische Psychiatrie befindet sich eine Gedenkstätte, die an die Ermordung von Menschen mit Behinderungen und psychischen Erkrankungen in der NS-Tötungsanstalt Hadamar erinnert.

* **Runkel** Eindrucksvoll liegt der 1159 erstmals erwähnte Ort beiderseits der Lahn, überragt von der mittelalterlichen Burgruine. Beachtung verdienen die steinerne Flussbrücke (1448), die Fachwerkhäuser (17./18. Jahrhundert) sowie Burg Schadeck (13. Jahrhundert).

* **Goldener Grund** In dieser fruchtbaren Landschaft im Südosten Limburgs sprudeln viele Heilquellen, darunter die bekannten mineralischen Wässer von Selters. Auch Hessens

Zeughaus und Neues Schloss in Gießen (links); Marburger Schloss; Wetzlar mit Dom; Fachwerkidyll in Braunfels; Burg Runkel (rechts von oben)

Hessen

Darmstadt, die viertgrößte Stadt Hessens, hat seinen Charakter als alte Residenzstadt bewahrt. Die feudale Vergangenheit als Sitz der Landgrafen und späteren Großherzöge von Hessen-Darmstadt ist am Luisenplatz

ältestes Kneippheilbad, das von reizvoller Fachwerkarchitektur geprägte Bad Camberg, liegt im Goldenen Grund.

***** Limburg** Das gesamte Ensemble mittelalterlicher Bebauung ist hier nahezu unversehrt erhalten geblieben. Der ehemals ummauerte Stadtkern zwischen Lahnbrücke (1315), Grabenstraße und dem markanten ***St.-Georg-Dom, einer der vollendetsten Schöpfungen spätromanischer Baukunst, steht daher unter Denkmalschutz. Imposant grüßt von einem zur Lahn hin abfallenden Felsen die Limburg (7./8. Jahrhundert). Das Haus Kleine Rütsche 4 markiert die schmalste Stelle des historischen Handelsweges zwischen Frankfurt und Köln. Der gotische *Römer (1289) ist das älteste freistehende Haus in Deutschland. Sehenswert sind auch das mit Schnitzwerk reich verzierte »Haus der sieben Laster« (1567), das steinerne Hallenhaus Werner Senger und das Limburger Schloss (beide 13. Jahrhundert).

Hessischer Spessart und Odenwald

Berühmt geworden durch das Wirtshaus, beeindruckt der Spessart im südöstlichen Hessen jedoch vor allem durch seine Eichen- und Buchenwälder. Im mediterranen Klima der Bergstraße südlich von Darmstadt wachsen gar Feigen, Mandeln und Wein. Geschichtsträchtige Orte wie Kloster Lorsch beweisen aber auch, dass die Region altes Kulturland ist.

*** Schlüchtern** Im Mittelalter lag die Klostersiedlung an der damals wichtigen Handelsstraße Via Regia. Das Benediktinerkloster mit den zwei signifikanten Türmen wurde bereits im 9. Jahrhundert gegründet. Im Lauterschlösschen (um 1440) gibt das Bergwinkel-Museum einen Überblick über die Geschichte der gleichnamigen Region. Sehenswert ist auch der Park des *Renaissanceschlösschens Ramholz.

**** Steinau** Eng verbunden mit dem Namen der Gebrüder Grimm, die hier einen Teil ihrer Kindheit verbrachten, bezaubert das Städtchen durch sein mittelalterliches Zentrum mit Resten der Stadtmauer, Türmen und Fachwerkhäusern sowie einem Renaissanceschloss. Vor den Toren des »märchenhaften« Steinau liegt Hessens einzige Tropfsteinhöhle, die *Teufelshöhle.

*** Bad Soden-Salmünster** Das Doppelstädtchen im Kinzigtal vereint historische Bausubstanz mit modernen Kureinrichtungen (Solequellen). Eine Besichtigung wert sind das Franziskanerkloster, das Huttenschloss von 1536 (inzwischen Festspielstätte) und das einzige barocke Fachwerkrathaus Hessens. In der Umgebung locken der Kinzigstausee und die Talsperre von Ahl.

*** Naturpark Hessischer Spessart** Deutschlands größtes zusammenhängendes Mischlaubwaldgebiet ist im Spessart anzutreffen. Die geologische Grundlage des Naturparks bildet eine nach Südosten geneigte Buntsandsteinplatte von bis zu 400 Meter Dicke.

*** Bad Orb** Eine der zehn *Salinen aus der Blütezeit der Orber Salzgewinnung ist noch funktionsfähig. Vom alten Stadtkern mit gut drei Dutzend Fachwerkhäusern gelangt man in den acht Hektar großen, 1900 angelegten Kurpark, das ehemalige Sudgelände.

**** Gelnhausen** Barbarossa, Grimmelshausen, Philipp Reis – drei große Namen stehen im Geschichtsbuch des schmucken Kinzigstädtchens, dessen prächtige Sakral- und Profanbauten von seiner einstigen Macht künden. Die **Kaiserpfalz Friedrichs I. (»Barbarossaburg«) mit ihren herausragenden Steinmetzarbeiten ist die besterhaltene Pfalz der Stauferzeit. Weitere Attraktionen sind das Rathaus (1330), das Romanische Haus (1180), einer der seltenen Steinbauten aus dieser

rund um die Ludwigssäule noch spürbar. Den Mittelpunkt bildet das 1375 begonnene Schloss. Bald wurde es Residenz, Anfang des 18. Jahrhunderts wurden seine Dimensionen durch zwei Flügel ins Monumentale gesteigert. Der Glockenbau birgt ein sehenswertes Museum mit Hans Holbeins »Darmstädter Madonna«. Das Hessische Landesmuseum befindet sich am Eingang zum Herrngarten, dem Schlosspark. Dieser erstreckt sich nach Norden bis zum Prinz-Georg-Palais mit der Großherzoglichen Porzellansammlung. Auf Großherzog Ernst Ludwig geht die Mathildenhöhe zurück, eine Jugendstilkolonie, in der sieben Künstler der Jahrhundertwende Häuser und ein gemeinsames Atelier bauen durften. Weithin sichtbar ist der das Ausstellungsgelände überragende »Hochzeitsturm« (links, mit russischer Kapelle; Mosaik »Der Kuss« von F. W. Kleukens).

Zeit, der Hexenturm sowie die Marienkirche mit mittelalterlichen Chorfenstern und Lettner. In der Schmidtgasse steht das Haus, in dem um 1622 der »Simplicissimus«-Dichter Hans Jakob Christoffel von Grimmelshausen geboren wurde; in der Langgasse stößt man auf die Geburtsstätte des Telefonerfinders Philipp Reis.

* **Hanau** Erstmals 1143 als Wasserburg erwähnt, bietet die Geburtsstadt der Brüder Grimm heute Sehenswürdigkeiten wie das *Deutsche Goldschmiedehaus (ehemals Altstädter Rathaus), *Schloss Philippsruhe und die historische Kuranlage Wilhelmsbad. Das barocke Philippsruhe direkt am Mainufer beherbergt ein lokalhistorisches sowie ein Papiertheater-Museum. In den Räumlichkeiten von Wilhelmsbad (18. Jahrhundert) ist das Hessische Puppenmuseum untergebracht.

Dom und Schloss von Limburg hoch über der Lahn (oben links); Obermarkt mit Rathaus und Marienkirche von Gelnhausen (oben rechts)

* **Dieburg** Nicht nur in der Zuckerstraße bezaubert der im Gersprenztal gelegene Ort durch seine Fachwerkbauten. Besonderes Augenmerk verdienen das mittelalterliche Badhaus, das Kapuzinerkloster, das Albinische Schloss und Schloss Fechenbach.

*** **Fossiliengrube Messel**
Das einstige Tagebauareal ist eine der reichsten Säugetierfossilien-Lagerstätten der Welt. Geowissenschaftler bargen bisher aus dem vor 47 Millionen Jahren entstandenen Maarvulkansee rund 40 000 Einzelfunde, darunter neben dem Urpferd auch Fische, Insekten, Reptilien, Amphibien und Pflanzen. Bis ins letzte Details sind hier die Abdrücke von Vollkörperskeletten, Haut und Haaren, Muttertieren mit Föten und Mägen mit der letzten Mahlzeit erhalten.

** **Bergstraße** Bereits zu Zeiten der Römer verlief an den sonnigen Hängen des Odenwalds eine wichtige Handelsstraße. Das milde Klima an ihrem Saum zwischen Darmstadt und den Neckarauen begünstigt eine mediterrane Vegetation. An der Bergstraße liegen auch das anno 1024 begründete *Zwingenberg mit seiner schönen Altstadt, Bensheim mit der *Schlossruine Auerbach und dem weiten historischen Park Fürstenlager sowie das romantische *Heppenheim zu Füßen der mittelalterlichen Starkenburg.

* **Burg Lindenfels** Auf einem freien Bergkegel über dem gleichnamigen heilklimatischen Ort thronen im Odenwald die Relikte der mächtigen mittelalterlichen Festungsanlage Lindenfels. Von der begehbaren Burgmauer aus genießt man eine schöne Aussicht.

** **Naturpark Bergstraße-Odenwald** Bis hin zum Main- und zum Neckartal sowie ins Messeler Hügelland reicht der 2300 Quadratkilometer umfas-

TIPP++TIPP++

Altstadtfest und Weintage
Beim Altstadtfest am letzten Juniwochenende hallt Limburgs Innenstadt von Musik wider. Bei den Weintagen Ende Juli steht nicht nur das kennerhafte Verkosten des Rebsaftes im Vordergrund, sondern der Spaß am Feiern. Auf allen großen Plätzen der Innenstadt gibt sich ganz Limburg ein Stelldichein.
Limburger Altstadtkreis e.V., Schießgraben 3, Tel. 0 64 31/54 70 95

Grube Messel
Ein Eldorado aus Versteinerungen und Fossilienfunden, erlebbar auf geführten Wanderungen und bei spannenden Grabungen.
Messel, Rossdörfer Straße 108, Tel. 0 61 59/71 75 35

Hessen

Die Landeshauptstadt zu Füßen der bewaldeten Hänge des Taunus bezaubert vor allem durch ihre glanzvollen architektonischen Objekte. Zu verdanken hat sie dies ihren Thermalquellen. Eine Urkunde von 828 er-

TIPP++TIPP++

Schloss Erbach
Mit Farbe, Holz und Blech versuchte man einst auch am Schloss der Grafen von Erbach-Erbach den Prunk des französischen Sonnenkönigs zu imitieren.
Erbach im Odenwald, Marktplatz, Tel. 0 60 62/80 93 60

Elfenbeinmuseum
Das weltweit einzige Spezialmuseum dieser Art dokumentiert die Geschichte des Elfenbeins und zeigt rund 2000 Exponate aus aller Welt. Tägliche Schnitzvorführungen in der Museumswerkstatt.
Erbach, Otto-Glenz-Str. 1, tgl. 10–17 Uhr, Nov–Feb. Mo geschlossen, Tel. 0 60 62/9 19 99-0

sende Park. Auf seinem Areal liegen unter anderem das UNESCO-Weltnaturerbe Grube Messel, der Odenwald-Limes und das Felsenmeer bei Reichenbach, eine der bekanntesten Granitgesteinslandschaften Deutschlands, sowie das Europareservat Kühkopf-Knoblochsaue, größtes Naturschutzgebiet in Hessen.

** **Michelstadt** Als Briefmarkenmotiv weltbekannt ist das *Michelstädter Rathaus (1484), ein Fachwerkbau auf »Stelzen«. Weitere Juwele der pittoresken Altstadt sind die in den Mauerring integrierte Burganlage (»Kellerei«) sowie die *Einhards-Basilika, eines der wenigen erhaltenen Bauwerke der Karolingerzeit. In der Umgebung sind das Schloss der Grafen zu Erbach-Fürstenau im Ortsteil Steinbach sowie das Römerbad und die Kastellrelikte im Wald bei Würzberg eine Besichtigung wert, beide Teile des einstigen Neckar-Odenwald-Limes.

*** **Kloster Lorsch** Die Tor- oder Königshalle der 764 gegründeten Benediktinerabtei ist das einzige vollständig erhaltene Baudenkmal der Karolingerzeit und gehört damit zu den bedeutendsten Relikten vorromanischer Architektur in Deutschland. Abtei und Altenmünster sind seit 1991 Bestandteil des UNESCO-Weltkulturerbes. Im Mittelalter war Lorsch ein mächtiges Geistes- und Kulturzentrum des Fränkischen Reichs mit Besitzungen im nahen Odenwald, an der Bergstraße, in Rheinhessen, im Elsass und in Lothringen. Die Werke der Klosterbibliothek sind heute in alle Welt verstreut.

* **Hirschhorn** Über der »Perle des Neckartals« wacht auf einem Bergsporn die gleichnamige, 1270 gegründete Burg. Erhalten sind zudem die Reste der mittelalterlichen Stadtmauer, die älteste Kirche des Tals (Ersheimer Kapelle) sowie zahlreiche Fachwerkgebäude.

Rheingau-Taunus

Schon Römer und Ritter, Kaiser und Könige wussten, wo es sich gut leben ließ. Zwischen den bewaldeten Kuppen des Taunus, den Rebhängen des Rheingaus und in der weiten Ebene von Rhein und Main finden sich viele Zeugnisse früher Kulturen, darunter Europas einziges rekonstruiertes Limeskastell. Wirtschaftliche und kulturelle Metropole der südwestlichsten Ecke Hessens ist die Bankenmetropole Frankfurt.

* **Naturpark Hochtaunus** Hessens zweitgrößter Naturpark umfasst den östlichen Taunus mit einem 40 Kilometer langen bewaldeten Gebirgsrücken und dem Großen Feldberg (880 Meter) als höchster Erhebung. Zu dessen Füßen dehnen sich wellige Landschaften und Streuobstwiesen aus. Zum Areal gehören auch keltische Ringwälle und Teile des Limes, seit 2005 UNESCO-Welterbe.

wähnt bereits »Wisibada«, das Bad in den Wiesen. Der Aufstieg zur international renommierten Bäderstadt begann jedoch erst im 19. Jahrhundert. Eingeleitet wurde Wiesbadens Blütezeit allerdings bereits zuvor, als die Grafen von Nassau-Usingen ihre Residenz an das Rheinufer nach Biebrich verlegten und dort das gleichnamige Schloss (ganz links) errichten ließen. Im Spielcasino verkehrte schon Dostojewski regelmäßig, das neoklassizistische Kurhaus samt Kolonnaden – die längste Säulenkolonnade Europas – wurde von Kaiser Wilhelm II. als »das schönste der Welt« gelobt. Das Kaiser-Friedrich-Bad (links) bezaubert mit seiner Jugendstilausstattung. Weitere herausragende Bauten sind das Staatstheater, das Stadtschloss (Sitz des Hessischen Landtags), zahlreiche stattliche Gründerzeitvillen und die weiten historischen Parkanlagen.

**** Saalburg** Zur Römerzeit (83 v. Chr.) war der trutzige Bau auf einer Passhöhe des Taunus ein Kastell, das der Bewachung des Limes diente. Vom Mittelalter an verfiel das Bauwerk, diente als Steinbruch. Erst Mitte des 19. Jahrhunderts begannen erste archäologische Ausgrabungen. Kaiser Wilhelm II. veranlasste 1897 die Rekonstruktion des Kastells.

*** Bad Homburg** Das charmante Kurstädtchen an den Taunushängen zog schon im 19. Jahrhundert den internationalen, besonders den russischen Adel an. Davon kündet noch die hiesige russische Kirche. Der Kurbetrieb begann mit der Entdeckung des Elisabethenbrunnens 1834. Das erste Kursaalgebäude und die erste Spielbank wurden 1842 errichtet. 1888 erklärte Wilhelm II. das *Homburger Schloss zu seiner Sommerresidenz. Dem siamesischen König Chulalongkorn, der in Homburg kurte, verdankt die Stadt den *Siamesischen Tempel. Der Kurpark zählt zu den schönsten und mit 44 Hektar größten Deutschlands.

*** Kronberg** Wahrzeichen der idyllischen Kleinstadt und Villenresidenz ist die beachtliche Ritterburg (13. Jahrhundert). Sehenswert sind vor allem die Altstadt, die Streitkirche, der Victoria-Park (Kaiserin Victoria hatte in Kronberg ihren Alterssitz), das Rathaus sowie das Eichentor als letztes erhaltenes Tor der Stadtbefestigung. Für Tierfreunde ein Muss ist der benachbarte Opelzoo.

***** Frankfurt am Main** Siehe Stadtplan auf Seite 221

*** Eltville** Zu »Alta Villa« (Hoher Hof), der ältesten und größten Stadt im Rheingau, gehören auch die berühmten Weinorte Hattenheim, Martinsthal und Rauenthal, Burg Crass sowie Schloss Reinhardshausen. 1329 wurden Burg und Stadtmauer errichtet. Weitere sehenswerte Bauwerke sind die Kirchen St. Peter und Paul und St. Markus (Stadtteil Erbach), beide aus dem 14. Jahrhundert. Der historische Kern birgt zudem hübsche Fachwerkhäuser aus dem 16. und 18. Jahrhundert.

**** Kiedrich** »Schatzkästlein der Gotik« wird das Weindorf im Rheingau wegen seiner intakten mittelalterlichen Architektur oft genannt. In der *Wallfahrtskirche St. Valentinus (14. Jahrhundert) intonieren die Chorbuben sonntags noch gregorianische Gesänge germanischer Prägung. Das Gotteshaus besitzt ein komplettes gotisches Inventar, darunter eine bis heute spielbare Orgel aus der Zeit um 1500. Sehenswert sind außerdem das Renaissancerathaus sowie die alten Bürger- und Adelshöfe. Eine herrliche Aussicht eröffnet sich von der mitten in den Weinbergen gelegenen Burgruine Scharfenstein.

*** Naturpark Rhein-Taunus** Über 600 Wanderwege durchziehen den zu 60 Prozent bewaldeten Park in der typischen Mittelgebirgslandschaft direkt am Rand des Ballungsraums Rhein-Main. Bekanntes Ausflugsziel ist die 619 Meter hohe Erhebung Hallgartener Zange. Von diesem höchsten Punkt im Rheingau hat man eine herrliche Sicht auf Taunus und Rheintal.

***** Kloster Eberbach** Spätestens durch die Dreharbeiten zur Filmfassung von Umberto Ecos Roman »Im Namen der Rose« ist das ehemalige Zisterzienserkloster vor den Toren Eltvilles weltweit ein Begriff. 1136 von Bernhard von Clairvaux gegründet, zählt es mit seinen eindrucksvollen romanischen und frühgotischen Bauten zu den bedeutendsten Kunstdenkmälern Hessens.

**** Rüdesheim** Fachwerkromantik und mittelalterliche Burgherrlichkeit locken die Be-

Burg »Kellerei« in Michelstadt (oben links); Museum im Römerkastell Saalburg (oben)

sucher in das Winzerstädtchen zu Füßen des Niederwalds. Die enge *Drosselgasse mit ihren historischen Weinschenken ist eine der größten Touristenattraktionen Deutschlands. Hinter den dicken Mauern der Brömserburg ist ein Museum zur Weinkultur untergebracht. Wein stellen auch die Nonnen der Benediktinerabtei St. Hildegard (12. Jahrhundert) inmitten der Rebhänge des heutigen Stadtteils Eibingen her. Hoch über der Stadt thront seit 1883 das Standbild der Germania, das Niederwalddenkmal.

Assmannshausen Im Assmannshäuser Höllental ist seit über 500 Jahren der Blaue Spätburgunder zu Hause. Der 1108 gegründete Rotweinort an der romantischsten Stelle des

Zisterzienserabtei Eberbach

Rheins, im nordwestlichsten Zipfel von Hessen, verfügt über die größte zusammenhängende Spätburgunderfläche Deutschlands. In den verwinkelten Gassen mit erker- und türmchengeschmückten Fachwerkhäusern spürt man noch das Flair der alten Weinromantik.

***** Kulturlandschaft Oberes Mittelrheintal** Einen winzigen Anteil hat Hessen an diesem UNESCO-Welterbe mit seinen unzähligen Burgen, Weinorten, Klöstern und Kirchen von Rüdesheim bis Koblenz. Im Mittelalter bildete es einen Kernraum des Heiligen Römischen Reichs.

TIPP++TIPP++

Frankfurter Museen
Die Bankenmetropole ist vor allem auch eine bedeutende Museumsstadt:

Museum für moderne Kunst
Domstr. 10, Tel. 0 69/21 23 04 47,
Di und Do–So 10–18 Uhr,
Mi 10–20 Uhr

Kunsthalle Schirn
Römerberg,
Tel. 0 69/2 99 88 20,
Di und Fr–So 10–19 Uhr,
Mi, Do 10–22 Uhr

Städelsches Kunstinstitut
Schaumainkai 63,
Tel. 0 69/6 05 09 80,
Di, Fr–So 10–18 Uhr,
Mi, Do 10–21 Uhr

Deutsches Architektur-Museum
Schaumainkai 43,
Tel. 0 69/21 23 88 44
Di und Do–So 11–18 Uhr,
Mi 11–20 Uhr

Museum für Kunsthandwerk
Schaumainkai 17,
Tel. 0 69/21 23 40 37,
Di und Do–So 10–17 Uhr,
Mi 10–20 Uhr

Die Alte Oper
In der Alten Oper gibt es viel zu sehen: Popkonzerte, Ausstellungen, Kongresse – nur keine Opern.
Frankfurt, Opernplatz,
Tel. 0 69/1 34 04 00

Frankfurt am Main

Obwohl nicht die Hauptstadt des Bundeslandes, ist die Banken-, Messe- und Industriestadt Frankfurt am Main doch die unbestrittene Metropole Hessens.

Hochhaus-Skyline und Fachwerkidylle, Gründerzeitpracht und Zukunftsarchitektur – der Reiz von Hessens größter Stadt liegt vor allem in ihren Kontrasten. Einst Freie Reichsstadt sowie Ort der Wahl und Krönung deutscher Kaiser, ist Frankfurt heute für seine Banken und Messen, seine Literatur- und Kulturszene bekannt. Sehenswert ist neben den Wolkenkratzern der nach schweren Bombenschäden großteils rekonstruierte **historische Stadtkern mit dem **Dom (13. Jahrhundert), archäologischem Garten (Reste eines römischen Militärlagers mit Thermen und karolingischer Kaiserpfalz), der *Ausstellungshalle Schirn sowie dem **Römerberg (Rathaus). Original erhalten von der ehemals größten zusammenhängenden Altstadt Deutschlands (4000 Fachwerkhäuser) ist nur das Haus Wertheym am Fahrtor. In der *Paulskirche tagte 1848 das erste deutsche Parlament. Auch die Leonhards- und die Alte Nicolaikirche verdienen Beachtung, desgleichen die Liebfrauenkirche samt Kapuzinerkloster. Eindrucksvolle Fresken von Jörg Ratgeb birgt das Karmeliterkloster (13. Jahrhundert). Ein Muss ist auch das rekonstruierte Geburtshaus Goethes. Die Kunst- und Ausstellungslandschaft erstreckt sich vom **Museum für Moderne Kunst in Domnähe bis zum **»Museumsufer« jenseits des Mains mit seiner Abfolge hochkarätiger Sammlungen. Am bekanntesten ist das **Städel(sche Kunstinstitut) mit Gemälden und Skulpturen aus 700 Jahren.
Die Stadtteile Sachsenhausen, West- und Nordend sowie die Gegend um den Hauptbahnhof (Kaiserstraße) weisen noch unversehrte Gründerzeitbauten auf. Die Römerstadt gilt als Symbol für das Neue Bauen der 1920er-Jahre. An der zur hippen Ausgehmeile gewandelten Hanauer Landstraße lässt sich frühe Industriearchitektur studieren. Ein reizvolles Ausflugsziel ist **Frankfurt-Höchst, der westlichste Stadtteil, der um den Schlossplatz restaurierte historische Bebauung mit verwinkelten Gassen und Fachwerkhäusern aufweist. Im Schloss gibt es eine Sammlung von Höchster Porzellan. Nach Osten beschließt der barocke Bolongaropalast mit schönem Garten zur Nidda hin das malerische Ensemble.

Skyline von »Mainhattan«

Reich an Wein und bauhistorischen Schätzen ist diese Rheingauer Doppelgemeinde, zu der auch Hallgarten und Mittelheim gehören. Mittelheim besitzt mit der romanischen Aegidius-Basilika das älteste sakrale Bauwerk im Rheingau. Blickfang am Rheinufer in Oestrich ist der bis heute funktionstüchtige historische Fassverladekran von 1745. Die »Madonna mit der Scherbe« in der Hallgartener Kirche gilt als eine der kostbarsten Schöpfungen mittelrheinischer gotischer Plastik. Das »Graue Haus« in Winkel ist das älteste Steinhaus Deutschlands. In Winkel steht auch das Brentano-Haus, in dem schon Goethe seinen Riesling genoss. Oberhalb des Ortes liegt das herrliche Schloss Vollrads (links, mit Wohnturm und barockem Herrenhaus), das von 1330 bis vor wenigen Jahren Stammsitz der Familie Greiffenclau war.

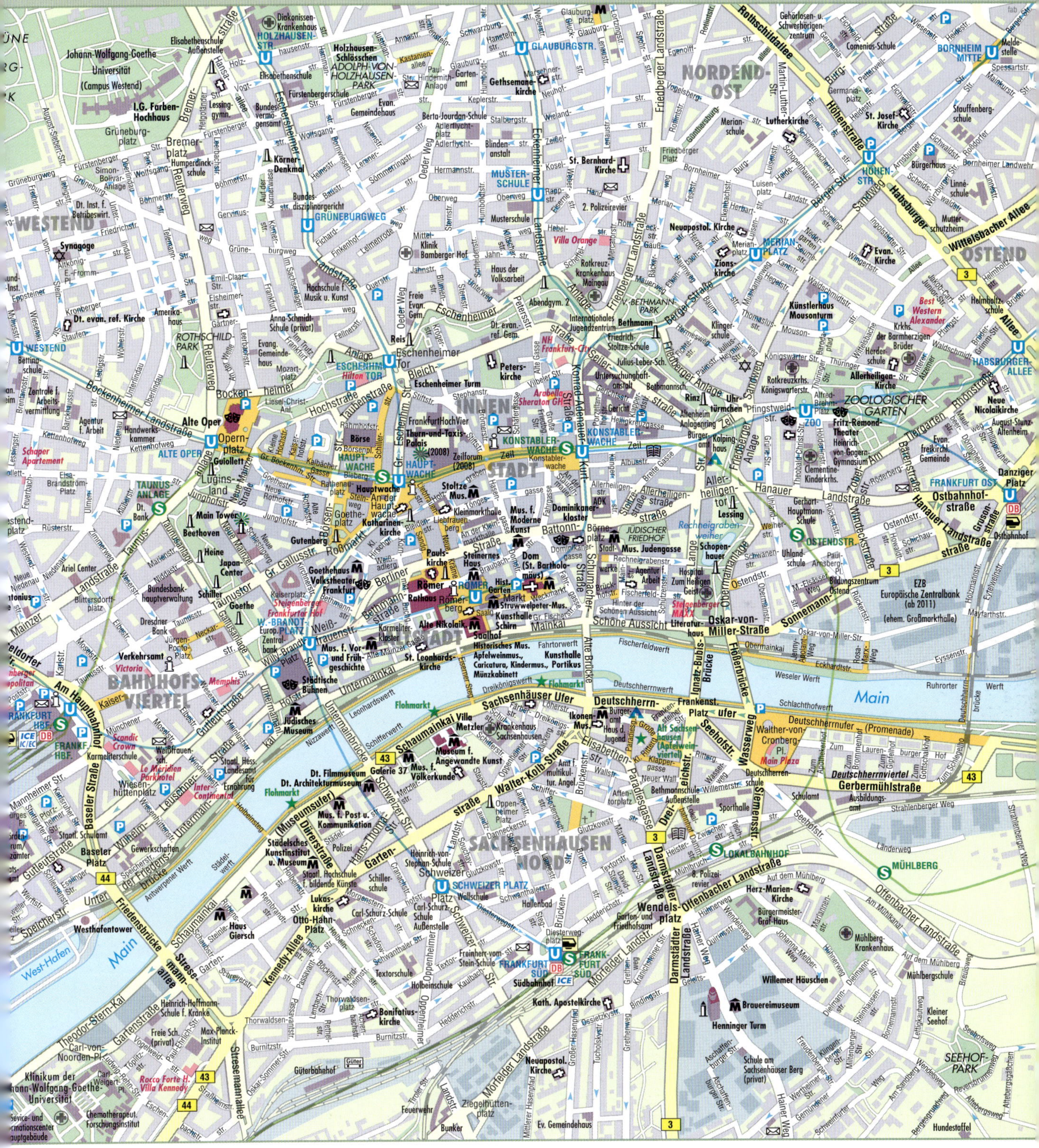

Bilderbuchlandschaft am Rhein: Bacharach mit Pfarrkirche St. Peter, Ruine der Wernerkapelle und Burg Stahleck.

Rheinland-Pfalz

Landschaftlich ist das im Südwesten Deutschlands gelegene Rheinland-Pfalz geprägt vom Rhein und seinen Nebenflüssen Mosel und Nahe sowie von den Mittelgebirgen Eifel, Westerwald und Hunsrück im Norden und vom Pfälzerwald im Süden. Mit seinen Burgen und Ruinen bildet das Obere Mittelrheintal zwischen Bingen und Koblenz den Inbegriff einer romantischen Flusslandschaft. Die Weinbautradition hier und an den Hängen der Nebenflüsse macht Rheinland-Pfalz zum Spitzenreiter der deutschen Weinproduktion.

Rheinland-Pfalz

Nach nur zweijähriger Bauzeit wurde 1927 in der abgelegenen Wildnis der Eifel eine fast 30 Kilometer lange Rennstrecke eröffnet: der Nürburgring. Rudolf Caracciola gewann das erste Autorennen. Ihren Namen hat

Eifel und Ahrtal

Die Eifel mit ihren erloschenen Vulkanen und geheimnisvollen Kraterseen zählt zu den ältesten und geologisch interessantesten Gebirgen der Welt. Von der Eifel aus strebt die Ahr dem Rhein zu.

Eifel-Attraktion: Fachwerkhäuser in Adenau

* **Bad Neuenahr-Ahrweiler** Nachdem hier Mitte des 19. Jahrhunderts die erste Mineralquelle (Apollinarisbrunnen) entdeckt worden war, entstand in dörflicher Umgebung das Kurbad Neuenahr, 1905 das prächtige Kurhaus mit Spielbank. Den altertümlichen Gegensatz bildet der Gemeindeteil Ahrweiler, mit viel Fachwerk und einer bestens erhaltenen Stadtbefestigung. Ein herrlicher Blick bietet sich vom Neuahrer Berg mit Aussichtsturm.

* **Altenahr** Der malerische Weinort bezaubert durch seine Lage an einer Flussschleife der Ahr am nordöstlichen Rand des Ahrgebirges. Überragt wird er von der Ruine von Burg Are, die in ihren Ursprüngen auf das 11. Jahrhundert zurückgeht.

* **Adenau** Die »Perle der Nordeifel« beeindruckt durch ihre prächtigen Fachwerkbauten am Marktplatz und im historischen Buttermarktviertel. Außerdem sehenswert sind das Eifeler Bauernhausmuseum und das Zunftmuseum. In der Umgebung lohnen vor allem der Aussichtsberg Hohe Acht (747 Meter) mit Kaiser-Wilhelm-Turm sowie die Burgruine Nürburg (12. und 19. Jahrhundert) einen Abstecher.

** **Maria Laach** Am südöstlichen Rand des **Laacher Sees steht die 1093 gegründete Benediktinerabtei Maria Laach, deren **Kirche zu den herausragenden Schöpfungen der deutschen Romanik gehört. Nach über 110 Jahren Bauzeit wurde sie um 1230 vollendet. Der reich gegliederte Bau entspricht dem Typus der Doppelchorkirche mit zwei Vierungstürmen, die jeweils von zwei Türmen flankiert sind. Ein Meisterwerk spätromanischer Steinmetzkunst ist das »Paradies«, ein Vorhof mit Bogengängen und einem wunderschönen Löwenbrunnen. Die übrigen Klostergebäude wurden nach einem Brand 1855 in veränderter Form wiederaufgebaut.

* **Vulkanpark Brohltal-Laacher See** Aus dem Inferno des gewaltigsten Vulkanausbruchs in der jüngeren europäischen Erdgeschichte wurde vor 13 000 Jahren der 53 Meter tiefe

die Strecke von der mittelalterlichen Nürburg, die wie die Dörfer Quiddelbach, Herschbroich und Breidscheid im inneren Bereich der Nordschleife liegt. Ihren Ruhm verdankt die Grand-Prix-Piste den Triumphen und Tragödien, die sich hier abspielten. 1976 etwa hatte Niki Lauda hier seinen (beinahe tödlichen) Feuerunfall. Für den modernen Formel-1-Rennsport war die Strecke allerdings zu lang, zu gefällereich und zu naturnah. Die Formel 1 ging 1977 nach Hockenheim und kehrte erst 1984 und 1985 bzw. ab 1996 auf den auf rund fünf Kilometer verkürzten neuen Nürburgring zurück. Die moderne Grand-Prix-Strecke kann mit der alten Nordschleife zu rund 25 Kilometer langen Varianten kombiniert werden – so bei den 24-Stunden-Rennen. An Pfingsten beherrschen dann Tausende von Rock-Fans beim Festival »Rock am Ring« das Areal.

**Laacher See geboren, das größte Maar der Eifel. An seinen Rändern tritt noch immer Kohlendioxid aus. Im Vulkanpark ermöglichen Geopfadrouten Einblicke in die Erdgeschichte einer Landschaft, die mit ihren Wäldern, Tuffsteinbrüchen und Basaltkegeln auch zum Wandern einlädt.

**** Schloss Bürresheim** Im Nettetal, nordwestlich von Mayen, dem städtischen Zentrum der Eifel, erhebt sich weithin sichtbar Schloss Bürresheim, das um 1200 als mittelalterliche Wehranlage entstand, in der Barockzeit zum Schloss ausgebaut wurde und bis 1921 bewohnt war. Auch die Inneneinrichtung ist noch weitgehend im Originalzustand erhalten.

**** Maare der Vulkaneifel** Südlich an die Hocheifel schließt sich die Vulkaneifel mit ihren berühmten Kraterseen, den Maaren, an. Besonders sehenswert sind die drei Dauner Maare, die sich auf engstem Raum zusammendrängen; das kreisförmige, über 70 Meter tiefe Pulvermaar bei Gillenfeld und das Ulmener Maar, das als jüngstes Eifelmaar erst 9500 Jahre alt ist.

*** Prüm** Am Fuß der Schneifel, dem höchsten Höhenzug der Schnee-Eifel, liegt dieser Luftkurort, der auf ein fränkisches Kloster zurückgeht. In der reich ausgestatteten Barockkirche *St. Salvator ragen das Chorgestühl, die Kanzel, der Hochaltar und das Prunkgrab (1876) für Kaiser Lothar I. (9. Jahrhundert) heraus.

*** Naturpark Südeifel** Das Gebiet ist Teil des länderübergreifenden Deutsch-Luxemburgischen Naturparks und bietet als besondere Attraktion den grenzüberschreitenden »Felsenweg«, der durch bizarre Felsenlandschaften und ganz ursprüngliche Wälder führt. Bemerkenswert ist hier die ungewöhnliche Vielfalt von Orchideen. Spektakulär präsentieren sich die *Stromschnellen der Prüm und die *Teufelsschlucht.

Kyllburg Inmitten der Kyllburger Waldeifel liegt Kyllburg. Hauptsehenswürdigkeit in der gut erhaltenen Altstadt ist die gotische *Stiftskirche aus dem 13. bis 16. Jahrhundert mit ihren kostbaren *Buntglasfenstern im Chor.

Wittlich Zentrum der Altstadt ist der Marktplatz mit den barocken Bürgerhäusern, der ehemaligen Posthalterei und dem *Rathaus mit seiner eindrucksvollen Spätrenaissancefassade. Eine Besichtigung lohnt die ehemalige Synagoge (1905) mit einer Ausstellung zur Geschichte der einst bedeutenden jüdischen Gemeinde.

Spektakuläre Architektur und Natur in der Eifel: Benediktinerabtei Maria Laach (oben links) und Kratersee der Dauner Maare (oben rechts)

TIPP++TIPP++

Bertradaburg
Die Burg liegt auf einer markanten Bergnase über dem mittleren Kylltal in der Ortslage Mürlenbach/Eifel. Dreißig Meter über dem Talboden im Scheitel einer Flußbiegung gewährt sie einen umfassenden Überblick auf die Region. Jedes Jahr von Mai bis September gibt es eine Reihe von Kulturveranstaltungen auf der Burg, auch wohnen kann man hier.
Mürlenbach, vorherige Anmeldung unter Tel. 0 65 94/864

Rheinland-Pfalz

Eigentlich ist die Mosel, der kapriziöseste Fluss der Deutschen, eine Französin. Sie heißt Moselle, entspringt in den tiefsten Vogesen, schlängelt sich an Metz vorbei, bevor sie Luxemburg und dann, auf den letzten

Ruinen der Kaiserthermen in Trier

Mosel mit Hunsrück und Nahe

In zahllosen Windungen bahnt sich die Mosel ihren Weg zum Rhein. Einige der berühmtesten deutschen Weine wachsen hier, teils an den steilsten Weinbergen der Welt, die in Terrassen angelegt sind. Südlich schließt sich das waldreiche Mittelgebirge des Hunsrück an. Dessen südliche Grenze bildet das fruchtbare Weinbaugebiet des Nahetals.

* **Saarburg** Der historische Kern dieses reizenden Weinhandels- und Glockengießerstädtchens steht komplett unter Denkmalschutz, mit Fachwerkhäusern und Barockfassaden, einer Burgruine, malerischen Gassen und einem tosenden Wasserfall in unmittelbarer Nähe des Marktplatzes.

Konz An der Mündung der Saar in die Mosel liegt dieser Weinort, in dem man das Freilichtmuseum Roscheider Hof mit alten Gehöften und die Ruinen der römischen Kaiservilla (4. Jahrhundert) besichtigen kann. Im Ortsteil Tawern wurde eine römische *Tempelanlage rekonstruiert.

** **Trier** Von Kaiser Augustus 16 v. Chr. an der Stelle einer Keltensiedlung gegründet und ab 283 Provinzhauptstadt und größte römische Metropole nördlich der Alpen – das war Augusta Treverorum, das heutige Trier und damit die älteste Stadt Deutschlands. An die Römerzeit erinnern imposante Bauwerke: das Prunktor **Porta Nigra (2. Jahrhundert), später Teil der Stadtbefestigung, die **Palastaula (4. Jahrhundert), zeitweise Residenz von Kaiser Konstantin, Reste des *Amphitheaters (um 100), Ruinen der *Kaiserthermen (4. Jahrhundert). Über 1000 archäologische Funde sind im *Trierer Landesmuseum zu sehen. Über der von Konstantin erbauten Kirche steht der romanische ***Dom (11./12. Jahrhundert) mit kostbarem **Domschatz. Sehenswert sind außerdem die frühgotische **Liebfrauenkirche (um 1270) mit figurenreichem Portal, die Barockkirche **St. Paulin (18. Jahrhundert), der historische *Marktplatz und in der Umgebung die »Igeler Säule«, ein 23 Meter hohes römisches Grabdenkmal (3. Jahrhundert).

* **Klausen** Zwischen Eifel und Mosel liegt dieser Wallfahrtsort. Die gotische Kirche Maria Heimsuchung mit dem kunstvollen *Netzgewölbe birgt große spätgotische Schnitzkunst. Einzigartig ist der figurenreiche Hochaltar (um 1480).

* **Bernkastel-Kues** Bernkastel rechts der Mosel, beherrscht von der mittelalterlichen Burg Landshut und berühmt durch die Lage »Doktorberg«, ist ein Gesamtkunstwerk moselanischer Fachwerkarchitektur (16. bis 18. Jahrhundert). In Kues am

243 von 544 Kilometer Länge, endlich deutsche Lande erreicht. Vor über 2000 Jahren war sie Römerin und hieß Mosella. Cäsar hatte ihren Lauf und die Berge drumherum erobert. Und davor hatten sie die keltischen Treverer Mosea genannt. Die Mosel hat mehr Geschichte als irgendein anderer »deutscher« Fluss. An ihrem Ufer wurde Trier, die älteste deutsche Stadt, gegründet. Zu beiden Seiten erstreckt sich Traben-Trarbach (ganz links). Die Mosel mäandert an steilen Weinbergen und zahlreichen Burgen vorbei. Ein besonders malerischer Abschnitt liegt zwischen Bernkastel-Kues und Cochem. Dessen Schönheit hat schon der römische Dichter Decimus Magnus Ausonius (310–395) besungen. Eine ihrer so unerwarteten Windungen von 180 Grad beschreibt die Mosel unter dem Calmont bei Bremm (links).

Weinumrankte Ruine von Burg Landshut in Bernkastel-Kues

anderen Moselufer besteht noch das vom Philosophen Nicolaus Cusanus (1401–1464) gestiftete Hospital mit herrlicher Kapelle und Bibliothek.

*** Traben-Trarbach** Die romantischen Fachwerkorte beiderseits der Mosel besucht man nicht nur wegen der heiteren Weinfeste. In Traben ist die spätgotische Kirche sehenswert, und im Mittelmosel-Museum erfährt man Interessantes über den Weinbau und die Lokalgeschichte. Eine Attraktion ist auch die von einer Flussschlinge umfangene Barockfestung Mont Royal, die der französische Sonnenkönig Ludwig XIV. hier errichten ließ.

*** Zell** Traumhaft in der Moselschleife Zeller Hamm – am besten vom Aussichtsturm Prinzenkopf zu sehen – gelegen, ist Zell ein gutes Beispiel für die Mühsal des Weinbaus an der mittleren Mosel. In den steilen Hängen der renommierten Großlage »Zeller Schwarze Katz« ist Maschineneinsatz praktisch nicht möglich.

*** Kreuzkapelle über Ediger** Immer wieder setzen kleine Kirchen inmitten der Weinberge hübsche Akzente im Moseltal. Oft sind sie der Endpunkt eines Kreuzweges. Besonders sehenswert ist die Kreuzkapelle über dem Weindorf Ediger mit dem ungewöhnlichen Andachtsbild »Christus in der Kelter«.

*** Cochem** Dominiert von einer mächtigen *Burg (11. Jahrhundert), die im 17. Jahrhundert zerstört und im 19. Jahrhundert im neugotischen Stil wieder aufgebaut wurde, weist Cochem eine der reizvollsten Stadtansichten an der Mosel auf. Schöne alte Häuser stehen an der Moselpromenade und am Marktplatz mit dem barocken Rathaus.

*** Stiftskirche Münstermaifeld** Seine Blütezeit erlebte das im fruchtbaren Maifeld gelegene Stift im späten Mittelalter. Die romanisch-gotische *Stiftskirche (12.–15. Jahrhundert) beeindruckt durch ihre Ausstattung mit exquisiter spätgotischer Schnitzkunst und einem Christophorus-Fresko (um 1280).

Großartige Baukunst im Moseltal: Trierer Dom und Burg Cochem (oben links und rechts)

TIPP++TIPP++

Burg Eltz
Das Paradebeispiel deutscher Burgenromantik – mit trutzigen Mauern, romantischen Türmchen und Erkern, umgeben von Wäldern in einsamer Höhenlage über dem Eltzbachtal! Seit dem 12. Jahrhundert ist durch Anbauten und Veränderungen die völlig unsymmetrische, deshalb so malerische Anlage entstanden. Burg Eltz wurde niemals zerstört, auch die Einrichtung ist historisch, sodass ein authentisches Bild vom einstigen Leben auf einer Burg entsteht.
Gräflich Eltz'sche Kastellanei, Burg Eltz, Münstermaifeld, tgl. 9.30–17.30 Uhr, Tel. 0 26 72/95 05 00

Rheinland-Pfalz – Land der Reben! In keiner anderen Region Deutschlands wird so viel Wein angebaut. Gleich sechs Anbaugebiete – Ahr, Mosel-Saar-Ruwer, Mittelrhein, Nahe, Rheinhessen und Pfalz – liegen in diesem Bundesland. Auch jener Teil der Saar, von dem legendäre Rieslinge kommen, fließt durch Rheinland-Pfalz und mündet bei Konz in die Mosel. Es ist viel erzählt, gesungen, geschrieben und auch geflucht worden über

den Wein aus diesem Land. Etwa über den wein- und saufseligen Bustourismus an die Mosel oder über die sogenannten »Wasserburgen« an der Deutschen Weinstraße in der Pfalz, womit sehr große Weingüter gemeint sind. Und dass hierzulande die schlechtesten Weißweine der Welt gemacht werden – und die besten! An Letzterem ist was dran: Der Riesling von Mosel, Saar und Ruwer, aber auch von der Nahe, aus der Pfalz, Rheinhessen und dem Mittelrhein erlebt international eine Renaissance. Einige dieser Gewächse zählen zweifelsohne zu den weltbesten. Und die Rotweine (Spätburgunder) von der Ahr, aus der Pfalz und auch aus Rheinhessen erfreuen sich ebenfalls immer größerer Beliebtheit. So knüpft der rheinpfälzische Weinbau wieder an jene glorreiche Zeit Ende des 19. Jahrhunderts an, als große Rieslinge der Region zum Mythos wurden.

Rheinland-Pfalz

Der Naturpark Pfälzerwald wurde 1958 als einer der Ersten in Deutschland gegründet. 1992 wurde er als UNESCO-Biosphärenreservat ausgewiesen. Der Park besteht aus zwei großen Naturräumen: dem eigentlichen

*** Ehrbachklamm** Von Emmelshausen auf dem Hunsrück fließt der Ehrbach, an dem noch einige Mühlen in Betrieb sind, hinunter zur Ruine Ehrenburg bei Brodenbach an der unteren Mosel – begleitet von einem schönen Wanderweg (17 Kilometer). Höhepunkt ist die wild romantische Ehrbachklamm.

Simmern Die »Hauptstadt« des Hunsrücks beherbergt im Neuen Schloss (1708–1713) das Hunsrück-Museum mit naturkundlichen, kulturhistorischen Sammlungen. Interessantes Wahrzeichen der Stadt ist der *Schinderhannes-Turm, in dem der Räuberhauptmann Johannes Bückler (1778–1803) vor seiner Hinrichtung gefangen gehalten wurde.

*** Herrstein** Über dem altertümlichen Hunsrückstädtchen mit seinen schmucken Fachwerkhäusern sowie dem mittelalterlichen Uhrturm und Stadttor ragen die beiden Türme einer einstigen Burg auf.

**** Steinkaulenberg** In den Minen des Steinkaulenbergs oberhalb von Idar-Oberstein wurden bis Mitte des 19. Jahrhunderts Edelsteine abgebaut. Mittlerweile ist dort ein für Europa einzigartiges Schaubergwerk entstanden. Hobbymineralogen dürfen dort auch selbst ihr Glück versuchen.

Idar-Oberstein Wo die Idar in die Nahe mündet, liegt der Ort überragt von hohen Felswänden. Das Zentrum der Edelsteinschleiferei und Schmuckherstellung zeigt im **Deutschen Edelsteinmuseum rund 10 000 Edelsteine aus aller Welt. Ungewöhnlich ist auch die in den Fels gebaute gotische Felsenkirche (15. Jahrhundert).

*** Bad Kreuznach** Ganz malerisch zeigt sich die Kur- und Weinstadt an der Nahe in »Klein-Venedig« und bei der alten Nahebrücke mit den beiden Brückenhäusern. Imposante Zeugen ihrer Geschichte sind die **Römerhalle mit herrlichen Mosaikböden einer spätantiken römischen Villa (3. Jahrhundert) und die *frühgotische Nikolauskirche mit kostbarem Kreuzreliquiar von 1501.

*** Rotenfels** Auf dem Weg durch das Tal der Nahe setzen immer wieder steile Felswände markante Akzente zwischen Rebhängen, Wiesen und Wäldern. Berühmt ist der Rotenfels (327 Meter) bei Bad Münster am Stein: ein Felsbiotop und die steilste Kletterwand nördlich der Alpen.

Pfalz und Rheinhessen

Das linksrheinische Rheinhessen mit der Landesmetropole Mainz und der südlichste Landesteil Pfalz mit der Deutschen Weinstraße sind Deutschlands größte Weinbaugebiete. Das Nordpfälzer Bergland bildet den Übergang zum Pfälzerwald.

*** Burg Lichtenberg** Nahe dem alten Städtchen Kusel erhebt sich die größte der zahlreichen mittelalterlichen Burgen

Spektakuläre Felsformation: der Teufelstisch bei Dahn

Wald und der Rebenlandschaft östlich davon. Es handelt sich dabei um das größte zusammenhängende Waldgebiet in Deutschland. Vor allem die Kiefer kommt mit den nährstoffarmen Sandböden des Buntsandsteins gut zurecht. Dieser bildet mancherorts bizarre Felsformationen, die aufgrund ihres Eisenoxidgehalts einmal eher ocker, dann wieder mehr rot gefärbt sind. Berühmt sind auch die Eichenbestände des Pfälzerwalds sowie die Edelkastanienwälder am Ostrand – die Bäume wurden einst von den Römern eingeführt. Daneben gibt es große Buchenbestände, neuerdings auch mehr Douglasien. An der Weinstraße sorgt sehr mildes Klima dafür, dass sogar Zitronen blühen. Typisch für den Pfälzerwald sind die vielen Burgen und Ruinen – etwa die Reichsburg Trifels, das Hambacher Schloss oder die Dahner Burgengruppe.

der Pfalz: *Burg Lichtenberg. Sie wurde um 1200 gegründet und später auf eine Länge von 425 Metern ausgebaut.

Kaiserslautern Mit dem »Kaiser« im Namen der Pfälzer Metropole ist der Staufer Friedrich I. Barbarossa gemeint, der hier 1152 eine Pfalz errichten ließ. Sehenswert ist die dreitürmige *Stiftskirche (13./14. Jahrhundert), ein Meisterwerk spätgotischer Baukunst, am Stiftsplatz mit dem Schönen Brunnen. Die Pfalzgalerie zählt zu den wichtigsten Kunstmuseen von Rheinland-Pfalz.

*** Teufelstisch** So wird östlich von Pirmasens der bekannteste der bizarren Felsentürme im südlichen Pfälzerwald bezeichnet. Wegen des hohen Eisenanteils im Buntsandstein schillern sie in herrlichen Farben.

*** Deidesheim** Der traditionsreiche Winzerort hat das schönste Rathaus (16. Jahrhundert) weit und breit. Darin ist das vorzügliche *Museum für Weinkultur untergebracht.

Neustadt an der Weinstraße Die größte deutsche Weinbaugemeinde lädt mit historischen Marktplatz – sehenswert: gotische Stiftskirche und barockes Rathaus – und verwinkelten Altstadtgassen zum Verweilen ein.

Maikammer Nur eines von vielen idyllischen Dörfern an der Deutschen Weinstraße ist Maikammer mit seinen Fachwerkhäusern. Im Ortsteil Alsterweiler imponiert eine Kapelle mit spätgotischem *Kreuzigungsaltar.

**** Speyer** Die alte Kaiser- und Bischofsstadt am linken Rheinufer birgt in ihren Mauern ein grandioses Werk romanischer Architektur: Der ***Dom (1030–1061) war die Hauskirche der salischen Kaiser – vier von ihnen sind in der Krypta begraben – und einst der größte christliche Sakralbau. Sehenswert auch das *jüdische Kultbad (11. Jahrhundert), die spätbarocke *Dreifaltigkeitskirche und das Stadttor Altpörtel.

*** Worms** Untrennbar verbunden ist die 2000-jährige Kaiser- und Bischofsstadt am Rhein mit dem Nibelungenlied, worüber das *Nibelungenmuseum informiert. Auch der romanische **Dom (11./12. Jahrhundert) ist eine bedeutende Schöpfung des deutschen Hochmittelalters. Wo einst die Kaiserpfalz stand, besucht man heute den *Heylshof (19. Jahrhundert) mit exzellenten Kunstsammlungen. Im Norden der Altstadt liegt das ehemalige *jüdische Viertel mit rekonstruierter Synagoge und Jüdischem Museum; auf das 11. Jahrhundert zurückgehen auch die Grabsteine auf dem ältesten *jüdischen Friedhof Europas.

Flörsheim-Dalsheim Dalsheims komplett erhaltene mittelalterliche *Ortsbefesti-

Speyerer (oben links) und Wormser Dom mit Altar von Balthasar Neumann (oben)

TIPP++TIPP++

Kaiserburg Trifels
Die historisch bedeutendste Reichsveste der Stauferzeit war im 12./13. Jahrhundert Schatzkammer des Reiches. Einzigartig ist die Lage auf einem dreifach gespaltenen Felsen (»Trifels«) hoch über dem Fachwerkstädtchen Annweiler.
Burg Trifels, Führungen und Info unter Tel. 0 63 46/22 00

Deutsches Edelsteinmuseum
Die Ausstellung zeigt nahezu alle weltweit verarbeiteten Edelsteine, sowohl in geschliffener Form wie auch als Kristalle und Rohsteine.
Idar-Oberstein, Hauptstr. 118, Tel. 0 67 81/90 09 80, tgl. 10–17 Uhr, Mai–Okt. 9.30–17.30 Uhr

Die Burgen im Oberen Mittelrheintal sind das i-Tüpfelchen dieser grandiosen Flusslandschaft. Nicht weniger als 40 mittelalterliche Bauten und Ruinen säumen den 70 Kilometer langen Abschnitt des Durch-

gung, die prächtigen Fachwerkhäuser, die Winzerhöfe und das *Weinbaumuseum – die Doppelgemeinde hat nicht nur für Weinkenner viel zu bieten.

*** Alzey** Über die weit zurückreichende Siedlungsgeschichte der Winzerstadt informiert das Museum Alzey. Sehenswerte Baudenkmäler sind das Pfalzgrafenschloss, die spätgotische Nikolaikirche und das Renaissancerathaus mit Glockenspiel.

Nierstein Das grüne Meer der Rebhänge überblickt man vom mittelalterlichen Wartturm aus, dem Wahrzeichen der rheinhessischen Winzergemeinde. Am historischen Marktplatz erwarten den Besucher die barocke Marktkirche, stolze Bürgerhäuser und das Alte Rathaus.

**** Mainz** Siehe Stadtplan auf Seite 235

Rheintal mit Westerwald

Auf einer Strecke von fast 300 Kilometern fließt der Rhein durch Rheinland-Pfalz. Als einzigartige Natur- und Kulturlandschaft präsentiert sich das romantische Obere Mittelrheintal, das 2002 zur UNESCO-Welterbestätte erklärt wurde, zwischen Bingen und Koblenz. Im Norden liegt am rechten Rheinufer der Westerwald.

Rüdesheim Im wohl berühmtesten Weinort Deutschlands drängen sich auf der Drosselgasse Touristen aus aller Herren Länder. Hoch über dem Ort ragt als Sinnbild des Deutschtums im 19. Jahrhundert das per Seilbahn erreichbare Niederwalddenkmal auf. 75 Tonnen Bronze wurden 1885 für den Guss der Germania verwendet.

***** Oberes Mittelrheintal** Zwischen Bingen und Koblenz durchbricht der Rhein das harte Gestein des Schiefergebirges. Hier erstreckt sich auf rund 70 Kilometern das Obere Mittelrheintal mit seinen malerischen Windungen, Schleifen und Engen, mit steil abfallenden Uferhängen, schroffen Felsen und bewaldeten Höhen. Zum außergewöhnlichen Reiz der Flusslandschaft trägt das fast mediterrane Klima bei.

*** Bingen** Die Binger Pforte, wo der Rhein das quer zur Flussrichtung befindliche Massiv von Soonwald und Taunus durchbricht, die Nahe-Mündung und das Rheinknie bestimmen die außergewöhnlich reizvolle Lage des Städtchens, das von der Burg Klopp (13. und 19. Jahrhundert) dominiert wird. Einen Besichtigung lohnen das *Historische Museum mit den Schwerpunkten Hildegard von Bingen und Rheinromantik des 19. Jahrhunderts, der Alte Rheinkran sowie die einstige Zollstation *Mäuseturm (13. Jahrhundert) im Rhein. Unmittelbar dahinter befindet sich die Untiefe *Binger Loch.

*** Naturschutzgebiet Rheinhänge** Das 623 Quadratkilometer große Areal erstreckt sich zwischen Burg Gutenfels und der Loreley. Die abschüssigen Uferhänge des engen Tals zeigen sich teils felsig-karg, teils üppig und grün bewachsen. Dazwischen liegen jahrhundertealte Terrassen, die in den Steillagen für den Weinbau angelegt wurden.

**** Loreley** An der kaum 150 Meter breiten Flussenge bei St. Goarshausen ragt der mächtige Schieferfelsen aus dem Rhein auf. Die Sage von den

bruchstals zwischen Bingen und Koblenz als Höhen-, Hang- und Niederungsburgen. Oft repräsentieren sie nicht mehr den Originalzustand: Im 19. Jahrhundert wurden sie im Zuge der aufkommenden »Rheinromantik« vielfach um- und ausgebaut. Im Mittelalter, als die Handelsschifffahrt auf dem Rhein eine Blüte erlebte, dienten sie vor allem der Sicherung von Zöllen, so etwa die Pfalz bei Kaub, eine 1326 errichtete Zollburg auf dem Pfalzgrafenstein im Rhein. Die am besten erhaltene Höhenburg ist die Marksburg über Braubach mit idyllischer Gartenanlage und fantastischem Blick über das Tal. Die größte Anlage ist die Festung Rheinfels (links) bei St. Goar, die im Stil der Renaissance und des Barocks zu militärischen Zwecken ausgebaut wurde. Weitere namhafte Burgen sind Ehrenfels, Rheinstein, Stahleck, Katz und Maus.

Rheinschiffern, die hier von der schönen Nixe Loreley ins Verderben gelockt wurden, hat einen realen Hintergrund: die gefährlichen Stromschnellen.

Kaub Alles, was den Rhein so romantisch erscheinen lässt, ist auch hier zu finden: Wein, alte Stadtmauern, schönes Fachwerk, die Burg Gutenfels oder die Pfarrkirche St. Trinitas. Das Wahrzeichen der Stadt aber ist die Burg Pfalzgrafenstein auf der Rheininsel. Diese ließ Ludwig der Bayer 1327 errichten. Silvester 1814/15 setzte »Marschall Vorwärts« mit seinen preußischen Truppen hier über, um Napoleon endgültig in seine Schranken zu weisen. Daran erinnern das Blücher-Museum und ein Denkmal.

Naturpark Rhein-Westerwald Im rheinland-pfälzischen Teil des Westerwaldes, der zum Rheinischen Schiefergebirge gehört, liegt der 446 Quadratkilometer große Naturpark mit Weinbergen, viel Mischwald und stillen, verschlungenen Bachläufen. Eine wahre Naturidylle ist das *Fockenbachtal mit seiner reichen Flora.

*** Bacharach** Das malerische Rheinstädtchen mit Ringmauer, Fachwerkhäusern und spätromanischer Peterskirche (13. Jahrhundert) war im Mittelalter der wichtigste Umschlagplatz für die Weine der Region, die schon damals bis nach England exportiert wurden.

*** Boppard** Die größte Schleife des Rheins und die sonnendurchfluteten Weinlagen im Bopparder Hamm tragen viel zur Attraktivität dieser alten, lebendigen Stadt bei. Besonders sehenswert sind die besterhaltene spätantike *Römerfestung diesseits der Alpen, die spätromanische *St. Severus-Kirche mit Wandmalereien und Resten eines frühchristlichen Taufbeckens, die *Karmeliterkirche (um 1300) mit barockem Innenraum, das *Ritter-Schwalbach-Haus (15. Jahrhundert) und im Stadtmuseum die *Thonet-Abteilung mit den weltbekannten Kaffeehausstühlen des hier geborenen Kunsttischlers Thonet.

*** Koblenz** Der Besuch des *Deutschen Ecks, der Landspitze am Zusammenfluss von Rhein und Mosel, mit Blick auf das linksrheinische Koblenz und die rechtsrheinische *Festung Ehrenbreitstein ist hier Pflichtprogramm. Weitere Hauptattraktionen der Stadt sind die

Deutsche Rheinromantik: Loreleyfels (oben links), Burg Pfalzgrafenstein im Rhein mit Burg Gutenfels (oben rechts)

TIPP++TIPP++

Ludwig-Museum im Deutschherrenhaus
Kernstück des Museums im ehemaligen Rheinbau des Deutschen Ordens am Deutschen Eck sind die Leihgaben und Schenkungen des Kunstmäzens Peter Ludwig und seiner Frau – eine bedeutende Sammlung französischer Kunst der Nachkriegszeit.
Koblenz, Danziger Freiheit 1, Tel. 02 61/30 40 40, Di–Sa 10.30–17 Uhr, So und Fei 11–18 Uhr

Rheinland-Pfalz

Zu Zeiten der Französischen Revolution war die Begeisterung für den Mann (links: Porträt von 1584) so groß, dass man ernsthaft erwog, den Buchdruck »guttembergisme« zu nennen. Über den Menschen, der um 1400 als Johannes Gensfleisch zur Laden in Mainz geboren wurde und 1468 dort starb, weiß man jedoch nur wenig. Er besaß eine solide handwerkliche Ausbildung und Erfahrung im Umgang mit Metall, arbeite-

TIPP++TIPP++

Gutenberg-Museum
Gegründet wurde es von Mainzer Bürgern im Jahre 1900 anlässlich des 500. Geburtstags Johannes Gutenbergs. Untergebracht ist das Museum heute im alten Haus zum Römischen Kaiser und in einem dahinterliegenden Neubau aus den Sechzigerjahren. Zu den Schätzen des Museums zählt eine Rekonstruktion der alten Druckerstube mit benutzbarer Presse.
Mainz, Liebfrauenplatz 5,
Verwaltung: Mo–Do 8–16 Uhr,
Fr 8–13 Uhr,
Tel. 0 61 31/12 26 40-42

romanische Kirche *St. Castor (9./12. Jahrhundert), die romanisch-gotische *Liebfrauenkirche (12.–15. Jahrhundert), das Gasthaus *Deutscher Kaiser (16. Jahrhundert) und die *Rheinanlagen.

Montabaur Weithin sichtbar ist das »Gelbe Schloss«, ein Barockbau mit mächtigen Rundtürmen und Wahrzeichen der Westerwald-Stadt. Den Altstadtkern prägen Fachwerkhäuser des 17. Jahrhunderts.

*** Hachenburg** Eine mittelalterliche Burg, die im 18. Jahrhundert zum prächtigen Barockschloss ausgebaut wurde, dominiert das historische Zentrum des gleichnamigen Orts. Hier fallen besonders die prächtigen Westerwald-Fachwerkhäuser ins Auge.

*** Abtei Marienstatt** Das im 13. Jahrhundert in der Abgeschiedenheit des Westerwaldes gegründete Zisterzienserkloster wurde im Stil des Barocks ausgebaut. Noch aus der Frühzeit der Anlage stammt die *Klosterkirche (1222–1425), älteste gotische Kirche rechts des Rheins.

*** Neuwied** Wo die Flüsse Rhein und Wied sowie der Westerwald aufeinandertreffen, wurde im 17. Jahrhundert Neuwied gegründet, dessen Existenz eng mit der Herrnhuter Brüdergemeine verbunden ist. Das *Herrnhuter Viertel mit der Brüderkirche ist einheitlich im schlichten spätbarocken Herrnhuter Stil erbaut. Weltliche Pracht hingegen repräsentieren das barocke *Residenzschloss mit Schlossgarten direkt am Rhein und das idyllische *Altwied mit mittelalterlicher Burg.

Andernach Das Rheinstädtchen verfügt noch über einen historischen Kern mit mittelalterlicher Mauer, spätgotischem Rathaus und spätromanischem Mariendom.

*** Linz** Das Bilderbuchstädtchen mit viel Fachwerk am Marktplatz, mittelalterlicher Burg und spätromanischer Pfarrkirche ist Ausgangspunkt für Ausflüge in den Westerwald.

*** Remagen** In der Stadt, in der im März 1945 die »Brücke von Remagen« bei der Überquerung amerikanischer Truppen zusammenbrach, findet sich heute ein *Friedensmuseum. Erfreulichere Assoziationen wecken Fachwerkhäuser und Jugendstilfassaden, die neuromanische Kirche St. Peter und Paul mit mittelalterlicher Taufkapelle und das Römische Museum mit Funden aus dem einstigen Römerkastell. Außerdem sollte man das **»ARP MUSEUM Bahnhof Rolandseck« mit Sammlungen moderner und zeitgenössischer Kunst im klassizistischen Bahnhof und dem Museumsneubau von Richard Meier mit einem Besuch beehren.

Vom Schlossberg über Montabaur grüßt das Barockschloss (oben), einst Jagdschloss der Herzöge von Nassau.

te als Kopist und als Goldschmied und war in den 1430er-Jahren in Straßburg Mitbesitzer eines Handwerksbetriebs, der mit Büchern zu tun hatte. Gutenberg hat den Buchdruck nicht alleine erfunden. Mit Holzplatten, in welche die Buchstaben einer ganzen Seite jeweils komplett eingeschnitzt waren, druckte man schon länger. Die Idee, einzelne Lettern zu gießen, hatte vor Gutenberg bereits der Holländer Laurens Coster, und in China gab es ebenfalls Vorläufer dieser Technik. Gutenberg verknüpfte dank zahlreicher Weiterentwicklungen aber alle Schritte – das Gießen der stabilen und somit beliebig wiederverwendbaren Lettern, das Zusammenfassen zu einer Druckform und das Drucken selbst – zu einer vollständigen Technologie. Rasch verbreitete sich die Drucktechnik in ganz Europa und beschleunigte den Austausch von Ideen erheblich.

Mainz

Die Landeshauptstadt am linken Rheinufer ist ein alter Kurfürsten- und Erzbischofssitz mit geschichtsträchtiger Vergangenheit.

In der Römerzeit bedeutender Militärstützpunkt, seit 742 Bischofsstadt, Hauptort des 1254 gegründeten Rheinischen Städtebundes, 1476/77 Gründung der Universität, in der Barockzeit blühende Residenzstadt, Hauptumschlagplatz des rheinhessischen Weinhandels, Hochburg des Karnevals (»Mänzer Fassenacht«) – wenige deutsche Städte haben mehr Geschichte und Tradition zu bieten als das »Goldene Mainz« (Aurea Moguntia). Sein vom Barockstil geprägtes Stadtbild erhielt das kurfürstliche Mainz im 17. und 18. Jahrhundert. Sehenswert ist der monumentale

Dom von Mainz

romanische **Dom (975–1236) mit sechs Türmen und den Grabdenkmälern der Erzbischöfe. Anstelle des 1009 abgebrannten Doms ließ Kaiser Konrad II. den Nachfolgebau errichten, Kaiser Heinrich IV. später den romanischen Teil. Weitere große Bauten sind die gotische Stephanskirche mit herrlichen **Buntglasfenstern von Marc Chagall, das **Gutenberg-Museum mit der berühmten Gutenberg-Bibel, das *Römisch-Germanische Zentralmuseum im ehemaligen Kurfürstlichen Schloss (17./18. Jahrhundert und der Fastnachtsbrunnen.

Den »Platz des unsichtbaren Mahnmals« vor dem Saarbrücker Schloss markieren über 2000 dunkle Pflastersteine, auf deren Unterseite die Namen jüdischer Friedhöfe eingefräst wurden.

Saarland

Das Saarland ist das kleinste Flächenland der Bundesrepublik Deutschland und liegt im Südwesten des Landes. Die wichtigsten Orte liegen in den Tälern von Saar und Blies. Kohle und Stahl, die das Land jahrhundertelang geprägt hatten, sind nur noch Randerscheinungen. Einstige Eisenhütten blieben als Industriedenkmal erhalten. Vor allem an Ruwer und Saar wird Weinbau betrieben: Die zahlreichen Weinfeste, Straußwirtschaften und Weingüter sorgen für jene heitere Stimmung, die schon Goethe so sehr schätzte.

Die ehemalige Adelsresidenz ist heute Verwaltungszentrum des Hochwalds. Eine Blütezeit erlebte Wadern unter der Herrschaft von Graf Josef Anton von Öttingen-Sötern (ab 1751), der drei Schlösser bauen ließ. Das

TIPP++TIPP++

Erlebniszentrum Villeroy & Boch
Tausendjährige Kulturgeschichte, jahrhundertewährende Keramiktradition und zukunftsweisende Konzepte rund um das Thema »Leben und Wohnen« – all dies präsentiert eindrucksvoll das Keramikmuseum von Villeroy & Boch.
Mettlach, Saaruferstraße, Alte Abtei, Infos und Buchung: Tel. 0 68 64/81 10 20, Mo–Fr 9–18 Uhr, Sa/So 9.30–18 Uhr, So im Winter nur 14–18 Uhr

Merzig/Wadern

Die Region am Dreiländereck Deutschland–Luxemburg–Frankreich gilt mit der berühmten Saarschleife als die schönste Ecke des Saarlands. Die »Eichenlaubstraße« führt vom Winzerort Perl-Nennig an der Mosel bis zum Weißelberg bei Oberkirchen. Die touristische Route markiert den Südrand des Schwarzwälder Hochwalds, für den heute Nadelwälder typisch sind. Doch früher spielten die Eichenwälder eine bedeutende Rolle für die Region: Aus der Baumrinde wurde Lohe zum Ledergerben gewonnen.

* **Primstalsperre** Der große und fjordartige Stausee bei Nonnweiler wurde als Trinkwasserreservoir geschaffen. Ein Planetenlehrweg rund um den See (13 Kilometer) mit Planetenmodellen gewährt Einsichten in die Kosmologie.

Nonnweiler Der heilklimatische Kurtort liegt im Tal der Prims. In der Umgebung bei Otzenhausen beeindruckt ein über 2000 Jahre alter *Keltischer Ringwall, auch als »Hunnenring« bezeichnet. Dieser Steinhaufen ist 15 Meter hoch, etwa fünf Meter dick und 2,5 Kilometer lang und damit eine der bedeutendsten keltischen Befestigungsanlagen Westeuropas.

Petersberg Der 584 Meter hohe Berg bei Nonnweiler-Braunshausen ist ein beliebtes Ausflugsziel. Hier erwarten den Wanderer eine Sommerrodelbahn und eine Sternwarte.

* **Schwarzwälder Hochwald** So wird ein großer Teil des Naturparks Saar-Hunsrück genannt. Im Herzen des Hochwalds liegt der Kurort Weiskirchen. Ein Netz von rund 120 Kilometern Wanderwege führt bis auf 700 Meter Meereshöhe auf den Gipfel des Schimmelkopfes. Zum Ortsteil Rappweiler gehört ein großzügiges Freigehege, in dem Rot- und Damwild, Wildschweine, Bisons, Waschbären und Luchse angesiedelt wurden.

Losheimer Stausee Der 1,2 Kilometer lange und bis zu 500 Meter breite See ist von einem Rundwanderweg umgeben und bietet mit seinem Strandbad im Sommer Gelegenheit zum Baden.

* **Mettlach** Der kleine Ort an der Saarschleife ist der Hauptsitz des traditionsreichen Keramikunternehmens Villeroy & Boch. 1809 nahm die Fayencerie ihren Betrieb in der ehemaligen *Benediktinerabtei auf, deren Barockfassade aus rotem Sandstein sich oberhalb der

Grafenschloss am Markt, dessen barocke Urform nur noch zu erahnen ist, wurde ins Rathaus integriert. Im Öttinger Schlösschen (1759) am Kleinen Markt gegenüber der Allerheiligen-Pfarrkirche sind heute ein Heimatmuseum (links) und der Ratssaal der Kleinstadt untergebracht. Schloss Dagstuhl (1760) unterhalb der gleichnamigen Burgruine beherbergt ein Informatikzentrum. Ein neugotischer Eckbau mit Turm verbindet es mit der Schlosskapelle, die mit ihrer Rokoko-Ausstattung und Wandbildern der »Malergräfin« Octavie de Lasalle von Louisenthal (1811 bis 1890) eine Besichtigung lohnt. Als Reminiszenz an die Gräfin wurde auf zwei Ebenen ein üppig mit Blumen bepflanzter Schlossgarten angelegt. Im Ortsteil Münchweiler erwartet den Besucher eine weitere feudale Residenz, das barocke Schloss Münchweiler.

Saaranlegestelle erstreckt. Der imposante Bau wurde 1728 vom sächsischen Baumeister Christian Kretzschmar errichtet. Heute findet die Keramikproduktion hinter der Abtei statt. Im Altbau ist das *Erlebniszentrum Villeroy & Boch untergebracht. Es folgen die »Erlebniswelt Tischkultur« sowie das Keramikmuseum mit Exponaten aus drei Jahrhunderten. Im Park erhebt sich der Alte Turm, der älteste erhaltene Sakralbau des Saarlandes. Das dem Aachener Dom nachempfundene Oktogon wurde im Jahre 994 als Grabkirche für den hl. Luitwinus erbaut. 1294 wurde er um ein Wendeltreppenhaus ergänzt.

Von Weinreben umrankt: Schloss Berg bei Nennig

**** Saarschleife** Kurz hinter Mettlach trifft die Saar auf die westlichen Ausläufer des Hunsrück und vollzieht in engem Radius eine spektakuläre 180-Grad-Wende. Den romantischen Anblick der birnenförmigen Saarschleife genießt man am besten aus der »Vogelperspektive« vom 180 Meter hoch gelegenen Aussichtspunkt »Cloef« bei Orscholz. Auf dem bewaldeten Bergrücken innerhalb der Saarschleife liegen das Kloster St. Gangolf und die *Ruine der Burg Montclair (1439), zu der ein Fußweg hinaufführt.

*** Perl** Die einzige Weinbaugemeinde des Saarlands liegt mit ihren zwölf Ortsteilen im Tal der Obermosel. Die Winzerorte entstanden an der Stelle römischer Siedlungen, wovon wertvolle Grabungsfunde zeugen. Ein kunstvolles **römisches Mosaik mit Szenen von Gladiatorenkämpfen in römischen Amphitheatern schmückte einst die Empfangshalle einer vornehmen Villa in Perl-Nennig. Mit Ausmaßen von 160 Quadratmetern ist es der größte und besterhaltene Fund dieser Art nördlich der Alpen. Um einen *gallorömischen Gutshof, erbaut im 3. Jahrhundert, handelt es sich bei der weitläufigen Anlage, die bei Perl-Borg ausgegraben und rekonstruiert wurde. Oberhalb

Blick vom Aussichtspunkt Cloef bei Orscholz auf die Saarschleife (oben links); Alter Turm im Park der Alten Abtei von Mettlach (oben rechts)

Dillingen liegt an der Mündung der Prims in die Saar und blickt auf eine rund 2000-jährige Geschichte zurück. Heute ist das Städtchen das Zentrum der noch im Saarland verbliebenen Stahlindustrie. Auf dem Gelände der Dillinger Hütte befindet sich das Alte Schloss. Ursprünglich eine Renaissanceanlage, wurde es Ende des 18. Jahrhunderts barockisiert. Nach der Französischen Revolution erwarb die Dillinger Hütte die

TIPP++TIPP++

Werner-Freund-Wolfspark
Der Wolfspark erstreckt sich auf einer Fläche von 4,5 Hektar und beherbergt europäische, indische, sibirische und arktische Wölfe.
Kammerforst Merzig, Waldstr. 204, geöffnet täglich ab Tagesanbruch bis zum Einbruch der Dunkelheit, Eintritt kostenlos, jeden ersten Sonntag im Monat um 16 Uhr Führung (kostenfrei)

Garten der Sinne
Im Theatergarten, einem kleinen Amphitheater, werden Kulturveranstaltungen open air durchgeführt. Sehen, hören, riechen, fühlen – bei einer Führung werden alle Sinne inspiriert.
Merzig-Hilbringen, CEB Fortbildungswerk GmbH, Industriestr. 6 bis 8, Tel. 0 68 61/93 08-72

von Nennig ragt das weiße *Schloss Berg aus den Weinbergen empor. Im 17. Jahrhundert als Wasserschloss errichtet, dient es heute als Nobelhotel und Sterne-Restaurant. Ein Besuch von Perl-Wochern lohnt sich vor allem wegen der alten Lothringerhäuser. Die hier im ehemals lothringischen Teil des Saarlands erbauten Gebäude vereinigten Wohn- und Wirtschaftsteil unter einem Dach. Der *Park von Nell korrespondiert sehr schön mit dem barocken Palais des Orts.

* **»Garten der Sinne«** Auf einem Hochplateau über Merzig angelegt, ist der »Garten der Sinne« mit 15 000 Quadratmetern der größte der »Gärten ohne Grenzen«, einer Kette von 14 ungewöhnlichen Gartenanlagen, die sich von Trier über das nördliche Saarland, den Saargau und das Moselgebiet bis jenseits der Grenzen nach Schengen (Luxemburg), Metz und Bitch (Frankreich) erstreckt.

** **Werner-Freund-Wolfspark** In großzügigen Gehegen im Kammerforst bei Merzig tummeln sich hier rund 20 Wölfe, die vom Wolfsforscher Werner Freund betreut werden. Bei seinen Führungen lässt sich beobachten, wie der »Wolfsmensch« – so der Titel eines seiner Bücher – die Verhaltensweisen der Wölfe annimmt und als Rudelmitglied akzeptiert wird.

* **Merzig** Zwischen grünen Hügeln eingebettet liegt Merzig, das »Tor zum romantischen Saartal«. Die Kreisstadt ist das Zentrum der saarländischen »Apfelkiste«, wo Äpfel zu Saft und Viez (Apfelwein) verarbeitet werden. Mit der Kirche **St. Peter aus dem 13. Jahrhundert besitzt Merzig die einzige romanische Basilika des Saarlands. Das weiße Mauerwerk ist mit Bögen, Kanten und Friesen aus rötlichem Buntsandstein abgesetzt. Ein besonderes Schmuckstück der Fußgängerzone ist das Stadthaus, ein vom Trierer Hofbaumeister Matthias Staudt 1647–1649 einst als Schloss für die Trierer Fürstbischöfe errichteter Spätrenaissancebau, der im 18. Jahrhundert von Christian Kretzschmar barockisiert wurde. Das Hilbringer Schlösschen (1745) stammt ebenfalls von Kretzschmar. Im Merziger Saargau zwischen Büdigen und Wellingen finden sich die 26 Skulpturen **»Steine an der Grenze«, die 1986 bis 1992 anlässlich eines internationalen Bildhauersymposiums entstanden und Symbole der deutsch-französischen Freundschaft darstellen.

Wolferskopf Der Wolferskopf über dem Haustadter Tal bei Beckingen ist das größte Naturschutzgebiet im Saarland. Auf rund 350 Hektar wird die traditionelle Muschelkalk-Kulturlandschaft samt Streuobst- und Orchideenwiesen mithilfe eines ökologischen Nutzungskonzepts reaktiviert.

einstige Residenz des damals französischen Herzogtums Dillingen und nutzte es zur Unterbringung von Angestellten. Nach der völligen Zerstörung im Zweiten Weltkrieg wurde der barocke Nordwestflügel wiederhergestellt (links). Heute wird das Schloss für Theateraufführungen, Konzerte und Ausstellungen genutzt. Der 1910 bis 1913 mit neuromanischen und neugotischen Anklängen errichtete »Saardom« St. Sakrament am Odilienplatz ist die größte Kirche des Saarlands. Einen Besuch wert ist auch das Museum für Vor- und Frühgeschichte, das in einem alten Bauernhaus in Dillingen-Pachten residiert und Funde aus der ehemaligen Römersiedlung Contiomagus zeigt. In den Saarauen und in der Franz-Méguin-Straße können Großplastiken des Internationalen Stahlsymposiums von 1990 besichtigt werden.

Saartal

Die Saar entspringt in den Vogesen. Gut 80 Kilometer Wegstrecke durch Lothringen hat sie schon hinter sich, wenn sie die lothringische Grenzstadt Sarreguemines/Saargemünd passiert. Bis Saarbrücken ist die Saar Grenzfluss. Die Landeshauptstadt wird von ihr geteilt. Es folgt das Industriegebiet an der mittleren Saar: In Völklingen und Dillingen wird noch Stahl gekocht. Dazwischen grüßt aus der Ferne die Festungsstadt Saarlouis.

* **Warndt** Als »verwarnter«, d. h. für die Untertanen verbotener Wald, war der Warndt südwestlich von Völklingen seit dem Mittelalter herrschaftliches Jagdrevier. Landesfürst

Polarwölfe im Werner-Freund-Wolfspark bei Merzig (oben); romanische Basilika St. Peter in Merzig (rechts)

Die heutige Kreisstadt wurde 1680 als Festung vom französischen »Sonnenkönig« Ludwig XIV. gegründet. Er ließ Saarlouis zum Schutz der im Frieden von Nimwegen 1678 erworbenenen lothringischen Gebiete vom

TIPP++TIPP++

Glas- & Heimatmuseum Warndt
In den von Bergschäden sanierten Räumen wird im ersten Obergeschoss die Ausstellung »Glas auf den Tisch« gezeigt. In zwölf Kojen sind Tischsituationen aus der Zeit von 1900 bis 1950 zu sehen – ein Spiegel der Zeit aus Glas. Im Dachgeschoss befinden sich mehrere Vitrinen, die Produkte der Fenner Glashütte, der Kristallerie Wadgassen, der Louisenthaler Flaschenglashütte und der lothringischen Glashütten in Meisenthal, Vallerysthal und Portieux präsentieren.
Völklingen, Am Bürgermeisteramt 5, Tel. 0 68 98/4 36 26. Täglich außer montags von 14–16 Uhr, Sa/So um 14.30 Uhr einstündige kostenlose Führungen

Ludwig ließ sich 1786 in Karlsbrunn ein barockes Jagdschloss bauen (heute Sitz der Forstverwaltung). Der einstige Schloss- und heutige Forstgarten ist Bestandteil des Projekts »Garten ohne Grenzen«. Der Holzreichtum des 5000 Hektar großen Waldgebiets wurde seit dem 17. Jahrhundert zum Befeuern von Glashütten genutzt. Die Glasbläserkunst kann man in der Manufaktur von Villeroy & Boch in Wadgassen bewundern.

Völklingen Eine bizarre Silhouette von rostbraunen Hochöfen und Schloten bestimmt das Stadtbild von Völklingen. Über ein Jahrhundert lang schlug das Herz der Stadt in der ***Völklinger Hütte. Durch die Eisenhütte wuchs Völklingen zur drittgrößten Stadt des Saarlands. 1986 stillgelegt, hat das Monstrum 1994 als erstes Industriedenkmal den Sprung auf die UNESCO-Liste des Weltkulturerbes geschafft. Beim Rundgang über das denkmalgeschützte Gelände kann man einen der Hochöfen besteigen und gelangt zur 27 Meter hohen Arbeitsplattform. Hauptattraktion ist die Gasgebläsehalle mit sechs Windmaschinen. Jahrzehntelang blies die Alte Völklinger Hütte Ruß und Staub auf die Stadt, deren Neobarockbauten aus dem letzten Jahrhundert stammen, darunter das Alte Rathaus und die Kirche St. Eligius, die dem Patron der Hüttenarbeiter geweiht ist.

* **»Urwald von Saarbrücken«** Seit 1997 gibt es im Norden Saarbrückens den »Urwald vor den Toren der Stadt«. In diesem gut 1000 Hektar großen Waldschutzgebiet wird auf Forstbewirtschaftung verzichtet. Langsam kann sich die Natur dort frei entfalten und überwuchert die Zeichen der Zivilisation. So entsteht eine große Vielfalt an Strukturen und Lebensräumen. Der Mensch ist zum Beobachten und Miterleben dieser Prozesse eingeladen.

** **Saarbrücken** Siehe Stadtplan auf Seite 245

* **Deutsch-Französischer Garten** Zwischen dem südlichen Stadtrand von Saarbrücken und der Grenze zu Frankreich liegt im Deutschmühlental auf einem Teil des Schlachtfeldes von 1870 der Deutsch-Französische Garten, ein großer Park mit Themengärten, Kleinbahn und Sessellift, geschaffen als Symbol der Versöhnung.

Festungsbaumeister Vauban errichten. 1815 lösten preußische Regimenter die französischen ab und nutzten die Garnisonsstadt als Grenzfestung gegen Frankreich. Im Zweiten Weltkrieg war Saarlouis Ziel schwerer Bombenangriffe, die viel alte Bausubstanz zerstörten. Erhalten, restauriert und für zivile Zwecke umfunktioniert sind einige Kasernen (meist aus der preußischen Zeit) und die Gewölbe der Kasematten, ebenfalls preußisches Erbe, in denen sich ein Lokal an das andere reiht (links). Als einstige Wasserfestung noch erkennbar ist Saarlouis an einem Altarm der Saar rings um die Vauban-Insel. Im Museum Haus Ludwig, das in einem repräsentativen, rund 100 Jahre alten Gebäude residiert, werden Werke des Kunstsammlers und Museumsgründer Peter Ludwig sowie der saarländischen Kunstszene gezeigt.

St. Wendeler Land

Dem hl. Wendelin, der Ende des 6. Jahrhunderts aus Schottland als Missionar in die Gegend kam, verdankt die Kreisstadt St. Wendel ihren Namen. Der Schutzpatron der Bauern ist nicht nur in der Wendelswoche im Oktober allgegenwärtig. Die Spuren des Heiligen mit dem Hirtenstab führen entlang alter Pilgerpfade bis nach Tholey. Vom 568 Meter hohen Schaumberg aus überblickt man eine weit schwingende Hügellandschaft, in der das Freizeitparadies des Bostalsees lockt.

Höcherberg In diesem Waldgebiet bei Bexbach führen alte markierte Grubenwege zu den historischen Stätten der seit 1959 geschlossenen Kohlengruben Frankenholz und Nordfeld.

*** Nahequelle** Oberhalb von Nohfelden-Selbach entspringt die Nahe, die von hier aus ihren 112 Kilometer langen Weg bis nach Bingen antritt, wo sie in den Rhein mündet. Die Quelle ist ein reizvoller Ausflugsort – vor allem für Kinder, da nahebei ein kleines Wildfreigehege angelegt wurde.

*** Bostalsee** Einen natürlichen See besitzt das Saarland nicht. Dem Mangel wurde abgeholfen: Rund 120 Hektar groß ist der 1979 künstlich geschaffene Bostalsee mit Strandbädern bei Bosen und Gonnesweiler, zwei Jachthäfen, einer Segel- und Surfschule, einem Wellenhallenbad sowie einer Tauchsportstation.

Nohfelden Wahrzeichen der Gemeinde ist ihr runder Burgfried, ein Rest der Burg Veldenz, die Ritter Bossel vom Stein 1285 erbaut hat. Schon im Dreißigjährigen Krieg teilweise zerstört, diente sie später als Steinbruch. Einen Turm aus dem 11. Jahrhundert besitzt die Kirche von Wolfersweiler auf einer Anhöhe mitten im Friedhof. Das schlichte, helle Kirchenschiff von 1788 beherbergt das Grab von Graf Kaspar von Pfalz-Zweibrücken. Idyllisch an einem Waldteich bei Nohfelden-Gonnesweiler gelegen ist das kleine Fachwerk-Jagdschlösschen Bocksborn (18. Jahrhundert), das in Privatbesitz ist und nur außen besichtigt werden kann.

*** »Steinernes Meer am Weiselberg«** Am Südabhang des 572 Meter hohen Bergs bei Freise befindet sich diese außergewöhnliche Gesteinsformation. Sie besteht aus Blockhalden mit oft sechseckigen Basaltsäulen und rührt von einem ehemaligen Vulkan her. Am Weiselberg wurden jahrhundertelang Achate, Jaspis und andere Edelsteine abgebaut.

*** Freisen** Eine reiche barocke Ausstattung besitzt die katholische Pfarrkirche St. Remigius, eine Saalkirche mit Westturm von 1753. Ein mineralogisches Museum zeigt am Weiselberg ausgegrabene Edelsteine. Im Ortsteil Schwarzerden befindet sich ein römisches Mithras-Heiligtum aus dem 3. Jahrhundert. Das verwitterte Relief zeigt den auf einem Stier knienden Mithras mit seinen Dienern Cautes und Catuopes. Der Bildwand war einst ein Tempel vorgelagert. Eine imposante Talbrücke überspannt den Ortsteil Oberkirchen mit zwölf Bögen. Das 270 Meter lange und 30 Meter hohe einstige Eisenbahnviadukt ist heute ein Übergang für Wanderer (»Fritz-Wunderlich-Weg«) nach Kusel.

Völklinger Hütte mit Lichtinstallation (oben links); Wendalinusbasilika in St. Wendel mit Netzgewölbe (rechts)

Tholey liegt zu Füßen des 568 Meter hohen Schaumbergs, der mit Aussichtsturm und Erlebnispark samt Barfußpfad zur Besteigung lockt. Am Westhang steht die auf das 13. Jahrhundert zurückgehende Blasiuskapelle. Die Geschichte des Benediktinerklosters St. Mauritius (links: Statue des hl. Mauritius) reicht bis ins 6. Jahrhundert zurück. Die ersten Mönche ließen sich hier in den Ruinen einer Römervilla nieder. Der heutige

**** St. Wendel** Wahrzeichen ist die **Wendalinusbasilika (»Wendelsdom«), eine gotische Hallenkirche (14./15. Jahrhundert), mit dem Grab des hl. Wendelin, der um 617 starb. Der Sarkophag des Stadtpatrons (15. Jahrhundert) zeigt die zwölf Apostel und eine der ältesten Darstellungen des Heiligen mit Pilgerstab. Aus derselben Zeit stammt die Wappenmalerei im Mittelschiffgewölbe. Sehenswert auch die achteckige Steinkanzel von 1462 und das Chorgestühl (18. Jahrhundert). Repräsentative Bürgerhäuser aus dem 18./19. Jahrhundert bilden die Kulisse von Fruchtmarkt und Schlossplatz. Hier dominiert das Rathaus, 1740 als Amtshaus erbaut und ab 1824 Residenz von Luise von Sachsen-Coburg-Gotha. Vor der Basilika markiert eine Basaltpyramide von Leo Kornbrust den Ausgangspunkt der **»Straße der Skulpturen«. Über 25 Kilometer bis zum Bostalsee erstreckt sich diese Open-Air-Galerie mit 51 Werken bekannter Künstler. Ein Pilgerweg führt zur barocken *Wendalinuskapelle im Wendelstal. Oberhalb thront das Steyler Missionshaus mit *Völkerkundlichem Museum.

Bliestal

Die Blies ist mit knapp 100 Kilometern der längste Fluss im Saarland. Unterhalb von Blieskastel sind Fluss und Aue noch sehr naturnah. Bliesgau wird diese Gegend genannt. Neunkirchen, einst industriell geprägte Kohle- und Eisenhüttenstadt, hat sich vom Ruß- zum »Rosenkreis« entwickelt.

*** Ottweiler** Die ehemalige Residenz einer Nebenlinie der Grafen von Nassau-Saarbrücken hat eine malerische Altstadt. Vom Ring der Stadtmauer ist ein 48 Meter hoher runder Wehrturm (15. Jahrhundert) mit spitzem Schieferhelm erhalten (»Zibbelkapp«), der der evangelischen Kirche als Glockenturm dient. Sehenswert ist am Schlosshof das *»Hesse-Haus« (1590) mit seinem Renaissancegiebel. Das **Saarländische Schulmuseum bietet Exponate aus rund 1000 Jahren Schulgeschichte.

*** Bexbacher Blumengarten** Um den Hindenburgturm in Bexbach breitet sich dieses Ensemble aus – mit einem geo-

Schlosshof von Ottweiler mit Renaissancebau Hesse-Haus

Saarbrücken

Die Hauptstadt des Saarlands ist nicht nur dessen wirtschaftlicher und kultureller Mittelpunkt, sondern bezaubert auch als anmutige Barockstadt.

Am Anfang der Stadtgeschichte stand eine Römerbrücke über die Saar. Heute führen im Stadtbereich insgesamt zehn Brücken über den Fluss. Die *Alte Brücke dient als Fußgängerverbindung zwischen den einst selbstständigen Städten (Alt-)Saarbrücken und St. Arnual am linken sowie St. Johann am rechten Ufer. Der Stadtverband – zusammen mit den Industrieorten Burbach und Malstatt – entstand erst 1909. Der **Schlossplatz, historisches Zentrum von Alt-Saarbrücken, erinnert an dessen Glanzzeit als fürstliche Residenz. Fürst Wilhelm Heinrich hat sich hier als barocker Bauherr verewigt. Sein Generalbaudirektor Friedrich Joachim Stengel entwarf die Dreiflügelanlage des **Schlosses (1738 bis 1748). Die Harmonie des Platzes vervollständigt das *Alte Rathaus (1748–1750), das 1760 von Stengel barockisierte *Erbprinzenpalais sowie das neobarocke ehemalige *Kreisständehaus von 1909, heute *Museum für Vor- und Frühgeschichte. Die spätgotische *Schlosskirche (15. Jahrhundert) ist Grabstätte einiger Fürsten von Nassau-Saarbrücken. Zum »Platz des unsichtbaren Mahnmals« wurde der Schlossplatz 1993 durch rund 2000 Pflastersteine, auf deren Unterseite die Namen einstiger jüdischer Friedhöfe in Deutschland eingraviert wurden. Der **Ludwigsplatz stellt mit der *Ludwigskirche (1775) ein restauriertes Barockensemble dar. Herz der St. Johanner Altstadt ist der **Markt mit seinen barocken Bürgerhäusern und dem Stengel'schen Marktbrunnen (1760). Stengel entwarf auch die katholische **Kirche St. Johann (1754/1758). Besonders prächtig ist die Innenausstattung. Zur Kulturmeile am rechten Saarufer gehören der »Musentempel« des *Staatstheaters (1938) sowie der Komplex des **Saarland-Museums. Mittelalterliches Flair verströmt der Markt von *St. Arnual.

Saarbrücken: Ludwigsplatz mit barocker Ludwigskirche

Kirchbau stammt aus der Zeit um 1265, ihr barocker Zwiebelturm (ganz links) von 1740; die Klostergebäude entstanden 1722. St. Mauritius ist eine frühgotische, dreischiffige Kirche ohne Querhaus. Nur das barocke Chorgestühl mit reichem Schnitzdekor und der üppig verzierte Orgelprospekt heben sich vom schlichten Innenraum ab. Im Chorhaupt lächelt der Engel Gabriel, auch »Engel von Tholey« genannt (13. Jahrhundert). Lokalgeschichte erkunden lässt sich im Kulturhistorischen Museum des Schaumberger Landes am Rathausplatz und in der Johann-Adams-Mühle (1735) bei Tholey, heute ein Mühlen- und Heimatmuseum. In der Nähe liegt das Hofgut Imsbach, ein denkmalgeschützter Komplex mit Herrenhaus aus napoleonischer Zeit und romantischen Weihern und heute Saarländisches Ökologiezentrum mit ökologischem Landbau.

TIPP++TIPP++

Musikfestspiele Saar

In über 50 Aufführungsorten treten klassische Orchester, Chöre und Solisten von Weltruf alle zwei Jahre vor den Sommerferien in Lothringen, Luxemburg, Rheinland-Pfalz und im Saarland auf. Die Themenschwerpunkte wechseln jedes Mal.

Bei Fragen rund um das Festival: Saarbrücken, Musikfestspiele Saar, Rotenbühlerweg 28 a, Tel. 06 81/97 61 00

Museum für Vor- und Frühgeschichte

Archäologische Funde von den Anfängen der Steinzeit bis ins frühe Mittelalter. Im Mittelpunkt der Ausstellung steht das berühmte keltische Fürstinnengrab von Reinheim (um 400 v. Chr.) mit seinem kostbaren Schmuck und wertvollen Beigaben.

Saarbrücken, Schlossplatz 16, Tel. 0 6 81/95 40, Di, Do–So 10–18 Uhr, Mi 10–22 Uhr

Stadtgalerie

Wechselausstellungen: alle Bereiche der Gegenwartskunst – Konzeptionelles, Neue Medien, Installationen, Performance und Videokunst.

Saarbrücken, Am St. Johanner Markt 24, Tel. 06 81/9 36 83-21, geöffnet Di, Do–So 11–19 Uhr, Mi 12–20 Uhr

Saarland Museum

Was in den 1920er-Jahren als Heimatmuseum mit einer Abteilung für moderne Grafik begann, ist heute eine umfangreiche Kunstsammlung: Werke vom Mittelalter bis in die Gegenwart, verteilt auf das Museum in der Schlosskirche, die Alte Sammlung und die Moderne Galerie mit ihrem Skulpturengarten.

Saarbrücken, Bismarckstraße 11–19, Tel. 06 81/9 96 40

TIPP++TIPP++

Orchideengebiet Gersheim
In einem weitläufigen Naturschutzgebiet gedeihen rund 30 Orchideenarten. Diese Blumen stehen unter Naturschutz, ein Besuch ist nur im Rahmen einer Führung möglich.
Führungen: von Anfang Mai bis Anfang Juli nach telefonischer Anmeldung beim Kulturamt Gersheim, Bliesstr. 19 a, Tel. 0 68 43/8 01 44

metrisch angelegten Luxemburger Garten, zahlreichen exotischen Pflanzen und Bäumen, einem Seerosenteich und einem Gewürz- und Gemüsegarten.

* **Bexbach** In der ehemaligen Bergwerksstadt zeigt das **Grubenmuseum im Hindenburgturm, einem ehemaligen Wasserturm, wie die Bergleute einst gearbeitet und gelebt haben. Besondere Attraktion sind die unterirdischen Schaubergwerke, die ab 1934 angelegt wurden. Von der obersten Turmetage aus blickt man auf den »Monte Barbara«. Auf der Spitze der begrünten ehemaligen Bergehalde wurde eine Statue der hl. Barbara, der Schutzpatronin der Bergleute, aufgestellt.

** **Homburg** Der französische König Ludwig XIV. ließ Stadt und Schloss im 17. Jahrhundert durch Vauban zu einer Festung ausbauen. Darin inbegriffen war auch ein eindrucksvolles Höhlensystem. Die schöne Altstadt lohnt ebenso eine Besichtigung. Eine wichtige römische Etappenstadt breitete sich vor 2000 Jahren an der Stelle von Schwarzenacker bei Homburg aus. Im Jahre 275 wurde sie durch Alemannen zerstört. Seit den 1950er-Jahren entstand durch Grabungen und Rekonstruktionen von Straßen und Häusern das faszinierende **Römermuseum. Der »Kulturpark Homburg« erinnert mit den Ruinen der Festung Hohenburg, des Schlosses Karlsberg, des Klosters Wörschweiler und der Merburg sowie mit der Gustavsburg an eine wechselvolle Vergangenheit.

Einziges Überbleibsel vom Schloss: Orangerie von Blieskastel

Die Geschichte der Kreisstadt wurde jahrhundertelang von der Montanindustrie geprägt. Graf Ludwig II. von Nassau-Ottweiler gründete hier bereits 1593 die erste Eisenhütte. Ab 1858 baute Karl-Ferdinand Stumm (links Mitte: Denkmal in Neunkirchen) das Werk zu einem Eisen- und Stahlimperium aus. Seinen Höhepunkt erlebte der Montanstandort um 1970, als hier fast 10 000 Arbeiter jeweils eine Million Tonnen Rohstahl, Roheisen und Walzfertigerzeugnisse produzierten. Der Niedergang folgte rasch: 1982 wurden die letzten Hochöfen und Walzstraßen stillgelegt. Einige Zeugnisse der industriellen Tradition hat man bewahrt. An die »Eisenzeit« erinnern zwei Hochöfen-Giganten (links). Sie gehören zum denkmalgeschützten Teil des »Hüttenparks«, durch den ein 5,5 Kilometer langer »Hüttenweg« mit Schautafeln führt.

Einladung zu einer Zeitreise in die Antike: Römermuseum in Homburg

**** Schlossberghöhlen** Europas größte künstliche Buntsandsteinhöhlen mit riesigen Kuppelhallen und kilometerlangen Gängen über zwölf Stockwerke hinweg sind ein einzigartiges Labyrinth. Die Höhlen gehörten zu der 1714 geschleiften Festung Hohenburg bei Homburg. Eine Etage ist als Schaubergwerk zugänglich, untere Stockwerke werden noch von einer Brauerei genutzt.

*** Kirkel** Weithin sichtbar thront auf einem Kegelberg die Kirkeler Burg (11. Jahrhundert). Sie diente der Überwachung der alten Heerstraße von Metz nach Mainz. Im 16. Jahrhundert wurde die Burg zum Schloss um- und ausgebaut.

*** Felsenpfad bei Kirkel** Vorbei an bizarr geformten Buntsandsteinfelsen verläuft dieser sechs Kilometer lange geologische Lehrpfad und Rundweg.

**** Blieskastel** Der rund 4000 Jahre alte, fast sieben Meter hohe *Gollenstein auf dem Blieskasteler Berg gilt als der größte Menhir Mitteleuropas. Den Berg hinauf zieht sich die Barockstadt, die ihre Gestalt 1760 bis 1793 unter Reichsgräfin Maria Anna von der Leyen erhielt. Sehenswert sind das *Rathaus (1775) am Paradeplatz, die *Schlosskirche (1776 bis 1781) mit Rokoko-Altar sowie die *Renaissance-Orangerie (1669).

**** Gersheim** Im **»Europäischen Kulturpark Bliesbruck-Reinheim« wurden ganze Handwerkerviertel, Thermen und Fundamente einer römischen Villenanlage freigelegt. Daneben befindet sich eine Nekropole aus der Keltenzeit (um 400 v. Chr.) mit nachgebautem Hügelgrab. In Gersheim-Rubenheim lohnt das *Museum für dörfliche Alltagskultur.

Menhir Gollenstein bei Blieskastel (oben links); Schlossberghöhlen bei Homburg (oben rechts)

Der Himmel auf Erden – das Treppenhaus des Schlosses von Bad Wurzach an der Oberschwäbischen Barockstraße

Baden-Württemberg

Das »Ländle«, wie das 1952 aus Baden, Württemberg-Baden und Württemberg-Hohenzollern entstandene Baden-Württemberg genannt wird, ist in wirtschaftlicher Hinsicht ein Riese. Auch landschaftlich und kulturell hat es viel zu bieten – von Schwarzwald und Bodensee bis zu oberschwäbischem Barock und altehrwürdigen Universitätsstädten wie Heidelberg. Und wie in kaum einem anderen Landstrich häuften sich hier die Dichter und Denker – frei nach dem Motto: »Hölderlin und Hegel sind bei uns die Regel.«

Baden-Württemberg

Das weltberühmte, 1751 von Kurfürst Karl Theodor in Auftrag gegebene Riesenfass im Heidelberger Schloss mit seinen 221 726 Liter Fassungsvermögen hatte schon zwei Vorgänger. Sie sollten den Zehnten der

TIPP++TIPP++

Schloss Bruchsal
Aus der Zeit, als die Fürstbischöfe von Speyer hier residierten, stammt das Barockschloss (18. Jahrhundert) mit dem berühmten Treppenhaus.
Tel. 0 72 51/74-26 61, www.schloss-bruchsal.de, Di–So 10–17 Uhr

Museum Mechanischer Musikinstrumente
Rund 400 Stücke umfasst die außergewöhnliche Sammlung im Bruchsaler Schloss. Zu den Exponaten gehören neben Orgeln und Spieluhren auch Orchestrien.
Bruchsal, Di–So 10–17 Uhr, Führungen: jede volle Stunde bis 16 Uhr

Nördliches Baden-Württemberg

Der nördliche Teil Baden-Württembergs zeigt sich landschaftlich wie auch historisch in größter Vielfalt – mit Anteilen an der einstigen Kurpfalz, dem Odenwald und dem Taubertal, mit dem hügeligen Kraichgau-Stromberg, dem Hohenloher »Schlösser«-Land und so geschichtsträchtigen Städten wie Schwäbisch Hall. Und beinahe überall wächst der Wein!

Wahrzeichen von Mannheim im Jugendstil: der Wasserturm

* **Mannheim** Dass die Neckarstadt eine planmäßige Gründung (1606/07) des Barocks ist, zeigt der Blick auf einen Stadtplan: Die Straßen des historischen Zentrums verlaufen völlig symmetrisch im rechten Winkel zueinander. Besonders sehenswert ist das kurfürstliche *Schloss (18. Jahrhundet, heute Universität), eine der größten barocken Schlossanlagen Europas mit prächtiger Schlosskirche.

** **Heidelberg** Wo der Neckar den Odenwald verlässt und in die Rheinebene eintritt, liegt sehr reizvoll Heidelberg, einst stolze Residenz der Pfälzer Kurfürsten und die älteste Universitätsstadt Deutschlands (seit 1396). Im Pfälzer Erbfolgekrieg um das Erbe der berühmten Liselotte von der Pfalz wurde die Stadt Ende des 17. Jahrhunderts von den Franzosen fast völlig zerstört. Zu den wenigen Bauten aus älterer Zeit gehört das »Haus zum Ritter« (1592), in dem man heute stilvoll übernachten und speisen kann. Die wechselhafte Geschichte Heidelbergs zeigt mit exquisiten Sammlungen das *Kurpfälzische Museum. Im Wesentlichen

Weinernte als kurfürstlichen Anteil aufnehmen. Darin wurde der gesamte Wein aus der Pfalz mit all seinen Mängeln zusammengemixt und dann an der kurfürstlichen Tafel großzügig ausgeschenkt. Dass es also mehr auf Quantität denn auf Qualität ankam, zeigt auch die Gestalt des Südtirolers Klemens Perkeo. Am Hof war er als Fasswächter beschäftigt und gab das perfekte Symbol des Weingenießers ab. Der zwergenwüchsige Hofnarr galt als so trinkfest, dass behauptet wurde, er könne das ganze Fass mit Leichtigkeit alleine austrinken. Seinen Namen soll er von der Antwort haben, die er auf jede Einladung zum Trinken gab: »Perché no?« – »Warum auch nicht?« Seine Statue (links) steht auf einem Sockel gegenüber dem Großen Fass. Angeblich war Wein das einzige Getränk, das der Narr Perkeo seit seiner Kindheit überhaupt getrunken hat.

Fachwerkidyll am Fluss: Neckargemünd

eine Schöpfung des 18./19. Jahrhunderts ist das weltbekannte romantische Stadtbild **Alt-Heidelbergs – besonders schön vom *Philosophenweg am Sonnenhang des Heiligenbergs aus zu sehen. Dominiert wird die Stadtidylle vom hoch gelegenen **Schloss, einer Ruine, die man sich imposanter und malerischer nicht vorstellen kann. Einige Teile der Anlage sind wiederhergestellt, etwa der grandiose Ottheinrichbau (1556 bis 1566) im Renaissancestil sowie der herrliche Hortus Palatinus, ein in Terrassen angelegter Renaissancegarten. Das Schloss bildet auch eine Station der historischen *Bergbahn (1890), mit der es hinaufgeht zum Königstuhl mit dem traumhaften Panoramablick.

**** Schwetzingen** Ästhetischen Genuss bietet der schöne **Schlossgarten (18. Jahrhundert) beim kurfürstlichen Jagdschloss, ein Meisterwerk der barocken Gartenbaukunst mit hübschem Tempelchen, Badhaus (unbedingt innen besichtigen!), türkischer Moschee, Wasserspielen, Naturtheater und vielen Gartenskulpturen.

*** Neckargemünd** Fachwerk dominiert in romantisch verwinkelten Gassen im gut erhaltenen Kern der ehemaligen freien Reichsstadt das Erscheinungsbild. Rathausfassade und Karlstor setzen klassizistische Akzente.

*** Eberbach** Die einst bedeutende Schifferstadt am Neckar ist heute beliebter Kur- und

Von Dichtern vielbesungenes Sinnbild deutscher Romantik: Schlossruine von Heidelberg – hier der Glockenturm – hoch über dem Neckartal (oben)

TIPP++TIPP++

Schwetzinger Kulturfeste

Festspiele im Mai, wenn der Flieder blüht und der Spargel geerntet wird, Mozartfest im September und Schlosskonzerte vom Winter bis ins Frühjahr – Schwetzingen hat ein stattliches kulturelles Programm auf die Beine gestellt, das in den

barocken Anlagen eine geeignete Bühne findet.

Karten: Schwetzinger Zeitung, Carl-Theodor-Str. 1, Tel. 0 62 02/20 50

Baden-Württemberg

Das einstige Residenzstädtchen derer von Hohenlohe, die der ganzen Region (»Hohenloher Land«) ihren Namen gaben, wird vom Schloss (links) dominiert. Dessen Hauptsehenswürdigkeiten sind die Kapelle und

TIPP++TIPP++

Tauberfränkisches Landschaftsmuseum
Gegensätzliche zeitgeschichtliche Exponate sind im Kurmainzischen Schloss, ehemals Sitz des Mainzer Oberamtmanns, ausgestellt: sakrale Kunst, Möbel aus Renaissance, Barock und Biedermeier neben bäuerlichen Trachten und einer altsteinzeitlichen Sammlung.
Tauberbischofsheim, Tel. 0 93 41/80 30, Palmsonntag bis 31. Okt. Di–Sa 14.30–16.30, So 10–12 und 14–16.30 Uhr

Schlossmuseum Neuenstein
Herzstück des Museums ist das Raritätenkabinett der Malerei, Goldschmiedekunst und Elfenbeinschnitzerei. Als besondere Attraktion gilt die spätmittelalterliche und voll funktionsfähige Schlossküche.
Neuenstein, 16. März–15. Nov. 9–12 und 13.30–18 Uhr, Tel. 0 79 42/22 09 oder 0 79 41/6 09 90

Ferienort in reizvoller Lage. Ganz in der Nähe befindet sich der Katzenbuckel (626 Meter), die höchste Erhebung des Odenwalds. In der Altstadt lohne die Reste der Stadtmauer mit markanten Türmen, Fachwerkhäuser, das Alte Badhaus (jetzt Hotel), das Hotel »Karpfen« und das Gasthaus »Krabbenstein« mit bilderreichen Fassaden eine Besichtigung. In der Neurenaissancekirche Johannes Nepomuk findet sich eine der größten Kirchenorgeln Badens. Hoch über dem Ort ragt eine mächtige Stauferburg auf.

* **Buchen** Die Mariensäule von 1754 ist das Wahrzeichen des »Madonnenländchens« rund um Buchen, das den badischen und bayerischen Teil des Odenwaldes umfasst. Die Bezeichnung stammt von den Bildstöcken, die über das Land verteilt sind.

* **Eberstadter Tropfsteinhöhle** Die Entdeckung dieses Naturwunders verdankt sich dem Zufall: Bei Sprengarbeiten 1972 öffnete sich im Muschelkalkstein ein Spalt. Heute gehört die 600 Meter lange Schauhöhle – eine der größten Deutschlands – zu den Attraktionen des Odenwalds.

* **Walldürn** Am Rand des Odenwalds gelegen, ist Walldürn geistiger Mittelpunkt des Madonnenländchens und seit dem 14. Jahrhundert bedeutender Wallfahrtsort mit prachtvoller Barockkirche (um 1700). An die römischen Ursprünge erinnern freigelegte Thermen.

** **Wertheim** Mittelpunkt des altfränkischen Bilderbuchstädtchens am Main ist der Marktplatz mit den herrlichen Fachwerkhäusern, dem alten Rathaus samt ungewöhnlicher Doppel-Wendeltreppe und dem »Haus der vier Gekrönten«. Einen Höhepunkt spätgotischer Baukunst stellt die **Kilianskapelle dar. Die pittoreske Burgruine über dem Städtchen bietet einen einzigartigen Blick auf den Zusammenfluss von Main und Tauber.

* **Tauberbischofsheim** Wo Bischof Bonifatius 735 das erste deutsche Frauenkloster gründete, befindet sich heute eine lebhafte Kreisstadt. In der Altstadt kann man Fachwerkhäuser, ein neugotisches Rathaus und eine neugotische Pfarrkirche mit gotischem *Marienaltar bewundern.

* **Königshofen** Der idyllische Ort mit den beiden sehenswerten spätgotischen Bauten »Goten« und »Hohes Haus« war 1525 Schauplatz einer folgenschweren Schlacht in den Bauernkriegen, in der rund 8000 Bauern von der Streit-

der Renaissanceflügel mit dem zweigeschossigen Rittersaal, in dem die außerordentlich kunstvolle Kassettendecke, Leinwandbilder mit Jagdszenen und lebensgroße Tierplastiken einen Eindruck von den Festsälen jener Zeit vermitteln. Nicht zuletzt wegen seines weitläufigen barocken Parks mit 50 steinernen ausdrucksvollen Statuen – Gnome, Gottheiten und Zwerge, Sinnbilder der Winde und der Elemente – wird das Renaissanceschloss auch »hohenlohisches Versailles« genannt. Die Orangerie bietet einen Blick auf die Steinriegelhänge des Taubertals. In direkter Nachbarschaft zum Schloss befindet sich der großzügige Marktplatz mit hübschem Rokokobrunnen. Außerdem sind der markante »Gänsturm« mit Museum sowie die Stadtkirche St. Georg eine Besichtigung wert. Renaissance und Barock sind allgegenwärtig in Weikersheim.

macht der Fürsten niedergemetzelt wurden.

*** Bad Mergentheim** An die 700-jährige Herrschaft des Deutschen Ordens erinnert das *Deutschordensschloss (1568 bis 1628), bis 1809 Residenz des Deutsch- und Hochmeisters, mit barocker Schlosskirche (1730–1736) von Balthasar Neumann. Am *Marktplatz beeindrucken Fachwerkhäuser, noble Barockfassaden und ein exquisites Renaissance-Rathaus.

Stuppach Der Ortsteil von Bad Mergentheim birgt eines der bedeutendsten Werke spätgotischer Malerei: die sogenannte **Stuppacher Madonna (1517 bis 1519), die Mathias Grünewald für die Aschaffenburger Stiftskirche schuf.

*** Creglingen** Der beeindruckende **Marienaltar (1505) in der gotischen Herrgottskirche zählt zu den Hauptwerken Tilman Riemenschneider. Weitere Attraktionen sind der Faulturm – Beispiel des »Wohnungsbaus« um 1400, das Jüdische Museum, und das ungewöhnliche Fingerhutmuseum.

*** »Götzenburg« Jagsthausen** Die »Götzenburg« war seit 1370 Stammsitz der Ritter von Berlichingen. 1480 wurde der bekannteste Vertreter des Geschlechts hier geboren. Bei den sommerlichen Burgfestspielen wird natürlich laut applaudiert, wenn er endlich kommt – der berühmte Ausspruch des Götz von Berlichingen.

*** Kloster Schöntal** Die 1157 gegründete Zisterzienserabtei im idyllischen Jagsttal erhielt unter Abt Benedikt Knittel (1683–1732), dessen »Knittelverse« überall im Kloster zu finden sind, ein prunkvolles barockes Gesicht. Die Hauptsehenswürdigkeiten sind die Ausstattung der Kirche, das Treppenhaus in der Neuen Abtei, sowie das Grabmal des Götz von Berlichingen im Kreuzgang.

Deutschordensschloss in Bad Mergentheim

*** Forchtenberg** Wie aus dem Bilderbuch erscheint das Weinbaustädtchen im Hohenlohekreis – mit Stadtmauer, Türmen und Toren, Burgruine und historischen Häuserzeilen. Das heutige Rathaus ist die Geburtsstätte von Sophie Scholl.

*** Schloss Neuenstein** Das hübsche, teilweise noch befestigte Städtchen wird dominiert von dem wohl schönsten Schloss derer von Hohenlohe, einer mächtigen Anlage mit Bauteilen aus Mittelalter, Renaissance und Barock.

Evangelische Stiftskirche von Wertheim im romanisch-gotischen Stil (oben links); Schloss Langenburg hoch über der Jagst (oben rechts)

Baden-Württemberg

Schloss und Stadt tragen den Namen ihres Begründers Herzog Eberhard Ludwig von Württemberg, der sich Anfang des 18. Jahrhunderts den französischen Sonnenkönig Ludwig XIV. zum Vorbild nahm und sich eine

TIPP++TIPP++

Freilichtspiele Schwäbisch Hall
Als Bühne für das alljährliche Theaterspektakel im Sommer dient die Freitreppe der Kirche Sankt Michael. Zum traditionsreichen Festival gehört auch ein breit gefächertes Rahmenprogramm.
Freilichtspiele Schwäbisch Hall, Am Markt 8, Tel. 07 91/75 13 07

Schiller-Nationalmuseum
Mit einem Museum ehrt Marbach Friedrich Schiller, der hier geboren wurde. Eine Sammlung von Dokumenten deutschsprachiger Literatur seit dem 18. Jahrhundert.
Marbach, Schillerhöhe 8–10, Tel. 0 71 44/84 86 01, tgl. 9–17 Uhr

Schäferlauf
Die Barfußrennen für abgehärtete Schäfer und Schäferinnen finden meist am letzten Augustwochenende statt. Bei dem erstmals 1443 erwähnten Spektakel werden Schäferkönig und -königin ermittelt.
Markgröningen, Marktplatz 1, Tel. 0 71 45/1 30, www.markgroeningen.de

*** Langenburg** Schon die fantastische Lage von Schloss und Stadt auf dem »langen Berge« über dem Jagsttal ist Grund genug für einen Besuch. Noch heute ist das Schloss der Wohnsitz der fürstlichen Familie zu Hohenlohe-Langenburg.

*** Vellberg** Zurück ins Mittelalter fühlt sich der Besucher im trutzig befestigten Bergstädtchen Vellberg versetzt, das auch »das kleine Rothenburg« genannt wird. Unbedingt besichtigen sollte man hier die umfangreiche, bestens erhaltene Befestigungsanlage, den Marktplatz mit spitzgiebeligen Fachwerkhäusern und das Schloss mit gotischer Kapelle.

**** Schwäbisch Hall** Durch ihre Solequellen war die einstige Salzsiederstadt Hall, die erst im 20. Jahrhundert den Zusatz »Schwäbisch« erhielt, reich und mächtig genug, um sich inmitten des Hohenloher Landes ihre Unabhängigkeit als Reichsstadt (seit 1280) zu erhalten. Die hier geprägte Silbermünze, der »Häller« oder »Heller«, zählte zu den bedeutendsten Währungen des deutschen Mittelalters. Es geht steil hinauf zum Marktplatz, der »guten Stube« der Stadt mit Giebelhäusern, Fachwerkbauten (besonders schön: das Widmann'sche Haus von 1561), gotischem Brunnen, Bürgertrinkstube und barockem Rathaus. Eine grandiose Freitreppe führt weiter hinauf zur *Michaelskirche, einem architektonischen Meisterwerk der Spätgotik (15./16. Jahrhundert). In einem Komplex historischer Bauten sind die naturkundlichen, volkskundlichen und historischen Sammlungen des *Hällisch-Fränkischen Museums untergebracht.

**** Bad Wimpfen** Die Silhouette der Altstadt, die als Gesamtensemble unter Denkmalschutz steht, sucht in Deutschland ihresgleichen. Ihre herausragenden Baudenkmäler sind die mittelalterliche *Kaiserpfalz mit Rotem und Blauem Turm, die Pfalzkapelle, das »Steinhaus«, Palas und Hohenstaufentor, die romanisch-gotische *Ritterstiftskirche St. Peter mit großartigem Figurenschmuck im Chor und an der Fassade.

Von Fachwerkbauten geprägt: Schwäbisch Hall an der Kocher

Besterhaltenes Kloster Deutschlands: Maulbronn

Heilbronn In der Mulde am Neckar siedelten schon vor 30 000 Jahren Menschen. An die Zeit als mittelalterliche Reichsstadt erinnern viele Baudenkmäler wie die gotische Kilianskirche, das Renaissancerathaus mit der astronomischen Uhr (1580) und das »Käthchen-Haus«, wo das junge Mädchen gelebt haben soll, das Heinrich von Kleist als Vorbild für sein »Käthchen von Heilbronn« diente.

Region Stuttgart

Der mittlere Neckarraum mit der Landeshauptstadt Stuttgart ist die am dichtesten besiedelte Region von Baden-Württemberg. Trotzdem gibt es hier Weinberge, und die weiträumigen Waldgebiete von Schwäbischem Wald im Nordosten Stuttgarts und Schönbuch im Süden sind beliebte Naherholungsgebiete.

*** Lauffen am Neckar** Eine Idylle umgeben von Weinbergen! An Lauffens berühmtesten Sohn, den Dichter Friedrich Hölderlin (1770–1843), erinnert ein Denkmal im »Dörfle«, das am linken Neckarufer gegenüber dem »Städtle« liegt. Bedeutendstes Bauwerk ist die * Kirche St. Regiswindis (13. und 16. Jahrhundert) mit dem ge-

neue Residenz weit vor den Toren seiner Hauptstadt erbaute. So entstand zwischen 1704 und 1733 das prachtvolle »schwäbische Versailles« im Stil des Barock: Schloss und Park Ludwigsburg (links), mit 18 Gebäuden und insgesamt 452 Räumen sowie 32 Hektar Park eine der größten Schlossanlagen Deutschlands. In der Barockgalerie werden über 150 ausgewählte Meisterwerke deutscher und italienischer Malerei des 17. und 18. Jahrhunderts ausgestellt. Auch die vom Landesmuseum Württemberg zur Verfügung gestellte Porzellan-, Fayence- und Keramiksammlung beeindruckt. Vervollständigt wird die Schlossanlage durch das anmutig verspielte Jagd- und Lustschloss Favorit (1717 bis 1723). Das 1709 als barocke Residenzstadt angelegte Ludwigsburg verfügt über einen von Arkaden gesäumten Marktplatz und zwei Barockkirchen.

drungenen Turm. Direkt daneben steht die gotische Regiswindiskapelle (13. Jahrhundert) mit dem Sarkophag der Ortsheiligen.

** **Maulbronn** Die im 12. Jahrhundert gegründete Zisterzienserabtei, nach 1556 evangelische Klosterschule mit berühmten Schülern wie Johannes Kepler, Friedrich Hölderlin und Hermann Hesse, seit 1983 UNESCO-Welterbe, ist nördlich der Alpen die am vollständigsten erhaltene Klosteranlage. Wie ein mittelalterliches Städtchen ist sie umgeben von einer Ringmauer, mit Wirtschafts- und Wohngebäuden, Herberge, Schmiede und Mühle. Das Zentrum bildet die romanische Basilika (1178). Ein Meisterwerk hochgotischer Baukunst ist der *Kapitelsaal an der Ostseite des Kreuzgangs.

* **Markgröningen** Ein prächtigeres *Rathaus als dasjenige dieses Fachwerkstädtchens findet sich weit und breit nicht. Berühmt ist der Ort aber vor allem wegen des Schäferlaufs im August, des ältesten schwäbischen Volksfests.

** **Marbach am Neckar** Das Fachwerkhaus, in dem Friedrich Schiller 1759 geboren wurde, ist heute Gedenkstätte. Zum international renommierten *Deutschen Literaturarchiv Marbach gehört, neben dem Literaturmuseum der Moderne, das Schiller-Nationalmuseum. Herausragende Baudenkmäler des Orts sind die spätgotische *Alexanderkirche mit Deckenfresken des 15. Jahrhunderts und die mittelalterliche *Stadtburg am Burgplatz.

** **Waiblingen** Die Kreisstadt im Remstaler Rebland be-

Hoch über dem Neckar liegt Bad Wimpfen mit der doppeltürmigen Stadtkirche (rechts).

Gottlieb Daimler (links) wurde am 17. März 1834 in Schorndorf in Württemberg geboren. Obwohl sein Vater die Beamtenlaufbahn für ihn gewünscht hatte, entschied sich Gottlieb für ein Maschinenbaustudium

TIPP++TIPP++

Urwelt-Museum Hauff
Kinder sind vom Dinopark (das Freigelände mit den lebensgroßen Nachbildungen von Dinosauriern) begeistert. Nicht weniger spektakulär und dazu echt sind die Fossilien, die im Museum ausgestellt sind.
Holzmaden, Aichelberger Str. 90, Tel. 0 70 23/28 73, Di–So 9–17 Uhr

Internationales Schattentheater Festival Schwäbisch Gmünd
Das weltweit einzige Festival für zeitgenössisches Schattenspiel macht Gmünd jeden Oktober zur »Hauptstadt des Schattentheaters«.
Kulturbüro Schwäbisch Gmünd, Waisenhausgasse 1–3, Tel. 0 71 71/6 03 41 10

eindruckt mit prächtigem Fachwerk. Höhepunkte sind das Alte Rathaus mit Arkaden, mehrere Brunnen, der Beinsteiner Torturm und der Hochwachtturm.

Schorndorf Hier bezaubert ein anmutiger Marktplatz, der umbaut ist von Fachwerk- und Barockhäusern sowie einer bedeutenden spätgotischen *Stadtkirche (1477–1501) mit reich gegliedertem Chor und Renaissancekanzel.

*** Lorch** Wo Rätischer Limes und Limes transrhenanus aufeinandertrafen, lag im Tal der Rems ein Kastell. Zwei seiner Türme hat man in Lorch am ursprünglichen Ort wieder aufgebaut. Im hohen Mittelalter beherrschten die Staufer das Land. Gerade erst Herzöge von Schwaben geworden, begründeten sie 1102 in Lorch ihr Hauskloster. Es wurde in der Reformation säkularisiert und ist jetzt ein Altenheim. Besonders eindrucksvoll ist die gotische Pfeilerbasilika, die staufische Grablege, auf dem idyllischen ehemaligen Klostergelände.

**** Schwäbisch Gmünd** Gmünd – das »Schwäbisch« kam erst 1934 dazu – war der erste Ort, dem die Staufer das Stadtrecht verliehen (vor 1152). Danach erlangten die Gmünder, die mit Tuchhandel und Herstellung von Sensen wohlhabend wurden, reichsstädtische Freiheiten. In dieser ersten Blütezeit entstanden der lang gestreckte *Marktplatz, die spätromanische Pfeilerbasilika *St. Johannes (1220–1250) und als wichtigste Sehenswürdigkeit das mächtige spätgotische **Heilig-Kreuz-Münster (1315 bis 1521), eine der größten Hallenkirchen Süddeutschlands mit herausragender Architekturplastik. Der Barockstil – glänzend vertreten mit dem *Neuen Rathaus (1760) und dem Marienbrunnen auf dem Marktplatz – kam in der zweiten Blütezeit im 17./18. Jahrhundert in die Stadt. Damals machten sich die Gmünder mit der Gold- und Silberschmiedekunst einen Namen.

*** Wäscherschloss** Das hoch gelegene Schloss in Wäscherbeuren, einst Sitz der Herren von Büren, der Ahnherren der Staufer, entstand zwischen 1200 und 1700 und gilt als besterhaltene und schönste Burganlage der Region. Auch die Aussicht ist fantastisch.

Göppingen Eine Industriestadt mit viel Geschichte! Auf dem Hohenstaufen (684 Meter) stehen noch die Ruinen der Stammburg des schwäbischen Kaisergeschlechts der Staufer. Die weiteren Sehenswürdigkeiten sind die *Oberhofenkirche (15. Jahrhundert) mit spätgotischer Schnitzkunst und einer authentischen Darstellung der Burg Hohenstaufen am Ende des 15. Jahrhunderts, das herzogliche Renaissanceschloss sowie die ehemalige *Stiftskirche, ein Meisterwerk spätroma-

am Stuttgarter Polytechnikum, das er 1859 abschloss. Daimler war vor allem ein genialer Motorenkonstrukteur. Seine Vision war ein leichter, leistungsfähiger Motor, der in Landfahrzeuge ebenso eingebaut werden konnte wie in Flugzeuge oder Boote. 1865 lernte Daimler Wilhelm Maybach in einem Reutlinger Waisenhaus kennen, wo Daimler die Werkstatt leitete und Maybach zum technischen Zeichner ausbildete. 1872 kam Maybach zur Gasmotorenfabrik Deutz, die mit Daimler als Leiter und Maybach als Konstrukteur Erfolg hatte. 1882 verließen beide Deutz und begannen in Cannstatt ihren eigenen Motor zu entwickeln, der bald patentiert wurde (ganz links: Versuchswerkstatt im Garten von Daimlers Villa in Cannstatt). Die erfolgreiche Zusammenarbeit (auch beim »Mercedes« genannten Rennwagen) hielt bis zu Daimlers Tod im Jahre 1900.

nischer Architektur mit reichem Fassadenschmuck und kostbaren Fresken (13. Jahrhundert).

*** Kirchheim unter Teck** Zwischen Neckar und Alb liegt das charmante Städtchen mit den altertümlichen Fachwerkhäusern. Hervorzuheben sind das prächtige Rathaus (1721–1724) und die spätgotische Martinskirche. Ihr Turm sowie das ebenfalls massiv wirkende Schloss (16. Jahrhundert) waren einst Teil der Stadtbefestigung.

**** Esslingen** Die alte Reichsstadt am Neckar blühte unter den Staufern durch den Handel. Eine Besichtigung wert sind die gotische *Stadtkirche St. Dionys (13. Jahrhundert) mit zwei unterschiedlichen Türmen, hochgotischem Chor und schönen Glasfenstern, die hochgotische *Frauenkirche (14./15. Jahrhundert), der *Marktplatz mit Fachwerkhäusern (darunter das stattliche Kielmeyerhaus von 1582), das *Rathaus (ein herrlicher Fachwerkbau von etwa 1420, der 1589 eine noble Renaissancefassade erhielt), und die Pliensaubrücke (1286), eine der ältesten steinernen Brücken Deutschlands.

*** Stuttgart** Siehe Stadtplan Seite 258

*** Naturpark Schönbuch** Stuttgarts Naherholungsgebiet, ein geschlossenes Waldgebiet von 156 Quadratkilometern, das großteils Landschaftschutzgebiet ist. Bedrohte Tier- und Pflanzenarten wie Feuersalamander und Schwarzspechte und heimische Orchideen haben hier ihre Heimat. Es dominieren Nadelwälder, aber auch die namensgebende Buche weiß sich zu behaupten.

Böblingen Malerisch liegt der alte Kern der Industriestadt auf einem Hügel. Das Deutsche Bauernkriegsmuseum in der Zehntscheuer erinnert an die blutige Schlacht 1525 bei Böblingen, die 3000 Aufständische das Leben kostete. Ein Kuriosum im Stadtwald sind die sogenannten Böblinger Pirschgänge, ein System von unterirdisch gemauerten Gängen, das Herzog Carl Alexander (1733–1737) anlegen ließ, um seiner Jagdleidenschaft auch bei schlechtem Wetter zu frönen.

*** Leonberg** Die erste Stadtgründung (1248) der Württemberger Grafen hat einen schön herausgeputzten Altstadtkern. Am Marktplatz mit dem Renaissancebrunnen dominiert das gotische Rathaus (1482) die anderen Fachwerkhäuser, deren ältestes das »Steinhaus« (13. Jahrhundert) ist. Hauptattraktion ist der in Terrassen angelegte *Pomeranzengarten am Schloss, ein nach Originalplänen rekonstruierter Renaissancegarten.

Benediktinerabtei in Lorch (oben links); Pfeilerbasilika St. Johannes in Schwäbisch-Gmünd (oben rechts)

Esslingen: Weinberg und Türme

Baden-Württemberg

Wer Schwarzwald denkt, denkt Bollenhut – doch die berühmten Frauenhüte gehören nur an einigen Orten zur traditionellen Tracht. Fast in jedem Tal variiert die Festtagsbekleidung, die auf den Stand des Trägers hinweist.

TIPP++TIPP++

Staatsgalerie
Freunde der Malerei des 20. Jahrhunderts zieht es in die 1977 bis 1983 durch einen modernen Anbau erweiterte Sammlung, doch auch Liebhaber der älteren Malerei und der Kunst schwäbischer Meister kommen hier auf ihre Kosten.
Stuttgart, Konrad-Adenauer-Str. 32, Tel. 07 11/2 12 40 50, Mi, Fr, Sa, So 10–17 Uhr, Di, Do 10–20 Uhr

Hermann Hesse-Museum
In neun Räumen werden Leben, Werk und Wirkung des Schriftstellers Hermann Hesse vorgestellt. Abwechselnde Sonderausstellungen zu verschiedenen Themenschwerpunkten sind im Foyer zu sehen.
Calw, Marktplatz 30, Tel. 0 70 51/75 22, Di–So 14–17 Uhr

Stuttgarter Weinfest
Die lange Weinbautradition der Region wird jedes Jahr zwei Wochen lang gefeiert. In über die Stadt verteilten gemütlich eingerichteten Weinlauben können über 200 Weine aus Württemberg verkostet und dazu schwäbische Gerichte probiert werden.
Pro Stuttgart Verkehrsverein, Lautenschlagerstr. 3, Tel. 07 11/29 50 10, Ende Aug./Anf. Sept.

Enzauenpark Pforzheim
In dem 38 Hektar großen Freizeitpark gibt es einen bei Kindern sehr beliebten Wasserspielplatz, den Spiel- und Bewegungsweg, einen Spielpark – und einen großen Biergarten.
Pforzheim, Hohwiesenweg

So schmücken sich in Gutach, Reichenbach und Kirnbach nur unverheiratete Frauen mit den roten Bollen – nach Verehelichung wechselt die Farbe ins Schwarze. Zur Tracht gehören auch Blusen, Mieder und Röcke, deren Form und Farbe exakt festgeschrieben sind. So trägt die Frau im Markgräfler Land zur »Chappi«, einer mit Schleife umwickelten Flügelhaube aus Draht, ein schwarzes Kleid mit weißem Tuch. Im Schuttertal wird zu Festtagen eine Goldhaube aufgesetzt. In St. Märgen und andernorts tragen unverheiratete Frauen einen Strohhut. Zur Hochzeit gehört das »Schäppel«, eine imposante Hutkonstruktion aus Draht, mit einem roten Band umwickelt und verziert mit Perlensträußchen, sodass es funkelt und glitzert wie eine Marienkrone (links). Die Trachten sind religiösen Ursprungs und entstanden erst im 17. und 18. Jahrhundert.

Stuttgart

Württembergische Residenzstadt und seit 1952 Landeshauptstadt, boomende Wirtschaftsmetropole und lebendige Kulturstadt – Stuttgart hat viele Gesichter.

Der Wein wächst üppig bis vor die »Haustür«. Vom 217 Meter hohen Fernsehturm aus – 1954 als erster Fernsehturm

Maurisches Schlösschen in der Wilhelma und Schiller-Denkmal

Deutschlands erbaut – verschafft man sich einen ersten Überblick. Besonders sehenswert sind der *Schlossplatz mit Neuem Schloss (1746 bis 1806) im Stil von Spätbarock und Klassizismus, das Alte Schloss (Württembergisches Landesmuseum) im Renaissancestil mit schönem Arkadenhof, die doppeltürmige gotische *Stiftskirche mit Aposteltor (15. Jahrhundert), Standbildern württembergischer Grafen (um 1580) und Grablege des gräflichen Gründerpaars (13. Jahrhundert), die denkmalgeschützte Markthalle im Jugendstil auf dem Killesberg, die Weißenhofsiedlung, in den 20er-Jahren als Mustersiedlung zeitgemäßen Wohnungsbaus erbaut, und auf den westlichen Anhöhen *Schloss Solitude, ein Rokoko-Lustschloss. Als Höhepunkte der Stuttgarter Museumslandschaft gelten der aufsehenerregende gläserne Kubus des **Kunstmuseums mit den städtischen Kunstsammlungen, der Museumskomplex Alte und **Neue Staatsgalerie mit europäischer Kunst des 14. bis 20. Jahrhunderts, das *Linden-Museum, ein vorzüglich gestaltetes Völkerkundemuseum, die **Wilhelma, Deutschlands einziger Tier- und Botanischer Garten, und die *Mercedes-Benz Welt in Untertürkheim, ein Automuseum mit spektakulärer Architektur.

Schwarzwald

Das höchste Mittelgebirge Süddeutschlands und eines der letzten großen Waldgebiete Deutschlands erstreckt sich gut 150 Kilometer entlang der Oberrheinischen Tiefebene, die es vom Rhein trennt. Typisch für den Schwarzwald sind tief eingeschnittene Täler, die sich oft zu wildromantischen Schluchten verengen, und die bewaldeten Bergkuppen.

*** Weil der Stadt** Wo der Schwarzwald im Nordosten beginnt, liegt das zauberhafte Städtchen Weil mit der mittelalterlichen Befestigungsanlage. Auf dem schönen Marktplatz steht das Denkmal für den größten Sohn der Stadt, den Astronomen Johannes Kepler (1571–1630). Sein Geburtshaus ist heute als Museum eingerichtet. Den Stadtteil Merklingen besucht man wegen der *Kirchenburg, die zu den schönsten und besterhaltenen mittelalterlichen Wehrkirchenanlagen Württembergs gehört.

*** Calw** Die »Calwer Ware«, vor allem Tuchwaren und Leder, war einst in halb Europa begehrt. Viel Geld floss in die Stadt an der Nagold, das deren Bürger in prächtige Baulichkeiten investierten. Rund um den malerischen *Marktplatz mit Brunnen und stattlichem Rathaus (beide 17. Jahrhundert) stehen schmucke Fachwerkhäuser. In einem von ihnen wurde 1877 Hermann Hesse geboren (heute Hesse-Museum).

**** Kloster Hirsau** Das um 830 gegründete Benediktinerkloster trug entscheidend zur Besiedelung und Kultivierung des Schwarzwalds bei und gab im 11. Jahrhundert mit seiner Klosterreform wichtige Impulse für das geistliche Leben in Mitteleuropa. Von der einstigen Größe der 1692 zerstörten Anlage zeugen noch der romanische *Eulenturm und Teile der Aureliuskirche (1071 geweiht).

***** Naturpark Schwarzwald Mitte/Nord** Der mit 375 000 Hektar größte deutsche Naturpark umfasst die zentralen Gebiete des Schwarzwalds ohne den südlichen Hochschwarzwald. Die typischen Naturlandschaften sind Hochwälder und Moore, Karseen – die »Augen« des Schwarzwalds –, aber auch Feucht- und Nasswiesen in den Tälern.

Pforzheim Mit dem *Schmuckmuseum setzt die Gold-, Uhren- und Schmuckstadt europäische Standards. Dieses weltweit einzigartige Spezialmuseum präsentiert Schmuck aus fünf Jahrtausenden mit 2000 Exponaten aus aller Welt.

*** Karlsruhe** Der Name geht zurück auf den Stadtgründer Markgraf Karl Wilhelm von Baden-Durlach, der 1715 seine Residenz hierher verlegte und seine barocke *Schlossanlage mit dem massiven Schlossturm auch gleich zum »strahlenden« Mittelpunkt der neuen Stadt machte. In der Mitte des Marktplatzes markiert eine rote Sandstein-Pyramide (1825–1825)

Schloss Karlsruhe, heute Sitz des Badischen Landesmuseums

Wer zum Kuckuck hatte bloß diese geniale Idee? Die Schwarzwälder Uhr ist ein weltbekanntes Identifikationsmerkmal und darüber hinaus hochprofitables Exportgut des Schwarzwalds. Wie viele gute Einfälle wurde sie

einst aus der Not geboren: Um ihr karges Einkommen zu verbessern, beschäftigten sich Schwarzwälder Bauern schon vor 400 Jahren in den langen Wintermonaten mit dem Uhrenbau. Bis auf wenige Drähte bestanden ihre Produkte nur aus Holz, waren aber sehr widerstandsfähig. Zu Beginn des 19. Jahrhunderts exportierte die Region jedes Jahr bis zu 200 000 Uhren nach ganz Europa. Aus der Saisonarbeit wurde bald Vollerwerb, besonders in Furtwangen und Triberg entstanden zahlreiche Uhrmacherbetriebe. Wann genau der Kuckuck in die Uhr flog, ist unbekannt – sein Häuschen jedenfalls erhielt er 1850, als der Entwurf des Architekten Friedrich Eisenlohr in einem öffentlichen Wettbewerb gekürt wurde. Die »Bahnhäusleuhr« schrieb Erfolgsgeschichte – in den besten Zeiten wurden im Schwarzwald jährlich bis zu 60 Millionen Uhren gebaut.

Baden-Württemberg

Marlene Dietrich soll es als schönstes Kasino der Welt bezeichnet haben. Wir wissen zwar nicht, wie viele Casinos die Dietrich im Laufe ihre Karriere bespielte, aber dass man sein Geld kaum stilvoller aus

TIPP++TIPP++

Museum Frieder Burda
Die Schwerpunkte im über 800 Gemälde, Grafiken, Skulpturen und Objekte bergenden Museum mit direkter Anbindung an die Staatliche Kunsthalle Baden-Baden liegen auf der klassischen Moderne und der zeitgenössischen Kunst. Die Sammlung umfasst neben Bildern des späten Picasso auch Werke amerikanischer Künstler des abstrakten Expressionismus.
Baden-Baden, Lichtentaler Allee 8 b, Tel. 0 72 21/39 89 80, www.sammlung-frieder-burda.de, Di–So 10–18 Uhr

die darunter gelegene Gruft des Markgrafen. Höhepunkte der Karlsruher Museumslandschaft sind die **Staatliche Kunsthalle und das *Badische Landesmuseum im Schloss.

Ettlingen Prächtigstes Gebäude des hübschen alten Städtchens ist das markgräfliche *Schloss (16.–18. Jahrhundert) mit der von Cosmas Damian Asam 1732 ausgemalten Schlosskapelle (»Asamsaal«). Das *Museum für Ostasiatische Kunst im Schloss zeigt großartige historische Lackarbeiten.

Rastatt und **Schloss Favorit Markgraf Ludwig Wilhelm, besser als »Türkenlouis« bekannt, war Bauherr des imposanten hufeisenförmigen *Schlosses, um 1700 als erster deutscher Barockbau im Stil von Versailles entstanden. Die markgräfliche Sommerresidenz **Favorit in Rastatt-Förch, die die junge Witwe des »Türkenlouis« für sich und den kleinen Kronprinzen erbauen ließ (1710–1712), ist ein Barockschloss wie aus dem Bilderbuch.

Wandelgang in der Neuen Trinkhalle von Baden-Baden

**** Baden-Baden** Was Rang und Namen hatte im 19. Jahrhundert, eilte zur Kur nach Baden-Baden: gekrönte Häupter, gefeierte Künstler – und Spieler. Das **Spielcasino, 1838 gegründet und 1853 verschwenderisch im neubarocken Stil ausgestattet, ist die älteste Spielbank Deutschlands. Es gehört zum klassizistischen Kurhaus (1821–1824), an das sich die säulengeschmückte Trinkhalle (1839–1842) und der noble Kurgarten anschließen. In den restaurierten *Römischen Badruinen hat man schon in der Antike gekurt. Die jüngste Attraktion von Baden-Baden ist die *Sammlung Frieder Burda mit Malerei der klassischen Moderne. Der schönste Blick auf die Kurstadt an der Oos bietet sich vom 668 Meter hohen Mer-

dem Fenster werfen kann als in Baden-Baden, glauben wir gern. Roulette und Karten sind hier schon lange zu Hause; bereits 1748 wird konzessioniertes Glücksspiel in Baden-Baden erwähnt. 1809 wurde das Casino eröffnet, damals hatte es allerdings seinen Platz im Konversationshaus, dem heutigen Rathaus. 15 Jahre später wurde das heutige Kurhaus eröffnet. Prunkstücke des durch und durch üppigen Interieurs sind noch heute der Rote Saal (ganz links) und der Weiße Saal, die den Stil des Schlosses von Versailles zitieren.1837 schließen die Pariser Kasinos, und damit beginnt die große Zeit der deutschen Spielbanken in Bad Homburg, Wiesbaden und Baden-Baden. Abend für Abend kommen reiche Dandys aus aller Welt, um den Nervenkitzel beim Tanz der Roulettekugel zu erleben. Tagsüber trifft man sich im Kurpark, nachts am Spieltisch.

Zeugnis des Absolutismus: Barockschloss Rastatt

Klosterkirche St. Marien in Gengenbach

kur, Baden-Badens Hausberg, auf den eine Standseilbahn führt.

*** Sasbachwalden** Die wahre Postkartenidylle mit reichlich Fachwerk ist blitzsauber herausgeputzt. Schon zweimal wurde der von Weinbergen umgebene Winzerort zwischen Rheinebene und Hornisgrinde (1164 Meter) zum schönsten Dorf Deutschlands gekürt. Der berühmteste Tropfen der Gegend ist der Spätburgunder »Alde Gott«.

*** Grindenlandschaft** Weiträumige Naturschutzgebiete erstrecken sich entlang der Teilroute der Schwarzwald-Hochstraßen zwischen Hornisgrinde (1164 Meter) und Kniebis (971 Meter), etwa um den *Schliffkopf (1055 Meter). Landschaftsprägend sind hier die Grinden: jahrhundertelang Hochweide für das Vieh im Sommer, sind sie heute schützenswerte Feuchtheiden.

**** Gengenbach** Im denkmalgeschützten Kern der ehemaligen freien Reichsstadt fühlt man sich in alte Zeiten versetzt, besonders in der von Fachwerkhäusern gesäumten *Engelgasse und am Marktplatz mit dem hübschen Brunnen und dem klassizistischen Rathaus. Weitere Sehenswürdigkeiten sind die Marienkirche im Hirsauer Stil (12. Jahrhundert), der Kinzigtorturm (13. Jahrhundert) und das historische Färberhaus.

*** Baiersbronn** Die idyllische Lage in waldreichem Gebiet macht die weit verstreuten Gemeindeteile von Baiersbronn zum vielbesuchten Ferienparadies. Gleich drei »Sterne-

Als Sommerresidenz diente Schloss Favorite bei Rastatt der Witwe des Türkenlouis (oben).

Baden-Württemberg

Überall im Schwarzwald sind sie noch zu finden: die typischen Schwarzwaldbauernhöfe – gewaltige Holzhäuser in unverwechselbarer Bauweise. Wer einmal dem Schwarzwaldbauern direkt in die gute Stube

Köche« ließen die Region außerdem zum Mekka der Gourmets werden.

*** Freudenstadt** Das Zentrum des Nordschwarzwalds wartet auf mit dem größten *Marktplatz Deutschlands – seit dem 17. Jahrhundert das Herz der planmäßig angelegten Barockstadt –, malerischen Arkaden und einer ungewöhnlichen Stadtkirche (1601–1608), die über zwei im Winkel aneinandergebaute Schiffe verfügt. Darin besonders sehenswert sind der Taufstein (um 1100) und das Lesepult (um 1150).

*** Alpirsbach** Genau wie vor 900 Jahren, als sich die Benediktiner in der Wildnis des Schwarzwalds ansiedelten, bestimmt das Kloster den Charakter des Ortes. Die Highlights sind der romanische Torturm (1099), die im strengen Hirsauer Stil errichtete *Nikolauskirche (geweiht 1128) und der *spätgotische Kreuzgang.

**** Schiltach** Unter den vielen schönen Fachwerkorten des Schwarzwalds ist Schiltach wohl einer der schönsten. Ein wundeschönes historisches Ensemble stellt der *Marktplatz mit bemaltem Rathaus (1593), Marktbrunnen und Ratsapotheke (Museum) dar.

**** Triberger Wasserfälle** Vieles verdankt Triberg der Gutach. Auf seinem verschlungenen Weg nach Nordwesten stürzt das Flüsschen auf Höhe des Städtchens über sieben Stufen insgesamt 163 Meter in die Tiefe. Das geschieht so dramatisch über klobige Granitfelsen und in grüner Waldeinsamkeit, dass schon vor über 200 Jahren Menschen von weither kamen, um sich das Spektakel anzusehen. Die Kraft des Wassers wurde bereits im Mittelalter mit unzähligen Mühlen genutzt. Seit 1884 gibt es ein Kraftwerk, das Triberg als erster Stadt Deutschlands eine elektrische Straßenbeleuchtung ermöglichte.

*** Ettenheim** Im Kern des denkmalgeschützten Städtchens am Rand der Rheinebene dominiert neben Fachwerk-

schauen will, der besuche den Vogtsbauernhof im Gutachtal (links). In dem Freilichtmuseum stehen 27 historische Haupt- und Nebengebäude aus dem gesamten Mittelgebirge. Viele sind mehrere hundert Jahre alt, gleichwohl perfekt erhalten. Kern der Ausstellung ist der Vogtsbauernhof, der 1612 erbaute Wohnsitz des Gutacher Talvogts. Darin entstand 1963 das Museum, nach und nach kamen weitere Höfe dazu, die an ihren Standorten abgebaut und im Gutachtal wiedererrichtet wurden. Mühlen und Arbeitsgeräte zeugen vom einst harten Alltag, Wohnräume von den Bräuchen der Menschen, die in den letzten 400 Jahren im Schwarzwald gelebt haben. Von dort stammt übrigens noch eine weitere Schwarzwälder Berühmtheit: der Bollenhut, Teil der Gutachtaler Tracht, inzwischen weltweit das Markenzeichen des Schwarzwalds.

häusern der Barockstil. Im 18. Jahrhundert entstanden die prächtige Barockkirche mit dreiläufigen Treppenanlage und das repräsentative Ichtratzheim'sche Haus. Das fürstbischöfliche Schloss stammt aus dem 16. Jahrhundert.

*** Burkheim** Das Weinstädtchen am Kaiserstuhl ist für sein prächtiges Fachwerk berühmt. Außerdem lohnen das Renaissancerathaus (um 1600), der Torturm (18. Jahrhundert) und die mittelalterliche Burgruine eine Besichtigung.

*** Kaiserstuhl** Der Gebirgsstock zwischen Rhein und Schwarzwald zählt zu den traditionsreichsten deutschen Weinlagen. Zu verdanken hat er dies fruchtbaren Lössböden und einem sehr milden Klima.

*** Breisach am Rhein** Wegen ihrer strategischen und politischen Bedeutung immer wieder heiß umkämpft, wurde die Stadt seit ihrer Gründung um 1200 mehrmals schwer zerstört. Am höchsten Punkt thront das gotische *Münster mit dem berühmten dreiflügeligen, aus Lindenholz gefertigten **Hochaltar (1526).

**** Freiburg im Breisgau** Die herrliche Lage zwischen Kaiserstuhl und Schwarzwald, das milde Klima, viel Geschichte in alten Mauern und modernes studentisches Leben – all das macht das bald 1000 Jahre alte Freiburg zu einer der schönsten Städte in Süddeutschland. Bedeutendstes Baudenkmal ist das **Münster Unserer Lieben Frau (um 1200–1513), ein Meisterwerk der deutschen Gotik mit berühmtem, 116 Meter hohem Turm und figurenreicher Fassade. Im Inneren zu beachten sind das *Hochaltarbild (1512–1516) von Hans Baldung Grien, das Altarbild (um 1521) von Hans Holbein d. J. in der Universitätskapelle und die Glasgemälde im Chor (16. Jahrhundert). Die prächtigsten Bauten am *Münsterplatz sind das rote historische *Kaufhaus (1532) und das barocke *Wentzingerhaus (18. Jahrhundert). Rund um den belebten Rathausplatz gilt es das spätgotische *Alte Rathaus, das *Neue Rathaus (um 1900) mit dem Glockenspiel und das malerische rote *Haus zum Walfisch (1516) zu bewundern. Ein lohnender Ausflug führt hinauf zum **Schauinsland (1284 Meter), dem Freiburger Hausberg mit traumhafter Aussicht bis zu den Vogesen und dem interessanten *Museumsbergwerk.

**** Höllental** Östlich von Freiburg präsentiert sich eines der imposantesten Schwarzwaldtäler, mit Schluchten, Engpässen (»Hirschsprung«) und steil aufragenden Felshängen.

Furtwangen Rund 5000 teils einzigartige Zeitmesser – von der Sonnenuhr bis zur Atomuhr – zeigt das **Deutsche Uhrenmuseum. Selbstverständlich dürfen auch die Schwarzwälder Kuckucksuhren nicht fehlen.

Triberger Wasserfälle (links); Münster St. Stephan in Breisach (oben links); Schwabentor und Münster in Freiburg im Breisgau (oben rechts)

TIPP++TIPP++

Naturerlebnispark Mundenhof
Zwergziegen aus Ungarn, Affen aus Asien und Lamas aus Südamerika sind nur einige der Haus- und Nutztierarten aus aller Herren Länder, die seit 1968 im Tiergehege des Naturerlebnisparks leben.
Freiburg, Mundenhof 37,
Tel. 07 61/2 01 65 80,
ganzjährig geöffnet

Archäologisches Museum
Im neogotischen Colombischlössle kann man Funde und Kunstschätze von der Steinzeit bis zum Mittelalter bestaunen, darunter die ältesten figürlichen Darstellungen Südbadens.
Freiburg, Rotteckring 5,
Tel. 07 61/2 01 25 74,
www.museen.freiburg.de,
Di–So 10–17, jeden ersten Mi im Monat 10–22 Uhr

Eigentlich heißt es »Fasnet«, keinesfalls aber Fastnacht, Fasching oder gar Karneval, wenn von der schwäbisch-alemannischen »Fasnacht« die Rede ist. Im Gegensatz zum Narrentreiben in Mainz, Köln oder Düsseldorf, das als eine Art Protest gegen die französische Besatzung unter Napoleon entstand, ist die Fasnet heidnischen Ursprungs. Volkskundler glauben, dass sie auf vorchristliche Vegetationskulte zurückgeht, die

wachstumsfeindliche Dämonen abwehren und die guten Geister des Frühjahrs anlocken sollten. So richtig lustig sehen denn auch die meisten Masken und Kostüme nicht aus, sondern eher zum Fürchten. Das Narrentreiben hat ein strenges Ritual, über das die Narrenzünfte wachen. Unabdingbar sind das Narrenkleid (»Häs«) und die Gesichtsmaske (»Scheme«). Furchterregend kommen auch die Hexen mit bitterböser Maskenmimik und langem Besenstil daher. Andere Narren schlagen (schnellen) mit überlangen Peitschen (Karbatschen) oder machen mit hölzernen Ratschen und Klappern sowie Metallschellen einen ohrenbetäubenden Krach. Fast jedes Städtchen Badens und Oberschwabens hat ein eigenes Narrentreiben – das traditionellste dürfte das in Rottweil sein. Da dabei auch reichlich Alkohol fließt, wird auf Teufel komm raus geflirtet.

Abendstimmung am Titisee

Dom von St. Blasien mit mächtigem Kuppelbau

*** Villingen-Schwennigen** Viel historische Substanz weist das im 11. Jahrhundert auf kreuzförmigem Grundriss angelegte Villingen auf. Besonders ehenswert sind das spätgotische Münster, davor der moderne Münsterbrunnen (1992) sowie das spätgotische Alte Rathaus (1534). In Schwenningen – einstmals weltgrößte Uhrenstadt – macht das *Uhrenindustriemuseum in der ältesten Uhrenfabrik Württembergs (gegründet 1855) Industriegeschichte erlebbar.

*** Donaueschingen** Wenn sich hier nicht gerade die Welt der zeitgenössischen E-Musik zu den Donaueschinger Musiktagen trifft, steht in der Stadt am Ursprung der Donau das mächtige *Schloss (18./19. Jahrhundert) der Fürsten zu Fürstenberg im Zentrum der Aufmerksamkeit. Es beherbergt heute naturkundliche *Sammlungen.

*** Wutachschlucht** Der imposante Canyon der wild schäumenden Wutach steht unter Naturschutz und ist Heimat von mehr als 1200 Pflanzenarten.

**** Titisee** Der größte natürliche See des Schwarzwalds liegt zauberhaft eingebettet zwischen den Waldhängen von **Feldberg und Hochfirst. Am Ufer liegt der gleichnamige Ortsteil des Heilbads und Wintersportzentrums Titisee-Neustadt.

*** Staufen im Breisgau** Die historischen Giebelhäuser von Staufen geben ein malerisches Stadtbild ab. Sie werden von Weinbergen umrahmt, die unter der staufischen Burgruine noch wie in alter Zeit in Parzellen angelegt sind. Zu besonderer Berühmtheit ist das »Gasthaus zum Löwen« gelangt: Hier soll der Alchimist und Magier Doctor Faustus bei einem chemischen Experiment 1539 zu Tode gekommen sein.

Spötter empfahlen bereits, man möge die Weintraube im Wappen durch einen Stuhl ersetzen – doch die »Stadt der Stühle«, wie Weil am Rhein sich selbst gern bezeichnet, bleibt heraldisch vorerst ihrer großen Vergangenheit als Winzerort verpflichtet. Die Zukunft indes gehört dem Design. Der 1950 gegründete Möbelhersteller Vitra hat den einstigen Stammsitz in eine riesige Designschau verwandelt, die Stararchitekten aus der ganzen Welt anzieht. In den 1980er-Jahren entstanden Fabrikhallen des Engländers Nicholas Grimshaw, kurz darauf eröffnete das Vitra Design Museum (links), dessen expressionistisch-zerklüftetes Gebäude Frank O. Gehry entwarf. Die Werksfeuerwehr wiederum residiert seit 1993 in der dekonstruktivistischen »Firestation« Zaha Hadids, und der Franzose Jean Prouvé schließlich schuf hier eine Tankstelle.

**** Belchen** Ein Berg wie aus dem Bilderbuch: Vom Münstertal geht der Steilhang des Belchen ohne Unterbrechung rund 1000 Meter aufwärts, sein Gipfel liegt auf 1414 Metern Meereshöhe. Dass es noch weitere Berge dieses Namens gibt, inspiriert vor allem Esoteriker. Gestützt auf die Annahme, dass der Name auf den keltischen Sonnengott Belenus zurückgeht, glauben sie an ein riesiges Sonnenobservatorium, das aus dem Dreieck des Schwarzwälder Belchen mit seinen Namensvettern in den Vogesen und im Schweizer Jura gebildet wird.

*** St. Blasien** Bedeutendste Sehenswürdigkeit des gepflegten Kurorts am Rand des Feldbergmassivs ist der frühklassizistische *Dom (1768–1783) der einstigen Fürstabtei St. Blasien, einer der größten Kirchenkuppelbauten Europas. Die 36 Meter hohe, leuchtend weiße Innenkuppel ruht auf 20 korinthischen Säulen.

*** Präg** Das denkmalgeschützte Dorf, ein Ortsteil von Todtnau, bietet Gelegenheit, noch echte alte Schwarzwälder Häuser zu bestaunen.

*** Markgräfler Land** Den südwestlichen Zipfel des Schwarzwalds, eine anmutige Hügellandschaft mit Weinbergen, Obstgärten und lichten Laubwäldern, hat Goethe zu Recht »eine liebliche Heimat« genannt. Kulturelle Highlights sind das Wasserschloss Entenstein in Schliengen oder das Markgräfler Museum Müllheim, das im Blankenhorn-Palais liegt und den Wohnstil gutsituierter Familien im 18. und 19. Jahrhundert zeigt.

*** Bad Säckingen** Den Kurort am Hochrhein, über die längste gedeckte Holzbrücke Europas (200 Meter) mit dem Schweizer Ufer verbunden, kennt man durch den Roman »Der Trompeter von Säckingen«, dessen Schauplatz, das hübsche »Trompeterschlösschen« Schönau, eine einzigartige Trompetensammlung beherbergt. Weithin sichtbar sind die Türme des gotischen *Fridolinmünsters mit kostbarer Barockausstattung.

*** Waldshut-Tiengen** Am Fuß des südlichen Schwarzwalds liegt das Städtchen Waldshut. Die beiden mittelalterlichen Stadttore begrenzen die bestens erhaltene Altstadt mit ihren historischen Bürgerhäusern (16.–18. Jahrhundert), deren Fassaden teilweise opulent bemalt sind, und dem barocken Rathaus. Bemerkenswerte Baudenkmäler hat auch das über 1000 Jahre alte Tiengen aufzuweisen. Wahrzeichen ist der malerische Storchentum (13. und 15. Jahrhundert). Die barocke *Marienkirche (18. Jahrhundert) zählt zu den gelungensten Schöpfungen der Vorarlberger Bauschule in dieser Region.

Blick vom 1414 Meter hohen Belchen nach Süden mit den Westalpen am Horizont (oben)

TIPP++TIPP++

Fürstenbergische Sammlungen
In dem Museum findet man neben Ausstellungsstücken zur Geschichte und Kultur des Hauses Fürstenberg auch eine naturkundliche Abteilung mit Fossilien, Mineralien und zoologischen Exponaten.
Donaueschingen, Am Karlsplatz 7, Tel. 07 71/8 65 63, Apr.–Nov. Di–Sa 10–13 und 14–17 Uhr, So 10–17 Uhr

Trompetenmuseum
International renommierte Sammlung, die fünf Jahrhunderte Trompetenkunst dokumentiert. Einige der ausgestellten Instrumente stammen von berühmten Trompetern, eine ist sogar aus Glas gefertigt. Das älteste in der bekannten Trompetenstadt präsentierte Instrument wurde übrigens im Jahr 1664 hergestellt.
Bad Säckingen, Trompeterschloss, Tel. 0 77 61/22 17, www.trompetenmuseum.de, Di, Do, So 14–17 Uhr

Die Pfahlbauten bei Unteruhldingen waren bereits vor der ihnen gegenüberliegenden Insel Mainau eine frühe Touristenattraktion am Bodensee. Das erste Dorf (links) wurde in den 20er- und 30er-Jahren aufge-

TIPP++TIPP++

Mühlenweg Oberschwaben
Viele der über 100 Mühlen an der Strecke sind noch in Betrieb, von denen einige (nach Voranmeldung) auch von innen besichtigt werden können. Manche sind zu Museen ausgebaut, andere bieten Gastronomie oder ein Bad im Mühlweiher an.
Bad Schussenried, Klosterhof 1, Tel. 0 75 83/33 10 60

Neues Schloss Meersburg
Im Fürstbischöflichen Schlossmuseum sind die einstigen Wohn- und Repräsentationsräume zu besichtigen. Prächtige Möbel und Gemälde zeugen von fürstlichem Glanz. Im Spiegelsaal finden jährlich die Internationalen Schlosskonzerte statt.
Meersburg, Schlossplatz 12, Tel. 0 75 32/44 04 00, Apr.–Okt. 10–13 und 14–18 Uhr

Burgmuseum Meersburg
Das Alte Schloss gilt als die älteste bewohnte Burg Deutschlands. Der Sage nach stammt die von der Besit-

zerfamilie bewohnte Anlage aus dem 7. Jahrhundert. Sie ist ein Wahrzeichen der Bodenseeregion. Die historischen Räume sowie das Sterbezimmer von Annette von Droste-Hülshoff können besichtigt werden.
Meersburg, Schlossplatz 10, Tel. 0 75 32/8 00 00, www.burg-meersburg.de, März–Okt. 9–18.30 Uhr, Nov.–Feb. 10–18 Uhr

Oberschwaben mit Bodensee und Westallgäu

Oberschwaben ist Alpenvorland, eine hügelige, ländliche Region mit schönen Baudenkmälern. Es wird im Nordwesten begrenzt von der Donau, im Osten von der Iller. Im Süden liegt das »Schwäbische Meer«, der Bodensee, im Südosten schließt sich der württembergische Teil des Westallgäus an.

**** Konstanz** Nicht von ungefähr heißt der Bodensee auf Englisch Lake Constance, denn Konstanz ist nicht nur die größte Stadt an seinen Ufern, sondern auch die geschichtlich bedeutendste. Seit dem frühen Mittelalter Bischofssitz, seit der Stauferzeit Reichsstadt, zu Anfang des 15. Jahrhunderts Schauplatz eines bedeutenden Konzils, heute moderne Universitätsstadt mit bestens erhaltener Altstadt – das Ganze in wunderschöner Lage am Seerhein zwischen Obersee und Untersee. Hauptsehenswürdigkeiten sind der *Münsterplatz mit dem **Münster (11., 15. und 17. Jahrhundert) und das mächtige *»Konzilgebäude« am Hafen, in dem während des Konstanzer Konzils 1417 eine Papstwahl stattfand.

**** Insel Mainau** Die kleine, nur 45 Hektar große Insel im Überlinger See, dem nach Nordwesten weisenden Arm des Bodensees, ist ein riesiger botanischer Garten. Dessen ältester Teil ist das Mitte des 19. Jahrhunderts angelegte Arboretum, eine Anpflanzung tropischer Bäume. Weitere Highlights der beliebten »Blumeninsel« sind der italienische Rosengarten, die Zitrussammlung, das faszinierende Palmen- sowie das farbenprächtige Schmetterlingshaus.

**** Insel Reichenau** Seit dem Jahr 2000 gehört die Klosterinsel Reichenau im Bodensee zu den UNESCO-Welterbestätten – als bedeutendes geistiges Zentrum des Abendlands in der Zeit des 8. bis 11. Jahrhunderts, berühmt für die klösterliche Buchmalerei. Zeugen dieser reichen Vergangenheit sind die drei romanischen Kirchen der Insel: die ehemalige **Stiftskirche St. Georg in Oberzell, das **Münster in Mitterzell und die Kirche *St. Peter und Paul in Niederzell.

Konstanz am Seerhein

Mittelalterliches Schloss über dem Bodensee: die Meersburg

Radolfzell Die Lage am nordwestlichen Ende des Untersees verleiht der über 1100 Jahre alten Stadt einen besonderen Reiz. Bedeutendstes Bauwerk in der verwinkelten Altstadt ist das spätgotische, zum Teil barockisierte *Liebfrauenmünster.

*** Überlingen** Einst blühten hier der Salz- und Weinhandel. So konnte sich die freie Reichsstadt den größten spätgotischen Kirchenbau am Bodensee leisten, das *Nikolausmünster (1350–1586) mit dem ungewöhnlich gegliederten Turm und dem grandiosen geschnitzten Hochaltar (1613–1616), einem echten Meisterwerk des Manierismus.

**** Wallfahrtskirche Birnau** Auf einem Hügel liegt die Wallfahrtskirche St. Maria (1746 bis 1749). Überwältigend reich ist der Innenraum im Rokokostil gestaltet, mit Wessobrunner Stuck und Figurenschmuck. Birnau gilt als ein Hauptwerk von Peter Thumb, eines Baumeisters der Vorarlberger Schule.

**** Meersburg** Vom See aus bietet sich der schönste Blick auf das in Stufen in den steilen Hang hineingebaute Meersburg. Am Seeufer liegt die Unterstadt mit der Seepromenade, darüber die Oberstadt mit dem mittelalterlichen *Alten Schloss – letzter Wohnsitz der Dichterin Annette von Droste-Hülshoff

baut, als die Erforschung der Vor- und Frühgeschichte noch in den Kinderschuhen steckte. Die Form der Häuser konnten die Forscher nur erahnen, da sie nur die Bodenfunde als Grundlage hatten. Inzwischen ist die Erforschung der frühen Pfahlbau-Kulturen weit gediehen, was man in dem 2001 bis 2003 aufgebauten zweiten Dorf sehen kann. Für die neuen Funde und Erkenntnisse wurde 1996 ein neuer Museumsbau errichtet. Man nimmt heute an, dass die Pfahlbauten errichtet wurden, um die Hochwasserschwankungen auszugleichen. Uhldingen ist der bekannteste Pfahlbau-Ort, Spuren derartiger Siedlungen wurden aber an etwa 100 anderen Stellen am Bodensee gefunden, zudem in Oberschwaben, etwa am Federsee. Auch die historischen Museen in Konstanz, Frauenfeld, Gaienhofen und Arbon zeigen Funde aus diesen Kulturen.

(1797–1848) – und dem barocken *Neuen Schloss.

**** Bodensee** Das »Schwäbische Meer« ist mit einer Fläche von 534 Quadratkilometern der drittgrößte See Mitteleuropas. Das nördliche, schwäbische Bodenseeufer (155 Kilometer) ist dank des milden Klimas von Weinbergen und üppigen Obstgärten geprägt und gewährt herrliche Ausblicke auf das Panorama der Schweizer Berge am gegenüberliegenden Südufer.

Friedrichshafen Mittlerweile werden hier, wo im Jahr 1900 Graf Ferdinand von Zeppelin erstmals sein Luftschiff aufsteigen ließ, wieder Zeppeline gebaut und auch regelmäßige Rundflüge angeboten. Unbedingt sehenswert ist das **Zeppelin Museum, die weltgrößte Sammlung zur Geschichte der Luftschifffahrt, in der auch ein in Originalgröße rekonstruiertes Teilstück der »Hindenburg« gezeigt wird.

*** Langenargen** Direkt am See bauten die Grafen Montfort im 14. Jahrhundert eine Burg. Später verfiel sie; ihre Ruine wurde von der Dichterin Annette von Droste-Hülshoff besungen. 1866 ließ Wilhelm I. von Württemberg *Schloss Montfort im maurischen Stil errichten. Kunsthistorisch bedeutender ist aber die schöne barocke **Pfarrkirche St. Martin.

**** Wangen** Seit dem 13. Jahrhundert Reichsstadt, erlebte das durch den Tuchhandel zu Wohlstand gekommene schöne Allgäustädtchen seine Blütezeit im späten Mittelalter. Seine Hauptsehenswürdigkeiten sind die *Herrenstraße mit stattlichen, teilweise bemalten historischen Bürgerhäusern, das *Frauentor (14. und 17. Jahrhundert) mit farbenprächtiger Fassadenmalerei, der *Marktplatz mit dem barocken Rathaus und dem kraftvollen Renaissancebau des Hinderofenhauses (1542), die *Historische Badstube (1589) sowie die Museen in der Eselsmühle (16. Jahrhundert).

Schloss Montfort unmittelbar am Ufer des Bodensees

Isny Inmitten der grünen Höhenzüge des Westallgäus mit Blick auf den höchsten Berg Württembergs, den Schwarzer Grat, liegt das mittelalterliche Reichsstädtchen, umschlossen von seinem Befestigungsring mit Mauern und Türmen. Eine strenge Schönheit ist die romanisch-gotische Nikolauskirche mit der wertvollen Predigerbibliothek im Sakristeiturm.

Das von Gottfried Bernhard Göz gemalte Deckenfresko in der Rokokokirche von Birnau zeigt Maria mit diversen Heiligen und Stiftern (links).

Den Weinbau haben bereits die Römer an den Bodensee gebracht. Heute sieht man fast um den gesamten See Weinberge. Seine Blütezeit hatte der Weinbau aber im Mittelalter und in der frühen Neuzeit, als der Wein als gesündestes Getränk galt – zumindest im Vergleich mit Brunnenwasser. Als weite Gebiete von nahen Klöstern beherrscht waren, wurde zwischen Überlingen und Friedrichshafen fast nur Wein angebaut (links:

bei Birnau; großes Bild: bei Meersburg). Die Insel Reichenau war noch im frühen 20. Jahrhundert zu einem Drittel von Reben bedeckt. Die älteste Traubensorte ist der Gutedel, am weitesten verbreitet ist heute der Müller-Thurgau, 1882 von Hermann Müller aus Tägerwilen entwickelt. Ein typischer Bodenseewein ist auch der Weißherbst, eine Art Rosé. Obwohl der See für mitteleuropäische Weinbauverhältnisse relativ hoch liegt, ist das Gebiet klimatisch begünstigt durch die überdurchschnittlich hohe Sonneneinstrahlung und die Reflexion der Strahlen durch das Wasser, wovon vor allem die Hänge am Nordufer profitieren. Durch den See gemilderte Temperaturen verringern außerdem im Winter die Anzahl der Frosttage. Gute Weine werden auch im nahen Hinterland angebaut: bei Salem und am Hohentwiel, am Ottenberg und im Alpenrheintal bei Rebstein.

Baden-Württemberg

Bad Schussenried liegt an der Hauptroute der mit einem Puttenemblem ausgeschilderten Oberschwäbischen Barockstraße. Die bedeutendste Sehenswürdigkeit des auch als Moorheilbad bekannten Ortes ist die

TIPP++TIPP++

Weingartener Blutritt
Zu Ehren einer Blutreliquie findet im Mai der Blutritt im oberschwäbischen Weingarten statt, der bereits 1529 erstmals erwähnt wurde. Mit fast 3000 Pferden gilt er als größte Reiterprozession der Welt.
Weingarten Tourist Information, Münsterplatz 1, Tel. 07 51/40 52 32

Rutenfest Ravensburg
Festwägen, Musikkapellen und Spielmannszüge ziehen beim fünftägigen Rutenfest durch die Straßen. Zu dem traditionsreichen Fest kommen Zehntausende von Menschen.
Ravensburg Tourist Information Kirchstr. 16, Tel. 07 51/8 28 00, www.rutenfest.de, kurz vor den Sommerferien

* **Leutkirch** Recht altertümlich wirkt die einstige freie Reichsstadt im Allgäu. Barockes Prachtstück am hübschen Marktplatz ist das Rathaus. Der etwas außerhalb gelegene Stammsitz der Fürsten Waldburg-Zeil (um 1600) ist innen nicht öffentlich zugänglich.

* **Ravensburg** Das urbane Herz Oberschwabens schlägt hier in der einstigen Reichsstadt. Besonders sehenswert sind die *Marktstraße mit herrlichen Patrizierhäusern wie das Korn- und das Seelhaus, der langgestreckte *Marienplatz, die Liebfrauenkirche (14. Jahrhundert) sowie außerhalb des Zentrums die ehemalige *Abteikirche Weißenau (1717 bis 1724), ein Barockjuwel mit berühmter Orgel.

** **Klosterkirche Weingarten** Weithin sichtbar thront die größte Barockbasilika (1715 bis 1724) nördlich der Alpen auf einer Anhöhe über der Stadt. Der schon äußerlich architektonisch interessante Bau verfügt auch über einen exquisit ausgestatteten Innenraum. Hier ragen das Deckengemälde von Cosmas Damian Asam und der Wessobrunner Stuck heraus. Ein akustischer Genuss ist die berühmte Orgel.

* **Bad Waldsee** Der Kurort in idyllischer Lage zwischen zwei Seen zeigt sich im Altstadtkern mit Rathaus und Kornhaus noch spätgotisch. Die ursprünglich gotische *Stiftskirche wurde im 18. Jahrhundert im Stil des Barocks umgebaut und ausgestattet. Barock ist auch das fürstliche Schloss.

* **Bad Wurzach** Das alte Städtchen, seit über 70 Jahren Moorheilbad, präsentiert sich mit drei Bauwerken als wichtige Station an der Oberschwäbischen Barockstraße: dem Neuen Schloss (1728) mit dem geschwungenen Treppenhaus, der fantasievoll ausgestatteten Rokokokapelle im Kloster Maria Rosengarten (1763) und der frühklassizistischen Pfarrkirche St. Verena (1777) mit überwältigendem Deckengemälde von Andreas Brugger.

* **Ochsenhausen** Die Kirche der 1093 gegründeten Benediktinerreichsabtei, Ende des 15. Jahrhunderts erbaut, 1725 bis 1737 barockisiert, zählt zu den Höhepunkten an der Oberschwäbischen Barockstraße. Beteiligt daran waren u. a. Dominikus Zimmermann (Antoniusaltar) und Georg Bergmüller (Mittelschifffresken).

* **Biberach** Das Herz der gut erhaltenen Altstadt bildet der *Marktplatz mit dem Holzmarkt, in seltener Geschlossenheit bebaut mit prächtigen Bürgerhäusern (15.–19. Jahrhundert) und öffentlichen Gebäuden wie dem mittelalterlichen Fachwerk-Rathaus und dem schlossartigen Neuen Rathaus (1503).

Steinhausen Als »schönste Dorfkirche der Welt« wird *St. Peter und Paul (1733) in Steinhausen nahe Bad Schussenried gerühmt, ein Meisterwerk von

prämonstratensische Stiftsanlage mit Trakten aus Mittelalter und Barockzeit. Das bereits 1183 gegründete Kloster wurde im 18. Jahrhundert nach Plänen von Dominikus Zimmermann umgestaltet. Sowohl die Klosterkirche St. Magnus als auch ein Museum und der herrliche Bibliothekssaal (links) können besichtigt werden. Das Innere von St. Magnus zeigt noch deutlich die Grundform der hochromanischen dreischiffigen Pfeilerbasilika, deren Arkaden im 18. Jahrhundert umgestaltet wurden. Die Gotik hat sich im Chor und den Gewölben der Seitenschiffe deutlich überliefert. Elegante Stuckaturen und Altäre stammen aus dem 17. und 18. Jahrhundert. Die illusionistischen Deckenbilder von 1745 sind ein Werk des Münchner Hofmalers Johannes Zick und illustrieren Szenen aus dem Leben des Ordensgründers Norbert von Xanten.

Treppenhaus des Schlosses von Bad Wurzach

Dominikus und Johann Baptist Zimmermann und typisch für den süddeutschen Barock. Besonders schön ist die spätgotische Pietà (1415) im Hochaltar.

*** Bussen** Der 767 Meter hohe kegelförmige Berg am Ostrand der Schwäbischen Alb ist die höchste Erhebung Oberschwabens und gilt dank einer bereits 805 belegten Wallfahrt als »heiliger Berg Oberschwabens«. Die hier 1516 erbaute Wallfahrtskirche wurde in den 60er-Jahren umgestaltet und erweitert. Bei klarer Sicht kann man von hier bis zum Ulmer Münster sehen.

*** Kloster Obermarchtal** Höchst eindrucksvoll ist die architektonische Geschlossenheit dieser barocken Klosteranlage, deren prachtvolle Kirche (1701) am Anfang des oberschwäbischen Barock steht. Schöne Fresken und Schnitzarbeiten zieren auch Alte Sakristei und Spiegelsaal im Kloster. Weithin zu hören sind die 13 Glocken (14.–18. Jahrhunderts) des historischen Geläuts.

Schwäbische Alb

Vom vulkanischen Hegau im Südwesten zieht sich das Mittelgebirge Schwäbische Alb, auch Schwäbischer Jura genannt, über fast 200 Kilometer quer durch Baden-Württemberg nach Nordosten bis zum Ries. Steil fällt die Alb am Nordwestrand ab, während sie sich zur Donau hin sanft neigt.

**** Zwiefalten** Das doppeltürmige Marienmünster (1739 bis 1765), verschwenderisch ausgestattet (Chorgestühl) und ausgemalt, mit herrlichem Stuck und berühmter Orgel, zählt zu den bedeutendsten Schöpfungen des Spätbarock. In der Umgebung lohnt das Barockschloss *Mochental (1734), einstmals Propstei des Klosters, mit schöner Schlosskapelle und Hubertussaal einen Abstecher.

*** Höhlen der Schwäbischen Alb** Die aufregende Unterwelt der Schwäbischen Alb, in deren Kalkgestein mehr Höhlen ausgewaschen wurden als irgendwo sonst in Deutschland, kann man in diversen Schauhöhlen erleben. Besonders schöne Tropfsteinformationen zeigen Nebel- und Bärenhöhle bei Sonnenbühl. Die Wimsener Wasserhöhle befährt man mit dem Kahn. In die Laichinger Tiefenhöhle steigt man 70 Meter tief hinab. Die längste Tropfsteinhöhle der Alb (580 Meter) ist die Charlottenhöhle bei Hürben.

**** Schloss Sigmaringen** Die Schlossanlage der Linie Hohenzollern-Sigmaringen, imposant über der Donau und dem kleinen Residenzstädtchen gelegen, entstand seit dem 10. Jahrhundert in mehreren Bauphasen. Da es bis heute von der fürstlichen Familie bewohnt wird, sind nur einige wenige Prunkräume zu besichtigen.

Kuppelfresko von Cosmas Damian Asam in der Basilika von Weingarten (oben links); Deckengemälde in St. Martin in Biberach (oben rechts)

Baden-Württemberg

Das Durchbruchstal der Oberen Donau (links) ist dank seiner landschaftlichen Schönheit und Naturvielfalt ein einzigartiges Juwel. Es bietet viele Freizeitmöglichkeiten auf über 3500 Kilometern Wander- und Radwegen. Drei Viertel des Naturparks gründen auf harten, von der jungen Donau tief zerfurchten Weißjurakalken, die oft als bizarre Felsen aufragen und damit den Naturpark zu einem Paradies für Kletterer machen. Auf

TIPP++TIPP++

Schloss Lichtenstein
Das erst 150 Jahre junge »Märchenschloss« thront als Wahrzeichen der Schwäbischen Alb in gewagter Höhenlage über dem gleichnamigen Ort und zeugt von der deutschen Burgenromantik des 19. Jahrhunderts.
Schlossverwaltung Lichtenstein, Tel. 0 71 29/41 02, Apr.–Nov. 9–17.30 Uhr, Dez.–Jan. geschlossen

Ulmer Schwörwoche
Mitte Juli nehmen am «Schwörmontag» fantasievoll gestaltete Schiffe an einem Wasserfestzug teil. Das Stadtfest wird mit kulinarischen Köstlichkeiten und Musik gefeiert.
Ulm/Neu-Ulm Touristik, Neue Straße 45, Tel. 07 31/1 61 28 00

*** Kloster Beuron** Im Tal der jungen Donau liegt das 1077 gegründete Kloster Beuron, seit 1884 Benediktiner-Erzabtei. Gegen Ende des 19. Jahrhunderts brachte die »Beuroner Schule« eine moderne Formensprache in die religiöse Malerei ein. Beispiele sind zu sehen in der Mauruskapelle und im Kreuzgang.

*** Donauversickerung** Ein seltenes Naturphänomen ist zwischen Immendingen und Fridingen zu beobachten: An mehreren Stellen versickert die Donau. Wenn sie wenig Wasser führt, verschwindet sie sogar ganz, um sich unterirdisch ihren Weg durch die Höhlen der Schwäbischen Alb zu bahnen und einige Kilometer weiter wieder aufzutauchen.

**** Burg Hohenzollern** Von Weitem sichtbar auf einem bewaldeten Bergkegel bei Hechingen ist der mittelalterliche Stammsitz des schwäbischen Grafengeschlechts, das später die preußischen Kurfürsten und Könige und deutschen Kaiser stellte. Die heutige Burganlage mit ihren malerischen Türmchen entstand erst im 19. Jahrhundert. In der Schatzkammer sind Kostbarkeiten aus dem preußischen Kronschatz zu sehen.

*** Haigerloch** Auf einem steilen Felssporn thront über dem alten Städtchen Haigerloch das Schloss (1580–1585) mit der Schlosskirche im Rokokostil. Im darunterliegenden Felsenkeller wurde am Ende des Zweiten Weltkriegs an der Entwicklung von Kernwaffen gearbeitet.

*** Rottenburg** Am oberen Neckar liegt Rottenburg, Hochburg der schwäbischen Fasnet, Römer- und Bischofsstadt. Zu seinen Hauptsehenswürdigkeiten zählen der gotische Dom St. Martin, der bischöfliches Palais (um 1650), das Städtische Römer- und das Diözesanmuseum.

**** Tübingen** In den historischen Mauern der kleinsten deutschen Universitätsstadt pulsiert das Leben. Über dem linken Neckarufer baut sich in Stufen die malerische Altstadt auf. Diese sogenannte **Neckarfront gehört zu den bekanntesten Stadtansichten Süddeutschlands. Dominiert wird sie vom mächtigen Dach der spätgotischen *Stiftskirche St. Georg und deren gestutztem Turm. Direkt am Neckar steht auch der malerische Hölderlinturm, ein Rest der mittelalterlichen Stadtbefestigung, in dem Friedrich Hölderin von 1807 bis 1843 lebte. Besonders sehenswert ist Tübingens dreieckiger *Marktplatz mit altem Fachwerk, Neptunsbrunnen (17. Jahrhundert) und **Rathaus im Renaissancestil samt astronomischer Uhr und Glockenspiel.

**** Kloster Bebenhausen** Im Naturpark Schönbuch liegt die Klostersiedlung Bebenhausen, von 1190 bis zur Auflösung (1535) in der Reformation Zisterzienserkloster, dann Schule. Sie gilt als eine der besterhaltenen mittelalterlichen Klosteranlagen Deutschlands.

**** Bad Urach** Der Kurort im Herzen der mittleren Alb bezaubert durch herrliche Lage und malerische Altstadt. Um den kleinen Marktplatz mit dem spätgotischen Brunnen gruppieren sich schmucke Fachwerkhäuser. Besonders eindrucksvoll ist das Rathaus (16. Jahrhun-

den ertragsarmen Böden, auf denen alle Niederschläge rasch versickern, finden sich Trocken-, Hecken- und Heidelandschaften. Nahezu die Hälfte der Naturparkfläche wird von Wald bedeckt. Als Nutzungsart spielt die Grünlandwirtschaft im Naturpark Obere Donau traditionell bis heute die größte Rolle. Die Felsen des Donautals bieten Pflanzen Standorte, auf denen von Natur aus kein Wald Fuß fassen konnte. Hier kommen sogenannte Reliktpflanzen wie etwa das Steinröschen vor, die ansonsten in den arktischen oder alpinen Regionen zu finden sind. Auch für die Tierarten erfordern die hier herrschenden Lebensbedingungen besondere Anpassung. In der schützenswerten Tierwelt des oberen Donautals sind die felsenbrütenden Vogelarten, wie etwa Wanderfalke, Uhu, Kolkrabe und Dohle, die spektakulärsten Vertreter.

dert). Eine Besichtigung verdienen auch die spätgotische Stiftskirche mit prachtvoller Kanzel und das Residenzschloss mit seinen Sälen (Museum).

* **Burgruine Hohenneuffen** Beliebtes Ausflugsziel auf den Höhen der Schwäbischen Alb ist die grandiose Ruine dieser im 16. Jahrhundert ausgebauten Festung. Allein die herrliche Aussicht lohnt den Weg.

* **Blaubeuren** Im Tal der Blau am Südrand der mittleren Alb bilden der »Blautopf«, ein sagenumwobener Quelltrichter, und das ehemalige *Kloster die Hauptattraktionen. Im Inneren der Kirche finden sich Meisterwerke der Ulmer Schule, etwa der herausragende *Hochaltar.

* **Ulm** Das Ulmer **Münster (1377–1529) mit dem höchsten Kirchturm der Welt (161 Meter) ist herrlichste Gotik. Die fünfschiffige Basilika wird in Deutschland an Größe nur vom Kölner Dom übertroffen. Einen gewagten Kontrast zum Münster bilden das postmoderne *Stadthaus von Richard Meier (1993) und der Glaspyramidenbau der Stadtbibliothek von Gottfried Böhm (2004). Einen städtebaulichen Akzent setzt Ulms »Neue Mitte« mit der Kunsthalle Weishaupt, einer hochkarätigen Sammlung moderner Kunst. Im Stadtteil Wiblingen liegt die ehemalige Benediktinerabtei, ein prächtiger Barockbau.

Giengen an der Brenz In der alten Stauferstadt in der Ostalb, wo Margarete Steiff das Plüschtier erfand und bis heute die weltberühmten Tiere mit dem Knopf im Ohr hergestellt werden, erfüllt das *Steiff-Museum Kinderträume.

Hohenzollern-Schloss in Sigmaringen (oben links); Ulmer Münster mit mittelalterlichen Chorfenstern (rechts)

** **Klosterkirche Neresheim** Nach Plänen des genialen fränkischen Baumeisters Balthasar Neumann errichtet (1745 bis 1792), stellt die Kirche mit ihren sieben Kuppeln einen Höhepunkt süddeutscher Barockarchitektur dar. Im Innenraum beindrucken die Kuppelfresken.

* **Bopfingen** Am Fuße des 668 Meter hohen Zeugenbergs Ipf liegt die einstige Reichsstadt mit dem sorgfältig restaurierten historischen Zentrum. Sehenswert sind vor allem der Marktplatz mit dem spätgotischen Rathaus und die historische Reichsstadt-Apotheke (1720) mit barocker Kräuterkammer.

* **Aalen** Im historischen Zentrum des Thermalkurortes finden sich schöne Fachwerkhäuser und das stattliche Alte Rathaus, in dem das *Urweltmuseum mit wunderbaren Versteinerungen aus dem Schwäbischen Jura untergebracht ist. Die römische Vergangenheit wird im *Limesmuseum lebendig, dem größten Römermuseum Deutschlands. »Glück auf!« heißt es im historischen *Besucherbergwerk Tiefer Stollen.

* **Ellwangen** Die Ursprünge der geistlich geprägten Stadt in der Schwäbischen Ostalb an der Jagst reichen bis zum 764 gegründeten Kloster zurück. Ältestes Baudenkmal ist die *Stiftskirche St. Vitus (12./13. Jahrhundert) mit barockem Innenraum und spätgotischem *Kreuzgang. Oberhalb der Stadt liegt das fürstpröpstliche *Renaissanceschloss (1608).

** **Wallfahrtskirche Schönenberg** Nahe Ellwangen liegt weithin sichtbar auf dem Schönenberg ein Meisterwerk des frühen Barocks. Die beeindruckende doppeltürmige Wallfahrtskirche (1682–1695) ist ein Werk der berühmten Vorarlberger Bauschule.

»Über allen Gipfeln ist Ruh«: der 1786 Meter hohe Blankenstein im Mangfallgebirge

Bayern

Im Freistaat trifft man auf Landschaften, wie sie sich in dieser Grandiosität sonst in Deutschland nicht finden – von Flussland-auen wie an Main und Donau bis zum alpinen Hochgebirge bei Garmisch-Partenkirchen oder Berchtesgaden. Zahlreiche Schlösser, Burgen, Klöster und Kirchen zeugen aber auch von seiner reichen kulturellen und politischen Geschichte. Die Bayern gelten als traditionsverbunden und haben sich wohl auch deshalb ein ausgeprägtes Bewusstsein ethnischer und staatlicher Eigenständigkeit bewahrt.

»Mit Rhönschaf und Hightech«: So wirbt die im Jahre 2000 gekürte »Zukunftsregion Rhön«. Eine regionale Arbeitsgemeinschaft betreut federführend diverse Projekte zur Förderung des Wirtschaftsraums im Grenz-

TIPP++TIPP++

Benediktinerabtei Armorbach
Das Kloster erschloss im 8. Jahrhundert den östlichen Odenwald. Imposante barockisierte Abteikirche mit roter Sandsteinfassade, lichtem Innenraum samt Stuck, Fresken und der größten Barockorgel Europas. Beliebt sind die Orgelkonzerte mit berühmten Organisten.
Amorbach, Schlossplatz 2, Tel. 0 93 73/12 87, www.abteikirche.de

Würzburger Residenz
Die UNESCO-Welterbestätte mit ihrer großartigen Raumfolge barocker Höhepunkte lässt sich in Gruppenführungen besichtigen. Es gibt auch Abendführungen. Der Hofgarten bietet sich zum Freiluftgenuss an.
Würzburg, Schloss- /Gartenverwaltung, Residenzplatz 2, Tor B, Tel. 09 31/35 51 70, Apr.–Okt. 9–18 Uhr, Nov.–März 10–16.30 Uhr

Weinfest im Hofgarten
Romantisches fränkisches Weinfest vor der Kulisse der Residenz. Angeboten werden Weine und Sekte der letzten Jahrgänge.
Würzburg, Residenzplatz, Ende Juni–Anf. Juli, 15–23 Uhr

Aschaffenburger Bachtage
Musikalische und auch literarische Veranstaltungen – insbesondere Werke von Johann Sebastian Bach und seiner Zeitgenossen –, dargeboten an historischen Plätzen der Stadt.
www.aschaffenburger-bachtage.de, Ende Juli–Anf. Aug.

Unterfranken

Die nordwestlichste Region Bayerns ist die Heimat der weltberühmten Frankenweine, die an den sonnigen Hängen des Maintals und des angrenzenden Steigerwalds wachsen. Den Gegensatz dazu bilden die fränkischen Gebiete des dicht bewaldeten Spessarts und der herben Rhön mit ihren baumlosen Kuppen. Urbaner Mittelpunkt Unterfrankens ist von jeher die alte Bischofsstadt Würzburg.

*** Naturpark Spessart** Eichenwälder sind selten geworden. Im Naturpark Spessart gibt es sie noch! Der Spessart ist nicht nur Deutschlands waldreichstes Mittelgebirge, sondern auch eines der stillsten: Größere Orte sucht man im Kerngebiet vergebens. Extrem dünn besiedelt, galt der Spessart in früheren Zeiten als Rückzugsgebiet für lichtscheues Gesindel. Die Erzählungen über Räuberbanden sind also nicht aus der Luft gegriffen. Heute trifft man eher auf Wanderer und Spaziergänger, die fern jeder Hektik durchatmen wollen.

*** Aschaffenburg** Im Frühmittelalter erstmals erwähnt, erlangte Aschaffenburg Mitte des 11. Jahrhunderts überregionale Bedeutung durch die Gründung eines Hochstifts. Unterschiedliche Stilepochen, von der Romanik bis zum Barock, prägen dessen einstige Kirche, die heutige *Stadtpfarrkirche St. Peter und Alexander. Besonders sehenswert sind der spätromanische Kreuzgang und die »Beweinung Christi« von Matthias Grünewald, dem berühmten, 1470/80 in Aschaffenburg geborenen Maler der Spätgotik. Um das Jahr 1000 begann die 800-jährige Stadtherrschaft der Erzbischöfe von Mainz. Sie ließen Anfang des 17. Jahrhunderts **Schloss Johannisburg hoch über dem Main als Vierflügelanlage im Renaissancestil neu erbauen. Den Gegensatz dazu bilden unten am Main das frühklassizistische *Schloss Schönbusch (1778–1782) mit dem ältesten »englischen« Landschaftspark Süddeutschlands. 1814 kam Aschaffenburg zu Bayern – für den in die Antike verliebten König Ludwig I. die Gelegenheit, hier eine »römische« Villa zu errichten, das *Pompejanum über dem Main.

*** Schloss Mespelbrunn** Kein Wirtshaus, sondern ein Wasserschloss darf als beliebtestes Fotomotiv des Spessarts gelten: das idyllisch gelegene »Märchenschloss« Mespelbrunn, dessen heutige Gestalt auf das 16. Jahrhundert zurückgeht. Innen sehenswert sind der architektonisch interessante Rittersaal und der Gobelinsaal mit dem Wappen des Würzburger Fürstbischofs Julius Echter.

*** Miltenberg** Rund 150 Fachwerkhäuser aus dem 15. bis 17. Jahrhundert haben sich in dem Mainstädtchen, das schon früh ein wohlhabendes Handelszentrum war, erhalten. Das bekannteste ist der fünfstöckige »Riese« (um 1590) mit dem angeblich ältesten Gasthaus Deutschlands. Der malerisch »schiefe« Marktplatz bildete von jeher das lebendige Herz der Stadt. Etwas außerhalb findet sich die *Friedhofskapelle St. Laurentius mit Grabdenkmälern aus dem 16. Jahrhundert.

**** Bad Kissingen** Im ausgehenden 19. und beginnenden 20. Jahrhundert, als sich die internationale Prominenz in Bad Kissingen zur Kur traf, entstand hier ein erstaunliches Ensemble historischer Bäderarchitektur. Höhepunkte sind die Brunnen- und Wandelhalle, der prunkvolle Regentenbau mit dem Schmuckhof und das repräsentative Kurtheater. Bereits Mitte des 19. Jahrhunderts wurden der Kurgarten und das Luitpold-Bad angelegt.

Barocke Wallfahrtskirche Käppele in Würzburg

*** Bad Neustadt an der Saale** Weiter nördlich im Saaletal liegt Bad Neustadt mit modernen Kuranlagen – und einer mittelalterlichen Stadtbefestigung, die weitgehend erhalten ist. Einen Besuch wert sind auch die klassizistische Pfarrkirche und die barocke Karmeliterkirche.

land zwischen Hessen, Thüringen und Franken. Dazu gehört auch die Vermarktung sogenannter Leitprodukte. In der Rhön sind dies, neben dem Rhönschaf (links), auch das Rhöner Biosphärenrind und der Weideochse, die wohlschmeckenden Rhöner Apfelsorten und Bachforellen, das Rhöner Kümmelbrot und nicht zuletzt das Rhöner Ökobier. Apropos Bier: Wer in der reizvollen Natur ein nach altem Rezept gebrautes einheimisches Bier genießen möchte, dem sei eine Wanderung auf den 932 Meter hohen Kreuzberg bei Wildflecken empfohlen. Er gilt nicht nur als »heiliger Berg der Franken« mit jahrhundertealter Wallfahrtstradition. Von der Kreuzigungsgruppe auf dem Gipfel genießt man einen Ausblick auf bewaldete Bergmassive und ein Meer von Basaltblöcken, die auf den vulkanischen Ursprung der Rhön verweisen.

*** Ostheim vor der Rhön** Befestigte Kirchen sieht man häufig in der Rhön, so etwa Deutschlands größte und am besten erhaltene **Kirchenburg in Ostheim. Mit doppelter Ringmauer, Wehrtürmen und Bastionen, die wohl im 15. Jahrhundert entstanden sind, beherrscht sie das altertümliche, von Fachwerkhäusern und verwinkelten Gassen geprägte Städtchen. Eine Besichtigung lohnt auch der ungewöhnlich gestaltete Innenraum der Kirche (17. Jahrhundert) mit der herrlich bemalten Holztonne über dem Mittelschiff.

*** Fladungen** In der ursprünglichen Landschaft des UNESCO-Biosphärenreservats Rhön liegt das einstige Ackerbürgerstädtchen Fladungen mit seinen Fachwerkhäusern und der gut erhaltenen Stadtmauer. Im ehemaligen Amtshaus (1628) residiert das *Rhön-Museum.

**** Karlstadt** Das Musterbeispiel einer fränkischen Stadtanlage des 13. Jahrhunderts zeichnet sich durch einen fast quadratischen Bering, rasterförmig angelegte Straßen, einen quadratischen Marktplatz und einen abgeschlossenen Kirchenbezirk aus. Im Rathaus (14.–17. Jahrhundert) am Marktplatz beeindrucken vor allem Saal und Ratsstube.

**** Würzburg** Einen ersten Rang unter den europäischen Barockschlössern kann die einst fürstbischöfliche ***Würzburger Residenz (seit 1981 UNESCO-Weltkulturerbe) beanspruchen, deren Bau 1720 unter dem Würzburger Architekten Balthasar Neumann in Angriff genommen wurde. Eine einzigartige Raumschöpfung gelang ihm mit dem dreiläufigen Treppenhaus, das durch das grandiose Deckenfresko des italienischen Malers Giovanni Battista Tiepolo seine Krönung erfährt. Bevor die Bischöfe ihr neues Barockschloss bezogen, residierten sie hoch über dem Main in der weitläufigen Anlage von **Schloss und Festung Marienberg. Hier ist heute das *Mainfränkische Museum untergebracht, das mit einer kleinen, feinen Sammlung von Holzskulpturen des in Würzburg ansässigen spätgotischen Meisters Tilman Riemenschneider aufwartet. Völlig zerstört wurde der ehrwürdige Würzburger *Dom im Zweiten Weltkrieg; leider überzeugt die Wiederherstellung aus den 60er-Jahren nicht wirklich. Weitere besonders sehenswerte Kirchen sind die spätgotische Marienkapelle, das ursprünglich mittelalterliche, im 18. Jahrhundert barockisierte *Neumünster mit dem Lusamgärtchen, wo man das Grabdenkmal für den Minnesänger Walther von der Vogelweide besuchen kann, sowie die Wallfahrtskirche *Käppele auf dem Nikolausberg, die Mitte des 18. Jahrhunderts nach Plänen von Balthasar Neumann errichtet wurde.

*** Naturpark Bayerische Rhön** Der Naturpark, der zum Großteil als UNESCO-Biosphärenreservat ausgewiesen ist und mit der Langen Rhön und den Schwarzen Bergen zwei Naturschutzgebiete umfasst, ist ein Paradies für Freunde ursprünglicher Landschaften.

*** Ochsenfurt** An der Südspitze des Maindreiecks gelegen, erlangte der Ort dank Furt und verkehrsgünstiger Lage bereits im Frühmittelalter Bedeutung. Hinweis auf regen Handelsverkehr ist der erste Brückenbau im 13. Jahrhundert; die heutige

Von oben nach unten: Schloss Johannisburg in Aschaffenburg; Wasserschloss Mespelbrunn; Arkadenbau in Bad Kissingen; Festung Marienberg in Würzburg

Die Weinlagen der Frankenweine sind vom Muschelkalk geprägt, aus dessen Kalksteinen und Mergeln vielerorts kräftige Lehmböden hervorgegangen sind. Charakteristisch für sie sind eine gewisse Steinigkeit und ein hoher Kalkgehalt. Über Jahrhunderte hinweg bestand das Verdienst der fränkischen Weinbergkultur darin, für die einzelnen Weinlagen eine spezifische Tiefgründigkeit der Böden zu gewährleisten, die zur

TIPP++TIPP++

Letzte Fuhre
Das Einholen der letzten Rebenfuhre wird in Ipfhofen jährlich mit festlich geschmückten Wagen, Segnungen, Volkstänzen und typisch fränkischen Spezialitäten gefeiert. Anschließend findet im Rathauskeller das Bremserfest statt.
Ipfhofen, Marktplatz und Rathauskeller, Anf. Okt.

Museum Georg Schäfer
Im Mittelpunkt der Sammlung steht die Kunst des deutschsprachigen Raums vom späten 18. bis zum Beginn des 20. Jahrhunderts. 110 Zeichnungen und 160 Gemälde bilden die weltweit größte Sammlung von Werken des Biedermeiermalers Carl Spitzweg. Vertreten sind auch Adolph von Menzel und Caspar David Friedrich.
Schweinfurt, Brückenstr. 20, Tel. 0 97 21/5 19 20, Di–So 10–17, Do 10–21 Uhr

Brücke stammt aus dem 17./18. Jahrhundert. In der gut erhaltenen Altstadt, die noch heute von einer großen Befestigungsanlage umgeben ist, sollte man der gotischen Pfarrkirche St. Andreas mit den unterschiedlich gestalteten Maßwerkfenstern und einer Nikolausfigur von Tilman Riemenschneider besondere Aufmerksamkeit schenken. Das gotische *Rathaus gilt als eines der schönsten in Franken.

*** Iphofen** Oft mit Rothenburg ob der Tauber verglichen, bezaubert der beliebte Weinort seine Besucher mit altertümlichem Charme. Das schöne Rödelseer Tor ist geradezu zum Symbol altfränkischer Romantik geworden.

*** Kitzingen** Die lebhafte Kreisstadt am Main mit dem alten Stadtkern, der noch den drei- eckigen mittelalterlichen Grund- riss erkennen lässt, war von jeher ein Zentrum des fränkischen Weinhandels. Ob die Haube auf dem spätmittelalterlichen Falterturm deshalb schief geraten ist? Jedenfalls passt das Deutsche Fastnachtsmuseum dazu. Zu den architektonischen Höhepunkten der Stadt gehören insbesondere das stattliche Rathaus mit dem prächtigen Renaissancegiebel und die spätgotische Johanneskirche mit der ungewöhnlichen Freitreppe zur Empore.

Wallfahrtskirche St. Maria im Weingarten bei Volkach am Main

*** Volkacher Mainschleife** Weltbekannt sind die Lagen der Volkacher Mainschleife mit den traditionsreichen Orten Sommerach, Escherndorf, Nordheim und Volkach. Hier, im Herzen des Bocksbeutellandes, kann man in der warmen Jahreszeit fast täglich ein Weinfest besuchen. Zuvor jedoch geht es von Volkach aus hinauf zur spätgotischen Wallfahrtskirche Maria im Weingarten. Das Glanzstück ihrer qualitätsvollen Ausstattung ist die **Rosenkranzmadonna, ein Spätwerk (1521 bis 1524) von Tilman Riemenschneider.

*** Schloss Werneck** Schon die gewaltigen Dimensionen machen das Schloss Werneck – 1733 bis 1744 von Balthasar Neumann für den Würzburger Fürstbischof erbaut – zu einer besonderen Sommerresidenz. Seine ganze Schönheit entfaltet das Schloss beim Blick auf die rückwärtige, dem Park zugewandte Seite.

Schweinfurt Sehenswerte Zeugnisse der Vergangenheit sind das großartige *Renaissancerathaus (1570/72) am Marktplatz, die ebenfalls im Stil der Renaissance errichtete Lateinschule (1581/82, heute Stadtmuseum) und das Zeughaus (1590) mit dem Treppen-

idealen Wasserversorgung der Reben und damit zu der in Fachkreisen geschätzten außerordentlichen Qualität der Frankenweine beitrug. Auch wenn in Franken die Weißweinsorten generell das Angebot dominieren, bilden die sandigen und lehmigen Buntsandsteinböden im unteren Taubertal eine ideale Grundlage für ausgezeichnete fränkische Rotweine. Die Geschichte des Weinbaus in Franken geht bis auf das 8. Jahrhundert zurück. Dies belegt eine Schenkungsurkunde von Karl dem Großen aus dem Jahr 777 an das Kloster Fulda, welches das Königsgut Hammelburg mit acht Weinbergen bekam. Würzburg folgt nur wenig später. Der Weinbau in Franken stand rechtmäßig oft den Würzburger Bischöfen zu und wurde von diesen dem Domkapitel übertragen, wodurch sich die Steinkreuze rund um die Weinberge erklären.

turm. Einen gelungenen Stilmix der Jahrhunderte – von der Romanik bis zum Klassizismus – stellt die *St.-Johannis-Kirche dar. Im modernen Bau des *Museums Georg Schäfer ist eine der bedeutendsten Privatsammlungen deutscher Malerei des 19. Jahrhunderts ausgestellt.

*** Hassfurt** An einer Mainfurt von den Würzburger Bischöfen gegründet und planmäßig angelegt (um 1230), stellte Hassfurt einst ein Bollwerk gegen das Bistum Bamberg dar. Teile der Stadtmauer und zwei mächtige Tortürme (16. Jahrhundert) sind noch erhalten. Wertvollster Schatz der Pfarrkirche St. Kilian sind fünf spätgotische Holzstatuen, die Tilman Riemenschneider zugeschrieben werden, darunter *Johannes der Täufer. Spätgotische Architektur in hoher Qualität bietet die *Ritterkapelle. Auf der gegenüberliegenden Seite des Mains steht die einstige *Klosterkirche der Zisterzienserinnen von Mariaburghausen. Dabei handelt es sich um einen für den Orden typischen schmalen, lang gestreckten Bau (13./14. Jahrhundert) mit bemerkenswerter Barockausstattung.

Oberfranken

Das Tal des Obermains und drei Mittelgebirge – der waldreiche Frankenwald, das raue Fichtelgebirge und die malerische Fränkische Schweiz – prägen den Nordosten Bayerns. Burgen, Kirchen und Städte zeugen von bewegter Geschichte, und nach alter Tradition wird hier vielerorts die Kunst des Bierbrauens gepflegt.

*** Ebrach** Hier im nördlichen Steigerwald entstand eines der ersten Zisterzienserklöster östlich des Rheins, das bis zur Säkularisation 1803 von großer Bedeutung für die Region war. Auf das 13. Jahrhundert gehen die Abteikirche und die Michaelskapelle zurück – zwei herausragende Schöpfungen der deutschen Frühgotik. Während Letztere noch durchgängig die ursprüngliche Gliederung zeigt, erfuhr der Innenraum der Abteikirche im 18. Jahrhundert eine grundlegende Barockisierung.

Ehrenhof von Schloss Werneck (oben links); Schloss Weißenstein (oben); Kirche von Kloster Ebrach (rechts)

Neben Albrecht Dürer ist Tilman Riemenschneider (um 1455–1531) einer der großen deutschen Künstler der Übergangszeit von der Spätgotik zur Renaissance. Er schuf um 1500 mit dem Heilig-Blut-Altar der

TIPP++TIPP++

Zinnfigurenmuseum Kulmbach
Das seit 1929 bestehende Museum beherbergt mit 300 000 Exponaten die größte Zinnfigurensammlung. 220 Dioramen erwecken die Figuren zum Leben, darunter das mit 20 000 Figuren größte Diorama der Welt. **Kulmbach, Deutsches Zinnfigurenmuseum Plassenburg, Tel. 0 92 21/80 45 72, Apr.–Okt. 9–18, Nov.–März 10–16 Uhr**

Bamberger Sandkirchweih
Jährlich zieht das Fest 250 000 Besucher an. Das Fischerstechen auf der Regnitz, die Italienische Nacht und das Abschlussfeuerwerk vom Michelsberg sind die Höhepunkte. **Bamberg, Sandkerwa GmbH, Sandstraße, Tel. 09 51/5 94 02, Ende Aug.**

*** Schloss Weißenstein in Pommersfelden** Pracht und Größe von Schloss Weißenstein (1711–1718) überwältigen den Besucher. Nichts anderes war der Sinn und Zweck barocker Fürstensitze. Schon das Entrée ist sensationell: Ein Drittel des Bauvolumens des dreigeschossigen Mittelteils nimmt allein das grandiose Treppenhaus ein.

**** Bamberg** In der ***Altstadt – als geschlossenes Ensemble UNESCO-Welterbestätte – dominiert zwar die barocke Architektur, doch die Stadtanlage verweist auf das hohe Mittelalter, als das Bistum Bamberg gegründet wurde (1007) – die geistliche Stadt oben auf sieben Hügeln, die Stadt der Bürger zu ihren Füßen, auf Inseln zwischen den Armen der Regnitz erbaut. Kaum eine deutsche Stadt hat ihr historisches Stadtbild so authentisch in die Gegenwart retten können. Beeindruckend ist die Baumasse des spätromanisch-frühgotischen **Doms. Der Figurenschmuck der drei Portale und die Monumentalplastiken im Inneren – als berühmteste der *Bamberger Reiter – zählen zum Besten, was die deutsche Bildhauerei des 13. Jahrhunderts geschaffen hat. Aus der Zeit um 1500 stammt das *Grabdenkmal von Tilman Riemenschneider für den Bistumsgründer Kaiser Heinrich II. und seine Gemahlin Kunigunde. Neben dem Dom befindet sich die **Alte Hofhaltung der Bischöfe, eine sehr geglückte, vorrangig spätgotische Anlage mit Innenhof und Laubengängen. An der Wende zum 18. Jahrhundert ließen die Fürstbischöfe die **Neue Residenz nach Plänen von Johann Leonhard Dientzenhofer auf dem Domberg errichten, heute eines der bedeutendsten Barockschlösser Frankens. Zu den größten und schönsten Klosteranlagen des Barock gehört **St. Michael auf dem Michelsberg. Auch die wohlhabenden Bürger Bambergs liebten es barock. Glanzstück ist das **Böttingerhaus. Das malerische **Alte Rathaus, ein im Kern gotischer Bau mit Barockfassade, steht überraschenderweise mitten im Fluss. Die einstige Fischersiedlung mit den romantischen Fachwerkhäuschen trägt den Beinamen **Klein-Venedig. Außerdem sind hier sehenswert das *Renaissanceschloss Geyerswörth, die *Martinskirche, das *Karmelitenkloster sowie die *Kirche Zu Unserer Lieben Frau.

*** Kloster Banz** Hoch über dem Main erhebt sich stolz das im 11. Jahrhundert gegründete Benediktinerkloster, das im 18. Jahrhundert seine jetzige Gestalt erhielt – nach Plänen zweier großer fränkischer Barockbaumeister: Johann Leonhard Dientzenhofer (1660 bis 1707) und Balthasar Neumann (1687–1753).

**** Basilika Vierzehnheiligen** Ebenfalls in spektakulärer Höhenlage, auf der anderen Flussseite, ragt die Wallfahrtskirche Vierzehnheiligen auf –

St.-Jakob-Kirche in Rothenburg o. d. Tauber und dem Creglinger Marienaltar (links: Selbstporträt; ganz links: Grabmal von Kunigunde und Heinrich II. im Bamberger Dom) zwei unvergängliche Werke sakraler Holzschnitzkunst. Hier zeigt sich auch der künstlerische Wandel: Die aus Lindenholz herausgearbeiteten filigranen Figuren erzeugen eine vom Geist der Renaissance beseelte Plastizität, die für die Zeit der Gotik undenkbar wäre. Das Bedürfnis, sakrale Würde durch persönliche Nähe auszudrücken und die Heiligen in Beziehung zum menschlichen Alltag zu setzen, sind kennzeichnend für seine Arbeiten. Dabei kam ihm seine kritische Haltung gegenüber dem übertriebenen Stolz der adeligen hohen Geistlichkeit zugute. Als er sich 1525 auf die Seite der aufständischen Bauern schlug, musste er dies mit Kerker und Folter bezahlen.

Gnadenaltar der Wallfahrtskirche Vierzehnheiligen

Riesensaal von Schloss Ehrenburg in Coburg

zusammen mit Banz die »goldene Pforte« des Obermaintals. Die 1772 nach Plänen von Balthasar Neumann vollendete Kirche ist ein herausragendes Werk des süddeutschen Barock.

**** Coburg** Auf dem hochadeligen Heiratsmarkt waren die Sprösslinge des Hauses Sachsen-Coburg-Gotha einst ausgesprochen gefragt. Die feudalen Zeiten sind lange vorbei, doch in der Stadtanlage von Coburg noch sehr präsent. Entscheidende architektonische Akzente setzten die Renaissance – herausragende Beispiele sind das *Rathaus am Marktplatz und die herzogliche Kanzlei – und dann wieder das 19. Jahrhundert, als der großzügige Schlossplatz mit dem Theater und der neugotischen Front des Stadtschlosses **Ehrenburg entstand. Das alles wird überragt von der **Veste Coburg (12., 15. und 16. Jahrhundert).

*** Kronach** Ein Bollwerk des Hochstifts Bamberg gen Norden war Kronach seit dem 12. Jahrhundert, bewacht von der *Veste Rosenberg, die sich bis zum 16. Jahrhundert zu einer der größten Burgen Deutschlands entwickelte und niemals bezwungen wurde. Sie beherbergt heute eine Filiale des Bayerischen Nationalmuseums, die Fränkische Galerie, mit Kunstwerken fränkischer Künstler aus Mittelalter und Renaissance, etwa Lucas Cranach d. Ä., der 1472 in Kronach geboren wurde.

*** Kulmbach** Die trutzige *Plassenburg hoch über Kulmbach, eine der bedeutendsten Renaissanceanlagen Deutschlands, ist das Wahrzeichen von Kulmbach. Bis 1604 war sie markgräfliche Hohenzollern-Residenz und damals auch eine der modernsten Festungen. Im Arsenalbau ist das *Zinnfiguren-Museum untergebracht – eine im Hinblick auf die Fülle des Bestands und die lebendige Präsentation der Exponate

Rathaus von Bamberg auf einer Insel der Regnitz (oben links); Kloster Banz (oben)

Das alte Opernhaus mit seiner großen Bühne bewog Richard Wagner und seine zweite Frau Cosima dazu, Bayreuth als Festspielstadt ins Auge zu fassen. Doch weniger das Opernhaus, das sich für die Pläne Wagners

weltweit einzigartige Ausstellungsstätte.

*** Naturpark Fichtelgebirge** Das hufeisenförmige Fichtelgebirge mit seinen höchsten Erhebungen Schneeberg (1051 m) und Ochsenkopf (1024 m) zählt zu den größten deutschen Granitgebirgen. Es ist auch die Hauptwasserscheide Deutschlands. Naab, Main, Saale und Eger entspringen hier und bahnen sich ihre natürlichen Wege durch Fichten- und Bergmischwälder.

*** Bayreuth** Durch die Richard-Wagner-Festspiele hat Bayreuth Weltruhm erlangt. Das Festspielhaus (1872–1876) auf dem »Grünen Hügel« und die *Villa Wahnfried, letzter Wohnsitz und letzte Ruhestätte des Meisters, sind die Pilgerstätten des Wagner-Kults. Deutlichere Spuren im Stadtbild hinterließ eine andere historische Gestalt. 1731 wurde die Hohenzollernprinzessin Wilhelmine, die kunstsinnige Lieblingsschwester Friedrichs des Großen, nach Bayreuth verheiratet. Wilhelmine und ihr Gemahl Markgraf Friedrich verhalfen Bayreuth zum Flair der noblen Barockstadt. Das *Markgräfliche Opernhaus (1745–1748) ist heute eines von Europas besterhaltenen Barocktheatern und eines der schönsten. Nur wenige Jahre später (1753–1764) entstand das *Neue Schloss mit den originell gestalteten Prunkräumen. Etwas außerhalb der Stadt wurde die *Eremitage gebaut (1749–1753), Wilhelmines höfische »Einsiedelei«, deren Park in typischer Rokokomanier Natur imitiert. Nach dem Tod des Fürstenpaares erlosch die glänzende Hofhaltung. 1791 kam Bayreuth an Preußen, 1810 schließlich an Bayern.

*** Gößweinstein** Im Herzen der Fränkischen Schweiz liegt eine der schönsten barocken Wallfahrtskirchen des Landes, ein Meisterwerk von Balthasar Neumann – die doppeltürmige *Dreifaltigkeitskirche von Gößweinstein mit ihrer festlichen Innengestaltung. Über dem Ort thront eine prächtige Burg (11. Jahrhundert, die im 19. Jahrhundert zu einem Märchenschloss umgestaltet wurde.

*** Forchheim** Bereits für das Jahr 805 als Pfalz erwähnt, gehört Forchheim zu den ältesten Orten Frankens. Das Spätmittelalter, als die Bischöfe von Bamberg Forchheim zur Grenzfestigung ihres Territoriums ausbauten, ist im Stadtbild noch ganz präsent – etwa das prachtvolle Nürnberger Tor, der Marktplatz mit dem Rathauskomplex in bestem fränkischem Fachwerk und die sogenannte Pfalz, die sich die Bischöfe ab dem 14. Jahrhundert als Residenz errichten ließen.

**** Fränkische Schweiz** Bereits die Maler und Dichter der Romantik ließen sich von der Juralandschaft rund um das Wiesenttal und seine Nebentäler verzaubern. Fränkische Schweiz – das heißt rauschende Bäche, saftige Wiesen und bewaldete Hänge, aus denen immer wieder, oft noch gekrönt von einer Burgruine, die bizarrsten Felsgebilde aufsteigen. Die malerische Landschaft findet ihre unterirdische Entsprechung in mehr als 1000 Höhlen, die sich in Jahrmillionen im Karstgestein gebildet haben. Drei interessante Schauhöhlen sind eine Besichtigung wert: die Binghöhle in Streitberg, die Teufelshöhle in Pottenstein und die Sophienhöhle in Rabenstein.

Opernhaus Bayreuth (links); Gößweinstein mit Burg und Wallfahrtskirche (oben); Weggabelung Plönlein in Rothenburg o. d. Tauber (oben rechts)

schließlich als ungeeignet erwies, als vielmehr die »Lage und Eigentümlichkeit der freundlichen Stadt« (links: Neues Schloss und Bühnenbild von »Farinelli«) gaben den Ausschlag. Vom »Schloss Fantaisie« aus, wo sie ihr erstes Quartier bezogen, knüpften Richard und Cosima Wagner die für den von König Ludwig II. von Bayern unterstützten Bau des Festspielhauses nötigen Kontakte mit der Stadt und den Banken. 1872 erfolgte die Grundsteinlegung. Drei Jahre später feierte man das Richtfest, und 1882 wurde das Haus anlässlich des Besuchs von Ludwig II. um den Königsbau erweitert. Sowohl die architektonischen als auch die akustischen Besonderheiten des Gebäudes tragen zum weltweiten Prestige der Festspiele bei. Um die einzigartige Atmosphäre miterleben zu können, nehmen Besucher jahrelange Wartezeiten für Tickets in Kauf.

Mittelfranken

Den Nordwesten nehmen der Steigerwald mit seinen lichten Laubwäldern und die Frankenhöhe ein. Der Süden und der Osten sind vom Fränkischen Jura mit meist bewaldeten Hochflächen bestimmt. Im Süden prägt die Landschaft das künstlich geschaffene Fränkische Seenland und das beschauliche Altmühltal, durch dessen letzten Abschnitt der Main-Donau-Kanal verläuft.

Naturpark Steigerwald Das »grüne Herz« Frankens wird im Norden vom Maintal und im Süden vom oberen Aischtal begrenzt. Prächtige Laub- und Mischwälder sowie saftige Wiesen prägen die Höhen und Täler. Rund 675 Quadratkilometer sind Landschaftsschutzgebiet.

Erlangen Die Ansiedlung französischer Glaubensflüchtlinge im 17. Jahrhundert machte Erlangen zur einzigen bayerischen »Hugenottenstadt«. Markgraf Christian Ernst von Bayreuth ließ für die Protestanten südlich der Altstadt eine eigene Stadt anlegen, mit streng geometrischem Grundriss und einheitlich zweigeschossigen Häuserzeilen ein Musterbeispiel barocker Stadtplanung. Im Mittelpunkt steht der quadratische Marktplatz, dominiert von der Fassade des Schlosses (1700–1704). Zur selben Zeit wie das Schloss entstand das *Markgrafentheater mit einem der schönsten Theatersäle Süddeutschlands.

* **Fürth** Die Altstadt ist geprägt von der Barockzeit und vom Bauboom des 19. Jahrhunderts, als Fürth Industriestadt wurde. Ein Prachtstück ist das *Stadttheater (1901/02). Das *Rundfunkmuseum in der Alten Grundig-Direktion führt durch die Geschichte des Rundfunks und des Fernsehens in Deutschland. Das *Jüdische Museum Franken befasst sich mit der Geschichte der fränkischen Juden.

** **Nürnberg** Siehe Stadtplan auf Seite 289

* **Hersbrucker Schweiz** Der Ähnlichkeit mit der Fränkischen Schweiz verdankt dieser reizvolle Teil der Fränkischen Alb seinen Namen. Und tatsächlich finden sich hier Kalkfelsen, die von Kletterern erobert werden, und weitverzweigte Höhlen, so bei Krottensee, wo die Maximiliansgrotte als Schauhöhle erschlossen ist. Die Niederungen der Hersbrucker Alb sind fruchtbar, die Hochäcker steinig, viel Wald gibt es und viel Wasser – sprudelnde Bäche und Badeseen mit guter Wasserqualität.

* **Ansbach** Das im 15. Jahrhundert, nach der Teilung der fränkischen Besitzungen der Hohenzollern, markgräfliche Residenz gewordene Ansbach wurde im 18. Jahrhundert Barockstadt. Auf die glänzende Hofhaltung im **Markgrafenschloss weist die kostbare, noch weitgehend original erhaltene Ausstattung der Prunkräume hin. Wahrzeichen von Ansbach ist die ehemalige Stifts- und Hofkirche *St. Gumbert mit der markanten dreitürmigen Westfassade. Mehrere Stilepochen von Romanik bis Barock haben in Architektur und Ausstattung ihre Spuren hinterlassen; geschlossen spätgotisch stellt sich die *Schwanenritterkapelle dar, in der sich meisterliche Plastik und Malerei finden. Beachtenswert sind insbesondere die schmucken Glasgemälde der Dürer-Schule in den Fenstern.

*** **Rothenburg o. d. Tauber** Im 13. Jahrhundert wurde Rothenburg Reichsstadt. Auf dem dann entstandenen Befestigungsring mit Torbauten,

TIPP++TIPP++

Neues Schloss Bayreuth
Das Rokokoschloss ist auch innen vielseitig gestaltet. Der Markgräfin Wilhelmine wurde ein eigenes Museum gewidmet, andere Sammlungen zeigen Bayreuther Fayencen oder Gemälde des 18. Jahrhunderts.
Schloss- und Gartenverwaltung Bayreuth-Eremitage, Ludwigstr. 21, Tel. 09 21/75 96 90, Apr.–Sept. 9–18, Okt.–März 10–16 Uhr

Bayreuther Bürgerfest
Jedes Jahr am ersten Juliwochenende steigt das Bayreuther Bürgerfest mit Künstlermarkt und der beliebten »Bierstraße« der fünf Bayreuther Brauereien.
Bayreuth Service- und Veranstaltungs-GmbH, Luitpoldplatz 9, Tel. 09 21/8 85 41 43

Er ist das größte deutsche Genie der Renaissance und wird in einem Atemzug genannt mit Michelangelo, Tizian oder Raffael: Albrecht Dürer (1471 bis 1528). Seine Heimatstadt Nürnberg nennt sich nach ihrem größten Sohn Albrecht-Dürer-Stadt. Das prächtige Haus, in dem er geboren wurde und aufwuchs, hat die Kriege überdauert und kann besichtigt werden. Dürers Vater war ein aus Ungarn eingewanderter Gold-

Türmen und Wehrgängen kann man auch heute noch die Stadt umrunden. Ausdruck des reichsstädtischen Stolzes sind die stattlichen Bürgerhäuser des 14. bis 17. Jahrhunderts, wie das Fleisch- und das Tanzhaus am Marktplatz und das *Rathaus. Der bedeutendste Sakralbau der Stadt ist **St. Jakob, zwischen 1310 und 1484 in drei Abschnitten entstanden. Das Gotteshaus ist ein Hort großer spätgotischer Kunst mit Sakramentsnische (Ende 14. Jahrhundert), dekorativ aufgebautem Hochaltar (1466), dem **Heilig-Blut-Altar (1501 bis 1504) von Tilman Riemenschneider. Ein weiterer exzellenter Riemenschneider-Altar steht in der romanisch-gotischen Peter-und-Paul-Kirche des Stadtteils Detwang.

*** Feuchtwangen** Wichtigste Sehenswürdigkeit ist die ehemalige Klosterkirche. Trotz späterer Umbauten ist der spätromanische Charakter im Ansatz erhalten. Eine Augenweide ist das reich geschnitzte spätgotische Chorgestühl (um 1500).

**** Dinkelsbühl** Vom Charakter her nicht ganz so »malerisch« wie Rothenburg, in der Vergangenheit auch nicht so reich und mächtig, erfüllt Dinkelsbühl doch alle Sehnsüchte nach altdeutscher Romantik. Das fängt schon bei der *Stadtbefestigung mit vier Toren, den Wehrtürmen und -gängen an. An den breiten Hauptstraßen, die sich am Marktplatz kreuzen, stehen giebelseitig aneinandergereiht stattliche, oft mit reichem Fachwerk geschmückte Bürgerhäuser, darunter das berühmte *Deutsche Haus (um 1600). Die bedeutendsten kommunalen Bauten der ehemaligen Reichsstadt sind das Rathaus, die Ratstrinkstube mit Staffelgiebel und Türmchen (um 1600) sowie die Schranne mit dem eleganten Renaissancegiebel (um 1600). Zu den wohl schönsten spätgotischen Hallenkirchen Süddeutschlands gehört der lichte und klar strukturierte Bau von **St. Georg (1448–1499).

*** Weißenburg** Das römische Weißenburg geht zurück auf das Militärlager Biriciana, das um 89 n. Chr. am Rätischen Limes begründet wurde. Vorbildlich restauriert sind die **Römischen Thermen, die größten Süddeutschlands; auch das Römerkastell Biriciana mit dem 1991 rekonstruierten Nordtor lädt zur Besichtigung ein. Für den 1979 entdeckten Römerschatz mit seinen herrlichen Figurinen hat man das *Römermuseum eingerichtet, schließlich wurde auch das steinerne Nordtor des einstigen Kastells rekonstruiert. Die andere, reichsstädtische Seite Weißenburgs repräsentiert die gut erhaltene historische Altstadt, die noch von ihrem *Mauerring – einer der schöns-

Dinkelsbühl mit mittelalterlicher Wehranlage

Nürnberg

Die große Vergangenheit der einstigen Freien Reichsstadt und Industriemetropole ist in Bayerns zweitgrößter Stadt noch allerorten zu spüren.

Trotz gewaltiger Zerstörungen im Zweiten Weltkrieg haben sich noch viele Zeugnisse der Vergangenheit erhalten. Im

Henkersteg über die Pegnitz (oben); Frauenkirche (unten)

späten Mittelalter glänzte Nürnberg als Reichsstadt und ein Zentrum der bürgerlichen Freiheit, des Handels, der Künste und der Bildung. Zwei auf das 11. Jahrhundert zurückgehende Bauten bilden die Keimzelle von Nürnbergs Geschichte: südlich der Pegnitz ein Königshof, aus dem sich die Lorenzer Altstadt entwickelte, nördlich des Flusses die Burg, unter der die Sebalder Altstadt entstand. Der Burgkomplex besteht aus den Resten der Burggrafenburg und der mächtigen staufischen **Kaiserburg (12. Jahrhundert). Unterhalb der Burg findet sich das malerische Albrecht-Dürer-Haus, einst das Wohnhaus des Meisters, heute Museum. Den Mittelpunkt der Sebalder Altstadt bildet die gotische Pfarrkirche **St. Sebald (13./14. Jahrhundert). Gegenüber befinden sich das prächtige *Renaissancerathaus und der belebte *Hauptmarkt mit dem Schönen Brunnen (14. Jahrhundert). Die Lorenzer Altstadt jenseits der Pegnitz erhielt ihren Namen von der Pfarrkirche **St. Lorenz (13.–15. Jahrhundert), die im Innenraum den **»Englischen Gruß« von Veit Stoß (1517) und das Sakramentshaus 1495) von Adam Kraft beherbergt. Deutsche Kunst und Kultur bis zur Gegenwart präsentiert das **Germanische Nationalmuseum.

schmied, der es in Nürnberg zu Ansehen und Wohlstand gebracht hatte. Bei ihm lernte der junge Albrecht das Goldschmiedehandwerk, daraufhin ließ er sich bei dem renommierten Nürnberger Maler Michael Wolgemut ausbilden. Mit 19 Jahren begab er sich für vier Jahre auf Wanderschaft, u. a. an den Oberrhein und ins Elsass. Ab etwa 1503 betrieb Dürer eine eigene Werkstatt für Druck und Kupferstich mit mehreren Mitarbeitern. Er selbst malte in dieser Zeit neben Naturbildern, wie dem berühmten »Hasen« oder dem »Großen Rasenstück«, auch viele Porträts und Selbstbildnisse (links). Seine handwerklich hervorragenden und künstlerisch anspruchsvollen Bilder machten ihn zunehmend berühmt. 1509 wurde er in den Großen Rat der Stadt Nürnberg gewählt. 1528 starb Dürer in Nürnberg an den Spätfolgen einer Malariainfektion.

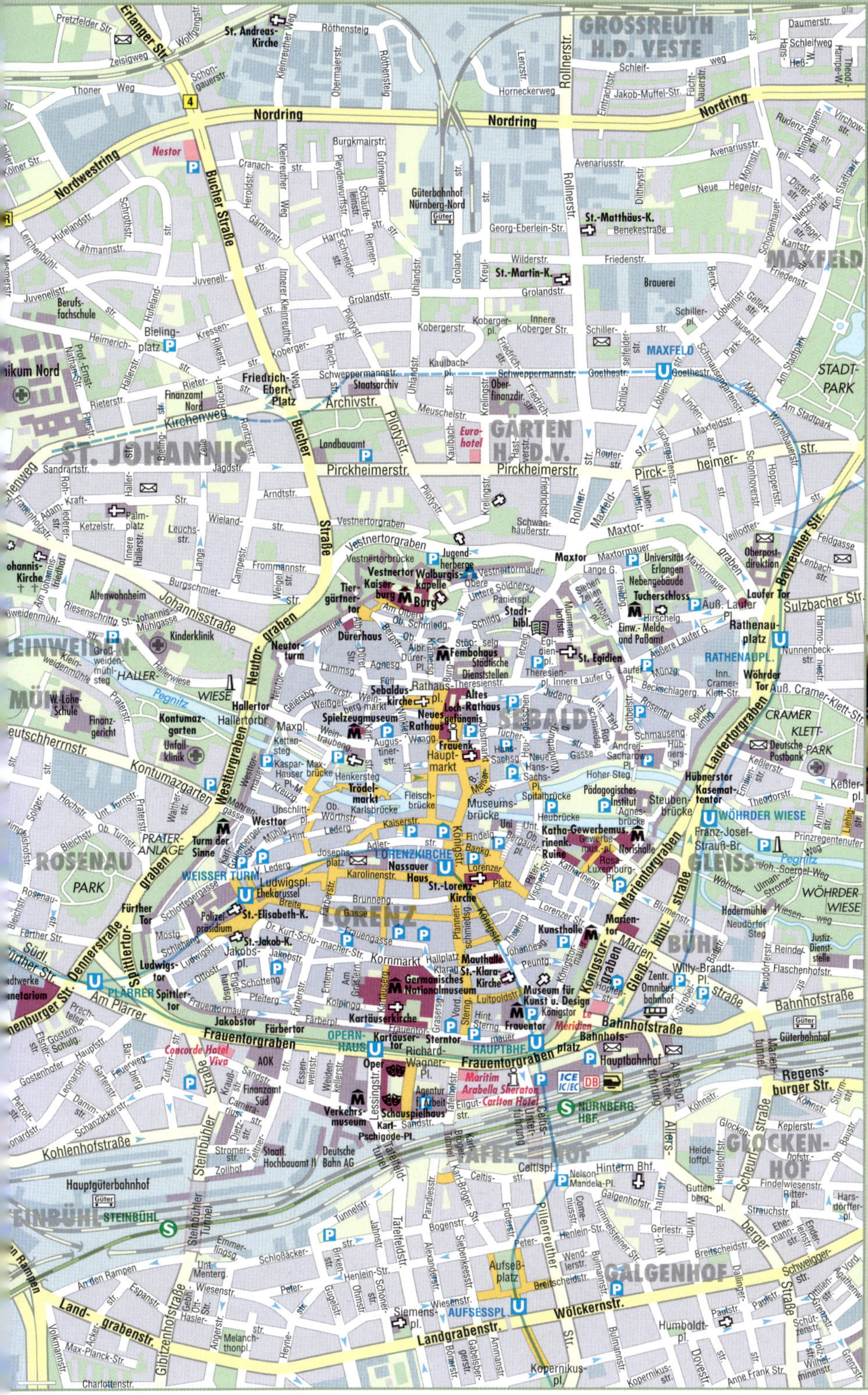

TIPP++TIPP++

Kaiserburg
Bei einem Rundgang besichtigt man mittelalterliche Kunstschätze, kaiserliche Wohn- und Repräsentationsräume, Gemälde, Teppiche und Möbel.
Nürnberg, Auf der Burg 13,
Tel. 09 11/2 44 65 90,
Apr.–Sept. tgl. 9–18 Uhr, Okt. bis März tgl. 10–16 Uhr

Germanisches Nationalmuseum
Für das anspruchsvollste Museum deutscher Kultur und Geschichte sollte man sich mehrere Tage vornehmen.
Nürnberg, Kartäusergasse 1,
Tel. 09 11/1 33 10, www.gnm.de,
Di–So 10–17, Mi 10–21 Uhr

Albrecht-Dürer-Haus
In seiner Wohn- und Arbeitsstätte (1509–1528) zeigt das Museum Leben und Werk Dürers. Eine besondere Attraktion ist die große Mal- und Druckwerkstatt, in der die damaligen künstlerischen Techniken vorgeführt werden. Auf Anfrage sind auch Kostümführungen möglich.
Nürnberg, Albrecht-Dürer-Str. 39,
Tel. 09 11/2 31 25 68,
Di–So 10–17, Do 10–20 Uhr

Weißenburger Stadtführungen
Rundgänge durch die historische Altstadt, Streifzüge in die römische Geschichte oder eine Erkundung der Hohenzollernfestung Wülzburg bietet die Tourist-Information an.
Weißenburg, Martin-Luther-Platz 3–5, Tel. 0 91 41/90 71 24, Mo–Fr 9–17, Sa, So, Fei 10–17 Uhr

Bayern

Charakteristisch für das Altmühltal sind Trockenrasenhänge, vom Menschen geschaffene Kulturräume, die in jüngster Zeit wiederum durch den Menschen selbst bedroht wurden. Im Naturpark Altmühltal (links: Aussichtspunkt Obereggersberg) bemüht man sich darum, die wenigen noch intakten Trockenrasengebiete zu schützen. Durch das Freischlagen der Hänge von wucherndem Buschwerk sollen Flächen wieder für

TIPP++TIPP++

Museum Solnhofen
Zahlreiche versteinerte Tiere und Pflanzen aus der Jurazeit zeigt das Museum im Rathaus. Höhepunkte sind ein Original des Urvogels

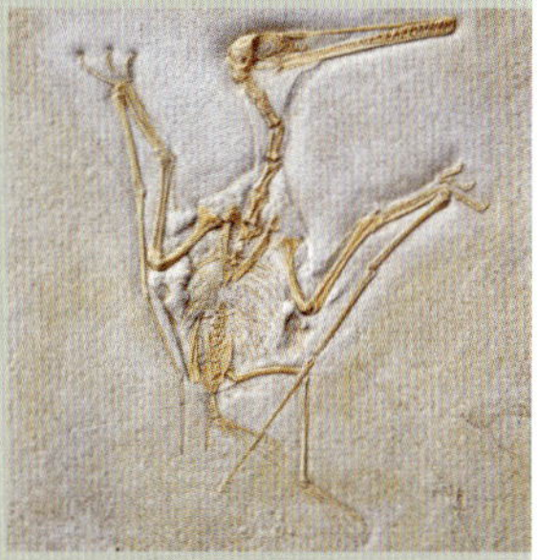

Archaeopteryx und anderer Flugsaurier. In der Fossilschau mit Fischsauriern wird eine zu Stein gewordene Meereslandschaft sichtbar.
Bahnhofstr. 8,
Tel. 0 91 45/83 20 30,
Apr.–Okt. tgl. 9–17 Uhr,
Nov.–März So 13–16 Uhr

ten Stadtbefestigungen Frankens – umgürtet ist. Eine Schöpfung der Gotik ist die *Andreaskirche mit ihren Netz- und Sterngewölben.

**** Solnhofener Plattenkalke** Vor 150 Millionen Jahren lag das heutige Altmühltal am Rand des Jurameers. Im Kalkschlamm wurden tote Tiere und abgestorbene Pflanzen luftdicht eingeschlossen – und versteinerten. Nach und nach lagerten sich einzelne Schichten übereinander ab. So haben sich in den Solnhofer Kalkschieferbrüchen bis heute Lebensformen der Jurazeit als Fossilien erhalten. Weltweit einzigartig sind die Fossilien des Urvogels Archaeopteryx; im Museum auf der Willibaldsburg in Eichstätt ist ein Exemplar ausgestellt.

**** Eichstätt** Hoch über der alten Bischofsstadt (seit 741) im Altmühltal thront – wie ein Symbol für die Dominanz des Bischofs – die **Willibaldsburg, einer der eindrucksvollsten deutschen Renaissancebauten. Ebenfalls über der Stadt liegt die mächtige Klosteranlage St. Walburga, benannt nach der Schwester des ersten Eichstätter Bischofs Willibald, deren Gebeine in der sehenswerten barocken Klosterkirche ruhen. Auch unten in der Altstadt regiert das geistliche Element. Der imposante zweitürmige **Dom vereint romanische, gotische und barocke Baustile. Höhepunkte im Inneren sind die *Sitzfigur des hl. Willibald (1514) und der elf Meter hohe **»Pappenheimer Altar« (1489 bis 1497). Einen Blick sollte man unbedingt auch in den zweigeschossigen gotischen *Kreuzgang an der Südseite des Doms werfen. Herausragende Barockbauten sind der strenge, mehrteilige Komplex des ehemaligen Jesuitenkollegiums mit der herrlich dekorierten *Schutzengelkirche sowie die beeindruckende Kirche des ehemaligen Klosters *Notre Dame.

Oberpfalz

An drei Seiten ist die Oberpfalz von Mittelgebirgen umschlossen: im Norden von Steinwald und Fichtelgebirge, im Westen vom Jura und im Osten, entlang der tschechischen Grenze, vom Oberpfälzer Wald, der in den Bayerischen Wald übergeht. Im zentralen Schollenland fließt die Naab von Norden her zur Donau, deren breite Senke den südlichen Abschluss der Oberpfalz bildet.

**** Kloster Waldsassen** Das 1133 gegründete Zisterzienserkloster Waldsassen erlangte im Mittelalter überragende Bedeutung für die gesamte Region. Kriege und die Reformation bereiteten dieser Phase zu Beginn des 16. Jahrhunderts ein Ende. Das Kloster wurde zerstört und aufgelöst. Die heutigen Baulichkeiten sind ein Ergebnis der mit viel Glaubenseifer, Repression und Geld durchgesetzten

eine maßvolle Beweidung nutzbar gemacht werden. Lehrpfade aller Art sollen Sensibilität für diese Kulturräume wecken. Das Altmühltal erschließt sich für Wander- und Naturfreunde über den neuen Altmühltal-Panorama-Weg. Der 2005 geschaffene, fast 200 Kilometer lange Wanderweg führt an den Naturschönheiten entlang der Ufer der Altmühl vorbei und bietet attraktive Tagestouren auf der Strecke zwischen Gunzenhausen und Kelheim. Faszinierend ist auch die artenreiche Fauna und Flora der naturgeschützten Wacholderheiden. Wer sich für die archäologischen Zeugnisse der Region interessiert, folge ab Kelheim den Spuren des Archäologieparks. Hier lag einst die Stadt Alkimoennis, die größte Keltensiedlung Deutschlands. Mehrere Hügelgräber und Stätten ritueller Handlungen legen Zeugnis ab von dieser Zeit.

bayerischen Gegenreformation. Ein architektonisches und künstlerisches Meisterwerk des süddeutschen Barock ist die **Stiftskirche (1685–1691) mit der eindrucksvollen Zweiturm-Fassade. Ihr Innenraum bezaubert durch seine ausgeklügelte Lichtführung (möglichst bei Sonnenschein besichtigen!). Üppiger Stuck, ein grandioser Hochaltar, die originelle Kanzel und das reich geschnitzte Chorgestühl vervollständigen den festlichen Raumeindruck. Schnitzkunst auf höchstem Niveau und von ungewöhnlicher Originalität gibt es auch im barocken **Bibliothekssaal zu bewundern. Gigantische Atlanten aus Lindenholz (1724/25) tragen dort die mit Grotesken reich geschmückte Galerie.

**** Die Kappl** Auf einer grünen Anhöhe, dem 628 Meter hohen Glasberg, bei Münchenreuth erhebt sich einer der ungewöhnlichsten Sakralbauten Bayerns: die Wallfahrtskirche St. Sebastian (1685–1689), die man nur Kappl nennt. Mit ihren drei Türmchen, den schlanken Zwiebelhauben und den runden, ineinandergeschobenen Bauformen auf dem Grundriss eines dreiblättrigen Kleeblatts erinnert sie ein wenig an eine Moschee.

**** Große Teichpfanne Tirschenreuth** Aus der Vogelperspektive wirkt sie wie ein Mosaik aus blauen und grünen Steinen: die Große Teichpfanne zwischen Tirschenreuth, Mitterteich, Wiesau und Falkenberg. Über 2200 Teiche drängen sich hier aneinander, meist nur durch schmale, mit Gras, Buschwerk und Feuchtpflanzen bewachsene Dämme getrennt. In dieser stillen, uralten Kulturlandschaft haben zahlreiche bedrohte Pflanzen, Insekten und Vögel ihr Refugium.

*** Lamer Winkel** Im Tal des Weißen Regen liegt rund um den Ort Lam der sogenannte Lamer Winkel, ein besonders reizvolles Stück Bayerischer Wald mit etlichen »Tausendern«. Hausberg ist der Osser, der man gut an seinem felsigen Gipfelgrat erkennen kann. Der Blick über das Arbermassiv, in den Böhmerwald und an klaren Tagen bis zu den Alpen lohnt den Aufstieg. Im Quellgebiet des Weißen Regen liegt der Kleine Arbersee, ein Relikt der letzten Eiszeit.

Wallfahrtskirche Kappl bei Waldsassen

Gedenkstätte Flossenbürg Im Konzentrationslager Flossenbürg und den 100 Außenlagern waren zwischen 1938 und 1945 etwa 100 000 Menschen inhaftiert, 30 000 überlebten den Terror nicht. An das Leid und den

Mortuarium des Doms St. Salvator, Unserer Lieben Frau und St. Willibald in Eichstätt (oben links); Bibliothek von Kloster Waldsassen (oben rechts)

Im ersten Nationalpark Deutschlands, 1970 gegründet, findet der Besucher einen ausgedehnten Bergmischwald, Hochmoore, Granit- und Gneisfelsen, Almwiesen, Seen und Bäche sowie einen artenreichen Pflan-

Tod dieser Menschen erinnert die KZ-Gedenkstätte.

*** Amberg** Dass der Ort einst die trutzig befestigte Hauptstadt des »oberen Fürstentums der Pfalz« (daher: Oberpfalz) war, sieht man noch am wuchtigen Nabburger Tor und an der gut erhaltenen Stadtmauer, die in zwei Bögen die Vils überquert. Ein bedeutendes Gotikbauwerk in der Altstadt ist die Martinskirche; schönstes Rokoko repräsentiert der Innenraum der Schulkirche.

*** Velburg** Im 13. Jahrhundert von Bayernherzog Ludwig dem Strengen in planmäßiger Anlage gegründet, zeigt sich Velburg im Kern als geschlossenes historisches Stadtensemble. Giebelständige Ackerbürgerhäuser rahmen den Marktplatz, beim neugotischen Rathaus finden sich repräsentative Bauten des 16./17. Jahrhunderts, die Friedhofskirche St. Anna beeindruckt mit ihren bedeutenden spätgotischen Flügelaltären. Auf dem Kreuzberg im Westen der Stadt steht die Wallfahrtskirche Herz Jesu, ein Höhepunkt des süddeutschen Spätbarocks.

**** Berching** Wenige deutsche Orte haben sich ihr mittelalterliches Stadtbild so unversehrt erhalten können. Mit vier Toren, zwölf Türmen und begehbaren Wehrgängen umschließt eine Mauer (15. Jahrhundert) das Städtchen. Die Sulz durchfließt Berching in nordsüdlicher Richtung, sodass der Eindruck einer Doppelstadt entsteht.

***** Regensburg** Keltensiedlung, Römerlager, frühmittelalterlicher Herzogssitz, Bischofssitz und Donauhafen, karolingische Königspfalz, dann Hauptstadt des ostfränkischen Reiches ... so weit das erste Jahrtausend Ortsgeschichte, in dem Regensburg seine strategische, politische und zivilisatorische Bedeutung erlangte. Die wirtschaftliche kam im 11. bis 14. Jahrhundert dazu: Handelsbeziehungen in alle Welt machten das Bürgertum reich. 1245 wurde Regensburg Reichsstadt. Der mittelalterliche Stadtkern, seit 2006 UNESCO-Weltkulturerbe, ist ein städtebauliches Gesamtkunstwerk mit malerischen Winkeln, repräsentativen Plätzen und einer einzigartigen Silhouette. Aus der vielgestaltigen Dachlandschaft ragen einzelne Geschlechtertürme und Kirchtürme heraus sowie die beiden Spitzen des **Doms. Als »klassische« gotische Kathedrale mit figurenreicher Fassade und mittelalterlichen Buntglasfenstern ist dieser einzigartig östlich des Rheins. In seiner Umgebung besonders sehenswert sind die romanische *Allerheiligenkapelle mit Fresken des 12. Jahrhunderts, das Diözesanmuseum in der frühgotischen Ulrichskirche; die *Alte Kapelle (10. Jahrhundert) mit der verspielten Rokoko-Ausstattung und das *Historische Museum im ehemaligen Minoritenkloster. Mittelalterlichen Bürgerstolz verkörpern imposante Patrizierhäuser, etwa das bemalte Goliathhaus, oder das *Alte Ratshaus mit dem Reichssaal, in dem seit 1663 der Immerwährende Reichstag stattfand. Das antike Regensburg symbolisiert die *Porta Praetoria (179 n. Chr.), Teil der Befestigung des römischen Stützpunkts und neben der Porta Nigra in Trier das einzige erhaltene Römertor nördlich der Alpen. Über die Donau führt die **Steinerne Brücke (12. Jahrhundert), im Mittelalter ein

Ruhmeshalle Walhalla bei Regensburg

zen- und Tierbestand vor, zu dem auch wieder Wolf, Luchs, Wildkatze, Braunbär (links), Wisent, Fischotter und eine Vielzahl von Rauhfußhühnern und Greifvögeln gehören. Rund 200 Kilometer gut markierte, teils auch im Winter geräumte Wanderwege erschließen den Wald. Die Nationalparkverwaltung bietet jahreszeitlich wechselnde Führungen und Exkursionen. Empfehlenswert ist die dreistündige Wanderung durch das Tierfreigelände beim Informationszentrum in Neuschönau. Vom Lusen (1373 m) aus kann man den Blick auf das größte zusammenhängende Waldgebiet Mitteleuropas genießen oder die Hochlagenwälder mit einem Nationalpark-Waldführer erkunden. Ebenso verlockend ist das sich beiderseits der deutsch-tschechischen Grenze erstreckende waldgeschichtliche Wandergebiet bei Finsterau.

technisches Wunder und Symbol für Regensburgs überragende Bedeutung als Handelsstadt. Ein städtebaulicher Komplex für sich ist das im 8. Jahrhundert gegründete Kloster St. Emmeram, das nach der Auflösung 1806 von den Fürsten zu Thurn und Taxis zum Schloss um- und ausgebaut wurde. Die einstige *Klosterkirche St. Emmeram beeindruckt mit ihrer spätbarocken Ausstattung der Brüder Asam.

** **Walhalla** Östlich von Regensburg erhebt sich über dem nördlichen Donauufer die weiße Walhalla (1830–1841), eine »Ruhmeshalle« mit über 100 Büsten bedeutender Deutscher, die König Ludwig I. von seinem Stararchitekten Leo von Klenze im Stil eines griechischen Tempels errichten ließ.

Neukirchen bei Hl. Blut Reizvoll zu Füßen des Hohen Bogen liegt der bedeutendste Wallfahrtsort im Bayerischen Wald. Schon von Weitem sichtbar am Ortseingang ist die *Wallfahrtskirche Mariä Geburt, ein kreuzförmig angelegter Barockbau mit prächtiger Ausstattung.

Niederbayern

Mit seinen Grenzen zu Österreich und Tschechien liegt Niederbayern in einem Dreiländereck. Landschaftlich bestimmend ist die Donau: Ihr fließen alle Flüsse zu, ihr Tal schuf die weite fruchtbare Ebene des Gäubodens, und sie scheidet das niederbayerische Hügelland vom Bayerischen Wald, der mit dem Böhmerwald das größte zusammenhängende Waldgebirge Europas bildet.

* **Finsterau** Im tiefsten Bayerischen Wald gelegen, von Wintersportlern als »Schneeloch« gerühmt, bietet Finsterau mit seinem *Freilichtmuseum eine Reise in die Vergangenheit. Alte Bauernhäuser, eine Dorfschmiede, ein Wirthaus – alles originalgetreu wiederaufgebaut und in einen authentischen Zusammenhang gestellt – vermitteln einen lebendigen Eindruck vom harten Alltag der »Woidler«.

** **Passau** Die »Dreiflüssestadt« an der Mündung von Inn und Ilz in die Donau blickt auf eine reiche Vergangenheit zurück: keltische Siedlung, römisches Militärlager, im Mittelalter wohlhabendes Handelszentrum und seit 739 Sitz eines Bischofs, der nicht nur jahrhundertelang dem größten deutschen Bistum vorstand, sondern als Landesherr auch weltliche Macht besaß. Mittelpunkt der Altstadt auf der »Halbinsel« zwischen Donau und Inn ist der **Dom (1668–1678) mit der Doppelturmfassade und der größten Kirchenorgel der Welt. Die zahlreichen Passauer Kirchen bieten viel Barock: die Klosterkirche Niedernburg etwa, die Stiftskirche St. Nikola oder die Wallfahrtskirche Mariahilf. Das *Rathaus entstand seit 1393 in mehreren Bauphasen, zuletzt wurde im 19. Jahrhundert der hübsche Turm hinzugefügt. Die Aussicht lohnt den Weg zur *Veste Oberhaus über dem nördlichen Donauufer. Die alte Trutzburg der Bischöfe wurde in der Barockzeit zur Schlossfestung ausgebaut.

Prachtvolle Donaumetropolen (oben): Passau mit Kirche St. Paul und Dom St. Stephan (links); Regensburg mit Steinerner Brücke und Dom (rechts)

TIPP++TIPP++

Freilichtmuseum Finsterau
Ein Muss für alle, die sehen wollen, wie man früher im Bayerischen Wald wohnte und wirtschaftete. Aus dem ganzen Bayerischen Wald sind hier Bauernhäuser, vollständige Höfe, eine Dorfschmiede und ein Straßenwirtshaus versammelt.
Museumsstr. 51,
Tel. 0 85 57/9 60 60,
Dez.–Apr. 11–16 Uhr, Mai–Sept. 9–18 Uhr, Okt. 9–16 Uhr

Donauschifffahrt
Von Deggendorf aus werden zwei Varianten angeboten: Die kurze Strecke beträgt 16 Kilometer, die lange bis Passau 60 Kilometer.
Passau, Wurm+Köck,
Höllgasse 26,
Tel. 08 51/92 92 92,
Apr.–Okt. täglich außer Fr

Volkssternwarte Regensburg
Bei klarem Himmel gibt es in der ältesten Volkssternwarte Bayerns (seit 1920) Vorführungen an den Fernrohren. Wenn der Himmel bedeckt ist, lauscht man Diavorträgen. Die Kuppel (1902) auf dem Dachplateau des ehemaligen königlichen Lyzeums steht unter Denkmalschutz.
Volkssternwarte Regensburg,
Ägidienplatz 2,
Tel. 09 41/56 26 82,
Sommerhalbjahr Fr ab 21 Uhr,
Winterhalbjahr Fr ab 20 Uhr

Schon der Vater, Hans Georg Asam, war Freskomaler und Stuckateur und arbeitete zur Zeit der Geburt von Cosmas Damian als Klostermaler in Benediktbeuern. Die Brüder gingen bei ihm in die Lehre. Ab etwa 1714 arbeiteten sie an zahlreichen größeren Projekten, vor allem im süddeutschen Raum, aber auch in Böhmen, dem Rheinland oder in Tirol. Sie ergänzten sich kongenial: Beide waren vielseitig begabt und

* **Fürstenzell** »Dom des Rottals« wird die Kirche des 1274 gegründeten ehemaligen Zisterzienserklosters genannt. Mit seiner hohen Zweiturmfassade und der kostbaren Rokokodekoration macht der Bau (1738) des berühmten Barockarchitekten Johann Michael Fischer tatsächlich einen großartigen Eindruck.

* **Kößlarn** Eine spätmittelalterliche Befestigung von seltener Geschlossenheit umgibt die gotische Wallfahrtskirche mit dem barocken Zwiebelturm. Überzeugend ist auch der Innenraum mit dem prächtigen barocken Hauptaltar, der teilvergoldeten »Silbermadonna« (1488) und dem originellen hölzernen Palmesel (1481).

* **Pfarrkirchen** Den Blickfang der Kreisstadt bildet das spätgotische Alte Rathaus mit der barocken Turmfassade. Über Pfarrkirchen weithin sichtbar ist die barocke Wallfahrtskirche *Gartlberg von Domenico Zuccali mit den beiden Kuppeltürmen und der überwältigenden Stuck- und Freskodekoration im Innenraum.

* **Aldersbach** Im 12. Jahrhundert übernahmen Zisterziensermönche das bereits bestehende Kloster und bauten es zu einer der wichtigsten mittelalterlichen Zisterzen Bayerns aus. Im 17./18. Jahrhundert wurde die Kirche im Stil des süddeutschen Spätbarock umgestaltet. Der Innenraum beeindruckt mit Fresken von Cosmas Damian Asam und dem eleganten Stuck seines Bruders Egid Quirin.

* **Osterhofen-Altenmarkt** Drei Hauptmeister des bayerischen Spätbarock – Johann Michael Fischer und die Brüder Asam – wirkten zusammen, um dem durch Brand zerstörten Prämonstratenserkloster (gegründet um 1000) im 18. Jahrhundert eine neue Kirche zu schenken. Ein Meisterwerk!

* **Niederaltaich** Das älteste Benediktinerkloster Bayerns, vermutlich 741 gegründet, liegt in der Donauniederung und war einst ausschließlich per Fähre erreichbar. Sehenswert ist die doppeltürmige Klosterkirche, ein Barockbau mit überwältigender Raumwirkung und umfangreichem Freskenzyklus.

verstanden alle Facetten ihrer Künste von der Architektur bis zur reinen Malerei. Dabei konzentrierte sich Cosmas Damian auf die Freskomalerei und Egid Quirin auf die Bildhauerei und Stuckatur. Die Brüder entwickelten einen Stil, der durch illusionistische Raumwirkung, sehr raffinierte Lichtführung, dramatische Kontraste und üppige Farbigkeit den lustvollen Überschwang des Barock mit einer theatralischen Religiosität zu einem Gesamtkunstwerk verband. Der Durchbruch mit diesem Konzept gelang ihnen mit der Klosterkirche Weltenburg (links: Selbstporträt Cosmas Damian). Den Höhepunkt erreichte ihre Kunst in der Kirche St. Johann Nepomuk, der Asamkirche, in München. Der Kirchenraum erzeugt mit architektonischer Raffinesse und optischen Täuschungen einen Sog, der den Weg von der Erde in den Himmel symbolisiert.

Deggendorf An der Donau gelegen, gehörte Deggendorf zu den wichtigen wittelsbachischen Stadtgründungen des 13. Jahrhunderts. Typisch dafür ist der lang gestreckte Marktplatz mit dem in der Mitte freistehenden, gotischen Rathaus samt Stadtturm.

** **Metten** Ein bayerisches Urkloster, über 1000 Jahre lang religiöses und kulturelles Zentrum, ist Metten seit dem 18. Jahrhundert auch eine Schatzkammer des bayerischen Barocks. Die geschlossene Ausstattung und Dekoration der Kirche markieren die Schwelle vom Spätbarock zum Rokoko. In den Klostergebäuden kann man einen der prachtvollsten Bibliothekssäle jener Zeit bewundern.

* **Straubing** Wie in Niederbayern oft üblich, wird der lang gestreckte Stadtplatz mit dem markanten gotischen *Stadtturm umrahmt von hochgiebeligen Bürgerhäusern. Stolzestes Bauwerk ist die spätgotische **St.-Jakobs-Kirche mit bemerkenswerter Ausstattung von Spätgotik bis Rokoko. Mit der **Ursulinenkirche haben die Brüder Asam ein intimes Barockjuwel geschaffen. Attraktion des Gäubodenmuseums ist der 1950 gefundene *Römerschatz mit Prunkmasken und Waffen. Auf dem stimmungsvollen Friedhof steht die romanische **Peterskirche (12. Jahrhundert). Zwei Friedhofskapellen lohnen eine Besichtigung: die Totenkapelle (1486) mit originellem Totentanz-Freskenzyklus (1763) und die Grabstätte der Baderstochter Agnes Bernauer, die der Bayernherzog 1435 in der Donau ertränken ließ, weil sich sein Sohn heimlich mit ihr vermählt hatte.

Kelheim Die alte bayerische Herzogsstadt hat viel historische Substanz bewahrt. Sehenswert ist das *Archäologische Museum im spätgotischen Herzogskasten. Auf dem Michelsberg erhebt sich der monumentale Rundtempel der *Befreiungshalle (1842–1863) mit traumhafter Aussicht.

** **Donaudurchbruch** An der Weltenburger Enge, wo die Donau das Felsmassiv des Fränkischen Juras durchbricht, zwängt sich der Fluss auf nur 70 Meter Breite zwischen 80 Meter hohen Steilwänden dieses niederbayerischen »Canyons« hindurch.

** **Kloster Weltenburg** Direkt am Donauufer, in der romantischen Landschaft des Donaudurchbruchs, liegt das im 7./8. Jahrhundert gegründete Benediktinerkloster Weltenburg. Es ist eine Keimzelle bayerischer Kultur, an einem der schönsten Flecken des Landes – mit einer der schönsten Kirchen süddeutschen Spätbarocks und ein Hauptwerk der Brüder Asam. Der Raumeindruck – im Zentrum der Hochaltar mit der Dreiergruppe des hl. Georgs – überwältigt den Betrachter.

* **Abensberg** Burgruine, teils erhaltene Stadtbefestigung und spätgotische Bauten wie Rathaus, Pfarrkirche und Karmeliterkirche zeugen von der reichen Vergangenheit des niederbayerischen Braustädtchens.

Rokokosaal der Klosterbibliothek Metten (links); Donaudurchbruch bei Weltenburg (oben links); Rokokokirche von Kloster Weltenburg (oben)

TIPP++TIPP++

Befreiungshalle
Auf dem Michelsberg in Kelheim, eine der ältesten Städte im wittelsbachischen Besitz, steht die Befreiungshalle. Der monumentale Rundbau wurde im Auftrag des Bayernkönigs Ludwigs I. errichtet – zum Gedenken an die Befreiungskriege gegen Napoleon.
Kelheim, Verwaltung der Befreiungshalle März–Okt. 9–18 Uhr, Nov.–März 9–16 Uhr, Tel. 0 94 41/6 82 07 10

Kleinwegebahn
In Pfarrkirchen werden Fahrten mit dem »Dampfross« angeboten. Eigentlich ist es eine Kleinwegebahn mit Diesellok, die durchs idyllische Rottal nach Bad Birnbach und zurück fährt.
Tourist-Information Rottal-Inn, Ringstraße 4–7, Tel. 0 80 61/2 02 68

Dass die Entwicklung der Blasinstrumente letztlich auf jene »Brüllhörner« aus hohlen Gewächsen wie Bambus oder aus Knochen zurückgeht, in die einst Angehörige von autochthonen Völkern hineinschrien,

Residenzschloss von Neuburg an der Donau

**** Rohr** Die hiesige Abteikirche ist das Gesamtkunstwerk von Egid Quirin Asam. Genial die Steigerung seiner architektonisch-künstlerischen »Inszenierung«, wenig dramatisch die Raumwirkung, zartrosa der Stuck und beeindruckend der Hochaltar mit freistehender Plastik der Himmelfahrt Mariens.

**** Landshut** Niederbayerisch selbstbewusst feiert man sich alle vier Jahre mit der »Landshuter Hochzeit«, einem historischen Fest. Hoch über der Stadt thront die *Trausnitz, die mittelalterliche Burg, die 1586 bis 1679 zum Renaissanceschloss umgebaut wurde. Berühmt sind die Narrentreppe und die im gotischen Stil belassene Burgkapelle. Die **St.-Martins-Kirche, deren Kirchturm (131 m) sogar die Burg überragt, zählt zu den besten spätgotischen Hallenkirchen Deutschlands; im Innenraum imponieren ein großes Kruzifix und die *Rosenkranzmadonna. Ein »italienischer« Renaissancepalazzo ist die herzogliche *Stadtresidenz (1536–1543) mit Arkadenhof. Sehr sehenswert ist auch die Abtei Seligenthal mit barock ausgestatteter Kirche.

Oberbayern

Zwischen der Donau im Nordwesten und den Alpen im Süden, dem Lech im Westen und der Salzach im Osten erstreckt sich Oberbayern – eine Region mit ausgesprochen vielfältigen Landschaftsformen. Oberbayern umfasst mit dem Alpenvorland und seinen vielen Seen sowie den Bayerischen Alpen eine der schönsten Landschaften Deutschlands.

*** Neuburg a. d. Donau** Als bayerische Residenzstadt der Pfälzer Wittelsbacher erlebte Neuburg seine Glanzzeit im 16./17. Jahrhundert. Pfalzgraf Ottheinrich ließ das imposante **Renaissanceschloss erbauen (1530–1545), das im Barock noch einmal erweitert wurde.

**** Ingolstadt** Der Name Ingolstadt steht für Autoindustrie und Ölraffinerien. Dass Ingolstadt zu den schönsten Städten Oberbayerns gehört, ist weniger bekannt. Unter den ungewöhnlich vielen exzellenten Kirchenbauten nimmt das spätgotische **Liebfrauenmünster eine Sonderstellung ein. Zu den besten gotischen Profanbauten Süddeutschlands gehört das *Schloss mit Türmen und herrlichen Sälen. Aus der Zeit, als Ingolstadt Sitz der bayerischen Landesuniversität war (1472 bis 1800), stammt die *Alte Anatomie, die das Medizinhistorische Museum beherbergt.

Altomünster Die Kirche des hiesigen Birgittinnenklosters ist der einzige deutsche Konventssitz dieses Ordens der schwedischen Heiligen (1303–1373). Das von Johann Michael Fischer errichtete barocke Gotteshaus ist stufenförmig aufgebaut aus Chor, Schiff und Vorhalle. Außergewöhnlich sind im Hauptraum die beiden Altäre von Johann Baptist Straub.

*** Moosburg** Auf einer Anhöhe über der Isar liegt das malerische Städtchen Moosburg. Kunsthistorisch bedeutend ist die Kirche *St. Kastulus (12./13.

um die Stimme zu verstellen oder zu verstärken, ist schon ein Hinweis darauf, dass wir es hier mit archaisch klingenden Urgewalten zu tun haben, die in der bayerischen Form der »Blasmusi« gern noch betont werden. Kaum irgendwo sonst vermögen Blaskapellen so viel Charme zu verbreiten wie im bayerischen Voralpenland. Bierselig und mit Beherztheit ins Blech stoßend, distanziert sich die bayerische »Blosn« wohltuend von den zackig spielenden Militärmusikern der napoleonischen Truppen. Der berühmte Defiliermarsch ist ein Relikt aus dieser Verbindung. So ist die bayerische Blasmusik bis heute lebendig geblieben, selbst wenn sie für nicht-bayerische Ohren manchmal etwas bizarr klingen mag – wie in den schräg anmutenden Tönen einer der bemerkenswertesten Kapellen des Landes, des Musikertrios »Biermösl Blosn«.

Jahrhundert) mit einem romanischen Stufenportal sowie dem spätgotischen **Hochaltar.

**** Freising** Weit zurück ins 8. Jahrhundert reicht die Geschichte des Dombergs, des geistigen Zentrums Oberbayerns bis ins hohe Mittelalter. Der **Dom ist ein massiver Bau mit kräftigen Türmen, ursprünglich romanisch, gotisch erweitert und barock von den Brüdern Asam ausgestattet. Das *Diözesanmuseum gehört weltweit zu den größten kirchlichen Museen. Das leibliche Wohl hat seinen eigenen Berg, den »Nährberg« der Benediktinerabtei Weihenstephan mit der ältesten Brauerei der Welt und einem gemütlichen Bräustüberl.

*** Dachau** Bekannt ist die Stadt vor den Toren Münchens durch das Konzentrationlager und die heutige Gedenkstätte. Ihre Glanzzeit war das 16. bis 18. Jahrhundert, als die mittelalterliche Burg zum Renaissance- und dann zum Barockschloss ausgebaut wurde. Der **Festsaal mit herrlicher Holzdecke und manieristischem Bilderfries zählt zu den schönsten Renaissancesälen nördlich der Alpen. Vom Licht des Dachauer Mooses ließen sich Maler wie Carl Spitzweg, Wilhelm Leibl und Max Liebermann inspirieren. Einige ihrer Werke sind in der Gemäldegalerie der Dachauer Altstadt ausgestellt.

**** Schleißheim** Gleich drei Schlösser hat der Ort vor den Toren Münchens zu bieten. Das »Neue Schloss« ist ein Gemeinschaftswerk der von Ignaz Günther, Cosmas Damian Asam, Johann Baptist Zimmermann und Georg Baader. Es wird wegen seiner prunkvollen Ausstattung oft das »Münchner Versailles« genannt. Das pompöse Treppenhaus wurde erst 1848 unter König Ludwig I. vollendet. Am Ende des französischen Gartens steht das Schloss Lustheim, das ein Porzellanmuseum beherbergt. Das »Alte Schloss« wurde als Alterssitz für Wilhelm V. erbaut. Heute ist hier ein moderner Museumsbau mit Ausstellungsräumen des Bayerischen Nationalmuseums untergebracht.

**** Klosterkirche Fürstenfeld** In Eifersucht hatte Herzog Ludwig der Strenge seine unschuldige junge Frau hinrichten lassen. Zur Sühne gründete er 1263 im heutigen Fürstenfeldbruck das Zisterzienserkloster Fürstenfeld und die **Klosterkirche (1701–1754) mit schöner Fassade, reichem Stuck und wirkungsvollem Hochaltar.

***** München** Siehe Stadtplan auf Seite 299

*** Wasserburg** Die Stadt am Inn wird auch das »Bayerische Venedig« genannt, denn der Fluss macht hier eine große Schleife. Einem Gesamtkunstwerk gleich, bezaubert das mit-

Landshut an der Isar mit Martinskirche und Burg Trausnitz (oben links); Innenraum des Freisinger Doms (oben Mitte); Treppenhaus im Neuen Schloss Schleißheim (oben rechts)

TIPP++TIPP++

Benediktinerabtei Scheyern
Die Geschichte des Familienklosters der Wittelsbacher, die sich ursprünglich Grafen von Scheyern nannten, reicht bis 1119 zurück. In der Ausstattung der Abteikirche dominiert zwar der Barock – mit hervorragenden Wessobrunner Stuckaturen und einem grandiosen Hochaltar –, doch in seinem Kern ist der Bau noch romanisch.
Scheyern, Schyrenplatz 1, Tel. 0 84 41/75 20, www.kloster-scheyern.de

Der Name Dachau ist untrennbar verbunden mit dem ehemaligen Konzentrationslager am Rand der oberbayrischen Kleinstadt. Bereits im Frühjahr 1933, kurz nach Hitlers »Machtergreifung«, ließ Heinrich Himmler, damals Münchner Polizeipräsident, später Reichsführer der SS, auf dem Areal einer ehemaligen Munitionsfabrik das erste Konzentrationslager im Deutschen Reich errichten – ein Ort der Folter, der »Vernichtung durch

TIPP++TIPP++

Deutsches Museum
Das wohl berühmteste und mit 1,3 Millionen Objekten eines der größten technisch-naturwissenschaftlichen Museen der Welt fasziniert mit Monumentalexponaten, Modellen und Vorführungen. Außer dem Hauptsitz auf der Museumsinsel gibt es zwei Außenstellen (Flugwerft in Oberschleißheim und Verkehrszentrum Theresienhöhe).
Museumsinsel 1, Tel. 0 89/2 17 91, www.deutsches-museum.de, Mo–So 9–17 Uhr

Valentin-Karlstadt-Musäum
Originale Einfälle und »Erfindungen« des Meisters des hintergründigen und skurrilen Münchner Humors.
Isartorturm, Tel. 0 89/22 32 66, www.valentin-musaeum.de, Mo, Di, Fr, Sa 11.01–17.29, So 10.01–17.29 Uhr

telalterliche Stadtbild durch einen bemalten Brückentorbau, zinngekrönte Häuser mit Lauben und Erkern, Treppengiebeln und Türmen. Unter den vielen Sehenswürdigkeiten ragen die Schnitzgruppe im Heiliggeistspital, das Mauthaus aus dem 14. Jahrhundert, die von Johann Baptist Zimmermann gestaltete Rokokofassade des Kern-Hauses und die gotische Hallenkirche St. Jakob mit ihrer Eichenholzkanzel (1639) heraus.

*** Rott am Inn** Die ehemalige Benediktiner-Klosterkirche gilt als letztes großes Werk des bayerischen Rokoko. Hier vereinen sich lichte Raumwirkung und kostbare Ausstattung zum heiter-festlichen Gesamtkunstwerk.

*** Rosenheim** Die historische Salzstadt, wirtschaftliche und kulturelle Metropole Südostbayerns, ist für ihre Fachschulen bekannt, darunter die Ingenieurschule für Holz- und Kunststofftechnik. Das Herz der Stadt bildet der Max-Joseph-Platz mit dem Mittertor (14. Jahrhundert). Einen guten Überblick über die Stadtgeschichte √bietet das Heimatmuseum. Wechselnde kulturgeschichtliche Ausstellungen finden im Lokschuppen des Alten Bahnhofs statt.

**** Altötting** Im ältesten und meistbesuchten Wallfahrtsort Süddeutschlands schlägt das katholische Herz Bayerns. Auf dem weiträumigen Kapellplatz steht die **Gnadenkapelle, die im 8. Jahrhundert als Taufkapelle entstand. Der zweite sehenswerte Sakralbau ist die spätgotische Stiftskirche mit romanisch-gotischem Kreuzgang, Kapellen und Schatzkammer. Hier sind die kostbarsten Weihegaben für die Madonna ausgestellt, darunter auch das **»Goldene Rössl«, ein Meisterwerk französischer Goldschmiede- und Emailkunst der Gotik.

*** Burghausen** Die Salzach hat die malerische Tallandschaft geschaffen, über der sich auf steilem Felsrücken eine der größten deutschen Burgen erhebt: Rund einen Kilometer lang ist die in mehreren Bauphasen (13.–15. Jahrhundert) entstandene Anlage. Musiker aus aller Welt treffen sich im Sommer in Burghausen anlässlich der Internationalen Jazzwoche. Einige Kilometer weiter südlich im Salzachtal befindet sich die ehemalige Zisterzienser-Klosterkirche *Raitenhaslach, ein Rokokobau.

*** Kloster Seeon** Der Gleichklang von Natur und Architektur beeindruckt schon von Weitem. Die beiden mittelalterlichen Türme der gotischen Kirche mit ihren »welschen« Hauben krönen das historische Bauensemble des Klosters, das zur Zeit seiner Gründung vor 1000 Jahren noch auf einer Insel im Seeoner See lag.

**** Urschalling** Die kleine Jakobuskirche des Orts gehört zu den kunsthistorisch interessantesten Sehenswürdigkeiten des Chiemgaus. Der schlichte spätromanische Bau birgt kostbare mittelalterliche Fresken in einzigartiger Fülle.

Die Theatinerkirche im Stil des italienischen Spätbarocks und die der Loggia dei Lanzi in Florenz nachempfundene Feldherrnhalle am Odeonsplatz (oben).

Arbeit« und der Massenerschießungen. Bis 1945 wurden hier und in den Außenlagern über 200 000 Menschen aus ganz Europa interniert, davon mindestens 43 000 ermordet. Die Gedenkstätte am Ort des einstigen Lagers umfasst ein immer noch bedrückend wirkendes Areal mit Jourhaus (Ein- und Ausgang des Lagers), Wirtschaftsgebäude, Häftlingsbad, Bunker, Krematorium »Baracke X« und Appellplatz. Die Lage der 34 Baracken, in denen bis zu 30 000 Menschen zusammengepfercht wurden und die nach der Befreiung abgerissen wurden, lässt sich anhand der nachträglich angelegten Steinfundamente nachvollziehen; zwei von ihnen wurden komplett wiederaufgebaut (links). Eine Dokumentationsausstellung, ein »Weg des Erinnerns« und ein »Internationales Mahnmal« vergegenwärtigen die unvorstellbaren Gräuel.

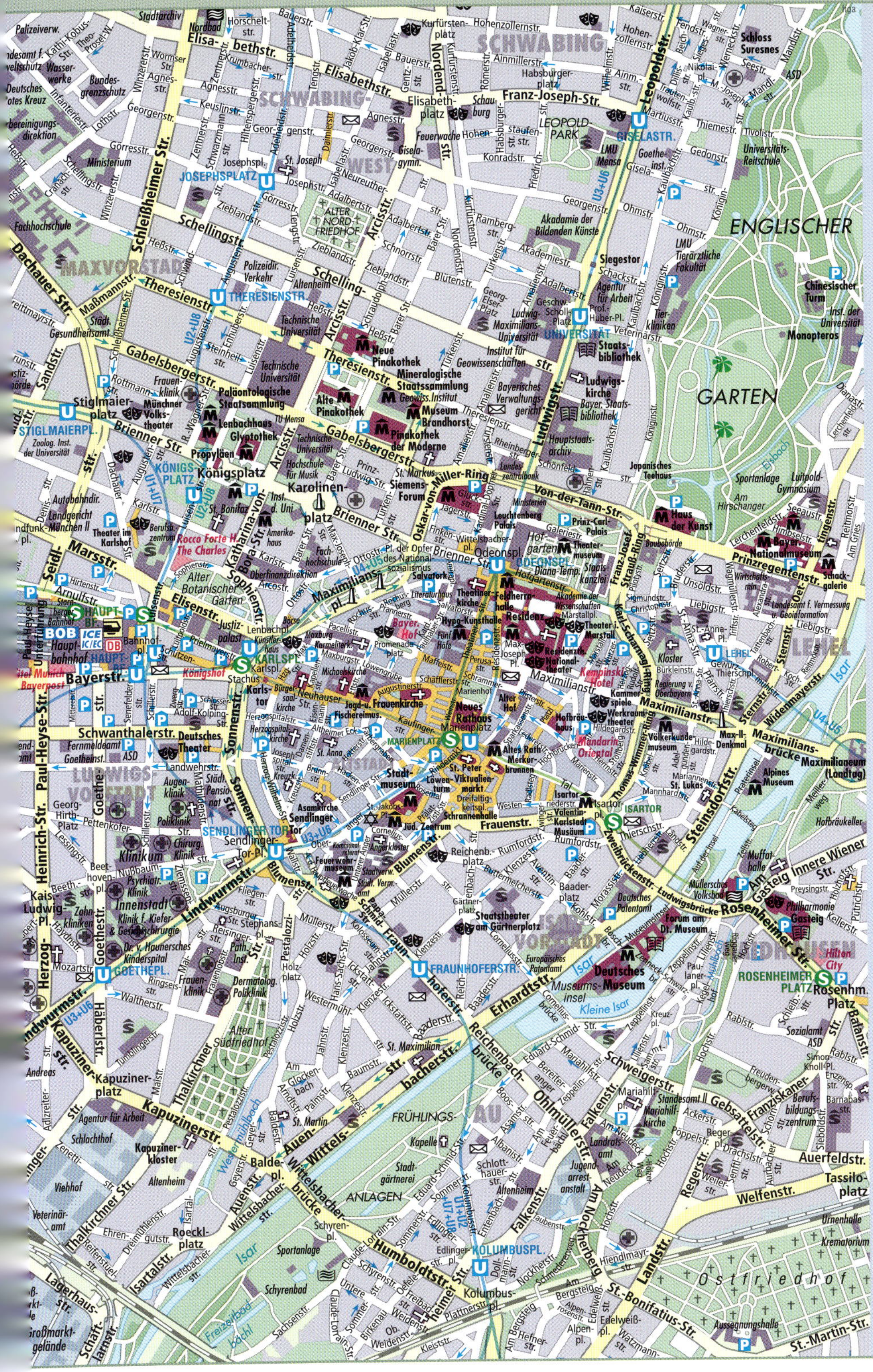

München

Als »nördlichste Stadt Italiens« gilt München – was nicht nur am milden Klima, sondern auch an ihren zahlreichen Kunstschätzen und Baudenkmälern liegt.

Daneben lockt auch die lockere Lebensart viele Menschen in die bayerische Landeshauptstadt. »Leben und leben lassen«, heißt hier das Motto – mit all seinen Facetten: das bayerische München in Biergärten und Gaststätten, das »italienische« München in den Straßencafés, das mondäne München in den Nobelgeschäften, das vergnügungssüchtige München mit

Glyptothek am Königsplatz

Szene-Kultur, Clubs und Kneipen. Die wichtigsten Sehenswürdigkeiten Münchens sind **Marienplatz mit *Altem (15. Jahrhundert) und Neuem (19. Jahrhundert) Rathaus samt *Glockenspiel, *Alter Hof, *Frauenkirche, **Asamkirche, **Residenz mit *Schatzkammer, *Residenztheater und *Hofgarten, **Nationaltheater, *Theatinerkirche, Jesuitenkirche *St. Michael, **Englischer Garten mit Chinesischem Turm und Monopteros, *Ludwigstraße mit Siegestor, *Bavaria-Monumentalstatue, ***Deutsches Museum, ***Alte und **Neue Pinakothek, *Pinakothek der Moderne, *Lenbachhaus, *Glyptothek, **Staatliche Antikensammlung, *Stadtmuseum, *Bayerisches Nationalmuseum, *Villa Stuck, **Pfarrkirche St. Michael, **Schloss Nymphenburg, *Olympiagelände, Allianz-Arena.

Ach ja, war das früher unkompliziert auf dem Oktoberfest. Man ging in ein Bierzelt, machte die Bedienung auf sich aufmerksam, bestellte dann gegen Sofortkasse ein Bier, später vielleicht noch eins und noch eins.

»Sitzen, winken, zahlen, trinken«, so brachte es ein Münchner Reporter auf den Nenner. Heutzutage ist der Münchner Ausnahmezustand nicht nur das größte Volksfest der Welt mit dem größten Bierausstoß

(sechs bis sieben Millionen Liter in 16 Tagen) und dem größten Menschenandrang (circa sechs Millionen), sondern das absolute Mega-Event der »Wiesn«-Society. Man muss im richtigen »Gwand« kommen – das hat sich inzwischen bis nach Sydney herumgesprochen: Dirndl, Krachlederne, Haferlschuhe etc. Die Wiesn-Society lässt sich den Schampus im »Hippodrom« oder im »Käferzelt« munden, speist Ente, Ochs oder Edelfisch, und die amerikanischen, neuseeländischen oder australischen Gäste lesen beim Singen der Wiesn-Hymne »Ein Prosit der Gemütlichkeit« vom Zettel ab: »Eye'n pro sit dare gay mort lick kite«. Man hebt den Maßkrug zum »Oans, zwoa, gsuffa!«, und die folgende gemeinsame Schluckbewegung (700 bis 1000 Liter pro Zelt) eint alle wieder zum großen einzigartigen Wiesn-Volk, das ein friedliches Fest feiert.

Schon früh erkannten Naturschützer das Geschenk, das die Schöpfung den Berchtesgadenern quasi vor ihrer Haustür hinterlassen hatte. Bereits 1910 erreichten sie, dass das Gebiet um den Königssee als »Pflan-

TIPP++TIPP++

Schloss Herrenchiemsee
Auf der größten Insel im Chiemsee ist auch die größte Attraktion zu sehen: das (unvollendete) Schloss des Märchenkönigs Ludwig II. im Stil von Versailles. Die verschwenderische Pracht im Inneren raubt dem Besucher den Atem. Höhepunkte

sind die Spiegelgalerie und das Prunkschlafzimmer, wo der Apoll im Deckengemälde die Gesichtszüge des französischen Sonnenkönigs Ludwig XIV. trägt.
Anfahrt per Schiff von Prien, Tel. 0 80 51/6 88 70, Apr.–Mitte Okt. tgl. 9–18 Uhr, Mitte Okt. bis März tgl. 9.40–16.15 Uhr

** * * Frauenchiemsee** Wer am Chiemsee Idylle sucht und uralte bayerische Tradition, setzt über auf die kleine Fraueninsel. Auf dem kleinen Eiland steht das im 8. Jahrhundert begründete Benediktinerinnenkloster, dessen spätgotische, innen barocke Kirche noch romanische Bauteile aufweist.

** * Aschau im Chiemgau** Seit einigen Jahren ist der schöne alte Ort im Priental auch für seine Haute Cuisine bekannt: Hier kocht Sterne-Koch Heinz Winkler in seiner noblen »Residenz«. Hoch über dem Ort erhebt sich *Schloss Hohenaschau, ein mächtiger Renaissancebau mit mittelalterlichem Bergfried und barocken Prunksälen.

** * Streichenkapelle bei Schleching** In die majestätische Bergwelt der Chiemgauer Alpen eingebettet, liegt dieses mit Schindeln gedeckte Kirchlein. Die Wallfahrtskapelle auf dem Streichen ist eine wahre Schatzkammer spätgotischer Sakralkunst, mit Freskenzyklen, figurenreichem Hochaltar und exquisiten Holzplastiken. Aber man muss sie sich »ergehen«!

** * Reit im Winkl** Der in einem Tal des südlichen Chiemgaus liegende Höhenluftkurort ist ein alpenländisches Dorf wie aus dem Bilderbuch – mit Lüftlmalerei und zwiebelförmigem Kirchturmaufsatz. Aufgrund seiner relativ schneesicheren Lage ist er besonders bei Wintersportlern geschätzt.

** * Traunstein** Hier kreuzen sich Inn- und Traun-Alz-Radweg sowie Salinen-, Achental- und Chiemgauradweg. Im Mittelalter verlief hier die »Güldene Salzstraße«. Die Wohn- und Betriebsgebäude der einstigen Saline können im Stadtteil Au besichtigt werden.

Inzell Der im geschützten Talkessel der Roten Traun gelegene Ort wurde als Eisschnelllaufzentrum weltberühmt. Die 400-Meter-Bahn im Kunsteisstadion wird im Sommer als Rollschuhbahn genutzt. Auf einem der vielen Wanderwege gelangt man zum eiszeitlichen Gletschergarten und vom historischen Salinenweg zum Solehochbehälter Nagling. Sehenswert sind die Pfarrkirche St. Michael von 1727 und die romanisch-gotische St.-Nikolaus-Kirche mit ihren spätgotischen Gemälden.

** * Anger** Für König Ludwig I. war Anger das schönste Dorf Bayerns. Und wer dieses ländliche »Gesamtkunstwerk« aus hügeliger Landschaft, historischen Bauernhäusern, dem grünen Anger und einer stattlichen Dorfkirche einmal gesehen hat, wird ihm auch über 150 Jahre später noch zustimmen.

** * Höglwörth** Wie eine Wasserburg erhebt sich auf einer Halbinsel im Höglwörther See das ehemalige Augustinerchorherrenstift. Im 11. Jahrhundert gegründet, erlebte es nach einer Zeit des Verfalls im 17./18. Jahrhunderts eine neue Blüte. Ein spätbarockes Meisterwerk ist der Kirchenraum (1689), der üppig mit filigranen Wessobrunner Stuckaturen dekoriert wurde.

zenschongebiet« ausgewiesen wurde, zwölf Jahre später als Naturschutzgebiet. Immer wieder verhinderten sie erfolgreich Eingriffe in dieses zauberhafte Naturparadies – zuletzt 1978, als die Marktgemeinde Berchtesgaden eine Seilbahn zum Gipfel des Watzmann bauen wollte. Seither gehört der 210 Quadratkilometer große Süden des Berchtesgadener Landes zum ersten und bislang einzigen Nationalpark in den deutschen Alpen – und seit 1990 zum von der UNESCO ausgewiesenen Biosphärenreservat Berchtesgaden. Hier gedeihen nicht nur Pflanzen und Bäume wie Edelweiß, Enzian, Wiesen-Bocksbart (ganz links), Spirke und Bergahorn, sondern hier leben auch Steinadler, Gämsen (links), Murmeltiere oder gefährdete Arten wie die Ringelnatter und der Feuersalamander. Die Parkverwaltung betreibt auch Forschung.

*** Bad Reichenhall** Das Salz hat die Stadt einst bedeutend gemacht. Seit keltischer Zeit werden die reichen Salzlager (»Hall« bedeutet Salz) aus dem Berg herausgewaschen – so noch in der *Alten Saline mit dem Salzmuseum zu sehen. Seit dem 19. Jahrhundert kommt man zur Kur nach Reichenhall, worauf noble Bauten der Gründerzeit hinweisen. Sehenswert ist *St. Zeno, Bayerns größte romanische Kirche.

*** Schellenberger Eishöhle** Die einzige erschlossene Eishöhle Deutschlands, eine bizarre Welt aus Wasser, Eis und Fels, liegt im Berchtegadener Land in Untersberg auf 1570 Meter Meereshöhe.

*** Berchtesgaden** Vor überwältigender Bergkulisse duckt sich Berchtesgaden in einen Talkessel. Heute zählt der Besuch des *Schaubergwerks zu den beliebtesten Touristenattraktionen. Weitere Sehenswürdigkeiten des seit dem 12. Jahrhundert bestehenden Orts sind das prächtige »Hirschenhaus« mit Lüftlmalerei am Marktplatz (1594), das Königliche Schloss und die gotische Stiftskirche.

*** Königssee** Der Name bezeichnet zugleich einen Ort und einen See. Der See ist einer der schönsten in den Alpen, mit tiefgrünem, klarem Wasser und eingerahmt von hohen Bergen. Im gleichnamigen Ort werden Motorboote vermietet, mit denen sich der See erkunden lässt. Über einen Fußweg am bewaldeten Ostufer gelangt man zum Malerwinkel, von wo aus sich der See und die Gipfel Funtenseetauern und Schönfeldspitze im Steinernen Meer überblicken lassen. Viele Maler haben sich davon inspirieren lassen. Vom 1875 Meter hohen Jenner eröffnet sich ein herrlicher Panoramablick über den Watzmann, den Hohen Göll, die Gipfel des Hasengebirges und das Steinerne Meer.

*** Maria Gern** Die bäuerlich barocke Wallfahrtskirche vor der Kneifelspitze, daneben ein Wirtshaus – bayerischer geht's nicht! Die vielen Votivtafeln, Ausdruck von Volksfrömmigkeit und Volkskunst, geben Kunde von Freud und Leid der Pilger.

Klostergarten auf der Insel Frauenchiemsee

Obersalzberg Auf dem Areal von Hitlers einstigem Feriendomizil »Berghof«, das nach 1933 zum zweiten Machtzentrum neben Berlin ausgebaut wurde, ist heute ein Dokumentationszentrum des Instituts für Zeitgeschichte München-Berlin mit der Ausstellung »Dokumentation Obersalzberg« eingerichtet.

***** Nationalpark Berchtesgaden** Deutschlands einziger Hochgebirgs-Nationalpark umfasst ein Gebiet von fast 30 000 Hektar und beherbergt so berühmte Naturdenkmäler wie den 2713 Meter hohen Watzmann und den Königssee. Im Nationalpark haben Murmeltier, Gams und Steinbock, aber auch vom Aussterben bedrohte Vögel wie der Steinadler, ihr Refugium.

*** Schliersee** Im 19. Jahrhundert haben Münchner Künstler Schliersee für sich entdeckt. Der

Insel im Königssee (oben links); Benediktinerkloster Seeon (oben rechts)

TIPP++TIPP++

Ramsau
Den Mittelpunkt der Gemeinde Ramsau bildet die herrliche Barockkirche, in der man auf die ausdrucksstarken Holzplastiken achten sollte. In malerischer Höhenlage befindet sich die nur zu Fuß erreichbare Wallfahrtskirche Kunterweg.
Ramsau, Steinbergweg 9, Tel. 0 86 57/98 81 25

Münterhaus
Das Domizil, auch »Russenhaus« genannt, bewohnte Gabriele Münter mit Wassily Kandinsky bis 1914. Es zeigt Werke und Möbelstücke des berühmten Künstlerpaares.
Murnau, Kottmüllerallee 6, Tel. 0 88 41/62 88 80, Di–So 14 bis 17 Uhr

Partnachklamm
Die wild-romantische Schlucht der Partnach bei Garmisch-Partenkirchen ist ein überwältigendes Naturereignis, trotz bequemer Erschließung durch einen etwa 1 Kilometer langen Weg.
Mai–März geöffnet

tiefblaue Bergsee, das Dorf mit den alpenländischen Häusern und der Sixtus-Kirche samt hohem nadelspitzem Turm boten eine inspirierende Idylle.

Bayrischzell Das alpenländische Bilderbuchdorf liegt im Tal zwischen Wendelstein und Großem Traithen. Den Mittelpunkt des Ortes bildet der spätgotische, spitz zulaufende Kirchturm der Pfarrkirche St. Margaretha. Um dieses Kernstück herum platzieren sich authentische alte Häuser. Der Wendelstein lässt sich bequem vom benachbarten Osterhofen aus mit der Seilbahn (und von Brannenburg aus per Zahnradbahn) erreichen. Auf vielen Wanderwegen kann man die Schönheit der Bergwelt genießen.

* **Tegernsee** Die typisch oberbayerischen Orte am See zeigen ganz unterschiedliche Gesichter: Dörflich wirkt Gmund, malerisch Rottach-Egern, fast schon städtisch der Kurort Bad Wiessee, schließlich Tegernsee selbst, ein Ort mit Geschichte. Das im 8. Jahrhundert gegründete Kloster zählt zu den Urzellen oberbayerischer Kultur. Zu besichtigen ist heute noch die ursprünglich gotische, im 17. Jahrhundert im Barockstil umgestaltete Kirche St. Quirin.

* **Weyarn** Ihren hohen künstlerischen Rang erhält die von Johann Baptist Zimmermann mit elegantem Schmuck und Fresken ausgestattete Barockkirche durch Schnitzwerke (1755–1764) des Rokokobildhauers Ignaz Günther.

* **Kloster Dietramszell** Das einstige Augustiner-Chorherrenstift wurde in der ersten Hälfte des 18. Jahrhunderts in barockem Stil umgebaut. An der meisterlichen Ausgestaltung der Klosterkirche Mariae Himmelfahrt wirkte u. a. Johann Baptist Zimmermann mit.

* **Bad Tölz** Häuser mit schöner Lüftlmalerei gibt es hier in Hülle und Fülle. So bietet die Marktstraße eines der reizvollsten Straßenbilder Oberbayerns, bis auf das 18. Jahrhundert gehen die bunten Fassadenmalereien zurück. Ziel der berühmten Leonhardifahrt am ersten Novembersonntag ist die Wallfahrtskapelle (18. Jahrhundert) auf dem »Kalvarienberg« nördlich der Stadt.

** **Gebirgstal Jachenau** Eine noch ursprüngliche alpenländische Tallandschaft mit Weilern ist die Jachenau. Benannt ist sie nach dem Flüsschen Jachen, das vom Walchensee aus südlich der Benediktenwand Richtung Lenggries fließt und dort in die Isar einmündet.

Kuppel der Klosterkirche Ettal

****Kloster Benediktbeuern** Karl der Große war hier, und 1000 Jahre später auch Goethe. »Benediktbeuern liegt köstlich«, schrieb Letzterer in sein Reisetagebuch. Eine imposantere Kulisse als die Benediktenwand hätten die Mönche für die Gründung des Klosters im 8. Jahrhundert nicht wählen können. In der Gestaltung der spätbarocken Klosterkirche haben sich Kaspar Feichtmayr und Hans Georg Asam verewigt.

* **Murnau** Etwas erhöht zwischen Staffelsee und Riegsee mit reizvollen Blicken auf das Murnauer Moor liegt Murnau, das eng verknüpft ist mit der expressionistischen Künstlervereinigung »Blauer Reiter«. Das *»Russenhaus«, Wohnhaus der Malerin Gabriele Münter, von 1909 bis 1914 auch das ihres Lebensgefährten Wassily Kandinsky, ist mit seinen bunt bemalten Möbeln eine einzigartige Erinnerungsstätte. Das Murnauer Schlossmuseum zeigt eine umfangreiche Sammlung mit Werken von Münter und anderen Malern ihres Kreises.

** **Murnauer Moos** Das größte zusammenhängende Moorgebiet ganz Mitteleuropas (32 Quadratkilometer) entstand aus dem Bett des Loisachgletschers und weist unterschiedlichste Moorlandschaften auf. Kaum besiedelt und weitgehend unter Naturschutz stehend, stellt das Murnauer Moos eine noch weitgehend intakte Naturlandschaft dar und ist Rückzugsgebiet für eine Vielzahl seltener Insekten-, Vogel- und Pflanzenarten.

Kochel Im Zentrum des am Kochelsee gelegenen Luftkurorts steht das Denkmal des legendären Schmieds von Kochel, der den Bauernaufstand 1705 gegen das Regime der Österreicher anführte und in der »Mordweihnacht« auf dem Sendlinger Friedhof in München starb. Dem hier bestatteten ex-

Außer von der mittelalterlichen Ritterromantik und der mystischen Welt des Orients fühlte sich Ludwig II. vom glanzvollen Hofstaat der Bourbonen angezogen. In Linderhof – einem landwirtschaftlichen Anwesen bei Ettal, das er von gemeinsamen Jagdausflügen mit seinem Vater Maximilian II. kannte – wünschte er sich deshalb den Nachbau der Schloss- und Gartenanlage von Versailles. Seine Pläne erwiesen sich aber als viel zu groß für das enge Graswangtal, und so konzentrierten sich die Bautätigkeiten ab 1869 auf das ehemalige Försterhäuschen seines Vaters, das sich am heutigen Schlossvorplatz befand. Das daraus entstandene Schloss Linderhof (links) ist der einzige größere Schlossbau, dessen Vollendung Ludwig II. erlebte. Ergänzt wurde das Hauptgebäude durch kleinere »Fluchtburgen« wie Venusgrotte und -tempel (ganz links) und Maurischen Kiosk.

pressionistischen Maler ist das Franz-Marc-Museum gewidmet.

**** Mittenwald** Der in einem von der Isar durchzogenen Talkessel zwischen Karwendel und Wetterstein gelegene Ort war im Mittelalter ein bedeutender Handelsplatz an der Straße von Italien nach Augsburg und ist seit 1680 berühmt für seine Geigenbauwerkstätten. Die staffelförmig angeordneten Häuser und die in der Barockzeit üppig bemalten Fassaden geben dem Gebirgsdorf sein einzigartiges Gepräge. Goethe nannte Mittenwald ein »lebendiges Bilderbuch«.

**** Zugspitze** Im Wettersteingebirge liegt die Zugspitze, die weiter oben mit Höllental- und Schneeferner teilweise vergletschert und mit 2962 Meter Meereshöhe der höchste Gipfel Deutschlands ist.

**** Garmisch-Partenkirchen** Die Doppelgemeinde am Fuß der Zugspitze bietet auch kulturell Bedeutendes. Zu nennen sind hier die **Alte Kirche St. Martin, ein romanisch-spätgotischer Bau mit Wandmalereien des 13. bis 16. Jahrhunderts, die *Neue Pfarrkirche St. Martin mit Rokoko-Ausstattung, der Gasthof »zum Husaren« mit Fassadenmalerei oder auch die *Frühlingsstraße mit prächtigen Bürgerhäusern. In der Richard-Strauss-Villa lebte der Komponist von 1908 bis 1949.

*** Kloster Ettal** In einem grünen Tal zwischen Ettaler Mandl und Nothberg erhebt sich der mächtige Kuppelbau der Klosterkirche Ettal. Er wurde in der Barockzeit (1710 bis 1752) auf dem Grundriss der achteckigen Rotunde des gotischen Vorgängerbaus (1330) errichtet. Das Zwölferschema wurde mit den Kirchenfenstern aufgenommen, wodurch das riesige Kuppelfresko und der elegante Stuck ins rechte Licht gesetzt werden.

*** Oberammergau** Weltberühmt ist das Gebirgsdorf durch die Holzschnitzerei und die *Passionsspiele, die alle zehn Jahre stattfinden. Sehr pittoresk sind die »Lüftlmalereien« – besonders prächtig am *Pilatushaus – an den Hausfassaden.

*** Steingaden** Als »Bilderbuch der Kunstgeschichte« gilt die ehemalige Klosterkirche, und wirklich finden sich hier von Romanik über Gotik und Renaissance bis zu Frühbarock und Rokoko alle Stile in Harmonie vereint. Steingaden (gegründet 1147) zählt zu den ältesten Prämonstratenserklöstern Altbayerns und ist eine Keimzelle des Pfaffenwinkels; von hier aus erfolgte auch die Gründung der Wieskirche.

**** Schloss Linderhof** Vom »echten« Barock in Ettal kommend, sieht man den Unterschied zum übersteigerten Prunk des Barockimitats, das sich König Ludwig II. mit Schloss Linderhof errichten ließ (1869–1886). Bei der Innengestaltung orientierte er sich an französischen Schlossbauten. Die weite Gartenanlage vereint alle Elemente der Gartenarchitektur; berühmt ist die Venusgrotte – Reminiszenz an die »Venusgrotte« aus Richard Wagners »Tannhäuser«.

***** Wieskirche** Höhepunkt des bayerischen Rokoko ist die Wieskirche (1745–1754). Sie steht auf einer grünen Wiese vor der Kulisse der Alpen. Baumeister Dominikus Zimmermann hat die Architektur ganz zurückgenommen, doch die Lichtführung im hellen Zentral-

Üppige Rokokopracht der Brüder Dominikus und Johann Baptist Zimmermann in der Wieskirche (links)

Als Lüftlmalerei bezeichnet man die kunstvollen Fassadenmalereien an Wohnhäusern und Kirchen in Oberbayern, besonders im Werdenfelser Land. Sie besteht aus farbigen Einrahmungen von Fenstern und Türen so-

wie aus großflächigen Darstellungen von Landschaften und Figuren. Vorherrschend sind biblische Motive, aber auch Szenen der Lokalgeschichte. Weit verbreitet war die Lüftlmalerei im 18. Jahrhundert. Besonders schön erhaltene Bilder finden sich in Oberammergau und in Mittenwald. Aus Oberammergau soll auch die Bezeichnung »Lüftlmalerei« stammen: »Zum Lüftl« hieß das Haus des Malers Franz Seraph Zwinck (1748 bis 1792), einer der berühmtesten Maler dieser Kunstgattung. Sein Meisterwerk ist das Pilatushaus in der Ludwig-Thoma-Straße in Oberammergau (ganz links). Die Lüftlmalerei ist eine Trompe-l'oeil-Technik – eine illusionistische Darstellungsweise, bei der mithilfe perspektivischer Mittel ein Objekt so naturalistisch wiedergegeben wird, dass der Betrachter im ersten Moment kaum zwischen Darstellung und Realität unterscheiden kann.

TIPP++TIPP++

Museum der Phantasie
Allein der an ein Schiff erinnernde Museumsbau von Günter Behnisch am Ufer des Starnberger Sees lohnt eine Besichtigung. Das Haus zeigt neben Volkskunst aus aller Welt die Expressionistensammlung von Lothar Günther Buchheim mit Werken von Max Beckmann und anderen Stars der Kunstgeschichte.
Bernried, Am Hirschgarten 1, Tel. 0 81 58/9 97 00, www.buchheimmuseum.de, Apr.–Okt. Di–So 10–18 Uhr, Nov.–März 10–17 Uhr

bau zeigt die Hand des souveränen Könners. Mit den Fresken und Stuckaturen hat sein Bruder Johann Baptist Zimmermann sein Hauptwerk geschaffen und sich als wahrhaft himmlischer Maler erwiesen. Im Deckenfresko holt er den bayerischen Himmel in die Kirche.

Schongau An der alten Handelsstraße Via Claudia Augusta gelegen, erlebte das Pfaffenwinkel-Städtchen im 17. und 18. Jahrhundert seine wirtschaftliche Blütezeit. Aus dieser Ära stammt der barocke Neubau der Pfarrkirche Mariä Himmelfahrt, an dessen Bau Dominikus Zimmermann und Franz Xaver Schmuzer sowie der Stuckateur Matthäus Günther maßgeblich beteiligt waren.

* **Wessobrunn** Die barocke Pracht des Pfaffenwinkels ist ohne den »Wessobrunner Stuck« nicht zu denken. Zimmermann, Feichtmayr und Schmuzer hießen die Wessobrunner Künstlerfamilien, die im 17./18. Jahrhundert in Süddeutschland wirkten. Selbstverständlich auch im *Kloster Wessobrunn, einst bedeutendes kulturelles Zentrum und Fundort des »Wessobrunner Gebets« (um 800), einem der ältesten Schriftzeugnisse in deutscher Sprache.

* **Polling** Die ehemalige Stiftskirche ist eine glückliche Synthese aus gotischer Architektur und frühbarockem Wessobrunner Stuck. Herausragend der bühnenartige Hochaltar des Rokoko-Bildhauers Johann Baptist Straub. Das Pollinger Kreuz (um 1180) ist ein mit Tierhaut überzogenes Kruzifix mit Darstellung des Gekreuzigten.

* **Iffeldorf** Ein Kirchlein in reinstem altbayerischem Rokoko, anmutig gelegen mit Blick auf die Osterseen, ist St. Vitus in Iffeldorf. In der Nähe befindet sich die Wallfahrtskirche Heuwinkl mit schönem Stuck.

* **Starnberg** Die Kreisstadt am Nordufer des nach ihr benannten Sees ist begehrter Nobelwohnort und mit seinen Strandpromenaden auch Naherholungsgebiet für viele Münchner. Starnbergs Rokokokirche St. Joseph mit meisterhaftem Hochaltar sowie Stuck und Fresken zählt zu den schönsten der Region. Die letzten Tage vor seinem Tod am 13. Juni 1886 verbrachte König Ludwig II. im nahen Schloss Berg, ehe der Monarch sowie sein Leibarzt Dr. Gudden tot am Seeufer aufgefunden wurden.

* **Kloster Schäftlarn** Das 1702 bis 1707 erbaute Barockkloster ist heute ein Internat und steht durch seine Schlichtheit in einem markanten Kontrast zu der mit Fresken und Stuck reich verzierten Rokokokirche.

* **Seeshaupt** Der Erholungsort am Südende des Starnberger Sees profitiert von seiner Nähe zu den unter Naturschutz stehenden Osterseen. Die Seenplatte entstand vor etwa 10 000 Jahren aus einem Eisblock und ist Refugium einer einzigartigen Flora und Fauna.

So könnte der Himmel der Bayern aussehen: ein schöner Garten unter Bäumen, in dem unendlich aus Hähnen fließendes Manna die Seligen labt. Kein Ort vermag die für Bayern typische Mischung von religiöser Andacht und weltlicher Sinnesfreude besser zu veranschaulichen als der Klosterbiergarten auf dem Andechser Berg. Fromm sind sie schon, die Benediktinermönche, die einen Reliquienschatz hüten, der hier im 14. Jahrhundert entdeckt wurde (links: Kloster und Klosterkirche). Aber sie befolgen auch die Regel ihres Gründers: »Ora et labora« – »Bete und arbeite«. Letzteres betreiben sie mit ausgeprägtem Geschäftssinn: Neben Bier produzieren sie Käse, Schnäpse und andere Lebensmittel. Zwar wollen sich die Mönche wieder mehr dem Glauben zuwenden. Aber das soll der Bierlaune der Besucher des heiligen Bergs keinen Abbruch tun – dem Herrn sei Dank.

*** Tutzing** Der einstige Fischerort ist heute ein beliebter Erholungs- und Luftkurort mit einem Strandbad, Bootshäfen und schönen Wanderwegen. Das Schloss beherbergt die Evangelische Akademie sowie die Akademie für Politische Bildung.

Feldafing Hier verbrachte bereits Kaiserin Elisabeth von Österreich im nach ihr benannten Hotel 24 Sommer. Auf der »Roseninsel« ließ König Maximilian II. eine Villa im pompejanischen Stil erbauen, und König Ludwig II. traf hier seine acht Jahre ältere Kusine »Sissi«.

*** Bernried** Ein Dorf am Starnberger See als Mekka der Kunstfreunde – dafür sorgt das *Buchheim Museum der Phantasie mit seiner erstklassigen Expressionistensammlung. Bereits etwas älter sind die Martinskirche, in der man auf den spätgotischen Flügelaltar der heiligen Sippe achten sollte, und die **Hofmarkskirche, ein Meisterwerk des Rokoko, das eleganten Stuck und volkstümliche Plastik vereint, mit einem überwältigenden Altar in der Gruftkapelle unter der Kanzel.

**** Dießen** Über dem Südwestufer des Ammersees erhebt sich der »Dießener Himmel«. So wird die ehemalige Klosterkirche (1732–1739) genannt, ein Meisterwerk des frühen Rokoko von Johann Michael Fischer.

*** Landsberg am Lech** Der Schöne Turm (1270), das Bayertor (1425), das Sandauertor (17. Jahrhundert) und der Marktplatz künden von der historischen Bedeutung der westlichsten Stadt Oberbayerns. Landsberg war einst ein lebhafter Handelplatz. Sehenswert ist auch die Kirche *Mariä Himmelfahrt. Die *Rathausfassade und die Johanniskirche verzierte Dominikus Zimmermann mit feinstem Rokokostuck an Giebeln und Fensterumrahmungen.

**** Andechs** Die Barockkirche auf dem »heiligen Berg« mit ihrem gut besuchten Klosterbräustüberl ist eine der ältesten Pilgerstätten Bayerns. Kunstfreunde stoßen in der Klosterkirche auf einen Prunksaal des bayerischen Spätbarock, der hauptsächlich das Werk des großen Johann Baptist Zimmermann ist.

Heilig-Kreuz-Kirche in Landsberg am Lech

*** Weilheim** Am Nordostrand des Pfaffenwinkels gelegen, profitierte die heutige Kreisstadt bereits im 17. und 18. Jh. von ihren gut situierten Bewohnern. Im Stadt- und Pfaffenwinkelmuseum werden neben Exponaten zur Stadtgeschichte auch Skulpturen Weilheimer Bildhauer gezeigt. Als Wahrzeichen Weilheims gilt der 45 Meter hohe Turm der frühbarocken Pfarrkirche St. Mariä Himmelfahrt. Innen ist sie ausgestattet mit Fresken von Elias Greither d. Ä., Stuck der Wessobrunner Schule und Altären von Franz Xaver Schmädl.

Gedenkkreuz für König Ludwig II. im Starnberger See (oben links); Marienmünster in Dießen (oben rechts)

Als Spross einer alteingesessenen Augsburger Unternehmerfamilie wurde Jakob Fugger II., genannt »der Reiche« (links: Porträt von Albrecht Dürer), im selben Jahr (1459) geboren wie Kaiser Maximilian II. – spä-

TIPP++TIPP++

Augsburger Puppenkiste
Wer kennt sie nicht – Kasperle, Frau Holle, Dr. Faustus, Jim Knopf, das Urmel und all die anderen Stars an dünnen Fäden? Wer eine Live-Show in Oehmichens Marionettentheater miterleben will, sollte rechtzeitig Karten reservieren.
Augsburg, Spitalgasse 15, Tel. 08 21/4 50 34 50

Allgäu – Bayerisch-Schwaben

Die Iller im Westen und der Lech im Osten, der vor rund 15 Millionen Jahren durch einen Meteoriteneinschlag entstandene Ries-Kessel im Norden und die Allgäuer Alpen mit dem Bodensee im Süden – das sind die natürlichen Grenzen der Region Allgäu – Bayerisch-Schwaben. Landschaftlich prägend sind außerdem das hügelige Alpenvorland und die breite Donauebene.

**** Augsburg** 2000 Jahre Geschichte! Das deutet schon der Name »Augsburg« (»Augusta Vindelicorum«) an, für den der römische Kaiser Augustus Pate stand. Von den Anfängen als urbanes Zentrum der römischen Provinz Rätien (nach 15. n. Chr.) entwickelte sich die Stadt kontinuierlich fort und war bereits im 4. Jahrhundert Bischofssitz. Im Mittelalter Reichsstadt und nur dem Kaiser untertan, wurde Augsburg zum Ort bürgerlicher Freiheit und bürgerlichen Geschäftssinns. Beispielhaft stehen dafür die Fugger und Welser, die von hier aus ihre Handelsimperien errichteten. Im 14. bis 16. Jahrhundert erlebte Augsburg seine Blütezeit. Seine wichtigsten Baudenkmäler sind der romanisch-gotische **Dom, das **Rathaus (1620) mit goldenem Saal, der benachbarte Perlachturm mit herrlicher Aussicht, die **Fuggerei, von Jakob Fugger 1521 gestiftete älteste Sozialsiedlung der Welt, das *Zeughaus (1607), die Kirche St. Ulrich und Afra, die St.-Anna-Kirche, das *Kurhaustheater, das *Schaezlerpalais und das *Maximiliansmuseum.

*** Kloster Oberschönenfeld** Seit dem 13. Jahrhundert wirken hier die Nonnen des Zisterzienserordens. Ergebnis der regen Bautätigkeit in der Barockzeit sind die prächtige Klosterkirche und das ruhig gegliederte Geviert des Konventsbaus.

*** Maria Birnbaum** Zu den Ursprüngen des altbayerischen Barock führt die herrlich gelegene Wallfahrtskirche Maria Birnbaum (1668) in Sielenbach. Von außen mit Kuppeln und Türmchen fast russisch anmutend, öffnet sich innen ein geschlossener zentraler Raum mit feinstem Wessobrunner Stuck.

*** Kaisheim und Leitheim** Den Reichtum, den die Zisterzienserabtei Kaisheim nach dem Dreißigjährigen Krieg erlangte, demonstrieren der **Kaisersaal in den ehemaligen Klostergebäuden sowie die einstige *Klosterkirche, ein strenger gotischer Bau mit kostbarer Barockausstattung (1675) und schönem Chorgestühl. Im nahen Leitheim befindet sich die einstige Sommerresidenz

ter einmal sein größter Schuldner. Schon als 20-Jähriger baute er für die Familie in Rom eine Bankniederlassung auf. Hier zeigte sich sein Geschick, zu Papst, Kaiser und mächtigen Familien wie den Medici Beziehungen zu knüpfen und sie gegeneinander auszuspielen. Offene Kredite ließ er sich mit Kupfer- und Silberminen bezahlen und kaufte weitere dazu, sodass er ab 1511 ein Monopol besaß. Hinzu kamen Textilunternehmen, Gewürzhandel und der lukrative katholische Ablasshandel, für dessen Organisation die Fugger die Hälfte der Gelder einstrichen. Nach der Wahl von Karl V. war Jakob Fugger auf dem Gipfel seiner Macht, denn der Kaiser hatte sich bei ihm hoch verschuldet. 1514 bis 1523 baute er in Augsburg die Fuggerei, die älteste Sozialsiedlung der Welt, die heute noch besteht (ganz links: Schlafzimmer). 1525 starb er.

der Äbte, ein zauberhaftes Rokokoschlösschen (Mitte 18. Jahrhundert) im französischen Stil hoch über dem Donauufer.

* **Donauwörth** Auf die reichsstädtische Freiheit, die der bedeutende mittelalterliche Handelsplatz an der Donau bis 1714 genoss, weist noch die *Reichsstraße hin – einer der schönsten historischen Straßenzüge Bayerns, bebaut mit prächtigen giebelständigen Bürgerhäusern, dem barocken Rathaus und dem gotischen Tanzhaus.

* **Harburg** Seit 900 Jahren thront die Harburg über dem engen Durchbruchstal der Wörnitz. Sie gehört zu jenen befestigten Adelssitzen des Mittelalters, die unseren Idealvorstellungen von einer Ritterburg entsprechen.

* **Wemding** Ein gut erhaltener Mauerring (14./15. Jahrhundert) mit Toren und Türmen, ein zentraler Marktplatz mit noblem Renaissance-Rathaus (16. Jahrhundert), mehrere kostbare Kirchen und eine Vielzahl historischer Wohnbauten mit unterschiedlichen Giebelformen – all das ist in Wemding am Ostrand des Ries zu finden. Außerhalb lohnt die Wallfahrtskirche *Maria Brünnlein (1752), ein Meisterwerk des süddeutschen Rokoko, einen Abstecher.

* **Oettingen** Seit der Stauferzeit waren die Grafen und späteren Fürsten von Oettingen das bedeutendste Geschlecht im Ries. Dass die Reformation im 16. Jahrhundert zur Spaltung des Geschlechts führte, kann man noch am langgestreckten *Straßenmarkt der Residenzstadt Oettingen erkennen: Die »katholische« Seite ist mit Barockfassaden, die »protestantische« mit Fachwerkhäusern gesäumt. Einer der schönsten Fachwerkbauten Schwabens ist das *Rathaus (15. Jahrhundert).

** **Nördlingen** Im Zentrum des Ries liegt eine der schönsten und besterhaltenen historischen Städte Deutschlands. Seit 1215 war Nördlingen freie Reichsstadt und errang als Messestadt wirtschaftliche Bedeutung. Der Handel brachte viel Geld ein, das in Bauwerke, Kunst und in die *Stadtbefestigung investiert wurde (14.–17. Jahrhundert), die die Altstadt noch heute umschließt. Das kunsthistorisch bedeutendste Baudenkmal ist **St. Georg (15. Jahrhundert), eine der größten spätgotischen Hallenkirchen Deutschlands. Vom Kirchturm aus, dem 89 Meter hohen »Daniel«, bietet sich die beste Aussicht über das Ries. In der Nachbarschaft am Marktplatz befinden sich das *Rathaus mit umbauter Freitreppe (1618) sowie das städtische *Tanzhaus.

* **Dillingen** Seit dem 13. Jahrhundert im Besitz der Bischöfe von Augsburg, seit dem 16. Jahrhundert bischöfliche Residenzstadt mit Universität, die unter Führung der Jesuiten zu einem intellektuellen Bollwerk der katholischen Gegenreformation wurde – kein Wunder, dass die Altstadt von Dillingen durch sakrale Bauwerke bestimmt ist, etwa die **Studienkirche (1617) oder die *Franziskanerinnenkirche (1740), einen spätbarocken Zentralbau mit schönem Wessobrunner Stuck. Im weitläufigen Barockensemble von Universität, Jesuitenkolleg und Priesterseminar findet sich der grandiose *»Goldene Saal«. Wenige Kilometer außerhalb, in Donaualtheim, grüßt von Weitem der hohe Doppelzwiebelturm der Rokoko-Kirche *St. Vitus.

Augsburgs Prachtboulevard Maximilianstraße mit Herkulesbrunnen und Basilika St. Ulrich und Afra (oben links); Pfarrkirche St. Georg in Nördlingen (rechts)

Weltberühmt wurde der Kurort durch den 1881 dorthin übergesiedelten Pfarrer Sebastian Kneipp. Bei der Bekämpfung seines eigenen Lungenleidens stieß er auf die Heilkraft des Wassers und konnte so zahl-

*** Kloster-Mödingen** Zwei Meister des bayerischen Spätbarock gaben bei Bau und Dekoration der Franziskanerinnenkirche (18. Jahrhundert) ihr glanzvolles Debüt: Dominikus Zimmermann und sein Bruder Johann Baptist. Zur Ausstattung gehören die mit zahlreichen Putten geschmückte Kanzel (1720), die spätgotische, fast zwei Meter hohe Marienstatue (um 1460) im Hochaltar sowie ein Heilig-Grab-Christus unter der Westempore.

*** Günzburg** Rund um den lang gestreckten Marktplatz zeigt sich das Bild einer geschichtsträchtigen Stadt. Circa 500 Jahre lang, bis 1805, gehörte sie zu Österreich. Das Bildnis der verehrten Maria Theresia findet sich auch auf dem Hochaltarblatt der Günzburger **Frauenkirche (1741), die zu den wichtigsten Werken des berühmten Baumeisters Dominikus Zimmermann zählt.

Ziemetshausen In der Landgemeinde inmitten des Naturparks Augsburg – Westliche Wälder verbergen sich zwei Höhepunkte des schwäbischen Barock: die Pfarrkirche *St. Peter und Paul (um 1690), als frühes Meisterwerk der Wessobrunner Schule vom Barockbaumeister Johann Schmuzer errichtet, und die Wallfahrtskirche *Maria Vesperbild im festlichen Rokoko.

*** Ursberg** Die Kirche des ehemaligen Prämonstratenserklosters (1125–1803) ist in der Anlage spätromanisch, so auch ihr bedeutendstes Kunstwerk: eine spätromanische **Kreuzigungsgruppe (um 1220/30) mit beeindruckenden, überlebensgroßen Figuren.

*** Kartause Buxheim** Die seit 1400 bestehende Klosteranlage zeigt das typische und sehr gut erhaltene Bild einer Kartause mit Kirche, Kreuzgang, Innenhof und den Zellenhäusern mit Gärten. Die in der Barockzeit prächtig dekorierte Klosterkirche der Brüder Zimmermann beherbergt ein virtuos geschnitztes **Chorgestühl (1689), eine Arbeit von höchstem Rang.

St.-Anna-Kapelle der Kartause Buxheim

**** Memmingen** Im Kern hat sich Memmingen eine altertümlich-reichsstädtische Atmosphäre bewahrt. Viele Bürgerhäuser zeigen sich noch ganz spätgotisch, mit steilen Giebeln und Fachwerk. Besonders prächtig ist das Siebendächerhaus (1601). Andere erhielten prunkvolle Barock- und Rokokofassaden, wie der Hermannsbau (Städtisches Museum), das Rathaus und die Großzunft. Die wuchtige *Martinskirche mit dem *Chorgestühl (1507) wurde von der Künstlerfamilie Strigel erstellt. Von ihr stammen auch die **Fresken in der gotischen Frauenkirche. Barock ist hingegen der *Stuck (1709) im Innenraum der spätgotischen Kreuzherrenkirche (15. Jahrhundert).

losen Kranken Linderung verschaffen (ganz links: kolorierter Holzstich von 1890). Überall im Ort wird man an die heilbringende Tätigkeit von Kneipp erinnert, etwa im Kurpark, wo der Pionier durch ein Denkmal samt Wasserspielen (links) geehrt wird. Das 1718 gegründete Dominikanerkloster gilt als Geburtsstätte der Physiotherapie und beherbergt ein Kneipp-Museum. In der Pfarrkirche St. Justina wurde dem Seelsorger und Heiler ein Deckengemälde gewidmet. Im Museum lernt man die fünf Säulen der Kneipp-Lehre kennen und kann 2000 Objekte bestaunen. Den Kurgästen werden Meditationsabende, Vortragsveranstaltungen und Kurgottesdienste angeboten. Das Umland mit gepflegten Wanderwegen und den zahlreichen Sportanlagen macht einen Kuraufenthalt in Bad Wörishofen zu einem abwechslungsreichen Erlebnis.

*** Ottobeuren** Ein Höhepunkt an der Oberschwäbischen Barockstraße ist die mächtige **Klosteranlage Ottobeuren (1711–1725), oft als »Schwäbischer Escorial« gerühmt. Jedem Vergleich hält die doppeltürmige **Barockkirche (1737 bis 1766) stand, deren lichtdurchfluteter Festsaal das Gemeinschaftswerk großer Künstler wie Johann Michael Fischer und Johann Michael Feichtmayr ist.

*** Maria Steinbach** In reizvoller Lage über dem Illerufer bei Legau erhebt sich die Wallfahrtskirche Maria Steinbach – eine ländlich-barocke Idylle mit reichlich Wessobrunner Stuck!

**** Lindau** An der *Hafeneinfahrt grüßt neben dem alten Leuchtturm der steinerne Löwe. Seit 1805 ist das auf einer Insel erbaute »schwäbische Venedig« bayerisch. Zuvor, seit 1220, war Lindau Reichsstadt. Eine große Vergangenheit, die sich auch im malerischen Stadtbild ausdrückt – mit Befestigungsanlage und markanten Türmen, stattlichem *Rathaus (15./16. Jahrhundert) und historischen Bürgerhäusern. Herausragend dabei das barocke Patrizieranwesen *»Haus am Cavazzen«. Als ältester Sakralbau der Stadt geht St. Peter auf das 11. Jahrhundert zurück, dessen umfangreiche *Wandmalereien (1500) von hoher künstlerischer Bedeutung sind.

*** Kempten** Bereits im Jahr 18 n. Chr. erwähnt, zählt Kempten zu den ältesten deutschen Städten. Im *Archäologischen Park Cambodunum kann man der römischen Vergangenheit nachspüren. Kemptens andere Seite ist die der alten Reichsstadt (1361–1803). Sie zeigt sich besonders schön an den historischen Bürgerhäusern und dem prächtigen *Rathaus, das seit dem 14. Jahrhundert mehrfach aus- und umgebaut wurde. Erhöht liegt die **Basilika St. Lorenz (1652–1666), eine der bedeutendsten frühbarocken Kirchen Süddeutschlands mit 42 Meter hoher Kuppel und Ausstattung zwischen Renaissance- und Empirestil. Außerdem sehenswert sind der Fürstenstift mit *Residenz und die *St.-Mang-Kirche.

*** Sonthofen** Der Luftkurort ist vor allem für seine Wanderwege durch ursprüngliche Natur bekannt. Im Ort empfiehlt sich ein Besuch im Heimathaus mit einer Gesteinssammlung, einer Nagelschmiede, einem Saal zur Vor- und Frühgeschichte und einer Kuhglockensammlung. Die Alpsennerei erinnert daran, dass man sich hier in Deutschlands Milch- und Käseregion Nr. 1 befindet.

Hafen von Lindau mit Leuchtturm und bayerischem Löwen (oben links); St.-Lorenz-Basilika in Kempten (oben rechts)

TIPP++TIPP++

Ottobeurer Konzerte

Mit Dirigenten wie Herbert von Karajan oder Leonard Bernstein und Orchestern wie den Wiener Symphonikern oder dem Symphonieorchester des Bayerischen Rundfunks genießen die seit 1945 stattfindenden Konzerte internationalen Ruf. Die Kammerkonzerte im Kaisersaal der Abtei und die Orgelkonzerte in der Basilika sind fester Bestandteil des jährlich im Juni, Juli und September veranstalteten Programms.

Ottobeuren, Marktplatz 6, Tel. 0 83 32/9 21 90

Millionen Touristen können nicht irren: Niemand hat schönere Schlösser gebaut als König Ludwig II. von Bayern (links: Porträt von Ferdinand Piloty). Neuschwanstein ist der Inbegriff eines Märchenschlosses,

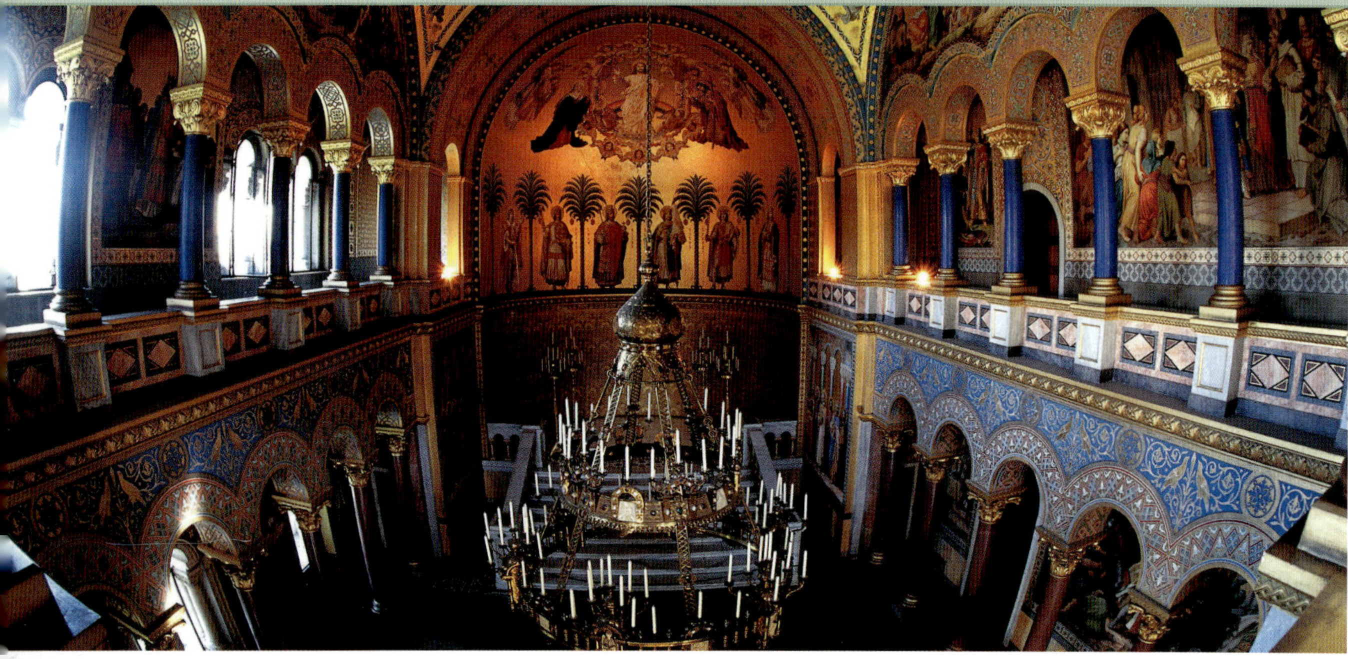

TIPP++TIPP++

Tänzelfest
Die Geschichte von Kaufbeuren wird jedes Jahr in der zweiten Julihälfte in Form eines »lebendigen Bilderbuchs reichsstädtischr Vergangenheit« in Erinnerung gerufen. Festlich

geschmückte Wagen, 1600 Kinder in stilechten Trachten vom Edelmann bis zur Dienstmagd repräsentieren den Werdegang des Ortes bis ins 18. Jahrhundert. Ein Volksfest der Extraklasse und zugleich ältestes historisches Kinderfest Bayerns.
Tänzelfestverein Kaufbeuren, Tel. 0 83 41/28 28

* **Bad Hindelang** Der Name des Kneipp-Kurortes und Wintersportzentrums geht auf eine von dem Priester »Hundilanc« 1170 gemachte Schenkung zurück. Heute setzt man sich in Bad Hindelang auf vorbildliche Weise für den Naturschutz ein. Die hiesigen Landwirte verzichten auf mineralischen Dünger und chemische Pflanzenschutzmittel und wurden deshalb bereits 1990 mit dem Deutschen Umweltpreis für das »Öko-Modell Hindelang« ausgezeichnet. Das 1660 errichtete Rathaus ist ein bedeutender frühbarocker Bau, der den Augsburger Fürstbischöfen bis zur Säkularisation als Jagdschloss und Sommerresidenz diente.

Pfronten Der Luftkurort ist der größte Ferien- und Wintersportort des Ostallgäus. Er besteht aus insgesamt 13 teils weit auseinanderliegenden Ortschaften. Einen besonders guten Blick auf die Seen des Umlandes, die Königsschlösser, den Säuling, die Zugspitze und die Tannheimer Berge hat man von der Burgruine Falkenstein auf 1270 Meter Meereshöhe. König Ludwig II. erwarb sie 1884, um hier eine gotische Burg als Gegenstück zum romantischen Schloss Neuschwanstein errichten zu lassen. Seine Träume von einer »Raubritterburg« konnte er infolge seines frühen Tods jedoch nicht mehr realisieren.

** **Füssen** Vor herrlicher Alpenkulisse liegt Füssen, in der Römerzeit eine bedeutende Straßenstation zwischen Rom und Augsburg. Der Italienhandel machte die Stadt im 15./16. Jahrhundert reich. Recht viele Bürgerhäuser gehen auf diese Blütezeit zurück. Sehenswert ist die reich ausgestattete barocke Stiftskirche *St. Mang (1701–1717) über der romanischen *Krypta des hl. Magnus mit Fresko aus dem 9. Jahrhundert. Das Stadtbild wird vom *Hohen Schloss (13./16. Jahrhundert) beherrscht, einst Sommerresidenz der Augsburger Bischöfe, mit Rittersaal und Fürstenzimmern.

* **Schloss Hohenschwangau** 1832 bis 1837 erhielt die schlichte alte Burg aus dem 14./15. Jahrhundert im Zeichen des Historismus ihr neugotisches Gepräge, mit pittoresken Türmen, Zinnen, Erkern und Freitreppe. Stilgerecht geht es im Inneren mit Schwanenrittersaal, Heldensaal und Burgfräuleinzimmer weiter, alles prächtig ausgestattet, ausgemalt und dekoriert – eine mittelalterliche Fantasie des 19. Jahrhunderts inmitten der romantischen Gebirgslandschaft.

*** **Schloss Neuschwanstein** Der steingewordene Traum eines mittelalterlichen Schlosses in einsamer Höhenlage war die Zuflucht eines unglücklichen Königs vor der als banal empfundenen Gegenwart. In der Kunstgeschichte gilt Neuschwanstein als Hauptwerk des Historismus, für Millionen von Touristen ist es schlichtweg das schönste Märchenschloss der Welt. Ein Theatermaler lieferte die Entwürfe für die monumentale neuromantische Burg, die sich Ludwig II. von Bayern ab 1869 erbauen ließ. Absolut grandios,

Herrenchiemsee die eigenständige Variation von Versailles, Linderhof ein Musterbeispiel eines Lust- und Jagdschlosses (links: Venusgrotte). Nicht zu vergessen ist auch das Festspielhaus in Bayreuth, dieser kuriose Musiktempel, den Ludwig II. Richard Wagner sogar »schenkte«. Ein Teil der Faszination für Ludwig II. rührt wohl daher, dass er als König eine absolute Fehlbesetzung war. Nichts, abgesehen vom Militär, war ihm unangenehmer als das Regieren, nichts lag ihm ferner als Machtausübung. Er kam 1845 als Sohn des Kronprinzen Maximilian zur Welt und bestieg bereits im Alter von 18 Jahren den bayerischen Thron. Von Anfang an lief die große Politik an ihm vorbei. Selbst seiner Entmündigung, die schon Monate vor seinem ungeklärten Tod im Starnberger See abzusehen war, widersetzte er sich kaum.

allein auf Wirkung angelegt, sind Ausstattung und Dekoration der Prunkräume. Manchem Besucher mag das alles zu viel des Guten sein – dennoch ist Neuschwanstein einzigartig.

* **Kaufbeuren** Die Stauferqründung (nach 1191) und einstige Reichsstadt (1286 bis 1803) erlebte ihre glanzvollsten Zeiten, als Kaiser Maximilian I. hier häufig zu Gast war. Nach ihm ist der markanteste Straßenzug der Altstadt benannt. Prägend für das Stadtbild und wichtigstes Baudenkmal ist die gotische *Blasius-Kapelle, die zusammen mit dem *Fünfknopfturm ein malerisches Ensemble bildet. In der Kapelle besonders sehenswert ist ein *Flügelaltar (1518) mit elegantem Schnitzwerk.

* **Mindelheim** Mit drei Stadttoren, schönen Giebelhäusern (17./18. Jahrhundert) und zahlreichen Baudenkmälern verströmt das Stadtzentrum viel altertümlichen Charme und bietet überdies ungewöhnliche Museen mit vorzüglichen Sammlungen (*Textilmuseum, *Turmuhrenmuseum, Heimatmuseum, Krippenmuseum, Archäologiemuseum).

* **Naturpark Augsburg – Westliche Wälder** Von Wertach und Schmutter im Osten bis zur Mindel im Westen zieht sich dieser 1175 Quadratkilometer große Naturpark. Allein 47 Prozent der Fläche machen die Wälder aus, konzentriert auf den nördlichen Teil, den Holzwinkel. Der südliche Teil, die Stauden, ist Hügelland. Dazwischen liegt die Reischenau, ein breiter, von der Zusam angeschwemmter Talkessel.

In traumhafter Lage am Fuße des Ammergebirges erbaut: Schloss Neuschwanstein (rechts) mit dem orientalisierenden Thronsaal (oben links)

Die schönsten Ferienstraßen

Wer mit dem Auto für den Urlaub oder den Wochenendausflug in Deutschland unterwegs ist, strebt meist in rasantem Tempo über die Autobahn dem jeweiligen Ziel zu. Viel entspannender ist jedoch eine Reise mit Genuss und Muße entlang einer der zahlreichen Ferienstraßen zwischen Flensburg und Mittenwald, Aachen und Görlitz, um einzigartige Kultur- und Naturlandschaften, schöne alte Städte, prachtvolle Schlösser, pulsierende Metropolen und verträumte Winkel zu entdecken.

Das immerwährende Wechselspiel von Ebbe und Flut prägt die deutsche Nordseeküste. Hier zu siedeln bedeutete immer auch, sich gegen Naturgewalten zu behaupten. So ist im Laufe der Jahrhunderte eine einzigartige Natur- und Kulturlandschaft entstanden. Die Grüne Küstenstraße erschließt im Verbund mit der Störtebekerstraße und dem Obstmarschenweg das Küstenland von der dänischen bis zur niederländischen Grenze.

Einst das Wohnhaus der Ehefrau des Malers Heinrich Vogeler: das Haus im Schluh in der Künstlerkolonie Worpswede

Dem Reisenden prägt sich vor allem der unermesslich hohe und weite Himmel ein, der sich über das flache Land wölbt. Er ist das eindrucksvolle Leitmotiv der Landschaften an der deutschen Nordseeküste und ihres Hinterlands: die sandige Geest, die fruchtbaren Marschen, die düsteren Moore und das Watt, bei dem man nicht so recht weiß, ob man es noch dem Meer oder schon dem Land zurechnen soll.

Wasser, Wiesen, Wolken – das ist der Dreiklang, der den Reisenden auf der Fahrt entlang der Grünen Küstenstraße ständig begleitet. Und ein grüner Dreizack ist auch das Erkennungszeichen dieser nördlichsten deutschen Ferienstraße, die an der Grenze zu Dänemark ihren Anfang nimmt und von der schleswig-holsteinischen Nordseeküste nach Ostfriesland führt. Wer will, kann seine Streifzüge über die deutschen Grenzen hinaus ausdehnen: Richtung Norden nach Jütland und nach Westen durch die Niederlande bis Amsterdam.

Auf einigen Abschnitten verläuft unsere Route entlang regionaler Ferienstraßen, die sich teils mit der Grünen Küstenstraße überschneiden, teils eigenständigen Charakter haben. So führt der Obstmarschenweg von Hamburg nach Wischhafen durch das Alte Land, Deutschlands größtes Obstanbaugebiet. Die Deutsche Fehnroute bei Leer erschließt dem Touristen friesische Moorlandschaften. Nach dem berühmtesten deutschen Freibeuter ist die Störtebekerstraße entlang der ostfriesischen Küste benannt.

Nur eine gemächliche Gangart ist dem Reichtum der Natur und der Kultur entlang der Route angemessen. Für die Fortbewegung bieten sich Radwandern, Paddeln, Reiten an – oder einfach nur Spazierengehen. Drei Nationalparks erwarten den Reisenden: im Schleswig-Holsteinischen, im Hamburgischen und im Niedersächsischen Wattenmeer. Wattwan- derungen sind unvergessliche Erlebnisse, wenn man beispielsweise auf einer Sandbank ein Rudel Seehunde beim Dösen beobachten kann.

Windmühlen, Leuchttürme und die Klappbrücken der Kanäle sind die architektonischen Kennzeichen des Küstenlandes. Mittelalterliche Backsteinkirchen und reetgedeckte Bauernhäuser laden zu Besichtigungen ein. Von den zahlreichen Museen entlang der Grünen Küstenstraße widmen sich viele maritimen Themen, wie etwa das Buddelschiffmuseum in Greetsiel oder das Wrackmuseum in Cuxhaven. Aber auch die moderne Kunst hat im Küstenland ihre Heimstatt. Unbedingt empfehlenswert sind ein Abstecher zur ehemaligen Künstlerkolonie in Worpswede und ein Besuch der Kunsthalle in Emden.

Wer im Sommer mit offenen Augen durch Friesland reist, wird viele »Schrubföögel« bewundern können. Das ist ein Wort aus dem Nordfriesischen, das zusammen mit dem West- und Ostfriesischen zur Sprachfamilie des Westgermanischen gehört, Unterabteilung Nordseegermanisch. Als eigenständige Sprache steht das Friesische dem Englischen näher als dem Deutschen in seiner hiesigen Variante des Plattdeutschen. Und es ist für seinen Reichtum an Dialekten bekannt, besonders in Nordfriesland, wo man zwischen dem Inselfriesischen und dem Festlandfriesischen unterscheidet. Letzteres wird übrigens auch auf den Halligen gesprochen. Nicht zuletzt dank ihrer Sprache haben sich die Friesen ein ausgeprägtes Bewusstsein kultureller Eigenständigkeit bewahrt. Ach ja, die »Schrubföögel« – das sind übrigens Schmetterlinge!

Ostfriesische Inseln Siebenmal unberührte Natur und erholsame Ruhe im Wattenmeer: Die Ostfriesischen Inseln Borkum, Juist, Norderney, Baltrum, Langeoog, Spiekeroog und Wangerooge haben jede für sich ihren eigenen Charme. Wildromantische Dünenlandschaften mit wogendem Strandhafer beherrschen den Westen der Insel Juist, die hier im Bild zu sehen ist.

Halligen Inmitten der Nordsee, zwischen Föhr, Amrum und der Halbinsel Eiderstedt, liegen die kleinen Halligen – Reste der alten Festlandmarschen aus grauer Vorzeit, als die Küstenlinie noch weiter westlich verlief. Die bekannteste ist Hooge mit dem Königspesel, einem Museum friesischer Wohnkultur.

Nordfriesische Inseln Beliebte Urlaubsparadiese im hohen Norden Deutschlands: Aus ehemaligem Geestland entstanden die drei Nordfriesischen Inseln Sylt, Föhr und Amrum. Im Bild zu sehen ist eine weithin erkennbare Landmarke: der Leuchtturm am Ostellenbogen auf Sylt.

Nationalparks Wattenmeer Lebensraum für Vögel, Seehunde, Krabben, Kegelrobben und Watvögel. Im Bild: Gezeitenpriele und Rippelmarken im Wurster Watt bei Nordholz.

Greetsiel Malerisch liegen die Zwillingsmühlen am Ende des Fischerhafens, der – wie viele andere Orte auch – seine Entstehung der Anlage von Kanälen und Sielen verdankt.

Jever Friesisch-herb, friesisch-schön: Markant überragt der barocke Turmaufbau das Schloss der einstigen Residenzstadt. Enge Gassen laden ein zum Bummeln.

Eiderstedt Das idyllische Bauernhaus »Roter Haubarg« bei Simonsberg gehört zum Eiderstedter Heimatmuseum.

Oldenburg Wahrzeichen der Stadt ist der Lappan – ein 1468 erbauter Turm einer nicht mehr existierenden Kapelle. Klassizistische Repräsentationsbauten prägen das Erscheinungsbild der einstigen großherzoglichen Residenz, die von Wasserläufen und Wallanlagen umgeben ist.

Hamburg Zahlreiche Kanäle, die sogenannten »Fleete«, durchziehen die ausgedehnte historische Speicherstadt. Dieser gewaltige Lagerhauskomplex aus Backstein wurde gegen Ende des 19. Jahrhunderts auf der Brookinsel errichtet.

Emden In der Ratsdelft liegt das Feuerschiff »Deutsche Bucht«. Dahinter erhebt sich das Alte Rathaus des kulturellen und wirtschaftlichen Zentrums Ostfrieslands.

Bremen Große Freiheit aus Stein: Mit Baldachin ist der Roland beinahe 10 Meter hoch. Die steinerne Figur des Ritters mit Schwert und Schild symbolisiert die Gerichtsbarkeit und die Stadtfreiheit der Hansestadt Bremen.

Worpswede Der Maler Heinrich Vogeler, einer der Mitbegründer der Künstlerbewegung, die Worpswede zum »Weltdorf der Kunst« machte, erwarb dort 1895 den Barkenhoff (hier im Bild) und baute ihn zum Jugendstilgebäude um. Bis zum Ersten Weltkrieg war der einstige Bauernhof Mittelpunkt der Kolonie.

Papenburg Holland im Emsland: Zahlreiche Brücken führen über malerische Grachten. Die jahrhundertealte Schiffsbautradition Papenburgs setzt heute die Meyer Werft fort. Historische Vorbilder werden im Schifffahrtsfreilichtmuseum ausgestellt.

Die Alte Salzstraße verdankt ihren Namen dem blühenden Salzhandel im Mittelalter. Von Lüneburg über Mölln bis nach Lübeck wurde das Salz an die Ostsee transportiert, wo es von den Heringsfängern, die den ganzen Ostseeraum versorgten, als Konservierungsmittel eingesetzt wurde. Von unschätzbarem Wert war das »weiße Gold« deshalb für die hansischen Kaufleute, deren parallel zur Ostseeküste verlaufende Hanse-Route Lübeck mit den alten Hansestädten Mecklenburg-Vorpommerns verbindet.

Blick auf den Hafen von Rostock, die größte Stadt Mecklenburg-Vorpommerns, an der Mündung der Warnow in die Ostsee

Die ideale Einstimmung auf unsere Reise ist ein Besuch des Deutschen Salzmuseums in Lüneburg, wo unsere Route beginnt. Aber nicht nur Lüneburg als Zentrum der Salzproduktion ist eine Reise wert, auch die weiter nördlich gelegenen Orte sind lohnende Reiseziele. Über die Schifferstadt Lauenburg fahren wir weiter nach Mölln, der Stadt Till Eulenspiegels, besuchen Ratzeburg, die Stadt Heinrichs des Löwen, und gelangen schließlich nach Lübeck, dem »Tor zur Ostsee« und ehemaligen Hauptort der Hanse.

Die Hanse war ein mächtiger Bund, zu dem sich fast 100 Städte vorwiegend aus dem Nord- und Ostseeraum, aber auch aus Flandern, Preußen, Sachsen, Westfalen zusammengeschlossen hatten. Während ihrer Blütezeit im Hochmittelalter beherrschte die Hanse den gesamten Seehandel im Ostseeraum. Mit ihren Schiffen, den geräumigen Hansekoggen, transportierten die Kaufleute Tuche aus Flandern, Wein aus Frankreich und Spanien, Felle und Pelze aus dem Baltikum und Russland sowie Salz aus Lüneburg. An dem höchst einträglichen Handel partizipierten auch die Städte der »wendischen Gruppe« der Hanse, die an dieser Route liegen: Lübeck, Wismar, Rostock, Stralsund, Greifswald und Anklam. Gewaltige Hafenspeicher, hohe Giebelhäuser mit kunstvollen Blendfassaden in den Stadtzentren sowie mächtige Backsteinkirchen, wie sie etwa in den Altstädten von Lübeck, Wismar oder Stralsund zu bestaunen sind, zeugen noch heute vom einstigen Wohlstand der Hansestädte.

Von Lübeck geht es zwischen sanft gewellten Rapsfeldern durch den Klützer Winkel, wo die namengebende Gemeinde Klütz die literarische Vorlage abgab für den fiktiven Ort Jerichow aus Uwe Johnsons berühmtem Roman »Jahrestage. Aus dem Leben der Gesine Cresspahl«. In politischer und ökonomischer Hinsicht war das Land bis ins 20. Jahrhundert hinein stark feudal geprägt. Eine Reminiszenz aus der großagrarisch-feudale Vergangenheit dieses Landstrichs sind die zahlreichen Herrenhäuser und Schlösser, von denen in den vergangenen Jahren viele in Hotels der gehobenen Klasse verwandelt wurden. Bisweilen ragt auf einer Erhebung eine Windmühle empor, in den Dörfern ducken sich niedrige Bauernkaten, von denen einige noch (oder inzwischen wieder) Reetdächer tragen. Hier wie auch an vielen anderen Abschnitten weiter östlich ist die Ostseeküste noch weitgehend unverbaut. An bewaldeten Steilufern und einsamen, unspektakulären Sandstränden findet der Besucher

noch wirkliche Ruhe und Erholung. Der Tourismus – inzwischen die Haupteinnahmequelle der Region – konzentriert sich hier in nur wenigen traditionsreichen Seebädern wie Boltenhagen, Rerik, Kühlungsborn, Warnemünde, Ahrenshoop und Prerow. Zwischen Wismar und Rostock liegt das älteste Seebad Deutschlands, die 1793 nach englischem Vorbild gegründete »Weiße Stadt am Meer« Heiligendamm.

Historische Segelboote im Hafen des Künstlerdorfs Ahrenshoop

Ein einzigartiges landschaftliches Kleinod bildet der Nationalpark Vorpommersche Boddenlandschaft zwischen Darß und Rügen. »Bodden« nennt man durch Halbinseln und Inseln vom offenen Meer fast völlig abgeschnürte flache Buchten, die meist von Schilf umgeben und Rückzugsgebiet Zigtausender von Vögeln sind. Durch das permanente Wirken von Wind und Wetter verschieben sich in dieser Übergangszone immer wieder die Grenzen von Land und Meer, entstehen Untiefen, tauchen Sandbänke auf und versinken wieder.

Von der Hanse-Route aus lohnen sich Abstecher zu den Ostseeinseln Poel, Hiddensee, Rügen und Usedom. Rügen, die größte deutsche Insel, bietet mit dem Nationalpark Jasmund und seinen Kreidefelsen einzigartige Naturschönheiten, und auf Usedom locken die zu neuem Leben erwachten klassischen Seebäder Heringsdorf, Bansin und Ahlbeck, die einstige »Badewanne Berlins«.

Lübeck Am Holstenhafen an der Untertrave – im Hintergrund die Marienkirche der altehrwürdigen Hansestadt – liegen historische Segelschiffe vertäut. Über die Trave ist Lübeck an die Ostsee angebunden. Die von Wasser umgebene und von gotischer Backsteinarchitektur geprägte Altstadt gehört zum Weltkulturerbe der UNESCO.

Rostock Wirtschaftliches Zentrum der nordostdeutschen Ostseeküste ist Rostock, die größte Stadt Mecklenburg-Vorpommerns. Als Mitglied der Hanse erlebte sie bereits im 14. und 15. Jahrhundert eine erste Blüte. Die Marienkirche (rechts im Bild) wurde zwischen 1260 und 1450 errichtet.

Lüneburg Der bereits 1336 erwähnte Alte Kran an der Ilmenau diente zur Salzverladung. Die Barockfassade des Alten Kaufhauses zeugt wie viele andere Bauten vom Reichtum der alten Salzstadt.

Wismar Das Wassertor am Hafen von Wismar, der seit über 750 Jahren für die Ostseeschifffahrt von überregionaler Bedeutung ist. Das mittelalterliche Stadtbild blieb weitgehend erhalten.

Insel Poel Ein Damm über den Breitling – eine nur einen Kilometer schmale Meeresstraße – verbindet seit dem Jahr 1760 die Insel Poel mit dem Festland. Kirchdorf mit seiner Backsteinkirche aus dem 14. Jahrhundert, umgeben von den Wallanlagen der ehemaligen Festung, ist der Hauptort der Insel. Am Strand bei Timmendorf steht ein alter Leuchtturm.

Lüneburger Heide Im 1921 gegründeten Naturschutzpark Lüneburger Heide rund um den Wilseder Berg breiten sich noch Heideflächen mit Zwergsträuchern, Wacholder und der im Spätsommer blühenden Besenheide aus. Heidschnucken (Schafe) tragen zum Erhalt der Landschaft bei.

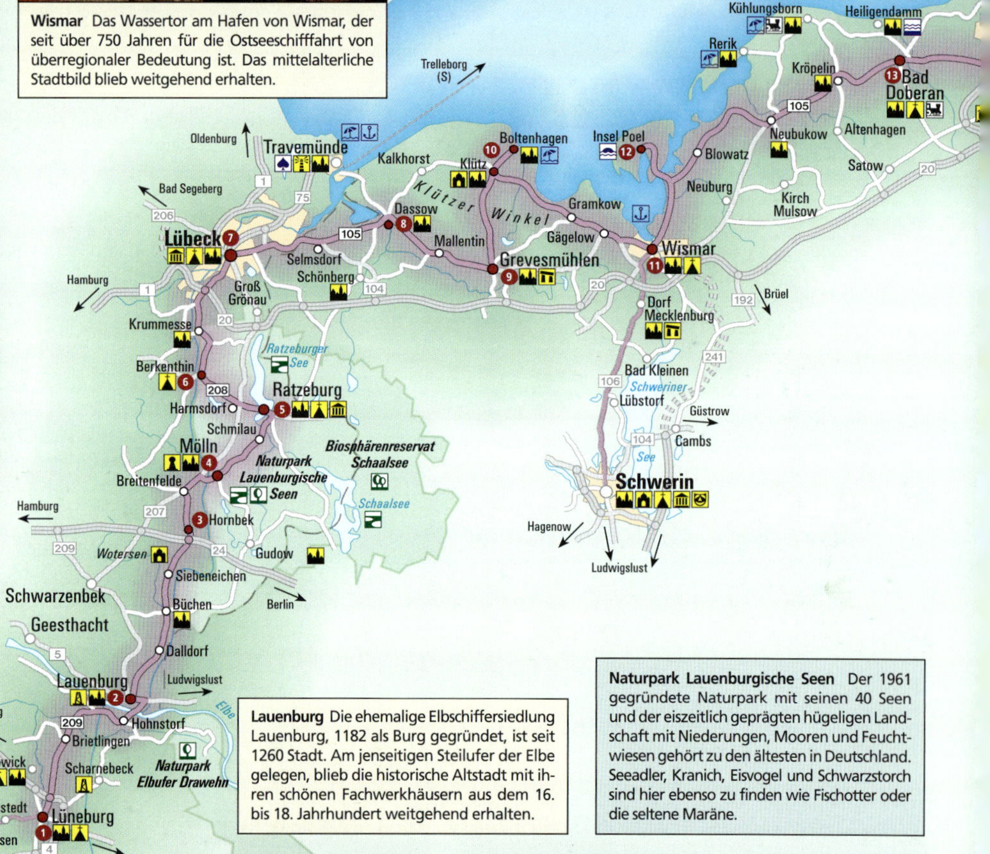

Lauenburg Die ehemalige Elbschiffersiedlung Lauenburg, 1182 als Burg gegründet, ist seit 1260 Stadt. Am jenseitigen Steilufer der Elbe gelegen, blieb die historische Altstadt mit ihren schönen Fachwerkhäusern aus dem 16. bis 18. Jahrhundert weitgehend erhalten.

Naturpark Lauenburgische Seen Der 1961 gegründete Naturpark mit seinen 40 Seen und der eiszeitlich geprägten hügeligen Landschaft mit Niederungen, Mooren und Feuchtwiesen gehört zu den ältesten in Deutschland. Seeadler, Kranich, Eisvogel und Schwarzstorch sind hier ebenso zu finden wie Fischotter oder die seltene Maräne.

Naturpark Elbufer Drawehn Rad-, Wander- und Reitwege führen rechts und links des großen Stroms entlang zu den Sehenswürdigkeiten der Natur, die als UNESCO-»Biosphärenreservat Flusslandschaft Elbe« besonderen Schutz genießt.

Ratzeburg Der Ratzeburger Dom, ein 1160 begonnener Backsteinbau, prägt das Antlitz der 1062 erstmals urkundlich erwähnten Stadt.

Schwerin Eines der bedeutendsten Baudenkmäler aus dem 19. Jahrhundert in Mecklenburg-Vorpommern ist das märchenhaft anmutende Schweriner Schloss mit Türmchen und Erkern und dem barocken Schlossgarten, dem Mittelpunkt der alten Residenzstadt.

Ribnitz-Damgarten Mitten durch die »Bernsteinstadt« verläuft die Grenze zwischen Mecklenburg, wozu Ribnitz gehört, und dem vorpommerschen Damgarten. Die historische Altstadt lädt zum Bummeln ein; einen Besuch wert ist das Bernsteinmuseum.

Rügen Im äußersten Norden der mit 926 Quadratkilometer Fläche größten Insel Deutschlands liegt Kap Arkona, das man am besten zu Fuß erkundet. Ein Wanderweg führt von Putgarten aus zum Kap mit seinem 46 Meter hohen Leuchtturm und dem gleich daneben aufragenden Schinkelturm.

Nationalpark Vorpommersche Boddenlandschaft Seit 1990 geschützt, gehören u. a. die Halbinsel Darß-Zingst, die Insel Hiddensee und Teile von Rügen zum Nationalpark.

Hiddensee Der Leuchtturm von Dornbusch auf Hiddensee, auch »Perle der Ostsee« genannt. Erreichen kann man die autofreie Insel nur mit dem Schiff von Stralsund oder Rügen aus. Abwechslungsreiche, weitgehend unberührte Landschaften, Dünen und Strände locken viele Besucher an.

Nationalpark Jasmund In der letzten Eiszeit stauchten Inlandgletscher die im Untergrund anstehende Kreide und ältere eiszeitliche Schichten zu einem Höhenrücken auf, der heute bis zu 161 Meter über der Ostsee emporragt. Vor 6000 Jahren stieg der Meeresspiegel auf sein heutiges Niveau, Hochgebiete wie Jasmund wurden zu Inseln. Durch die abtragende Wirkung von Wellen und Strömungen entstanden markante Steilufer.

Peenemünde Von 1936 bis 1945 war der beschauliche Ort Entwicklungsstätte für Raketenwaffen (V1, V2), von 1945 bis 1989 ein Militärstützpunkt des Warschauer Paktes für Marine- und Luftstreitkräfte. Ein Informationszentrum dokumentiert die technischen Errungenschaften und die Lage der Zwangsarbeiter, die die todbringenden Waffen bauen mussten.

Stralsund Die einstige Bedeutung der Hansestadt spiegelt sich im Stadtbild wider. In den mittelalterlichen Straßenzügen überwiegt die Backsteingotik. Viele Bürgerhäuser stammen aus der Zeit zwischen dem 15. und dem 19. Jahrhundert. Das »Venedig des Nordens« ist UNESCO-Weltkulturerbe.

Greifswald Ihre Entstehung verdankt die Universitätsstadt den reichen Salzvorkommen (Stadtrecht 1250). Die Dächer werden überragt von der Marienkirche, einer Hallenkirche aus dem 14. Jahrhundert. Der Backsteinbau des Doms St. Nikolaus aus dem 13. bis 15. Jahrhundert gehört zu den schönsten in Mecklenburg-Vorpommern.

Anklam Um 1283 war die Stadt Mitglied der Hanse. Ihre Bedeutung verdankt sie der günstigen Lage an der Peene. Von der alten Befestigung zeugt heute noch das prächtige Steintor. Nach der Marienkirche sollte man unbedingt noch das Otto-Lilienthal-Museum besuchen.

Seebad Ahlbeck Die Seebrücke ist die älteste der deutschen Ostseeküste. 1882 errichtete man eine hölzerne Plattform, 1898 einen Seesteg mit Schiffsanleger. Darauf entstanden zwei gegenüberliegende Aufbauten, die nach 1905 miteinander verbunden wurden.

Abtauchen ins Mittelalter, Eintauchen in die Welt von Kaisern und Königen, Fürsten und Rittern, Bischöfen und Mönchen – all das erwartet den Reisenden entlang der beiden Ferienstraßen, die durch Niedersachsen und Sachsen-Anhalt führen und ganz im Zeichen der Romanik stehen. Die Kirchen, Klöster und Burgen des Mittelalters haben ihren ganz eigenen Reiz und bestechen durch ihre klaren Bauformen in vollendeter Harmonie.

Hoch aufragend über den Fachwerkhäusern Quedlinburgs: die romanische Basilika des Frauenstifts

Architektur ist steingewordene Geschichte. So lässt sich an der deutschen Baukunst des Mittelalters ablesen, wie das Heilige Römische Reich Deutscher Nation versuchte, politisch und kulturell an das Römische Reich anzuknüpfen. Kaiser Karl der Große griff für seine 805 geweihte Pfalzkapelle in Aachen auf das Vorbild der Kirche San Vitale in Ravenna aus dem 6. Jahrhundert zurück. Otto I. ließ für den Magdeburger Dom antike Säulen aus Italien herbeischaffen und einbauen. So konstruierte man sich seinerzeit eine kulturelle Kontinuität. Kunst legitimierte Herrschaft. Glücklicherweise verfehlte diese Kulturpolitik ihr Ziel. Gewollt war eine Wiedergeburt der Antike, geschaffen aber wurde etwas völlig Neues. Am Ende stand die Loslösung von den antiken Vorbildern und die Grundlegung einer neuen, eigenständigen Kultur in der Mitte Europas.

So entdeckte man beispielsweise die antike Basilika wieder. Das war in der Antike ein Gebäude für profane Zwecke, das als überdachter Markt oder als Gerichtsgebäude diente. Das frühe Christentum beförderte diesen Bautypus zur Urform seiner Kirchenbauten. Doch die eigentliche architektonische Karriere der Basilika begann erst im frühen Mittelalter. Die längsgerichtete Bauform mit hohem Mittelschiff und niedrigeren Seitenschiffen wurde dann für über 1000 Jahre in zahlreichen historischen und regionalen Variationen zum Grundtypus der Kirchenbauten. Diese hier nur knapp skizzierte Geburt Mitteleuropas aus dem Geist der Antike ereignete sich im Früh- und Hochmittelalter, also in jener Epoche, für die sich in der Kunstgeschichte im 19. Jahrhundert die Bezeichnung »Romanik« durchgesetzt hat. Die kunsthistorischen Zeiteinteilungen sind leider nicht einheitlich. Zur groben Orientierung: Das Jahrhundert nach der Kaiserkrönung Karls des Großen im Jahr 800 ist nach ihm benannt – karolingisch. Es schließt sich die Epoche der ottonischen oder frühromanischen Kunst an, benannt nach Otto I., dem Großen; sie erstreckt sich vom Beginn des 10. bis zur Mitte des 11. Jahrhunderts. Es folgt die Epoche der Romanik, die sich in Deutschland mit der Frühgotik überschneidet und etwa bis zur Mitte des 13. Jahrhunderts dauert. Wer eine Zeitreise in das Mittelalter unternehmen und sich die steinernen Zeugnisse jener Epoche, die eindrucksvollen Kirchen, Klöster und Burgen, anschauen möchte, reist am besten in eine der romanisch geprägten Kulturlandschaften. Das ist in Deutschland neben dem Rheinland vor allem Sachsen-Anhalt mit dem angrenzenden Niedersachsen. Kreuz und quer durch diese Region führt die hier vorgeschlagene Route. Zwei Bauwerke am Anfangs- und am Endpunkt der Tour markieren Beginn und Ausklang der romanischen Epoche. In Hildesheim ist die ottonische Benediktiner-Klosterkirche St. Michael ein absolutes Muss. An diesem Kirchenbau lassen sich die charakteristischen Elemente einer frühromanischen Basilika exemplarisch studieren. Der Magdeburger Dom wurde 937 von Otto I. gestiftet; 1207 brannte das Gotteshaus ab. Mit dem Neubau entstand nach französischen Vorbildern der erste gotische Kirchenbau auf deutschem Boden. Allerdings setzte sich der neue Stil nicht gleich in reiner Form durch, vielmehr blieben zahlreiche Bauelemente spätromanisch. Übrigens überstanden die aus Italien importierten antiken Säulen den Brand und fanden in der neuen Kirche wieder ihren Platz. Kulturpolitische Kontinuität blieb Trumpf.

Goslar Die Kaiserpfalz, der fast 1000 Jahre alte Palast des Salierkaisers Heinrich III., gehört wie die mittelalterliche Altstadt Goslars und das nahe Bergwerk Rammelsberg, in dem einst Silbererz abgebaut wurde, zum UNESCO-Weltkulturerbe.

Braunschweig Burgplatz mit Dom St. Blasius und Burglöwe. Die erste frei stehende romanische Skulptur wurde unter Heinrich dem Löwen 1166 errichtet.

Havelberg Die noch heute erkennbare Verbindung romanischer und gotischer Elemente im Dom St. Marien, nach 20-jähriger Bauzeit 1170 geweiht, entstand beim Umbau im gotischen Stil nach einem Brand 1279.

Hildesheim UNESCO-Weltkulturerbe ist auch die romanische Kirche St. Michael in Hildesheim. Die fast 1200 Jahre alte Stadt hat seit 1989 wieder ihren grandiosen Marktplatz.

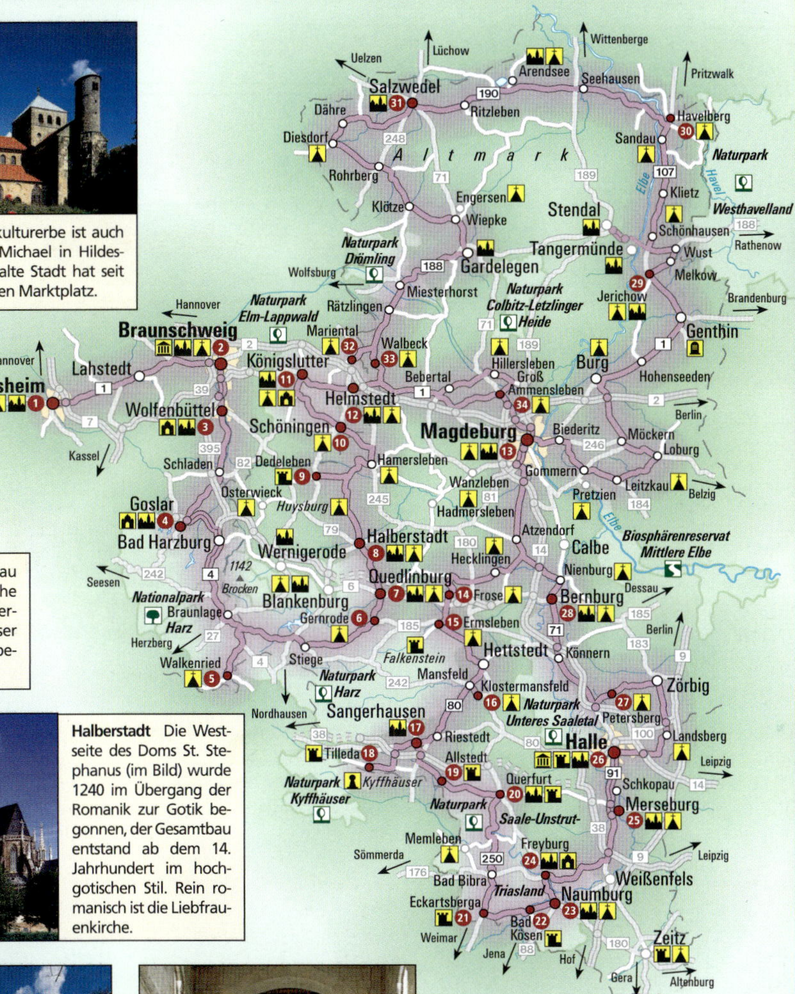

Magdeburg Der Dom (13./14. Jahrhundert) überragt die Dächer von Magdeburg. Im nahen Kloster Unserer Lieben Frauen findet man das früheste deutsche Brunnenhaus.

Königslutter Mit dem Bau der romanischen Stiftskirche St. Peter und Paul (»Kaiserdom«), gestiftet von Kaiser Lothar III., wurde 1135 begonnen.

Halberstadt Die Westseite des Doms St. Stephanus (im Bild) wurde 1240 im Übergang der Romanik zur Gotik begonnen, der Gesamtbau entstand ab dem 14. Jahrhundert im hochgotischen Stil. Rein romanisch ist die Liebfrauenkirche.

Petersberg Ab 1130 wurde die Stiftskirche, eine dreischiffige Basilika, auf dem Petersberg errichtet (1565 abgebrannt, 1853 fast originalgetreu wieder aufgebaut).

Gernrode Die romanische Stiftskirche St. Cyriakus in Gernrode entstand im 10. Jahrhundert und ist eine der ältesten Kirchen in Sachsen-Anhalt. Innen findet sich eine Nachbildung des Grabes Christi.

Quedlinburg In der Stadt Heinrichs I. birgt die romanische Stiftskirche St. Servatius aus dem 12. Jahrhundert wertvolle Kunstschätze.

Freyburg Schloss Neuenburg wurde erstmals 1062 auf einem Bergsporn im Südosten von Freyburg erbaut, dem größten Ort im unteren Unstruttal und zugleich Weinhauptstadt des Saale-Unstrut-Gebietes. Umbauten erfolgten vom 16. bis zum 18. Jahrhundert.

Naumburg Der Dom St. Peter und Paul mit seinen lebensgroßen Stifterfiguren (1250) machte die Stadt – eine der schönsten in Mitteldeutschland – berühmt.

In einem halbkreisförmigen Bogen Mitteldeutschlands zwischen Bayreuth, Eisenach, Wittenberg und Dresden begegnet dem Reisenden eine außerordentliche Fülle von Zeugnissen deutscher Kultur und Geistesgeschichte. So haben hier Reformation und Weimarer Klassik, Meininger Theater und die Wagner-Festspiele ihren Ursprung. Maßgeblichen Anteil an dieser Entwicklung hatten Vertreter der Herrschaftsdynastie der Wettiner, die diese Region über ein halbes Jahrtausend lang prägten.

Die beiden Dichterfürsten Johann Wolfgang von Goethe und Friedrich Schiller vor dem Deutschen Nationaltheater in Weimar

Anfang und Ende der Wettiner verlieren sich im historisch Ungesicherten. So ist etwa ungeklärt, wer der Ahnherr des später so bedeutenden Fürstenhauses war. Jedenfalls waren die frühen Wettiner kämpferische Naturen, die im Zuge der deutschen Ostkolonisation in das Gebiet der slawischen Sorben zwischen Saale und Elbe vordrangen. Das politische Ende der Wettiner wurde mit der Revolution von 1918 besiegelt. Nach einer Anekdote soll der letzte König von Sachsen, Friedrich August III., im November 1918 mit der flapsigen Bemerkung »Macht euern Dreck doch alleene!« abgetreten sein.

Eine Sensation war 1996 die Entdeckung des Schatzes der Wettiner. In mehreren Kisten verstaut wurde er im Wald des Schlosses Moritzburg bei Dresden gefunden. Der Schatz war im Winter 1945 vor den anrückenden sowjetischen Truppen versteckt und vergraben worden.

Auf unserer Tour durch Mitteldeutschland stoßen wir immer wieder auf die Spuren bedeutender Vertreter dieser Adelsdynastie, die die politischen und kulturellen Geschicke ihrer Zeit bestimmten. Friedrich I., der Streitbare, gründete 1409 die Universität in Leipzig. Kurfürst Friedrich III. ließ 1521 den vogelfreien Luther zum Schein entführen und zu dessen Schutz auf die Wartburg bringen. August der Starke, König von Polen und als Friedrich August I. Kurfürst von Sachsen, beförderte zu Beginn des 18. Jahrhunderts mit Nachdruck die Erfindung des Porzellans. Herzog Georg II., der »Theaterherzog«, machte die kleine Residenzstadt Meiningen Ende des 19. Jahrhunderts zum europäischen Zentrum fortschrittlicher Theaterkunst.

Auf Porzellanfliesen: der Fürstenzug im Stallhof in Dresden

Zwar verläuft unsere Route entlang der offiziellen »Fürstenstraße der Wettiner«, einer Ferienstraße, die 1993 ins Leben gerufen wurde, sie geht thematisch jedoch weit über die Geschichte des Fürstengeschlechts hinaus und erschließt eine mitteleuropäische Region von einzigartiger historischer und kulturgeschichtlicher Vielfalt und Bedeutung. In Thüringen stimmt sie weitgehend mit der Klassikerstraße sowie der von Frankfurt nach Leipzig führenden Goethestraße überein.

Wem nun der Kopf schwirrt vor lauter Geist und Genie, der kann bei einer Wanderung im Thüringer Wald abschalten. Doch selbst hier ist der Geist der Klassiker präsent, nicht zuletzt in Form eines Goethe-Wanderweges. Johann Wolfgang von Goethe war hier häufiger Gast, und auf dem 861 Meter hohen Kickelhahn schrieb der Meister sein berühmtes Gedicht »Über allen Gipfeln ist Ruh.«

Wartburg Die hoch über bewaldeten Höhen aufragende Wartburg ist nicht nur Symbol deutscher Burgenromantik, sondern auch Schauplatz deutscher Geschichte. Walther von der Vogelweide nahm hier am Sängerkrieg teil, und Martin Luther übersetzte in der Lutherstube 1522 das Neue Testament.

Erfurt Den Domplatz der Landeshauptstadt Thüringens beherrscht das imposante Ensemble von Dom und Severikirche. Im Turm des 1174 bis 1476 errichteten gotischen Doms hängt die größte freischwingende mittelalterliche Glocke der Welt. Nach einer aufwendigen Sanierung 2004 ertönt die »Gloriosa« wieder in ihrem alten Klang.

Weimar Lucas Cranach d. Ä. wohnte einst in dem nach ihm benannten Haus am Markt (links im Bild). Später wurde die Weimarer Klassik mit Goethe und Schiller zum Namensgeber einer ganzen Epoche.

Leipzig Messen, Verlage und Handel bestimmten schon im 18. Jahrhundert die Entwicklung der Stadt. Heute beeindruckt Leipzig durch vorbildlich restaurierte Messehäuser und Passagen. Weitere herausragende Gebäude sind der größte Kopfbahnhof Europas und die Thomaskirche, an der Bach als Kantor wirkte.

Gotha Wahrzeichen der Stadt ist Schloss Friedenstein mit dem barocken Ekhoftheater samt historischer Bühnenmaschinerie. Vom Schloss gelangt man vorbei an der Wasserkunst zur Altstadt mit Renaissancerathaus und Cranach-Haus.

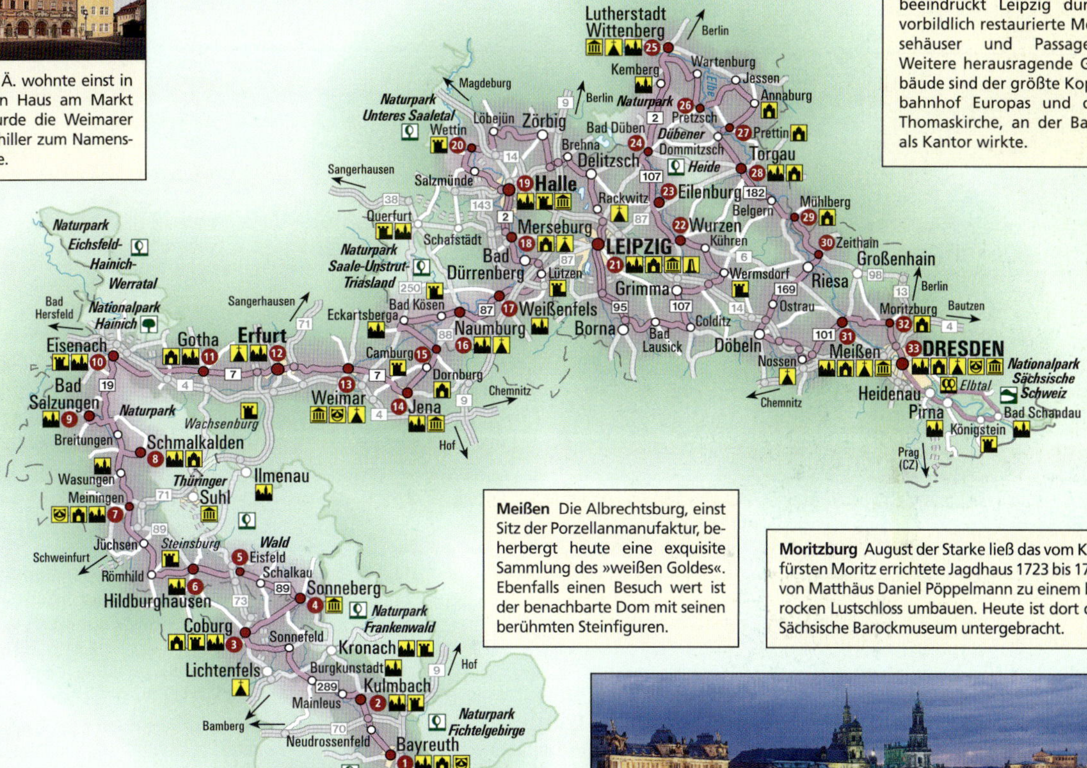

Eisenach Die um 1150 im Schutze der Wartburg entstandene Stadt ist bis heute untrennbar mit großen Namen deutscher Kultur und Geschichte verbunden, vor allem mit Martin Luther (Aufenthalt 1498–1501) und dem hier geborenen Johann Sebstian Bach.

Meißen Die Albrechtsburg, einst Sitz der Porzellanmanufaktur, beherbergt heute eine exquisite Sammlung des »weißen Goldes«. Ebenfalls einen Besuch wert ist der benachbarte Dom mit seinen berühmten Steinfiguren.

Moritzburg August der Starke ließ das vom Kurfürsten Moritz errichtete Jagdhaus 1723 bis 1733 von Matthäus Daniel Pöppelmann zu einem barocken Lustschloss umbauen. Heute ist dort das Sächsische Barockmuseum untergebracht.

Dresden Ihren Ruf als »Elbflorenz« verdankt die sächsische Hauptstadt den zahlreichen Bauwerken von kunsthistorischem Rang. Hier fällt der Blick über die Elbe auf die Brühl'schen Terrassen, den Hausmannsturm, die katholische Hofkirche und die Semperoper.

Meiningen Einst war dies eine der Theatermetropolen Deutschlands. Unter der Leitung des »Theaterherzogs« Georg II. erlebte das Hoftheater eine einzigartige Blüte und erlangte Vorbildfunktion im deutschsprachigen Raum. Das Theatermuseum vermittelt einen Einblick in diese kunstsinnige Epoche.

Coburg Eine der größten Burganlagen Deutschlands ist die über Coburg thronende Veste. Hier hielt sich im Jahr 1530 Martin Luther auf. In Coburg selbst sind vor allem das Stadthaus mit seiner prächtigen Renaissancefassade sowie die auf das 14. Jahrhundert zurückgehende Morizkirche eine ausführliche Besichtigung wert.

Sächsische Schweiz Eine der imposantesten Felsformationen im Elbsandsteingebirge ist die Bastei, deren Felstürme 1851 durch eine Steinbrücke verbunden wurden. Hier bietet sich ein einmaliger Ausblick auf das 200 Meter tiefer gelegene Elbtal.

Der Wolf und die sieben Geißlein, Dornröschen, Rapunzel, Rotkäppchen – wer kennt sie nicht, die Figuren aus den Märchen der Brüder Grimm, die unsere Kindheit einst so verzaubert haben! Entlang der Deutschen Märchenstraße, die auf verschlungenen Wegen von Hanau nach Bremen führt, kann man sich auf die Spuren der Titelhelden und ihrer Schöpfer begeben. Aufgelockert wird unsere Märchentour im Abschnitt zwischen Höxter und Hameln durch einen Abstecher zur Straße der Weserrenaissance.

In reizvoller Lage am Fuße des Burgbergs: das beschauliche Fachwerkstädtchen Schwalenberg südlich von Bad Pyrmont

Fast 200 Jahre ist es her, dass die drei Bände eines Werks erschienen, das sich bald zu einem Best- und Longseller entwickeln sollte. Auch heute noch stehen sie in vielen Kinderzimmern: die »Kinder- und Hausmärchen« der Brüder Jacob und Wilhelm Grimm, bekannter unter der Kurzbezeichnung »Grimms Märchen«. Die darin versammelten rund 200 Märchen hatten die beiden Brüder im Gebiet des heutigen Hessen durch Befragung von Gewährsleuten zusammengetragen. Dabei waren sie von der romantisch geprägten Vorstellung ausgegangen, dass im Gedächtnis des einfachen und ungebildeten Volkes ein unerschlossener Schatz an Poesie und Geschichte verborgen liege, den es zu heben gelte.

Dass die von den Grimms gesammelten Märchen der urwüchsige Ausdruck einer »deutschen Volkspoesie« seien, ist allerdings selbst ein Märchen. Inzwischen konnte nachgewiesen werden, dass vor allem Wilhelm Grimm die Märchen vor der Drucklegung in erheblichem Maße sprachlich bearbeitet hat. Der sogenannte »Märchenstil« ist also weniger eine Schöpfung der »Volkspoesie« als vielmehr eine Leistung der Brüder Grimm selbst. Auch haben die beiden Herausgeber bewusst verschwiegen, dass die Informanten oft nicht einfache Bauern waren, sondern gebildete junge Leute aus dem städtischen bürgerlichen Milieu. Und schließlich stellte sich heraus, dass einige Hauptgewährsleute, so etwa Dorothea Viehmann aus Zwehren bei Kassel, die alleine den Grimms rund 40 Märchen erzählt hatte, hugenottischen Ursprungs waren. Damit lassen sich die Märchen auch auf französische Motive zurückführen und sind somit nicht der Inbegriff deutschen Mythenschatzes schlechthin.

All dies schmälert aber weder das Verdienst der Grimms, noch nimmt es den Märchen ihren Reiz. Und diese Faszination färbt auch auf die Deutsche Märchenstraße ab. Umso mehr, als die Route durch reizvolle Mittelgebirgslandschaften und beschauliche Flusstäler, durch verwinkelte Fachwerkstädtchen und vorbei an »märchenhaften« Burgen und Schlössern führt. Dabei können sowohl die Wirkungsstätten der Brüder Grimm in Hanau, Steinau an der Straße, Marburg, Kassel und Göttingen als auch die Schauplätze einiger ihrer berühmtesten Märchen besichtigt werden, so etwa das Dornröschenschloss Sababurg bei Kassel oder der Frau-Holle-Teich auf dem Hohen Meißner bei Hessisch Lichtenau.

Zwar bilden die Grimm'schen Märchen das Leitmotiv der Deutschen Märchenstraße, allerdings schließt diese auch Orte ein, die mit anderen berühmten Geschichtenerzählern und Überlieferungen verbunden sind. So stößt man beispielsweise an der mittleren Weser auf die Spuren des Lügenbarons Münchhausen in Bodenwerder und des Rattenfängers von Hameln.

Bei Höxter und Hameln bietet sich auf der Straße der Weserrenaissance – die sich auf einigen Abschnitten im Bereich der Weser mit der Deutschen Märchenstraße überlappt – ein Abstecher ins Lipper Land an. Hier lassen sich die prächtigen Bauten der Weserrenaissance bewundern, einer vor allem im Weserbergland und in Ostwestfalen-Lippe verbreiteten Spielart der Renaissancearchitektur. Baumeister wie Jörg Unkair hatten ab 1520 architektonische Anregungen aus den Niederlanden, Frankreich, Italien und Böhmen übernommen und in Städten wie Paderborn und Detmold prunkvolle Schlösser und Stadtpaläste errichtet.

Minden Stilvoll restaurierte Fachwerkhäuser in der Ritterstraße von Minden erinnern an die alte Zeit und laden ein zu einem Spaziergang durch die rund 1200 Jahre alte Bischofsstadt.

Lemgo Giebel und Erker schmücken das Renaissancerathaus mit dem Apothekenerker aus dem Jahr 1602.

Externsteine Auf dem »Hermannsweg« geht es im Teutoburger Wald zu den imposanten, zerklüfteten Sandsteinfelsen, die im Mittelalter zur Wallfahrtsstätte wurden.

Kassel Fürwahr eine märchenhafte Kulisse und Ruinenromantik pur: die Löwenburg (18. Jahrhundert) auf der Wilhelmshöhe in der Nähe von Kassel.

Fritzlar Hoch über Fritzlar ragen die Türme des Doms in den Himmel, der auf eine Gründung des hl. Bonifatius zurückgeht (heutige Anlage 11. Jahrhundert).

Hanau Auf dem Marktplatz vor dem Neustädter Rathaus erinnert die Stadt mit einem 1896 in Bronze gegossenen Denkmal an ihre bedeutendsten Söhne – die weltberühmten Märchensammler und Sprachforscher Wilhelm (rechts) und Jacob Grimm.

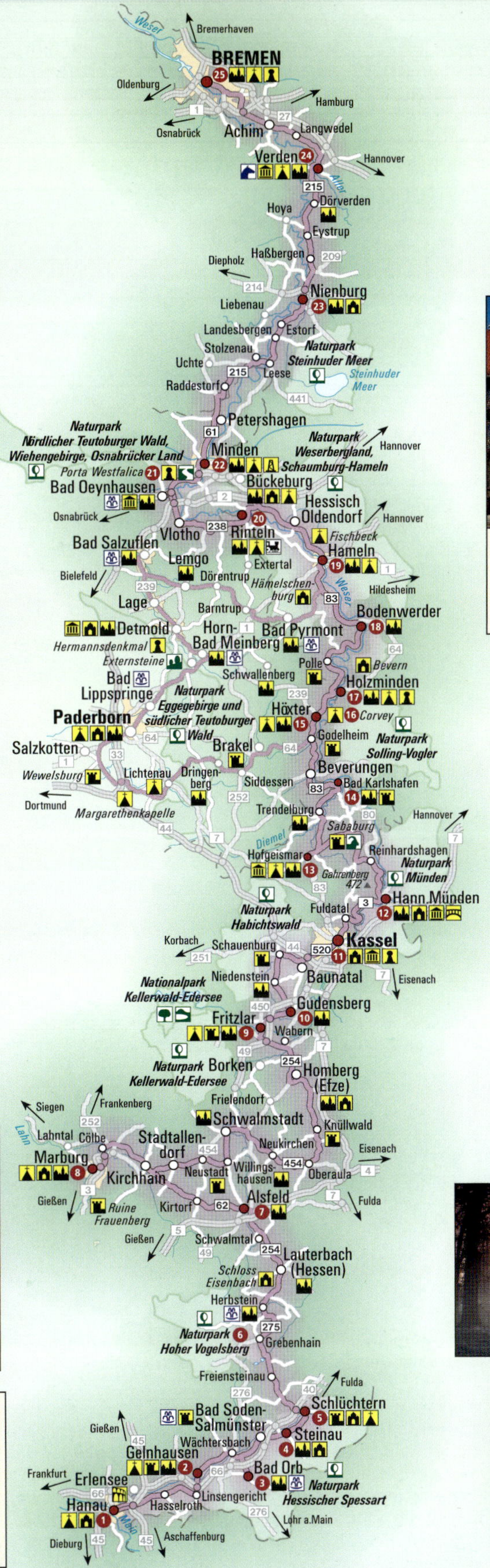

Bückeburg Ein Juwel der Weserrenaissance ist Schloss Bückeburg aus dem 16./17. Jahrhundert in der gleichnamigen ehemaligen Residenzstadt bei Minden im Schaumburger Land.

Hameln Das Leisthaus (1589) gehört zu den liebevoll gepflegten Fachwerkhäusern der Rattenfängerstadt.

Weserbergland So bezeichnet man das bis zu 500 Meter hohe bewaldete Bergland beiderseits der Weser zwischen Hann. Münden und Minden. Hier liegen auch die Schauplätze einiger ihrer berühmtesten Märchen, etwa das »Dornröschenschloss« Sababurg im Reinhardswald nördlich von Kassel. Auch wandernd, radelnd oder per Schiff auf der Weser kann man der Spur der Märchen folgen.

Hämelschenburg Ein Glanzstück der Weserrenaissance ist das im Jahr 1588 errichtete Schloss Hämelschenburg bei Hameln, bis heute im Familienbesitz.

Corvey Das ehemalige Kloster (822 gegründet) beeindruckt mit barocken Abteigebäuden und der Klosterkirche mit romanischem Westwerk.

Reinhardswald Auf den Spuren von Dornröschen wandert man im Reinhardswald, dem mit 200 Quadratkilometern größten Waldgebiet Hessens.

Alsfeld Das historische Rathaus (1512–1516) mit seiner Laubenhalle ist das Wahrzeichen der malerischen Fachwerkstadt.

Ein Hauch von Postkutschenzeit liegt über dieser Route. Die Vorzüge der Langsamkeit sind vor allem auf dem nördlichen Zweig der Deutschen Alleenstraße wiederzuentdecken: der Blick durchs geöffnete Schiebedach in die Baumkronen, ein genussvoller Halt an einem Feldweg, die Einkehr in einem Dorfkrug. Wer unter Termindruck reist, wählt besser eine andere Route. Denn viele Alleen sind eher schmal, und man sollte sich nicht wundern, wenn hier auch Radfahrer oder Wanderer unterwegs sind.

Eine der schönsten Alleen auf Rügen: die von 170-jährigen Rotbuchen gesäumte Mustitzer Allee bei Zirkow

Bäume brauchen ihre Zeit zum Wachsen. Aber eines Tages wird es vielleicht so weit sein, dass wir von Rügen bis zum Bodensee unter einem schattigen Dach von Alleebäumen fahren können, stattliche 2500 Straßenkilometer weit – rund dreimal länger als die Luftlinie. Denn drei der stärksten Verbände, für die Straßen, Autos oder Bäume seit jeher im Zentrum stehen, haben sich zur Arbeitsgemeinschaft Deutsche Alleenstraße e. V. zusammengeschlossen: der Automobilclub ADAC (Initiator dieses Projekts und somit der »Vater« der Deutschen Alleenstraße), der Deutsche Tourismusverband mit seinen Regionalverbänden und die Schutzgemeinschaft Deutscher Wald.
Die Deutsche Alleenstraße soll eine Idealroute fürs gemächliche Reisen zu den schönsten Plätzen der Natur und Kultur werden. Natürlich immer und je nach Geschmack mit der Möglichkeit, Abstecher in die reizvolle Nachbarschaft dieser Route einzulegen, die wir hier – um Überschneidungen mit anderen Kapiteln zu vermeiden – in Fulda enden lassen. Ein grünes Band durch ausgedehnte Seenlandschaften, zu bedeutenden Kulturstätten und durch die verträumten deutschen Mittelgebirgsgegenden.
Um dieses ehrgeizige Ziel zu erreichen, müssen vor allem in den alten Bundesländern noch eine ganze Menge Bäume gepflanzt werden. In den neuen Bundesländern, in Mecklenburg-Vorpommern, Brandenburg, Thüringen, Sachsen und Sachsen-Anhalt, können dagegen viele der oftmals über Jahrhunderte hin gewachsenen Alleen genutzt werden, die dort erhalten geblieben sind und nach der Wiedervereinigung bereits Tausenden von Besuchern aus dem Westen nostalgische Glückserlebnisse vermittelt haben, als sie den Reichtum der mittel- und ostdeutschen Alleenstraßen für sich entdecken durften.
Allerdings sollte man dabei auch zu besonderer Vorsicht bereit sein und eine Art Kontraststil zur Autobahnfahrt entwickeln. Vom ADAC gibt es deshalb zehn Alleen-Gebote. Am wichtigsten: Tempo runter, vor Kurven auf 60 km/h, bei dichten Baumreihen auf 80 km/h sowie allgemein bei Nässe und Laub auf der Fahrbahn; Verzicht aufs Überholen bei schmaler Straße, Vermeiden von scharfem Abbremsen auf Pflasterstrecken; auch tagsüber mit Licht fahren und besondere Aufmerksamkeit in der Morgen- und Abenddämmerung, denn das Risiko von Wildunfällen ist hier größer. Hält man sich jedoch an diese Regeln, dann beschert einem eine Fahrt auf der Deutschen Alleenstraße auch heute noch einen ganz besonderen Genuss.

Klassizistisches Schloss im Gartenreich Dessau-Wörlitz

Stralsund Das Wulflamhaus (2. von rechts) ist ein spätgotisches Kleinod im Bürgerhäuserensemble am Alten Markt von Stralsund.

Röbel Besonders Segler lieben den hübschen Erholungsort im Südwesten der Müritz als Tor zum Nationalpark Müritz: eine landschaftliche Kostbarkeit aus Sümpfen, Wiesen, Seen und Wäldern.

Goslar Zeugnis einstiger Macht: Das Kaiserhaus im Zentrum der Kaiserpfalz ist einer der bedeutendsten Profanbauten des Mittelalters.

Halberstadt Wahrzeichen der mittelalterlichen Bischofsstadt im nördlichen Harzvorland ist der Dom St. Stephanus. Die dreischiffige, gotische Basilika beherbergt einen Domschatz in Form einer Sammlung liturgischer Gewänder und Geräte.

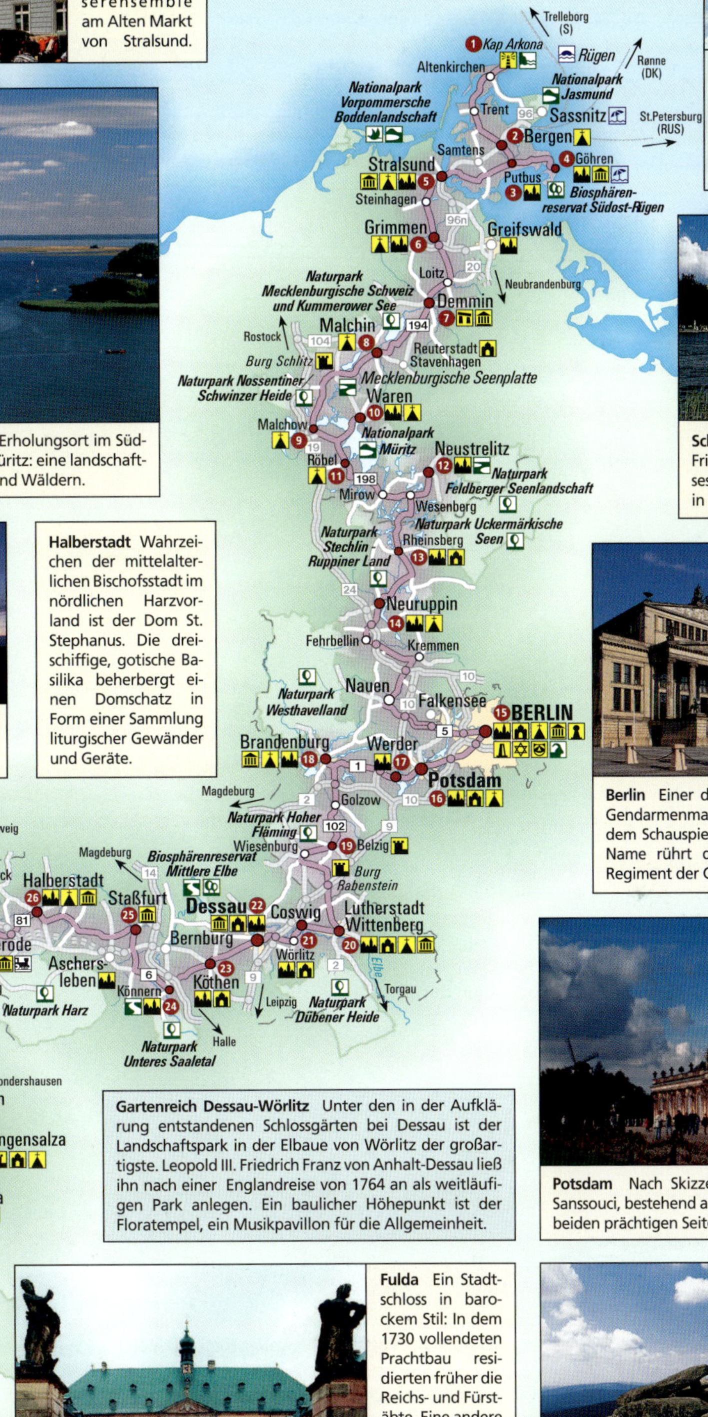

Naturpark Jasmund Das Herz des Nationalparks Jasmund ist die Stubnitz mit ihren berühmten Kreidefelsen, deren strahlendes Weiß zwischen Bäumen und Büschen kilometerweit leuchtet.

Schloss Rheinsberg Nicht nur Kronprinz Friedrich, später »der Große«, liebte dieses Schloss, auch Tucholsky verewigte es in seinem »Bilderbuch für Verliebte«.

Berlin Einer der schönsten Plätze der Stadt ist der Gendarmenmarkt mit dem Französischen Dom und dem Schauspielhaus von Karl Friedrich Schinkel. Der Name rührt daher, dass im 18. Jahrhundert ein Regiment der Gendarmen hier Ställe hatte.

Gartenreich Dessau-Wörlitz Unter den in der Aufklärung entstandenen Schlossgärten bei Dessau ist der Landschaftspark in der Elbaue von Wörlitz der großartigste. Leopold III. Friedrich Franz von Anhalt-Dessau ließ ihn nach einer Englandreise von 1764 an als weitläufigen Park anlegen. Ein baulicher Höhepunkt ist der Floratempel, ein Musikpavillon für die Allgemeinheit.

Potsdam Nach Skizzen König Friedrichs II. wurde Schloss Sanssouci, bestehend aus dem zentralen Marmorsaal und den beiden prächtigen Seitenflügeln (1745–1747).

Fulda Ein Stadtschloss in barockem Stil: In dem 1730 vollendeten Prachtbau residierten früher die Reichs- und Fürstäbte. Eine andere barocke Sehenswürdigkeit ist der von Dientzenhofer 1704 bis 1712 erbaute Dom mit den Reliquien des hl. Bonifatius.

Nationalpark Harz Weite Ausblicke, dunkle Fichtenwälder, bizarre Felsen und Hochmoore prägen diesen Nationalpark. Sagen wissen von Hexen zu berichten, die hier ihr Unwesen getrieben haben sollen. Im Bild die Felsformation »Hexenaltar«.

Vor wenigen Jahrzehnten noch hätte es sich kaum jemand vorstellen können, im Land der Fördertürme und Schlote auch Ruhe und Erholung zu finden. Doch heute sind Bergbau und Schwerindustrie im Ruhrgebiet weitgehend Geschichte und allenfalls Gegenstand nostalgischer Erinnerungen. Auf der Route der Industriekultur zwischen Duisburg und Hamm begegnen wir nicht nur Industriedenkmälern, sondern auch einer lebendigen Kulturlandschaft voller Überraschungen.

Übergang vom Historismus zum Jugendstil: die Maschinenhalle der Dortmunder Zeche Zollern

Einst war die Gegend zwischen den Flüssen Ruhr und Lippe eine ruhige, idyllische Agrarlandschaft. Doch dann geschah es – ein Schweine hütender Hirtenjunge wollte sich ein wärmendes Lagerfeuer machen und richtete eine Feuerstelle mit achtlos gesammelten schwarzen Steinen ein. Und siehe da: Die Steine brannten besser als das Holz. Die Steinkohle war als Energierohstoff entdeckt. Mit der Idylle und Ruhe war's von nun an vorbei.
So der Gründungsmythos des Bergbaus an der Ruhr, wie ihn jedes Kind des Ruhrpotts in der Schule lernt. Historisch lässt sich der Abbau von Kohle vom Mittelalter an nachweisen. Im 19. und frühen 20. Jahrhundert entstand mit der Erfindung der Dampfmaschine, dem Import von Eisenerz und der Zuwanderung von Millionen Arbeitskräften jener Ballungsraum des Bergbaus und der Schwerindustrie namens Ruhrgebiet. Fördertürme, Hochöfen und rauchende Schlote waren für viele Generationen die Symbole wirtschaftlicher Stärke, sie versprachen Wohlstand und soziale Sicherheit. Heute sind sie, soweit noch erhalten, museale Erinnerungsstücke in einer moderner Technologie und im Dienstleistungsbereich sucht.
Wer hierher reist, will Denkmäler der Industrie und Technik besuchen, die die alte Zeit spürbar werden lassen. Das sind stillgelegte Zechen mit Fördertürmen, etwa die be-

Wasserschloss Haus Bodelschwingh in Dortmund

weitläufigen Erlebnis- und Erholungslandschaft zwischen Ruhr und Lippe, zwischen Duisburg und Hamm. Die Route der Industriekultur lädt ein zu einer »unsentimentalen Reise« durch diese Region, die heute ihre ökonomischen Chancen in rühmte »Zeche Zollverein« bei Essen. Diese Meisterleistung moderner Industriearchitektur galt seinerzeit als die »schönste Zeche des Ruhrgebiets« und beherbergt heute Kulturinstitutionen. Das sind ehemalige Stahlwerke mit Hochöfen wie der »Landschaftspark Duisburg-Nord«, in dem alljährlich das Musikfestival »Traumzeit« stattfindet. Oder der Gasometer bei Oberhausen: Mit 116 Meter Höhe ist er nicht nur ein Aussichtsturm mit großartigem Panoramablick, sondern auch Kulturtempel mit wechselnden Ausstellungen.
Wer seine Reise in den Ruhrpott entsprechend plant, kann auch eines der bekannten Festivals »mitnehmen«, so im Mai die Internationalen Kurzfilmtage Oberhausen, im Juni die Ruhrfestspiele in Recklinghausen oder im grauen November die Tage alter Musik in Herne. Ganzjährig locken nicht nur Ausstellungen zur Technikgeschichte, sondern auch eine Reihe bedeutender Museen moderner Kunst, so das Lehmbruck-Museum in Duisburg, die Villa Hügel und das Museum Folkwang in Essen oder das Museum am Ostwall in Dortmund.

Landschaftspark Duisburg Nord Eine spektakuläre Lichtinszenierung des britischen Künstlers Jonathan Park verwandelt die 1985 stillgelegte Meidericher Eisenhütte im Landschaftspark Duisburg in eine Lichtskulptur.

Duisburg Ruhrort Der historische Hafenstadtteil von Duisburg heißt Ruhrort und kann auf über 1100 Jahre Geschichte zurückblicken. Bereits im Mittelalter gab es hier einen Stapelplatz für die Rheinschifffahrt, und noch heute prägen viele Brücken das Stadtbild.

Herne Das malerisch gelegene Wasserschloss Strünkede mit seinem schönen Park beherbergt heute einen Teil des regionalgeschichtlichen Emschertalmuseums.

Schiffshebewerk Henrichenburg Acht Kilometer westlich von Waltrop liegt am Dortmund-Ems-Kanal das Schiffshebewerk Henrichenburg, ein Wunderwerk der Technik und heute Industriedenkmal.

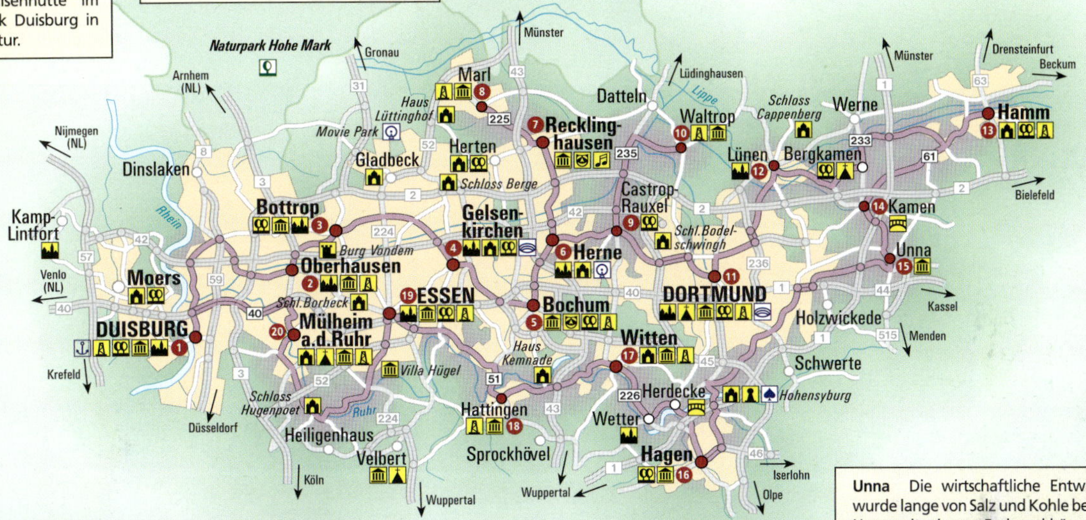

Unna Die wirtschaftliche Entwicklung Unnas wurde lange von Salz und Kohle bestimmt. An die Hansezeit erinnern Fachwerkhäuser zu Füßen der evangelischen Stadtkirche (Ursprünge im 16. Jahrhundert). Mit der Lindenbrauerei (1859) stand in Unna auch die traditionsreichste Brauerei im Pott.

Essen Rauchende Schlote und Kohleförderung gehören auch in Essen inzwischen der Vergangenheit an. Aus illuminierten Zechen werden Kultur-Events wie die Kokerei Zollverein, die seit dem Jahr 2001 zum Weltkulturerbe der UNESCO gehört.

Bochum Das Deutsche Bergbau-Museum gilt als das weltweit bedeutendste seiner Art. Von den Aussichtsplattformen des 72 Meter hohen Fördergerüsts hat man einen fantastischen Blick über Bochum und das Ruhrgebiet.

Hohensyburg Teils aus Ruhrsandstein gefertigt wurde das Kaiser-Wilhelm-Denkmal (1893–1902) in Dortmund/Hohensyburg.

Ruhrtal Weite Auen, Feuchtwiesen und Brutgehölze kennzeichnen das Ruhrtal mit seinem Wechselspiel von steilen Ufern und sanften Hängen. Wanderwege und Radfahrrouten laden dazu ein, das Erholungsgebiet mitten im Pott immer wieder neu und anders zu erleben.

Dortmund Nur knapp vor dem Abriss bewahrt werden konnte das Alte Hafenamt (1898) in Dortmund, das leicht erhöht auf der nördlichen Rampe der Stadthafenbrücke steht und einfahrenden Schiffern schon von Weitem als Erkennungsmerkmal diente.

Am größten Ballungsraum Deutschlands zunächst vorbei und dann mitten hinein führt unsere Route, in eine geschichtsträchtige Region, in ein Land der Gegensätze und in eine liebliche Landschaft, die schon die Römer zu schätzen wussten. Ihnen verdankt Mitteleuropa zwei der ältesten seiner Städte: Köln und Xanten. Münster ist deutlich jünger, doch verdiente es sich mit seiner religiösen und kulturellen Bedeutung die Ehrenbezeichnung eines »Roms des niederdeutschen Raumes«.

Romanik und Gotik am Kölner Rheinufer: Dom und Groß St. Peter hell erleuchtet über der Altstadt

Karneval, Kohle, Kölner Dom – das fällt wohl den meisten Menschen außerhalb Nordrhein-Westfalens zu diesem Bundesland ein. Vielleicht noch Kunst.
Karneval: Wer ihn mag, muss mitmachen, wer ihn nicht mag, flüchtet. Der rheinische Karneval ist kompromisslos. Wer sich in den »närrischen Tagen« auf die Reise begibt, sollte sich beschränken: auf Karneval, Kneipen, Kölsch.
Kohle: Die ausgewählte Tour weist nur einen Berührungspunkt mit dem Ruhrgebiet auf. Das ist die Stadt Dorsten mit ihrer Steinkohlezeche. Ansonsten beschreibt unsere Route einen Bogen um den Kohlenpott.
Kölner Dom: Wie kein zweites Bauwerk weit und breit symbolisiert das gewaltige Gotteshaus die historische und kulturelle Bedeutung der Region. Allein seine unmittelbare Nachbarschaft ist ein rheinischer Kosmos im Kleinen: Hohenzollernbrücke und Hauptbahnhof, Wallraf-Richartz-Museum, Römisch-Germanisches Museum. Vor- und Frühgeschichte, römische Zeit, Mittelalter und Neuzeit, gerade auch die jüngere Zeitgeschichte, haben zahllose Zeugnisse hinterlassen. Allein die Archäologie ist eine Reise wert: Xanten war nach Köln die zweitgrößte römische Stadt Niedergermaniens. Der Archäologische Park Xanten bringt dem Besucher diese ferne Vergangenheit auf eindrucksvolle Weise näher. Für das Mittelalter ist Köln mit seiner Vielzahl romanischer und gotischer Kirchen erste Wahl. Im Münsterland und am Niederrhein erwarten den Reisenden mehr als hundert erhaltene Wasserschlösser. Im Hinblick auf die moderne Architektur empfiehlt sich Düsseldorf.

Wasserschloss Nordkirchen, das »Westfälische Versailles«

Kunst: Rheinland und Ruhrgebiet sind nach New York die weltweit wichtigste Region für zeitgenössische Kunst. Bedeutende Museen finden sich in Krefeld, Düsseldorf, Köln, Bonn sowie als Besonderheit Schloss Moyland bei Kleve; die Museen in Mönchengladbach und Essen lohnen Abstecher. Eine wahre Perle, aus der Verbindung von Kunst und Landschaft hervorgegangen, ist die Museumsinsel Hombroich bei Neuss. In den Bereichen Theater und Musik locken hochkarätige Festivals wie etwa an Pfingsten das Jazzfestival in Moers.
Im Verlauf der Route durchquert oder streift man reizvolle Landschaften wie das Naturschutzgebiet am Xantener Altrhein. Ein besonderes Schauspiel bietet sich im Winter am Niederrhein, wenn hier sibirische Wildgänse Station machen. Zuweilen trifft man auch auf Szenerien, die an Gemälde alter holländischer Meister erinnern – nicht nur wegen der Windmühlen, die am weiten Horizont auftauchen. Als Pferdeparadies und Land der Wasserschlösser gilt das Münsterland, wo etwa im Merfelder Bruch noch eine Herde von rund 300 Wildpferden lebt.

Schloss Anholt Die Ursprünge des heute als Hotel genutzten, auf zwei Inseln errichteten Wasserschlosses an der niederländischen Grenze bei Isselburg gehen bis in das 14. Jahrhundert zurück.

Schloss Raesfeld Raubritter hausten schon im 12. Jahrhundert auf der damaligen Burg Raesfeld. 1643 bis 1658 erhielt die Anlage ihre heutige Gestalt, 1922 begann man mit der Restaurierung.

Münster Nach seiner Zerstörung im Jahr 1943 wurde der 162 Meter lange Prinzipalmarkt mit seinen Dreistaffelgiebelhäusern originalgetreu wiederhergestellt. Heute bildet er das Herzstück der charmanten Westfalenmetropole.

Kleve Wahrzeichen der »Lohengrin-Stadt« ist die Schwanenburg, die bis ins 12. Jahrhundert zurückreicht.

Kalkar Das dreigeschossige Rathaus der einstigen Hansestadt beherrscht den von Patrizierhäusern gesäumten Marktplatz.

Schloss Nordkirchen Von Wassergräben und einer barocken Parkanlage umgeben, gilt Schloss Nordkirchen als das »Westfälische Versailles«.

Xanten Der Hafentempel und das Amphitheater im Archäologischen Park Xanten zeugen von der römischen Vergangenheit.

Schloss Benrath Zehn Kilometer südöstlich von Düsseldorf liegt in einem schönen Park das 1756 von Nicolas de Page entworfene Rokokoschloss. Neben der prachtvollen Innenausstattung im Mittelbau sind auch das Museum für Europäische Gartenkunst und das Museum für Naturkunde sehenswert.

Düsseldorf »Jan Wellem«, Kurfürst Johann Wilhelm II. von Pfalz-Neuburg (1679–1716), ließ sich vor dem Rathaus (16. Jahrhundert) ein Denkmal errichten. Großzügige Park- und Stadtanlagen des Klassizismus prägen das Antlitz der Rheinmetropole.

Köln Mit dem Bau des Kölner Doms – ein heute zum Weltkulturerbe der UNESCO gehörendes Meisterwerk der Hochgotik mit 157 Meter hoher Zweiturmfassade – wurde 1248 begonnen; 1880 war er dann erst vollendet. Die von den Römern gegründete Stadt am Rhein war im Mittelalter die größte und bedeutendste Stadt im deutschsprachigen Gebiet.

Schloss Augustusburg Als Meisterwerk des Rokokos gefeiert wird Schloss Augustusburg in Brühl, UNESCO-Weltkulturerbe, das ab 1725 auf den Ruinen einer Wasserburg entstand.

Bonn Mittelpunkt der Altstadt ist der Marktplatz mit dem 1738 fertiggestellten Alten Rathaus, dessen Grundstein Kurfürst Clemens August legte.

Auf der Fahrt vom Sauerland über Siegen und Limburg durch das Lahntal nach Koblenz passiert man schmucke Fachwerkstädtchen und zahlreiche Seen. Das Sauerland ist das Haupterholungsgebiet für die Bewohner des Ruhrgebiets – ein Land mit Bergen, Tälern und Talsperren. Das Lahntal gilt als eines der schönsten Flusstäler Deutschlands. Bei Koblenz bietet sich noch ein Abstecher zur Kannenbäckerstraße an.

Wiesen, Wälder und beschauliche Dörfer – so präsentiert sich das idyllische Sauerland.

Das Sauerland ist eigentlich das »Söderland«, das »Südland« Westfalens. Es befindet sich südlich des »Ruhrpotts« und bildet einen denkbar starken Kontrast zu dessen urbaner Landschaft. Unsere Tour beginnt mit einem Juwel aus dem Herbst des Mittelalters: Soest. Es gehörte einst zu den bedeutendsten Städten des Heiligen Römischen Reiches. Das Sauerland südlich von Soest ist übersät mit Talsperren – wie etwa denjenigen von Henne-, Sorpe- und Biggesee oder der Versetalsperre –, deren älteste noch vom Ende des 19. Jahrhundert stammen. Sie versorgen die umliegenden Großstädte mit Strom und Trinkwasser und sind nebenbei beliebte Naherholungsgebiete. Traurige Berühmtheit erlangte die Möhnetalsperre, die 1943 von den Briten zerstört wurde. Die Flutwelle kostete damals mehr als 1100 Menschen das Leben.

Schon vor hundert Jahren war das Sauerland ein Wanderparadies, das vor allem junge Leute anzog. Der Altenaer Lehrer Robert Schirrmann sann darüber nach, wie und wo man den Jugendlichen eine billige Unterkunft zur Verfügung stellen könnte. So entstand in der Burg über der Stadt Altena die erste Jugendherberge der Welt, und vom Sauerland aus verbreitete sich die Jugendherbergsbewegung über die ganze Welt.

Blühende Rapsfelder vor den blauen Wassern des Möhnesees

Weiter südlich liegt das Siegerland, aufgrund seines Erzreichtums einst eine Bergbauregion. Die Tradition des Hüttenwesens reicht dort bis in vorrömische Zeit zurück. Östlich davon passiert man an den südlichen Ausläufern des Rothaargebirges das Quellgebiet von Sieg und Lahn. Die Lahn mäandert hier in einem weiten Bogen zum Rhein und legt dabei mehr als 200 Kilometer zurück, obwohl zwischen Quelle und Mündung nur 80 Kilometer Luftlinie liegen.

Bei Biedenkopf wechselt die Route in die Nebentäler von Aar und Dill und trifft bei Wetzlar wieder auf die Lahn, die den Reisenden dann bis zum Ziel Koblenz begleitet. Wetzlar und das weiter flussabwärts gelegene Limburg sind gleichermaßen sehenswert mit malerischer Altstadt, verwinkelten Gassen und Barockgebäuden. Selbst wer nicht jede Kirche sehen will, sollte auf alle Fälle beim Dom zu Limburg Halt machen.

Die Kannenbäckerstraße beginnt 15 Kilometer nordöstlich von Koblenz und führt auf einer Schleife durch den südwestlichen Westerwald. Hier findet man vielerorts die Verwitterungsprodukte feldspat- und glimmerhaltiger Gesteine – feinen Ton. Man brennt ihn bei hohen Temperaturen, sodass das Steinzeug – nicht zu verwechseln mit Steingut! – durch Sinterung die typische glasartige Beschaffenheit des graublauen Scherbens erhält. Die Stücke werden mit Salz glasiert und erhalten ein Dekor aus tiefblauen Kobaltfarben. An der Kannenbäckerstraße gibt es noch über 30 traditionelle Eulereien – wie die Töpferbetriebe dort heißen, vom lateinischen »aula« für »Topf«. Mehrere Museen zeigen hier Zeugnisse alter und neuer Töpferkunst.

Altena Ursprung der Jugendherbergsbewegung: Auf der Burg über der Stadt Altena entstand die erste Jugendherberge der Welt.

Möhnesee Mit über zehn Quadratkilometer Wasserfläche ist der Möhnesee der größte See Westfalens. Die Talsperre ist Trinkwasserreservoir und gleichzeitig auch Naherholungsgebiet.

Soest Das Osthofentor ist das einzige noch erhaltene Stadttor der westfälischen Stadt.

Biggesee Zwischen Olpe und Attendorn erstreckt sich Westfalens größte Talsperre. Mit der Listertalsperre bildet sie ein beliebtes Ausflugsziel für Wassersportler, Radfahrer und Wanderer.

Arnsberg Auf einem von der Ruhr umflossenen Bergrücken erstreckt sich die Altstadt von Arnsberg. Ihr Stadtbild prägen Fachwerkhäuser, Probsteikirche, Rathaus und Marktplatz.

Attahöhle Im Reich des Fürsten Atta, nach dem die Tropfsteinhöhle bei Attendorn benannt ist, sind märchenhaft anmutende Sintergebilde zu bewundern.

Siegen Das Obere Schloss (13. Jahrhundert) beherbergt seit 1905 das Siegerland-Museum.

Freudenberg Der »Alte Flecken«, ein wunderschönes Ensemble restaurierter Fachwerkhäuser, steht komplett unter Denkmalschutz.

Burg Runkel Scheinbar aus dem Naturfels gewachsen baut sich die Stammburg der Grafen von Wied machtvoll oberhalb des Lahnufers auf.

Koblenz Am Deutschen Eck, der nach dem ehemaligen Deutschherrenhaus benannten Landspitze zwischen Rhein und Mosel, thront das Kaiser-Wilhelm-Denkmal. Sehenswert in der einstigen Römersiedlung sind u. a. auch das klassizistische Schloss, die Kirche St. Castor und die Festung Ehrenbreitstein.

Bad Ems Über die Lahn fällt der Blick auf das Kurhaus von Bad Ems, das schon im 14. Jahrhundert Heilbad war und später ein Bad von Weltruf wurde.

Limburg Hoch über der Lahn thront der Dom (13. Jahrhundert), ein Meisterwerk aus der Zeit des Übergangs von der Romanik zur Gotik. Zu seinen Füßen liegt die Altstadt mit engen Gassen und malerischen Fachwerkhäusern.

Was Vielfalt und Abwechslung betrifft, darf die Eifel einen Spitzenplatz unter den deutschen Mittelgebirgen für sich beanspruchen. Burgen, Kirchen und alte Städtchen mit Fachwerkhäusern besichtigen, Fossilien sammeln, Vulkanseen bestaunen, Tiere beobachten, sich in die Geschichte seit der Steinzeit versenken, Autorennen verfolgen oder einfach über stille Höhen wandern – in der Eifel kommt keine Langeweile auf. Unsere Route schlägt von Aachen aus einen weiten Bogen durch die Eifel bis Bonn.

Vor rund 10 000 Jahren bei einer vulkanischen Gasexplosion entstanden: das Weinfelder Maar, auch Totenmaar genannt

Es waren Nachwirkungen des schlummernden Vulkanismus, die Karl den Großen an den Nordrand der Eifel, nach Aachen, zogen. Dort gab es heiße Quellen zur Linderung seiner Gicht. Er blieb und errichtete seine kunsthistorisch einzigartige Pfalz, für Jahrhunderte Krönungskapelle der deutschen Könige. Die Eifel lag in der Mitte des Reiches. Ruhe bedeutete dies nicht; endlose Streitereien und Fehden suchten den Landstrich heim, und zur Freude heutiger Besucher wurden zahlreiche Burgen errichtet, deren Ruinen romantische Akzente setzen. Geologie, Geschichte, Kunst – das sind drei gute Gründe, in die Eifel zu reisen. Und wie sich zeigt, ergeben sich zwischen diesen Bereichen überraschende Beziehungen.

Die Jahrhunderte zwischen Karl dem Großen und der Gegenwart hinterließen eindrucksvolle Zeugnisse der Baukunst. Ein Juwel der romanischen Epoche ist die Abtei Maria Laach. Zumindest Reste aus gotischer Zeit finden sich in vielen Kirchen. Im Zeitalter des Barocks blühte manches Kloster wieder auf, und man erbaute neue Kirchen, zum Beispiel in Prüm. Fachwerkhäuser und prächtige Rathäuser in vielen malerischen Eifelstädtchen zeugen von bescheidenem Wohlstand, dank der einst blühenden Tuchmacherei, die aber die industrielle Revolution nicht überdauerte. Franzosen kamen, dann die Preußen. Das Land wurde arm, man nannte es das »preußische Sibirien«. Zwei Weltkriege setzten der Region schwer zu. Heute liegt die Eifel dank offener Grenzen zu Belgien und Luxemburg wieder »in der Mitte« – mit neuen Perspektiven.

Vielfältige Einflüsse des Klimas und des Gesteinsuntergrundes machen das Gebirge zu einem landschaftlichen »Flickenteppich«. Das Hohe Venn am Beginn unserer Route ist eine nordisch anmutende Hochmoorlandschaft mit sehr herben Reizen. In der Eifel wechseln Hochflächen mit Senken ab, Kalk- mit Vulkangebieten, stille Wälder mit offenen Acker- und Wiesenfluren. Am Nordrand des Gebirges warten die lieblichen Weinberge des Ahrtales, die einen hervorragenden Rotwein reifen lassen – ein Abstecher lohnt sich!

Ein Eldorado ist die Eifel für Sammler von Versteinerungen und für Vulkanfreunde. Vor 395 bis 345 Millionen Jahren wogte hier ein tropisches Flachmeer mit Korallenriffen und einer üppigen Tierwelt, deren fossile Überreste heute Glanzstücke hiesiger paläontologischer Museen sind. Und dann der Vulkanismus: Basaltkuppen findet man in einigen deutschen Mittelgebirgen, die berühmten Maare aber nur hier. Dies sind vulkanische Explosionstrichter, die sich später mit Wasser füllten und sich heute als Seen präsentieren. Zur Erkundung dieser Zusammenhänge bieten sich die geologischen Lehrpfade bei Prüm und Schönecken an. Übrigens ist der Eifelvulkanismus noch nicht erloschen: Zu den Spätfolgen gehören Mineral- und Thermalquellen. Dass der schlummernde Vulkanismus in ferner Zukunft wieder erwacht, können Geologen nicht ausschließen.

Unsere Eifelroute schließt an andere Ferienstraßen an oder kreuzt diese, etwa die »Grüne Straße Eifel-Ardennen« bei Manderscheid. Weiter nach Norden in die Kölner Bucht und ins Münsterland führt unsere Route 8. Die deutsche Wildstraße verbindet Wildparks bei Gerolstein, Daun, Klotten und Gonsdorf. Als Abstecher kann man die bereits erwähnte Ahr-Rotweinstraße erkunden, bevor unsere Route dann in der ehemaligen Bundeshauptstadt Bonn ihren Abschluss findet.

Aachen Das Kernstück des Aachener Doms ist der als Pfalzkapelle um 800 errichtete Mittelbau mit dem von Kaiser Friedrich I. Barbarossa gestifteten großen Radleuchter.

Bonn Auf dem Münsterplatz hat man Ludwig van Beethoven, dem weltberühmten Sohn der Stadt, ein Denkmal gesetzt. Das Geburtshaus des Komponisten in der Bonngasse 20 wurde als Museum eingerichtet.

Maria Laach Die Klosterkirche der 1093 gegründeten Benediktinerabtei Maria Laach, am Rande des Laacher Sees gelegen, zählt zu den vollkommensten romanischen Bauwerken in Deutschland und ist berühmt für den reichen plastischen Schmuck der Paradiesvorhalle (um 1225).

Ahrtal Die Ahr ist ein Nebenfluss des Rheins. Zu Füßen steiler Rebhänge drängen sich dicht an dicht Weinorte wie Mayschoß, Dernau oder Marienthal mit ihren Weinbergen und Burgruinen. Den Wanderfreunden sei ein Besuch dieser Orte auf einer Tour entlang des Ahr-Rotweinwegs empfohlen.

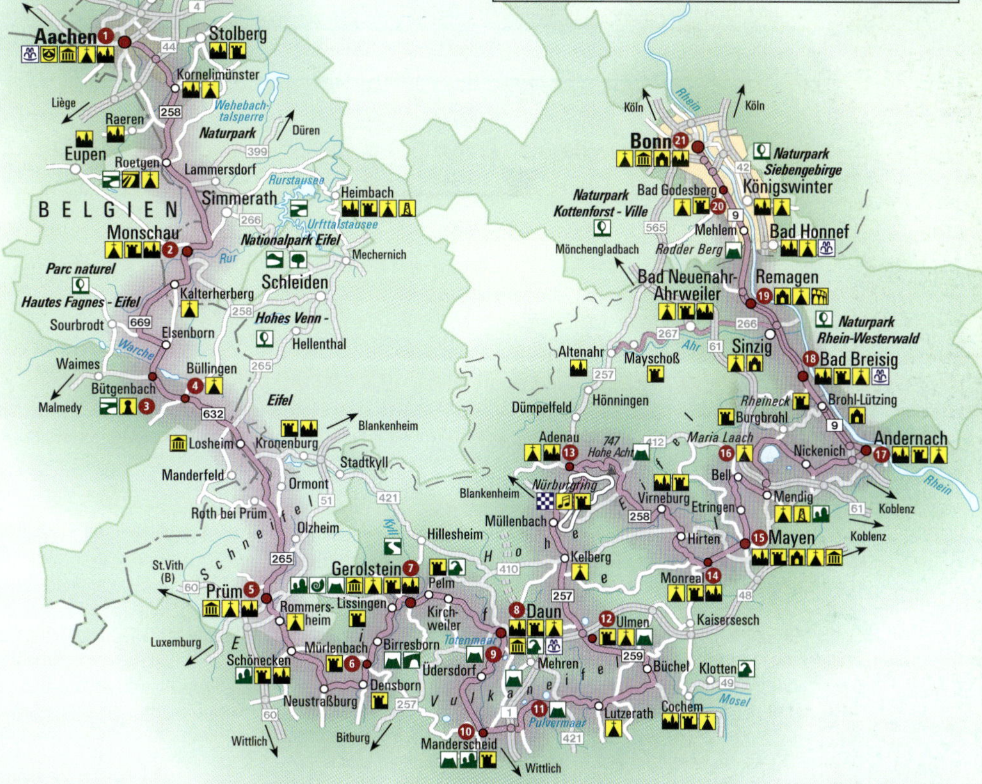

Monschau Am Fuß des Hohen Venns liegt im engen Tal der Rur das beschauliche Städtchen Monschau mit seinen hübschen Fachwerkfassaden.

Adenau Barocke Fachwerkhäuser säumen den Marktplatz. Sehenswert sind auch die Pfarrkirche (11. Jahrhundert) und das Eifeler Bauernhausmuseum am Kirchplatz.

Manderscheid Neben den Ruinen der älteren Ober- und der jüngeren Niederburg mit dem gut erhaltenen Bergfried lädt hier ein Vulkanweg zur Erkundung ein.

Weinfelder Maar Wer die Abgeschiedenheit sucht, findet sie an den stillen Kraterseen der Dauner Maare. Das Weinfelder Maar ist mit einer Wassertiefe von bis zu 51 Metern das tiefste der drei Dauner Maare.

Nürburg Auf dem »mons nore«, dem schwarzen Berg, erbauten die Grafen von Are im 12. Jahrhundert eine weitläufige Burganlage, von der nur noch eine Ruine übrig ist. Vom Bergfried aus hat man einen herrlichen Rundblick über die waldreiche Landschaft der Eifel.

Der viel besungene »deutscheste aller Flüsse«, der Rhein, zählt sicher zu den schönsten Europas. Ähnliches gilt für seinen längsten Nebenfluss, die Mosel, die am Deutschen Eck in Koblenz in den Rhein mündet. Beide Flüsse winden sich durch imposante, von mittelalterlichen Burgen und steilen Weinbergen gesäumte Täler. Immer wieder durchquert man auf dieser Tour von Trier nach Frankfurt malerische Weinorte, in denen man vor allem Rieslingweine verkosten kann.

Burg Cochem, einst Sitz der Pfalzgrafen, hoch über dem romantischen gleichnamigen Mosel-Weinstädtchen

Mit 1320 Flusskilometern ist der Rhein einer der längsten Flüsse Europas und zugleich eine der bedeutendsten Wasserstraßen des Kontinents. Der junge Rhein entspringt im schweizerischen Graubünden, durchfließt den Bodensee, »springt« bei Schaffhausen über den Rheinfall und fließt als Hochrhein weiter nach Basel. Dort wendet er sich als Oberrhein gen Norden und wird auf seinem Weg durch die Oberrheinische Tiefebene endgültig »deutsch«. Als Mittelrhein durchbricht er auf spektakuläre Weise das Rheinische Schiefergebirge, links von den Höhen des Hunsrücks und rechts von den Ausläufern des Taunus begleitet. Bei Bonn tritt er in die Niederrheinische Tiefebene hinaus. Nachdem er die Rheinmetropolen Köln, Düsseldorf und Duisburg passiert hat, verlässt der Niederrhein kurz hinter Kleve das deutsche Staatsgebiet, um nach einigen Flusskilometern in den Niederlanden schließlich in die Nordsee zu münden.

2002 wurde das Mittelrheintal zwischen Bingen und Koblenz von der UNESCO zum Weltkulturerbe erklärt – eine Hommage an die landschaftliche Schönheit des Landstrichs, aber auch Anerkennung der kulturellen, historischen und nicht zuletzt auch önologischen Bedeutung dieses Rheinabschnitts. Schließlich ist das Tal auf dieser Teilstrecke untrennbar mit dem »Rheingold« der Nibelungensage verknüpft, begleiten ihn diesseits und jenseits seiner Flussschleifen steile Berghänge mit hervorragenden Weinlagen und trutzigen mittelalterlichen Burgen. Jede Burg und fast jeder in den Fluss ragende Felsen ist mit einer Sage verknüpft – etwa jener der schönen Loreley, die durch ihren Gesang so viele Rheinschiffer in den Tod gelockt haben soll, oder derjenigen der beiden feindlichen Brüder auf Burg Katz und Burg Maus.

Aber vielleicht waren all diese Sagen und Legenden auch nur vom berühmten Rheinwein beflügelt, dessen Rebstöcke das Bild des Flusses ebenso prägen wie die zahlreichen Burgen links und rechts. Bestimmt hat der Rheinwein etwas zu tun mit der »rheinischen Fröhlichkeit«, die im Karneval geradezu förmlich explodiert. Eine moderne Rheinspezialität ist das Spektakel »Rhein in Flammen«, das mehrmals jährlich den nächtlichen Rhein zwischen Rüdesheim und Bonn mit Feuerwerkskörpern in eine Farbenflut taucht.

Ähnlich weinselig wie der Mittellauf des Rheins gibt sich auch sein vielleicht romantischster Nebenfluss, die Mosel. Der für seine malerischen Mäander bekannte Fluss entspringt als Moselle in den südlichen Vogesen, fließt bei Perl auf deutsches Territorium, markiert bis kurz vor Trier die deutsch-luxemburgische Grenze, windet sich dann zwischen Eifel und Hunsrück Richtung Nordwesten, um schließlich nach 545 Flusskilometern in Koblenz in den Rhein zu münden.

Das Moseltal ist eine jahrtausendealte Kulturlandschaft, die bereits in keltischer und römischer Zeit besiedelt war. Die Römerstadt Trier etwa blickt auf eine fast 2000-jährige Geschichte zurück. Mit Ausnahme dieser in einer Talweitung gelegenen Stadt haben sich jedoch wegen der Enge des Moseltales an seinen Ufern keine weiteren größeren Ansiedlungen entwickelt.

Vor allem im Bereich der Mittelmosel zwischen Bernkastel-Kues und Cochem wird das Landschaftsbild von den Hügeln des Rheinischen Schiefergebirges und seinen Burgen, Weinbergen und Weinorten bestimmt. Auf den teils über 50 Grad steilen Schieferhängen gedeiht die Rieslingrebe besonders gut.

Cochem Blickfang und Symbol deutscher Burgenromantik ist Burg Cochem über der gleichnamigen Stadt an der unteren Mosel. Die Burg wurde 1070 erbaut, 1689 zerstört und im 19. Jahrhundert wieder aufgebaut.

Burg Eltz Die malerisch auf einem Felsen gelegene turm- und erkerreiche Burganlage geht auf das Jahr 1160 zurück.

Bacharach und Burg Stahleck Hoch über Bacharach thront Burg Stahleck, heute eine Jugendherberge. Das am linken Rheinufer gelegene Wein- und Fachwerkstädtchen ist von einer turmreichen Stadtmauer (16. Jahrhundert) umgeben.

Moselschleife bei Bremm Die spektakuläre Flussschlinge vom Calmont aus gesehen, der steilsten Riesling-Weinlage in Europa.

Kaub Das romantische Städtchen zählt zu den bedeutendsten Weinorten am Mittelrhein. Überragt wird Kaub von Burg Gutenfels aus dem 13. Jahrhundert. Auf einer Flussinsel mitten im Rhein liegt der ehemalige Zollturm Pfalzgrafenstein, die sogenannte »Pfalz bei Kaub«, aus dem Jahre 1326.

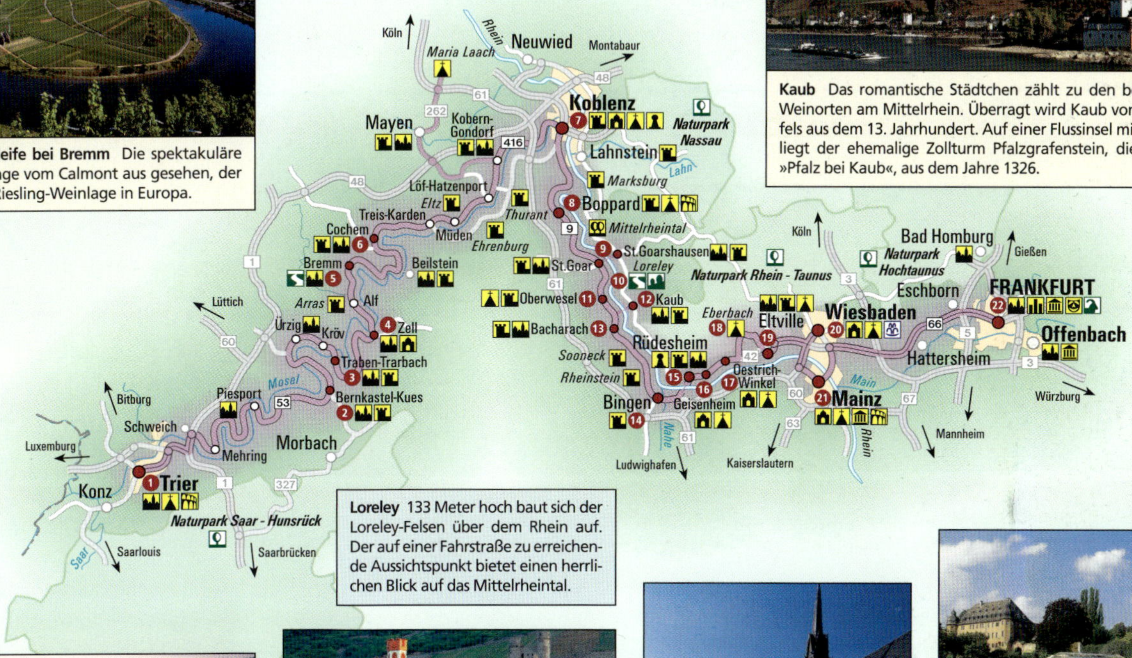

Loreley 133 Meter hoch baut sich der Loreley-Felsen über dem Rhein auf. Der auf einer Fahrstraße zu erreichende Aussichtspunkt bietet einen herrlichen Blick auf das Mittelrheintal.

Bernkastel-Kues Bis zu den Mauern der Burgruine Landshut hoch über Bernkastel-Kues ziehen sich die Weinberge hinauf.

Bingen Das bekannteste Bauwerk des Ortes ist der auf einer Rheininsel gelegene Binger Mäuseturm. Im Hintergrund Burg Ehrenfels.

Kloster Eberbach Das mittelalterliche Zisterzienserkloster erlangte seine eigentliche Bedeutung durch den Weinbau, der hier vom 12. Jahrhundert an betrieben wurde.

Rheingau Schloss Vollrads zählt zu den Höhepunkten der Rheingauer Riesling-Route. Im Bild links das Herrenhaus, rechts der Wohnturm.

Trier Über einer konstantinischen Palastanlage, die 330 durch die größte christliche Kirche der Antike überbaut wurde, erhebt sich der Trierer Dom. Der romanische Kirchenbau gehört zum UNESCO-Weltkulturerbe.

Mainz Fachwerkzeilen prägen den historischen Kern von Mainz, einer der ältesten Städte Deutschlands. Einen Besuch wert sind auch das dem größten Sohn der Stadt gewidmete Gutenberg-Museum und der Dom.

Frankfurt Einige der höchsten Gebäude Europas prägen »Mainhattans« Skyline. Sein Flughafen zählt zu den größten des Kontinents. Auch als Messe- und Bankenstandort ist Goethes Heimatstadt bedeutend. Am Mainufer entlang der Museumsmeile erwarten den Besucher mehrere Museen.

Die zunächst ostwärts von Worms über Würzburg und dann wieder westwärts zurück nach Lorsch verlaufende Rundtour folgt im Wesentlichen zwei Ferienstraßen, die thematisch eng zusammengehören und den Urmythos der Deutschen schlechthin berühren. Sie leiten ihren Namen ab von den historischen Schauplätzen der Nibelungen und der Abenteuer Siegfrieds. Am Westrand des Odenwalds bietet sich zudem eine Fahrt entlang der Bergstraße von Darmstadt bis Wiesloch an.

Weihnachtsmarkt auf dem Marktplatz von Michelstadt mit seinem spätgotischen Rathaus samt turmähnlichen Erkern

Die Sage, der die Nibelungen- und die Siegfriedstraße ihre Namen verdanken, handelt von einem Volk mit einem großen Schatz, den Nibelungen. Im zweiten Teil des Epos werden sie auch Burgunden genannt. Eine herausgehobene Rolle spielt dabei der Held Siegfried aus Xanten. Er tötet den Drachen Fafner, badet in dessen Blut und wird dadurch, bis auf eine kleine Stelle am Rücken, unverwundbar. Er kämpft gegen die Nibelungen, holt sich deren Schatz und die Tarnkappe, fährt nach Island, kämpft dort mit Brunhild – will aber nicht ihr Mann werden, obwohl sie ihn liebt. Stattdessen wirbt er um die schöne Kriemhild, die Schwester des Burgundenkönigs Gunther. Dieser wiederum begehrt Brunhild, muss aber erst seine Kräfte mit ihr messen. Siegfried soll ihm dabei helfen. So kommt es schließlich zur Doppelhochzeit. Doch Brunhild liebt Gunther nicht und argwöhnt überdies, dass es beim Wettkampf nicht mit rechten Dingen zugegangen sei. Sie liebt Siegfried, woraufhin Kriemhild eifersüchtig wird. Bei einem Jagdausflug im Odenwald ermordet Hagen, Gunthers treuer Ritter, Siegfried. Er raubt Kriemhild auch den Schatz und versenkt ihn im Rhein. Kriemhild will Vergeltung und heiratet den Hunnenkönig Etzel. Zur Hochzeit lädt sie die Burgunden nach Ungarn ein. Am Ende gehen alle Protagonisten in einem blutigen Gemetzel unter.

Im Nibelungenlied mischen sich germanische Sagen mit christlichen Elementen. Den Episoden der Sage liegen durchaus historische Ereignisse zugrunde. König Etzel etwa ist Attila, und in Dietrich von Bern erkennen wir Theoderich von Verona. In dem Umstand, dass Kriemhild den Tod ihres Geliebten Siegfried an ihrem Bruder Gunther rächt, hat man den Wechsel von der germanischen Sippen- zur Liebesbindung gesehen, wie sie sich vielleicht in jener Zeit, etwa im 6. Jahrhundert, gerade herausbildete.

Die Ereignisse liegen weit zurück, und historisch gesicherte Verbindungen zwischen den Orten unserer Tour und den Nibelungen sind eher dünn. Anders in Worms: Die Kelten nannten diese älteste Stadt Deutschlands Borbetomagus, und diese Bezeichnung ist die Wurzel des heutigen Namens. Auch im Odenwald ist »die Nibelungensage zu Hause«, wie die Fremdenverkehrswerbung suggeriert. Dies ist das Land der Fachwerkhäuser, der mittelalterlich anmutenden Städtchen mit verwinkelten Gassen. Oft thront eine Burg hoch über der Stadt. Ein Ort ist hier, entlang der Nibelungenstraße, anheimelnder als der andere: Bensheim, Lindenfels, Reichelstein, Erbach, Freudenberg, Wertheim. Am schönsten sind wohl Michelstadt mit seinem einzigartigen Rathaus und Miltenberg, das uns vor Augen führt, wie bezaubernd es sein kann, wenn nicht alles mit rechten Winkeln zugeht. Die Stationen auf der Siegfriedstraße heißen Tauberbischofsheim, Walldürn, Amorbach, Hesseneck, Beerfelden, Mossautal mit dem Lindelbrunnen, wo Siegfried gestorben sein soll, und schließlich Lorsch. Die dortige Königshalle geht auf das Jahr 764 zurück und ist damit fast so alt wie die Nibelungen.

Unweit von Lorsch verläuft die 70 Kilometer lange, von Darmstadt über Weinheim und Heidelberg nach Wiesloch führende Bergstraße. Der Name dieser Straße ist auch Bezeichnung für die Landschaft zwischen Rheingraben und Westabdachung des Odenwalds. Wie Perlen an einer Schnur reihen sich hier beschauliche Fachwerkstädtchen, mittelalterliche Burgen und alte Adelshöfe.

Darmstadt Mosaik »Der Kuss« von Friedrich Wilhelm Kleukens im Hochzeitsturm auf der Mathildenhöhe. Die aus mehreren Häusern und einem gemeinsamen Atelier bestehende Künstlerkolonie wurde um 1900 in Darmstadt von sieben Jugendstilkünstlern errichtet.

Lorsch Die karolingische Torhalle, inzwischen UNESCO-Weltkulturerbe, ist das einzige erhaltene Relikt eines 764 gegründeten Klosters.

Erbach Die Hirschgalerie in Schloss Erbach präsentiert in einem Prunksaal eine der bedeutendsten Sammlungen von Geweihen. Sehenswert ist auch der Rittersaal.

Michelstadt Das Rathaus mit seinen Turmerkern zählt zu den schönsten seiner Art. Der auf schweren Eichenpfosten ruhende Bau von 1484 ist ein Glanzstück hessisch-fränkischer Fachwerkarchitektur.

Miltenberg Das romantische Mainstädtchen erstreckt sich auf einem schmalen Uferstreifen zu Füßen der Mildenburg. Hochgiebelige Fachwerkhäuser bilden eine bezaubernde Kulisse, etwa am Schnatterloch, dem Marktplatz mit dem Renaissancebrunnen von 1583.

Amorbach Glanzpunkt des Odenwaldorts ist die 1742 bis 1747 errichtete Abteikirche mit einer der größten Barockorgeln Europas.

Wertheim Die an der Mündung der Tauber in den Main gelegene Stadt hat die Ruine einer der ältesten Steinburgen Süddeutschlands vorzuweisen (rechts im Bild). Im Vordergrund die Tauber und der runde Kittsteinturm.

Naturpark Bergstraße-Odenwald Im 1960 eingerichteten Naturpark laden zahlreiche Wanderparkplätze und -wege dazu ein, die vielfältige Fauna und Flora des Odenwalds zu erkunden.

Heppenheim Das Fachwerkrathaus mit seinem Glockenspiel ist eine der Hauptttraktionen des Städtchens an der Bergstraße.

Heidelberg Die berühmte Schlossruine überragt Heidelberg, die altehrwürdige Universitätsstadt, die als eine Wiege der deutschen Romantik gilt. Der von 1300 bis 1600 mehrfach umgebaute Komplex stellt eine höchst eigenwillige Mischung aus Burg und Schloss dar und vereint gotische und Renaissance-Elemente.

Würzburg Als ein Meisterwerk der Barockarchitektur gilt die Würzburger Residenz von Balthasar Neumann. Vor dem Palast steht der Frankoniabrunnen mit den Figuren Walthers von der Vogelweide, Tilman Riemenschneiders und Matthias Grünewalds.

Rund 60 Burgen, Schlösser und Ruinen verbindet die bereits 1954 als Ferienstraße ausgewiesene Burgenstraße zwischen Mannheim und Bayreuth miteinander. Sie führt von West nach Ost durch anmutige Fachwerkstädtchen und reizvolle Landschaften mit ständig wechselnder Szenerie. Außerdem erwarten den Reisenden rund hundert Museen entlang der Route. Im Jahr 1994 wurde die Burgenstraße jenseits der deutsch-tschechischen Grenze bis nach Prag verlängert.

Sinnbild deutscher Romantik: die Ruine des Heidelberger Schlosses hoch über Altstadt und Neckar

Die Burgenstraße nimmt beim Kurfürstlichen Schloss in Mannheim ihren Anfang und passiert in Schwetzingen und Heidelberg zunächst zwei weitere Schlösser. Erst später folgt die erste Burg, die Kaiserpfalz in Wimpfen. Tatsächlich ist diese Burgenstraße überwiegend eine Schlösserstraße. Was macht aber nun eine Burg aus, was ein Schloss?
Im frühen Mittelalter war die Burg zunächst einmal eine große Wohnanlage mit Erdwällen und Holzpalisaden, vielleicht auch schon mit Steinmauern. Sie diente den Bewohnern und den Menschen des Umlands als Fluchtburg. Solche Anlagen waren auch kirchliche Zentren. Aus ihnen entstanden später Städte – die Bezeichnung »...burg« ist heute oft noch im Ortsnamen anzutreffen, etwa bei Augsburg oder Rothenburg. Vom 12. Jahrhundert an bekamen viele Adlige das Recht, ihre Häuser zu Festungen auszubauen. So entstanden an schwer zugänglichen Stellen, wie auf Höhenzügen oder inmitten von Wasser, Festungen mit mehrfachen Wehrmauern, Zwingern (dem Raum zwischen den Mauern), Toren, Türmen, Sälen, Wohnbauten, Kapellen, Ställen und heizbaren Räumen. Man bezeichnete sie mit einem Lehnwort als Kemenaten – von camera caminata, »Kaminzimmer«.
Zu jener Zeit war der König oder Kaiser ein Reisender in Sa-

Heiligenfiguren auf dem Zwölfbotenaltar in der Jakobskirche zu Rothenburg ob der Tauber

chen Macht. Er zog dauernd im Land umher. Als Unterkunft gab es an vielen Orten eine Pfalz wie in Wimpfen oder Forchheim. Sie war meist burgartig befestigt und wurde von einem Grafen verwaltet. Mit dem Aufkommen der Feuerwaffen seit dem 14. Jahrhundert verlor die Burg als befestigter Ort allmählich an Bedeutung. Im 16. Jahrhundert war sie den Sprengmitteln nicht mehr gewachsen und wurde zum Schloss. Schlösser waren nun nicht mehr befestigt und dienten als repräsentative Residenzen. Bald wurden sie so prächtig und prunkvoll, wie es im Mittelalter die Kirchen gewesen waren. Die große Zeit der Schlösser war das Barock.

Rund 100 Museen ermöglichen längs der Burgenstraße eine Reise in die Vergangenheit. Zum Beispiel gibt das Hohenloher Freilandmuseum bei Schwäbisch Hall Einblicke in die bäuerliche Kultur von anno dazumal. Von der Flussschifffahrt erzählen das Museumsschiff in Mannheim und das Neckar-Schifffahrtsmuseum in Heilbronn. Liebhaber von Oldtimern besuchen die Sammlung des Schlosses Langenburg und das Verkehrsmuseum in Nürnberg. Auffallend ist die Zahl der Spielzeugmuseen: In Nürnberg, Coburg, Neustadt bei Coburg, Kulmbach, Gößweinstein und Rothenburg ob der Tauber kann man in die Welt der Kindheit eintauchen.

Spuren von Gefangenenschicksalen im Karzer (1778–1914) des Pedellenhauses in Heidelberg

Mannheim Der 1888 erbaute Wasserturm am Friedrichsplatz ist eines der Wahrzeichen der Stadt. Die aus dem 17. Jahrhundert stammende schachbrettartige Anlage der Innenstadt spiegelt sich wider im System der Straßennamen, die lediglich aus Buchstabe und Zahl bestehen.

Hirschhorn Die »Perle des Neckartals« wird von einer eindrucksvollen Burg überragt. Die Burgmauern werden als Stadtmauer weitergeführt. Innerhalb des Mauerrings ist vor allem das spätgotische Karmeliterkloster sehenswert.

Bad Wimpfen Von der auf einer Anhöhe hoch über dem Neckar gelegenen Oberstadt mit der Kaiserpfalz, dem weithin sichtbaren Blauen Turm und den alten Fachwerkhäusern bietet sich ein herrlicher Blick auf Fluss und Umgebung.

Ladenburg Die Mariensäule auf dem Markplatz wurde bereits um 1700 errichtet, der Brunnen kam 1976 hinzu. Die Geschichte der Stadt reicht bis in die vorrömische Epoche zurück. Ihre Blütezeit erlebte sie im Mittelalter.

Zwingenberg Hoch über dem Neckar thront die imposante Burg Zwingenberg. Die im 13. Jahrhundert erbaute Anlage ist heute im Besitz eines Nachfahren von Großherzog Karl Friedrich von Baden.

Mosbach An den südlichen Ausläufern des Odenwalds liegt dieses idyllische Städtchen, das mit seinen wunderbar renovierten Fachwerkhäusern zu faszinieren vermag. Unbedingt sehenswert ist die spätgotische Kirche St. Juliana.

Langenburg Das Schloss des über der Jagst gelegenen und mit einer Wehrmauer versehenen Städtchens bezaubert durch seinen Renaissanceinnenhof und den Barockgarten. Im Marstall ist heute das deutsche Auto-Museum untergebracht.

Schwetzingen Das prächtige Schloss wurde im 18. Jahrhundert im Barock- und Rokokostil prachtvoll ausgebaut. Sehenswert auch der von Sckell gestaltete englische Landschaftsgarten.

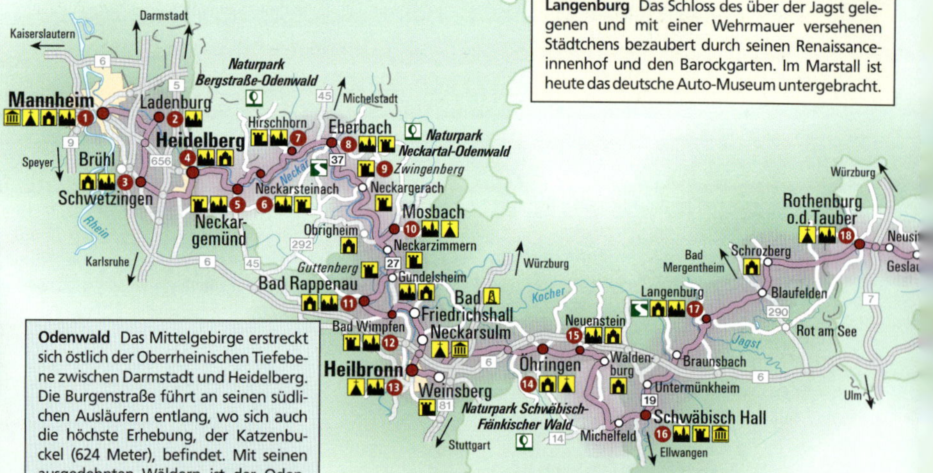

Neckargemünd Ihren Namen verdankt die Stadt der Mündung der Elsenz in den Neckar. Im historischen Stadtkern gibt es zahlreiche gut erhaltene Fachwerkbauten zu bewundern. Im Bild rechts die evangelische Kirche St. Ulrich, links die katholische Pfarrkirche St. Johannes Nepomuk.

Odenwald Das Mittelgebirge erstreckt sich östlich der Oberrheinischen Tiefebene zwischen Darmstadt und Heidelberg. Die Burgenstraße führt an seinen südlichen Ausläufern entlang, wo sich auch die höchste Erhebung, der Katzenbuckel (624 Meter), befindet. Mit seinen ausgedehnten Wäldern ist der Odenwald ein beliebtes Wandergebiet.

Heidelberg Über der Stadt thront die Ruine des kurfürstlichen Schlosses. Es wurde im 13. Jahrhundert errichtet und 1697 zerstört. Genauso berühmt ist die Alte Brücke, die in ihrer heutigen Form auf Kurfürst Karl Theodor zurückgeht. Das auf der Stadtseite gelegene Brückentor mit seinen beiden Türmen war Teil der Stadtmauer.

Heilbronn Die astronomische Uhr an der Frontseite des Rathauses ist eine der Attraktionen der Neckarstadt. Der Renaissancebau aus dem 16. Jahrhundert dominiert den Marktplatz. Ende des 19. Jahrhunderts war Heilbronn die zweitgrößte Industriestadt Württembergs; auch heute noch ist es ein bedeutender Industriestandort.

Schwäbisch Hall Die ehemalige Freie Reichsstadt fasziniert den Besucher mit ihren barocken Bürgerhäusern und den Fachwerkbauten. Die Altstadt gilt als eine der schönsten Süddeutschlands.

Coburg Das Stadthaus mit dem doppelgeschössigen Schmuckerker und der prächtigen Renaissancefassade ist die Hauptattraktion des Coburger Marktplatzes.

Kulmbach Die Plassenburg mit dem Arkadenhof ist einer der schönsten Renaissancebauten Deutschlands. Sie beherbergt ein sehenswertes Zinnfigurenmuseum.

Bayreuth Das markgräfliche Opernhaus besitzt einen der schönsten barocken Theatersäle Deutschlands, der an probefreien Tagen besichtigt werden kann. Das Opernhaus war für Wagner einer der Anlässe, nach Bayreuth zu gehen und dort sein Festspielhaus zu errichten.

Vierzehnheiligen Die prachtvolle, bei Lichtenfels gelegenen Barock-Rokoko-Kirche ist ein Meisterwerk von Balthasar Neumann. Die Altarbilder stammen vom kurfürstlichen Mainzer Hofmaler Giuseppe Appiani.

Gößweinstein Der Luftkurort steht ganz im Zeichen der gotischen Burg. Sehenswert ist auch die nach Plänen von Balthasar Neumann erbaute Wallfahrtskirche Hl. Dreifaltigkeit.

Pottenstein Reizende Fachwerkhäuser und die idyllische Lage inmitten der Fränkischen Schweiz machen den Ort zu einem beliebten Ausflugs- und Kletterziel.

Rothenburg ob der Tauber Das Rathaus am Marktplatz der mittelalterlichen Stadt zählt zu den prächtigsten im süddeutschen Raum. Rechts daneben befindet sich die Ratstrinkstube mit einer Kunstuhr.

Bamberg Die Altstadt der Bischofs- und Universitätsstadt mit dem mittelalterlichen Kaiserdom (links), der den berühmten Bamberger Reiter beherbergt, und dem alten Rathaus (vorne) gehört als Gesamtensemble zum UNESCO-Weltkulturerbe.

Nürnberg An die einstige Bedeutung der alten Reichsstadt gemahnt die Kaiserburg mit dem Turm Luginsland. Daneben zeugen zahlreiche weitere Bauwerke und Museen von Nürnbergs großer Vergangenheit, so etwa das das Rathaus von 1622, das Albrecht-Dürer-Haus oder das Germanische Nationalmuseum.

Dichter, Denker, »Viertelesschlotzer«: In keiner Region Deutschlands sind Wein und Intellekt wohl eine so enge Verbindung eingegangen wie in Württemberg, und nirgendwo lebten in Relation zur Fläche mehr Literaten, von denen die meisten einen guten Tropfen durchaus zu schätzen wussten. Unsere Route führt durch einige der reizvollsten und literarisch bedeutendsten Orte des schönen Schwabenlandes und kombiniert dabei die Schwäbische Dichterstraße mit der Württemberger Weinstraße.

Unter Herzog Carl Eugen 1763 bis 1767 südlich von Stuttgart errichtet: das Lustschloss Solitude

In Bad Mergentheim beginnt die Dichterstraße. Eduard Mörike lebte dort von 1844 bis 1851 und heiratete in dem damals gerade aufstrebenden Kurort Margarethe von Speeth. Da er immer wieder den Wohnsitz wechselte, begegnen wir ihm auf der Dichterstraße noch mehrmals – etwa in Stuttgart, wo er starb, oder in Tübingen, wo er Theologie studierte. Schöntal wäre literarisch nicht weiter bemerkenswert, wenn ein Ortsteil nicht Berlichingen hieße, Heimat des berühmten Götz. In Weinsberg liegt Justinus Kerner begraben – die in der dortigen Versuchsanstalt gezüchtete muskattönige Kernerrebe ist tatsächlich nach ihm benannt. Den Ort kennen wir aber vor allem von Gottfried August Bürgers Gedicht »Die Weiber von Weinsberg«: »... Kömmt mir einmal das Freien ein / So werde ich eins aus Weinsberg frein.« In Heilbronn spielt Heinrich von Kleists historisches Ritterschauspiel »Das Käthchen von Heilbronn«, im 19. Jahrhundert das meistgespielte Stück des Dichters.
In dem dazwischengeschalteten Abschnitt der Weinstraße von thon, sondern stammt von weiter südlich. Seine Herkunft trägt er im Namen: Er ist ein »Tirolinger« – gemeint ist damit die Vernatschrebe Südtirols. Doch auch auf der Weinstraße be-

Denkmal Annette von Droste-Hülshoffs in Meersburg

Lauffen am Neckar bis Ludwigsburg widmet man sich am besten dem Trollinger, dem Lemberger und dem Riesling. Diese Rebsorten ergeben hier die besten Weine. Der Trollinger gilt als Charakterrebe Württembergs. Aber er ist nicht etwa autochgegnet man der Literatur, denn hier kommt man durch die Schiller-Stadt Marbach mit ihrem berühmten Literaturarchiv, das ständig erweitert wird.
Zu Stuttgart gehört Gustav Schwab, den wir vor allem von seinen klassischen Sagen des Altertums kennen. Hier wurde auch Wilhelm Hauff geboren, auf dem Hoppenlau-Friedhof liegt er begraben. Als Stuttgarter Trilogie bezeichnet man zudem drei Romane von Wilhelm Raabe: »Der Hungerpastor«, »Abu Telfan« und »Der Schüdderump«. In der Universitätsstadt Tübingen kam Ludwig Uhland 1787 auf die Welt. Mitten in Tübingen verbrachte Friedrich Hölderlin die zweite Hälfte seines Lebens in zunehmender geistiger Umnachtung und bekam immer wieder Besuch von Wilhelm Friedrich Waiblinger, der ebenfalls zur Schwäbischen Schule gehörte. 1826 erschien von Wilhelm Hauff der Roman »Lichtenstein«. Er inspirierte den Grafen Wilhelm von Württemberg zum Bau der gleichnamigen neugotischen Burg, die fast so schön wie Neuschwanstein ist. Meersburg am Bodensee, das Ziel unserer Route, wurde zur zweiten Heimat von Annette von Droste-Hülshoff.

Maulbronn Fresko im Kloster Maulbronn, der besterhaltenen deutschen Klosteranlage. Hermann Hesse verewigte sie literarisch als »Marienbronn«.

Lauffen Inmitten von Weinbergen liegt Lauffen am Neckar, der Geburtsort Friedrich Hölderlins. An den Dichter erinnern das Hölderlin-Haus und die Hölderlin-Gedächtnisstätte.

Heilbronn Die bedeutende Hafen- und Industriestadt ist Zentrum eines der größten deutschen Weinbaugebiete. Sehenswert sind das Renaissancerathaus mit seiner astronomischen Uhr und die Kilianskirche.

Bad Mergentheim Im 16. Jahrhundert wurde hier das Deutschordensschloss errichtet. Nicht versäumen sollte man einen Blick in die barock Schlosskirche der für ihre Heilquellen bekannten Stadt.

Ludwigsburg In frischem Glanz strahlt das alte Corps de Logis von Schloss Ludwigsburg, das Herzog Eberhard Ludwig von Württemberg ab 1704 bauen ließ.

Marbach Der über dem Neckar gelegene Ort mit verwinkelter Fachwerk-Altstadt und Resten der Stadtbefestigung ist bekannt als Geburtsort Friedrich Schillers und Sitz des Deutschen Literaturarchivs.

Tübingen Der Neckar durchströmt die altehrwürdige Universitätsstadt Tübingen mit ihren mittelalterlichen Fachwerkhäusern, schmalen Gassen und romantischen Plätzen.

Stuttgart Hinter dem Stuttgarter Schloss befindet sich das Schiller-Denkmal am Schillerplatz. Hier soll um 950 das Gestüt »Stutengarten« gelegen haben, Ursprung und Namensgeber der Universitätsstadt Stuttgart. Umgeben von Weinbergen und Wäldern liegt die baden-württembergische Landeshauptstadt malerisch eingebettet in ein Seitental des Neckars.

Biberach Der Weiße Turm in Biberach, Teil der mittelalterlichen Stadtbefestigung, stammt aus dem 15. Jahrhundert, als Biberach schon ein Zentrum Oberschwabens war.

Schloss Lichtenstein Nach dem Abriss der alten Burg 1802 veröffentlichte Wilhelm Hauff den Roman »Lichtenstein« – Inspiration für eine neue Burg, ein Märchenschloss.

Bad Urach Mit seinen Fachwerkhäusern aus dem 15./16. Jahrhundert gehört der Marktplatz von Bad Urach zu den schönsten in Süddeutschland.

Ravensburg Nach Ulm ist Ravensburg seit jeher die wichtigste Stadt Oberschwabens. Hauptachse des von den Türmen und Toren der Stadtbefestigung eingeschlossenen mittelalterlichen Kerns ist der lang gezogene Marienplatz mit Rathaus, Waaghaus, Kornhaus. Ravensburg nennt sich zudem Stadt der Spiele – wenige Kilometer südlich liegt das Spieleland.

Meersburg »Auf der Burg haus' ich am Berge, unter mir der blaue See«: Annette von Droste-Hülshoff wohnte mehrere Jahre lang im Alten Schloss des Bodenseestädtchens mit seiner fachwerkbunten Altstadt.

Bodensee An drei Länder grenzt der 571 Quadratkilomter große und bis zu 254 Meter tiefe Bodensee: Deutschland, Österreich und Schweiz. Romantische Städte und idyllische Dörfer säumen die Ufer des »Schwäbischen Meers«, das seine Entstehung dem eiszeitlichen Rheingletscher verdankt. Dieser formte hier eine tiefe Mulde, die mit Wasser verschiedener Zuflüsse gefüllt wurde.

Oberschwaben ist ein Eldorado für Liebhaber barocker Baukunst. In der hügeligen Moränenlandschaft zwischen Ulm und Meersburg, zwischen Schwäbischer Alb und Allgäuer Alpen, zwischen Donau, Bodensee und Iller erwartet den Reisenden eine Fülle von prächtigen Schlössern, Klöstern und Kirchen vor allem im Barockstil.

Vollendetes Gesamtkunstwerk des Rokoko: die Klosterbibliothek Bad Schussenried (1749–1763)

Bereits um das Jahr 1965 entstanden erste Pläne, die barocken Kleinode Oberschwabens durch Ausweisung einer entsprechenden Ferienstraße besser zu vermarkten. Bald stellte sich heraus, dass die barocken Sehenswürdigkeiten dieser Region zu zahlreich und zu weit gestreut sind, als dass sie durch eine einzige Route allein erschlossen werden könnten. So kristallisierten sich nach und nach eine Hauptroute und drei Nebenrouten heraus.
Ulm an der Donau ist Ausgangs- und Endpunkt der Hauptroute, die als Rundstrecke über Biberach, Bad Wurzach, Isny, Friedrichshafen, Weingarten, Steinhausen, Zwiefalten und Blaubeuren verläuft. In Riedlingen zweigt die Westroute ab, die über Meßkirch, Birnau und Meersburg nach Friedrichshafen führt. Die Ostroute zwischen Rot an der Rot und Kißlegg macht einen Schlenker ins bayerische Schwaben mit den Höhepunkten Memmingen, Ottobeuren und Kempten. Die Südroute schließlich mit den Stationen Konstanz, St. Gallen,

Putte im Kloster Zwiefalten

Bregenz und Lindau umrundet auf Schweizer und österreichischem Terrain den Bodensee. So verbindet das Symbol des gelben Putto auf grünem Untergrund – das offizielle Emblem der Oberschwäbischen Barockstraße – auf mehr als 500 Straßenkilometern die Sehenswürdigkeiten der Region.
Es sind aber nicht nur die Klöster und Kirchen, die den kulturellen Reichtum der Region begründeten. Neben einigen bedeutenden Burgen und Schlössern wie in Bad Wurzach, Kißlegg oder Meersburg findet sich entlang der Oberschwäbischen Barockstraße eine bemerkenswerte Häufung von einstmals Freien Reichsstädten, die unabhängig von weltlichen und geistlichen Herren agieren konnten. In Ulm, Biberach, Memmingen, Wangen, Leutkirch, Ravensburg, Kempten, Isny und Lindau hatte sich schon früh ein selbstbewusstes Bürgertum herausgebildet, das seinen durch Handel erwirtschafteten Reichtum durch die Errichtung repräsentativer Bürger- und Rathäuser nach außen dokumentierte.
Neben dem Kunstgenuss bietet die Oberschwäbische Barockstraße auch eine abwechslungsreiche Landschaft, die auf ihre Weise die üppigen und sinnlichen Formen des Barocks vorwegzunehmen scheint. Im nördlichen Abschnitt bei Blaubeuren und Zwiefalten streift die Ferienstraße noch die schrofferen Kalksteinformationen des Schwäbischen Juras, ehe sie dann südlich der Donau allmählich in die sanft geschwungene Moränenlandschaft des westlichen Voralpenlandes übergeht. Zwischen den Hügeln, Riedgebieten, Mooren, Viehweiden, Wäldern und den Flusstälern von Iller, Riß und Schussen schlängelt sich die Oberschwäbische Barockstraße kurvenreich durch die Landschaft.
Den südlichen Abschluss der Tour bildet die durch intensiven Wein- und Obstbau geprägte Bodenseeregion, die sich – bedingt durch mildes Klima, Seepanorama und hügelige Uferlandschaft – durch südliches Ambiente auszeichnet.

Wiblingen Prächtig ausgestattet ist das Innere des ehemaligen Benediktinerklosters Wiblingen (1093 als Reformkloster gegründet, Neubau der Klosterkirche 1772). Vor allem der Bibliothekssaal im Klostergebäude prunkt in üppigstem Barock.

Ulm Unübersehbar ragt das Ulmer Münster in den Himmel über der im Zweiten Weltkrieg stark zerstörten, heute aber wieder hergestellten Altstadt. Der Kirchturm des ab 1377 errichteten Münsters ist mit 161 Meter Höhe der höchste der Welt.

Bad Wurzach Das im barocken Stil errichtete Treppenhaus mit seinem monumentalen Deckenfresko macht das von 1723 bis 1728 erbaute Bad Wurzacher Schloss zu einem architektonischen Juwel an der Oberschwäbischen Barockstraße.

Naturpark Obere Donau Dank seiner landschaftlichen Schönheit und Naturvielfalt ist das Durchbruchstal der Oberen Donau ein Eldorado für Wanderer, Radfahrer, Kletterer und Kanuten. Als geologische Sensation gelten die faszinierenden Donauversickerungen bei Immendingen und Fridingen, wo das Flusswasser völlig verschwindet.

Zwiefalten Mittelpunkt des Orts ist das von Johann Michael Fischer erbaute Münster Unserer Lieben Frau, eines der bedeutendsten Werke des Spätbarocks in Deutschland.

Sigmaringen Hoch über der Donau thront auf einem steilen Felsen das Schloss der Fürsten von Sigmaringen-Hohenzollern (heute ein Museum).

Weingarten Die Deckenfresken von Cosmas Damian Asam und Stuck von Franz Schmuzer zieren die 1715 bis 1724 errichtete Klosterkirche in Weingarten.

Salem Einstmals war Salem das reichste Kloster in Süddeutschland. Die um das Jahr 1700 entstandenen großen Klostergebäude sind heute ein markgräfliches Schloss mit mehreren Museen und dem berühmten Internat.

Birnau Edle Tropfen und ein kulturhistorisches Denkmal: Die Wallfahrtskirche Birnau (1746–1749) gilt als die schönste Rokokokirche des ganzen Bodenseeraums.

Langenargen Am Bodensee, wo einst eine Burg der Grafen Montfort stand, entstand im 19. Jahrhundert Schloss Montfort im maurischen Stil.

Lindau Der bayerische Löwe wacht über der Hafeneinfahrt der Inselstadt am Bodensee, auch das »bayerische Venedig« genannt. Idyllische Altstadtgassen laden zum Bummeln ein.

Wangen Aus dem 13. Jahrhundert stammt die Pfarrkirche St. Martin in Wangen im Allgäu. 1684 wurde sie barock ausgestattet. Links der Pfaffenturm neben dem barocke Rathaus.

Dunkle Wälder, verträumte Seen, romantische Täler: Der Schwarzwald bietet eine imponierende Auswahl an eindrucksvollen Landschaften. Wir reisen auf Abschnitten von vier verschiedenen Ferienstraßen von Baden-Baden im Nordschwarzwald bis in den südlichen Schwarzwald und weiter bis ins schweizerische Schaffhausen.

Einsamer Schwarzwaldhof mit tief herabgezogenem Holzschindeldach im verschneiten Winterwald

Als Mark Twain 1878 eine Reise durch Europa unternahm, besuchte er auch Baden-Baden und »machte den üblichen Abstecher in den Schwarzwald«. Das war damals gang und gäbe. Und damals wie heute schätzte man die »edlen Wälder«, »die Waldlieblichkeit und die raue Wildnis«, »den Wasserfall mit den glitzernden Kaskaden«. Darüber hinaus spottete Mark Twain über die Größe der Misthaufen und die soziale Stellung ihrer Besitzer. Die Kuckucksuhren verschonte er, obwohl es sie auch schon gab. Angeblich soll der Drechsler Franz Ketterer aus Schönwald auf die Idee gekommen sein, die einfachen örtlichen Holzräderuhren, die man seit 1630 fertigte, durch einen Klang aufzuwerten. Zunächst imitierte er den Hahnenschrei, aber erst mit dem Kuckucksruf gelang ihm der Durchbruch. Dessen Ruf wird durch zwei hölzerne Orgelpfeifen mit jeweils eigenem Blasebalg erzeugt. Das ist das Standardmodell. Bei der Wachteluhr ruft die Wachtel – »quip-quip« beim Weibchen – alle Viertelstunden, der Kuckuck zur vollen Stunde. Dazu kommen die Bewegungen der Vögel. Die kompliziertesten Kuckucksuhren konzentrieren deutsche Klischees: Figuren tanzen auf mehreren Etagen, hölzerne Mühlräder drehen sich, Hirsche röhren. Die Gewichte sehen aus wie Tannenzapfen, und als Melodie erklingt auch »In München steht ein Hofbräuhaus«. Diese »gesamtdeutsche Kuckucksuhr« entzückt vor allem Amerikaner und Japaner.

Unsere Route setzt sich aus vier Ferienstraßen zusammen. Den Anfang macht Baden-Baden. Wer das Baden gleich doppelt im Namen führt, muss der Inbegriff der Kurstadt sein. Das stimmt. Trotzdem hat der Name andere Wurzeln. Er geht auf die Teilung des Fürstenhauses Baden in zwei Linien zurück: Baden-Durlach und Baden-Baden. Die Schwarzwald-Hochstraße führt über die Bühlerhöhe an der Hornisgrinde vorbei bis nach Freudenstadt. Hier bieten sich herrliche Ausblicke in die Schwarzwaldtäler, über den Oberrheingraben und ins Elsass. Freudenstadt verströmt mit seinen Arkadengängen italienisches Flair. Als Grundriss nahm der Architekt ein Schachbrett, selbst die Stadtkirche hat zwei rechtwinklig zueinander angelegte Schiffe. Innen steht ein bemerkenswertes romanisches Lesepult. Früher kam bei der Lesung aus den Mündern der dargestellten Evangelisten Weihrauch heraus.

In Freudenstadt gelangt man auf die Schwarzwald-Tälerstraße, die nach Alpirsbach mit seinem berühmten romanischen Kloster führt. Von Schiltach geht es durch das Kinzigtal in die Heimat des Bollenhuts nach Wolfach und Gutach. Weiter südlich in Hornberg stoßen wir auf die Deutsche Uhrenstraße, die 30 Gemeinden verbindet, die alle etwas zum Thema »Zeit« und zur Kuckucksuhr beizutragen haben. Seit dem 17. Jahrhundert werden im Schwarzwald Uhren hergestellt. Zwischen Triberg und Titisee-Neustadt entwickelte sich die Uhrenproduktion zum dominierenden Industriezweig.

Die in Waldkirch beginnende Schwarzwald-Panoramastraße gestattet bei schönem Wetter einen Blick bis zu den Alpen. St. Peter und St. Märgen sind für ihre Klosterkirchen berühmt. Der Endpunkt der Straße ist Hinterzarten. Der Kurort hieß noch 1554 »hinder der Straß in der Zarten«; »Zarten« ist ein keltischer Flussname. Die letzte Etappe führt – wenn auch nicht auf einer offiziellen Ferienstraße, so doch landschaftlich nicht weniger reizvoll – durch den Südschwarzwald zum Rheinfall nach Schaffhausen.

Gengenbach Die Stadt der Türme und der mittelalterlichen Mauern und Fachwerkhäuser liegt im Kinzigtal. Im Zentrum des romantischen Fachwerkortes steht das im 18. Jahrhundert von Viktor Kretz erbaute Rathaus.

Hornisgrinde 1164 Meter hoch erhebt sich der höchste Gipfel im Nordschwarzwald. Das Gipfelareal wird von einer weiten Hochmoorfläche eingenommen. Bei klarem Himmel reicht der Blick über das Rheintal bis zu Vogesen und Alpen.

Baden-Baden Glanz und Pracht vergangener Zeiten prägen die mondäne Kurstadt am Schwarzwaldrand. Im Bild die freskengeschmückte Trinkhalle im Kurpark, die von Friedrich Hübsch stammt.

Freilichtmuseum Vogtsbauernhof Hier ist die Zeit stehen geblieben: 400 Jahre bäuerliche Geschichte und kulturelles Erbe der Schwarzwaldregion begegnen dem Besucher in diesem Museum.

Alpirsbach Die über 900-jährige Klosteranlage ist ein eindrucksvolles mittelalterliches Baudenkmal. Sehenswert sind vor allem die Säulenbasilika, die romanische Chorbank, der spätgotische Kreuzgang sowie der Kapitelsaal.

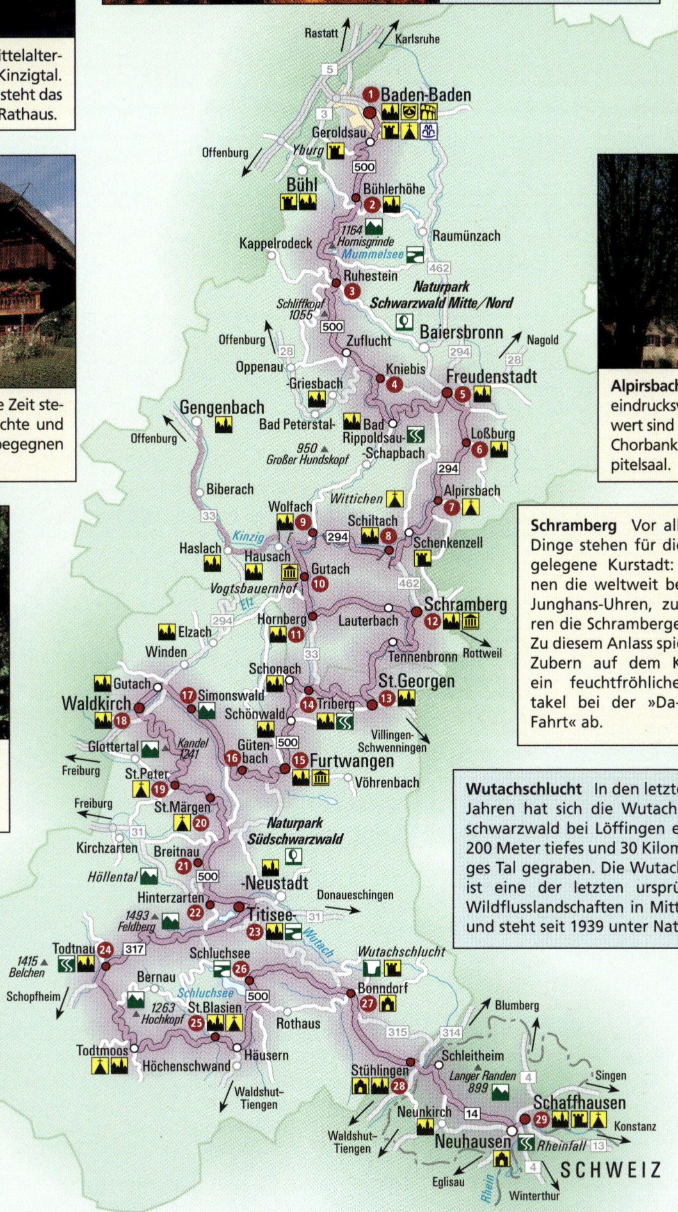

Schramberg Vor allem zwei Dinge stehen für die reizvoll gelegene Kurstadt: zum einen die weltweit bekannten Junghans-Uhren, zum anderen die Schramberger Fasnet. Zu diesem Anlass spielt sich in Zubern auf dem Kirchbach ein feuchtfröhliches Spektakel bei der »Da-Bach-na-Fahrt« ab.

Hexenlochmühle Ihrer Lage im sogenannten Hexenloch, einem kleinen Tal zwischen St. Märgen und Furtwangen, verdankt die 1825 erbaute Mühle ihren Namen.

Triberg Deutschlands höchster Wasserfall: Über sieben Kaskaden hinweg stürzt die Gutach bei Triberg 163 Meter in die Tiefe – am Abend unter Beleuchtung!

Wutachschlucht In den letzten 70 000 Jahren hat sich die Wutach im Südschwarzwald bei Löffingen ein bis zu 200 Meter tiefes und 30 Kilometer langes Tal gegraben. Die Wutachschlucht ist eine der letzten ursprünglichen Wildflusslandschaften in Mitteleuropa und steht seit 1939 unter Naturschutz.

Gutachtal Schwarzwaldidylle von ihrer schönsten Seite im weiten Tal: ein traditionelles Bauernhaus mit Walmdach aus dem 16. Jahrhundert inmitten grüner Wiesen und bewaldeter Hügel.

St. Blasien Der architektonische Höhepunkt des kleinen Kurorts ist die Benediktinerabtei mit ihrer imposanten Kirchenkuppel.

St. Märgen Eingebettet in grüne Höhen und Wiesen liegt St. Märgen. Es verdankt seine Entstehung dem im 12. Jahrhundert gegründeten Augustinerkloster Mariazell. Die zweitürmige Barockkirche ist eine vielbesuchte Wallfahrtsstätte.

Schluchsee Der größte See des Schwarzwalds war einst viel kleiner; Ende der 1920er-Jahre hat man ihn aufgestaut. Er ist vor allem wegen seiner hervorragenden Wassersportmöglichkeiten beliebt.

Feldberg und Feldsee Schwarzwälder Gipfeltreffen: Der Feldberg ist mit 1493 Meter die höchste Erhebung im Schwarzwald und ein beliebtes Ziel für Wanderer.

Rheinfall Schaffhausen Tosend stürzen die Wassermassen am berühmten Rheinfall rund 25 Meter in die Tiefe – ein faszinierendes Naturschauspiel.

Eine große Versuchung für den Autofahrer ist die im Folgenden vorgestellte Route entlang zweier Ferienstraßen, die die Bezeichnung Weinstraße in ihrem Namen führen: die Deutsche und die Badische Weinstraße. Genügend lange Pausen bzw. Übernachtungsaufenthalte sind hier angesagt, um die Köstlichkeiten pfälzischer und badischer Winzerkunst auch vor Ort gebührend genießen zu können.

Barocke Pfarrkirche St. Bartholomäus in Ettenheim an der Badischen Weinstraße

Unsere Tour beginnt mit der ältesten und bekanntesten, der Deutschen Weinstraße, und führt über Bockenheim durch die Rheinpfalz, eines der größten Weinbaugebiete Deutschlands. Dabei empfiehlt es sich, etwas Bescheid zu wissen über die verschiedenen Güteklassen. So entspricht deutscher Tafelwein der niedrigsten Stufe der Qualitätshierarchie. Die Rebsorten müssen amtlich zugelassen sein und dürfen nur von genehmigten Weinbergen stammen. In der Pfalz werden diese Weine als einfache Schoppenweine angeboten. Gebietstypisch wird der Wein erst von der Güteklasse des Qualitätsweins bestimmter Anbaugebiete (Q.b.A.) an aufwärts. Das sind oft schon sehr gute, reintönige, saubere Weine mit einem festgelegten Mostgewicht von rund 70 Grad Oechsle, was etwa neun Alkoholprozent entspricht. Die amtliche Prüfnummer – A.P.Nr. – garantiert dem Käufer, dass alle gesetzlichen Bestimmungen eingehalten wurden. Der Qualitätswein mit Prädikat oder Prädikatswein erfüllt die höchsten Anforderungen an Mostgewicht und damit Alkoholgehalt, an Reifegrad und Leseart der Trauben.

Man unterscheidet fünf Kategorien: Als Kabinett bezeichnet man einen voll ausgereiften Wein, der nach Abschluss der Normallese geerntet wird. Die Spätlese ist noch eine Kategorie höher angesiedelt. Viele Spätlesen behalten wegen des hohen Mostgewichts nach der Vergärung eine gewisse Restsüße bei. Bei der Auslese werden gesunde, vollreife Trauben aussortiert und getrennt gekeltert. Die Beerenauslese besteht aus überreifen, edelfaulen Beeren, die von einem Pilz befallen und eher unansehnlich sind. Aber was für ein Wein kann daraus werden: reif, voll, konzentriert und doch noch fruchtig! Für die Trockenbeerenauslese werden nur eingeschrumpfte, edelfaule Beeren verwendet. Den Eiswein gewinnt man aus Trauben, deren Wasseranteil beim ersten Frost gefroren ist. Man presst somit nur das Konzentrat ab.

Diese Güteklassen unterscheiden sich durch formale Kriterien. Eine Verkostung durch Spezialisten erfolgt nicht. Die Deutsche Landwirtschafts-Gesellschaft zeichnet aber Weine, die eine Prüfung »mit den Sinnen« bestanden haben, durch das Deutsche Weinsiegel aus: rot für liebliche und süße Weine, grün für halbtrockene und gelb für trockene.

Durch die heutigen Möglichkeiten der Kellereitechnik werden die Jahrgangsunterschiede geringer, und der normale deutsche Qualitätswein gewinnt kaum durch Lagern. Vor allem die weißen Weine schmecken jung am besten. Nur Prädikatsweine kann man etwas länger lagern.

In der Pfalz überwiegt der Müller-Thurgau. Manchem schmeckt der Wein etwas zu erdig. Er zieht dann vielleicht den Silvaner oder den Riesling vor. Dazu kommen Sorten wie Kerner, Scheurebe, Gewürztraminer sowie eine Reihe von Neuzüchtungen wie Huxelrebe, Bacchus oder Ortega. Unter den Roten sind Blauer Portugieser, Blauer Lemberger und Blauer Spätburgunder zu empfehlen. Der Dornfelder hat den Spätburgunder als häufigste deutsche Rotweinrebe mit rund 10 000 Hektar wohl schon überflügelt.

Die Badische Weinstraße, die von Baden-Baden durch Ortenau, Breisgau und Markgräfler Land bis nach Lörrach führt, ist Burgundergebiet: Der Blaue Spätburgunder macht 33 Prozent der Rebfläche aus, der Grauburgunder oder Ruländer neun, der Weißburgunder sieben, Müller-Thurgau 24, Riesling und Gutedel je 7 Prozent.

Neustadt an der Weinstraße Der Marktplatz im Zentrum wird dominiert von der gotischen Stiftskirche.

Dörrenbach Das Rathaus, ein rund 400 Jahre alter Renaissance-Fachwerkbau, ist eines der schönsten Gebäude des Winzerdorfes.

Naturpark Pfälzer Wald Wahrzeichen und einzigartiges Naturdenkmal des Naturparks ist der Teufelstisch bei Hinterweidenthal, ein tischartig geformter Pilzfelsen aus Buntsandstein.

Ettenheim Die 1678 von den Franzosen gesprengte Burg wurde Mitte des 19. Jahrhunderts mit Erkern und Zinnen im Tudor-Stil wiederaufgebaut.

Breisach Dominierendes Bauwerk ist das vom 11. bis 15. Jahrhundert errichtete Münster St. Stephan. Sein Glanzstück ist der Schnitzaltar von Hans Loy (1526).

Kaiserstuhl Auf den vulkanischen Böden des Rebengebirges nordwestlich von Freiburg gedeihen Trauben besonders gut.

Basel Die im Dreiländereck von Deutschland, Frankreich, Schweiz gelegene Stadt weist nicht nur bedeutende historische Bauwerke wie das spätromanische Münster auf, sondern auch mehrere vorzügliche Kunstmuseen. Zu nennen sind hier u. a. die Fondation Beyeler und das Museum Tinguely.

Worms Im Zentrum von Worms erhebt sich der Dom St. Peter aus dem 11./12. Jahrhundert, der zu den bedeutendsten Zeugnissen der Hoch- und Spätromanik zählt.

Speyer Eines der größten und bedeutendsten romanischen Bauwerke Deutschlands ist der Dom von Speyer. Er war die erste Gebäude, das mit Blendbögen versehen wurde.

Karlsruhe Das Karlsruher Schloss bildet den Mittelpunkt eines radial angelegten Straßensystems. Es wurde 1752 bis 1775 unter dem Markgrafen Karl Friedrich erbaut. Heute beherbergt es das Badische Landesmuseum.

Baden-Baden Mithin der exklusivste Kurort Deutschlands ist die Stadt am Rande des nördlichen Schwarzwalds. Wo einst im Friedrichsbad oder Kasino ein Dostojewski oder Turgenjew ihre Leiden kurierten oder sich im Glücksspiel versuchten, gibt sich heute gerne Prominenz aus Film und Fernsehen ein Stelldichein.

Rastatt Die exquisite Ausstattung des 1710 bis 1712 errichteten Lustschlosses Favorite spiegelt die geschmacklichen Vorlieben jener Zeit wider.

Freiburg Das Freiburger Münster (1200–1513) ist einer der Höhepunkte gotischer Baukunst. Von seinem 116 Meter hohen Turm, von C. J. Burckhardt einst als »schönster Turm der Christenheit« bezeichnet, hat man eine fantastische Sicht auf Stadt und Umland.

Badenweiler Der Kurort im Markgräflerland blickt auf eine lange Tradition zurück. Schon die Römer hatten hier die Thermalquellen genutzt (Aquae Villae). Reste der Anlage sind noch erhalten. Hauptattraktion ist heute die Cassiopeia-Therme.

Lörrach Nördlich der Stadt ragt die Burgruine Rötteln mit ihren beiden charakteristischen Türmen auf. Die 1678 zerstörte Burg beherbergt heute eine Burgschenke und ein kleines Museum.

Wo Reben wachsen in Deutschland, ist das Leben heiterer als anderswo. Das hat viel mit dem Klima zu tun: Die Reben verlangen nach Sonne, die Trauben fürchten den Frost, und auch der Mensch fühlt sich wohler, wenn er nicht fröstelt. Deutschland pflegt eine hohe Weinkultur, von der Ahr und Mosel bis zum Bodensee, von Elbsachsen bis nach Mainfranken, auch »Weinfranken« genannt. In Mainfranken zu reisen ist für Liebhaber schöner alter Städte und vielfältig gesegneter Natur ein besonderer Genuss.

Harmonisch eingebettet zwischen Fluss und Rebhängen: der Weinort Escherndorf am Main

»Zum Mosaik Franken gehören viele Steinchen, vor allem kleine, leuchtende«, hat der Würzburger Autor Werner Dettelbacher einmal gesagt. Die »Steinchen« sind die liebenswerten Städtchen und Weindörfer zwischen Steigerwald und Aschaffenburg, zwischen Hammelburg und Miltenberg. Kaum irgendwo fährt man viel länger als eine Viertelstunde durch das fränkische Weinland, ohne auf einen dieser Orte mit gotischem oder barockem Kirchturm, mit alter Stadtmauer und etlichen Weingütern zu treffen. Weil das so ist, gibt es nicht nur eine Fränkische Bocksbeutelstraße, sondern mindestens fünf: je eine in jeder Himmelsrichtung und dazu noch eine Mainschleife östlich und nordöstlich von Würzburg. Diese führen auch zu so namhaften Weinorten wie Nordheim, Escherndorf oder Volkach. Würzburg mit seinem fürstbischöflichen Schloss und ganz hervorragenden Weinlagen über dem Main ist als Anfangs- oder Endpunkt allen fünf Bocksbeutel-Routen gemeinsam.

Wie die fränkischen Winzer dazu kommen, die Bocksbeutelflasche allein für ihre Qualitätsweine in Anspruch zu nehmen? Ohne Zweifel ist die »Flachkugelflasche« ein bauchig-bodenständiges Stück fränkischer Tradition, und zwar mit uralter Vorgeschichte. Wie man im Mainfränkischen Museum auf der Würzburger Festung Marienberg sehen kann, benutzten schon Kelten Tongefäße von dieser typischen Gestalt. Aus Glas stellten die Römer sie her, flachbauchig. Zur Barockzeit produzierten Glashütten in den Spessartwäldern eine Vielzahl von Bocksbeutel-Variationen, von denen manche einen Viertelliter und andere bis zu drei Liter fassten. Früheste Dokumente dazu sind seit dem Jahr 1659 bekannt, und im 18. Jahrhundert wurde der Bocksbeutel »die« fränkische Weinflasche.

Das Pompejanum vor dem Aschaffenburger Schloss

Dass sie ihren Namen von den Hoden des Ziegenbocks hat, tat ihrer Beliebtheit keinen Abbruch. Ende des 20. Jahrhunderts sicherte die Europäische Union den fränkischen Winzern dann das (fast) alleinige Recht zu, ihre Weine in Bocksbeutelflaschen zu vermarkten – mit wenigen Ausnahmen: Auch einige italienische, portugiesische und badische Lagen dürfen dies, weil sie jeweils auch ihre eigene Bocksbeutel-Tradition haben.

Lässt man sich auf eine Reise entlang der Bocksbeutel-Straßen ein, so staunt man bald über die Erlebnismöglichkeiten: Kirchweihen, Sommertheater und Musikfeste, Naturexkursionen im Spessart, Kulinarisches wie »Meefischli« (= Mainfischlein: fingerlange, knusprig gebackene Weißfische) oder Dutzende von Spargelvariationen, Besuche in Heckenwirtschaften bei Holzschnitzern oder Büttnern (Fassmachern).

Aschaffenburg Schloss Johannisburg ist eines der bedeutendsten Bauwerke der deutschen Renaissance und diente ehemals den Mainzer Kurfürsten und Bischöfen als Zweitresidenz.

Würzburg Von der Alten Mainbrücke aus bietet sich die Feste Marienberg eindrucksvoll dem Betrachter dar. Die Grundkonstruktion der mit Heiligenfiguren verzierten Brücke stammt aus dem 15. Jahrhundert, allerdings wurde sie erst 1703 vollendet. Mit dem Bau der Feste wurde 1201 begonnen. Jahrhundertelang wurde sie dann von den Fürstbischöfen erweitert. Der bedeutendste architektonische Schatz Würzburgs ist die nach Plänen Balthasar Neumanns in barockem Stil errichtete Residenz, die zum UNESCO-Weltkulturerbe gehört.

Schweinfurt Das im Zentrum der Stadt gelegene Rathaus ist ein Renaissancebau aus dem 16. Jahrhundert. Am Erkerturm befindet sich das Wappen Kaiser Maximilians II. (1564 bis 1576), an den Giebeln sind allegorische Figuren angebracht.

Naturpark Bayerischer Spessart Auf 171 Quadratkilometern bietet der Naturpark Wildgehege sowie Buchen- und Eichenbestände, zudem gedeiht hier eine Vielzahl an Beeren und Kräutern. Von Parkplätzen aus kann man zu Wanderungen aufbrechen.

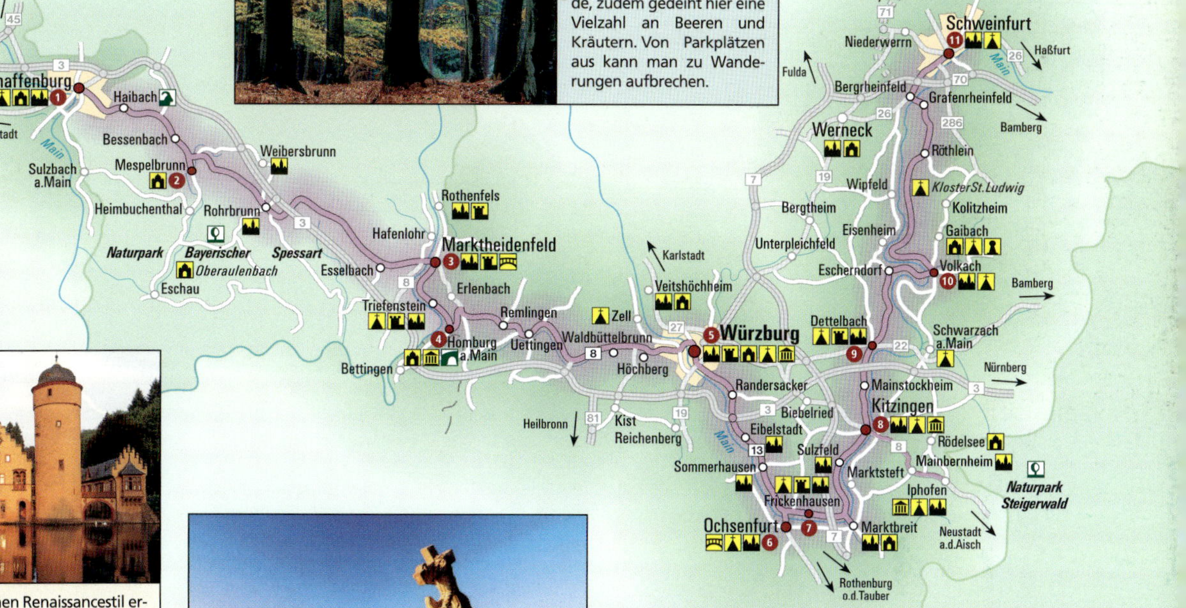

Mespelbrunn Das im reinen Renaissancestil erbaute Wasserschloss wird als das »Märchenschloss des Spessarts« bezeichnet. Wildromantisch gelegen, an Rittergeschichten erinnernd, zieht es viele Besucher an.

Escherndorf Idyllisch am Fuß der Weinhänge gelegen, lädt Escherndorf ein, die Mainschleife zu erkunden. Der Bildstock ist Ausdruck der Volksfrömmigkeit.

Volkach Ein Kleinod in bester Weinlage ist die Wallfahrtskirche St. Maria im Weingarten oberhalb von Volkach, einem der bekanntesten Weinorte Frankens. An Sehenswürdigkeiten bietet der Ort die Stadtkirche St. Georg und Bartholomäus sowie das Renaissancerathaus.

Homburg Das erst jüngst renovierte Fachwerkschloss steht auf einem steilen Tufffelsen über einer Tropfsteinhöhle. Hier ist auch der steilste fränkische Weinberg zu finden, der Homburger Kallmuth.

Ochsenfurt Am Nikolausturm, neben dem ehemaligen Sitz des Würzburger Domkapitels (15. Jahrhundert), sind heute noch deutliche Spuren des Siebenjährigen Kriegs zu sehen.

Dettelbach Nicht nur der von Toren und Türmen bewehrte Ort selbst, auch seine liebliche Umgebung an der Mainschleife mit grüner Aue und Weinbergen ist sehenswert.

Naturpark Steigerwald Der Steigerwald liegt im Herzen von Franken, zwischen den großen Städten Nürnberg und Würzburg sowie zwischen Bamberg und Rothenburg ob der Tauber. Mit seiner großen landschaftlichen und kulturellen Vielfalt ist der Naturpark ein ideales Gebiet für Wanderer und Radfahrer. An den reizvollen Routen laden zahlreiche Gasthäuser mit fränkischen Spezialitäten zum Verweilen ein.

Die älteste und berühmteste Ferienstraße Deutschlands verbindet über 350 Kilometer hinweg stolze Reichsstädte, prächtige fürstliche Residenzen, barocke Kostbarkeiten und idyllische Landschaften zwischen Würzburg und Füssen und reicht von den Weinbergen Mainfrankens bis zu den Königsschlössern am Fuße der Alpen.

Donauwörth mit dem Tanzhaus aus dem 15. Jahrhundert, gotischer Stadtpfarrkirche und Heilig-Kreuz-Kirche (von links)

Entlang der Romantischen Straße zu reisen bedeutet Geschichte zu atmen. Ein ganzes Jahrtausend spiegelt sich in den Städten und Dörfern, Baudenkmälern und Kunstschätzen. Schon der Auftakt ist fulminant: Würzburg, die mainfränkische Metropole, in der Balthasar Neumann und Giovanni Battista Tiepolo die Residenz der Fürstbischöfe schufen. Kunsthistorische Perlen locken im Taubertal mit den Altären Tilman Riemenschneiders und mit Matthias Grünewalds Madonnenbild in Stuppach. Klangvoll sind die Namen der Orte auf dem Weg nach Süden: Rothenburg ob der Tauber, Dinkelsbühl und Nördlingen haben ihr verträumtes mittelalterliches Stadtbild bis heute bewahrt.

Mit dem Ries beginnt der Reigen barocker Kirchen, Klöster und Schlösser im bayerischen Schwaben, dessen Metropole Augsburg einst zu den wichtigsten Städten Europas zählte. In der Stadt der Renaissance errichtete Elias Holl das prachtvolle Rathaus, fanden entscheidungsschwere Reichstage statt, und von hier aus dirigierten die Fugger ihr Handelsimperium. Den Himmel auf die Erde geholt haben die Maler und Stuckateure in den Rokokokirchen des Pfaffenwinkels. Das Finale der Romantischen Straße setzen bei Füssen zwei Paukenschläge: Inmitten der saftigen Allgäuer Weiden erhebt sich die Wieskirche, einzigartiges Gesamtkunstwerk des Rokoko, und vor der Kulisse der Alpengipfel thront Schloss Neuschwanstein, der steingewordene Traum des Märchenkönigs Ludwig II.

Kein Wunder also, dass diese Straße romantische Begegnungen und Ansichten verspricht. Die Idee dazu hatte der Augsburger Bürgermeister Ludwig Wegele, auf dessen Initiative hin sich 1950 die Städte zwischen Würzburg und Füssen zu einer Arbeitsgemeinschaft zusammenschlossen. Kurz nach dem Zweiten Weltkrieg wollte man deutsche wie ausländische Gäste darauf aufmerksam machen, dass es auch ein anderes Deutschland gegeben hat, eines mit einer reichen Kultur. Die Strecke folgt weitgehend der Via Claudia Augusta, der alten Heerstraße der Römer, die über die Alpen nach Augsburg und zum Limes führte und im Mittelalter zur Handelsstraße bis zum Main ausgebaut wurde. Die stolzen Reichsstädte hatten ihre Blütezeit im Spätmittelalter, danach versanken sie in Bedeutungslosigkeit. So blieben sie fast unverändert erhalten. Es waren die Maler der Romantik, die im 19. Jahrhundert die Städte im Taubergrund entdeckten. Wer kennt nicht die idyllischen Winkel, die Spitzweg in seinen Bildern darstellte und für die Rothenburg und seine Gassen Modell gestanden hatten! Und Ludwig Richter notierte verzaubert: »Ich glaubte plötzlich ins Mittelalter versetzt zu sein.«

Freilich machen die Attraktivität dieser Route nicht nur ihre Kulturdenkmäler aus. An Main und Tauber lockt die heitere Weinlandschaft mit Rebhängen, Flussauen und Streuobstwiesen. Herber dagegen wirkt die grüne Frankenhöhe. Den Fränkischen vom Schwäbischen Jura trennt das Ries, jener runde Krater, der vor 15 Millionen Jahren durch den Einschlag eines gewaltigen Meteoriten entstanden war. Moore und Auwälder prägen das Donauried, und südlich von Augsburg erstreckt sich das weite, ebene Lechfeld bis zum Ostallgäuer Hügelland mit seinen Weiden und milchschweren Kühen.

Abstecher nach München und in das reizvolle Fünfseenland um Ammersee und Starnberger See bieten sich bei dieser Route an und setzen weitere kulturelle und landschaftliche Akzente.

Bad Mergentheim Die Altstadt wird vom Schloss des Deutschen Ritterordens (16. Jahrhundert) dominiert. Die Schlosskirche entwarfen Neumann und Cuvilliés.

Weikersheim Die ehemalige Residenzstadt im Taubertal verfügt über ein Renaissanceschloss und einen Barockgarten, der zu den schönsten Deutschlands zählt.

Dinkelsbühl Die über 1000 Jahre alte Stadt im Tal der Wörnitz hat ein mittelalterliches Stadtbild und wird von trutzigen Mauern umschlossen. Zu den Hauptsehenswürdigkeiten zählen das Deutsche Haus und das Münster St. Georg.

Augsburg Höhepunkte der fast 2000 Jahre alten Stadt: Renaissancerathaus und Perlachturm.

Wieskirche Die vor einer Bergkulisse erbaute Wallfahrtskirche gilt als ein Hauptwerk des bayerischen Rokoko.

Fünfseenland Die oberbayerische Bilderbuchlandschaft vor den Toren Münchens mit Starnberger See, Ammersee, Wörthsee, Pilsensee und Weßlinger See bietet Idylle und Beschaulichkeit, Freizeitspaß und Kulturgenuss.

Füssen/Neuschwanstein Die sehenswerte alte Lechstadt zwischen Ammergauer und Allgäuer Alpen kann mit zwei Königsschlössern aufwarten: Schloss Hohenschwangau (12. Jahrhundert, später neugotisch umgestaltet) und dem »Märchenschloss« Neuschwanstein (1869–1886).

Würzburg Trotz der Bombenangriffe von 1945 bietet die Main- und Weinmetropole unzählige Sehenswürdigkeiten. Herausragend sind der Dom St. Kilian (1188 geweiht), die Alte Mainbrücke und die Festung Marienberg.

Würzburger Residenz Die ab 1720 erbaute Prachtanlage sollte die Festung Marienberg ersetzen. Ihre Ausmaße innen und außen sind überwältigend.

Feuchtwangen Sehenswert in dem ehemaligen freien Reichsstädtchen mit seinen nostalgischen Fachwerkpartien sind der Kreuzgang der teils romanischen, teils gotischen Stiftskirche sowie die Sammlungen des Museums.

Rothenburg ob der Tauber Seit dem Dreißigjährigen Krieg hat sich das Ortsbild der alten fränkischen Reichsstadt kaum verändert. Mehrere Tortürme sichern die historische Stadtmauer.

Nördlingen St. Georg ist eine der größten deutschen spätgotischen Hallenkirchen. Vom Glockenturm »Daniel« der Kirche aus lässt sich das kreisrunde Riesstädtchen gut überblicken.

München Schloss Nymphenburg ist einer der großen Bauten des Barocks. Direkt daneben befindet sich die 1747 gegründete staatliche Porzellanmanufaktur.

München Einen Abstecher in die bayerische Landeshauptstadt sollte jeder einplanen, der die Romantische Straße bereist. Mit Altstadt und Schwabing, Viktualienmarkt, Englischem Garten, weitläufigem Olympiagelände sowie Kirchen aus 850 Jahren Stadtgeschichte und weltbekannten Museen hat das »Millionendorf« auch außerhalb der Oktoberfestsaison viel zu bieten.

Von Waldsassen in der Oberpfalz bis zum niederbayerischen Passau an der Donau ist überall Glasbläserland. Hier durchquert man eine Waldlandschaft, die bruchlos ins Böhmische übergeht und Teil eines der größten europäischen Waldgebiete ist. Weil Holz als Energiespender für die Glasmacher einst unentbehrlich war, entstanden sowohl im Oberpfälzer als auch im Bayerischen Wald Glashütten zuhauf.

Tief verschneite Winterlandschaft im Nationalpark Bayerischer Wald

Wie kaum anderswo in Deutschland begegnet man in den Wäldern Ostbayerns einer Vielzahl von Glaskünstlern, die in jahrhundertelanger Tradition dem Glas immer neue Formen abgewinnen. An der Glasstraße zwischen Waldsassen im Norden und Passau im Süden – gut 150 Kilometer Luftlinie – liegen mehr als ein halbes Hundert Orte mit Glashütten und Glasgalerien. Glasbrunnen und Glashallen sind zu entdecken, eine gläserne Scheune und gar ein gläserner Wald. »Ein Weinglas kostet einen Baum«, besagt ein alter Glasmacherspruch. Dahinter steht der unglaublich geringe Wirkungsgrad der Energienutzung bei der frühen Glasherstellung. Die Glasmacher brauchten die Energie, um aus Quarzsand die Glasschmelze herzustellen, und sie konnten im Mittelalter nur so lange an einem Ort bleiben, bis der Wald rundum abgeholzt und verfeuert war. Aus dem frühen 15. Jahrhundert sind die ersten Gründungen von Glashütten im Bayerischen Wald überliefert. Selbst venezianische Glasbläser waren beteiligt. Farbige Flachglasscheiben konnte man aber bereits um 1250 herstellen, etwa in dem kleinen Ort Glashütt bei St. Englmar für die Klosterkirche in Oberalteich.

Diese frühen Anfänge wurden jedoch großenteils durch die Hussitenkriege zunichte gemacht. Der Aufschwung kam dann im 16. Jahrhundert. Man produzierte Trinkbecher und Rosenkranzkugeln und verstand allmählich, wie man nicht nur grünliches oder graues Glas, sondern auch durchsichtig helles herstellen konnte. Die Geografen und Naturwissenschaftler der Epoche beschrieben und dokumentierten Technik und Ausbreitung der zeitgenössischen Glasmacherkunst im Bayerischen Wald – so etwa Georg Agricola in seinem Werk »Zwölf Bücher vom Berg und Hüttenwesen« (1556) oder Petrus Apianus auf seinen Landkarten.

Das 17. Jahrhundert brachte die Erfindung der Kristallglasherstellung. Die Bleikristallgläser hatten wegen der effektvollen Lichtbrechung und Farbbrillanz bald einen beträchtlichen Anteil an der Produktion. Aus England und Frankreich war das Verfahren nach Ostbayern gelangt. Auch Überfanggläser und die hochgeschätzten Rubingläser – mit Goldbeigaben – kamen nun aus den bayerischen Glashütten. Für die weniger zahlungskräftigen Kunden hatte man Heilige aus Silberglas im Angebot, hergestellt mit einer dünnen Silberfolie zwischen zwei Glasschichten.

In Körben und Kraxen trugen die Glashändler ihre zerbrechliche Ware über Land, auf den schmalen »Glaspfaden«. Wanderer können ihre Route im Oberpfälzer Wald nördlich von Oberviechtach auf dem »Glasschleiferweg« verfolgen, vorbei an längst außer Dienst gestellten Glasschleif- und Polierwerken, die der Glasveredelung dienten. Oder man lässt sich in einem der über 30 Glasmuseen entlang der Glasstraße von den Schöpfungen aus der Glasmacherpfeife, dem »Hafen« und der »Wanne« bezaubern. Den großen Namen der Glasmacherregion wird man begegnen, wie Poschinger und Riedl, Nachtmann und Eisch. Und man wird den Glasmachern an vielen Orten bei der Arbeit zusehen dürfen. Weil es der Orte so viele sind, gibt es von der Glasstraße nicht weniger als fünf verschiedene Routen.

Ab Passau bietet sich noch eine reizvolle Zugabe an: donauaufwärts, vorbei an barocken Klöstern wie Niederalteich und einst reiche Flussstädte wie Vilshofen passierend, bis zur alten Domstadt Regensburg.

Kelheim Zur Erinnerung an die Freiheitskriege ließ König Ludwig I. von Bayern bis 1863 auf dem Michelsberg die Befreiungshalle erbauen. Hier eine Innenansicht des imposanten, reich verzierten Kuppelraums.

Riedenburg Stolz erhebt sich in unmittelbarer Nähe der Städtchens die Burg Prunn auf einem 70 Meter hohen Fels über der Altmühl.

Weiden Die Max-Reger-Stadt ist das kulturelle und wirtschaftliche Zentrum der Oberpfalz. Sehenswert sind die aufwendig restaurierte Altstadt mit dem Renaissancerathaus und den schönen Bürgerhäusern sowie die im Jugendstil ausgestattete neuromanische Kirche St. Josef.

Naturpark Oberpfälzer Wald Eine ausgedehnte wellige bis hügelige Landschaft mit zahlreichen kleinen Flüssen und Bächen prägt den Naturpark Oberpfälzer Wald. Er liegt im Herzen der Oberpfalz und umfasst rund 720 Quadratkilometer.

Großer Arber und Arberseen Der 1456 Meter hohe Große Arber ist ein bekanntes Ski- und Wandergebiet. Zu seinen Füßen erstrecken sich die idyllischen Arberseen.

Altmühltal Romantisch-bizarre Täler und herrliche Badeseen zeichnen den größten Naturpark Deutschlands ebenso aus wie seine Steinbrüche und die dort gefundenen Fossilien von Solnhofen sowie die Reste römischer Siedlungen und Militärposten.

Furth im Wald Eine restaurierte Altstadt mit einer schönen Barockkirche erwartet den Besucher des einst strategisch wichtigen Grenzorts zu Böhmen.

Zwiesel In der Glasmetropole am Zusammenfluss von Großem und Kleinem Regen haben einst Waldreichtum sowie Quarzvorkommen die berühmten Glashütten entstehen lassen. Einen anschaulichen Einblick in rund 500 Jahre Glaskultur gibt das hiesige Waldmuseum.

Kloster Weltenburg Himmlische Pracht: Die Klosterkirche der Benediktinerabtei ist ein Meisterwerk spätbarocker Kunst. Sie wurde von den Brüdern Cosmas Damian und Egid Quirin Asam erbaut und gestaltet.

Nationalpark Bayerischer Wald In der ursprünglichen Waldlandschaft des Nationalparks haben neben seltenen Vogelarten wie dem Schwarzspecht auch die Luchse wieder eine Heimat.

Regensburg Die 310 Meter lange Steinerne Brücke über die Donau stammt aus dem 12. Jahrhundert. Sie wurde galt seinerzeit als das »achte Weltwunder«. Durch das Brückentor gelangt man in das historische Zentrum mit den stolzen Bürgerhäusern, den alten Wohntürmen und dem berühmten gotischen Dom.

Donaudurchbruch Spektakulär bahnt sich die an dieser Stelle nur 70 Meter breite Donau beim Kloster Weltenburg ihren Weg zwischen den 80 Meter hohen Kalkfelswänden des Jura in Richtung Kelheim. Am besten lässt sich der Donaudurchbruch vom Schiff aus erleben. In unmittelbarer Nähe des Durchbruchs finden sich eine Höhlenkirche und mehrere kleinere Höhlen. Außerdem hatten die Römer dort einst ihr Kastell Abusinia errichtet, dessen Grundmauern heute noch zu sehen sind.

Straubing Blick auf den malerischen Theresienplatz der Donaustadt mit der 1709 errichteten Dreifaltigkeitssäule. Im Hintergrund ragt der Stadtturm auf.

Kloster Metten Die Klosterbibliothek beherbergt nicht nur wertvolle Handschriften und Bücher, sondern ist auch als Bauwerk ein spätbarockes Juwel.

Passau Das barock geprägte Zentrum der Dreiflüssestadt erstreckt sich auf einer durch Inn und Donau gebildeten Halbinsel. Hier fällt der Blick auf das Donauufer mit der Kirche St. Paul und dem Dom St. Stephan, im Hintergrund der Inn.

Eine der faszinierendsten deutschen Ferienrouten führt am nördlichen Alpenrand entlang und verbindet Lindau mit Berchtesgaden. Schon aufgrund der spektakulären Voralpen- und Hochgebirgslandschaft ist die Deutsche Alpenstraße eine Straße der Superlative, die zahlreiche Brücken und Viadukte, Tunnels und Passstraßen aufweist.

Blumenschmuck und bemalte Fensterläden an einem Bauernhaus in der Nähe von Bad Tölz

Lindau Im Seehafen von Lindau werden einfahrende Schiffe vom bayerischen Löwen und dem neuen Leuchtturm begrüßt.

Neuschwanstein Das märchenhaft entrückte Schloss König Ludwigs II. von Bayern am Rand des Ammergebirges, 1869 bis 1886 errichtet, verzaubert bis heute Besucher aus aller Welt.

Füssen Über Altstadt und Lech thront das mittelalterliche Hohe Schloss, das den Fürstbischöfen von Augsburg einst als Sommerresidenz diente.

Wieskirche Von 1745 bis 1754 entstand dieses Juwel des deutschen Rokoko. Die UNESCO hat die Wallfahrtskirche 1983 zum Weltkulturerbe erklärt.

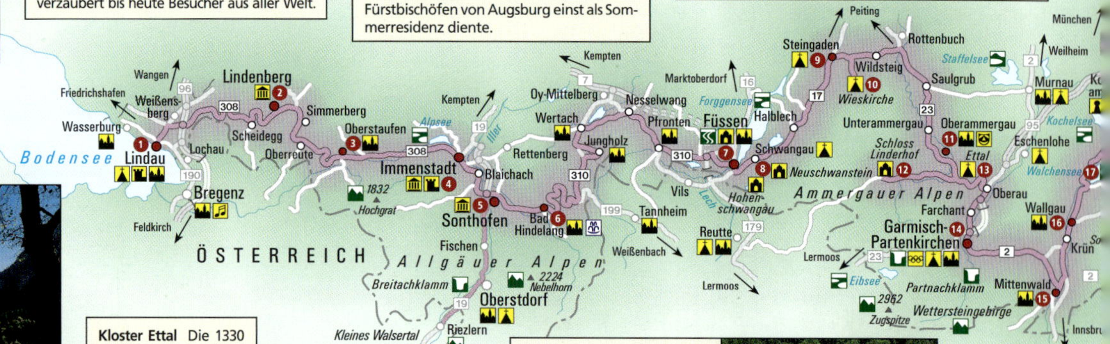

Oberstdorf Rund um den Luftkurort gibt es 200 Kilometer Wanderwege, etwa die Tour durch die Breitachklamm oder den Blumen- und Wanderlehrpfad zum Fellhorngipfel.

Kloster Ettal Die 1330 gegründete Benediktinerabtei liegt in der Gebirgslandschaft der Ammergauer Alpen. Die Kirche stammt aus dem 18. Jahrhundert.

Schloss Linderhof Inmitten der Berge im Graswangtal ließ König Ludwig II. den prunkvollen Bau von 1869 bis 1886 errichten. Eindrucksvoll sind auch die Bauten im Park.

Bereits der Bau dieser Straße war eine Herausforderung der besonderen Art. Die ersten Planungen für die Deutsche Alpenstraße gehen auf das Jahr 1927 zurück: Quer zu den bis dahin bestehenden Verkehrswegen, die hauptsächlich in Nord-Süd-Richtung verliefen, sollte eine Panoramastraße von Westen nach Osten die Orte der Bayerischen Alpen miteinander verbinden – deshalb hieß die Route zunächst auch »Queralpenstraße«. Unter nationalsozialistischer Herrschaft wurde der Ausbau der Deutschen Alpenstraße ein Prestigeobjekt, das unter Einsatz von bis zu 25 000 Arbeitern vorangetrieben wurde. 1939 waren etwa 250 der 450 Streckenkilometer fertiggestellt. Der Zweite Weltkrieg unterbrach dann die Bauarbeiten für längere Zeit. Auch nach Kriegsende ging es nur schleppend voran. Anderweitige Prioritäten hatten zur Folge, dass der letzte Abschnitt der Deutschen Alpenstraße erst 1982, also nach über 50 Jahren Bauzeit, abgeschlossen werden konnte.
Was lange währt, wird endlich gut – und so wird man auf der Fahrt von Lindau nach Berchtesgaden mit unvergesslichen Eindrücken belohnt. Zunächst schlängelt sich die Straße bei Lindenberg noch durch die sanft gewellte Hügellandschaft des Allgäus. Bald schon jedoch stößt die Route über Oberstaufen, Immenstadt und Sonthofen hinein ins Hochgebirge der Allgäuer Alpen. Eine Allgäuer Besonderheit ist die Viehscheid im Herbst. Dabei wird das Jungvieh, das den ganzen Sommer über auf den Bergalmen geweidet hat, bei Blasmusik festlich geschmückt ins Tal getrieben, voneinander geschieden (daher der Name) und in die Ställe seiner Besitzer zurückgebracht.
Zwischen Füssen und Rottenbuch ist die Deutsche Alpenstraße identisch mit der Romantischen Straße. Über den Passionsspielort Oberammergau und Garmisch-Partenkirchen gelangt man in die eigentlichen Bayerischen Alpen. Meist verläuft die Strecke im Hochgebirge, tritt jedoch immer wieder ins hügelige Voralpenland hinaus, so etwa bei Bad Tölz oder im Chiemgau. Von den Ufern von Walchensee, Kochelsee, Sylvensteinstausee, Tegernsee und Schliersee aus bieten sich grandiose Ausblicke auf das Gebirgspanorama.
Über die Chiemgauer Alpen mit dem Wintersportort Reit im Winkl geht es dann auf die letzte Etappe. Immer höher und steiler ragen die umliegenden Gipfel auf, bis kurz vor dem Ziel rechter Hand das berüchtigte Watzmann-Massiv grüßt und schließlich Berchtesgaden erreicht ist.
Entlang fast des gesamten Streckenverlaufs der Deutschen Alpenstraße lassen sich herrliche Bergwanderungen und Klettertouren unternehmen. Skipisten, Langlaufloipen und Rodelbahnen bieten vielfältige Wintersportmöglichkeiten. Und in Kurorten wie Oberstaufen, Bad Tölz oder Bad Reichenhall kann man Leib und Seele verwöhnen lassen.
Aber auch die Kultur kommt hier nicht zu kurz. Vor allem die sakrale Baukunst präsentiert sich mit einer Reihe hochrangiger Schöpfungen: Kapellen, Kirchen und Klöster, meist im Barock- oder Rokokostil erbaut, wie etwa die Wieskirche oder Kloster Ettal. Und nicht zu vergessen natürlich die von König Ludwig II. errichteten Märchenschlösser!

Schliersee An der Nordspitze des Sees liegt der Markt Schliersee mit seiner barocken Pfarrkirche von 1714.

Kloster Seeon Auf einer Insel im Klostersee wurde das einstige Benediktinerkloster mit der Kirche aus dem 12. Jahrhundert erbaut.

Chiemsee Von Gstaad aus hat man über das »Bayerische Meer« die Fraueninsel im Visier. Im Hintergrund die Chiemgauer Alpen.

Herrenchiemsee Der Spiegelsaal im Schloss Herrenchiemsee ist fast 100 Meter lang und damit sogar länger als sein Versailler Vorbild.

Zugspitze Die 2962 Meter hohe Zugspitze ist Deutschlands höchster Berg. Das vergoldete Gipfelkreuz ziert die Ostspitze.

Karwendelgebirge Bei Mittenwald bietet sich eine grandiose Bergszenerie: das Karwendelgebirge mit dem Lautersee im Vordergrund.

Ramsau Ein pittoreskes Pfarrkirchlein schmückt das Bergdorf bei Berchtesgaden.

Berchtesgaden Blick auf Berchtesgaden und den Watzmann (2713 Meter) von der Kneifelspitze aus.

Das UNESCO-Welterbe

Die Welterbeliste der UNESCO verzeichnet einzigartige Kultur- und Naturgüter unserer Welt, die von außergewöhnlicher, universeller Bedeutung sind und deren Schutz daher in der Verantwortung der ganzen Menschheit liegt. Dieser Band beschreibt alle derzeit zum Welterbe gehörenden Natur- und Kulturdenkmäler in Deutschland.

Hanse, Marzipan, die Manns – das sind die Schlagworte, die man gemeinhin mit Lübeck verbindet. Die Hauptattraktion der einst mächtigen Hansestadt ist jedoch der mittelalterliche Stadtkern, der mit seiner stilbildenden Backsteingotik trotz der Zerstörungen des Zweiten Weltkriegs fast geschlossen erhalten geblieben ist.

Als Handelsstadt wurde Lübeck 1143 von Graf Adolf II. von Holstein gegründet. Der 1226 verliehene Status einer Freien Reichsstadt bedeutete für die Kaufmannschaft und die Handwerkergilden weitgehende wirtschaftliche Unabhängigkeit. Durch Handelsgeschick und Fleiß wurde die Stadt an der Trave im Hinterland der Ostseeküste bald zur »Königin der Hanse«, die bereits Ende des 13. Jahrhunderts eine führende Stellung innerhalb dieses Städtebundes einnahm.
Aber auch in geistlicher Hinsicht war Lübeck als Zentrum des Bistums Oldenburg sehr bedeutend, und so begegnet man in der Altstadt Zeugnissen kirchlicher und weltlicher Machtdemonstration gleichermaßen. Der im 13. Jahrhundert errichtete, später gotisch umgebaute Dom zeugt vom Einfluss des Bischofs, die doppeltürmige Hauptkirche St. Marien von der Spendierfreudigkeit des Rates. Ein weiterer berühmter Kirchenbau ist die Museumskirche St. Katharinen aus dem frühen 14. Jahrhundert mit Plastiken von Ernst Barlach und Gerhard Marcks sowie einem Gemälde von Tintoretto. Das Rathaus Lübecks, eines der größten des Mittelalters, und das 1286 vollendete Heilig-Geist-Hospital offenbaren den Reichtum der Kaufmannschaft ebenso wie zahlreiche stolze Bürger- und Gildenhäuser, so etwa das prächtige Haus der Schiffergesellschaft.
Von den fünf mächtigen Stadttoren ist lediglich das Holstentor erhalten geblieben, das bekannteste Wahrzeichen der Stadt. Erbaut wurde es von 1464 bis 1478 vom Lübecker Ratsbaumeister Hinrich Helmstede. Das wehrhafte Tor besitzt bis zu 3,50 Meter dicke Mauern und war mit 30 Geschützen ausgestattet, aus denen jedoch nie ein Schuss abgefeuert wurde.
An die in Lübeck geborenen Schriftsteller Heinrich und Thomas Mann erinnert in der Mengstraße das Buddenbrookhaus, das ein den Brüdern und ihrem Werk gewidmetes Museum beherbergt.

Restaurierte Segelschiffe und Kaufmannshäuser zeugen von der einstigen Bedeutung der Hansestadt (oben). Wie vor 500 Jahren dringt tagsüber nur wenig Licht in die engen Kopfsteinpflastergassen der Altstadt (unten).

Die beiden an der Ostsee gelegenen Städte Wismar und Stralsund wurden nach dem Mauerfall aufwendig saniert und bilden als idealtypische Beispiele für das kulturelle Vermächtnis der Hanse ein gemeinsames Welterbe.

Beide Städte verfügen über ein geschlossenes mittelalterliches bzw. frühneuzeitliches Altstadtensemble mit den für Norddeutschland typischen Backsteinbauten. Ihre historischen Zentren wurden in den 1990er-Jahren vorbildlich restauriert.

Die Lage an der gleichnamigen Bucht sowie an der alten Handelsstraße von Lübeck ins Baltikum prädestinierte Wismar schon früh zu einem bevorzugten Handelsplatz. 1229 erstmals als Stadt erwähnt, trat es 1259 der Hanse bei. Das Herz Wismars ist der Marktplatz mit der Wasserkunst und dem »Alten Schweden«, dem ältesten Bürgerhaus der Stadt (um 1380) mit eindrucksvollem Backsteintreppengiebel. Zahlreiche Giebelhäuser im Stil von Gotik, Renaissance, Barock und Klassizismus sowie sechs Backsteinkirchen, darunter die monumentale Nikolaikirche aus dem 14. Jahrhundert zeugen vom einstigen Reichtum Wismars. Am Alten Hafen im Nordwesten der Altstadt hat sich das spätgotische Wassertor der Stadtbefestigung erhalten.

Stralsund, seit 1293 Mitglied der Hanse, war im 14. Jahrhundert eine der bedeutendsten Städte im Ostseeraum. Vom Stolz des wohlhabenden Bürgertums zeugen die aufwendig gestalteten Kaufmannshäuser in der Altstadt, die auf einem Inselkern zwischen dem Strelasund und den im 13. Jahrhundert aufgestauten Teichen liegt. Besonders sehenswert sind am Alten Markt das Wulflamhaus und das um 1400 errichtete Rathaus, mit seinen Schaugiebeln einer der schönsten Profanbauten der norddeutschen Backsteingotik. Bedeutende Sakralbauten sind die benachbarte hochgotische Nikolaikirche, das 1254 gegründete Franziskanerkloster St. Johannis und der Kampische Hof, einst ein Zisterzienserkloster. Im 17. und 18. Jahrhundert entstanden unter der Herrschaft der Schweden Barockbauten wie das Schwedische Regierungspalais.

Auf dem Marktplatz von Wismar steht die im Renaissancestil errichtete »Wasserkunst«, die ab 1602 die Ziehbrunnen in der Innenstadt ablöste (unten). St. Nikolai mit seinem 37 Meter hohen Mittelschiff war in Stralsund Kirche der Fischer und Seefahrer (oben).

Rathaus und Roland in Bremen

Vom Selbstbewusstsein der altehrwürdigen Hansestadt an der Weser zeugen nicht nur Rathaus und Rolandstatue, sondern auch zahlreiche Kaufmannshäuser und Kirchen. Noch immer spielt der Handel eine bedeutende Rolle, auch wenn Dienstleistungen, Hightech, Wissenschaft und Raumfahrt zunehmend in den Vordergrund treten.

Kaiser Karl der Große erhob 787 die Siedlung am Weserufer zum Bistum. Das Marktrecht folgte ein Jahrhundert später, die Stadtrechte wurden um 1200 verliehen. Im Jahr 1358 trat Bremen der Hanse bei. Der Seehandel nahm damals einen mächtigen Aufschwung. Da Bremen an der Unterweser und nicht am Meer liegt, musste 1619 ein künstliches Hafenbecken gebaut werden. Bremen ist über die Jahrhunderte seiner Bestimmung als Handels- und Hafenstadt treu geblieben, und so ist es noch heute – zusammen mit Bremerhaven – der zweitwichtigste Außenhandelsstandort Deutschlands.

Das Rathaus steht symbolisch für die Entwicklung der Stadt und der Hanse. Es wurde 1405 bis 1410 im gotischen Stil erbaut und 1609 bis 1612 im Stil der Weserrenaissance erneuert. Die untere Rathaushalle blieb im Wesentlichen gotisch, die oberen Geschosse weisen Elemente der Renaissance auf. Ein besonders sehenswertes Schmuckstück ist die Güldenkammer im Inneren des ratsherrlichen Festsaals, wo einst vertrauliche Sitzungen in reich geschmücktem Ambiente abgehalten wurden.

Vor dem Rathaus wacht der – mit Baldachin – fast zehn Meter hohe »steinerne Roland«. Die Figur stammt aus dem Rolandslied und damit dem Sagenkreis um Karl den Großen. Die Nachhut seines Heers wurde bei Roncesvalles in den Pyrenäen beim Kampf gegen die Waskonen aufgerieben. Dabei starb Roland, nachdem er mit seinem Schwert einen Durchgang in den Fels geschlagen hatte. Im ausgehenden Mittelalter wurde Roland dann zu einem Symbol für städtische Freiheit und eigene Gerichtsbarkeit.

Das Rathaus dominiert mit dem Dom St. Petri das historische Zentrum Bremens rund um den Marktplatz. An seiner Südseite steht der Schütting, das Haus der Bremer Kaufmannschaft im Stil der flandrischen Renaissance, westlich verläuft die Böttcherstraße, ein geschlossenes Gebäudeensemble aus den 1920er-Jahren mit Museen, Kunsthandwerkstätten und exklusiven Geschäften.

Der gotische Dom St. Petri und das Rathaus (unten) mit dem »steinernen Roland« (oben) bilden die prächtige Kulisse für den Bremer Marktplatz.

Mit zwei bedeutenden Sakralbauten, St. Michael und dem Dom, wartet Hildesheim im Harzvorland auf. Die beiden Kirchen gehen in ihren Ursprüngen auf das 11. Jahrhundert zurück und gelten als herausragende Beispiele romanischer Baukunst. Der im Zweiten Weltkrieg zerstörte Dom wurde 1950 bis 1960 originalgetreu wiederaufgebaut.

Bischof Bernwards Bronzetür, deren Flügel mit jeweils acht Reliefs in einem Stück gegossen wurden, ist wohl das bedeutendste Kunstwerk des Hildesheimer Doms, der nach einem Brand im 11. Jahrhundert neu erbaut wurde. In der künstlerischen Gegenüberstellung von Sündenfall und neutestamentarischen Erlösungsvorstellungen auf den beiden Flügeln zeigt sich ein Grundprinzip der bernwardinischen Theologie. Die ebenfalls aus Bronze gegossene und nur teilweise erhaltene Bernwardsäule illustriert das Leben Christi.

Die ottonische Kirche St. Michael, unter Bernward 1010 bis 1033 errichtet, barg die kaiserliche Kreuzreliquie, auf die die Gründung des Bistums Hildesheim 815 zurückgeht. Einzigartig ist die Verbindung antiker und mittelalterlicher Motive in der Bauausführung. Ein Hauptwerk mittelalterlicher Monumentalmalerei ist die bemalte hölzerne Mittelschiffsdecke aus dem 13. Jahrhundert mit der Darstellung des »Jesseboom«, des Stammbaums Christi. Die Stuckreliefs an den Querschiffsarmen, die »Engelsemporen«, entstanden um 1230. St. Michael wurde im Mittelalter durch das Grab des 1194 heiliggesprochenen Bernward zu einer viel besuchten Pilgerstätte.

Der im benachbarten Diözesanmuseum aufbewahrte Hildesheimer Domschatz umfasst mittelalterliche Kreuze (Bernwardkreuz), Reliquiare, Schreine, Plastiken (Goldene Madonna), Leuchter, Monstranzen, Manuskripte, reich verzierte Evangeliare und Bibeln von unschätzbarem Wert.

Das Prunkstück von St. Michael ist die bemalte Holzdecke (unten und links) über dem Mittelschiff (oben), die den Jesseboom, den Stammbaum Christi, darstellt. Das Werk besteht aus 1300 Einzelstücken und gilt als einzigartiges Beispiel romanischer Monumentalmalerei.

Goslar verdankt seine herausgehobene Stellung als Kaiserstadt und »Nordisches Rom« – die Kaiserpfalz und insgesamt 47 Kirchen und Kapellen prägen noch heute die Stadtsilhouette – seinen Silberminen. Das historische Bergwerk Rammelsberg zählt ebenso zum Weltkulturerbe wie das geschlossene Ensemble von Fachwerkbauten in der Altstadt.

Im Jahr 968 wurde der Berg, in dem bereits zu Zeiten der Römer Erz abgebaut wurde, erstmals schriftlich erwähnt. Kaiser Heinrich II. ließ in der Nähe der reichen Silber- und Kupfervorkommen im 11. Jahrhundert die mächtige Pfalz anlegen. Um 1100 mit Stadtrechten versehen und Sitz einer Reichsvogtei, entwickelte sich Goslar in der Folge zu einer blühenden Reichsstadt und einem geistigen Zentrum des Landes. In der 1186 geweihten Klosterkirche St. Mariae in horto, der heutigen Neuwerkskirche, hat sich die Romanik in selten anzutreffender Reinheit erhalten. Nach 1455, als die 1360 mit Wasser vollgelaufenen Stollen wieder in Betrieb genommen wurden, begann die zweite Blüte Goslars. Die Bautätigkeit dieser Zeit prägte nachhaltig das Erscheinungsbild der Altstadt mit ihrem dichten Fachwerkbestand. Im Rathaus ist mit den Wandbildern im Huldigungssaal ein eindrucksvolles Beispiel spätgotischer Raumkunst zu bewundern. Die Bergmannssiedlung im Frankenberger Viertel aus dem 16. Jahrhundert dagegen illustriert das Leben der Bergarbeiter, für die 1537 das Hospital St. Annenhaus errichtet wurde. Das nach über 1000 Jahren Abbau 1988 stillgelegte Bergwerk ist eines der wichtigsten Bergbaumuseen Europas und bietet viel Anschauungsmaterial.

Prächtige Häuser wie die 1494 von der Tuchmachergilde errichtete Kaiserworth (unten) und die Kaiserpfalz (oben) mit rekonstruiertem Kaisersaal (links) zeugen von der einstigen Bedeutung Goslars.

Das im nördlichen Harzvorland gelegene Quedlinburg ist eines der größten Flächendenkmäler Deutschlands. Seinen Welterbestatus verdankt es der mittelalterlichen Altstadt mit rund 1300 historischen Fachwerkbauten sowie der romanischen Stiftskirche St. Servatius auf dem Schlossberg.

König Heinrich I. errichtete seine Residenz Quitilingaburg über den Grundmauern einer Pfalz, die noch aus karolingischer Zeit stammte. Im Jahr 1129 wurde die Kirche des 936 auf dem Schlossberg gegründeten Stifts dem hl. Servatius geweiht. Die Grundstruktur dieser romanischen Basilika blieb trotz umfangreicher Um- und Anbauten, die noch im 19. Jahrhundert vorgenommen wurden, bewahrt. Ein gotisches Säulenportal schmückt den Eingang zu der mit romanischen Fresken geschmückten Krypta, in der sich die Grabmäler Heinrichs I. und seiner Gemahlin befinden. Außer Stiftskirche und Klostermauern sind keine weiteren Bestandteile des Stiftes erhalten geblieben. In unmittelbarer Nachbarschaft der Stiftskirche wurde auf den Fundamenten romanischer Vorgängerbauten das Schloss erbaut, das unterschiedliche Stilelemente hauptsächlich des 16. und 17. Jahrhunderts aufweist.

Von besonderem Reiz ist die Altstadt Quedlinburgs unterhalb des Hügels, die von einer mächtigen Stadtmauer umfriedet wird. Drei gotische Hallenkirchen haben hier die Zeiten überdauert. Zahlreiche Fachwerkbauten aus sechs Jahrhunderten und verwinkelte Gässchen versetzen den Besucher ins Mittelalter. Auf dem Marktplatz beeindrucken das zweigeschossige Rathaus im Renaissancestil (1613–1615) mit seinem Frühbarockportal sowie die Rolandstatue von 1427. Einen Kontrapunkt zum domierenden mittelalterlichen Erscheinungsbild setzt die Lyonel-Feininger-Galerie mit Werken des berühmten Malers und Grafikers.

Kunstvoll gestaltete Fassaden alter Fachwerkhäuser prägen die Altstadtgassen von Quedlinburg (großes Bild und links). Überragt werden sie vom Schlossberg mit Stiftskirche St. Servatius und Renaissanceschloss (oben).

Bauhausstätten in Dessau und Weimar

Das Bauhaus war eine der bedeutendsten Hochschulen für Gestaltung. Kunst sollte nicht mehr gesellschaftlich abgehoben sein, sondern durch die Verbindung mit handwerklicher Produktion sowohl in der Architektur als auch für Gebrauchsgegenstände vorbildliche Formen und Objekte schaffen. Die meisten Bauhausstätten befinden sich in Dessau; in Weimar sind nur mehr zwei Gebäude erhalten.

»Architekten, Bildhauer, Maler, wir alle müssen zum Handwerk zurück«, schrieb 1919 Walter Gropius, Gründer und erster Direktor des Staatlichen Bauhauses zu Weimar. Die geforderte Einheit von künstlerischer Gestaltung und handwerklichem Können spiegelt sich im gewählten Namen wider: Das Wort »Bauhaus« sollte an die Tradition der Bauhütten der großen Kathedralen des Mittelalters anknüpfen. Künstler wie Paul Klee und Wassily Kandinsky folgten dem Ruf ins verschlafene Weimar. Das Haus am Horn in Weimar wurde 1923 als ein Modell des Wohnhauses der Zukunft vorgestellt. Doch dort waren die exzentrischen Künstler und Architekten nie sehr beliebt: Die politischen Umstände zwangen 1925 zum Wechsel in das liberalere Dessau, wo Gropius das Bauhausgebäude errichtete, ein Denkmal frühen Industriedesigns. Hier entstanden auch die Meisterhäuser. Nach Hannes Meyer (1928–1930) wurde Ludwig Mies van der Rohe Direktor des Bauhauses und etablierte es als eine Art Architekturhochschule. 1932/33 wurde das Bauhaus von den Nationalsozialisten aus Dessau vertrieben bzw. geschlossen, viele Bauhauskünstler wie Mies van der Rohe und Moholy-Nagy emigrierten in die USA.

Klassiker der Moderne sind die vom Bauhaus entworfenen Gebäude und Objekte. Dazu gehören das Dessauer Bauhausgebäude (oben: Außenfassade; unten: Treppenhaus) und das gläserne Restaurant des Dessauer Kornhauses mit Blick auf die Elbe (links).

Als »herausragendes Beispiel für die Umsetzung philosophischer Prinzipien der Aufklärung in einer Landschaftsgestaltung« wurde das Gartenreich Dessau-Wörlitz zum Weltkulturerbe erklärt. Auf einem Areal von 150 Quadratkilometern entlang von Mulde und Elbe bilden sechs Schlösser und sieben Parks ein großartiges Gesamtkunstwerk.

Fürst Leopold III. Friedrich Franz von Anhalt-Dessau ließ ab 1764 – unter dem Eindruck von Studienreisen nach Italien, Frankreich und England – an den Uferpartien eines früheren Elbarmes bei Wörlitz eine weiträumige Parkanlage im englischen Gartenstil errichten. In die vielgestaltige Gartenlandschaft wurden diverse kleinere und größere Baukunstwerke eingestreut. Ausführender Gartenarchitekt war Johann Friedrich Eyserbeck. Die Konzeption der klassizistischen Bauten oblag seinem Reisegefährten Friedrich Wilhelm von Erdmannsdorff. Er entwarf die Gebäude nach dem Vorbild berühmter Bauten der römischen Antike, der italienischen Spätrenaissance und des englischen Klassizismus. Der zentrale Bau ist das zwischen 1769 und 1773 errichtete Gartenschloss von Wörlitz, das als Urzelle des deutschen Klassizismus gilt. Es steht wie die anderen Parkgebäude – etwa Floratempel, Synagoge oder Gotisches Haus – in einem kalkulierten Wechselspiel zur umgebenden Gartenlandschaft. Zum Gartenreich gehören neben den Wörlitzer Anlagen die Schlösser und Parks Großkühnau, Georgium, Luisium, Sieglitzer Berg, Mosigkau und Oranienbaum.

Über die 112 Hektar großen Anlagen von Wörlitz mit exotischen Blumen, Büschen und Bäumen sind zahlreiche Kulissenbauten verstreut, so etwa das herrlich gelegene Wörlitzer Schloss (unten; links: Detailansicht und Bibliothek). Das Gotische Haus (oben) wurde ab 1773 im neugotischen Stil errichtet.

Luthergedenkstätten in Eisleben und Wittenberg

In Wittenberg und Eisleben finden sich zahlreiche Spuren des großen Reformators Martin Luther. Die zum Weltkulturerbe zählenden Luthergedenkstätten umfassen das Geburtshaus und das Museum »Sterbehaus Luther« in Eisleben, ferner in Wittenberg das Lutherhaus, die Stadtkirche und die Schlosskirche sowie das Melanchthonhaus.

Die Tür der Schlosskirche in Wittenberg, an die Martin Luther 1517 angeblich seine 95 Thesen zur Reformation anschlug – die historische Authentizität dieses Aktes ist umstritten –, wurde 1760 bei einem Brand zerstört. 1858 wurde sie durch eine Bronzetür ersetzt, die nun den Wortlaut der Thesen in goldenen Lettern wiedergibt. Das Grab des Reformators befindet sich im Inneren der Kirche vor der Kanzel. In der Stadtkirche hat der Reformator über 30 Jahre lang gepredigt und die neuen Gottesdienstformen eingeführt. Das Lutherhaus im ehemaligen Wittenberger Augustinerkonvent im Hof des Universitätsgebäudes war über 40 Jahre lang die Wohn- und Arbeitsstätte Luthers. Hier übersetzte und schrieb er und hielt zusammen mit Philipp Melanchthon Vorlesungen ab. Die Lutherstube im ersten Geschoss, wo die berühmten Tischgespräche stattfanden, ist noch mit einigen Originalmöbeln ausgestattet. Heute residiert im Lutherhaus ein reformationsgeschichtliches Museum.
Auch das Geburtshaus Luthers in Eisleben beherbergt heute Gedenkstätten zum Leben und Wirken Luthers. Das Museum »Luthers Sterbehaus« im Anwesen Andreaskirchplatz 7 ist übrigens gar nicht Luthers Sterbehaus, wurde aber lange dafür gehalten und entsprechend rekonstruiert.

Die Marienkirche und das Standbild Luthers beherrschen aus dieser Perspektive den Marktplatz der Lutherstadt Wittenberg (großes Bild). An die Tür der Schlosskirche (links: Turm; oben: Innenraum) soll Martin Luther 1517 seine berühmten 95 Thesen angeschlagen haben.

Ein außergewöhnliches Ensemble von Architektur und Landschaftsgärten bilden die Preußischen Schlösser und Gärten Berlin-Potsdam. Hierzu gehören Schloss und Park Sanssouci, Babelsberg samt Sternwarte, Lindstedt, Sacrow, Glienicke, Neuer Garten mit Schloss Cecilienhof, Pfingstberg mit Belvedere und die Pfaueninsel.

»Sanssouci«, ohne Sorge, wollte Friedrich der Große in seiner Sommerresidenz in Potsdam leben. Teils nach eigenen Entwürfen ließ er ab 1745 auf den Weinbergterrassen vom Architekten Georg Wenzeslaus von Knobelsdorff einen eingeschossigen Bau errichten. Mit seinem plastischen Schmuck und der reichen Ausstattung gilt Schloss Sanssouci als ein Hauptwerk des deutschen Rokoko. Vom selben Architekten stammt auch der Entwurf für die Parkanlage. Weitere Bauwerke kamen hinzu: die Bildergalerie, die Neuen Kammern und das gewaltige Neue Palais. Friedrich Wilhelm IV. setzte dann die Bautätigkeit in Sanssouci fort. Unter seiner Regentschaft wirkten die wichtigsten Baumeister und Landschaftsarchitekten seiner Zeit.

Nach Plänen Karl Friedrich Schinkels wurde ein altes Gutshaus zum Schloss Charlottenhof umgebaut, den Park gestaltete der Landschaftsarchitekt Peter Joseph Lenné im romantischen Sinne. Bis 1860 folgten Römische Bäder, Orangerie und Friedenskirche. Neben weiteren Schlossbauten umfasst das Welterbegebiet auch das Dorf Klein-Glienicke und in Potsdam das Krongut Bornstedt und die Russische Kolonie Alexandrowka.

Ein Ausfluss der im 18. Jahrhundert grassierenden China-Mode ist das Chinesische Haus im Park Sanssouci (unten). An einer Gitterlaube im Schlosspark steht diese Replik der antiken Statue »Betender Junge« (links). Zur Seenlandschaft von Berlin und Potsdam an Jungfern- und Heiligensee gehört auch die Pfaueninsel mit dem Weißen Schloss (oben).

SANS,

Die Fassade von Schloss Sanssouci wird von Karyatiden und Atlanten in Form von Bacchantinnen und Bacchanten geziert. Die üppigen Figuren bilden den thematischen Bezug zum Weinberg, den Friedrich II. hier anlegen ließ.

Auf der Museumsinsel zwischen Spree und Kupfergraben erwartet den Besucher auf einem Areal von weniger als einem Quadratkilometer ein weltweit einzigartiges Ensemble von fünf Museen, die zusammen über 5000 Jahre Menschheitsgeschichte repräsentieren.

Als einer der ersten Museumsbauten Deutschlands entstand 1825 bis 1830 das Alte Museum. Errichtet nach Plänen von Schinkel, bildete die monumentale Anlage das städtebauliche Pendant zum damals wichtigsten Gebäude Berlins, dem königlichen Residenzschloss. In dem Haus, das einige der schönsten Raumschöpfungen des Klassizismus aufweist, wurden auf zwei Etagen antike Gemälde und Skulpturen präsentiert. Da der zur Verfügung stehende Platz bald nicht mehr ausreichte, ließ Friedrich Wilhelm IV. die gesamte restliche Insel für Kunstexponate reservieren und zwei weitere Bauten in Auftrag geben. 1843 bis 1855 erbaute man nach Plänen des Schinkel-Schülers Stüler das Neue Museum, das die Entwicklung der Künste vom alten Ägypten bis zur Renaissance dokumentierte. Das im Zweiten Weltkrieg schwer beschädigte Gebäude wird nach grundlegender Sanierung 2009 wieder für das Publikum geöffnet.
Die Alte Nationalgalerie war der Malerei und Bildhauerei ihrer Entstehungszeit (1866 bis 1876) gewidmet. Viele der Werke aus dem 19. Jahrhundert hängen seit der Wiedereröffnung des Hauses 2001 wieder an ihrem ursprünglichen Platz.
1904 wurde an der Spitze der Insel das Bode-Museum (vormals Kaiser-Friedrich-Museum) mit dem kuppelüberwölbten Treppenhaus eingeweiht. Hier residieren nach umfassender Renovierung seit 2006 wieder die Skulpturensammlung, das Museum für Byzantinische Kunst und das Münzkabinett.
Als letzter der fünf Museumsbauten kam 1910 bis 1930 das neoklassizistische Pergamonmuseum hinzu, das erste Architekturmuseum der Welt. Es wurde eigens für die Präsentation riesiger archäologischer Fundstücke aus Vorderasien errichtet, die hier als imposante Teilrekonstruktionen wiedererstanden. Daneben beherbergt das meistbesuchte Museum Berlins auch die Antikensammlung und das Museum für Islamische Kunst.

Dem Pergamonaltar mit seinem gigantischen Wandfries verdankt das Pergamonmuseum seinen Namen. Großartige Kuppelbauten sind die Rotunde im Alten Museum und die Kleine Kuppelhalle im Bode-Museum (oben links, rechts).

Die sechs Berliner Ensembles, erbaut zwischen 1913 und 1934 von Architekten wie Bruno Taut, Hans Scharoun und Walter Gropius, repräsentieren mit ihren klaren, reduzierten Formen den Anspruch der klassischen Moderne. Mit Bädern und Balkonen ausgestattete lichtdurchflutete Wohnungen sollten damit auch für sozial benachteiligte Bevölkerungsschichten erschwinglich sein.

Nach den Erschütterungen des Ersten Weltkriegs war die geistige Landschaft in Europa geprägt von der Suche nach einer

neuen, klaren Ordnung, die sich an der Realität gegebener Umstände, an Zweckmäßigkeit und Funktionalität orientierte. Gleichzeitig ermöglichten die Fortschritte der Technik neue Bauweisen – etwa Stahlskelettbau und Einsatz von Guss- und Stahlbeton –, die nun Verwendung in Kunst und Architektur der Avantgarde fanden. Die Konzentration auf den stimmigen Zusammenhang zwischen Form und Funktion wurde im Deutschland der Weimarer Republik begleitet von der gesellschaftspolitischen Utopie, eine neue Architektur für eine neue Stadt und eine neue Gesellschaft zu kreieren.

Die Berliner Siedlungen – zum Welterbe gehören die Gartenstadt Falkenberg, die Siedlung Schillerberg, die Großsiedlung Britz, die Wohnstadt Carl Legien, die Weiße Stadt und die Großsiedlung Siemensstadt – reflektieren diese Zeit architektonischer und gesellschaftlicher Umbrüche. In ihnen verbindet sich die Architektur der Moderne mit der Idee des sozialen Wohnungsbaus als Antwort auf die steigenden Bevölkerungszahlen. Auch der ärmeren Bevölkerung sollte nun ein höherer Lebensstandard ermöglicht werden. Die klare Formensprache, die Qualität der architektonischen Komposition und die städtebaulichen Figuren der Siedlungen übten nachhaltigen Einfluss auf die Entwicklung der Architektur im 20. Jahrhundert aus.

In Form eines Hufeisens ist die Siedlung Britz angelegt (unten). Kubische Formen, durch runde Balkone aufgelockert, dominieren das Haus »Panzerkreuzer« in der Siemensstadt (links). Große Veranden kennzeichnen die Gartenstadt Falkenberg von Bruno Taut (oben).

ANTIKENSAMMLUNG

Das von Schinkel errichtete Alte Museum ist eines der bedeutendsten klassizistischen Bauwerke Berlins. Mit der von 18 kannelierten ionischen Säulen getragenen Vorhalle, Rotunde und Freitreppe weist es architektonische Elemente typischer Herrschaftsbauten auf. Die beiden Skulpturen »Rossebändiger« auf dem Dach stammen von Friedrich Tieck. Seit 1904 beherbergt das Museum die Antikensammlung.

Die Wartburg über dem thüringischen Eisenach ist nicht nur hinsichtlich Lage und Architektur der Inbegriff einer Burg, sondern wie kaum ein anderer Wehrbau auch ein herausragender Symbolort deutscher Geschichte, der schon im 19. Jahrhundert als nationales Denkmal galt.

»Wart', Berg, du sollst mir eine Burg werden!«, soll Ludwig der Springer 1067 beim Anblick des Wartberges ausgerufen haben. 1080 wird die Wartburg dann erstmals erwähnt, und in ihrem Schutz entwickelte sich Eisenach, das bald zum Zentrum der Landgrafschaft Thüringen wurde. Landgraf Hermann I. (gest. 1217) baute die Wehrburg zu einem repräsentativen Sitz aus. Die Gedichtsammlung über den Sängerkrieg – den Wettstreit zwischen den Minnesängern des Hochmittelalters, darunter Wolfram von Eschenbach und Walther von der Vogelweide – inspirierte viele Dichter und Musiker, so auch den Komponisten Richard Wagner zu seiner Oper »Tannhäuser«. Martin Luther lebte 1521/22 als vermeintlicher »Junker Jörg« unter dem Schutz des Kurfürsten Friedrich der Weise auf der Burg. Hier begann er mit der Übersetzung des Neuen Testaments aus dem Griechischen und leistete damit einen wichtigen Beitrag zur Entwicklung der deutschen Schriftsprache.
Zur Zeit des Wartburgfestes 1817, als sich dort die deutschen Burschenschaften versammelten, war die Burg weitgehend verfallen. Erst in der zweiten Hälfte des 19. Jahrhunderts wurde die weiträumige Anlage mit zahlreichen Gebäuden aus sieben Jahrhunderten wiederhergestellt. In den zwei Höfen finden sich schöne Fachwerkhäuser aus dem 15./16. Jahrhundert, imposante Bauten im neuromanischen und -gotischen Stil und als ältester Teil der Anlage ein spätromanischer Palas. Sängersaal, Rittersaal, die Kemenate und die Kapelle der 1235 heiliggesprochenen Elisabeth versetzen den Besucher in die Zeit des Hochmittelalters. Die Lutherstube ist fast unverändert geblieben, nur der Tintenklecks an der Wand, der entstanden sein soll, als Luther angeblich das Tintenfass nach dem Teufel geworfen hat, ist nicht mehr zu sehen. In den Museumsräumen befinden sich Kunstwerke aus der Sammlung der Wartburg, darunter Gemälde von Lucas Cranach d. Ä.

Gut zu erkennen ist hier der Stilmix der Wartburg (unten). Ganz links im Bild der romanische Palas sowie der Bergfried. In der Lutherstube hatte der Reformator einst das Neue Testament übersetzt (oben).

Weimar, ein kleines thüringisches Städtchen an der Ilm, avancierte im späten 18. und frühen 19. Jahrhundert zu einem Zentrum deutscher Geistesgrößen. Hier nahm eine der bedeutendsten europäischen Kulturepochen ihren Ausgang, die »Weimarer Klassik«, mit Goethe und Schiller als deren Hauptrepräsentanten.

Mit den Worten »Wo finden Sie auf einem engen Fleck noch so viel Gutes?« lockte Johann Wolfgang von Goethe seinen späteren Privatsekretär Eckermann nach Weimar. Diesem folgten Wieland, Herder und Schiller, und sie alle machten die bis dahin eher unbedeutende Provinzstadt für einige Jahrzehnte zum kulturellen Mittelpunkt Deutschlands.

Goethes Haus am Frauenplan war 1709 von einem Strumpffabrikanten erbaut worden. 1782 bezog es Goethe als Mieter, lebte hier bis 1786 und – nach seiner Rückkehr aus Italien – erneut von 1789 an. In dieser Zeit ließ der Dichterfürst das Gebäude im italienischen Stil umbauen. Das »berühmteste Gartenhaus der Welt«, in dem der Dichter von 1776 bis 1782 ohne Unterbrechung wohnte, steht im Park an der Ilm. In dem 1726 im Barockstil erbauten und nach ihm benannten Haus residierte Herder mit seiner Familie von 1776 bis 1803. In der spätgotischen Stadtkirche wirkte er als Hofprediger. Das Stadtschloss mit dem markanten Turm beherbergt die Weimarer Kunstsammlungen. 1774 zog Herzogin Anna Amalia in das Wittumspalais, das Schauplatz berühmter Tafelrunden wurde. Auch aus dem Rittergut Tiefurt machte die Herzogin einen bedeutenden Treffpunkt der Weimarer Gesellschaft. Schloss Ettersburg am Nordrand des Ettersbergs war zu Goethes Zeiten die Sommerresidenz des Herzogs. Der Park wurde nach Vorschlägen von Fürst Pückler-Muskau gestaltet. Das Rokokoschloss Belvedere (Baubeginn 1724) war zunächst als Jagdresidenz der Herzöge geplant.

Die Herzogin-Anna-Amalia-Bibliothek im »Grünen Schloss« (1563), eine der wertvollsten Büchersammlungen der deutschen Klassik, wurde 2004 bei einem Brand schwer beschädigt, Tausende Bücher verbrannten. Nach der Instandsetzung ist das historische Bibliotheksgebäude mit dem prächtigen Rokokosaal seit 2007 wieder zugänglich.

Einer der weltweit schönsten Bibliotheksräume ist der Rokokosaal der Herzogin-Anna-Amalia-Bibliothek, nach dem Brand von 2004 wieder in alter Pracht erstanden. Im Rokokostil präsentiert sich auch Schloss Belvedere (oben).

Von Schloss Pillnitz im Südosten bis Schloss Übigau im Nordwesten von Dresden erstreckt sich im Elbtal über 18 Kilometer eine einzigartige Kulturlandschaft. Zum Bereich der Welterbestätte gehören Weinberge, Elbwiesen und -auen, Wasserburgen, Schlösser und Parks ebenso wie das Ensemble der barock geprägten Dresdner Altstadt.

Dresden wurde unter August dem Starken (1694–1733) zu einer Stadt von europäischem Rang ausgebaut. Im Umland ließ der Kurfürst Schlösser errichten, die er vom Fluss aus erreichen konnte. Als Vorbild dienten ihm Venedig und das Brenta-Gebiet – Orte, die er auf einer Kavalierstour durch Europa kennengelernt hatte. So blieben die breiten Elbwiesen als Kulisse für Schlösser erhalten, wie Pillnitz und Übigau. Schloss Pillnitz im Südosten, ein »indianisches Lustgebäude« samt Pagodendächern, Sphingen, Treppenkaskaden und geschwungenen Terrassen, ist der Auftakt zu einer Abfolge von Palästen, Parks, Wäldern und Weinhängen. Weiter gegen Westen folgt die Altstadt von Dresden mit Zwinger, Semperoper, Hof- und Frauenkirche, Residenzschloss, Kunstakademie und Brühl'scher Terrasse sowie Kunstsammlungen wie etwa dem Grünen Gewölbe. Zum Weltkulturerbe zählen auch technische Denkmäler wie das »Blaue Wunder«, eine historische Hängebrücke zwischen den Stadtteilen Blasewitz und Loschwitz. Das Barockschloss Übigau bildet den Abschluss des Welterbebereichs.

Barock- und klassizistische Bauten prägen bis heute das Stadtbild Dresdens. Von der Elbe aus fällt der Blick auf die Brühl'sche Terrasse und das einzigartige Gebäudeensemble (oben, von links) mit Frauenkirche (unten), Kunstakademie, Hausmannsturm, Hofkirche und Semperoper (links).

Ein länderübergreifendes Welterbe und ein Vorzeigeprojekt für die deutsch-polnische Zusammenarbeit im Kulturbereich ist der Landschaftspark von Bad Muskau. Hermann Fürst von Pückler-Muskau schuf hier 1815 bis 1844 ein mehr als 700 Hektar großes Gartenreich, in dem er »Landschaftsmalerei« mit echten Pflanzen betrieb.

Hermann Fürst von Pückler-Muskau kennen wir heute höchstens noch vom Fürst-Pückler-Eis. Er selbst hatte damit aber nichts zu tun. Ein Konditormeister namens Schulz benannte seine Kreation aus Erdbeer, Schokolade und Makronen nach dem Fürsten. Dieser war eine der skurrilsten Figuren des 19. Jahrhunderts: Dandy und Frauenheld, Abenteurer und Schriftsteller, vor allem aber ein Landschaftsgärtner. Seine ironisch-zynischen Reiseberichte waren in der ersten Hälfte des 19. Jahrhunderts Bestseller. Allerdings hielt Pückler selbst nicht viel von seinen Büchern. Ein einziges lag ihm am Herzen – die »Andeutungen über die Landschaftsmalerei«. Darin beschrieb er Planung und Anlage seines Parks in Muskau. Die Anregung zu einem Park im englischen Stil erhielt Pückler in England, wo er sich 1815 ein Jahr lang aufhielt.

Der Fürst-Pückler-Park liegt heute zu einem Drittel in Deutschland und zu zwei Dritteln in Polen dies- und jenseits des Grenzflusses Neiße. Über eine Brücke kann man zwischen den Parkteilen und Ländern wechseln. Auf deutscher Seite besteht die Anlage aus Schloss-, Bade- und Bergpark, auf polnischer aus Unterpark, Aboretum und Braunsdorfer Feldern. Zum Park zählen ferner mit der Landschaft harmonierende Bauten wie das Alte und das Neue Schloss, eine von Semper erbaute Orangerie, ein Tropenhaus und eine Kirchenruine. Der Park war lange Vorbild für die Landschaftsarchitektur in Europa und Amerika.

Der Fürst-Pückler-Park in Muskau an der Neiße ist ein idyllisches Gartenreich aus Gehölzen, Wiesen und Blumenbeeten (großes Bild und links). Von der »Tränenwiese« fällt der Blick auf das Neue Schloss (oben), das nach umfassender Renovierung seit 2008 wieder öffentlich zugänglich ist.

Einer der glanzvollsten Barockbauten Deutschlands ist der nach Plänen von Matthäus Daniel Pöppelmann 1710 bis 1733 errichtete Dresdner Zwinger. Zum großartigen Gesamteindruck trägt neben den geschwungenen Fassaden der reiche figurale Schmuck von Balthasar Permoser bei. Im Bild der Glockenspielpavillon (im Hintergrund der Hausmannsturm), der über ein Glockenspiel aus Meißner Porzellan verfügt.

Zu einem der bedeutendsten Chinoiseriebauten Europas ließ August der Starke das an der Elbe gelegene Schloss Pillnitz ab 1720 nach Entwürfen von Matthäus Daniel Pöppelmann umgestalten. Ende des 18. Jahrhunderts kamen zur Sommerresidenz der sächsischen Kurfürsten ein Englischer Landschaftsgarten und weitere Pavillons hinzu, um 1820 ersetzte das Neue Palais (unten) als neues Hauptgebäude der Schlossanlage einen Vorgängerbau.

Zeche Zollverein in Essen

Bergbau und Schwerindustrie sind heute im Ruhrgebiet weitgehend Geschichte. Zurück bleiben die Kathedralen der Industriekultur – gigantische Fördertürme, Maschinenhallen, Hochöfen. Eines der imposantesten Monumente unter ihnen ist die ehemalige Essener Zeche Zollverein.

Zollverein Schacht XII wird von vielen als »die schönste Zeche der Welt« bezeichnet. Die seinerzeit größte und modernste Steinkohleförderanlage der Welt wurde von Fritz Schupp und Martin Kremmer in Anlehnung an den Bauhausstil entworfen. Die beiden Architekten ordneten den Industriekomplex in zwei Achsen an und gestalteten ihn harmonisch durch, streng nach den Prinzipien der Symmetrie und der Geometrie.

1986 wurde die Zeche Zollverein stillgelegt, nach dem Niedergang der Stahlindustrie folgte 1993 auch die Schließung der angebundenen Kokerei. Der gesamte Industriekomplex steht heute unter Denkmalschutz und wird für Ausstellungen und Konzerte genutzt. Für die Erhaltung des Industriedenkmals wurde 1998 die Stiftung Zollverein gegründet.

Zeche und Kokerei im Originalzustand sind heute ein lebendiger Besichtigungsort zur Geschichte des Bergbaus und zur historischen Industriearchitektur. Entlang eines Museumspfads im Zollverein kann man die Entwicklung der Schwerindustrie abschreiten. Er führt durch die Gebäude der ehemaligen Sieberei und der Kohlenwäsche, vorbei an Maschinen und Förderbändern, die den einst so schweren Arbeitsalltag inmitten von Lärm und Staub anschaulich werden lassen. Der Komplex beherbergt ferner das Ruhrmuseum, in dem die Geschichte des Ruhrgebiets präsentiert wird, sowie im vom britischen Stararchitekten Sir Norman Foster umgestalteten ehemaligen Kesselhaus das »red dot design museum«, das zeitgenössischem Design gewidmet ist.

Fast surreal muten aus dieser Perspektive die gigantischen Bandbrücken der Kokerei Zollverein an (unten + links). Weithin sichtbares Wahrzeichen der Zeche Zollverein ist der gewaltige Doppelbock-Förderturm von Schacht XII (oben).

Der Dom St. Peter und Maria in Köln wurde trotz der rund 600 Jahre währenden Bauzeit weitgehend stilrein in der Formensprache der Hochgotik errichtet. Erst 1880 wurde die drittgrößte Kathedrale der Welt mit den beiden 157 Meter hoch aufragenden Türmen vollendet.

Mit einer Länge von 145 Metern, einer Breite von 45 Metern und einer Höhe im Hauptschiff von 43 Metern gehört der Kölner Dom zu den größten Kirchen der Christenheit. Das Gotteshaus wurde nach dem Vorbild französischer Kathedralen entworfen, Umgänge und Raummaße jedoch auf die große Zahl der Pilger ausgerichtet, die die Reliquien der Heiligen Drei Könige aufsuchten. Die Pläne für die monumentale Westfassade stammen von etwa 1310. Bis 1559 entstanden Chor, Querschiff, Langhaus und der Stumpf des Südturms. Seine heutige Gestalt erhielt der Dom von 1842 bis 1880.

Der Innenraum der fünfschiffigen Basilika mit Umgangschor und Kapellenkranz misst über 6000 Quadratmeter; 56 Pfeiler tragen das Dach. Mit dem Dreikönigsschrein von Nikolaus von Verdun beherbergt der Kölner Dom ein Meisterwerk der rheinischen Goldschmiedekunst. Der Chorumgang birgt das berühmte Dombild von Stephan Lochner (1440) und das romanische Gerokreuz aus dem 10. Jahrhundert. Das große Chorgestühl mit 104 Sitzen geht auf das 13. Jahrhundert zurück. Zudem besitzt der Dom eine der reichsten Schatzkammern Deutschland.

Weithin sichtbar dominieren die Doppeltürme des unweit vom linken Rheinufer gelegenen Kölner Doms die Silhouette der Altstadt (unten; links im Bild die romanische Kirche Groß St. Martin). Zu den prächtigsten Bauteilen des Doms zählen das Chorpolygon (links) und das Südportal (oben).

Das kurfürstliche Schloss Augustusburg und das Jagdschloss Falkenlust zählen zu den wichtigsten Bauwerken des Spätbarock und Rokoko im Rheinland. An der Ausgestaltung der repräsentativen Bauten waren namhafte Künstler aus Österreich, Bayern, Italien und Frankreich – darunter etwa Balthasar Neumann – beteiligt.

Schloss Augustusburg wurde ab 1725 als Residenz für Erzbischof und Kurfürst Clemens August I. errichtet. Johann Conrad Schlaun, François de Cuvilliés und Dominique Girard schufen hier ein Gesamtkunstwerk, das den Stilwandel vom Barock zum Rokoko dokumentiert. Die Ausstattung der prunkvollen Repräsentationsräume ist von erlesenster Qualität. Das Gartenareal, zu dem hin sich alle Räume öffnen, verleiht der als Dreiflügelbau konzipierten Residenz den Charakter eines Lustschlosses. Teile des von Girard angelegten Parks wurden ab 1842 von Lenné als englischer Garten gestaltet.

Das ab 1729 nach Plänen von Cuvilliés und Leveilly erbaute Schloss Falkenlust diente der Falkenjagd, die der Kurfürst betrieb. Die Räumlichkeiten haben eher privaten Charakter, sind jedoch nicht weniger prächtig ausgeführt.

Erst im harmonischen Zusammenspiel mit dem Barockgarten entfaltet Schloss Augustusburg seine ganze Anmut und Schönheit (großes Bild). Eindrucksvolle Beispiele für die Innenraumgestaltung der Rokokozeit sind das Treppenhaus von Balthasar Neumann im Schloss Augustusburg (links) und der Speisesaal im Schloss Falkenlust (oben).

Der Aachener Dom ist nicht nur ein bedeutendes Denkmal karolingischer Baukunst, sondern auch ein Symbolort deutscher Geschichte par excellence. Von 936 bis 1531, von Otto I. bis Ferdinand I., ließen sich hier 30 deutsche Könige krönen. Den Grundstein für den Dom legte Kaiser Karl der Große mit dem Bau der Pfalzkapelle.

Die um das Jahr 800 geweihte Pfalzkapelle wurde nach Plänen von Odo von Metz auf oktogonalem Grundriss erbaut. Unter der später mit Mosaiken versehenen Kuppel zieht sich ein zweigeschossiger Umgang um den Innenraum. Die Ausgestaltung des Doms orientierte sich an römischen ebenso wie an byzantinischen Vorbildern und ist Ausdruck des umfassenden Machtanspruchs Kaiser Karls des Großen.

In den folgenden Jahrhunderten wurden mehrere An- und Umbauten nötig, um Platz für die aufwendigen Krönungszeremonien, aber auch für die Pilger zu schaffen, die zum Grab Karls des Großen drängten. Besonders beeindruckend sind die Monumentalfenster des im 15. Jahrhunderts eingeweihten gotischen Hallenchors, durch den der Zentralbau der Kapelle nach Osten hin aufgebrochen wurde. In der Mitte des Chorraums steht der von 1200 bis 1215 entstandene kostbare Karlsschrein mit den sterblichen Überresten Karls des Großen. Die Kapelle selbst hat über rund 1200 Jahre hinweg ihr Gesicht im Wesentlichen bewahren können.

Der Aachener Domschatz zählt zu den bedeutendsten Europas und umfasst neben dem Karlsschrein weitere kostbare Ausstattungsstücke, liturgische Objekte, Textilien und Reliquiare, etwa die Karlsbüste, das Lotharkreuz, eine Elfenbeinsitula oder den Krönungsmantel Cappa Leonis.

Der Aachener Dom wirkt von außen eher unauffällig (links). Umso eindrucksvoller ist seine Innenausstattung, etwa die farbigen Glasfenster im Hochchor (oben) oder der byzantinisch beeinflusste achteckige Mittelbau (großes Bild).

Auf der westlichen Empore des Aachener Doms befindet sich eines der ältesten und bedeutendsten symbolischen Objekte deutscher Geschichte – der auf karolingische Zeit zurückgehende Königsthron. Auf dem aus massiven Marmorplatten zusammengefügten Thron ließen sich von Otto I. (936) bis zu Ferdinand I. (1531) zahlreiche deutsche Könige krönen.

Als »Kulturlandschaft von großer Vielfalt und Schönheit« präsentiert sich das Obere Mittelrheintal. Zum Gesamteindruck trägt nicht nur die malerische Flusslandschaft bei, sondern auch ein außerordentlicher Reichtum kulturhistorischer Zeugnisse aus vielen Jahrhunderten.

Das Obere Mittelrheintal ist im Süden begrenzt durch das linksrheinische Bingen und das rechtsrheinische Rüdesheim, im Norden durch Koblenz. Auf diesem 65 Kilometer langen Abschnitt des malerischen Durchbruchstals des Rheins haben sich erstklassige Baudenkmäler in großer Fülle und Dichte erhalten.

Seit zwei Jahrtausenden ist das Rheintal einer der wichtigsten Verkehrswege für den wirtschaftlichen und kulturellen Austausch zwischen der Mittelmeerregion und dem Norden Europas. Mit seinen rebenbewachsenen Talhängen – aufgrund des günstigen Klimas ist die Region schon seit alters Weinanbaugebiet –, den auf schmalen Uferleisten gedrängten Dörfern und Städtchen sowie einer Vielzahl von Höhenburgen gilt das Tal als Inbegriff der romantischen Rheinlandschaft, die vor allem im 19. Jahrhundert Literaten, Maler und Musiker inspiriert hat. Höhepunkte sind das an der Mündung der Nahe und oberhalb des Binger Lochs gelegene Bingen mit dem Mäuseturm auf einer Rheininsel (13. Jahrhundert), die gut erhaltenen historischen Stadtbilder der alten Weinbauorte Rüdesheim und Bacharach, der mächtige Loreleyfelsen, die ehemalige Reichsstadt Boppard mit dem besterhaltenen Römerkastell Deutschlands, das an der Moselmündung gelegene Koblenz sowie die Burgen Rheinstein, Reichenstein, Marksburg, Rheinfels, Katz und die auf einer Rheininsel bei Kaub erbaute Burg Pfalzgrafenstein.

Burgen, Pfalzen und romantische Städtchen bestimmen das Erscheinungsbild des Oberen Mittelrheintals. Im Bild der Mäuseturm von Bingen (links), die Burg Pfalzgrafenstein bei Kaub (oben) sowie das Weinstädtchen Bacharach (unten).

In der ältesten Stadt Deutschlands, vom römischen Kaiser Augustus gegründet, finden sich einige der besterhaltenen antiken Bauwerke nördlich der Alpen. Das antike Trier war mit 80 000 Einwohnern eine der größten Städte des Römischen Reichs. Zum Weltkulturerbe zählen ferner der Dom und die benachbarte Liebfrauenkirche.

Die Porta Nigra, ein monumentales Stadttor mit zwei halbkreisförmig hervortretenden Türmen, das auf das 2. Jahrhundert zurückgeht, ist das Wahrzeichen von Trier. Von Augusta Treverorum, dem antiken Trier, einst Hauptstadt der römischen Provinz Belgica prima, sind außerdem noch die Kaiser- und Barbarathermen sowie Reste des rund 20 000 Menschen fassenden Amphitheaters erhalten. In der Aula Palatina, einst Teil des kaiserlichen Palastes, residierte von 306 bis 312 Kaiser Konstantin der Große.

Der romanische Dom St. Peter östlich des Marktes geht in seinen ältesten Teilen auf das 4. Jahrhundert zurück, er ist damit einer der ältesten Kirchenbauten Deutschlands. Sein reicher Domschatz birgt einige der bedeutendsten Werke ottonischer Kunst. Die unmittelbar benachbarte, um 1270 vollendete Liebfrauenbasilika gilt als ein Juwel frühgotischer Architektur.

Zeugnisse römischer bzw. romanischer Baukunst sind die Porta Nigra, das antike Stadttor von Trier (oben), und der Dom St. Peter (links und großes Bild), dessen älteste Bestandteile um 340 auf den Resten eines römischen Wohnhauses errichtet wurden.

Der unter Kaiser Konrad II. errichtete Dom von Speyer war zur Zeit seiner Erbauung das größte Gotteshaus des christlichen Abendlandes. Als Begräbnisstätte vieler salischer, staufischer und habsburgischer Herrscher kommt der romanischen Basilika hohe symbolische Bedeutung zu.

Die Geschichte der alten Kaiserstadt geht auf eine römische Gründung des 1. Jahrhunderts zurück. Speyer wurde im 6./7. Jahrhundert Bischofssitz. Anfang des 11. Jahrhunderts ließ Kaiser Konrad II. den Speyerer Dom als Grablege der Salier errichten. Der heute sechstürmige Dom St. Maria und St. Stephan wurde 1061 im Todesjahr von Konrads Enkel Heinrich IV. geweiht. Dieser hatte das Gotteshaus bis dahin erheblich erweitern lassen, um gegenüber dem Papst seinen politischen Machtanspruch zu demonstrieren – ein Konflikt, der dann in den Investiturstreit münden sollte. Die 1039 fertiggestellte Krypta zählt zu den größten und schönsten unterirdischen Kirchen der Welt. Von hier aus hat man auch Zugang zu den 16 Herrschergräbern, darunter die Grabstätten von vier salischen Kaisern.
Während des Pfälzischen Erbfolgekrieges kam es 1689 zu schweren Zerstörungen. So sind in der Krypta heute nur noch die Reste der von den Franzosen geplünderten Grabstätten zu sehen. Napoleon rettete die Kirche vor dem vollständigen Abriss. Erst 1772 begann der Wiederaufbau der Kathedrale. Doch erst die Renovierungen nach dem Zweiten Weltkrieg gaben dem Dom seine strenge Würde zurück, die hinter den romantisch-verklärten Bauteilen des 19. Jahrhunderts zunehmend verloren gegangen war.

Der Kaiserdom von Speyer beeindruckt durch seine strengen romanischen Formen (links: Außenansicht; oben: Blick von der Orgelempore). Die Krypta (unten) präsentiert sich als Säulenhalle mit Kreuzgratgewölben aus gelben und roten Sandsteinquadern.

Die Völklinger Hütte ist ein eindrucksvolles Denkmal des Industriezeitalters, das für die untergegangene Ära der Stahl- und Eisenproduktion im Saarland steht. 1881 vom Industriellen Röchling gegründet, setzte sie gut ein Jahrhundert lang technische Maßstäbe bei der Eisenverhüttung, bevor sie 1986 stillgelegt wurde.

Das Kernstück dieser Kathedrale des Industriezeitalters, die weltweit die einzige noch vollständig und weitgehend originalgetreu erhaltene Eisenhütte ist, sind die zwischen 1882 und 1916 errichteten Hochöfen, von denen jeder täglich bis zu 1000 Tonnen Roheisen erzeugen konnte. Das Erz und die Kohle wurden auf weitläufigen Gleisanlagen herantransportiert, die das über sieben Hektar große Areal durchziehen. Die 1897 errichtete Kokerei lieferte den Koks zum Betreiben der Hochöfen. Besonders eindrucksvoll sind die gewaltigen Gebläsemaschinen, mit deren Hilfe auf über 1000 Grad Celsius erhitzte Pressluft in die Hochöfen gejagt wurde. Sehenswert sind auch die Handwerkergasse und der Völklinger Hüttenbahnhof von 1893.

Die Hochofengruppe der Völklinger Hütte (oben) und die Schrägaufzüge zum Transport von Eisenerz und Koks bilden im Saartal eine imposante Kulisse. Gebläsemaschinen mit riesigen Schwungrädern (links und unten) erzeugten starken Wind und steigerten die Temperatur in den Hochöfen auf bis zu 2000 Grad Celsius.

Die Torhalle der ehemaligen Benediktinerabtei von Lorsch ist das einzige vollständig erhaltene Baudenkmal aus karolingischer Zeit. Unweit des in das 9. Jahrhundert zu datierenden Baus wurden in Altenmünster Reste der ursprünglichen Klosteranlage ausgegraben.

Die prachtvolle Königshalle in dem kleinen Ort zwischen Darmstadt und Worms ist zusammen mit den Ruinen einer 70 Meter langen romanischen Basilika und weiteren Ruinen das Relikt einer der größten Abteien des Frankenreichs. Die Königshalle geht in ihrem heutigen Erscheinugsbild auf das 14. Jahrhundert zurück. Ihre Funktion ließ sich bisher nicht eindeutig ermitteln, eventuell diente sie einem Zeremoniell des Herrscherempfangs. Unter der Herrschaft Pippins des Kurzen (751–768) von Gaugraf Cancor und seiner Mutter Williswinda gegründet, war das Kloster ab Ende des 9. Jahrhunderts die Begräbnisstätte der Könige des ostkarolingischen Reiches. 1090 durch Feuer zerstört und im 12. Jahrhundert wiederaufgebaut, entwickelte sich die Abtei bis zum 13. Jahrhundert zu einem der reichsten Klosterzentren des Spätmittelalters.

Mit der Übernahme durch das Erzbistum Mainz verlor die Abtei die meisten Privilegien. 1557 kam mit der Reformation das Ende, die Gebäude wurden 1621 bis auf die heutigen Überreste abgetragen.

Im nahen Altenmünster finden sich die Reste des Urklosters, das erstmals 764 erwähnt wird, drei Jahre später jedoch nach Lorsch verlegt wurde. Im 11. Jahrhundert wurde hier eine Propstei eingerichtet.

Die Königshalle von Lorsch (unten) wurde im Lauf eines Jahrtausends mehrfach umgebaut, der bunte Fassadenschmuck blieb jedoch fast unverändert erhalten. Freskengeschmückt zeigen sich die Innenwände (oben). Im Lapidarium der Kirchenruine steht der Sarkophag eines ostfränkischen Karolingers (links).

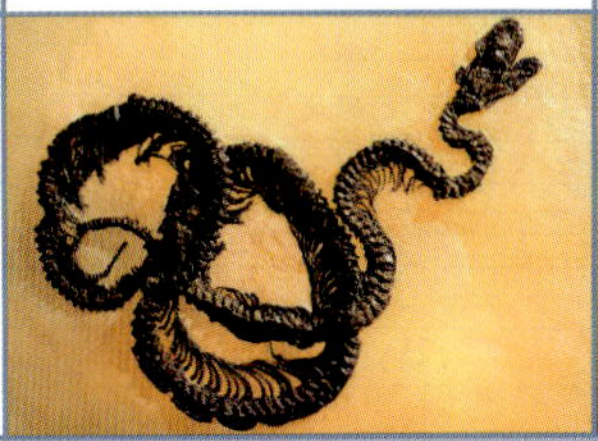

Die Grube Messel nahe Darmstadt, das erste deutsche Naturdenkmal der UNESCO, gilt als eine der bedeutendsten Fossilienfundstätten der Erde. Im Explosionstrichter eines Maars wurden durch Sauerstoffabschluss und Sedimentation bis zu 50 Millionen Jahre alte Fossilien konserviert.

Die rund 130 Meter tiefe Grube mit einem Durchmesser von 800 Metern ist vulkanischen Ursprungs. Vor 50 Millionen war es hier aufgrund von Gesteinsschmelze und Wasserdampfexplosionen zu einem Maarausbruch gekommen. Im Maar bildete sich mangels Frischwasser und Sauerstoff Faulschlamm, der später durch Entwässerung zu Ölschiefer wurde. Deshalb enthält die Grube viele gut konservierte Fossilien, die fast lückenlos Auskunft geben über die klimatischen, biologischen und geologischen Verhältnisse in unseren Breiten in der erdgeschichtlichen Epoche des Eozäns, also vor 60 bis 36 Millionen Jahren, als sich die Tier- und Pflanzenwelt nach dem Aussterben der Dinosaurier zu verändern und sich allmählich die uns heute bekannte Flora und Fauna herauszubilden begann. Damit liefert die Fossillagerstätte einzigartige Hinweise auf die frühe Evolution der Säugetiere.

Zu den spektakulärsten Funden gehören die Überreste von über 70 Urpferden, darunter gut 30 vollständige Skelette. Von anderen Wirbeltieren blieben Skelette mit Weichteilkonturen und Mageninhalten erhalten. Die Funde lassen auch Rückschlüsse auf Phänomene wie Kontinentaldrift, Landbrücken, Sedimentation und Ausdehnung der Biosphäre zu.

Wie in einem steinernen Bilderbuch treten die bis zu 50 Millionen Jahre alten Fossilien urzeitlicher Insekten, Reptilien, Vögel und Säugetiere in den Ölschieferplatten von Messel zutage. Das Spektrum reicht von der Radnetzspinne (großes Bild) über Urpferd und Palaeopython (oben) bis zum Nagetier (links).

Klosteranlage Maulbronn

Obwohl bereits um 1530 säkularisiert, ist die Zisterzienserabtei Maulbronn die am vollständigsten erhaltene mittelalterliche Klosteranlage nördlich der Alpen. Nach einer Legende soll hier ein Maultier an einer Quelle seinen Durst gelöscht haben. Die Mönche sahen dies als Zeichen des Himmels und gründeten an dieser Stelle das Kloster.

Zwölf Mönche aus dem Elsass begannen einst in der Abgeschiedenheit des Salzachtals in der Nähe von Karlsruhe mit dem Bau eines Klosters nach dem Vorbild von Zisterzienserabteien in Burgund. Fast 400 Jahre lang lebten und wirkten dort Mitglieder des Ordens und schufen eine der schönsten Klosteranlagen Deutschlands. Die Besinnung auf die ursprünglichen monastischen Ideale führte zu neuen architektonischen Lösungen, die jeden Prunk vermieden.

In den Bauten vereinen sich romanische und gotische Baustile. So wurde die 1178 geweihte dreischiffige Pfeilerbasilika im 15. Jahrhundert durch spätgotische Einwölbungen erweitert. Der sich anschließende Kreuzgang, dessen südlicher Teil aus dem 13. Jahrhundert stammt, besitzt eine Brunnenkapelle aus dem 14. Jahrhundert mit einem Gewölbefresko. Die Klostervorhalle, »Paradies« genannt, wurde 1220 vollendet und steht am Übergang von der Romanik zur Gotik. Das Herrenrefektorium ist ein Bau von besonderer Klarheit und Schönheit. Der zweischiffige Saal beeindruckt durch das ausgewogene, rhythmische Zusammenspiel von Pfeilern, Deckengewölbe und Rundbogenfenstern. In ihrer Geschlossenheit gewährt die Anlage durch ihren guten Erhaltungszustand einen detaillierten Einblick in das asketische Klosterleben der Zisterzienser.

Romanische und gotische Stilelemente sowie Fachwerkbauten bestimmen das Erscheinungsbild von Kloster Maulbronn: Chorgestühl im Mittelschiff der Klosterkirche (großes Bild), oktogonales Brunnenhaus (links) und ehemalige Klosterverwaltung im Klosterhof (oben).

Mit ihren drei gut erhaltenen Klosteranlagen ist die Insel Reichenau im Bodensee ein einzigartiges Zentrum monastischer Kultur aus dem frühen Mittelalter. Die Strenge und Schlichtheit der romanischen Bauten kommt auf der dörflich und durch ausgedehnte Gärtnereianlagen geprägten Insel besonders eindrucksvoll zur Geltung.

Die Gründung der ersten Abtei auf der Reichenau geht auf den Wanderbischof und Abt Pirmin zurück. Er richtete hier um 724 ein benediktinisches Kloster ein, das sich zu einem geistigen Zentrum des Abendlandes entwickeln sollte. Die Reste dieser alten Anlage verweisen auf eine einfache Saalkirche mit nördlich angrenzenden Konventsgebäuden.

In der karolingischen Zeit beginnt die wechselvolle Baugeschichte des Mittelzeller Marienmünsters, das 816 unter Abt Heito erstmals geweiht und bis zum 11. Jahrhundert fortwährend umgebaut wurde. In seiner heutigen Gestalt handelt es sich um eine strenge Pfeilerbasilika mit doppelten Querhäusern und einem imposanten Westbau aus dem 11. Jahrhundert.

Die spätkarolingische Abteikirche St. Georg in Oberzell ist eine schlichte Säulenbasilika mit kostbaren ottonischen Wandmalereien aus dem 10. Jahrhundert. Auf beiden Langhauswänden sind oberhalb der Arkaden in jeweils vier großformatigen Szenen die Wundertaten Christi dargestellt. Dieser auf antiken und karolingischen Vorlagen basierende Zyklus stellt ein einzigartiges Dokument frühmittelalterlicher Kunst in Europa dar.

Die 1080 bis 1134 errichtete Abteikirche St. Peter und Paul in Niederzell ist eine querschifflose Säulenbasilika mit einer interessanten, aus drei Apsiden bestehenden Chorlösung. Die mittlere Hauptapsis ziert ein monumentales Freskenprogramm aus dem 12. Jahrhundert mit dem thronenden Christus als zentralem Motiv der Apsiswölbung.

Ganz unterschiedlich präsentieren sich die Innenräume der Reichenauer Klosterkirchen: streng romanisch und mit freskengeschmückten Wänden (unten) die Basilika St. Georg in Oberzell (oben), mit gotischem Chor das Marienmünster in Mittelzell (links).

Grenzen des Römischen Reichs: Limes

Die grenzüberschreitende Welterbestätte »Grenzen des Römischen Reichs« wird gebildet vom obergermanisch-rätischen Limes sowie dem Hadrianswall in Nordengland und dem Antoninuswall in den schottischen Lowlands. Mit rund 550 Kilometer Länge ist der Limes das größte archäologische Kulturdenkmal Europas.

Auf dem Höhepunkt ihrer Machtentfaltung versuchten die Römer die Grenzen ihres Imperiums durch großdimensionierte Befestigungsanlagen abzusichern. Auf der britischen Hauptinsel waren dies der Hadrians- und der Antoninuswall, in Germanien der Limes. Die tieferliegende Ursache hierfür war in Germanien die Niederlage der Römer gegen die Cherusker im Jahr 9 n. Chr. in der Varus-Schlacht bei Kalkriese. Rom fürchtete nun, dass die Germanen weiter nach Westen vordringen und ihre Gebiete an Rhein, Mosel und Donau gefährden könnten. Daher begannen die Römer im 1. Jahrhundert mit dem Bau einer Grenzbefestigung, die vom Rhein (nahe dem heutigen Neuwied) über Bad Ems, Saalburg, Seligenstadt, Miltenberg, Lorch, Aalen, Weißenburg bis an die Donau (heutiges Neustadt in Bayern) reichte. Für den obergermanisch-rätischen Limes wurden Waldschneisen gerodet, Gräben ausgehoben, Palisadenzäune und bis zu drei Meter hohe Mauern, 120 Kastelle und 900 Wachtürme errichtet. Das Welterbe umfasst diese Grenzlinie und die unmittelbar dort befindlichen militärischen inklusive der unmittelbar angeschlossenen zivilen Einrichtungen.

Der Limes war jedoch mehr als ein Wall gegen Eroberer. Im Schutz seiner Kastelle und Legionslager entstanden zivile Siedlungen – die Vorgänger heutiger Städte. Hier mischte sich römische Kultur mit keltisch-germanischer. Bis 260 hielt die Grenze, dann fiel sie unter dem Ansturm der Alemannen. 1987 wurde der Hadrianswall unter dem Titel »Grenzen des Römischen Reichs« Welterbe, 2005 kamen der Limes und 2008 der Antoninuswall hinzu.

Hunderte von Türmen bewachten einst den obergermanisch-rätischen Limes. Mauerreste sowie – nicht immer originalgetreue – Rekonstruktionen von Türmen (großes Bild und oben) und Meilensteinen (links) zeugen noch heute vom Verlauf des Grenzwalls.

Die alte Bischofs- und Kaiserstadt, einst auf sieben Hügeln erbaut, weist einen der größten vollkommen erhaltenen Altstadtkerne Deutschlands auf. In einer Konzentration wie sonst kaum anderswo finden sich hier zwischen den Flussläufen der Regnitz historische Gebäude aus nahezu allen Stilepochen von Mittelalter und Neuzeit.

Erstmals 902 urkundlich erwähnt, wurde Bamberg 1007 unter Kaiser Heinrich II. Bischofssitz. Die zu dieser Zeit über der alten Burg erbaute Bischofskirche wurde im 13. Jahrhundert durch einen viertürmigen Dom ersetzt, der zu den schönsten Bauten des Mittelalters zählt. Unter den vielen Schätzen im Inneren sticht die von Tilman Riemenschneider gearbeitete Deckplatte am Grabmal Heinrichs II. und seiner Gemahlin hervor. Im Dom befindet sich auch die Steinskulptur des berühmten Bamberger Reiters, die um 1240 entstanden ist. Im Westchor findet sich mit dem Marmorgrab Klemens' II. das einzige Papstgrab Deutschlands. Die ebenfalls auf dem Domhügel erbaute Alte Hofhaltung (1571 bis 1576) war einst Bischofssitz. Das Abteigebäude des 1009 gegründeten Benediktinerklosters auf dem Michaelsberg wurde 1742 von Balthasar Neumann geschaffen.
Die Bürgerstadt im Tal betritt man durch das zuletzt im 18. Jahrhundert umgebaute Alte Rathaus auf der Oberen Brücke über der Regnitz. Unter den Gebäuden der Altstadt beeindrucken vor allem die barocken Häuser um den Grünen Markt sowie die Fachwerkbauten der einstigen Fischersiedlung »Klein-Venedig«.

Ein turmreiches Panorama bietet Bamberg (großes Bild) mit dem viertürmigen Dom, der Benediktinerabtei Michaelsberg (im Hintergrund) und dem Alten Rathaus (rechts im Vordergrund). Der Bamberger Reiter (links) im Inneren des Doms (oben) wurde von unbekannten Meistern aus Frankreich geschaffen. Welche historische Persönlichkeit er darstellt, ist bisher ungeklärt.

Die Würzburger Residenz ist eines der überragenden und einheitlichsten Bauwerke der Barockarchitektur. Für Konzeption und Ausführung zeichnete Balthasar Neumann verantwortlich, daneben waren an ihrer Ausgestaltung eine Reihe weiterer bedeutender Baumeister und Künstler beteiligt.

Der Bau der Residenz wurde 1720 vom Fürstbischof Johann Philipp Franz von Schönborn initiiert. In der Gestaltung vereinen sich aufgrund des Einflusses des Baumeisters Maximilian von Welsch und des Wiener Architekten Johann Lukas von Hildebrandt barocke Stilelemente aus ganz Europa, die von Balthasar Neumann meisterhaft in die mainfränkische Formensprache übertragen wurden.

Das Herzstück der Residenz ist die Raumfolge von Vestibül, Treppenhaus, Weißem Saal und Kaisersaal. Dessen Fresken und das monumentale Deckengemälde im Treppenhaus, eine Allegorie der vier Erdteile Europa, Asien, Amerika and Afrika, wurden von Giovanni Battista Tiepolo angefertigt. Darüber hinaus haben großartige Dekorationskünstler, Bildhauer und Schnitzer wie Antonio Bossi, Johann Wolfgang van der Auvera und Georg Adam Guthmann der Residenz ihren Stempel als »Würzburger Rokoko« aufgedrückt. Eine besondere Kostbarkeit sind das restaurierte Spiegelkabinett sowie die in die Residenz von Neumann integrierte Hofkirche.

Das Treppenhaus mit dem größten Deckenfresko der Welt von Tiepolo (rechts), das Spiegelkabinett (unten) und die Hofkirche (links) stellen Höhepunkte der Würzburger Residenz dar (oben: Außenansicht vom Südgarten aus).

Als einer der vollkommensten Sakralbauten Deutschlands gilt die Hofkirche in der Würzburger Residenz. Mit ovalen Gewölbekuppeln kurvierten Wänden, Kolonnaden und Emporen entfaltet sie trotz geringer Ausmaße eine großartige räumliche Wirkung. Ihre prächtige Ausstattung mit Stuckaturen, Stuckfiguren, Marmorskulpturen, Deckenfresken und Altargemälden unterstreicht den Gesamteindruck.

Altstadt von Regensburg mit Stadtamhof

Die Altstadt der oberpfälzischen Donaumetropole bietet mit ihren zahlreichen historischen Bürger- und Handwerkerhäusern, den Kirchen und Klöstern das noch weitgehend authentische Bild einer andernorts schon längst untergegangenen mittelalterlichen Stadtkultur.

Regensburg erstand im Mittelalter aus den Ruinen eines Römerkastells, der Castra Regina. Herzog Arnulf von Bayern ließ zwischen 917 und 920 die gesamte westliche Vorstadt mit dem weitläufigen Areal der Abtei St. Emmeram ummauern. Beim Bau der ersten nachrömischen Stadtbefestigung nördlich der Alpen blieben die Handwerkerviertel zuerst ausgeschlossen, doch auch sie erhielten gegen Ende des 13. Jahrhunderts eine Stadtbefestigung. Die 1135 bis 1146 errichtete Steinerne Brücke war lange Zeit der einzige gemauerte Donauübergang zwischen Ulm und Wien und sicherte der Freien Reichsstadt ihren Rang als bedeutendes Handels- wie auch politisches Zentrum. des Heiligen Römischen Reichs Deutscher Nation.

Die zahlreichen erhaltenen romanischen und gotischen Patrizierburgen sowie große Bürgerhauskomplexe mit ihren Geschlechtertürmen sind Beispiele für eine in dieser Dichte und in ihrem guten Zustand nördlich der Alpen einzigartige Architektur. Neben dem Bestand an frühen Steinbauten findet sich in Regensburg mit dem um 1250 datierten Wohnhaus Johannes Keplers auch das älteste vollständig erhaltene Holzhaus Deutschlands. Die großen romanischen und gotischen Kirchenbauten und Klosteranlagen – das auf einem Heiligengrab errichtete Kloster St. Emmeram, die Alte Kapelle, Niedermünster, das von irischen Mönchen 1090 gegründete Benediktinerkloster St. Jakob sowie der Dom als einziger von der französischen Kathedralgotik beeinflusster Kirchenbau Bayerns – sind herausragende künstlerische Leistungen ihrer Zeit. Die Bettelordenskirchen der Minoriten und Dominikaner gelten als frühe architektonische Beispiele der sich verändernden Glaubenshaltung im späten Mittelalter.

Das als Welterbe ausgezeichnete Areal entspricht der Ausdehnung Regensburgs nach der letzten mittelalterlichen Stadterweiterung um 1320.

Dom und Steinerne Brücke sind die Wahrzeichen von Regensburg (großes Bild und oben). Der Dom wurde ab Ende des 13. Jahrhunderts im Stil der Hochgotik auf den Resten eines romanischen Vorgängerbaus errichtet.

Die Wallfahrtskirche zum Gegeißelten Heiland, rund 20 Kilometer nordöstlich von Füssen vor der Kulisse der Ammergauer Alpen bei Steingaden gelegen und besser bekannt als Wieskirche, ist ein bedeutendes Beispiel bayerischer Rokokoarchitektur und gilt als das Hauptwerk des Wessobrunner Baumeisters Dominikus Zimmermann.

Im Jahr 1730 stellten die Mönche des Prämonstratenserklosters Steingaden für die Karfreitagsprozession ein Christusbild her, das später auf einem Bauernhof beim zum Kloster gehörenden Weiler Wies in den Herrgottswinkel gestellt wurde. Als der Heiland an der Geißelsäule dann plötzlich Tränen vergoss, wurde dieses Wunder Anlass für eine Wallfahrt, und so erteilte der Abt des Klosters den Auftrag zum Bau der vielleicht schönsten Rokokokirche Deutschlands. Man übertrug den Bau dem Architekten Dominikus Zimmermann, der bereits die Wallfahrtskirche in Steinhausen errichtet hatte. Zimmermann standen bekannte Künstler seiner Zeit zur Seite, darunter auch sein Bruder Johann Baptist, der den Innenraum ausmalte.
Der ovale Laienraum und der sich anschließende Chor beeindrucken vor allem durch die gelungene Verbindung von Architektur und Dekoration, die eine gewaltige Licht- und Raumwirkung entfaltet. Von außergewöhnlicher Schönheit sind auch die Deckenfresken, die mit den hervorragenden Stuckarbeiten den zweigeschossigen Hochaltar mit dem Gnadenbild rahmen.

Die Stuckaturen im Chorraum der Wieskirche wurden von Dominikus Zimmermann geschaffen (unten). Er verwendete dabei fast ausschließlich das plastische Ornament der Rocaille. Charakteristisch ist auch der fast ungehinderte Lichteinfall. Von Dominikus' Bruder Johann Baptist stammt das Kuppelfresko, das den zum Himmel aufgefahrenen Christus auf einem Regenbogen zeigt (links). Weit sichtbar liegt die Wieskirche auf einer kleinen Anhöhe im Pfaffenwinkel nahe Füssen (oben).

Barockpracht am Ufer des Bodensees: die Wallfahrtskirche Birnau

Reiseatlas Deutschland

Die Karten auf den folgenden Seiten zeigen Deutschland im Maßstab 1 : 340 000. Die geografischen Details werden dabei durch eine Vielzahl touristischer Informationen ergänzt – etwa das ausführlich dargestellte Verkehrsnetz oder Piktogramme, die Lage und Art aller wichtigen Sehenswürdigkeiten und Freizeitziele angeben. Die UNESCO-Welterbestätten sind besonders gekennzeichnet, und ein Kartenregister erleichtert das rasche Auffinden des gesuchten Ortes.

Zeichenerklärung 1 : 340.000

	Autobahn (im Bau)
	4- oder mehrspurige Schnellstraße (im Bau)
	Fernstraße/Nationalstraße (im Bau)
	Wichtige Hauptstraße (im Bau)
	Hauptstraße (im Bau)
	Nebenstraße
10,5	Fernkilometrierung an Autobahnen
10	Kilometrierung
	Fernstr. im Tunnel
	Straße gesperrt
	Ferienstraße
16 %	Steigung in Prozent
	Mautstelle
	Sonstige Bahnlinie
	ICE/IC/EC Bahnlinie
	Autofähre
45	Autobahn-Nr.
E54	Europastraßen-Nr.
471	Bundesstraßen-Nr.
24	Autobahn-Anschlussstelle
	Sonstige Anschlussstelle
	Autobahn-Tankstelle
	Autobahn-Raststätte, Autobahn-Raststätte m. Motel
	Autohof
	Pass
XII-II	Wintersperre
	Für Wohnwagen ungeeignet
	Für Wohnwagen gesperrt
ICE	ICE-Bahnhof
IC/EC	IC/EC-Bahnhof
	Fährhafen
	Hafen
Güter	Güterbahnhof
	Autoverladebahnhof
	Internationaler Flughafen
	Nationaler Flughafen
	Regionaler Flughafen
20	Skigebiet mit Nummer
	Ski Alpin
	Ski-Langlauf
	Militärisches Sperrgebiet
	Nationalparkgrenze
LINDAU	Sehenswerter Ort
	Grenzübergang
F	Grenzübergang nur f. Fußgänger
A	Grenzübergang nur f. Autos
	Staatsgrenze
	Regionalgrenze

Besondere Sehenswürdigkeiten

- Autoroute
- Bahnstrecke
- UNESCO-Weltnaturerbe
- Gebirgslandschaft
- Felslandschaft
- Schlucht/Canyon
- Vulkan, erloschen
- Höhle
- Gletscher
- Wasserfall/Stromschnelle
- Seenlandschaft
- Dünenlandschaft
- Depression
- Nationalpark (Landschaft)
- Nationalpark (Flora)
- Nationalpark (Fauna)
- Biosphärenreservat
- Naturpark
- Botanischer Garten
- Fossilienstätte
- Zoo/Safaripark
- Wildreservat
- Schutzgebiet für Seelöwen/Seehunde
- Schutzgebiet für Büffel
- Vogelschutzgebiet
- Schmetterlingsfarm
- Küstenlandschaft
- Insel
- Strand
- Quelle
- UNESCO-Weltkulturerbe
- Vor- und Frühgeschichte
- Römische Antike
- Wikinger
- Keltische Geschichte
- Jüdische Kulturstätte
- Kirche allgemein
- Kirchenruine, Klosterruine
- Christliches Kloster
- Romanische Kirche
- Gotische Kirche
- Barocke Kirche
- Byzantinisch/orthodoxe Kirche
- Kulturlandschaft
- Historisches Stadtbild
- Imposante Skyline
- Burg/Festung/Wehranlage
- Burgruine
- Palast/Schloss
- Technisches/industrielles Monument
- Staumauer
- Bergwerk geschlossen
- Sehenswerter Leuchtturm
- Windmühle
- Herausragende Brücke
- Kriegsschauplatz/Schlachtfeld
- Grabmal
- Denkmal
- Mahnmal
- Sehenswerter Turm
- Herausragendes Gebäude
- Freilichtmuseum
- Spiegel- und Radioteleskop
- Markt/Basar
- Feste und Festivals
- Museum
- Theater
- Winzerei/Weinanbaugebiet
- Herausragender Brunnen
- Wassermühle
- Weltausstellung
- Olympische Spiele
- Information
- Arena/Stadion
- Rennstrecke
- Golf
- Pferdesport
- Skigebiet
- Segeln
- Tauchen
- Windsurfen
- Kanu/Rafting
- Badeort
- Freizeitbad
- Mineralbad/Therme
- Freizeitpark
- Spielcasino
- Bergbahn
- Aussichtspunkt
- Wandern/Wandergebiet
- Klettergebiet

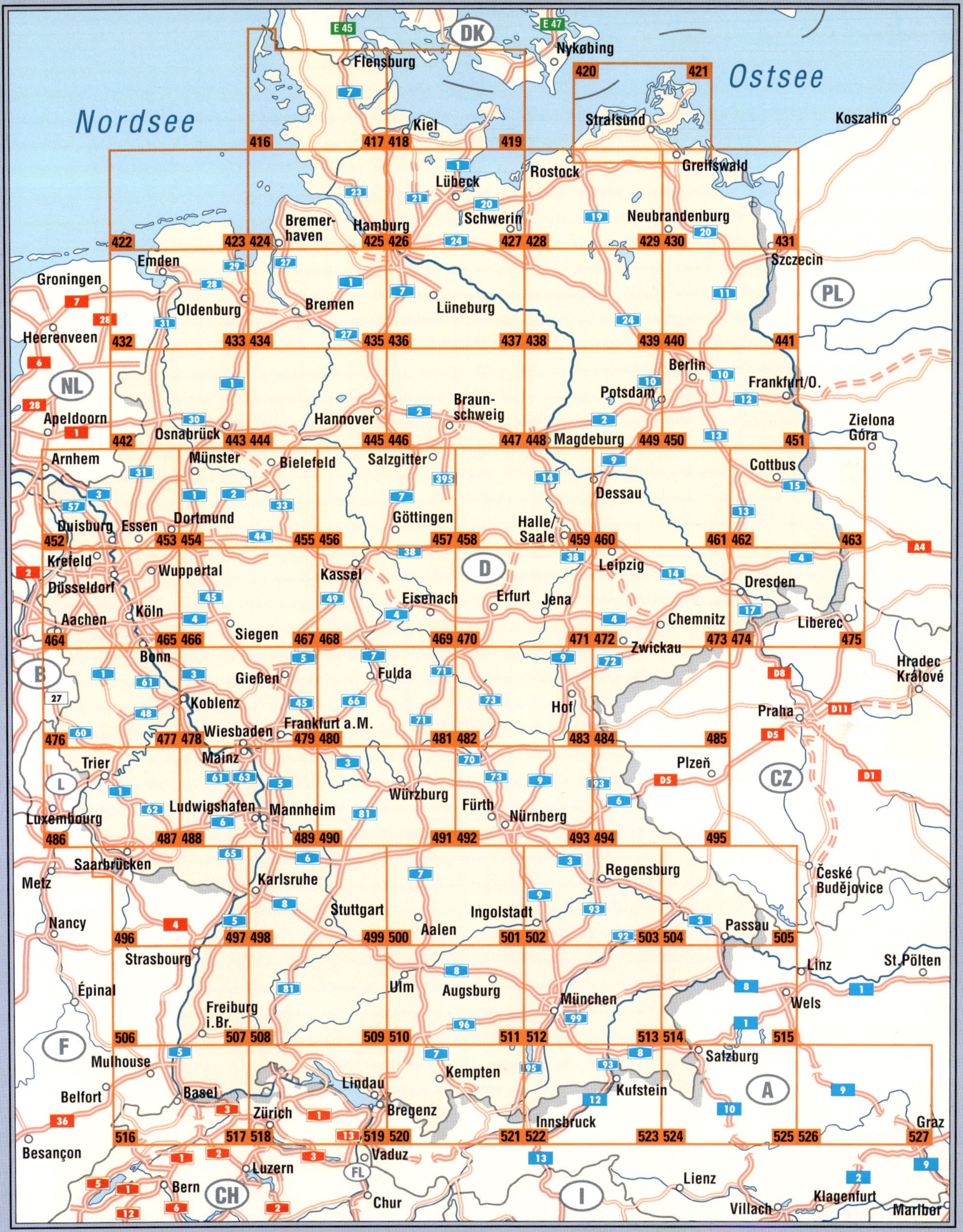
DK
Nordsee
Ostsee
Flensburg
Kiel
Nykøbing
Stralsund
Koszalin
Rostock
Greifswald
Lübeck
Schwerin
Neubrandenburg
Bremerhaven
Hamburg
Emden
Groningen
Szczecin
PL
Oldenburg
Bremen
Lüneburg
Heerenveen
NL
Berlin
Frankfurt/O.
Potsdam
Apeldoorn
Hannover
Braunschweig
Zielona Góra
Osnabrück
Magdeburg
Arnhem
Münster
Bielefeld
Salzgitter
Cottbus
Dessau
Göttingen
Duisburg
Essen
Dortmund
Halle/Saale
Krefeld
Wuppertal
Kassel
D
Leipzig
Düsseldorf
Dresden
Eisenach
Erfurt
Jena
Köln
Aachen
Siegen
Chemnitz
Liberec
Zwickau
Bonn
B
Gießen
Fulda
Hradec Králové
Koblenz
Hof
Praha
Wiesbaden
Frankfurt a.M.
Mainz
Trier
Plzeň
L
CZ
Würzburg
Ludwigshafen
Mannheim
Fürth
Nürnberg
Luxembourg
Saarbrücken
Regensburg
České Budějovice
Metz
Karlsruhe
Nancy
Stuttgart
Ingolstadt
Aalen
Passau
Strasbourg
Linz
St. Pölten
Épinal
Ulm
Augsburg
München
Wels
Freiburg i.Br.
F
Mulhouse
Kempten
Salzburg
Lindau
Kufstein
A
Belfort
Basel
Zürich
Bregenz
Innsbruck
Graz
Besançon
Vaduz
FL
Luzern
Lienz
Bern
CH
Chur
I
Klagenfurt
Villach
Maribor

List 16 km
Ribe 53 km
Tønder 5 km
WESTERLAND
Flughafen Westerland/Sylt
Altfriesisches Haus
Tinnum
Keitum
Sylt-Ost
Morsum-Kliff
Grüne Küstenstraße
Hindenburgdamm
Rantum
Rantum (Sylt)
Schutzstation Wattenmeer
Sylt
Nationalpark
Hörnum (Sylt)
Hörnum
Föhr
Oldsum
Dunsum
Utersum
Süderende
Midlum
Oevenum
Borgsum
Witsum
Alkersum
Wrixum
St. Johannis
Friesenmuseum
Nieblum
WYK auf Föhr
Wyk auf Föhr
Norddorf
Windmühlenmuseum
Nebel
Amrum
Steenodde
Wittdün
Nordmarsch-Langeneß
Langeneß
Gröde-Appelland
Oland
Habel
Hamburger Hallig
Halligen
Schleswig-Holsteinisches Wattenmeer
Hooge
Königspesel
Japsand
Pellworm
Nordermühle
Süderoog
Südfall
Nordstrand
Heverstrom
Westerhever
Westerheversand
Ording
Bad Sankt Peter
Sankt Peter
Dünen Therme
Sankt Peter-Ording
Hochsichtsand
Tating
GARDING
TÖNNING
Multimar Wattforum
Eider-Sperrwerk
Oldenswort
Koldenbüll
Katharinenheerd
Simonsberg
Roter Haubarg
HUSUM
Nissenhaus
Hattstedt
Arlauschleuse
BREDSTEDT
Bordelum
Langenhorn
Ockholm
Bargum
Stedesand
Risum-Lindholm
NIEBÜLL
Naturkundemuseum
R. Hermann-Museum
Dagebüll
Leck
Braderup
Klanxbüll
Neukirchen
Seebüll
Nolde-Museum
Süderlügum
Aventoft
Grænselandsmuseet
Rudbøl
DANMARK
DEUTSCHLAND
Rømø
Sylt
Kampen
Vogelkoje Kampen
Rotes Kliff
Wenningstedt
List
Nationalpark Schleswig-Holsteinisches Wattenmeer
Helgoland
424
Heide 7 km
Itzehoe 73 km
2 4 6 8 10 km 1:340 000

Tønder 28 km
8
Århus
Frederica
Tinglev
Kolding 60 km
Haderslev 43 km
Åbenrå 16 km
E 45
Gråsten 1h 15'
Fynshav 17 km
Sønderborg 2 km
Fa
Fb
Fc
Fd
Kruså
Padborg
Harrislee
FLENSBURG
Handewitt
Weding
Jarplund-
GLÜCKSBURG
SØNDERBORG
Broager
Egernsund
Rinkenæs
Sønderborg Bugt
Flensburger Förde
DANMARK
DEUTSCHLAND
Kollund
Kollund Strand
Schausende
Glücksburg
Langballig
Munkbrarup
Westerholz
Neukirchen
Nieby
Norgaardholz
Vogel-schutz-gebiet
Geltinger Bucht
Gelting
Steinberg
Steinbergkirche
Niesgrau
Ohrfeld
Rabenholz
Angeln
Sörup
Satrup
Tarp
Wanderup
Großenwiehe
Lindewitt
Oeversee
Fröruhp
Sieverstedt
Havetoftloit
Havetoft
Hostrup
Klappholz
Böklund
Idstedt
Süderbrarup
Kappeln 11 km
199
201
Kappeln 1 km
St. Nicolai
Faulück
Ekenis
Kiesby
Boren
Thumby
Holzdorf
Schwansen
Rieseby
418
203
Karby 9 km
Kappeln 14 km
SCHLESWIG
Schleswig/Schuby
Schloss Gottorf
Dom St. Petri
Kleine Breite
Große Breite
Fahrdorf
Borgwedel
Missunde
Kosel
Barkelsby
Loose
Gammelby
ECKERN-FÖRDE
Windebyer Noor
Eckernförde
76
Gettorf 6 km
Kiel 22 km
Jübek
Silberstedt
Treia
Schuby
Dannewerk
Busdorf
Wikinger-museum
Selk
Jagel
Lottorf
Naturpark
Hüttener Berge
Wittensee
Groß Wittensee
Holtsee
Kropp
Owschlag
Friedrichstadt
Ostenfeld
Mildstedt
Hollingstedt
Treenemarsch
Dörpstedt
Groß Rheide
Klein Rheide
Klein Bennebek
Bergenhusen
Norderstapel
Stapelholm
Meggerdorf
Erfde
Tetenhusen
Königshügel
Christiansholm
Friedrichsholm
Hohn
BÜDELSDORF
Schacht-Audorf
Fockbek
RENDSBURG
Westerrönfeld
Osterrönfeld
Jüdisches Museum
Nord-Ostsee-Kanal
AB-Kreuz Rendsburg
Ostenfeld
210
Kronshagen 13 km
Kiel 13 km
Lübeck 98 km
Westensee
Naturpark Westensee
Emkendorf
Haßmoor
Wildes Moor
Jevenstedt
Nübbel
Schülp
Hörsten
Hamdorf
Elsdorf-Westermühlen
Bargstall
Sophienhamm
Friedrichsgraben
Tielen
Pahlen
Dörpling
Dellstedt
Grüne Küstenstraße
Wedding-stedt
Hennstedt
425
Heide 20'
Heide 22 km
Büsum 42 km
Hohenwestedt 15 km
Itzehoe 34 km
77
Neumünster 24 km
Bad Segeberg 51 km
Neumünster 21 km
Hamburg 72 km
Neumünster 30'
Hamburg 81 km

Søby 4 km
Svendborg 1h 15'
Rudkøbing 1h
Lohals 33 km
Svendborg 24 km
305

427
Augustenborg 12 km
Sønderborg 18 km

199
Harrislee 41 km
Flensburg 36 km

201
Schleswig 36 km
Husum 68 km

417

203
Eckernförde 15 km
Schleswig 35 km

76
Eckernförde 7 km
Schleswig 29 km

210
Rendsburg 17 km
Flensburg 73 km
Hamburg 100 km

215
Neumünster 19 km
Hamburg 81 km

ICE IC/EC
Neumünster 17'
Hamburg 1h 05'

404
Bad Segeberg 37km
Bad Oldesloe 58 km

426

76
Plön 9 km
Eutin 27 km

430
Plön 7 km
Neumünster 42 km

Spodsbjerg 45'
Oslo (N) 19h 30'
Göteborg (S) 14h
289
Horslunde 6 km
Kragenæs 2 km
Ha
Hb
Hc
Hd
SYDDANMARK
SJÆLLAND
Langelandsbælt
Nakskov Fjord
Sakskøbing Fjord
NAKSKOV
Sølleested
Maribo
Holeby
Rødby
Rødbyhavn
Lolland
Albuen
Fredsholm
Reventlow
Ravnsborg
Margueritroute
Knuthenborg
Knuthenborg Safari-Park
Maribo Vandrerhjem
Søndersø
Hummingen Camping
Tirsted Kirke
Lalandia
Rødbyhavn Strand
Hummingen
Kramnitse
Bredfjed Strand
Maglehøj Strand
Lolland
Lambo Farvand
Hyllekrog
Storeager
Askø
Orebygård
Nilstrup
Voldsted
9
Nykøbing 19 km
Eskilstrup 21 km
Vordingborg 47 km
Nykøbing 30'
IC/EC
297
Herritslev 1 km
Nysted 8 km
Nykøbing 23 km
E
E
Femern Bælt
DANMARK
DEUTSCHLAND
(I.Pl.)
Fehmarnbelt
420
Nynäshamn (S) 25h
Klaipeda (LT) 30h
Liepaja (LV) 30h
Riga (LV) 42h
Sankt Peterburg (RUS) 53h
Fehmarn
FEHMARN
Niobe-Denkmal
Puttgarden
Südermühle
Wasservogel-reservat Wallnau
Landkirchen
Mühlen-museum
Burg auf Fehmarn
Bannesdorf
Petersdorf
Flügge
Deutsche Ferienroute Alpen-Ostsee
Fehmarnsund
Fehmarnsundbrücke
Fehmarnsund
Burgtiefe
Staberhuk
Graswarder
Heiligenhafen
HEILIGENHAFEN
Großenbrode
Bucht
OLDENBURG i. Holst.
Wallmuseum
Göhl
Quals
Heringsdorf
Augustenhof
Lensahn
Museumshof
Dahme
Dahmeshöved
Kabelhorst
Lübeck 30'
Neustadt i.H. 13 km
Lübeck 46 km
Hamburg 105 km
501
Grömitz 10 km
Neustadt i.H. 21 km
427
Travemünde

Trelleborg (S) 6-8h
Helsinki (FIN)
Liepaja (LV)
Tallinn (EST)
Jd
Ka
Kb
Kc
11
12
13
14
O S T S E E
Kiel (D)
Travemünde (D)
419
429
Nationalpark
Vorpommersche Boddenlandschaft
Darßer Ort
Darß
Prerow
Zingst
Große Kirr
Oie
Sundische Wiese
Pramort
Großer Werder
Kleine Werder
Barhöft
Wendisch Langendorf
Darßer Arche
Wieck
Bodstedter Bodden
Barther Bodden
Grabow
Born
Bliesenrade
Bodstedt
Pruchten
Marienkirche
BARTH
Ahrenshoop
Niehagen
Saaler Bodden
Michaelsdorf
Fuhlendorf
Wustrow
Fischland
Flughafen Stralsund-Barth
Neuendorf
Hermannshagen Heide
Dorfkirche
Saatel
Kinnbackenhagen
Groß Mohrdorf
Nisdorf
Günz
Buschenhagen
Altenpleen
Neu Bartelshagen
Groß Kordshagen
Niepars
Lassentin
Zansebuhr
Wüstenhagen
Pantelitz
Karnin
Kummerow
Martensdorf
Zimkendorf
Bussin
Velgast
Dierhagen Ost
Dierhagen-Strand
Dierhagen Strand
Dierhagen Dorf
Dierhagen
Dändorf
Neuhaus
Mecklenburger Bucht
Saal
Bartelshagen II
Lüdershagen
Hessenburg
Löbnitz
Starkow
Langendamm
Kückenshagen
Beiershagen
Hanse-Route
Mittelhof
Altenhagen
Schuenhagen
Lendershagen
Nienhagen
Steinhagen
Graal-Müritz
Müritz
Klein Müritz
Körkwitz
Ribnitzer See
DAMGARTEN
RIBNITZ-DAMGARTEN
Bernsteinmuseum
Behrenshagen
Trinwillershagen
Neu Seehagen
Weitenhagen
Wolfshagen
Jakobsdorf
Rhododendronpark
Klockenhagen
Freilandmuseum
Hirschburg
Rostocker Heide
Altheide
Daskow
Pantlitz
Ahrenshagen-Schlemmin
Neuenrost
Ravenhorst
Behrenwalde
RICHTENBERG
Zandershagen
Stadtkirche
FRANZBURG
Gelbensande
Willershagen
Carlewitz
Kuhlrade
Gruel
Tribohm
Semlow
Spiekersdorf
Leplow
Zisterzienserkloster
Wolfsdorf
Kletterwald Hohe Düne
WARNEMÜNDE
Markgrafenheide
Rövershagen
Rostocker Wulfshagen
Bartelshagen I
Poppendorf
Jahnkendorf
Allerstorf
Plennin
Eixen
Katzenow
Dolgen
Heimatmuseum
Blankenhagen
Völkshagen
Brünkendorf
Klosterwulfshagen
Vogelpark Marlow
MARLOW
Stormsdorf
Hugoldsdorf
Drechow
Neumühl
Papenhagen
Mönchhagen
Klein Kussewitz
Cordshagen
Mandelshagen
Gresenhorst
Carlsruhe
Kavelsdorf
Rönkendorf
Pöglitz
Splietsdorf
Rostock-Überseehafen
Groß Kussewitz
Poppendorf
Schulenberg
BAD SÜLZE
Landsdorf
Krakow
Vorland
Grellenberg
Rostock-Nord
Bentwisch
Steinfeld
Neu Wendorf
Dettmannsdorf
Kölzow
Redderstorf
TRIBSEES
Siemersdorf
Zarrentin
Kirch Baggendorf
Grimmen-West
ROSTOCK
Marienkirche
Rathaus
Rostock-Ost
Rostock-Süd
Sagerheide
Thulendorf
Broderstorf
Sanitz
Reppelin
Stubbendorf
Ehmkendorf
Schabow
Böhlendorf
Langsdorf
Tribsees
Techlin
Stremlow
Gransebieth
Wendisch Baggendorf
Pastow
Roggentin
Groß Lüsewitz
Barkvieren
Gnewitz
Zarnewanz
Grammow
Bad Sülze
Nütschow
Breesen
Deyelsdorf
105
Bad Doberan 11 km
Lübeck 103 km
Rostock IC/EC
2 4 6 8 10 km 1:340 000
103
19
Dummerstorf 9 km
Güstrow 31 km
Berlin 211 km
Dummerstorf 6 km
Lagge 20 km
110
Tessin 8 km
Demmin 51 km
Gnoien 10 km
Malchin 44 km

Trelleborg (S) 4h
Rønne 3h 30' (Bornholm, DK)
Kd
La
Lb
Lc
11
12
13
14
15
16
Klaipeda (LT)
Kaliningrad (RUS) 24h
Kap Arkona
Arkona
Jaromarsburg
Putgarten
Vitt
Varnkevitz
Fernlüttkevitz
Schwarbe
Mattchow
Bakenberg
Gramtitz
Lancken
Starrvitz
Gudderitz
Altenkirchen
Lanckensburg
Wittow
Tromper
Wiek
Dranske
Wieker Bodden
Wiek
Backsteinhalle
Drewoldke
Juliusruh
Breege
Dornbusch
Kloster
Grieben
Vitte
Hiddensee
Insel
Libben
Bug
Rassower Strom
Zürkvitz
Bischofsdorf
Lobkevitz
Schmantevitz
Kammin
Schaabe
Glowe
Fährhof
Wittower Fähre
Breetzer Bodden
Vieregge
Lohme
Blandow
Gr. Stubbenkammer
Königsstuhl
Nipmerow
Hagen
Kl. Stubbenkammer
Victoriasicht
Ruschvitz
Nardevitz
Baldereck
Neddesitz
Gummanz
Nationalpark
Jasmund
Wissower Klinken
Spycker
Polchow
Großer
Jasmunder
Bodden
Sagard
Marlow
Buddenhagen
Museum für Unterwasserarchäologie
SASSNITZ
Lancken
Dubnitz
Dobberworth
Borchtitz
Semper
Fährhafen Sassnitz
Neuholstein
Vaschvitz
Fischersiedlung
Charlottendorf
Granskevitz
Trent
Neuendorf
Udars
Schaprode
Freesen
Schaproder Bodden
Laase
Reetz
Neuenkirchen
Tetzitzer See
Neuendorf
Tetzitz
Groß Banzelvitz
Tribbevitz
Rappin
Moisselbritz
Bubkevitz
Kartzitz
Lüssmitz
Schweikvitz
Gnies
Lietzow
Kleiner Jasmunder Bodden
Schmale Heide
Prorer Wiek
Prora
Ummanz
Haide
Suhrendorf
Dorfkirche
Waase
Rügen Park
Wusse
Murseviek
Ummanz
Freesenort
Groß Kubitz
Lieschow
Lüdvitz
Gingst
Silenz
Kluis
Gagern
Veikvitz
Patzig
Ralswiek
Jarnitz
Thesenvitz
Pansevitz
Ramitz
Boldevitz
Parchtitz
Prisvitz
Stedar
Buschvitz
Neuendorf
Gademow
Steinshof
Unrow
Platvitz
St. Marien
BERGEN auf Rügen
Kiekut
Lubkow
Streu
Binz
Wasserwelt 'Nemo'
Sellin
Kubitzer Bodden
Libitz
Dreschvitz
Teschenhagen
Karow
Schmachter See
Zirkow
Pantow
Tempelberg
Rügen
Gültin
Flugplatz Güttin
Tilzow
Dolgemost
Rasender Roland
Jagdschloss Granitz
Baabe
Selliner See
Lancken-Granitz
Neuensien
Hünengräber
Seedorf
Strelasund
Grabitz
Rothenkirchen
Breesen
Rambin
Sehlen
PUTBUS
Karnitz
Biosphärenreservat
Lauterbach
Gobbin
Middelhagen
Göhren
Nordperd
Mönchguter Museen
Samtens
Tolkmitz
Frankenthal
Berglase
Kasnevitz
Wreechen
Schlosspark
Neuendorf
Neu Reddevitz
Alt Reddevitz
Having
Parow
Kramerhof
OZEANEUM
Deutsches Meeresmus.
Altefähr
Scharpitz
Jarkvitz
Götemitz
Saalkow
Deutsche Alleenstraße
Warksow
Kowall
Krakvitz
Neukamp
Vilm
Südost-Rügen
Lobbe
Gager
Mönchgut
Rathaus
Nikolaikirche
Grahlhof
Dänholm
STRALSUND
Gustow
Groß Stubben
Garz
Rosengarten
Dumsevitz
Groß Zicker
Klein Zicker
Thiessow
Südperd
Thiessower Haken
Sissow
Poseritz
Swantow
Silmenitz
Rügischer Bodden
Andershof
Glutzow Siedlung
Mellnitz
Groß Schoritz
Pritzwald
Venzvitz
Devin
Deviner See
Üselitz
Zudar
Poppelvitz
Zicker
Schoritzer Wiek
Zudar
Groß Lüdershagen
Zitterpenningshagen
Neuhof
Brandshagen
Losentitz
Glewitz
Grabow
Wendorf
Zarrendorf
Oberhinrichshagen
Stahlbrode
Greifswalder Bodden
Ruden
Deutsche Alleenstraße
Wüstenfelde
Brennerhof
Reinberg
Falkenhagen
Ahrendsee
Rubelow
Hankenhagen
Neu Miltzow
Behnkendorf
Klein Behnkenhagen
Miltzow
Dömitzow
Riems
Riemserort
Koos
Hanse-Route
Wittenhagen
Kakernehl
Hildbrandshagen
Kirchdorf
Gristow
Insel Koos
Karrendorf
Glashagen
Wilmshagen
Stoltenhagen
Leist 1
Mesekenhagen
Flugplatz Peenemünde
Peenemünde
Historisch-Technisches Informationszentrum
Spandowerhagen
KKW Nord
Lubmin
Freest
Wampen
Bremerhagen
Segebadenhau
Wendorf
Schönenwalde
Groß Lehmhagen
St.-Marien-Kirche
Willerswalde
Wüst Eldena
Horst
Groß Petershagen
Immenhorst
Neuenkirchen
Vierow
Loissin
Wusterhusen
Naturpark
Insel Usedom
Kröslin
Karlshagen
Naturschutzzentrum
Hollendorf
Rubenow
Trassenheide
Bartmannshagen
Willershusen
Wackerow
Marienkirche
GREIFSWALD
Ladebow
Wieck
Klosterruine Eldena
Brünzow
Ludwigsburg
Pritzwald
Karrin
Weidehof
Mölschow
Zecherin
Bannemin
Appelshof
Kaschow
GRIMMEN
Neuendorf
Levenhagen
Heiligeshof
Dom
St. Nikolai
Pommersches Landesmus.
Eldena
Kemnitz
Stielow
Ziesebruch
Rappenhagen
Lodmannshagen
Hanse-Route
Groß Ernsthof
Tannenkamp
Mahlzow
St. Petri
Vietlipp
Klevenow
Stralsund
Kreutzmannshagen
Griebenow
Hinrichshagen
Schönwalde
Kemnitzerhagen
Neu Boltenhagen
Kühlenhagen
WOLGAST
Wolgaster Fähre
Krummin
Grimmen-Ost
Dönnie
Boltenhagen
Wüsteney
Greifswald
Friedrichsfelde
Guest
Diedrichshagen
Jägerhof
Katzow
Neeberg
Poggendorf
Kandelin
Zarnewanz
Weitenhagen
Hanshagen
Pritzier
Hohendorf
Sauzin
Ziemitz
Krumminer Wiek
Rakow
Alt Pansow
Dersekow
Grubenhagen
Hanse-Route
Wrangelsburg
Peenestrom
Seebad Heringsdorf 24 km
Świnoujście (PL) 35 km
194 Loitz 7 km Demmin 18 km
430
IC/EC Züssow 14' Pasewalk 51'
Karlsburg 9 km Anklam 21 km 109
111 Züssow 7 km Gützkow 19 km

Autofährlinie
Personenschifffahrtslinie
Travemünde Fährhafen
Lübeck Sonstiger Ort
Autoverladung
Flugverbindung
N O R D S E E
D A N M A R K
D E U T S C H L A N D
NEDER-LAND
Flughafen Sylt www.flughafensylt.de ✆ 04651 920612
Adler-Schiffe www.adler-schiffe.de ✆ 04651 98700
Wyker Dampfschiffs-Reederei www.wdr-wyk.de ✆ 04681 800
Wyker Dampfschiffs-Reederei www.wdr-wyk.de ✆ 04681 800
Fährdienst Pellworm www.pellworm.de ✆ 04844 18940
Scandinavian Seaways scansea.com ✆ 0044 8705333000
OLT Ostfriesische Lufttransport GmbH www.olt.de ✆ 04921 899220
Reederei Cassen Eils www.helgolandreisen.de ✆ 04721 35082
Reederei H.G. Rahder www.rahder.de ✆ 04834 3612
Förde Reederei Seetouristik www.frs.de ✆ 0180 3202025
LFH Luftverkehr Friesland www.inselflieger.de ✆ 0493464 94810
Reederei Norden-Frisia www.reederei-frisia.de ✆ 04931 9870
FLN Frisia Luftverkehr www.reederei-frisia.de ✆ 04931 93320
Katamaran AG-Ems www.ag-ems.de ✆ 0180 5011211
Reederei Cassen Eils www.helgolandreisen.de ✆ 04721 35082
Helgoland airlines www.helgoland-airlines.de ✆ 04421 92600
Sylt Air www.syltair.de ✆ 04651 7877
Reederei Cassen Eils www.helgolandreisen.de ✆ 04721 35082
Reederei Warrings www.reederei-warrings.de ✆ 04464 94950
Helgoland airlines www.helgoland-airlines.de ✆ 04421 92600
AG-Ems www.ag-ems.de ✆ 0180 5024367
Fährdienst Langeoog www.langeoog.de ✆ 04971 92890
Fährdienst Spiekeroog www.spiekeroog.de ✆ 04976 91930
OLT Ostfriesische Lufttransport GmbH www.olt.de ✆ 04921 899220
Fährdienst Wangerooge www.insel-wangerooge.de ✆ 04469 94880
Sylt Air www.syltair.de ✆ 04651 7877
Westerland
Sylt
Niebüll
Flensburg
Hörnum
Föhr
Wyk
Dagebüll
Amrum
Wittdün
Rixwarf
Schüttsiel
Nordmarsch-Langeneß
Backenswarft
Hooge
Pellworm
Ostersiel
Strucklahnungshörn
Eckernförde
Rendsburg
Harwich (GB)
Helgoland
Helgoländer Bucht
Büsum
Nord-Ostsee-Kanal
Neuwerk
Cuxhaven
Brunsbüttel
Elbe
Juist
Norderney
Langeoog
Spiekeroog
Wangerooge
Borkum
Reede Borkum
Norddeich
Bensersiel
Neuharlingersiel
Harlesiel
Wilhelmshaven
Jadebusen
Bremerhaven
Weser
Wedel
Hamburg
Eemshaven
Knock
Emden
Dollart
Ems
Groningen
Bremen
Ca
Cb
Cc
Cd
19
20
21
O s t f r i e s i s c h e
Baltrum
Norderney
Norderney In den Dünen
Ostbad
Oase
Dünen
Möwendüne
Westdorf
Steinpla
NORDERNEY
Kurhaus Norderney
Mühle Selden Rüst
Juist
Domäne Bill
Im Loog
Hohes Riff
Kachelotplate
Memmert
Osterems
N i e d e r s ä c h
Hilgenriedersiel
Neßmersiel
Junkersrott
Hagermarsch
Hager-marsch
Karlshof
Harketief
Westdorf
Hönnewarf
Drostenplatz
Marienhof
Westerloog
IV/2009 Norderland
Teemuseum (i.P.)
Lütetsburg
Küstenbad Ostfriesland
Hage
Burg Berum
Großheide
Wasserschloss Lütetsburg
Berumbur
Grüne Küstenstraße
Halbemond
Berumerfehn
Schwee
Osteel
Leezdorf
Rechtsupweg
Brookmer-land
Upgant-Schott
Marienhafe
Nordstrand
Ostland
Hoge Hörn
BORKUM
Borkum
Upholm
Westland
Süd-strand
Reede Borkum
Kleiner Leuchtturm Borkum
Borkum
Lütje Hörn
Randzel
N a t i o n a l p a r k
Norder Watt
Osterloog
Seehundstation Norddeich
NORDDEICH
Osterwarf
St.-Ludgeri-Kirche
NORDEN
Westerwarf
Mittelmarsch
SÜDERNEUELAND
Wurzeldeich
Wester-marsch
Buschhausen
Charlotten-polder
Osteeler-Altendeich
Neuwesteel
Koper-sand
Utlandshörn
Leybucht
Greetsieler Nacken
Leybucht-polder
2 4 6 8 10 km
1:340 000
432
Eemshaven (NL) 1h
Delfzijl (NL) 1h 30'
Emden 2 h
Emden 25' IC/EC 72 Aurich 17 km
Emden 19 km

Dagebüll 4h
Wittdün 4h
Hörnum (Sylt) 4h
Büsum 2h 30'
Eidersperrwerk 3h
Husum 3h
Da
Db
Dc
Dd
arwich (GB) 20h
ewcastle (GB) 23h
Lange Anna
Düne
Helgoland
16
17
18
19
20
21
Cuxhaven 2 h
Hamburg 3h 30'
Cuxhaven
Hamburg
Leuchtturm Elbe 1
N O R D -
S E E
Leuchtturm Roter Sand
424
h e I n s e l n
Langeoog
Spiekeroog
Wangerooge
Minsener Oog
Leuchtturm Westen
Leuchtturm Mellumplatte
Mellum
Ostplate
Pferdebahn
Vogelkolonie
Meierei Ostende
Melkhörn
West-anleger
Harle
Otzumer Balje
Schillbalje
Accumersieler Balje
W a t t e n m e e r
Neues Brack
Nationalpark Nieder-sächsisches Watten-meer
Jade
Buddelschiffmuseum
Neuharlingersiel
Harlesiel
Elisabethgroden
Minsen
Schillig
Horumersiel
Dornumersiel
Grüne Küstenstraße
Bensersiel
Carolinensiel
Sielhafenmuseum
Wasserschloss Dornum
ESENS
Ostbense
Werdum
Thunum
Osteraccum
Utgast
Fulkum
Holtgast
Roggenstede
Stedesdorf
Harlinger Land
Burhafe
Dunum
WITTMUND
Peldemühle
Blersum
Hattersum
Ochtersum
Schweindorf
Westerholt
Moorweg
Neuschoo
Blomberg
Ogenbargen
Negenbargen
Willen
Upfort
Isums
Farlage
Hohebarg
Müggenkrug
Leerhafe
Burhafe
Wangerland
Hohenkirchen
Tettens
Oldorf
Minsen
Middoge
Wichtens
Quanens
Westrum
Wiefels
Jeverland
JEVER
Schloss Jever
Sillenstede
Moorhausen
SCHORTENS
Sandelermöns
Wilhelmshavener Kreuz
Hooksiel
Ölhafen
JadeWeserPort (in Bau)
Niedersachsendamm
Burg Kniphausen
Fedderwarden
WILHELMSHAVEN
Kopperhörner Mühle
Grüne Küstenstraße
Utters
Sengwarden
210
461
29
Da
Db
Dc
Dd
210
Aurich 7 km
Emden 31 km
Westerstede 38 km
433
29
Zetel 12 km
Oldenburg 44 km
Bremen 96 km

St. Peter-Ording 25 km
Garding 17 km

Tönning 15 km
Hemme 6 km

Helgoland 2h

Newcastle (GB) 23h

Nordenham 5 km
Brake 26 km
212

Nordenham-
Blexen

6
Stofel 9 km
Beverstedt 18 km

27
Bremen 53 km
Verden 92 km
Oldenburg 100 km

Bremervörde 8 km
Basdahl 12 km
495

IC/EC Husum 20'
Rendsburg 21 km
Hamdorf 6 km
203
417
Schleswig 37 km
Rendsburg 10 km
Jevenstedt 2 km
77
Rendsburg 11 km
Westerrönfeld 8 km
IC/EC Rendsburg
Flensburg 67 km
Schleswig 34 km
7
Fa
Fb
Fc
Fd
HEIDE
Albersdorf
Hanerau-Hademarschen
NORTORF
Naturpark
Hohenwestedt
Aukrug
Sankt Michaelisdonn
Burg
Hohenlockstedt
KELLING-HUSEN
ITZEHOE
WILSTER
BRUNSBÜTTEL
BAD BRAMSTEDT
Lägerdorf
KREMPE
Horst (Holstein)
BARMSTEDT
GLÜCK-STADT
ELMSHORN
Wischhafen
Drochtersen
Wingst
HEMMOOR
UETERSEN
Tornesch
PINNEBERG
Rellingen
Halstenbek
Hechthausen
Himmelpforten
STADE
SCHENEFELD
HAMBURG
WEDEL
Jork
Fredenbeck
Buxtehude
426
435
Fa
Fb
Fc
Fd

7
Neumünster 16 km
Hamburg 77 km
16
Neumünster 10 km
Rickling 20 km
IC/EC
Neumünster
430
Neumünster 5 km
Börnhöved 21 km
17
ICE IC/EC
Neumünster
18
206
Bad Segeberg 28 km
Lübeck 60 km
19
4
Norderstedt 8 km
Hamburg 16 km
20
Hamburg 5 km
Kiel 90 km
Hannover 170 km
23
ICE Hamburg
IC/EC Hamburg 46'
21
431
→ 7 1 km
74
Bremervörde 4 km
Gnarrenburg 25 km
73
Buxtehude 11 km
Neu Wulmstorf 20 km

Kiel 18 km
Molfsee 7 km 215

Kiel 17' IC/EC ICE

Kiel 13 km
Kronsburg 8 km 404

Kiel 20 km
Preetz 4 km 76

418

430 Lütjenburg 12 km

7
Rendsburg 24 km
Schleswig 46 km
Flensburg 80 km

Nortorf 7 km
205

IC/EC
Rendsburg 30'

430
Aukrug 10 km
Hohenwestedt 20 km

Hamburg-Dammtor 41' IC/EC ICE

206
Kellinghusen 15 km
Itzehoe 29 km

425

4
Bad Bramstedt 22 km

ICE IC/EC
Neumünster 40'
Itzehoe 46' IC/EC

Newcastle (GB) 23h
Harwich (GB) 20h
Cuxhaven 2h

436

Schwarzenbek 2 km
Lauenburg 19 km 404

207 Schwarzenbek 2 km
Reinbek b. Hamburg 17 km

7
Lüneburg 50 km
Hannover 152 km

ICE HH-Harburg 9'
Hannover 1h 15'
Berlin-Spandau 1h 25'

IC/EC Lüneburg 26'
Bremen 55'

1
Bremen 101 km

IC/EC Büchen 30'
Schwerin 1h 15'

5 Lauenburg 32 km
Boizenburg 45 km

Trelleborg (S) 7-9h
Malmö (S) 9h
Helsinki (FIN) 22-36h
Kaliningrad (RUS) 32h
Riga (LV) 36h

Oldenburg i.H. 30' IC/EC

Heiligenhafen 25 km
Oldenburg i.H. 11 km
Lensahn 3 km
1

501 Heiligenhafen 24 km
Heringsdorf 11 km

419

Rødbyhavn (DK)

Neubukow 20 km
Rostock 57 km
105

Neukloster 16 km
Rostock 42 km
20

Jesendorf 9 km
14

428

IC/EC Bützow 31'

104 Brüel 12 km
Sternberg 20 km

321 Crivitz 8 km
Parchim 28 km

Boizenburg 22 km
Wittenberg 120 km
195

Ludwigslust 45 km
Wittstock/Dosse 108 km
Berlin 212 km
24

437

Hagenow 12 km 321

IC/EC Büchen 39'
Hamburg Hbf 1h 15'

IC/EC Ludwigslust 21'

106 Ludwigslust 20 km

14 Ludwigslust 23 km
Berlin 192 km

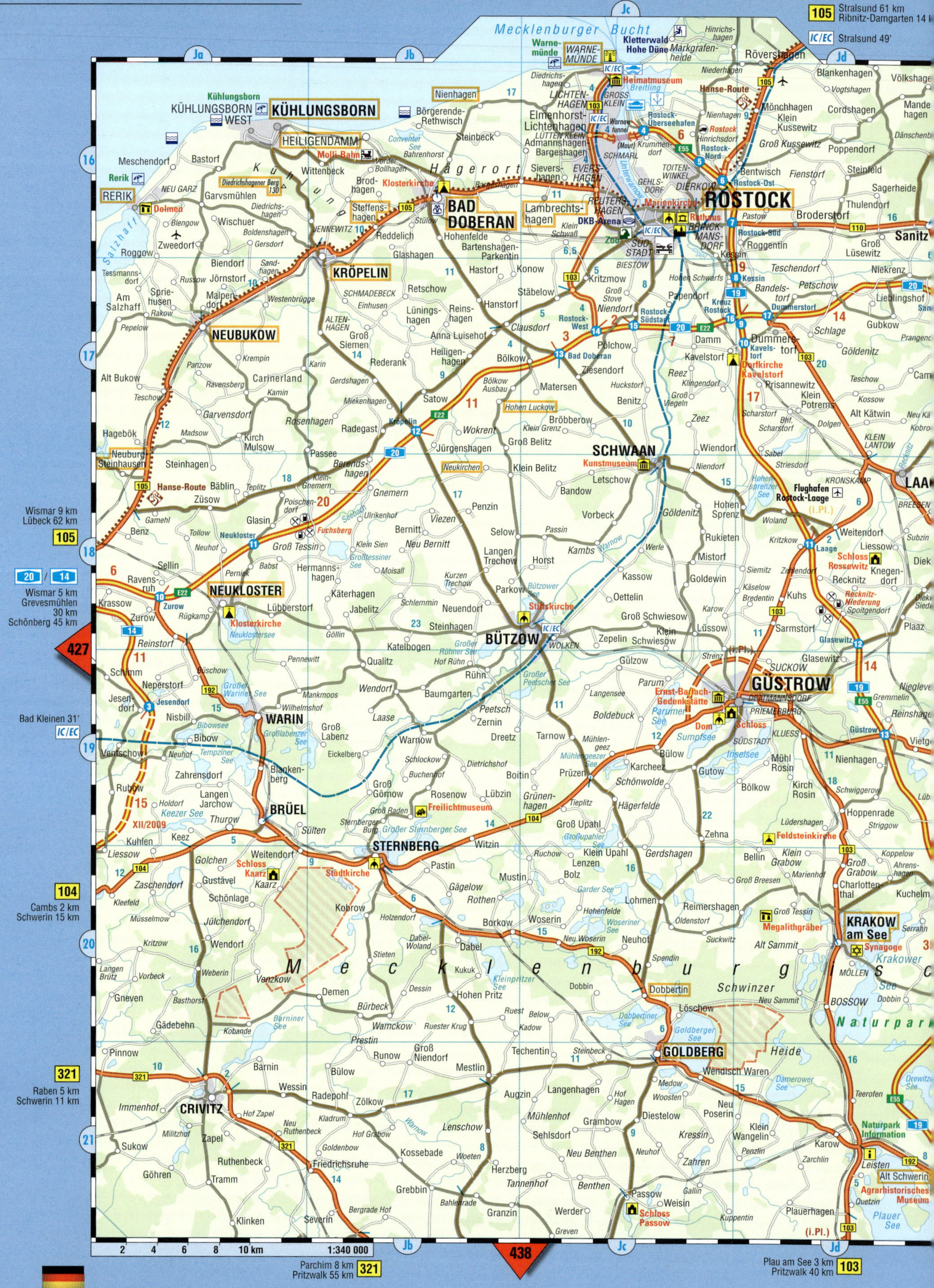
Gedser (DK) 2h
Trelleborg (S) 6-8h
105 Stralsund 61 km Ribnitz-Damgarten 14 km
IC/EC Stralsund 49'
Mecklenburger Bucht
Warnemünde
KÜHLUNGSBORN
HEILIGENDAMM
BAD DOBERAN
ROSTOCK
KRÖPELIN
NEUBUKOW
RERIK
SCHWAAN
BÜTZOW
GÜSTROW
NEUKLOSTER
WARIN
BRÜEL
STERNBERG
KRAKOW am See
GOLDBERG
CRIVITZ
Dobbertin
Flughafen Rostock-Laage
Wismar 9 km Lübeck 62 km
105
20 / 14
Wismar 5 km Grevesmühlen 30 km Schönberg 45 km
427
Bad Kleinen 31'
IC/EC
104
Cambs 2 km Schwerin 15 km
321
Raben 5 km Schwerin 11 km
Mecklenburgische Schweiz
Naturpark
438
Parchim 8 km Pritzwalk 55 km
321
Plau am See 3 km Pritzwalk 40 km
103
2 4 6 8 10 km 1:340 000

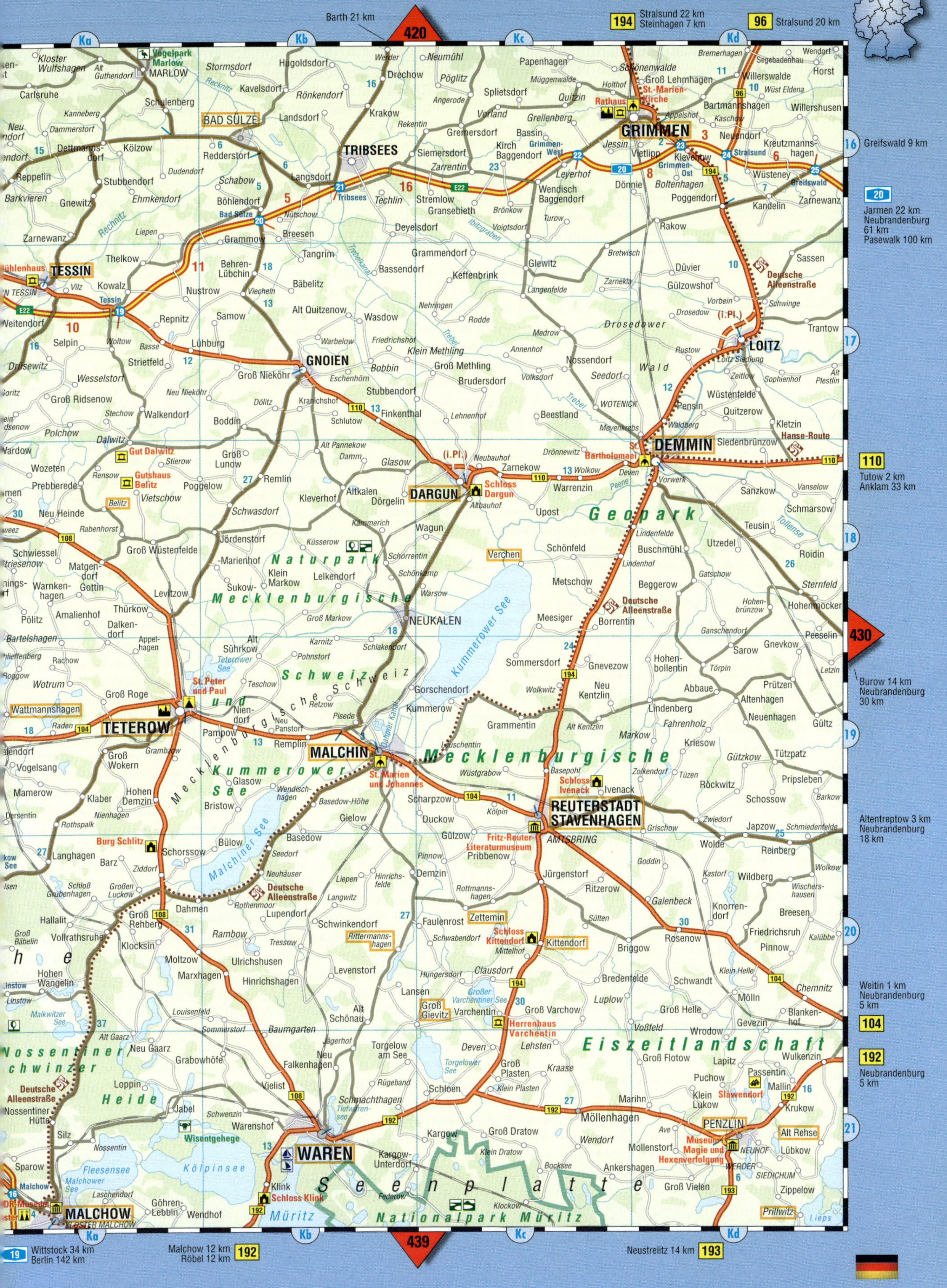

Barth 21 km
420
194 Stralsund 22 km Steinhagen 7 km
96 Stralsund 20 km
16 Greifswald 9 km
20 Jarmen 22 km Neubrandenburg 61 km Pasewalk 100 km
17
110 Tutow 2 km Anklam 33 km
18
430
Burow 14 km Neubrandenburg 30 km
19
Altentreptow 3 km Neubrandenburg 18 km
20
Weitin 1 km Neubrandenburg 5 km
104
192 Neubrandenburg 5 km
21
19 Wittstock 34 km Berlin 142 km
Malchow 12 km Röbel 12 km 192
439
Neustrelitz 14 km 193
Ka
Kb
Kc
Kd
Kloster Wulfshagen
Vogelpark Marlow
MARLOW
Stormsdorf
Hugoldsdorf
Werder
Neumühl
Drechow
Pöglitz
Papenhagen
Schönenwalde
Groß Lehmhagen
Bremerhagen
Segebadenhau
Wendorf
Horst
Carlsruhe
Kavelsdorf
Rönkendorf
Krakow
Splietsdorf
Quitzin
Rathaus
St.-Marien-Kirche
Willershagen
Willershusen
Schulenberg
BAD SÜLZE
Landsdorf
Grellenberg
GRIMMEN
Bartmannshagen
Kaschow
Neuendorf
Dettmannsdorf
Kölzow
Redderstorf
TRIBSEES
Gremersdorf
Bassin
Siemersdorf
Zarrentin
Kirch Baggendorf
Grimmen-West
Jessin
Vietlipp
Grimmen-Ost
Kleverhof
Kreutzmannshagen
Stralsund
Wüsteney
Greifswald
Reppelin
Stubbendorf
Dudendorf
Schabow
Langsdorf
Tribsees
Techlin
Stremlow
Gransebieth
Leyerhof
Wendisch Baggendorf
Dönnie
Boltenhagen
Poggendorf
Kandelin
Zarnewanz
Barkvieren
Gnewitz
Ehmkendorf
Böhlendorf
Bad Sülze
Nütschow
Deyelsdorf
Voigtsdorf
Turow
Rakow
Grammow
Breesen
Tangrim
Grammendorf
Glewitz
Bretwisch
Düvier
Sassen
Thelkow
Behren-Lübchin
Bassendorf
Keffenbrink
Gülzowshof
Deutsche Alleenstraße
TESSIN
Kowalz
Nustrow
Vietheln
Bäbelitz
Langenfelde
Zarnekla
Vorbein
Schwinge
Tessin
Repnitz
Samow
Alt Quitzenow
Wasdow
Nehringen
Rodde
Drosedow
(i.Pl.)
Trantow
Weitendorf
Selpin
Lühburg
Warbelow
Friedrichshof
Medrow
Drosedower
LOITZ
Drüsewitz
Woltow
Basse
GNOIEN
Klein Methling
Annenhof
Nossendorf
Wald
Loitz Siedlung
Wesselstorf
Strietfeld
Groß Nieköhr
Bobbin
Groß Methling
Volksdorf
Seedorf
Zeitlow
Sophienhof
Alt Plestlin
Groß Ridsenow
Neu Nieköhr
Eschenhörn
Brudersdorf
Wüstenfelde
Dölitz
Kranichshof
Stubbendorf
Trebel
WOTENICK
Pensin
Quitzerow
Stechow
Walkendorf
Schlutow
Finkenthal
Lehnenhof
Beestland
Meyenkrebs
Waldberg
Kletzin
Hanse-Route
Polchow
Boddin
Siedenbrünzow
Dalwitz
Gut Dalwitz
Alt Pannekow
Damm
Groß Lunow
Glasow
(i.Pl.)
Neubauhof
Dronnewitz
Bartholomaei
DEMMIN
Wozeten
Stierow
Zarnekow
Wolkow
Devén
Vorwerk
Rensow
Gutshaus Belitz
Poggelow
Remlin
Kleverhof
Altkalen
DARGUN
Schloss Dargun
Warrenzin
Peene
Sanzkow
Vanselow
Prebberede
Vietschow
Dörgelin
Altbauhof
Upost
Schmarsow
Neu Heinde
Belitz
Schwasdorf
Kämmerich
Geopark
Teusin
Tollense
Rabenhorst
Wagun
Lindenfelde
Utzedel
Jördenstorf
Küsserow
Verchen
Schönfeld
Buschmühl
Roidin
Schwiessel
Groß Wüstenfelde
Marienhof
Naturpark
Schorrentin
Lindenhof
Matgendorf
Klein Markow
Lelkendorf
Schönkamp
Metschow
Gatschow
Beggerow
Warnkenhagen
Gottin
Sukow
Sternfeld
Levitzow
Mecklenburgische
Warsow
Deutsche Alleenstraße
Hohenbrünzow
Hohenmocker
Thürkow
Amalienhof
Groß Markow
NEUKALEN
Meesiger
Borrentin
Pölitz
Dalkendorf
Kummerower See
Ganschendorf
Peeselin
Bartelshagen
Appelhagen
Karnitz
Alt Sührkow
Schlakendorf
Gnevkow
Teterower See
Pohnstorf
Sommersdorf
Gnevezow
Hohenbollentin
Sarow
Rachow
Törpin
Letzin
Prützen
Schweiz
Wotrum
Teschow
Gorschendorf
Wolkwitz
Neu Kentzlin
Abbaue
Groß Roge
St. Peter und Paul
Retzow
Kummerow
Lindenberg
Altenhagen
Wattmannshagen
und
Nienhagen
Niendorf
Pisede
Grammentin
Alt Kentzlin
Fahrenholz
Neuenhagen
Gültz
Raden
TETEROW
Pampow
Neu Panstorf
Remplin
Kummerower Kanal
Markow
Kriesow
Vogelsang
Groß Wokern
Grambzow
MALCHIN
Gützkow
Tützpatz
Kummerower
St. Marien und Johannes
Wüstgrabow
Basepohl
Schloss Ivenack
Ivenack
Zolkendorf
Tüzen
Pripsleben
Mamerow
Klaber
Hohen Demzin
Glasow
Wendischhagen
Röckwitz
See
Basedow-Höhe
Scharpzow
Schossow
Barkow
Dersentin
Nienhagen
Bristow
Gielow
Duckow
Kölpin
REUTERSTADT STAVENHAGEN
Grischow
Zwiedorf
Japzow
Schmiedenfelde
Rothspalk
Basedow
Gülzow
Fritz-Reuter-Literaturmuseum
AMTSBRING
Wolde
Reinberg
Burg Schlitz
Bülow
Pinnow
Pribbenow
Goddin
Langhagen
Barz
Schorssow
Seedorf
Malchiner See
Demzin
Wolkow
Ziddorf
Jürgenstorf
Kastorf
Wildberg
Wischershausen
Neuhäuser
Hinrichsfelde
Schloß Grubenhagen
Großen Luckow
Liepen
Rottmannshagen
Ritzerow
Deutsche Alleenstraße
Langwitz
Galenbeck
Knorrendorf
Breesen
Dahmen
Rothenmoor
Lupendorf
Faulenrost
Zettemin
Sülten
Hallalit
Groß Rehberg
Schwinkendorf
Friedrichsruh
Kalübbe
Groß Bäbelin
Vollrathsruhe
Rambow
Rittermannshagen
Schwabendorf
Schloss Kittendorf
Kittendorf
Rosenow
Pinnow
Klocksin
Tressow
Mittelhof
Briggow
Moltzow
Ulrichshusen
Levenstorf
Hungersdorf
Clausdorf
Bredenfelde
Schwandt
Klein Helle
Chemnitz
Hohen Wangelin
Marxhagen
Hinrichshagen
Lansen
Großer Varchentiner See
Luplow
Möllin
Groß Varchow
Linstow
Louisenfeld
Alt Schönau
Groß Gievitz
Varchentin
Groß Helle
Gevezin
Blankenhof
Malkwitzer See
Sommerstorf
Baumgarten
Herrenhaus Varchentin
Voßfeld
Wrodow
Alt Gaarz
Neu Gaarz
Jägerhof
Torgelow am See
Deven
Lehsten
Eiszeitlandschaft
Wulkenzin
Nossentiner/Schwinzer Heide
Grabowhöfe
Neu Falkenhagen
Torgelower See
Groß Plasten
Kraase
Groß Flotow
Lapitz
Passentin
Puchow
Deutsche Alleenstraße
Loppin
Vielist
Rügeband
Schloen
Klein Plasten
Mallin
Nossentiner Hütte
Jabel
Schmachthagen
Tiefwarensee
Marihn
Klein Lukow
Slawendorf
Krukow
Schwenzin
Möllenhagen
PENZLIN
Silz
Warenshof
Kargow
Groß Dratow
Ave
Alt Rehse
Wisentgehege
Klein Dratow
Wendorf
Mollenstorf
Museum Magie und Hexenverfolgung
Neuhof
Lübkow
Nossentin
WAREN
Kargow-Unterdorf
Bocksee
Ankershagen
Werder
Siedichum
Sparow
Fleesensee
Kölpinsee
Groß Vielen
Zippelow
Malchow
Malchower See
Klink
Seenplatte
Laschendorf
Schloss Klink
Federow
Klockow
DR-Museum
Göhren-Lebbin
Wendhof
Müritz
Nationalpark Müritz
Prillwitz
Lieps
MALCHOW
KLOSTER MALCHOW

Stralsund 37' IC/EC
105 Bergen a. Rügen 55 km
Stralsund 27 km
Gager (Rügen)
421

→ 20 2 km

20
Grimmen 11 km
Tribsees 35 km
Rostock 84 km

110
Demmin 11 km
Rostock 82 km

Demmin 19 km

429

Reuterstadt
Stavenhagen 7 km

Rosenow 13 km
Reuterstadt
Stavenhagen
23 km
104

192
Wulkenzin 2 km
Neustrelitz 28 km

96
Neustrelitz 15 km
Berlin 120 km

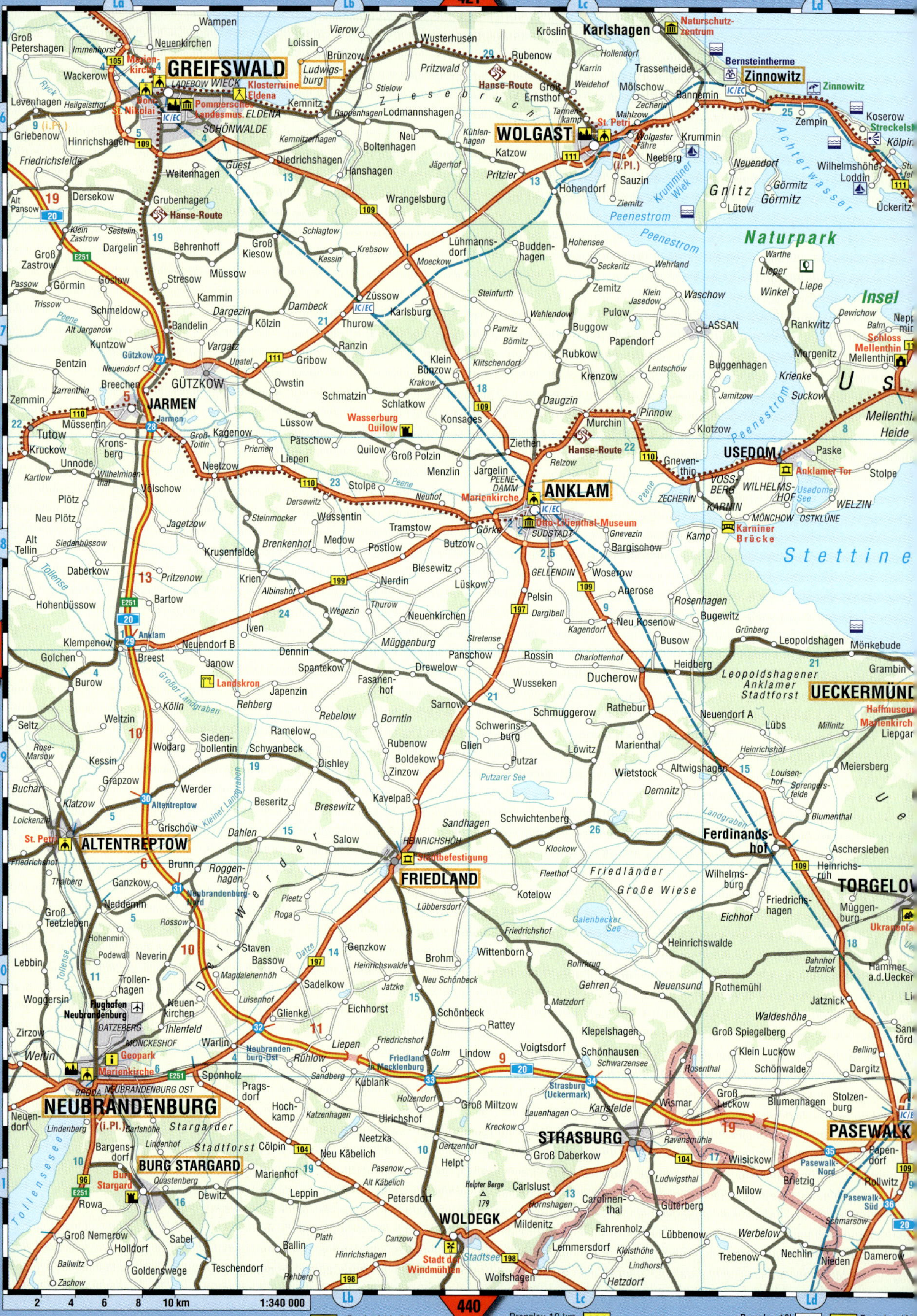

440

198 Bredenfelde 3 km
Neustrelitz 34 km

Prenzlau 19 km
Schwedt 64 km 198

Prenzlau 16' IC/EC
Berlin 1h 40'

109 Prenzlau 13
Berlin 132 km

København (DK) 9h
Ystad (S) 7h
Rønne (DK) 5h

Trzebiatów 25 km
Golczewo 6 km
Nowogard 22 km
Nowogard 21 km
Koszalin 144 km

20 Prenzlau 16 km
AB-Kr. Uckermark 19 km
Berlin 113 km

113 Krakow 13 km
→ 11 15 km

441

IC/EC Angermünde (D) 1h 9'

13 Kolbaskawo 6 km (PL)
Schwedt 42 km

Podjuchy 6 km
Penkun 32 km
Berlin 168 km
A6

Borkum 2h
422
Norden 25' IC/EC 72 Norden 10 km
N363 Winsum 11 km Groningen 24 km
N46 Groningen 6 km
N360 Groningen 3 km
A7 Groningen 4 km Drachten 36 km
N34 Groningen 14 km
N33 Assen 10 km
N374 Hoogeveen 19 km
N381 Beilen 9 km
Nationalpark
Niedersächsisches
Wattenmeer
Ostfriesisches Gatje
DEUTSCHLAND
NEDERLAND
Eemshaven
Greetsiel
Krummhörn
Hinte
EMDEN
Südbrookmerland
Ostfriesland
Uithuizen
Menkemaborg
Hefshuizen
Loppersum
Appingedam
DELFZIJL
Ems
Dollart
NSG
Termunten
Jemgum
Rheiderland
Ten Boer
Slochteren
Haren
HOOGEZAND-SAPPEMEER
Scheemda
Winschoten
Beerta
Bunde
WEENER
Zuidlaren
VEENDAM
Nieuwe Pekela
Bellingwedde
PAPENBURG
Anloo
Gieten
Rolde
STADSKANAAL
Vlagtwedde
Dörpen
Borger
Ter Apel
Lathen
Odoorn
Hondsrug
Westerwolde
Bourtanger Moor
Emmen 10 km N381
N34 Emmen 5 km Coevorden 16 km
N364 Emmen 4 km
442
Meppen 22 km Lingen 48 km Nordhorn 50 km 31
408 Haren 3 km
70 Meppen 14 km Lingen 36 km
IC/EC Meppen 25'
2 4 6 8 10 km 1:340 000

210 Wilhelmshaven 43 km
Wittmund 17 km

29 Wilhelmshaven 9 km

437 Rodenkirchen 15 km
Bremerhaven 40 km
23 (Nordenham)

211 Brake 20 km

29 Delmenhorst 36 km
Bremen 47 km

IC/EC Delmenhorst 18'
ICE Bremen 27'

29 Oldenburg 13 km

1 Wildeshausen 10 km
Bremen 46 km
Hamburg 148 km

Löningen 12 km

213 Löningen 16 km
Lingen 57 km

68 Quackenbrück 22 km
Bramsche 56 km

→ 1 7 km
Vechta 20 km
Diepholz 35 km

1 Wallenhorst 55 km
Osnabrück 63 km
Münster 113 km

Cuxhaven 45 km
Langen 10 km
Bremerhaven 3 km
Bremerhaven 9 km 212
Bremerhaven
27
424
Bad Bederkesa 14 km
Bad Bederkesa 20 km
Hemmoor 19 km
437
Varel 10 km
Bockhorn 18 km
Oldenburg 11 km
211
Rastede 9 km
Varel 29 km
Wilhelmshaven 51 km
29
433
Oldenburg IC/EC 25' ICE
28
Oldenburg 3 km
Bad Zwischenahn 20 km
29
AB-Dr. Ahlhorner Heide 32 km
1
Cloppenburg 18 km
Osnabrück 70 km
Münster 120 km
Goldenstedt 4 km
51
Twistringen 3 km
Diepolz 32 km
444
ICE IC/EC
Osnabrück 50'
61
Sulingen 21 km
Petershagen 56 km
6
Asendorf 8 km
Nienburg (Weser) 33 km
National-park Nieders. Watten-meer
Jadebusen
BREMERHAVEN
NORDENHAM
Loxstedt
Stadland
Ovelgönne
BRAKE
ELSFLETH
Berne
Lemwerder
Hude
Hatten
Ganderkesee
DELMENHORST
Stuhr
BREMEN
Lilienthal
Ritterhude
OSTERHOLZ-SCHARMBECK
Worpswede
Hambergen
Beverstedt
Hagen
Schwanewede
Weyhe
SYKE
ACHIM
Großenkneten
Dötlingen
WILDESHAUSEN
Harpstedt
BASSUM
Visbek
Wildeshauser Geest
Naturpark
Grüne Küstenstraße
Niedersächsische Spargelstraße
Gnarrenburg
Grasberg
Vollersode
Teufelsmoor
Heidberg
Bruchhausen-Vilsen
2 4 6 8 10 km 1:340 000

74 Stade 20 km

73 Stade 12 km
Agathenburg 6 km

73 Hamburg 13 km

Hamburg 23 km
Lübeck 86 km
Kiel 118 km
261

1 Maschener Kreuz 9 km
Lüneburg 41 km
Uelzen 76 km
ICE HH-Harburg 44'
IC/EC HH-Hbf. 55'

Munster 18 km
Uelzen 50 km
71
Maschener Kreuz 51 km
Hamburg 71 km
Kiel 169 km
7

3 Bergen 17 km
Celle 40 km

Nienburg (Weser) 20 km
Minden (Westf.) 74 km 215

ICE Hannover 1h
IC/EC Nienburg 15'

Rethem 5 km
Nienburg (Weser) 28 km 209

AB-Dr. Walsrode 5 km
Hannover 53 km 27

7 AB-Dr. Walsrode 3 km
Flughafen Hannover 45 km
Hannover 51 km

Kiel 101 km
Itzehoe 59 km
AB-Dr. HH-Nordwest 13 km
Hamburg Hbf. 10'
Puttgarden 148 km
Lübeck 58 km
AB-Dr. HH-Südost 10 km
Hamburg 12 km
Horn 8 km
426
Bad Segeberg 57 km
Bad Oldesloe 43 km
Hamburg 30'
Ratzeburg 32 km
Mölln 20 km
Neu Wulmstorf 6 km
Buxtehude 11 km
Buchholzer Dreieck 2 km
Buchholzer Dreieck 2 km
Bremer Kreuz 70 km
Bremen 85 km
Bremen 44' / 55'
Soltau 3 km
Rotenburg (W.) 41 km
Dreieck Walsrode 23 km
Hannover 71 km
Soltau 6 km
Buchholz i.d. Nordheide 51 km
435
Bergen 2 km
Celle 25 km
Hannover 66 km
Celle 20'
Hannover 1h 15'
Hannover 1h 7'
446
Eschede 17 km
Celle 33 km
Hannover 74 km
Gifhorn 41 km
Braunschweig 63 km
1:340 000
10 km
REINBEK
Wentorf
SCHWARZENBEK
Büchen
Börnsen
Bergedorf
Harburg
Wilhelmsburg
Geesthacht
Tespe
Lauenburg
Lauenburg
Seevetal
Stelle
WINSEN (Luhe)
Marschlande
Vierlande
Jesteburg
Hanstedt
Bardowick
Adendorf
Scharnebeck
LÜNEBURG
Reppenstedt
Salzhausen
Deutsch Evern
Naturschutzpark Lüneburger Heide
Lüneburger Heide
Embsen
Bienenbüttel
Amelinghausen
Bispingen
Osterheide
Raubkammer
Große Heide
Ebstorf
BAD BEVENSEN
MUNSTER
UELZEN
Wietzendorf
Faßberg
Heide
Suderburg
Hermannsburg
Unterlüß
Naturpark Südheide
Bad Bodenteich

195 Ratzeburg 30 km Zarrentin 6 km

Hamburg 71 km Hornbeck 35 km Gudow 12 km 24

427

Wismar 50 km Schwerin 20 km 321

IC/EC Schwerin 51'

IC/EC Schwerin 21'

14 Schwerin 25 km

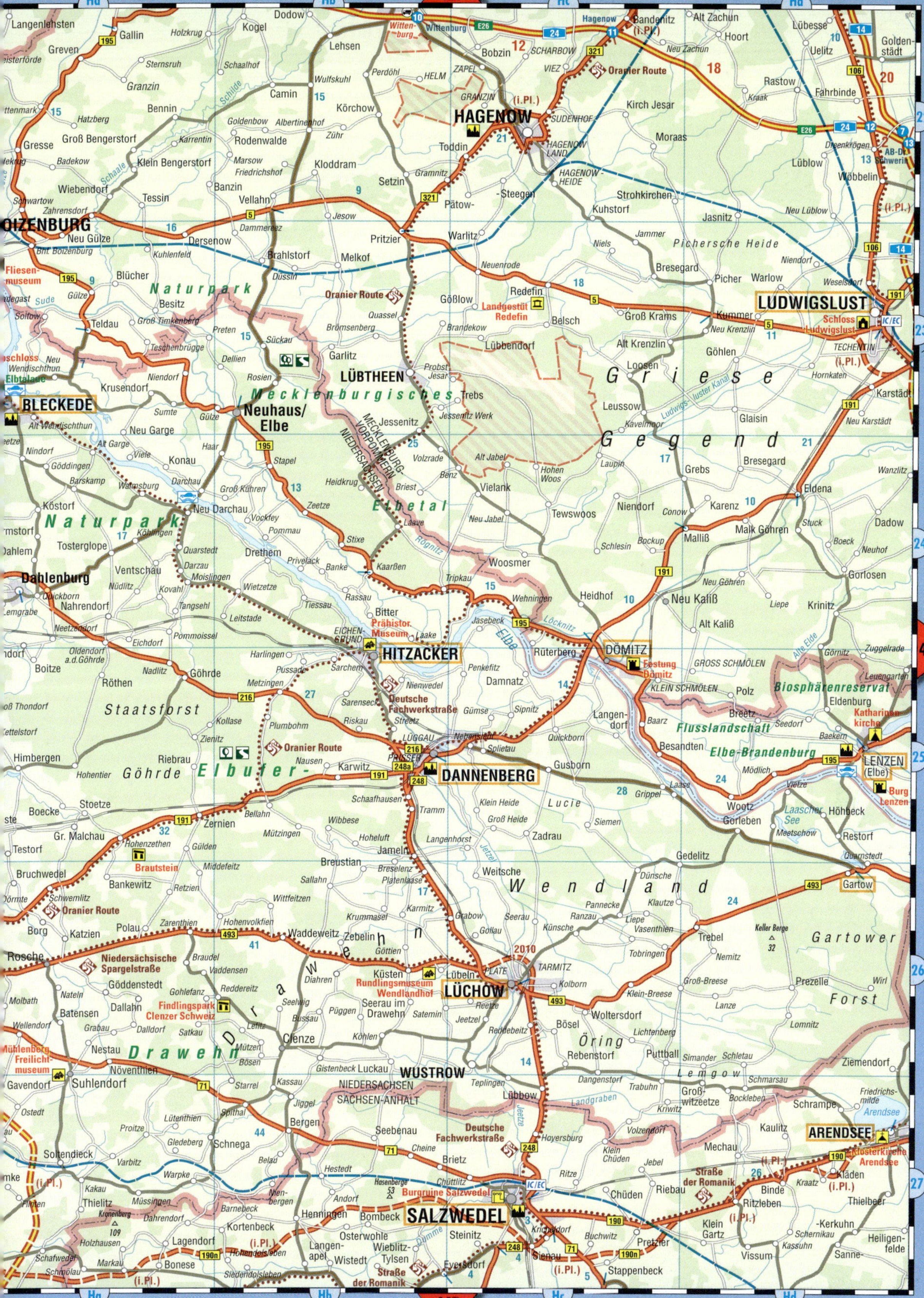

22

24 AB-Dr. Wittstock/Dosse 73 km Berlin 181 km

191 Neustadt-Glewe 6 km Parchim 25 km

23 IC/EC Wittenberge 26'

5 Grabow 5 km Perleberg 34 km

24

438

195 Lanz 7 km Wittenberge 18 km

25

493 Schnackenburg 4 km

26

190 Seehausen 17 km Havelberg 47 km

27

ittingen 12 km

447

248 Rohrberg 14 km Wolfsburg 56 km

71 Mahlsdorf 2 km Gardelegen 33 km Haldensleben 65 km

IC/EC Stendal 26' Berlin-Spandau 1h 3'

ICE Berlin-Spandau

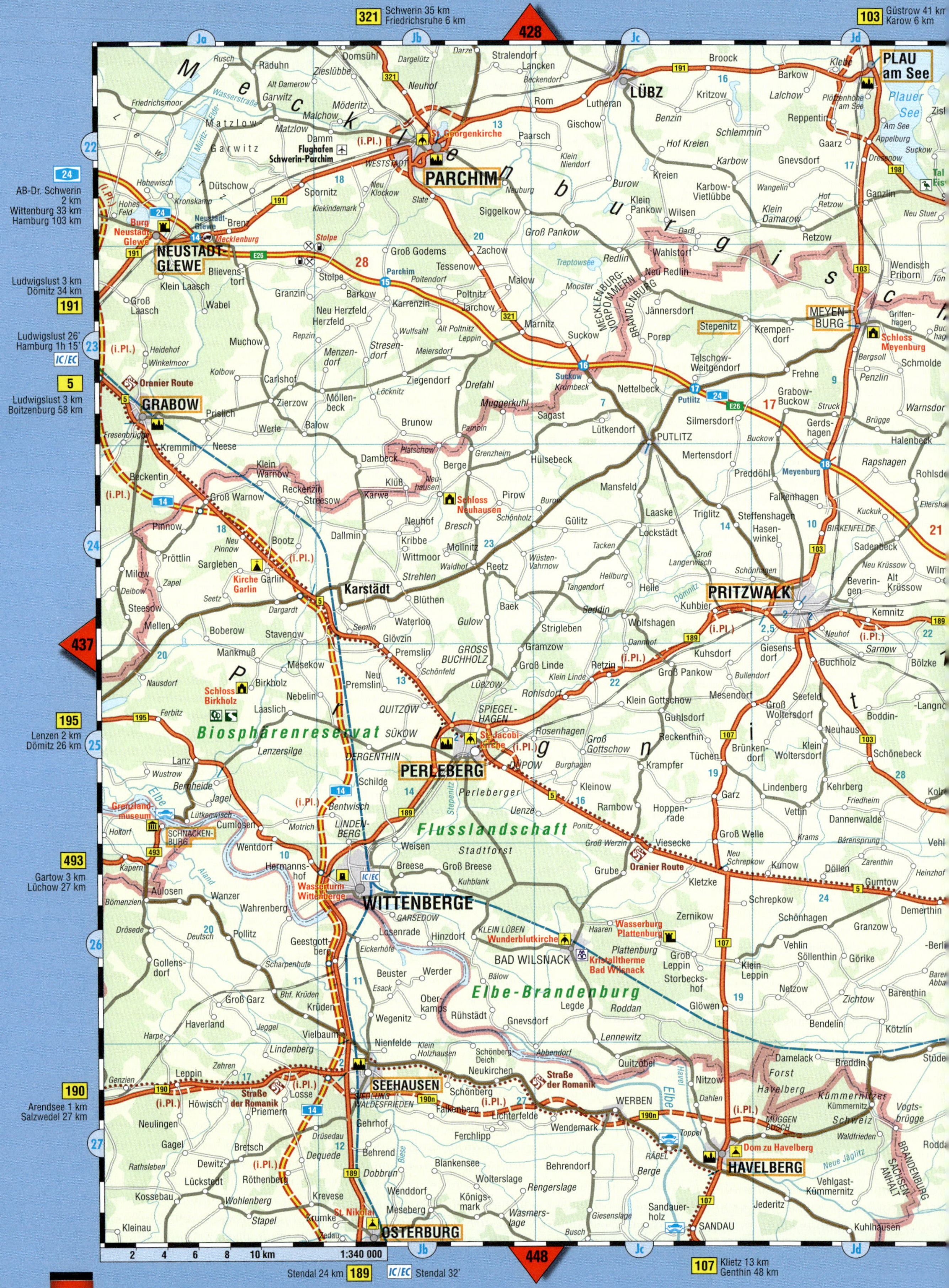
321 Schwerin 35 km Friedrichsruhe 6 km
428
103 Güstrow 41 km Karow 6 km
24 AB-Dr. Schwerin 2 km Wittenberge 33 km Hamburg 103 km
Ludwigslust 3 km Dömitz 34 km 191
Ludwigslust 26' Hamburg 1h 15' IC/EC
5 Ludwigslust 3 km Boitzenburg 58 km
437
195 Lenzen 2 km Dömitz 26 km
493 Gartow 3 km Lüchow 27 km
190 Arendsee 1 km Salzwedel 27 km
Stendal 24 km 189
IC/EC Stendal 32'
448
107 Klietz 13 km Genthin 48 km
1:340 000
2 4 6 8 10 km
PARCHIM
LÜBZ
PLAU am See
Plauer See
NEUSTADT-GLEWE
MEYENBURG
GRABOW
PRITZWALK
PERLEBERG
WITTENBERGE
SEEHAUSEN
HAVELBERG
OSTERBURG
Karstädt
BAD WILSNACK
Mecklenburg
Prignitz
Biosphärenreservat
Flusslandschaft
Elbe-Brandenburg
MECKLENBURG-VORPOMMERN
BRANDENBURG
SACHSEN-ANHALT
Georgenkirche
Schloss Neuhausen
Schloss Meyenburg
Schloss Birkholz
Kirche Garlin
St. Jacobi Kirche
Wasserturm Wittenberge
Wunderblutkirche
Kristalltherme Bad Wilsnack
Wasserburg Plattenburg
Dom zu Havelberg
Oranier Route
Straße der Romanik
Grenzland-museum
Flughafen Schwerin-Parchim
Elbe
Havel

stock 78 km
erow 55 km
strow 49 km
19

192 Goldberg 29 km
Alt-Schwerin 8 km

192 Neubrandenburg 51 km
Waren 8 km

429

193 Neubrandenburg 23 km
Penzlin 5 km

96 Neubrandenburg 13 km
Greifswald 117 km

198 Carpin 4 km
Prenzlau 58 km

96 Dannenwalde 6 km
Gransee 18 km

440

167 Liebenwalde 19 km
Eberswalde 49 km

102 Rhinow 3 km
Brandenburg 53 km

Friesack 13 km
Nauen 26 km
Potsdam 56 km
5

IC/EC Berlin 1h 20'

449

24 AB-Dr. Havelland 14 km
Berlin 51 km
Potsdam 52 km

198 Pasewalk 42 km Woldegk 9 km
430
198 Neubrandenburg 36 km Woldegk 10 km
Züssow 1h 17' Pasewalk 39' IC/EC
109 Greifswald 92 Pasewalk 12
198 Neustrelitz 6 km Wesenberg 18 km
96 Fürstenberg 5 km Neustrelitz 23 km
439
167 Grieben 7 km Neuruppin 26 km
273 Kremmen 11 km Nauen 31 km
96 → 10 5 km
Basdorf 3 km Berlin 27 km 109
450
11 → 10 13 km Berlin 30 km Frankfurt (Oder) 107 km
Bernau 6 km Berlin 29 km IC/EC Berlin-Gesundbrunnen 47'
168 Müncheberg 39 km Fürstenwalde 59 km
1:340 000
Neuhof
Cammin
Bredenfelde
Grauenhagen
Göhren
Dammsee
Fürstenwerder
Damerow
Jagow
Göritz
Wanzka
Blankensee
Watzkendorf
Krumbeck
Naturpark
Wendorf
Lichtenberg
Kraatz
Wittstock
Rittgarten
Holzendorf
Dauer
Rödlin-Thurow
Möllenbeck
Cantnitz
Schlicht
Falkenhagen
Steinfurth
Schönwerder
Schenkenberg
Carpin
Dolgen
Parmen
Raakow
Schapow
Dedelow
Ellingen
Blindow
Nationalpark
Feldberger
FELDBERG
Naturpark
Weggun
Arendsee
Schönermark
Wilhelmshof
Klinkow
Güstow
Dominikanerkloster Prenzlau
St. Marien
Koldenhof
Lüttenhagen
Buchenhain
Naugarten
Gollmitz
PRENZLAU
Müritz
Carwitzer See
Hans Fallada Haus
Cohow
Mellenau
Funkenhagen
Krewitz
Berkholz
Röpersdorf
Augustenfelde
Triepkendorf
CARWITZ
Uckermärkische
Wokuhl
Gnewitz
Hasselförde
Thomsdorf
Steinrode
Boitzenburg
Schloss Boitzenburg
Zollchow
Beenz
Charlottenthal
Seenlandschaft
Rosenow
Hardenbeck
Lindensee
Sternhagen
Dabelow
Schreibermühle
Wichmannsdorf
Lichtenhain
Kutz
Potzlow
Althymen
Retzow
Seen
Küstrinchen
Stabeshöhe
Klaushagen
Sternthal
Haßleben
Seehausen
Neuthymen
Sähle
LYCHEN
Warthe
Egarsee
Jakobshagen
Herzfelde
Mittenwalde
Pinnow
Fergitz
Warnitz
Ravensbrück
HOHENLYCHEN
Blankensee
Gerswalde
Kaakstedt
Gedenkstätte Ravensbrück
Himmelpfort
Klosterruine Himmelpfort
Gandenitz
Metzelthin
Klosterwalde
Krohnhorst
Herrenstein
Flieth
Melzow
Suckow
Stolpsee
Albersthof
Netzow
Petznick
Voßberg
Stegelitz
Zootzen
Densow
Friedenfelde
Klein Fredenwalde
Groß Fredenwalde
Bredereiche
Templiner See
Ahrensdorf
Groß Kölpin
Boltenhof
Qualzow
Stadtmauer Templin
TEMPLIN
Milmersdorf
Biosphärenreservat
Temmen
Friedrichsfelde
Steinhöfel
Beutel
Röddelin
Karlshof
Petersdorf
Neu Temmen
Neuhausen
Blumenow
Barsdorf
HINDENBURG
Reinfeld
Ahlimbsmühle
Peetzig
Neubau
Neutornow
Hammelspring
Poratz
Luisenthal
Dannenwalde
Dargersdorf
Ringenwalde
Tornow
Ringsleben
Marienthal
Burgwall
Gollin
Schorfheide-
Redernswalde
Seilershof
Wentow
Vietmannsdorf
Glambeck
Wolletz
Zabelsdorf
Storkow
Friedrichswalde
Parlow
Ribbeck
Vogelsang
Steinfeld
Grunewald
Bebersee
Ziegeleipark Mildenberg
Groß Väter
St. Marienkirche
NEUHOF
Joachimsthaler Wasserturm
Grumsin
GRANSEE
WOLFSGARTEN
Kurtschlag
Groß Dölln
Zuchenberg
Wesendorf
Schorfheide
JOACHIMSTHAL
Althüttendorf
Groß Ziethen
Kraatz
ZEHDENICK
Kappe
Buchholz
Kleinmutz
Buberow
Krewelin
Senftenhütte
Ehem. Jagdschloss Hubertusstock
Gutengermendorf
Häsen
Altenhof
Golzow
Chorin
Bergsdorf
Liebenthal
Werbellinsee
Löwenberger
Groß Schönebeck
Sarnow
Wildau
Blütenberg
AB-Kirche Werbellin
Falkenthal
Kloster Chorin
Löwenberg
Neulöwenberg
Liebenberg
Eichhorst
Britz
Sandkrug
Hammer
Neuehütte
Land
Grüneberg
LIEBENWALDE
Zerpenschleuse
Lichterfelde
EBERSWALDE
Heimatmuseum Liebenwalde
Marienwerder
FINOW
Teschendorf
Neuholland
Finowfurt
Oranier Route
Kreuzbruch
Ruhlsdorf
Forstbotanischer Garten
Neuendorf
Oder-Havel-Kanal
Niederfinow
Freienhagen
Bernöwe
Sophienstädt
Barnimer Heide
Spechthausen
Nassenheide
Malz
Naturpark Barnim
Trampe
Hohenbruch
Klosterfelde
Artistenmuseum
Preden
Friedrichsthal
Zehlendorf
BIESENTHAL
Melchow
Naturpark
Gedenkstätte Sachsenhausen
Stolzenhagen
Lanke
St. Marien
Tuchen-Klobbicke
Schloss Oranienburg
Schmachtenhagen
Ützdorf
Grüntal
ORANIENBURG
T.U.R.M. Erlebniscity
Wensickendorf
Wandlitz
Sydow
Heckelberg
Germendorf
Danewitz
Brunow

20 Pasewalk 9 km
Linken 7 km 113
431
Szczecin (PL) 1h 9' IC/EC
13 Police 23 km Szczecin 3 km
A6 Koszalin 143 km Świnoujście 90 km Goleniów 17 km
10 Stargard Szczeciński 14 km
3 Pyrzyce 7 km Gorzów Wielkopolski 64 km
26 Myślibórz 5 km Barlinek 36 km
23 Gorzów Wielkopolski 30 km
158 Steinbeck 2 km Berlin 46 km
167 Seelow 30 km Frankfurt (Oder) 58 km
451
31 23 Kostrzyn 12 km
BRUSSOW
PENKUN
Schloss Penkun
Freilichtmuseum Penkun
MECKLENBURG-VORPOMMERN
BRANDENBURG
Bockwindmühle Luckow
GARTZ
GRYFINO GREIFENHAGEN
Kościół Św. Mikołaja
SCHWEDT/ODER
Tabakmuseum
ANGERMÜNDE
Nationalpark information
Nationalpark Unteres Odertal
TRZCIŃSKO-ZDRÓJ BAD SCHÖNFLIESS
CHOJNA KÖNIGSBERG
Cedyński Park Krajobrazowy
CEDYNIA ZEHDEN
MORYN MOHRIN
Binnenschifffahrtsmuseum Oderberg
ODERBERG
MIESZKOWICE BÄRWALDE
DĘBNO NEUDAMM
BAD FREIENWALDE
Schloss Freienwalde
Oderlandmuseum
Jüdischer Friedhof Wriezen
WRIEZEN
Barnim
Uckermark
Puszcza Bukowa
Park Krajobrazowy Dolina Dolnej Odry
DEUTSCHLAND
POLSKA
Oder
Odra

N 381 Beilen 15 km Zweeloo 2 km
N 34 Groningen 56 km Borger 14 km
432
Norddeich 121 km Emden 89 km Leer 53 km 31
Papenburg 25' IC/EC
70 Papenburg 28 km Lathen 5 km
A37 Hoogeveen 17 km Meppel 32 km
N 377 Avereest 15 km
N 34 Hardenberg 5 km Ommen 18 km Zwolle 40 km
Hardenberg 10 km N 343
Vriezenveen 3 km Hardenberg 27 km N 36
Wierden 6 km Raalte 29 km N 35
Deventer 32' IC/EC
Almelo 4 km Wierden 8 km A35
A1 Deventer 43 km Apeldoorn 55 km Amsterdam 136 km
N 346 Goor 9 km
N 347 Goor 7 km Rijssen 20 km
N 18 Eibergen 4 km Doetinchem 38 km
Ahaus 3 km Coesfeld 27 km 474
70 Ahaus 3 km Stadtlohn 14 km
453
31 Bottrop 67 km Essen 78 km Düsseldorf 104 km
54 Altenberge 12 km Münster 28 km
EMMEN
Sleen
Zweeloo
Dalen
Coevorden
Schoonebeek
HAREN
MEPPEN
Twist
Geeste
Emlichheim
Gramsbergen
Hoogstede
Wietmarschen
LINGEN
NEUENHAUS
Uelsen
NORDHORN
Tubbergen
Dinkelland
ALMELO
Weerselo
Denekamp
Emsbüren
Borne
OLDENZAAL
Stad Delden
HENGELO
Losser
SCHÜTTORF
BAD BENTHEIM
Salzbergen
RHEINE
Neuenkirchen
ENSCHEDE
GRONAU
OCHTRUP
Wettringen
Haaksbergen
Heek
Metelen
STEINFURT
Grafschaft Bentheim
Obergrafschaft
NEDERLAND
DEUTSCHLAND
2 4 6 8 10 km 1:340 000

Sögel 4 km
Werlte 5 km
Werlte 14 km
433
Cloppenburg 9 km
213
Cloppenburg 7 km
68
Friesoythe 32 km
Cloppenburg 7 km
72
Bremen 59 km
Wildeshausen 25 km
Vechta 8 km
Diepholz 23 km
69
214
Diepholz 7 km
Nienburg (Weser) 69 km
444
Bohmte 4 km
Diepholz 33 km
51
65
Bad Essen 8 km
Lübbecke 27 km
Minden (W.) 52 km
Bremen 50'
Bünde 23'
30
Melle 7 km
Bad Oeynhausen 42 km
Hannover 120 km
Halle (Westf.) 14 km
Borgholzhausen 4 km
Glandorf 7 km
Münster 38 km
Glandorf 15 km
Warendorf 31 km
454
Münster 25'
Münster 22 km
Unna 73 km
Dortmund 83 km
Greven 2 km
Münster 16 km
219
Münster 23'
Lastrup
Cappeln
Löningen
Essen
Bakum
Lähden
Herzlake
Haselünne
Quakenbrück
Dinklage
Lohne
Badbergen
Berge
Nortrup
Holdorf
Steinfeld
Bersenbrück
Ankum
Fürstenau
Damme
Neuenkirchen
Freren
Alfhausen
Merzen
Vörden
Rieste
Bramsche
Neuenkirchen
Hopsten
Schapen
Recke
Wallenhorst
Ostercappeln
Mettingen
Westerkappeln
Hörstel
Ibbenbüren
Osnabrück
Lotte
Belm
Hasbergen
Georgsmarienhütte
Bissendorf
Tecklenburg
Lengerich
Hagen a. Teutoburger Wald
Emsdetten
Saerbeck
Bad Iburg
Ladbergen
Lienen
Hilter a. Teutoburger Wald
Naturpark Hahnenmoor
Artland
Oldenburger Münsterland
Naturpark Ankumer Höhe
Dammer Berge
Teutoburger Wald
Terra Vita
Tecklenburger Land
Naturpark
Mittellandkanal
Dortmund-Ems-Kanal

51 Bremen 36 km
Bassum 7 km
Wildeshausen 10 km
Bremen ICE IC/EC
61 Bremen 34 km
Bassum 5 km
Bremen 37 km
Syke 16 km
6
434
Emstek 13 km
Cloppenburg 21 km
69
214
Bersenbrück 30 km
Lingen (Ems)
73 km
443
Belm 10 km
Osnabrück 17 km
51
65
IC/EC ICE
Osnabrück
Osnabrück 23'
Münster 49'
IC/EC
30
Osnabrück 21 km
Rheine 62 km
Apeldoorn (NL)
157 km

Bielefeld 15 km
Gütersloh 35 km
61
455
Herford 16'
Bielefeld 26'/45'
IC/EC ICE
2 AB-Kr. Bielefeld 25 km
Hamm 71 km
Dortmund 105 km
238 Lemgo 12 km
Detmold 24 km

enburg (Wümme) 42 km, Verden (Aller) 15 km 215 — ICE Bremen 58', IC/EC Verden 15' — Fallingbostel 19 km, Walsrode 10 km 209 — 435 — Cuxhaven 161 km, Bremen 66 km, Walsrode 7 km 27 — Flensburg 251 km, Hamburg 83 km, Fallingbostel 6 km 7

28 — 214 Celle 16 km, Braunschweig 69 km — 29 — 30 — IC/EC Celle 19', ICE HH-Hbf. 1h 15' — 446 — 7 Hildesheim 36 km, Göttingen 127 km, Kassel 170 km — 31 — 2 Braunschweig 45 km, Magdeburg 122 km, Berlin 257 km — ICE IC/EC Wolfsburg 34', Braunschweig 35' — Sehnde 7 km, Peine 27 km 443 — 37 → 7 — 32 — 6 Hildesheim 15 km, Seesen 49 km — 33 Hildesheim 5 km, Braunschweig 48 km 1 — ICE IC/EC Göttingen 34'

Hameln 1 km, Höxter 58 km 83 — 217 Hameln 2 km, Paderborn 66 km — 456 — 442 Salzhemmendorf 7 km — Hameln 30 km, Paderborn 94 km 1 — 3 Alfeld (Leine) 18 km, Göttingen 81 km — IC/EC Alfeld (Leine) 13'

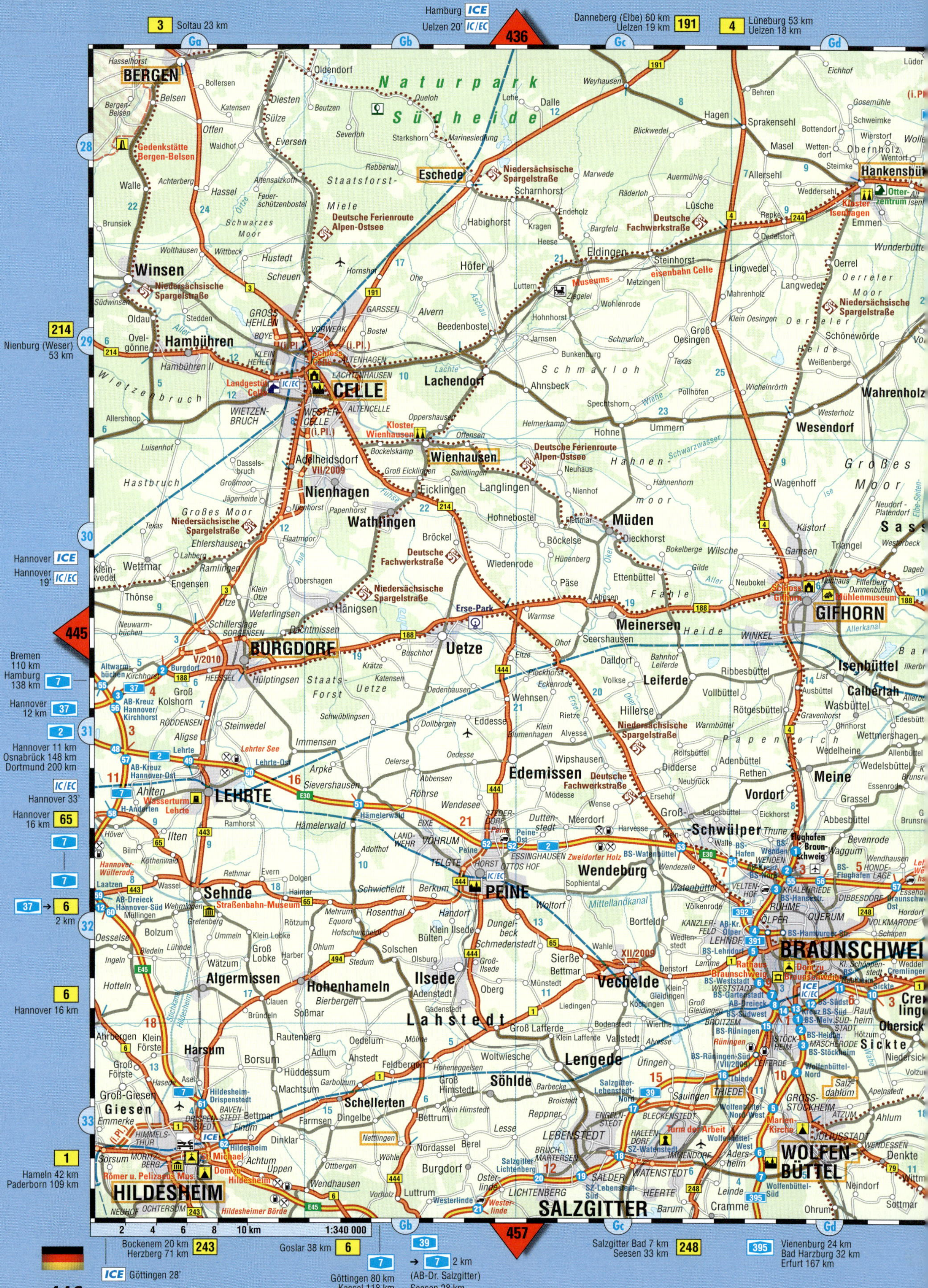
3 Soltau 23 km
Hamburg ICE
Uelzen 20' IC/EC
436
Danneberg (Elbe) 60 km
Uelzen 19 km 191
4 Lüneburg 53 km
Uelzen 18 km
214
Nienburg (Weser) 53 km
Hannover ICE
Hannover 19' IC/EC
445
Bremen 110 km
Hamburg 138 km 7
Hannover 12 km 37
2
Hannover 11 km
Osnabrück 148 km
Dortmund 200 km
IC/EC
Hannover 33'
Hannover 16 km 65
7
7
37 → 6
2 km
6
Hannover 16 km
1
Hameln 42 km
Paderborn 109 km
Bockenem 20 km
Herzberg 71 km 243
ICE Göttingen 28'
Goslar 38 km 6
7
Göttingen 80 km
Kassel 118 km
Fulda 220 km
39
→ 7 2 km
(AB-Dr. Salzgitter)
Seesen 28 km
Kassel 117 km
457
Salzgitter Bad 7 km
Seesen 33 km 248
395 Vienenburg 24 km
Bad Harzburg 32 km
Erfurt 167 km
2 4 6 8 10 km 1:340 000
Naturpark Südheide
BERGEN
Winsen
Hambühren
CELLE
Eschede
Lachendorf
Wienhausen
Nienhagen
Wathlingen
Müden
Meinersen
GIFHORN
Wesendorf
Wahrenholz
Hankensbüttel
BURGDORF
Uetze
Leiferde
Isenbüttel
Calberlah
Meine
Edemissen
LEHRTE
Sehnde
PEINE
Wendeburg
Vechelde
BRAUNSCHWEIG
Ilsede
Lahstedt
Hohenhameln
Algermissen
Harsum
Giesen
HILDESHEIM
Schellerten
Söhlde
Lengede
SALZGITTER
WOLFENBÜTTEL
Cremlingen
Sickte

Dannenberg (Elbe) 35 km
Salzwedel 6 km
248

437

71 Uelzen 51 km
Salzwedel 8 km

IC/EC Hamburg
Salzwedel
ICE Hamburg Hbf.

lzen 19 km

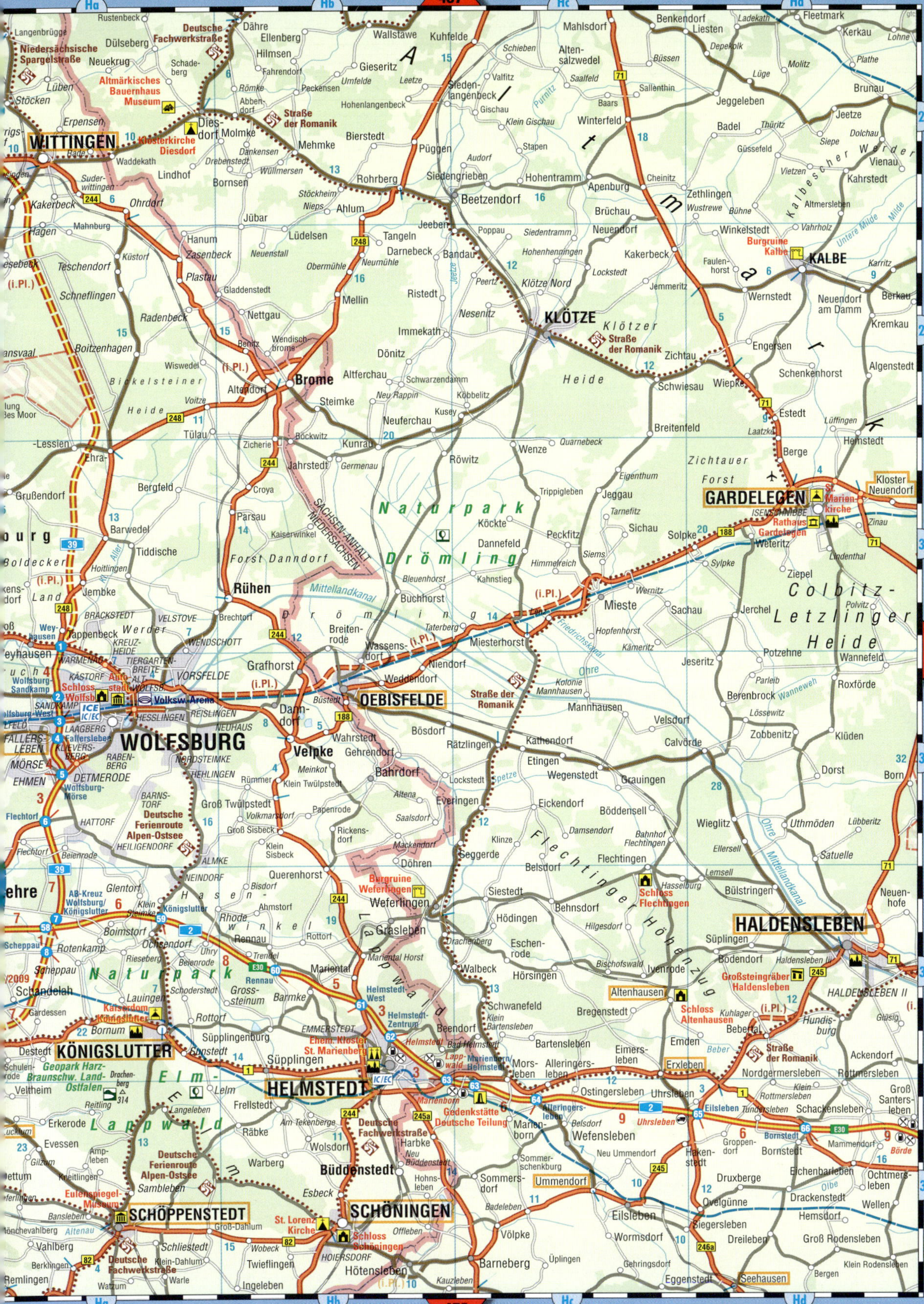

Berlin-Spandau
ICE
Stendal
Potsdam
IC/EC

28 Stendal 38 km

Stendal 28'
IC/EC
Berlin-Spandau 49'
ICE
188
Stendal 31 km

71
Haldensleben 25 km

448

71
Gardelegen 15 km

71 Magdeburg 23 km
Bernburg 69 km

Magdeburg 22 km
Potsdam 129 km
Berlin 162 km
2

1 Magdeburg 18 km
Brandenburg
100 km

IC/EC
Magdeburg 26'/45'

79
Halberstadt 38 km
Quedlinburg 52 km

82 Hornburg 8 km
Goslar 22 km

Jerxheim 4 km
Wernigerode 36 km 244

458

245 Halberstadt 27 km
Blankenburg 43 km

246a Wanzleben 8 km
Schönebeck 35 km

Wittenberge 23 km
Seehausen 11 km 189
IC/EC Wittenberge 32'
438
107 Havelberg 5 km
Sandau 1 km

Hamburg-Hbf.
ICE
Salzwedel 26'
Hamburg 1h 21'
IC/EC
Salzwedel 27 km

Gardelegen 7 km
Wolfsburg 64 km
188
IC/EC ICE
Wolfsburg 25'
Hannover 1h
71
Gardelegen 8 km
Salzwedel 48 km
447
Haldensleben
12 km
71
Haldensleben 5 km
71
Helmstedt 36 km
Braunschweig 79 km
Hannover 135 km
2
1
Erxleben 18 km
IC/EC
Helmstedt 21'
Braunschweig 45'

2 4 6 8 10 km 1:340 000

14
Schönebeck 18 km
Bernburg 40 km
Halle (Saale) 82 km
71
Staßfurt 30 km
Bernburg 40 km
IC/EC ICE
Köthen 30'
Halle (Saale) 51'
Gommern 2 km
Zerbst 25 km 184
459
246a
Gommern 1 km
Schönebeck 11 km
Zerbst 16 km
246

102 Kyritz 25 km Neustadt (Dosse) 12 km — Kyritz 33 km Bückwitz 13 km 5 — IC/EC Hamburg Wittenberge — 439 — 24 Hamburg 225 km Schwerin 146 km Wittstock/Dosse 59 km — Wandlitz 26 km Oranienburg 10 km 273

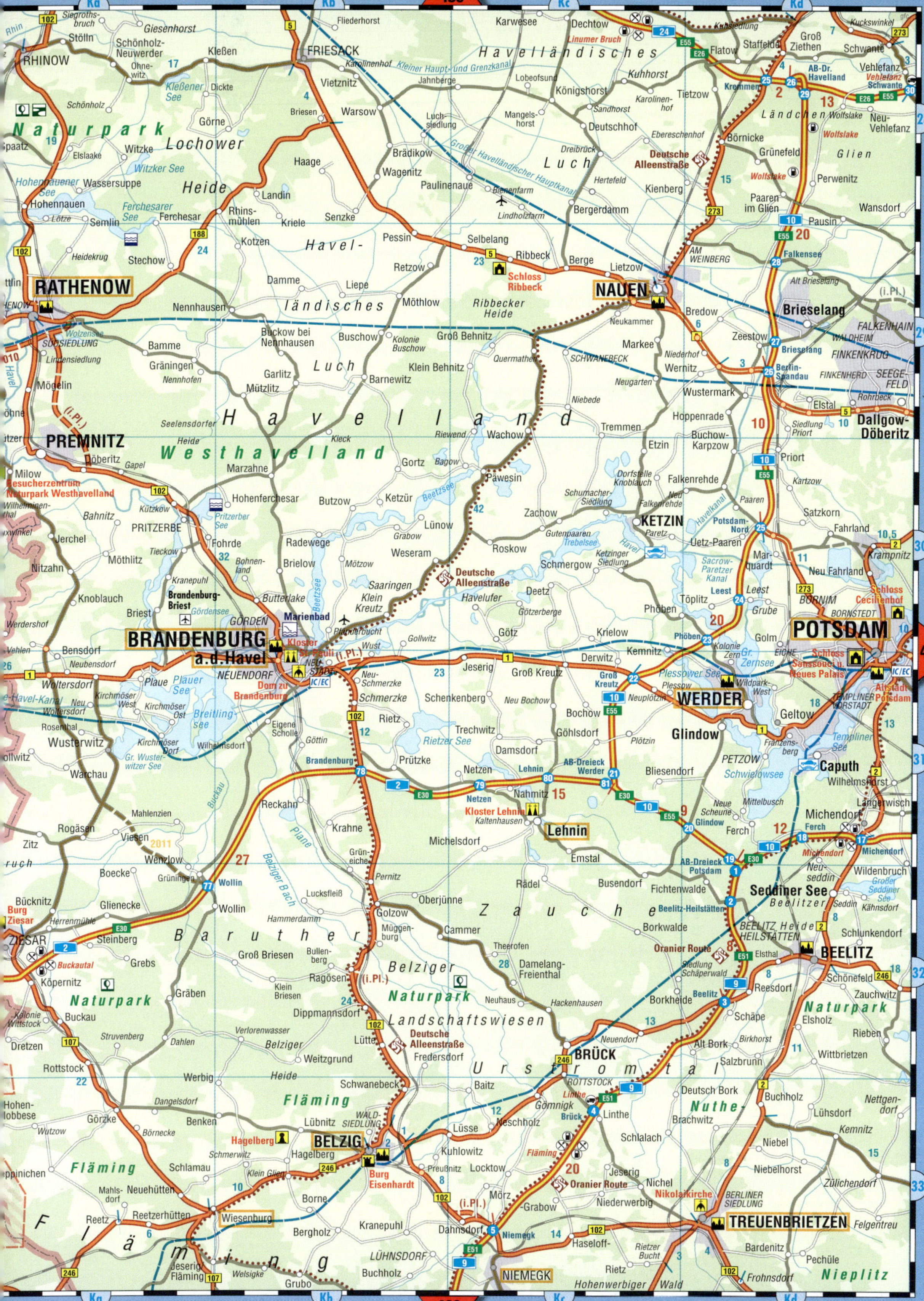

Ka — Kb — Kc — Kd

10 Oranienburg 18 km Berlin 35 km — 28

29 — IC/EC Berlin-Spandau

5 Berlin 24 km

ICE IC/EC Berlin-Spandau 34'

Berlin-Spandau 12 km 2 — 30

Berlin-Zehlendorf 9 km Berlin 30 km 1

450

IC/EC Berlin-Spandau

31 — IC/EC Berlin-Wannsee

10 Ludwigsfelde 11 km Berlin 32 km

32 — 246 Trebbin 14 km Zossen 32 km

33

246 Dobritz 9 km Zerbst 19 km — Dessau 1h 5' IC/EC — 107 Köselitz 14 km Coswig 21 km — 460 — 9 Dessau 42 km Leipzig 107 km — 2 Marzahna 6 km Lutherstadt Wittenberg 24 km — 102 Jüterbog 17 km Dahme 45 km

Oranienburg 20 km
Wandlitz 3 km **109**

Gransee 34 km
Löwenberg 20 km
Oranienburg 3 km **96**

Prenzlau 74 km
Wandlitz 1 km **109**

440

Prenzlau 80 km
Eberswalde 28 km
Finowfurt 16 km **11**

IC/EC Angermünde 48'
Schwedt 65 km
Eberswalde 20 km

Eberswalde 13 km **168**

AB-Dreieck Havelland 7 km **10**

Hamburg 1h 26' ICE
Wittenberge 1h IC/EC

ICE IC/EC
Wolfsburg 50'
Hannover 1h 25'

5 Falkensee 5 km
Nauen 19 km

Potsdam 10 km **2**

Potsdam 2 km
Brandenburg a.d. Havel 46 km **1**

449

IC/EC Potsdam 7'

10 AB-Dr. Werder 9 km
Magdeburg 104 km
Leipzig 140 km

246 Beelitz 7 km
Belzig 40 km

2 4 6 8 10 km 1:340 000

461

IC/EC ICE Lutherstadt Wittenberg 34'
Bitterfeld 49'

101 Jüterbog 6 km
Elsterwerda 80 km

115 Petkus 10 km
Jüterbog 28 km

IC/EC Dresden-Neustadt 1h 55'

96 Golssen 10 km
Luckau 26 km

13 Lübbenau 26 km
Cottbus 63 km
Dresden 122 km

IC/EC Lübben 54'
Lübbenau 1h 0'
Cottbus 1h 27'

Bad Freienwalde 12 km
167 Eberswalde 27 km
Bad Freienwalde 10 km
Wriezen 1 km
441
Debno (PL) 5 km
31
132 Witnica (PL) 11 km
Gorzów Wlkp. 36 km
22 Słońskie 4 km
Krzeszyce 20 km
Rzepin 25'
Poznan 2h 7'
Warszawa (PL) 4h 6'
IC/EC
2 Rzepin (PL) 8 km
Świebozin (PL) 64 km
87 Lübben 14 km
Luckau 32 km
462
168 Peitz 18 km
Cottbus 33 km
Guben 3 km 112
KOSTRZYN KÜSTRIN
Neuhardenberg
SEELOW
MÜNCHEBERG
FÜRSTENWALDE
FRANKFURT (Oder)
SŁUBICE DAMMVORSTADT
Bad Saarow-Pieskow
STORKOW
MÜLLROSE
BEESKOW
EISENHÜTTENSTADT
Neuzelle
BUCKOW
Waldsieversdorf
Naturpark Märkische Schweiz
Oderbruch
Berliner Urstromtal
Beeskower Platte
Lieberoser Hochfläche
Naturpark Schlaubetal
Biosphärenreservat Spreewald
Unterspreewald
Oder
Odra
Spree
Oder-Spree-Kanal
POLSKA
DEUTSCHLAND
Letschin
Golzow
Lebus
Briesen
Jacobsdorf
Pillgram
Biegen
Lindow
Storkow
Scharmützelsee
Schwielochsee
Friedland
Lieberose
Grunow
Kunersdorf
Ma
Mb
Mc
Md

A50 Zwolle 49 km Deventer 28 km Apeldoorn 21 km
N 348 Deventer 26 km Zutphen 10 km
N 314 Deventer 15 km Zutphen 6 km
N 319 Zutphen 18 km Vorden 9 km
Enschede 20 km
Ede 16 km Veenendaal 22 km Utrecht 57 km A12
Ede 16 km Scherpenzeel 30 km N 224
Utrecht 31'
N 225 Renkum 4 km Wageningen 10 km
N 52 Bemmel 10 km Nijmegen 16 km
N 325 Nijmegen 2 km
Nijmegen 15 km Arnhem 31 km N 271
A73 / A77 Nijmegen 35 km Arnhem 56 km 's-Hertogenbosch 65 km
Deurne 8 km Eindhoven 32 km N 270
N 277 Ysselsteyn 1 km Rips 11 km Zeeland 34 km
A67 Asten 20 km Eindhoven 42 km
A73 Venlo 5 km Tegelen 7 km
N 277 Maasbree 2 km Helden 6 km
464
40 Venlo (NL) 19 km
9 Hüls 2 km Krefeld 11 km
57 Meerbusch 20 km Neuss 26 km Düsseldorf 32 km
Nationaal Park Veluwezoom
Brummen
Ruurlo
Eibergen
Steenderen
Hengelo
Groenlo
Doesburg
Zelhem
RHEDEN
ARNHEM
Hummelo
Angerlo
Lichtenvoorde
DOETINCHEM
Wehl
Westervoort
Duiven
Huissen
Didam
Zevenaar
Aalten
Varsseveld
Bemmel
Gendt
Millingen a.d.Rijn
Gendringen
Dinxperlo
Ubbergen
EMMERICH
ISSEL-BURG
BOCHOLT
Groesbeek
Kranenburg
KLEVE
Bedburg-Hau
KALKAR
REES
Hamminkeln
Gennep
GOCH
Uedem
XANTEN
WESEL
Boxmeer
Weeze
Vierlingsbeek
KEVELAER
Sonsbeck
Alpen
VOERDE
VENRAY
Meerlo
Issum
RHEINBERG
GELDERN
KAMP-LINTFORT
Arcen
Horst
Rheurdt
NEUKIRCHEN-VLUYN
MOERS
STRAELEN
Kerken
Grubbenvorst
Sevenum
Velden
Wachtendonk
NEDERLAND
DEUTSCHLAND
Rhein
Maas
Reichswald
Bönninghardt
1:340.000

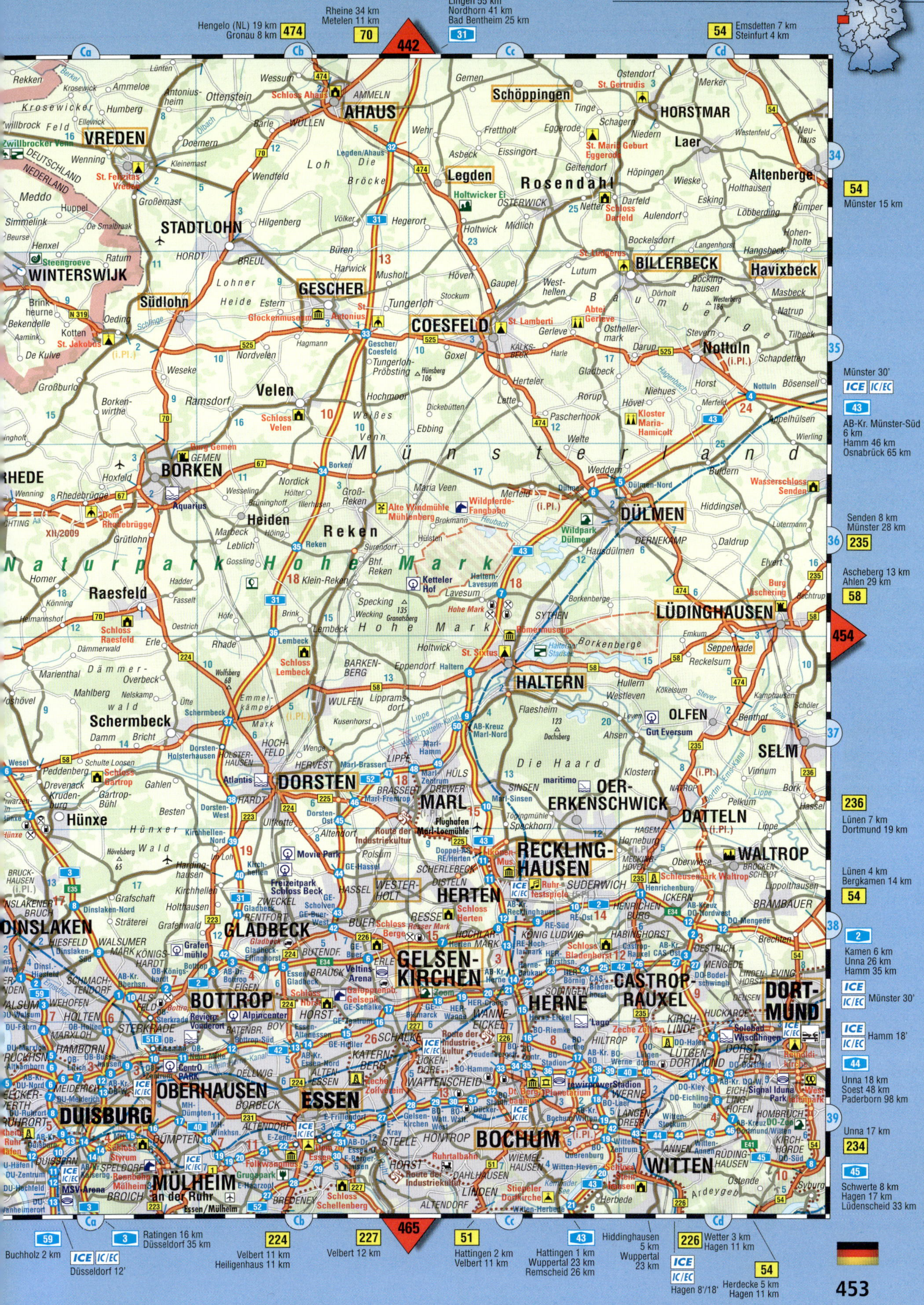
Hengelo (NL) 19 km
Gronau 8 km
474
Rheine 34 km
Meteln 11 km
70
442
Leer 145 km
Lingen 55 km
Nordhorn 41 km
Bad Bentheim 25 km
31
54
Emsdetten 7 km
Steinfurt 4 km
VREDEN
AHAUS
Schöppingen
HORSTMAR
Laer
Legden
Rosendahl
Altenberge
54
Münster 15 km
STADTLOHN
WINTERSWIJK
Südlohn
GESCHER
COESFELD
BILLERBECK
Havixbeck
Nottuln
Velen
Münster 30'
43
AB-Kr. Münster-Süd 6 km
Hamm 46 km
Osnabrück 65 km
BORKEN
RHEDE
Heiden
Reken
DÜLMEN
Münsterland
Naturpark Hohe Mark
Raesfeld
Senden 8 km
Münster 28 km
235
Ascheberg 13 km
Ahlen 29 km
58
LÜDINGHAUSEN
454
HALTERN
Schermbeck
OLFEN
SELM
DORSTEN
Hünxe
MARL
OER-ERKENSCHWICK
DATTELN
236
Lünen 7 km
Dortmund 19 km
RECKLINGHAUSEN
WALTROP
HERTEN
Lünen 4 km
Bergkamen 14 km
54
DINSLAKEN
GLADBECK
GELSENKIRCHEN
2
Kamen 6 km
Unna 26 km
Hamm 35 km
BOTTROP
HERNE
CASTROP-RAUXEL
DORTMUND
Münster 30'
Hamm 18'
OBERHAUSEN
ESSEN
44
Unna 18 km
Soest 48 km
Paderborn 98 km
DUISBURG
BOCHUM
WITTEN
Unna 17 km
234
MÜLHEIM an der Ruhr
45
Schwerte 8 km
Hagen 17 km
Lüdenscheid 33 km
59
Buchholz 2 km
Düsseldorf 12'
3
Ratingen 16 km
Düsseldorf 35 km
224
Velbert 11 km
Heiligenhaus 11 km
227
Velbert 12 km
465
51
Hattingen 2 km
Velbert 11 km
43
Hattingen 1 km
Wuppertal 23 km
Remscheid 26 km
Hiddinghausen 5 km
Wuppertal 23 km
226
Wetter 3 km
Hagen 11 km
Hagen 8'/18'
54
Herdecke 5 km
Hagen 11 km

Osnabrück 25' IC/EC ICE

Rheine 23' IC/EC
Ibbenbüren 21 km
Saerbeck 7 km 219 481 Rheine 24 km
Emsdetten 9 km

Bremen 149 km
Osnabrück 33 km
AB-Kr. Lotte/Osnabrück
1 22 km

443

Rheine 38 km
Emsdetten 26 km
475

Diepholz 71 km
Osnabrück 20 km
51 AB-Kr. Osnabrück Süd 19 km

Lengerich 34 km
Bad Iburg 15 km
68

54
Steinfurt 15 km
Rheine 33 km

Recklinghausen 29' IC/EC ICE
43
Dülmen 22 km
Recklinghausen 48 km
Herne 59 km

Lüdinghausen 6 km
Datteln 23 km
Castrop-Rauxel 35 km
235

Lüdinghausen 3 km
Haltern 22 km
Wesel 62 km
58

453

236
Lüdinghausen 16 km
Coesfeld 46 km

Waltrop 10 km
Bottrop 45 km
2

Dortmund 29' ICE IC/EC
Gelsenkirchen 32 km
Recklinghausen 32 km
Dortmund 18' ICE IC/EC
1
AB-Kr. DO-West 8 km
AB-Kr. Bochum 16 km
Castrop-Rauxel 21 km
Bochum 23 km
45
Hagen 8 km
Remscheid 38 km
Leverkusen 65 km
1
Hagen 27' ICE

2 4 6 8 10 km 1:340 000

466

45 Hagen 9 km
Lüdenscheid 34 km
Siegen 85 km
236 Altena 18 km
Plettenberg 45 km
Iserlohn 5 km 233
Hemer 5 km
Iserlohn 9 km
Hagen 29 km 7
515 Balve 14 km
Neuenrade 24 km
Werdohl 30 km
229 Sundern 11 km
Neuenrade 27 km
Werdohl 33 km
Arnsberg 3 km
Sundern 17 km
229 Arnsberg 3 km
46 Arnsberg 3 km
Meschede 22 km
Brilon 41 km

Hannover 1h 1' ICE
Minden 18' IC/EC
Bad Oeynhausen 18' IC/EC

Espelkamp 33 km
Lübbecke 24 km
Löhne 8 km 239

444

2 Hannover 78 km
Minden 27 km
AB-Kr. Bad Oeynhausen 11 km

238 Bad Oeynhausen 19 km
Rinteln 17 km
Vlotho 15 km

Melle 13 km

34

66 Barntrup 4 km
Hameln 26 km
Hildesheim 73 km

35

1 Blomberg 2 km
Hameln 31 km
Hildesheim 78 km

239 Steinheim 7 km
Schieder-Schwalenberg 13 km
Höxter 36 km

36

456

37

64 Brakel 15 km
Beverungen 39 km
Höxter 35 km

38

ICE IC/EC Warburg 22'

7 Warburg 8 km
Vellmar 36 km
Kassel 37 km

39

44 Warburg 11 km
Kassel 40 km

55 Meschede 9 km
Schmallenberg 42 km
Lehnestadt 64 km

Brilon 3 km
Olsberg 15 km
Bad Berleburg 60 km 480

467

7 Brilon 14 km
Olsberg 25 km
Meschede 33 km

Bad Arolsen 5 km
Korbach 25 km
Frankenberg 55 km 252

Rinteln 25 km
Hessisch Oldendorf 10 km 83
Hannover 41 km
Springe 15 km 217
445
Hildesheim 17 km 1
Elze 2 km 3
Hannover 32 km
Pattensen 18 km
IC/EC Hannover 1h 7

66 Dörentrup 4 km
Lemgo 14 km
1 Horn-Bad Meinberg 10 km
Paderborn 38 km
239 Horn-Bad Meinberg 7 km
Detmold 16 km
455
64 Bad Driburg 3 km
Paderborn 25 km
IC/EC ICE Altenbeken 26'
Paderborn 35'
7 Marsberg 18 km
Brilon 40 km
44 Diemelstadt 4 km
Paderborn 47 km
Dortmund 118 km
44 Kassel 33 km
Bad Hersfeld 95 km
Calden 2 km
Kassel 15 km 7
83 Espenau 5 km
Kassel 13 km
468
IC/EC ICE Kassel-Wilhelmshöhe 31'
Vellmar 21 km
Kassel 25 km 3
80 Witzenhausen 18 km
Heiligenstadt 41 km
IC/EC ICE Kassel Wilhelmshöhe 20'
7 Kassel 35 km
Bad Hersfeld 90 km
Würzburg 245 km

Hamburg 185 km
Hannover 45 km
Hildesheim 15 km
7

Wolfsburg 73 km
Braunschweig 33 km
Salzgitter 10 km
39

Hildesheim 5 km
243

Hannover 40 km
Hildesheim 13 km
6

446

Braunschweig 19 km 248

Wolfsburg 57 km
Braunschweig 19 km
Wolfenbüttel 10 km
395

6
Wernigerode 15 km
Blankenburg 27 km
Wernigerode 14 km

Semmenstedt 5 km
Schöppenstedt 14 km
82

458

27
Elbingerode 14 km
Blankenburg 31 km

4 / 242
Hasselfelde 18 km
Nordhausen 30 km

243
Nordhausen 12 km
Berga 28 km

38
Nordhausen 11 km
Sangerhausen 48 km

38 Friedland 1 km
27 Witzenhausen 11 km
Eschwege 35 km

Heiligenstadt 6 km

469

247 Leinefelde 5 km
Dingelstädt 14 km

80 Heiligenstadt 31 km
Witzenhausen 54 km

Braunschweig 25 km
Salzgitter 24 km
Wolfenbüttel 13 km 79

82 Helmstedt 31 km
Schöningen 22 km
Schöppenstedt 7 km

244 Helmstedt 15 km
Schöningen 4 km

447

245 Haldensleben 39 km
Helmstedt 16 km

246a Haldensleben 30 km
Seehausen 1 km

82
Hornburg 6 km
Salzgitter 36 km

6
Vienenburg 10 km
Goslar 19 km

Bad Harzburg 7 km

457

27
Braunlage 3 km
Bad Lauterberg
19 km

4 / 242
Braunlage 6 km
Bad Harzburg
23 km
Clausthal-Zellerfeld
31 km

243
Bad Lauterberg
21 km
Herzberg 28 km

38
Bleicherode 3 km

4 Sondershausen 7 km
Straußfurt 36 km
Erfurt 64 km

470

85 Bad Frankenhausen 8 km
Weimar 59 km

86 Artern 4 km
Straußfurt 39 km

Berlin 154 km
Braunschweig 87 km
14

Haldensleben 27 km
Magdeburg 5 km
71 ICE IC/EC Magdeburg 28'

Haldensleben 39 km
Magdeburg 16 km
184

448

Burg 28 km
Möckern 12 km
246a

187a
Hundeluft 8 km
Coswig 21 km
Lutherstadt Wittenberg 33 km

IC/EC
Potsdam 1h 03'

184
Wolfen 25 km
Bitterfeld 30 km

185
Oranienbaum 14 km
Lutherstadt Wittenberg 38 km

IC/EC
Bitterfeld 19'

Coswig 24 km
Potsdam 116 km
Berlin 132 km
9

460

183
Bitterfeld 7 km
Bad Düben 30 km

Bitterfeld 9 km
Delitzsch 12 km
Gräfenhainichen 36 km
100

ICE IC/EC
Bitterfeld 14'/18'

Leipzig Flughafen 11'/14'
ICE IC/EC
Leipzig 20 km
Dresden 125 km
Bautzen 183 km
14

IC/EC Leipzig 25'

6
Lützschena-Stahmeln 6 km
Leipzig 15 km

180 Querfurt 2 km
Naumburg 35 km

471

38
Merseburg 10 km
Weißenfels 23 km
Leipzig 58 km

91
Merseburg 5 km
Weißenfels 21 km
IC/EC Weißenfels 10'
Naumburg 34'
ICE Naumburg 28'

Gera 77 km
Jena 77 km
Hof 151 km
9

Loburg 18 km 246 · Belzig 22 km 246 · IC/EC Potsdam · 107 Genthin 52 km, Wiesenburg 5 km · 449 · Ludwigsfelde 62 km, Potsdam 56 km 9 · Potsdam 43 km, Treuenbrietzen 5 km 2 · Brandenburg 67 km, Treuenbrietzen 5 km 102

187a Zerbst 13 km, Köthen 41 km, Magdeburg 59 km

Dessau IC/EC

187 Zerbst 14 km, Magdeburg 60 km

184

185 Köthen 20 km, Bernburg 38 km

Dessau IC/EC

Leipzig 60 km, Gera 121 km, Bayreuth 234 km 9

459

183 Zorbig 6 km, Köthen 27 km

Halle/S. 19 km 100

ICE IC/EC Halle/S. 20'

9 Dessau 40 km

Halle/S. 24 km, Magdeburg 108 km 14

ICE IC/EC Halle/S. 14'

6 Halle/S. 19 km, Quedlinburg 88 km

186 Markranstädt 10 km · 6 Leipzig 6 km · IC/EC ICE Leipzig 12' · 2 IC/EC Leipzig Leipzig 5 km · 87 Leipzig 5 km · 14 Leipzig 5 km, Grimma 26 km, Dresden 111 km · 472 · Grimma 14 km, Chemnitz 85 km 107 · 6 Oschatz 29 km, Meißen 60 km, Dresden 84 km

Berlin-Südkreuz 34' ICE IC/EC

101 Luckenwalde 7 km Ludwigsfelde 38 km

Baruth 1 km 115

Berlin 56 km Zossen 21 km 96

IC/EC Berlin

Berlin IC/EC

13 Berlin 67 km Schönefelder Kreuz 35 km Teupitz 14 km

450

Lübben Cottbus IC/EC

115 Lübben 8 km Cottbus 51 km

Lübben 6 km Frankfurt (Oder) 73 km 87

13 Lübbenau 10 km Cottbus 43 km

462

96 Lieskau 4 km Großräschen 20 km

169 Ruhland 8 km Senftenberg 21 km

13 Ruhland 10 km Großräschen 30 km Lübbenau 56 km

Riesa 7 km 182

169 Riesa 7 km Döbeln 36 km

473

Dresden IC/EC

101 Großenhain 5 km Meißen 21 km

Radeburg 13 km Flughafen Dresden 24 km Dresden 32 km 13

Königs Wusterhausen 50 km
Kuschkow 10 km 179
87 Frankfurt (Oder) 56 km
Beeskow 24 km
451
168 Fürstenwalde 48 km
Beeskow 22 km

Berlin 54' IC/EC
34
115
Golssen 15 km
Jüterbog 62 km
Luckau 12 km
Torgau 75 km
87
13
Berstetal 2 km
Schönefelder
Kreuz 50 km
Berlin 77 km
35
36
461
96
37
Finsterwalde 7 km
Luckau 36 km
38
169
Lauchhammer 7 km
Elsterwerda 20 km
13
39
Großenhain 23 km
Dresden 37 km
Chemnitz 110 km

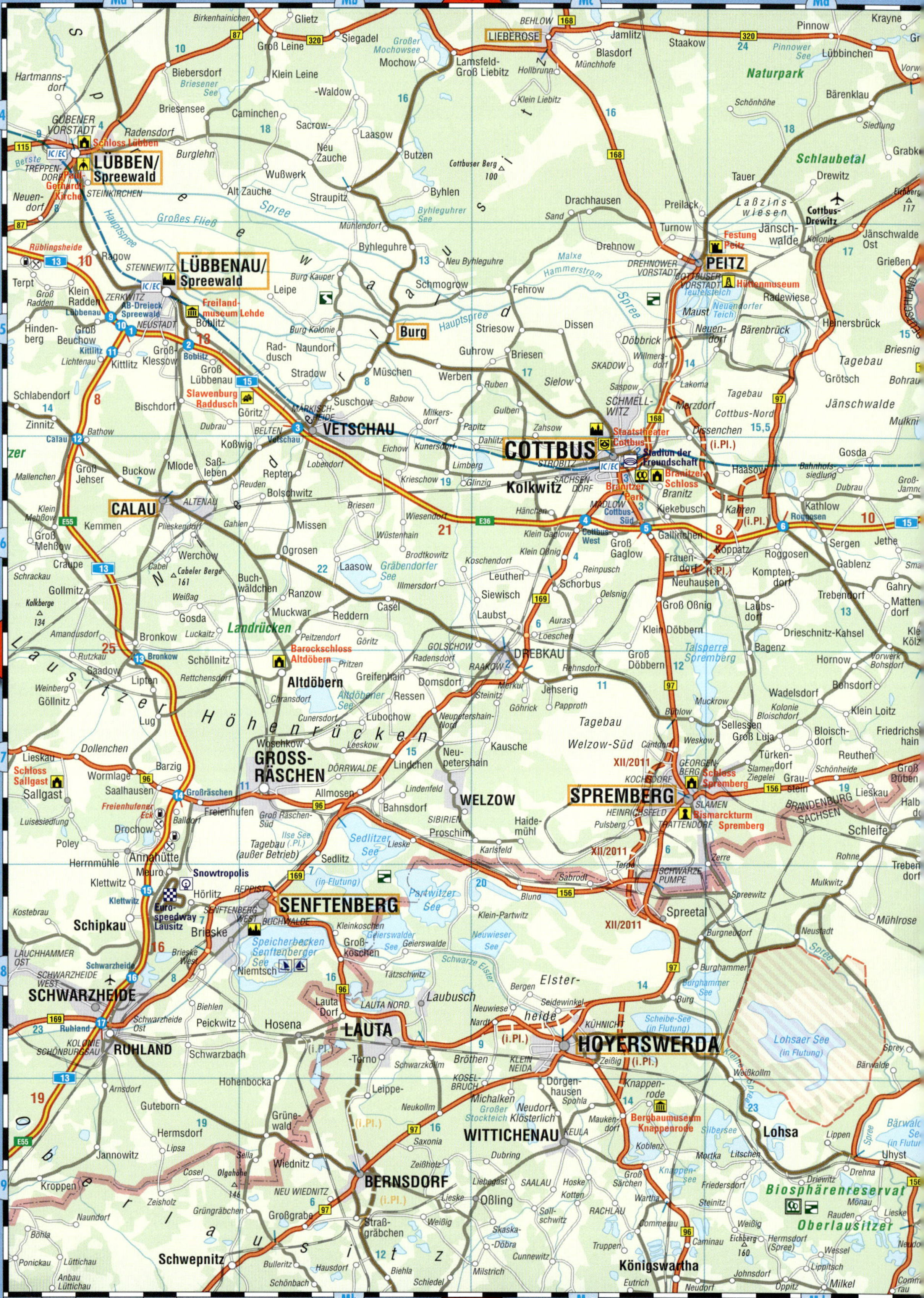

2 4 6 8 10 km 1:340 000
Mb
474
Mc
Md
97 Königsbrück 8 km
Dresden 33 km
96 Neschwitz 5 km
Bautzen 15 km
Bautzen 15 km 156

112 Frankfurt (Oder) 52 km
Eisenhüttenstadt 24 km

32 Krosno Odrzańskie 23 km
Brózka 18 km

288 Krosno Odrzańskie 13 km

27 Zielona Góra 7 km

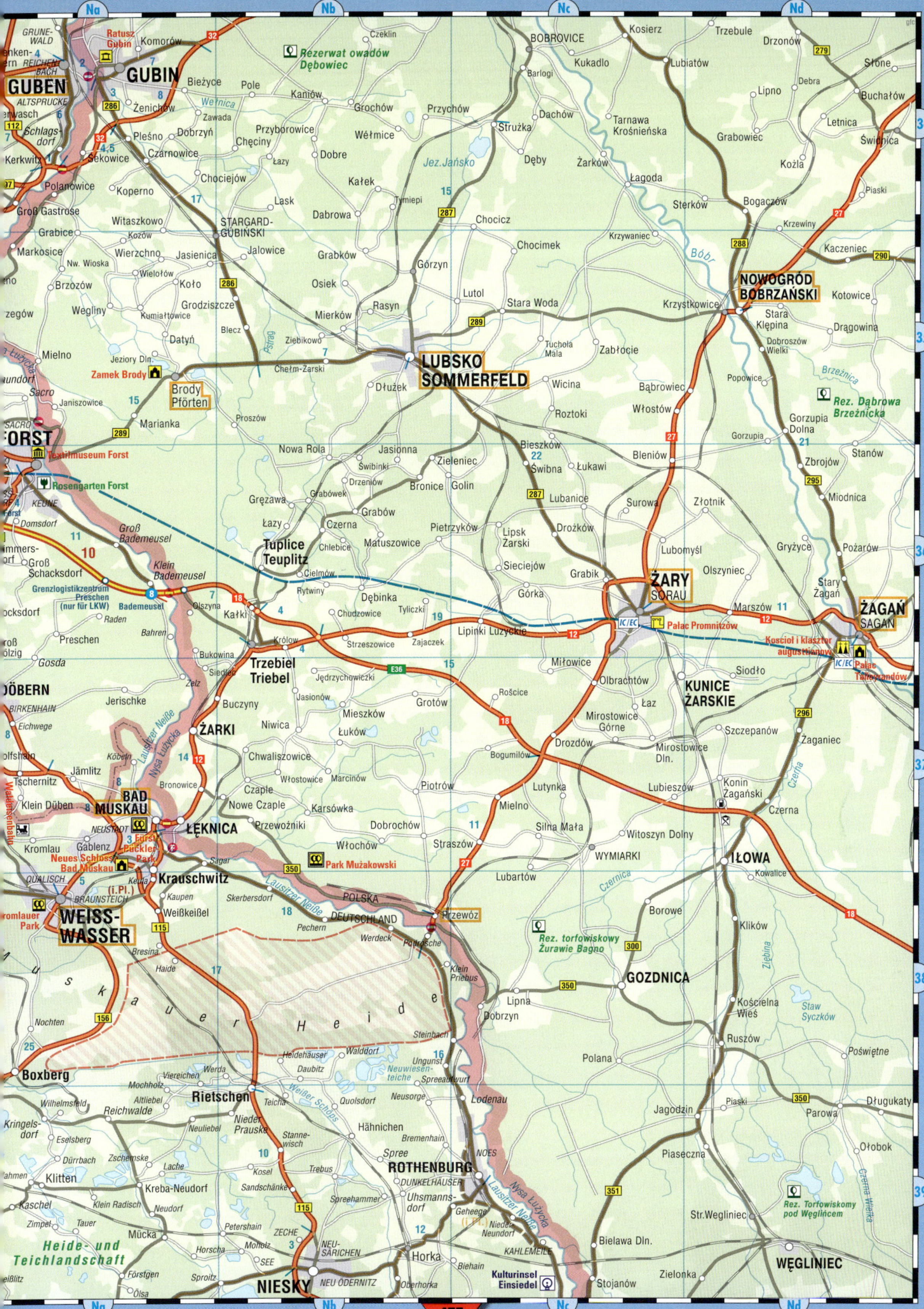

Szprotawa 14 km
Przemków 32 km
Głogów 60 km
12

IC/EC
Legnica 1h 25'
Wrocław 2h 43'
Kraków 6h 20'

Golnice 18 km
Bolesławiec 30 km
18

115 Görlitz 19 km
Zgorzelec (PL) 20 km

475

Görlitz 21 km

N277 Uden 59 km Ysselsteyn 14 km
Nijmegen 65 km Venray 23 km Horst 11 km A73
Boxmeer 44 km Arcen 12 km N271
58 Geldern 20 km Kevelaer 25 km Straelen 17 km
452
40 Essen 53 km Duisburg 35 km AB-Kr. Moers 21 km
9 Geldern 22 km Kerken 8 km
57 Goch 57 km Kamp-Lintfort 14 km AB-Kr. Moers 4 km
A67 Helmond 24 km Eindhoven 37 km
N275 Heythuysen 13 km Weert 20 km
Weert 16 km Maaseik 19 km N273
N280 Weert 17 km Eindhoven 45 km
Sittard 15 km N271
Voerendaal 1 km Maastricht 21 km Geleen 18 km
A76
N278 Maastricht 23 km Hasselt (B) 58 km Liège (B) 55 km
Thimister-Clermont 10 km Liège 33 km Eijsden 33 km
N3 Liège-Guillemins 43' Brussel/Bruxelles 1h 35'
THA ICE
N68 Eupen 7 km Monschau 27 km
A3 Eupen 8 km Liège 43 km
258 Roetgen 7 km Monschau 20 km
399 Simmerath 16 km Monschau 24 km Schleiden 35 km
476
Zülpich 5 km Euskirchen 15 km 56
265 Zülpich 2 km Schleiden 27 km Prüm 75 km
56n Euskirchen 10 km
0 2 4 6 8 10 km 1:340 000
Maasbree
VENLO
KEMPEN
Grefrath
KREFELD
Tegelen
NETTETAL
TÖNIS-VORST
Helden
Belfeld
Beesel
Neer
VIERSEN
WILLICH
MEERBUSCH
Haelen
Swalmen
Brüggen
Schwalmtal
KAARST
ROERMOND
Niederkrüchten
MÖNCHENGLADB.
KORSCHENBROICH
NEUSS
Melick
Herkenbosch
WEGBERG
Posterholt
WASSENBERG
Echt
Jüchen
ERKELENZ
GREVENBROICH
HEINSBERG
HÜCKELHOVEN
Rommerskirchen
SITTARD
Gangelt
GEILENKIRCHEN
LINNICH
BEDBURG
BRUNSSUM
Schinnen
Hoensbroek
ÜBACH-PALENBERG
BERGHEIM
LANDGRAAF
BAESWEILER
JÜLICH
Elsdorf
HEERLEN
KERKRADE
ALSDORF
Aldenhoven
Niederzier
KERPEN
HERZOGENRATH
Inden
WÜRSELEN
Langerwehe
Merzenich
ESCHWEILER
AACHEN
DÜREN
Nörvenich
Vaals
STOLBERG
Kreuzau
Vettweiß
Kelmis
Naturpark Maas-Schwalm-Nette
Hürtgenwald

IC/EC ICE Duisburg 8'
AB-Kr. Duisburg-Nord 8 km
Duisburg 3 km
8 59 3
Arnhem (NL) 100 km
Wesel 37 km
Duisburg 3 km
1 Essen 12 km
Mülheim a.d.R. 3 km
Dortmund 49 km
Bochum 21 km
Essen 8 km
52
Gelsenkirchen 23 km
Essen 8 km
227
224 Bottrop 18 km
Essen 6 km
453
Herne 17 km
Bochum 10 km
51
AB-Kr. Münster-Süd 80 km
Recklinghausen 24 km
AB-Kr. Bochum/Witten 5 km
43
Dortmund 19' ICE IC/EC
Witten 3 km
226
Dortmund 13 km
AB-Kr. Dortmund-Süd 5 km
54 Hamm 27' ICE

1 Unna 23 km
Münster 72 km
7 Holthausen 4 km
Iserlohn 18 km
54 Schalksmühle 19 km
Lüdenscheid 28 km
229 Lüdenscheid 13 km
Arnsberg 66 km
Meinerzhagen 12 km
Attendorn 34 km
237
256 Gummersbach 11 km
Waldbröl 43 km
466
Bergneustadt 16 km
Lennestadt 53 km
Kreuztal 53 km
55
4 AB-Kr. Olpe-Süd 25 km
Siegen 45 km
478 Waldbröl 10 km
Wiehl 27 km
Siegen 56 km

1 Euskirchen 7 km
Mechernich 23 km
Bad Münstereifel 25 km
61 AB-Kr. Meckenheim 17 km
Bad Neuenahr-Ahrweiler 28 km
Koblenz 79 km
Euskirchen 23 km
56
565 AB-Kr. Meckenheim 20 km
Bad Neuenahr-Ahrweiler 31 km
Koblenz 82 km
9 Remagen 18 km
Andernach 38 km
Koblenz 55 km
Koblenz 30' ICE IC/EC
477
42 Königswinter 4 km
Koblenz 59 km
Wiesbaden 150 km
3 Montabaur 56 km
Limburg 76 km
Frankfurt a.M. 155 km
ICE Frankfurt a.M. 1h 1'
8 Altenkirchen 19 km

Wickede 15 km
Fröndenberg 13 km
Menden 3 km
7
Unna 17 km
Menden 3 km
515

Münster 73 km
Bochum 28 km
Dortmund 14 km
45
236
Dortmund 15 km
Schwerte 5 km

233
Unna 18 km
Fröndenberg 14 km
Schwerte 12 km

454

Dortmund 51 km
Hamm 38 km
AB-Kr. Werl 21 km
46
229
Soest 20 km
Möhnesee 13 km

54
Wetter 11 km
Dortmund 20 km
Lünen 38 km

229
Radevormwald 11 km
Remscheid 25 km
Solingen 36 km

237
Wipperfürth 10 km
Wermelskirchen 25 km
Remscheid 29 km

465

Overath 19 km
Bergisch Gladbach 35 km
Siegburg 38 km
55
4
Köln 44 km
Düsseldorf 80 km
Aachen 115 km

478
Neunkirchen 18 km
Hennef 28 km
Siegburg 34 km

256
Altenkirchen 6 km
Neuwied 46 km
Koblenz 65 km

Hachenburg 8 km

478

54
Westerburg 26 km
Hadamar 34 km
Limburg 43 km

Wetzlar 25 km
Gießen 39 km
Frankfurt a.M. 95 km
45

55 Paderborn 51 km Rüthen 15 km Warstein 3 km

480 Paderborn 45 km Wünnenberg 16 km Rüthen 14 km

455

7 Warburg 32 km Diemelstadt 23 km Marsberg 7 km

252 Paderborn 48 km Diemelstadt 8 km

40 450 Wolfhagen 10 km Kassel 37 km Fritzlar 38 km

251 Naumburg 11 km Wolfhagen 13 km Kassel 37 km

41 485 Waldeck 7 km Bad Wildungen 21 km Fritzlar 31 km

42 Bad Wildungen 6 km Fritzlar 20 km Kassel 50 km 253

468

43

3 Schwalmstadt 15 km Bad Wildungen 28 km Homberg 31 km

44

Schwalmstadt 17 km Homberg 40 km Fritzlar 50 km 454

IC/EC Kassel-Bad Wilhelmshöhe 1h 4'

45

62 Alsfeld 17 km Lauterbach 34 km Bad Hersfeld 50 km

277 Herborn 5 km Wetzlar 28 km Gießen 45 km

255 Herborn 20 km Montabaur 72 km

479

IC/EC Gießen 15'

3 → 485 14 km Gießen 20 km

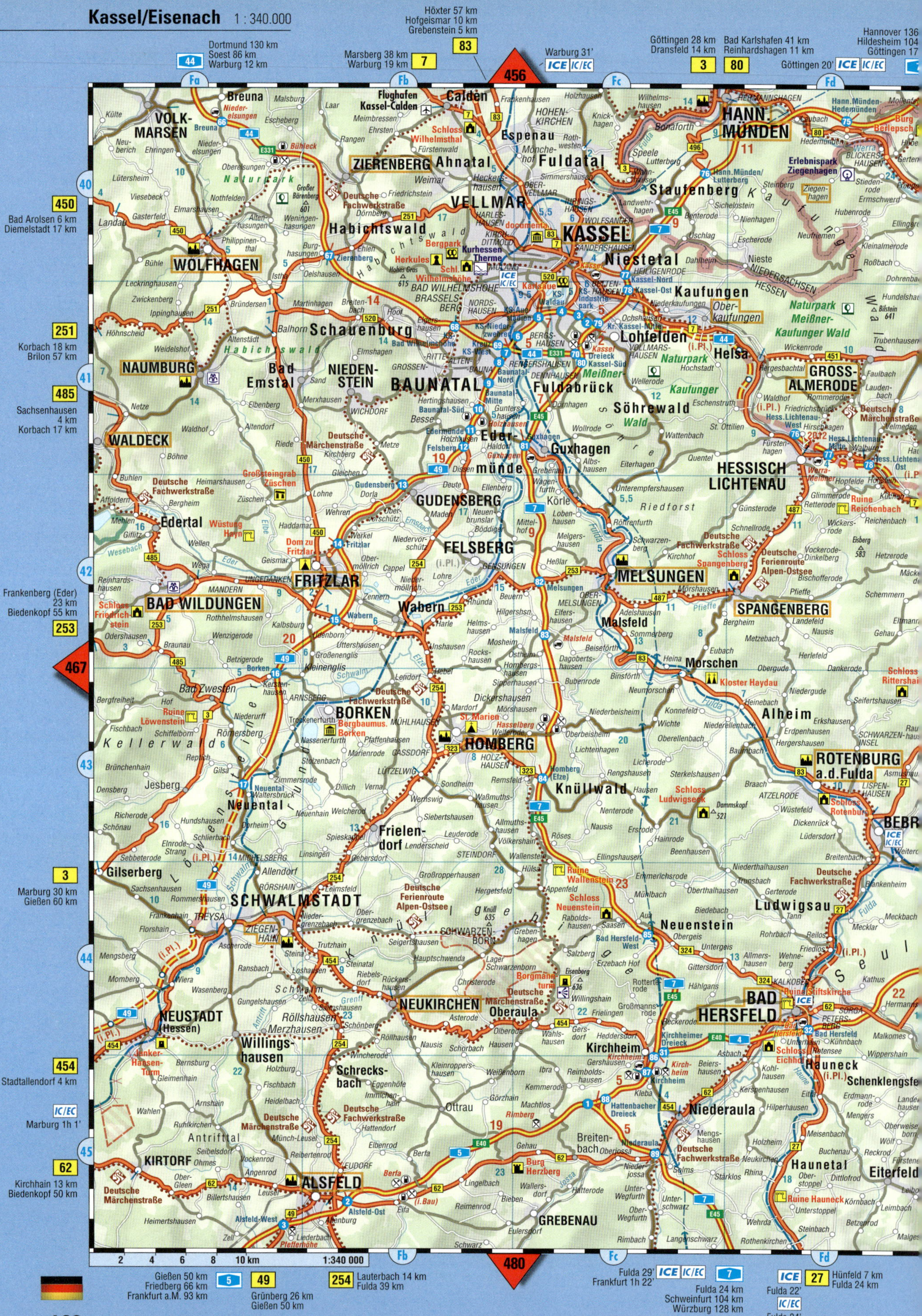
Dortmund 130 km
Soest 86 km
Warburg 12 km
44
Marsberg 38 km
Warburg 19 km
7
Höxter 57 km
Hofgeismar 10 km
Grebenstein 5 km
83
456
Warburg 31'
Göttingen 28 km
Dransfeld 14 km
3
Bad Karlshafen 41 km
Reinhardshagen 11 km
80
Göttingen 20'
Hannover 136
Hildesheim 104
Göttingen 17
450
Bad Arolsen 6 km
Diemelstadt 17 km
251
Korbach 18 km
Brilon 57 km
485
Sachsenhausen 4 km
Korbach 17 km
Frankenberg (Eder) 23 km
Biedenkopf 55 km
253
467
3
Marburg 30 km
Gießen 60 km
454
Stadtallendorf 4 km
Marburg 1h 1'
62
Kirchhain 13 km
Biedenkopf 50 km
Gießen 50 km
Friedberg 66 km
Frankfurt a.M. 93 km
5
49
Grünberg 26 km
Gießen 50 km
254
Lauterbach 14 km
Fulda 39 km
480
Fulda 29'
Frankfurt 1h 22'
7
Fulda 24 km
Schweinfurt 104 km
Würzburg 128 km
27
Hünfeld 7 km
Fulda 24 km
Fulda 22'
Fulda 24'
VOLKMARSEN
ZIERENBERG
VELLMAR
KASSEL
HANN. MÜNDEN
Fuldatal
Staufenberg
Niestetal
Kaufungen
Habichtswald
WOLFHAGEN
Schauenburg
Lohfelden
Helsa
NAUMBURG
Bad Emstal
NIEDENSTEIN
BAUNATAL
Fuldabrück
Söhrewald
GROSSALMERODE
WALDECK
Edermünde
Guxhagen
HESSISCH LICHTENAU
GUDENSBERG
Edertal
FELSBERG
FRITZLAR
MELSUNGEN
BAD WILDUNGEN
Wabern
SPANGENBERG
Malsfeld
Morschen
BORKEN
HOMBERG
Alheim
ROTENBURG a.d.Fulda
Neuental
Knüllwald
Frielendorf
Gilserberg
SCHWALMSTADT
Ludwigsau
Neuenstein
NEUKIRCHEN
Oberaula
BAD HERSFELD
NEUSTADT (Hessen)
Willingshausen
Kirchheim
Schrecksbach
Niederaula
Haunetal
Eiterfeld
KIRTORF
ALSFELD
GREBENAU
Antrifttal
Breitenbach
Schenklengsfeld
2 4 6 8 10 km 1:340 000

tingen 16 km
iedland 1 km
27
38 → 7 5 km
457
247 Duderstadt 16 km
Worbis 1 km
Sangerhausen 54 km
Nordhausen 17 km 80

Schlotheim 3 km
Sondershausen 24 km
249
Bad Langensalza 2 km
Gotha 22 km
Suhl 68 km
247
84
Bad Langensalza 3 km
Sondershausen 38 km
470
7
Gotha 8 km
Erfurt 33 km
ICE Gotha 17'
IC/EC Erfurt 30'
4
Gotha 13 km
Erfurt 37 km
Chemnitz 177 km
88
Ohrdruf 9 km
Ilmenau 35 km

84
Hünfeld 11 km
Fulda 29 km
278
Tann 10 km
Bad Neustadt a.d. Saale 58 km
285
Kaltennordheim 11 km
Mellrichstadt 42 km
481
19 Meiningen 19 km
Bad Neustadt a.d. Saale 50 km

4 Braunlage 46 km Nordhausen 13 km

458

85 Sangerhausen 30 km Berga 9 km

Hettstadt 38 km Lutherstadt Eisleben 29 km Sangerhausen 9 km 86

Helbedündorf 3 km

Mühlhausen 12 km Eschwege 45 km 249

Mühlhausen 17 km Dingelstädt 34 km Duderstadt 64 km 247

84

4 26 km Eisenach 29 km

469

Eisenach 24 km Hessisch Lichtenau 81 km 7

ICE IC/EC Eisenach 14'

4 Eisenach 25 km Bad Hersfeld 78 km Kassel 149 km

88 Friedrichroda 4 km Eisenach 31 km

Zella-Mehlis 8 km Suhl 17 km 247

71 Zella-Mehlis 10 km Suhl 13 km

4 Ilmenau 3 km Schleusingen 20 km Coburg 57 km

87 Ilmenau 4 km Schleusingen 36 km

482

Bad Blankenburg 4 km Saalfeld 7 km Ilmenau 35 km 88

IC/EC ICE Saalfeld 29'

Aschersleben 50 km
Lutherstadt Eisleben 18 km
180

Bad Lauchstädt 1 km
38

Lutherstadt Eisleben 37 km
HAL-Neustadt 18 km

Bernburg 54 km
Halle/S. 12 km
91

Halle/S. 10'/30'
IC/EC ICE

AB-Dr. Potsdam 124 km
Dessau 52 km
Halle/S. 27 km
9

459

181
Leipzig 13 km
Eilenburg 43 km

ICE Leipzig 32'

87
Markranstädt 3 km
Leipzig 15 km

38
AS Leipzig-Südwest 7 km

IC/EC Leipzig 35'

2
Groitzsch 14 km
Leipzig 42 km

472

180
Meuselwitz 8 km
Altenburg 21 km

4
Zwickau 36 km
Chemnitz 61 km

7
Ronneburg 1 km
Schmölln 13 km
Altenburg 26 km

175
Werdau 19 km
Zwickau 28 km

281
Saalfeld 16 km
Hildburghausen 79 km

483

9
Schleiz 14 km
Hof 63 km
Bayreuth 102 km

2
Schleiz 15 km
Hof 47 km

92
Greiz 5 km
Plauen 28 km

Halle 28 km · Leipzig Flghf. 10 km · Schkeuditz 8 km 6
Halle 25' · L-Flghf. 12' IC/EC ICE
Lutherst. Wittenberg 66 km 2 · ICE L-Wittenb. 31' · IC/EC Bitterfeld 20'
14 Berlin 192 km · Halle 47 km
87 Eilenburg 15 km · Taucha 3 km
460
107 Eilenburg 13 km
Halle 21 km · Schkeuditz 3 km 186
181 Merseburg 15 km
Naumburg 32' · Weimar 54' IC/EC ICE
87 Weißenfels 20 km · Weimar 86 km
38 · 9 8 km · Weißenfels 24 km · Merseburg 25 km
2 Zeitz 7 km · Gera 29 km · Schleiz 70 km
471
180 Zeitz 4 km · Naumburg 32 km · Querfurt 65 km
Gera 8 km · Hermsdorfer Kreuz 23 km · Jena 46 km 4
7 Gera 8 km · Jena 52 km
175 Weida 9 km · Saalfeld 62 km

2 4 6 8 10 km 1:340 000
Plauen 47' IC/EC
173 Reichenbach 10 km · Plauen 40 km
72 Plauen 39 km · Hof 67 km · Bayreuth 117 km
484
93 Schneeberg 12 km · Annaberg-Buchholz 45 km
169 Aue 10 km · Plauen 60 km

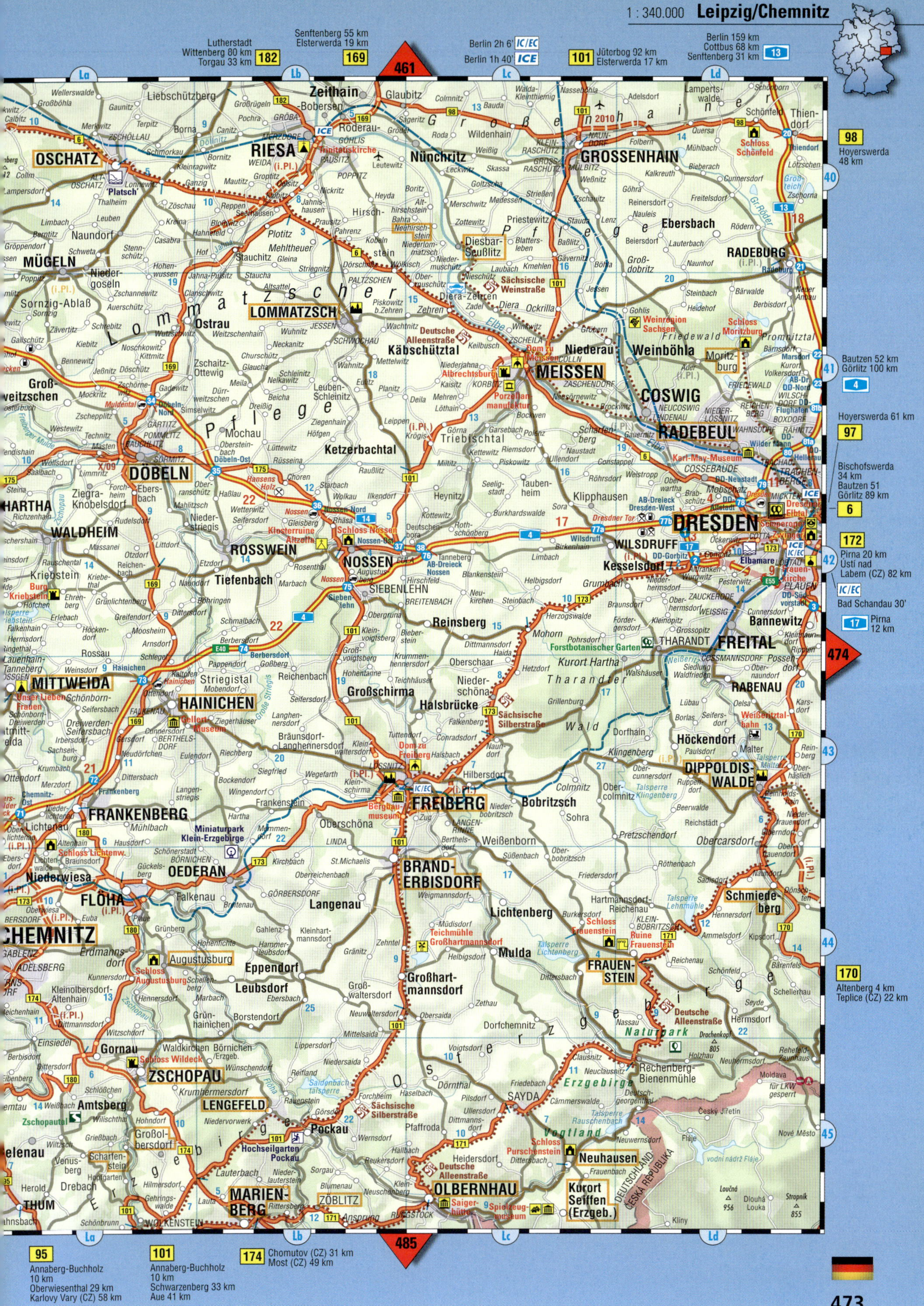
Lutherstadt Wittenberg 80 km Torgau 33 km 182
Senftenberg 55 km Elsterwerda 19 km 169
461
Berlin 2h 6' IC/EC
Berlin 1h 40' ICE
101 Jüterbog 92 km Elsterwerda 17 km
Berlin 159 km Cottbus 68 km Senftenberg 31 km 13
98 Hoyerswerda 48 km
Bautzen 52 km Görlitz 100 km 4
Hoyerswerda 61 km 97
Bischofswerda 34 km Bautzen 51 Görlitz 89 km 6
172 Pirna 20 km Ústí nad Labem (CZ) 82 km
IC/EC Bad Schandau 30'
17 Pirna 12 km
474
170 Altenberg 4 km Teplice (CZ) 22 km
485
95 Annaberg-Buchholz 10 km Oberwiesenthal 29 km Karlovy Vary (CZ) 58 km
101 Annaberg-Buchholz 10 km Schwarzenberg 33 km Aue 41 km
174 Chomutov (CZ) 31 km Most (CZ) 49 km
OSCHATZ
RIESA
Zeithain
Glaubitz
Nünchritz
GROSSENHAIN
Großer Rauhain
Schloss Schönfeld
MÜGELN
LOMMATZSCH
Lommatzscher Pflege
Ebersbach
RADEBURG
Diesbar-Seußlitz
Sächsische Weinstraße
Käbschütztal
MEISSEN
Weinböhla
Moritzburg
COSWIG
RADEBEUL
Karl-May-Museum
DÖBELN
Ketzerbachtal
HARTHA
WALDHEIM
ROSSWEIN
NOSSEN
Schloss Nossen
SIEBENLEHN
Tiefenbach
Klipphausen
WILSDRUFF
DRESDEN
Kesselsdorf
Reinsberg
Bannewitz
FREITAL
THARANDT
Forstbotanischer Garten
Tharandter Wald
MITTWEIDA
HAINICHEN
Striegistal
Großschirma
Halsbrücke
Sächsische Silberstraße
RABENAU
Höckendorf
DIPPOLDISWALDE
FRANKENBERG
FREIBERG
Bobritzsch
Miniaturpark Klein-Erzgebirge
OEDERAN
BRAND-ERBISDORF
Niederwiesa
FLÖHA
CHEMNITZ
Lichtenberg
Schmiedeberg
Augustusburg
Eppendorf
Leubsdorf
Großhartmannsdorf
Mulda
FRAUENSTEIN
Gornau
ZSCHOPAU
LENGEFELD
Amtsberg
Osterzgebirge
Erzgebirge
Rechenberg-Bienenmühle
Pockau
Neuhausen
MARIENBERG
OLBERNHAU
Kurort Seiffen (Erzgeb.)
Deutsche Alleenstraße
DEUTSCHLAND
ČESKÁ REPUBLIKA

97 Cottbus 73 km
Hoyerswerda 28 km
Bernsdorf 12 km

462

96 Senftenberg 45 km
Hoyerswerda 20 km

Spremberg 64 km
Weißwasser 37 km
156

98
Großenhain 15 km
Riesa 36 km

Radebeul 12 km
Meißen 35 km
Chemnitz 81 km
4

Meißen 24 km
Oschatz 54 km
Leipzig 109 km
6

Dresden 30'
IC/EC

473

170
Dippoldiswalde 16 km
Dresden 38 km

Osek 1 km
Litvínov 9 km
Most 20 km
27

R13
Bílina 11 km
Most 25 km
Chomutov 45 km

8
Lovosice 20 km
Terezín 25 km
Praha 84 km

D8
→ R63 0,5 km
Teplice 13 km

IC/EC
Praha 1h 15'

30 / 261
Lovosice 16 km
Kladno 78 km

Litoměřice 19 km
Lovosice 26 km
Most 57 km
15

Łęknica (PL) 35 km
Bad Muskau 33 km
Niesky 2 km
115

Niesky 9 km

463

Rothenburg 10 km

4
Czerna 4 km
Bolesławiec 19 km

Gryfów Śląski 14 km
Jelenia Góra 45 km
30

Świeradów Zdrój 9 km
Mirsk 11 km
Szklarska Poręba 29 km

Desná 11 km

14
Tanvald 4 km

Železný Brod 1 km
Szklarska Poręba (PL) 41 km
Jelenia Góra (PL) 59 km
10

Jičín 18 km
Hořice 40 km
Hradec Králové 64 km
35

Mělník 39 km
Neratovice 53 km
Praha 77 km
9

38
Doksy 5 km
Mladá Boleslav 30 km
Nymburk 59 km

Mnichovo Hradiště 8 km
Mladá Boleslav 21 km
Brandýs-Stará Boleslav 60 km
R10

Köln (D) 79 km
AB-Kr. Aachen (D) 16 km
Aachen (D) 16 km A3

Aachen 15 km
→ 44 8 km 258

Düren 18 km 399
Hürtgenwald 4 km

464

Jülich 31 km
→ 4 19 km
Düren 14 km 56

265 Köln 39 km
477 Kerpen 22 km

Liège 36 km
Namur 101 km
Brussel/Bruxelles 132 km
A3

N 61
Verviers 12 km
Liège 41 km

N 672
Verviers 13 km
Liège 40 km

A27
Liège 49 km
Maastricht (NL) 63 km
Brussel/Bruxelles 142 km

N68
Vielsalm 16 km
Trois-Ponts 28 km

N12
Wincrange 12 km
Bastogne (B) 30 km

N18
Wincrange 8 km
Bastogne (B) 26 km

Vianden (L) 8 km

Vianden (L) 17 km

486

51 Bitburg 4 km
Trier 33 km

257 Bitburg 5 km
Echternach (L) 25 km

N 7
Diekirch 15 km
Luxembourg 44 km

Mönchengladbach 74 km
Köln 33 km 61

Siegburg 21 km
Bonn 8 km 56

Flughafen Köln-Bonn 30 km
Bonn 6 km 565

Bonn 14' ICE IC/EC ICE

465

9 Köln 37 km
Bonn 8 km

Flughafen Köln-Bonn 25 km
42 Bonn 11 km

ICE Köln
Düsseldorf 82 km
3 Köln 42 km

8 Köln 52 km
Hennef 13 km

8 Altenkirchen 12 km
Limburg a.d. Lahn 65 km

Altenkirchen 23 km
Gummersbach 84 km 256

3 Montabaur 35 km
Limburg a.d. Lahn 55 km
Frankfurt a.M. 128 km

ICE Montabaur
Limburg
Frankfurt a.M.

Koblenz 14 km
Wiesbaden 104 km 42

Koblenz 10' ICE IC/EC

Koblenz 6 km
Mainz 98 km 9

Koblenz 6 km
Köln 109 km 48

478

ICE IC/EC Koblenz 36'

416 Koblenz 8 km

49 Koblenz 8 km
Montabaur 37 km

61 Bingen 52 km
Ludwigshafen 128 km
Speyer 139 km

327 Boppard 21 km
Koblenz 35 km

487

1 Trier 36 km
Saarbrücken 111 km
Kaiserslautern 131 km

49 Wittlich 8 km
Bitburg 44 km

ICE IC/EC Wittlich 13'

53 Traben-Trarbach 10 km
Bernkastel-Kues 32 km

421 Kirchberg 9 km
Idar-Oberstein 59 km

327 Morbach 29 km
Hermeskeil 59 km

256 Gummersbach 60 km Waldbröl 26 km

466

Siegen 28 km → 45 9 km 54

Köln 114 km Lüdenscheid 86 km Siegen 37 km

8 Köln 58 km Flughafen Köln-Bonn 47 km

Bad Honnef 29 km Bonn 47 km Düsseldorf 104 km 3 ICE Köln-Deutz 28'

256 Neuwied 22 km Mayen 47 km

Neuwied 5 km Remagen 30 km Königswinter 45 km 42

Andernach 11' IC/EC Bonn 30' ICE

Andernach 12 km Bonn 53 km 9

Mayen 29 km Köln 89 km Trier 123 km 48

477

Cochem 40 km 416 ICE IC/EC Cochem 35'

49 → 61 10 km Cochem 39 km

327 → 61 2 km

61 AB-Kr. Koblenz 18 km Koblenz 17 km Köln 117 km

327 → 61 4 km Koblenz 20 km

327 Bernkastel-Kues 54 km Hermeskeil 78 km

2 4 6 8 10 km 1:340 000

Bingen a.Rh. 24 km Mainz 51 km Ludwigshafen 99 km 61

Bad Kreuznach 26 km Mainz 42 km 9

Bingen 33' IC/EC Mainz 50' ICE

42 Rüdesheim a.Rh. 8 km Eltville 27 km

488

42 Oestrich-Winkel 7 km Rüdesheim a.Rh. 14 km

Mainz 10 km Kaiserslautern 84 km Ludwigshafen 84 km 643

ICE Mainz 10 IC/EC

7 Siegen 34 km Haiger 12 km

255 Marburg 28 km Gladenbach 9 km

Marburg 15' IC/EC

467

3 Kassel 99 km Marburg 8 km

5 Fulda 72 km Kassel 101 km Erfurt 169 km

49 Alsfeld 23 km Lauterbach 34 km

276 Schotten 7 km Bad Orb 64 km

455 Gedern 22 km Fulda 55 km

480

275 Schotten 27 km Fulda 68 km

457 Büdingen 4 km → 66 14 km

Schlüchtern 40 km Fulda 68 km Kassel 173 km 66

ICE IC/EC Fulda 40'

Aschaffenburg 34' ICE Aschaffenburg 16' IC/EC

671 Bischofsheim 8 km Mainz 10 km Darmstadt 17 km

Mainz 15' IC/EC

67 Rüsselsheim 10 km Mainz 22 km Mannheim 70 km

Mannheim 30' ICE IC/EC

5 Darmstadt 18 km Mannheim 64 km Heidelberg 76 km

ICE Darmstadt 15'

489

661 Egelsbach 10 km → 5 21 km Darmstadt 22 km Heidelberg 82 km

45 Darmstadt 34 km Erbach 50 km

3 Aschaffenburg 18 km Würzburg 97 km Nürnberg 203 km

45 Aschaffenburg 15 km Würzburg 94 km Nürnberg 200 km

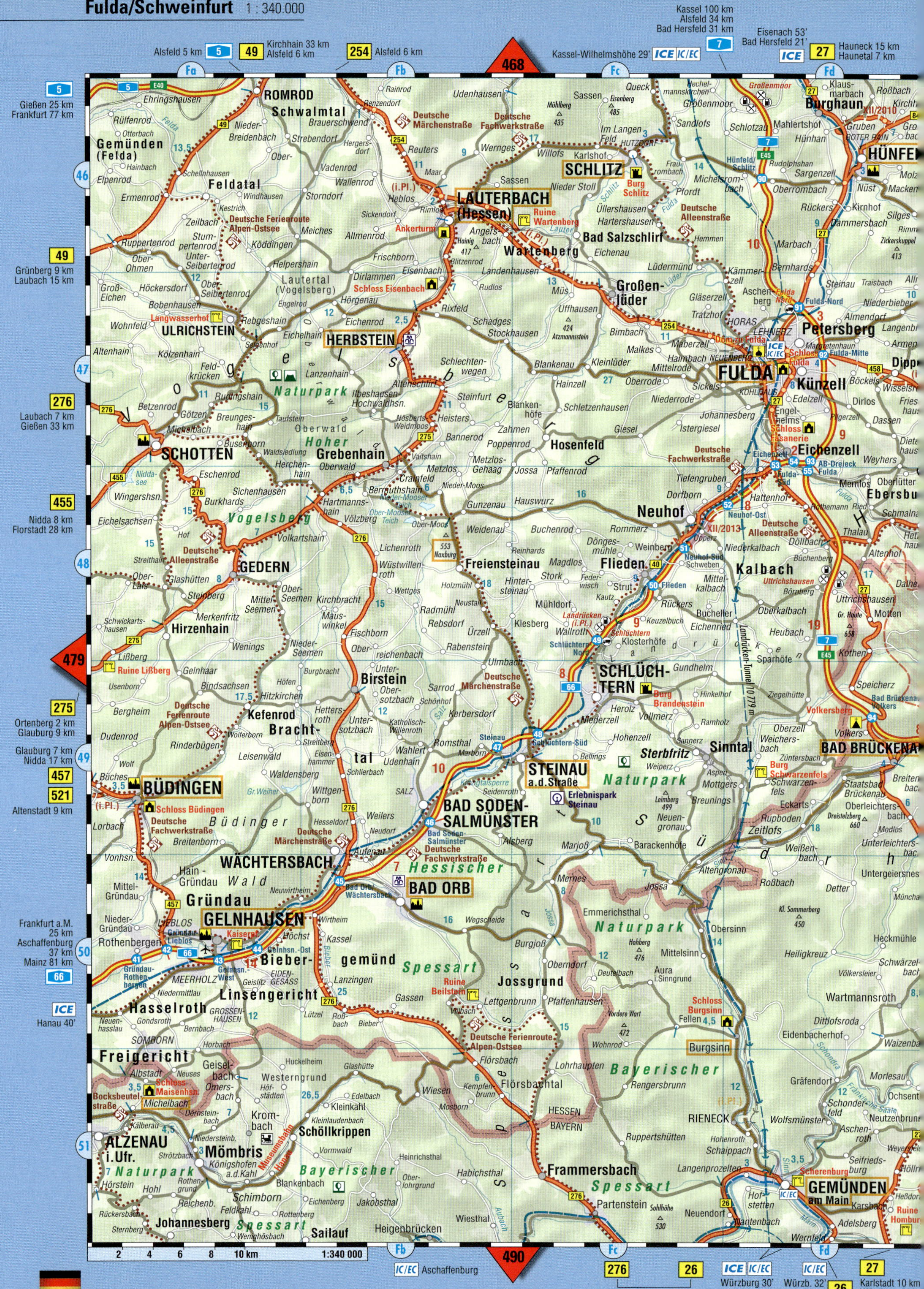

Kassel 100 km
Alsfeld 34 km
Bad Hersfeld 31 km
Eisenach 53'
Bad Hersfeld 21'
Hauneck 15 km
Haunetal 7 km
Alsfeld 5 km
Kirchhain 33 km
Alsfeld 6 km
Alsfeld 6 km
468
Kassel-Wilhelmshöhe 29'
Gießen 25 km
Frankfurt 77 km
Grünberg 9 km
Laubach 15 km
Laubach 7 km
Gießen 33 km
Nidda 8 km
Florstadt 28 km
479
Ortenberg 2 km
Glauburg 9 km
Glauburg 7 km
Nidda 17 km
Altenstadt 9 km
Frankfurt a.M. 25 km
Aschaffenburg 37 km
Mainz 81 km
Hanau 40'
ROMROD
Schwalmtal
Gemünden (Felda)
Feldatal
LAUTERBACH (Hessen)
SCHLITZ
Burghaun
HÜNFELD
Wartenberg
Bad Salzschlirf
Großenlüder
ULRICHSTEIN
HERBSTEIN
Petersberg
FULDA
Künzell
Eichenzell
Naturpark Hoher Vogelsberg
SCHOTTEN
Grebenhain
Hosenfeld
Neuhof
GEDERN
Freiensteinau
Flieden
Kalbach
Hirzenhain
Birstein
SCHLÜCHTERN
Kefenrod
Brachttal
Sinntal
BAD BRÜCKENAU
BÜDINGEN
STEINAU a.d.Straße
Naturpark Hessische Rhön
BAD SODEN-SALMÜNSTER
WÄCHTERSBACH
BAD ORB
Gründau
GELNHAUSEN
Biebergemünd
Linsengericht
Hasselroth
Jossgrund
Spessart
Freigericht
Naturpark Bayerischer Spessart
Flörsbachtal
Burgsinn
ALZENAU i.Ufr.
Schöllkrippen
Mömbris
Frammersbach
HESSEN
BAYERN
Johannesberg
Sailauf
Heigenbrücken
GEMÜNDEN am Main
Deutsche Märchenstraße
Deutsche Fachwerkstraße
Deutsche Ferienroute Alpen-Ostsee
Deutsche Alleenstraße
2 4 6 8 10 km 1:340 000
Aschaffenburg
490
Rothenfels 17 km
Marktheidenfeld 22 km
Würzburg 30'
Würzb. 32'
Karlstadt 9 km
Würzburg 33 km
Karlstadt 10 km
Würzburg 34 km

Dorndorf 19 km
Vacha 15 km 278

...cha 15 km
...na 11 km 84

Eisenach 47 km
Bad Salzungen 29 km 285

469

Eisenach 32 km
Bad Salzungen 15 km 19

280 Suhl 12 km
Oberhof 14 km

71 Suhl 12 km
Arnstadt 44 km
Erfurt 62 km

89 Hildburghausen 13 km
Eisfeld 26 km

482

279 Maroldsweisach 7 km
Ebern 23 km

303 Maroldsweisach 15 km
Coburg 35 km

Ebelsbach 7 km
Bamberg 27 km 26

Würzburg 29 km
Kitzingen 41 km
Rothenburg o.d.T. 86 km 7

70 Werneck 5 km
Würzburg 33 km

491

26 Werneck 14 km
Würzburg 39 km

70 Hallstadt 43 km
Bamberg 45 km
Bayreuth 102 km

Gotha 30 km 247
Erfurt 45 km
Arnstadt 27 km 71
Erfurt 38 km
Arnstadt 19 km 4
Weimar 45 km
Arnstadt 20 km 87
470
Jena 36 km
Rudolstadt 5 km 88
Jena 2
280
Meiningen 23 km
Schmalkalden 25 km
71
Meiningen 20 km
Bad Neustadt a.d. Saale 53 km
Schweinfurt 88 km
89
Obermaßfeld-Grimmenthal 15 km
Meiningen 20 km
481
279
Bad Königshofen 15 km
Münnerstadt 37 km
303
Ostheim 5 km
Schweinfurt 36 km
Hallstadt 11 km
Bamberg 16 km 279
4
Breitengüßbach 5 km
Bamberg 14 km
492
73 Hallstadt 12 km
Bamberg 17 km
ICE Bamberg 15'
Bamberg 30 km
Forchheim 49 km
Schweinfurt 81 km 70
ZELLA-MEHLIS
SUHL
ILMENAU
LANGEWIESEN
GEHREN
KÖNIGSEE
BAD BLANKENBURG
SAALFELD/Saale
GROSS-BREITENBACH
NEUHAUS am Rennweg
LAUSCHA
SCHLEUSINGEN
THEMAR
HILD-BURGHAUSEN
EISFELD
SCHALKAU
STEINACH
SONNEBERG
BAD RODACH b.Coburg
NEUSTADT b.Coburg
RÖDENTAL
COBURG
BAD COLBERG-HELDBURG
SESSLACH
LICHTENFELS
BURGKUNSTADT
KRONACH
BAD STAFFELSTEIN
EBERN
WEISMAIN
Ebensfeld
Zapfendorf
Rattelsdorf
Michelau i.OFr.
Redwitz a.d.Rodach
Küps
Mitwitz
Stockheim
Maroldsweisach
Weitramsdorf
Meeder
Lautertal
Ebersdorf b. Coburg
Sonnefeld
Weidhausen b.Coburg
Altenkunstadt
Naturpark Thüringer Wald
Naturpark Haßberge
Fränkische Schweiz
Thüringer Schiefergebirge
2 4 6 8 10 km 1:340 000

281 Neustadt a.d. Orla 12 km Pößneck 1km

Leipzig 98 km Eisenberg 38 km Triptis 7 km 9

471

2 Zeulenroda 11 km Triptis 8 km

94 Greiz 4 km Zwickau 30 km

92 Greiz 8 km Weida 26 km

Zwickau 48' IC/EC

Auerbach 25 km Reichenbach 24 km 173

92 Oelsnitz 9 km

72 Treuen 19 km Zwickau 55 km Chemnitz 75 km

484

Aš (CZ) 5 km

Windischeschenbach 35 km Neustadt 43 km Weiden 50 km 93

Schirnding 15 km Cheb (CZ) 24 km 303

IC/EC Cheb (CZ) 23'

Heinersreuth 4 km Bayreuth 7 km 85

IC/EC Bayreuth 1h 12'

9 Bayreuth 8 km Pegnitz 36 km Nürnberg 83 km

2 Bayreuth 6 km Weidenberg 14 km

493

Bayreuth 21 km

Kemnath 16 km

Nürnberg 1h 19' IC/EC

Chemnitz 41 km
Stollberg 23 km
Zwickau 7 km

Zwickau IC/EC 173 Zwickau 14 km Schönfels 5 km 72 472 93 Zwickau 7 km Wilkau 1 km 169 Chemnitz 32 km Stollberg 9 km

94 Zeulenroda 15 km Weida 17 km Gera 28 km

92 Plauen 15 km Schleiz 33 km

Plauen IC/EC

Greiz 25 km 92 282 Schleiz 27 km

72 Hof 28 km Münchberg 51 km Bayreuth 95 km

483

→ 93 1 km Rehau 12 km Hof 27 km Münchberg 32 km

Thierstein 7 km 93

Marktredwitz 23' IC/EC

303 Marktredwitz 1 km Kulmbach 51 km Bayreuth 56 km

494

21 Planá 8 km Tachov 19 km Stříbro 32 km Mariánské Lázně 1 km

IC/EC Mariánské Lázně 22'

24 Planá 11 km Stříbro 35 km Plzeň 60 km Mariánské Lázně 3 km

93 Mitterteich 6 km Weiden 37 km

299 Mitterteich 3 km Tirschenreuth 13 km Weiden 43 km

Chemnitz 22 km
Burkhardtsdorf 10 km
95

101 Freiberg 49 km
Brand-Erbisdorf 43 km
Zschopau 30 km

174 Chemnitz 22 km
Zschopau 12 km
Marienburg 1 km

473

Teplice 16 km
Duchcov 6 km 27

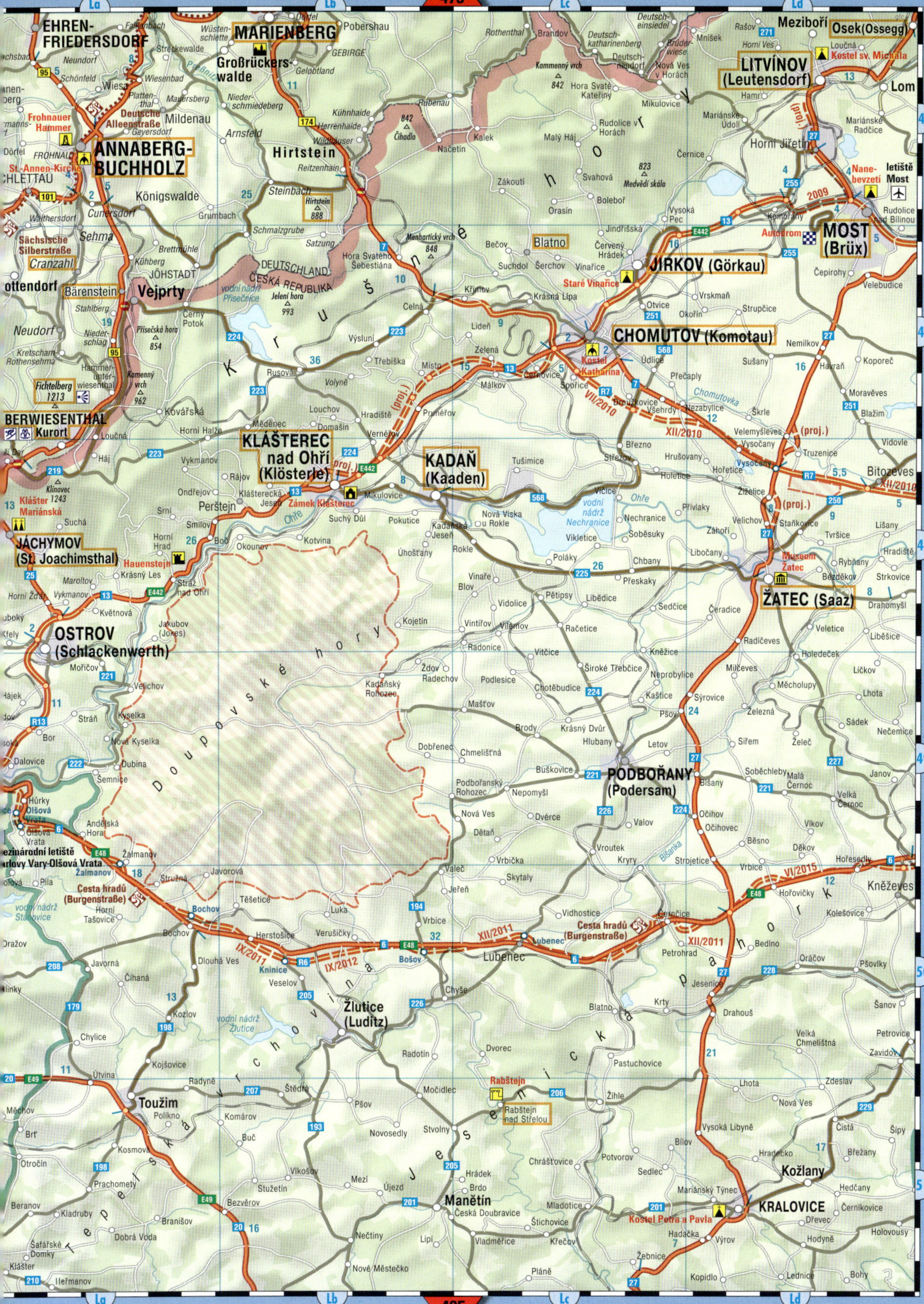

Bílina 15 km
Teplice 30 km
Ústí nad Labem 39 km
R13
27 → 15
Lovosice 25 km
Roudnice n. Labem 32 km

R7
Louny 9 km
Slaný 35 km
Praha 59 km

6
Rakovník 10 km
Kladno 34 km
Praha 62 km

229
Rakovník 7 km
Kladno 39 km

495

20 Stříbro 30 km
Plzeň 32 km

27 Plasy 1 km
Plzeň 36 km

St. Vith 40 km
Dasburg 15 km N 7

Prüm 29 km
60 5 km 51 257 Koblenz 111 km
Kyllburg 14 km

476

N 15
Le Bouhou 19 km
Bastogne (B) 34 km

N 8
Gaichel 12 km
Arlon (B) 16 km

N 12
Rambrouch 25 km
Bastogne (B) 56 km

Arlon (B) 17' IC/EC

A 6
Sterpenich 13 km
Bastogne (B) 55 km
Namur (B) 151 km

A 4
Esch sur-Alzette 9 km
Villerupt (F) 15 km
Differdange 14 km

A 13
Differdange 12 km
Aubange 20 km
Virton (B) 44 km

A 30
Algrange 10 km
Longwy 35 km

IC/EC Metz 20'

A 31 Metz 22 km
Strasbourg 174 km
Paris 322 km

D 918 Bouzonville 5 km
Saarlouis (D) 27 km

Schrecklingen 10 km
Bouzonville (F) 16 km 405

Völklingen 14 km
Saarbrücken 22 km 620
Metz (F) 97 km

51 Saarbrücken 20 km
Sarreguemines (F) 44 km

Köln 174 km
Daun 29 km
1

Koblenz 94 km
Cochem 45 km
49

Cochem 21'
Bullay 12'
IC/EC

Koblenz 95 km
Cochem 46 km
53

477

Gerolstein 88 km
Cochem 53 km
421

327
Montabaur 77 km
Koblenz 54 km

50
→ 61 13 km
Bingen 35 km

41
Bad Kreuznach
31 km
Mainz 61 km

Kaiserslautern
34 km
Pirmasens 73 km
270

488

420
Lauterecken 4 km
Bad Kreuznach
44 km

Kaiserslautern
20 km
Mannheim 82 km
Mainz 98 km
6

IC/EC ICE
Kaiserslautern 18'

62
Landstuhl 1 km
Pirmasens 30 km
Zweibrücken 44 km

268
Püttlingen 5 km
Saarbrücken 10 km

1
Saarbrücken 9 km
→ 6 14 km
Metz (F) 82 km

624
Saarbrücken 11 km
Forbach (F) 21 km
Völklingen 23 km

496

6
Flughafen
Saarbrücken 20 km
Saarbrücken 31 km
Metz (F) 93 km

8
Zweibrücken
14 km
Pirmasens
35 km

ICE
IC/EC
Saarbrücken
20'

423
Flughafen
Saarbrücken 24 km
Frauenberg 29 km

Bonn 118 km
Koblenz 53 km 61
Boppard 30 km

Boppard 35 km
Niederheimbach 3 km 9

ICE IC/EC Koblenz 36'/50'
Lahnstein 48 km
Kaub 11 km 42

478

Wiesbaden 11 km
Eltville am Rhein 2 km 42

Bonn 140 km
Frankfurt a.M. 42 km
Wiesbaden 8 km
Mainz IC/EC 643

Wiesbaden 10
ICE IC/EC

Kirchberg 13 km
Zell (Mosel) 34 km
50

Kirn 7 km
Idar-Oberstein 25 km
41

Sien 6 km
Idar-Oberstein 29 km
270

487

420
Altenglan 15 km
→ 62 30 km

Homburg 23 km
Zweibrücken 37 km
Saarbrücken 51 km
6

ICE IC/EC
Homburg (Saar) 18'

62
AB-Kr. Landstuhl 3 km
Ramstein-Miesenbach 10 km

497

A62
Pirmasens 15 km
→ 8 15 km
Zweibrücken 31 km

270
Burgalben 1 km
Pirmasens 14 km

48
Annweiler 21 km
Landau i.d.Pfalz 33 km

65
Landau i.d.Pfalz 16 km
Karlsruhe 46 km
Baden-Baden 90 km

39
Speyer 20 km
Hockenheim 31 km

Bonn 145 km
Frankfurt a.M. 37 km
Wiesbaden 10 km
671

Flughafen Frankfurt 15'
IC/EC

Frankfurt a.M. 43 km
Wiesbaden 20 km
Frankfurter Kr. 10 km
67

Frankfurt a.M. 36'
IC/EC ICE

Offenbacher Kreuz 14 km
Mönchhof-Dreieck 13 km
Frankfurter Kreuz 4 km
5

Frankfurt a. Main 17'
ICE

Bad Homburg 31 km
Frankfurt a.M. 14 km
Offenbach 9 km
661

Frankfurt a.M. 12 km
Offenbach 11 km
459

Limburg 92 km
Wiesbaden 55 km
Frankfurt a.M. 12 km
3

Siegen 143 km
Gießen 81 km
Hanau 16 km
45

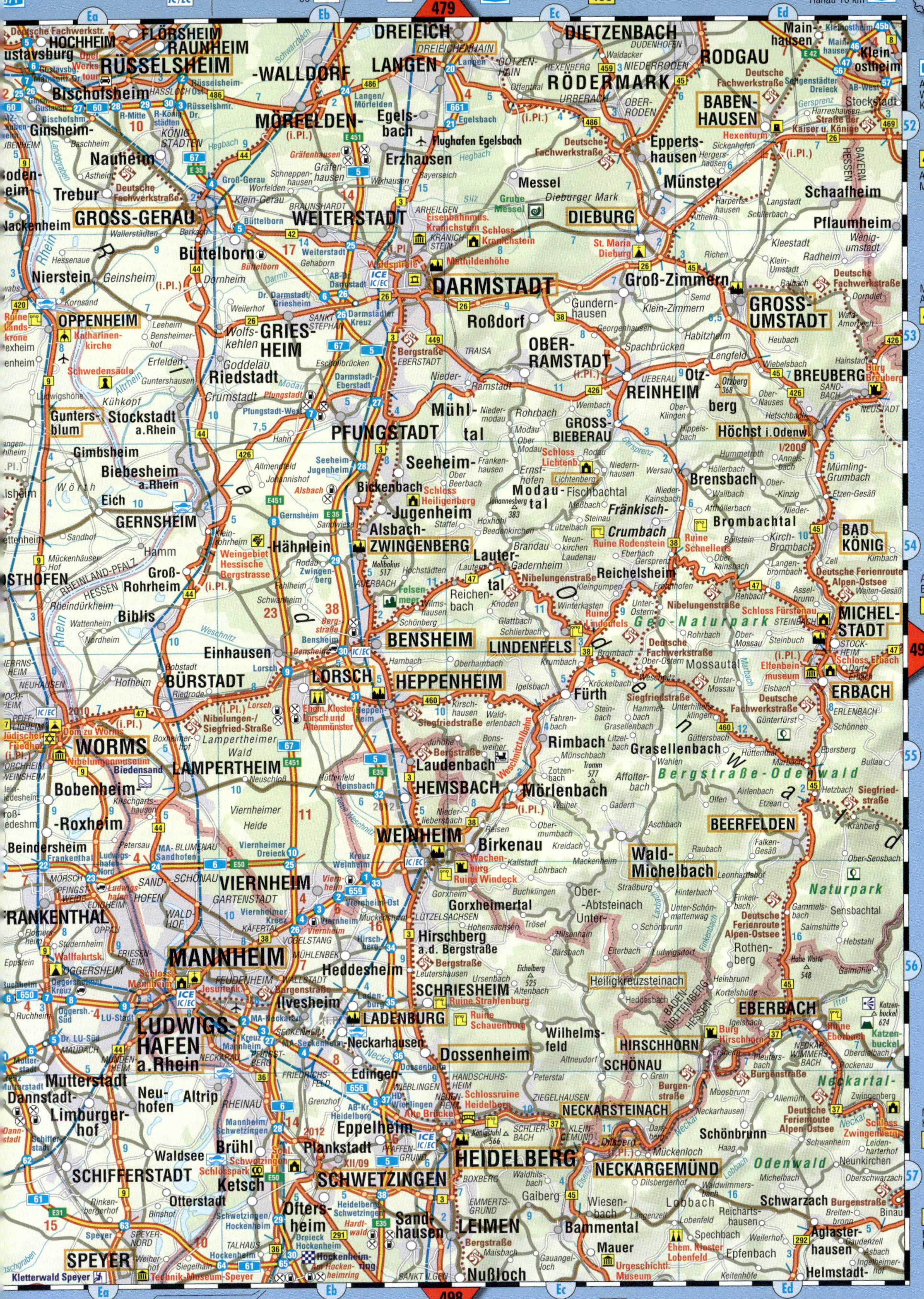

Aschaffenburg 5 km
Würzburg 85 km
Kitzingen 100 km
3

469
Aschaffenburg 7 km
Mainaschaff 10 km

Mömlingen 2 km
Aschaffenburg 7 km
426

Amorbach 14 km
Buchen 36 km
47

Mosbach 16 km
Heilbronn 41 km
37

292
Mosbach 7 km
Heilbronn 31 km

9
Germersheim 10 km
→ 65 20 km

36
Bruchsal 28 km
Karsruhe 41 km

Karlsruhe 23'
Suttgart 37'
ICE IC/EC

6
Karlsruhe 44 km
Heilbronn 58 km
Baden-Baden 76 km

5
Bruchsal 25 km
Karlsruhe 42 km
Baden-Baden 74 km

ICE Stuttgart 44'
Vaihingen 24'
Bruchsal 17'
IC/EC Vaihingen 27'

45
Zuzenhausen 3 km
→ 6 8 km

292
Sinsheim 12 km
→ 6 12 km

ICE IC/EC Frankfurt a.M. 28'

Lauterbach 98 km
Gelnhausen 48 km
276 IC/EC Würzburg 42'

Steinau a.d. Str. 50 km
Gemünden 11 km
26

Aschaffenburg 40'
IC/EC
Fulda 30'
ICE

Rieneck 14 km
Gemünden 5 km
26

Hammelburg 15 km
Gemünden 8 km
27

Hanau 20 km
Frankfurt a.M. 42 km
8

3
Hanau 23 km
Frankfurt a.M. 39 km
Flughafen
Frankfurt 39 km

26
Dieburg 20 km
Darmstadt 36 km

469
Seligenstadt 13 km

426
Reinheim 26 km
Darmstadt 42 km

Bensheim 52 km
Worms 72 km
47

489

Eberbach 13 km
Heidelberg 39 km
37

292
Sinsheim 24 km
Bruchsal 54 km

27 Bad Friedrichshall 14 km
Neckarsulm 18 km

81
Heilbronn 29 km
Stuttgart 79 km
Mannheim 105 km

19 Künzelsau 6 km
Schwäbisch Hall 27 km

Fulda 76 km
Bad Brückenau 45 km
Hammelburg 22 km
7

Bad Kissingen 24 km
Schweinfurt 12 km

Bamberg 61 km
Schweinfurt 6 km
70

26 Haßfurt 27 km
Schweinfurt 4 km

481

Bad Kissingen 27 km
Schweinfurt 6 km
286

70 Schweinfurt 11 km

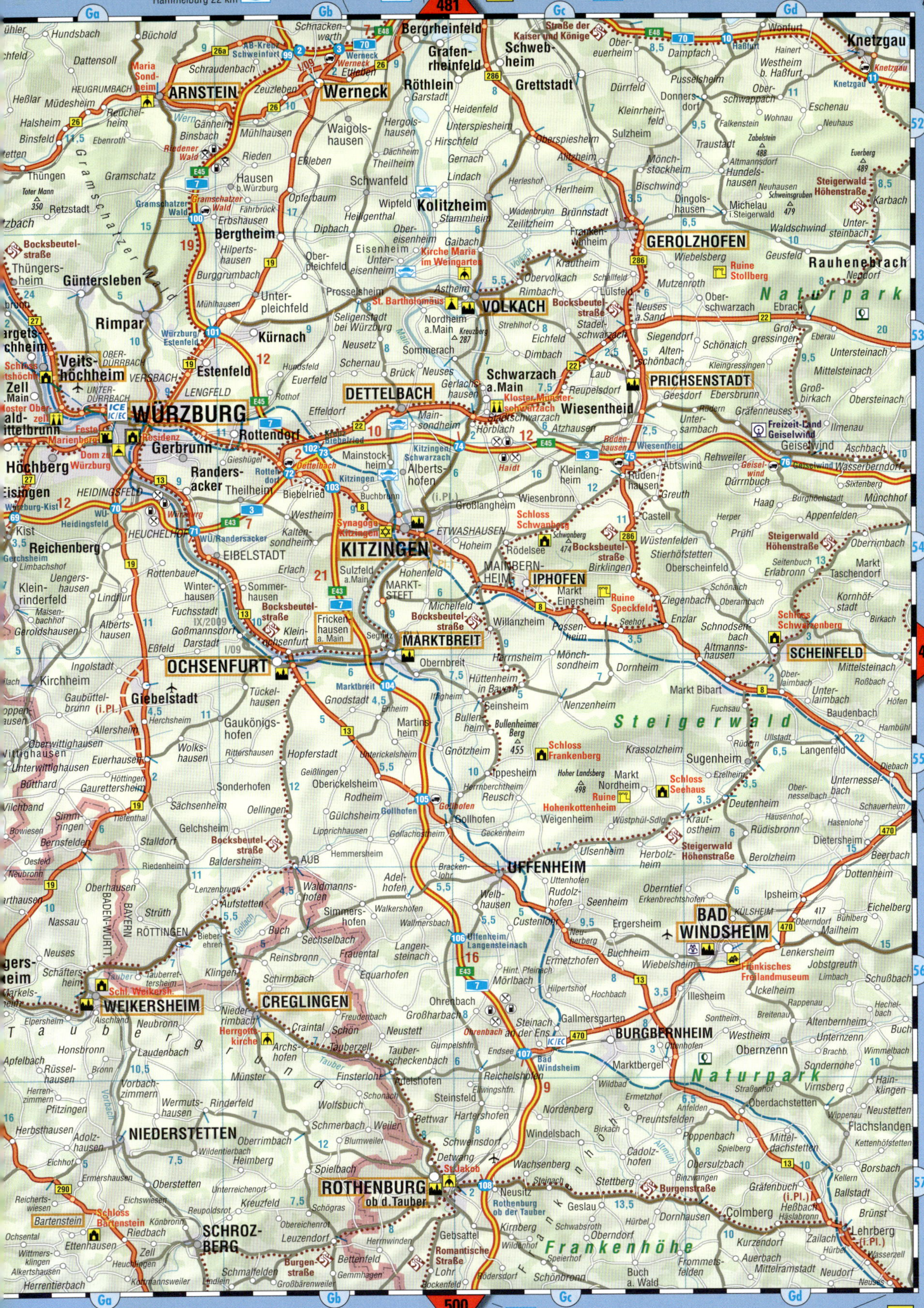

70
Bamberg 26 km
Bayreuth 69 km
Nürnberg 87 km

22
Burgebrach 13 km
Bamberg 29 km

3
Herzogenaurach 44 km
Erlangen 46 km
Flughafen Nürnberg 53 km

492

Neustadt/Aisch 3 km
Herzogenaurach 25 km
8

IC/EC Nürnberg ICE 52'

470
Neustadt/Aisch 3 km
Höchstadt/Aisch 21 km

290 Crailsheim 25 km
Aalen 63 km

500

7
Aalen 64 km
Ulm 132 km

Ansbach 17' IC/EC
Augsburg 1h 50' ICE

13
Ansbach 2 km
Gunzenhausen 31 km

Saalfeld 1h 30' IC/EC
Lichtenfels 15' ICE

73 Coburg 34 km
Bad Staffelstein 12 km

26 Schweinfurt 31 km
Haßfurt 8 km

Bad Königshofen 46 km
Ebern 10 km 279

Coburg 36 km
Rattelsdorf 1 km 4

482

Plauen 101 km
Hof 72 km
Münchberg 52 km 70

Schweinfurt 43 km
Würzburg 83 km
Fulda 124 km
70

22
Ebrach 6 km
Prichsenstadt 22 km

3
Würzburg 55 km
Aschaffenburg 131 km
Fulda 151 km

491

Iphofen 30 km
Kitzingen 39 km
8

IC/EC ICE
Würzburg 52'

470
Bad Windsheim 17 km
Rothenburg o.d.Tauber 41 km

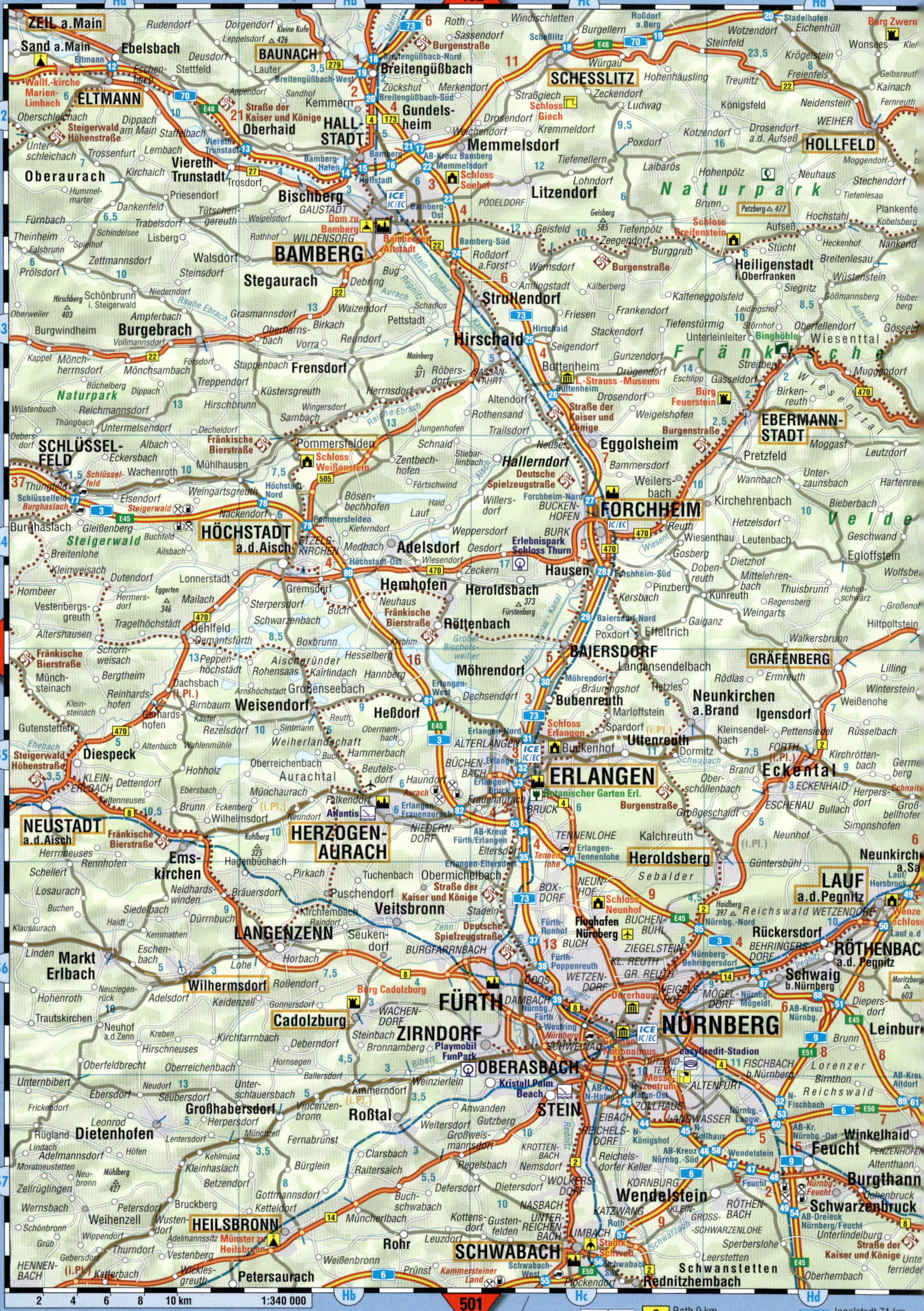

14 Ansbach 2 km
Dinkelsbühl 44 km

IC/EC
Ansbach 24'

6 Ansbach 19 km
Schwäbisch Hall 95 km
Heilbronn 128 km

501

466
Gunzenhausen 32 km
Nördlingen 70 km

ICE IC/EC
Augsburg 1h 2'

2 Roth 9 km
Treuchtlingen 49 km

9 Ingolstadt 71 km
Flughafen München 134 km
München 144 km

ICE Ingolstadt 29'
München 1h 22'

Kulmbach 15 km
Neudrossenfeld 2 km
85

Gera 120 km
Plauen 72 km
Hof 43 km
Hof 1h 9' IC/EC 9

Bad Berneck 9 km
2

483

Marktredwitz 1h 15' IC/EC

299
Tirschenreuth 18 km
Mitterteich 20 km

22
Altenstadt 9 km
Weiden 16 km

470
Weiden 6 km
Neustadt 11 km

494

14
Vohenstrauß 24 km
Waidhaus 35 km

85
Schwandorf 3 km
Roding 54 km

502

ICE IC/EC Regensburg 58'

299 Neumarkt 3 km
Berching 24 km

3 Velburg 13 km
Regensburg 61 km
Passau 175 km

Burglengenfeld 13 km

Hof 50 km
Marktredwitz 4 km
15

Hof 43 km
Marktredwitz 5 km
93

299 Cheb (CZ) 14 km
Waldsassen 4 km

484

Cheb 28 km 21

Cheb 22'
IC/EC

230 Karlovy Vary 47 km

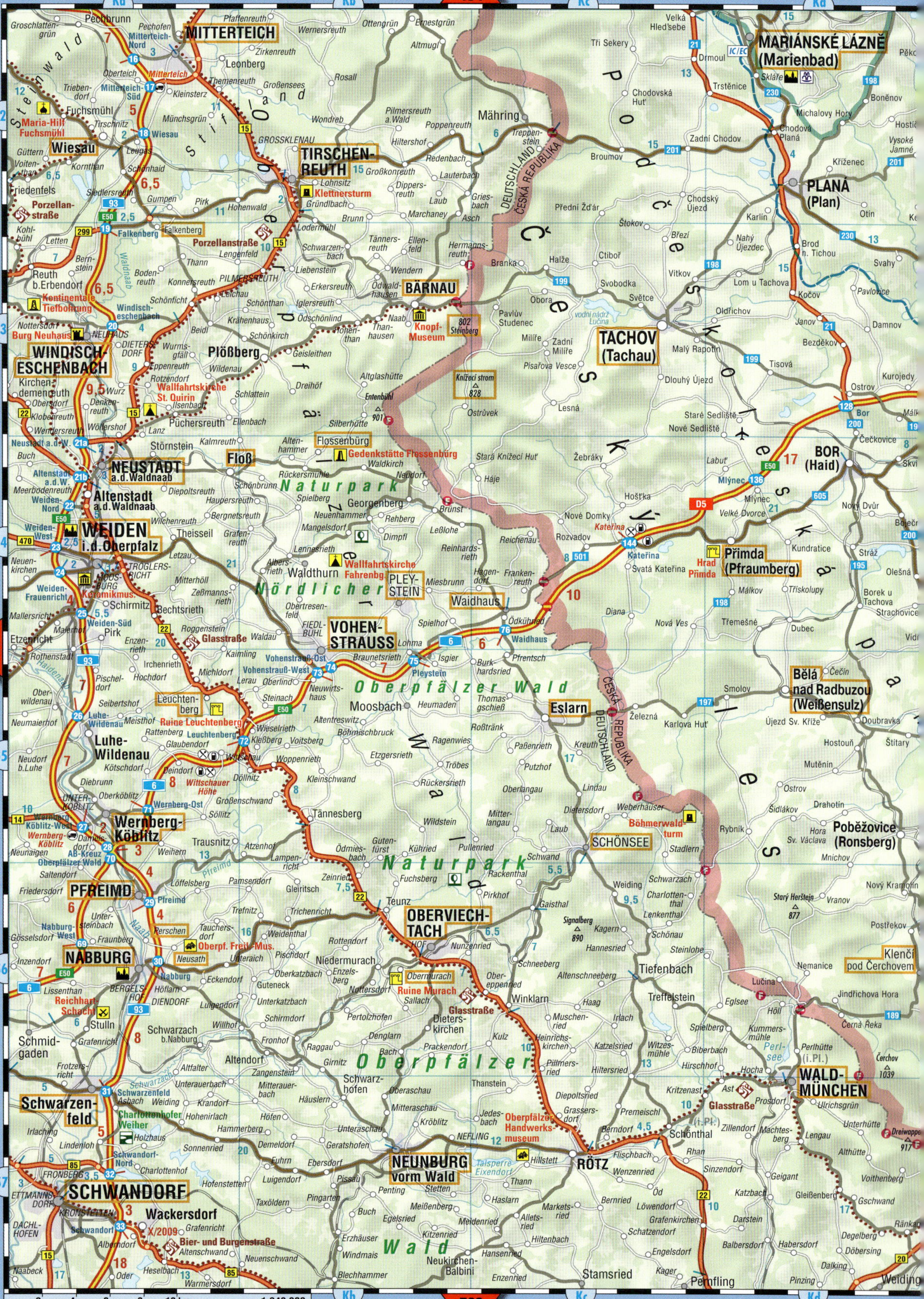

299
Erbendorf 4 km
Bayreuth 43 km

22
Erbendorf 11 km
Bayreuth 48 km

470
Pressath 16 km
Grafenwöhr 21 km

493

14
Hirschau 11 km
Sulzbach-Rosenberg 29 km

85
Amberg 20 km
Nürnberg 79 km

2 4 6 8 10 km 1:340 000

503

93 Regensburg 32 km
München 147 km

15 Burglengenfeld 13 km
Regensburg 40 km

85 Roding 19 km
Cham 33 km

Cham 6 km
Straubing 48 km
22

Cham 10 km
Straubing 48 km
20

20 Karlovy Vary 48 km
Toužim 14 km

27 Rakovník 35 km
Kralovice 9 km

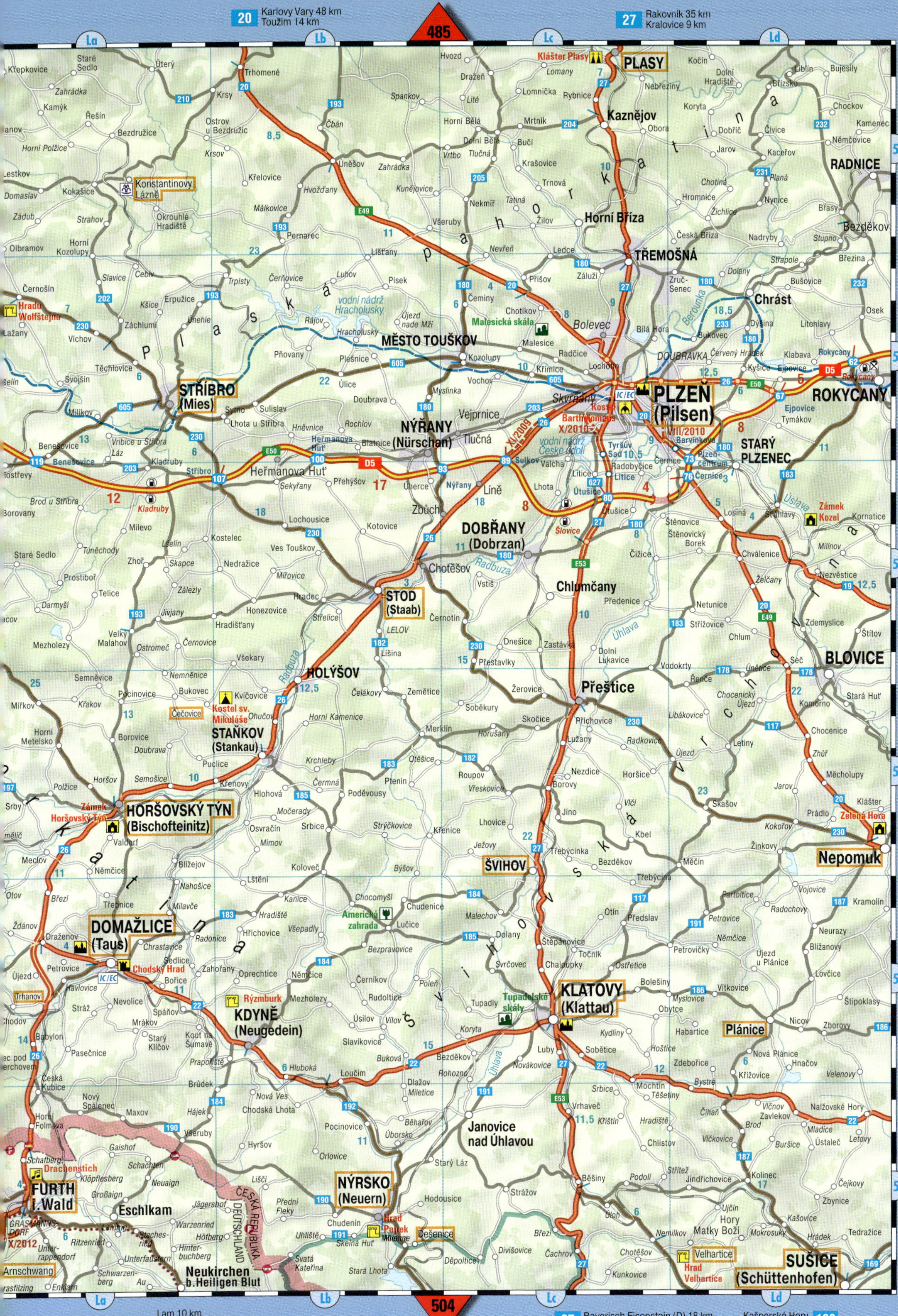

Hořovice 28 km
Beroun 41 km
Letiště Praha-Ruzyně 62 km
D5

IC/EC Praha 1h 45'

19 Rožmitál 20 km
Příbram 35 km

20 Blatná 24 km
Písek 42 km

22 Horažďovice 9 km
Strakonice 28 km
České Budějovice 79 km

169 Horažďovice 9 km
Strakonice 28 km

Lam 10 km

27 Bayerisch Eisenstein (D) 18 km
Zwiesel (D) 32 km

Kašperské Hory 16 km 169
Vimperk 39 km

487
506
Trier 83 km
Saarlouis 32 km
Saarlouis 34 km
Neunkirchen 11 km
Friedrichsthal 4 km
Saarlouis 45 km
Neunkirchen 6 km
Mannheim 101 km
Kaiserslautern 42 km
Homburg/Saar 20'
Neunkirchen 15 km
Homburg/Saar 1 km
Kaiserslautern 33 km
Landstuhl 17 km
Saarlouis 7 km
Merzig 26 km
St-Avold 13'
Metz 41'
Merlebach 1 km
Hombourg 5 km
Metz 45 km
Luxembourg (L) 103 km
Paris 291 km
St-Avold 11 km
Morhange 18 km
Château-Salins 35 km
Paris
Moyenvic 21 km
Nancy 47 km
Boulay 11 km
Metz 44 km
Metz 31 km
Luxembourg (L) 89 km
Paris 277 km
Raville 9 km
Metz 34 km
Faulquemont 15 km
Molsheim 11 km
Sélestat 37 km
Strasbourg 24 km
Kehl (D) 32 km
PÜTTLINGEN
VÖLKLINGEN
SULZBACH
ST. INGBERT
SAARBRÜCKEN
BLIESKASTEL
ZWEIBRÜCKEN
Kirkel
Contwig
Petite-Rosselle
Stiring-Wendel
FORBACH
Groß-rosseln
Behren-lès-Forbach
Klein-blittersdorf
Mandelbachtal
Gersheim
SARREGUEMINES
BITCHE
SARRALBE
SARRE-UNION
PHALSBOURG
SAVERNE
DABO
Wadgassen
Überherrn
Creutzwald
L'Hôpital
MERLEBACH
FREYMING
HOMBOURG-Haut
ST-AVOLD
Parc Naturel Régional des Vosges du Nord
Drulingen
Volmunster
Ingwiller
Bouxwiller
Dettwiller
Marlenheim
Wasselonne
Hochfelden
Steinbourg
Puttelange-aux-Lacs
Albestroff
Fénétrange
Lorentzen
Sarre-Union
2 4 6 8 10 km 1:340 000

Trier 107 km
→ 6 15 km
Landstuhl 13 km
62
270 Kaiserslautern 19 km
Kaiserslautern 25 km
Hochspeyer 19 km
48
488
Heilbronn 105 km
Ludwigshafen 29 km 65

39
Speyer 8 km
Hockenheim 19 km
272
→ 9 2 km
9
Germersheim 5 km
Speyer 18 km
Karlsruhe 5 km
→ 5 9 km
Ettlingen 10 km
Karlsruhe 5 km
Hockenheim 45 km
36
498
Karlsruhe 16'
ICE IC/EC
Karlsruhe
Stuttgart
TGV
Ettlingen 8 km
Karlsruhe 14 km
3
5
Ettlingen 10 km
Stuttgart 68 km
Heidelberg 69 km
462
Gaggenau 1 km
Gernsbach 5 km
Freudenstadt 49 km
→ 462 7 km

Strasbourg TGV
A4 Strasbourg 3 km Molsheim 28 km
D 185 Strasbourg 3 km Kehl (D) 8 km
36 Kehl 6 km Strasbourg (F) 13 km
507
5 Offenburg 19 km Freiburg 75 km Basel (CH) 136 km
ICE IC/EC Offenburg 20'
TGV Strasbourg Paris
3 Offenburg 20 km Lahr 38 km
500 Baiersbronn 25 km Freudenstadt 32 km

Ludwigshafen 20 km
Schifferstadt 13 km **9**

Mannheim 22'
Mannheim 22 km
Schwetzingen 7 km **36**

Frankfurt a.M. 88 km
Mannheim 22 km **6**

Frankfurt a.M. 81 km
Heidelberg 9 km **5**

Heidelberg 17'
Heidelberg 11 km
Leimen 4 km **3**

489

Heidelberg 18 km
Neckargemünd 8 km **45**

Mosbach 19 km
Aglasterhausen 3 km **292**

39 Neustadt/Weinstr. 17 km
Kaiserslautern 43 km

272 Hochstadt 7 km
Landau i.d.Pfalz 16 km

9 Karlsruhe 16 km
Wörth a.Rh. 17 km

→ **652** 2 km
Landau i.d.Pfalz 26 km
Neustad/Weinstr. 44 km

Rheinstetten 1 km
Rastatt 16 km **36**

497

IC/EC ICE Baden-Baden 14'
Offenburg 28'
TGV Strasbourg (F) 39'
Paris (F) 3h 2'

5 Baden-Baden 21 km
Freiburg 124 km
Basel 189 km

→ **5** 15 km
Rastatt 18 km **462**

Baden-Baden 7 km

Bühl 16 km

462 Baiersbronn 17 km
Freudenstadt 24 km

294 Klosterreichenbach 13 km
Freudenstadt 21 km

508

463 Nagold 12 km
Horb 28 km

296 Herrenberg 5 km
Tübingen 28 km

ICE IC/EC Horb 37'

81 Herrenberg 6 km
Villingen-Schwenningen 75 km
Singen 118 km

464 Tübingen 15 km
Reutlingen 29 km

Eberbach 26 km
Mosbach 3 km
27

Schweinfurt 112 km
Würzburg 73 km
Tauberbischofsheim 41 km
81

490

Bad Mergentheim 23 km
Dörzbach 9 km
19

Crailsheim 25 km
Würzburg 109 km
Nürnberg 111 km
6

Vellberg 6 km
Obersontheim 9 km
Ellwangen 32 km

Sulzbach-Laufen 4 km
Aalen 35 km
19

500

Aalen 22 km
Nördlingen 54 km
29

IC/EC
Aalen 48'

Donzdorf 1 km
Heidenheim 31 km
466

Ulm 54'/32'
ICE IC/EC

10
Geislingen 2 km
→ 8 26 km
Ulm 35 km

Tübingen 13 km

27
Tübingen 19 km
Reutlingen 19 km

312
Metzingen 12 km

297
Metzingen 15 km
Tübingen 28 km

313
Metzingen 14 km
Reutlingen 23 km

509

465
Lenningen 8 km
Blaubeuren 45 km

8
Ulm 51 km
Augsburg 117 km
München 171 km

290 Bad Mergentheim 27 km
Niederstetten 12 km

Schweinfurt 102 km
Würzburg 66 km
Rothenburg o.d.Tauber 14 km
7

Bad Windsheim 33
Lehrberg 6
1
Würzburg 53 ICE IC/EC

Heilbronn 50 km
Stuttgart 92 km
Mannheim 122 km
6

Schwäbisch Hall
10 km
Stuttgart 80 km

Schwäbisch Hall
5 km
→ 6 15 km
Kupferzell 17 km

Gaildorf 6 km
Schwäbisch Hall
23 km
19

Schwäbisch
Gmünd 16'
IC/EC
29
Schorndorf 22 km
Stuttgart 52 km

Göppingen 14 km
Stuttgart 45 km
466

Stuttgart ICE
10
Göppingen 18 km

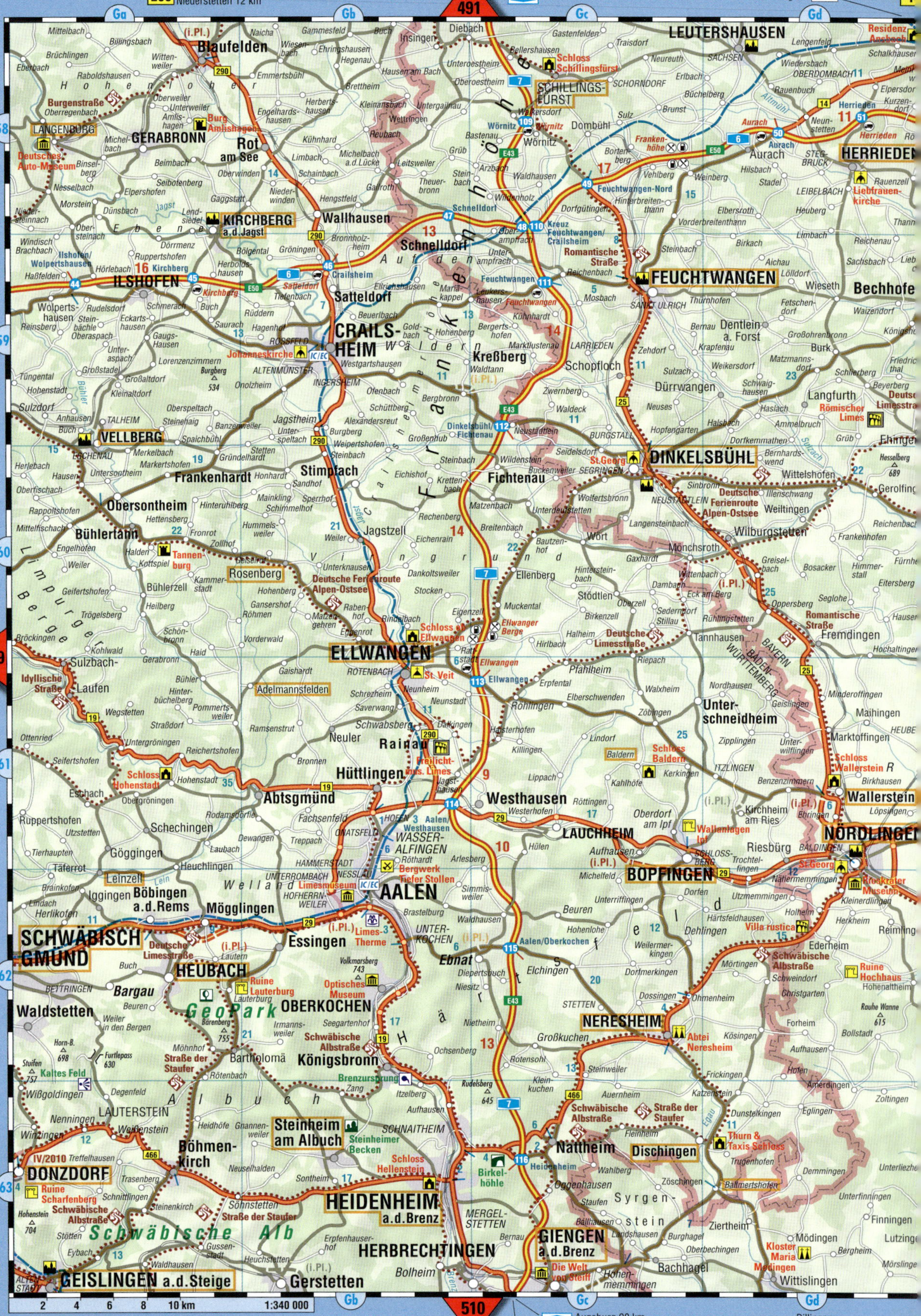

10 Ulm 30 km
ICE Ulm

7 Augsburg 90 km
Ulm 36 km
Kempten 105 km
19
Gundelfingen 18 km
Günzburg 29 km

Dillingen
a.d.Donau 8 km

Nürnberg 42 km
Heilsbronn 17 km
14

Nürnberg 24' IC/EC

Regensburg 122 km
Bayreuth 108 km
Nürnberg 38 km
6

492

Nürnberg
18 km
Schwabach
3 km
466

Nürnberg 39' IC/EC ICE

Nürnberg 22 km
Schwabach 7 km
2

Nürnberg ICE 9

Würzburg 128 km
Bayreuth 66 km
Feucht 5 km

Freystadt 1 km
Sengenthal 15 km
Neumarkt 20 km

9
Greding 5 km
Ingolstadt 43 km
München 122 km
ICE Ingolstadt

502

Kipfenberg 15 km

Gaiersheim 6 km
Ingolstadt 13 km
13
ICE IC/EC
Ingolstadt 35'

Ingolstadt 13 km

16
Manching 16 km
Ingolstadt 20 km

16
Dillingen a.d.Donau 7 km
Günzburg 33 km

Wertingen 11 km

Augsburg 19' ICE
Augsburg 32' IC/EC
2
Meitingen 7 km
Augsburg 27 km

511

Augsburg 34 km

Nürnberg 1h ICE IC/EC
Feucht 18 km 8
299 Amberg 39 km Kastl 19 km
3 Erlangen 53 km Nürnberg 40 km Altdorf 21 km
Amberg 30 km Schwandorf 6 km 15

Allersberg 7 km
→ 9 8 km

Mörlach 4 km

Meckenhausen 3 km

Allersberg 22 km
Nürnberg 48 km
Erlangen 75 km
9

Nürnberg 30' ICE

Nürnberg 1h 6' IC/EC

Pfünz 12 km
Eichstätt 10 km

Eichstätt 13 km
Treuchtlingen 40 km
13

IC/EC
Treuchtlingen 46'
Nürnberg 1h

Neuburg a.d.Donau 10 km

16
Neuburg a.d.Donau 10 km
Donauwörth 40 km

Schrobenhausen 4 km

300 Schrobenhausen 13 km Aichach 29 km
13 Pfaffenhofen 7 km Reichertshausen 15 km
ICE München 47'
9 93 Kemnathen 3 km Allershausen 19 km München 56 km
301 Au 5 km Freising 24 km

Windisch-Eschenbach 62 km
Weiden 48 km
Nabburg 21 km
93

Schwandorf 17 km
Wackersdorf 9 km
85

494

Oberviechtach 34 km
Neunburg v. Wald 27 km
22

Schafberg 15 km
Furth im Wald 10 km
20

Kötzting 5 km
Lam 20 km

85
Viechtach 9 km
Regen 47 km

3
Schwarzach 2 km
Deggendorf 16 km
Passau 60 km

ICE IC/EC
Plattling 30'

8
Plattling 7 km
Osterhofen 21 km

92
Plattling 7 km
Deggendorf 16 km
Passau 60 km

Eichendorf 7 km

299
Altdorf 6 km
Landshut 8 km

92
Landshut 4 km
Moosburg 23 km
Freising 41 km

15
Landshut 4 km
Taufkirchen 28 km

Frontenhausen 4 km

Vilsbiburg 18 km

Eggenfelden 21 km
Altötting 42 km
20

Eschlkam 6 km
Furth i. Wald 6 km

Domažlice (CZ) 40 km
Furth i. Wald 13 km
Neukirchen b.Hl. Blut 0,5 km

Domažlice 33 km
Klatovy 22 km
Nýrsko 6 km 190

495

Přeštice 41 km
27 Klatovy 20 km
Běšiny 8,5 km

171 Klatovy 21 km
Běšiny 10 km

Klatovy 29 km
Horažďovice 18 km
169

Chamerau 10 km
Cham 14 km

85
Chamerau 13 km
Cham 17 km

Bogen 11 km

503

3
Bogen 5 km
Straubing 23 km
Regensburg 55 km

Regensburg 32'
IC/EC ICE

8
Straubing 20 km
Regensburg 58 km

92
Landau 15 km
Landshut 53 km
München 120 km

Reisbach 12 km

Falkenberg 14 km
Eggenfelden 22 km

514

Griesbach 10 km
Fürstenzell 9 km

Schärding (A) 15 km
Suben (A) 16 km
Ried im Innkreis (A) 43 km

3
Neuburg 5 km
Neuhaus 8 km
Pocking 22 km

Písek 23 km
Horažďovice 23 km
Strakonice 4 km
4

22 Horažďovice 24 km
Strakonice 5 km

20 Blatná 40 km
Písek 13 km

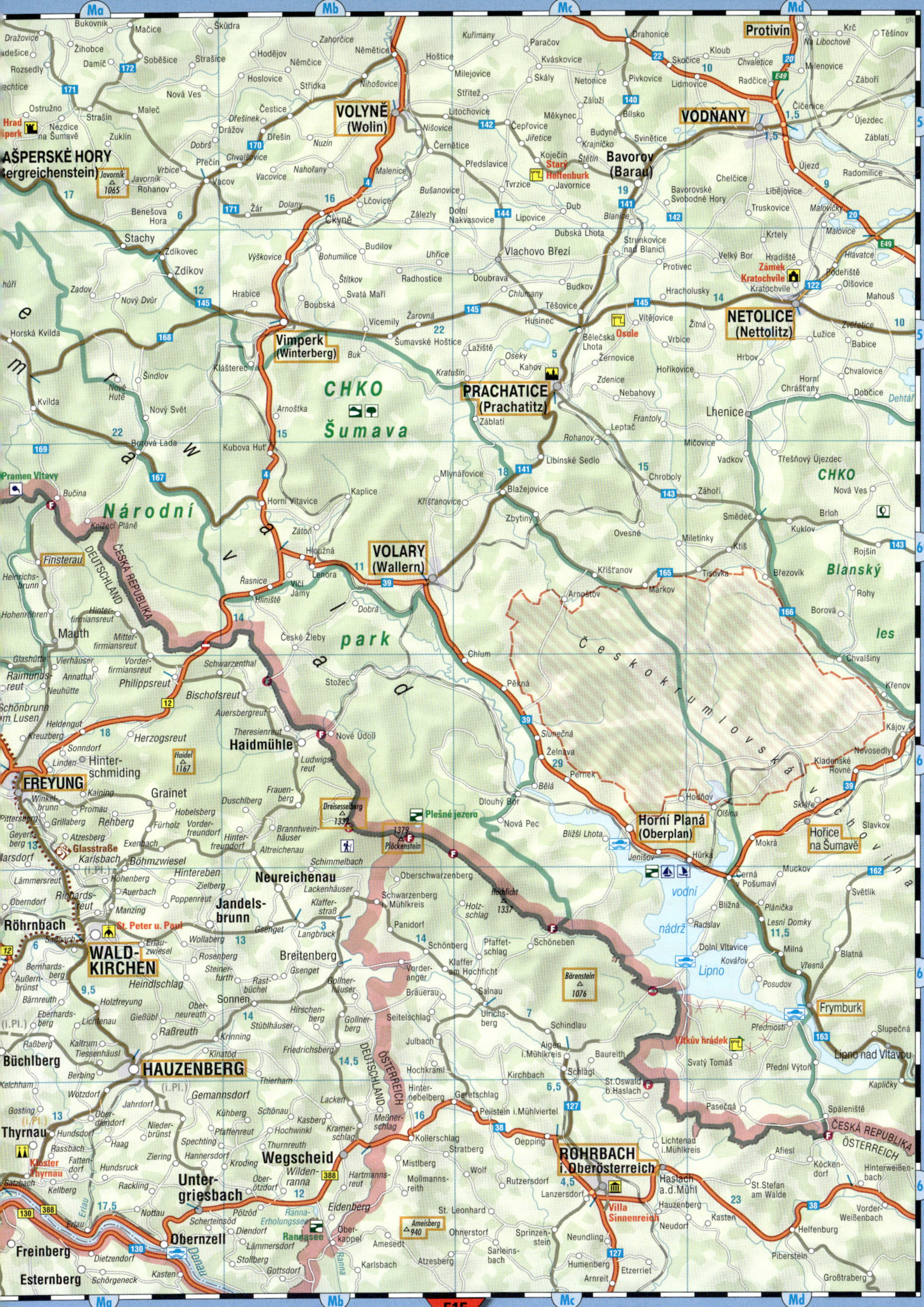

141 Týn nad Vltavou 11 km
Bechyně 20 km

20 České Budějovice 15 km
Třeboň 39 km

145 České Budějovice 14 km
Třeboň 38 km

39 Český Krumlov 5 km
Kaplice 21 km
České Budějovice 27 km

162 Český Krumlov 10 km

163 Loučovice 1 km
Vyšší Brod 6 km
Freistadt (A) 36 km

38 Bad Leonfelden 4 km
Freistadt 23 km
Linz 30 km

IC/EC Schärding 10'
ICE Linz 1h 7'

130 Engelhartszell (A) 4 km
Eferding (A) 38 km
Linz (A) 64 km

515

127 Altenfelden 4 km
Neufelden 6 km
Linz 38 km

N 4 Sarrebourg 22 km | St-Quirin 2 km D 993 | Sarrebourg 21 km Abreschviller 5 km D 44 | 496 | D 218 Saverne 22 km Wangenbourg 2 km | Sarreguemines 75 km Saverne 20 km D 422 | Sarrebourg 50 Saverne 22 km N 4

N 4 Lunéville 29 km

D 992 Montigny 3 km Lunéville 28 km

N 59 Lunéville 35 km Nancy 69 km

La Salle 2 km Rambervillers 23 km D 32

Bruyères 14 km Epinal 39 km N 420

D 423 Granges-s-Vologne 7 km Bruyères 17 km

D 417 Remiremont 28 km Epinal 40 km

D 486 Cornimont 5 km Le Thillot 18 km

D 43 St-Anné 19 km Remiremont 29 km

Thann 12 km D 13 | Cernay 24 km D 430 | D 430 Mulhouse 22 km Belfort 63 km | 516 | N 83 Mulhouse 23 km Belfort 52 km | IC/EC Mulhouse 23' | A 35 Mulhouse 22 km Basel (CH) 48 km Belfort 63 km | 5 Müllheim 15 km Lörrach 34 km Basel (CH) 43 km

Paris 2h 23' TGV
Nancy 1h 15' IC/EC Metz 1h 20'
A35 Metz 150 km Saarbrücken (D) 124 km Lauterbourg 59 km
Rastatt 38 km Rheinau 7 km 36
497
Frankfurt a.M. 180 km Stuttgart 121 km Rastatt 31 km 5
TGV Stuttgart 1h 16' Karlsruhe 39'
ICE Baden-Baden IC/EC 14'
3 Baden-Baden 30 km Bühl 11 km
500 Baden-Baden 24 km
5 30 km

64 Baiersbronn 4 km Freudenstadt 11 km
28 Freudenstadt 8 km Nagold 46 km
65
66 Alpirsbach 13 km Freudenstadt 32 km 294
508
Schramberg 8 km
67
Villingen-Schwenningen 16 km Donaueschingen 32 km 33
IC/EC Donau-Eschingen 36'
68
Villingen-Schwenningen 13 km
Donaueschingen 15 km
69

IC/EC ICE Basel 44'
3 Müllheim 12 km Basel (CH) 47 km
Todtnau 16 km
517
31 Donaueschingen 34 km Villingen-Schwenningen 46 km
500 Feldberg (Schwarzw.) 16 km Waldshut-Tiengen 53 km
Titisee-Neustadt 2 km

462 Rastatt 37 km Baden-Baden 25 km

294 Pforzheim 40 km Bad Wildbad 23 km

498

463 Pforzheim 43 km Calw 16 km 296

Stuttgart 38' ICE

81 Würzburg 159 km Karlsruhe 110 km Stuttgart 29 km

464 Sindelfingen 8 km Böblingen 7 km

Achern 31 km Baden-Baden 45 km

Offenburg 53 km Strasbourg (F) 64 km 28

Wolfach 9 km Haslach 21 km 294

507

Triberg 11 km Furtwangen 28 km 33

IC/EC Triberg 34'

Furtwangen 21 km Freiburg i.Breisgau 46 km

Titisee-Neustadt 24 km Freiburg i.Breisgau 60 km 31

IC/EC Singen 32'

81 Singen 25 km Stockach 34 km Schaffhausen (CH) 46 km

518

ICE Singen 22'

491 Engen 18 km Singen 31 km

14 Überlingen 27 km Friedrichshafen 60 km

313 Stockach 11 km Konstanz 42 km

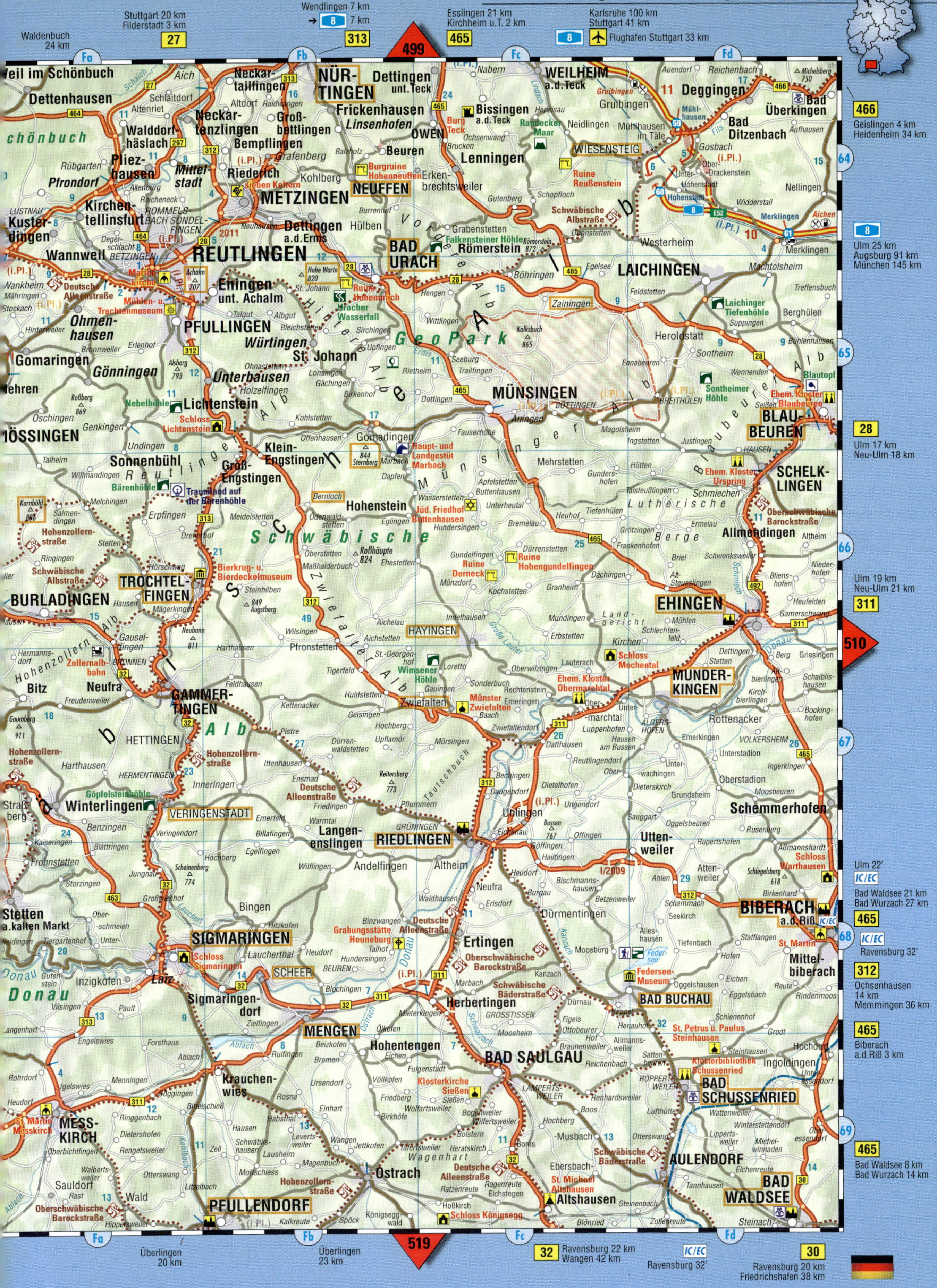

Waldenbuch 24 km
Stuttgart 20 km
Filderstadt 3 km
27
Wendlingen 7 km
8 7 km
313
499
Esslingen 21 km
Kirchheim u.T. 2 km
465
Karlsruhe 100 km
Stuttgart 41 km
8 Flughafen Stuttgart 33 km
466
Geislingen 4 km
Heidenheim 34 km
8
Ulm 25 km
Augsburg 91 km
München 145 km
28
Ulm 17 km
Neu-Ulm 18 km
Ulm 19 km
Neu-Ulm 21 km
311
510
Ulm 22'
IC/EC
Bad Waldsee 21 km
Bad Wurzach 27 km
465
IC/EC
Ravensburg 32'
312
Ochsenhausen 14 km
Memmingen 36 km
465
Biberach a.d.Riß 3 km
465
Bad Waldsee 8 km
Bad Wurzach 14 km
Überlingen 20 km
Überlingen 23 km
519
32 Ravensburg 22 km
Wangen 42 km
IC/EC
Ravensburg 32'
30
Ravensburg 20 km
Friedrichshafen 38 km
NÜRTINGEN
WEILHEIM a.d.Teck
Deggingen
Bad Überkingen
Bad Ditzenbach
WIESENSTEIG
METZINGEN
NEUFFEN
BAD URACH
REUTLINGEN
PFULLINGEN
LAICHINGEN
MÜNSINGEN
BLAUBEUREN
SCHELKLINGEN
Allmendingen
EHINGEN
MUNDERKINGEN
HAYINGEN
Zwiefalten
TROCHTELFINGEN
BURLADINGEN
GAMMERTINGEN
VERINGENSTADT
Winterlingen
RIEDLINGEN
Langenenslingen
Uttenweiler
Schemmerhofen
BIBERACH a.d.Riß
SIGMARINGEN
SCHEER
MENGEN
Ertingen
BAD BUCHAU
BAD SAULGAU
BAD SCHUSSENRIED
AULENDORF
BAD WALDSEE
MESSKIRCH
PFULLENDORF
Ostrach
Altshausen
Krauchenwies
Sigmaringendorf
Herbertingen
Hohentengen
Schwäbische Alb
GeoPark
Münsinger Alb
Reutlinger Alb
Zwiefalter Alb
Donau

Göppingen 19 km
Süßen 9 km Stuttgart 55'
10 ICE IC/EC

Nürnberg 147 km
Würzburg 142 km
Heidenheim 16 km
7

500

Wittislingen
2 km

8
Stuttgart 66 km
Karlsruhe 127 km
Frankfurt a.M.
251 km

28
Bad Urach 38 km
Reutlingen 58 km

Ehingen 6 km
Riedlingen 32 km
311

509

Biberach a.d. Riß
22'
IC/EC
Schemmerhofen
10 km
Ehingen 25 km
465

312
Riedlingen 26 km

30
Bad Waldsee 19 km
Ravensburg 29 km
IC/EC
Ravensburg 56'

465
Biberach
a.d.Riß 15 km

465 Leutkirch 16 km
Isny 33 km

Wangen 34 km
Lindau 53 km
Bregenz (A) 61 km
96

Lindau 1h IC/EC

Aichstetten
4 km
Legau 8 km

520

7 IC/EC Kempten 20'
Kempten 45 km
Füssen 81 km
Reutte (A) 81 km

Obergünzburg
9 km

16 Donauwörth 21 km Tapfheim 10 km Höchstadt a.d.D. 1 km

Mertingen 7 km

Treuchtlingen 43' Donauwörth 24' IC/EC

Nürnberg 1h 6' Würzburg 1h 52' Donauwörth 17' ICE

Nördlingen 42 km Donauwörth 12 km 2

501

Eichstätt 38 km Neuburg 18 km

300 → 9 22 km Ingolstadt 33 km

Erdweg 3 km Dachau 17 km

Dachau 19 km München 24 km Salzburg 147 km 8

512

ICE IC/EC München-Pasing 26'

471 Olching 7 km → 8 10 km

2 Germering 11 km München 26 km

IC/EC München-Pasing 42'

96 Germering 7 km München 18 km

2 Starnberg 11 km München 29 km

16 Kaufbeuren 5 km Füssen 47 km

12 Kaufbeuren 5 km Kempten 37 km

IC/EC Kempten 1h 13'

Schongau 10 km Füssen 47 km 17

521

Weilheim i.Ob. 18 km Penzberg 43 km

2 Weilheim i.Ob. 8 km Garmisch-Partenkirchen 53 km

Nürnberg 109 km
Ingolstadt 24 km
9

Regensburg 65 km
Mainburg 15 km
Wolnzach 3 km
93

Ingolstadt 24 km
Reichertshofen 9 km
300

13

Nürnberg 1h 18'
Ingolstadt 46'
IC/EC ICE

502

301 Abensberg 26 km
Mainburg 5 km

300
Friedberg 35 km
Augsburg 42 km

Friedberg 28 km
Augsburg 37 km
Ulm 104 km
8

511

Augsburg 28'
ICE

→ 96 16 km

471

2
Fürstenfeldbruck 1 km
Augsburg 40 km

IC/EC
Buchloe 42'

96
Inning a.A. 9 km
Buchloe 41 km
Mindelheim 60 km

2
Weilheim i.Ob. 15 km
Murnau 35 km

2 4 6 8 10 km 1:340 000

ICE Garmisch-Partenkirchen 1h 17'
IC/EC Weilheim i.Ob. 35'
Garmisch-P. 1h 40'

95
Penzberg 19 km
Benediktbeuern 30 km
Garmisch-Partenkirchen 56 km

11
Geretsried 6 km
Penzberg 28 km

522

13
Holzkirchen 4 km
Bad Tölz 24 km

8
Rosenheim 37 km
Kufstein (A) 59 km
Innsbruck (A) 131 km

Rottenburg a.d.Laaber 20 km
Pfeffenhausen 14 km
299

Deggendorf 70 km
Plattling 60 km
Dingolfing 27 km
92

15 Regensburg 58 km
Ergoldsbach 14 km

503

92 12 km
Dingolfing 7 km

Straubing 42 km
Landau a.d.Isar 13 km
20

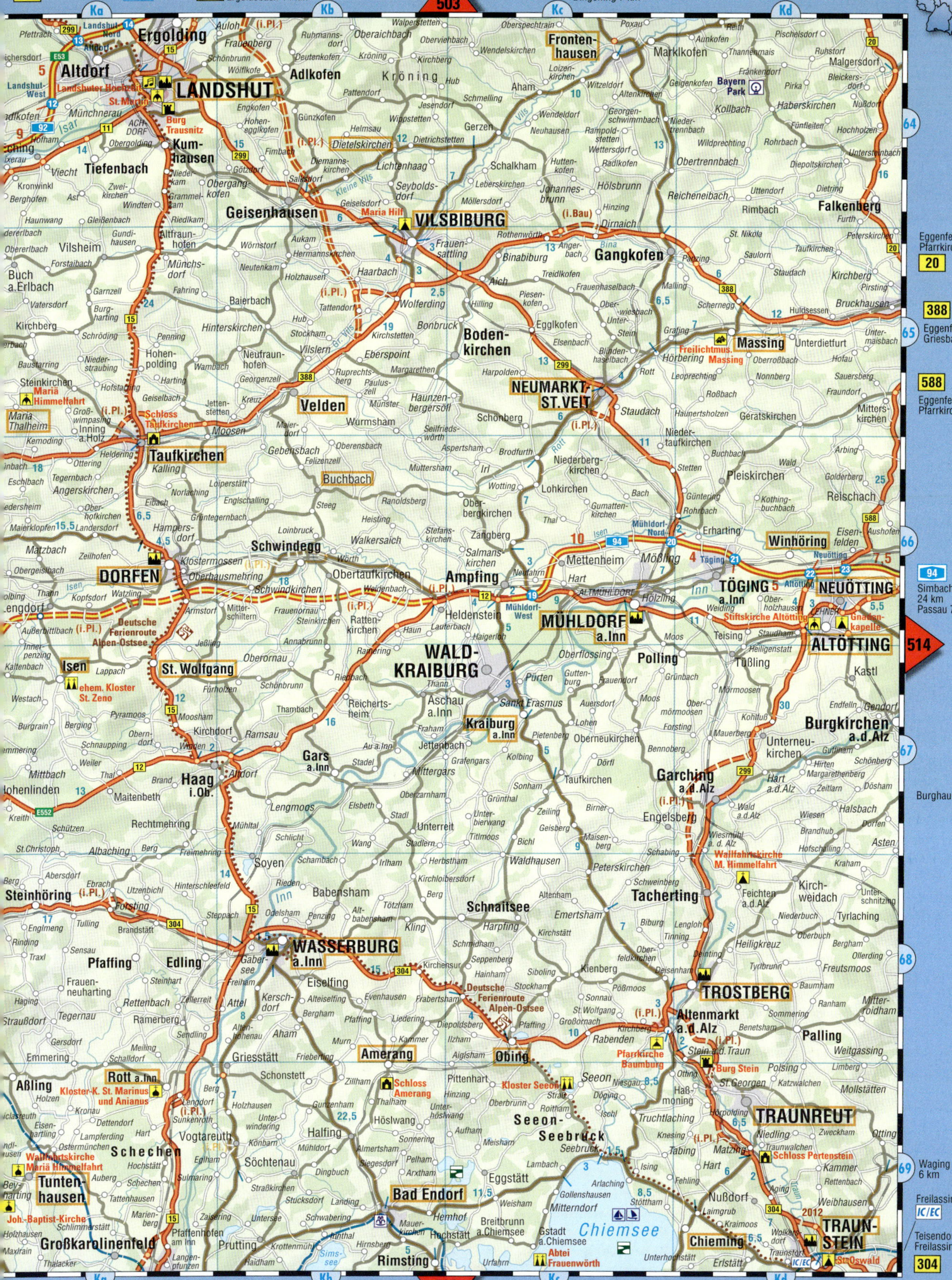

20
Eggenfelden 4 km
Pfarrkirchen 14 km

388
Eggenfelden 2 km
Griesbach 45 km

588
Eggenfelden 6 km
Pfarrkirchen 18 km

94
Simbach a.Inn 24 km
Passau 79 km

514

Burghausen 10 km

Waging a. See 6 km

Freilassing 17' IC/EC

Teisendorf 8 km
Freilassing 24 km
304

Rosenheim 37' IC/EC
Kufstein 57' ICE

15 Rosenheim 3 km
8 9 km

Prien a. Chiemsee 2 km

523

Ruhpolding 12 km
Inzell 15 km
306

Passau (D) 14' IC/EC ICE

Freyung 41 km
Passau 6 km
12

Grafenau 44
Passau 7

Nürnberg 210 km
Deggendorf 50 km
Passau 7 km
3

Eichendorf 11 km

Aidenbach 2 km

504

Falkenberg 5 km
Landau a.d. Isar 30 km
20

388
Vilsbiburg 30 km
Landshut 52 km

588
Altötting 19 km
Mühldorf a. Inn 30 km

Mühldorf a. Inn 20 km
München 92 km
94

Altötting 6 km 12

513

Traunstein 9 km

Traunstein 6 km
304

2 4 6 8 10 km 1:340 000

524

304 Freilassing 22 km

Freilassing 1 km
Salzburg (A) 8 km
20

IC/EC
Salzburg 45'

Salzburg 8 km 156

1 Salzburg 6 km
Flughafen Salzburg 11 km

A1 Salzburg 7 km
München (D) 155 km
Villach 187 km

154 151
Unterach a. Attersee 10 km
Bad Ischl 36 km

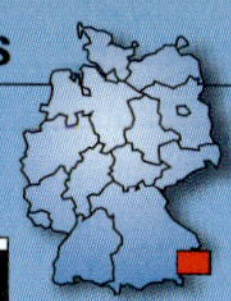

130 Vilshofen (D) 44 km
Passau (D) 21 km

127 Passau (D) 61 km
Rohrbach i. Oberösterr. 6 km

64
65
Urfahr 5 km
Linz 6 km
127
129 Linz 6 km
Roßberg 40 km
IC/EC Linz 15'
ICE
Linz 12 km
Amstetten 59 km
1
66
A25
Linz 15 km
St. Pölten 111 km
A1
139 Traun 14 km
Linz 23 km
67
IC/EC Bad Hall 5'
122 Bad Hall 4 km
Steyr 22 km
68
69
138 Sierning 28 km
Steyr 36 km
Windischgarsten 30'
IC/EC

151 Unterach a. Attersee 5 km
Bad Ischl 31 km
152 St. Gilgen 21 km
Bad Ischl 24 km
145 Bad Ischl 19 km
Salzburg 75 km
Windischgarsten 17 km
Liezen 41 km
Graz 149 km 138

Colmar 20 km
Roufach 5 km
N 83
Colmar 23'
IC/EC
A 35 Strasbourg 87 km
Colmar 31 km
Frankfurt a.M. 263 km
Karlsruhe 141 km
Freiburg i.Br. 13 km
5
D 431 Munster 34 km
506
N 66
Remiremont 35 km
Epinal 61 km
D 466
Giromagny 18 km
Hericourt 16 km
N 83
A 36
Belfort 2 km
Besançon 98 km
Dijon 180 km
IC/EC
Belfort 25'
Belfort 8 km
Lure 40 km
N 19
Montbéliard 7 km
D 463
Montbéliard 15 km
D 34
D 73
Pont de Roide 9 km
La Chaux-de-Fonds 14 km
18
6 / 30
Biel/Bienne 15 km
La Chaux-de-Fonds 33 km
IC/EC Biel/Bienne 25'
5 / 12 / 22
Solothurn 1 km
Biel/Bienne 24 km
1
Bern 38 km
Lausanne 142 km
Parc Naturel Régional des Ballons des Vosges
Soultz Haut-Rhin
St-Amarin
Willer-sur-Thur
Cernay
Thann
Masevaux
Wittelsheim
Kingersheim
Ensisheim
Wittenheim
Illzach
Pfastatt
Lutterbach
MULHOUSE
Riedisheim
Rixheim
Habsheim
Brunnstatt
NEUENBURG
Ottmarsheim
Rougemont-le-Château
Fontaine
Chèvremont
Vézelois
Bourogne
Grandvillars
Delle
Beaucourt
Altkirch
Hirsingue
Sierentz
Efringen-Kirchen
St-Louis
Huningue
BASEL
ALLSCHWIL
BINNINGEN
Bottmingen
Oberwil
Therwil
REINACH
Ettingen
Aesch
Ferrette
Porrentruy
Courgenay
Laufen
DELÉMONT
Bassecourt
Courrendlin
Moutier
Tavannes
Tramelan
Saignelégier
Reconvilier
Langendorf
Bad Bellingen
Schliengen
FRANCE
SUISSE
2 4 6 8 10 km 1:340 000

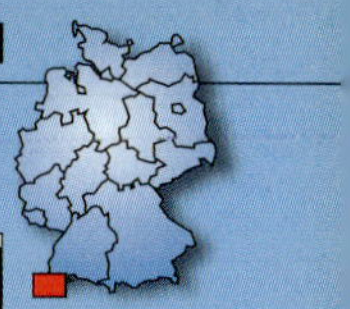

Freiburg i.Br. 35' IC/EC ICE
3 Freiburg i.Br. 14 km Schallstadt 7 km
Kirchzarten 8 km
507
Freiburg i.Br. 31 km Kirchzarten 15 km
31
500 Furtwangen 26 km Breitnau 4 km

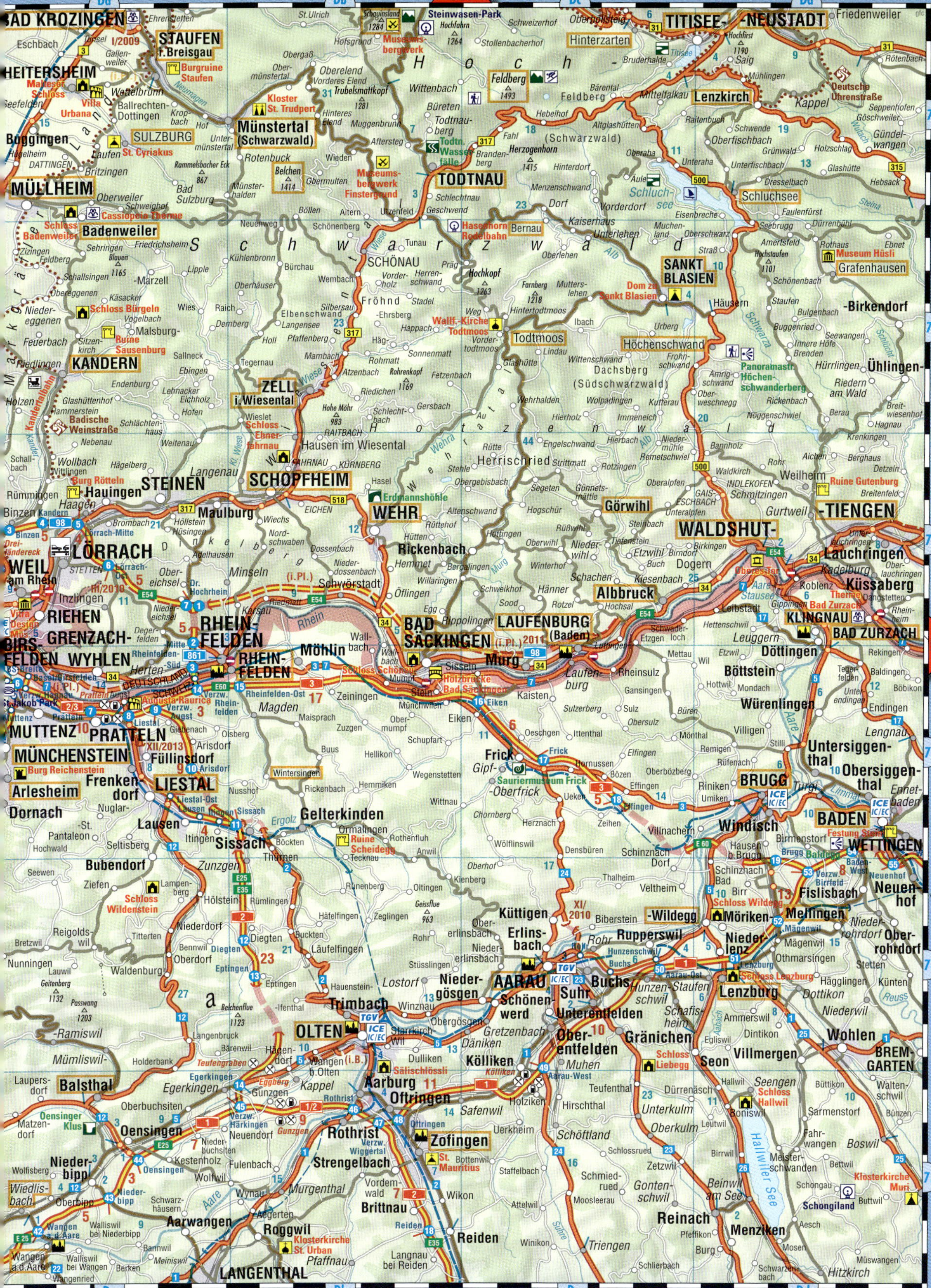

31 Müfingen 14 km Donaueschingen 21 km
315 Stühlingen 21 km Schaffhausen (CH) 40 km
34 Klettgau 9 km Schaffhausen (CH) 31 km
518
7 Kaiserstuhl 3 km Winterthur 33 km
17 Dielsdorf 17 km
Zürich 22 km Winterthur 47 km
1
ICE Zürich 15'
3 Dietikon 11 km
1 Schlieren 15 km Zürich 22 km
25 Cham 18 km Zug 23 km

22 Huttwil 20 km
1 Herzogenbuchsee 4 km Bern 42 km
ICE Bern 30' IC/EC
2 2 Sursee 13 km Luzern 35 km
IC/EC Luzern 35'
24 Sursee 5 km Luzern 29 km
Hochdorf 8 km Luzern 24 km 23
26 Hochdorf 8 km Luzern 24 km

Karlsruhe 176 km
Stuttgart 122 km
Villingen-Schwenningen 25 km
81

Tübingen 93 km
Donaueschingen 6 km
27 31

Geisingen 12 km

Hüfingen 8 km
31 33

508

Tuttlingen 21' ICE
Donaueschingen 32' IC/EC

Spaichingen 25 km
Tuttlingen 9 km
491

Rottweil 41 km
Tuttlingen 13 km
14

Reutlingen 89 km
Sigmaringen 31 km
313

31
Freiburg i.Br. 46 km
Colmar (F) 89 km

315
Titisee-Neustadt 29 km
Freiburg i.Br. 57 km

314
Bad Säckingen 37 km
Grenzach-Wyhlen 69 km
Basel (CH) 71 km
34

517

7
Waldshut-Tiengen (D) 15 km
Bad Säckingen (D) 37 km

Basel 63 km
Bern 98 km
Freiburg i.Br. (D) 130 km
1
Baden 15' ICE

1
Lenzburg 15 km
Langenthal 57 km

25
Muri 1 km
Lenzburg 20 km

2 4 6 8 10 km 1:340 000

25
Cham 11 km
→ 14 11 km
Luzern 25 km

CIS IC/EC
Zug 23'

4
Zug 10 km
Luzern 36 km

3 3
Lachen 18 km
Chur 88 km
San Bernardino 144 km

IC/EC
Zug 25'

8
Einsiedeln 20 km
Schwyz 35 km

Kaltbrunn 1 km 17
→ 3 9 km

Pfullendorf 1 km

509

Sigmaringen 33 km
Bad Saulgau 12 km 32

Biberach 34' IC/EC

Laupheim 43 km
Biberach a.d. Riß 24 km 30

Fa Fb Fc Fd

70 71 72 73 74 75

2 Laternser Tal / Zwischenwasser und Übersaxen

Wangen 6 km
Immenstadt i.A. 54 km
32

96
Memmingen 49 km
Ulm 95 km
München 165 km

Memmingen 1h
IC/EC

Isny 24 km
Kempten 54 km
12

Lindenberg 11 km
Immenstadt i.A. 48 km
308

520

200
Immenstadt i.A. (D) 40 km
Reutte 122 km

16 Alt St. Johann 11 km
Buchs 34 km

13
Buchs 7 km
Chur 52 km

13 Buchs 7 km
Chur 50 km
San Bernardino 106 km

IC/EC Buchs 55'

IC/EC
Bludenz 15'

A14 Bludenz 15 km
Landeck 89 km
Innsbruck 166 km

465 Biberach a.d. Riß 28 km Oberessendorf 13 km
Ulm 67 km Mindelheim 41 km Memmingen 12 km 96 Memmingen IC/EC
510
Ulm 67 km Mindelheim 42 km Memmingen 8 km 7 Memmingen 20' IC/EC
Bergatreute 5 km Weingarten 17 km Ravensburg 20 km
Lindau 20 km Bregenz 22 km Friedrichshafen 41 km 96
Lindau IC/EC
Sigmarszell 7 km Lindau 11 km Bregenz 18 km 12
Sigmarszell 1 km Lindau 10 km Friedrichshafen 27 km 308
519
200 Dornbirn 4 km Lustenau 13 km Bregenz 13 km
Rankweil 10 km Feldkirch 17 km
193 Bludenz 12 km
198 Lech 2 km St. Anton am Arlberg 22 km Bludenz 44 km

Mindelheim 22 km
Bad Wörishofen 17 km
Pforzen 2 km
16

Augsburg 1h 17'
IC/EC

12 Buchloe 18 km
Germaringen 4 km

Kaufering 21 km
Landsberg 16 km
Seestall 6 km
17

511

→ 95 23 km (AB-Dr. Starnberg)
Starnberg 17 km
Pöcking 12 km
2

522

IC/EC
München 40'
ICE
München 1h 22'
70
Penzberg 15 km

1 Bregenzerwald
4 Das Große Walsertal
5 Das Kleinwalsertal
8 Arlberg/Lech und Zürs
10 Das Tannheimer Tal
11 Reutte
12 Das Tiroler Zugspitzgebiet
20 Das Ötztal
21 Seefeld mit Leutaschtal
22 Das Kühtai
23 Skigroßraum Innsbruck

1 Westallgäu
2 Grünten/Mittag-Ski-Center
3 Zwischen Bad Hindelang und Mittelberg
4 Die Hörnergruppe
5 Oberstdorf
6 Ostallgäu
7 Oberammergau
8 Garmisch-Partenkirchen und Zugspitze
9 Mittenwald

71
72

Mittenwald 11 km
Kochel 29 km
Innsbruck (A) 46 km
73
2
IC/EC
Mittenwald 25'

Scharnitz 4 km
Mittenwald 9 km
Kochel a. See 42 km
74
177
IC/EC
Scharnitz 10'

Hochzirl 10'
IC/EC
Innsbruck 13 km
171
Hall 21 km
A12
75
Innsbruck 16 km
Brennerpass 45 km
Bressanone/Brixen (I) 88 km
IC/EC
Innsbruck 15'

171 A12 IC/EC Ötztal 10'
Landeck 11 km
St. Anton 36 km
Serfaus 36 Km

186
Oetz 3 km
Sölden 36 km

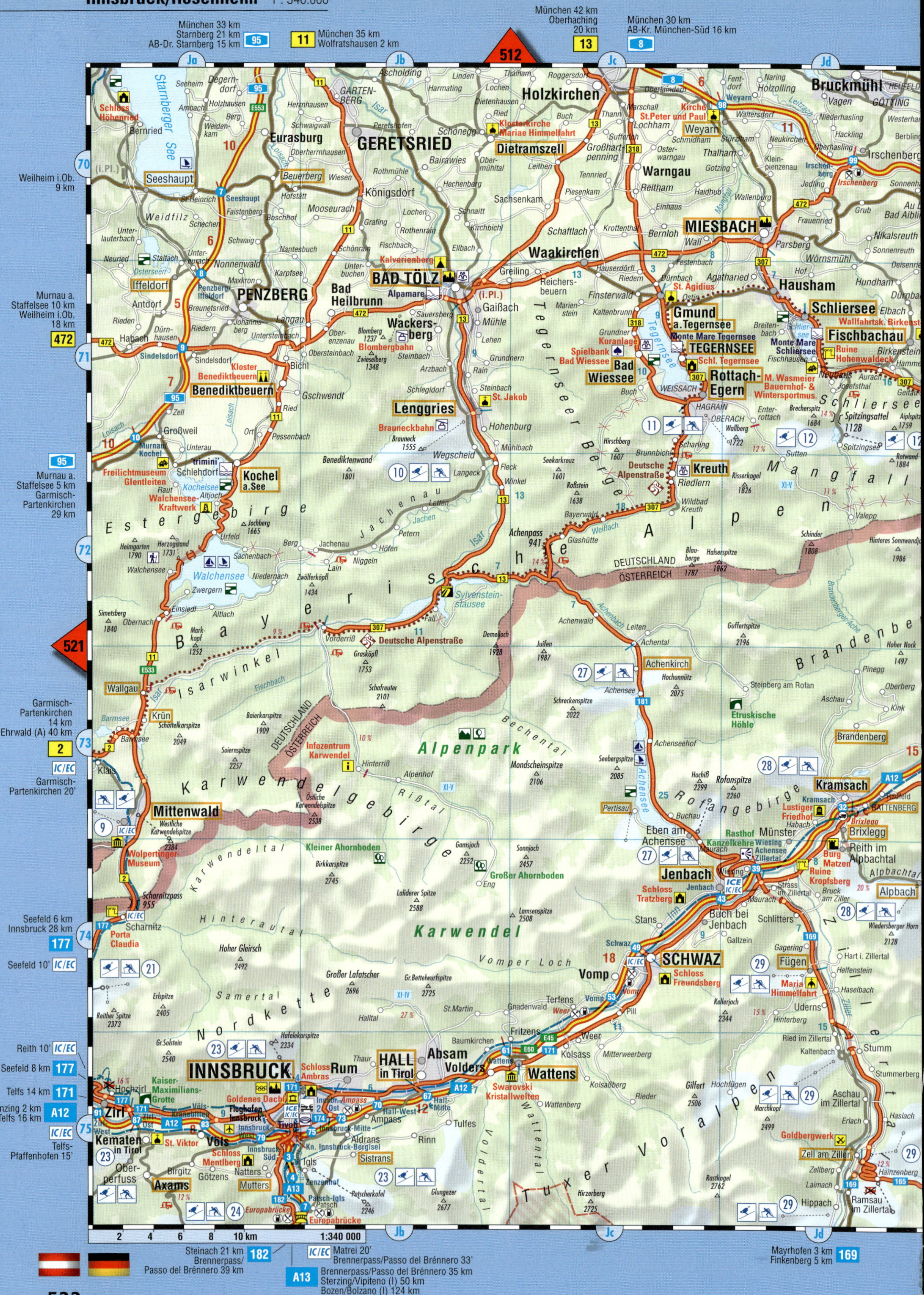

München 33 km
Starnberg 21 km
AB-Dr. Starnberg 15 km
95
11 München 35 km
Wolfratshausen 2 km
München 42 km
Oberhaching 20 km
13
512
München 30 km
AB-Kr. München-Süd 16 km
8
Ja
Jb
Jc
Jd
Starnberger See
Eurasburg
GERETSRIED
Holzkirchen
Bruckmühl
Dietramszell
Warngau
MIESBACH
Seeshaupt
Beuerberg
Königsdorf
Waakirchen
PENZBERG
BAD TÖLZ
Bad Heilbrunn
Wackersberg
Gmund a.Tegernsee
TEGERNSEE
Hausham
Schliersee
Fischbachau
Bad Wiessee
Rottach-Egern
Benediktbeuern
Lenggries
Kochel a.See
Kreuth
Walchensee
Sylvensteinstausee
Wallgau
Krün
Mittenwald
Achenkirch
Achensee
Alpenpark
Karwendel
Jenbach
SCHWAZ
Fügen
Kramsach
Brixlegg
Alpbach
Vomp
INNSBRUCK
Rum
HALL in Tirol
Absam
Volders
Wattens
Zirl
Kematen in Tirol
Völs
Axams
Mutters
Sistrans
Zell am Ziller
Tegernseer Berge
Mangfall
Alpen
Estergebirge
Bayerische
Isarwinkel
Karwendelgebirge
Rofangebirge
Nordkette
Tuxer Voralpen
Deutsche Alpenstraße
DEUTSCHLAND
ÖSTERREICH
Weilheim i.Ob. 9 km
Murnau a. Staffelsee 10 km
Weilheim i.Ob. 18 km
472
Murnau a. Staffelsee 5 km
Garmisch-Partenkirchen 29 km
521
Garmisch-Partenkirchen 14 km
Ehrwald (A) 40 km
2
Garmisch-Partenkirchen 20'
Seefeld 6 km
Innsbruck 28 km
177
Seefeld 10'
Reith 10'
Seefeld 8 km
Telfs 14 km
171
Inzing 2 km
Telfs 16 km
A12
Telfs-Pfaffenhofen 15'
2 4 6 8 10 km
1:340 000
Steinach 21 km
Brennerpass/Passo del Brennero 39 km
182
IC/EC Matrei 20'
Brennerpass/Passo del Brennero 33'
A13
Brennerpass/Passo del Brennero 35 km
Sterzing/Vipiteno (I) 50 km
Bozen/Bolzano (I) 124 km
Mayrhofen 3 km
Finkenberg 5 km
169

München 1h ICE
München-Ost 35' IC/EC
15 Wasserburg a. Inn 24 km Rott a. Inn 15 km
IC/EC Traunstein 34' Prien a. Chiemsee 17'
Bad Endorf 4 km
513
IC/EC Rosenheim 17'
Traunreut 12 km
Traunstein 17' IC/EC
306 Trostberg 24 km Traunreut 15 km

21 Seefeld mit Leutaschtal
23 Skigroßraum Innsbruck
24 Axamer Lizum
27 Achensee-Region
28 Das Alpbachtal
29 Das Zillertal
30 Gerlos
31 Der Kaiserwinkel
32 Die Wildschönau
33 Wilder Kaiser/Brixental
34 Kitzbühel und Kirchberg
35 St. Johann in Tirol
36 Fieberbrunn, St. Ulrich, Waidring
41 Lofer
43 Saalbach-Hinterglemm
46 Der Oberpinzgau

9 Mittenwald
10 Lenggries
11 Tegernseer Tal
12 Schliersee/Spitzingsee
13 Bayrischzell
14 Oberaudorf
15 Reit im Winkl

311 Saalfelden 25 km Zell am See 42 km

524

Saalfelden 30' IC/EC

164 Leogang 14 km Zell am See 38 km

168 Kaprun 6 km Zell am See 11 km

Felbertauern 6 km
Lienz 50 km

Braunau 50 km
Oberndorf 12 km
156

Linz 112 km
Wels 89 km
Mondsee 20 km
A1

Attnang-Puchheim 45'
IC/EC

304 Traunreut 21 km
Traunstein 6 km

IC/EC Traunstein 16'

Burghausen 47 km
Laufen (A) 11 km
20

514

1 Vöcklabruck 55 km
Neumarkt 16 km

Mattighofen 37 km
Mondsee 2 km
154

Mondsee 4 km
151

Traunstein 10 km
Rosenheim 51 km
München 109 km
8

306
Siegsdorf 6 km
Traunstein 13 km

305
Ruhpolding 6 km
Reit im Winkl 27 km

178
St. Johann 24 km
Kitzbühel 33 km

523

St. Johann in Tirol 30'
IC/EC

164
Fieberbrunn 11 km
St. Johann in Tirol 25 km

168
Mittersill 15 km
Kitzbühel 45 km

Heiligenblut 33 km
Lienz 71 km

IC/EC 167 Bad Gastein 6 km
Spittal 62 km
Bad Gastein 10'

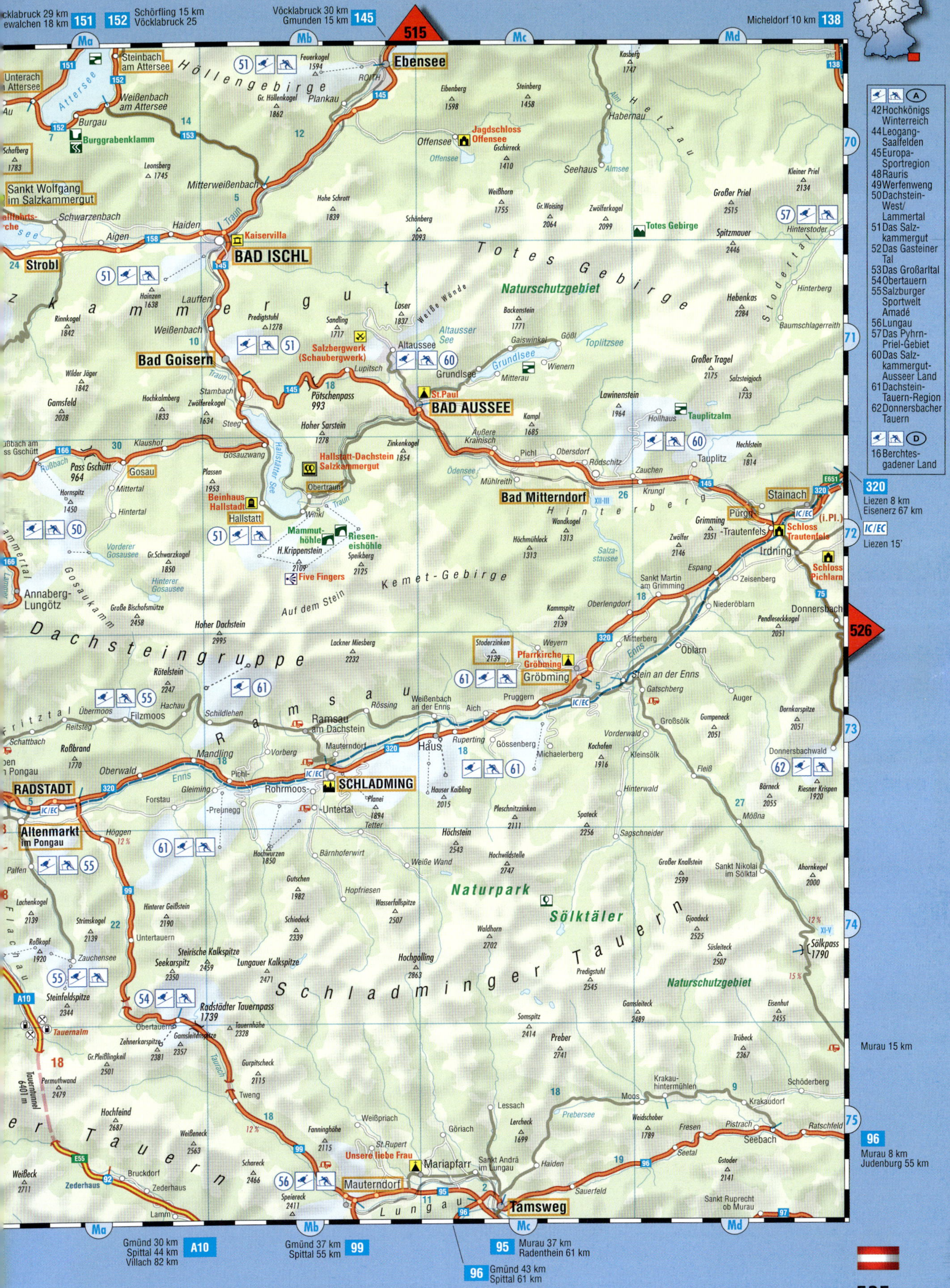

Vöcklabruck 29 km
Seewalchen 18 km
151
152 Schörfling 15 km
Vöcklabruck 25
Vöcklabruck 30 km
Gmunden 15 km
145
515
Micheldorf 10 km
138
Ma
Mb
Mc
Md
Steinbach am Attersee
Unterach am Attersee
Attersee
Weißenbach am Attersee
Burgau
Burggrabenklamm
Schafberg 1783
Sankt Wolfgang im Salzkammergut
Schwarzenbach
Aigen
Haiden
Strobl
Höllengebirge
Feuerkogel 1594
Gr. Höllenkogel 1862
Plankau
Mitterweißenbach
Leonsberg 1745
Ebensee
Eibenberg 1598
Steinberg 1458
Kasberg 1747
Habernau
Hetzau
Jagdschloss Offensee
Offensee
Gschirreck 1410
Seehaus
Almsee
Kleiner Priel 2134
Großer Priel 2515
Spitzmauer 2446
Hinterstoder
Totes Gebirge
Kaiservilla
BAD ISCHL
Hohe Schrott 1839
Schönberg 2093
Weißhorn 1755
Gr. Woising 2064
Zwölferkogel 2099
Naturschutzgebiet
Hebenkas 2284
Hinterberg
Baumschlagerreith
Salzkammergut
Lauffen
Weißenbach
Bad Goisern
Rinnkogel 1842
Predigtstuhl 1278
Sandling 1717
Loser 1837
Weiße Wände
Backenstein 1771
Altausseer See
Altaussee
Grundlsee
Gößl
Toplitzsee
Salzbergwerk (Schaubergwerk)
Lupitsch
Mitterau
Wienern
Großer Tragel 2175
Salzsteigjoch 1733
Wilder Jäger 1842
Gamsfeld 2028
Hochkalmberg 1833
Zwölferkogel 1634
Stambach
Pötschenpass 993
St. Paul
BAD AUSSEE
Lawinenstein 1964
Hollhaus
Tauplitzalm
Kampl 1685
Steeg
Hoher Sarstein 1278
Zinkenkogel 1854
Äußere Kainisch
Pichl
Obersdorf
Rödschitz
Zauchen
Tauplitz
Hechlstein 1814
Gosauzwang
Klaushof
Pass Gschütt 964
Gosau
Hallstatt-Dachstein Salzkammergut
Hallstätter See
Obertraun
Ödensee
Mühlreith
Bad Mitterndorf
Krungl
Hinterberg
Stainach
Pürgg
Liezen 8 km
Eisenerz 67 km
320
Hornspitz 1450
Mitterтal
Hintertal
Plassen 1953
Beinhaus Hallstatt
Hallstatt
Winkl
Traun
Mammuthöhle
Rieseneishöhle
H. Krippenstein 2109
Speikberg 2125
Wandkogel 1313
Höchmühleck 1313
Salzastausee
Grimming 2351
Trautenfels
Schloss Trautenfels
Liezen 15'
Vorderer Gosausee
Gr. Schwarzkogel 1850
Hinterer Gosausee
Five Fingers
Kemet-Gebirge
Zwölfer 2146
Irdning
Espang
Schloss Pichlarn
Annaberg-Lungötz
Gosaukamm
Große Bischofsmütze 2458
Auf dem Stein
Sankt Martin am Grimming
Zeisenberg
Niederöblarn
Donnersbach
Pendlesseckkogel 2051
Dachsteingruppe
Hoher Dachstein 2995
Lackner Miesberg 2232
Kammspitz 2139
Oberlengdorf
526
Stoderzinken 2139
Weyern
Pfarrkirche Gröbming
Mitterberg
Öblarn
Rötelstein 2247
Gröbming
Stein an der Enns
Gatschberg
Hachau
Filzmoos
Schildlehen
Ramsau
Rössing
Weißenbach an der Enns
Aich
Pruggern
Auger
Übermoos
Fritztal
Reitsteg
Schattbach
Ramsau am Dachstein
Großsölk
Gumpeneck 2051
Dornkarspitze 2051
Roßbrand 1770
Mandling
Vorberg
Mauterndorf
Haus
Ruperting
Gössenberg
Michaelerberg
Vorderwald
Kleinsölk
Donnersbachwald
Kochofen 1916
Oberwald
Pichl
SCHLADMING
Rohrmoos
RADSTADT
Forstau
Gleiming
Enns
Preunegg
Planei 1894
Untertal
Hauser Kaibling 2015
Pleschnitzzinken 2111
Hinterwald
Spateck 2256
Fleiß
Bärneck 2055
Riesner Krispen 1920
Mößna
Altenmarkt im Pongau
Höggen
Tetter
Höchstein 2543
Sagschneider
Hochwurzen 1850
Bärnhoferwirt
Weiße Wand
Hochwildstelle 2747
Großer Knallstein 2599
Sankt Nikolai im Sölktal
Ahornkegel 2000
Palfen
Gutschen 1982
Hopfriesen
Naturpark
Sölktäler
Lackenkogel 2139
Flachau
Hinterer Geißstein 2190
Wasserfallspitze 2507
Strimskogel 2139
Untertauern
Schiedeck 2339
Woldhorn 2702
Gjaideck 2525
Sölkpass 1790
Roßkopf 1920
Zauchensee
Steirische Kalkspitze 2459
Seekarspitze 2350
Lungauer Kalkspitze 2471
Hochgolling 2863
Schladminger Tauern
Süsleiteck 2507
Predigstuhl 2545
Naturschutzgebiet
Steinfeldspitze 2344
Radstädter Tauernpass 1739
Gamsleiteck 2489
Eisenhut 2455
Tauernalm
Obertauern
Tauernhöhe 2328
Zehnerkarspitze 2381
Gamsleitenspitze 2357
Somspitz 2414
Preber 2741
Trübeck 2367
Murau 15 km
Gr. Pleißlingkeil 2501
Taurach
Permuthwand 2479
Gurpitscheck 2115
Tauerntunnel 6401 m
Krakauhintermühlen
Schöderberg
Twena
Moos
Krakaudorf
Hochfeind 2687
Tauern
Weißeneck 2563
Fanningshöhe 2115
Weißpriach
Lessach
Göriach
Prebersee
Lerchegg 1699
Weidschober 1789
Fresen
Pistrach
Seebach
Ratschfeld
96
Murau 8 km
Judenburg 55 km
Weißeck 2711
Zederhaus
Bruckdorf
Schareck 2466
St. Rupert
Unsere liebe Frau
Mariapfarr
Sankt Andrä im Lungau
Haiden
Seetal
Gstoder 2141
Speiereck 2411
Mauterndorf
Lamm
Lungau
Sauerfeld
Tamsweg
Sankt Ruprecht ob Murau
Gmünd 30 km
Spittal 44 km
Villach 82 km
A10
Gmünd 37 km
Spittal 55 km
99
95 Murau 37 km
Radenthein 61 km
96 Gmünd 43 km
Spittal 61 km
A
42 Hochkönigs Winterreich
44 Leogang-Saalfelden
45 Europa-Sportregion
48 Rauris
49 Werfenweng
50 Dachstein-West/Lammertal
51 Das Salzkammergut
52 Das Gasteiner Tal
53 Das Großarltal
54 Obertauern
55 Salzburger Sportwelt Amadé
56 Lungau
57 Das Pyhrn-Priel-Gebiet
60 Das Salzkammergut-Ausseer Land
61 Dachstein-Tauern-Region
62 Donnersbacher Tauern
D
16 Berchtesgadener Land

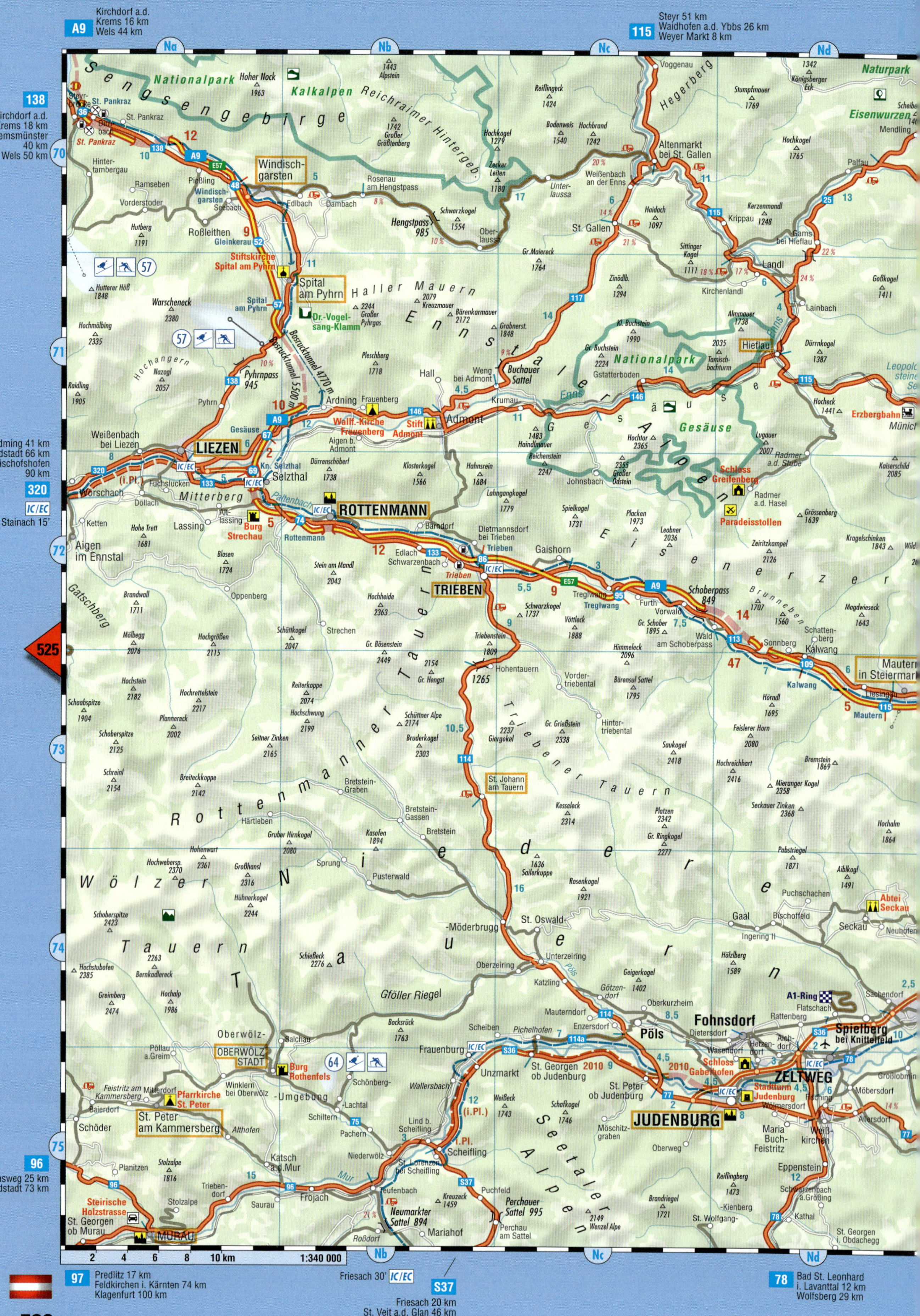
A9 Kirchdorf a.d. Krems 16 km Wels 44 km
115 Steyr 51 km Waidhofen a.d. Ybbs 26 km Weyer Markt 8 km
138 Kirchdorf a.d. Krems 18 km Kremsmünster 40 km Wels 50 km
Schladming 41 km Radstadt 66 km Bischofshofen 90 km
320
IC/EC Stainach 15'
525
96 Tamsweg 25 km Radstadt 73 km
97 Predlitz 17 km Feldkirchen i. Kärnten 74 km Klagenfurt 100 km
Friesach 30' IC/EC
S37 Friesach 20 km St. Veit a.d. Glan 46 km Klagenfurt 68 km
78 Bad St. Leonhard i. Lavanttal 12 km Wolfsberg 29 km
Na
Nb
Nc
Nd
70
71
72
73
74
75
Sengsengebirge
Nationalpark Kalkalpen
Reichraimer Hintergeb.
Windischgarsten
Spital am Pyhrn
Stiftskirche Spital am Pyhrn
Dr.-Vogelsang-Klamm
Haller Mauern
Pyhrnpass 945
Bosrucktunnel 4770 m
Gleinkerau
Hengstpass 985
Altenmarkt bei St. Gallen
St. Gallen
Weißenbach an der Enns
Landl
Hieflau
Nationalpark Gesäuse
Ennstaler Alpen
Buchauer Sattel
Admont
Stift Admont
Wallf.-Kirche Frauenberg
Ardning
LIEZEN
Selzthal
Weißenbach bei Liezen
Wörschach
Mitterberg
Burg Strechau
ROTTENMANN
Aigen im Ennstal
Lassing
Schloss Greifenberg
Paradeisstollen
Radmer a.d. Hasel
Erzbergbahn
Eisenerzer Alpen
TRIEBEN
Schoberpass 849
Wald am Schoberpass
Kalwang
Mautern in Steiermark
Gaishorn
Treglwang
Hohentauern 1265
Rottenmanner Tauern
Triebener Tauern
St. Johann am Tauern
Wölzer Tauern
Niedere Tauern
Möderbrugg
St. Oswald
Oberzeiring
Gföller Riegel
Pöls
Fohnsdorf
Spielberg bei Knittelfeld
ZELTWEG
A1-Ring
JUDENBURG
Schloss Gabelhofen
Stadtturm Judenburg
St. Georgen ob Judenburg
Unzmarkt
Oberwölz
OBERWÖLZ STADT
Burg Rothenfels
St. Peter am Kammersberg
Pfarrkirche St. Peter
Murau
Steirische Holzstrasse
Scheifling
Neumarkter Sattel 894
Perchauer Sattel 995
Seetaler Alpen
Abtei Seckau
Seckau
Gaal
Weißkirchen
Eppenstein
2 4 6 8 10 km 1:340 000

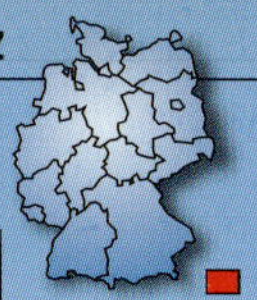

25 Wieselburg 53 km
Scheibbs 38 km

20 St. Pölten 96 km
Lilienfeld 73 km
Mariazell 5 km

23 Lilienfeld 51 km
Mariazell 22 km

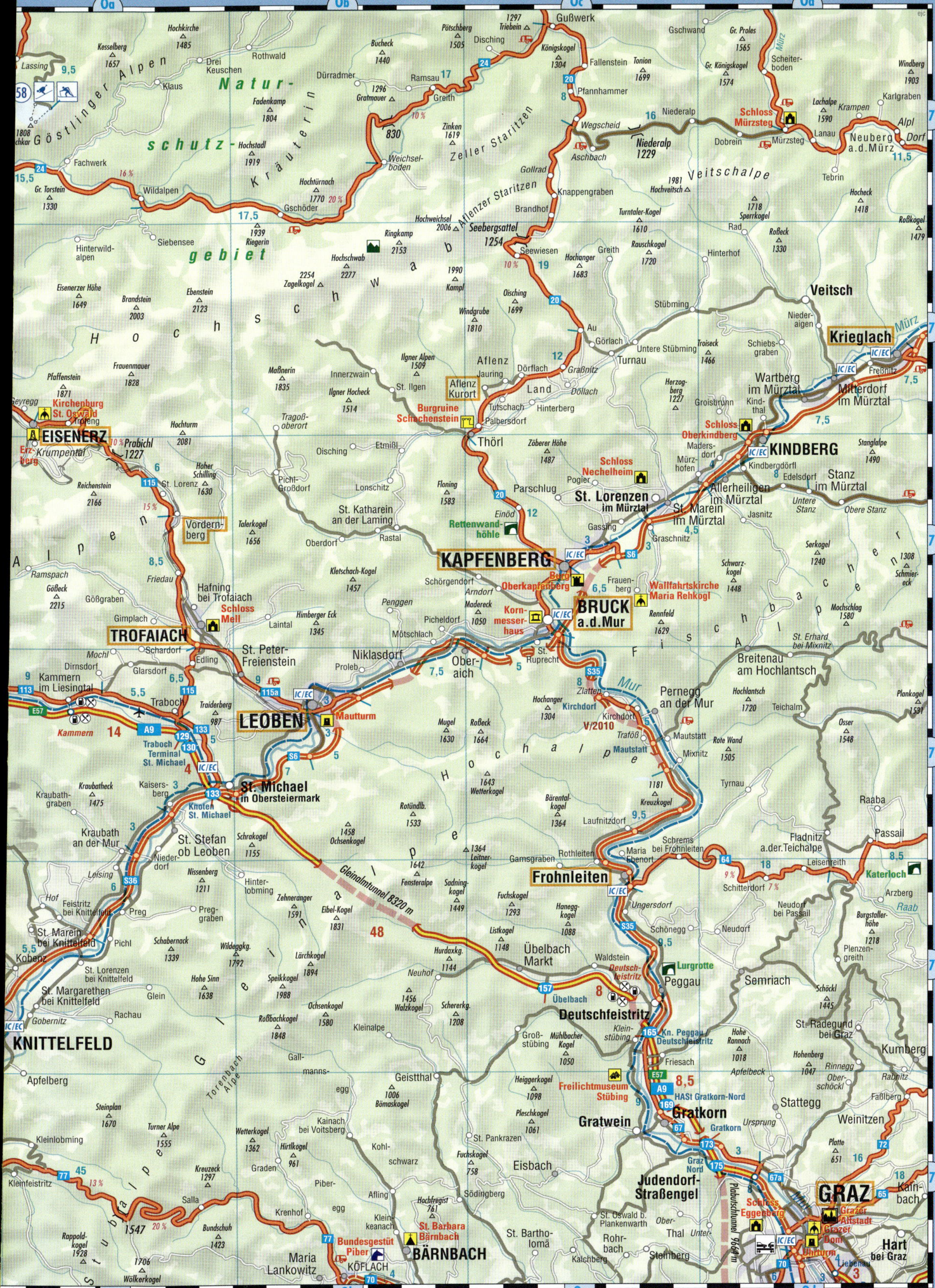

57 Das Pyhrn-Priel-Gebiet
58 Das Ötscherland
64 Das Lachtal

23 Mürzzuschlag 21 km

Mürzzuschlag 10'
IC/EC Langenwang 5 km
Mürzzuschlag 11 km
Neunkirchen 56 km

S6

72 Weiz 55 km

64 Weiz 9 km
Gleisdorf 24 km
Fürstenfeld 59 km

72 Weiz 16 km
Krieglach 69 km

65 Gleisdorf 15 km
Fürstenfeld 46 km

Gleisdorf 19 km
Fürstenfeld 49 km
Wiener Neustadt 81 km

A2

Wolfsberg 50 km 70

70 Voitsberg 2 km

70 → A2 10 km
Wolfsberg 60 km

→ A9 0,5 km
Leibnitz 31 km
Maribor (SLO) 50 km

73 Leibnitz 53 km
Maribor (SLO) 84 km

IC/EC Leibnitz 20'

Autokennzeichen Deutschland

Deutschland

A	Augsburg
AA	Ostalbkreis (Aalen)
AB	Aschaffenburg
ABG	Altenburger Land (Altenburg)
ABI	Anhalt-Bitterfeld
AC	Aachen
AIC	Aichach-Friedberg
AK	Altenkirchen/Westerwald
AM	Amberg
AN	Ansbach
ANA	Annaberg (Annaberg Buchholz)
AÖ	Altötting
AP	Weimarer Land (Apolda)
AS	Amberg-Sulzbach (Amberg)
ASL	Aschersleben-Staßfurt (Aschersleben)
ASZ	Aue-Schwarzenberg (Aue)
AUR	Aurich
AW	Ahrweiler (Bad Neuenahr-Ahrweiler)
AZ	Alzey-Worms (Alzey)
AZE	Anhalt-Zerbst (Zerbst)
B	Berlin
BA	Bamberg
BAD	Baden-Baden
BAR	Barnim (Eberswalde)
BB	Böblingen
BBG	Bernburg
BC	Biberach (Biberach a.d. Riß)
BGL	Berchtesgadener Land (Bad Reichenhall)
BI	Bielefeld
BIR	Birkenfeld
BIT	Bitburg-Prüm
BK	Bördekreis
BL	Zollernalbkreis (Balingen)
BLK	Burgenlandkreis (Naumburg)
BM	Rhein-Erft-Kreis (Bergheim)
BN	Bonn
BO	Bochum
BÖ	Bördekreis (Oschersleben)
BOR	Borken
BOT	Bottrop
BRA	Wesermarsch (Brake/Unterweser)
BRB	Brandenburg
BS	Braunschweig
BT	Bayreuth
BTF	Bitterfeld
BÜS	Büsingen a. Hochrhein (Kreis Konstanz)
BZ	Bautzen
C	Chemnitz
CB	Cottbus
CE	Celle
CHA	Cham
CLP	Cloppenburg
CO	Coburg
COC	Cochem-Zell (Cochem)
COE	Coesfeld
CUX	Cuxhaven
CW	Calw
D	Düsseldorf
DA	Darmstadt; Darmstadt-Dieburg
DAH	Dachau
DAN	Lüchow-Dannenberg (Lüchow)
DAU	Daun
DBR	Bad Doberan
DD	Dresden
DE	Dessau
DEG	Deggendorf
DEL	Delmenhorst
DGF	Dingolfing-Landau (Dingolfing)
DH	Diepholz
DL	Döbeln
DLG	Dillingen a.d. Donau
DM	Demmin
DN	Düren
DO	Dortmund
DON	Donau-Ries (Donauwörth)
DU	Duisburg
DÜW	Bad Dürkheim/Weinstr.
DW	Weißeritzkreis (Dippoldiswalde)
DZ	Delitzsch
E	Essen
EA	Eisenach
EBE	Ebersberg
ED	Erding
EE	Elbe-Elster (Bad Liebenwerda)
EF	Erfurt
EH	Eisenhüttenstadt
EI	Eichstätt
EIC	Eichsfeld (Heiligenstadt)
EL	Emsland (Meppen)
EM	Emmendingen
EMD	Emden
EMS	Rhein-Lahn-Kreis (Bad Ems)
EN	Ennepe-Ruhr-Kreis (Schwelm)
ER	Erlangen
ERB	Odenwaldkreis (Erbach)
ERH	Erlangen-Höchstadt (Erlangen)
ES	Esslingen a. Neckar
ESW	Werra-Meißner-Kreis (Eschwege)
EU	Euskirchen
F	Frankfurt a. Main
FB	Wetteraukreis (Friedberg/Hessen)
FD	Fulda
FDS	Freudenstadt
FF	Frankfurt/Oder
FFB	Fürstenfeldbruck
FG	Freiberg
FL	Flensburg
FN	Bodenseekreis (Friedrichshafen)
FO	Forchheim
FR	Freiburg i. Breisgau; Breisgau-Hochschwarzwald (Freiburg i.Br.)
FRG	Freyung-Grafenau (Freyung)
FRI	Friesland (Jever)
FS	Freising
FT	Frankenthal/Pfalz
FÜ	Fürth
G	Gera
GAP	Garmisch-Partenkirchen
GC	Chemnitzer Land (Glauchau)
GE	Gelsenkirchen
GER	Germersheim
GF	Gifhorn
GG	Groß-Gerau
GI	Gießen
GL	Rheinisch-Bergischer Kreis (Bergisch Gladbach)
GM	Oberbergischer Kreis (Gummersbach)
GÖ	Göttingen
GP	Göppingen
GR	Görlitz
GRZ	Greiz
GS	Goslar
GT	Gütersloh
GTH	Gotha
GÜ	Güstrow
GZ	Günzburg
H	Hannover
HA	Hagen
HAL	Halle/Saale
HAM	Hamm
HAS	Haßberge (Haßfurt)
HB	Hansestadt Bremen; Bremerhaven
HBN	Hildburghausen
HBS	Halberstadt
HD	Heidelberg; Rhein-Neckar-Kreis (Heidelberg)
HDH	Heidenheim a.d. Brenz
HE	Helmstedt
HEF	Hersfeld-Rotenburg (Bad Hersfeld)
HEI	Dithmarschen (Heide)
HER	Herne
HF	Herford
HG	Hochtaunuskreis (Bad Homburg v.d.H.)
HGW	Hansestadt Greifswald
HH	Hansestadt Hamburg
HI	Hildesheim
HL	Hansestadt Lübeck
HM	Hameln-Pyrmont (Hameln)
HN	Heilbronn/Neckar
HO	Hof
HOL	Holzminden
HOM	Saarpfalz-Kreis (Homburg/Saar)
HP	Bergstraße (Heppenheim/Bergstr.)
HR	Schwalm-Eder-Kreis (Homberg/Efze)
HRO	Hansestadt Rostock
HS	Heinsberg
HSK	Hochsauerlandkreis (Meschede)
HST	Hansestadt Stralsund
HU	Hanau (Main-Kinzig-Kreis)
HVL	Havelland (Rathenow)
HWI	Hansestadt Wismar
HX	Höxter
HY	Hoyerswerda
HZ	Harz
IGB	Sankt Ingbert (Saarpfalz-Kreis)
IK	Ilm-Kreis (Arnstadt)
IN	Ingolstadt
IZ	Steinburg (Itzehoe)
J	Jena
JL	Jerichower Land (Burg)
K	Köln
KA	Karlsruhe
KB	Waldeck-Frankenberg (Korbach)
KC	Kronach
KE	Kempten/Allgäu
KEH	Kelheim
KF	Kaufbeuren
KG	Bad Kissingen
KH	Bad Kreuznach
KI	Kiel
KIB	Donnersbergkreis (Kirchheimbolanden)
KL	Kaiserslautern
KLE	Kleve
KM	Kamenz
KN	Konstanz
KO	Koblenz
KÖT	Köthen
KR	Krefeld
KS	Kassel
KT	Kitzingen
KU	Kulmbach
KÜN	Hohenlohekreis (Künzelsau)
KUS	Kusel
KYF	Kyffhäuserkreis (Sondershausen)
L	Leipzig
LA	Landshut
LAU	Nürnberger Land (Lauf a.d. Pegnitz)
LB	Ludwigsburg
LD	Landau i.d. Pfalz
LDK	Lahn-Dill-Kreis (Wetzlar)
LDS	Dahme-Spreewald (Lübben/Spreewald)
LER	Leer/Ostfriesland
LEV	Leverkusen
LG	Lüneburg
LI	Lindau/Bodensee
LIF	Lichtenfels
LIP	Lippe (Detmold)
LL	Landsberg a. Lech
LM	Limburg-Weilburg (Limburg a.d. Lahn)
LÖ	Lörrach
LOS	Oder-Spree (Beeskow)
LU	Ludwigshafen
LWL	Ludwigslust
M	München
MA	Mannheim
MB	Miesbach
MD	Magdeburg
ME	Mettmann
MEI	Meißen
MEK	Mittl. Erzgebirgskreis (Marienberg)
MG	Mönchengladbach
MH	Mülheim a.d. Ruhr
MI	Minden-Lübbecke (Minden)
MIL	Miltenberg
MK	Märkischer Kreis (Lüdenscheid)
MKK	Main-Kinzig-Kreis (Gelnhausen)
ML	Mansfelder Land (Eisleben)
MM	Memmingen
MN	Unterallgäu (Mindelheim)
MOL	Märkisch-Oderland (Seelow)
MOS	Neckar-Odenwald-Kreis (Mosbach)
MQ	Merseburg-Querfurt (Merseburg)
MR	Marburg-Biedenkopf (Marburg)
MS	Münster
MSP	Main-Spessart-Kreis (Karlstadt)
MSH	Mansfeld-Südharz
MST	Mecklenburg-Strelitz (Neustrelitz)
MTK	Main-Taunus-Kreis (Hofheim a.T.)
MTL	Muldentalkreis (Grimma)
MÜ	Mühldorf a. Inn
MÜR	Müritz (Waren)
MW	Mittweida
MYK	Mayen-Koblenz (Koblenz)
MZ	Mainz; Mainz-Bingen (Mainz)
MZG	Merzig-Wadern (Merzig)
N	Nürnberg
NB	Neubrandenburg
ND	Neuburg-Schrobenhausen (Neuburg a.d. Donau)
NDH	Nordhausen
NE	Rhein-Kreis Neuss (Neuss)
NEA	Neustadt a.d. Aisch-Bad Windsheim
NES	Rhön-Grabfeld (Bad Neustadt/Saale)
NEW	Neustadt a.d. Waldnaab
NF	Nordfriesland (Husum)
NI	Nienburg/Weser
NK	Neunkirchen/Saar
NM	Neumarkt i.d. Oberpfalz
NMS	Neumünster
NOH	Grafschaft Bentheim (Nordhorn)
NOL	Niederschlesischer Oberlausitzkreis (Niesky)
NOM	Northeim
NR	Neuwied/Rhein
NU	Neu-Ulm
NVP	Nordvorpommern (Grimmen)
NW	Neustadt a.d. Weinstraße
NWM	Nordwestmecklenburg (Grevesmühlen)
OA	Oberallgäu (Sonthofen)
OAL	Ostallgäu (Marktoberdorf)
OB	Oberhausen
OD	Stormarn (Bad Oldesloe)
OE	Olpe
OF	Offenbach a. Main
OG	Ortenaukreis (Offenburg)
OH	Ostholstein (Eutin)
OHA	Osterode a. Harz
OHV	Oberhavel (Oranienburg)
OHZ	Osterholz (Osterholz-Scharmbeck)
OK	Ohrekreis (Haldensleben)
OL	Oldenburg
OPR	Ostprignitz-Ruppin (Neuruppin)
OS	Osnabrück
OSL	Oberspreewald-Lausitz (Senftenberg)
OVP	Ostvorpommern (Anklam)
P	Potsdam
PA	Passau
PAF	Pfaffenhofen a.d. Ilm
PAN	Rottal-Inn (Pfarrkirchen)
PB	Paderborn
PCH	Parchim
PE	Peine
PF	Pforzheim; Enzkreis (Pforzheim)
PI	Pinneberg
PIR	Sächsische Schweiz (Pirna)
PL	Plauen
PLÖ	Plön/Holstein
PM	Potsdam-Mittelmark (Belzig)
PR	Prignitz (Perleberg)
PS	Pirmasens
QLB	Quedlinburg
R	Regensburg
RA	Rastatt
RD	Rendsburg-Eckernförde (Rendsburg)
RE	Recklinghausen
REG	Regen
RG	Riesa-Großenhain (Großenhain)
RH	Roth
RO	Rosenheim
ROW	Rotenburg/Wümme
RP	Rhein-Pfalz-Kreis (Ludwigshafen a.Rh.)
RS	Remscheid
RT	Reutlingen
RÜD	Rheingau-Taunus-Kr. (B. Schwalbach)
RÜG	Rügen (Bergen)
RV	Ravensburg
RW	Rottweil
RZ	Herzogtum Lauenburg (Ratzeburg)
S	Stuttgart
SAD	Schwandorf
SAW	Altmarkkreis-Salzwedel (Salzwedel)
SB	Stadtverband Saarbrücken
SBK	Schönebeck
SC	Schwabach
SDL	Stendal
SE	Segeberg (Bad Segeberg)
SFA	Soltau-Fallingbostel (Bad Fallingbostel)
SG	Solingen
SGH	Sangerhausen
SHA	Schwäbisch Hall
SHG	Schaumburg (Stadthagen)
SHK	Saale-Holzland-Kreis (Eisenberg)
SHL	Suhl
SI	Siegen-Wittgenstein (Siegen)
SIG	Sigmaringen
SIM	Rhein-Hunsrück-Kreis (Simmern)
SK	Saalkreis (Halle/Saale)
SL	Schleswig-Flensburg (Schleswig)
SLF	Saalfeld-Rudolstadt (Saalfeld)
SLK	Salzlandkreis
SLS	Saarlouis
SM	Schmalkalden-Meiningen (Meiningen)
SN	Schwerin
SO	Soest
SÖM	Sömmerda
SOK	Saale-Orla-Kreis (Oberböhmsdorf)
SON	Sonneberg
SP	Speyer
SPN	Spree-Neiße-Kreis (Forst)
SR	Straubing-Bogen (Straubing)
ST	Steinfurt
STA	Starnberg
STD	Stade
STL	Stollberg
SU	Rhein-Sieg-Kreis (Siegburg)
SÜW	Südliche Weinstraße (Landau i.d. Pfalz)
SW	Schweinfurt
SZ	Salzgitter
TBB	Main-Tauber-Kreis (Tauberbischofsheim)
TET	Teterow
TF	Teltow-Fläming (Luckenwalde)
TIR	Tirschenreuth
TO	Torgau-Oschatz
TÖL	Bad Tölz-Wolfratshausen (Bad Tölz)
TR	Trier; Trier-Saarburg (Trier)
TS	Traunstein
TÜ	Tübingen
TUT	Tuttlingen
UE	Uelzen
UER	Uecker-Randow (Pasewalk)
UH	Unstrut-Hainich-Kreis (Mühlhausen/Thüringen)
UL	Ulm; Alb-Donau-Kreis (Ulm)
UM	Uckermark (Prenzlau)
UN	Unna
V	Vogtlandkreis (Plauen)
VB	Vogelsbergkreis (Lauterbach/Hessen)
VEC	Vechta
VER	Verden (Verden/Aller)
VIE	Viersen
VK	Völklingen (Stadtverb. Saarbrücken)
VS	Schwarzwald-Baar-Kreis (Villingen-Schwenningen)
W	Wuppertal
WAF	Warendorf
WAK	Wartburgkreis (Bad Salzungen)
WB	Wittenberg
WE	Weimar
WEN	Weiden i.d. Oberpfalz
WES	Wesel
WF	Wolfenbüttel
WHV	Wilhelmshaven
WI	Wiesbaden
WIL	Bernkastel-Wittlich (Wittlich)
WL	Harburg (Winsen/Luhe)
WM	Weilheim-Schongau (Weilheim i.OB)
WN	Rems-Murr-Kreis (Waiblingen)
WND	Sankt Wendel
WO	Worms
WOB	Wolfsburg
WR	Wernigerode
WSF	Weißenfels
WST	Ammerland (Westerstede)
WT	Waldshut (Waldshut-Tiengen)
WTM	Wittmund
WÜ	Würzburg
WUG	Weißenburg-Gunzenhausen (Weißenburg i. Bayern)
WUN	Wunsiedel
WW	Westerwald (Montabaur)
Z	Zwickau; Zwickauer Land (Werdau)
ZI	Löbau-Zittau (Zittau)
ZW	Zweibrücken

A

54298 Aach 486 Bc53
78267 Aach 518 Ec70
520.. Aachen 464 Ba45
734.. Aalen 500 Gb62
65326 Aarbergen 478 Dc49
25560 Aasbüttel 425 Fb17
38871 Abbenrode 457 Gd35
06543 Abberode 458 Hd38
38527 Abbesbüttel 446 Gd31
91183 Abenberg 501 Hc58
93326 Abensberg 502 Jc62
91720 Absberg 501 Hb59
74232 Abstatt 499 Fb60
06888 Abtsdorf 460 Kc35
73453 Abtsgmünd 500 Gb61
97355 Abtswind 491 Gc54
88147 Achberg 519 Fd72
77855 Achern 497 Dc63
28832 Achim 434 Ed26
38312 Achim 457 Gd34
94250 Achslach 504 La60
88480 Achstetten 510 Ga67
24239 Achterwehr 418 Ga15
25917 Achtrup 416 Ed11
39343 Ackendorf 447 Hd32
17213 Adamshoffnung 439 Ka22
73099 Adelberg 499 Fc62
37139 Adelebsen 456 Fd38
29352 Adelheidsdorf 446 Ga30
73486 Adelmannsfelden 500 Gb61
85111 Adelschlag 501 Hd61
91325 Adelsdorf 492 Hb54
74740 Adelsheim 490 Fb57
82276 Adelshofen 511 Hd67
91587 Adelshofen 491 Gb56
86477 Adelsried 511 Ha65
86559 Adelzhausen 511 Hd66
53518 Adenau 477 Ca48
38528 Adenbüttel 446 Gc31
21365 Adendorf 436 Gc23
31171 Adensen 445 Fd33
31079 Adenstedt 457 Ga35
31246 Adenstedt 446 Gb32
06408 Aderstedt 459 Jb36
38838 Aderstedt 458 Hb34
84166 Adlkofen 513 Kb64
31177 Adlum 446 Gb33
18211 Admannshagen-Bargeshagen 428 Jc16
08626 Adorf 484 Ka49
09221 Adorf 472 Kd45
49767 Adorf 442 Cc29
25572 Aebtissinwisch 425 Fb18
31855 Aerzen 456 Fa34
08294 Affalter 484 Kd46
71563 Affalterbach 499 Fb61
74182 Affaltrach 499 Fb59
86444 Affing 511 Hc65
27257 Affinghausen 444 Ed28
21684 Agathenburg 425 Fc21
25560 Agethorst 425 Fb17
74858 Aglasterhausen 489 Ed57
84168 Aham 513 Kc64
48683 Ahaus 453 Cb34
27367 Ahausen 435 Fb25
28844 Ahausen 434 Ed26
27616 Ahe 434 Ed23
17375 Ahlbeck 431 Ma19
17419 Ahlbeck, Seebad 431 Ma17
29693 Ahlden (Aller) 445 Fc28
24811 Ahlefeld 417 Fc14
5922. Ahlen 454 Dc37
21702 Ahlerstedt 435 Fb22
04916 Ahlsdorf 461 La35
06311 Ahlsdorf 459 Ja38
98553 Ahlstädt 482 Ha47
38489 Ahlum 447 Hb28
34292 Ahnatal 468 Fb40
21368 Ahndorf 437 Ha24
24996 Ahneby 417 Fd11
29353 Ahnsbeck 446 Gc29
31708 Ahnsen 445 Fa32
94345 Aholfing 503 Kc60
94527 Aholming 504 La62
96482 Ahorn 482 Hb50
97953 Ahorn 490 Fc55
95491 Ahorntal 493 Ja53
31180 Ahrbergen 446 Ga33
53506 Ahrbrück 477 Cb47
23623 Ahrensbök 426 Gd17
22926 Ahrensburg 426 Gb20
14974 Ahrensdorf 450 La31
15864 Ahrensdorf 451 Mb32
16356 Ahrensfelde 450 Lc29
18320 Ahrenshagen 420 Ka15
25853 Ahrenshöft 416 Ed13
18347 Ahrenshoop, Ostseebad 420 Jd14
25885 Ahrenviöl 417 Fa13
25885 Ahrenviölfeld 417 Fa13
31174 Ahstedt 446 Gb33
94529 Aicha v. Wald 504 Lc62
86551 Aichach 511 Hd65
73101 Aichelberg 499 Fc63
86479 Aichen 511 Ha67
78733 Aichhalden 508 Ea67
88317 Aichstetten 520 Gb70
73773 Aichwald 499 Fb62
94501 Aidenbach 504 Lb63
97491 Aidhausen 481 Gd50
71134 Aidlingen 498 Ed63
84089 Aiglsbach 502 Jc63
86447 Aindling 511 Hc64
83404 Ainring 524 Lb70
89344 Aislingen 510 Gd64
94330 Aiterhofen 503 Kd61
88319 Aitrach 510 Gb69
87648 Aitrang 521 Ha70
06385 Aken 459 Jd35
79774 Albbruck 517 Dc72
25767 Albersdorf 425 Fb16
73095 Albershausen 499 Fc63
06279 Alberstedt 459 Jb39
76857 Albersweiler 497 Dc58
16321 Albertshof 450 Lc28
97320 Albertshofen 491 Gb54
55234 Albig 488 Dd54
67308 Albisheim 488 Dc55
23909 Albsfelde 426 Gd20
724.. Albstadt 508 Ed67
52457 Aldenhoven 464 Bb44
94501 Aldersbach 504 Lb63
78554 Aldingen 508 Ec68
49406 Aldorf 444 Eb28
86733 Alerheim 501 Ha61
86480 Aletshausen 510 Gd67
56859 Alf 477 Cb51
73553 Alfdorf 499 Fd62
31061 Alfeld 456 Fd35
91236 Alfeld 493 Jb56
49594 Alfhausen 443 Dc30
27432 Alfstedt 424 Ed21
53347 Alfter 465 Cb45
39638 Algenstedt 447 Hd29
31191 Algermissen 446 Ga32
36211 Alheim 468 Fd43
39398 Alikendorf 458 Hd34
29575 Aljarn 436 Gd24
25938 Alkersum 416 Eb11
29582 Allenbostel 436 Gc26
07426 Allendorf 482 Hc46
35108 Allendorf 467 Eb43
35469 Allendorf (Lumda) 479 Ec46
78476 Allensbach 519 Fa71
39343 Alleringersleben 447 Hc33
90584 Allersberg 501 Hd58
29386 Allersehl 446 Gd28
85391 Allershausen 512 Jb65
18337 Allerstorf 420 Ka15
82239 Alling 512 Ja67
89604 Allmendingen 509 Fd66
01983 Allmosen 462 Mb37
06507 Allrode 458 Hb37
06542 Allstedt 458 Hd39
25821 Almdorf 416 Ed12
31079 Almstedt 457 Ga34
46519 Alpen 452 Bd38
57642 Alpenrod 478 Db46
72275 Alpirsbach 508 Ea66
64665 Alsbach 489 Eb54
52477 Alsdorf 464 Bb44
57518 Alsdorf 466 Db45
67677 Alsenborn 488 Db56
67821 Alsenz 488 Db54
36304 Alsfeld 468 Fb45
67577 Alsheim 489 Ea54
06425 Alsleben 459 Jb37
66646 Alsweiler 487 Cb56
24848 Alt Bennebek 417 Fb14
14822 Alt Bork 449 Kd32
15537 Alt Buchhorst 450 Ld30
18233 Alt Bukow 428 Ja17
24791 Alt Duvenstedt 417 Fc14
15526 Alt Golm 451 Mb31
23968 Alt Jassewitz 427 Hc18
18299 Alt Kätwin 428 Jd17
19294 Alt Kaliß 437 Hd24
19288 Alt Krenzlin 437 Hc23
16928 Alt Krüssow 438 Jd24
15518 Alt Madlitz 451 Mc30
15306 Alt Mahlisch 451 Mc29
19069 Alt Meteln 427 Hc19
23881 Alt Mölln 426 Gd21
17217 Alt Rehse 429 Kd21
18292 Alt Sammit 428 Jd20
15910 Alt Schadow 451 Ma33
17192 Alt Schönau 429 Kb20
17214 Alt Schwerin 428 Jd21
15859 Alt Stahnsdorf 451 Ma31
17166 Alt Sührkow 429 Kb19
17129 Alt Tellin 430 La18
15328 Alt Tucheband 451 Md29
19230 Alt Zachun 437 Hd22
15913 Alt Zauche 462 Ma34
73776 Altbach 499 Fb62
39387 Altbrandsleben 458 Hc34
03229 Altdöbern 462 Mb37
71155 Altdorf 498 Ed63
72655 Altdorf 509 Fb64
84032 Altdorf 513 Ka64
90518 Altdorf b. Nürnberg 493 Ja57
18573 Altefähr 421 Kd15
93087 Alteglofsheim 503 Ka61
58762 Altena 466 Da41
53505 Altenahr 477 Cb47
04931 Altenau 461 Lb39
38707 Altenau 457 Gc36
33184 Altenbeken 455 Ed37
01773 Altenberg 474 Ma44
48341 Altenberge 453 Cd34
49733 Altenberge 432 Cc27
07338 Altenbeuthen 483 Jb46
38889 Altenbrak 458 Hb37
97901 Altenbuch 490 Fb53
04600 Altenburg 472 Kb43
06429 Altenburg 459 Jb36
65624 Altendiez 478 Dc48
38465 Altendorf 447 Hb29
92540 Altendorf 494 Kb56
96146 Altendorf 492 Hc53
98701 Altenfeld 482 Hb47
07356 Altengesees 483 Ja47
66885 Altenglan 487 Cd55
99991 Altengottern 469 Gd42
17091 Altenhagen 429 Kd19
18236 Altenhagen 428 Jb17
39343 Altenhausen 447 Hc32
16244 Altenhof 440 Lc26
17209 Altenhof 439 Ka23
24340 Altenhof 417 Fd14
24161 Altenholz 418 Ga14
18556 Altenkirchen 421 La11
66903 Altenkirchen 487 Cc56
57610 Altenkirchen (Westerwald) 478 Da46
39307 Altenklitsche 448 Jd30
23730 Altenkrempe 427 Ha16
96264 Altenkunstadt 482 Hd50
83352 Altenmarkt a. d. Alz 513 Kc68
29575 Altenmedingen 436 Gd25
25335 Altenmoor 425 Fc19
86450 Altenmünster 511 Ha65
18445 Altenpleen 420 Kc14
72657 Altenriet 509 Fa64
29416 Altensalzwedel 447 Hc28
63674 Altenstadt 479 Ed49
86972 Altenstadt 521 Hb70
89281 Altenstadt 510 Gb67
92665 Altenstadt a. d. Waldnaab 494 Ka54
72213 Altensteig 508 Eb64
93177 Altenthann 503 Kb59
17087 Altentreptow 430 La19
39171 Altenweddingen 459 Ja34
18320 Altenwillershagen 420 Ka15
39596 Altenzaun 448 Jc28
06543 Alterode 458 Hd37
98587 Altersbach 481 Gd46
97237 Altertheim 490 Fd54
84169 Altfraunhofen 513 Ka65
82278 Althegnenberg 511 Hc67
88499 Altheim 509 Fc68
89174 Altheim (Alb) 510 Gb64
21745 Althemmoor 425 Fa20
75382 Althengstett 498 Ec63
23883 Althorst 427 Ha20
71566 Althütte 499 Fc61
16247 Althüttendorf 440 Ld25
06800 Altjeßnitz 460 Ka37
17179 Altkalen 429 Kb18
04626 Altkirchen 472 Ka43
16278 Altkünkendorf 440 Ld25
15345 Altlandsberg 450 Ld29
15345 Altlandsberg Nord 450 Ld29
67317 Altleiningen 488 Dc56
68804 Altlußheim 498 Ea58
93336 Altmannstein 502 Jb61
09648 Altmittweida 473 La43
84503 Altötting 513 Kd66
85250 Altomünster 511 Hd65
54518 Altrich 487 Ca52
67122 Altrip 489 Ea57
15306 Altrosenthal 451 Mb29
88361 Altshausen 509 Fc69
16798 Altthymen 440 La23
87452 Altusried 520 Gc70
17375 Altwarp 431 Mb19
17373 Altwigshagen 430 Ld19
27616 Altwistedt 434 Ed22
25486 Alveslohe 426 Ga19
63755 Alzenau i. Unterfranken 480 Fa51
55232 Alzey 488 Dc54
28870 Am Bahnhof 435 Fa25
26188 Am Küstenkanal 433 Dd25
86854 Amberg 511 Ha68
92224 Amberg 493 Jc56
21385 Amelinghausen 436 Gb25
83123 Amerang 513 Kb69
39439 Amesdorf 459 Ja36
72119 Ammerbuch 508 Ed64
90614 Ammerndorf 492 Hb57
22949 Ammersbek 426 Gb20
92260 Ammerthal 493 Jc56
35287 Amöneburg 467 Ed45
84539 Ampfing 513 Kc66
39387 Ampfurth 458 Hd34
06317 Amsdorf 459 Jb39
73340 Amstetten 510 Ga64
Amt Neuhaus 437 Hb23
09439 Amtsberg 473 La45
88279 Amtzell 519 Fd71
82346 Andechs 511 Hd69
36452 Andenhausen 481 Gb46
38836 Anderbeck 458 Hb35
27446 Anderlingen 435 Fb23
56626 Andernach 477 Cd48
49832 Andervenne 443 Da30
31592 Anemolter 445 Fa30
74918 Angelbachtal 498 Ec58
35719 Angelburg 467 Ea45
83454 Anger 524 La70
16278 Angermünde 441 Ma25
39326 Angern 448 Jb31
06179 Angersdorf 459 Jc39
56584 Anhausen 478 Da47
17219 Ankershagen 429 Kc21
17389 Anklam 430 Lc18
49577 Ankum 443 Dc30
09456 Annaberg-Buchholz 485 La46
06925 Annaburg 461 La36
01994 Annahütte 462 Ma37
06308 Annarode 458 Hd38
76855 Annweiler a. Trifels 497 Dc59
59609 Anröchte 455 Ea38
91522 Ansbach 501 Ha58
09517 Ansprung 473 Lb45
82387 Antdorf 522 Ja71
48691 Antoniusheim 453 Ca34
36326 Antrifttal 468 Fa45
85646 Anzing 512 Jd67
31552 Apelern 445 Fb32
26689 Apen 433 Db24
38486 Apenburg 447 Hc28
21641 Apensen 435 Fc22
86974 Apfeldorf 521 Hc70
99192 Apfelstädt 470 Hb44
99510 Apolda 471 Ja43
21279 Appel 435 Fd23
27616 Appeln 434 Ed22
25482 Appen 425 Fd20
55437 Appenheim 488 Dc52
77767 Appenweier 507 Dc64
91722 Arberg 501 Ha59
17291 Arendsee 440 Lc22
39619 Arendsee 437 Hd27
06369 Arensdorf 459 Jc37
15518 Arensdorf 451 Mb30
37318 Arenshausen 469 Ga40
03253 Arenzhain 461 Lc37
86561 Aresing 512 Ja64
88260 Argenbühl 520 Ga72
55496 Argenthal 488 Da52
37627 Arholzen 456 Fc36
25767 Arkebek 425 Fa16
25856 Arlauschleuse 416 Ed13
25860 Arlewatt 417 Fa13
27308 Armsen 435 Fb27
55288 Armsheim 488 Dc53
24616 Armstedt 425 Fd18
21769 Armstorf 424 Ed21
93471 Arnbruck 504 Lb59
39596 Arneburg 448 Jc28
89134 Arnegg 510 Ga65
24399 Arnis 418 Ga12
59... Arnsberg 466 Dc40
93473 Arnschwang 495 La57
01477 Arnsdorf 474 Mb41
06917 Arnsdorf 460 Kd36
09477 Arnsfeld 485 Lb46
07318 Arnsgereuth 482 Hd46
07952 Arnsgrün 483 Jd46
04916 Arnsnesta 461 La36
99310 Arnstadt 470 Hb44
06333 Arnstedt 459 Ja37
97450 Arnstein 491 Ga52
94424 Arnstorf 504 La63
24634 Arpsdorf 425 Fd17
93474 Arrach 504 Lb58
06556 Artern 470 Hd40
21380 Artlenburg 436 Gc23
56337 Arzbach 478 Db48
04886 Arzberg 461 La38
95659 Arzberg 484 Ka51
54687 Arzfeld 476 Bb51
53567 Asbach 477 Cd46
94094 Asbach 514 Lc65
86663 Asbach-Bäumenheim 501 Hb63
94347 Ascha 503 Kd60
637.. Aschaffenburg 490 Fa52
85544 Aschau a. Inn 513 Kb67
83229 Aschau i. Chiemgau 523 Kb70
24326 Ascheberg 426 Gc16
59387 Ascheberg 454 Da36
24358 Ascheffel 417 Fc14
26871 Aschendorf-Moorsiedlung 432 Cd26
98634 Aschenhausen 481 Gb47
06449 Aschersleben 459 Ja36
85609 Aschheim 512 Jc67
06317 Aseleben 459 Jb39
21271 Asendorf 436 Ga23
27330 Asendorf 444 Ed28
71546 Aspach 499 Fb60
38822 Aspenstedt 458 Hb35
71679 Asperg 499 Fa61
25355 Aspern 425 Fd19
97959 Assamstadt 490 Fd57
67126 Assenheim 488 Dd57
35614 Asslar 479 Ea47
85617 Aßling 513 Ka69
06901 Ateritz 460 Kc36
38822 Athenstedt 458 Hb35
57439 Attendorn 466 Dc42
84091 Attenhofen 502 Jd63
85395 Attenkirchen 512 Jc64
88448 Attenweiler 509 Fd68
03172 Atterwasch 463 Na34
94348 Atting 503 Kc61
39443 Atzendorf 459 Ja35
79280 Au 507 Db69
76474 Au a. Rhein 497 Dd61
84072 Au i. d. Hallertau 512 Jc64
97239 Aub 491 Gb55
97633 Aubstadt 481 Gd49
04838 Audenhain 460 Kd38
08280 Aue 484 Kc46
98673 Auengrund 482 Hb48
71549 Auenwald 499 Fc61
09392 Auerbach 472 Kd45
94530 Auerbach 504 Lb61
91275 Auerbach i. d. Oberpfalz 493 Jb54
08209 Auerbach/ Vogtland 484 Kb47
66271 Auersmacher 496 Cb59
09238 Auerswalde 472 Kd43
31749 Auetal 445 Fa33
49434 Auf dem Felde 443 Dd30
93089 Aufhausen 503 Kb61
91347 Aufseß 492 Hd53
79424 Auggen 516 Cd71
861.. Augsburg 511 Hb66
06308 Augsdorf 459 Ja38
32832 Augustdorf 455 Ec35
09573 Augustusburg 473 La44
31553 Auhagen 445 Fb31
86736 Auhausen 501 Ha60
24613 Aukrug 425 Fd17
99765 Auleben 458 Hb39
88326 Aulendorf 509 Fd69
39615 Aulosen 438 Ja26
07955 Auma 471 Jc45
21521 Aumühle 426 Gc21
97717 Aura a. d. Saale 481 Ga50
97773 Aura i. Sinngrund 480 Fc50
91589 Aurach 500 Gd58
91086 Aurachtal 492 Hb55
2660. Aurich 433 Da22
24975 Ausacker 417 Fc11
39393 Ausleben 458 Hc34
94532 Außernzell 504 Lc62
25548 Auufer 425 Fc18
25927 Aventoft 416 Ec10
25715 Averlak 425 Fa18
06922 Axien 460 Kd37
27729 Axstedt 434 Ec23
85653 Aying 512 Jc69
54441 Ayl 486 Bc55
86482 Aystetten 511 Hb65

B

18586 Baabe, Ostseebad 421 Lc14
06408 Baalberge 459 Jb36
85107 Baar-Ebenhausen 502 Ja63
06388 Baasdorf 459 Jc37
39596 Baben 448 Jb28
64832 Babenhausen 489 Ed52
87727 Babenhausen 510 Gc68
83547 Babensham 513 Kb68
17237 Babke 439 Kc22
23992 Babst 428 Ja18
49811 Baccum 442 Cd30
93090 Bach a. d. Donau 503 Kb60
55422 Bacharach 478 Db51
96528 Bachfeld 482 Hb48
89429 Bachhagel 500 Gc63
71522 Backnang 499 Fb61
93077 Bad Abbach 503 Ka60
83043 Bad Aibling 523 Ka70
95680 Bad Alexandersbad 483 Jd51
34454 Bad Arolsen 467 Ed40
82435 Bad Bayersoien 521 Hc71
27624 Bad Bederkesa 424 Ec21
79415 Bad Bellingen 516 Cd71
48455 Bad Bentheim 442 Cc32
76887 Bad Bergzabern 497 Dc59
99438 Bad Berka 470 Hd44
57319 Bad Berleburg 467 Ea43
95460 Bad Berneck i. Fichtelgebirge 483 Jb51
56864 Bad Bertrich 477 Cb51
29549 Bad Bevensen 436 Gd25
06647 Bad Bibra 471 Ja41
84364 Bad Birnbach 514 Lb64
07422 Bad Blankenburg 482 Hd46
97708 Bad Bocklet 481 Gb49
06648 Bad Brambach 484 Ka49
24576 Bad Bramstedt 425 Fd18
53498 Bad Breisig 477 Cc47
97769 Bad Brückenau 480 Fd49
88422 Bad Buchau 509 Fc68
65520 Bad Camberg 478 Dd49
98663 Bad Colberg-Heldburg 482 Ha49
73342 Bad Ditzenbach 509 Fd64
18209 Bad Doberan 428 Jb16
33014 Bad Driburg 455 Ed37
04849 Bad Düben 460 Kb38
67098 Bad Dürkheim 488 Dd56
06231 Bad Dürrenberg 471 Jd40
78073 Bad Dürrheim 508 Eb69
31707 Bad Eilsen 445 Fa32
08645 Bad Elster 484 Ka49
56130 Bad Ems 478 Da49
34308 Bad Emstal 468 Fa41
35080 Bad Endbach 467 Eb45
83093 Bad Endorf 513 Kb69
49152 Bad Essen 444 Ea32
83075 Bad Feilnbach 523 Ka70
06567 Bad Frankenhausen 470 Hc40
16259 Bad Freienwalde 441 Ma27
74177 Bad Friedrichshall 499 Fa58
94072 Bad Füssing 514 Ld65
37581 Bad Gandersheim 457 Ga36
01816 Bad Gottleuba 474 Mb44
87730 Bad Grönenbach 520 Gc70
37539 Bad Grund 457 Gb36
38667 Bad Harzburg 457 Gd35
83670 Bad Heilbrunn 522 Jb71
76332 Bad Herrenalb 498 Ea62
36251 Bad Hersfeld 468 Fd44
53557 Bad Hönningen 477 Cc47
613.. Bad Homburg v. d. Höhe 479 Eb50
53604 Bad Honnef 477 Cc46
49186 Bad Iburg 443 Dc33
34385 Bad Karlshafen 456 Fb38
97688 Bad Kissingen 481 Gb50
23996 Bad Kleinen 427 Hd19
07639 Bad Klosterlausnitz 471 Jc44
64732 Bad König 489 Ed54
97631 Bad Königshofen i. Grabfeld 481 Gd49
06628 Bad Kösen 471 Jb42
07586 Bad Köstritz 471 Jd43
82433 Bad Kohlgrub 521 Hc72
5554. Bad Kreuznach 488 Db53
79189 Bad Krozingen 507 Da69
57334 Bad Laasphe 467 Ea44
49196 Bad Laer 443 Dd33
99947 Bad Langensalza 470 Ha42
06246 Bad Lauchstädt 471 Jc40
04651 Bad Lausick 472 Kc41
37431 Bad Lauterberg 457 Gd38
36448 Bad Liebenstein 469 Gc45
04924 Bad Liebenwerda 461 Lb38
75378 Bad Liebenzell 498 Ec62
33175 Bad Lippspringe 455 Ec36
56470 Bad Marienberg 478 Dc46
97980 Bad Mergentheim 490 Fd56
31848 Bad Münder 445 Fb33
55583 Bad Münster a. Stein 488 Db53
53902 Bad Münstereifel 477 Ca47
02953 Bad Muskau 463 Na37
61231 Bad Nauheim 479 Ec49
31542 Bad Nenndorf 445 Fb32
53474 Bad Neuenahr-Ahrweiler 477 Cb47
97616 Bad Neustadt a. d. Saale 481 Gb49
3254. Bad Oeynhausen 444 Ec33
23843 Bad Oldesloe 426 Gc19
63619 Bad Orb 480 Fb50
77740 Bad Peterstal-Griesbach 507 Dd65
31812 Bad Pyrmont 456 Fa35
74906 Bad Rappenau 499 Fa58
83435 Bad Reichenhall 524 La71
77776 Bad Rippoldsau-Schapbach 508 Ea65
49214 Bad Rothenfelde 454 Dd34
15526 Bad Saarow-Pieskow 451 Ma31
37441 Bad Sachsa 457 Gd38
79713 Bad Säckingen 517 Db73
31162 Bad Salzdetfurth 457 Ga34
36364 Bad Salzschlirf 480 Fc46
3210. Bad Salzuflen 455 Ec34
36433 Bad Salzungen 469 Gc45
59505 Bad Sassendorf 454 Dd38
88348 Bad Saulgau 509 Fc69
01814 Bad Schandau 474 Mc43
06905 Bad Schmiedeberg 460 Kc37
76669 Bad Schönborn 498 Eb58
88427 Bad Schussenried 509 Fd69
65307 Bad Schwalbach 478 Dc50
23611 Bad Schwartau 426 Gd18
23795 Bad Segeberg 426 Gb18
55566 Bad Sobernheim 488 Da53
65812 Bad Soden 479 Eb50
63628 Bad Soden-Salmünster 480 Fb49
37242 Bad Sooden-Allendorf 469 Ga41
96231 Bad Staffelstein 482 Hc51
95138 Bad Steben 483 Jb48
06507 Bad Suderode 458 Hc37
18334 Bad Sülze 429 Kb16
99518 Bad Sulza 471 Jb42
75385 Bad Teinach 498 Ec63
99955 Bad Tennstedt 470 Hb42
83646 Bad Tölz 522 Jb71
73337 Bad Überkingen 509 Fd64
72574 Bad Urach 509 Fb65
61118 Bad Vilbel 479 Ec50
88339 Bad Waldsee 509 Fd69
83707 Bad Wiessee 522 Jc71
75323 Bad Wildbad i. Schwarzwald 498 Eb62
34537 Bad Wildungen 468 Fa42
19336 Bad Wilsnack 438 Jc26
74206 Bad Wimpfen 499 Fa58
91438 Bad Windsheim 491 Gd56
86825 Bad Wörishofen 511 Ha69
33181 Bad Wünnenberg 455 Ec39
88410 Bad Wurzach 520 Ga70
34596 Bad Zwesten 468 Fa43
26160 Bad Zwischenahn 433 Dc24
49635 Badbergen 443 Dc29
38271 Baddeckenstedt 457 Gb34
06493 Badeborn 458 Hd36
39624 Badel 447 Hd28
54657 Badem 476 Bd51
7653. Baden-Baden 497 Dd62
23619 Badendorf 426 Gd18
37534 Badenhausen 457 Gb36
79410 Badenweiler 517 Da70
38836 Badersleben 458 Hb35
39579 Badingen 448 Ja29
19209 Badow 427 Hb21
99706 Badra 458 Hb39
89431 Bächingen a. d. Brenz 510 Gc64
19348 Baek 438 Jb24
23909 Bäk 427 Ha20
23881 Bälau 426 Gd21
03185 Bärenbrück 462 Md35
03172 Bärenklau 462 Md34
16727 Bärenklau 450 La28
01768 Bärenstein 474 Ma44
09471 Bärenstein 485 La47
95671 Bärnau 494 Kb53
52499 Baesweiler 464 Bb44
17326 Bagemühl 441 Ma22
03130 Bagenz 462 Md37
79353 Bahlingen 507 Da68
27321 Bahlum 434 Ed27
01983 Bahnsdorf 462 Mb37
04895 Bahnsdorf 461 Lb37
29556 Bahnsen 436 Gc27
38459 Bahrdorf 447 Hb31
03249 Bahren 461 Ld36
27245 Bahrenborstel 444 Ec30
21397 Bahrendorf 459 Ja34
25569 Bahrenfleth 425 Fb18
23845 Bahrenhof 426 Gc18
01819 Bahretal 474 Ma43
18258 Bahro 451 Md33
88255 Baienfurt 519 Fd70
84171 Baierbach 513 Kb65
82065 Baierbrunn 512 Jb68
85625 Baiern 512 Jd69
72270 Baiersbronn 508 Ea64
91083 Baiersdorf 492 Hc54
88255 Baindt 519 Fd70
87650 Baisweil 511 Ha69
14806 Baitz 449 Kc33
49456 Bakum 443 Dd28
07580 Baldenhain 472 Ka44
31609 Balge 445 Fa28
78582 Balgheim 508 Ec68
72336 Balingen 508 Ec66
21730 Balje 425 Fa19
06493 Ballenstedt 458 Hc37
39606 Ballerstedt 448 Jb28
17349 Ballin 430 Lb21
79282 Ballrechten-Dottingen 517 Da70
19300 Balow 438 Ja23
73666 Baltmannsweiler 499 Fc62
58802 Balve 466 Db40
86483 Balzhausen 510 Gd67
960.. Bamberg 492 Hb52
14715 Bamme 449 Ka29
69245 Bammental 489 Ec57
38486 Bandau 447 Hc29
17506 Bandelin 430 La17
19230 Bandenitz 437 Hc22
18258 Bandow 428 Jc18
29597 Bankewitz 437 Ha26
66851 Bann 488 Da57
17449 Bannemin 430 Lc16
23769 Bannesdorf 419 Hc13
29308 Bannetze 445 Fd29
01728 Bannewitz 473 Ld42
17429 Bansin, Seebad 431 Ma17
31029 Banteln 456 Fd34
16868 Bantikow 439 Ka26
19246 Bantin 427 Hb21
16835 Banzendorf 439 Kd25
19260 Banzin 437 Ha22
19079 Banzkow 427 Hd21
93092 Barbing 503 Ka60
39249 Barby 459 Jc35
27432 Barchel 434 Ed22
36456 Barchfeld 469 Gc45
48455 Bardel 442 Cb32
14913 Bardenitz 449 Kd33
24988 Barderup 417 Fb11
21357 Bardowick 436 Gc23
27245 Barenburg 444 Ec29
21397 Barendorf 436 Gd24
16866 Barenthin 438 Jd26
31035 Barfelde 456 Fd34
73525 Bargau 500 Ga62
26446 Barge 433 Dc22
74921 Bargen 498 Ed58
25704 Bargenstedt 425 Fa17
23863 Bargfeld-Stegen 426 Gb19
17398 Bargischow 430 Lc18
24806 Bargstall 417 Fb15
21698 Bargstedt 435 Fb22
24793 Bargstedt 425 Fd16
22941 Bargteheide 426 Gb20
25842 Bargum 416 Ed11
23826 Bark 426 Gb18
24360 Barkelsby 417 Fd13
25791 Barkenholm 417 Fa15
49152 Barkhausen 444 Ea32
23847 Barkhorst 426 Gc20
19395 Barkow 438 Jd22
39179 Barleben 448 Ja33
25719 Barlt 424 Ed17
24245 Barmissen 426 Gb16
25355 Barmstedt 425 Fd19
39393 Barneberg 447 Hc33
23968 Barnekow 427 Hd18
14715 Barnewitz 449 Kb29
19089 Barnin 428 Ja21
23858 Barnitz 426 Gc19
06268 Barnstädt 471 Jb40
21406 Barnstedt 436 Gc25
49406 Barnstorf 444 Eb28
32683 Barntrup 456 Fa35
24217 Barsbek 418 Gb14
22885 Barsbüttel 426 Gb21
16775 Barsdorf 440 La24
16845 Barsikow 439 Kb27
30890 Barsinghausen 445 Fc32
26676 Barßel 433 Db24
27383 Bartelsdorf 435 Fc25
18337 Bartelshagen I 420 Ka15
18314 Bartelshagen II 420 Ka14
18209 Bartenshagen-Parkentin 428 Jb16
39343 Bartensleben 447 Hc32
18356 Barth 420 Kb14
73566 Bartholomä 500 Ga62
18516 Bartmannshagen 429 Kd16
17089 Bartow 430 La18
21357 Barum 436 Gc23
29576 Barum 436 Gd25
15837 Baruth (Mark) 450 Lc33
49453 Barver 444 Eb29
38476 Barwedel 447 Ha30
17166 Barz 429 Ka20
01994 Barzig 462 Ma37
27432 Basdahl 434 Ed22
16352 Basdorf 450 Lb28
16818 Basdorf 439 Kb25
17139 Basedow 429 Kb19
21483 Basedow 436 Gd22
56220 Bassenheim 477 Cd49
18513 Bassin 429 Kc16
27211 Bassum 434 Ec27
97654 Bastheim 481 Gb48
21493 Basthorst 426 Gc21
18230 Bastorf 428 Ja16
29562 Batensen 437 Ha26
35088 Battenberg 467 Eb43
15377 Batzlow 451 Mb28
91460 Baudenbach 491 Gd55
98617 Bauerbach 481 Gc47
16775 Baumgarten 439 Kd26
18246 Baumgarten 428 Jb19
55774 Baumholder 487 Cc55
96148 Baunach 492 Hb52
34225 Baunatal 468 Fb41
54538 Bausendorf 477 Cb51
02625 Bautzen 474 Md40
49844 Bawinkel 442 Cd29
94137 Bayerbach 514 Lc65
84092 Bayerbach b. Ergoldsbach 503 Kb62
94252 Bayerisch Eisenstein 504 Lc59
83457 Bayerisch Gmain 524 Lb71
9544. Bayreuth 493 Jb52
83735 Bayrischzell 523 Ka71
23816 Bebensee 426 Gb18
39343 Bebertal 447 Hd32
36179 Bebra 468 Fd43
67827 Becherbach 488 Da55
66894 Bechhofen 487 Cd57
91572 Bechhofen 500 Gd59
07426 Bechstedt 482 Hc46
67595 Bechtheim 488 Dd54
55234 Bechtolsheim 488 Dd53
92699 Bechtsrieth 494 Ka54
21643 Beckdorf 435 Fc22
29320 Beckedorf 436 Ga27
31699 Beckedorf 445 Fb32
27243 Beckeln 434 Eb27
39393 Beckendorf-Neindorf 458 Hc34
66701 Beckingen 486 Bd57
29303 Becklingen 436 Ga27
59269 Beckum 454 Dc37
50181 Bedburg 464 Bd43
47551 Bedburg-Hau 452 Bb36
29355 Beedenbostel 446 Gb29
48361 Beelen 454 Dd35
14547 Beelitz 449 Kd32
39343 Beendorf 447 Hc32
17258 Beenz 440 La23
17291 Beenz 440 Lc23
15518 Beerfelde 451 Ma30
64743 Beerfelden 489 Ed55
15926 Beesdau 461 Ld35
39624 Beese 448 Ja28
06425 Beesenlaublingen 459 Jb37
06198 Beesenstedt 459 Jb38
15848 Beeskow 451 Mb32
49832 Beesten 443 Da31
17111 Beestland 429 Kc17
16766 Beetz 439 Kd27
38489 Beetzendorf 447 Hc28
17111 Beggerow 429 Kd18
23919 Behlendorf 426 Gd20
18510 Behnkendorf 421 Kd15
39356 Behnsdorf 447 Hc32

17179 Behren-Lübchin 429 Kb17
25850 Behrendorf 417 Fa13
39606 Behrendorf 438 Jc27
17498 Behrenhoff 430 La17
24321 Behrensdorf 418 Gd14
29646 Behringen 436 Ga25
99947 Behringen 469 Gd43
98631 Behrungen 481 Gd48
23996 Beidendorf 427 Hd19
25573 Beidenfleth 425 Fb18
37130 Beienrode 457 Gb39
08340 Beierfeld 484 Kd46
02736 Beiersdorf 475 Na41
04924 Beiersdorf 461 Lb38
16259 Beiersdorf 450 Ld28
38382 Beierstedt 458 Ha34
92339 Beilngries 502 Ja60
04886 Beilrode 461 La38
71717 Beilstein 499 Fb60
89179 Beimerstetten 510 Ga65
67259 Beindersheim 489 Ea55
98660 Beinerstadt 481 Gd48
25554 Bekdorf 425 Fb18
25524 Bekmünde 425 Fb18
24601 Belau 426 Gb16
25557 Beldorf 425 Fb16
04874 Belgern 461 La38
04683 Belgershain 472 Kb41
56745 Bell 477 Cc48
56288 Bell (Hunsrück) 477 Cd51
06425 Belleben 459 Jb37
89287 Bellenberg 510 Gb67
76756 Bellheim 497 Dd59
18292 Bellin 428 Jd20
17309 Belling 430 Ld20
39579 Bellingen 448 Jb30
49191 Belm 443 Dd32
98617 Belrieth 481 Gd47
19230 Belsch 437 Hc23
39356 Belsdorf 447 Hc31
56290 Beltheim 477 Cd51
21785 Belum 424 Ed19
14806 Belzig 449 Kb33
72658 Bempflingen 509 Fb64
19339 Bendelin 438 Jd26
21227 Bendestorf 436 Ga23
24217 Bendfeld 418 Gc14
25557 Bendorf 425 Fb17
56170 Bendorf 478 Da48
83671 Benediktbeuern 522 Ja71
18258 Benitz 428 Jc17
14806 Benken 449 Kb33
29416 Benkendorf 447 Hc28
06308 Benndorf 459 Ja38
38877 Benneckenstein 458 Ha37
04828 Bennewitz 472 Kc40
19260 Bennin 437 Ha22
71726 Benningen 499 Fa61
87734 Benningen 510 Gc69
06179 Bennstedt 459 Jc39
14789 Bensdorf 449 Ka31
98554 Benshausen 481 Gd46
64625 Bensheim 489 Eb54
18182 Bentwisch 428 Jd16
19322 Bentwisch 438 Jb25
17129 Bentzin 430 La17
17429 Benz 431 Ma17
23970 Benz 428 Ja18
93176 Beratzhausen 502 Jc59
92334 Berching 502 Ja59
83471 Berchtesgaden 524 Lb71
38272 Berel 446 Gb33
39638 Berenbrock 447 Hd31
53505 Berg 477 Ca47
76768 Berg 497 Dd60
82335 Berg 512 Ja69
88276 Berg 519 Fc70
95180 Berg 483 Jc48
92348 Berg b. Neumarkt i. d. Oberpfalz 493 Ja57
86562 Berg i. Gau 501 Hd63
06536 Berga 458 Hb39
07980 Berga 472 Ka45
88368 Bergatreute 519 Fd70
14641 Berge 449 Kc29
19348 Berge 438 Jb24
39606 Berge 438 Jc27
39638 Berge 447 Hd30
49626 Berge 443 Db29
03246 Bergen 461 Ld36
08239 Bergen 484 Ka47
29303 Bergen 446 Ga28
29468 Bergen 437 Hb27
83346 Bergen 523 Kd70
91790 Bergen 501 Hc59
18528 Bergen a. Rügen 421 La13
24861 Bergenhusen 417 Fb14
14641 Bergerdamm 449 Kc28
25779 Bergewöhrden 417 Fa15
38467 Bergfeld 447 Ha30
01819 Berggiesshübel 474 Mb43
77791 Berghaupten 507 Dc65
86673 Bergheim 501 Hd62
5012 . Bergheim / Erft 464 Bd43
14806 Bergholz 449 Kb33
17321 Bergholz 431 Ma21
14558 Bergholz-Rehbrücke 450 La31
89180 Berghülen 509 Fd65
514 . . Bergisch Gladbach 465 Cc43
59192 Bergkamen 454 Da38
85232 Bergkirchen 512 Ja66
18573 Berglase 421 La14
73663 Berglen 499 Fc62
85459 Berglern 512 Jd65
51702 Bergneustadt 466 Da43
97493 Bergrheinfeld 491 Gb52
16775 Bergsdorf 440 La26
97241 Bergtheim 491 Gb53
06773 Bergwitz 460 Kb36
39307 Bergzow 448 Jc31
25575 Beringstedt 425 Fc16
99837 Berka 469 Gb44
98631 Berkach 481 Gc48
37297 Berkatal 469 Ga41
39624 Berkau 447 Hd29
15518 Berkenbrück 451 Mb31
23919 Berkenthin 426 Gd20
88450 Berkheim 510 Gb68
17291 Berkholz 440 Lc23
16306 Berkholz-Meyenburg 441 Mb25
1 . . . . Berlin 450 Lb29
16909 Berlinchen 439 Kb24
37339 Berlingerode 457 Gb39
16866 Berlitt 438 Jd26
99439 Berlstedt 470 Hd42
88697 Bermatingen 519 Fb71
98587 Bermbach 481 Gd46
08340 Bermsgrün 484 Kd47
16321 Bernau 450 Lc28
79872 Bernau 517 Dc71
83233 Bernau a. Chiemsee 523 Kc70
86975 Bernbeuren 521 Hb71
06406 Bernburg 459 Jb36
27804 Berne 434 Eb24
92361 Berngau 502 Ja58
93170 Bernhardswald 503 Kb59
18249 Bernitt 428 Jb18
54470 Bernkastel-Kues 487 Cb52
82347 Bernried 522 Ja70
94505 Bernried 504 La60
08315 Bernsbach 484 Kd46
02994 Bernsdorf 462 Mb39
04916 Bernsdorf 461 La36
07318 Bernsdorf 482 Hd46
09337 Bernsdorf 472 Kc45
07952 Bernsgrün 483 Jd46
89182 Bernstadt 510 Gb65
02748 Bernstadt a. d. Eigen 475 Nb41
23936 Bernstorf 427 Hb19
48488 Bernte 442 Cd31
37355 Bernterode 469 Gd40
50189 Berrendorf 464 Bd44
49593 Bersenbrück 443 Dc30
38835 Berßel 458 Ha35
15926 Berstequell 461 Ld36
02747 Berthelsdorf 475 Nb42
17291 Bertikow 440 Ld23
39517 Bertingen 448 Jb31
39596 Bertkow 448 Jc28
02763 Bertsdorf-Hörnitz 475 Nb43
26524 Berumbur 422 Cd21
26532 Berumerfehn 422 Cd21
19309 Besandten 437 Hc25
23738 Beschendorf 427 Ha16
25584 Besdorf 425 Fb17
65614 Beselich 478 Dd48
23899 Besenthal 427 Ha21
17039 Beseritz 430 Lb19
74354 Besigheim 499 Fa60
19258 Besitz 437 Ha23
15741 Bestensee 450 Lc32
59909 Bestwig 467 Ea40
06925 Bethau 460 Kd37
31032 Betheln 456 Fd34
54646 Bettingen 486 Bb52
31185 Bettrum 446 Gb33
57518 Betzdorf 466 Db45
21386 Betzendorf 436 Gc25
91282 Betzenstein 493 Ja54
87488 Betzigau 520 Gd71
04824 Beucha 472 Kb40
37327 Beuren 469 Gc40
72660 Beuren 509 Fb64
39615 Beuster 438 Jb26
17268 Beutel 440 Lb24
94501 Beutelsbach 504 Lb63
04924 Beutersitz 461 Lb37
29553 Beverbeck 436 Gc25
16928 Beveringen 438 Jd24
25355 Bevern 425 Fd19
37639 Bevern 456 Fc36
27616 Beverstedt 434 Ec22
37688 Beverungen 456 Fb37
66450 Bexbach 487 Cc57
39171 Beyendorf 459 Ja34
04895 Beyern 461 La37
06528 Beyernaumburg 458 Hd39
39264 Bias 459 Jd35
74078 Biberach 499 Fa59
77781 Biberach 507 Dc66
88400 Biberach a. d. Riß 509 Fd68
86485 Biberbach 511 Hb64
89346 Bibertal 510 Gc65
68647 Biblis 489 Ea54
19417 Bibow 428 Ja19
98631 Bibra 481 Gd48
93354 Biburg 502 Jd62
83673 Bichl 522 Ja71
64404 Bickenbach 489 Eb54
87651 Bidingen 521 Hb70
97318 Biebelried 491 Gb54
63599 Biebergemünd 480 Fb50
15913 Biebersdorf 462 Ma34
35444 Biebertal 479 Eb46
64584 Biebesheim a. Rhein 489 Ea54
35216 Biedenkopf 467 Eb44
79215 Biederbach 507 Dc67
39175 Biederitz 448 Jb33
15236 Biegen 451 Mc31
33 . . . Bielefeld 455 Eb34
06408 Biendorf 459 Jc36
18230 Biendorf 428 Ja16
49808 Biene 442 Cd30
29553 Bienenbüttel 436 Gc25
04430 Bienitz 472 Ka40
39221 Biere 459 Jb35
29416 Bierstedt 447 Hb28
16278 Biesenbrow 441 Ma24
06343 Biesenrode 458 Hd38
16359 Biesenthal 440 Lc27
87640 Biessenhofen 521 Ha70
49434 Bieste 443 Dc30
76467 Bietigheim 497 Dd61
74321 Bietigheim-Bissingen 499 Fa61
17291 Bietikow 440 Ld23
48727 Billerbeck 453 Cd35
74842 Billigheim 490 Fb57
76831 Billigheim 497 Dc59
25485 Bilsen 425 Fd19
37434 Bilshausen 457 Gb38
24576 Bimöhlen 426 Ga18
48527 Bimolten 442 Cb30
74862 Binau 489 Ed57
29416 Binde 437 Hd27
39590 Bindfelde 448 Jc29
95463 Bindlach 493 Jb52
15754 Bindow 450 Ld31
55411 Bingen 488 Db52
72511 Bingen 509 Fb68
31619 Binnen 445 Fa29
54518 Binsfeld 486 Bd52
86637 Binswangen 511 Ha64
18609 Binz, Ostseebad 421 Lb13
79589 Binzen 517 Da72
49626 Bippen 443 Db29
73102 Birenbach 499 Fd62
54587 Birgel 476 Bd49
57587 Birken-Honigsessen 466 Db45
69488 Birkenau 489 Ec55
79777 Birkendorf 517 Dd71
55765 Birkenfeld 487 Cb55
75217 Birkenfeld 498 Eb61
97834 Birkenfeld 490 Fd53
67134 Birkenheide 488 Dd56
16321 Birkenhöhe 450 Lc28
07366 Birkenhügel 483 Jb48
16547 Birkenwerder 450 La28
15848 Birkholz 451 Mb32
39517 Birkholz 448 Jb31
16356 Birkholzaue 450 Lc28
07336 Birkigt 483 Ja46
01827 Birkwitz-Pratzschwitz 474 Ma43
65626 Birlenbach 478 Dc49
54574 Birresborn 476 Bd50
63633 Birstein 480 Fb49
98634 Birx 481 Gb47
96120 Bischberg 492 Hb52
97836 Bischbrunn 490 Fc53
03205 Bischdorf 462 Ma35
37130 Bischhausen 457 Gb39
01920 Bischheim-Häslich 474 Mb40
99094 Bischleben 470 Hb44
35649 Bischoffen 479 Ea46
37345 Bischofferode 457 Gd39
98553 Bischofrod 482 Ha47
06295 Bischofrode 459 Ja39
18556 Bischofsdorf 421 Kd12
95493 Bischofsgrün 483 Jc51
65474 Bischofsheim 489 Ea52
97653 Bischofsheim a. d. Rhön 481 Ga48
94253 Bischofsmais 504 Lb60
01877 Bischofswerda 474 Mc41
83483 Bischofswiesen 524 Lb71
76476 Bischweier 497 Dd62
72406 Bisingen 508 Ed66
17322 Bismark 431 Mb21
39629 Bismark 448 Ja29
29646 Bispingen 436 Ga25
24582 Bissee 426 Ga16
49143 Bissendorf 443 Dd32
86657 Bissingen 501 Ha63
73266 Bissingen a. d. Teck 509 Fc64
24358 Bistensee 417 Fc14
24991 Bistoft 417 Fc11
54634 Bitburg 486 Bc52
19273 Bitter 437 Hb24
06749 Bitterfeld 460 Ka37
39517 Bittkau 448 Jc31
72475 Bitz 509 Fa67
93476 Blaibach 503 Kd58
87544 Blaichach 520 Gc73
16909 Blandikow 439 Ka25
25541 Blangenmoor-Lehe 425 Fa18
63825 Blankenbach 480 Fa51
07366 Blankenberg 483 Jb48
16845 Blankenberg 439 Kb26
19412 Blankenberg 428 Ja19
17291 Blankenburg 440 Ld23
38889 Blankenburg 458 Hb36
15827 Blankenfelde 450 Lb31
18182 Blankenhagen 428 Jd16
99444 Blankenhain 470 Hd44
06528 Blankenheim 459 Ja39
53945 Blankenheim 476 Bd48
17039 Blankenhof 429 Kd20
56865 Blankenrath 477 Cc51
14959 Blankensee 450 La32
17237 Blankensee 440 La22
17322 Blankensee 431 Mb21
01723 Blankenstein 473 Lc42
07366 Blankenstein 483 Jb48
15868 Blasdorf 462 Mc34
89143 Blaubeuren 509 Fd65
74572 Blaufelden 500 Ga58
89134 Blaustein 510 Ga65
21354 Bleckede 437 Ha23
54608 Bleialf 476 Bb49
99752 Bleicherode 457 Gd39
24327 Blekendorf 418 Gd15
27337 Blender 435 Fa27
16909 Blesendorf 439 Ka24
17392 Blesewitz 430 Lb18
15328 Bleyen 451 Md28
21640 Bliedersdorf 435 Fc22
16269 Bliesdorf 451 Mb28
14542 Bliesendorf 449 Kc31
18375 Bliesenrade 420 Ka14
66440 Blieskastel 496 Cc58
23847 Bliestorf 426 Gd19
19306 Blievenstorf 438 Ja23
89434 Blindheim 501 Ha63
17291 Blindow 440 Ld22
07926 Blintendorf 483 Jc48
06217 Blösien 471 Jc40
03130 Bloischdorf 462 Md37
26487 Blomberg 423 Da21
32825 Blomberg 456 Fa35
25348 Blomesche Wildnis 425 Fb19
25348 Blomesche Wildnis 425 Fb19
15754 Blossin 450 Ld31
23974 Blowatz 427 Hd17
19258 Blücher 437 Ha23
23923 Blüssen 427 Hb18
19357 Blüthen 438 Jb24
16306 Blumberg 441 Ma23
16356 Blumberg 450 Lc29
78176 Blumberg 518 Eb70
17337 Blumenhagen 430 Ld21
17237 Blumenholz 439 Kd22
16775 Blumenow 440 La24
16928 Blumenthal 439 Ka25
24241 Blumenthal 418 Ga15
23813 Blunk 426 Gb17
06766 Bobbau 460 Ka37
67240 Bobenheim 489 Ea55
19357 Boberow 438 Ja24
86399 Bobingen 511 Hb66
23996 Bobitz 427 Hd19
03222 Boblitz 462 Ma35
09627 Bobritzsch 473 Lc43
19230 Bobzin 437 Hc22
4639 . Bocholt 452 Bd36
14550 Bochow 449 Kc31
44 . . . Bochum 453 Cc39
18445 Bock 420 Kc13
08324 Bockau 484 Kc47
37345 Bockelnhagen 457 Gc38
04703 Bockelwitz 472 Kd41
55595 Bockenau 488 Da53
31167 Bockenem 457 Gb34
67278 Bockenheim a.d. Weinstraße 488 Dd55
26345 Bockhorn 433 Dc23
85461 Bockhorn 512 Jd66
26897 Bockhorst 433 Da26
98673 Bockstadt 482 Hb48
21385 Bockum 436 Gb25
17179 Boddin 429 Kb17
19243 Boddin 427 Hb21
16928 Boddin-Langnow 438 Jd25
72411 Bodelshausen 508 Ed65
07381 Bodelwitz 483 Jb46
39343 Bodendorf 447 Hd32
37194 Bodenfelde 456 Fc38
55294 Bodenheim 489 Ea52
84155 Bodenkirchen 513 Kc65
94249 Bodenmais 504 Lb59
37308 Bodenrode-Westhausen 469 Gb40
37434 Bodensee 457 Gb38
29389 Bodenteich 436 Gd27
37619 Bodenwerder 456 Fc35
92439 Bodenwöhr 503 Kb58
78351 Bodman 518 Ed71
88285 Bodnegg 519 Fd71
88131 Bodolz 519 Fd72
18356 Bodstedt 420 Ka14
82389 Böbing 521 Hc71
73560 Böbingen a. d. Rems 500 Ga62
7103 . Böblingen 498 Ed63
94255 Böbrach 504 Lb59
14778 Boecke 449 Ka32
29597 Boecke 437 Ha25
38536 Böckelse 446 Gc30
39359 Böddensell 447 Hc31
29556 Böddenstedt 436 Gc26
24401 Böel 417 Fd12
24994 Bögelhuus 417 Fa10
67459 Böhl 488 Dd57
04564 Böhlen 472 Ka41
98701 Böhlen 482 Hc46
18334 Böhlendorf 429 Kb16
04430 Böhlitz-Ehrenberg 472 Ka40
29693 Böhme 445 Fc28
89558 Böhmenkirch 500 Ga63
85113 Böhmfeld 502 Ja61
14715 Böhne 449 Ka29
24220 Böhnhusen 418 Ga15
19069 Böken 427 Hc20
24860 Böklund 417 Fc12
16248 Bölkendorf 441 Ma25
18239 Bölkow 428 Jc17
18276 Bölkow 428 Jd19
39517 Bölsdorf 448 Jc30
16928 Bölzke 438 Jd25
26831 Boen 432 Cd25
24620 Bönebüttel 426 Ga17
59199 Bönen 454 Db38
04924 Bönitz 461 Lb38
74357 Bönnigheim 499 Fa60
25474 Bönningstedt 426 Ga20
26904 Börger 433 Da27
18211 Börgerende-Rethwisch 428 Jb16
26903 Börgerwald 433 Da26
24863 Börm 417 Fb14
09437 Börnichen / Erzgeb. 473 Lb45
14641 Börnicke 449 Kd28
16321 Börnicke 450 Lc28
24306 Börnsdorf 426 Gc16
21039 Börnsen 436 Gb22
38312 Börßum 457 Gd34
49626 Börstel 443 Db29
73104 Börtlingen 499 Fd62
23936 Börzow 427 Hb18
24306 Bösdorf 426 Gc16
39359 Bösdorf 447 Hb31
37339 Böseckendorf 457 Gb39
26219 Bösel 433 Dc26
29439 Bösel 437 Hc26
08606 Bösenbrunn 483 Jd48
78662 Bösingen 508 Eb67
27367 Bötersen 435 Fb25
78583 Böttingen 508 Ec68
79268 Bötzingen 507 Da68
16727 Bötzow 450 La28
24994 Böxlund 417 Fa10
37691 Boffzen 456 Fb37
94327 Bogen 503 Kd61
26340 Bohlenberge 433 Dc22
25853 Bohmstedt 416 Ed12
49163 Bohmte 444 Ea31
03130 Bohsdorf 462 Md37
23974 Boiensdorf 427 Hd17
18249 Boitin 428 Jc19
21368 Boitze 437 Ha25
17268 Boitzenburg 440 Lc23
19258 Boizenburg 437 Ha23
24802 Bokel 425 Fd16
25364 Bokel 425 Fd19
27616 Bokel 434 Ec23
25596 Bokelrehm 425 Fb17
38556 Bokensdorf 447 Ha30
25335 Bokholt-Hanredder 425 Fd19
25560 Bokhorst 425 Fb17
24220 Boksee 418 Gb15
67295 Bolanden 488 Dc55
17392 Boldekow 430 Lb19
18528 Boldevitz 421 La13
73087 Boll 499 Fc63
54669 Bollendorf 486 Bb53
15936 Bollensdorf 461 Lb35
15377 Bollersdorf 451 Ma29
17207 Bollewick 439 Kb22
24855 Bollingstedt 417 Fb12
79283 Bollschweil 507 Da69
03205 Bolschwitz 462 Mb36
87538 Bolsterlang 520 Gc73
23946 Boltenhagen 427 Hc17
21379 Boltersen 436 Gd24
19406 Bolz 428 Jc20
29413 Bombeck 437 Hb27
29699 Bomlitz 435 Fc27
58313 Bommern 465 Cd40
15898 Bomsdorf 451 Md33
25850 Bondelum 417 Fa13
71149 Bondorf 508 Ec64
29413 Bonese 437 Ha27
53 . . . Bonn 465 Cb45
79848 Bonndorf 518 Ea70
32602 Bonneberg 444 Ec33
86486 Bonstetten 511 Ha65
17322 Boock 431 Mb21
39606 Boock 448 Ja28
87737 Boos 510 Gc68
24598 Boostedt 426 Ga17
73441 Bopfingen 500 Gc61
56154 Boppard 478 Da50
33178 Borchen 455 Ec37
25852 Bordelum 416 Ed12
24582 Bordesholm 426 Ga16
24392 Boren 417 Fd12
29571 Borg 437 Ha26
24589 Borgdorf-Seedorf 425 Fd16
34434 Borgentreich 456 Fa38
33829 Borgholzhausen 455 Ea34
24794 Borgstedt 417 Fd15
25938 Borgsum 416 Eb11
24857 Borgwedel 417 Fc13
16866 Bork 439 Ka25
04916 Borken 461 La36
34582 Borken 468 Fb43
46325 Borken 453 Ca36
14822 Borkheide 449 Kc32
19406 Borkow 428 Jb20
26757 Borkum 422 Ca21
14822 Borkwalde 449 Kc32
18375 Born 420 Ka14
39345 Born 447 Hd31
04552 Borna 472 Kb42
04758 Borna 473 Lb40
14806 Borne 449 Kb33
39435 Borne 459 Ja35
53332 Bornheim 465 Cb45
76879 Bornheim 497 Dd58
24619 Bornhöved 426 Gb17
25557 Bornholt 425 Fb17
56348 Bornich 478 Db51
29413 Bornsen 447 Hb28
06295 Bornstedt 459 Ja39
39343 Bornstedt 447 Hd33
38312 Bornum 457 Gd34
39264 Bornum 459 Jd34
17111 Borrentin 429 Kc18
04451 Borsdorf 472 Kb40
25376 Borsfleth 425 Fb19
24616 Borstel 425 Fd18
27246 Borstel 444 Ed29
25494 Borstel-Hohenraden 425 Fd20
09579 Borstendorf 473 Lb44
23881 Borstorf 426 Gd21
23715 Bosau 426 Gc16
25899 Bosbüll 416 Ec10
06895 Boßdorf 460 Kc34
19205 Botelsdorf 427 Hc19
27386 Bothel 435 Fc25
24250 Bothkamp 426 Gb16
06571 Bottendorf 470 Hd40
39164 Bottmersdorf 458 Hd34
462 . . Bottrop 453 Cb38
66359 Bous 496 Bd58
24796 Bovenau 417 Fd15
37120 Bovenden 457 Ga38
21782 Bovenmoor 424 Ed20
02943 Boxberg 463 Na38
97944 Boxberg 490 Fd56
22145 Braak 426 Gb21
57555 Brachbach 466 Dc45
06188 Brachstedt 459 Jd38
63636 Brachttal 480 Fb49
06198 Brachwitz 459 Jc38
14822 Brachwitz 449 Kd33
21438 Brackel 436 Ga23
74336 Brackenheim 499 Fa60
25923 Braderup 416 Ed10
14641 Brädikow 449 Kb28
06862 Bräsen 460 Ka34
78199 Bräunlingen 508 Ea69
06333 Bräunrode 458 Hd37
09212 Bräunsdorf 472 Kc44
09603 Bräunsdorf-Langhennersdorf 473 Lb43
19273 Brahlstorf 437 Hb23
26919 Brake 434 Eb23
33034 Brakel 456 Fa37
16259 Bralitz 441 Ma26
06862 Brambach 459 Jd35
24793 Brammer 425 Fd16
49565 Bramsche 443 Dc31
27628 Bramstedt 434 Ec23
25926 Bramstedtlund 417 Fa10
95682 Brand 493 Jc52
25364 Brande-Hörnerkirchen 425 Fd19
1477 . Brandenburg a. d. Havel 449 Kb30
09618 Branderbisdorf 473 Lb44
06785 Brandhorst 460 Ka36
04821 Brandis 472 Kc40
04916 Brandis 461 La36
48531 Brandlecht 442 Cc31
18519 Brandshagen 421 Kd15
83098 Brannenburg 523 Ka71
06188 Braschwitz 459 Jd38
56338 Braubach 478 Da49
54472 Brauneberg 487 Cb52
35619 Braunfels 479 Ea47
38700 Braunlage 457 Gd37
74542 Braunsbach 499 Fd59
06242 Braunsbedra 471 Jc40
16818 Braunsberg 439 Kc25
381 . . Braunschweig 446 Gd32
06543 Braunschwende 458 Hd38
15518 Braunsdorf 451 Ma31
24392 Brebel 417 Fd12
65611 Brechen 478 Dd49
58339 Breckerfeld 465 Cd41
26897 Breddenberg 433 Da26
16845 Breddin 438 Jd27
27412 Breddorf 435 Fa23
24796 Bredenbek 417 Fd15
17153 Bredenfelde 429 Kc20
17349 Bredenfelde 440 Lb22
16775 Bredereiche 440 La24
14641 Bredow 449 Kd29
25821 Bredstedt 416 Ed12
17506 Breechen 430 La17
18556 Breege 421 La11
19322 Breese 438 Jb26
17091 Breesen 429 Kd20
18334 Breesen 429 Kb16
17089 Breest 430 La18
19309 Breetz 437 Hd25
39343 Bregenstedt 447 Hc32
37339 Brehme 457 Gc39
06796 Brehna 459 Jd38
06796 Brehna 460 Ka38
35236 Breidenbach 467 Ea44
24797 Breiholz 425 Fc16
79206 Breisach a. Rhein 506 Cd68
96151 Breitbrunn 482 Ha51
83254 Breitbrunn a. Chiemsee 513 Kc69
03249 Breitenau 461 Ld36
06528 Breitenbach 458 Hc38
36287 Breitenbach 468 Fc45
66916 Breitenbach 487 Cc56
25597 Breitenberg 425 Fc18
94139 Breitenberg 505 Mb62
08359 Breitenbrunn 484 Kd47
87739 Breitenbrunn 510 Gd68
92363 Breitenbrunn 502 Jb59
39638 Breitenfeld 447 Hc29
23881 Breitenfelde 426 Gd21
96149 Breitengüßbach 492 Hb52
39240 Breitenhagen 459 Jc35
39646 Breitenrode 447 Hb30
06547 Breitenstein 458 Hb38
86488 Breitenthal 510 Gc67
37339 Breitenworbis 457 Gc39
79874 Breitnau 507 Dc69
35767 Breitscheid 478 Dd46
53547 Breitscheid 477 Cd47
06536 Breitungen 458 Hc39
98597 Breitungen 469 Gc45
24811 Brekendorf 417 Fc14
25821 Breklum 416 Ed12
28 . . . Bremen 434 Ec25
275 . . Bremerhaven 434 Eb22
27432 Bremervörde 435 Fa22
15890 Bremsdorf 451 Md32
03253 Brenitz 461 Lc36
93179 Brennberg 503 Kb59
64395 Brensbach 489 Ed54
19306 Brenz 438 Ja22
19230 Bresegard 437 Hc23
19294 Bresegard 437 Hd24
21698 Brest 435 Fb22
01900 Bretnig-Hauswalde 474 Mb41
39606 Bretsch 438 Ja27
75015 Bretten 498 Ec60
39307 Brettin 448 Jd31
55559 Bretzenheim 488 Db53
74626 Bretzfeld 499 Fc59
64747 Breuberg 489 Ed53
34479 Breuna 468 Fa40
29479 Breustian 437 Hb26
37647 Brevörde 456 Fb35
56321 Brey 478 Da49
25712 Brickeln 425 Fa17
56867 Briedel 477 Cb51
14778 Brielow 449 Kb30
15848 Briescht 451 Mb33
14656 Brieselang 449 Kd29
03096 Briesen 462 Mc35
15518 Briesen 451 Mc31
15757 Briesen 450 Ld33
15913 Briesensee 462 Ma34
01968 Brieske 462 Ma38
15295 Brieskow-Finkenheerd 451 Md31
14778 Briest 449 Ka30
16306 Briest 441 Ma24
39524 Briest 448 Jd30
21382 Brietlingen 436 Gc23
29413 Brietz 437 Hb27
17309 Brietzig 430 Ld21
78086 Brigachtal 508 Ea69
17153 Briggow 429 Kc20
59929 Brilon 467 Eb40
24816 Brinjahe 425 Fc16
26835 Brinkum 433 Da24
28816 Brinkum 434 Ec26
17166 Bristow 429 Kb19
16230 Britz 440 Ld26
27386 Brockel 435 Fc25
49152 Brockhausen 444 Ea32
29565 Brockhöfe 436 Gb26
49448 Brockum 444 Ea31
24398 Brodersby 418 Ga12
24864 Brodersby 417 Fd13
24235 Brodersdorf 418 Gb14
18184 Broderstorf 428 Jd16
16230 Brodowin 441 Ma26
18258 Bröbberow 428 Jc17
29356 Bröckel 446 Gb30
21514 Bröthen 436 Gd22
56656 Brohl-Lützing 477 Cc47
17099 Brohm 430 Lb20
25576 Brokdorf 425 Fb19
31628 Brokeloh 445 Fa30
24616 Brokstedt 425 Fd17
64753 Brombachtal 489 Ed54
38465 Brome 447 Hb29
59969 Bromskirchen 467 Eb42
03205 Bronkow 462 Ma36
19386 Broock 438 Jc22
98599 Brotterode 469 Gd45
04895 Brottewitz 461 Lb38
49497 Bruch 443 Db32
16278 Bruchhagen 441 Ma24
27305 Bruchhausen-Vilsen 434 Ed27
63486 Bruchköbel 479 Ed50
66892 Bruchmühlbach 487 Cd57
15370 Bruchmühle 450 Ld29
76646 Bruchsal 498 Eb59
29585 Bruchtorf 436 Gd25
29588 Bruchwedel 437 Ha26
76891 Bruchweiler-Bärenbach 497 Db59
85567 Bruck 512 Jd68
92436 Bruck i. d. Oberpfalz 503 Kb58
84079 Bruckberg 512 Jd64
91590 Bruckberg 492 Ha57
83052 Bruckmühl 512 Jd69
83052 Bruckmühl 522 Jd70
17159 Brudersdorf 429 Kc17
14822 Brück 449 Kc32
06528 Brücken 458 Hc39
55767 Brücken 487 Cb55
66904 Brücken (Pfalz) 487 Cc56
19412 Brüel 428 Ja19
24582 Brügge 426 Ga16
31033 Brüggen 456 Fd34
41379 Brüggen 464 Bb41
50321 Brühl 465 Ca44
68782 Brühl 489 Eb57
18337 Brünkendorf 420 Ka15
09380 Brünlos 472 Kd45
98673 Brünn /Thüringen 482 Hb48
31863 Brünninghausen 445 Fc33
17509 Brünzow 430 Lb16
19071 Brüsewitz 427 Hc20
17326 Brüssow 441 Ma22
39240 Brumby 459 Jb35
39624 Brunau 447 Hd28
16845 Brunn 439 Ka26
17039 Brunn 430 La20
93164 Brunn 502 Jd59
16833 Brunne 439 Kc27
86564 Brunnen 502 Ja63
36452 Brunnhartshausen 481 Gb46
85649 Brunnthal 512 Jc69
16259 Brunow 440 Ld27
19372 Brunow 438 Jb23
22946 Brunsbek 426 Gb21
25541 Brunsbüttel 425 Fa18
23883 Brunsmark 427 Ha21
21524 Brunstorf 436 Gc22
56814 Bruttig 477 Cc50
91088 Bubenreuth 492 Hc55
89347 Bubesheim 510 Gc65
39517 Buch 448 Jc30
56290 Buch 477 Cd51
89290 Buch 510 Gc67
85656 Buch a. Buchrain 512 Jd67
84172 Buch a. Erlbach 513 Ka65
91592 Buch a. Wald 491 Gc57
07389 Bucha 483 Jb46
84428 Buchbach 513 Kb66
86675 Buchdorf 501 Hb62
74722 Buchen (Odenwald) 490 Fb56
79256 Buchenbach 507 Dc69
87474 Buchenberg 520 Gc71
17268 Buchenhain 440 Lb23
03253 Buchhain 461 Lb37
94533 Buchhofen 504 La62
14547 Buchholz 449 Kd33
14823 Buchholz 449 Kb33
15345 Buchholz 450 Ld29
15518 Buchholz 451 Mb30
16928 Buchholz 438 Jd25
17209 Buchholz 439 Kb23
18461 Buchholz 420 Kc15
23911 Buchholz 427 Ha20
25712 Buchholz 425 Fa18
31710 Buchholz 445 Fa33
32469 Buchholz 444 Ed31
39579 Buchholz 448 Jb30
99762 Buchholz 458 Hb38
29690 Buchholz (Aller) 445 Fd29
21244 Buchholz i. d. Nordheide 435 Fd23
53567 Buchholz (Westerwald) 477 Cd46
39646 Buchhorst 447 Hb30
86807 Buchloe 511 Hb68
14641 Buchow-Karpzow 449 Kd30
03229 Buchwäldchen 462 Mb36
04895 Buckau 461 La37
14793 Buckau 449 Ka32
91054 Buckenhof 492 Hc55
03205 Buckow 462 Ma36
14913 Buckow 461 Lb34
15377 Buckow 451 Ma29
15848 Buckow 451 Mb32
14715 Buckow b. Nennhausen 449 Kb29
17440 Buddenhagen 430 Lc17
55257 Budenheim 478 Dd51
56823 Büchel 477 Cb50
21514 Büchen 436 Gd22
91186 Büchenbach 501 Hc58
55491 Büchenbeuren 487 Cc52
94124 Büchlberg 505 Ma62
21465 Büchsenschinken 426 Gb21
31675 Bückeburg 444 Ed32
49740 Bückelte 442 Cd29
27333 Bücken 445 Fa28
14793 Bücknitz 449 Ka32
16845 Bückwitz 439 Ka27
38372 Büddenstedt 447 Hb33
24782 Büdelsdorf 417 Fc15
39291 Büden 448 Jb33
63654 Büdingen 480 Fa49
77815 Bühl 497 Dd63

77830 Bühlertal 497 Dd63
74424 Bühlertann 500 Ga60
74426 Bühlerzell 500 Ga60
38835 Bühne 457 Gd34
23845 Bühnsdorf 426 Gc18
31619 Bühren 445 Fa29
37127 Bühren 456 Fd39
21782 Bülkau 424 Ed20
17166 Bülow 429 Kb20
18276 Bülow 428 Jc19
19089 Bülow 428 Jb21
19217 Bülow 427 Hb19
27412 Bülstedt 435 Fa24
39345 Bülstringen 447 Hd32
31241 Bülten 446 Gb32
49808 Bülten 442 Cd30
06895 Bülzig 460 Kc35
32257 Bünde 444 Eb33
24794 Bünsdorf 417 Fd14
26316 Büppel 433 Dd23
33142 Büren 455 Eb38
07616 Bürgel 471 Jb43
63927 Bürgstadt 490 Fb54
68642 Bürstadt 489 Ea55
39624 Büste 448 Ja28
25761 Büsum 424 Ed16
25761 Büsumer Deichhausen 424 Ed16
17209 Bütow 439 Ka23
25572 Büttel 425 Fa18
64572 Büttelborn 489 Eb53
37359 Büttstedt 469 Gc41
14715 Bützer 449 Ka30
18246 Bützow 428 Jc18
99869 Bufleben 470 Ha43
17398 Bugewitz 430 Lc18
17440 Buggenhagen 430 Ld17
79426 Buggingen 517 Da70
15859 Bugk 451 Ma32
37339 Buhla 457 Gd39
39264 Buhlendorf 459 Jc34
06869 Buko 460 Ka35
56859 Bullay 477 Cb51
23898 Bullenhorst 426 Gc20
25355 Bullenkuhlen 425 Fd19
26831 Bunde 432 Cd24
55626 Bundenbach 487 Cd53
76891 Bundenthal 497 Db59
26831 Bunderhee 432 Cd24
97494 Bundorf 481 Gd50
25767 Bunsoh 425 Fb16
57299 Burbach 466 Dc45
03096 Burg 462 Mb35
25712 Burg 425 Fa17
39288 Burg 448 Jb32
23769 Burg auf Fehmarn 419 Hc13
17094 Burg Stargard 430 La21
67714 Burgalben 497 Da58
89331 Burgau 510 Gd65
87545 Burgberg 520 Gc73
91593 Burgbernheim 491 Gc56
56659 Burgbrohl 477 Cc48
31303 Burgdorf 446 Ga31
38272 Burgdorf 446 Gb33
96138 Burgebrach 492 Ha53
86977 Burggen 521 Hb71
96152 Burghaslach 492 Ha54
36151 Burghaun 480 Fd46
84489 Burghausen 514 La67
86666 Burgheim 501 Hc63
07907 Burgk 483 Jb47
06804 Burgkemnitz 460 Ka37
84508 Burgkirchen a. d. Alz 513 Kd67
96224 Burgkunstadt 482 Hd50
97724 Burglauer 481 Gb49
07356 Burglemnitz 483 Ja47
93133 Burglengenfeld 502 Jd58
06184 Burgliebenau 459 Jd39
91595 Burgoberbach 501 Ha58
97496 Burgpreppach 482 Ha50
88483 Burgrieden 510 Ga67
91790 Burgsalach 501 Hc60
65558 Burgschwalbach 478 Dc49
06295 Burgsdorf 459 Jb38
97775 Burgsinn 480 Fd50
09217 Burgstädt 472 Kd43
39517 Burgstall 448 Jb31
08538 Burgstein 483 Jd48
71576 Burgstetten 499 Fb61
90559 Burgthann 492 Hd57
35099 Burgwald 467 Ec43
16775 Burgwall 440 La25
30938 Burgwedel 445 Fd30
96154 Burgwindheim 492 Ha53
26969 Burhave 424 Ea21
91596 Burk 500 Gd59
97705 Burkardroth 481 Ga49
01906 Burkau 474 Mc41
07422 Burkersdorf 482 Hd46
09235 Burkhardtsdorf 472 Kd45
72393 Burladingen 509 Fa66
17089 Burow 430 La19
51399 Burscheid 465 Cb42
89349 Burtenbach 510 Gd66
21709 Burweg 425 Fa21
06926 Buschkuhnsdorf 461 La36
17111 Buschmühl 429 Kd18
14715 Buschow 449 Kb29
18528 Buschvitz 421 La13
24637 Busdorf 417 Fc13
35418 Buseck 479 Ec47
76891 Busenberg 497 Db59
14547 Busendorf 449 Kc32
25719 Busenwurth 424 Ed17
18469 Bussin 420 Kc14
26969 Butjadingen 424 Ea21
99439 Buttelstedt 470 Hd42
96155 Buttenheim 492 Hc53
86647 Buttenwiesen 511 Ha64
36419 Buttlar 469 Ga45
99628 Buttstädt 471 Ja42
35510 Butzbach 479 Eb48
15913 Butzen 462 Mb34
14778 Butzow 449 Kb30
17392 Butzow 430 Lc18
85114 Buxheim 502 Ja62
87740 Buxheim 510 Gb69
21614 Buxtehude 435 Fd22
15913 Byhleguhre 462 Mb35
15913 Byhlen 462 Mb34

C

21781 Cadenberge 424 Ed19
90556 Cadolzburg 492 Hb56
15926 Cahnsdorf 461 Ld35
08124 Cainsdorf 472 Kb45
03205 Calau 462 Ma36
39240 Calbe 459 Jb35
38547 Calberlah 446 Gd31
34379 Calden 468 Fb40
09337 Callenberg 472 Kc44
39359 Calvörde 447 Hd31
75365 Calw 498 Ec63
19067 Cambs 427 Hd20
07774 Camburg 471 Jb42
19246 Camin 437 Hb22
15913 Caminchen 462 Mb34
14822 Cammer 449 Kb32
17094 Cammin 440 La22
18195 Cammin 428 Jd17
31089 Capellenhagen 456 Fc35
27632 Cappel 424 Eb20
49692 Cappeln 443 Dd28
14548 Caputh 449 Kd31
19217 Carlow 427 Ha19
67316 Carlsberg 488 Dc56
18337 Carlsruhe 429 Ka16
17291 Carmzow 441 Ma22
17237 Carpin 440 La22
17258 Carwitz 440 Lb23
15326 Carzig 451 Mc29
16306 Casekow 441 Mb23
03229 Casel 462 Mb36
97355 Castell 491 Gc54
445.. Castrop-Rauxel 453 Cd38
38889 Cattenstedt 458 Hb36
04758 Cavertitz 461 La39
2922. Celle 446 Gb29
93413 Cham 503 Kd58
93466 Chamerau 503 Kd58
18569 Charlottendorf 421 Kd12
17291 Charlottenthal 428 Jd20
091.. Chemnitz 472 Kd44
83339 Chieming 513 Kd69
06386 Chörau 459 Jd36
16230 Chorin 440 Ld26
15848 Chossewitz 451 Mc33
16909 Christdorf 439 Ka25
98547 Christes 481 Gd46
24799 Christiansholm 417 Fb15
25704 Christianskoog 424 Ed16
25593 Christinenthal 425 Fc17
09212 Chursbachtal 472 Kc44
07907 Chursdorf 483 Jc46
66978 Clausen 497 Da58
09236 Claußnitz 472 Kd43
38678 Clausthal-Zellerfeld 457 Gc36
74389 Cleebronn 498 Ed60
29459 Clenze 437 Hb26
99718 Clingen 470 Hb41
49661 Cloppenburg 433 Dc27
49808 Clusorth 442 Cd29
39517 Cobbel 448 Jb31
06869 Cobbelsdorf 460 Kb34
96450 Coburg 482 Hb49
56812 Cochem 477 Cc50
06449 Cochstedt 458 Hd35
35091 Cölbe 467 Ec44
17094 Cölpin 430 Lb21
06408 Cörmigk 459 Jc37
48653 Coesfeld 453 Cc35
06369 Cösitz 459 Jd37
39326 Colbitz 448 Ja32
04680 Colditz 472 Kd42
97903 Collenberg 490 Fb54
91598 Colmberg 491 Gd57
01738 Colmnitz 473 Lc43
27243 Colnrade 434 Eb27
17258 Conow 440 Lb23
66497 Contwig 496 Cd58
31863 Coppenbrügge 456 Fc34
31091 Coppengrave 456 Fd35
18184 Cordshagen 428 Jd16
36219 Cornberg 469 Ga43
06369 Cosa 459 Jd37
01462 Cossebaude 473 Ld42
01640 Coswig 473 Ld41
06869 Coswig 460 Kb35
030.. Cottbus 462 Mc36
74564 Crailsheim 500 Gb59
38312 Cramme 446 Gc33
19071 Cramonshagen 427 Hc20
09465 Cranzahl 485 La47
03205 Craupe 462 Ma36
99330 Crawinkel 470 Ha45
97993 Creglingen 491 Gb56
38162 Cremlingen 446 Gd32
95473 Creussen 493 Jb53
99831 Creuzburg 469 Gc43
16306 Criewen 441 Mb25
08451 Crimmitschau 472 Kb44
03246 Crinitz 461 Ld36
08147 Crinitzberg 484 Kb46
07924 Crispendorf 483 Jb46
19089 Crivitz 428 Ja21
39517 Cröchern 448 Ja31
07613 Crossen 471 Jc43
02681 Crostau 474 Md41
01920 Crostwitz 474 Mc40
09474 Crottendorf 485 La47
16278 Crussow 441 Ma25
19322 Cumlosen 438 Ja25
09456 Cunersdorf 485 La46
02733 Cunewalde 474 Md41
2747. Cuxhaven 424 Ec19

D

57567 Daaden 466 Dc45
19406 Dabel 427 Jb21
17237 Dabelow 440 La23
15806 Dabendorf 450 Lb32
16818 Dabergotz 439 Kc26
17129 Daberkow 430 La18
06888 Dabrun 460 Kc35
85221 Dachau 512 Ja66
91462 Dachsbach 492 Ha55
79875 Dachsberg (Südschwarzwald) 517 Dc71
56340 Dachsenhausen 478 Da49
99100 Dachwig 470 Hb42
19294 Dadow 437 Hd24
25578 Dägeling 425 Fc18
29413 Dähre 447 Hb28
24229 Dänischenhagen 418 Gb14
24975 Dätgen 426 Ga16
25899 Dagebüll 416 Ec11
21368 Dahlem 437 Ha24
53949 Dahlem 476 Bc48
04774 Dahlen 461 La39
39579 Dahlen 448 Jb29
21368 Dahlenburg 437 Ha24
39326 Dahlenwarsleben 448 Ja33
15827 Dahlewitz 450 Lb31
15366 Dahlwitz-Hoppegarten 450 Lc29
15936 Dahme 461 Lb35
23747 Dahme 419 Hb15
17166 Dahmen 429 Ka20
22946 Dahmker 426 Gc21
15864 Dahmsdorf 451 Ma32
66994 Dahn 497 Db59
14806 Dahnsdorf 449 Kc33
88718 Daisendorf 519 Fb71
19071 Dalberg-Wendelstorf 427 Hc20
24635 Daldorf 426 Gb17
17166 Dalkendorf 429 Ka19
29562 Dallahn 437 Ha26
21483 Dalldorf 436 Gd22
38542 Dalldorf 446 Gc31
29348 Dalle 446 Gc28
14624 Dallgow-Döberitz 449 Kd29
19357 Dallmin 438 Jb24
67592 Dalsheim 488 Dd55
39240 Damaschkeplan 459 Jb35
19357 Dambeck 438 Jb24
16845 Damelack 438 Jd27
14822 Damelang-Freienthal 449 Kc32
24361 Damendorf 417 Fd14
17309 Damerow 430 Ld21
23738 Damlos 419 Ha15
14662 Damm 439 Kb27
18196 Damm 428 Jc17
19374 Damm 438 Jb22
63874 Dammbach 490 Fb53
14715 Damme 449 Kb29
17291 Damme 441 Ma23
49401 Damme 443 Dd30
15299 Dammendorf 451 Mc32
25554 Dammfleth 425 Fb18
29472 Damnatz 437 Hc25
24351 Damp 418 Ga12
14797 Damsdorf 449 Kc31
23824 Damsdorf 426 Gb17
23948 Damshagen 427 Hc18
26427 Damsum 423 Da20
15321 Danewitz 440 Lc27
06493 Dankerode 458 Hc38
99837 Dankmarshausen 469 Ga44
24329 Dannau 418 Gd15
38461 Danndorf 447 Hb31
39649 Dannefeld 447 Hc30
16259 Dannenberg 441 Ma27
29451 Dannenberg 437 Hb25
15754 Dannenreich 450 Ld31
16775 Dannenwalde 440 La25
16866 Dannenwalde 438 Jd25
24867 Dannewerk 417 Fc13
39245 Dannigkow 459 Jc34
67125 Dannstadt 489 Ea57
38855 Danstedt 458 Hb35
17498 Dargelin 430 La17
17419 Dargen 431 Ma17
17159 Dargun 429 Kc18
38871 Darlingerode 458 Ha36
642.. Darmstadt 489 Eb53
38489 Darnebeck 447 Hb29
16818 Darritz-Wahlendorf 439 Kb26
86453 Dasing 511 Hc65
18320 Daskow 420 Ka15
37586 Dassel 456 Fd36
21521 Dassendorf 436 Gc22
23942 Dassow 427 Hb18
45711 Datteln 453 Cd37
53547 Dattenberg 477 Cc47
78083 Dauchingen 508 Eb68
17291 Dauer 440 Ld22
54550 Daun 477 Ca50
56132 Dausenau 478 Db49
35232 Dautphetal 467 Eb45
19217 Dechow 427 Ha20
16833 Dechtow 449 Kc28
75392 Deckenpfronn 498 Ec63
38836 Dedeleben 458 Hb34
17291 Dedelow 440 Ld22
06295 Dederstedt 459 Jb38
37627 Deensen 456 Fc36
38835 Deersheim 458 Ha35
98744 Deesbach 482 Hc47
14550 Deetz 449 Kc30
39264 Deetz 459 Jd34
94469 Deggendorf 504 La61
88693 Deggenhausertal 519 Fb71
73326 Deggingen 509 Fd64
67146 Deidesheim 488 Dd57
78586 Deilingen 508 Ec67
92364 Deining 502 Jb58
86738 Deiningen 501 Ha61
21717 Deinste 425 Fb21
27446 Deinstedt 435 Fa22
86489 Deisenhausen 510 Gc67
78652 Deißlingen 508 Eb68
73779 Deizisau 499 Fb63
33129 Delbrück 455 Eb37
22941 Delingsdorf 426 Gb20
06246 Delitz a. Berge 459 Jc39
04509 Delitzsch 460 Ka38
66503 Dellfeld 496 Cd58
31073 Delligsen 456 Fd35
89155 Dellmensingen 510 Ga66
25860 Dellstedt 417 Fb15
277.. Delmenhorst 434 Ec25
25788 Delve 417 Fa15
19089 Demen 428 Jb20
19217 Demern 427 Hb19
16866 Demerthin 438 Jd26
01877 Demitz-Thumitz 474 Mc41
39579 Demker 448 Jb30
17109 Demmin 429 Kd18
15518 Demnitz 451 Mb30
39307 Demsin 448 Jd30
17139 Demzin 429 Kb20
73770 Denkendorf 499 Fb63
85095 Denkendorf 502 Ja61
78588 Denkingen 508 Ec68
86920 Denklingen 511 Hb69
38321 Denkte 446 Gd33
08393 Dennheritz 472 Kb44
17392 Dennin 430 Lb18
17268 Densow 440 Lb24
91599 Dentlein a. Forst 500 Gd59
79211 Denzlingen 507 Db68
24601 Depenau 426 Gb16
39317 Derben 448 Jc31
38895 Derenburg 458 Hb36
37691 Derental 456 Fb37
36466 Dermbach 481 Gb46
53507 Dernau 477 Cb47
56307 Dernbach 478 Da47
56428 Dernbach 478 Db48
24326 Dersau 426 Gc16
57520 Derschen 478 Dc46
17498 Dersekow 430 La16
19260 Dersenow 437 Ha23
26906 Dersum 432 Cd26
14550 Derwitz 449 Kc31
0684. Dessau 460 Ka36
16845 Dessow 439 Kb26
26847 Detern 433 Db24
39291 Detershagen 448 Jb32
29633 Dethlingen 436 Gb26
32.... Detmold 455 Ed35
97337 Dettelbach 491 Gb53
72135 Dettenhausen 509 Fa64
76706 Dettenheim 498 Ea59
79802 Dettighofen 518 Ea72
72581 Dettingen a. d. Erms 509 Fb64
88451 Dettingen a. d. Iller 510 Gb68
73265 Dettingen u. Teck 509 Fc64
18334 Dettmannsdorf 429 Ka16
38173 Dettum 447 Ha33
06682 Deuben 471 Jd42
93180 Deuerling 502 Jd60
37355 Deuna 469 Gd40
14822 Deutsch Bork 449 Kc33
21407 Deutsch Evern 436 Gc24
16818 Deutschhof 449 Kc28
04574 Deutzen 472 Kb42
17094 Dewitz 430 La21
55278 Dexheim 489 Ea53
18513 Deyelsdorf 429 Kb16
54347 Dhron 487 Ca53
27321 Dibbersen 434 Ed26
49453 Dickel 444 Eb29
49477 Dickenberg 443 Db32
38530 Didderse 446 Gc31
91583 Diebach 500 Gc58
56332 Dieblich 477 Cd49
64807 Dieburg 489 Ec53
06369 Diebzig 459 Jc35
38539 Dieckhorst 446 Gc30
15306 Diedersdorf 451 Mc29
15831 Diedersdorf 450 Lb31
86420 Diedorf 511 Hb66
36452 Diedorf/ Rhön 481 Gb46
17498 Diedrichshagen 430 Lb16
18230 Diedrichshagen 428 Ja16
18299 Diekhof 428 Jd18
31199 Diekholzen 457 Ga34
25709 Diekhusen-Fahrstedt 424 Ed18
69234 Dielheim 498 Ec58
37633 Dielmissen 456 Fc35
34519 Diemelsee 467 Ec40
34474 Diemelstadt 455 Ed39
17252 Diemitz 439 Kc24
55276 Dienheim 489 Ea53
15864 Diensdorf-Radlow 451 Ma32
31603 Diepenau 444 Ec31
15831 Diepensee 450 Lc31
49356 Diepholz 444 Ea29
01665 Diera 473 Lc41
16835 Dierberg 439 Kd25
56269 Dierdorf 478 Da47
18347 Dierhagen Strand 420 Jd15
01612 Diesbar-Seußlitz 473 Lc40
29413 Diesdorf 447 Ha28
06184 Dieskau 459 Jd39
91456 Diespeck 492 Ha55
86911 Dießen a. Ammersee 511 Hd69
19399 Diestelow 428 Jc21
89165 Dietenheim 510 Gb67
90599 Dietenhofen 492 Ha57
84378 Dietersburg 514 La64
06536 Dietersdorf 458 Hc38
14913 Dietersdorf 460 Kc34
91463 Dietersheim 491 Gd55
92542 Dieterskirchen 494 Kb56
92345 Dietfurt a. d. Altmühl 502 Jb60
78661 Dietingen 508 Eb67
87463 Dietmannsried 520 Gc70
83623 Dietramszell 522 Jb70
06888 Dietrichsdorf 460 Kc35
63128 Dietzenbach 489 Ec52
35716 Dietzhölztal 467 Ea45
65582 Diez 478 Dc48
17498 Diezelbach 430 Lb18
89407 Dillingen a. d. Donau 510 Gd64
66763 Dillingen/ Saar 486 Bd57
356.. Dillenburg 466 Dd45
98530 Dillstädt 481 Gd47
37351 Dingelstädt 469 Gc40
38838 Dingelstedt 458 Hb35
25715 Dingen 425 Fa18
82064 Dingharting 512 Jb69
84130 Dingolfing 503 Kc63
97497 Dingolshausen 491 Gc52
98646 Dingsleben 481 Gd48
91550 Dinkelsbühl 500 Gc60
86424 Dinkelscherben 511 Ha66
49413 Dinklage 443 Dd29
31174 Dinklar 446 Ga33
4653. Dinslaken 453 Ca38
36142 Dippach 481 Gb46
99837 Dippach 469 Gb44
36160 Dipperz 480 Fd47
14806 Dippmannsdorf 449 Kb32
01744 Dippoldiswalde 473 Ld43
87742 Dirlewang 510 Gd69
36093 Dirlos 480 Fd47
67246 Dirmstein 488 Dd55
89561 Dischingen 500 Gc63
17099 Dishley 430 Lb19
03096 Dissen 462 Mc35
49201 Dissen a. Teutoburger Wald 454 Dd34
06484 Ditfurt 458 Hc36
97456 Dittelbrunn 481 Gc51
02788 Dittelsdorf 475 Nb42
67596 Dittelsheim 488 Dd54
91723 Dittenheim 501 Hb60
07422 Dittersdorf 482 Hd46
07907 Dittersdorf 483 Jc46
70825 Ditzingen 499 Fa62
18314 Divitz 420 Kb14
07926 Dobareuth 483 Jc48
39606 Dobberkau 448 Ja28
19399 Dobbertin 428 Jc20
18292 Dobbin 428 Jd20
75335 Dobel 498 Ea62
15868 Doberburg 451 Mc33
03253 Doberlug-Kirchhain 461 Lc37
04838 Doberschütz 460 Kc38
24232 Dobersdorf 418 Gb15
39264 Dobritz 459 Jd34
39171 Dodendorf 459 Ja34
19243 Dodow 437 Hb22
19243 Döbbersen 427 Hb21
04720 Döbeln 473 La41
14727 Döberitz 449 Ka30
03159 Döbern 463 Na37
04509 Döbernitz 460 Ka38
06198 Döblitz 459 Jc38
04886 Döbrichau 461 La37
95182 Döhlau 483 Jd49
39356 Döhren 447 Hb31
06184 Döhlau 459 Jd39
16866 Döllen 438 Jd26
04928 Döllingen 461 Lc38
06184 Döllnitz 459 Jd39
99100 Döllstädt 470 Hb42
19303 Dömitz 437 Hc25
38486 Dönitz 447 Hb29
18516 Dönnie 429 Kd16
49477 Dörenthe 443 Db33
32694 Dörentrup 455 Ed34
96487 Dörfles-Esbach 482 Hc49
02979 Dörgenhausen 462 Mc39
24326 Dörnick 426 Gc16
39291 Dörnitz 448 Jd32
09509 Dörnthal 473 Lc45
26892 Dörpen 432 Cd26
24398 Dörphof 418 Ga12
25794 Dörpling 417 Fb15
24869 Dörpstedt 417 Fb14
25821 Dörpum 416 Ed12
27313 Dörverden 435 Fa27
74677 Dörzbach 490 Fd57
07429 Döschnitz 482 Hd46
06198 Döbel 459 Jb38
27801 Dötlingen 434 Ea26
79804 Dogern 517 Dd72
01809 Dohna 474 Ma43
06369 Dohndorf 459 Jc37
21255 Dohren 435 Fd23
49770 Dohren 443 Da29
15306 Dolgelin 451 Mc29
17258 Dolgen 440 La22
15754 Dolgenbrodt 450 Ld32
55278 Dolgesheim 488 Dd53
26831 Dollart 432 Cd24
39517 Dolle 448 Ja31
21739 Dollern 425 Fc21
24989 Dollerup 417 Fc11
15913 Dollgen 451 Mb33
16775 Dollgow 439 Kd25
91795 Dollnstein 501 Hc61
24392 Dollrottfeld 417 Fd12
91601 Dombühl 500 Gc58
39164 Domersleben 458 Hd34
56290 Dommershausen 477 Cd50
04880 Dommitzsch 460 Kd37
06420 Domnitz 459 Jc37
03116 Domsdorf 462 Mb37
04924 Domsdorf 461 Lc37
19374 Domsühl 438 Jb22
78166 Donaueschingen 508 Ea69
93093 Donaustauf 503 Ka60
86609 Donauwörth 501 Hb63
27612 Donnern 434 Ec22
97499 Donnersdorf 491 Gd52
66978 Donsieders 497 Da58
73072 Donzdorf 500 Ga63
23972 Dorf Mecklenburg 427 Hd19
19089 Dorf Zapel 428 Ja21
16837 Dorf-Zechlin 439 Kc24
08297 Dorfchemnitz 472 Kd45
09619 Dorfchemnitz 473 Lc44
84405 Dorfen 513 Ka66
27628 Dorfhagen 434 Ec23
01738 Dorfhain 473 Ld43
07338 Dorfilm 483 Ja47
97904 Dorfprozelten 490 Fb54
415.. Dormagen 465 Ca42
72358 Dormettingen 508 Ec67
91077 Dormitz 492 Hc55
06901 Dorna 460 Kc36
06369 Dornbock 459 Jc36
07778 Dornburg 471 Jb43
39264 Dornburg 459 Jc34
65599 Dornburg 478 Dc47
36460 Dorndorf 469 Gb44
07778 Dorndorf-Steudnitz 471 Jb43
72175 Dornhan 508 Eb66
21769 Dornsode 424 Ed21
89160 Dornstadt 510 Ga65
06179 Dornstedt 459 Jb39
72280 Dornstetten 508 Ea65
15837 Dornswalde 450 Lc33
26553 Dornum 423 Da20
26553 Dornumersiel 423 Da20
39638 Dorst 447 Hd31
38312 Dorstadt 457 Gd34
4628. Dorsten 453 Cb37
44.... Dortmund 453 Cd39
27632 Dorum 424 Eb20
69221 Dossenheim 489 Eb56
16909 Dossow 439 Ka24
72359 Dotternhausen 508 Ec67
03185 Drachhausen 462 Mc34
94256 Drachselsried 504 Lb59
39365 Drackenstedt 447 Hd33
21423 Drage 436 Gb22
25582 Drage 425 Fc17
25878 Drage 417 Fa14
07907 Dragensdorf 483 Jc46
19205 Dragun 427 Hc20
15848 Drahendorf 451 Mb31
15938 Drahnsdorf 461 Lc34
31623 Drakenburg 445 Fa29
27624 Drangstedt 424 Ec21
16909 Dranse 439 Ka26
37127 Dransfeld 456 Fd39
18556 Dranske 421 Kd11
04668 Draschwitz 472 Kd41
04938 Drasdo 461 Lb37
07806 Dreba 483 Jb46
09430 Drebach 473 La45
49457 Drebber 444 Ea29
03116 Drebkau 462 Mc36
06528 Drebsdorf 458 Hc39
18465 Drechow 429 Kb16
16845 Dreetz 439 Ka27
18249 Dreetz 428 Jb19
19372 Drefahl 438 Jb23
23845 Dreggers 426 Gc18
03185 Drehnow 462 Mc35
63303 Dreieich 479 Ec51
04860 Dreiheide 460 Kd38
39365 Dreileben 447 Hd33
19243 Dreilützow 427 Hb21
54518 Dreis 487 Ca52
06528 Drelsdorf 416 Ed12
48317 Drensteinfurt 454 Db36
49406 Drentwede 444 Eb28
18573 Dreschvitz 421 La13
01... Dresden 474 Ma42
21279 Drestedt 435 Fd23
29490 Drethem 437 Hb24
14793 Dretzen 449 Ka32
17392 Drewelow 430 Lb19
16866 Drewen 439 Ka26
03197 Drewitz 462 Md34
39291 Drewitz 448 Jd32
19205 Drieberg 427 Hc20
35759 Driedorf 478 Dd46
03130 Drieschnitz-Kahsel 462 Md36
48465 Drievorden 442 Cc31
27628 Driftsethe 434 Eb23
19069 Drispeth 427 Hd19
01994 Drochow 462 Ma37
21706 Drochtersen 425 Fb20
07426 Dröbischau 482 Hc46
08606 Dröda 483 Jd48
19243 Drönnewitz 427 Hb21
07338 Drognitz 483 Ja46
06456 Drohndorf 459 Ja37
57489 Drolshagen 466 Db43
06369 Drosa 459 Jc36
07622 Droyßig 471 Jd42
38871 Drübeck 458 Ha36
39365 Druxberge 447 Hd33
15926 Duben 461 Ld35
04916 Dubro 461 Lb36
17398 Ducherow 430 Lc19
17139 Duckow 429 Kc19
54647 Dudeldorf 486 Bd52
18334 Dudendorf 429 Ka16
67373 Dudenhofen 498 Ea58
37115 Duderstadt 457 Gc39
06869 Düben 460 Ka35
03253 Dübrichen 461 Lc37
23847 Düchelsdorf 426 Gd20
21709 Düdenbüttel 425 Fb21
24986 Dülmen 453 Cc36
29413 Dülseberg 447 Ha28
19073 Dümmer 427 Hc21
19073 Dümmerstück Hof 427 Hc21
56761 Düngenheim 477 Cc49
27243 Dünsen 434 Eb27
37308 Dünwald 469 Gc40
78589 Dürbheim 508 Ec68
523.. Düren 464 Bc45
88525 Dürmentingen 509 Fc68
73105 Dürnau 499 Fd63
15910 Dürrenhofe 451 Ma33
02708 Dürrhennersdorf 475 Na42
56307 Dürrholz 478 Da47
89350 Dürrlauingen 510 Gd65
75248 Dürrn 498 Ec61
01833 Dürrröhrsdorf-Dittersbach 474 Mb42
91602 Dürrwangen 500 Gd59
39606 Düsedau 448 Jb28
40.... Düsseldorf 465 Ca41
19372 Dütschow 438 Ja22
17121 Düvier 429 Kd17
93182 Duggendorf 502 Jd59
31089 Duingen 456 Fd34
47... Duisburg 453 Ca39
18196 Dummerstorf 428 Jd17
18574 Dumsevitz 421 La14
78655 Dunningen 508 Ea67
25938 Dunsum 416 Ea11
26427 Dunum 423 Db21
66916 Dunzweiler 487 Cc57
87471 Durach 520 Gd71
77770 Durbach 507 Dc65
73568 Durlangen 499 Fd61
76448 Durmersheim 497 Dd61
72144 Dußlingen 508 Ed65
19205 Dutzow 427 Hb20
23898 Duvensee 426 Gd20

E

99713 Ebeleben 470 Ha41
97500 Ebelsbach 492 Ha52
39179 Ebendorf 448 Ja33
96250 Ebensfeld 482 Hb51
88370 Ebenweiler 519 Fc70
69412 Eberbach 489 Ed56
71735 Eberdingen 498 Ed61
82390 Eberfing 521 Hd70
37136 Ebergötzen 457 Gb38
88436 Eberhardzell 510 Ga69
31079 Eberholzen 456 Fd34
92263 Ebermannsdorf 493 Jd57
91320 Ebermannstadt 492 Hd53
96106 Ebern 482 Hb51
55583 Ebernburg 488 Db53
56424 Ebernhahn 478 Db48
01561 Ebersbach 473 Ld40
02730 Ebersbach 475 Na42
04720 Ebersbach 473 La42
88371 Ebersbach 509 Fc69
73061 Ebersbach a. d. Fils 499 Fc63
85560 Ebersberg 512 Jd68
36157 Ebersburg 480 Fd48
02708 Ebersdorf 475 Na41
27432 Ebersdorf 424 Ed21
96237 Ebersdorf b. Coburg 482 Hc50
07368 Ebersdorf/ Thüringen 483 Jb47
74246 Eberstadt 499 Fb59
1622. Eberswalde-Finow 440 Ld27
67280 Ebertsheim 488 Dc55
72224 Ebhausen 508 Eb64
73432 Ebnat 500 Gc62
95683 Ebnath 493 Jd52
96157 Ebrach 491 Gd53
79285 Ebringen 507 Da69
35085 Ebsdorfergrund 467 Ec45
29574 Ebstorf 436 Gc26
21379 Echem 436 Gd23
84174 Eching 513 Ka64
85386 Eching 512 Jb66
82279 Eching a. Ammersee 511 Hd68
37589 Echte 457 Gb36
49824 Echteler 442 Ca29
70771 Echterdingen 499 Fa63
61209 Echzell 479 Ed48
02763 Eckartsberg 475 Nb43
06648 Eckartsberga 471 Ja42
21224 Eckel 436 Ga23
90542 Eckental 492 Hd55
24340 Eckernförde 417 Fd13
95488 Eckersdorf 493 Ja52
25572 Ecklak 425 Fa18
37339 Ecklingerode 457 Gc39
25715 Eddelak 425 Fa18
06388 Edderitz 459 Jc37
31234 Eddesse 446 Gb31
92265 Edelsfeld 493 Jb55
31234 Edemissen 446 Gb31
29553 Edendorf 436 Gd25
67480 Edenkoben 497 Dd58
86739 Ederheim 500 Gd62
34295 Edermünde 468 Fb41
06528 Edersleben 458 Hd39
34549 Edertal 468 Fa42
67483 Edesheim 497 Dd58
26188 Edewecht 433 Dc25
56814 Ediger 477 Cb51
68535 Edingen 489 Eb56
06420 Edlau 459 Jc37
83533 Edling 513 Ka68
25704 Eesch 424 Ed17
37359 Effelder 469 Gc41
96528 Effelder-Rauenstein 482 Hc48
91090 Effeltrich 492 Hc54
79588 Efringen-Kirchen 516 Cd72
39435 Egeln 458 Hd35
63329 Egelsbach 489 Eb52
72227 Egenhausen 508 Eb64
82281 Egenhofen 511 Hd66
21272 Egestorf 436 Ga24
87743 Egg a. d. Günz 510 Gc68
24852 Eggebek 417 Fb12
26655 Eggeloge 433 Dc23
84307 Eggenfelden 514 La65
39365 Eggenstedt 447 Hd33
76344 Eggenstein 498 Ea60
87653 Eggenthal 510 Gd69
49577 Eggermühlen 443 Db30
15370 Eggersdorf 450 Ld29
15518 Eggersdorf 451 Mb30
39221 Eggersdorf 459 Jb34
17367 Eggesin 431 Ma19
79805 Eggingen 518 Ea71
84385 Egglham 514 Lb64
85646 Egglkofen 513 Kc65
91330 Eggolsheim 492 Hc54
83125 Eggstätt 513 Kc69
25721 Eggstedt 425 Fa17
94535 Eging a. See 504 Lc62
82436 Eglfing 521 Hd71
82544 Egling 512 Jb69
86492 Egling a. d. Paar 511 Hc67
91349 Egloffstein 492 Hd54
85658 Egmating 512 Jc69
15926 Egsdorf 461 Ld35
85116 Egweil 501 Hd62
86676 Ehekirchen 501 Hd63
78259 Ehingen 518 Ec70
89584 Ehingen 509 Fd66
91725 Ehingen 500 Gd59
24796 Ehlersdorf 417 Fd14

56581 Ehlscheid 477 Cd47
24647 Ehndorf 425 Fd17
71139 Ehningen 498 Ed63
38468 Ehra-Lessien 447 Ha30
98660 Ehrenberg 482 Ha47
36115 Ehrenberg (Rhön) 481 Ga47
27248 Ehrenburg 444 Ec28
09427 Ehrenfriedersdorf 485 La46
79238 Ehrenkirchen 507 Da69
89134 Ehrenstein 510 Ga65
35630 Ehringshausen 479 Ea47
02739 Eibau 475 Na42
97246 Eibelstadt 491 Gb54
08309 Eibenstock 484 Kc47
67575 Eich 489 Ea54
16356 Eiche 450 Lc29
82223 Eichenau 512 Ja67
39167 Eichenbarleben 447 Hd33
98553 Eichenberg 482 Ha47
63928 Eichenbühl 490 Fb54
94428 Eichendorf 504 La63
36124 Eichenzell 480 Fd47
21436 Eichholz 436 Gc23
03238 Eichholz-Drößig 461 Ld37
16244 Eichhorst 440 Lc26
17099 Eichhorst 430 Lb20
07338 Eichicht 483 Ja46
08626 Eichigt 484 Ka48
16727 Eichstädt 450 La28
85072 Eichstätt 501 Hd61
39596 Eichstedt 448 Jb28
79356 Eichstetten 507 Da68
15732 Eichwalde 450 Lc31
29693 Eickeloh 445 Fc28
39221 Eickendorf 459 Jb35
39359 Eickendorf 447 Hc31
29358 Eicklingen 446 Gb30
17291 Eickstedt 441 Ma22
78253 Eigeltingen 518 Ed70
99976 Eigenrieden 469 Gc41
04838 Eilenburg 460 Kc39
38838 Eilenstedt 458 Hb35
38838 Eilsdorf 458 Hb34
32120 Eilshausen 444 Eb33
39365 Eilsleben 447 Hc33
31036 Eime 456 Fd34
79591 Eimeldingen 516 Cd72
37632 Eimen 456 Fd36
39343 Eimersleben 447 Hc32
29578 Eimke 436 Gc26
37574 Einbeck 457 Ga36
23911 Einhaus 427 Ha20
64683 Einhausen 489 Eb54
98617 Einhausen 481 Gd47
09125 Einsiedel 473 La44
37534 Eisdorf 457 Gb37
83549 Eiselfing 513 Kb68
99817 Eisenach 469 Gc43
79871 Eisenbach 507 Dd69
07607 Eisenberg 471 Jc43
87637 Eisenberg 521 Ha72
67304 Eisenberg (Pfalz) 488 Dc55
24589 Eisendorf 425 Fd16
97247 Eisenheim 491 Gb53
15890 Eisenhüttenstadt 451 Md32
98673 Eisfeld 482 Hb48
75239 Eisingen 498 Eb61
97249 Eisingen 491 Ga54
73054 Eislingen a. d. Fils 499 Fd63
27321 Eißel 434 Ed26
49751 Eisten 443 Da28
56337 Eitelborn 478 Da48
85117 Eitensheim 502 Ja62
36132 Eiterfeld 468 Fd45
53783 Eitorf 465 Cd45
85462 Eitting 512 Jd65
27318 Eitzendorf 435 Fa27
18334 Eixen 420 Kb15
24392 Ekenis 417 Fd12
38274 Elbe 457 Gc34
39218 Elbenau 459 Jb34
49624 Elbergen 443 Db28
37412 Elbingerode 457 Gc37
38875 Elbingerode 458 Ha36
65627 Elbtal 478 Dc47
76477 Elchesheim 497 Dd61
19294 Eldena 437 Hd24
19309 Eldenburg 437 Hd25
29351 Eldingen 446 Gc29
38875 Elend 458 Ha37
97725 Elfershausen 481 Ga50
98716 Elgersburg 482 Hb46
07356 Eliasbrunn 483 Jb47
57578 Elkenroth 466 Db45
08236 Ellefeld 484 Kb47
29413 Ellenberg 447 Hb28
73488 Ellenberg 500 Gc60
49424 Ellenstedt 444 Ea28
56814 Eller 477 Cc51
25479 Ellerau 426 Ga19
25474 Ellerbek 425 Fd20
24589 Ellerdorf 425 Fd16
25373 Ellerhoop 425 Fd20
29578 Ellerndorf 436 Gc26
67158 Ellerstadt 488 Dd56
25923 Ellhöft 416 Ed10
74248 Ellhofen 499 Fb59
91792 Ellingen 501 Hc60
27239 Ellinghausen 444 Eb28
98617 Ellingshausen 481 Gd47
24870 Ellingstedt 417 Fb13
99755 Ellrich 458 Ha38
21368 Ellringen 436 Gd24
73479 Ellwangen 500 Gb61
89352 Ellzee 510 Gc66
18510 Elmenhorst 421 Kd15
21493 Elmenhorst 426 Gd21
23869 Elmenhorst 426 Gb19
23948 Elmenhorst 427 Hb17
18107 Elmenhorst/ Lichtenhagen 428 Jc16
27624 Elmlohe 424 Ec21
2533 . Elmshorn 425 Fc19
67471 Elmstein 488 Dc57
25704 Elpersbüttel 424 Ed17
27404 Elsdorf 435 Fb24
50189 Elsdorf 464 Bd43
24800 Elsdorf-Westermühlen 417 Fc15
84094 Elsendorf 502 Jc62
63820 Elsenfeld 490 Fa53
26931 Elsfleth 434 Eb24
55271 Elsheim 488 Dd52
14547 Elsholz 449 Kd32
25361 Elskop 425 Fc19
04880 Elsnig 460 Kd37
06386 Elsnigk 459 Jd36
14627 Elstal 449 Kd29
06918 Elster 460 Kc35
07985 Elsterberg 484 Ka46
04523 Elstertrebnitz 472 Ka41
04910 Elsterwerda 461 Lc38
01920 Elstra 474 Mb40
09481 Elterlein 484 Kd46
97483 Eltmann 492 Ha52
6534 . Eltville a. Rhein 478 Dd51
99334 Elxleben 470 Hc44
65604 Elz 478 Dc48
79215 Elzach 507 Dc67
31008 Elze 445 Fd33
74834 Elztal 490 Fa57
21409 Embsen 436 Gc24
24819 Embühren 425 Fc16
2672 . Emden 432 Cc23
39343 Emden 447 Hd32
29568 Emern 436 Gd27
86494 Emersacker 511 Ha65
24802 Emkendorf 417 Fd15
49824 Emlichheim 442 Cb29
49733 Emmeln 442 Cd28
25924 Emmelsbüll 416 Ec10
56281 Emmelshausen 478 Da50
29386 Emmen 446 Gd28
79312 Emmendingen 507 Db68
29579 Emmendorf 436 Gd26
46446 Emmerich 452 Bb36
82275 Emmering 512 Ja67
83550 Emmering 513 Ka69
31860 Emmerthal 456 Fb34
84547 Emmerting 514 La67
78576 Emmingen 508 Ec69
36452 Empfertshausen 481 Gb46
72186 Empfingen 508 Ec65
48488 Emsbüren 442 Cd31
48282 Emsdetten 443 Da33
06528 Emseloh 458 Hd39
99891 Emsetal 469 Gd44
91448 Emskirchen 492 Ha55
14797 Emstal 449 Kc31
49685 Emstek 433 Dd27
27321 Emtinghausen 434 Ed26
95517 Emtmannsberg 493 Jb52
79346 Endingen a. Kaiserstuhl 507 Da68
06333 Endorf 458 Hd37
48465 Engden 442 Cc31
25917 Enge-Sande 416 Ed11
24321 Engelau 418 Gd15
25348 Engelbrechtsche 425 Fb19
36093 Engelhelms 480 Fd47
27305 Engeln 444 Ed28
84549 Engelsberg 513 Kc67
75331 Engelsbrand 498 Eb62
21710 Engelschoff 425 Fb20
04439 Engelsdorf 472 Kb40
51766 Engelskirchen 465 Cd43
55270 Engelstadt 488 Dc52
91238 Engelthal 493 Ja56
78234 Engen 518 Ec70
30938 Engensen 446 Ga30
32130 Enger 444 Eb33
39638 Engersen 447 Hd29
72800 Eningen u. Achalm 509 Fb65
67677 Enkenbach 488 Db56
56850 Enkirch 487 Cb52
58256 Ennepetal 465 Cd40
59320 Ennigerloh 454 Dc36
66806 Ensdorf 486 Bd57
92266 Ensdorf 493 Jd57
59469 Ense 454 Dc39
75337 Enzklösterle 498 Ea63
25704 Epenwöhrden 424 Ed16
74925 Epfenbach 489 Ed57
78736 Epfendorf 508 Eb67
66571 Eppelborn 487 Ca57
69214 Eppelheim 489 Eb57
55234 Eppelsheim 488 Dd54
66957 Eppenbrunn 496 Cd59
09575 Eppendorf 473 Lb44
64859 Eppertshausen 489 Ec52
75031 Eppingen 498 Ed59
87745 Eppishausen 510 Gd67
65817 Eppstein 479 Ea50
64711 Erbach 489 Ed55
89155 Erbach 510 Ga66
92681 Erbendorf 493 Jd53
98634 Erbenhausen 481 Gb47
55234 Erbes-Büdesheim 488 Dc54
06317 Erdeborn 459 Jb39
32689 Erder 444 Ed33
85435 Erding 512 Jd66
71729 Erdmannhausen 499 Fb61
09573 Erdmannsdorf 473 La44
85253 Erdweg 512 Ja66
86922 Eresing 511 Hc68
24803 Erfde 417 Fb15
50374 Erftstadt 465 Ca45
990 . . Erfurt 470 Hc43
66996 Erfweiler 497 Db59
72108 Ergenzingen 508 Ec65
91465 Ergersheim 491 Gc56
84030 Ergolding 513 Ka64
84061 Ergoldsbach 503 Ka63
84513 Erharting 513 Kd66
94140 Ering 514 Lc66
88097 Eriskirch 519 Fc72
41812 Erkelenz 464 Bb42
73268 Erkenbrechtsweiler 509 Fc64
38173 Erkerode 447 Ha33
87746 Erkheim 510 Gc68
15537 Erkner 450 Ld30
40699 Erkrath 465 Ca41
08340 Erla 484 Kd47
08349 Erlabrunn 484 Kc47
97250 Erlabrunn 491 Ga53
9105 . Erlangen 492 Hc55
09306 Erlau 472 Kd42
08265 Erlbach 484 Kb49
84567 Erlbach 514 La66
09385 Erlbach-Kirchberg 472 Kc45
74235 Erlenbach 499 Fb59
63906 Erlenbach a. Main 490 Fa53
97837 Erlenbach b. Marktheidenfeld 490 Fc53
88416 Erlenmoos 510 Ga68
63526 Erlensee 479 Ed50
74391 Erligheim 499 Fa60
06184 Ermlitz 459 Jd39
06463 Ermsleben 458 Hd37
57339 Erndtebrück 466 Dd43
85119 Ernsgaden 502 Jb62
88453 Erolzheim 510 Gb68
53579 Erpel 477 Cc47
67167 Erpolzheim 488 Dd56
37308 Ershausen 469 Gb41
88521 Ertingen 509 Fc68
59597 Erwitte 455 Ea38
39343 Erxleben 447 Hc32
39606 Erxleben 448 Jb28
64390 Erzhausen 489 Eb52
73569 Eschach 500 Ga61
63863 Eschau 490 Fb53
79427 Eschbach 517 Da70
65760 Eschborn 479 Eb50
78664 Eschbronn 508 Ea67
49828 Esche 442 Cb30
21039 Escheburg 436 Gc22
29348 Eschede 446 Gb28
74927 Eschelbronn 498 Ec58
73107 Eschenbach 499 Fd63
92676 Eschenbach i. d. Oberpfalz 493 Jc54
35713 Eschenburg 467 Ea45
82438 Eschenlohe 521 Hd72
39356 Eschenrode 447 Hc32
37632 Eschershausen 456 Fc35
93458 Eschlkam 495 La57
37269 Eschwege 469 Gb41
52249 Eschweiler 464 Bb44
26427 Esens 423 Da20
26954 Esenshammergroden 434 Ea22
24402 Esgrus 417 Fd11
92693 Eslarn 494 Kc55
59889 Eslohe 466 Dd41
32339 Espelkamp 444 Eb31
34314 Espenau 468 Fc40
04579 Espenhain 472 Kb41
06279 Esperstedt 459 Jb39
07924 Eßbach 483 Jb46
29690 Essel 445 Fc29
97839 Esselbach 490 Fc53
45 . . . Essen 453 Cb39
49632 Essen 443 Dc28
84051 Essenbach 503 Kb63
55270 Essenheim 488 Dd52
93343 Essing 502 Jc61
73457 Essingen 500 Gb62
76879 Essingen 497 Dd58
737 . . Esslingen a. Neckar 499 Fb63
39638 Estedt 447 Hd29
97230 Estenfeld 491 Ga53
26897 Esterwegen 433 Da26
67472 Esthal 488 Dc57
21727 Estorf 425 Fa21
31629 Estorf 445 Fa29
39448 Etgersleben 458 Hd34
39359 Etingen 447 Hc31
82488 Ettal 521 Hd72
38539 Ettenbüttel 446 Gc30
77955 Ettenheim 507 Db67
76275 Ettlingen 498 Ea61
56729 Ettringen 477 Cc49
86833 Ettringen 511 Ha68
26446 Etzel 433 Dc22
99735 Etzelsrode 457 Gd39
92268 Etzelwang 493 Jb55
92694 Etzenricht 494 Ka54
14641 Etzin 449 Kc30
97502 Euerbach 481 Gb51
97717 Euerdorf 481 Ga50
04651 Eulatal 472 Kc42
82547 Eurasburg 522 Ja70
86495 Eurasburg 511 Hc66
538 . . Euskirchen 477 Ca46
97776 Eußenheim 490 Fd52
23701 Eutin 426 Gd16
72184 Eutingen i. Gäu 508 Ec65
06888 Eutzsch 460 Kc36
39359 Everingen 447 Hc31
31085 Everode 457 Ga35
29416 Eversdorf 437 Hb27
27367 Eversen 435 Fb26
26556 Eversmeer 423 Da21
48351 Everswinkel 454 Db35
38173 Evessen 447 Ha33
98631 Exdorf 481 Gd48
32699 Extertal 456 Fa34
07318 Eyba 482 Hd46
49406 Eydelstedt 444 Eb29
21376 Eyendorf 436 Gb24
27324 Eystrup 445 Fa28

F

56133 Fachbach 478 Da49
14532 Fahlhorst 450 La31
19288 Fahrbinde 437 Hd22
24857 Fahrdorf 417 Fc13
24253 Fahren 418 Gc14
74864 Fahrenbach 490 Fa57
17337 Fahrenholz 430 Lc21
23795 Fahrenkrug 426 Gb18
17309 Fahrenwalde 431 Ma21
85777 Fahrenzhausen 512 Jb66
14476 Fahrland 449 Kd30
79650 Fahrnau 517 Db72
56814 Faid 477 Cb50
09569 Falkenau 473 La44
04895 Falkenberg 461 Lb37
15518 Falkenberg 451 Mb30
15848 Falkenberg 451 Mb32
15926 Falkenberg 461 Lc35
16259 Falkenberg 441 Ma27
39615 Falkenberg 438 Jb27
84326 Falkenberg 513 Kd64
15306 Falkenhagen 451 Mc30
16928 Falkenhagen 438 Jd24
17291 Falkenhagen 440 Lc22
37136 Falkenhagen 457 Gb39
04808 Falkenhain 460 Kd39
15938 Falkenhain 461 Lc34
24635 Falkenhorst 426 Gb17
14641 Falkenrehde 449 Kd30
14612 Falkensee 450 La29
08223 Falkenstein 484 Kb47
93167 Falkenstein 503 Kc59
16775 Falkenthal 440 La26
17291 Falkenwalde 441 Ma23
29683 Fallingbostel 435 Fd27
98597 Fambach 469 Gc45
56814 Fankel 477 Cc51
82490 Farchant 521 Hd73
24256 Fargau 418 Gc15
24256 Fargau-Pratjau 418 Gc15
26409 Farlage 423 Db21
31174 Farmsen 446 Gb33
06279 Farnstädt 459 Ja39
39326 Farsleben 448 Ja32
27446 Farven 435 Fb22
49624 Farwick 443 Dc28
29328 Faßberg 436 Gb27
23701 Fassensdorf 426 Gd17
97906 Faulbach 490 Fc54
17139 Faulenrost 429 Kc20
25779 Fedderingen 417 Fa15
23769 Fehmarn 419 Hb13
16833 Fehrbellin 439 Kc27
98666 Fehrenbach 482 Hb47
03096 Fehrow 462 Mc35
84550 Feichten a. d. Alz 513 Kd68
67824 Feilbingert 488 Db54
95183 Feilitzsch 483 Jc48
16278 Felchow 441 Ma25
82340 Feldafing 512 Ja69
36325 Feldatal 480 Fa46
17258 Feldberg 440 Lb22
79856 Feldberg (Schwarzwald) 517 Dc70
31185 Feldbergen 446 Gb33
24242 Felde 418 Ga15
27339 Felde 434 Ed26
14913 Feldheim 460 Kc34
23858 Feldhorst 426 Gc19
83620 Feldkirchen 512 Jd69
85622 Feldkirchen 512 Jc67
94351 Feldkirchen 503 Kc61
54341 Fell 486 Bd53
7073 . Fellbach 499 Fb62
97778 Fellen 480 Fc50
87748 Fellheim 510 Gb68
24244 Felm 418 Ga14
34587 Felsberg 468 Fb42
92269 Fensterbach 493 Jd56
14548 Ferch 449 Kd31
14715 Ferchels 448 Jd29
14715 Ferchesar 449 Ka28
39317 Ferchland 448 Jc30
17379 Ferdinandshof 430 Ld19
17268 Fergitz 440 Ld24
04895 Fermerswalde 461 La37
37339 Ferna 457 Gc39
35463 Fernwald 479 Ec47
90537 Feucht 492 Hd57
91555 Feuchtwangen 500 Gc59
95686 Fichtelberg 483 Jc51
74579 Fichtenau 500 Gc60
04931 Fichtenberg 461 Lb39
74427 Fichtenberg 499 Fd60
14547 Fichtenwalde 449 Kd32
24217 Fiefbergen 418 Gc14
25785 Fiel 425 Fa16
06198 Fienstedt 459 Jb38
70794 Filderstadt 499 Fa63
26849 Filsum 433 Da24
17209 Fincken 439 Ka22
17179 Finkenthal 429 Kb17
57413 Finnentrop 466 Dc42
89435 Finningen 500 Gd63
16244 Finowfurt 440 Lc26
85464 Finsing 512 Jd67
99898 Finsterbergen 469 Gd44
03238 Finsterwalde 461 Ld37
27389 Fintel 435 Fc24
26835 Firrel 433 Db23
86850 Fischach 511 Ha66
55743 Fischbach 487 Cd54
66996 Fischbach b. Dahn 497 Da59
36452 Fischbach/ Rhön 481 Gb46
83730 Fischbachau 522 Jd71
64405 Fischbachtal 489 Ec54
39524 Fischbeck 448 Jc30
87538 Fischen i. Allgäu 520 Gc73
77716 Fischerbach 507 Dc66
03238 Fischwasser 461 Ld37
25579 Fitzbek 425 Fd17
21514 Fitzen 436 Gd22
91604 Flachslanden 491 Gd57
65558 Flacht 478 Dc49
71287 Flacht 498 Ed62
97650 Fladungen 481 Gb47
57632 Flammersfeld 478 Da46
16766 Flatow 449 Kd28
39345 Flechtingen 447 Hc32
24357 Fleckeby 417 Fc13
16837 Flecken Zechlin 439 Kc24
29416 Fleetmark 447 Hd28
74223 Flein 499 Fa59
16306 Flemsdorf 441 Mb25
249 . . Flensburg 417 Fb11
39606 Flessau 448 Ja28
19067 Flessenow 427 Hd19
36103 Flieden 480 Fc48
17268 Flieth 440 Ld24
24220 Flintbek 418 Ga15
83126 Flintsbach a. Inn 523 Ka71
27624 Flögeln 424 Ec20
09557 Flöha 473 La44
63639 Flörsbachtal 480 Fb51
65439 Flörsheim 489 Ea52
67592 Flörsheim 488 Dd55
98593 Floh-Seligenthal 469 Gd45
55237 Flonheim 488 Dc54
61197 Florstadt 479 Ec49
92685 Floß 494 Ka54
92696 Flossenbürg 494 Kb54
78737 Fluorn 508 Ea66
24787 Fockbek 417 Fc15
25563 Föhrden-Barl 425 Fd18
54343 Föhren 486 Bd53
49419 Föhrlingen 444 Eb30
39443 Förderstedt 459 Ja35
96524 Föritz 482 Hd49
14798 Fohrde 449 Ka30
76596 Forbach 498 Ea63
79362 Forchheim 507 Da67
91301 Forchheim 492 Hc54
74670 Forchtenberg 499 Fc58
03149 Forst 463 Na36
76694 Forst 498 Eb59
67147 Forst a.d. Weinstr. 488 Dd57
85659 Forstern 512 Jd67
85661 Forstinning 512 Jd67
64407 Fränkisch-Crumbach 489 Ec54
55234 Framersheim 488 Dd54
97833 Frammersbach 480 Fc51
03253 Frankena 461 Lc37
07580 Frankenau 472 Ka43
35110 Frankenau 467 Ed42
09669 Frankenberg 473 La43
35066 Frankenberg (Eder) 467 Ec43
16818 Frankendorf 439 Kb25
27336 Frankenfeld 445 Fb28
04936 Frankenhain 461 Lc36
74586 Frankenhardt 500 Ga60
98634 Frankenheim/ Rhön 481 Gb47
09569 Frankenstein 473 Lb43
67468 Frankenstein 488 Dc56
01909 Frankenthal 474 Mb41
67227 Frankenthal 489 Ea56
97447 Frankenwinheim 491 Gc53
6 . . . . Frankfurt a. Main 479 Eb51
1523 . Frankfurt (Oder) 451 Md30
06259 Frankleben 471 Jc40
18461 Franzburg 420 Kc15
22929 Franzdorf 426 Gc20
83112 Frasdorf 523 Kb70
06386 Fraßdorf 459 Jd37
94258 Frauenau 504 Lc60
01945 Frauendorf 461 Ld39
03058 Frauendorf 462 Mc36
16278 Frauenhagen 441 Ma24
01609 Frauenhain 461 Lc39
83553 Frauenneuharting 513 Ka68
07774 Frauenprießnitz 471 Jb43
36460 Frauensee 469 Gb44
09623 Frauenstein 473 Ld44
98711 Frauenwald 482 Hb47
85447 Fraunberg 512 Jd65
08427 Fraureuth 472 Ka45
50226 Frechen 465 Ca44
76872 Freckenfeld 497 Dc60
06456 Freckleben 459 Ja37
23909 Fredeburg 427 Ha20
31084 Freden 457 Ga35
21717 Fredenbeck 425 Fb21
14806 Fredersdorf 449 Kb32
15370 Fredersdorf 450 Ld29
16306 Fredersdorf 441 Ma24
23826 Fredesdorf 426 Gb18
15926 Freesdorf 461 Ld35
18569 Freesen 421 Kd12
17440 Freest 421 Lc15
16945 Frehne 438 Jd23
55546 Frei-Laubersheim 488 Db53
79348 Freiamt 507 Db67
09599 Freiberg 473 Lc43
71691 Freiberg 499 Fa61
21729 Freiburg (Elbe) 425 Fb19
79 . . . Freiburg i. Breisgau 507 Db69
15757 Freidorf 450 Ld33
16515 Freienhagen 440 La27
01983 Freienhufen 462 Ma37
36399 Freiensteinau 480 Fb48
24991 Freienwill 417 Fb11
63579 Freigericht 480 Fa51
92271 Freihung 493 Jd55
83395 Freilassing 524 Lb70
93182 Freilassing 502 Jd59
04936 Freileben 461 Lb36
67251 Freinsheim 488 Dd56
66629 Freisen 487 Cc55
8535 . Freising 512 Jc65
06347 Freist 459 Jb38
27259 Freistatt 444 Eb29
01705 Freital 473 Ld42
15910 Freiwalde 461 Ld34
38373 Frellstedt 447 Hb33
27616 Frelsdorf 434 Ed22
86742 Fremdingen 500 Gd60
96158 Frensdorf 492 Hb53
49832 Freren 443 Da30
27616 Freschluneberg 434 Ec22
14552 Fresdorf 450 La32
49762 Fresenburg 432 Cd27
25876 Fresendelf 417 Fa14
25727 Frestedt 425 Fa17
16909 Fretzdorf 439 Kb25
16259 Freudenberg 450 Ld28
57258 Freudenberg 466 Db44
92272 Freudenberg 493 Jd56
97896 Freudenberg 490 Fb54
54450 Freudenburg 486 Bc55
72250 Freudenstadt 508 Ea65
74392 Freudental 498 Ed60
06632 Freyburg 471 Jb41
16918 Freyenstein 439 Ka23
92342 Freystadt 502 Ja58
94078 Freyung 505 Ma61
72636 Frickenhausen 509 Fb64
97252 Frickenhausen a. Main 491 Gb54
88699 Frickingen 519 Fb70
78567 Fridingen a. d. Donau 508 Ed69
83413 Fridolfing 514 La68
86316 Friedberg 511 Hc66
61169 Friedberg (Hessen) 479 Ec49
06347 Friedeburg 459 Jb38
26446 Friedeburg 433 Dc22
06347 Friedeburgerhütte 459 Jb38
98634 Friedelshausen 481 Gc46
67159 Friedelsheim 488 Dd56
17268 Friedenfelde 440 Lc24
95688 Friedenfels 494 Ka52
39291 Friedensau 448 Jc32
79877 Friedenweiler 517 Dd70
02742 Friedersdorf 475 Na42
03253 Friedersdorf 461 Lc36
04916 Friedersdorf 461 Lb37
06749 Friedersdorf 460 Ka37
15306 Friedersdorf 451 Mc29
15754 Friedersdorf 450 Ld31
98701 Friedersdorf 482 Hc46
36289 Friedewald 469 Ga44
57520 Friedewald 478 Dc46
17098 Friedland 430 Lb19
37133 Friedland 457 Ga39
99894 Friedrichroda 469 Gd44
06449 Friedrichsaue 458 Hd36
06507 Friedrichsbrunn 458 Hb37
61381 Friedrichsdorf 479 Eb49
25764 Friedrichsgabekoog 424 Ed16
24799 Friedrichsgraben 417 Fb15
08149 Friedrichsgrün 472 Kc45
8804 . Friedrichshafen 519 Fc72
03130 Friedrichshain 462 Md37
24799 Friedrichsholm 417 Fb15
25718 Friedrichskoog 424 Ed17
19374 Friedrichsruhe 428 Jb21
25840 Friedrichstadt 417 Fa14
16306 Friedrichsthal 441 Mb24
16515 Friedrichsthal 440 La27
66299 Friedrichsthal 487 Cb57
99735 Friedrichsthal 457 Gd39
16247 Friedrichswalde 440 Lc25
34621 Frielendorf 468 Fb43
99869 Friemar 470 Ha43
14662 Friesack 449 Kb28
26939 Frieschenmoor 434 Ea23
06543 Friesdorf 458 Hd38
51598 Friesenhagen 466 Db44
77948 Friesenheim 507 Db66
87654 Friesenried 521 Ha70
26169 Friesoythe 433 Dc26
71292 Friolzheim 498 Ec62
78665 Frittlingen 508 Ec68
34560 Fritzlar 468 Fb42
79677 Fröhnd 517 Db71
58730 Fröndenberg 454 Db39
24988 Frörup 417 Fb11
07926 Frössen 483 Jc48
04654 Frohburg 472 Kb42
35112 Fronhausen 479 Ec46
88273 Fronreute 519 Fc70
84160 Frontenhausen 513 Kc64
06464 Frose 458 Hd36
95689 Fuchsmühl 494 Ka52
97727 Fuchsstadt 481 Ga51
86925 Fuchstal 511 Hb69
49835 Füchtenfeld 442 Cc30
15890 Fünfeichen 451 Md32
86681 Fünfstetten 501 Hb62
55546 Fürfeld 488 Db54
49584 Fürstenau 443 Db30
16798 Fürstenberg 439 Kd24
37699 Fürstenberg 456 Fb37
94142 Fürsteneck 504 Ld62
82256 Fürstenfeldbruck 511 Hd67
94538 Fürstenstein 504 Ld62
15517 Fürstenwalde 451 Ma31
17291 Fürstenwerder 440 Lb22
94081 Fürstenzell 514 Ld64
03246 Fürstlich Drehna 461 Ld36
64658 Fürth 489 Ec55
9076 . Fürth 492 Hc56
57539 Fürthen 466 Da45
87629 Füssen 521 Hb72
18356 Fuhlendorf 420 Ka14
24649 Fuhlendorf 425 Fd18
21493 Fuhlenhagen 426 Gd21
30938 Fuhrberg 445 Fd30
360 . . Fulda 480 Fd47
34277 Fuldabrück 468 Fc41
34233 Fuldatal 468 Fc40
26427 Fulkum 423 Da20
17268 Funkenhagen 440 Lb23
84095 Furth 503 Ka63
78120 Furtwangen i. Schwarzwald 507 Dd68
67136 Fußgönheim 488 Dd56

G

02953 Gablenz 463 Na37
03058 Gablenz 462 Md36
86456 Gablingen 511 Hb65
86565 Gachenbach 511 Hd64
19205 Gadebusch 427 Hb20
06918 Gadegast 460 Kd35
16909 Gadow 439 Kb25
15806 Gadsdorf 450 Lb32
19089 Gädebehn 428 Ja20
97503 Gädheim 481 Gc51
23968 Gägelow 427 Hd18
71116 Gärtringen 498 Ed63
71126 Gäufelden 508 Ec64
39606 Gagel 438 Ja27
18586 Gager 421 Lb14
76571 Gaggenau 498 Ea62
07356 Gahma 483 Ja47
03246 Gahro 461 Ld36
03149 Gahry 462 Md36
69251 Gaiberg 489 Ec57
78343 Gaienhofen 518 Ed72
74405 Gaildorf 499 Fd60
78262 Gailingen 518 Ec71
85080 Gaimersheim 502 Ja62
83674 Gaißach 522 Jb71
19258 Gallin 437 Ha22
19386 Gallin 428 Jc21
03058 Gallinchen 462 Mc36
91605 Gallmersgarten 491 Gc56
15749 Gallun 450 Lc32
25899 Galmsbüll 416 Ec11
24340 Gammelby 417 Fd13
19230 Gammelin 427 Hc21
85408 Gammelsdorf 512 Jd64
73108 Gammelshausen 499 Fd63
72501 Gammertingen 509 Fa67
17268 Gandenitz 440 Lb24
27777 Ganderkesee 434 Eb26
27324 Gandesbergen 445 Fa28
52538 Gangelt 464 Ba43
84140 Gangkofen 513 Kc65
16845 Ganzer 439 Kb27
17039 Ganzkow 430 La20
19395 Ganzlin 438 Jd22
23827 Garbek 426 Gc17
04618 Garbisdorf 472 Kc43
3082 . Garbsen 445 Fc31
85748 Garching 512 Jc66
84518 Garching a. d. Alz 513 Kd67
39638 Gardelegen 447 Hd30
25836 Garding 416 Ec15
19357 Garlin 438 Ja24
39579 Garlipp 448 Ja29
14715 Garlitz 449 Kb29
19249 Garlitz 437 Hb23
21376 Garlstorf 436 Gb24
82467 Garmisch-Partenkirchen 521 Hd73
49681 Garrel 433 Dc26
14823 Garrey 460 Kc34
83536 Gars a. Inn 513 Kb67
21441 Garstedt 436 Gb23
16845 Gartow 439 Kb26
29471 Gartow 437 Hd26
16307 Gartz 441 Mc23
18230 Garvsmühlen 428 Ja16
16845 Garz 439 Kb27
16928 Garz 438 Jc25
18574 Garz 421 La14
39524 Garz 448 Jd28
15345 Garzau 451 Ma29
15345 Garzin 451 Ma29
06466 Gatersleben 458 Hd36
95185 Gattendorf 483 Jd49
55435 Gau-Algesheim 488 Dc52
55599 Gau-Bickelheim 488 Dc53
55296 Gau-Bischofsheim 488 Dd52
55239 Gau-Odernheim 488 Dd54
97253 Gaukönigshofen 491 Ga55
25782 Gaushorn 425 Fa16
02633 Gaußig 474 Mc41
82131 Gauting 512 Ja68
15936 Gebersdorf 461 Lb35
07926 Gebersreuth 483 Jc48
99189 Gebesee 470 Hb42
57580 Gebhardshain 466 Db45
91607 Gebsattel 491 Gc57
75391 Gechingen 498 Ec63
29494 Gedelitz 437 Hc26
63688 Gedern 480 Fa48
16307 Geesow 441 Mb23
49744 Geeste 442 Cd29
39615 Geestgottberg 438 Jb26
21502 Geesthacht 436 Gc22
07926 Gefell 483 Jc48
95482 Gefrees 483 Jc51
17375 Gegensee 431 Ma19
98559 Gehlberg 482 Ha46
49596 Gehrde 443 Dc30
30989 Gehrden 445 Fc32
39264 Gehrden 459 Jc34
98708 Gehren 482 Hc46
39359 Gehrendorf 447 Hb31
94244 Geiersthal 504 La59
52511 Geilenkirchen 464 Ba43
36419 Geisa 481 Ga46
63826 Geiselbach 480 Fa51
94333 Geiselhöring 503 Kb61
96160 Geiselwind 491 Gd54
85290 Geisenfeld 502 Jb63
84144 Geisenhausen 513 Kb64
65366 Geisenheim 488 Dc52
01778 Geising 474 Ma44
37308 Geisleden 469 Gb40
72351 Geislingen 508 Ec66
73312 Geislingen 500 Ga63
37308 Geismar 469 Gb41
04643 Geithain 472 Kc42
18182 Gelbensande 420 Jd15
97255 Gelchsheim 491 Gb55
47608 Geldern 452 Bc38
97505 Geldersheim 481 Gb51
09423 Gelenau 473 La45
16278 Gellmersdorf 441 Ma25
99428 Gelmeroda 470 Hd43
63571 Gelnhausen 480 Fa50
458 . . Gelsenkirchen 453 Cb38
82269 Geltendorf 511 Hc68
24395 Gelting 417 Fd11
24884 Geltorf 417 Fc13
14542 Geltow 449 Kd31
75050 Gemmingen 498 Ed59
74376 Gemmrigheim 499 Fa60
35285 Gemünden 467 Ed43
35329 Gemünden 479 Ed46
55490 Gemünden 487 Cd53
56459 Gemünden 478 Dc47
97737 Gemünden a. Main 480 Fd51
35329 Gemünden (Felda) 480 Fa46
86682 Genderkingen 501 Hb63
77723 Gengenbach 507 Dc65
15328 Genschmar 451 Md28
55457 Gensingen 488 Dc53
06918 Gentha 460 Kd35

39307 Genthin *448 Jd31*
17099 Genzkow *430 Lb20*
92697 Georgenberg *494 Kb54*
91166 Georgensgmünd *501 Hc59*
99887 Georgenthal *470 Ha44*
49828 Georgsdorf *442 Cc30*
49124 Georgsmarienhütte *443 Dc33*
075.. Gera *471 Jd44*
98716 Geraberg *470 Hb45*
74582 Gerabronn *500 Ga58*
96161 Gerach *482 Hb51*
73630 Geradstetten *499 Fc62*
84552 Geratskirchen *513 Kd65*
06429 Gerbitz *459 Jb36*
97218 Gerbrunn *491 Ga54*
06347 Gerbstedt *459 Ja37*
29581 Gerdau *436 Gc26*
16928 Gerdshagen *438 Jd23*
82538 Geretsried *522 Jb70*
91466 Gerhardshofen *492 Ha55*
89143 Gerhausen *510 Ga65*
09326 Geringswalde *472 Kd42*
06420 Gerlebogk *459 Jc37*
70839 Gerlingen *499 Fa62*
16767 Germendorf *440 La27*
82110 Germering *512 Ja67*
76726 Germersheim *498 Ea58*
06507 Gernrode *458 Hc37*
37339 Gernrode *469 Gc40*
76593 Gernsbach *498 Ea62*
64579 Gernsheim *489 Ea54*
97779 Geroda *481 Ga49*
95179 Geroldsgrün *483 Jb49*
97256 Geroldshausen *491 Ga54*
91726 Gerolfingen *500 Gd60*
85302 Gerolsbach *512 Ja64*
54568 Gerolstein *476 Bd50*
97447 Gerolzhofen *491 Gc52*
04703 Gersdorf *472 Kd42*
09355 Gersdorf *472 Kc45*
01920 Gersdorf-Möhrsdorf *474 Mb40*
36129 Gersfeld (Rhön) *481 Ga48*
66453 Gersheim *496 Cc59*
49838 Gersten *443 Da30*
36419 Gerstengrund *481 Gb46*
89547 Gerstetten *500 Gb63*
86368 Gersthofen *511 Hb65*
99834 Gerstungen *469 Gb43*
17268 Gerswalde *440 Lc24*
07389 Gertewitz *483 Jb46*
39175 Gerwisch *448 Jb33*
84175 Gerzen *513 Kc64*
23815 Geschendorf *426 Gc18*
48712 Gescher *453 Cb35*
98716 Geschwenda *470 Hb45*
59590 Geseke *455 Eb38*
91608 Geslau *491 Gc57*
86459 Gessertshausen *511 Hb66*
88167 Gestratz *520 Gb72*
49843 Getelo *442 Ca30*
49843 Getelomoor *442 Ca30*
24214 Gettorf *418 Ga14*
06217 Geusa *471 Jc40*
58285 Gevelsberg *465 Cd40*
38384 Gevensleben *458 Ha34*
21784 Geversdorf *425 Fa19*
09468 Geyer *484 Kd46*
97232 Giebelstadt *491 Ga55*
37434 Gieboldehausen *457 Gb38*
24321 Giekau *418 Gc15*
38315 Gielde *457 Gd34*
17139 Gielow *429 Kb19*
15345 Gielsdorf *450 Ld28*
89537 Giengen a. d. Brenz *500 Gc63*
06449 Giersleben *459 Ja36*
31180 Giesen *446 Ga33*
15848 Giesensdorf *451 Mb32*
16928 Giesensdorf *438 Jd24*
23909 Giesensdorf *426 Gd20*
29413 Gieseritz *447 Hb28*
15324 Gieshof-Zelliner Loose *441 Mb27*
35... Giessen *479 Ec47*
38518 Gifhorn *446 Gd30*
82205 Gilching *512 Ja68*
54558 Gillenfeld *477 Ca50*
98701 Gillersdorf *482 Hc46*
34630 Gilserberg *468 Fa44*
29690 Gilten *445 Fc28*
67578 Gimbsheim *489 Ea54*
06198 Gimritz *459 Jc38*
73333 Gingen a. d. Fils *499 Fd63*
18569 Gingst *421 Kd13*
65462 Ginsheim *489 Ea52*
56412 Girod *478 Dc48*
19386 Gischow *438 Jc22*
37534 Gittelde *457 Gb36*
39307 Gladau *448 Jd32*
4596. Gladbeck *453 Cb38*
35075 Gladenbach *467 Eb45*
39606 Gladigau *448 Ja28*
19288 Glaisin *437 Hd23*
16775 Glambeck *439 Kd26*
66907 Glan-Münchweiler *487 Cd56*
49219 Glandorf *454 Dc34*
23719 Glasau *426 Gc17*
37308 Glasehausen *457 Gb39*
18276 Glasewitz *428 Jd19*
01768 Glashütte *474 Ma44*
17321 Glashütte *431 Mb20*
61479 Glashütten *479 Ea50*
95496 Glashütten *493 Ja52*
23992 Glasin *428 Ja18*
17322 Glasow *441 Mb22*
63864 Glattbach *490 Fa52*
72293 Glatten *508 Eb65*
01612 Glaubitz *473 Lb40*
63695 Glauburg *479 Ed49*
04849 Glaucha *460 Kb38*
08371 Glauchau *472 Kb44*
06369 Glauzig *459 Jc37*
06794 Glebitzsch *459 Jd38*
98646 Gleichamberg *482 Ha48*
37130 Gleichen *457 Gb39*
06632 Gleina *471 Jb41*
04509 Glesien *460 Ka39*
18513 Glewitz *429 Kc17*
14793 Glienecke *449 Ka32*
15806 Glienick *450 Lb32*
15864 Glienicke *451 Mb32*
16548 Glienicke-Nordbahn *450 Lb28*
15936 Glienig *461 Lc34*
17099 Glienke *430 Lb20*
15913 Glietz *462 Mb34*
21509 Glinde *426 Gb21*
27432 Glinde *435 Fa22*
39249 Glinde *459 Jc34*
39326 Glindenberg *448 Jb32*
14542 Glindow *449 Kd31*
31619 Glissen *445 Fa29*
06901 Globig-Bleddin *460 Kc36*
39240 Glöthe *459 Jb35*
89353 Glött *510 Gd64*
19339 Glöwen *438 Jc26*
85625 Glonn *512 Jd69*
79286 Glottertal *507 Db68*
18551 Glowe *421 La12*
24960 Glücksburg *417 Fc10*
25348 Glückstadt *425 Fb19*
25779 Glüsing *417 Fa15*
83703 Gmund a. Tegernsee *522 Jc71*
39249 Gnadau *459 Jb34*
27442 Gnarrenburg *434 Ed23*
02692 Gnaschwitz-Doberschau *474 Md41*
06369 Gnetsch *459 Jd37*
19065 Gneven *428 Ja20*
17111 Gnevezow *429 Kc19*
17089 Gnevkow *429 Kd19*
19395 Gnevsdorf *438 Jd22*
18195 Gnewitz *429 Ka16*
17179 Gnoien *429 Kb17*
24622 Gnutz *425 Fd16*
47574 Goch *452 Bb37*
97469 Gochsheim *481 Gc51*
24326 Godau *426 Gc16*
17237 Godendorf *439 Kd23*
27404 Godenstedt *435 Fa23*
19065 Godern *427 Hd20*
02633 Göda *474 Mc41*
38835 Göddeckenrode *457 Gd34*
29571 Göddenstedt *437 Ha26*
21376 Gödenstorf *436 Gb24*
39264 Gödnitz *459 Jc34*
73571 Göggingen *500 Ga61*
23758 Göhl *419 Ha15*
15898 Göhlen *451 Md33*
19288 Göhlen *437 Hd23*
14542 Göhlsdorf *449 Kc31*
29473 Göhrde *437 Ha25*
04603 Göhren *472 Ka43*
17348 Göhren *440 Lb22*
19089 Göhren *428 Ja21*
18586 Göhren, Ostseebad *421 Lc14*
17213 Göhren-Lebbin *429 Ka21*
23919 Göldenitz *426 Gd20*
49843 Gölenkamp *442 Cb30*
67307 Göllheim *488 Dc55*
18246 Göllin *428 Jb18*
03238 Göllnitz *462 Ma37*
24610 Gönnebek *426 Gb17*
67161 Gönnheim *488 Dd56*
72770 Gönningen *509 Fa65*
7303. Göppingen *499 Fd63*
56412 Görgeshausen *478 Dc48*
16866 Görike *438 Jd26*
87657 Görisried *520 Gd71*
03226 Göritz *462 Mb35*
17291 Göritz *440 Ld22*
07907 Görkwitz *483 Jc46*
0282. Görlitz *475 Nc41*
15306 Görlsdorf *451 Mc29*
15926 Görlsdorf *461 Ld35*
16278 Görlsdorf *440 Ld25*
17121 Görmin *430 La17*
14728 Görne *449 Kb28*
99765 Görsbach *458 Hb39*
15848 Görsdorf *451 Mb32*
15859 Görsdorf *450 Ld32*
15936 Görsdorf *461 Lc35*
79733 Görwihl *517 Dc72*
06369 Görzig *459 Jc37*
15848 Görzig *451 Mb33*
14828 Görzke *449 Ka33*
06366 Göschitz *483 Jc46*
97780 Gössenheim *490 Fd52*
07389 Gössitz *483 Jb46*
19249 Gößlow *437 Hc23*
04639 Gössnitz *472 Kb44*
91327 Gößweinstein *493 Ja53*
07926 Göttengrün *483 Jc47*
21514 Göttin *426 Gd21*
37... Göttingen *457 Ga38*
14778 Göttlin *449 Ka29*
06780 Göttnitz *459 Jd37*
14778 Götz *449 Kc30*
24558 Götzberg *426 Ga19*
15326 Gohlis *461 Lb39*
06786 Gohrau *460 Kb36*
01824 Gohrisch *474 Mb43*
25557 Gokels *425 Fb16*
06420 Golbitz *459 Jb37*
17089 Golchen *430 La19*
63773 Goldbach *490 Fa52*
99869 Goldbach *470 Ha43*
16909 Goldbeck *439 Ka24*
21643 Goldbeck *435 Fc22*
39596 Goldbeck *448 Jb28*
19399 Goldberg *428 Jc21*
25862 Goldebek *417 Fa12*
25862 Goldelund *417 Fa12*
23820 Goldenbek *426 Gc18*
19079 Goldenstädt *437 Hd22*
49424 Goldenstedt *444 Ea28*
98746 Goldisthal *482 Hc47*
95497 Goldkronach *483 Jb51*
39615 Gollensdorf *438 Ja26*
97258 Gollhofen *491 Gb55*
17268 Gollin *440 Lc25*
03205 Gollmitz *462 Ma36*
17291 Gollmitz *440 Lc23*
14789 Gollwitz *449 Ka31*
14476 Golm *449 Kd30*
16306 Golm *441 Ma24*
37640 Golmbach *456 Fc35*
15938 Golßen *461 Lc34*
24864 Goltoft *417 Fd13*
14778 Golzow *449 Kb32*
15328 Golzow *451 Mc29*
16230 Golzow *440 Ld26*
72532 Gomadingen *509 Fb65*
72810 Gomaringen *509 Fa65*
39245 Gommern *459 Jb34*
67377 Gommersheim *497 Dd58*
98663 Gompertshausen *482 Ha49*
01462 Gompitz *473 Ld42*
75053 Gondelsheim *498 Eb60*
56283 Gondershausen *477 Cd50*
56330 Gondorf *477 Cd49*
06528 Gonna *458 Hd39*
24340 Goosefeld *417 Fd14*
03238 Gorden *461 Ld38*
06343 Gorenzen *458 Hd38*
16352 Gorinsee *450 Lb28*
29475 Gorleben *437 Hd25*
19294 Gorlosen *437 Hd24*
09405 Gornau *473 La45*
09390 Gornsdorf *472 Kd45*
17139 Gorschendorf *429 Kb19*
14778 Gortz *449 Kb30*
69517 Gorxheimertal *489 Ec56*
03149 Gosda *462 Md36*
03205 Gosda *462 Ma36*
06667 Goseck *471 Jc41*
15537 Gosen *450 Ld30*
78559 Gosheim *508 Ec68*
3864. Goslar *457 Gc35*
06773 Gossa *460 Kb37*
76857 Gossersweiler *497 Db59*
03249 Goßmar *461 Ld36*
15926 Goßmar *461 Ld35*
23936 Gostorf *427 Hb18*
99867 Gotha *470 Ha43*
16845 Gottberg *439 Kb26*
79288 Gottenheim *507 Da68*
19209 Gottesgabe *427 Hc20*
94239 Gotteszell *504 La60*
84177 Gottfrieding *503 Kc63*
17207 Gotthun *439 Kb22*
78244 Gottmadingen *518 Ec71*
15913 Goyatz *451 Mb33*
18181 Graal-Müritz *420 Jd15*
21493 Grabau *426 Gd21*
23845 Grabau *426 Gb19*
76676 Graben *498 Ea59*
86836 Graben *511 Hb67*
83355 Grabenstätt *523 Kd70*
72582 Grabenstetten *509 Fc64*
03172 Grabko *462 Md34*
14823 Grabow *449 Kc33*
16909 Grabow *439 Ka25*
19300 Grabow *438 Ja23*
39291 Grabow *448 Jc32*
17209 Grabow-Below *439 Ka23*
16945 Grabow-Buckow *438 Jd23*
17194 Grabowhöfe *429 Kb21*
14793 Gräben *449 Ka32*
15741 Gräbendorf *450 Ld32*
82166 Gräfelfing *512 Ja68*
91322 Gräfenberg *492 Hd55*
04916 Gräfendorf *461 Lb37*
07387 Gräfendorf *483 Ja46*
97782 Gräfendorf *480 Fd51*
99867 Gräfenhain *470 Ha45*
06773 Gräfenhainichen *460 Kb36*
99330 Gräfenroda *470 Hb45*
98743 Gräfenthal *482 Hd47*
07929 Gräfenwarth *483 Jb47*
14715 Gräningen *449 Ka29*
48683 Graes *442 Cb33*
61279 Grävenwiesbach *479 Ea48*
71120 Grafenau *498 Ed63*
94481 Grafenau *504 Ld61*
95356 Grafengehaig *483 Jb50*
77966 Grafenhausen *507 Da66*
79865 Grafenhausen *517 Dd71*
97506 Grafenrheinfeld *491 Gb52*
93479 Grafenwiesen *504 La58*
92655 Grafenwöhr *493 Jd54*
38462 Grafhorst *447 Hb31*
85567 Grafing b. München *512 Jd68*
94539 Grafling *504 Lb61*
82284 Grafrath *511 Hd68*
53501 Grafschaft *477 Cb47*
82491 Grainau *521 Hc73*
94143 Grainet *505 Ma61*
23883 Grambek *426 Gd21*
17375 Grambin *430 Ld19*
17322 Grambow *431 Mb21*
19071 Grambow *427 Hc20*
23968 Gramkow *427 Hc18*
18513 Grammendorf *429 Kc17*
17153 Grammentin *429 Kc19*
18195 Grammow *429 Kb16*
17291 Gramzow *441 Ma23*
22946 Grande *426 Gc21*
03172 Grano *462 Md34*
06679 Granschütz *471 Jd41*
18513 Gransebieth *429 Kc16*
16775 Gransee *440 La25*
27446 Granstedt *435 Fa23*
19386 Granzin *428 Jb21*
16866 Granzow *438 Jd26*
17089 Grapzow *430 La19*
28879 Grasberg *434 Ed24*
85630 Grasbrunn *512 Jc68*
64689 Grasellenbach *489 Ec55*
38368 Grasleben *447 Hb32*
39579 Grassau *448 Ja29*
83224 Grassau *523 Kc70*
38527 Grassel *446 Gd31*
94541 Grattersdorf *504 Lc61*
24594 Grauel *425 Fc17*
21279 Grauen *435 Fd22*
29643 Grauen *435 Fc25*
17348 Grauenhagen *440 Lb22*
39359 Grauingen *447 Hc31*
29556 Graulingen *436 Gc27*
01827 Graupa *474 Ma42*
03130 Graustein *462 Md37*
19374 Grebbin *428 Jb21*
36323 Grebenau *468 Fc45*
36355 Grebenhain *480 Fb47*
34393 Grebenstein *456 Fb39*
24329 Grebin *426 Gc16*
14793 Grebs *449 Ka32*
19294 Grebs *437 Hd24*
91171 Greding *502 Ja60*
47929 Grefrath *464 Bc40*
86926 Greifenberg *511 Hd68*
06333 Greifenhagen *458 Hd38*
03116 Greifenhain *462 Mb37*
35753 Greifenstein *478 Dd46*
16278 Greiffenberg *440 Ld24*
174.. Greifswald *430 La16*
83677 Greiling *522 Jb71*
54314 Greimerath *486 Bd55*
07973 Greiz *484 Ka46*
18461 Gremersdorf *429 Kc16*
23758 Gremersdorf *419 Ha14*
91350 Gremsdorf *492 Hb54*
06803 Greppin *460 Ka37*
18337 Gresenhorst *429 Ka16*
19258 Gresse *437 Ha22*
29690 Grethem *445 Fc28*
97508 Grettstadt *491 Gc52*
99718 Greussen *470 Hb41*
97259 Greußenheim *490 Fd53*
19258 Greven *437 Ha22*
48268 Greven *454 Da34*
4151. Grevenbroich *464 Bd42*
32839 Grevenhagen *455 Ed36*
25361 Grevenkop *425 Fc19*
23936 Grevesmühlen *427 Hc18*
25596 Gribbohm *425 Fb17*
17506 Gribow *430 Lb17*
16775 Grieben *439 Kd26*
23936 Grieben *427 Hb19*
39517 Grieben *448 Jc31*
18516 Griebenow *430 La16*
06869 Griebo *460 Kb35*
66903 Gries *487 Cd57*
94086 Griesbach i. Rottal *514 Lc64*
06786 Griesen *460 Ka36*
64347 Griesheim *489 Eb53*
03172 Grießen *462 Md35*
83556 Griesstätt *513 Kb69*
06528 Grillenberg *458 Hd38*
04668 Grimma *472 Kc41*
39264 Grimme *460 Ka34*
18507 Grimmen *429 Kd16*
23847 Grinau *426 Gd19*
17089 Grischow *430 La19*
17153 Grischow *429 Kd19*
17498 Gristow *421 La15*
07389 Grobengereuth *483 Jb46*
39579 Grobleben *448 Jc30*
82194 Gröbenzell *512 Ja67*
06773 Gröbern *460 Kb37*
06184 Gröbers *460 Jd39*
03238 Gröbitz *461 Ld37*
06388 Gröbzig *459 Jc37*
25869 Gröde *416 Ec12*
04932 Gröden *461 Lc39*
24376 Grödersby *418 Ga12*
15910 Gröditsch *451 Ma33*
01609 Gröditz *461 Lc39*
23743 Grömitz *427 Hb16*
06408 Gröna *459 Jb36*
39397 Gröningen *458 Hc35*
22956 Grönwohld *426 Gc20*
03185 Grötsch *462 Md35*
72631 Grötzingen *499 Fb63*
04539 Groitzsch *472 Ka41*
31028 Gronau *456 Fd34*
48599 Gronau *442 Cb33*
39326 Groß Ammensleben *448 Ja32*
14641 Groß Behnitz *449 Kc29*
19258 Groß Bengerstorf *437 Ha22*
49777 Groß Berßen *443 Da28*
03222 Groß Beuchow *462 Ma35*
23847 Groß Boden *426 Gc19*
39435 Groß Börnecke *459 Ja35*
19322 Groß Breese *438 Jb26*
14806 Groß Briesen *449 Kb32*
19071 Groß Brütz *427 Hc20*
24582 Groß Buchwald *426 Ga16*
17348 Groß Daberkow *430 Lc21*
23911 Groß Disnack *426 Gd20*
03058 Groß Döbbern *462 Mc36*
17268 Groß Dölln *440 Lb25*
17192 Groß Dratow *429 Kc21*
03172 Groß Drewitz *451 Md33*
02959 Groß Düben *462 Md37*
15859 Groß Eichholz *451 Ma32*
19205 Groß Eichsen *427 Hc19*
17440 Groß Ernsthof *430 Lc16*
38312 Groß Flöthe *457 Gd34*
17219 Groß Flotow *429 Kd21*
17268 Groß Fredenwalde *440 Ld24*
03058 Groß Gaglow *462 Mc36*
39615 Groß Garz *438 Ja26*
03172 Groß Gastrose *463 Na34*
39398 Groß Germersleben *458 Hd34*
17192 Groß Gievitz *429 Kc20*
23795 Groß Gladebrügge *426 Gc18*
14476 Groß Glienicke *450 La30*
19372 Groß Godems *438 Jb23*
19406 Groß Görnow *428 Jb19*
23627 Groß Grönau *427 Ha19*
16909 Groß Haßlow *439 Kb24*
17091 Groß Helle *429 Kd20*
31185 Groß Himstedt *446 Gb33*
27243 Groß Ippener *434 Eb26*
03205 Groß Jehser *462 Ma36*
17207 Groß Kelle *439 Ka22*
15831 Groß Kienitz *450 Lb31*
17495 Groß Kiesow *430 Lb17*
17268 Groß Kölpin *440 Lc24*
03159 Groß Kölzig *463 Na37*
15746 Groß Köris *450 Lc32*
18442 Groß Kordshagen *420 Kb14*
19230 Groß Krams *437 Hc23*
23966 Groß Krankow *427 Hc19*
14550 Groß Kreutz *449 Kc31*
24626 Groß Kummerfeld *426 Ga17*
19288 Groß Laasch *438 Ja23*
19417 Groß Labenz *428 Jb19*
18510 Groß Lehmhagen *429 Kd16*
15913 Groß Leine *462 Mb34*
19339 Groß Leppin *438 Jc26*
15913 Groß Leuthen *451 Ma33*
15295 Groß Lindow *451 Md31*
31191 Groß Lobke *446 Ga32*
17337 Groß Luckow *430 Ld21*
03226 Groß Lübbenau *462 Ma35*
18190 Groß Lüsewitz *428 Jd16*
03130 Groß Luja *462 Md37*
15806 Groß Machnow *450 Lb31*
29597 Groß Malchau *437 Ha25*
14823 Groß Marzehns *460 Kb34*
27419 Groß Meckelsen *435 Fb23*
17159 Groß Methling *429 Kc17*
17349 Groß Miltzow *430 Lb21*
18445 Groß Mohrdorf *420 Kc13*
19217 Groß Molzahn *427 Ha20*
19300 Groß Muckrow *451 Mc33*
17094 Groß Nemerow *430 La21*
15324 Groß Neuendorf *441 Mc27*
17179 Groß Niekör *429 Kb17*
19374 Groß Niendorf *428 Jb21*
23816 Groß Niendorf *426 Gb19*
25436 Groß Nordende *425 Fc20*
29393 Groß Oesingen *446 Gc29*
25355 Groß Offenseth *425 Fd19*
03058 Groß Oßnig *462 Mc36*
21493 Groß Pampau *426 Gd21*
16928 Groß Pankow *438 Jc25*
17498 Groß Petershagen *430 La16*
16306 Groß Pinnow *441 Mb23*
17192 Groß Plasten *429 Kc21*
17390 Groß Polzin *430 Lb18*
38822 Groß Quenstedt *458 Hc35*
24872 Groß Rheide *417 Fb14*
18299 Groß Ridsenow *429 Ka17*
15848 Groß Rietz *451 Mb32*
39167 Groß Rodensleben *447 Hd33*
23795 Groß Rönnau *426 Gb18*
19073 Groß Rogahn *427 Hc21*
17166 Groß Roge *429 Ka19*
39240 Groß Rosenburg *459 Jc35*
19217 Groß Rünz *427 Hb19*
19205 Groß Salitz *427 Hb20*
39343 Groß Santersleben *447 Hd33*
23627 Groß Sarau *427 Ha19*
03149 Groß Schacksdorf *463 Na36*
15859 Groß Schauen *451 Ma32*
23860 Groß Schenkenberg *426 Gd19*
06449 Groß Schierstedt *459 Ja36*
16348 Groß Schönebeck *440 Lb26*
18574 Groß Schoritz *421 La14*
15806 Groß Schulzendorf *450 Lb32*
39579 Groß Schwechten *448 Jb28*
18276 Groß Schwiesow *428 Jc18*
23923 Groß Siemz *427 Hb19*
23972 Groß Stieten *427 Hd19*
29581 Groß Süstedt *436 Gc26*
17091 Groß Teetzleben *430 La20*
19069 Groß Trebbow *427 Hd20*
38464 Groß Twülpstedt *447 Hb31*
18276 Groß Upahl *428 Jc19*
17219 Groß Varchow *429 Kc20*
17217 Groß Vielen *429 Kd21*
24802 Groß Vollstedt *417 Fd15*
23948 Groß Walmstorf *427 Hc18*
19357 Groß Warnow *438 Ja24*
15910 Groß Wasserburg *451 Ma33*
16866 Groß Welle *438 Jc25*
24361 Groß Wittensee *417 Fd14*
17166 Groß Wokern *429 Ka19*
16928 Groß Woltersdorf *438 Jd25*
17168 Groß Wüstenfelde *429 Ka18*
16247 Groß Ziethen *440 Ld25*
16766 Groß Ziethen *449 Kd28*
64401 Groß-Bieberau *489 Ec53*
15848 Groß-Briesen *451 Mc33*
64521 Groß-Gerau *489 Ea52*
31180 Groß-Giesen *446 Ga33*
27419 Groß-Ippensen *435 Fb23*
03222 Groß-Klessow *462 Ma35*
27243 Groß-Köhren *434 Eb27*
03205 Groß-Mehßow *462 Ma36*
06925 Groß-Naundorf *460 Kd37*
01983 Groß-Räschen *462 Mb37*
48734 Groß-Reken *453 Cb36*
01900 Groß-Röhrsdorf *474 Mb41*
68649 Groß-Rohrheim *489 Ea54*
38179 Groß-Schwülper *446 Gc31*
64823 Groß-Umstadt *489 Ed53*
64846 Groß-Zimmern *489 Ec53*
86845 Großaitingen *511 Hb67*
37247 Großalmerode *468 Fd41*
71546 Großaspach *499 Fb61*
06369 Großbadegast *459 Jc37*
04668 Großbardau *472 Kc41*
24245 Großbarkau *418 Gb15*
37359 Großbartloff *469 Gb41*
14979 Großbeeren *450 Lb31*
72663 Großbettlingen *509 Fb64*
37345 Großbodungen *457 Gd39*
04668 Großbothen *472 Kc41*
71723 Großbottwar *499 Fb60*
98701 Großbreitenbach *482 Hc47*
30938 Großburgwedel *445 Fd30*
16845 Großderschau *439 Ka27*
04564 Großdeuben *472 Ka41*
02694 Großdubrau *474 Md40*
26629 Großefehn *433 Da22*
97633 Großeibstadt *481 Gd49*
72415 Großelfingen *508 Ed66*
24623 Großenaspe *426 Ga18*
23775 Großenbrode *419 Hb14*
99718 Großenehrich *470 Hb41*
99991 Großengottern *469 Gd42*
72829 Großengstingen *509 Fb66*
01558 Großenhain *473 Lc40*
26197 Großenkneten *443 Dd26*
36137 Großenlüder *480 Fc47*
25712 Großenrade *425 Fa17*
22946 Großensee *426 Gc21*
91091 Großenseebach *492 Hb55*
07580 Großenstein *472 Ka44*
31606 Großenvörde *444 Ed31*
24969 Großenwiehe *417 Fa11*
21712 Großenwörden *425 Fa20*
01454 Großerkmannsdorf *474 Ma41*
71577 Großerlach *499 Fc60*
99706 Großfurra *470 Ha40*
01936 Großgrabe *462 Mb39*
06246 Großgräfendorf *459 Jc39*
90613 Großhabersdorf *492 Hb57*
22927 Großhansdorf *426 Gb20*
24625 Großharrie *426 Ga16*
01909 Großharthau *474 Mb41*
09618 Großhartmannsdorf *473 Lb44*
26532 Großheide *422 Cd21*
96269 Großheirath *482 Hb50*
02747 Großhennersdorf *475 Nb42*
99518 Großheringen *471 Jb42*
63920 Großheubach *490 Fa54*
67229 Großkarlbach *488 Dd56*
83109 Großkarolinenfeld *513 Ka69*
06242 Großkayna *471 Jc40*
01990 Großkmehlen *461 Ld39*
06688 Großkorbetha *471 Jd41*
03249 Großkrausnik *461 Ld36*
63538 Großkrotzenburg *479 Ed51*
06184 Großkugel *459 Jd39*
97320 Großlangheim *491 Gc54*
04420 Großlehna *471 Jd40*
06528 Großleinungen *458 Hc39*
54534 Großlittgen *477 Ca51*
99759 Großlohra *457 Gd39*
56276 Großmaischeid *478 Da47*
85098 Großmehring *502 Jb62*
23701 Großmeinsdorf *426 Gd16*
99625 Großmonra *470 Hd41*
39221 Großmühlingen *459 Jb35*
16775 Großmutz *439 Kd26*
01936 Großnaundorf *474 Ma40*
67259 Großniedesheim *489 Ea55*
06348 Großörner *459 Ja38*
09432 Großolbersdorf *473 La45*
63762 Großostheim *490 Fa52*
06369 Großpaschleben *459 Jc36*
04463 Großpösna *472 Kb40*
02692 Großpostwitz *474 Md41*
97950 Großrinderfeld *490 Fd55*
04895 Großrössen *461 Lb37*
66352 Großrosseln *496 Ca58*
99195 Großrudestedt *470 Hc42*
09518 Großrückerswalde *485 Lb46*
09603 Großschirma *473 Lb43*
02779 Großschönau *475 Na43*
02708 Großschweidnitz *475 Na41*
24991 Großsolt *417 Fc11*
04932 Großthiemig *461 Ld39*
04886 Großtreben-Zwethau *460 Kd37*
63868 Großwallstadt *490 Fa53*
09575 Großwaltersdorf *473 Lb44*
82439 Großweil *522 Ja71*
04720 Großweitzschen *473 La41*
99735 Großwerther *458 Ha39*
29485 Großwitzeetze *437 Hd27*
16775 Großwoltersdorf *439 Kd25*
17495 Großwudicke *448 Jd29*
16831 Großzerlang *439 Kc24*
15831 Großziethen *450 Lb30*
06780 Großzöberitz *459 Jd37*
21493 Grove *426 Gc21*
25774 Groven *416 Ed15*
98530 Grub *482 Ha47*
96271 Grub a. Forst *482 Hc50*
19336 Grube *438 Jc26*
23749 Grube *419 Hb15*
17498 Grubenhagen *430 La16*
14823 Grubo *449 Kb33*
09224 Grüna *472 Kd44*
08223 Grünbach *484 Kb47*
17326 Grünberg *441 Ma22*
35305 Grünberg *479 Ed47*
63584 Gründau *480 Fa50*
16775 Grüneberg *440 La26*
14641 Grünefeld *449 Kd28*
88167 Grünenbach *520 Gb72*
21720 Grünendeich *425 Fc21*
01945 Grünewald *462 Mb39*
08358 Grünhain *484 Kd46*
09579 Grünhainichen *473 Lb44*
15537 Grünheide *450 Ld30*
88287 Grünkraut *519 Fd71*
16278 Grünow *441 Ma24*
17237 Grünow *440 La22*
17291 Grünow *440 Ld22*
97947 Grünsfeld *490 Fd55*
67269 Grünstadt *488 Dd55*
16230 Grüntal *440 Ld27*
82031 Grünwald *512 Jb68*
17328 Grünz *441 Ma23*
17213 Grüssow *439 Ka22*
14715 Grütz *448 Jd28*
03238 Gruhno *461 Lc37*
73344 Gruibingen *509 Fd64*
07343 Grumbach *483 Ja48*
73630 Grunbach *499 Fb62*
24977 Grundhof *417 Fc11*
21641 Grundoldendorf *435 Fc22*
23948 Grundshagen *427 Hb17*
17268 Grunewald *440 Lb25*
15299 Grunow *451 Mc32*
15377 Grunow *451 Ma28*
38524 Grußendorf *447 Ha30*
74417 Gschwend *499 Fd61*
83257 Gstadt a. Chiemsee *513 Kc69*
03172 Guben *463 Na34*
18190 Gubkow *428 Jd17*
25693 Gudendorf *425 Fa17*
34281 Gudensberg *468 Fb42*
21720 Guderhandviertel *425 Fc21*
23899 Gudow *427 Ha21*
39175 Gübs *448 Jb33*
24357 Güby *417 Fc13*
74363 Güglingen *498 Ed60*
19348 Gülitz *438 Jc24*
14715 Gülpe *448 Jd28*
17089 Gültz *429 Kd19*
17153 Gülzow *429 Kc19*
18276 Gülzow *428 Jc19*
21483 Gülzow *436 Gc22*
17121 Gülzowshof *429 Kd17*
16278 Günterberg *441 Ma24*
06507 Güntersberge *458 Hb37*
97261 Güntersleben *491 Ga53*
06254 Günthersdorf *471 Jd40*
15848 Günthersdorf *451 Mc33*
99869 Günthersleben *470 Ha44*
87634 Günzach *520 Gd70*
89312 Günzburg *510 Gc65*
39317 Güsen *448 Jc31*
39439 Güsten *459 Ja36*
21514 Güster *426 Gd21*
17291 Güstow *440 Ld22*
18273 Güstrow *428 Jd19*
78148 Gütenbach *507 Dc68*
17335 Güterberg *430 Lc21*
14532 Güterfelde *450 La31*
39264 Güterglück *459 Jc34*
3333. Gütersloh *455 Ea35*
17506 Gützkow *430 La17*
15913 Guhlen *451 Mb33*
19348 Guhlsdorf *438 Jc25*
03096 Guhrow *462 Mc35*
55452 Guldental *488 Db53*
18551 Gummanz *421 Lb12*
5164. Gummersbach *466 Da43*
16866 Gumtow *438 Jd26*
79194 Gundelfingen *507 Db68*
89423 Gundelfingen a. d. Donau *510 Gd64*
74831 Gundelsheim *499 Fa58*
96163 Gundelsheim *492 Hb52*
64380 Gundernhausen *489 Ec53*
67598 Gundersheim *488 Dd54*
67599 Gundheim *488 Dd54*
89355 Gundremmingen *510 Gd64*
39393 Gunsleben *458 Hb34*
67583 Guntersblum *489 Ea53*
91710 Gunzenhausen *501 Hb59*
29476 Gusborn *437 Hc25*
54413 Gusenburg *487 Ca55*
15306 Gusow-Platkow *451 Mc29*
15754 Gussow *450 Lc32*
55246 Gustavsburg *489 Ea52*
54317 Gusterath *486 Bd54*
18574 Gustow *421 Kd14*
77793 Gutach *507 Dd67*
79261 Gutach i. Breisgau *507 Dc68*
01945 Guteborn *462 Ma39*
06193 Gutenberg *459 Jc38*
16775 Gutengermendorf *440 La26*
91468 Gutenstetten *492 Ha55*
39326 Gutenswegen *448 Ja32*
88484 Gutenzell *510 Gb68*
18276 Gutow *428 Jc19*
02694 Guttau *475 Na40*
95358 Guttenberg *483 Jb50*
34302 Guxhagen *468 Fc41*
27404 Gyhum *435 Fb24*

H

95473 Haag *493 Jb53*
85410 Haag a. d. Amper *512 Jc65*
83527 Haag i. Oberbayern *513 Ka67*
14662 Haage *449 Kb28*
24819 Haale *425 Fc16*
42781 Haan *465 Cb41*
85540 Haar *512 Jc68*
94542 Haarbach *514 Lc64*
03058 Haasow *462 Md36*
82392 Habach *522 Ja71*
27299 Haberloh *435 Fa26*
34317 Habichtswald *468 Fb40*
29359 Habighorst *446 Gb28*
24361 Haby *417 Fd14*
57627 Hachenburg *478 Db46*
55546 Hackenheim *488 Db53*
31188 Hackenstedt *457 Gb34*
06528 Hackpfüffel *458 Hc39*
65589 Hadamar *478 Dc48*
48493 Haddorf *442 Cd32*
29693 Hademstorf *445 Fc28*
25560 Hadenfeld *425 Fb17*
39398 Hadmersleben *458 Hd34*
25779 Hägen *417 Fa15*
02923 Hähnichen *463 Nb39*
64665 Hähnlein *489 Eb54*
27324 Hämelhausen *445 Fb28*
39590 Hämerten *448 Jc29*
27330 Haendorf *444 Ed28*
31311 Hänigsen *446 Gb30*
16775 Häsen *440 La26*
79837 Häusern *517 Dd71*
27336 Häuslingen *445 Fb27*
97840 Hafenlohr *490 Fc53*
99735 Haferungen *458 Ha39*
49843 Haftenkamp *442 Cb30*
26524 Hage *422 Cd21*
23974 Hagebök *428 Ja17*
14806 Hagelberg *449 Kb33*
93095 Hagelstadt *503 Ka61*
45711 Hagen *453 Cd38*
24576 Hagen *425 Fd18*
27628 Hagen *434 Eb23*
29365 Hagen *446 Gc28*
49170 Hagen a. Teutoburger Wald *443 Dc33*
58... Hagen / Westf. *465 Cd40*
39624 Hagenau *448 Ja28*
76767 Hagenbach *497 Dd60*
91469 Hagenbüchach *492 Hb56*
31558 Hagenburg *445 Fb31*
19230 Hagenow *437 Hc22*
26524 Hagermarsch *422 Cd20*
88709 Hagnau *519 Fb72*
38729 Hahausen *457 Gb35*
92256 Hahnbach *493 Jc55*
55278 Hahnheim *488 Dd53*

65623 **Hahnstätten** *478 Dc49*
63808 **Haibach** *490 Fa52*
94353 **Haibach** *503 Kd60*
04910 **Haida** *461 Lc38*
03130 **Haidemühl** *462 Mc37*
94145 **Haidmühle** *505 Mb61*
35708 **Haiger** *466 Dd45*
72401 **Haigerloch** *508 Ec66*
85778 **Haimhausen** *512 Jb66*
84533 **Haiming** *514 La66*
63584 **Hain-Gründau** *480 Fa50*
35114 **Haina** *467 Ed43*
98631 **Haina** *481 Gd48*
63538 **Hainburg** *479 Ed51*
02779 **Hainewalde** *475 Nb43*
09661 **Hainichen** *473 La43*
06528 **Hainrode** *458 Hc39*
99735 **Hainrode (Hainleite)** *458 Ha39*
86744 **Hainsfarth** *501 Ha61*
72221 **Haiterbach** *508 Eb64*
39448 **Hakeborn** *458 Hd35*
16833 **Hakenberg** *439 Kc27*
39343 **Hakenstedt** *447 Hc33*
15757 **Halbe** *450 Ld33*
26524 **Halbemond** *422 Cd21*
02953 **Halbendorf** *462 Md37*
38820 **Halberstadt** *458 Hb35*
87642 **Halblech** *521 Hb72*
39340 **Haldensleben** *447 Hd32*
87490 **Haldenwang** *520 Gd70*
89356 **Haldenwang** *510 Gd65*
16945 **Halenbeck** *438 Jd23*
83128 **Halfing** *513 Kb69*
85399 **Hallbergmoos** *512 Jc66*
37620 **Halle** *456 Fc35*
49843 **Halle** *442 Cb30*
061 .. **Halle (Saale)** *459 Jc39*
33790 **Halle (Westf.)** *455 Ea34*
59969 **Hallenberg** *467 Eb42*
91352 **Hallerndorf** *492 Hc54*
96103 **Hallstadt** *492 Hb52*
09633 **Halsbrücke** *473 Lc43*
56283 **Halsenbach** *478 Da50*
25469 **Halstenbek** *425 Fd21*
45721 **Haltern** *453 Cc37*
58553 **Halver** *465 Cd41*
21646 **Halvesbostel** *435 Fc23*
97456 **Hambach** *481 Gb51*
23619 **Hamberge** *426 Gd19*
27729 **Hambergen** *434 Ec23*
76707 **Hambrücken** *498 Eb59*
29313 **Hambühren** *446 Ga29*
2 .... **Hamburg** *426 Ga21*
24805 **Hamdorf** *417 Fc15*
3178 . **Hameln** *456 Fb34*
27419 **Hamersen** *435 Fb24*
39393 **Hamersleben** *458 Hc34*
22929 **Hamfelde** *426 Gc21*
57577 **Hamm** *466 Da45*
590 .. **Hamm** *454 Db37*
67580 **Hamm** *489 Ea54*
99765 **Hamma** *458 Hb39*
21714 **Hammah** *425 Fb21*
97762 **Hammelburg** *481 Ga51*
17268 **Hammelspring** *440 Lb25*
16559 **Hammer** *440 Lb26*
17358 **Hammer a. d. Uecker** *430 Ld20*
08269 **Hammerbrücke** *484 Kb48*
63546 **Hammersbach** *479 Ed50*
46499 **Hamminkeln** *452 Bd37*
22941 **Hammoor** *426 Gc20*
21502 **Hamwarde** *436 Gc22*
24816 **Hamweddel** *425 Fc16*
6345 . **Hanau** *479 Ed51*
21256 **Handeloh** *435 Fd24*
24983 **Handewitt** *417 Fb11*
21447 **Handorf** *436 Gc23*
49838 **Handrup** *443 Da30*
25557 **Hanerau-Hademarschen** *425 Fb16*
15518 **Hangelsberg** *451 Ma30*
67374 **Hanhofen** *498 Ea58*
29386 **Hankensbüttel** *446 Gd28*
30 ... **Hannover** *445 Fd31*
34346 **Hannoversch Münden** *468 Fc40*
29525 **Hansen** *436 Gc26*
17509 **Hanshagen** *430 Lb16*
23936 **Hanshagen** *427 Hc19*
21271 **Hanstedt** *436 Ga24*
27412 **Hanstedt** *435 Fa23*
29582 **Hanstedt** *436 Gc25*
18239 **Hanstorf** *428 Jb17*
38489 **Hanum** *447 Ha29*
91230 **Happurg** *493 Ja56*
31097 **Harbarnsen** *457 Ga35*
39365 **Harbke** *447 Hb33*
86655 **Harburg** *501 Ha62*
24616 **Hardebek** *425 Fd17*
37181 **Hardegsen** *456 Fd38*
17268 **Hardenbeck** *440 Lb23*
74736 **Hardheim** *490 Fc55*
78739 **Hardt** *508 Ea67*
74239 **Hardthausen a. Kocher** *499 Fb58*
49733 **Haren** *442 Cc28*
55595 **Hargesheim** *488 Db53*
23942 **Harkensee** *427 Hb18*
06543 **Harkerode** *458 Hd37*
26409 **Harlesiel** *423 Db20*
23738 **Harmsdorf** *419 Ha15*
23911 **Harmsdorf** *426 Gd20*
23936 **Harmshagen** *427 Hc19*
21228 **Harmstorf** *436 Ga23*
21368 **Harmstorf** *437 Ha24*
16269 **Harnekop** *451 Ma28*
27243 **Harpstedt** *434 Eb27*
07366 **Harra** *483 Jb48*
27628 **Harrendorf** *434 Ec23*
24955 **Harrislee** *417 Fb10*
95499 **Harsdorf** *483 Jb51*
21698 **Harsefeld** *435 Fc22*
33428 **Harsewinkel** *454 Dd35*
38829 **Harsleben** *458 Hc36*
31177 **Harsum** *446 Ga33*
24628 **Hartenholm** *426 Ga18*
08118 **Hartenstein** *484 Kc46*
91235 **Hartenstein** *493 Jb55*
07570 **Harth-Pöllnitz** *471 Jd45*
04746 **Hartha** *473 La42*
01737 **Hartha, Kurort** *473 Ld43*
67376 **Harthausen** *498 Ea58*
79258 **Hartheim** *507 Da69*
07613 **Hartmannsdorf** *471 Jd43*
08107 **Hartmannsdorf** *484 Kc46*
09232 **Hartmannsdorf** *472 Kd44*
15528 **Hartmannsdorf** *450 Ld31*
01762 **Hartmannsdorf-Reichenau** *473 Ld44*
55296 **Harxheim** *488 Dd52*
06493 **Harzgerode** *458 Hc37*
99762 **Harzungen** *458 Ha38*
49205 **Hasbergen** *443 Dc32*
66636 **Hasborn-Dautweiler** *487 Ca56*
25489 **Haselau** *425 Fc20*
04617 **Haselbach** *472 Kb42*
94354 **Haselbach** *503 Kd60*
25489 **Haseldorf** *425 Fc21*
14823 **Haseloff** *449 Kc33*
49740 **Haselünne** *443 Da29*
25855 **Haselund** *417 Fa12*
15518 **Hasenfelde** *451 Mb30*
21787 **Hasenfleet** *425 Fa19*
24616 **Hasenkrug** *425 Fd17*
24640 **Hasenmoor** *426 Ga18*
96523 **Hasenthal** *482 Hd47*
77716 **Haslach i. Kinzigtal** *507 Dc66*
97907 **Hasloch** *490 Fc53*
25474 **Hasloh** *426 Ga20*
31626 **Haßbergen** *445 Fa28*
27324 **Hassel** *445 Fa28*
39596 **Hassel** *448 Jc29*
24376 **Hasselberg** *418 Ga11*
23730 **Hasselburg** *427 Ha16*
38899 **Hasselfelde** *458 Hb37*
63594 **Hasselroth** *480 Fa50*
27367 **Hassendorf** *435 Fa25*
97437 **Haßfurt** *481 Gd51*
17291 **Haßleben** *440 Lc23*
99189 **Haßleben** *470 Hb42*
67454 **Haßloch** *488 Dd57*
74855 **Haßmersheim** *499 Fa58*
83301 **Haßmoning** *513 Kd69*
24790 **Haßmoor** *417 Fd15*
31559 **Haste** *445 Fb31*
27386 **Hastedt** *435 Fb25*
15328 **Hathenow** *451 Md29*
26209 **Hatten** *434 Ea26*
73110 **Hattenhofen** *499 Fc63*
82285 **Hattenhofen** *511 Hd67*
65795 **Hattersheim** *479 Ea51*
57644 **Hattert** *478 Db46*
26209 **Hatterwüsting** *434 Ea26*
4552 . **Hattingen** *465 Cc40*
37197 **Hattorf** *457 Gb37*
25856 **Hattstedt** *416 Ed13*
76770 **Hatzenbühl** *497 Dd59*
35116 **Hatzfeld** *467 Eb43*
76846 **Hauenstein** *497 Db59*
79541 **Hauingen** *517 Da72*
91729 **Haundorf** *501 Hb59*
36282 **Hauneck** *468 Fd45*
36132 **Haunetal** *468 Fd45*
89437 **Haunsheim** *510 Gd64*
66851 **Hauptstuhl** *487 Cd57*
77756 **Hausach** *507 Dd66*
53547 **Hausen** *477 Cd47*
63840 **Hausen** *490 Fa53*
91353 **Hausen** *492 Hc54*
93345 **Hausen** *502 Jd61*
97647 **Hausen** *481 Gb47*
97262 **Hausen b. Würzburg** *491 Gb52*
79688 **Hausen i. Wiesental** *517 Db72*
83734 **Hausham** *522 Jd71*
06458 **Hausneindorf** *458 Hd36*
94051 **Hauzenberg** *505 Ma62*
21493 **Havekost** *426 Gc21*
39539 **Havelberg** *438 Jc27*
38275 **Haverlah** *457 Gc34*
24873 **Havetoft** *417 Fc12*
24875 **Havetoftloit** *417 Fc12*
23858 **Havighorst** *426 Gc19*
48329 **Havixbeck** *453 Cd35*
87749 **Hawangen** *510 Gc69*
72534 **Hayingen** *509 Fc66*
06536 **Hayn** *458 Hc38*
37339 **Haynrode** *457 Gd39*
07343 **Heberndorf** *483 Ja47*
84332 **Hebertsfelden** *514 La65*
85241 **Hebertshausen** *512 Jb66*
72379 **Hechingen** *508 Ed66*
21755 **Hechthausen** *425 Fa20*
16259 **Heckelberg** *440 Ld27*
39444 **Hecklingen** *459 Ja36*
68542 **Heddesheim** *489 Eb56*
38322 **Hedeper** *458 Ha34*
06295 **Hedersleben** *459 Jb38*
06458 **Hedersleben** *458 Hd36*
25761 **Hedwigenkoog** *424 Ec16*
25355 **Heede** *425 Fd19*
26892 **Heede** *432 Cd26*
48619 **Heek** *442 Cc33*
31622 **Heemsen** *445 Fa29*
33442 **Heerde** *454 Dd35*
38277 **Heere** *457 Gb34*
39590 **Heeren** *448 Jc30*
27616 **Heerstedt** *434 Ec22*
27404 **Heeslingen** *435 Fb23*
31707 **Heeßen** *445 Fa33*
37619 **Hehlen** *456 Fc35*
25746 **Heide** *425 Fa16*
15926 **Heideblick** *461 Ld35*
91180 **Heideck** *501 Hd59*
23858 **Heidekamp** *426 Gc19*
07613 **Heideland** *471 Jc43*
691 .. **Heidelberg** *489 Eb57*
06780 **Heideloh** *459 Jd37*
46359 **Heiden** *453 Cb36*
01809 **Heidenau** *474 Ma42*
21258 **Heidenau** *435 Fc23*
91719 **Heidenheim** *501 Hb60*
895 .. **Heidenheim a. d. Brenz** *500 Gb63*
65321 **Heidenrod** *478 Dc50*
23816 **Heiderfeld** *426 Gb18*
09526 **Heidersdorf** *473 Lc45*
55262 **Heidesheim** *488 Dc52*
25436 **Heidgraben** *425 Fc20*
19303 **Heidhof** *437 Hc24*
24632 **Heidmoor** *425 Fd19*
24598 **Heidmühlen** *426 Ga18*
63869 **Heigenbrücken** *480 Fb51*
24226 **Heikendorf** *418 Gb14*
740 .. **Heilbronn** *499 Fa59*
88633 **Heiligenberg** *519 Fb70*
39606 **Heiligenfelde** *437 Hd27*
16909 **Heiligengrabe** *439 Ka24*
23774 **Heiligenhafen** *419 Hb14*
18239 **Heiligenhagen** *428 Jb17*
42579 **Heiligenhaus** *465 Cb40*
28816 **Heiligenrode** *434 Ec26*
56412 **Heiligenroth** *478 Db48*
37308 **Heiligenstadt** *469 Gb40*
91332 **Heiligenstadt i. Oberfranken** *492 Hd53*
25524 **Heiligenstedten** *425 Fb18*
25524 **Heiligenstedtenerkamp** *425 Fb18*
06347 **Heiligenthal** *459 Jb38*
66578 **Heiligenwald** *487 Cb57*
69253 **Heiligkreuzsteinach** *489 Ec56*
91560 **Heilsbronn** *492 Hb57*
23619 **Heilshoop** *426 Gd18*
52396 **Heimbach** *476 Bc46*
55779 **Heimbach** *487 Cc55*
63872 **Heimbuchenthal** *490 Fb53*
38889 **Heimburg** *458 Hb36*
88178 **Heimenkirch** *520 Ga72*
87751 **Heimertingen** *510 Gb68*
32469 **Heimsen** *444 Ed31*
71296 **Heimsheim** *498 Ec62*
37627 **Heinade** *456 Fc36*
21726 **Heinbockel** *425 Fb21*
96365 **Heinersberg** *483 Ja48*
03185 **Heinersbrück** *462 Md35*
07356 **Heinersdorf** *483 Jb47*
15518 **Heinersdorf** *451 Mb30*
96515 **Heinersdorf** *482 Hd48*
95500 **Heinersreuth** *493 Ja52*
38312 **Heiningen** *457 Gd34*
73092 **Heiningen** *499 Fd63*
24594 **Heinkenborstel** *425 Fd16*
39326 **Heinrichsberg** *448 Jb32*
16831 **Heinrichsdorf** *439 Kd25*
17379 **Heinrichsruh** *430 Ld20*
17379 **Heinrichswalde** *430 Lc20*
52525 **Heinsberg** *464 Ba42*
27432 **Heinschenwalde** *424 Ed21*
08468 **Heinsdorfergrund** *484 Kb46*
37649 **Heinsen** *456 Fb36*
25492 **Heist** *425 Fc20*
65558 **Heistenbach** *478 Dc48*
79423 **Heitersheim** *517 Da70*
49152 **Heithöfen** *444 Ea31*
99713 **Helbedündorf** *469 Gd40*
06311 **Helbra** *459 Ja38*
84431 **Heldenstein** *513 Kb66*
06577 **Heldrungen** *470 Hc40*
56244 **Helferskirchen** *478 Db47*
27498 **Helgoland** *423 Dc16*
16928 **Helle** *438 Jc24*
30900 **Hellendorf** *445 Fd30*
56479 **Hellenhahn-Schellenberg** *478 Dc46*
53940 **Hellenthal** *476 Bc47*
98663 **Hellingen** *482 Ha49*
27729 **Hellingst** *434 Ed23*
25764 **Hellschen** *424 Ec16*
27367 **Hellwege** *435 Fa25*
95233 **Helmbrechts** *483 Jb49*
74291 **Helmstadt** *489 Ed57*
97264 **Helmstadt** *490 Fd54*
38350 **Helmstedt** *447 Hb32*
24321 **Helmstorf** *418 Gd15*
31691 **Helpsen** *445 Fa32*
17349 **Helpt** *430 Lb21*
34298 **Helsa** *468 Fd41*
48488 **Helschen** *442 Cd31*
25709 **Helse** *424 Ed18*
67716 **Heltersberg** *497 Da58*
27389 **Helvesiek** *435 Fc24*
93155 **Hemau** *502 Jc60*
25485 **Hemdingen** *425 Fd19*
58675 **Hemer** *466 Db40*
91334 **Hemhofen** *492 Hb54*
25774 **Hemme** *416 Ed15*
30966 **Hemmingen** *445 Fd32*
71282 **Hemmingen** *498 Ed61*
25770 **Hemmingstedt** *424 Ed16*
21745 **Hemmoor** *425 Fa20*
69502 **Hemsbach** *489 Eb55*
27386 **Hemsbünde** *435 Fb25*
49716 **Hemsen** *442 Cd28*
27386 **Hemslingen** *435 Fc25*
49453 **Hemsloh** *444 Eb29*
39638 **Hemstedt** *447 Hd29*
97640 **Hendungen** *481 Gc48*
91239 **Henfenfeld** *493 Ja56*
98660 **Henfstädt** *481 Gd47*
94491 **Hengersberg** *504 Lb62*
98617 **Henneberg** *481 Gc47*
31188 **Henneckenrode** *457 Gb34*
53773 **Hennef** *465 Cc45*
03253 **Hennersdorf** *461 Ld37*
15378 **Hennickendorf** *450 Ld29*
16761 **Hennigsdorf** *450 La28*
29413 **Henningen** *437 Hb27*
25581 **Hennstedt** *425 Fd17*
25779 **Hennstedt** *417 Fa15*
55619 **Hennweiler** *487 Cd53*
24558 **Henstedt-Ulzburg** *426 Ga19*
15898 **Henzendorf** *451 Md33*
85120 **Hepberg** *502 Ja62*
64646 **Heppenheim** *489 Eb55*
27412 **Hepstedt** *435 Fa24*
14913 **Herbersdorf** *461 Lb35*
88518 **Herbertingen** *509 Fc68*
79336 **Herbolzheim** *507 Da67*
35745 **Herborn** *479 Ea46*
89542 **Herbrechtingen** *500 Gc63*
99955 **Herbsleben** *470 Hb42*
97633 **Herbstadt** *481 Gd49*
36358 **Herbstein** *480 Fb47*
58313 **Herdecke** *465 Cd40*
57562 **Herdorf** *466 Dc45*
88634 **Herdwangen** *519 Fa70*
86465 **Heretsried** *511 Hb65*
320 .. **Herford** *444 Ec33*
54662 **Herforst** *486 Bd52*
88145 **Hergatz** *520 Ga72*
88138 **Hergensweiler** *519 Fd72*
06313 **Hergisdorf** *459 Ja38*
36266 **Heringen** *469 Ga44*
99765 **Heringen** *458 Hb39*
25764 **Heringsand** *424 Ed16*
23777 **Heringsdorf** *419 Hb15*
17424 **Heringsdorf, Seebad** *431 Ma17*
37293 **Herleshausen** *469 Gb43*
29320 **Hermannsburg** *436 Gb27*
89568 **Hermaringen** *510 Gc64*
06543 **Hermerode** *458 Hd38*
66919 **Hermersberg** *488 Da57*
15374 **Hermersdorf** *451 Mb29*
54411 **Hermeskeil** *487 Ca54*
01458 **Hermsdorf** *474 Ma41*
01776 **Hermsdorf** *473 Ld44*
01945 **Hermsdorf** *462 Ma39*
07629 **Hermsdorf** *471 Jc44*
09337 **Hermsdorf** *472 Kc44*
15748 **Hermsdorf** *450 Ld32*
39326 **Hermsdorf** *448 Ja33*
446 .. **Herne** *453 Cc38*
09419 **Herold** *473 La45*
91336 **Heroldsbach** *492 Hc54*
90562 **Heroldsberg** *492 Hd55*
72535 **Heroldstatt** *509 Fd65*
98617 **Herpf** *481 Gc47*
71083 **Herrenberg** *508 Ec64*
91567 **Herrieden** *500 Gd58*
79737 **Herrischried** *517 Dc72*
89134 **Herrlingen** *510 Ga65*
99762 **Herrmannsacker** *458 Hb38*
84097 **Herrngiersdorf** *503 Ka62*
02747 **Herrnhut** *475 Nb42*
82211 **Herrsching a. Ammersee** *511 Hd69*
91217 **Hersbruck** *493 Ja56*
56249 **Herschbach** *478 Db47*
98701 **Herschdorf** *482 Hc46*
58849 **Herscheid** *466 Db42*
66909 **Herschweiler-Pettersheim** *487 Cc56*
45 ... **Herten** *453 Cc38*
76863 **Herxheim** *497 Dd59*
67273 **Herxheim a. Berg** *488 Dd56*
04916 **Herzberg** *461 Lb37*
15864 **Herzberg** *451 Mb32*
19374 **Herzberg** *428 Jb21*
37412 **Herzberg a. Harz** *457 Gc37*
16835 **Herzberg (Mark)** *439 Kd26*
33442 **Herzebrock-Clarholz** *454 Dd36*
19372 **Herzfeld** *438 Jb23*
15378 **Herzfelde** *450 Ld30*
17268 **Herzfelde** *440 Lc24*
25379 **Herzhorn** *425 Fb19*
49770 **Herzlake** *443 Da29*
91074 **Herzogenaurach** *492 Hb55*
52134 **Herzogenrath** *464 Ba44*
16278 **Herzsprung** *441 Ma25*
16909 **Herzsprung** *439 Ka25*
26835 **Hesel** *433 Da23*
31693 **Hespe** *445 Fa32*
91093 **Heßdorf** *492 Hb55*
38835 **Hessen** *458 Ha34*
64754 **Hesseneck** *490 Fa55*
67258 **Heßheim** *488 Dd56*
74394 **Hessigheim** *499 Fa60*
37235 **Hessisch Lichtenau** *468 Fd41*
31840 **Hessisch Oldendorf** *445 Fa33*
67596 **Heßloch** *488 Dd54*
06458 **Heteborn** *458 Hd35*
25491 **Hetlingen** *425 Fc21*
67310 **Hettenleidelheim** *488 Dc56*
85276 **Hettenshausen** *512 Jb64*
72513 **Hettingen** *509 Fa67*
97265 **Hettstadt** *490 Fd53*
06333 **Hettstedt** *459 Ja37*
54523 **Hetzerath** *487 Ca53*
91077 **Hetzles** *492 Hc55*
73540 **Heubach** *500 Ga62*
98666 **Heubach** *482 Hb47*
35452 **Heuchelheim** *479 Eb47*
67259 **Heuchelheim** *488 Dd55*
73572 **Heuchlingen** *500 Ga61*
38855 **Heudeber** *458 Ha35*
31700 **Heuerßen** *445 Fb32*
63150 **Heusenstamm** *479 Ec51*
97618 **Heustreu** *481 Gc49*
66265 **Heusweiler** *487 Ca57*
37619 **Heyen** *456 Fc34*
99988 **Heyerode** *469 Gc42*
01683 **Heynitz** *473 Lc42*
32120 **Hiddenhausen** *444 Eb33*
09627 **Hilbersdorf** *473 Lc43*
57271 **Hilchenbach** *466 Dd43*
98646 **Hildburghausen** *482 Ha48*
4072 . **Hilden** *465 Cb42*
36115 **Hilders** *481 Ga47*
311 .. **Hildesheim** *446 Ga33*
71157 **Hildrizhausen** *498 Ed63*
27318 **Hilgermissen** *435 Fa27*
56206 **Hilgert** *478 Da48*
86567 **Hilgertshausen-Tandern** *512 Ja65*
26897 **Hilkenbrook** *433 Db26*
32479 **Hille** *444 Ec32*
38543 **Hillerse** *446 Gc31*
39343 **Hillersleben** *448 Ja32*
54576 **Hillesheim** *476 Bd49*
25764 **Hillgroven** *416 Ed15*
04936 **Hillmersdorf** *461 Lc36*
56204 **Hillscheid** *478 Da48*
09429 **Hilmersdorf** *473 La45*
29413 **Hilmsen** *447 Hb28*
91161 **Hilpoltstein** *501 Hd58*
86856 **Hiltenfingen** *511 Hb67*
49176 **Hilter a. Teutoburger Wald** *443 Dd33*
91355 **Hiltpoltstein** *492 Hd54*
78247 **Hilzingen** *518 Ec71*
29584 **Himbergen** *437 Ha25*
95502 **Himmelkron** *483 Jb51*
16798 **Himmelpfort** *440 La24*
21709 **Himmelpforten** *425 Fb21*
97267 **Himmelstadt** *490 Fd52*
87541 **Hindelang** *520 Gd73*
03222 **Hindenberg** *462 Ma35*
16835 **Hindenberg** *439 Kd25*
39596 **Hindenburg** *448 Jc28*
25563 **Hingstheide** *425 Fd18*
17194 **Hinrichshagen** *429 Kb20*
17349 **Hinrichshagen** *430 Lb21*
17498 **Hinrichshagen** *430 La16*
06386 **Hinsdorf** *459 Jd37*
26759 **Hinte** *432 Cc22*
94146 **Hinterschmiding** *505 Ma61*
17375 **Hintersee** *431 Mb20*
66999 **Hinterweidenthal** *497 Db59*
79856 **Hinterzarten** *517 Dc70*
27432 **Hinzel** *434 Ed22*
27432 **Hipstedt** *434 Ed22*
72145 **Hirrlingen** *508 Ed65*
96114 **Hirschaid** *492 Hc53*
92242 **Hirschau** *493 Jd55*
92275 **Hirschbach** *493 Jb55*
07927 **Hirschberg** *483 Jc48*
69493 **Hirschberg a. d. Bergstr.** *489 Eb56*
04932 **Hirschfeld** *461 Ld39*
02788 **Hirschfelde** *475 Nb42*
16356 **Hirschfelde** *450 Ld28*
69434 **Hirschhorn** *489 Ed56*
01594 **Hirschstein** *473 Lc40*
09496 **Hirtstein** *485 Lb46*
07338 **Hirzbach** *483 Ja47*
63697 **Hirzenhain** *480 Fa48*
21522 **Hittbergen** *436 Gd23*
29456 **Hitzacker** *437 Hb25*
85122 **Hitzhofen** *502 Ja61*
24576 **Hitzhusen** *425 Fd18*
39279 **Hobeck** *459 Jc34*
25712 **Hochdonn** *425 Fb17*
67126 **Hochdorf** *488 Dd57*
73269 **Hochdorf** *499 Fc63*
88454 **Hochdorf** *509 Fd69*
65239 **Hochheim** *489 Ea52*
02627 **Hochkirch** *475 Na41*
67691 **Hochspeyer** *488 Db56*
76879 **Hochstadt** *497 Dd58*
96272 **Hochstadt a. Main** *482 Hd50*
83093 **Hochstätt** *513 Kc69*
76351 **Hochstetten** *498 Ea59*
55606 **Hochstetten-Dhaun** *487 Cd53*
68766 **Hockenheim** *498 Eb58*
29693 **Hodenhagen** *445 Fc28*
25569 **Hodorf** *425 Fb18*
97204 **Höchberg** *491 Ga54*
79862 **Höchenschwand** *517 Dd71*
97633 **Höchheim** *481 Gd49*
64739 **Höchst i. Odenwald** *489 Ed53*
91315 **Höchstadt a. d. Aisch** *492 Hb54*
95186 **Höchstädt** *483 Jd50*
89420 **Höchstädt a. d. Donau** *501 Ha63*
01774 **Höckendorf** *473 Ld43*
39356 **Hödingen** *447 Hc32*
75339 **Höfen a. d. Enz** *498 Eb62*
29361 **Höfer** *446 Gb29*
25858 **Högel** *416 Ed12*
23795 **Högersdorf** *426 Gb18*
24327 **Högsdorf** *418 Gd15*
29478 **Höhbeck** *437 Hd25*
66989 **Höheinöd** *497 Da58*
85635 **Höhenkirchen** *512 Jc68*
48527 **Höhenkörben** *442 Cc30*
56462 **Höhn** *478 Dc46*
24217 **Höhndorf** *418 Gc14*
06179 **Höhnstedt** *459 Jb39*
56203 **Höhrgrenzhausen** *478 Da48*
15366 **Hönow** *450 Lc29*
74746 **Höpfingen** *490 Fb55*
37412 **Hörden** *457 Gc37*
76593 **Hörden** *498 Ea62*
76771 **Hördt** *498 Ea59*
85413 **Hörgertshausen** *512 Jd64*
01968 **Hörlitz** *462 Ma38*
25997 **Hörnum (Sylt)** *416 Ea11*
29646 **Hörpel** *436 Ga25*
99819 **Hörselberg** *469 Gd43*
99880 **Hörselgau** *469 Gd44*
39356 **Hörsingen** *447 Hc32*
48477 **Hörstel** *443 Da32*
24797 **Hörsten** *417 Fc15*
24980 **Hörup** *417 Fa11*
63768 **Hösbach** *490 Fa52*
83129 **Höslwang** *513 Kb69*
59320 **Hoest** *454 Dc36*
39393 **Hötensleben** *447 Hb33*
91798 **Höttingen** *501 Hc60*
25782 **Hövede** *417 Fb15*
33161 **Hövelhof** *455 Eb36*
39615 **Höwisch** *438 Ja27*
37671 **Höxter** *456 Fb36*
56472 **Hof** *478 Dc46*
950 .. **Hof** *483 Jc49*
36145 **Hofbieber** *481 Ga47*
24582 **Hoffeld** *426 Ga16*
34369 **Hofgeismar** *456 Fb39*
65719 **Hofheim a. Taunus** *479 Ea51*
97461 **Hofheim i. Unterfranken** *481 Gd50*
94544 **Hofkirchen** *504 Lb62*
77716 **Hofstetten** *507 Dc67*
86928 **Hofstetten** *511 Hc69*
77749 **Hohberg** *507 Db65*
04808 **Hohburg** *460 Kd39*
17166 **Hohen Demzin** *429 Ka19*
16540 **Hohen Neuendorf** *450 La28*
19406 **Hohen Pritz** *428 Jb20*
23948 **Hohen Schönberg** *427 Hb17*
18299 **Hohen Sprenz** *428 Jd18*
23996 **Hohen Viecheln** *427 Hd19*
17194 **Hohen Wangelin** *429 Ka20*
07958 **Hohen-Leuben** *471 Jd45*
35644 **Hohenahr** *479 Eb46*
25582 **Hohenaspe** *425 Fc17*
94545 **Hohenau** *504 Ld61*
95691 **Hohenberg a. d. Eger** *484 Ka50*
39596 **Hohenberg-Krusemark** *448 Jc28*
01945 **Hohenbocka** *462 Mb38*
17111 **Hohenbollentin** *429 Kd19*
16515 **Hohenbruch** *440 La27*
15910 **Hohenbrück-Neu Schadow** *451 Ma33*
17111 **Hohenbrünzow** *429 Kd18*
85662 **Hohenbrunn** *512 Jc68*
04936 **Hohenbucko** *461 Lc36*
17129 **Hohenbüssow** *430 La18*
92277 **Hohenburg** *493 Jc57*
39167 **Hohendodeleben** *448 Ja33*
17440 **Hohendorf** *430 Lc16*
02906 **Hohendubrau** *475 Na40*
39443 **Hohenerxleben** *459 Jb36*
16306 **Hohenfelde** *441 Mb24*
18209 **Hohenfelde** *428 Jb16*
22946 **Hohenfelde** *426 Gc20*
24257 **Hohenfelde** *418 Gc14*
25358 **Hohenfelde** *425 Fc19*
78355 **Hohenfels** *519 Fa70*
92366 **Hohenfels** *502 Jc58*
14798 **Hohenferchesar** *449 Kb30*
25551 **Hohenfiert** *425 Fc17*
16248 **Hohenfinow** *440 Ld27*
86978 **Hohenfurch** *521 Hc70*
39524 **Hohengöhren** *448 Jc29*
17291 **Hohengüstow** *441 Ma23*
31249 **Hohenhameln** *446 Ga32*
21526 **Hohenhorn** *436 Gc22*
25489 **Hohenhorst** *425 Fc20*
85411 **Hohenkammer** *512 Jb65*
26434 **Hohenkirchen** *423 Dc20*
04934 **Hohenleipisch** *461 Lc38*
39264 **Hohenlepte** *459 Jc35*
85664 **Hohenlinden** *513 Ka67*
14828 **Hohenlobbese** *449 Ka33*
25551 **Hohenlockstedt** *425 Fc18*
17111 **Hohenmocker** *429 Kd18*
06679 **Hohenmölsen** *471 Jd41*
14715 **Hohennauen** *449 Ka28*
82383 **Hohenpeißenberg** *521 Hc70*
84432 **Hohenpolding** *513 Ka65*
04838 **Hohenprießnitz** *460 Kb38*
16307 **Hohenreinkendorf** *441 Mb23*
36284 **Hohenroda** *469 Ga45*
97618 **Hohenroth** *481 Gb49*
16248 **Hohensaaten** *441 Mb26*
39307 **Hohenseeden** *448 Jc32*
14913 **Hohenseefeld** *461 Lb35*
16306 **Hohenselchow** *441 Mb23*
65329 **Hohenstein** *478 Dc50*
72531 **Hohenstein** *509 Fb66*
99755 **Hohenstein** *457 Gd38*
09337 **Hohenstein-Ernstthal** *472 Kc44*
88367 **Hohentengen** *509 Fb69*
79801 **Hohentengen a. Hochrhein** *518 Ea73*
84098 **Hohenthann** *503 Ka63*
06188 **Hohenthurm** *459 Jd38*
38489 **Hohentramm** *447 Hc28*
39326 **Hohenwarsleben** *448 Ja33*
86558 **Hohenwart** *512 Ja64*
07338 **Hohenwarte** *483 Ja46*
93480 **Hohenwarth** *504 La58*
39291 **Hohenwarthe** *448 Jb32*
06179 **Hohenweiden** *459 Jc39*
24594 **Hohenwestedt** *425 Fc17*
39606 **Hohenwulsch** *448 Ja29*
16259 **Hohenwutzen** *441 Ma26*
39291 **Hohenziatz** *448 Jc33*
17237 **Hohenzieritz** *439 Kd22*
24806 **Hohn** *417 Fc15*
07985 **Hohndorf** *483 Jd46*
09394 **Hohndorf** *472 Kc45*
29362 **Hohne** *446 Gc29*
29364 **Hohnebostel** *446 Gc30*
31559 **Hohnhorst** *445 Fb31*
01848 **Hohnstein** *474 Mb42*
21522 **Hohnstorf** *436 Gd23*
24321 **Hohwacht** *418 Gd15*
01844 **Hohwald** *474 Mc42*
22955 **Hoisdorf** *426 Gc20*
06528 **Holdenstedt** *459 Ja39*
19217 **Holdorf** *427 Hb20*
49451 **Holdorf** *443 Dd29*
37642 **Holenberg** *456 Fc35*
17094 **Holldorf** *430 La21*
31188 **Holle** *457 Gb34*
06179 **Holleben** *459 Jc39*
27616 **Hollen** *434 Ec22*
86568 **Hollenbach** *511 Hc64*
23883 **Hollenbek** *427 Ha21*
21279 **Hollenstedt** *435 Fd23*
56412 **Holler** *478 Db48*
21723 **Hollern** *425 Fc21*
96142 **Hollfeld** *492 Hd52*
24876 **Hollingstedt** *417 Fb13*
25788 **Hollingstedt** *417 Fa15*
21769 **Hollnseth** *425 Fa21*
97618 **Hollstadt** *481 Gc49*
25488 **Holm** *425 Fc21*
25923 **Holm** *416 Ed10*
27729 **Holste** *434 Ed23*
25584 **Holstenniendorf** *425 Fb17*
24994 **Holt** *417 Fa10*
24793 **Holtdorf** *425 Fd16*
26427 **Holtgast** *423 Da20*
19075 **Holthusen** *427 Hd21*
26835 **Holtland** *433 Da24*
24363 **Holtsee** *417 Fd14*
37345 **Holungen** *457 Gc39*
29556 **Holxen** *436 Gc27*
56379 **Holzappel** *478 Db49*
24361 **Holzbunge** *417 Fd14*
06926 **Holzdorf** *461 La36*
24364 **Holzdorf** *417 Fd13*
37632 **Holzen** *456 Fd35*
17291 **Holzendorf** *440 Lc22*
37136 **Holzerode** *457 Gb38*
71088 **Holzgerlingen** *498 Ed63*
87752 **Holzgünz** *510 Gc69*
04454 **Holzhausen** *472 Kb40*
16845 **Holzhausen** *439 Ka26*
39629 **Holzhausen** *448 Ja29*
56357 **Holzhausen a. d. Haide** *478 Db50*
32479 **Holzhausen II** *444 Ec32*
86684 **Holzheim** *501 Hc63*
89291 **Holzheim** *510 Gb66*
89438 **Holzheim** *510 Gd64*
93183 **Holzheim a. Forst** *502 Jd59*
83607 **Holzkirchen** *522 Jc70*
97292 **Holzkirchen** *490 Fd54*
73271 **Holzmaden** *499 Fc63*
37603 **Holzminden** *456 Fb36*
06808 **Holzweißig** *460 Ka38*
59439 **Holzwickede** *454 Da39*
34576 **Homberg** *468 Fb43*
35315 **Homberg (Ohm)** *467 Ed45*
66424 **Homburg** *487 Cc57*
27305 **Homfeld** *444 Ed28*
24211 **Honigsee** *418 Gb15*
49846 **Hoogstede** *442 Cb29*
27628 **Hoope** *434 Ec23*
19230 **Hoort** *437 Hd22*
29690 **Hope** *445 Fc29*
87659 **Hopferau** *521 Ha72*
15345 **Hoppegarten** *451 Ma29*
14641 **Hoppenrade** *449 Kd29*
16928 **Hoppenrade** *438 Jc25*
18292 **Hoppenrade** *428 Jd19*
55768 **Hoppstädten-Weiersbach** *487 Cc55*
48496 **Hopsten** *443 Da31*
72160 **Horb a. Neckar** *508 Eb65*
39387 **Hordorf** *458 Hc34*
86497 **Horgau** *511 Ha65*
88263 **Horgenzell** *519 Fc71*
56593 **Horhausen (Westerw.)** *478 Da47*
02923 **Horka** *463 Nb39*
06528 **Horla** *458 Hc38*
09395 **Hormersdorf** *472 Kd45*
21769 **Horn** *424 Ed21*
32805 **Horn-Bad Meinberg** *455 Ed36*
66500 **Hornbach** *496 Cc59*
21514 **Hornbek** *426 Gd21*
78132 **Hornberg** *507 Dd67*
29323 **Hornbostel** *445 Fd29*
06295 **Hornburg** *459 Ja39*
38315 **Hornburg** *457 Gd34*
21640 **Horneburg** *435 Fc22*
39387 **Hornhausen** *458 Hc34*
03172 **Horno** *462 Md35*
03130 **Hornow** *462 Md37*
23974 **Hornstorf** *427 Hd18*
71665 **Horrheim** *498 Ed60*
25924 **Horsbüll** *416 Ec10*
18519 **Horst** *429 Kd16*
21220 **Horst** *436 Ga23*
23883 **Horst** *427 Ha20*
25358 **Horst (Holstein)** *425 Fc19*
06785 **Horstdorf** *460 Ka36*
25860 **Horstedt** *416 Ed13*
27367 **Horstedt** *435 Fa24*
48612 **Horstmar** *453 Cd34*
01996 **Hosena** *462 Mb38*
36154 **Hosenfeld** *480 Fc47*
39638 **Hottendorf** *448 Ja30*
27318 **Hoya** *445 Fa28*
27318 **Hoyerhagen** *435 Fa27*
31093 **Hoyershausen** *456 Fd34*
02977 **Hoyerswerda** *462 Mc38*
06467 **Hoym** *458 Hd36*
31600 **Hoysinghausen** *444 Ed30*
25876 **Hude** *417 Fa14*
27798 **Hude** *434 Eb25*
06308 **Hübitz** *459 Ja38*
41836 **Hückel-Hoven** *464 Bb42*
42499 **Hückeswagen** *465 Cd42*
31177 **Hüddessum** *446 Ga33*
49448 **Hüde** *444 Ea30*
55595 **Hüffelsheim** *488 Db53*
74928 **Hüffenhardt** *499 Fa58*
78183 **Hüfingen** *508 Ea69*
76549 **Hügelsheim** *497 Dc62*
72584 **Hülben** *509 Fb64*
32609 **Hüllhorst** *444 Ec32*
16949 **Hülsebeck** *438 Jb24*
19230 **Hülseburg** *427 Hc21*
31867 **Hülsede** *445 Fb32*
98634 **Hümpfershausen** *481 Gc46*
36088 **Hünfeld** *480 Fd46*
65597 **Hünfelden** *478 Dd49*
65510 **Hünstetten** *478 Dd50*
46569 **Hünxe** *453 Ca37*
88484 **Hürbel** *510 Ga68*
50354 **Hürth** *465 Ca44*
24975 **Hürup** *417 Fc11*
24850 **Hüsby** *417 Fb13*
49152 **Hüsede** *444 Ea32*
39579 **Hüselitz** *448 Jb30*
66882 **Hütschenhausen** *487 Cd57*
24641 **Hüttblek** *426 Ga19*
24358 **Hütten** *417 Fd14*
35625 **Hüttenberg** *479 Eb47*
38889 **Hüttenrode** *458 Hb36*
66839 **Hüttersdorf** *487 Ca56*
89185 **Hüttisheim** *510 Ga66*
73460 **Hüttlingen** *500 Gb61*
49751 **Hüven** *443 Da28*
82386 **Huglfing** *521 Hd71*
18465 **Hugoldsdorf** *429 Kb16*
86685 **Huisheim** *501 Ha62*
25588 **Huje** *425 Fb18*
24357 **Hummelfeld** *417 Fd13*
95503 **Hummeltal** *493 Ja52*
25923 **Humptrup** *416 Ed10*
06862 **Hundeluft** *460 Ka34*
94336 **Hunderdorf** *503 Kd60*
37339 **Hundeshagen** *457 Gc39*
94551 **Hunding** *504 Lc61*
56414 **Hundsangen** *478 Dc48*
08318 **Hundshübel** *484 Kc47*
35410 **Hungen** *479 Ed48*
86857 **Hurlach** *511 Hb68*

24975 Husby 417 Fc11
25813 Husum 416 Ed13
31632 Husum 445 Fa30
94116 Hutthurm 504 Ld62
38836 Huy-Neinstedt 458 Hb35

I

4947. Ibbenbüren 443 Db32
89335 Ichenhausen 510 Gc66
99334 Ichtershausen 470 Hb44
82057 Icking 512 Ja69
55743 Idar-Oberstein 487 Cc54
39606 Iden 448 Jc28
24879 Idstedt 417 Fc12
65510 Idstein 478 Dd50
82393 Iffeldorf 522 Ja71
76473 Iffezheim 497 Dd62
99831 Ifta 469 Gb43
54298 Igel 486 Bc54
91338 Igensdorf 492 Hd55
97999 Igersheim 490 Fd56
67459 Iggelheim 488 Dd57
94547 Iggensbach 504 Lb62
73574 Iggingen 500 Ga62
86859 Igling 511 Hb68
21769 Ihlbeck 425 Fa20
39291 Ihleburg 448 Jc31
06347 Ihlewitz 459 Jb37
21775 Ihlienworth 424 Ed20
14913 Ihlow 461 Lb35
15377 Ihlow 451 Ma28
26632 Ihlow 433 Da22
79241 Ihringen 507 Da68
93346 Ihrlerstein 502 Jd60
06408 Ilberstedt 459 Jb36
76829 Ilbesheim 497 Dc59
99768 Ilfeld 458 Ha38
89171 Illerkirchberg 510 Gb66
89186 Illerrieden 510 Gb66
89257 Illertissen 510 Gb67
91471 Illesheim 491 Gc56
66557 Illingen 487 Cb57
75428 Illingen 498 Ed61
76477 Illingen 497 Dd61
88636 Illmensee 519 Fb70
14913 Illmersdorf 461 Lb35
92278 Illschwang 493 Jb56
98693 Ilmenau 482 Hb46
85304 Ilmmünster 512 Jb64
99326 Ilmtal 470 Hc45
31241 Ilsede 446 Gb32
38871 Ilsenburg 458 Ha36
74360 Ilsfeld 499 Fa60
74532 Ilshofen 500 Ga59
31319 Ilten 446 Ga32
68549 Ilvesheim 489 Eb56
38486 Immekath 447 Hb29
36433 Immelborn 469 Gc45
78532 Immendingen 508 Ec69
34376 Immenhausen 456 Fc39
95505 Immenreuth 493 Jc52
88090 Immenstaad a. Bodensee 519 Fb72
87509 Immenstadt i. Allgäu 520 Gc73
25767 Immenstedt 425 Fb16
25885 Immenstedt 417 Fa13
67817 Imsbach 488 Db55
86570 Inchenhofen 511 Hd64
52459 Inden 464 Bc44
38385 Ingeleben 447 Hb33
74653 Ingelfingen 499 Fd58
55218 Ingelheim 488 Dc52
76831 Ingenheim 497 Dc59
86980 Ingenried 521 Hb70
74379 Ingersheim 499 Fa61
99192 Ingersleben 470 Hb44
88456 Ingoldingen 509 Fd69
850.. Ingolstadt 502 Ja62
94548 Innernzell 504 Lc61
82266 Inning a. Ammersee 511 Hd68
84416 Inning a. Holz 513 Ka65
39599 Insel 448 Jb29
18565 Insel Hiddensee 421 Kd12
76865 Insheim 497 Dd59
91610 Insingen 500 Gb58
83334 Inzell 524 La70
72514 Inzigkofen 509 Fa68
79594 Inzlingen 517 Da72
97346 Iphofen 491 Gc54
97258 Ippesheim 491 Gc55
91472 Ipsheim 491 Gd56
94342 Irlbach 503 Kd61
54666 Irrel 486 Bc53
54451 Irsch 486 Bc55
83737 Irschenberg 522 Jd70
87660 Irsee 521 Ha70
39167 Irxleben 448 Ja33
37130 Ischenrode 457 Ga39
84424 Isen 513 Ka67
38550 Isenbüttel 446 Gd31
586.. Iserlohn 466 Da40
30916 Isernhagen 445 Fd31
85737 Ismaning 512 Jc67
88316 Isny 520 Gb71
75228 Ispringen 498 Eb61
46419 Issel-Burg 452 Bc36
21698 Issendorf 435 Fc22
95188 Issigau 483 Jb48
47661 Issum 452 Bc38
48465 Isterberg 442 Cc31
49847 Itterbeck 442 Ca30
74930 Ittlingen 498 Ed59
25524 Itzehoe 425 Fc18
96274 Itzgrund 482 Hb50
23845 Itzstedt 426 Gb19
17391 Iven 430 Lb18
17153 Ivenack 429 Kc19
39343 Ivenrode 447 Hc32

J

16909 Jabel 439 Ka24
17194 Jabel 429 Ka21
15236 Jacobsdorf 451 Mc31
26349 Jade 433 Dd23
17209 Jaebetz 439 Ka23
03130 Jämlitz 463 Na37
15518 Jänickendorf 451 Ma30
16949 Jännersdorf 438 Jc23
03197 Jänschwalde 462 Md35
39638 Jävenitz 448 Ja30
24878 Jagel 417 Fc13
17337 Jagow 440 Lc22
04936 Jagsal 461 Lb37
74249 Jagsthausen 499 Fc58
73489 Jagstzell 500 Gb60
09419 Jahnsbach 473 La45
09387 Jahnsdorf 472 Kd45
15320 Jahnsfelde 451 Mb29
24594 Jahrsdorf 425 Fc17
38486 Jahrstedt 447 Hb30
18442 Jakobsdorf 420 Kc15
17268 Jakobshagen 440 Lb23
29479 Jameln 437 Hb25
16306 Jamikow 441 Mb24
15868 Jamlitz 462 Mc34
94118 Jandelsbrunn 505 Ma62
24992 Janneby 417 Fb12
01945 Jannowitz 462 Ma39
17392 Japenzin 430 Lb19
39596 Jarchau 448 Jb29
24994 Jardelund 417 Fa10
17126 Jarmen 430 La17
24941 Jarplund-Weding 417 Fb11
24232 Jasdorf 418 Gb15
19230 Jasnitz 437 Hd22
17099 Jatzke 440 Lb20
17309 Jatznick 430 Ld20
06862 Jeber-Bergfrieden 460 Ka34
39524 Jederitz 438 Jd27
38489 Jeeben 447 Hc29
23936 Jeese 427 Hb19
39624 Jeetze 447 Hd28
39649 Jeggau 447 Hc30
29416 Jeggeleben 447 Hd28
03116 Jehserig 462 Mc37
29585 Jelmstorf 436 Gd25
38477 Jembke 447 Ha30
26844 Jemgum 432 Cd24
0774. Jena 471 Ja44
86860 Jengen 511 Hb69
18230 Jennewitz 428 Jb16
14715 Jerchel 449 Ka30
39517 Jerchel 448 Jc30
39638 Jerchel 447 Hd30
39319 Jerichow 448 Jc30
03159 Jerischke 463 Na37
24963 Jerrishoe 417 Fb12
22941 Jersbek 426 Gb20
39326 Jersleben 448 Ja32
38381 Jerxheim 458 Hb34
34632 Jesberg 468 Fa43
19417 Jesendorf 428 Ja19
82287 Jesenwang 511 Hd67
14778 Jeserig 449 Kc31
14822 Jeserig 449 Kc33
14827 Jeserig/ Fläming 449 Ka33
14827 Jeserigerhütten 460 Kb34
39638 Jeseritz 447 Hd31
04838 Jesewitz 460 Kb39
06917 Jessen 460 Kd36
19249 Jessenitz 437 Hb23
15913 Jessern 451 Mb33
04916 Jeßnigk 461 Lb36
06800 Jessnitz (Anhalt) 460 Ka37
21266 Jesteburg 436 Ga23
79798 Jestetten 518 Eb72
03149 Jethe 462 Md36
15938 Jetsch 461 Ld34
84555 Jettenbach 513 Kc67
89343 Jettingen 510 Gd65
89343 Jettingen-Scheppach 510 Gd65
85305 Jetzendorf 512 Ja65
24808 Jevenstedt 417 Fc15
26441 Jever 423 Dc21
29323 Jeversen 445 Fd29
16247 Joachimsthal 440 Lc25
76751 Jockgrim 497 Dd59
03149 Jocksdorf 463 Na36
09477 Jöhstadt 485 La47
17168 Jördenstorf 429 Kb18
24992 Jörl 417 Fb12
18233 Jörnstorf 428 Ja17
08547 Jößnitz 483 Jd47
63867 Johannesberg 480 Fa51
08349 Johanngeorgenstadt 484 Kd47
84381 Johanniskirchen 514 Lb64
25862 Joldelund 417 Fa12
02796 Jonsdorf 475 Nb43
21635 Jork 425 Fc21
63637 Jossgrund 480 Fc50
96515 Judenbach 482 Hd48
38489 Jübar 447 Hb29
24855 Jübek 417 Fb13
41363 Jüchen 464 Bc42
98631 Jüchsen 481 Gd48
06773 Jüdenberg 460 Ka36
37127 Jühnde 456 Fd39
15831 Jühnsdorf 450 Lb31
52428 Jülich 464 Bc44
54584 Jünkerath 476 Bd49
18246 Jürgenshagen 428 Jb17
17153 Jürgenstorf 429 Kc20
21379 Jürgenstorf 436 Gd23
14913 Jüterbog 461 La34
39264 Jütrichau 459 Jd35
37345 Jützenbach 457 Gc39
64342 Jugenheim 489 Eb54
55270 Jugenheim i. Rheinhessen 488 Dc53
84387 Julbach 514 Lb66
21483 Juliusburg 436 Gc22
72417 Jungingen 508 Ed66

K

25582 Kaaks 425 Fb17
17268 Kaakstedt 440 Ld24
41564 Kaarst 464 Bd41
23738 Kabelhorst 419 Ha15
15758 Kablow 450 Ld31
39307 Kade 448 Jd31
56337 Kadenbach 478 Db48
01665 Käbschütztal 473 Lc41
75236 Kämpfelbach 498 Eb61
09247 Kändler 472 Kd44
39599 Käthen 448 Ja29
16837 Kagar 439 Kc24
15345 Kagel 451 Ma30
17391 Kagenow 430 La18
63796 Kahl 479 Ed51
04928 Kahla 461 Lc38
07768 Kahla 471 Jb45
39624 Kahrstedt 447 Hd28
25560 Kaisborstel 425 Fb17
25709 Kaiser-Wilhelm-Koog 424 Ed18
73667 Kaisersbach 499 Fd61
56759 Kaisersesch 477 Cb50
676.. Kaiserslautern 488 Db56
86687 Kaisheim 501 Hb62
06785 Kakau 460 Ka36
21255 Kakenstorf 435 Fd23
21702 Kakerbeck 435 Fb22
39624 Kakerbeck 447 Hc29
36124 Kalbach 480 Fd48
27419 Kalbe 435 Fc23
39624 Kalbe 447 Hd29
90562 Kalchreuth 492 Hc55
37589 Kalefeld 457 Ga36
47546 Kalkar 452 Bb37
23942 Kalkhorst 427 Hb17
01561 Kalkreuth 473 Ld40
53925 Kall 476 Bc47
29596 Kallenbrock 436 Gd27
32689 Kalletal 455 Ed34
15806 Kallinchen 450 Lc32
93183 Kallmünz 502 Jd59
67169 Kallstadt 488 Dd56
56220 Kaltenengers 478 Da48
24568 Kaltenkirchen 426 Ga19
36452 Kaltenlengsfeld 481 Gb46
36452 Kaltennordheim 481 Gb46
98634 Kaltensundheim 481 Gb46
87662 Kaltental 511 Hb69
98634 Kaltenwestheim 481 Gb46
24326 Kalübbe 426 Gb16
17207 Kambs 439 Kb23
59174 Kamen 454 Da38
01917 Kamenz 474 Mb40
39524 Kamern 448 Jd28
18233 Kamin 428 Ja17
89358 Kammeltal 510 Gd66
91126 Kammerstein 501 Hc58
17506 Kammin 430 La17
17419 Kamminke 431 Ma18
87754 Kammlach 510 Gd68
56341 Kamp-Bornhofen 478 Da50
25999 Kampen 416 Ea9
47475 Kamplintfort 452 Bd39
07333 Kamsdorf 483 Ja46
97640 Kandel 497 Dd60
18516 Kandelin 429 Kd16
79400 Kandern 517 Da71
21514 Kankelau 426 Gd21
06578 Kannawurf 470 Hc41
16845 Kantow 439 Kb26
16775 Kappe 440 Lb26
77966 Kappel 507 Da66
24376 Kappeln 418 Ga12
77876 Kappelrodeck 507 Dc64
97842 Karbach 490 Fd53
61184 Karben 479 Ec50
19386 Karbow-Vietlübbe 438 Jc22
24398 Karby 418 Ga12
15926 Karche-Zaacko 461 Ld35
18276 Karcheez 428 Jc19
19294 Karenz 437 Hd24
19243 Karft 427 Hb21
17192 Kargow 429 Kc21
17192 Kargow-Unterdorf 429 Kb21
18236 Karin 428 Ja17
39291 Karith 448 Jb33
76307 Karlsbad 498 Ea61
17495 Karlsburg 430 Lb17
76689 Karlsdorf 498 Eb59
85757 Karlsfeld 512 Jb67
17449 Karlshagen 430 Lc16
86668 Karlshuld 502 Ja63
85123 Karlskron 502 Jb63
76... Karlsruhe 498 Ea60
97753 Karlstadt 490 Fd52
63791 Karlstein a. Main 479 Ed51
25926 Karlum 416 Ed10
18469 Karnin 420 Kb14
18574 Karnitz 421 La14
25774 Karolinenkoog 416 Ed15
19395 Karow 428 Jd21
39307 Karow 448 Jd31
15345 Karras 451 Mc33
19372 Karrenzin 438 Jb23
97783 Karsbach 480 Fd51
06638 Karsdorf 471 Jb40
19294 Karstädt 437 Hd23
19357 Karstädt 438 Jb24
17129 Kartlow 430 La18
16833 Karwesee 449 Kc28
29481 Karwitz 437 Hb25
53547 Kasbach-Ohlenberg 477 Cc47
54317 Kasel 486 Bd54
15938 Kasel-Golzig 461 Ld34
35629 Kasendorf 482 Hd51
22929 Kasseburg 426 Gc21
23717 Kasseedorf 426 Gd16
341.. Kassel 468 Fc40
39638 Kassieck 448 Ja29
18258 Kassow 428 Jc18
56288 Kastellaun 477 Cd51
84556 Kastl 513 Kd67
92280 Kastl 493 Jb57
95506 Kastl 493 Jc53
23847 Kastorf 426 Gd19
18249 Katelbogen 428 Jb18
16818 Katerbow 439 Kb26
99988 Katharinenberg 469 Gc42
25836 Katharinenheerd 416 Ec15
06542 Katharinenried 458 Hd39
39359 Kathendorf 447 Hc31
03058 Kathlow 462 Md36
25832 Kating 416 Ed15
37191 Katlenburg 457 Gb37
24568 Kattendorf 426 Ga19
56368 Katzen-Elnbogen 478 Dc49
98746 Katzhütte 482 Hc47
29571 Katzien 437 Ha26
17509 Katzow 430 Lc16
67734 Katzweiler 488 Da56
57581 Katzwinkel 466 Db45
56349 Kaub 478 Db51
87600 Kaufbeuren 521 Ha70
86916 Kaufering 511 Hb68
34260 Kaufungen 468 Fc41
07338 Kaulsdorf 483 Ja46
03130 Kausche 462 Mc37
08525 Kauschwitz 483 Jd47
04924 Kauxdorf 461 Lb38
18334 Kavelsdorf 429 Kb16
18196 Kavelstorf 428 Jc17
23863 Kayhude 426 Gb19
06724 Kayna 472 Ka43
19412 Keez 428 Ja19
63699 Kefenrod 480 Fa49
21785 Kehdingbruch 424 Ed19
77694 Kehl 507 Db64
99752 Kehmstedt 457 Gd39
39517 Kehnert 448 Jb31
16928 Kehrberg 438 Jd25
56729 Kehrig 477 Cc49
15859 Kehrigk 451 Ma32
07389 Keila 483 Jb46
53539 Kelberg 477 Ca49
06537 Kelbra 458 Hc39
50389 Keldenich 465 Cb45
93309 Kelheim 502 Jd61
65779 Kelkheim 479 Ea51
54427 Kell a. See 487 Ca55
23746 Kellenhusen 427 Hb16
16775 Keller 439 Kd26
49661 Kellerhöhe 433 Dd27
25548 Kellinghusen 425 Fd18
89293 Kellmünz a. d. Iller 510 Gb68
65451 Kelsterbach 479 Eb51
75210 Keltern 498 Eb61
06901 Kemberg 460 Kc36
95188 Kemlas 483 Jb48
15926 Kemlitz 461 Lc35
03205 Kemmen 462 Ma36
96164 Kemmern 492 Hb52
95478 Kemnath 493 Jc52
14542 Kemnitz 449 Kc30
16928 Kemnitz 438 Jd24
17509 Kemnitz 430 Lb16
47906 Kempen 464 Bc40
56746 Kempenich 477 Cb48
8743. Kempten (Allgäu) 520 Gc71
09240 Kemtau 473 La45
54344 Kenn 486 Bd53
18314 Kenz 420 Kb14
79341 Kenzingen 507 Da67
29416 Kerkau 447 Hd28
47647 Kerken 452 Bc39
16278 Kerkow 441 Ma25
03172 Kerkwitz 463 Na34
71394 Kernen i. Remstal 499 Fb62
501.. Kerpen 464 Bd44
37130 Kerstlingerode 457 Gb39
67304 Kerzenheim 488 Dc55
16845 Kerzlin 439 Kb25
01723 Kesselsdorf 473 Ld42
18196 Kessin 428 Jc16
24392 Ketelsby 417 Fd12
68775 Ketsch 489 Eb57
49577 Kettenkamp 443 Db29
86498 Kettershausen 510 Gc67
56220 Kettig 477 Cd48
01623 Ketzerbachtal 473 Lb41
14669 Ketzin 449 Kc30
14778 Ketzür 449 Kb30
4762. Kevelaer 452 Bb38
25368 Kiebitzreihe 425 Fc19
65399 Kiedrich 478 Dc51
83088 Kiefersfelden 523 Kb72
15324 Kiehnwerder 451 Mb28
03058 Kiekebusch 462 Mc36
241.. Kiel 418 Ga15
15345 Kienbaum 451 Ma30
14641 Kienberg 449 Kd28
83361 Kienberg 513 Kc68
15324 Kienitz 451 Mc28
58566 Kierspe 466 Da42
24392 Kiesby 417 Fd12
36460 Kieselbach 469 Gb44
75249 Kieselbronn 498 Ec61
15890 Kieselwitz 451 Md32
17209 Kieve 439 Kb23
99638 Kindelbrück 470 Hc41
54538 Kinderbeuern 477 Cb51
85125 Kinding 502 Ja60
66862 Kindsbach 488 Da57
86981 Kinsau 521 Hc70
85110 Kipfenberg 502 Ja60
77971 Kippenheim 507 Db66
18513 Kirch Baggendorf 429 Kc16
23936 Kirch Mummendorf 427 Hb18
18276 Kirch Rosin 428 Jd19
19230 Kirch-Jesar 437 Hc22
18233 Kirch-Mulsow 428 Ja17
83417 Kirchanschöring 514 La69
77972 Kirchardt 498 Ed59
24245 Kirchbarkau 426 Gb16
08107 Kirchberg 484 Kb46
84434 Kirchberg 513 Ka65
94259 Kirchberg 504 Lc60
88486 Kirchberg a. d. Iller 510 Gb68
74592 Kirchberg a. d. Jagst 500 Ga59
71737 Kirchberg a. d. Murr 499 Fb61
55481 Kirchberg (Hunsrück) 487 Cd52
37619 Kirchbrak 456 Fc35
18519 Kirchdorf 421 La15
23999 Kirchdorf 427 Hd17
27245 Kirchdorf 444 Ec29
83527 Kirchdorf 513 Kb67
85414 Kirchdorf a. d. Amper 512 Jc65
88457 Kirchdorf a. d. Iller 510 Gb68
84375 Kirchdorf a. Inn 514 Lb66
94261 Kirchdorf im Wald 504 Lc60
91356 Kirchehrenbach 492 Hd54
57548 Kirchen 466 Db45
92665 Kirchendemenreuth 493 Jd53
95158 Kirchenlamitz 483 Jd50
95466 Kirchenpingarten 493 Jc52
91241 Kirchensittenbach 493 Ja55
72138 Kirchentellinsfurt 509 Fa64
91281 Kirchenthumbach 493 Jc54
90579 Kirchfembach 492 Hb56
21394 Kirchgellersen 436 Gb24
35274 Kirchhain 467 Ed45
94148 Kirchham 514 Lc65
07407 Kirchhasel 471 Ja45
87755 Kirchhaslach 510 Gc68
36275 Kirchheim 468 Fc44
97268 Kirchheim 491 Ga55
67281 Kirchheim a.d. Weinstraße 488 Dd56
74366 Kirchheim a. Neckar 499 Fa60
73467 Kirchheim a. Ries 500 Gd61
85551 Kirchheim b. München 512 Jc67
87757 Kirchheim i. Schwaben 510 Gd67
73230 Kirchheim u. Teck 499 Fc63
67292 Kirchheim-Bolanden 488 Dc55
57399 Kirchhundem 466 Dc42
96166 Kirchlauter 482 Ha51
32278 Kirchlengern 444 Eb33
27308 Kirchlinteln 435 Fb26
23714 Kirchnüchel 426 Gd16
31860 Kirchohsen 456 Fb34
94356 Kirchroth 503 Kc60
27243 Kirchseelte 434 Ec26
85614 Kirchseeon 512 Jd68
27412 Kirchtimke 435 Fa24
56729 Kirchwald 477 Cc48
27386 Kirchwalsede 435 Fb26
84558 Kirchweidach 513 Kd68
27616 Kirchwistedt 434 Ed22
37339 Kirchworbis 469 Gc40
79199 Kirchzarten 507 Db69
63931 Kirchzell 490 Fa55
66459 Kirkel 496 Cc58
55606 Kirn 487 Cd53
01855 Kirnitzschtal 474 Mc42
68753 Kirrlach 498 Eb58
67489 Kirrweiler 497 Dd58
02681 Kirschau 474 Md41
07919 Kirschkau 483 Jc46
55743 Kirschweiler 487 Cc54
36320 Kirtorf 468 Fa45
24629 Kisdorf 426 Ga19
38324 Kissenbrück 457 Gd34
86438 Kissing 511 Hc66
88353 Kißlegg 520 Ga71
97270 Kist 491 Ga54
17153 Kittendorf 429 Kc20
02708 Kittlitz 475 Na41
03222 Kittlitz 462 Ma35
23911 Kittlitz 427 Ha20
04460 Kitzen 472 Ka41
97318 Kitzingen 491 Gb54
04567 Kitzscher 472 Kb41
18279 Klaber 429 Ka19
39579 Kläden 448 Ja29
39619 Kläden 437 Hd27
82493 Klais 522 Ja73
24321 Klamp 418 Gd15
25924 Klanxbüll 416 Ec10
24860 Klappholz 417 Fc12
15837 Klasdorf 461 Lc34
15838 Klausdorf 450 Lb32
18445 Klausdorf 420 Kc13
24147 Klausdorf 418 Gb15
54524 Klausen 487 Ca52
17268 Klaushagen 440 Lc23
39326 Klein Ammensleben 448 Ja32
24245 Klein Barkau 418 Gb15
14641 Klein Behnitz 449 Kc29
18246 Klein Belitz 428 Jb18
19258 Klein Bengerstorf 437 Ha22
24848 Klein Bennebek 417 Fb14
49777 Klein Berßen 443 Da28
38319 Klein Biewende 457 Gd34
38319 Klein Biewende 457 Gd34
17390 Klein Bünzow 430 Lb17
03058 Klein Döbbern 462 Mc36
03130 Klein Düben 463 Na37
38312 Klein Flöthe 457 Gd34
29416 Klein Gartz 437 Hd27
19348 Klein Gottschow 438 Jc25
31241 Klein Ilsede 446 Gb32
26409 Klein Isums 423 Db21
03159 Klein Kölzig 462 Md36
24626 Klein Kummerfeld 426 Ga17
18184 Klein Kussewitz 428 Jd16
15913 Klein Leine 462 Mb34
19339 Klein Leppin 438 Jc26
03130 Klein Loitz 462 Md37
17337 Klein Luckow 430 Ld20
17217 Klein Lukow 429 Kd21
14823 Klein Marzehns 460 Kb34
27419 Klein Meckelsen 435 Fb23
19217 Klein Molzahn 427 Ha19
15868 Klein Muckrow 451 Mc33
25336 Klein Nordende 425 Fc20
25365 Klein Offenseth 425 Fd19
39398 Klein Oschersleben 458 Hd34
21514 Klein Pampau 426 Gd21
18196 Klein Potrems 428 Jd17
03222 Klein Radden 462 Ma35
26670 Klein Remels 433 Db23
24848 Klein Rheide 417 Fb14
21514 Klein Rönnau 426 Gc18
19073 Klein Rogahn 427 Hd21
06449 Klein Schierstedt 459 Ja36
37133 Klein Schneen 457 Ga39
14959 Klein Schulzendorf 450 La32
39579 Klein Schwechten 448 Jb28
18246 Klein Sien 428 Jb18
19069 Klein Trebbow 427 Hd20
18276 Klein Upahl 428 Jc19
19399 Klein Wangelin 428 Jd21
39164 Klein Wanzleben 458 Hd34
19357 Klein Warnow 438 Ja24
19209 Klein Welzin 427 Hc20
19348 Klein Wesenberg 426 Gd19
24361 Klein Wittensee 417 Fd14
16928 Klein Woltersdorf 438 Jd25
39307 Klein Wusterwitz 448 Jd30
23883 Klein Zecher 427 Ha21
16247 Klein Ziethen 440 Ld25
55270 Klein-Winternheim 488 Dd52
86507 Kleinaitingen 511 Hb67
39398 Kleinalsleben 458 Hd35
39606 Kleinau 438 Ja27
14979 Kleinbeeren 450 Lb31
66271 Kleinblittersdorf 496 Cb59
99752 Kleinbodungen 457 Gd39
30938 Kleinburgwedel 446 Ga30
72829 Kleinengstingen 509 Fb66
02633 Kleinförstchen 474 Md41
99735 Kleinfurra 458 Ha39
07318 Kleingeschwenda 482 Hd46
63924 Kleinheubach 490 Fa54
63828 Kleinkahl 480 Fb51
06926 Kleinkorga 461 La36
03249 Kleinkrausnik 461 Lc36
97355 Kleinlangheim 491 Gc54
06528 Kleinleinungen 458 Hc39
14532 Kleinmachnow 450 La30
24306 Kleinmeinsdorf 426 Gc16
39221 Kleinmühlingen 459 Jb35
16775 Kleinmutz 440 La26
09128 Kleinolbersdorf-Altenhain 473 La44
63801 Kleinostheim 489 Ed52
19348 Kleinow 438 Jc25
06369 Kleinpaschleben 459 Jc36
97271 Kleinrinderfeld 491 Ga54
98593 Kleinschmalkalden 469 Gd45
91077 Kleinsendelbach 492 Hd55
24802 Kleinvollstedt 417 Fd15
63839 Kleinwallstadt 490 Fa53
02627 Kleinwelka 474 Md40
24969 Kleinwiehe 417 Fa11
16831 Kleinzerlang 439 Kc24
24969 Klempau 426 Gd19
17089 Klempenow 430 La19
14823 Klepzig 449 Kb32
14728 Kleßen 449 Ka28
24327 Kletkamp 418 Gd15
79771 Klettgau 518 Ea72
01998 Klettwitz 462 Ma38
04519 Kletzen-Zschölkau 460 Kb39
17111 Kletzin 429 Kd17
19336 Kletzke 438 Jc26
25554 Kleve 425 Fb18
25779 Kleve 417 Fa15
47533 Kleve 452 Bb36
18516 Klevenow 429 Kd16
17179 Kleverhof 429 Kb18
06869 Klieken 460 Ka35
39524 Kließ 448 Jc28
39319 Klietznick 448 Jc30
01738 Klingenberg 473 Ld43
63911 Klingenberg a. Main 490 Fa54
76889 Klingenmünster 497 Dc59
89134 Klingenstein 510 Ga65
08248 Klingenthal 484 Kb48
36452 Klings 481 Gb46
17192 Klink 429 Kb21
19374 Klinken 428 Ja21
17291 Klinkow 440 Ld22
23898 Klinkrade 426 Gd20
01665 Klipphausen 473 Lc42
39307 Klitsche 448 Jd30
02906 Klitten 463 Na39
25899 Klixbüll 416 Ed10
19217 Klocksdorf 427 Hb19
17194 Klocksin 429 Ka20
19260 Kloddram 437 Hb22
06917 Klöden 460 Kd36
38486 Klötze 447 Hc29
06198 Kloschwitz 459 Jb38
08527 Kloschwitz 483 Jd47
39638 Kloster Neuendorf 447 Hd30
98660 Kloster Veßra 482 Ha47
15345 Klosterdorf 451 Ma29
16348 Klosterfelde 440 Lb27
16835 Klosterheide 439 Kd25
86836 Klosterlechfeld 511 Hb67
06308 Klostermansfeld 459 Ja38
72270 Klosterreichenbach 508 Ea64
17268 Klosterwalde 440 Lc24
56818 Klotten 477 Cc50
17440 Klotzow 430 Lc17
39638 Klüden 447 Hd31
54340 Klüsserath 487 Ca53
23948 Klütz 427 Hc18
18569 Kluis 421 La13
26892 Kluse 432 Cd26
07389 Knau 483 Jb46
19205 Kneese 427 Hb20
97478 Knetzgau 491 Gd52
04916 Knippelsdorf 461 Lb35
75438 Knittlingen 498 Ec60
14715 Knoblauch 449 Ka30
17091 Knorrendorf 429 Kd20
34593 Knüllwald 468 Fc43
17209 Knüppeldamm 439 Ka23
15890 Kobbeln 451 Md33
23881 Koberg 426 Gd20
56330 Kobern-Gondorf 477 Cd49
04889 Kobershain 460 Kd39
17309 Koblentz 431 Ma20
560.. Koblenz 478 Da49
19406 Kobrow 428 Jb20
82431 Kochel a. See 522 Ja72
02923 Kodersdorf 475 Nb40
19217 Köchelstorf 427 Hb19
39649 Köckte 447 Hc30
95189 Köditz 483 Jc49
95361 Ködnitz 483 Ja51
93096 Köfering 503 Ka60
27624 Köhlen 424 Ed21
24257 Köhn 418 Gc14
99625 Kölleda 470 Hd41
25337 Kölln-Reisiek 425 Fd19
5.... Köln 465 Cb44
04895 Kölsa 461 Lb37
17506 Kölzin 430 Lb17
18334 Kölzow 429 Ka16
73257 Köngen 499 Fb63
06493 Königerode 458 Hc38
97953 Königheim 490 Fc55
15711 Königs-Wusterhausen 450 Lc31
75203 Königsbach 498 Eb61
16909 Königsberg 439 Ka25
97486 Königsberg i. Bayern 481 Gd51
39175 Königsborn 448 Jb33
89551 Königsbronn 500 Gb62
01936 Königsbrück 474 Ma40
86343 Königsbrunn 511 Hb66
82549 Königsdorf 522 Jb70
07426 Königsee 482 Hc46
09306 Königsfeld 472 Kc42
96167 Königsfeld 492 Hd52
78126 Königsfeld i. Schwarzwald 508 Ea68
02829 Königshain 475 Nb40
09306 Königshain-Wiederau 472 Kd43
97922 Königshofen 490 Fd56
16833 Königshorst 449 Kc28
24799 Königshügel 417 Fb14
38875 Königshütte 458 Ha37
38154 Königslutter 447 Ha32
39606 Königsmark 438 Jb27
21255 Königsmoor 435 Fc24
86669 Königsmoos 501 Hd63
01824 Königstein 474 Mb43
61462 Königstein 479 Ea50
92281 Königstein 493 Jb55
09471 Königswalde 485 La46
02699 Königswartha 462 Mc39
53639 Königswinter 477 Cc46
07336 Könitz 483 Ja46
06420 Könnern 459 Jb37
39629 Könnigde 448 Ja29
14793 Köpernitz 449 Ka32
04936 Körba 461 Lb36
39175 Körbelitz 448 Jb33
19243 Körchow 437 Hb22
34327 Körle 468 Fc42
99998 Körner 469 Gd41
54675 Körperich 486 Bb52
85092 Kösching 502 Jb62
06869 Köselitz 460 Kb34
94149 Kößlarn 514 Lc65
21368 Köstorf 437 Ha24
22929 Köthel 426 Gc21
06366 Köthen 459 Jc36
16866 Kötzlin 438 Jd26
06231 Kötzschau 471 Jd40
93444 Kötzting 504 Lb58
17213 Kogel 439 Ka22
19246 Kogel 437 Hb22
72664 Kohlberg 509 Fb64
92702 Kohlberg 493 Jd55
21702 Kohlenhausen 435 Fb23
04655 Kohren-Sahlis 472 Kc42
15752 Kolberg 450 Ld32
83059 Kolbermoor 523 Ka70
78600 Kolbingen 508 Ed68
25840 Koldenbüttel 416 Ed14
97509 Kolitzheim 491 Gc52
25862 Kolkerheide 417 Fa12
03099 Kolkwitz 462 Mc36
25377 Kollmar 425 Fb20
25524 Kollmoor 425 Fc18
79183 Kollnau 507 Dc68
94262 Kollnburg 504 La59
21527 Kollow 436 Gc22
04936 Kolochau 461 Lb36
15518 Kolpin 451 Ma31
16866 Kolrep 438 Jd25
03058 Komptendorf 462 Md36
19273 Konau 437 Ha24
95692 Konnersreuth 484 Ka51
95176 Konradsreuth 483 Jc49
7846. Konstanz 519 Fa72
54329 Konz 486 Bc54
94357 Konzell 503 Kd59
03058 Koppatz 462 Md36
24306 Koppelsberg 426 Gc16
71404 Korb 499 Fb62
34497 Korbach 467 Ec41
06258 Korbetha 459 Jc39
54306 Kordel 486 Bd53
06905 Korgau 460 Kc37
70825 Korntal-Münchingen 499 Fa62
70806 Kornwestheim 499 Fa61
41352 Korschenbroich 464 Bc41
17419 Korswandt 431 Ma17
29413 Kortenbeck 437 Hb27
24354 Kosel 417 Fd13
23738 Koselau 419 Ha15
17459 Koserow, Seebad 430 Ld16
04849 Kossa 460 Kc37
04895 Koßdorf 461 Lb38
19374 Kossebade 428 Jb21
39606 Kossebau 438 Ja27
15848 Kossenblatt 451 Mb33
03226 Koßwig 462 Mb36
17099 Kotelow 430 Lc20
19075 Kothendorf 427 Hc21
56736 Kottenheim 477 Cc49
82288 Kottgeisering 511 Hd68
66879 Kottweiler-Schwanden 487 Cd56
14715 Kotzen 449 Kb29
25832 Kotzenbüll 416 Ed15
18195 Kowalz 429 Ka17
16775 Kraatz 440 La25
17291 Kraatz 440 Lc22
17329 Krackow 441 Mb22
16818 Kränzlin 439 Kc26
87647 Kraftisried 520 Gd71
07586 Kraftsdorf 471 Jc44
24997 Kragstedt 417 Fb12

14778 **Krahne** *449 Kb31*
84559 **Kraiburg a. Inn** *513 Kc67*
76703 **Kraichtal** *498 Ec59*
82152 **Krailling** *512 Ja68*
99752 **Kraja** *457 Gd39*
18465 **Krakow** *429 Kb16*
18292 **Krakow a. See, Kurort** *428 Jd20*
18445 **Kramerhof** *420 Kc14*
19348 **Krampfer** *438 Jc25*
21726 **Kranenburg** *425 Fa21*
47559 **Kranenburg** *452 Ba36*
49584 **Kranenpool** *443 Db30*
14806 **Kranepuhl** *449 Kb33*
99195 **Kranichborn** *470 Hc42*
99448 **Kranichfeld** *470 Hd44*
85402 **Kranzberg** *512 Jb65*
23992 **Krassow** *428 Ja18*
17237 **Kratzeburg** *439 Kc22*
72505 **Krauchenwies** *509 Fb69*
02957 **Krauschwitz** *463 Na37*
15910 **Krausnick** *450 Ld33*
99819 **Krauthausen** *469 Gc43*
74238 **Krautheim** *490 Fd57*
03172 **Krayne** *462 Md34*
02906 **Kreba-Neudorf** *463 Na39*
37434 **Krebeck** *457 Gb38*
15926 **Kreblitz** *461 Ld35*
17348 **Kreckow** *430 Lc21*
47 . . . **Krefeld** *464 Bd40*
19386 **Kreien** *438 Jc22*
37547 **Kreiensen** *457 Ga36*
01731 **Kreischa** *474 Ma43*
19205 **Krembz** *427 Hb20*
39624 **Kremkau** *447 Hd29*
16766 **Kremmen** *439 Kd27*
19300 **Kremmin** *438 Ja24*
25376 **Krempdorf** *425 Fb19*
25361 **Krempe** *425 Fc19*
25774 **Krempel** *416 Ed15*
16945 **Krempendorf** *438 Jd23*
25569 **Kremperheide** *425 Fb18*
25569 **Krempermoor** *425 Fb18*
18233 **Krempin** *428 Ja17*
23816 **Krems I** *426 Gb18*
23827 **Krems II** *426 Gc17*
74594 **Kreßberg** *500 Gc59*
88079 **Kressbronn** *519 Fc72*
06712 **Kretzschau** *471 Jd42*
83708 **Kreuth** *522 Jc72*
18516 **Kreutzmannshagen** *429 Kd16*
52372 **Kreuzau** *464 Bc45*
16559 **Kreuzbruch** *440 Lb27*
57223 **Kreuztal** *466 Dc43*
97892 **Kreuzwertheim** *490 Fc54*
39606 **Krevese** *438 Ja27*
16775 **Krewelin** *440 Lb26*
17268 **Krewitz** *440 Lb23*
06231 **Kreypau** *471 Jd40*
19357 **Kribbe** *438 Jb24*
67706 **Krickenbach** *488 Da57*
04617 **Kriebitzsch** *472 Ka42*
09648 **Kriebstein** *473 La42*
67819 **Kriegsfeld** *488 Db54*
14715 **Kriele** *449 Kb28*
14550 **Krielow** *449 Kc30*
17391 **Krien** *430 Lb18*
17091 **Kriesow** *429 Kd19*
65830 **Kriftel** *479 Ea51*
06774 **Krina** *460 Kb37*
19294 **Krinitz** *437 Hd24*
04838 **Krippehna** *460 Kb38*
18198 **Kritzmow** *428 Jc17*
19386 **Kritzow** *438 Jc22*
23970 **Kritzow** *427 Hd18*
07387 **Krölpa** *483 Ja46*
18445 **Krönnevitz** *420 Kc14*
18236 **Kröpelin** *428 Jb16*
21529 **Kröppelshagen-Fahrendorf** *436 Gc22*
17440 **Kröslin** *430 Lc16*
23758 **Kröß** *419 Ha15*
54536 **Kröv** *487 Cb52*
24644 **Krogaspe** *426 Ga16*
17268 **Krohnhorst** *440 Lc24*
24217 **Krokau** *418 Gc14*
63829 **Krombach** *480 Fa51*
02953 **Kromlau** *463 Na37*
99441 **Kromsdorf** *470 Hd43*
96317 **Kronach** *482 Hd49*
76709 **Kronau** *498 Eb58*
61476 **Kronberg i. Taunus** *479 Eb50*
87758 **Kronburg** *520 Gb70*
25709 **Kronprinzenkoog** *424 Ed18*
24395 **Kronsgaard** *418 Ga11*
24119 **Kronshagen** *418 Ga14*
25597 **Kronsmoor** *425 Fc18*
24848 **Kropp** *417 Fc14*
01945 **Kroppen** *462 Ma39*
39397 **Kroppenstedt** *458 Hd35*
06895 **Kropstädt** *460 Kc34*
06193 **Krosigk** *459 Jc38*
04509 **Krostitz** *460 Kb39*
39387 **Krottorf** *458 Hc35*
17129 **Kruckow** *430 La18*
39615 **Krüden** *438 Ja26*
82494 **Krün** *522 Ja73*
39291 **Krüssau** *448 Jc32*
21483 **Krüzen** *436 Gd22*
56642 **Kruft** *477 Cd48*
15913 **Krugau** *451 Ma33*
16259 **Kruge-Gersdorf** *440 Ld27*
17309 **Krugsdorf** *431 Ma21*
17217 **Krukow** *429 Kd21*
21483 **Krukow** *436 Gc22*
86381 **Krumbach** *510 Gd67*
09434 **Krumhermersdorf** *473 La45*
24217 **Krummbek** *418 Gc14*
21732 **Krummendeich** *425 Fa19*
25554 **Krummendiek** *425 Fb18*
25355 **Krummendieke** *425 Fd19*
92703 **Krummennaab** *493 Jd53*
16356 **Krummensee** *450 Lc29*
23628 **Krummesse** *426 Gd19*
26736 **Krummhörn** *432 Cc22*
17440 **Krummin** *430 Lc16*
24796 **Krummwisch** *417 Fd14*
06242 **Krumpa** *471 Jc40*
25727 **Krumstedt** *425 Fa17*
19273 **Krusendorf** *437 Ha23*
17391 **Krusenfelde** *430 La18*
23974 **Krusenhagen** *427 Hd18*
17349 **Kublank** *430 Lb20*
02627 **Kubschütz** *474 Md41*
18292 **Kuchelmiß** *428 Jd20*
73329 **Kuchen** *499 Fd63*
22958 **Kuddewörde** *426 Gc21*
25712 **Kuden** *425 Fa18*
25572 **Kudensee** *425 Fa18*
66901 **Kübelberg** *487 Cc57*
16845 **Küdow** *439 Kb27*
86556 **Kühbach** *511 Hd64*
18225 **Kühlungsborn, Ostseebad** *428 Ja16*
18225 **Kühlungsborn West** *428 Ja16*
98547 **Kühndorf** *481 Gd46*
24211 **Kühren** *426 Gb16*
04808 **Kühren-Burkartshain** *472 Kd40*
27624 **Kührstedt** *424 Ec21*
23898 **Kühsen** *426 Gd20*
23829 **Kükels** *426 Gb18*
37359 **Küllstedt** *469 Gc41*
97900 **Külsheim** *490 Fc55*
92245 **Kümmersbruck** *493 Jc56*
15938 **Kümmritz** *461 Lc35*
07922 **Künsdorf** *483 Jc47*
36093 **Künzell** *480 Fd47*
74653 **Künzelsau** *499 Fd58*
94550 **Künzing** *504 Lb63*
96328 **Küps** *482 Hd50*
08538 **Kürbitz** *483 Jd47*
97273 **Kürnach** *491 Gb53*
75057 **Kürnbach** *498 Ec60*
51515 **Kürten** *465 Cc43*
39291 **Küsel** *448 Jd32*
29482 **Küsten** *437 Hb26*
17279 **Küstrinchen** *440 Lb23*
18356 **Küstrow** *420 Kb14*
06193 **Kütten** *459 Jc38*
76773 **Kuhardt** *497 Dd59*
16928 **Kuhbier** *438 Jc24*
29416 **Kuhfelde** *447 Hc28*
19412 **Kuhlen** *428 Ja20*
39524 **Kuhlhausen** *438 Jd27*
14806 **Kuhlowitz** *449 Kb33*
18311 **Kuhlrade** *420 Ka15*
18276 **Kuhs** *428 Jd18*
16928 **Kuhsdorf** *438 Jc25*
19230 **Kuhstorf** *437 Hc22*
04420 **Kulkwitz** *472 Ka40*
07929 **Kulm** *483 Jb47*
95508 **Kulmain** *493 Jc52*
95326 **Kulmbach** *483 Ja51*
23911 **Kulpin** *426 Gd20*
84036 **Kumhausen** *513 Ka64*
19288 **Kummer** *437 Hd23*
25495 **Kummerfeld** *425 Fd20*
15848 **Kummerow** *451 Mb32*
16306 **Kummerow** *441 Mb24*
17139 **Kummerow** *429 Kc19*
18442 **Kummerow** *420 Kc14*
15838 **Kummersdorf** *450 Lb33*
15859 **Kummersdorf** *450 Ld31*
15806 **Kummersdorf-Alexanderdorf** *450 Lb32*
16269 **Kunersdorf** *451 Mb28*
16866 **Kunow** *438 Jd26*
38486 **Kunrau** *447 Hb30*
91358 **Kunreuth** *492 Hc54*
95362 **Kupferberg** *483 Jb50*
74635 **Kupferzell** *499 Fd58*
76456 **Kuppenheim** *497 Dd62*
19386 **Kuppentin** *428 Jc21*
16792 **Kurtschlag** *440 Lb25*
18246 **Kurzen Trechow** *428 Jb18*
15910 **Kuschkow** *451 Ma33*
66869 **Kusel** *487 Cd56*
72127 **Kusterdingen** *509 Fa64*
27449 **Kutenholz** *435 Fb22*
86500 **Kutzenhausen** *511 Ha66*
54655 **Kyllburg** *476 Bd51*
16866 **Kyritz** *439 Ka26*

L

93164 **Laaber** *502 Jd59*
18299 **Laage** *428 Jd18*
49824 **Laar** *442 Ca29*
16949 **Laaske** *438 Jc24*
19348 **Laaslich** *438 Ja25*
03205 **Laasow** *462 Mb36*
15913 **Laasow** *462 Mb34*
30880 **Laatzen** *445 Fd32*
23898 **Labenz** *426 Gd20*
84082 **Laberweinting** *503 Kb62*
24235 **Laboe** *418 Gb14*
06922 **Labrun** *460 Kd37*
87760 **Lachen** *510 Gc69*
29331 **Lachendorf** *446 Gb29*
49549 **Ladbergen** *443 Db33*
16321 **Ladeburg** *450 Lc28*
39279 **Ladeburg** *448 Jc33*
25926 **Ladelund** *416 Ed10*
68526 **Ladenburg** *489 Eb56*
25566 **Lägerdorf** *425 Fc18*
49774 **Lähden** *443 Da28*
48366 **Laer** *453 Cd34*
17248 **Lärz** *439 Kb23*
32791 **Lage** *455 Ec35*
49828 **Lage** *442 Cb30*
29413 **Lagendorf** *437 Ha27*
49757 **Lahn** *433 Da27*
35633 **Lahnau** *479 Eb47*
56112 **Lahnstein** *478 Da49*
35094 **Lahntal** *467 Eb44*
77933 **Lahr/ Schwarzwald** *507 Db66*
31246 **Lahstedt** *446 Gb32*
89150 **Laichingen** *509 Fd65*
72488 **Laiz** *509 Fa68*
18279 **Lalendorf** *429 Ka19*
94551 **Lalling** *504 Lb61*
93462 **Lam** *504 Lb58*
67466 **Lambrecht (Pfalz)** *488 Dc57*
18069 **Lambrechtshagen** *428 Jc16*
67245 **Lambsheim** *488 Dd56*
86862 **Lamerdingen** *511 Hb68*
24238 **Lammershagen** *418 Gc15*
68623 **Lampertheim** *489 Ea55*
01561 **Lampertswalde** *473 Ld40*
15913 **Lamsfeld-Groß Liebitz** *462 Mb34*
31195 **Lamspringe** *457 Ga35*
21769 **Lamstedt** *425 Fa20*
18586 **Lancken-Granitz** *421 Lb13*
94405 **Landau a. d. Isar** *503 Kd63*
76829 **Landau i. d. Pfalz** *497 Dc59*
48485 **Landersum** *442 Cd32*
31628 **Landesbergen** *445 Fa30*
14715 **Landin** *449 Kb28*
16278 **Landin** *441 Ma24*
23769 **Landkirchen** *419 Hb13*
37136 **Landolfshausen** *457 Gb38*
25554 **Landrecht** *425 Fb18*
06188 **Landsberg** *459 Jd38*
86899 **Landsberg a. Lech** *511 Hb68*
82290 **Landsberied** *511 Hd67*
54526 **Landscheid** *486 Bd52*
25572 **Landscheide** *425 Fa18*
18465 **Landsdorf** *429 Kb16*
07338 **Landsendorf** *483 Ja47*
840 . . **Landshut** *513 Ka64*
66849 **Landstuhl** *488 Da57*
66578 **Landsweiler-Reden** *487 Cb57*
31087 **Landwehr** *457 Ga35*
24977 **Langballig** *417 Fc11*
24977 **Langballigau** *417 Fc10*
94264 **Langdorf** *504 Lb60*
27711 **Lange Heide** *434 Ec24*
01465 **Langebrück** *474 Ma41*
25485 **Langeln** *425 Fd19*
38871 **Langeln** *458 Ha35*
29640 **Langeloh** *435 Fd25*
38685 **Langelsheim** *457 Gc35*
16818 **Langen** *439 Kc27*
27607 **Langen** *424 Eb21*
49838 **Langen** *443 Da30*
63225 **Langen** *489 Eb52*
19412 **Langen-Jarchow** *428 Ja19*
91799 **Langenaltheim** *501 Hc61*
29413 **Langenapel** *437 Hb27*
88085 **Langenargen** *519 Fc72*
09636 **Langenau** *473 Lb44*
89129 **Langenau** *510 Gb65*
08134 **Langenbach** *484 Kc46*
85416 **Langenbach** *512 Jd65*
33449 **Langenberg** *455 Ea36*
08428 **Langenbernsdorf** *472 Ka45*
06179 **Langenbogen** *459 Jb39*
74595 **Langenburg** *500 Ga58*
27612 **Langendammsmoor** *434 Eb23*
06667 **Langendorf** *471 Jc41*
29484 **Langendorf** *437 Hc25*
06268 **Langeneichstädt** *471 Jb40*
88515 **Langenenslingen** *509 Fb68*
25863 **Langeneß** *416 Eb12*
36433 **Langenfeld** *469 Gb45*
40764 **Langenfeld** *465 Cb42*
91474 **Langenfeld** *491 Gd55*
27616 **Langenfelde** *434 Ec23*
19399 **Langenhagen** *428 Jc21*
3085 . **Langenhagen / Han.** *445 Fd31*
56459 **Langenhahn** *478 Dc47*
01819 **Langenhennersdorf** *474 Mb43*
08439 **Langenhessen** *472 Kb45*
25842 **Langenhorn** *416 Ed12*
21514 **Langenlehsten** *437 Ha22*
04618 **Langenleuba-Niederhain** *472 Kc43*
14913 **Langenlipsdorf** *461 La35*
55450 **Langenlonsheim** *488 Db53*
86571 **Langenmosen** *501 Hd63*
04938 **Langennaundorf** *461 Lb37*
86863 **Langenneufnach** *511 Ha66*
07381 **Langenorla** *471 Ja45*
85465 **Langenpreising** *512 Jd65*
39590 **Langensalzwedel** *448 Jc29*
63505 **Langenselbold** *479 Ed50*
91094 **Langensendelbach** *492 Hc55*
38895 **Langenstein** *458 Hb36*
04657 **Langensteinbach** *472 Kc43*
39171 **Langenweddingen** *459 Ja34*
07957 **Langenwetzendorf** *483 Jd46*
07937 **Langenwolschendorf** *483 Jc46*
90579 **Langenzenn** *492 Hb56*
26465 **Langeoog** *423 Da19*
86853 **Langerringen** *511 Hb68*
52379 **Langerwehe** *464 Bc44*
14557 **Langerwisch** *449 Kd31*
15518 **Langewahl** *451 Mb31*
98704 **Langewiesen** *482 Hb46*
91731 **Langfurth** *500 Gd59*
35428 **Langgöns** *479 Eb47*
07926 **Langgrün** *483 Jc47*
18279 **Langhagen** *429 Ka20*
29364 **Langlingen** *446 Gc30*
84085 **Langquaid** *503 Ka61*
18334 **Langsdorf** *429 Kb16*
24852 **Langstedt** *417 Fb12*
54308 **Langsur** *486 Bc54*
99986 **Langula** *469 Gc42*
26969 **Langwarden** *424 Ea21*
24631 **Langwedel** *426 Ga16*
27299 **Langwedel** *435 Fa26*
29386 **Langwedel** *446 Gd29*
86462 **Langweid a. Lech** *511 Hb64*
23881 **Lankau** *426 Gd20*
16359 **Lanke** *440 Lc27*
17192 **Lansen** *429 Kb20*
19309 **Lanz** *438 Ja25*
21483 **Lanze** *436 Gd23*
17217 **Lapitz** *429 Kd21*
93138 **Lappersdorf** *503 Ka59*
23847 **Lasbek** *426 Gc20*
19246 **Lassahn** *427 Hb21*
17440 **Lassan** *430 Lc17*
18442 **Lassentin** *420 Kc14*
49688 **Lastrup** *443 Dc28*
06408 **Latdorf** *459 Jb36*
24598 **Latendorf** *426 Ga17*
49762 **Lathen** *432 Cd27*
35321 **Laubach** *479 Ed47*
56759 **Laubach** *477 Cb50*
87493 **Lauben** *520 Gc71*
87761 **Lauben** *510 Gc68*
03058 **Laubsdorf** *462 Md36*
03116 **Laubst** *462 Mc36*
02991 **Laubusch** *462 Mb38*
06636 **Laucha a. d. Unstrut** *471 Jb41*
01979 **Lauchhammer** *461 Ld38*
73466 **Lauchheim** *500 Gc61*
79787 **Lauchringen** *517 Dd72*
99819 **Lauchröden** *469 Gb43*
97922 **Lauda** *490 Fd55*
63925 **Laudenbach** *490 Fa54*
69514 **Laudenbach** *489 Eb55*
23923 **Lauen** *427 Ha18*
31867 **Lauenau** *445 Fb32*
27389 **Lauenbrück** *435 Fc24*
21481 **Lauenburg** *436 Gd23*
37697 **Lauenförde** *456 Fb37*
31714 **Lauenhagen** *445 Fa31*
09648 **Lauenhain-Tanneberg** *473 La43*
77886 **Lauf** *497 Dc63*
91207 **Lauf a. d. Pegnitz** *492 Hd56*
63846 **Laufach** *490 Fb52*
74429 **Laufen** *500 Ga61*
83410 **Laufen** *514 Lb69*
79725 **Laufenburg (Baden)** *517 Dc73*
74348 **Lauffen a. Neckar** *499 Fa60*
86502 **Laugna** *511 Ha64*
89415 **Lauingen (Donau)** *510 Gd64*
21755 **Laumühlen** *425 Fa21*
88471 **Laupheim** *510 Ga67*
56379 **Laurenburg** *478 Db49*
04874 **Lausa** *461 La39*
98724 **Lauscha** *482 Hc47*
03172 **Lauschütz** *451 Md33*
07387 **Lausnitz** *483 Ja46*
04838 **Laußig** *460 Kc38*
01936 **Laußnitz** *474 Ma40*
02991 **Lauta** *462 Mb38*
02991 **Lauta Dorf** *462 Mb38*
77794 **Lautenbach** *507 Dc64*
08312 **Lauter** *484 Kd46*
96169 **Lauter** *492 Hb52*
09496 **Lauterbach** *473 Lb45*
78730 **Lauterbach** *508 Ea67*
36341 **Lauterbach (Hessen)** *480 Fb46*
67742 **Lauterecken** *488 Da55*
92283 **Lauterhofen** *493 Jb57*
73529 **Lauterstein** *500 Ga63*
64686 **Lautertal** *489 Ec54*
96472 **Lautertal** *482 Hc49*
36369 **Lautertal (Vogelsberg)** *480 Fa47*
87763 **Lautrach** *520 Gb70*
02708 **Lawalde** *475 Na41*
15898 **Lawitz** *451 Md32*
66822 **Lebach** *487 Ca57*
17322 **Lebehn** *441 Mb22*
06420 **Lebendorf** *459 Jb37*
38226 **Lebenstedt** *446 Gc33*
06922 **Lebien** *460 Kd36*
24306 **Lebrade** *418 Gc15*
15326 **Lebus** *451 Md30*
04936 **Lebusa** *461 Lb36*
86983 **Lechbruck** *521 Hb71*
25917 **Leck** *416 Ed11*
16767 **Leegebruch** *450 La28*
26789 **Leer** *433 Da24*
31633 **Leese** *445 Fa30*
15868 **Leeskow** *451 Mc33*
06895 **Leetza** *460 Kc35*
26529 **Leezdorf** *422 Cd21*
19067 **Leezen** *427 Hd20*
23816 **Leezen** *426 Gb18*
87764 **Legau** *520 Gb70*
19336 **Legde** *438 Jc26*
48739 **Legden** *453 Cc34*
25774 **Lehe** *416 Ed14*
26892 **Lehe** *432 Cd26*
07349 **Lehesten** *483 Ja47*
56332 **Lehmen** *477 Cd49*
24211 **Lehmkuhlen** *418 Gc15*
23883 **Lehmrade** *427 Ha21*
14797 **Lehnin** *449 Kc31*
16565 **Lehnitz** *450 La28*
14823 **Lehnsdorf** *460 Kb34*
91611 **Lehrberg** *491 Gd57*
38165 **Lehre** *447 Ha32*
74251 **Lehrensteinsfeld** *499 Fb59*
31275 **Lehrte** *446 Ga31*
19243 **Lehsen** *437 Hb22*
15913 **Leibchel** *451 Mb33*
88637 **Leibertingen** *508 Ed68*
94339 **Leiblfing** *503 Kc62*
15910 **Leibsch** *451 Ma33*
42799 **Leichlingen** *465 Cb42*
63849 **Leidersbach** *490 Fa53*
38542 **Leiferde** *446 Gc31*
36433 **Leimbach** *469 Gb45*
66978 **Leimen** *497 Db58*
69181 **Leimen** *489 Ec57*
76774 **Leimersheim** *498 Ea59*
97274 **Leinach** *490 Fd53*
99894 **Leinatal** *470 Ha44*
91227 **Leinburg** *492 Hd56*
37327 **Leinefelde** *469 Gc40*
70771 **Leinfelden** *499 Fa63*
74211 **Leingarten** *499 Fa59*
73575 **Leinzell** *500 Ga62*
06917 **Leipa** *460 Kd35*
03226 **Leipe** *462 Mb35*
89340 **Leipheim** *510 Gc65*
02991 **Leippe** *462 Mb39*
04 . . . **Leipzig** *472 Ka40*
04703 **Leisnig** *472 Kd41*
06667 **Leißling** *471 Jc41*
15848 **Leißnitz** *451 Mb33*
39279 **Leitzkau** *459 Jc34*
54340 **Leiwen** *487 Ca53*
17209 **Leizen** *439 Ka22*
17168 **Lelkendorf** *429 Kb18*
16866 **Lellichow** *439 Ka25*
66969 **Lemberg** *497 Da59*
49459 **Lembruch** *444 Ea30*
49448 **Lemförde** *444 Ea30*
32657 **Lemgo** *455 Ed34*
29485 **Lemgow** *437 Hd27*
31608 **Lemke** *445 Fa29*
17337 **Lemmersdorf** *430 Lc21*
27809 **Lemwerder** *434 Eb25*
84435 **Lengdorf** *513 Ka66*
38268 **Lengede** *446 Gc33*
06528 **Lengefeld** *458 Hd39*
09514 **Lengefeld** *473 Lb45*
27419 **Lengenbostel** *435 Fc23*
08485 **Lengenfeld** *484 Kb46*
99976 **Lengenfeld** *469 Gb41*
87663 **Lengenwang** *521 Ha71*
49525 **Lengerich** *443 Db33*
49838 **Lengerich** *443 Da30*
36266 **Lengers** *469 Ga44*
98660 **Lengfeld** *482 Ha47*
83661 **Lenggries** *522 Jb71*
37627 **Lenne** *456 Fd35*
57368 **Lennestadt** *466 Dc42*
73252 **Lenningen** *509 Fc64*
23738 **Lensahn** *419 Ha15*
24632 **Lentföhrden** *425 Fd18*
85101 **Lenting** *502 Ja62*
16833 **Lentzke** *439 Kb27*
19309 **Lenzen (Elbe)** *437 Hd25*
79853 **Lenzkirch** *517 Dd70*
71229 **Leonberg** *498 Ed62*
95666 **Leonberg** *494 Ka52*
76344 **Leopoldshafen** *498 Ea59*
17375 **Leopoldshagen** *430 Ld18*
33818 **Leopoldshöhe** *455 Ec34*
18334 **Leplow** *420 Kb15*
17349 **Leppin** *430 Lb21*
39615 **Leppin** *438 Ja27*
39264 **Leps** *459 Jd35*
38468 **Lessien** *447 Ha30*
15324 **Letschin** *451 Mc28*
39638 **Letzlingen** *448 Ja30*
01623 **Leuben-Schleinitz** *473 Lb41*
08412 **Leubnitz** *472 Kb45*
08539 **Leubnitz** *483 Jd47*
09573 **Leubsdorf** *473 Lb44*
53547 **Leubsdorf** *477 Cc47*
92705 **Leuchtenberg** *494 Ka55*
16259 **Leuenberg** *450 Ld28*
09387 **Leukersdorf** *472 Kd45*
35638 **Leun** *479 Ea47*
06237 **Leuna** *471 Jd40*
95191 **Leupoldsgrün** *483 Jc49*
19288 **Leussow** *437 Hc23*
71397 **Leutenbach** *499 Fb61*
91359 **Leutenbach** *492 Hd54*
07338 **Leutenberg** *483 Ja47*
02794 **Leutersdorf** *475 Na42*
98617 **Leutersdorf** *481 Gd47*
91578 **Leutershausen** *500 Gd58*
56599 **Leutesdorf** *477 Cd48*
03058 **Leuthen** *462 Mc36*
88299 **Leutkirch i. Allgäu** *520 Gb70*
17498 **Levenhagen** *430 La16*
513 . . **Leverkusen** *465 Cb43*
17168 **Levitzow** *429 Ka18*
25923 **Lexgaard** *416 Ed10*
17213 **Lexow** *439 Ka22*
15306 **Libbenichen** *451 Mc29*
06386 **Libbesdorf** *459 Jd36*
06369 **Libehna** *459 Jd37*
35423 **Lich** *479 Ec47*
98739 **Lichte** *482 Hc47*
09244 **Lichtenau** *473 La43*
33165 **Lichtenau** *455 Ed38*
77839 **Lichtenau** *497 Dc63*
91586 **Lichtenau** *501 Ha58*
01896 **Lichtenberg** *474 Mb41*
09638 **Lichtenberg** *473 Lc44*
17259 **Lichtenberg** *440 Lb22*
95192 **Lichtenberg** *483 Jb48*
35104 **Lichtenfels** *467 Ec42*
96215 **Lichtenfels** *482 Hc50*
37133 **Lichtenhagen** *457 Ga39*
98744 **Lichtenhain/ Bergbahn** *482 Hc46*
15345 **Lichtenow** *451 Ma29*
09350 **Lichtenstein** *472 Kc45*
72805 **Lichtenstein** *509 Fb65*
08115 **Lichtentanne** *472 Kb45*
73669 **Lichtenwald** *499 Fc63*
03238 **Lichterfeld-Schacksdorf** *461 Ld37*
16230 **Lichterfelde** *440 Ld26*
39615 **Lichterfelde** *438 Jb27*
31618 **Liebenau** *445 Fa29*
34396 **Liebenau** *456 Fb39*
38704 **Liebenburg** *457 Gc34*
07368 **Liebengrün** *483 Jb47*
16559 **Liebenthal** *440 Lb26*
16909 **Liebenthal** *439 Ka24*
16559 **Liebenwalde** *440 Lb26*
15868 **Lieberose** *462 Mc34*
04445 **Liebertwolkwitz** *472 Kb40*
18196 **Lieblingshof** *428 Jd17*
07368 **Liebschütz** *483 Jb47*
04758 **Liebschützberg** *473 La40*
01825 **Liebstadt** *474 Ma43*
65835 **Liederbach** *479 Eb51*
06528 **Liedersdorf** *458 Hd39*
01465 **Liegau-Augustusbad** *474 Ma41*
49536 **Lienen** *443 Dc33*
14715 **Liepe** *449 Kb29*
16248 **Liepe** *441 Ma26*
17391 **Liepen** *430 Lb18*
17375 **Liepgarten** *430 Ld19*
54470 **Lieser** *487 Cb52*
03130 **Lieskau** *462 Md37*
03238 **Lieskau** *462 Ma37*
06120 **Lieskau** *459 Jc38*
14913 **Ließen** *461 Lb34*
18299 **Liessow** *428 Jd18*
29416 **Liesten** *447 Hd28*
25770 **Lieth** *424 Ed16*
15306 **Lietzen** *451 Mc29*
15306 **Lietzen Nord** *451 Mc29*
14641 **Lietzow** *449 Kc29*
18528 **Lietzow** *421 Lb13*
28865 **Lilienthal** *434 Ed25*
08491 **Limbach** *484 Ka46*
74838 **Limbach** *490 Fa56*
09212 **Limbach-Oberfrohna** *472 Kd44*
655 . . **Limburg a. d. Lahn** *478 Dc48*
67117 **Limburgerhof** *489 Ea57*
63674 **Limeshain** *479 Ed49*
15864 **Limsdorf** *451 Ma32*
22959 **Linau** *426 Gc20*
06928 **Linda** *461 La35*
07819 **Linda b. Neustadt a. d. Orla** *483 Jc46*
24214 **Lindau** *417 Fd14*
37191 **Lindau** *457 Gb37*
39264 **Lindau** *459 Jd34*
88131 **Lindau** *519 Fd73*
94227 **Lindberg** *504 Lc59*
03103 **Lindchen** *462 Mb37*
25791 **Linden** *417 Fa15*
29593 **Linden** *436 Gc26*
35440 **Linden** *479 Eb47*
66851 **Linden** *488 Da57*
03238 **Lindena** *461 Lc37*
01945 **Lindenau** *461 Ld39*
15864 **Lindenberg** *451 Mb32*
16321 **Lindenberg** *450 Lc29*
16928 **Lindenberg** *438 Jd25*
17111 **Lindenberg** *429 Kd19*
67473 **Lindenberg** *488 Dc57*
88161 **Lindenberg** *520 Ga72*
15838 **Lindenbrück** *450 Lc33*
64678 **Lindenfels** *489 Ec54*
04466 **Lindenthal** *460 Ka39*
99198 **Linderbach** *470 Hc43*
49699 **Lindern** *433 Db27*
24969 **Lindewitt** *417 Fa11*
29413 **Lindhof** *447 Ha28*
31698 **Lindhorst** *445 Fb31*
39326 **Lindhorst** *448 Ja32*
51789 **Lindlar** *465 Cd43*
15848 **Lindow** *451 Mc33*
16321 **Lindow** *450 Lc28*
16835 **Lindow** *439 Kd26*
39638 **Lindstedt** *448 Ja29*
39596 **Lindtorf** *448 Jc28*
29690 **Lindwedel** *445 Fd29*
498 . . **Lingen** *442 Cd30*
67360 **Lingenfeld** *498 Ea58*
29386 **Lingwedel** *446 Gd29*
76351 **Linkenheim-Hochstetten** *498 Ea59*
52441 **Linnich** *464 Bb43*
16831 **Linow** *439 Kc25*
31636 **Linsburg** *445 Fb29*
63589 **Linsengericht** *480 Fa50*
72636 **Linsenhofen** *509 Fb64*
18292 **Linstow** *429 Ka20*
14822 **Linthe** *449 Kc33*
27624 **Lintig** *424 Ed21*
49152 **Lintorf** *444 Ea32*
16833 **Linum** *439 Kc27*
53545 **Linz a. Rhein** *477 Cc47*
59510 **Lippetal** *454 Dd37*
99752 **Lipprechterode** *457 Gd39*
5955 . **Lippstadt** *455 Ea37*
03205 **Lipten** *462 Ma37*
78576 **Liptingen** *508 Ed69*
96170 **Lisberg** *492 Ha53*
54587 **Lissendorf** *476 Bd49*
25992 **List** *416 Ea9*
06918 **Listerfehrda** *460 Kd36*
48488 **Listrup** *442 Cd31*
96123 **Litzendorf** *492 Hc52*
74931 **Lobbach** *489 Ed57*
14913 **Lobbese** *460 Kc34*
07356 **Lobenstein** *483 Jb48*
16321 **Lobetal** *450 Lc28*
04552 **Lobstädt** *472 Kb42*
39279 **Loburg** *448 Jd33*
06184 **Lochau** *459 Jd39*
16949 **Lockstädt** *438 Jc24*
25551 **Lockstedt** *425 Fc17*
14806 **Locktow** *449 Kc33*
23923 **Lockwisch** *427 Ha19*
17459 **Loddin** *430 Ld16*
02929 **Lodenau** *463 Nc39*
17509 **Lodmannshagen** *430 Lb16*
02708 **Löbau** *475 Na41*
06193 **Löbejün** *459 Jc37*
06925 **Löben** *461 La36*
06780 **Löberitz** *459 Jd37*
04626 **Löbichau** *472 Ka44*
04509 **Löbnitz** *460 Kb38*
06369 **Löbnitz** *459 Jc36*
18314 **Löbnitz** *420 Kb14*
39443 **Löbnitz (Bode)** *459 Jb36*
74369 **Löchgau** *499 Fa60*
17321 **Löcknitz** *431 Mb21*
39240 **Lödderitz** *459 Jc35*
39446 **Löderburg** *459 Ja35*
56332 **Löf** *477 Cd50*
79843 **Löffingen** *518 Ea70*
16845 **Lögow** *439 Kb26*
07907 **Löhma** *483 Jc46*
16356 **Löhme** *450 Lc28*
35792 **Löhnberg** *478 Dd47*
32584 **Löhne** *444 Ec33*
04895 **Löhsten** *461 La37*
49624 **Löningen** *443 Db28*
15757 **Löpten** *450 Ld32*
24250 **Löptin** *426 Gb16*
795 . . **Lörrach** *517 Da72*
55296 **Lörzweiler** *488 Dd53*
08294 **Lössnitz** *484 Kd46*
16775 **Löwenberg** *440 La26*
25864 **Löwenstedt** *417 Fa12*
74245 **Löwenstein** *499 Fb59*
17398 **Löwitz** *430 Lc19*
19217 **Löwitz** *427 Hb19*
76597 **Loffenau** *498 Ea62*
25551 **Lohbarbek** *425 Fc18*
93470 **Lohberg** *504 Lb58*
27616 **Lohe** *434 Ec22*
24806 **Lohe-Föhrden** *417 Fc14*
25746 **Lohe-Rickelshof** *425 Fa16*
34253 **Lohfelden** *468 Fc41*
31600 **Lohhof** *444 Ed30*
84494 **Lohkirchen** *513 Kc66*
16845 **Lohm** *439 Ka27*
53797 **Lohmar** *465 Cc44*
18551 **Lohme** *421 Lb12*
01847 **Lohmen** *474 Mb42*
18276 **Lohmen** *428 Jc20*
49393 **Lohne (Oldenburg)** *443 Dd29*
97816 **Lohr a. Main** *490 Fc52*
35102 **Lohra** *467 Eb45*
02999 **Lohsa** *462 Md39*
84180 **Loiching** *503 Kc63*
17509 **Loissin** *430 Lb16*
24888 **Loit** *417 Fc12*
39326 **Loitsche** *448 Jb32*
17121 **Loitz** *429 Kd17*
35457 **Lollar** *479 Ec46*
01623 **Lommatzsch** *473 Lb41*
54472 **Longkamp** *487 Cb53*
54340 **Longuich** *486 Bd53*
91475 **Lonnerstadt** *492 Ha54*
89173 **Lonsee** *510 Ga64*
25582 **Looft** *425 Fc17*
24644 **Loop** *426 Ga16*
24366 **Loose** *417 Fd13*
19288 **Loosen** *437 Hc23*
17194 **Loppin** *429 Ka21*
26736 **Loquard** *432 Cc23*
65391 **Lorch** *478 Db51*
73547 **Lorch** *499 Fd62*
64653 **Lorsch** *489 Eb55*
26901 **Lorup** *433 Da27*
39615 **Losenrade** *438 Jb26*
66679 **Losheim** *486 Bd56*
07318 **Lositz** *482 Hd46*
72290 **Loßburg** *508 Ea65*
39615 **Losse** *438 Ja27*
39291 **Lostau** *448 Jb32*
49504 **Lotte** *443 Dc32*
24878 **Lottorf** *417 Fc13*
79807 **Lottstetten** *518 Eb72*
27612 **Loxstedt** *434 Eb22*
17509 **Lubmin** *421 Lb15*
03103 **Lubochow** *462 Mb37*
04613 **Lucka** *472 Ka42*
15926 **Luckau** *461 Ld35*
29487 **Luckau** *437 Hb26*
14943 **Luckenwalde** *450 La33*
16306 **Luckow** *441 Mb23*
17375 **Luckow** *431 Ma19*
19243 **Luckwitz** *427 Hc21*
86934 **Ludenhausen** *511 Hc69*
17207 **Ludorf** *439 Kb22*
36251 **Ludwigsau** *468 Fd44*
17291 **Ludwigsburg** *440 Ld22*
716 . . **Ludwigsburg** *499 Fa61*
95364 **Ludwigschorgast** *483 Jb50*
02829 **Ludwigsdorf** *475 Nc40*
14974 **Ludwigsfelde** *450 La31*
670 . . **Ludwigshafen** *489 Ea56*
78351 **Ludwigshafen** *518 Ed70*
19288 **Ludwigslust** *437 Hd23*
96337 **Ludwigsstadt** *483 Ja47*
39291 **Lübars** *448 Jd33*
32312 **Lübbecke** *444 Eb32*
15907 **Lübben/ Spreewald** *462 Ma34*
03222 **Lübbenau/ Spreewald** *462 Ma35*
19249 **Lübbendorf** *437 Hc23*
17337 **Lübbenow** *430 Ld21*
21376 **Lübberstedt** *436 Gb24*
27729 **Lübberstedt** *434 Ec23*
23992 **Lübberstorf** *428 Ja18*
03172 **Lübbinchen** *462 Md34*
29488 **Lübbow** *437 Hc27*
235 . . **Lübeck** *426 Gd18*
29482 **Lübeln** *437 Hb26*
19077 **Lübesse** *437 Hd22*
17217 **Lübkow** *429 Kd21*
19288 **Lüblow** *437 Hd22*
14806 **Lübnitz** *449 Kb33*
23972 **Lübow** *427 Hd18*
17379 **Lübs** *430 Ld19*
39264 **Lübs** *459 Jc34*
19069 **Lübstorf** *427 Hd20*
19249 **Lübtheen** *437 Hb23*
19386 **Lübz** *438 Jc22*
18249 **Lübzin** *428 Jb19*
16845 **Lüchfeld** *439 Kb27*
23898 **Lüchow** *426 Gd20*
29439 **Lüchow** *437 Hc26*
39606 **Lückstedt** *438 Ja27*
38489 **Lüdelsen** *447 Hb29*
585 . . **Lüdenscheid** *466 Da41*
39517 **Lüderitz** *448 Jb30*
21379 **Lüdersburg** *436 Gd23*
14943 **Lüdersdorf** *450 Lb32*
16248 **Lüdersdorf** *441 Ma26*
23923 **Lüdersdorf** *427 Ha19*
31702 **Lüdersfeld** *445 Fa31*
18314 **Lüdershagen** *420 Ka14*
59348 **Lüdinghausen** *453 Cd36*
37635 **Lüerdissen** *456 Fc35*
32676 **Lügde** *456 Fa35*
17179 **Lühburg** *429 Ka17*
17495 **Lühmannsdorf** *430 Lb17*
14943 **Lühsdorf** *449 Kd33*
97511 **Lülsfeld** *491 Gc53*
2133 . **Lüneburg** *436 Gc24*
4453 . **Lünen** *454 Da38*
48480 **Lünne** *442 Cd31*
14778 **Lünow** *449 Kb30*
24850 **Lürschau** *417 Fc13*
29367 **Lüsche** *446 Gc28*
14806 **Lüsse** *449 Kc33*
17506 **Lüssow** *430 Lb17*
18276 **Lüssow** *428 Jc18*
18442 **Lüssow** *420 Kc14*
21483 **Lütau** *436 Gd22*
26524 **Lütetsburg** *422 Cd21*
25557 **Lütjenbornholt** *425 Fb17*
21037 **Lütjenburg** *436 Gb22*
24321 **Lütjenburg** *418 Gd15*
25842 **Lütjenholm** *416 Ed12*

22952 Lütjensee *426 Gc20*
25585 Lütjenwestedt *425 Fc16*
16949 Lütkendorf *438 Jc23*
17440 Lütow *430 Ld16*
06317 Lüttchendorf *459 Jb39*
14806 Lütte *449 Kb32*
17258 Lüttenhagen *440 Lb22*
38835 Lüttgenrode *458 Ha35*
19246 Lüttow *427 Ha21*
06686 Lützen *471 Jd41*
17291 Lützlow *441 Ma23*
19209 Lützow *427 Hc20*
04469 Lützschena-Stahmeln *460 Ka39*
03205 Lug *462 Ma37*
03238 Lugau *461 Lc37*
09385 Lugau *472 Kd45*
31711 Luhden *445 Fa33*
92706 Luhe-Wildenau *494 Ka55*
16837 Luhme *439 Kc24*
24816 Luhnstedt *425 Fd16*
99885 Luisenthal *470 Ha45*
06869 Luko *460 Ka35*
25774 Lunden *416 Ed15*
27616 Lunestedt *434 Ec22*
16248 Lunow *441 Ma26*
09328 Lunzenau *472 Kc43*
92331 Lupburg *502 Jc59*
17194 Lupendorf *429 Kb20*
04758 Luppa *472 Kd40*
39264 Luso *459 Jd35*
67363 Lustadt *497 Dd58*
19386 Lutheran *438 Jc22*
06295 Lutherstadt Eisleben *459 Ja38*
06886 Lutherstadt Wittenberg *460 Kc35*
31535 Lutter *445 Fc29*
38729 Lutter a. Barenberge *457 Gc35*
24235 Lutterbek *418 Gb14*
29345 Lutterloh *436 Gb27*
31188 Lutttrum *446 Gb33*
27308 Luttum *435 Fb27*
56826 Lutzerath *477 Cb50*
25355 Lutzhorn *425 Fd19*
89440 Lutzingen *500 Gd63*
17279 Lychen *440 La23*

M

24975 Maasbüll *417 Fc11*
25920 Maasbüll *416 Ec11*
06388 Maasdorf *459 Jc37*
27249 Maasen *444 Ed29*
24404 Maasholm *418 Ga11*
04827 Machern *472 Kc40*
31177 Machtsum *446 Ga33*
67686 Mackenbach *488 Da56*
37136 Mackenrode *457 Gb39*
16259 Mädewitz *441 Mb27*
95695 Mähring *494 Kc52*
99441 Magdala *471 Ja44*
391.. Magdeburg *448 Ja33*
39291 Magdeburgerforth *448 Jd32*
71106 Magstadt *498 Ed62*
04916 Mahdel *461 La36*
77972 Mahlberg *507 Db66*
14715 Mahlitz *448 Jd28*
15831 Mahlow *450 Lb31*
15938 Mahlsdorf *461 Lc34*
29416 Mahlsdorf *447 Hc28*
39517 Mahlwinkel *448 Jb31*
88167 Maierhöfen *520 Gb72*
86747 Maihingen *500 Gd61*
67487 Maikammer *497 Dd58*
63814 Mainaschaff *490 Fa52*
97350 Mainbernheim *491 Gc54*
84048 Mainburg *502 Jc63*
74535 Mainhardt *499 Fc60*
95336 Mainleus *483 Ja51*
97320 Mainstockheim *491 Gb54*
63477 Maintal *479 Ec50*
551.. Mainz *488 Dd52*
82216 Maisach *511 Hd67*
83558 Maitenbeth *513 Ka67*
54426 Malborn *487 Cb54*
17139 Malchin *429 Kb19*
94094 Malching *514 Lc66*
17213 Malchow *429 Ka21*
23714 Malente *426 Gd16*
83333 Malgersdorf *513 Kd64*
04936 Malitschkendorf *461 Lb36*
19294 Malk Göhren *437 Hd24*
23936 Mallentin *427 Hb18*
84066 Mallersdorf *503 Kb62*
17217 Mallin *429 Kd21*
19294 Malliß *437 Hd24*
15326 Mallnow *451 Md30*
79429 Malsburg-Marzell *517 Da71*
69254 Malsch *498 Eb58*
76316 Malsch *498 Ea61*
02694 Malschwitz *474 Md40*
34323 Malsfeld *468 Fc42*
01734 Malter *473 Ld43*
79364 Malterdingen *507 Db67*
16515 Malz *440 La27*
23923 Malzow *427 Hb18*
18279 Mamerow *429 Ka19*
82291 Mammendorf *511 Hd67*
94437 Mamming *503 Kd63*
85077 Manching *502 Jb62*
66399 Mandelbachtal *496 Cb59*
18184 Mandelshagen *428 Jd16*
54531 Manderscheid *477 Ca51*
39524 Mangelsdorf *448 Jc30*
23738 Manhagen *427 Ha16*
16845 Manker *439 Kb27*
19357 Mankmuß *438 Ja25*
39359 Mannhausen *447 Hc31*
68... Mannheim *489 Ea56*
06343 Mansfeld *459 Ja38*
16949 Mansfeld *438 Jc24*
26736 Manslagt *432 Cc22*
92708 Mantel *493 Jd54*
71672 Marbach a. Neckar *499 Fb61*
350.. Marburg *467 Ec45*
79232 March *507 Da68*
26427 Margens *423 Db20*
97276 Margetshöchheim *491 Ga53*
94553 Mariaposching *504 La61*
09496 Marienberg *485 Lb46*
39365 Marienborn *447 Hc33*
26529 Marienhafe *422 Cd21*
31094 Marienhagen *456 Fd34*
51709 Marienheide *466 Da42*
37696 Marienmünster *456 Fa36*
38368 Mariental *447 Hb32*
16775 Marienthal *440 La25*
17309 Marienthal *431 Ma20*
16348 Marienwerder *440 Lc27*
17219 Marihn *429 Kd21*
54484 Maring-Noviand *487 Cb52*
98530 Marisfeld *481 Gd47*
08258 Mark-Neukirchen *484 Kb49*
88677 Markdorf *519 Fb71*
06779 Marke *460 Ka37*
14641 Markee *449 Kc29*
08352 Markersbach *484 Kd47*
02829 Markersdorf *475 Nb41*
15528 Markgrafpieske *451 Ma31*
71706 Markgröningen *499 Fa61*
04416 Markkleeberg *472 Ka40*
84163 Marklkofen *513 Kc64*
31608 Marklohe *445 Fa29*
04420 Markranstädt *472 Ka40*
99819 Marksuhl *469 Gb44*
91801 Markt Berolzheim *501 Hb60*
91477 Markt Bibart *491 Gd55*
97348 Markt Einersheim *491 Gc54*
91459 Markt Erlbach *492 Ha56*
85229 Markt Indersdorf *512 Ja66*
91478 Markt Nordheim *491 Gc55*
87733 Markt Rettenbach *510 Gd69*
85570 Markt Schwaben *512 Jd67*
91480 Markt Taschendorf *491 Gd54*
86865 Markt Wald *511 Ha68*
91613 Marktbergel *491 Gc56*
97340 Marktbreit *491 Gb54*
97330 Marktgölitz *482 Hd47*
96257 Marktgraitz *482 Hd50*
97828 Marktheidenfeld *490 Fc53*
84533 Marktl *514 La66*
95352 Marktleugast *483 Jb50*
95168 Marktleuthen *483 Jd50*
87616 Marktoberdorf *521 Ha71*
86748 Marktoffingen *500 Gd61*
95615 Marktredwitz *483 Jd51*
96364 Marktrodach *483 Ja49*
83487 Marktschellenberg *524 Lb71*
95509 Marktschorgast *483 Jb51*
97342 Marktsteft *491 Gb54*
96275 Marktzeuln *482 Hc50*
49448 Marl *444 Ea30*
457.. Marl / Westf. *453 Cc37*
91080 Marloffstein *492 Hc55*
18337 Marlow *429 Ka16*
25709 Marne *424 Ed18*
25709 Marnerdeich *424 Ed18*
67297 Marnheim *488 Dc55*
19376 Marnitz *438 Jb23*
96126 Maroldsweisach *482 Ha50*
66646 Marpingen *487 Cb56*
14476 Marquardt *449 Kd30*
83250 Marquartstein *523 Kc70*
34431 Marsberg *455 Ec39*
21436 Marschacht *436 Gc22*
24238 Martensrade *418 Gc15*
27327 Martfeld *434 Ed27*
37318 Marth *469 Ga40*
97340 Martinsheim *491 Gb55*
66894 Martinshöhe *487 Cd57*
04895 Martinskirchen *461 Lb38*
06528 Martinsrieth *458 Hd39*
16727 Marwitz *450 La28*
04924 Marxdorf *461 Lb38*
15306 Marxdorf *451 Mb29*
21439 Marxen *436 Ga23*
86688 Marxheim *501 Hc62*
76359 Marzell *498 Ea61*
14913 Marzahna *460 Kc34*
14778 Marzahne *449 Kb30*
79429 Marzell *517 Da71*
85417 Marzling *512 Jc65*
56761 Masburg *477 Cb50*
29365 Masel *446 Gd28*
88437 Maselheim *510 Ga68*
29525 Masendorf *436 Gd26*
97711 Maßbach *481 Gc50*
03238 Massen-Niederlausitz *461 Ld36*
74252 Massenbachhausen *498 Ed59*
98666 Masserberg *482 Hb47*
84323 Massing *513 Kd65*
17209 Massow *439 Ka23*
66506 Maßweiler *496 Cd58*
56869 Mastershausen *477 Cd51*
17168 Matgendorf *429 Ka18*
18556 Mattchow *421 La11*
03159 Mattendorf *462 Md36*
19372 Matzlow-Garwitz *438 Ja22*
69256 Mauer *489 Ec57*
85419 Mauern *512 Jd64*
87665 Mauerstetten *521 Ha70*
16909 Maulbeerwalde *439 Ka24*
75433 Maulbronn *498 Ec60*
79689 Maulburg *517 Da72*
03185 Maust *462 Mc35*
94151 Mauth *505 Ma60*
67133 Maxdorf *488 Dd56*
93142 Maxhütte-Haidhof *503 Ka58*
76744 Maximiliansau *497 Dd60*
56244 Maxsain *478 Db47*
56727 Mayen *477 Cc49*
53508 Mayschoß *477 Cb47*
53894 Mechernich *476 Bd46*
23909 Mechow *427 Ha20*
21358 Mechtersen *436 Gc23*
99880 Mechterstädt *469 Gd44*
88074 Meckenbeuren *519 Fc71*
53340 Meckenheim *477 Cb46*
67149 Meckenheim *488 Dd57*
74909 Meckesheim *498 Ec58*
45711 Meckinghoven *453 Cd38*
55566 Meddersheim *488 Da54*
23847 Meddewade *426 Gc19*
59964 Medebach *467 Ec41*
24994 Medelby *417 Fa10*
21775 Medemstade *424 Ed20*
14827 Medewitz *460 Ka34*
01458 Medingen *474 Ma41*
17391 Medow *430 Lb18*
96484 Meeder *482 Hb49*
08393 Meerane *472 Kb44*
31715 Meerbeck *445 Fa32*
406.. Meerbusch *464 Bd41*
88709 Meersburg *519 Fb71*
17111 Meesiger *429 Kc18*
19205 Meetzen *427 Hb20*
24594 Meezen *425 Fd17*
24799 Meggerdorf *417 Fb14*
67735 Mehlbach *488 Da56*
25588 Mehlbek *425 Fb17*
67678 Mehlingen *488 Db56*
95694 Mehlmeisel *493 Jc52*
15936 Mehlsdorf *461 Lb35*
08539 Mehltheuer *483 Jd47*
98634 Mehmels *481 Gc46*
29413 Mehmke *447 Hb28*
54552 Mehren *477 Ca50*
54346 Mehring *487 Ca53*
06456 Mehringen *459 Ja37*
16356 Mehrow *450 Lc29*
72537 Mehrstetten *509 Fc66*
17291 Meichow *441 Ma23*
17375 Meiersberg *430 Ld19*
06386 Meilendorf *459 Jd37*
38527 Meine *446 Gd31*
09390 Meinersdorf *472 Kd45*
38536 Meinersen *446 Gc30*
58540 Meinerzhagen *466 Da42*
37276 Meinhard *469 Gb41*
98617 Meiningen *481 Gd47*
27404 Meinstedt *435 Fb23*
54570 Meisburg *476 Bd51*
06463 Meisdorf *458 Hd37*
55590 Meisenheim *488 Da54*
01662 Meissen *473 Lc41*
29308 Meißendorf *445 Fd28*
77974 Meißenheim *507 Db65*
37290 Meißner *469 Ga41*
86405 Meitingen *511 Hb64*
30900 Meitze *445 Fd30*
39326 Meitzendorf *448 Ja32*
21406 Melbeck *436 Gc24*
16230 Melchow *440 Lc27*
25704 Meldorf *424 Ed17*
19273 Melkof *437 Hb23*
4932. Melle (Wiehengeb.) *444 Ea33*
83458 Melleck *524 La71*
19309 Mellen *438 Ja24*
98746 Mellenbach-Glasbach *482 Hc46*
15806 Mellensee *450 Lb32*
17429 Mellenthin *430 Ld17*
25992 Mellhörn *416 Ea9*
38489 Mellin *447 Hb29*
99441 Mellingen *470 Hd43*
27249 Mellinghausen *444 Ed28*
06918 Mellnitz *460 Kd35*
97638 Mellrichstadt *481 Gc48*
98634 Melpers *481 Gb47*
56581 Melsbach *477 Cd47*
24109 Melsdorf *418 Ga15*
34212 Melsungen *468 Fc42*
04808 Meltewitz *472 Kd39*
17209 Melz *439 Kb23*
17291 Melzow *440 Ld24*
96117 Memmelsdorf *492 Hb52*
87700 Memmingen *510 Gc69*
87766 Memmingerberg *510 Gc69*
587.. Menden *454 Db39*
98631 Mendhausen *481 Gd48*
56743 Mendig *477 Cc48*
88512 Mengen *509 Fb68*
96529 Mengersgereuth-Hämmern *482 Hc48*
35794 Mengerskirchen *478 Dd47*
84152 Mengkofen *503 Kc62*
17326 Menkin *431 Ma21*
49637 Menslage *443 Db29*
99996 Menteroda *469 Gd40*
16775 Menz *439 Kd24*
39175 Menz *448 Jb33*
23923 Menzendorf *427 Hb19*
49716 Meppen *442 Cd28*
86504 Merching *511 Hc67*
66589 Merchweiler *487 Cb57*
79291 Merdingen *507 Da69*
35799 Merenberg *478 Dd47*
86415 Mering *511 Hc66*
97132 Merkendorf *501 Ha58*
36460 Merkers-Kieselbach *469 Gb45*
89188 Merklingen *509 Fd64*
06217 Merseburg *471 Jc40*
16949 Mertensdorf *438 Jc24*
54331 Mertert *486 Bc54*
54318 Mertesdorf *486 Bd53*
86690 Mertingen *501 Hb63*
56753 Mertloch *477 Cc49*
55627 Merxheim *488 Da53*
15848 Merz *451 Mc32*
66978 Merzalben *497 Da58*
04932 Merzdorf *461 Lc39*
14913 Merzdorf *461 Lb34*
49586 Merzen *443 Db30*
52399 Merzenich *464 Bc44*
79249 Merzhausen *507 Db69*
66663 Merzig *486 Bd56*
59872 Meschede *466 Dd40*
18230 Meschendorf *428 Ja16*
16775 Meseberg *439 Kd26*
39326 Meseberg *448 Jb32*
39606 Meseberg *438 Jb27*
17498 Mesekenhagen *421 La15*
16928 Mesendorf *438 Jd25*
63875 Mespelbrunn *490 Fb52*
39624 Meßdorf *448 Ja28*
64409 Messel *489 Ec52*
31867 Messenkamp *445 Fb32*
49832 Messingen *443 Da30*
88605 Messkirch *509 Fa69*
72469 Meßstetten *508 Ed67*
19374 Mestlin *428 Jb21*
48629 Metelen *442 Cc33*
23972 Metelsdorf *427 Hd18*
17111 Metschow *429 Kc18*
94526 Metten *504 La61*
74677 Mettendorf *486 Bb52*
67582 Mettenheim *489 Ea54*
84562 Mettenheim *513 Kc66*
49497 Mettingen *443 Db32*
66693 Mettlach *486 Bc56*
40822 Mettmann *465 Cb41*
16269 Metzdorf *451 Mb28*
98639 Metzels *481 Gd46*
72555 Metzingen *509 Fb64*
56414 Meudt *478 Db47*
98744 Meura *482 Hd47*
01994 Meuro *462 Ma38*
06905 Meuro *460 Kc36*
98746 Meuselbach-Schwarzmühle *482 Hc47*
04610 Meuselwitz *472 Ka42*
17322 Mewegen *431 Mb21*
16945 Meyenburg *438 Jd23*
24980 Meyn *417 Fa11*
18356 Michaelsdorf *420 Ka14*
83544 Michaelsdorf *420 Ka14*
96247 Michelau i. Oberfranken *482 Hc50*
97513 Michelau i. Steigerwald *491 Gd52*
74544 Michelbach a. d. Bilz *499 Fd60*
74545 Michelfeld *499 Fd59*
06386 Micheln *459 Jc36*
14797 Michelsdorf *449 Kc31*
93185 Michelsneukirchen *503 Kc59*
64720 Michelstadt *489 Ed54*
04539 Michelwitz *472 Ka42*
14552 Michendorf *449 Kd31*
86866 Mickhausen *511 Ha67*
18586 Middelhagen *421 Lc14*
26434 Middoge *423 Dc20*
25938 Midlum *416 Eb11*
27632 Midlum *424 Eb20*
56357 Miehlen *478 Db50*
07922 Mielesdorf *483 Jc47*
24247 Mielkendorf *418 Ga15*
66892 Miesau *487 Cd57*
83714 Miesbach *522 Jd70*
66877 Miesenbach *488 Da56*
39649 Mieste *447 Hc30*
39649 Miesterhorst *447 Hc30*
88487 Mietingen *510 Ga67*
99826 Mihla *469 Gc42*
09456 Mildenau *485 La46*
17348 Mildenitz *430 Lc21*
25866 Mildstedt *417 Fa13*
09306 Milkau *472 Kd42*
02699 Milkel *462 Md39*
18461 Millienhagen *420 Kb15*
17268 Milmersdorf *440 Lc24*
14715 Milow *449 Ka30*
17337 Milow *430 Ld21*
19300 Milow *438 Ja24*
93468 Miltach *503 Kd58*
63897 Miltenberg *490 Fb54*
39590 Miltern *448 Jc29*
04205 Miltitz *472 Ka40*
18519 Miltzow *421 Kd15*
98631 Milz *481 Gd48*
06246 Milzau *471 Jc40*
87719 Mindelheim *510 Gd68*
93349 Mindelstetten *502 Jb61*
3242. Minden (Westfalen) *444 Ed32*
76872 Minfeld *497 Dd60*
26434 Minsen *423 Dc20*
85375 Mintraching *512 Jc66*
93098 Mintraching *503 Kb60*
17209 Minzow *439 Ka22*
17252 Mirow *439 Kc23*
27632 Misselwarden *424 Eb20*
03205 Missen *462 Mb36*
87547 Missen *520 Gb72*
95511 Mistelbach *493 Ja52*
95490 Mistelgau *493 Ja52*
18276 Mistorf *428 Jc18*
63584 Mittel-Gründau *480 Fa50*
09224 Mittelbach *472 Kd44*
88441 Mittelbiberach *509 Fd68*
91734 Mitteleschenbach *501 Hb58*
09243 Mittelfrohna *472 Kc44*
06542 Mittelhausen *459 Ja39*
02763 Mittelherwigsdorf *475 Nb43*
18320 Mittelhof *420 Kb15*
57537 Mittelhof *466 Db45*
86868 Mittelneufnach *511 Ha67*
21720 Mittelnkirchen *425 Fc21*
31832 Mittelrode *445 Fc33*
97785 Mittelsinn *480 Fc50*
72766 Mittelstadt *509 Fa64*
21770 Mittelstenahe *424 Ed20*
82293 Mittelstetten *511 Hd66*
35756 Mittenaar *479 Ea46*
82481 Mittenwald *522 Ja73*
15749 Mittenwalde *450 Lc32*
17268 Mittenwalde *440 Lc24*
94360 Mitterfels *503 Kd60*
84335 Mitterskirchen *513 Kd65*
95666 Mitterteich *494 Ka52*
09648 Mittweida *473 La43*
15848 Mittweide *451 Mb33*
96268 Mitwitz *482 Hd49*
15299 Mixdorf *451 Mc32*
03205 Mlode *462 Ma36*
01462 Mobschatz *473 Ld42*
04720 Mochau *473 Lb41*
06888 Mochau *460 Kc35*
15913 Mochow *462 Mb34*
04838 Mockrehna *460 Kd38*
64397 Modautal *489 Ec54*
15890 Möbiskruge *451 Md32*
39291 Möckern *448 Jc33*
74219 Möckmühl *490 Fb57*
89426 Mödingen *500 Gd63*
14715 Mögelin *449 Ka29*
73563 Mögglingen *500 Ga62*
16269 Möglin *451 Ma28*
71701 Möglingen *499 Fa61*
06791 Möhlau *460 Ka36*
59519 Möhnesee *454 Dd39*
21493 Möhnsen *426 Gc21*
36433 Möhra *469 Gc44*
98708 Möhrenbach *482 Hb46*
91096 Möhrendorf *492 Hc55*
78532 Möhringen *508 Ec69*
04457 Mölkau *472 Kb40*
17237 Möllenbeck *440 La22*
19300 Möllenbeck *438 Jb23*
39606 Möllenbeck *448 Ja28*
06343 Möllendorf *458 Hd38*
17219 Möllenhagen *429 Kc21*
06869 Möllensdorf *460 Kb35*
17091 Mölln *429 Kd20*
23879 Mölln *426 Gd20*
17449 Mölschow *430 Lc16*
63776 Mömbris *480 Fa51*
63853 Mömlingen *490 Fa53*
63933 Mönchberg *490 Fb53*
41... Mönchengladbach *464 Bc41*
06926 Mönchenhöfe *461 La36*
99198 Mönchenholzhausen *470 Hc43*
18182 Mönchhagen *428 Jd16*
86751 Mönchsdeggingen *501 Ha62*
91614 Mönchsroth *500 Gc60*
78087 Mönchweiler *508 Ea68*
15528 Mönchwinkel *451 Ma30*
24248 Mönkeberg *418 Gb14*
17375 Mönkebude *430 Ld19*
23619 Mönkhagen *426 Gd18*
24576 Mönkloh *425 Fd18*
71297 Mönsheim *498 Ec61*
24594 Mörel *425 Fd16*
64546 Mörfelden *489 Eb52*
39599 Möringen *448 Jb29*
69509 Mörlenbach *489 Ec55*
91804 Mörnsheim *501 Hc61*
4744. Moers *452 Bd39*
14806 Mörz *449 Kc33*
39291 Möser *448 Jb32*
72116 Mössingen *508 Ed65*
06193 Mösthinsdorf *459 Jc37*
14715 Möthlitz *449 Ka30*
14715 Möthlow *449 Kb29*
86753 Möttingen *501 Ha62*
93099 Mötzing *503 Kb61*
71159 Mötzingen *508 Ec64*
23795 Mözen *426 Gb18*
56424 Mogendorf *478 Db47*
04626 Mohlis *472 Ka43*
07987 Mohlsdorf *484 Ka46*
01723 Mohorn *473 Lc42*
24405 Mohrkirch *417 Fd12*
18246 Moisall *428 Jb18*
21647 Moisburg *435 Fd22*
49696 Molbergen *433 Dc27*
24113 Molfsee *418 Ga15*
17217 Mollenstorf *429 Kd21*
06543 Molmerswende *458 Hd38*
29413 Molmke *447 Hb28*
99869 Molschleben *470 Ha43*
23996 Moltow *427 Hd19*
17194 Moltzow *429 Ka20*
55278 Mommenheim *488 Dd53*
40789 Monheim *465 Ca42*
86653 Monheim *501 Hb62*
52156 Monschau *476 Bb47*
67590 Monsheim *488 Dd55*
56410 Montabaur *478 Db48*
54518 Monzel *487 Ca52*
54472 Monzelfeld *487 Cb52*
55569 Monzingen *488 Da53*
23948 Moor *427 Hb18*
25597 Moordiek *425 Fc18*
25597 Moordorf *425 Fc18*
82272 Moorenweis *511 Hc67*
36433 Moorgrund *469 Gc44*
26316 Moorhausen *433 Dd22*
25554 Moorhusen *425 Fb18*
26802 Moormerland *433 Da23*
25436 Moorrege *425 Fc20*
26427 Moorweg *423 Da21*
78345 Moos *518 Ed71*
94554 Moos *504 La62*
85665 Moosach *512 Jd68*
92709 Moosbach *494 Kb55*
85368 Moosburg *512 Jd65*
85452 Moosinning *512 Jd66*
84164 Moosthenning *503 Kc63*
19230 Moraas *437 Hc22*
54497 Morbach *487 Cb53*
17406 Morgenitz *430 Ld17*
37186 Moringen *457 Ga37*
39264 Moritz *459 Jc34*
01468 Moritzburg *473 Ld41*
06193 Morl *459 Jc38*
51597 Morsbach *466 Db44*
34326 Morschen *468 Fc43*
39343 Morsleben *447 Hc32*
27321 Morsum *435 Fa26*
06528 Morungen *458 Hd39*
06918 Morxdorf *460 Kd35*
74821 Mosbach *490 Fa57*
08129 Mosel *472 Kb45*
64756 Mossautal *489 Ed55*
07907 Moßbach *483 Jc46*
97786 Motten *480 Fd48*
15741 Motzen *450 Lc32*
07381 Moxa *483 Jb46*
53804 Much *465 Cd44*
24238 Mucheln *418 Gc15*
19300 Muchow *438 Ja23*
03229 Muckwar *462 Mb36*
69427 Mudau *490 Fa54*
57555 Mudersbach *466 Dc45*
06249 Mücheln *471 Jb40*
02906 Mücka *463 Na39*
35325 Mücke *479 Ed46*
38539 Müden *446 Gc30*
04769 Mügeln *473 La40*
26409 Müggenkrug *423 Db21*
01809 Müglitztal *474 Ma43*
24582 Mühbrook *426 Ga16*
18276 Mühl Rosin *428 Jd19*
75417 Mühlacker *498 Ec61*
06888 Mühlanger *460 Kc35*
09241 Mühlau *472 Kd43*
66509 Mühlbach *496 Cd58*
06774 Mühlbeck *460 Ka37*
04931 Mühlberg *461 Lb39*
99869 Mühlberg *470 Hb44*
84453 Mühldorf a. Inn *513 Kc66*
19205 Mühlen Eichsen *427 Hc19*
77796 Mühlenbach *507 Dc67*
25548 Mühlenbarbek *425 Fc18*
16567 Mühlenbeck *450 Lb28*
21493 Mühlenrade *426 Gc21*
08626 Mühlental *484 Ka48*
69242 Mühlhausen *498 Ec58*
78259 Mühlhausen *518 Ec70*
92360 Mühlhausen *502 Ja59*
96172 Mühlhausen *492 Hb54*
73347 Mühlhausen im Täle *509 Fd64*
99974 Mühlhausen (Thüringen) *469 Gd41*
78570 Mühlheim a. d. Donau *508 Ed69*
63165 Mühlheim a. Main *479 Ec51*
88690 Mühlhofen *519 Fb71*
78357 Mühlingen *518 Ed70*
02959 Mühlrose *462 Md38*
06862 Mühlstedt *460 Ka35*
64367 Mühltal *489 Ec53*
07919 Mühltroff *483 Jc47*
454.. Mülheim a. d. Ruhr *453 Ca39*
56218 Mülheim-Kärlich *477 Cd48*
79379 Müllheim *517 Da70*
15299 Müllrose *451 Mc31*
08132 Mülsen Sankt Jacob *472 Kc45*
08132 Mülsen Sankt Micheln *472 Kc45*
08146 Mülsen Sankt Niclas *472 Kc45*
08146 Mülsen-Ortmannsdorf *472 Kc45*
95213 Münchberg *483 Jc50*
15374 Müncheberg *451 Mb29*
15366 Münchehofe *450 Lc30*
15748 Münchehofe *450 Ld32*
8.... München *512 Jb67*
07589 München-Bernsdorf *471 Jc44*
03238 Münchhausen *461 Ld37*
35117 Münchhausen *467 Ec43*
85126 Münchsmünster *502 Jc62*
91481 Münchsteinach *492 Ha55*
67728 Münchweiler a. d. Alsenz *488 Db55*
66981 Münchweiler a. d. Rodalb *497 Da58*
97702 Münnerstadt *481 Gb50*
82541 Münsing *512 Ja69*
72525 Münsingen *509 Fc65*
64839 Münster *489 Ec52*
481.. Münster / Westf. *454 Da35*
56294 Münster-Maifeld *477 Cd49*
55424 Münster-Sarmsheim *488 Db52*
25587 Münsterdorf *425 Fc18*
86505 Münsterhausen *510 Gd66*
79244 Münstertal / Schwarzwald *517 Db70*
35516 Münzenberg *479 Ec48*
16278 Mürow *441 Ma25*
03096 Müschen *462 Mb35*
57629 Müschenbach *478 Db46*
21516 Müssen *436 Gd22*
14823 Mützdorf *460 Kb34*
39307 Mützel *448 Jd31*
14715 Mützlitz *449 Kb29*
76461 Muggensturm *497 Dd61*
91735 Muhr a. See *501 Ha59*
09619 Mulda *473 Lc44*
06804 Muldenstein *460 Ka37*
74673 Mulfingen *490 Fd57*
27632 Mulsum *424 Eb20*
74395 Mundelsheim *499 Fa60*
89597 Munderkingen *509 Fd67*
49808 Mundersum *442 Cd30*
24960 Munkbrarup *417 Fc10*
86754 Munningen *501 Ha61*
07338 Munschwitz *483 Ja46*
29633 Munster *436 Ga26*
17390 Murchin *430 Lc17*
79730 Murg *517 Dc73*
82418 Murnau a. Staffelsee *521 Hd71*
71711 Murr *499 Fb61*
71540 Murrhardt *499 Fc60*
88371 Musbach *509 Fc69*
06679 Muschwitz *471 Jd41*
19406 Mustin *428 Jc20*
23911 Mustin *427 Ha20*
73557 Mutlangen *499 Fd62*
67112 Mutterstadt *489 Ea56*
04688 Mutzschen *472 Kd40*
08499 Mylau *484 Ka46*

N

92507 Nabburg *494 Ka56*
58769 Nachrodt-Wiblingwerde *466 Da40*
06469 Nachterstedt *458 Hd36*
16845 Nackel *439 Kb27*
55299 Nackenheim *489 Ea52*
17329 Nadrensee *441 Mb22*
15806 Nächst Neuendorf *450 Lb32*
95697 Nagel *493 Jd52*
72202 Nagold *508 Ec64*
23866 Nahe *426 Gb19*
98553 Nahetal *482 Hb47*
14797 Nahmitz *449 Kc31*
21369 Nahrendorf *437 Ha24*
39599 Nahrstedt *448 Jb29*
95119 Naila *483 Jb49*
66809 Nalbach *486 Bd57*
66640 Namborn *487 Cb56*
85405 Nandlstadt *512 Jc64*
66909 Nanzdietschweiler *487 Cd56*
04657 Narsdorf *472 Kc42*
56377 Nassau *478 Db49*
85128 Nassenfels *501 Hd62*
16515 Nassenheide *440 La27*
56355 Nastätten *478 Db50*
29587 Natendorf *436 Gc25*
39606 Natterheide *448 Ja28*
89564 Nattheim *500 Gc63*
23996 Naudin *427 Hd19*
14641 Nauen *449 Kc29*
06193 Nauendorf *459 Jc38*
17291 Naugarten *440 Lc23*
64569 Nauheim *489 Ea52*
06618 Naumburg *471 Jc41*
34311 Naumburg *468 Fa41*
03096 Naundorf *462 Mb35*
04769 Naundorf *473 La40*
04838 Naundorf *460 Kb38*
04936 Naundorf *461 Lc36*
06918 Naundorf b. Seyda *460 Kd35*
04683 Naunhof *472 Kc40*
56237 Nauort *478 Da48*
57583 Nauroth *478 Db46*
01609 Nauwalde *461 Lc39*
25946 Nebel *416 Ea12*
19348 Nebelin *438 Jb25*
01920 Nebelschütz *474 Mc40*
06642 Nebra *471 Ja40*
17309 Nechlin *430 Ld21*
74924 Neckarbischofsheim *498 Ed58*
69151 Neckargemünd *489 Ec57*
69437 Neckargerach *490 Fa57*
68535 Neckarhausen *489 Eb56*
69239 Neckarsteinach *489 Ec57*
74172 Neckarsulm *499 Fa59*
72666 Neckartailfingen *509 Fb64*
72654 Neckartenzlingen *509 Fa64*
74382 Neckarwestheim *499 Fa60*
74865 Neckarzimmern *499 Fa58*
17039 Neddemin *430 La20*
27308 Neddenaverbergen *435 Fb27*
39264 Nedlitz *448 Jd33*
39291 Nedlitz *448 Jb33*
17440 Neeberg *430 Lc16*
06295 Neehausen *459 Jb38*
48465 Neerlage *442 Cc31*
21398 Neetze *436 Gd24*
17349 Neetzka *430 Lb21*
17391 Neetzow *430 La18*
26409 Negenbargen *423 Db21*
37643 Negenborn *456 Fc35*
24625 Negenharrie *426 Ga16*
23795 Negernbötel *426 Gb17*
06193 Nehlitz *459 Jc38*
23813 Nehms *426 Gc17*
24326 Nehmten *426 Gc17*
72147 Nehren *509 Fa65*
54552 Neichen *477 Ca49*
67468 Neidenfels *488 Dc57*
74933 Neidenstein *498 Ed58*
36452 Neidhartshausen *481 Gb46*
73272 Neidlingen *509 Fc64*
38321 Neindorf *446 Gd33*
06502 Neinstedt *458 Hc37*
02829 Neißeaue *475 Nc40*
89191 Nellingen *509 Fd64*
06268 Nemsdorf-Göhrendorf *471 Jb40*
78532 Nendingen *508 Ec69*
26556 Nenndorf *423 Da21*
14715 Nennhausen *449 Kb29*
91790 Nennslingen *501 Hd60*
36214 Nentershausen *469 Ga43*
56412 Nentershausen *478 Dc48*
78359 Nenzingen *518 Ed70*
19417 Neperstorf *428 Ja19*
17429 Neppermin *430 Ld17*
04685 Nerchau *472 Kd40*
17391 Nerdin *430 Lb18*
73450 Neresheim *500 Gc62*
23843 Neritz *426 Gb19*
89278 Nersingen *510 Gb65*
14806 Neschholz *449 Kc33*
19217 Neschow *427 Ha19*
02699 Neschwitz *474 Mc40*
19217 Nesow *427 Hb19*
06682 Nessa *471 Jd42*
26553 Nesse *422 Cd20*
27612 Nesse *434 Eb22*
87484 Nesselwang *520 Gd72*
26553 Neßmersiel *422 Cd20*
29562 Nestau *437 Ha26*
57250 Netphen *466 Dd44*
16949 Nettelbeck *438 Jc23*
29596 Nettelkamp *436 Gd27*
24250 Nettelsee *426 Gb16*
53947 Nettersheim *476 Bd47*
41334 Nettetal *464 Bb40*
38489 Nettgau *447 Hb29*
16818 Netzeband *439 Kb25*
14797 Netzen *449 Kc31*
19339 Netzow *438 Jd26*
08491 Netzschkau *484 Ka46*
26632 Neu Barstede *432 Cd22*
18442 Neu Bartelshagen *420 Kc14*
17509 Neu Boltenhagen *430 Lb16*
29490 Neu Darchau *437 Ha24*
24794 Neu Duvenstedt *417 Fd14*
21224 Neu Eckel *436 Ga23*
14476 Neu Fahrland *449 Kd30*
17192 Neu Falkenhagen *429 Kb21*
19205 Neu Frauenmarkt *427 Hc19*
17194 Neu Gaarz *429 Ka21*
19273 Neu Garge *437 Ha23*
49824 Neu Gnadenfeld *442 Cb29*
15526 Neu Golm *451 Mb31*
19258 Neu Gülze *437 Ha23*
17168 Neu Heinde *429 Ka18*
17348 Neu Käbelich *430 Lb21*
19294 Neu Kaliß *437 Hc24*
17111 Neu Kentzlin *429 Kc19*
17398 Neu Kosenow *430 Lc18*
15910 Neu Lübbenau *451 Ma33*
15518 Neu Madlitz *451 Mb30*
15306 Neu Mahlisch *451 Mc29*

19399 Neu Poserin *428 Jd21*
19357 Neu Premslin *438 Jb25*
27726 Neu Sankt Jürgen *434 Ed24*
21629 Neu Wulmstorf *435 Fd22*
15913 Neu Zauche *462 Mb34*
15537 Neu Zittau *450 Ld30*
61267 Neu-Anspach *479 Eb49*
37249 Neu-Eichenberg *469 Ga40*
63263 Neu-Isenburg *479 Ec51*
8923 . Neu-Ulm *510 Gb65*
16766 Neu-Vehlefanz *449 Kd28*
95698 Neualbenreuth *484 Kb51*
59269 Neubeckum *454 Dc36*
24879 Neuberend *417 Fc13*
63543 Neuberg *479 Ed50*
83115 Neubeuern *523 Ka70*
85579 Neubiberg *512 Jc68*
26909 Neubörger *433 Da26*
1703 . Neubrandenburg *430 La20*
15848 Neubrück *451 Mc31*
97277 Neubrunn *490 Fd54*
98617 Neubrunn *481 Gd47*
18233 Neubukow *428 Ja17*
75387 Neubulach *498 Ec63*
86633 Neuburg a. d. Donau *501 Hd62*
86476 Neuburg a. d. Kammel *510 Gd66*
94172 Neuburg a. Inn *514 Ld64*
76776 Neuburg a. Rhein *497 Dd60*
23974 Neuburg-Steinhausen *428 Ja18*
85467 Neuching *512 Jd66*
74861 Neudenau *499 Fb58*
99192 Neudietendorf *470 Hb44*
06493 Neudorf *458 Hc38*
09465 Neudorf *485 La47*
76676 Neudorf *498 Ea59*
24214 Neudorf-Bornstein *418 Ga14*
95512 Neudrossenfeld *483 Ja51*
16230 Neuehütte *440 Ld26*
14827 Neuehütten *449 Ka33*
29413 Neuekrug *447 Ha28*
07338 Neuenbeuthen *483 Jb47*
25578 Neuenbrook *425 Fc19*
75305 Neuenbürg *498 Eb62*
79395 Neuenburg a. Rhein *516 Cd70*
26340 Neuenburgerfeld *433 Dc23*
25436 Neuendeich *425 Fc20*
91564 Neuendettelsau *501 Hb58*
03185 Neuendorf *462 Md35*
14823 Neuendorf *460 Kc34*
16515 Neuendorf *440 La27*
17391 Neuendorf *430 La19*
18246 Neuendorf *428 Jb18*
18516 Neuendorf *429 Kd16*
25554 Neuendorf *425 Fb18*
37339 Neuendorf *457 Gb39*
38486 Neuendorf *447 Hc29*
97788 Neuendorf *480 Fd51*
17379 Neuendorf A *430 Ld19*
39624 Neuendorf a. Damm *447 Hd29*
15910 Neuendorf a. See *451 Ma33*
25335 Neuendorf b. Elmshorn *425 Fc20*
15518 Neuendorf im Sande *451 Mb30*
25488 Neuenfelde *425 Fd21*
23818 Neuengörs *426 Gc18*
15366 Neuenhagen *450 Lc29*
16259 Neuenhagen *441 Ma26*
49828 Neuenhaus *442 Cb30*
72631 Neuenhaus *499 Fa63*
39345 Neuenhofe *447 Hd32*
17039 Neuenkirchen *430 La20*
17392 Neuenkirchen *430 Lb18*
17498 Neuenkirchen *430 La16*
18569 Neuenkirchen *421 La12*
21640 Neuenkirchen *425 Fc21*
21763 Neuenkirchen *424 Ed19*
25792 Neuenkirchen *416 Ed15*
27251 Neuenkirchen *444 Ec28*
29643 Neuenkirchen *435 Fd26*
48485 Neuenkirchen *442 Cd32*
49434 Neuenkirchen *443 Dd30*
49586 Neuenkirchen *443 Db31*
49770 Neuenlande *443 Da29*
95339 Neuenmarkt *483 Jb51*
58809 Neuenrade *466 Db41*
08541 Neuensalz *484 Ka47*
74196 Neuenstadt *499 Fb58*
36286 Neuenstein *468 Fc44*
74632 Neuenstein *499 Fc58*
34599 Neuental *468 Fa43*
54673 Neuerburg *476 Bb51*
39524 Neuermark-Lübars *448 Jc29*
06926 Neuerstadt *461 La35*
85375 Neufahrn *512 Jc66*
84088 Neufahrn i. Niederbayern *503 Ka62*
25724 Neufeld *424 Ed18*
25724 Neufelderkoog *424 Ed18*
38486 Neuferchau *447 Hb29*
72639 Neuffen *509 Fb64*
85464 Neufinsing *512 Jc67*
72419 Neufra *509 Fa67*
88499 Neufra *509 Fc68*
84181 Neufraunhofen *513 Kb65*
87600 Neugablonz *511 Ha69*
06429 Neugattersleben *459 Jb36*
02727 Neugersdorf *475 Na42*
16775 Neuglobsow *439 Kd24*
16247 Neugrimnitz *440 Ld25*
56335 Neuhäusel *478 Da48*
15320 Neuhardenberg *451 Mb28*
26427 Neuharlingersiel *423 Db20*
21785 Neuhaus *424 Ed19*
91284 Neuhaus a. d. Pegnitz *493 Jb55*
94152 Neuhaus a. Inn *514 Ld64*
98724 Neuhaus a. Rennweg *482 Hc47*
96524 Neuhaus-Schierschnitz *482 Hd49*
03058 Neuhausen *462 Md36*
09544 Neuhausen *473 Lc45*
75242 Neuhausen *498 Ec62*
73765 Neuhausen a. d. Fildern *499 Fb63*
78579 Neuhausen ob Eck *508 Ed69*
17237 Neuhof *440 La22*
19246 Neuhof *427 Hb21*
31195 Neuhof *457 Ga35*
36119 Neuhof *480 Fc48*
90616 Neuhof a. d. Zenn *492 Ha56*
67141 Neuhofen *489 Ea57*
16515 Neuholland *440 La26*
97843 Neuhütten *490 Fb52*
17154 Neukalen *429 Kb18*
26835 Neukamperfehn *433 Da23*
04575 Neukieritzsch *472 Kb41*
01904 Neukirch *474 Mc41*
01936 Neukirch *474 Mb40*
88099 Neukirch *519 Fd72*
08451 Neukirchen *472 Kb44*
09221 Neukirchen *472 Kd44*
23779 Neukirchen *419 Hb14*
25927 Neukirchen *416 Ec10*
34626 Neukirchen *468 Fb44*
39615 Neukirchen *438 Jb27*
94362 Neukirchen *503 Kd60*
94127 Neukirchen a. Inn *514 Ld64*
92259 Neukirchen b. Sulzbach-Rosenberg *493 Jb55*
94154 Neukirchen v. Wald *504 Ld62*
92445 Neukirchen-Balbini *494 Kb57*
47506 Neukirchen-Vluyn *452 Bd39*
23992 Neukloster *428 Ja18*
16278 Neukünkendorf *441 Ma25*
04509 Neukyhna *460 Ka38*
23923 Neuleben *427 Ha19*
26909 Neulehe *432 Cd26*
73491 Neuler *500 Gb61*
16259 Neulewin *441 Mb27*
39615 Neulingen *438 Ja27*
75245 Neulingen *498 Ec61*
16775 Neulögow *439 Kd25*
16775 Neulöwenberg *440 La26*
68809 Neulußheim *498 Eb58*
54347 Neumagen-Dhron *487 Ca53*
08496 Neumark *484 Kb46*
26169 Neumarkhausen *433 Db27*
92318 Neumarkt i. d. Oberpfalz *502 Ja58*
84494 Neumarkt-Sankt Veit *513 Kc65*
2453 . Neumünster *426 Ga17*
92431 Neunburg vorm Wald *494 Kb57*
07356 Neundorf *483 Jb48*
07924 Neundorf *483 Jc46*
08527 Neundorf *483 Jd47*
39418 Neundorf *459 Ja36*
57520 Neunkhausen *478 Db46*
57290 Neunkirchen *466 Dc45*
74867 Neunkirchen *489 Ed57*
97980 Neunkirchen *490 Fb54*
91077 Neunkirchen a. Brand *492 Hc55*
91233 Neunkirchen a. Sand *492 Hd56*
66... Neunkirchen (Saar) *487 Cc57*
53819 Neunkirchen-Seelscheid *465 Cd44*
84524 Neuötting *513 Kd66*
03103 Neupetershain *462 Mb37*
06333 Neuplatendorf *458 Hd37*
76777 Neupotz *498 Ea59*
16259 Neureetz *441 Mb27*
94089 Neureichenau *505 Mb62*
77743 Neuried *507 Db65*
82061 Neuried *512 Jb68*
49767 Neuringe *442 Cb29*
16307 Neurochlitz *441 Mc22*
16816 Neuruppin *439 Kc26*
86356 Neusäss *511 Hb65*
02742 Neusalza-Spremberg *475 Na42*
94556 Neuschönau *504 Ld61*
26487 Neuschoo *423 Da21*
91616 Neusitz *491 Gc57*
95700 Neusorg *493 Jd52*
414 . . Neuss *464 Bd41*
04874 Neußen *461 La39*
01844 Neustadt *474 Mc42*
08223 Neustadt *484 Ka47*
35279 Neustadt *468 Fa44*
37345 Neustadt *457 Gd39*
79822 Neustadt *517 Dd70*
99762 Neustadt *458 Ha38*
91413 Neustadt a. d. Aisch *492 Ha55*
93333 Neustadt a. d. Donau *502 Jc62*
07806 Neustadt a. d. Orla *471 Jb45*
92660 Neustadt a. d. Waldnaab *494 Ka54*
6743 . Neustadt a.d. Weinstr. *488 Dd57*
95514 Neustadt a. Kulm *493 Jc53*
97845 Neustadt a. Main *490 Fc52*
98701 Neustadt a. Rennsteig *482 Hb47*
31535 Neustadt a. Rübenberge *445 Fb30*
96465 Neustadt b. Coburg *482 Hc49*
16845 Neustadt (Dosse) *439 Ka27*
23730 Neustadt i. Holstein *427 Ha16*
53577 Neustadt (Wied) *477 Cd46*
19306 Neustadt-Glewe *438 Ja22*
72149 Neustetten *508 Ec65*
17235 Neustrelitz *439 Kd22*
76689 Neuthard *498 Eb59*
93073 Neutraubling *503 Ka60*
15320 Neutrebbin *451 Mb28*
06198 Neutz-Lettewitz *459 Jc38*
39387 Neuwegersleben *458 Hc34*
75389 Neuweiler *498 Eb63*
5656 . Neuwied *477 Cd48*
24214 Neuwittenbek *418 Ga14*
09397 Neuwürschnitz *472 Kc45*
15898 Neuzelle *451 Na33*
17039 Neverin *430 La20*
23816 Neversdorf *426 Gb18*
54309 Newel *486 Bc53*
03253 Nexdorf *461 Lb37*
14822 Nichel *449 Kc33*
56645 Nickenich *477 Cc48*
63667 Nidda *479 Ed48*
61194 Niddatal *479 Ec49*
61130 Nidderau *479 Ec50*
52385 Nideggen *476 Bc46*
14929 Niebel *449 Kd33*
14929 Niebelhorst *449 Kd33*
14913 Niebendorf-Heinsdorf *461 Lb34*
25938 Nieblum *416 Eb11*
25899 Niebüll *416 Ec11*
24395 Nieby *418 Ga11*
17309 Nieden *430 Ld21*
34305 Niedenstein *468 Fb41*
63584 Nieder-Gründau *480 Fa50*
65835 Nieder-Hofheim *479 Ea51*
55268 Nieder-Olm *488 Dd52*
84100 Niederaichbach *503 Kb63*
94557 Niederalteich *504 Lb62*
01689 Niederau *473 Lc41*
36272 Niederaula *468 Fc45*
84494 Niederbergkirchen *513 Kc66*
56589 Niederbreitbach *477 Cd47*
55767 Niederbrombach *487 Cc54*
02708 Niedercunnersdorf *475 Na41*
09366 Niederdorf *472 Kd45*
61138 Niederdorfelden *479 Ec50*
99986 Niederdorla *469 Gd42*
56412 Niederelbert *478 Db48*
50189 Niederembt *464 Bc43*
14913 Niederer Fläming *461 La34*
78078 Niedereschach *508 Eb68*
56332 Niederfell *477 Cd49*
16248 Niederfinow *440 Ld26*
57572 Niederfischbach *466 Db44*
09243 Niederfrohna *472 Kc44*
96489 Niederfüllbach *482 Hc50*
99759 Niedergebra *457 Gd39*
14913 Niedergörsdorf *460 Kd34*
15306 Niederjesar *451 Mc30*
53859 Niederkassel *465 Cb45*
67700 Niederkirchen *488 Da55*
67150 Niederkirchen b. Deidesheim *488 Dd57*
41372 Niederkrüchten *464 Bb41*
49779 Niederlangen *432 Cd27*
97618 Niederlauer *481 Gb49*
15751 Niederlehme *450 Lc31*
49525 Niederlengerich *443 Db33*
66879 Niedermohr *487 Cd56*
92545 Niedermurach *494 Kb56*
63843 Niedernberg *490 Fa52*
39167 Niederndodeleben *448 Ja33*
65629 Niederneisen *478 Dc49*
74676 Niedernhall *499 Fc58*
65527 Niedernhausen *479 Ea50*
31712 Niedernwöhren *445 Fa32*
02791 Niederoderwitz *475 Nb42*
37355 Niederorschel *469 Gc40*
87767 Niederrieden *510 Gc68*
06542 Niederröblingen *458 Hd39*
99510 Niederroßla *471 Ja43*
99762 Niedersachswerfen *458 Ha38*
09600 Niederschöna *473 Lc43*
86694 Niederschönenfeld *501 Hc63*
38173 Niedersickte *446 Gd33*
97996 Niederstetten *491 Ga57*
89168 Niederstotzingen *510 Gc64*
04741 Niederstriegis *473 La42*
84494 Niedertaufkirchen *513 Kc66*
84183 Niederviehbach *503 Kb63*
45529 Niederwenigern *453 Cc39*
14822 Niederwerbig *449 Kc33*
97464 Niederwerrn *481 Gb51*
09577 Niederwiesa *473 La44*
94559 Niederwinkling *504 La61*
55758 Niederwörresbach *487 Cc54*
09399 Niederwürschnitz *472 Kd45*
52382 Niederzier *464 Bc44*
56651 Niederzissen *477 Cc48*
75223 Niefern *498 Ed62*
39291 Niegripp *448 Jb32*
33039 Nieheim *456 Fa36*
18190 Niekrenz *428 Jd17*
39319 Nielebock *448 Jc30*
19069 Niemark *427 Hc20*
06188 Niemberg *459 Jd38*
14823 Niemegk *449 Kc33*
16909 Niemerlang *439 Ka23*
37127 Niemetal *456 Fd39*
01968 Niemtsch *462 Ma38*
24819 Nienborstel *425 Fc16*
25596 Nienbüttel *425 Fb17*
06429 Nienburg *459 Jb36*
31582 Nienburg (Weser) *445 Fa29*
15936 Niendorf *461 Lb35*
19294 Niendorf *437 Hc24*
23923 Niendorf *427 Ha19*
29591 Niendorf *436 Gd25*
39646 Niendorf *447 Hb31*
23919 Niendorf b. Berkenthin *426 Gd20*
23881 Niendorf/ Stecknitz *426 Gd21*
29336 Nienhagen *446 Gb30*
29690 Nienhagen *445 Fc29*
39340 Nienhagen *458 Hc35*
18211 Nienhagen, Ostseebad *428 Jb16*
24808 Nienkattbek *425 Fd16*
31688 Nienstädt *445 Fa32*
06542 Nienstedt *458 Hd39*
23863 Nienwohld *426 Gb19*
29596 Nienwohlde *436 Gd27*
18442 Niepars *420 Kc14*
25889 Nierstein *489 Ea53*
47574 Nierswalde *452 Bb37*
24395 Niesgrau *417 Fd11*
02906 Niesky *463 Nb39*
34329 Nieste *468 Fd40*
34266 Niestetal *468 Fc40*
56132 Nievern *478 Da49*
15848 Niewisch *451 Mb33*
15910 Niewitz *461 Ld34*
24594 Nindorf *425 Fc16*
25704 Nindorf *425 Fa17*
57645 Nister *478 Db46*
57647 Nistertal *478 Db46*
54453 Nittel *486 Bc54*
93149 Nittenau *503 Kb58*
93152 Nittendorf *502 Jd60*
14715 Nitzahn *449 Ka30*
39539 Nitzow *438 Jc27*
04603 Nobitz *472 Kb43*
04626 Nöbdenitz *472 Ka44*
31535 Nöpke *445 Fb29*
24214 Noer *418 Ga13*
86720 Nördlingen *500 Gd61*
37176 Nörten-Hardenberg *457 Ga38*
56283 Nörtershausen *477 Cd50*
52388 Nörvenich *464 Bd45*
29562 Növenthien *437 Ha26*
66625 Nohfelden *487 Cb55*
99428 Nohra *470 Hd43*
99735 Nohra *458 Ha39*
88149 Nonnenhorn *519 Fd72*
66620 Nonnweiler *487 Cb55*
38272 Norddassel *446 Gb33*
25764 Norddeich *424 Ed16*
25946 Norddorf *416 Ea12*
26506 Norden *422 Cc21*
86695 Nordendorf *511 Hb64*
26954 Nordenham *434 Eb22*
24392 Norderbrarup *417 Fd12*
25779 Norderheistedt *417 Fa15*
25704 Nordermeldorf *424 Ed16*
26548 Norderney *422 Cc20*
25868 Norderstapel *417 Fa14*
228 . . Norderstedt *426 Ga20*
25746 Norderwöhrden *424 Ed16*
39343 Nordgermersleben *447 Hd33*
24980 Nordhackstedt *417 Fa11*
96365 Nordhalben *483 Ja48*
25785 Nordhastedt *425 Fa16*
99734 Nordhausen *458 Ha39*
74226 Nordheim *499 Fa59*
86690 Nordheim *501 Hb63*
98631 Nordheim *481 Gc48*
97334 Nordheim a. Main *491 Gb53*
97647 Nordheim v. d. Rhön *481 Gb48*
27637 Nordholz *424 Eb19*
485 . . Nordhorn *442 Cb31*
59394 Nordkirchen *454 Da37*
21765 Nordleda *424 Ec19*
49835 Nordlohne *442 Cc30*
77787 Nordrach *507 Dc65*
31717 Nordsehl *445 Fa31*
31171 Nordstemmen *445 Fd33*
25845 Nordstrand *416 Ed13*
48356 Nordwalde *454 Da34*
55585 Norheim *488 Db53*
57629 Norken *478 Db46*
25884 Norstedt *417 Fa12*
37154 Northeim *457 Ga37*
26845 Nortmoor *433 Da24*
24589 Nortorf *425 Fd16*
25554 Nortorf *425 Fb18*
49638 Nortrup *443 Dc29*
01683 Nossen *473 Lb42*
17111 Nossendorf *429 Kc17*
17214 Nossentiner Hütte *429 Ka21*
19258 Nostorf *436 Gd22*
21640 Nottensdorf *435 Fc22*
24392 Nottfeld *417 Fd12*
48301 Nottuln *453 Cd35*
73274 Notzingen *499 Fc63*
06896 Nudersdorf *460 Kb35*
14532 Nudow *450 La31*
20499 Nübbel *417 Fc15*
24881 Nübel *417 Fc13*
24972 Nübelfeld *417 Fd11*
97720 Nüdlingen *481 Gb50*
51588 Nümbrecht *466 Da44*
01612 Nünchritz *473 Lc40*
904 . . Nürnberg *492 Hc56*
72622 Nürtingen *499 Fb63*
36167 Nüsttal *481 Ga46*
24568 Nützen *426 Ga19*
71154 Nufringen *498 Ed63*
66687 Nunkirchen *487 Ca56*
15806 Nunsdorf *450 Lb32*
72362 Nusplingen *508 Ed68*
83365 Nußdorf *513 Kd69*
83131 Nußdorf a. Inn *523 Kb71*
23896 Nusse *426 Gd20*
69226 Nußloch *489 Ec57*
18195 Nustrow *429 Ka17*
39264 Nutha *459 Jc35*
14947 Nuthe-Urstromtal *450 La33*
25594 Nutteln *425 Fb17*

O

61206 Ober Wöllstadt *479 Ec49*
69518 Ober-Abtsteinach *489 Ec56*
89275 Ober-Elchingen *510 Gb65*
55234 Ober-Flörsheim *488 Dd54*
09353 Ober-Lungwitz *472 Kc44*
61239 Ober-Mörlen *479 Ec48*
55270 Ober-Olm *488 Dd52*
86871 Ober-Ramingen *511 Ha68*
64372 Ober-Ramstadt *489 Ec53*
82487 Oberammergau *521 Hd72*
90522 Oberasbach *492 Hc57*
82496 Oberau *521 Hd72*
83080 Oberaudorf *523 Kb71*
36280 Oberaula *468 Fc44*
97514 Oberaurach *492 Ha52*
32609 Oberbauerschaft *444 Eb32*
84564 Oberbergkirchen *513 Kc66*
72644 Oberboihingen *499 Fb63*
01762 Obercarsdorf *473 Ld43*
02708 Obercunnersdorf *475 Na42*
91617 Oberdachstetten *491 Gd57*
75038 Oberderdingen *498 Ec60*
85445 Oberding *512 Jd66*
89610 Oberdischingen *510 Ga66*
85129 Oberdolling *502 Jb61*
99986 Oberdorla *469 Gc42*
97656 Oberelsbach *481 Gb48*
56332 Oberfell *477 Cd49*
31246 Oberg *446 Gb32*
99759 Obergebra *457 Gd39*
86669 Obergrasheim *501 Hd63*
86573 Obergriesbach *511 Hc65*
87634 Obergünzburg *520 Gd70*
02692 Obergurig *474 Md41*
82041 Oberhaching *512 Jb68*
01744 Oberhäslich *473 Ld43*
96173 Oberhaid *492 Hb52*
07426 Oberhain *482 Hc46*
77784 Oberharmersbach *507 Dc66*
46 . . . Oberhausen *453 Ca39*
68794 Oberhausen *498 Ea58*
82386 Oberhausen *521 Hd71*
86697 Oberhausen *501 Hd63*
06577 Oberheldrungen *470 Hd41*
98559 Oberhof *482 Ha46*
97258 Oberickelsheim *491 Gb55*
71131 Oberjettingen *508 Ec64*
14778 Oberjünne *449 Kb32*
54533 Oberkail *476 Bd51*
98634 Oberkatz *481 Gc46*
77704 Oberkirch *507 Dc64*
73447 Oberkochen *500 Gb62*
95145 Oberkotzau *483 Jc49*
96523 Oberland a. Rennsteig *482 Hd48*
49779 Oberlangen *432 Cd27*
97789 Oberleichtersbach *480 Fd49*
01936 Oberlichtenau *474 Mb40*
98617 Obermaßfeld-Grimmenthal *481 Gd47*
99996 Obermehler *469 Gd41*
32312 Obermehnen *444 Eb32*
86836 Obermeitingen *511 Hb67*
90587 Obermichelbach *492 Hb56*
67823 Obermoschel *488 Db54*
97342 Obernbreit *491 Gb55*
63785 Obernburg a. Main *490 Fa53*
21787 Oberndorf *425 Fa20*
86698 Oberndorf a. Lech *501 Hb63*
78727 Oberndorf a. Neckar *508 Eb66*
84565 Oberneukirchen *513 Kc67*
37434 Obernfeld *457 Gb38*
72364 Obernheim *508 Ec67*
66919 Obernheim-Kirchenarnbach *488 Da57*
29386 Obernholz *446 Gd28*
31683 Obernkirchen *445 Fa32*
94130 Obernzell *505 Ma63*
91619 Obernzenn *491 Gd56*
02744 Oberoderwitz *475 Nb42*
86869 Oberostendorf *511 Hb69*
76889 Oberotterbach *497 Dc60*
86507 Oberottmarshausen *511 Hb67*
85667 Oberpframmern *512 Jd68*
97241 Oberpleichfeld *491 Gb53*
94562 Oberpöring *504 La62*
75394 Oberreichenbach *498 Eb63*
91097 Oberreichenbach *492 Hb55*
88179 Oberreute *520 Ga73*
79254 Oberried *507 Db69*
87769 Oberrieden *510 Gd68*
71739 Oberriexingen *498 Ed61*
06528 Oberröblingen *458 Hd39*
74420 Oberrot *499 Fd60*
91483 Oberscheinfeld *491 Gd54*
85764 Oberschleißheim *512 Jb66*
94363 Oberschneiding *503 Kd62*
09600 Oberschöna *473 Lb43*
97516 Oberschwarzach *491 Gd53*
82294 Oberschweinbach *511 Hd67*
06528 Obersdorf *458 Hd38*
15374 Obersdorf *451 Mb29*
38173 Obersickte *446 Gd33*
97791 Obersinn *480 Fc50*
82395 Obersöchering *521 Hd71*
74423 Obersontheim *500 Ga60*
89613 Oberstadion *509 Fd67*
98530 Oberstadt *481 Gd47*
87534 Oberstaufen *520 Gb73*
87561 Oberstdorf *520 Gc74*
71720 Oberstenfeld *499 Fb60*
97640 Oberstreu *481 Gb48*
84101 Obersüßbach *502 Jd63*
74182 Obersulm *499 Fb59*
84419 Obertaufkirchen *513 Kb66*
88094 Oberteuringen *519 Fc71*
66649 Oberthal *487 Cb56*
97723 Oberthulba *481 Ga50*
93083 Obertraubling *503 Ka60*
91286 Obertrubach *493 Ja54*
63179 Obertshausen *479 Ec51*
61440 Oberursel *479 Eb50*
92526 Oberviechtach *494 Kb56*
98634 Oberweid *481 Gb47*
98744 Oberweissbach *482 Hc47*
55430 Oberwesel *478 Da51*
34399 Oberweser *456 Fc38*
08396 Oberwiera *472 Kb44*
09484 Oberwiesenthal *485 La48*
77709 Oberwolfach *507 Dd66*
83119 Obing *513 Kc68*
67283 Obrigheim *488 Dd55*
74847 Obrigheim *490 Fa57*
97199 Ochsenfurt *491 Gb55*
88416 Ochsenhausen *510 Ga68*
56299 Ochtendung *477 Cd49*
26489 Ochtersum *423 Da21*
39167 Ochtmersleben *447 Hd33*
48607 Ochtrup *442 Cc33*
53545 Ockenfels *477 Cc47*
26670 Ockenhausen *433 Db23*
55437 Ockenheim *488 Dc52*
25842 Ockholm *416 Ec12*
25785 Odderade *425 Fa16*
85235 Odelzhausen *511 Hd66*
67748 Odenbach *488 Da54*
51519 Odenthal *465 Cb43*
16248 Oderberg *441 Ma26*
15757 Oderin *450 Ld33*
55571 Odernheim a. Glan *488 Da54*
02791 Oderwitz *475 Nb42*
21775 Odisheim *424 Ed20*
18461 Oebelitz *420 Kb15*
39646 Oebisfelde *447 Hb31*
29582 Öchtringen *436 Gc25*
31174 Oedelum *446 Gb33*
09569 Oederan *473 Lb44*
21734 Oederquart *425 Fa19*
74229 Oedheim *499 Fb58*
14913 Oehna *461 La35*
78337 Öhningen *518 Ed72*
74613 Öhringen *499 Fc59*
75248 Ölbronn *498 Ec61*
59302 Oelde *454 Dd36*
25524 Oelixdorf *425 Fc18*
04936 Oelsig *461 Lb37*
08606 Oelsnitz *484 Ka48*
09376 Oelsnitz *472 Kc45*
98634 Oepfershausen *481 Gc46*
89614 Öpfingen *510 Ga66*
45739 Oer-Erkenschwick *453 Cc37*
27432 Oerel *434 Ed22*
23845 Oering *426 Gb19*
97714 Oerlenbach *481 Gb50*
33813 Oerlinghausen *455 Eb35*
29386 Oerrel *446 Gd29*
24407 Oersberg *417 Fd12*
24568 Oersdorf *426 Ga19*
25548 Oeschebüttel *425 Fd17*
75223 Öschelbronn *498 Ec61*
27432 Oese *434 Ed22*
25761 Oesterdeichstrich *424 Ed16*
25764 Oesterwurth *424 Ed16*
65375 Oestrich-Winkel *488 Dc52*
76684 Östringen *498 Ec58*
76470 Ötigheim *497 Dd61*
75443 Ötisheim *498 Ec61*
22961 Oetjendorf *426 Gc20*
18246 Oettelin *428 Jc18*
07907 Oettersdorf *483 Jc46*
86732 Oettingen i. Bayern *501 Ha61*
29588 Oetzen *436 Gd26*
29599 Oetzendorf *436 Gd25*
56244 Ötzingen *478 Db47*
25938 Oevenum *416 Eb11*
24988 Oeversee *417 Fb11*
74254 Offenau *499 Fa58*
76877 Offenbach a. d. Queich *497 Dd59*
630 . . Offenbach a. Main *479 Ec51*
67749 Offenbach-Hundheim *487 Cd55*
94560 Offenberg *504 La61*
25767 Offenbüttel *425 Fb16*
7765 . Offenburg *507 Db65*
91238 Offenhausen *493 Ja56*
89362 Offingen *510 Gd65*
67591 Offstein *488 Dd55*
72131 Ofterdingen *508 Ed65*
87527 Ofterschwang *520 Gc73*
68723 Oftersheim *489 Eb57*
03205 Ogrosen *462 Mb36*
21220 Ohlendorf *436 Ga23*
77797 Ohlsbach *507 Dc65*
82441 Ohlstadt *521 Hd72*
73275 Ohmden *499 Fc63*
72770 Ohmenhausen *509 Fa65*
48465 Ohne *442 Cd32*
01896 Ohorn *474 Mb41*
99885 Ohrdruf *470 Ha44*
27446 Ohrel *435 Fb23*
91620 Ohrenbach *491 Gc56*
21698 Ohrensen *435 Fb22*
24395 Ohrfeld *417 Fd11*
39393 Ohrsleben *458 Hb34*
49626 Ohrte *443 Db29*
38312 Ohrum *446 Gd33*
09526 Olbernhau *473 Lc45*
02785 Olbersdorf *475 Nb43*
82140 Olching *512 Ja67*
29313 Oldau *446 Ga29*
25560 Oldenborstel *425 Fc17*
25557 Oldenbüttel *425 Fb16*
23758 Oldenburg i. Holstein *419 Ha15*
261 . . Oldenburg (Oldb.) *434 Ea25*
21385 Oldendorf *436 Gb25*
21726 Oldendorf *425 Fa21*
25588 Oldendorf *425 Fb18*
29320 Oldendorf *446 Gb28*
24793 Oldenhütten *425 Fd16*
25870 Oldenswort *416 Ed14*
25873 Oldersbek *417 Fa14*
25860 Olderup *417 Fa13*
06578 Oldisleben *470 Hc40*
25938 Oldsum *416 Eb11*
59399 Olfen *453 Cd37*
21271 Ollsen *436 Ga24*
57462 Olpe *466 Db43*
59939 Olsberg *467 Eb40*
67737 Olsbrücken *488 Da56*
88145 Opfenbach *520 Ga72*
02736 Oppach *474 Md41*
03238 Oppelhain *461 Lc38*
77728 Oppenau *507 Dd65*
32351 Oppendorf *444 Eb31*
55276 Oppenheim *489 Ea53*
32351 Oppenwehe *444 Eb31*
71570 Oppenweiler *499 Fc60*
06188 Oppin *459 Jd38*
01619 Oppitzsch *461 Lb39*
07381 Oppurg *471 Jb45*
06785 Oranienbaum *460 Ka36*
16515 Oranienburg *440 La27*
54298 Orenhofen *486 Bd52*
07768 Orlamünde *471 Ja45*
91737 Ornbau *501 Ha59*
78359 Orsingen *518 Ed70*
63683 Ortenberg *479 Ed49*
77799 Ortenberg *507 Dc65*
94496 Ortenburg *514 Lc64*
01990 Ortrand *461 Ld39*
54518 Osann *487 Ca52*
54317 Osburg *486 Bd54*
04758 Oschatz *473 La40*
39387 Oschersleben *458 Hc34*
14979 Osdorf *450 Lb31*
24251 Osdorf *418 Ga14*
38557 Osloß *447 Ha30*
490 . . . Osnabrück *443 Dc32*
15898 Ossendorf *451 Md33*
07343 Oßla *483 Ja47*
01920 Oßling *462 Mc39*
99510 Oßmannstedt *471 Ja43*
48346 Ostbevern *454 Db34*
26529 Osteel *422 Cd21*
75395 Ostelsheim *498 Ec63*
21756 Osten *425 Fa20*
24790 Ostenfeld *417 Fd15*
25872 Ostenfeld *417 Fa13*
49757 Ostenwalde *433 Da27*
25885 Oster-Ohrstedt *417 Fa13*
26427 Osteraccum *423 Db20*
21762 Osterbruch *424 Ed19*
39606 Osterburg *438 Jb27*
74706 Osterburken *490 Fb57*
24367 Osterby *417 Fd13*
24994 Osterby *417 Fa11*
49179 Ostercappeln *443 Dd32*
27404 Ostereistedt *435 Fa23*
25980 Osterende *416 Ea10*
06721 Osterfeld *471 Jc42*
26345 Osterforde *433 Dc23*
06295 Osterhausen *459 Ja39*
94486 Osterhofen *504 Lb62*
27711 Osterholz-Scharmbeck *434 Ec24*
25364 Osterhorn *425 Fd19*
27616 Osterndorf *434 Ec22*
06386 Osternienburg *459 Jc36*
04916 Osteroda *461 Lb37*
38835 Osterode *458 Ha34*
37520 Osterode a. Harz *457 Gc37*
25767 Osterrade *425 Fb16*
24783 Osterrönfeld *417 Fc15*
56340 Osterspai *478 Da50*
25590 Osterstedt *425 Fc16*
27412 Ostertimke *435 Fa24*
49828 Osterwald *442 Cb30*
21776 Osterwanna *424 Ec20*
39171 Osterweddingen *459 Ja34*
38835 Osterwieck *458 Ha35*
29413 Osterwohle *437 Hb27*
73760 Ostfildern *499 Fb63*
97645 Ostheim v. d. Rhön *481 Gc48*
67574 Osthofen *489 Ea54*
39343 Ostingersleben *447 Hc33*
49774 Ostlähden *443 Da28*
88356 Ostrach *509 Fb69*
04749 Ostrau *473 La41*
06193 Ostrau *459 Jc38*
26842 Ostrhauderfehn *433 Da25*
02899 Ostritz *475 Nc42*
25746 Ostrohe *425 Fa16*
18347 Ostseebad Dierhagen *420 Jd15*
22113 Oststeinbek *426 Gb21*
73113 Ottenbach *499 Fd63*
25591 Ottenbüttel *425 Fc18*
09648 Ottendorf *473 La43*
24107 Ottendorf *418 Ga14*
01458 Ottendorf-Okrilla *474 Ma41*
97453 Ottenhausen *481 Gc51*
77883 Ottenhöfen i. Schwarzwald *507 Dd64*
85570 Ottenhofen *512 Jd67*
91242 Ottensoos *493 Ja56*
31868 Ottenstein *456 Fb35*
21259 Otter *435 Fd24*
67731 Otterbach *488 Da56*
67697 Otterberg *488 Db56*
83624 Otterfing *512 Jc69*
21762 Otterndorf *424 Ec19*
28870 Ottersberg *435 Fa25*
76879 Ottersheim *497 Dd59*
94155 Otterskirchen *504 Lc63*
67166 Otterstadt *489 Ea57*
77833 Ottersweier *497 Dc63*
04668 Otterwisch *472 Kc41*
87724 Ottobeuren *510 Gc69*
85521 Ottobrunn *512 Jc68*
34633 Ottrau *468 Fb45*
66564 Ottweiler *487 Cb57*
64853 Otzberg *489 Ed53*
94563 Otzing *504 La62*
26939 Ovelgönne *434 Ea23*
29313 Ovelgönne *446 Ga29*
39365 Ovelgünne *447 Hd33*
51491 Overath *465 Cc44*
27612 Overwarfe *434 Eb22*
73277 Owen *509 Fc64*
88696 Owingen *519 Fa70*
24811 Owschlag *417 Fc14*
87466 Oy-Mittelberg *520 Gd72*
02797 Oybin *475 Nb43*
28876 Oyten *434 Ed25*

P

14641 Paaren i. Glien *449 Kd28*
19372 Paarsch *438 Jb22*
38836 Pabstorf *458 Hb34*
39624 Packebusch *448 Ja28*
24634 Padenstedt *426 Ga17*
33 . . . Paderborn *455 Ec37*
27632 Padingbüttel *424 Eb20*
82396 Pähl *511 Hd69*
38536 Päse *446 Gc30*
19230 Pätow-Steegen *437 Hc22*
15741 Pätz *450 Lc32*
14778 Päwesin *449 Kc30*
25794 Pahlen *417 Fb15*
03249 Pahlsdorf *461 Ld36*
93351 Painten *502 Jc60*
83349 Palling *513 Kd68*
54439 Palzem *486 Bb55*
85406 Palzing *512 Jc65*
17166 Pampow *429 Kb19*
17322 Pampow *431 Mb20*
19075 Pampow *427 Hd21*
04451 Panitzsch *472 Kb40*
24321 Panker *418 Gd14*
01920 Panschwitz-Kuckau *474 Mc40*
06543 Pansfelde *458 Hd37*
18442 Pantelitz *420 Kc14*
23896 Panten *426 Gd20*
18320 Pantlitz *420 Ka15*
16909 Papenbruch *439 Ka24*
26871 Papenburg *432 Cd25*
17309 Papendorf *430 Ld21*
18059 Papendorf *428 Jc17*
18510 Papenhagen *429 Kc16*
23936 Papenhusen *427 Hb18*
15837 Paplitz *450 Lc33*
39307 Paplitz *448 Jd32*
91788 Pappenheim *501 Hc61*
39291 Parchau *448 Jc31*
39307 Parchen *448 Jd31*
19370 Parchim *438 Jb22*
18528 Parchtitz *421 La13*
14715 Parey *448 Jd28*
39317 Parey *448 Jc31*

23948 **Parin** *427 Hc18*
18246 **Parkow** *428 Jb18*
92711 **Parkstein** *493 Jd54*
94365 **Parkstetten** *503 Kc61*
16247 **Parlow-Glambeck** *440 Ld25*
38470 **Parsau** *447 Hb30*
92331 **Parsberg** *502 Jc59*
16248 **Parstein** *441 Ma26*
55288 **Partenheim** *488 Dc53*
97846 **Partenstein** *480 Fc51*
04668 **Parthenstein** *472 Kc40*
19243 **Parum** *427 Hc21*
17349 **Pasenow** *430 Lb21*
17309 **Pasewalk** *430 Ld21*
07381 **Paska** *483 Jb46*
24253 **Passade** *418 Gb14*
9403 . **Passau** *504 Ld63*
23992 **Passee** *428 Ja17*
16306 **Passow** *441 Ma24*
19386 **Passow** *428 Jc21*
85669 **Pastetten** *512 Jd67*
19406 **Pastin** *428 Jb20*
94265 **Patersdorf** *504 La60*
30982 **Pattensen** *445 Fd32*
18528 **Patzig** *421 La13*
14641 **Paulinenaue** *449 Kc28*
85307 **Paunzhausen** *512 Jb65*
07952 **Pausa i. Vogtland** *483 Jd46*
14641 **Pausin** *449 Kd28*
95701 **Pechbrunn** *494 Ka52*
14913 **Pechüle** *449 Kd33*
39649 **Peckfitz** *447 Hc30*
17449 **Peenemünde** *421 Lc15*
17111 **Peeselin** *429 Kd18*
04523 **Pegau** *472 Ka41*
37619 **Pegestorf** *456 Fc35*
91257 **Pegnitz** *493 Jb54*
01945 **Peickwitz** *462 Mb38*
3122 . **Peine** *446 Gb32*
06188 **Peißen** *459 Jd38*
06408 **Peißen** *459 Jb36*
25551 **Peissen** *425 Fc17*
82380 **Peißenberg** *521 Hd70*
86971 **Peiting** *521 Hc70*
03185 **Peitz** *462 Mc35*
54570 **Pelm** *476 Bd49*
17392 **Pelsin** *430 Lc18*
09322 **Penig** *472 Kc43*
17213 **Penkow** *439 Ka22*
17328 **Penkun** *441 Mb22*
98708 **Pennewitz** *482 Hc46*
31621 **Pennigsehl** *444 Ed29*
17111 **Pensin** *429 Kd17*
93080 **Pentling** *503 Ka60*
82377 **Penzberg** *522 Ja71*
18249 **Penzin** *428 Jb18*
86929 **Penzing** *511 Hc68*
17217 **Penzlin** *429 Kd21*
18233 **Pepelow** *428 Ja17*
84567 **Perach** *514 La66*
94368 **Perkam** *503 Kc61*
66706 **Perl** *486 Bb56*
19348 **Perleberg** *438 Jb25*
94157 **Perlesreut** *504 Ld61*
19209 **Perlin** *427 Hc21*
71277 **Perouse** *498 Ed62*
14641 **Perwenitz** *449 Kd28*
39398 **Peseckendorf** *458 Hd34*
14641 **Pessin** *449 Kb29*
01705 **Pesterwitz** *473 Ld42*
03249 **Peterhof** *461 Ld36*
91580 **Petersaurach** *492 Ha57*
06193 **Petersberg** *459 Jc38*
07616 **Petersberg** *471 Jc43*
36100 **Petersberg** *480 Fd47*
15236 **Petersdorf** *451 Mc30*
15518 **Petersdorf** *451 Ma31*
17348 **Petersdorf** *430 Lb21*
86574 **Petersdorf** *511 Hc64*
99735 **Petersdorf** *458 Ha38*
26345 **Petersgroden** *433 Dd22*
15370 **Petershagen** *450 Ld29*
16306 **Petershagen** *441 Mb23*
32469 **Petershagen** *444 Ed31*
85238 **Petershausen** *512 Jb65*
06809 **Petersroda** *460 Ka38*
14913 **Petkus** *461 Lb34*
93186 **Pettendorf** *502 Jd59*
83367 **Petting** *514 La69*
96175 **Pettstadt** *492 Hb53*
17268 **Petznick** *440 Lc24*
07389 **Peuschen** *483 Jb46*
55546 **Pfaffen-Schwabenheim** *488 Dc53*
84066 **Pfaffenberg** *503 Kb62*
15848 **Pfaffendorf** *451 Mb31*
87772 **Pfaffenhausen** *510 Gd68*
74397 **Pfaffenhofen** *498 Ed60*
85235 **Pfaffenhofen a. d. Glonn** *511 Hd66*
85276 **Pfaffenhofen a. d. Ilm** *512 Jb64*
89284 **Pfaffenhofen a. d. R.** *510 Gb66*
79292 **Pfaffenweiler** *507 Da69*
83539 **Pfaffing** *513 Ka68*
09526 **Pfaffroda** *473 Lc45*
73553 **Pfahlbronn** *499 Fd62*
93101 **Pfakofen** *503 Ka61*
72285 **Pfalzgrafenweiler** *508 Eb64*
84347 **Pfarrkirchen** *514 Lb65*
96176 **Pfarrweisach** *482 Ha50*
93102 **Pfatter** *503 Kb60*
74629 **Pfedelbach** *499 Fc59*
66871 **Pfeffelbach** *487 Cc56*
84076 **Pfeffenhausen** *502 Jd63*
27801 **Pfennigstedterfeld** *434 Ea27*
76327 **Pfinztal** *498 Eb60*
63762 **Pflaumheim** *489 Ed52*
04889 **Pflückuff** *460 Kd38*
85104 **Pförring** *502 Jc62*
91738 **Pfofeld** *501 Hb59*
87666 **Pforzen** *511 Ha69*
751 . . **Pforzheim** *498 Ec61*
92536 **Pfreimd** *494 Ka56*
72074 **Pfrondorf** *509 Fa64*
72539 **Pfronstetten** *509 Fb66*
87459 **Pfronten** *521 Ha72*
88630 **Pfullendorf** *509 Fb69*
72793 **Pfullingen** *509 Fa65*
64319 **Pfungstadt** *489 Eb53*
15859 **Philadelphia** *451 Ma32*
76661 **Philippsburg** *498 Ea58*
14532 **Philippsthal** *450 La31*
36269 **Philippsthal** *469 Ga44*
14542 **Phöben** *449 Kc30*
19230 **Picher** *437 Hd23*
83451 **Piding** *524 Lb70*
93188 **Pielenhofen** *502 Jd59*
98739 **Piesau** *482 Hd47*
15848 **Pieskow** *451 Mb33*
54498 **Piesport** *487 Ca52*
06388 **Piethen** *459 Jc37*
83413 **Pietling** *514 La68*
39291 **Pietzpuhl** *448 Jb32*
15236 **Pillgram** *451 Mc31*
92367 **Pilsach** *493 Ja57*
94431 **Pilsting** *503 Kd62*
19069 **Pingelshagen** *427 Hc20*
25421 **Pinneberg** *425 Fd20*
03172 **Pinnow** *462 Md34*
16278 **Pinnow** *441 Ma25*
17091 **Pinnow** *429 Kd20*
19065 **Pinnow** *427 Hd21*
19065 **Pinnow** *428 Ja21*
91361 **Pinzberg** *492 Hc54*
92712 **Pirk** *494 Ka54*
6695 . **Pirmasens** *497 Da58*
01796 **Pirna** *474 Mb43*
19348 **Pirow** *438 Jb24*
06343 **Piskaborn** *458 Hd38*
15926 **Pitschen-Pickel** *461 Lc35*
83132 **Pittenhart** *513 Kc69*
18276 **Plaaz** *428 Jd18*
16845 **Plänitz-Leddin** *439 Ka27*
56637 **Plaidt** *477 Cd48*
82152 **Planegg** *512 Ja68*
95515 **Plankenfels** *492 Hd52*
68723 **Plankstadt** *489 Eb57*
48480 **Plantlünne** *442 Cd31*
19086 **Plate** *427 Hd21*
15306 **Platkow** *451 Mc29*
15848 **Plattkow** *451 Ma33*
94447 **Plattling** *504 La62*
19395 **Plau a. See** *438 Jd22*
99338 **Plaue** *470 Hb45*
0852 . **Plauen** *483 Jd47*
19395 **Plauerhagen** *428 Jd21*
04349 **Plaußig** *460 Kb39*
91287 **Plech** *493 Ja54*
74385 **Pleidelsheim** *499 Fa61*
91785 **Pleinfeld** *501 Hc59*
84568 **Pleiskirchen** *513 Kd66*
09246 **Pleißa** *472 Kd44*
18334 **Plennin** *420 Ka15*
04928 **Plessa** *461 Ld38*
58840 **Plettenberg** *466 Db41*
92714 **Pleystein** *494 Kb54*
85652 **Pliening** *512 Jc67*
72124 **Pliezhausen** *509 Fa64*
76437 **Plittersdorf** *497 Dd61*
73207 **Plochingen** *499 Fb63*
06774 **Plodda** *460 Kb37*
24306 **Plön** *426 Gc16*
95703 **Plößberg** *494 Kb53*
06193 **Plötz** *459 Jc37*
17129 **Plötz** *430 La18*
14542 **Plötzin** *449 Kc31*
06425 **Plötzkau** *459 Jb36*
39245 **Plötzky** *459 Jb34*
17321 **Plöwen** *431 Mb21*
06922 **Plossig** *460 Kd37*
07907 **Plothen** *483 Jc46*
01594 **Plotitz** *473 Lb40*
73655 **Plüderhausen** *499 Fc62*
23936 **Plüschow** *427 Hc19*
30900 **Plumhof** *445 Fd29*
54316 **Pluwig** *486 Bd54*
09496 **Pobershau** *485 Lb46*
06429 **Pobzig** *459 Jc36*
09509 **Pockau** *473 Lb45*
94060 **Pocking** *514 Ld65*
04448 **Podelwitz** *460 Ka39*
15326 **Podelzig** *451 Md29*
82343 **Pöcking** *512 Ja69*
08543 **Pöhl** *484 Ka47*
08352 **Pöhla** *484 Kd47*
23619 **Pöhls** *426 Gc18*
18059 **Pölchow** *428 Jc17*
18299 **Pölitz** *429 Ka18*
23847 **Pölitz** *426 Gc19*
07937 **Pöllwitz** *483 Jd46*
06528 **Pölsfeld** *458 Hd38*
07554 **Pölzig** *472 Ka43*
39249 **Pömmelte** *459 Jb34*
23569 **Pöppendorf** *427 Ha18*
07907 **Pörmitz** *483 Jc46*
85309 **Pörnbach** *502 Ja63*
25560 **Pöschendorf** *425 Fc17*
07381 **Pößneck** *471 Jb45*
23942 **Pötenitz** *427 Ha18*
86554 **Pöttmes** *511 Hc64*
23911 **Pogeez** *427 Ha19*
17168 **Poggelow** *429 Ka18*
18516 **Poggendorf** *429 Kd16*
23896 **Poggensee** *426 Gd20*
31867 **Pohle** *445 Fb32*
35415 **Pohlheim** *479 Ec47*
15890 **Pohlitz** *451 Md32*
24211 **Pohnsdorf** *418 Gb15*
85586 **Poing** *512 Jd67*
19205 **Pokrent** *427 Hc20*
29571 **Polau** *437 Ha26*
56751 **Polch** *477 Cc49*
39264 **Polenzko** *460 Ka34*
06408 **Poley** *459 Jb36*
04703 **Polkenberg** *472 Kd41*
37647 **Polle** *456 Fb35*
06295 **Polleben** *459 Ja38*
85131 **Pollenfeld** *501 Hd61*
31718 **Pollhagen** *445 Fa31*
82398 **Polling** *521 Hd70*
84570 **Polling** *513 Kd67*
39615 **Pollitz** *438 Ja26*
91805 **Polsingen** *501 Ha61*
16278 **Polßen** *441 Ma24*
19303 **Polz** *437 Hd25*
04916 **Polzen** *461 Lb36*
17309 **Polzow** *431 Ma21*
91224 **Pommelsbrunn** *493 Ja56*
24395 **Pommerby** *418 Ga11*
96178 **Pommersfelden** *492 Hb54*
04639 **Ponitz** *472 Kb44*
03238 **Ponnsdorf** *461 Ld37*
26939 **Popkenhöge** *434 Ea23*
18184 **Poppendorf** *428 Jd16*
36163 **Poppenhausen** *481 Ga47*
97490 **Poppenhausen** *481 Gb51*
97711 **Poppenlauer** *481 Gc50*
92284 **Poppenricht** *493 Jc56*
17268 **Poratz** *440 Ld25*
16949 **Porep** *438 Jc23*
01814 **Porschdorf** *474 Mc43*
32457 **Porta Westfalica** *444 Ed33*
18574 **Poseritz** *421 La14*
01728 **Possendorf** *473 Ld43*
84103 **Postau** *503 Kb63*
92353 **Postbauer-Heng** *493 Ja57*
24211 **Postfeld** *426 Gb16*
17391 **Postlow** *430 Lb18*
84389 **Postmünster** *514 La65*
144 . . **Potsdam** *449 Kd30*
91278 **Pottenstein** *493 Ja53*
07366 **Pottiga** *483 Jb48*
56459 **Pottum** *478 Dc47*
39638 **Potzehne** *447 Hd31*
17291 **Potzlow** *440 Ld23*
06774 **Pouch** *460 Ka37*
91099 **Poxdorf** *492 Hc54*
25581 **Poyenberg** *425 Fc17*
57589 **Pracht** *466 Da45*
94267 **Prackenbach** *504 La59*
17094 **Pragsdorf** *430 La21*
24253 **Prasdorf** *418 Gb14*
17168 **Prebberede** *429 Ka18*
95473 **Prebitz** *493 Jb53*
16928 **Preddöhl** *438 Jd24*
18445 **Preetz** *420 Kc14*
24211 **Preetz** *418 Gb15*
03185 **Preilack** *462 Mc34*
86984 **Prem** *521 Hb71*
14727 **Premnitz** *449 Ka30*
06926 **Premsendorf** *461 La36*
19357 **Premslin** *438 Jb25*
16348 **Prenden** *440 Lc27*
15936 **Prensdorf** *461 Lc35*
17291 **Prenzlau** *440 Ld22*
18375 **Prerow, Ostseebad** *420 Ka13*
03159 **Preschen** *463 Na36*
92690 **Pressath** *493 Jd53*
95355 **Presseck** *483 Jb49*
04849 **Pressel** *460 Kc38*
96332 **Pressig** *482 Hd49*
04924 **Prestewitz** *461 Lc38*
15910 **Pretschen** *451 Ma33*
06922 **Prettin** *460 Kd37*
91362 **Pretzfeld** *492 Hd54*
39245 **Pretzien** *459 Jb34*
29416 **Pretzier** *437 Hc27*
06909 **Pretzsch** *460 Kc36*
01774 **Pretzschendorf** *473 Lc43*
32361 **Preußisch Oldendorf** *444 Eb32*
06408 **Preußlitz** *459 Jb37*
29491 **Prezelle** *437 Hd26*
17209 **Priborn** *439 Kb23*
97357 **Prichsenstadt** *491 Gc53*
83209 **Prien a. Chiemsee** *523 Kc70*
17255 **Priepert** *439 Kd24*
15752 **Prieros** *450 Ld32*
23942 **Prieschendorf** *427 Hb18*
96170 **Priesendorf** *492 Ha52*
06909 **Priesitz** *460 Kd37*
03253 **Prießen** *461 Lc37*
01561 **Priestewitz** *473 Lc40*
66620 **Primstal** *487 Ca56*
27243 **Prinzhöfte** *434 Eb26*
14641 **Priort** *449 Kd30*
17091 **Pripsleben** *429 Kd19*
18196 **Prisannewitz** *428 Jd17*
25497 **Prisdorf** *425 Fd20*
19300 **Prislich** *438 Ja23*
86931 **Prittriching** *511 Hc67*
14798 **Pritzerbe** *449 Ka30*
19230 **Pritzier** *437 Hb23*
16928 **Pritzwalk** *438 Jd24*
24253 **Probsteierhagen** *418 Gb14*
07330 **Probstzella** *483 Ja47*
39264 **Prödel** *459 Jc34*
04932 **Prösen** *461 Lc39*
19357 **Pröttlin** *438 Ja24*
15345 **Prötzel** *451 Ma28*
06725 **Profen** *472 Ka42*
18445 **Prohn** *420 Kc14*
01471 **Promnitztal** *473 Ld41*
54597 **Pronsfeld** *476 Bb50*
23820 **Pronstorf** *426 Gc18*
03130 **Proschim** *462 Mc37*
06369 **Prosigk** *459 Jd37*
97279 **Prosselsheim** *491 Gb53*
04936 **Proßmarke** *461 Lc36*
16833 **Protzen** *439 Kc27*
18356 **Pruchten** *420 Kb14*
54595 **Prüm** *476 Bc50*
17089 **Prützen** *429 Kd19*
14797 **Prützke** *449 Kb31*
18276 **Prüzen** *428 Jc19*
83134 **Prutting** *513 Kb69*
82178 **Puchheim** *512 Ja67*
17217 **Puchow** *429 Kd21*
17429 **Pudagla** *431 Ma17*
15528 **Pudel** *451 Ma31*
56305 **Puderbach** *478 Da46*
92715 **Püchersreuth** *494 Ka53*
29416 **Püggen** *447 Hb28*
86932 **Pürgen** *511 Hc68*
49477 **Püsselbüren** *443 Da32*
18442 **Pütte** *420 Kc14*
66346 **Püttlingen** *496 Ca58*
50259 **Pulheim** *465 Ca43*
82049 **Pullach** *512 Jb68*
95704 **Pullenreuth** *493 Jd52*
17440 **Pulow** *430 Lc17*
25560 **Puls** *425 Fc17*
01896 **Pulsnitz** *474 Mb41*
39264 **Pulspforde** *459 Jd34*
06928 **Purzien** *461 La36*
90617 **Puschendorf** *492 Hb56*
02699 **Puschwitz** *474 Mc40*
18581 **Putbus** *421 La14*
21376 **Putensen** *436 Gb24*
18556 **Putgarten** *421 La11*
16949 **Putlitz** *438 Jc23*
29485 **Puttball** *437 Hc26*
17392 **Putzar** *430 Lc19*
85640 **Putzbrunn** *512 Jc68*
90602 **Pyrbaum** *501 Hd58*

Q

49610 **Quakenbrück** *443 Dc29*
18249 **Qualitz** *428 Jb19*
23758 **Quals** *419 Hb15*
15320 **Quappendorf** *451 Mb28*
24107 **Quarnbek** *418 Ga15*
25563 **Quarnstedt** *425 Fd18*
21271 **Quarrendorf** *436 Ga24*
07389 **Quaschwitz** *483 Jb46*
06484 **Quedlinburg** *458 Hc36*
66851 **Queidersbach** *488 Da57*
98631 **Queienfeld** *481 Gd48*
06188 **Queis** *459 Jd39*
06386 **Quellendorf** *459 Jd36*
48465 **Quendorf** *442 Cc32*
06333 **Quenstedt** *459 Ja37*
38368 **Querenhorst** *447 Hb32*
06268 **Querfurt** *471 Ja40*
24972 **Quern** *417 Fd11*
49448 **Quernheim** *444 Ea31*
39579 **Querstedt** *448 Ja29*
06536 **Questenberg** *458 Hc39*
06780 **Quetzdölsdorf** *459 Jd38*
25451 **Quickborn** *426 Ga20*
25712 **Quickborn** *425 Fa17*
66287 **Quierschied** *487 Cb57*
17390 **Quilow** *430 Lb18*
17111 **Quitzerow** *429 Kd17*
19336 **Quitzöbel** *438 Jc27*

R

25335 **Raa-Besenbek** *425 Fc20*
24376 **Rabel** *418 Ga11*
14823 **Raben** *460 Kb34*
19065 **Raben Steinfeld** *427 Hd21*
01734 **Rabenau** *473 Ld43*
35466 **Rabenau** *479 Ed46*
24395 **Rabenholz** *417 Fd11*
24407 **Rabenkirchen-Faulück** *417 Fd12*
06901 **Rackith** *460 Kc36*
04519 **Rackwitz** *460 Ka39*
21449 **Radbruch** *436 Gb23*
31604 **Raddestorf** *444 Ed31*
03226 **Raddusch** *462 Mb35*
06917 **Rade** *460 Kd36*
24594 **Rade** *425 Fd16*
24790 **Rade** *417 Fd15*
25579 **Rade** *425 Fd17*
01454 **Radeberg** *474 Ma41*
01445 **Radebeul** *473 Ld41*
01471 **Radeburg** *473 Ld40*
04509 **Radefeld** *460 Ka39*
06369 **Radegast** *459 Jd37*
18239 **Radegast** *428 Jb17*
16307 **Radekow** *441 Mb22*
21401 **Radenbeck** *436 Gd24*
42477 **Radevormwald** *465 Cd41*
14778 **Radewege** *449 Kb30*
02627 **Radibor** *474 Md40*
06773 **Radis** *460 Kb36*
06463 **Radisleben** *458 Hd37*
78315 **Radolfzell a. Bodensee** *518 Ed71*
19374 **Raduhn** *438 Ja22*
38375 **Räbke** *447 Hb33*
01920 **Räckelwitz** *474 Mc40*
14797 **Rädel** *449 Kc32*
14823 **Rädigke** *460 Kb34*
16818 **Rägelin** *439 Kb25*
46348 **Raesfeld** *453 Ca36*
29590 **Rätzlingen** *436 Gd26*
39359 **Rätzlingen** *447 Hc31*
06862 **Ragösen** *460 Ka34*
14806 **Ragösen** *449 Kb32*
03222 **Ragow** *462 Ma35*
15749 **Ragow** *450 Lc31*
15848 **Ragow** *451 Mc32*
06779 **Raguhn** *460 Ka37*
19243 **Raguth** *427 Hb21*
32369 **Rahden** *444 Eb31*
04916 **Rahnisdorf** *461 La37*
06895 **Rahnsdorf** *460 Kc34*
86641 **Rain** *501 Hb63*
94369 **Rain** *503 Kc61*
73492 **Rainau** *500 Gb61*
24223 **Raisdorf** *418 Gb15*
82399 **Raisting** *511 Hd69*
91790 **Raitenbuch** *501 Hd60*
18233 **Rakow** *428 Ja17*
18516 **Rakow** *429 Kd16*
01920 **Ralbitz-Rosenthal** *474 Mc40*
54310 **Ralingen** *486 Bc53*
18528 **Ralswiek** *421 La13*
76857 **Ramberg** *497 Dc58*
18573 **Rambin** *421 Kd14*
19336 **Rambow** *438 Jc25*
83561 **Ramerberg** *513 Ka68*
25715 **Ramhusen** *425 Fa18*
17321 **Ramin** *431 Mb21*
66887 **Rammelsbach** *487 Cd56*
01877 **Rammenau** *474 Mb41*
89192 **Rammingen** *510 Gb64*
19067 **Rampe** *427 Hd20*
83486 **Ramsau b. Berchtesgaden** *524 Lb72*
67305 **Ramsen** *488 Dc56*
06794 **Ramsin** *460 Ka37*
25876 **Ramstedt** *417 Fa14*
66877 **Ramstein** *487 Cd56*
97729 **Ramsthal** *481 Gb50*
97236 **Randersacker** *491 Ga54*
72414 **Rangendingen** *508 Ed66*
15834 **Rangsdorf** *450 Lb31*
39221 **Ranies** *459 Jb34*
07389 **Ranis** *483 Ja46*
17406 **Rankwitz** *430 Ld17*
97517 **Rannungen** *481 Gb50*
56235 **Ransbach-Baumbach** *478 Db48*
63691 **Ranstadt** *479 Ed49*
25873 **Rantrum** *417 Fa14*
25980 **Rantum (Sylt)** *416 Ea10*
24329 **Rantzau** *418 Gc15*
24576 **Rantzau** *425 Fd19*
15848 **Ranzig** *451 Mb33*
17495 **Ranzin** *430 Lb17*
03229 **Ranzow** *462 Mb36*
18528 **Rappin** *421 La12*
08352 **Raschau** *484 Kd47*
36169 **Rasdorf** *469 Ga45*
06184 **Raßnitz** *459 Jd39*
76437 **Rastatt** *497 Dd61*
26901 **Rastdorf** *433 Db27*
26180 **Rastede** *433 Dd24*
99636 **Rastenberg** *471 Ja41*
24211 **Rastorf** *418 Gb15*
19077 **Rastow** *437 Hd22*
23626 **Ratekau** *426 Gd18*
17398 **Rathebur** *430 Lc19*
04657 **Rathendorf** *472 Kc43*
14712 **Rathenow** *449 Ka29*
24306 **Rathjensdorf** *426 Gc16*
25709 **Rathjensdorf** *424 Ed17*
01814 **Rathmannsdorf** *474 Mc43*
39439 **Rathmannsdorf** *459 Ja36*
15328 **Rathstock** *451 Md29*
408 . . **Ratingen** *465 Ca40*
96179 **Rattelsdorf** *482 Hb51*
94371 **Rattenberg** *503 Kd59*
84431 **Rattenkirchen** *513 Kb66*
17349 **Rattey** *430 Lc20*
94372 **Rattiszell** *503 Kd60*
23909 **Ratzeburg** *427 Ha20*
56316 **Raubach** *478 Da47*
83064 **Raubling** *523 Ka70*
15518 **Rauen** *451 Ma31*
69231 **Rauenberg** *498 Ec58*
96181 **Rauhenebrach** *491 Gd53*
65479 **Raunheim** *489 Ea52*
35282 **Rauschenberg** *467 Ed44*
07356 **Rauschengesees** *483 Ja47*
22929 **Rausdorf** *426 Gc21*
31177 **Rautenberg** *446 Ga33*
18334 **Ravenhorst** *420 Kb15*
18233 **Ravensberg** *428 Ja17*
8821 . **Ravensburg** *519 Fd71*
74747 **Ravenstein** *490 Fc57*
29488 **Rebenstorf** *437 Hc26*
73098 **Rechberghausen** *499 Fd63*
09623 **Rechenberg-Bienenmühle** *473 Ld45*
94262 **Rechertsried** *504 La59*
17248 **Rechlin** *439 Kb23*
76889 **Rechtenbach** *497 Dc60*
97848 **Rechtenbach** *490 Fc52*
83562 **Rechtmehring** *513 Ka67*
26529 **Rechtsupweg** *422 Cd21*
14778 **Reckahn** *449 Kb31*
49509 **Recke** *443 Db31*
96182 **Reckendorf** *482 Hb51*
16928 **Reckenthin** *438 Jc25*
19357 **Reckenzin** *438 Ja24*
456 . . **Recklinghausen** *453 Cc38*
18276 **Recknitz** *428 Jd18*
38855 **Reddeber** *458 Ha36*
18209 **Reddelich** *428 Jb16*
03229 **Reddern** *462 Mb36*
18334 **Redderstorf** *429 Kb16*
19230 **Redefin** *437 Hc23*
39319 **Redekin** *448 Jc30*
18239 **Rederank** *428 Jb17*
91126 **Rednitzhembach** *501 Hc58*
96257 **Redwitz a. d. Rodach** *482 Hd50*
46459 **Rees** *452 Bc36*
14547 **Reesdorf** *449 Kd32*
24241 **Reesdorf** *426 Ga16*
39291 **Reesdorf** *448 Jd32*
39291 **Reesen** *448 Jc32*
27367 **Reeßum** *435 Fa25*
14827 **Reetz** *449 Ka33*
19348 **Reetz** *438 Jb24*
14827 **Reetzerhütten** *449 Ka33*
94209 **Regen** *504 Lb60*
930 . . **Regensburg** *503 Ka60*
93128 **Regenstauf** *503 Ka59*
21649 **Regesbostel** *435 Fc23*
04565 **Regis-Breitingen** *472 Kb42*
95194 **Regnitzlosau** *483 Jd49*
15806 **Rehagen** *450 Lb32*
95111 **Rehau** *483 Jd49*
17349 **Rehberg** *430 Lb21*
31547 **Rehburg-Loccum** *445 Fa30*
49453 **Rehden** *444 Eb29*
25593 **Reher** *425 Fc17*
04895 **Rehfeld** *461 La37*
16866 **Rehfeld-Berlitt** *439 Ka26*
15345 **Rehfelde** *451 Ma29*
23619 **Rehhorst** *426 Gc18*
86508 **Rehling** *511 Hc65*
21385 **Rehlingen** *436 Gb25*
66780 **Rehlingen** *486 Bd57*
25776 **Rehm-Flehde-Bargen** *416 Ed15*
06729 **Rehmsdorf** *472 Ka42*
19217 **Rehna** *427 Hb19*
06786 **Rehsen** *460 Kb36*
06667 **Reichardtswerben** *471 Jc41*
74934 **Reichartshausen** *489 Ed57*
61203 **Reichelsheim** *479 Ec49*
64385 **Reichelsheim** *489 Ec54*
78479 **Reichenau** *519 Fa71*
02894 **Reichenbach** *475 Nb41*
08468 **Reichenbach** *484 Ka46*
09603 **Reichenbach** *473 Lb43*
64686 **Reichenbach** *489 Ec54*
93189 **Reichenbach** *503 Kb58*
96358 **Reichenbach** *483 Ja48*
73262 **Reichenbach a. d. Fils** *499 Fc63*
01936 **Reichenbach-Reichenau** *474 Mb40*
66879 **Reichenbach-Steegen** *487 Cd56*
01468 **Reichenberg** *473 Ld41*
15377 **Reichenberg** *451 Mb28*
97234 **Reichenberg** *491 Ga54*
04932 **Reichenhain** *461 Lc38*
15345 **Reichenow-Möglin** *451 Ma28*
91244 **Reichenschwand** *493 Ja56*
15526 **Reichenwalde** *451 Ma31*
83677 **Reichersbeuern** *522 Jc71*
15868 **Reicherskreuz** *451 Md33*
85293 **Reichertshausen** *512 Jb65*
84437 **Reichertsheim** *513 Kb67*
85084 **Reichertshofen** *502 Ja63*
86934 **Reichling** *511 Hc69*
98739 **Reichmannsdorf** *482 Hd47*
06926 **Reicho** *461 La36*
51580 **Reichshof** *466 Da43*
02943 **Reichwalde** *463 Na39*
15938 **Reichwalde** *461 Ld34*
56861 **Reil** *477 Cb51*
68799 **Reilingen** *498 Eb58*
18276 **Reimershagen** *428 Jd20*
86756 **Reimlingen** *500 Gd62*
21465 **Reinbek** *436 Gb22*
17091 **Reinberg** *429 Kd20*
18519 **Reinberg** *421 Kd15*
23858 **Reinfeld** *426 Gc19*
34359 **Reinhardshagen** *456 Fc39*
01814 **Reinhardtsdorf-Schöna** *474 Mc43*
01768 **Reinhardtsgrimma** *474 Ma43*
64354 **Reinheim** *489 Ec53*
37308 **Reinholterode** *457 Gb39*
09629 **Reinsberg** *473 Lc42*
25764 **Reinsbüttel** *424 Ed16*
06556 **Reinsdorf** *470 Hd40*
08141 **Reinsdorf** *472 Kc45*
54421 **Reinsfeld** *487 Ca54*
18239 **Reinshagen** *428 Jb17*
06463 **Reinstedt** *458 Hd36*
21400 **Reinstorf** *436 Gd24*
94419 **Reisbach** *503 Kd63*
84571 **Reischach** *513 Kd66*
35447 **Reiskirchen** *479 Ec47*
83242 **Reit im Winkl** *523 Kc71*
15328 **Reitwein** *451 Md29*
07338 **Reitzengeschwenda** *483 Ja46*
48734 **Reken** *453 Cb36*
25462 **Rellingen** *425 Fd20*
53424 **Remagen** *477 Cc47*
75196 **Remchingen** *498 Eb61*
07407 **Remda-Teichel** *470 Hd45*
39164 **Remkersleben** *458 Hd34*
17168 **Remlin** *429 Kb18*
38319 **Remlingen** *447 Ha33*
97280 **Remlingen** *490 Fd53*
24594 **Remmels** *425 Fc16*
17139 **Remplin** *429 Kb19*
07368 **Remptendorf** *483 Jb47*
428 . . **Remscheid** *465 Cc41*
08373 **Remse** *472 Kc44*
71686 **Remseck a. Neckar** *499 Fb61*
73630 **Remshalden** *499 Fc62*
77871 **Renchen** *507 Dc64*
24768 **Rendsburg** *417 Fc15*
24619 **Rendswühren** *426 Gb17*
56579 **Rengsdorf** *477 Cd47*
49762 **Renkenberge** *432 Cd27*
38368 **Rennau** *447 Hb32*
06794 **Renneritz** *460 Ka38*
56477 **Rennerod** *478 Dc46*
86643 **Rennertshofen** *501 Hc62*
71272 **Renningen** *498 Ed62*
96184 **Rentweinsdorf** *482 Hb51*
98631 **Rentwertshausen** *481 Gd48*
19209 **Renzow** *427 Hc20*
18190 **Reppelin** *429 Ka16*
21391 **Reppenstedt** *436 Gc24*
06386 **Reppichau** *459 Jd36*
14828 **Reppinichen** *449 Ka33*
03205 **Repten** *462 Mb36*
18230 **Rerik, Ostseebad** *428 Ja16*
07318 **Reschwitz** *482 Hd46*
03103 **Ressen** *462 Mb37*
15913 **Ressen** *451 Mb33*
49696 **Resthausen** *433 Dc27*
29478 **Restorf** *437 Hd25*
19067 **Retgendorf** *427 Hd19*
27336 **Rethem** *445 Fb28*
38533 **Rethen** *446 Gd31*
23847 **Rethwisch** *426 Gc19*
25566 **Rethwisch** *425 Fc19*
18211 **Retschow** *428 Jb17*
89364 **Rettenbach** *510 Gc65*
93191 **Rettenbach** *503 Kc59*
87549 **Rettenberg** *520 Gc72*
23730 **Rettin** *427 Ha16*
06779 **Retzau** *460 Ka36*
19348 **Retzin** *438 Jc25*
14641 **Retzow** *449 Kb29*
17279 **Retzow** *440 La23*
19395 **Retzow** *438 Jd22*
97282 **Retzstadt** *491 Ga52*
06725 **Reuden** *472 Ka42*
39264 **Reuden** *460 Ka34*
15848 **Reudnitz** *451 Mc32*
06369 **Reupzig** *459 Jd36*
98646 **Reurieth** *482 Ha48*
06188 **Reußen** *459 Jd38*
25821 **Reußenköge** *416 Ed12*
84367 **Reut** *514 Lb66*
79276 **Reute** *507 Db68*
17153 **Reuterstadt Stavenhagen** *429 Kc19*
08538 **Reuth** *483 Jd47*
92717 **Reuth b. Erbendorf** *494 Ka53*
03130 **Reuthen** *462 Md37*
727 . . **Reutlingen** *509 Fa65*
21644 **Revenahe** *435 Fc22*
27404 **Rhade** *435 Fa23*
27404 **Rhadereistedt** *435 Fa23*
26817 **Rhauderfehn** *433 Da25*
55624 **Rhaunen** *487 Cc53*
33378 **Rheda-Wiedenbrück** *455 Ea36*
26899 **Rhede** *432 Cd25*
46414 **Rhede** *453 Ca36*
31039 **Rheden** *456 Fd34*
53359 **Rheinbach** *477 Cb46*
47495 **Rheinberg** *452 Bd38*
55494 **Rheinböllen** *488 Da52*
53619 **Rheinbreitbach** *477 Cc46*
56598 **Rheinbrohl** *477 Cd47*
484 . . **Rheine** *442 Cd32*
79618 **Rheinfelden (Baden)** *517 Da73*
68794 **Rheinhausen** *498 Ea58*
79365 **Rheinhausen** *507 Da67*
77836 **Rheinmünster** *497 Dc62*
16831 **Rheinsberg** *439 Kc25*
76287 **Rheinstetten** *497 Dd60*
76764 **Rheinzabern** *497 Dd59*
56321 **Rhens** *478 Da49*
47509 **Rheurdt** *452 Bc39*
14728 **Rhinow** *449 Ka28*
14715 **Rhinsmühlen** *449 Kb28*
38835 **Rhoden** *458 Ha34*
76835 **Rhodt** *497 Dc58*
98617 **Rhönblick** *481 Gc47*
37434 **Rhumspringe** *457 Gc38*
14641 **Ribbeck** *449 Kc29*
16775 **Ribbeck** *440 La25*
38551 **Ribbesbüttel** *446 Gd31*
18311 **Ribnitz-Damgarten** *420 Ka15*
18461 **Richtenberg** *420 Kc15*
79736 **Rickenbach** *517 Dc72*
24782 **Rickert** *417 Fc15*
24635 **Rickling** *426 Gb17*
25551 **Ridders** *425 Fc17*
14547 **Rieben** *449 Kd32*
29499 **Riebrau** *437 Ha25*
86510 **Ried** *511 Hc66*
97519 **Riedbach** *481 Gd51*
27339 **Riede** *434 Ed26*
56745 **Rieden** *477 Cc48*
87668 **Rieden** *511 Ha69*
92286 **Rieden** *493 Jd57*
87669 **Rieden a. Forggensee** *521 Hb72*
97792 **Riedenberg** *481 Ga49*
93339 **Riedenburg** *502 Jc60*
06507 **Rieder** *458 Hc37*
72585 **Riederich** *509 Fb64*
83083 **Riedering** *523 Kb70*
88377 **Riedhausen** *519 Fc70*
94566 **Riedlhütte** *504 Ld60*
88499 **Riedlingen** *509 Fc68*
64560 **Riedstadt** *489 Eb53*
79359 **Riegel** *507 Da67*
66292 **Riegelsberg** *487 Ca57*
82418 **Riegsee** *521 Hd71*
27386 **Riekenbostel** *435 Fb26*
78239 **Rielasingen** *518 Ec71*
17498 **Riemserort** *421 La15*
97794 **Rieneck** *480 Fd51*
15859 **Rieplos** *451 Ma31*
19217 **Rieps** *427 Ha19*
23738 **Riepsdorf** *419 Hb15*
015 . . **Riesa** *473 Lb40*
24969 **Riesbriek** *417 Fa11*
73469 **Riesbürg** *500 Gd61*
66509 **Rieschweiler-Mühlbach** *496 Cd58*
06369 **Riesdorf** *459 Jd37*
24354 **Rieseby** *417 Fd13*
06786 **Riesigk** *460 Kb36*
15890 **Rießen** *451 Md32*
49597 **Rieste** *443 Dc30*
06528 **Riestedt** *458 Hd39*
29525 **Riestedt** *436 Gd26*
33397 **Rietberg** *455 Ea36*
15936 **Rietdorf** *461 Lb35*
17375 **Rieth** *431 Mb19*
78589 **Rietheim** *508 Ec69*
06528 **Riethnordhausen** *458 Hd39*
02956 **Rietschen** *463 Nb39*
14797 **Rietz** *449 Kb31*
14929 **Rietz** *449 Kc33*
39291 **Rietzel** *448 Jc32*
15910 **Rietzneuendorf-Friedrichshof** *461 Ld34*
64668 **Rimbach** *489 Ec55*
84326 **Rimbach** *513 Kd64*
93485 **Rimbach** *504 La58*
97222 **Rimpar** *491 Ga53*
83253 **Rimsting** *513 Kb69*
94269 **Rinchnach** *504 Lc60*
49824 **Ringe** *442 Cb29*
94160 **Ringelai** *504 Ld61*
15377 **Ringenwalde** *451 Mb28*
17268 **Ringenwalde** *440 Lc25*
39517 **Ringfurth** *448 Jc31*
37296 **Ringgau** *469 Gb42*
06556 **Ringleben** *470 Hc40*
24977 **Ringsberg** *417 Fc10*
77975 **Ringsheim** *507 Db67*
27624 **Ringstedt** *424 Ec21*
31737 **Rinteln** *445 Fa33*
54340 **Riol** *487 Ca53*
98639 **Rippershausen** *481 Gc46*
38486 **Ristedt** *447 Hb29*
25920 **Risum-Lindholm** *416 Ed11*
98617 **Ritschenhausen** *481 Gd47*
27721 **Ritterhude** *434 Ec24*
06333 **Ritterode** *459 Ja37*
54636 **Rittersdorf** *476 Bc51*
08355 **Rittersgrün** *484 Kd47*
37130 **Rittmarshausen** *457 Gb39*
23896 **Ritzerau** *426 Gd20*
17153 **Ritzerow** *429 Kc20*
06543 **Ritzgerode** *458 Hd38*
29416 **Ritzleben** *437 Hd27*
39579 **Rochau** *448 Jb28*
09306 **Rochlitz** *472 Kd42*
35519 **Rockenberg** *479 Ec48*
07387 **Rockendorf** *483 Ja46*
67806 **Rockenhausen** *488 Db55*

36419 Rockenstuhl 481 Ga46
27404 Rockstedt 435 Fa23
96476 Rodach b. Coburg 482 Ha49
66976 Rodalben 497 Da58
08539 Rodau 483 Jd47
16845 Roddahn 438 Jd27
99976 Rodeberg 469 Gc41
97849 Roden 490 Fc53
25924 Rodenäs 416 Ec10
63517 Rodenbach 479 Ed50
67688 Rodenbach 488 Da56
24247 Rodenbek 418 Ga15
31552 Rodenberg 445 Fb32
19260 Rodenwalde 437 Hb22
38828 Rodersdorf 458 Hc35
31637 Rodewald 445 Fc29
08228 Rodewisch 484 Kb47
63110 Rodgau 479 Ed51
93426 Roding 503 Kc58
99762 Rodishain 458 Hb38
06862 Rodleben 459 Jd35
23923 Roduchelstorf 427 Hb19
17207 Röbel 439 Kb22
23701 Röbel 426 Gd16
06317 Röblingen a. See 459 Jb39
31675 Röcke 444 Ed32
04808 Röcknitz-Böhlitz 460 Kc39
17091 Röckwitz 429 Kd19
17268 Röddelin 440 Lb24
97348 Rödelsee 491 Gc54
96472 Rödental 482 Hc49
01619 Röderau-Bobersen 473 Lb40
01609 Röderaue 461 Lc39
63322 Rödermark 489 Ec52
67127 Rödersheim-Gronau 488 Dd57
06766 Rödgen 459 Jd37
32289 Rödinghausen 444 Eb32
17237 Rödlin-Thurow 440 La22
89365 Röfingen 510 Gd65
06184 Röglitz 459 Jd39
19205 Rögnitz 427 Hb21
85244 Röhrmoos 512 Jb66
94133 Röhrnbach 505 Ma62
01809 Röhrsdorf 474 Ma43
09247 Röhrsdorf 472 Kd44
63934 Röllbach 490 Fa54
67354 Römerberg 498 Ea58
72587 Römerstein 509 Fc64
98631 Römhild 481 Gd48
23909 Römnitz 427 Ha20
29591 Römstedt 436 Gd25
21436 Rönne 436 Gc22
16775 Rönnebeck 439 Kd25
17291 Röpersdorf 440 Ld23
06774 Rösa 460 Kb37
95195 Röslau 483 Jd51
51503 Rösrath 465 Cc44
08527 Rößnitz 483 Jd47
25767 Röst 425 Fa16
52159 Roetgen 476 Bb46
38531 Rötgesbüttel 446 Gd31
04571 Rötha 472 Kb41
29473 Röthen 437 Ha25
88167 Röthenbach 520 Gb72
90552 Röthenbach a. d. Pegnitz 492 Hd56
97520 Röthlein 491 Gc52
91187 Röttenbach 501 Hc59
91341 Röttenbach 492 Hb54
97285 Röttingen 491 Ga56
18182 Rövershagen 420 Jd15
38486 Röwitz 447 Hb30
14789 Rogäsen 449 Ka31
39326 Rogätz 448 Jb32
17209 Rogeez 439 Ka22
89297 Roggenburg 510 Gc66
19205 Roggendorf 427 Hb20
26553 Roggenstede 423 Da20
23936 Roggenstorf 427 Hb18
17252 Roggentin 439 Kc23
18184 Roggentin 428 Jd16
03058 Roggosen 462 Md36
18230 Roggow 428 Ja16
23843 Rohlfshagen 426 Gc19
16928 Rohlsdorf 438 Jd24
19348 Rohlsdorf 438 Jc25
23821 Rohlstorf 426 Gc18
91189 Rohr 492 Hb57
98530 Rohr 481 Gd47
93352 Rohr i. Niederbayern 502 Jd62
07429 Rohrbach 482 Hd46
76684 Rohrbach 498 Ec59
76865 Rohrbach 497 Dd59
85296 Rohrbach 502 Jb63
38489 Rohrberg 447 Hb28
72229 Rohrdorf 508 Ec64
83101 Rohrdorf 523 Kb70
86701 Rohrenfels 501 Hd63
16845 Rohrlack 439 Kb27
31627 Rohrsen 445 Fa28
38836 Rohrsheim 458 Ha34
21397 Rohstorf 436 Gd24
17111 Roidin 429 Kd18
74255 Roigheim 490 Fb57
06809 Roitzsch 460 Ka38
38325 Roklum 458 Ha34
21388 Rolfsen 436 Gb25
37434 Rollshausen 457 Gb38
17309 Rollwitz 430 Ld21
19372 Rom 438 Jc22
63694 Rommelshausen 479 Ed49
41569 Rommerskirchen 464 Bd43
36329 Romrod 480 Fa46
23919 Rondeshagen 426 Gd19
07580 Ronneburg 472 Ka44
63549 Ronneburg 479 Ed50
30952 Ronnenberg 445 Fc32
87671 Ronsberg 520 Gd70
36217 Ronshausen 469 Ga44
98590 Rosa 481 Gc46
61191 Rosbach v. d. Höhe 479 Ec49
29571 Rosche 437 Ha26
25548 Rosdorf 425 Fd18
37124 Rosdorf 457 Ga39
21514 Roseburg 426 Gd21
02708 Rosenbach 475 Nb41
73494 Rosenberg 500 Gb60
74749 Rosenberg 490 Fc56
48720 Rosendahl 453 Cc34
72348 Rosenfeld 508 Ec66
21224 Rosengarten 435 Fd22
74538 Rosengarten 499 Fd60
19348 Rosenhagen 438 Jc25
8302 . Rosenheim / Obb. 523 Ka70
17091 Rosenow 429 Kd20
18249 Rosenow 428 Jb19
01920 Rosenthal 474 Mc40
15936 Rosenthal 461 Lc35
35119 Rosenthal 467 Ec43
01824 Rosenthal-Bielatal 474 Mb44
16928 Rosenwinkel 439 Ka25
39279 Rosian 448 Jd33
04617 Rositz 472 Ka43
14778 Roskow 449 Kc30
16307 Rosow 441 Mb22
09661 Rossau 473 La43
39606 Rossau 448 Ja28
06242 Roßbach 471 Jc41
53547 Roßbach 477 Cd47
94439 Roßbach 504 La63
39307 Roßdorf 448 Jd31
64380 Roßdorf 489 Ec53
98590 Roßdorf 481 Gb46
87672 Roßhaupten 521 Hb72
17398 Rossin 430 Lc19
06536 Roßla 458 Hc39
06862 Roßlau 459 Jd35
06571 Roßleben 471 Ja40
16909 Rossow 439 Kb25
17322 Rossow 431 Ma21
90574 Roßtal 492 Hb57
04741 Roßwein 473 Lb42
18 . . . Rostock 428 Jc16
18337 Rostocker Wulfshagen 420 Jd15
68789 Rot 498 Eb58
88430 Rot a. d. Rot 510 Gb69
74585 Rot a. See 500 Gb58
36199 Rotenburg a. d. Fulda 468 Fd43
27356 Rotenburg (Wümme) 435 Fb25
57539 Roth 466 Da45
91154 Roth 501 Hc58
06528 Rotha 458 Hc38
17379 Rothemühl 430 Ld20
07922 Rothenacker 483 Jc47
64757 Rothenberg 489 Ed56
63584 Rothenbergen 480 Fa50
63860 Rothenbuch 490 Fb52
02929 Rothenburg 463 Nc39
06420 Rothenburg 459 Jb37
91541 Rothenburg ob d. Tauber 491 Gb57
97851 Rothenfels 490 Fc53
17321 Rothenklempenow 431 Ma21
06295 Rothenschirmbach 459 Ja39
07751 Rothenstein 471 Jb44
49586 Rothertshausen 443 Db31
04924 Rothstein 461 Lc38
86935 Rott 521 Hc70
83543 Rott a. Inn 513 Ka69
06773 Rotta 460 Kb36
83700 Rottach-Egern 522 Jc71
06295 Rottelsdorf 459 Jb38
89616 Rottenacker 509 Fd67
07422 Rottenbach 482 Hc46
82401 Rottenbuch 521 Hc71
84056 Rottenburg a. d. Laaber 502 Jd62
72108 Rottenburg a. Neckar 508 Ed65
97228 Rottendorf 491 Gb53
94094 Rotthalmünster 514 Lc65
06548 Rottleberode 458 Hb39
39343 Rottmersleben 447 Hd33
14793 Rottstock 449 Ka32
78628 Rottweil 508 Eb67
39638 Roxförde 447 Hd31
55595 Roxheim 488 Db53
67240 Roxheim 489 Ea55
17509 Rubenow 430 Lc16
17390 Rubkow 430 Lc17
19067 Rubow 428 Ja19
84104 Rudelzhausen 512 Jc64
87674 Ruderatshofen 521 Ha70
73635 Rudersberg 499 Fc61
94161 Ruderting 504 Ld63
99334 Rudisleben 470 Hb44
07407 Rudolstadt 470 Hd45
38889 Rübeland 458 Ha37
03238 Rückersdorf 461 Lc37
90607 Rückersdorf 492 Hd56
24986 Rüde 417 Fc12
97355 Rüdenhausen 491 Gc54
15562 Rüdersdorf 450 Ld30
26939 Rüdershausen 434 Ea23
37434 Rüdershausen 457 Gc38
55593 Rüdesheim 488 Db53
65385 Rüdesheim 488 Dc52
16321 Rüdnitz 450 Lc28
24405 Rügge 417 Fd11
91622 Rügland 492 Ha57
38471 Rühen 447 Hb30
18246 Rühn 428 Jb19
19322 Rühstädt 438 Jb26
76761 Rülzheim 497 Dd59
55452 Rümmelsheim 488 Db52
79595 Rümmingen 517 Da72
23843 Rümpel 426 Gc19
27404 Rüspel 435 Fb24
65428 Rüsselsheim 489 Ea52
19303 Rüterberg 437 Hc24
59602 Rüthen 455 Ea39
16835 Rüthnick 439 Kd26
23936 Rüting 427 Hc19
95365 Rugendorf 483 Ja50
19069 Rugensee 427 Hd19
99842 Ruhla 469 Gc44
01945 Ruhland 462 Ma38
06917 Ruhlsdorf 460 Kd36
16348 Ruhlsdorf 440 Lc27
94239 Ruhmannsfelden 504 Lb60
83324 Ruhpolding 523 Kd70
94099 Ruhstorf a. d. Rott 514 Ld64
24601 Ruhwinkel 426 Gb17
18258 Rukieten 428 Jc18
21379 Rullstorf 436 Gd23
24254 Rumohr 418 Ga15
93486 Runding 503 Kd58
65594 Runkel 478 Dd48
56412 Ruppach-Goldhausen 478 Db48
07356 Ruppersdorf 483 Jb47
67152 Ruppertsberg 488 Dd57
73577 Ruppertshofen 500 Ga61
66957 Ruppertsweiler 497 Da59
53809 Ruppichteroth 465 Cd44
52152 Rurberg 476 Bc46
26446 Rußland 433 Db22
77977 Rust 507 Da66
71277 Rutesheim 498 Ed62
19089 Ruthenbeck 428 Ja21

S

18317 Saal 420 Ka14
93342 Saal a. d. Donau 502 Jd61
97633 Saal a. d. Saale 481 Gc49
07929 Saalburg 483 Jb47
07356 Saaldorf 483 Jb48
83416 Saaldorf 514 Lb69
99510 Saaleplatte 471 Ja43
07318 Saalfeld/ Saale 482 Hd46
01994 Saalhausen 462 Ma37
15806 Saalow 450 Lb32
04603 Saara 472 Kb43
661 . . Saarbrücken 496 Ca58
54439 Saarburg 486 Bc55
66740 Saarlouis 486 Bd57
14552 Saarmund 450 La31
66793 Saarwellingen 486 Bd57
04932 Saathain 461 Lc38
18299 Sabel 428 Jd17
39649 Sachau 447 Hc30
91623 Sachsen b. Ansbach 501 Ha58
25554 Sachsenbande 425 Fb18
98678 Sachsenbrunn 482 Hb48
15306 Sachsendorf 451 Mc29
39240 Sachsendorf 459 Jc35
31553 Sachsenhagen 445 Fa31
74343 Sachsenheim 498 Ed60
83679 Sachsenkam 522 Jc70
15913 Sacrow 462 Mb34
17099 Sadelkow 430 Lb20
16928 Sadenbeck 438 Jd24
48369 Saerbeck 443 Da33
56648 Saffig 477 Cd48
18551 Sagard 421 Lb12
16949 Sagast 438 Jc23
23717 Sagau 426 Gd16
18184 Sagerheide 428 Jd16
21493 Sahms 426 Gd21
21272 Sahrendorf 436 Ga24
63877 Sailauf 480 Fb51
73084 Salach 499 Fd63
94330 Salching 503 Kc61
94163 Saldenburg 504 Ld62
23911 Salem 427 Ha20
88682 Salem 519 Fb71
87775 Salgen 510 Gd68
03238 Sallgast 462 Ma37
54528 Salmtal 487 Ca52
17099 Salow 430 Lb19
97616 Salz 481 Gc49
48499 Salzbergen 442 Cd32
14547 Salzbrunn 449 Kd32
06779 Salzfurtkapelle 459 Jd37
382 . . Salzgitter 457 Gc34
21376 Salzhausen 436 Gb24
31020 Salzhemmendorf 456 Fc34
33154 Salzkotten 455 Eb37
06198 Salzmünde 459 Jc38
29410 Salzwedel 437 Hc27
94121 Salzweg 504 Ld63
83122 Samerberg 523 Kb70
48465 Samern 442 Cc32
39326 Samswegen 448 Ja32
18573 Samtens 421 La14
97522 Sand a. Main 492 Ha52
39524 Sandau 438 Jc27
39606 Sandauerholz 438 Jc27
39517 Sandbeiendorf 448 Jb31
97657 Sandberg 481 Ga49
27446 Sandbostel 435 Fa22
49808 Sandbrinkerheide 442 Cd30
26452 Sande 433 Dc22
26441 Sandeler Möns 423 Dc21
06792 Sandersdorf 460 Ka37
93336 Sandersdorf 502 Jb61
06456 Sandersleben 459 Ja37
23898 Sandesneben 426 Gc20
69207 Sandhausen 489 Eb57
16230 Sandkrug 440 Ld26
27628 Sandstedt 434 Eb23
06526 Sangerhausen 458 Hd39
18190 Sanitz 428 Jd16
24941 Sankelmark 417 Fb11
37444 Sankt Andreasberg 457 Gd37
25776 Sankt Annen 417 Fa14
53757 Sankt Augustin 465 Cc45
98660 Sankt Bernhard 481 Gd48
79837 Sankt Blasien 517 Dc71
09356 Sankt Egidien 472 Kc44
94379 Sankt Englmar 504 La60
07629 Sankt Gangloff 471 Jc44
78112 Sankt Georgen 508 Ea68
56329 Sankt Goar 478 Da50
56346 Sankt Goarshausen 478 Da50
66386 Sankt Ingbert 496 Cb58
72813 Sankt Johann 509 Fb65
66887 Sankt Julian 487 Cd55
53562 Sankt Katharinen 477 Cd47
98553 Sankt Kilian 482 Ha47
68789 Sankt Leon 498 Eb58
79274 Sankt Märgen 507 Dc69
25572 Sankt Margarethen 425 Fa18
67487 Sankt Martin 497 Dc58
25693 Sankt Michaelisdonn 425 Fa17
94568 Sankt Oswald 504 Ld60
2035. Sankt Pauli 426 Ga21
79271 Sankt Peter 507 Dc69
25826 Sankt Peter-Ording 416 Eb15
56220 Sankt Sebastian 478 Da48
66606 Sankt Wendel 487 Cb56
84427 Sankt Wolfgang 513 Ka67
39596 Sanne 448 Jc29
39606 Sanne-Kerkuhn 437 Hd27
17111 Sanzkow 429 Kd18
38822 Sargstedt 458 Hb35
24616 Sarlhusen 425 Fd17
18276 Sarmstorf 428 Jd18
16928 Sarnow 438 Jd25
17392 Sarnow 430 Lb19
17111 Sarow 429 Kd19
31157 Sarstedt 445 Fd32
25785 Sarzbüttel 425 Fa16
77880 Sasbach 497 Dc63
79361 Sasbach 507 Da68
77887 Sasbachwalden 507 Dc64
17121 Sassen 429 Kd17
36367 Sassen 480 Fb46
48336 Sassenberg 454 Dc35
38524 Sassenburg 446 Gd30
27404 Sassenholz 435 Fb23
03205 Saßleben 462 Ma36
18546 Sassnitz 421 Lb12
26683 Saterland 433 Db25
17209 Satow 439 Ka22
18239 Satow 428 Jb17
24986 Satrup 417 Fc11
74589 Satteldorf 500 Gb59
37130 Sattenhausen 457 Gb39
14476 Satzkorn 449 Kd30
15848 Sauen 451 Mb31
21644 Sauensiek 435 Fc23
82054 Sauerlach 512 Jc69
88605 Sauldorf 509 Fa69
82442 Saulgrub 521 Hc72
55291 Saulheim 488 Dd53
24392 Saustrup 417 Fd12
17440 Sauzin 430 Lc16
04895 Saxdorf 461 Lb38
09619 Sayda 473 Lc45
64850 Schaafheim 489 Ed52
24882 Schaalby 417 Fc13
24790 Schacht-Audorf 417 Fd15
23795 Schackendorf 426 Gb18
39343 Schackensleben 447 Hd33
06449 Schackenthal 459 Ja37
03238 Schacksdorf 461 Ld37
06425 Schackstedt 459 Ja37
06449 Schadeleben 458 Hd36
03238 Schadewitz 461 Lc38
15848 Schadow 451 Mc33
82069 Schäftlarn 512 Jb69
14547 Schäpe 449 Kd32
39579 Schäplitz 448 Ja29
49477 Schafberg 443 Db32
24980 Schafflund 417 Fa11
06255 Schafstädt 471 Jb40
25725 Schafstedt 425 Fb17
96528 Schalkau 482 Hc48
84175 Schalkham 513 Kc64
25782 Schalkholz 417 Fa15
58579 Schalksmühle 466 Da41
79227 Schallstadt 507 Da69
48480 Schapen 443 Da31
17291 Schapow 440 Lc22
18569 Schaprode 421 Kd12
2368 . Scharbeutz 427 Ha17
01665 Scharfenberg 473 Lc41
09435 Scharfenstein 473 La45
21379 Scharnebeck 436 Gd23
29348 Scharnhorst 446 Gb28
17139 Scharpzow 429 Kc19
39291 Schartau 448 Jb32
39579 Schartau 448 Jb28
23730 Schashagen 427 Ha16
23923 Schattin 427 Ha19
38835 Schauen 458 Ha35
34270 Schauenburg 468 Fb41
95197 Schauenstein 483 Jb49
67125 Schauernheim 488 Dd56
94571 Schaufling 504 Lb61
73579 Schechingen 500 Ga61
37127 Scheden 456 Fd39
72516 Scheer 509 Fb68
49846 Scheerhorn 442 Cb30
27383 Scheeßel 435 Fc25
74850 Schefflenz 490 Fb57
24392 Scheggerott 417 Fd12
98749 Scheibe-Alsbach 482 Hc47
09481 Scheibenberg 484 Kd46
88175 Scheidegg 520 Ga72
91443 Scheinfeld 491 Gd54
89601 Schelklingen 509 Fd66
39517 Schelldorf 448 Jc30
31174 Schellerten 446 Gb33
24211 Schellhorn 418 Gb15
88433 Schemmerhofen 509 Fd67
22869 Schenefeld 425 Fd21
25560 Schenefeld 425 Fb17
04509 Schenkenberg 460 Ka38
14778 Schenkenberg 449 Kc31
17291 Schenkenberg 440 Ld22
03172 Schenkendöbern 463 Na34
15711 Schenkendorf 450 Lc31
14532 Schenkenhorst 450 La31
39638 Schenkenhorst 447 Hd29
77773 Schenkenzell 508 Ea66
36277 Schenklengsfeld 469 Ga45
46514 Schermbeck 453 Ca37
39387 Schermcke 458 Hd34
39291 Schermen 448 Jb32
99713 Schernberg 470 Ha40
39517 Schernebeck 448 Jb30
85132 Schernfeld 501 Hc61
39579 Schernikau 448 Jb29
15890 Schernsdorf 451 Md32
96110 Schesslitz 492 Hc52
06386 Scheuder 459 Jd36
57584 Scheuerfeld 466 Db45
86937 Scheuring 511 Hc67
85298 Scheyern 512 Ja64
15938 Schiebsdorf 461 Ld34
32816 Schieder 456 Fa35
06493 Schielo 458 Hc38
06779 Schierau 460 Ka36
23795 Schieren 426 Gc18
24241 Schierensee 418 Ga15
21271 Schierhorn 436 Ga24
38879 Schierke 458 Ha36
84069 Schierling 503 Ka61
27619 Schiffdorf 424 Eb21
67105 Schifferstadt 489 Ea57
16259 Schiffmühle 441 Ma27
66578 Schiffweiler 487 Cb57
03253 Schilda 461 Lb37
04889 Schildau 460 Kd39
16552 Schildow 450 Lb28
54429 Schillingen 486 Bd55
91583 Schillingsfürst 500 Gc58
24637 Schillsdorf 426 Gb16
77761 Schiltach 508 Ea66
86576 Schiltberg 511 Hd65
23972 Schimm 428 Ja19
24214 Schinkel 418 Ga14
39579 Schinne 448 Jb29
23847 Schiphorst 426 Gc20
01993 Schipkau 462 Ma38
02681 Schirgiswalde 474 Md41
92718 Schirmitz 494 Ka54
95706 Schirnding 484 Ka51
04435 Schkeuditz 460 Ka39
07619 Schkölen 471 Jc42
06773 Schköna 460 Kb37
06258 Schkopau 459 Jc39
15926 Schlabendorf 462 Ma35
06231 Schladebach 471 Jd40
38315 Schladen 457 Gd34
19217 Schlagbrügge 427 Ha20
39307 Schlagenthin 448 Jd30
19217 Schlagresdorf 427 Ha19
19217 Schlagsdorf 427 Ha20
72667 Schlaitdorf 509 Fa64
06774 Schlaitz 460 Kb37
14822 Schlalach 449 Kc33
14827 Schlamau 449 Ka33
33189 Schlangen 455 Ec36
65388 Schlangenbad 478 Dc51
38838 Schlanstedt 458 Hb34
73114 Schlat 499 Fd63
17390 Schlatkow 430 Lb17
83259 Schleching 523 Kc71
98663 Schlechtsart 482 Ha49
06785 Schleesen 460 Kb36
02788 Schlegel 475 Nb42
07366 Schlegel 483 Jb48
95189 Schlegel 483 Jc48
82444 Schlehdorf 522 Ja72
36419 Schleid 481 Ga46
53937 Schleiden 476 Bc47
02959 Schleife 462 Md37
07907 Schleiz 483 Jc46
08301 Schlema 484 Kc46
18249 Schlemmin 428 Jb18
18320 Schlemmin 420 Kb15
15910 Schlepzig 451 Ma33
24256 Schlesen 418 Gc15
24837 Schleswig 417 Fc13
09487 Schlettau 485 La46
98667 Schleusegrund 482 Hb47
98553 Schleusingen 482 Ha47
25779 Schlichting 417 Fa15
49497 Schlickelde 443 Db32
04936 Schlieben 461 Lb36
79418 Schliengen 516 Cd71
88281 Schlier 519 Fd71
73278 Schlierbach 499 Fc63
83727 Schliersee 522 Jd71
36110 Schlitz 480 Fc46
17192 Schloen 429 Kc21
33758 Schloß Holte-Stukenbrock 455 Eb35
07407 Schloßkulm 482 Hd46
99195 Schloßvippach 470 Hc42
25551 Schlotfeld 425 Fc18
99994 Schlotheim 470 Ha41
79859 Schluchsee 517 Dd70
36381 Schlüchtern 480 Fc49
96132 Schlüsselfeld 492 Ha54
14547 Schlunkendorf 449 Kd32
27726 Schlußdorf 434 Ed24
16515 Schmachtenhagen 440 Lb27
18236 Schmadebeck 428 Jb17
24638 Schmalensee 426 Gb17
24640 Schmalfeld 426 Ga18
98574 Schmalkalden 469 Gd45
57392 Schmallenberg 466 Dd42
24241 Schmalstede 426 Ga16
06295 Schmalzerode 459 Ja39
18556 Schmantevitz 421 La12
16278 Schmargendorf 441 Ma25
17129 Schmarsow 429 Kd18
38855 Schmatzfeld 458 Ha35
17390 Schmatzin 430 Lb17
25724 Schmedeswurth 424 Ed18
98530 Schmeheim 481 Gd47
66839 Schmelz 487 Ca56
14550 Schmergow 449 Kc30
04895 Schmerkendorf 461 Lb38
92546 Schmidgaden 494 Ka56
92287 Schmidmühlen 502 Jd58
86511 Schmiechen 511 Hc67
01762 Schmiedeberg 473 Ld44
98739 Schmiedefeld 482 Hd47
98711 Schmiedefeld a. Rennsteig 482 Hb46
23911 Schmilau 427 Ha20
06896 Schmilkendorf 460 Kb35
61389 Schmitten 479 Ea49
04626 Schmölln 472 Ka44
17291 Schmölln 441 Ma22
01877 Schmölln-Putzkau 474 Mc41
03096 Schmogrow 462 Mb35
16945 Schmolde 438 Jd23
49406 Schmolte 444 Eb28
07389 Schmorda 483 Jb46
17398 Schmuggerow 430 Lc19
91289 Schnabelwaid 493 Jb53
04849 Schnaditz 460 Kb38
71384 Schnait 499 Fb62
83530 Schnaitsee 513 Kc68
91220 Schnaittach 493 Ja55
92253 Schnaittenbach 493 Jd55
21481 Schnakenbek 436 Gc23
24891 Schnarup-Thumby 417 Fc12
25917 Schnatebüll 416 Ed11
08527 Schneckengrün 483 Jd47
96277 Schneckenlohe 482 Hd50
08289 Schneeberg 484 Kc46
63936 Schneeberg 490 Fa55
29465 Schnega 437 Ha27
39435 Schneidlingen 458 Hd35
83458 Schneizlreuth 524 La71
91625 Schnelldorf 500 Gb59
06901 Schnellin 460 Kc36
98666 Schnett 482 Hb47
29640 Schneverdingen 435 Fd25
89194 Schnürpflingen 510 Gb66
49356 Schobrink 444 Ea29
25875 Schobüll 416 Ed13
06179 Schochwitz 459 Jb38
15837 Schöbendorf 450 Lb33
35641 Schöffengrund 479 Ea47
94572 Schöfweg 504 Lc61
63825 Schöllkrippen 480 Fa51
94508 Schöllnach 504 Lc62
03229 Schöllnitz 462 Ma37
72355 Schömberg 508 Ec67
75328 Schömberg 498 Eb62
04838 Schöna 460 Kd39
88634 Schönach 519 Fa70
71101 Schönaich 498 Ed63
69250 Schönau 489 Ec57
79677 Schönau 517 Db71
84337 Schönau 514 La64
97659 Schönau a. d. Brend 481 Gb48
83471 Schönau a. Königssee 524 Lb72
02899 Schönau-Berzdorf a. d. Eigen 475 Nb41
02708 Schönbach 475 Na41
07985 Schönbach 483 Jd46
17349 Schönbeck 430 Lb20
24582 Schönbek 426 Ga16
08539 Schönberg 483 Jd47
16835 Schönberg 439 Kd26
16866 Schönberg 439 Ka26
22929 Schönberg 426 Gc20
23923 Schönberg 427 Hb19
24217 Schönberg 418 Gc14
39615 Schönberg 438 Jb27
84573 Schönberg 513 Kc65
94513 Schönberg 504 Lc61
03253 Schönborn 461 Lc37
09648 Schönborn-Dreiwerden-Seifersbach 473 La43
69436 Schönbrunn 489 Ed57
96185 Schönbrunn i. Steigerwald 492 Ha53
06618 Schönburg 471 Jc41
07924 Schöndorf 483 Jb46
16928 Schönebeck 438 Jd25
39218 Schönebeck 459 Jb34
16278 Schöneberg 441 Ma25
08261 Schöneck 484 Kb48
61137 Schöneck 479 Ec50
54614 Schönecken 476 Bc50
12529 Schönefeld 450 Lc30
14547 Schönefeld 449 Kd32
15566 Schöneiche 450 Ld30
15806 Schöneiche 450 Lc32
66901 Schönenberg 487 Cc57
16352 Schönerlinde 450 Lb28
16278 Schönermark 441 Ma24
16845 Schönermark 439 Ka26
17291 Schönermark 440 Lc22
03253 Schönewalde 461 Lc37
04916 Schönewalde 461 Lb35
29396 Schönewörde 446 Gd29
01561 Schönfeld 473 Ld40
16307 Schönfeld 441 Mb23
16356 Schönfeld 450 Ld28
17111 Schönfeld 429 Kc18
17291 Schönfeld 440 Ld22
19205 Schönfeld 427 Hc20
39524 Schönfeld 448 Jc28
01474 Schönfeld-Weißig 474 Ma42
15518 Schönfelde 451 Ma30
15326 Schönfließ 451 Mc30
16567 Schönfließ 450 Lb28
82296 Schöngeising 511 Hd67
14959 Schönhagen 450 La32
16866 Schönhagen 438 Jd26
17337 Schönhausen 430 Lc20
39524 Schönhausen 448 Jc29
08304 Schönheide 484 Kb47
14728 Schönholz-Neuwerder 449 Ka28
24220 Schönhorst 418 Ga15
38364 Schöningen 447 Hb33
24232 Schönkirchen 418 Gb14
19412 Schönlage 428 Ja20
24635 Schönmoor 426 Gb17
16306 Schönow 441 Ma23
16321 Schönow 450 Lc28
92539 Schönsee 494 Kc55
99947 Schönstedt 469 Gd42
74214 Schöntal 490 Fc57
93488 Schönthal 494 Kc57
95173 Schönwald 483 Jd50
78141 Schönwald i. Schwarzwald 507 Dd68
14621 Schönwalde 450 La29
15910 Schönwalde 461 Ld34
16352 Schönwalde 450 Lb28
17309 Schönwalde 430 Ld20
39517 Schönwalde 448 Jb30
23744 Schönwalde a. Bungsberg 427 Ha16
17291 Schönwerder 440 Ld22
04509 Schönwölkau 460 Kb38
38170 Schöppenstedt 447 Ha33
48624 Schöppingen 453 Cc34
02829 Schöpstal 475 Nc40
27251 Scholen 444 Ec28
97852 Schollbrunn 490 Fc53
14715 Schollene 448 Jd28
78136 Schonach i. Schwarzwald 507 Dd68
86938 Schondorf a. Ammersee 511 Hd68
97795 Schondra 481 Ga49
86956 Schongau 521 Hc70
83137 Schonstett 513 Kb69
97453 Schonungen 481 Gc51
79650 Schopfheim 517 Db72
72296 Schopfloch 508 Eb65
91626 Schopfloch 500 Gc59
67707 Schopp 488 Da57
39291 Schopsdorf 448 Jd32
03058 Schorbus 462 Mc36
73614 Schorndorf 499 Fc62
93489 Schorndorf 503 Kc58
55288 Schornsheim 488 Dd53
17166 Schorssow 429 Ka20
39606 Schorstedt 448 Ja28
26419 Schortens 423 Dc21
06369 Schortewitz 459 Jd37
19073 Schossin 427 Hc21
63679 Schotten 480 Fa47
04928 Schraden 461 Ld39
78713 Schramberg 508 Ea67
06279 Schraplau 459 Jb39
34637 Schrecksbach 468 Fb45
06780 Schrenz 459 Jd38
16866 Schrepkow 438 Jc26
21493 Schretstaken 426 Gd21
69198 Schriesheim 489 Eb56
86529 Schrobenhausen 511 Hd64
74575 Schrozberg 491 Ga57
25782 Schrum 425 Fa16
24850 Schuby 417 Fb13
24790 Schülldorf 417 Fd15
24589 Schülp 425 Fd16
24813 Schülp 417 Fc15
25764 Schülp 416 Ed15
23847 Schürensöhlen 426 Gc19
48465 Schüttorf 442 Cc32
06917 Schützberg 460 Kc36
15910 Schuhlen-Wiese 451 Mb33
18334 Schulenberg 429 Ka16
38707 Schulenberg 457 Gc36
21516 Schulendorf 436 Gd22
15732 Schulzendorf 450 Lc31
16775 Schulzendorf 439 Kd25
77978 Schuttertal 507 Db66
77746 Schutterwald 507 Db65
18258 Schwaan 428 Jc18
91126 Schwabach 492 Hc57
86986 Schwabbruck 521 Hb70
55270 Schwabenheim a. d. Selz 488 Dc52
85247 Schwabhausen 512 Ja66
86830 Schwabmünchen 511 Hb67
86987 Schwabsoien 521 Hb70
25876 Schwabstedt 417 Fa14
7352 . Schwäbisch Gmünd 499 Fd62
74523 Schwäbisch Hall 499 Fd59
27252 Schwaförden 444 Ec28
49179 Schwagstorf 443 Dd31
90571 Schwaig b. Nürnberg 492 Hd56
74193 Schwaigern 498 Ed59
71409 Schwaikheim 499 Fb61
65824 Schwalbach 479 Eb50
66773 Schwalbach 487 Ca57
32816 Schwalenberg 456 Fa36
29643 Schwalingen 435 Fd25
98590 Schwallungen 481 Gc46
34613 Schwalmstadt 468 Fa44
36318 Schwalmtal 480 Fb46
41366 Schwalmtal 464 Bb41
77963 Schwanau 507 Da66
17099 Schwanbeck 430 Lb19
90596 Schwand b. Nürnberg 501 Hc58
92421 Schwandorf 494 Ka57
17091 Schwandt 429 Kd20
14806 Schwanebeck 449 Kb33
16341 Schwanebeck 450 Lc28
39397 Schwanebeck 458 Hc35
39171 Schwaneberg 459 Ja34
39343 Schwanefeld 447 Hc32
28790 Schwanewede 434 Eb24
97523 Schwanfeld 491 Gb52
87645 Schwangau 521 Hb72
19258 Schwanheide 436 Gd22
16831 Schwanow 439 Kc25
90596 Schwanstetten 501 Hc58
16727 Schwante 449 Kd28
27327 Schwarme 434 Ed27
29690 Schwarmstedt 445 Fc29
24257 Schwartbuck 418 Gc14
17252 Schwarz 439 Kc23
98547 Schwarza 481 Gd46
74869 Schwarzach 489 Ed57
94374 Schwarzach 504 La60
97359 Schwarzach a. Main 491 Gc53
92548 Schwarzach b. Nabburg 494 Ka56
01945 Schwarzbach 462 Ma38
07427 Schwarzburg 482 Hd46
03139 Schwarze Pumpe 462 Mc38
92720 Schwarzenbach 493 Jd54
95131 Schwarzenbach a. W. 483 Jb49
95126 Schwarzenbach (Saale) 483 Jc49
21493 Schwarzenbek 436 Gc22
08340 Schwarzenberg 484 Kd47
34639 Schwarzenborn 468 Fb44
90592 Schwarzenbruck 492 Hd57
92521 Schwarzenfeld 494 Ka57
66793 Schwarzenholz 487 Ca57
01987 Schwarzheide 462 Ma38
92431 Schwarzhofen 494 Kb57
39596 Schwarzholz 448 Jc28
97525 Schwebheim 491 Gc52
24229 Schwedeneck 418 Ga13
16303 Schwedt 441 Mb24
67365 Schwegenheim 498 Ea58
54338 Schweich 486 Bd53
98663 Schweickershausen 482 Ha50
76889 Schweigen-Rechtenbach 497 Dc60
36448 Schweina 469 Gc45
07338 Schweinbach 483 Ja47
26556 Schweindorf 423 Da21

9742 . **Schweinfurt** *481 Gc51*
39279 **Schweinitz** *448 Jd33*
16909 **Schweinrich** *439 Kb24*
85301 **Schweitenkirchen** *512 Jb64*
58332 **Schwelm** *465 Cc40*
06774 **Schwemsal** *460 Kb37*
06547 **Schwenda** *458 Hb38*
88477 **Schwendi** *510 Ga67*
72477 **Schwenningen** *508 Ed68*
78056 **Schwenningen** *508 Eb68*
89443 **Schwenningen** *501 Ha63*
01936 **Schwepnitz** *462 Ma39*
15755 **Schwerin** *450 Lc32*
15859 **Schwerin** *451 Ma32*
190 .. **Schwerin** *427 Hd20*
27333 **Schweringen** *445 Fa28*
17398 **Schwerinsburg** *430 Lc19*
26835 **Schwerinsdorf** *433 Db23*
58239 **Schwerte** *454 Da39*
06188 **Schwerz** *459 Jd38*
15898 **Schwerzko** *451 Md33*
25813 **Schwesing** *417 Fa13*
68723 **Schwetzingen** *489 Eb57*
17099 **Schwichtenberg** *430 Lc19*
98631 **Schwickershausen** *481 Gc48*
29593 **Schwienau** *436 Gc26*
39638 **Schwiesau** *447 Hc29*
84419 **Schwindegg** *513 Kb66*
17139 **Schwinkendorf** *429 Kb20*
23795 **Schwissel** *426 Gb18*
79739 **Schwörstadt** *517 Db72*
38179 **Schwülper** *446 Gc31*
31609 **Sebbenhausen** *445 Fa28*
01855 **Sebnitz** *474 Mc42*
56479 **Seck** *478 Dc47*
74743 **Seckach** *490 Fb56*
29575 **Secklendorf** *436 Gd25*
14554 **Seddiner See** *449 Kd32*
01968 **Sedlitz** *462 Mb37*
77889 **Seebach** *507 Dd64*
99846 **Seebach** *469 Gc44*
16835 **Seebeck-Strubensee** *439 Kd26*
29413 **Seebenau** *437 Hb27*
99869 **Seebergen** *470 Ha44*
25927 **Seebüll** *416 Ec10*
06317 **Seeburg** *459 Jb39*
14476 **Seeburg** *450 La30*
37136 **Seeburg** *457 Gb38*
23823 **Seedorf** *426 Gc17*
23883 **Seedorf** *427 Ha21*
27404 **Seedorf** *435 Fa23*
29549 **Seedorf** *436 Gd25*
16356 **Seefeld** *450 Lc28*
16928 **Seefeld** *438 Jd25*
25557 **Seefeld** *425 Fc16*
82229 **Seefeld** *511 Hd68*
87637 **Seeg** *521 Ha72*
23758 **Seegalendorf** *419 Ha15*
17291 **Seehausen** *440 Ld23*
39365 **Seehausen** *447 Hd33*
39615 **Seehausen** *438 Jb27*
82418 **Seehausen** *521 Hd71*
64342 **Seeheim** *489 Eb54*
19069 **Seehof** *427 Hd20*
77960 **Seelbach** *507 Db66*
07580 **Seelingstädt** *472 Ka45*
09306 **Seelitz** *472 Kd42*
15306 **Seelow** *451 Mc29*
30926 **Seelze** *445 Fc31*
83370 **Seeon-Seebruck** *513 Kc69*
29482 **Seerau im Drawehn** *437 Hb26*
38536 **Seershausen** *446 Gc31*
18723 **Seesen** *457 Gb35*
82402 **Seeshaupt** *522 Ja70*
25370 **Seester** *425 Fc20*
25371 **Seestermühe** *425 Fc20*
25878 **Seeth** *417 Fa14*
25337 **Seeth-Ekholt** *425 Fd20*
39638 **Seethen** *448 Ja29*
212 .. **Seevetal** *436 Ga23*
72297 **Seewald** *508 Ea64*
16845 **Segeletz** *439 Kb27*
31691 **Seggebruch** *445 Fa32*
39356 **Seggerde** *447 Hc31*
24814 **Sehestedt** *417 Fd14*
38279 **Sehlde** *457 Gc34*
31196 **Sehlem** *457 Ga34*
18528 **Sehlen** *421 La13*
09465 **Sehma** *485 La47*
31319 **Sehnde** *446 Ga32*
31595 **Sehnsen** *444 Ed30*
55444 **Seibersbach** *488 Da52*
09548 **Seiffen (Erzgebirge)** *473 Lc45*
02782 **Seifhennersdorf** *475 Na43*
16775 **Seilershof** *440 La25*
97342 **Seinsheim** *491 Gc55*
07389 **Seisla** *483 Ja46*
78606 **Seitingen-Oberflacht** *508 Ec69*
95100 **Selb** *484 Ka50*
14641 **Selbelang** *449 Kc29*
06773 **Selbitz** *460 Kb36*
95152 **Selbitz** *483 Jb49*
15831 **Selchow** *450 Lb31*
15859 **Selchow** *451 Ma32*
24238 **Selent** *418 Gc15*
52538 **Selfkant** *464 Ad43*
63500 **Seligenstadt** *479 Ed51*
24884 **Selk** *417 Fc13*
15938 **Sellendorf** *461 Lc34*
03130 **Sellessen** *462 Md37*
18586 **Sellin, Ostseebad** *421 Lb13*
59379 **Selm** *453 Cd37*
23923 **Selmsdorf** *427 Ha18*
18246 **Selow** *428 Jb18*
18195 **Selpin** *429 Ka17*
27446 **Selsingen** *435 Fa23*
65618 **Selters (Taunus)** *478 Dd49*
56242 **Selters (Westerwald)** *478 Db47*
55278 **Selzen** *488 Dd53*
67681 **Sembach** *488 Db56*
03172 **Sembten** *451 Na33*
14715 **Semlin** *449 Ka28*
18334 **Semlow** *420 Kb15*
38327 **Semmenstedt** *458 Ha34*
48308 **Senden** *454 Da36*
89250 **Senden** *510 Gb66*
48324 **Sendenhorst** *454 Db36*
01968 **Senftenberg** *462 Mb38*
16230 **Senftenhütte** *440 Ld26*
92369 **Sengenthal** *502 Ja58*
06193 **Sennewitz** *459 Jc38*
97526 **Sennfeld** *481 Gc51*
64759 **Sensbachtal** *489 Ed56*
06869 **Senst** *460 Kb34*
15754 **Senzig** *450 Ld31*
14662 **Senzke** *449 Kb28*
24326 **Sepel** *426 Gc16*
03058 **Sergen** *462 Md36*
26427 **Seriem** *423 Db20*
06862 **Serno** *460 Ka34*
54455 **Serrig** *486 Bc55*
74372 **Sersheim** *498 Ed61*
16230 **Serwest** *440 Ld26*
96145 **Seßlach** *482 Hb50*
23845 **Seth** *426 Gb19*
19230 **Setzin** *437 Hb22*
92358 **Seubersdorf i. d. Oberpfalz** *502 Jb59*
07922 **Seubtendorf** *483 Jc47*
90556 **Seukendorf** *492 Hb56*
37136 **Seulingen** *457 Gb38*
19374 **Severin** *428 Jb21*
16909 **Sewekow** *439 Kb23*
79350 **Sexau** *507 Db68*
95517 **Seybothenreuth** *493 Jb52*
06918 **Seyda** *460 Kd35*
23701 **Sibbersdorf** *426 Gd16*
31079 **Sibbesse** *457 Ga34*
39649 **Sichau** *447 Hc30*
38173 **Sickte** *446 Gd33*
23847 **Siebenbäumen** *426 Gd19*
21514 **Siebeneichen** *426 Gd21*
09634 **Siebenlehn** *473 Lb42*
06308 **Siebigerode** *458 Hd38*
27246 **Sieden** *444 Ed29*
17089 **Siedenbollentin** *430 La19*
17111 **Siedenbrünzow** *429 Kd18*
27254 **Siedenburg** *444 Ed29*
38489 **Siedengrieben** *447 Hc28*
29416 **Siedenlangenbeck** *447 Hb28*
55599 **Siefersheim** *488 Dc53*
15913 **Siegadel** *462 Mb34*
35768 **Siegbach** *467 Ea45*
53721 **Siegburg** *465 Cc45*
74936 **Siegelsbach** *499 Fa58*
570 .. **Siegen** *466 Dc44*
93354 **Siegenburg** *502 Jd62*
85635 **Siegertsbrunn** *512 Jc68*
98749 **Siegmundsburg** *482 Hc48*
83313 **Siegsdorf** *523 Kd70*
24960 **Siegum** *417 Fc10*
22962 **Siek** *426 Gb20*
86577 **Sielenbach** *511 Hd65*
18465 **Siemersdorf** *429 Kb16*
29410 **Sienau** *437 Hc27*
23730 **Sierhagen** *427 Ha16*
23730 **Sierksdorf** *427 Ha17*
23847 **Sierksrade** *426 Gd20*
66780 **Siersburg** *486 Bd57*
56427 **Siershahn** *478 Db47*
06308 **Siersleben** *459 Ja38*
38159 **Sierße** *446 Gc32*
39356 **Siestedt** *447 Hc32*
17209 **Sietow** *439 Ka22*
15320 **Sietzing** *451 Mb28*
06188 **Sietzsch** *459 Jd39*
15236 **Sieversdorf** *451 Mc30*
16845 **Sieversdorf-Hohenofen** *439 Ka27*
24641 **Sievershütten** *426 Ga19*
24885 **Sieverstedt** *417 Fb12*
18510 **Sievertshagen** *420 Kc15*
03116 **Siewisch** *462 Mc36*
25560 **Siezbüttel** *425 Fb17*
19376 **Siggelkow** *438 Jb22*
72488 **Sigmaringen** *509 Fa68*
72517 **Sigmaringendorf** *509 Fb68*
88138 **Sigmarszell** *519 Fd72*
07937 **Silberfeld** *483 Jc46*
24887 **Silberstedt** *417 Fb13*
08121 **Silberstraße** *484 Kc46*
37345 **Silkerode** *457 Gc38*
26419 **Sillenstede** *423 Dc21*
31188 **Sillium** *457 Gb34*
16949 **Silmersdorf** *438 Jc23*
17214 **Silz** *429 Ka21*
25551 **Silzen** *425 Fc17*
94436 **Simbach** *503 Kd63*
84359 **Simbach a. Inn** *514 Lb66*
91245 **Simmelsdorf** *493 Ja55*
52152 **Simmerath** *476 Bb46*
88171 **Simmerberg** *520 Ga72*
55469 **Simmern** *487 Cd52*
56337 **Simmern** *478 Da48*
03149 **Simmersdorf** *463 Na36*
72226 **Simmersfeld** *498 Eb63*
97215 **Simmershofen** *491 Gb56*
55618 **Simmertal** *487 Cd53*
75397 **Simmozheim** *498 Ec62*
25813 **Simonsberg** *416 Ed14*
79263 **Simonswald** *507 Dc68*
7106 . **Sindelfingen** *498 Ed63*
78224 **Singen** *518 Ec71*
56379 **Singhofen** *478 Db49*
35764 **Sinn** *479 Ea46*
36391 **Sinntal** *480 Fc49*
74889 **Sinsheim** *498 Ed58*
76547 **Sinzheim** *497 Dd62*
53489 **Sinzig** *477 Cc46*
93161 **Sinzing** *502 Jd60*
67729 **Sippersfeld** *488 Dc55*
78354 **Sipplingen** *519 Fa71*
06507 **Siptenfelde** *458 Hc37*
23898 **Sirksfelde** *426 Gc20*
27419 **Sittensen** *435 Fc24*
07429 **Sitzendorf** *482 Hc46*
21388 **Soderstorf** *436 Gb25*
83139 **Söchtenau** *513 Kb69*
49751 **Sögel** *433 Da27*
31185 **Söhlde** *446 Gb33*
34320 **Söhrewald** *468 Fc41*
19209 **Söhring** *427 Hc21*
79294 **Sölden** *507 Db69*
19339 **Söllenthin** *438 Jd26*
06774 **Söllichau** *460 Kc37*
38387 **Söllingen** *458 Hb34*
99610 **Sömmerda** *470 Hc42*
25821 **Sönnebüll** *416 Ed12*
24241 **Sören** *426 Ga16*
24966 **Sörup** *417 Fc11*
59494 **Soest** *454 Dd38*
02689 **Sohland** *474 Md42*
02894 **Sohland** *475 Nb41*
55487 **Sohren** *487 Cc52*
42 .. **Solingen** *465 Cc41*
24852 **Sollerup** *417 Fb12*
99759 **Sollstedt** *457 Gd39*
25884 **Sollwitt** *417 Fa12*
35606 **Solms** *479 Ea47*
91807 **Solnhofen** *501 Hc61*
39638 **Solpke** *447 Hd30*
29614 **Soltau** *435 Fd26*
29594 **Soltendieck** *437 Ha27*
98639 **Solz** *481 Gc46*
97334 **Sommerach** *491 Gc53*
16766 **Sommerfeld** *439 Kd27*
97286 **Sommerhausen** *491 Gb54*
25761 **Sommerkoog** *424 Ec16*
25358 **Sommerland** *425 Fc19*
17111 **Sommersdorf** *429 Kc19*
17328 **Sommersdorf** *441 Ma23*
39365 **Sommersdorf** *447 Hc33*
97255 **Sonderhofen** *491 Ga55*
99706 **Sondershausen** *470 Hb40*
97647 **Sondheim v. d. Rhön** *481 Gb48*
96515 **Sonneberg** *482 Hd48*
99869 **Sonneborn** *469 Gd43*
96242 **Sonnefeld** *482 Hc50*
94164 **Sonnen** *505 Mb62*
31634 **Sonnenborstel** *445 Fb29*
72820 **Sonnenbühl** *509 Fa66*
03249 **Sonnewalde** *461 Ld36*
47665 **Sonsbeck** *452 Bc38*
87776 **Sontheim** *510 Gd69*
89567 **Sontheim a. d. Brenz** *510 Gc64*
87527 **Sonthofen** *520 Gc73*
36205 **Sontra** *469 Ga42*
24806 **Sophienhamm** *417 Fb15*
16348 **Sophienstädt** *440 Lc27*
38875 **Sorge** *458 Ha37*
04769 **Sornzig-Ablaß** *473 La41*
08326 **Sosa** *484 Kc47*
31249 **Soßmar** *446 Ga32*
06528 **Sotterhausen** *458 Hd39*
38321 **Sottmar** *446 Gd33*
27367 **Sottrum** *435 Fa25*
83564 **Soyen** *513 Kb68*
14715 **Spaatz** *449 Ka28*
55595 **Spabrücken** *488 Da53*
49751 **Spahnharrenstätte** *433 Da27*
78549 **Spaichingen** *508 Ec68*
91174 **Spalt** *501 Hb59*
34286 **Spangenberg** *468 Fd42*
17392 **Spantekow** *430 Lb19*
91080 **Spardorf** *492 Hc55*
07927 **Sparnberg** *483 Jc48*
95234 **Sparneck** *483 Jc50*
25365 **Sparrieshoop** *425 Fc19*
56322 **Spay** *478 Da49*
74937 **Spechbach** *489 Ed57*
16230 **Spechthausen** *440 Ld27*
54662 **Speicher** *486 Bd52*
95469 **Speichersdorf** *493 Jc52*
15848 **Speichrow** *451 Mb33*
92676 **Speinshart** *493 Jc53*
48480 **Spelle** *443 Da31*
32139 **Spenge** *444 Eb33*
15838 **Sperenberg** *450 Lb33*
06237 **Spergau** *471 Jd40*
67346 **Speyer** *489 Ea57*
06188 **Spickendorf** *459 Jd38*
94518 **Spiegelau** *504 Ld60*
71579 **Spiegelberg** *499 Fc60*
27637 **Spieka** *424 Eb20*
26474 **Spiekeroog** *423 Db19*
66583 **Spiesen-Elversberg** *487 Cb57*
15344 **Spitzmühle** *450 Ld29*
18513 **Splietsdorf** *429 Kc16*
06780 **Spören** *459 Jd38*
18314 **Spoldershagen** *420 Kb14*
17039 **Sponholz** *430 La21*
06724 **Spora** *472 Ka42*
19372 **Spornitz** *438 Ja22*
73565 **Spraitbach** *499 Fd61*
25917 **Sprakebüll** *417 Fa11*
29365 **Sprakensehl** *446 Gd28*
15528 **Spreeau** *450 Ld31*
15528 **Spreenhagen** *451 Ma31*
02979 **Spreetal** *462 Mc38*
03130 **Spremberg** *462 Mc38*
55576 **Sprendlingen** *488 Dc53*
48455 **Springbiel** *442 Cb32*
31832 **Springe** *445 Fc33*
98587 **Springstille** *481 Gd46*
45549 **Sprockhövel** *465 Cc40*
04509 **Spröda** *460 Kb38*
14532 **Sputendorf** *450 La31*
15868 **Staakow** *462 Mc34*
15910 **Staakow** *450 Ld33*
39599 **Staats** *448 Ja30*
06862 **Stackelitz** *460 Ka34*
2168 . **Stade** *425 Fb21*
55271 **Stadecken** *488 Dd52*
29596 **Stadensen** *436 Gd27*
2693 . **Stadland** *434 Ea22*
29593 **Stadorf** *436 Gc26*
01829 **Stadt Wehlen** *474 Mb43*
35260 **Stadtallendorf** *467 Ed45*
24326 **Stadtbek** *426 Gc17*
86391 **Stadtbergen** *511 Hb66*
31655 **Stadthagen** *445 Fa32*
99326 **Stadtilm** *470 Hc45*
54589 **Stadtkyll** *476 Bc48*
97488 **Stadtlauringen** *481 Gc50*
36457 **Stadtlengsfeld** *469 Gb45*
48703 **Stadtlohn** *453 Cb34*
37627 **Stadtoldendorf** *456 Fc36*
97909 **Stadtprozelten** *490 Fb53*
07646 **Stadtroda** *471 Jb44*
95346 **Stadtsteinach** *483 Ja50*
25917 **Stadum** *416 Ed11*
18198 **Stäbelow** *428 Jc17*
16766 **Staffelde** *449 Kd28*
39596 **Staffelde** *448 Jc29*
27254 **Staffhorst** *444 Ed28*
24816 **Stafstedt** *425 Fc16*
14532 **Stahnsdorf** *450 La31*
89195 **Staig** *510 Gb66*
24217 **Stakendorf** *418 Gc14*
94375 **Stallwang** *503 Kd59*
95236 **Stammbach** *483 Jb50*
84533 **Stammham** *514 La66*
85134 **Stammham** *502 Ja61*
93491 **Stamsried** *494 Kc57*
14959 **Stangenhagen** *450 La32*
06543 **Stangerode** *458 Hd37*
24395 **Stangheck** *417 Fd11*
38871 **Stapelburg** *458 Ha35*
22145 **Stapelfeld** *426 Gb21*
29416 **Stappenbeck** *437 Hc27*
04617 **Starkenberg** *472 Ka43*
18469 **Starkow** *420 Kb14*
82319 **Starnberg** *512 Ja69*
72181 **Starzach** *508 Ec65*
39418 **Staßfurt** *459 Ja36*
01594 **Stauchitz** *473 Lb40*
83224 **Staudach-Egerndach** *523 Kc70*
55568 **Staudernheim** *488 Da54*
56424 **Staudt** *478 Db48*
79219 **Staufen i. Breisgau** *517 Da70*
34355 **Staufenberg** *468 Fc40*
35460 **Staufenberg** *479 Ec46*
03238 **Staupitz** *461 Ld38*
17039 **Staven** *430 La20*
49777 **Stavern** *442 Cd28*
04936 **Stechau** *461 Lc36*
14715 **Stechow** *449 Ka29*
14715 **Steckelsdorf** *448 Jd29*
06507 **Stecklenberg** *458 Hc37*
27729 **Steden** *434 Ec23*
29559 **Stederdorf** *436 Gd27*
25920 **Stedesand** *416 Ed11*
26427 **Stedesdorf** *423 Db21*
06317 **Stedten** *459 Jb39*
19230 **Stegen** *437 Hc22*
25557 **Steenfeld** *425 Fb16*
19300 **Steesow** *438 Ja24*
35239 **Steffenberg** *467 Ea44*
16928 **Steffenshagen** *438 Jc24*
18209 **Steffenshagen** *428 Jb16*
96135 **Stegaurach** *492 Hb53*
17268 **Stegelitz** *440 Ld24*
39291 **Stegelitz** *448 Jc33*
79252 **Stegen** *507 Db69*
99762 **Steigerthal** *458 Hb39*
31634 **Steimbke** *445 Fb29*
57614 **Steimel** *478 Da46*
38486 **Steimke** *447 Hb29*
24235 **Stein** *418 Gb14*
74196 **Stein** *499 Fb58*
75203 **Stein** *498 Eb61*
76857 **Stein** *497 Dc59*
90547 **Stein** *492 Hc57*
01920 **Steina** *474 Mb40*
77790 **Steinach** *507 Dc66*
94377 **Steinach** *503 Kd60*
96523 **Steinach** *482 Hc48*
66851 **Steinalben** *497 Da58*
21775 **Steinau** *424 Ed20*
36396 **Steinau a. d. Straße** *480 Fc49*
09477 **Steinbach** *485 Lb46*
36448 **Steinbach** *469 Gc44*
37308 **Steinbach** *457 Gb39*
61449 **Steinbach** *479 Eb50*
66909 **Steinbach a. Glan** *487 Cd56*
96361 **Steinbach a. Wald** *482 Hd48*
98587 **Steinbach Hallenberg** *481 Gd46*
16259 **Steinbeck** *451 Ma28*
08237 **Steinberg** *484 Kb47*
14793 **Steinberg** *449 Ka32*
24972 **Steinberg** *417 Fd11*
92449 **Steinberg** *503 Ka58*
24972 **Steinbergkirche** *417 Fd11*
26892 **Steinbild** *432 Cd27*
22964 **Steinburg** *426 Gc20*
82237 **Steinebach** *511 Hd68*
79585 **Steinen** *517 Da72*
71144 **Steinenbronn** *499 Fa63*
18184 **Steinfeld** *428 Jd16*
24888 **Steinfeld** *417 Fd12*
39599 **Steinfeld** *448 Jb29*
49439 **Steinfeld** *443 Dd30*
76889 **Steinfeld** *497 Dc60*
97854 **Steinfeld** *490 Fd52*
16798 **Steinförde** *439 Kd24*
48565 **Steinfurt** *442 Cd33*
86989 **Steingaden** *521 Hb71*
18246 **Steinhagen** *428 Jb18*
18442 **Steinhagen** *420 Kc15*
33803 **Steinhagen** *455 Ea34*
88416 **Steinhausen a. d. Rottum** *510 Ga69*
98749 **Steinheid** *482 Hc48*
32839 **Steinheim** *456 Fa36*
89555 **Steinheim a. Albuch** *500 Gb63*
71711 **Steinheim a. d. Murr** *499 Fb61*
15518 **Steinhöfel** *451 Mb30*
16278 **Steinhöfel** *440 Ld24*
85643 **Steinhöring** *513 Ka68*
23847 **Steinhorst** *426 Gd20*
29367 **Steinhorst** *446 Gc29*
01904 **Steinigtwolmsdorf** *474 Md42*
29416 **Steinitz** *437 Hc27*
21720 **Steinkirchen** *425 Fc21*
84439 **Steinkirchen** *513 Ka65*
38275 **Steinlah** *457 Gc34*
76479 **Steinmauern** *497 Dd61*
17391 **Steinmocker** *430 Lb18*
37345 **Steinrode** *457 Gd39*
07338 **Steinsdorf** *483 Ja46*
91628 **Steinsfeld** *491 Gc57*
76872 **Steinweiler** *497 Dd59*
66879 **Steinwenden** *487 Cd56*
96349 **Steinwiesen** *483 Ja49*
78256 **Steißlingen** *518 Ed71*
21435 **Stelle** *436 Gb23*
25795 **Stelle-Wittenwurth** *416 Ed15*
07922 **Stelzen** *483 Jc47*
67705 **Stelzenberg** *488 Da57*
27308 **Stemmen** *435 Fb27*
27389 **Stemmen** *435 Fc24*
32689 **Stemmen** *444 Ed33*
99762 **Stempeda** *458 Hb38*
49448 **Stemshorn** *444 Ea31*
32351 **Stemwede** *444 Ea31*
39576 **Stendal** *448 Jb29*
16306 **Stendell** *441 Ma24*
16945 **Stepenitz** *438 Jc23*
98617 **Stepfershausen** *481 Gc47*
83071 **Stephanskirchen** *523 Kb70*
94569 **Stephansposching** *504 La61*
36391 **Sterbfritz** *480 Fc49*
23883 **Sterley** *427 Ha21*
19406 **Sternberg** *428 Jb20*
75447 **Sternenfels** *498 Ec60*
17291 **Sternhagen** *440 Ld23*
24996 **Sterup** *417 Fd11*
71394 **Stetten** *499 Fb62*
87778 **Stetten** *510 Gd69*
88719 **Stetten** *519 Fb71*
72510 **Stetten a. kalten Markt** *509 Fa68*
96188 **Stettfeld** *492 Ha52*
06179 **Steuden** *459 Jb39*
39264 **Steutz** *459 Jd35*
31595 **Steyerberg** *444 Ed30*
88167 **Stiefenhofen** *520 Gb72*
38899 **Stiege** *458 Hb37*
74597 **Stimpfach** *500 Gb60*
21772 **Stinstedt** *424 Ed20*
78333 **Stockach** *518 Ed70*
82131 **Stockdorf** *512 Ja68*
23617 **Stockelsdorf** *426 Gd18*
96342 **Stockheim** *482 Hd49*
97640 **Stockheim** *481 Gc48*
24326 **Stocksee** *426 Gc17*
63811 **Stockstadt** *489 Ed52*
64589 **Stockstadt a. Rhein** *489 Ea53*
27336 **Stöcken** *445 Fb28*
29588 **Stöcken** *436 Gd26*
37345 **Stöckey** *457 Gd38*
31638 **Stöckse** *445 Fb29*
73495 **Stödtlen** *500 Gc60*
14728 **Stölln** *449 Ka28*
25554 **Stördorf** *425 Fb18*
25548 **Störkathen** *425 Fd18*
06667 **Stössen** *471 Jc42*
87675 **Stötten a. Auerberg** *521 Ha71*
87677 **Stöttwang** *521 Hb70*
29597 **Stoetze** *437 Ha25*
5222 . **Stolberg** *464 Bb45*
06547 **Stolberg, Kurort** *458 Hb38*
24890 **Stolk** *417 Fc12*
09366 **Stollberg** *472 Kd45*
16278 **Stolpe** *441 Ma25*
16540 **Stolpe** *450 La28*
17390 **Stolpe** *430 Lb18*
17406 **Stolpe** *430 Ld18*
19372 **Stolpe** *438 Jb23*
24601 **Stolpe** *426 Gb16*
01833 **Stolpen** *474 Mb42*
24409 **Stoltebüll** *417 Fd11*
24256 **Stoltenberg** *418 Gc14*
18510 **Stoltenhagen** *421 Kd15*
31592 **Stolzenau** *445 Fa30*
16248 **Stolzenhagen** *441 Ma25*
16348 **Stolzenhagen** *440 Lb27*
04916 **Stolzenhain** *461 La35*
04932 **Stolzenhain** *461 Lc39*
16818 **Storbeck** *439 Kc26*
39590 **Storkau** *448 Jc29*
15859 **Storkow** *451 Ma31*
17268 **Storkow** *440 Lb25*
17328 **Storkow** *441 Mb22*
99195 **Stotternheim** *470 Hc42*
06896 **Straach** *460 Kb34*
03226 **Stradow** *462 Mb35*
47638 **Straelen** *452 Bb39*
39264 **Straguth** *459 Jd34*
19073 **Stralendorf** *427 Hc21*
19372 **Stralendorf** *438 Jb22*
1843 . **Stralsund** *421 Kd14*
24229 **Strande** *418 Gb14*
27259 **Strange** *444 Ec29*
17335 **Strasburg** *430 Lc21*
17255 **Strasen** *439 Kd24*
06493 **Straßberg** *458 Hc38*
08527 **Straßberg** *483 Jd47*
72479 **Straßberg** *509 Fa67*
56587 **Straßenhaus** *477 Cd47*
01936 **Straßgräbchen** *462 Mb39*
94342 **Straßkirchen** *503 Kd61*
82064 **Straßlach** *512 Jb69*
75334 **Straubenhardt** *498 Ea62*
94315 **Straubing** *503 Kc61*
98646 **Straufhain** *482 Ha49*
15913 **Straupitz** *462 Mb34*
15344 **Strausberg** *450 Ld29*
99634 **Straußfurt** *470 Hb42*
06862 **Streetz** *459 Jd35*
15752 **Streganz** *450 Ld32*
01616 **Strehla** *461 Lb39*
15898 **Streichwitz** *451 Na33*
04838 **Strelln** *460 Kc38*
18465 **Stremlow** *429 Kc16*
15848 **Stremmen** *451 Mb32*
06406 **Strenzfeld** *459 Jb36*
06425 **Strenznaundorf** *459 Jb37*
19205 **Stresdorf** *427 Hb20*
19372 **Stresendorf** *438 Jb23*
39291 **Stresow** *448 Jc32*
09641 **Striegistal** *473 La43*
18299 **Striesdorf** *428 Jd18*
03096 **Striesow** *462 Mc35*
14728 **Strodehne** *448 Jd28*
38822 **Ströbeck** *458 Hb35*
49419 **Ströhen** *444 Ec30*
19230 **Strohkirchen** *437 Hc22*
55442 **Stromberg** *488 Db52*
29584 **Strothe** *436 Gd25*
25821 **Struckum** *416 Ed12*
25792 **Strübbel** *416 Ed15*
23815 **Strukdorf** *426 Gc18*
96129 **Strullendorf** *492 Hc53*
01796 **Struppen** *474 Mb43*
24643 **Struvenhütten** *426 Ga18*
24891 **Struxdorf** *417 Fc12*
23847 **Stubben** *426 Gc20*
27616 **Stubben** *434 Ec22*
17159 **Stubbendorf** *429 Kc17*
18195 **Stubbendorf** *429 Ka16*
94166 **Stubenberg** *514 Lb66*
27367 **Stuckenborstel** *435 Fa25*
14547 **Stücken** *450 La32*
16845 **Stüdenitz** *438 Jd27*
79780 **Stühlingen** *518 Ea71*
17209 **Stuer** *438 Jd22*
08328 **Stützengrün** *484 Kb47*
98714 **Stützerbach** *482 Hb46*
28816 **Stuhr** *434 Ec26*
06780 **Stumsdorf** *459 Jd38*
76297 **Stutensee** *498 Ea60*
70 .. **Stuttgart** *499 Fa62*
24641 **Stuvenborn** *426 Gb19*
19376 **Suckow** *438 Jc23*
48465 **Suddendorf** *442 Cc32*
29690 **Suderbruch** *445 Fc29*
29556 **Suderburg** *436 Gc27*
27257 **Sudwalde** *444 Ec28*
26624 **Südbrookmerland** *432 Cd22*
25361 **Süderau** *425 Fc19*
24392 **Süderbrarup** *417 Fd12*
25764 **Süderdeich** *424 Ed16*
25782 **Süderdorf** *425 Fb16*
25938 **Süderende** *416 Eb11*
24890 **Süderfahrenstedt** *417 Fc12*
26919 **Süderfeld** *434 Ea23*
21394 **Südergellersen** *436 Gc24*
24852 **Süderhackstedt** *417 Fa12*
25727 **Süderhastedt** *425 Fa17*
25779 **Süderheistedt** *417 Fa15*
25876 **Süderhöft** *417 Fa14*
25923 **Süderlügum** *416 Ed10*
25813 **Südermarsch** *417 Fa14*
24885 **Süderschmedeby** *417 Fb12*
25879 **Süderstapel** *417 Fa14*
27386 **Süderwalsede** *435 Fb26*
46354 **Südlohn** *453 Ca35*
23867 **Sülfeld** *426 Gb19*
39171 **Sülldorf** *459 Ja34*
23923 **Sülsdorf** *427 Ha18*
19077 **Sülstorf** *427 Hd21*
98617 **Sülzfeld** *481 Gc47*
93104 **Sünching** *503 Kb61*
39343 **Süplingen** *447 Hd32*
38373 **Süpplingen** *447 Hb32*
38376 **Süpplingenburg** *447 Hb32*
23701 **Süsel** *426 Gd17*
73079 **Süßen** *499 Fd63*
27305 **Süstedt** *434 Ed27*
21398 **Süttorf** *436 Gd24*
91484 **Sugenheim** *491 Gd55*
9852 . **Suhl** *482 Ha46*
29562 **Suhlendorf** *437 Ha26*
19079 **Sukow** *428 Ja21*
17168 **Sukow-Marienhof** *429 Kb18*
78713 **Sulgen** *508 Ea67*
27232 **Sulingen** *444 Ec29*
77933 **Sulz** *507 Db66*
72172 **Sulz a. Neckar** *508 Eb66*
65843 **Sulzbach** *479 Eb51*
66280 **Sulzbach** *496 Cb58*
74429 **Sulzbach** *500 Ga61*
71560 **Sulzbach a. d. Murr** *499 Fc60*
63834 **Sulzbach a. Main** *490 Fa52*
92237 **Sulzbach-Rosenberg** *493 Jc56*
87477 **Sulzberg** *520 Gd72*
79295 **Sulzburg** *517 Da70*
97528 **Sulzdorf a. d. Lederhecke** *481 Gd50*
85254 **Sulzemoos** *511 Hd66*
75056 **Sulzfeld** *498 Ec59*
97633 **Sulzfeld** *481 Gc49*
97320 **Sulzfeld a. Main** *491 Gb54*
97529 **Sulzheim** *491 Gc52*
97717 **Sulzthal** *481 Gb51*
59846 **Sundern** *466 Dc40*
26903 **Surwold** *433 Da26*
03226 **Suschow** *462 Mb35*
49762 **Sustrum** *432 Cd27*
31555 **Suthfeld** *445 Fb31*
26759 **Suurhusen** *432 Cd22*
18574 **Swantow** *421 La14*
53913 **Swisttal** *477 Ca46*
28857 **Syke** *434 Ec27*
06333 **Sylda** *458 Hd37*
25980 **Sylt-Ost** *416 Ea10*
08548 **Syrau** *483 Jd47*
89428 **Syrgenstein** *500 Gc63*

T

24893 **Taarstedt** *417 Fc12*
99891 **Tabarz** *469 Gd44*
83342 **Tacherting** *513 Kd68*
83373 **Taching a. See** *514 La69*
25585 **Tackesdorf** *425 Fb16*
73527 **Täferrot** *500 Ga62*
92723 **Tännesberg** *494 Kb55*
86704 **Tagmersheim** *501 Hc62*
74388 **Talheim** *499 Fa60*
78607 **Talheim** *508 Eb69*
21493 **Talkau** *426 Gd21*
99897 **Tambach-Dietharz** *470 Ha45*
71732 **Tamm** *499 Fa61*
38489 **Tangeln** *447 Hb29*
21442 **Tangendorf** *436 Gb23*
49835 **Tangensand** *442 Cc30*
39517 **Tangerhütte** *448 Jb31*
39590 **Tangermünde** *448 Jc30*
22889 **Tangstedt** *426 Ga20*
25499 **Tangstedt** *425 Fd20*
23942 **Tankenhagen** *427 Hb18*
84367 **Tann** *514 La66*
36142 **Tann (Rhön)** *481 Ga46*
07922 **Tanna** *483 Jc47*
38875 **Tanne** *458 Ha37*
09468 **Tannenberg** *485 La46*
08262 **Tannenbergsthal** *484 Kb48*
73497 **Tannhausen** *500 Gc60*
88459 **Tannheim** *510 Gb69*
16307 **Tantow** *441 Mb23*
86660 **Tapfheim** *501 Ha63*
38479 **Tappenbeck** *447 Ha30*
24594 **Tappendorf** *425 Fc16*
26655 **Tarbarg** *433 Dc23*
24619 **Tarbek** *426 Gb17*
16833 **Tarmow** *439 Kc27*
27412 **Tarmstedt** *435 Fa24*
18249 **Tarnow** *428 Jc19*
24963 **Tarp** *417 Fb12*
39435 **Tarthun** *459 Ja35*
24536 **Tasdorf** *426 Ga17*
24943 **Tastrup** *417 Fb11*
37339 **Tastungen** *457 Gc39*
25881 **Tating** *416 Ec15*
01665 **Taubenheim** *473 Lc42*
97941 **Tauberbischofsheim** *490 Fd55*
04425 **Taucha** *460 Kb39*
15848 **Tauche** *451 Mb32*
03185 **Tauer** *462 Md34*
82024 **Taufkirchen** *512 Jb68*
84416 **Taufkirchen** *513 Ka66*
84574 **Taufkirchen** *513 Kc67*
65232 **Taunusstein** *478 Dd50*
04889 **Taura** *461 La38*
09249 **Taura** *472 Kd43*
01561 **Tauscha** *474 Ma40*
07639 **Tautenhain** *471 Jc43*
54456 **Tawern** *486 Bc54*
24220 **Techelsdorf** *426 Ga16*
19399 **Techentin** *428 Jc21*
19246 **Techin** *427 Hb21*
49545 **Tecklenburg** *443 Db33*
16866 **Teetz** *439 Ka25*
07907 **Tegau** *483 Jc46*
93105 **Tegernheim** *503 Ka60*
83684 **Tegernsee** *522 Jc71*
06193 **Teicha** *459 Jc38*
07989 **Teichwolframsdorf** *472 Ka45*
83317 **Teisendorf** *524 La70*
84576 **Teising** *513 Kd66*
94244 **Teisnach** *504 Lb59*
37339 **Teistungen** *457 Gc39*
19273 **Teldau** *437 Ha23*
48291 **Telgte** *454 Db35*
25782 **Tellingstedt** *417 Fb15*
25782 **Tellingstedt** *425 Fb16*
16949 **Telschow-Weitgendorf** *438 Jc23*
14513 **Teltow** *450 La30*
15806 **Telz** *450 Lc32*
17268 **Temmen** *440 Ld24*
15518 **Tempelberg** *451 Mb30*
16356 **Tempelfelde** *450 Ld28*
17268 **Templin** *440 Lb24*
78250 **Tengen** *518 Eb70*
32609 **Tengern** *444 Ec32*
79331 **Teningen** *507 Db68*
78144 **Tennenbronn** *508 Ea67*
25767 **Tensbüttel** *425 Fa16*
23824 **Tensfeld** *426 Gb17*
15926 **Terpt** *462 Ma35*
16515 **Teschendorf** *440 La27*
17094 **Teschendorf** *430 La21*
23923 **Teschow** *427 Ha18*
21395 **Tespe** *436 Gc22*
19376 **Tessenow** *438 Jb23*
18195 **Tessin** *429 Ka17*
19243 **Tessin** *427 Hb21*
19258 **Tessin** *437 Ha22*
23758 **Testorf** *419 Ha15*
23936 **Testorf** *427 Hc19*
29599 **Testorf** *437 Ha25*
23936 **Testorf-Steinfort** *427 Hc19*
25882 **Tetenbüll** *416 Ec14*
24817 **Tetenhusen** *417 Fc14*
17166 **Teterow** *429 Ka19*
01945 **Tettau** *461 Ld39*
08393 **Tettau** *472 Kb44*
96355 **Tettau** *482 Hd47*
26434 **Tettens** *423 Dc20*
94167 **Tettenweis** *514 Lc64*
88069 **Tettnang** *519 Fc72*
93158 **Teublitz** *503 Ka58*
06682 **Teuchern** *471 Jd42*
93356 **Teugn** *502 Jd61*
92552 **Teunz** *494 Kb56*
15755 **Teupitz** *450 Lc33*
96358 **Teuschnitz** *483 Ja48*
17111 **Teusin** *429 Kd18*
06179 **Teutschenthal** *459 Jc39*
19303 **Tewswoos** *437 Hc24*
25557 **Thaden** *425 Fb16*
06502 **Thale** *458 Hb37*
66987 **Thaleischweiler-Fröschen** *497 Da58*
54424 **Thalfang** *487 Cb54*
06766 **Thalheim** *460 Ka37*
09380 **Thalheim** *472 Kd45*
04808 **Thallwitz** *460 Kc39*
91177 **Thalmässing** *501 Hd59*
93107 **Thalmassing** *503 Ka61*
04808 **Thammenhain** *460 Kd39*
19217 **Thandorf** *427 Ha19*
86470 **Thannhausen** *510 Gd66*
01737 **Tharandt** *473 Ld42*
27321 **Thedinghausen** *434 Ed26*
39291 **Theeßen** *448 Jc32*
91741 **Theilenhofen** *501 Hb59*
97288 **Theilheim** *491 Gb54*
92637 **Theisseil** *494 Ka54*
06727 **Theißen** *471 Jd42*
66636 **Theley** *487 Cb56*
18195 **Thelkow** *429 Ka17*
98660 **Themar** *482 Ha47*
97531 **Theres** *481 Gd51*

24306 **Theresienhof** *426 Gc16*
18528 **Thesenvitz** *421 La13*
08541 **Theuma** *484 Ka47*
39619 **Thielbeer** *437 Hd27*
29594 **Thielitz** *437 Ha27*
01561 **Thiendorf** *473 Ld40*
07356 **Thierbach** *483 Ja47*
95119 **Thierbach** *483 Jb48*
86672 **Thierhaupten** *511 Hb64*
95707 **Thiersheim** *484 Ka51*
06862 **Thießen** *460 Ka35*
18586 **Thiessow** *421 Lc14*
07356 **Thimmendorf** *483 Jb47*
30938 **Thönse** *446 Ga30*
66636 **Tholey** *487 Cb56*
21401 **Thomasburg** *436 Gd24*
26169 **Thülsfeld** *433 Dc26*
04668 **Thümmlitzwalde** *472 Kd41*
97289 **Thüngen** *491 Ga52*
97291 **Thüngersheim** *491 Ga53*
56743 **Thür** *477 Cc49*
17168 **Thürkow** *429 Ka18*
31020 **Thüste** *456 Fc34*
49832 **Thuine** *443 Da30*
18184 **Thulendorf** *428 Jd16*
09419 **Thum** *473 La45*
24351 **Thumby** *417 Fd12*
97711 **Thundorf i. Unterfranken** *481 Gc50*
06779 **Thurland** *459 Jd37*
08138 **Thurm** *472 Kb45*
94169 **Thurmansbang** *504 Lc62*
95349 **Thurnau** *483 Ja51*
17495 **Thurow** *430 Lb17*
94136 **Thyrnau** *505 Ma63*
14974 **Thyrow** *450 La32*
38473 **Tiddische** *447 Ha30*
09661 **Tiefenbach** *473 Lb42*
84184 **Tiefenbach** *513 Ka64*
93464 **Tiefenbach** *494 Kc56*
94113 **Tiefenbach** *504 Ld63*
75233 **Tiefenbronn** *498 Ec62*
36469 **Tiefenort** *469 Gb44*
04849 **Tiefensee** *460 Kb38*
16259 **Tiefensee** *450 Ld28*
24803 **Tielen** *417 Fb15*
25794 **Tielenhemme** *417 Fb15*
79098 **Tiengen** *517 Dd72*
14641 **Tietzow** *449 Kd28*
06537 **Tilleda** *458 Hc39*
18528 **Tilzow** *421 La13*
24644 **Timmaspe** *425 Fd16*
23669 **Timmendorfer Strand** *427 Ha17*
06502 **Timmenrode** *458 Hb36*
25917 **Tinningstedt** *416 Ed10*
08606 **Tirpersdorf** *484 Ka48*
95643 **Tirschenreuth** *494 Kb52*
27419 **Tiste** *435 Fc23*
79822 **Titisee** *517 Dd70*
07343 **Titschendorf** *483 Ja48*
85135 **Titting** *501 Hd60*
94104 **Tittling** *504 Ld62*
84529 **Tittmoning** *514 La68*
52445 **Titz** *464 Bc43*
19230 **Toddin** *437 Hc22*
24819 **Todenbüttel** *425 Fc16*
22965 **Todendorf** *426 Gc20*
23826 **Todesfelde** *426 Gb18*
86447 **Todtenweis** *511 Hc64*
79682 **Todtmoos** *517 Dc71*
79674 **Todtnau** *517 Db70*
84513 **Töging a. Inn** *513 Kd66*
47918 **Tönisvorst** *464 Bc40*
25832 **Tönning** *416 Ed15*
15755 **Töpchin** *450 Lc32*
95183 **Töpen** *483 Jc48*
14476 **Töplitz** *449 Kd30*
24894 **Tolk** *417 Fc12*
06231 **Tollwitz** *471 Jd40*
99958 **Tonna** *470 Ha42*
21442 **Toppenstedt** *436 Gb24*
04860 **Torgau** *461 La38*
17358 **Torgelow** *430 Ld20*
17192 **Torgelow a. See** *429 Kb21*
17358 **Torgelow-Holländerei** *431 Ma19*
23923 **Torisdorf** *427 Hb19*
06774 **Tornau** *460 Kb37*
06779 **Tornau v. d. Heide** *459 Jd37*
25436 **Tornesch** *425 Fd20*
39249 **Tornitz** *459 Jb35*
02991 **Torno** *462 Mb38*
16775 **Tornow** *440 La25*
21255 **Tostedt** *435 Fd24*
21371 **Tosterglope** *437 Ha24*
56841 **Traben-Trarbach** *487 Cb52*
92724 **Trabitz** *493 Jc53*
93358 **Train** *502 Jc62*
93455 **Traitsching** *503 Kd58*
23843 **Tralau** *426 Gb19*
19089 **Tramm** *428 Ja21*
21516 **Tramm** *426 Gd21*
16230 **Trampe** *440 Ld27*
17391 **Tramstow** *430 Lb18*
17121 **Trantow** *429 Kd17*
24610 **Trappenkamp** *426 Gb17*
97633 **Trappstadt** *481 Gd49*
54441 **Trassem** *486 Bc55*
17449 **Trassenheide** *430 Lc16*
29633 **Trauen** *436 Gb26*
83301 **Traunreut** *513 Kd69*
83278 **Traunstein** *513 Kd69*
92555 **Trausnitz** *494 Ka55*
38899 **Trautenstein** *458 Ha37*
90619 **Trautskirchen** *492 Ha56*
23843 **Travenbrück** *426 Gb19*
23827 **Travenhorst** *426 Gc17*
15848 **Trebatsch** *451 Mb33*
06369 **Trebbichau** *459 Jc37*
14959 **Trebbin** *450 La32*
03253 **Trebbus** *461 Lc36*
29494 **Trebel** *437 Hd26*
04617 **Treben** *472 Kb42*
02959 **Trebendorf** *462 Md37*
03149 **Trebendorf** *462 Md36*
17337 **Trebenow** *430 Ld21*
95367 **Trebgast** *483 Jb51*
06909 **Trebitz** *460 Kc36*
06420 **Trebnitz** *459 Jb37*
15320 **Trebnitz** *451 Mb29*
19249 **Trebs** *437 Hb23*
04687 **Trebsen** *472 Kc40*
65468 **Trebur** *489 Ea52*
55413 **Trechtingshausen** *488 Db52*
14778 **Trechwitz** *449 Kc31*
93492 **Treffelstein** *494 Kc56*
99830 **Treffurt** *469 Gc42*
24896 **Treia** *417 Fb13*
56253 **Treis-Karden** *477 Cc50*
14641 **Tremmen** *449 Kc29*
22967 **Tremsbüttel** *426 Gc20*
14552 **Tremsdorf** *450 La32*
34388 **Trendelburg** *456 Fb38*
25693 **Trennewurth** *424 Ed17*
18569 **Trent** *421 Kd12*
15236 **Treplin** *451 Mc30*
15898 **Treppeln** *451 Md33*
38889 **Treseburg** *458 Hb37*
91757 **Treuchtlingen** *501 Hb61*
08233 **Treuen** *484 Ka47*
14929 **Treuenbrietzen** *449 Kd33*
38524 **Triangel** *446 Gd30*
18569 **Tribbevitz** *421 La12*
78098 **Triberg i. Schwarzwald** *507 Dd68*
18320 **Tribohm** *420 Ka15*
18465 **Tribsees** *429 Kb16*
08606 **Triebel i. Vogtland** *483 Jd48*
07950 **Triebes** *471 Jd45*
01665 **Triebischtal** *473 Lc41*
97855 **Triefenstein** *490 Fc53*
16845 **Trieplatz** *439 Kb26*
5429 . **Trier** *486 Bd54*
54311 **Trierweiler** *486 Bc54*
84371 **Triftern** *514 Lb65*
16949 **Triglitz** *438 Jc24*
06369 **Trinum** *459 Jc36*
18320 **Trinwillershagen** *420 Ka15*
67705 **Trippstadt** *488 Db57*
07819 **Triptis** *471 Jc45*
22946 **Trittau** *426 Gc21*
54349 **Trittenheim** *487 Ca53*
72818 **Trochtelfingen** *509 Fa66*
03253 **Tröbitz** *461 Lc37*
06729 **Tröglitz** *471 Jd42*
24321 **Tröndel** *418 Gc14*
95709 **Tröstau** *483 Jd51*
95183 **Trogen** *483 Jd48*
5384 . **Troisdorf** *465 Cc45*
17039 **Trollenhagen** *430 La20*
96120 **Trosdorf** *492 Hb52*
04880 **Trossin** *460 Kd37*
78647 **Trossingen** *508 Eb68*
83308 **Trostberg** *513 Kd68*
66957 **Trulben** *496 Cd59*
87779 **Trunkelsberg** *510 Gc69*
98596 **Trusetal** *469 Gc45*
39291 **Tryppehna** *448 Jc33*
03130 **Tschernitz** *463 Na37*
96367 **Tschirn** *483 Ja48*
39307 **Tucheim** *448 Jd32*
16230 **Tuchen-Klobbicke** *440 Ld27*
90587 **Tuchenbach** *492 Hb56*
7207 . **Tübingen** *508 Ed64*
16928 **Tüchen** *438 Jc25*
38474 **Tülau** *447 Ha29*
25881 **Tümlauer Koog** *416 Ec14*
03130 **Türkendorf** *462 Md37*
82299 **Türkenfeld** *511 Hd68*
86842 **Türkheim** *511 Ha68*
28879 **Tüschendorf** *434 Ed24*
84577 **Tüßling** *513 Kd67*
24214 **Tüttendorf** *418 Ga14*
17091 **Tützpatz** *429 Kd19*
78609 **Tuningen** *508 Eb69*
83104 **Tuntenhausen** *513 Ka69*
03185 **Turnow** *462 Mc35*
86874 **Tussenhausen** *511 Ha68*
17129 **Tutow** *430 La17*
78532 **Tuttlingen** *508 Ec69*
82327 **Tutzing** *512 Ja69*
24894 **Twedt** *417 Fc12*
38388 **Twieflingen** *447 Hb33*
21723 **Twielenfleth** *425 Fc21*
49767 **Twist** *442 Cc29*
34477 **Twistetal** *467 Ed40*
27239 **Twistringen** *444 Eb28*
29413 **Tylsen** *437 Hb27*
84558 **Tyrlaching** *513 Kd68*

U

76698 **Ubstadt-Weiher** *498 Eb59*
39517 **Uchtdorf** *448 Jb31*
31600 **Uchte** *444 Ed30*
66557 **Uchtelfangen** *487 Cb57*
39599 **Uchtspringe** *448 Ja30*
15926 **Uckro** *461 Lc35*
18569 **Udars** *421 Kd12*
55288 **Udenheim** *488 Dd53*
37318 **Uder** *469 Gb40*
52531 **Übach-Palenberg** *464 Ba43*
66802 **Überherrn** *496 Bd58*
88662 **Überlingen** *519 Fa71*
83236 **Übersee** *523 Kc70*
04938 **Uebigau** *461 Lb37*
97532 **Üchtelhausen** *481 Gc51*
17459 **Ückeritz, Seebad** *430 Ld16*
17373 **Ueckermünde** *431 Ma19*
47589 **Uedem** *452 Bb37*
54552 **Üdersdorf** *477 Ca50*
91486 **Uehlfeld** *492 Ha54*
79777 **Ühlingen** *517 Dd71*
38170 **Uehrde** *458 Ha34*
19077 **Uelitz** *437 Hd22*
24860 **Ülsby** *417 Fc12*
49843 **Uelsen** *442 Cb30*
55278 **Uelversheim** *488 Dd53*
29525 **Uelzen** *436 Gd26*
39579 **Uenglingen** *448 Jb29*
54539 **Ürzig** *487 Cb52*
25436 **Uetersen** *425 Fc20*
97292 **Uettingen** *490 Fd53*
39517 **Ütz** *448 Jb31*
14476 **Uetz-Paaren** *449 Kd30*
16359 **Ützdorf** *440 Lc27*
31311 **Uetze** *446 Gb31*
54579 **Üxheim** *476 Bd49*
49477 **Uffeln** *443 Da32*
97215 **Uffenheim** *491 Gc56*
82449 **Uffing** *521 Hd71*
06548 **Uftrungen** *458 Hb39*
73066 **Uhingen** *499 Fc63*
88690 **Uhldingen** *519 Fa71*
17309 **Uhlenkrug** *431 Ma20*
07407 **Uhlstädt** *471 Ja45*
39343 **Uhrsleben** *447 Hd33*
02923 **Uhsmannsdorf** *463 Nb39*
02999 **Uhyst** *462 Md39*
06667 **Uichteritz** *471 Jc41*
23701 **Uklei** *426 Gd16*
01454 **Ullersdorf** *474 Ma42*
15868 **Ullersdorf** *451 Mc33*
890 . . . **Ulm / Donau** *510 Gb65*
56766 **Ulmen** *477 Cb50*
35327 **Ulrichstein** *480 Fa47*
24897 **Ulsnis** *417 Fd12*
06543 **Ulzigerode** *458 Hd37*
79224 **Umkirch** *507 Da69*
18569 **Ummanz** *421 Kd13*
39365 **Ummendorf** *447 Hc33*
88444 **Ummendorf** *510 Ga68*
29369 **Ummern** *446 Gc29*
21274 **Undeloh** *436 Ga24*
55278 **Undenheim** *488 Dd53*
93152 **Undorf** *502 Jd60*
53572 **Unkel** *477 Cc46*
88527 **Unlingen** *509 Fc67*
5942 . **Unna** *454 Db38*
57648 **Unnau** *478 Dc46*
18569 **Unrow** *421 Kd13*
39435 **Unseburg** *459 Ja35*
97618 **Unsleben** *481 Gc48*
99976 **Unstruttal** *469 Gc41*
69518 **Unter-Abtsteinach** *489 Ec56*
82497 **Unterammergau** *521 Hc72*
36414 **Unterbreizbach** *469 Ga45*
86944 **Unterdießen** *511 Hb69*
84339 **Unterdietfurt** *513 Kd65*
87782 **Unteregg** *510 Gd69*
74257 **Untereisesheim** *499 Fa58*
72669 **Unterensingen** *499 Fb63*
85774 **Unterföhring** *512 Jc67*
94107 **Untergriesbach** *505 Ma63*
74199 **Untergruppenbach** *499 Fb59*
82008 **Unterhaching** *512 Jb68*
72805 **Unterhausen** *509 Fb65*
71131 **Unterjettingen** *508 Ec64*
98634 **Unterkatz** *481 Gc46*
78052 **Unterkirnach** *508 Ea68*
07922 **Unterkoskau** *483 Jc47*
91364 **Unterleinleiter** *492 Hd53*
07356 **Unterlemnitz** *483 Jb47*
29345 **Unterlüß** *436 Gc27*
98617 **Untermaßfeld** *481 Gc47*
86836 **Untermeitingen** *511 Hb67*
96190 **Untermerzbach** *482 Hb51*
74547 **Untermünkheim** *499 Fd59*
84579 **Unterneukirchen** *513 Kd67*
97294 **Unterpleichfeld** *491 Gb53*
75399 **Unterreichenbach** *498 Ec62*
83567 **Unterreit** *513 Kb67*
87769 **Unterrieden** *510 Gd68*
06295 **Unterrißdorf** *459 Ja38*
25764 **Unterschaar** *424 Ed16*
85716 **Unterschleißheim** *512 Jb66*
73485 **Unterschneidheim** *500 Gc61*
82282 **Unterschweinbach** *511 Hd67*
96253 **Untersiemau** *482 Hb50*
95369 **Untersteinach** *483 Ja50*
87647 **Unterthingau** *520 Gd71*
98634 **Unterweid** *481 Gb46*
71554 **Unterweissach** *499 Fc61*
98744 **Unterweißbach** *482 Hc46*
07334 **Unterwellenborn** *483 Ja46*
07422 **Unterwirbach** *482 Hd46*
83246 **Unterwössen** *523 Kc71*
87496 **Untrasried** *520 Gd70*
23936 **Upahl** *427 Hc19*
38704 **Upen** *457 Gc34*
26529 **Upgant-Schott** *422 Cd21*
25923 **Uphusum** *416 Ec10*
26670 **Uplengen** *433 Db23*
17111 **Upost** *429 Kc18*
56317 **Urbach** *478 Da47*
73660 **Urbach** *499 Fc62*
99765 **Urbach** *458 Hb39*
56182 **Urbar** *478 Da48*
66646 **Urexweiler** *487 Cb56*
77767 **Urloffen** *507 Dc64*
56220 **Urmitz** *477 Cd48*
86513 **Ursberg** *510 Gd66*
92289 **Ursensollen** *493 Jc57*
97857 **Urspringen** *490 Fd53*
17406 **Usedom** *430 Ld18*
17237 **Userin** *439 Kd22*
61250 **Usingen** *479 Eb49*
37170 **Uslar** *456 Fc37*
86514 **Ustersbach** *511 Ha66*
26556 **Utarp** *423 Da21*
19217 **Utecht** *427 Ha19*
98617 **Utendorf** *481 Gd46*
25938 **Utersum** *416 Ea11*
26427 **Utgast** *423 Da20*
06773 **Uthausen** *460 Kb36*
99765 **Uthleben** *458 Hb39*
27628 **Uthlede** *434 Eb23*
91080 **Uttenreuth** *492 Hc55*
88524 **Uttenweiler** *509 Fd68*
86919 **Utting a. Ammersee** *511 Hd68*
17111 **Utzedel** *429 Kd18*

V

25594 **Vaale** *425 Fb17*
25594 **Vaalermoor** *425 Fb18*
36404 **Vacha** *469 Ga45*
98617 **Vachdorf** *481 Gd47*
83377 **Vachendorf** *523 Kd70*
21258 **Vaerloh** *435 Fc24*
38170 **Vahlberg** *447 Ha33*
37647 **Vahlbruch** *456 Fb35*
27389 **Vahlde** *435 Fc24*
39345 **Vahldorf** *448 Ja32*
71665 **Vaihingen a. d. Enz** *498 Ed61*
56179 **Vallendar** *478 Da48*
83626 **Valley** *512 Jc69*
38159 **Vallstedt** *446 Gc33*
19246 **Valluhn** *427 Ha21*
17192 **Varchentin** *429 Kc20*
26316 **Varel** *433 Dd23*
29553 **Varendorf** *436 Gc25*
48480 **Varenrode** *442 Cd31*
21770 **Varrel** *424 Ed20*
27259 **Varrel** *444 Ec29*
21397 **Vastorf** *436 Gd24*
85591 **Vaterstetten** *512 Jc68*
06343 **Vatterode** *459 Ja38*
38159 **Vechelde** *446 Gc32*
49377 **Vechta** *444 Ea28*
38871 **Veckenstedt** *458 Ha35*
19205 **Veelböken** *427 Hc19*
16727 **Vehlefanz** *449 Kd28*
39539 **Vehlgast-Kümmernitz** *438 Jd27*
16866 **Vehlin** *438 Jd26*
39291 **Vehlitz** *448 Jc33*
16866 **Vehlow** *438 Jd25*
98669 **Veilsdorf** *482 Hb48*
90587 **Veitsbronn** *492 Hb56*
97209 **Veitshöchheim** *491 Ga53*
425 . . **Velbert** *465 Cb40*
92355 **Velburg** *502 Jb58*
84149 **Velden** *513 Kb65*
91235 **Velden** *493 Ja55*
54472 **Veldenz** *487 Cb53*
49828 **Veldhausen** *442 Cb30*
46342 **Velen** *453 Cb35*
18469 **Velgast** *420 Kb15*
19260 **Vellahn** *437 Hb22*
74541 **Vellberg** *500 Ga59*
34128 **Vellmar** *468 Fc40*
38458 **Velpke** *447 Hb31*
39359 **Velsdorf** *447 Hc31*
16727 **Velten** *450 La28*
38173 **Veltheim** *447 Ha33*
38835 **Veltheim** *458 Ha34*
21371 **Ventschau** *437 Ha24*
19417 **Ventschow** *428 Ja19*
09430 **Venusberg** *473 La45*
18574 **Venzvitz** *421 Kd14*
17111 **Verchen** *429 Kc18*
27283 **Verden** *435 Fa27*
72519 **Veringenstadt** *509 Fa67*
33415 **Verl** *455 Eb36*
33775 **Versmold** *454 Dd34*
91487 **Vestenbergsgreuth** *492 Ha54*
29664 **Vethem** *435 Fb27*
03226 **Vetschau** *462 Mb35*
53560 **Vettelschoß** *477 Cd46*
16928 **Vettin** *438 Jd25*
52391 **Vettweiß** *464 Bd45*
16845 **Vichel** *439 Kb27*
94234 **Viechtach** *504 La59*
19303 **Vielank** *437 Hc24*
08149 **Vielau** *472 Kb45*
39615 **Vielbaum** *438 Jb26*
17194 **Vielist** *429 Kb21*
16835 **Vielitz** *439 Kd26*
39624 **Vienau** *447 Hd28*
38690 **Vienenburg** *457 Gd35*
27419 **Vierden** *435 Fc23*
17309 **Viereck** *431 Ma20*
96191 **Viereth-Trunstadt** *492 Ha52*
21444 **Vierhöfen** *436 Gb24*
14715 **Vieritz** *448 Jd30*
02906 **Vierkirchen** *475 Nb40*
85256 **Vierkirchen** *512 Jb65*
98547 **Viernau** *481 Gd46*
68519 **Viernheim** *489 Eb56*
16306 **Vierraden** *441 Mb24*
417 . . **Viersen** *464 Bc41*
19336 **Viesecke** *438 Jc26*
14789 **Viesen** *449 Ka31*
18279 **Vietgest** *428 Jd19*
18507 **Vietlipp** *429 Kd16*
17268 **Vietmannsdorf** *440 Lb25*
14662 **Vietznitz** *449 Kb28*
86946 **Vilgertshofen** *511 Hc69*
86637 **Villenbach** *511 Ha64*
780 . . . **Villingen-Schwenningen** *508 Ea68*
78667 **Villingendorf** *508 Eb67*
65606 **Villmar** *478 Dd48*
84137 **Vilsbiburg** *513 Kb65*
92249 **Vilseck** *493 Jc55*
84186 **Vilsheim** *513 Ka65*
94474 **Vilshofen** *504 Lc63*
49774 **Vinnen** *443 Db28*
66957 **Vinningen** *496 Cd59*
29587 **Vinstedt** *436 Gc26*
39599 **Vinzelberg** *448 Ja29*
25884 **Viöl** *417 Fa12*
17209 **Vipperow** *439 Kb23*
49429 **Visbek** *434 Ea27*
26736 **Visquard** *432 Cc22*
27374 **Visselhövede** *435 Fc26*
29416 **Vissum** *437 Hd27*
19217 **Vitense** *427 Hb19*
32602 **Vlotho** *444 Ec33*
06786 **Vockerode** *460 Ka35*
21360 **Vögelsen** *436 Gc23*
34516 **Vöhl** *467 Ed41*
78147 **Vöhrenbach** *507 Dd68*
72189 **Vöhringen** *508 Eb66*
89269 **Vöhringen** *510 Gb66*
36404 **Völkershausen** *469 Gb45*
66333 **Völklingen** *496 Ca58*
18337 **Völkshagen** *428 Jd16*
26810 **Völlen** *432 Cd25*
39393 **Völpke** *447 Hc33*
17129 **Völschow** *430 La18*
46562 **Voerde** *452 Bd38*
49434 **Vörden** *443 Dd30*
79279 **Vörstetten** *507 Db68*
15890 **Vogelsang** *451 Na32*
16792 **Vogelsang** *440 Lb25*
17375 **Vogelsang** *431 Ma19*
15370 **Vogelsdorf** *450 Ld29*
38836 **Vogelsdorf** *458 Hb34*
88267 **Vogt** *519 Fd71*
83569 **Vogtareuth** *513 Kb69*
79235 **Vogtsburg i. Kaiserstuhl** *507 Da68*
85088 **Vohburg a. d. Donau** *502 Jb62*
92648 **Vohenstrauss** *494 Kb55*
17349 **Voigtsdorf** *430 Lc20*
06556 **Voigtstedt** *470 Hd40*
39599 **Volgfelde** *448 Ja30*
97332 **Volkach** *491 Gc53*
84106 **Volkenschwand** *502 Jd63*
78269 **Volkertshausen** *518 Ec70*
07318 **Volkmannsdorf** *482 Hd46*
07924 **Volkmannsdorf** *483 Jb46*
34471 **Volkmarsen** *468 Fa40*
06295 **Volkstedt** *459 Ja38*
29646 **Volkwardingen** *436 Ga25*
38551 **Vollbüttel** *446 Gd31*
27729 **Vollersode** *434 Ed23*
17194 **Vollrathsruhe** *429 Ka20*
25821 **Vollstedt** *416 Ed12*
25693 **Volsemenhusen** *425 Fa18*
49599 **Voltlage** *443 Db31*
95519 **Vorbach** *493 Jc53*
18258 **Vorbeck** *428 Jc18*
15741 **Vordersiedlung** *450 Lc32*
38533 **Vordorf** *446 Gd31*
91247 **Vorra** *493 Ja55*
23560 **Vorrade** *426 Gd19*
27412 **Vorwerk** *435 Fa24*
29575 **Vorwerk** *436 Gd25*
48691 **Vreden** *453 Ca34*
49757 **Vrees** *433 Db27*

W

24369 **Waabs** *418 Ga13*
37136 **Waake** *457 Gb38*
83666 **Waakirchen** *522 Jc71*
86875 **Waal** *511 Hb69*
34590 **Wabern** *468 Fb42*
01454 **Wachau** *474 Ma41*
67157 **Wachenheim a.d. Weinstr.** *488 Dd56*
96193 **Wachenroth** *492 Ha54*
14641 **Wachow** *449 Kc29*
99310 **Wachsenburggemeinde** *470 Hb44*
53343 **Wachtberg** *477 Cc46*
47669 **Wachtendonk** *452 Bc39*
25596 **Wacken** *425 Fb17*
55263 **Wackernheim** *488 Dd52*
17498 **Wackerow** *430 La16*
83646 **Wackersberg** *522 Jb71*
39393 **Wackersleben** *458 Hb34*
29496 **Waddeweitz** *437 Hb26*
03130 **Wadelsdorf** *462 Md37*
66687 **Wadern** *487 Ca56*
59329 **Wadersloh** *454 Dd37*
66787 **Wadgassen** *496 Bd58*
63607 **Wächtersbach** *480 Fb49*
73116 **Wäschenbeuren** *499 Fd62*
31191 **Wätzum** *446 Ga32*
49419 **Wagenfeld** *444 Eb30*
38559 **Wagenhoff** *446 Gd30*
14641 **Wagenitz** *449 Kb28*
24392 **Wagersrott** *417 Fd12*
68753 **Waghäusel** *498 Eb58*
83329 **Waging a. See** *514 La69*
17159 **Wagun** *429 Kc18*
39175 **Wahlitz** *448 Jb33*
37194 **Wahlsburg** *456 Fc38*
14913 **Wahlsdorf** *461 Lb34*
23812 **Wahlstedt** *426 Gb18*
19386 **Wahlstorf** *438 Jc23*
24211 **Wahlstorf** *426 Gb16*
98634 **Wahns** *481 Gc46*
39615 **Wahrenberg** *438 Ja26*
29399 **Wahrenholz** *446 Gd29*
38458 **Wahrstedt** *447 Hb31*
7133 . **Waiblingen** *499 Fb62*
74915 **Waibstadt** *498 Ed58*
92726 **Waidhaus** *494 Kc54*
86579 **Waidhofen** *512 Ja64*
97534 **Waigolshausen** *491 Gb52*
88489 **Wain** *510 Gb67*
04932 **Wainsdorf** *461 Lc39*
91344 **Waischenfeld** *493 Ja53*
23845 **Wakendorf** *426 Gc18*
24558 **Wakendorf II** *426 Ga19*
19205 **Wakenstädt** *427 Hb20*
06333 **Walbeck** *459 Ja37*
39356 **Walbeck** *447 Hc32*
16833 **Walchow** *439 Kc27*
26907 **Walchum** *432 Cd26*
87616 **Wald** *521 Ha71*
88639 **Wald** *509 Fa69*
93192 **Wald** *503 Kb59*
69483 **Wald-Michelbach** *489 Ec55*
72178 **Waldachtal** *508 Eb65*
55425 **Waldalgesheim** *488 Db52*
63857 **Waldaschaff** *490 Fb52*
98667 **Waldau** *482 Hb47*
55596 **Waldböckelheim** *488 Da53*
56588 **Waldbreitbach** *477 Cd47*
51545 **Waldbröl** *466 Da44*
76337 **Waldbronn** *498 Ea61*
69429 **Waldbrunn** *490 Fa56*
97295 **Waldbrunn** *490 Fd54*
65620 **Waldbrunn (Westerwald)** *478 Dd47*
97297 **Waldbüttelbrunn** *491 Ga53*
88289 **Waldburg** *519 Fd71*
72141 **Walddorfhäslach** *509 Fa64*
15926 **Walddrehna** *461 Ld36*
34513 **Waldeck** *468 Fa41*
65529 **Waldems** *479 Ea50*
71111 **Waldenbuch** *499 Fa63*
08396 **Waldenburg** *472 Kc44*
74638 **Waldenburg** *499 Fd59*
93194 **Walderbach** *503 Kb58*
95679 **Waldershof** *493 Jd52*
56323 **Waldesch** *478 Da49*
52525 **Waldfeucht** *464 Ba42*
67714 **Waldfischbach** *497 Da58*
16321 **Waldfrieden** *450 Lc28*
04736 **Waldheim** *473 La42*
16352 **Waldheim** *450 Lb28*
49751 **Waldhöfe** *433 Da27*
02906 **Waldhufen** *475 Nb40*
37284 **Waldkappel** *469 Ga42*
79183 **Waldkirch** *507 Db68*
09437 **Waldkirchen** *473 La45*
94065 **Waldkirchen** *505 Ma62*
84478 **Waldkraiburg** *513 Kc67*
66914 **Waldmohr** *487 Cc57*
15913 **Waldow** *462 Mb34*
15910 **Waldow-Brand** *461 Ld34*
54320 **Waldrach** *486 Bd54*
95652 **Waldsassen** *484 Kb51*
67165 **Waldsee** *489 Ea57*
79761 **Waldshut** *517 Dd72*
15377 **Waldsieversdorf** *451 Ma29*
35647 **Waldsolms** *479 Eb48*
15838 **Waldstadt** *450 Lc32*
73550 **Waldstetten** *500 Ga62*
89367 **Waldstetten** *510 Gc66*
92727 **Waldthurn** *494 Kb54*
74399 **Walheim** *499 Fa60*
17179 **Walkendorf** *429 Ka17*
37445 **Walkenried** *457 Gd38*
86877 **Walkertshofen** *511 Ha67*
23896 **Walksfelde** *426 Gd20*
16818 **Wall** *439 Kd27*
98639 **Wallbach** *481 Gc46*
64546 **Walldorf** *489 Eb52*
69190 **Walldorf** *498 Eb58*
98639 **Walldorf** *481 Gc46*
74731 **Walldürn** *490 Fb55*
29308 **Walle** *446 Ga28*
25788 **Wallen** *417 Fa15*
06254 **Wallendorf** *471 Jd40*
96346 **Wallenfels** *483 Ja49*
49134 **Wallenhorst** *443 Dc32*
66798 **Wallerfangen** *486 Bd57*
94574 **Wallerfing** *504 La62*
94522 **Wallersdorf** *503 Kd62*
86757 **Wallerstein** *500 Gd61*
55578 **Wallertheim** *488 Dc53*
82499 **Wallgau** *522 Ja73*
06528 **Wallhausen** *458 Hc39*
55595 **Wallhausen** *488 Db53*
74599 **Wallhausen** *500 Gb58*
27729 **Wallhöfen** *434 Ed23*
16837 **Wallitz** *439 Kc24*
57584 **Wallmenroth** *466 Db45*
56414 **Wallmerod** *478 Dc47*
38729 **Wallmoden** *457 Gc34*
17291 **Wallmow** *441 Ma22*
24980 **Wallsbüll** *417 Fa11*
29413 **Wallstawe** *447 Hb28*
65396 **Walluf** *478 Dd51*
06193 **Wallwitz** *459 Jc38*
39291 **Wallwitz** *448 Jc33*
17209 **Walow** *439 Ka22*
85469 **Walpertskirchen** *512 Jd66*
99189 **Walschleben** *470 Hb42*
96194 **Walsdorf** *492 Hb53*
16818 **Walsleben** *439 Kb26*
39606 **Walsleben** *448 Jb28*
19073 **Walsmühlen** *427 Hc21*
29664 **Walsrode** *435 Fc27*
87448 **Waltenhofen** *520 Gc72*
39264 **Walternienburg** *459 Jc35*
02799 **Waltersdorf** *475 Na43*
15732 **Waltersdorf** *450 Lc31*
99880 **Waltershausen** *469 Gd44*
85137 **Walting** *502 Ja61*
45731 **Waltrop** *453 Cd38*
75045 **Walzbachtal** *498 Eb60*
17498 **Wampen** *430 La16*
99869 **Wandersleben** *470 Hb44*
24997 **Wanderup** *417 Fb11*
16348 **Wandlitz** *440 Lb27*
37281 **Wanfried** *469 Gb42*
85368 **Wang** *512 Jd64*
21483 **Wangelau** *436 Gd22*
37627 **Wangelnstedt** *456 Fd36*
23758 **Wangels** *419 Ha15*
73117 **Wangen** *499 Fc63*
88239 **Wangen** *520 Ga71*
26434 **Wangerland** *423 Dc20*
26486 **Wangerooge** *423 Dc19*
24601 **Wankendorf** *426 Gb16*
39638 **Wannefeld** *447 Hd31*
72827 **Wannweil** *509 Fa64*
14641 **Wansdorf** *449 Kd28*
06318 **Wansleben a. See** *459 Jb39*
39615 **Wanzer** *438 Ja26*
39164 **Wanzleben** *458 Hd34*
24594 **Wapelfeld** *425 Fc17*
38378 **Warberg** *447 Hb33*
34414 **Warburg** *456 Fa39*
14789 **Warchau** *449 Ka31*
26203 **Wardenburg** *433 Dd25*
18299 **Wardow** *429 Ka18*
17192 **Waren** *429 Kb21*
48231 **Warendorf** *454 Dc35*
19417 **Warin** *428 Ja19*
17039 **Warlin** *430 La20*
19230 **Warlitz** *437 Hc23*
19288 **Warlow** *437 Hd23*
95485 **Warmensteinach** *483 Jc51*
31606 **Warmsen** *444 Ec31*
24250 **Warnau** *426 Gb16*
39524 **Warnau** *448 Jd28*
83627 **Warngau** *522 Jc70*
17291 **Warnitz** *440 Ld24*
17168 **Warnkenhagen** *429 Ka18*
18249 **Warnow** *428 Jb19*
23936 **Warnow** *427 Hc18*
06502 **Warnstedt** *458 Hc36*
27333 **Warpe** *445 Fa28*
17111 **Warrenzin** *429 Kc18*
25560 **Warringholz** *425 Fb17*
17375 **Warsin** *431 Ma19*
14662 **Warsow** *449 Kb28*
19075 **Warsow** *427 Hc21*
59581 **Warstein** *455 Ea39*
36367 **Wartenberg** *480 Fc46*
85456 **Wartenberg** *512 Jd65*
06901 **Wartenburg** *460 Kc36*
88447 **Warthausen** *510 Ga68*
17268 **Warthe** *440 Lb23*
16306 **Wartin** *441 Ma23*
97797 **Wartmannsroth** *480 Fd50*
25761 **Warwerort** *424 Ed16*
24647 **Wasbek** *425 Fd17*
38553 **Wasbüttel** *446 Gd31*
19243 **Waschow** *427 Hb21*
17179 **Wasdow** *429 Kb17*
56653 **Wassenach** *477 Cc48*
41849 **Wassenberg** *464 Bb42*
39646 **Wassensdorf** *447 Hb31*
83512 **Wasserburg a. Inn** *513 Kb68*
88142 **Wasserburg (Bodensee)** *519 Fd73*
38871 **Wasserleben** *458 Ha35*
54332 **Wasserliesch** *486 Bc54*
97535 **Wasserlosen** *481 Gb51*
14715 **Wassersuppe** *449 Ka28*
91717 **Wassertrüdingen** *501 Ha60*
15831 **Waßmannsdorf** *450 Lb31*
98634 **Wasungen** *481 Gc46*
29339 **Wathlingen** *446 Gb30*
24582 **Wattenbek** *426 Ga16*
67319 **Wattenheim** *488 Dc56*
18279 **Wattmannshagen** *429 Ka19*
17237 **Watzkendorf** *440 La22*
54649 **Waxweiler** *476 Bb51*
06679 **Webau** *471 Jd41*
86759 **Wechingen** *501 Ha61*
99869 **Wechmar** *470 Ha44*
09306 **Wechselburg** *472 Kd43*
24576 **Weddelbrook** *425 Fd18*
39646 **Weddendorf** *447 Hb31*
06502 **Weddersleben** *458 Hc36*
06458 **Wedderstedt** *458 Hc36*
25795 **Weddingstedt** *417 Fa15*
21717 **Wedel** *435 Fb22*
22880 **Wedel** *425 Fd21*
38527 **Wedelheine** *446 Gd31*
38527 **Wedelsbüttel** *446 Gd31*
30900 **Wedemark** *445 Fd30*
19217 **Wedendorf** *427 Hb19*
06429 **Wedlitz** *459 Jb35*
23795 **Weede** *426 Gc18*
26826 **Weener** *432 Cd24*
31096 **Weenzen** *456 Fd34*
24999 **Wees** *417 Fc10*
24994 **Weesby** *417 Fa10*
16356 **Weesow** *450 Ld28*
47652 **Weeze** *452 Bb37*
39365 **Wefensleben** *447 Hc33*
39356 **Weferlingen** *447 Hb32*
41844 **Wegberg** *464 Bb42*
38828 **Wegeleben** *458 Hc35*
15345 **Wegendorf** *450 Ld29*
39615 **Wegenitz** *438 Jb26*
39359 **Wegenstedt** *447 Hc31*
94110 **Wegscheid** *505 Mb63*
78564 **Wehingen** *508 Ec68*
49757 **Wehm** *433 Db27*
37339 **Wehnde** *457 Gc39*
31234 **Wehnsen** *446 Gb31*
56653 **Wehr** *477 Cc48*
79664 **Wehr** *517 Db72*
27259 **Wehrbleck** *444 Ec29*
37287 **Wehretal** *469 Ga42*
04936 **Wehrhain** *461 Lc36*
61273 **Wehrheim** *479 Eb49*
86517 **Wehringen** *511 Hb67*
59872 **Wehrstapel** *467 Ea40*
56745 **Weibern** *477 Cc48*
63879 **Weibersbrunn** *490 Fb52*
15848 **Weichensdorf** *451 Mc33*
86706 **Weichering** *502 Ja62*
85258 **Weichs** *512 Ja65*
07570 **Weida** *471 Jd45*
92637 **Weiden i.d. Oberpfalz** *494 Ka54*
91746 **Weidenbach** *501 Ha58*
95466 **Weidenberg** *493 Jb52*
89197 **Weidenstetten** *510 Gb64*
67475 **Weidenthal** *488 Dc57*
96279 **Weidhausen b. Coburg** *482 Hc50*
93495 **Weiding** *494 Kd57*
91249 **Weigendorf** *493 Jb56*
97215 **Weigenheim** *491 Gc55*
02733 **Weigsdorf-Köblitz** *474 Md41*
91629 **Weihenzell** *492 Ha57*
76698 **Weiher** *498 Eb59*
92729 **Weiherhammer** *493 Jd54*
84107 **Weihmichl** *503 Ka63*
97990 **Weikersheim** *491 Ga56*
86947 **Weil** *511 Hc68*
79576 **Weil a. Rhein** *517 Da72*
71263 **Weil der Stadt** *498 Ec62*
71093 **Weil i. Schönbuch** *509 Fa64*
63937 **Weilbach** *490 Fa55*
35781 **Weilburg** *478 Dd48*
55413 **Weiler** *488 Db52*
88171 **Weiler** *520 Ga72*
67685 **Weilerbach** *488 Da56*
91365 **Weilersbach** *492 Hc54*
53919 **Weilerswist** *465 Ca45*
78604 **Weilheim** *508 Ec69*
79809 **Weilheim** *517 Dd72*
73235 **Weilheim a. d. Teck** *509 Fc64*
82362 **Weilheim i. Oberbayern** *521 Hd70*
35789 **Weilmünster** *479 Ea48*
61276 **Weilrod** *479 Ea49*
91744 **Weiltingen** *500 Gd60*
35096 **Weimar** *467 Ec45*
9942 . **Weimar** *470 Hd43*
35796 **Weinbach** *478 Dd48*
99998 **Weinbergen** *469 Gd41*

01689 Weinböhla 473 Ld41
67366 Weingarten 497 Dd58
76356 Weingarten 498 Eb60
88250 Weingarten 519 Fd70
69469 Weinheim 489 Eb55
74189 Weinsberg 499 Fb59
54595 Weinsheim 476 Bc49
55595 Weinsheim 488 Db53
71384 Weinstadt 499 Fb62
07356 Weisbach 483 Jb47
08538 Weischlitz 483 Jd48
56348 Weisel 478 Db51
19322 Weisen 438 Jb25
76599 Weisenbach 498 Ea63
91085 Weisendorf 492 Hb55
67273 Weisenheim a. Berg 488 Dd56
67256 Weisenheim a. Sand 488 Dd56
19386 Weisin 428 Jc21
66709 Weiskirchen 487 Ca55
96260 Weismain 482 Hd51
71287 Weissach 498 Ed62
71573 Weissach i. Tal 499 Fc61
06369 Weißandt-Gölzau 459 Jd37
08134 Weißbach 484 Kc46
74679 Weißbach 499 Fc58
95237 Weißdorf 483 Jc50
02627 Weißenberg 475 Na40
07639 Weißenborn 471 Jc43
09600 Weißenborn 473 Lc43
36205 Weißenborn 469 Ga42
37130 Weißenborn 457 Gb39
37345 Weißenborn-Lüderode 457 Gc38
96369 Weißenbrunn 482 Hd50
91781 Weißenburg i. Bayern 501 Hc60
07950 Weißendorf 483 Jd46
06667 Weißenfels 471 Jc41
89264 Weißenhorn 510 Gb66
91367 Weißenohe 492 Hd55
88138 Weißensberg 519 Fd72
99631 Weißensee 470 Hc41
95163 Weißenstadt 483 Jc51
56575 Weißenthurm 477 Cd48
39517 Weißewarte 448 Jb30
01561 Weißig a. Raschütz 461 Ld39
02957 Weißkeißel 463 Na38
02943 Weisswasser 463 Na38
79367 Weisweil 507 Da67
57586 Weitefeld 466 Dc45
18299 Weitendorf 428 Jd18
19412 Weitendorf 428 Ja20
17498 Weitenhagen 430 La16
18461 Weitenhagen 420 Kb15
56191 Weitersburg 478 Da48
64331 Weiterstadt 489 Eb52
07343 Weitisberga 483 Ja47
87480 Weitnau 520 Gb72
96479 Weitramsdorf 482 Hb49
29439 Weitsche 437 Hc26
14806 Weitzgrund 449 Kb32
01108 Weixdorf 474 Ma41
84174 Weixerau 513 Ka64
06333 Welbsleben 458 Hd37
86465 Welden 511 Ha65
06333 Welfesholz 459 Ja37
21261 Welle 435 Fd24
27616 Wellen 434 Ec22
39167 Wellen 447 Hd33
78669 Wellendingen 508 Ec68
91809 Wellheim 501 Hc62
15898 Wellmitz 451 Na33
25782 Welmbüttel 425 Fa16
45525 Welper 453 Cc39
54298 Welschbillig 486 Bc53
39221 Welsleben 459 Ja34
16278 Welsow 441 Ma24
17089 Weltzin 430 La19
59514 Welver 454 Dc38
73642 Welzheim 499 Fd61
03119 Welzow 462 Mb37
86650 Wemding 501 Ha61
39517 Wenddorf 448 Jb31
38176 Wendeburg 446 Gc32
55234 Wendelsheim 488 Dc54
90530 Wendelstein 492 Hd57
39615 Wendemark 438 Jc27
57482 Wenden 466 Db43
31634 Wendenborstel 445 Fb29
21400 Wendhausen 436 Gd24
17213 Wendhof 429 Ka21
18513 Wendisch Baggendorf 429 Kc16
21403 Wendisch Evern 436 Gc24
19395 Wendisch Priborn 438 Jd23
15864 Wendisch Rietz 451 Ma32
19399 Wendisch Waren 428 Jc21
73240 Wendlingen a. N. 499 Fb63
18442 Wendorf 429 Kd16
19412 Wendorf 428 Ja20
24235 Wendtorf 418 Gb14
84187 Weng 503 Kb63
48465 Wengsel 442 Cc31
25767 Wennbüttel 425 Fb16
30974 Wennigsen 445 Fc32
25996 Wenningstedt 416 Ea9
16515 Wensickendorf 440 Lb27
23827 Wensin 426 Gc17
21465 Wentorf 436 Gb22
23898 Wentorf 426 Gc20
38486 Wenze 447 Hc30
93173 Wenzenbach 503 Ka59
21279 Wenzendorf 435 Fd23
14778 Wenzlow 449 Ka32
97956 Werbach 490 Fd54
16244 Werbellin 440 Lc26
03096 Werben 462 Mb35
39615 Werben 438 Jc27
14806 Werbig 449 Kb33
15306 Werbig 451 Mc29
04916 Werchau 461 Lb36
03205 Werchow 462 Ma36
08223 Werda 484 Ka48
08412 Werdau 472 Kb45
14542 Werder 449 Kd31
15345 Werder 451 Ma29
15848 Werder 451 Ma33
16818 Werder 439 Kb26
17089 Werder 430 La19
19386 Werder 428 Jc21
58791 Werdohl 466 Db41
26427 Werdum 423 Db20
03253 Werenzhain 461 Lc37
59457 Werl 454 Dc38
38315 Werlaburgdorf 457 Gd34
19300 Werle 438 Ja23
49757 Werlte 433 Db27
42929 Wermelskirchen 465 Cc42
04779 Wermsdorf 472 Kd40
73249 Wernau 499 Fb63
92533 Wernberg-Köblitz 494 Ka55
07381 Wernburg 483 Jb46
59368 Werne 454 Da37
97440 Werneck 491 Gb52
76857 Wernersberg 497 Db59
16356 Werneuchen 450 Ld28
38855 Wernigerode 458 Ha36
16909 Wernikow 439 Ka24
14641 Wernitz 449 Kd29
15537 Wernsdorf 450 Ld31
98590 Wernshausen 469 Gc45
39624 Wernstedt 447 Hd29
49751 Werpeloh 433 Da27
87497 Wertach 520 Gd72
97877 Wertheim 490 Fc54
33824 Werther 455 Ea34
99735 Werther 458 Ha39
86637 Wertingen 511 Ha64
4648 . Wesel 452 Bd37
66919 Weselberg 488 Da57
17291 Weselitz 440 Ld23
17255 Wesenberg 439 Kd23
23858 Wesenberg 426 Gd19
15345 Wesendahl 450 Ld29
16792 Wesendorf 440 Lb25
29392 Wesendorf 446 Gd29
14778 Weseram 449 Kb30
39249 Wespen 459 Jb35
23758 Wessek 419 Ha15
25764 Wesselburen 424 Ed16
25764 Wesselburener Deichhausen 424 Ed16
25764 Wesselburenerkoog 416 Ed15
50389 Wesseling 465 Cb44
25746 Wesseln 425 Fa16
29587 Wessenstedt 436 Gc25
19089 Wessin 428 Ja21
82234 Weßling 511 Hd68
82405 Wessobrunn 521 Hc70
06449 Westdorf 458 Hd37
26579 Westdorf 422 Cd20
29599 Weste 437 Ha25
18233 Westenbrügge 428 Ja17
49832 Westendorf 443 Da30
86707 Westendorf 511 Hb64
87679 Westendorf 511 Hb69
31604 Westenfeld 444 Ed31
98631 Westenfeld 481 Gd48
24259 Westensee 417 Fd15
25885 Wester-Ohrstedt 417 Fa13
23847 Westerau 426 Gc19
27616 Westerbeverstedt 434 Ec22
25782 Westerborstel 417 Fa15
25782 Westerborstel 425 Fa16
56457 Westerburg 478 Dc47
25761 Westerdeichstrich 424 Ed16
39448 Westeregeln 458 Hd35
21394 Westergellersen 436 Gb24
83620 Westerham 512 Jd69
06484 Westerhausen 458 Hc36
72589 Westerheim 509 Fd64
87784 Westerheim 510 Gc69
26556 Westerholt 423 Da21
24977 Westerholz 417 Fc10
25364 Westerhorn 425 Fc19
49492 Westerkappeln 443 Dc32
25980 Westerland 416 Ea10
25597 Westermoor 425 Fc18
63825 Westerngrund 480 Fa51
23815 Westerrade 426 Gc18
24784 Westerrönfeld 417 Fc15
26632 Westersander 433 Da22
26655 Westerstede 433 Dc24
89198 Westerstetten 510 Ga64
27412 Westertimke 435 Fa24
27386 Westerwalsede 435 Fb26
21776 Westerwanna 424 Ec20
29525 Westerweyhe 436 Gd26
31079 Westfeld 457 Ga34
26629 Westgroßefehn 433 Da23
73463 Westhausen 500 Gc61
98663 Westhausen 482 Ha49
67368 Westheim 498 Ea58
91747 Westheim 501 Ha60
67593 Westhofen 488 Dd54
26810 Westoverledingen 433 Da25
25926 Westre 416 Ed10
26817 Westrhauderfehn 433 Da25
26434 Westrum 423 Dc21
49770 Westrum 443 Da28
39638 Weteritz 447 Hd30
49453 Wetschen 444 Ea29
06528 Wettelrode 458 Hd39
04626 Wettelswalde 472 Ka44
35435 Wettenberg 479 Eb46
58300 Wetter 465 Cd40
35083 Wetter (Hessen) 467 Ec44
06722 Wetterzeube 471 Jd43
06198 Wettin 459 Jb38
30938 Wettmar 446 Ga30
38547 Wettmershagen 446 Gd31
48493 Wettringen 442 Cd33
49838 Wettrup 443 Da29
85139 Wettstetten 502 Ja62
21385 Wetzen 436 Gb24
17309 Wetzenow 431 Ma21
355 . . Wetzlar 479 Eb47
25599 Wewelsfleth 425 Fb19
83629 Weyarn 522 Jd70
57635 Weyerbusch 466 Da45
38554 Weyhausen 447 Ha30
28844 Weyhe 434 Ec26
17291 Wichmannsdorf 440 Lc23
98530 Wichtshausen 481 Gd46
58739 Wickede 454 Db39
06536 Wickerode 458 Hc39
07318 Wickersdorf 482 Hd46
74259 Widdern 499 Fb58
19258 Wiebendorf 437 Ha22
29416 Wieblitz 437 Hb27
30900 Wiechendorf 445 Fd30
18375 Wieck 420 Ka13
29323 Wieckenberg 445 Fd29
37447 Wieda 457 Gd38
04509 Wiedemar 459 Jd39
24613 Wiedenborstel 425 Fd17
29364 Wiedenrode 446 Gb30
31719 Wiedensahl 445 Fa31
04938 Wiederau 461 Lb37
86879 Wiedergeltingen 511 Ha68
04448 Wiederitzsch 460 Ka39
06333 Wiederstedt 459 Ja37
02994 Wiednitz 462 Mb39
26215 Wiefelstede 433 Dd24
21644 Wiegersen 435 Fc23
39345 Wieglitz 447 Hd31
06571 Wiehe 470 Hd41
51674 Wiehl 466 Da44
18556 Wiek 421 Kd11
49847 Wielen 442 Ca30
82407 Wielenbach 521 Hd70
24649 Wiemersdorf 425 Fd18
25779 Wiemerstedt 417 Fa15
06420 Wiendorf 459 Jb37
18258 Wiendorf 428 Jc17
29342 Wienhausen 446 Gb30
38889 Wienrode 458 Hb36
14916 Wiepersdorf 461 Lb36
39638 Wiepke 447 Hd29
29568 Wieren 436 Gd27
75446 Wiernsheim 498 Ec61
21502 Wiershop 436 Gc22
09488 Wiesa 485 La46
95676 Wiesau 494 Ka52
66571 Wiesbach 487 Ca57
65 . . . Wiesbaden 478 Dd51
15295 Wiesenau 451 Md31
69257 Wiesenbach 489 Ec57
97355 Wiesenbronn 491 Gc54
08121 Wiesenburg 484 Kc46
14827 Wiesenburg 449 Ka33
94344 Wiesenfelden 503 Kc59
26605 Wiesens 433 Da22
73349 Wiesensteig 509 Fd64
93109 Wiesent 503 Kb60
68753 Wiesental 498 Eb58
36466 Wiesenthal 481 Gb46
91369 Wiesenthau 492 Hc54
97353 Wiesentheid 491 Gc53
91346 Wiesenttal 492 Hd53
06543 Wieserode 458 Hd37
91632 Wieseth 500 Gd59
06388 Wieskau 459 Jc37
69168 Wiesloch 498 Ec58
26639 Wiesmoor 433 Db22
49757 Wieste 443 Db28
97859 Wiesthal 480 Fb51
49835 Wietmarschen 442 Cc30
17379 Wietstock 430 Lc19
29323 Wietze 445 Fd29
31613 Wietzen 445 Fa28
29649 Wietzendorf 436 Ga27
87487 Wiggensbach 520 Gc71
91634 Wilburgstetten 500 Gd60
15745 Wildau 450 Lc31
15938 Wildau-Wentdorf 461 Lc35
16845 Wildberg 439 Kb27
17091 Wildberg 429 Kd20
72218 Wildberg 498 Ec63
36208 Wildeck 469 Ga43
38709 Wildemann 457 Gc36
04916 Wildenau 461 Lb36
93359 Wildenberg 502 Jd62
14552 Wildenbruch 449 Kd31
08134 Wildenfels 472 Kc45
01561 Wildenhain 473 Lc40
04838 Wildenhain 460 Kc38
98701 Wildenspring 482 Hc46
27793 Wildeshausen 434 Ea27
07980 Wildetaube 471 Jd45
97772 Wildflecken (Markt) 481 Ga48
04924 Wildgrube 461 Lb37
87499 Wildpoldsried 520 Gd71
36433 Wildprechtroda 469 Gc45
04838 Wildschütz 460 Kd38
82409 Wildsteig 521 Hc71
76848 Wilgartswiesen 497 Db58
87547 Wilhams 520 Gb72
17379 Wilhelmsburg 430 Ld20
07389 Wilhelmsdorf 483 Ja46
88271 Wilhelmsdorf 519 Fb70
91489 Wilhelmsdorf 492 Ha55
69259 Wilhelmsfeld 489 Ec56
2638 . Wilhelmshaven 423 Dd21
14557 Wilhelmshorst 449 Kd31
96352 Wilhelmsthal 483 Ja49
91452 Wilhermsdorf 492 Ha56
08112 Wilkau-Hasslau 472 Kb45
97348 Willanzheim 491 Gc54
34439 Willebadessen 455 Ed38
26409 Willen 423 Db21
24616 Willenscharen 425 Fd17
18516 Willershausen 429 Kd16
18516 Willerswalde 429 Kd16
47877 Willich 464 Bd41
34508 Willingen 467 Eb41
34628 Willingshausen 468 Fa44
97647 Willmars 481 Gc47
93497 Willmering 503 Kd58
16356 Willmersdorf 450 Lc28
15926 Willmersdorf-Stöbritz 461 Ld35
74182 Willsbach 499 Fb59
77731 Willstätt 507 Db64
15518 Wilmersdorf 451 Mb30
15848 Wilmersdorf 451 Mb31
16278 Wilmersdorf 440 Ld24
16928 Wilmersdorf 438 Jd24
18519 Wilmshagen 421 Kd15
23942 Wilmstorf 427 Hb18
57234 Wilnsdorf 466 Dd45
01723 Wilsdruff 473 Lc42
29646 Wilsede 436 Ga25
17337 Wilsickow 430 Ld21
06449 Wilsleben 458 Hd36
27412 Wilstedt 435 Fa24
25554 Wilster 425 Fb18
49849 Wilsum 442 Ca30
02681 Wilthen 474 Md41
54459 Wiltingen 486 Bc54
06313 Wimmelburg 459 Ja38
49152 Wimmer 444 Ea32
71299 Wimsheim 498 Ec62
54457 Wincheringen 486 Bc55
86949 Windach 511 Hc68
39579 Windberge 448 Jb30
25729 Windbergen 425 Fa17
24340 Windeby 417 Fd13
51570 Windeck 466 Da45
99765 Windehausen 458 Hb39
91635 Windelsbach 491 Gc57
79297 Winden i. Elztal 507 Dc67
55452 Windesheim 488 Db52
53578 Windhagen 477 Cd46
37539 Windhausen 457 Gb36
92670 Windischeschenbach 494 Ka53
04603 Windischleuba 472 Kb43
94575 Windorf 504 Lc63
91575 Windsbach 501 Hb58
37327 Wingerode 469 Gb40
21789 Wingst 425 Fa20
84543 Winhöring 513 Kd66
04924 Winkel 461 Lb38
06542 Winkel 459 Ja39
90610 Winkelhaid 492 Hd57
27243 Winkelsett 434 Eb27
39624 Winkelstedt 447 Hd29
92559 Winklarn 494 Kc56
24398 Winnemark 418 Ga12
71364 Winnenden 499 Fb61
25887 Winnert 417 Fa14
38170 Winnigstedt 458 Ha34
06449 Winningen 459 Ja36
56333 Winningen 477 Cd49
67722 Winnweiler 488 Db55
25551 Winseldorf 425 Fc18
24568 Winsen 426 Ga19
29308 Winsen 446 Ga29
21423 Winsen (Luhe) 436 Gb23
73650 Winterbach 499 Fc62
59955 Winterberg 467 Eb41
29416 Winterfeld 447 Hc28
97286 Winterhausen 491 Gb54
72474 Winterlingen 509 Fa67
04610 Wintersdorf 472 Ka42
54487 Wintrich 487 Ca53
37339 Wintzingerode 457 Gc39
78737 Winzeln 508 Ea66
31088 Winzenburg 457 Ga35
94577 Winzer 504 Lb62
97537 Wipfeld 491 Gb52
99310 Wipfratal 470 Hb45
99752 Wipperdorf 458 Ha39
51688 Wipperfürth 465 Cd42
26892 Wippingen 432 Cd27
06543 Wippra, Kurort 458 Hd38
31234 Wipshausen 446 Gc31
26529 Wirdum 432 Cc22
56422 Wirges 478 Db48
95339 Wirsberg 483 Jb51
24217 Wisch 418 Gc14
25876 Wisch 417 Fa14
21737 Wischhafen 425 Fb19
17335 Wismar 430 Lc21
239 . . Wismar 427 Hd18
57537 Wissen 466 Db45
21255 Wistedt 435 Fc24
29413 Wistedt 437 Hb27
25938 Witsum 416 Eb11
25872 Wittbek 417 Fa13
14547 Wittbrietzen 449 Kd32
25946 Wittdün 416 Ea12
32584 Wittel 444 Ec33
91749 Wittelshofen 500 Gd60
5845 . . Witten 453 Cd39
18209 Wittenbeck 428 Jb16
19322 Wittenberge 438 Jb26
25548 Wittenbergen 425 Fc18
17337 Wittenborn 430 Lc20
23829 Wittenborn 426 Gb18
19243 Wittenburg 427 Hb21
19073 Wittenförden 427 Hc20
18510 Wittenhagen 421 Kd15
39579 Wittenmoor 448 Jb30
99189 Witterda 470 Hb43
07318 Wittgendorf 482 Hd46
09228 Wittgensdorf 472 Kd44
84384 Wittibreut 514 Lb65
02997 Wittichenau 462 Mc39
97957 Wittighausen 491 Ga55
2937 . Wittingen 447 Ha28
89426 Wittislingen 500 Gd63
54516 Wittlich 487 Ca52
27308 Wittlohe 435 Fb27
15926 Wittmannsdorf 461 Ld35
15910 Wittmannsdorf-Bückchen 451 Mb33
07318 Wittmannsgereuth 482 Hd46
38329 Wittmar 446 Gd33
24306 Wittmoldt 426 Gc16
26409 Wittmund 423 Db21
79299 Wittnau 507 Db69
21357 Wittorf 436 Gc23
16909 Wittstock 439 Ka24
21514 Witzeeze 436 Gd22
07318 Witzendorf 482 Hd46
3721 . Witzenhausen 469 Ga40
22969 Witzhave 426 Gc21
19406 Witzin 428 Jb19
14715 Witzke 449 Ka28
25889 Witzwort 416 Ed14
25856 Wobbenbüll 416 Ed13
15859 Wochowsee 451 Ma32
17326 Woddow 441 Ma22
19288 Wöbbelin 437 Hd22
25797 Wöhrden 424 Ed16
98617 Wölfershausen 481 Gd47
61200 Wölfersheim 479 Ec48
99885 Wölfis 470 Hb44
61206 Wöllstadt 479 Ec49
55597 Wöllstein 488 Dc53
31556 Wölpinghausen 445 Fa31
16259 Wölsickendorf-Wollenberg 441 Ma27
04880 Wörblitz 460 Kd37
06369 Wörbzig 459 Jc37
06786 Wörlitz 460 Ka35
39291 Wörmlitz 448 Jb33
91637 Wörnitz 500 Gc58
06869 Wörpen 460 Kb35
55286 Wörrstadt 488 Dc53
73499 Wört 500 Gc60
85457 Wörth 512 Jd66
93086 Wörth a. d. Donau 503 Kb60
84109 Wörth a. d. Isar 503 Kb63
63939 Wörth a. Main 490 Fa53
76744 Wörth a. Rhein 497 Dd60
82237 Wörthsee 511 Hd68
19243 Woez 427 Hb21
17039 Woggersin 430 La20
24899 Wohlde 417 Fb14
21769 Wohlenbeck 425 Fa20
21698 Wohlerst 435 Fb22
06642 Wohlmirstedt 471 Ja41
06408 Wohlsdorf 459 Jc36
27729 Wohlthöfen 434 Ec23
21521 Wohltorf 426 Gb21
27419 Wohnste 435 Fc23
35288 Wohratal 467 Ed44
17237 Wokuhl 440 La23
17091 Wolde 429 Kd20
17348 Woldegk 430 Lb21
77709 Wolfach 507 Dd66
88364 Wolfegg 520 Ga70
06766 Wolfen 460 Ka37
3830 . Wolfenbüttel 446 Gd33
06295 Wolferode 459 Ja39
85395 Wolfersdorf 512 Jc64
86709 Wolferstadt 501 Hb61
06542 Wolferstedt 459 Ja39
87787 Wolfertschwenden 520 Gc70
34466 Wolfhagen 468 Fa40
98631 Wolfmannshausen 481 Gd48
91639 Wolframs-Eschenbach 501 Ha58
82515 Wolfratshausen 512 Ja69
06536 Wolfsberg 458 Hc38
3844 . Wolfsburg 447 Ha31
72649 Wolfschlugen 499 Fb63
93195 Wolfsegg 502 Jd59
17335 Wolfshagen 430 Lc21
18461 Wolfshagen 420 Kc15
19348 Wolfshagen 438 Jc24
03130 Wolfshain 463 Na37
16775 Wolfsruh 439 Kd25
67752 Wolfstein 488 Da55
17438 Wolgast 430 Lc16
08399 Wolkenburg-Kaufungen 472 Kc43
09429 Wolkenstein 473 La45
99735 Wolkramshausen 458 Ha39
97618 Wollbach 481 Gc49
37434 Wollbrandshausen 457 Gb38
37434 Wollershausen 457 Gc38
16278 Wolletz 440 Ld25
14778 Wollin 449 Ka32
17328 Wollin 441 Mb22
27616 Wollingst 434 Ec22
17326 Wollschow 431 Ma21
17326 Wollschow 441 Ma22
25704 Wolmersdorf 425 Fa17
39435 Wolmirsleben 459 Ja35
39326 Wolmirstedt 448 Ja32
85283 Wolnzach 502 Jb63
74549 Wolpertshausen 500 Ga59
88284 Wolpertswende 519 Fd70
38379 Wolsdorf 447 Hb33
14715 Wolsier 448 Jd28
15569 Woltersdorf 450 Ld30
16306 Woltersdorf 441 Mb23
21516 Woltersdorf 426 Gd21
29497 Woltersdorf 437 Hc26
39175 Woltersdorf 448 Jb33
31099 Woltershausen 457 Ga35
38268 Woltwiesche 446 Gc33
15754 Wolzig 450 Ld31
97539 Wonfurt 491 Gd52
83329 Wonneberg 514 La69
96197 Wonsees 492 Hd52
19303 Woosmer 437 Hc24
19309 Wootz 437 Hd25
37339 Worbis 457 Gc39
78239 Worblingen 518 Ec71
15306 Worin 451 Mb29
87789 Woringen 510 Gc69
01994 Wormlage 462 Ma37
675 . . Worms 489 Ea55
31637 Wormsdorf 445 Fc29
39365 Wormsdorf 447 Hc33
27726 Worpswede 434 Ed24
21502 Worth 436 Gc22
01983 Woschkow 462 Mb37
19406 Woserin 428 Jc20
17111 Wotenick 429 Kc17
21514 Wotersen 426 Gd21
17495 Wrangelsburg 430 Lb16
17209 Wredenhagen 439 Ka23
27638 Wremen 424 Eb20
29559 Wrestedt 436 Gd27
29565 Wriedel 436 Gc26
16269 Wriezen 441 Mb27
16269 Wriezener Höhe 451 Ma28
26629 Wrisser Hammrich 433 Da22
25563 Wrist 425 Fd18
25938 Wrixum 416 Eb11
25799 Wrohm 425 Fb16
97618 Wülfershausen a. d. Saale 481 Gc49
42489 Wülfrath 465 Cb41
01609 Wülknitz 461 Lc39
06369 Wülknitz 459 Jc37
38835 Wülperode 457 Gd35
98704 Wümbach 482 Hb46
07570 Wünschendorf 471 Jd45
15838 Wünsdorf 450 Lc32
52146 Würselen 464 Ba44
72813 Würtingen 509 Fb65
970 . . Würzburg 491 Ga53
09358 Wüstenbrand 472 Kd44
18516 Wüsteney 429 Kd16
17121 Wüstenfelde 429 Kd17
39291 Wüstenjerichow 448 Jd32
71543 Wüstenrot 499 Fc60
27798 Wüsting 434 Ea25
31535 Wulfelade 445 Fc30
06369 Wulfen 459 Jc36
16909 Wulfersdorf 439 Ka23
39387 Wulferstedt 458 Hc34
21445 Wulfsen 436 Gb23
24628 Wulfskate 426 Ga18
25563 Wulfsmoor 425 Fd18
29553 Wulfstorf 436 Gd24
37199 Wulften 457 Gb37
39524 Wulkau 448 Jc28
17039 Wulkenzin 429 Kd21
15326 Wulkow 451 Mc30
39319 Wulkow 448 Jd30
27628 Wulsbüttel 434 Ec23
95632 Wunsiedel 483 Jd51
31515 Wunstorf 445 Fb31
42 . . Wuppertal 465 Cc41
84329 Wurmannsquick 514 La65
75449 Wurmberg 498 Ec61
78573 Wurmlingen 508 Ec69
84189 Wurmsham 513 Kb65
07343 Wurzbach 483 Ja47
04808 Wurzen 460 Kc39
17391 Wussentin 430 Lb18
15913 Wußwerk 462 Mb34
14778 Wust 449 Kb30
39524 Wust 448 Jd29
16868 Wusterhausen 439 Ka26
17509 Wusterhusen 430 Lb16
14641 Wustermark 449 Kb29
14789 Wusterwitz 449 Ka31
16818 Wustrau-Altfriesack 439 Kc27
17255 Wustrow 439 Kd23
29462 Wustrow 437 Hc26
18347 Wustrow 420 Jd14
66557 Wustweiler 487 Cb57
79879 Wutach 518 Ea70
99848 Wutha-Farnroda 469 Gc43
16866 Wutike 439 Ka25
79793 Wutöschingen 518 Ea72
14662 Wutzetz 439 Kb27
79369 Wyhl 507 Da67
04552 Wyhratal 472 Kb42
25938 Wyk a. Föhr 416 Eb12
26831 Wymeer 432 Cd25

X

46509 Xanten 452 Bc37

Z

16909 Zaatzke 439 Ka24
39307 Zabakuck 448 Jd30
16775 Zabelsdorf 440 La25
01561 Zabeltitz 461 Lc39
06347 Zabenstedt 459 Jb38
74374 Zaberfeld 498 Ed60
06369 Zabitz 459 Jc36
94239 Zachenberg 504 Lb60
14669 Zachow 449 Kc30
07937 Zadelsdorf 483 Jc46
29476 Zadrau 437 Hc25
06895 Zahna 460 Kc35
19412 Zahrensdorf 428 Ja19
75059 Zaisenhausen 498 Ec59
93499 Zandt 503 Kd58
84539 Zangberg 513 Kc66
96199 Zapfendorf 482 Hb51
06179 Zappendorf 459 Jb38
17159 Zarnekow 429 Kc18
18195 Zarnewanz 429 Ka16
18516 Zarnewanz 429 Kd16
23619 Zarpen 426 Gc18
18510 Zarrendorf 421 Kd15
19246 Zarrentin 427 Ha21
14547 Zauchwitz 449 Kd32
15913 Zaue 451 Mb33
75385 Zavelstein 498 Eb63
29496 Zebelin 437 Hb26
15328 Zechin 451 Mc28
16831 Zechlinerhütte 439 Kc24
16831 Zechow 439 Kb24
03249 Zeckerin 461 Ld36
39291 Zeddenick 448 Jc33
04552 Zedtlitz 472 Kb42
15711 Zeesen 450 Lc31
14641 Zeestow 449 Kd29
06369 Zehbitz 459 Jd37
16792 Zehdenick 440 La25
16515 Zehlendorf 440 Lb27
18276 Zehna 428 Jc19
01665 Zehren 473 Lc41
97475 Zeil a. Main 492 Ha52
84367 Zeilarn 514 La66
67378 Zeiskam 497 Dd58
01619 Zeithain 473 Lb40
93197 Zeitlarn 503 Ka59
06712 Zeitz 471 Jd42
39249 Zeitz 459 Jb35
77736 Zell 507 Dc66
93199 Zell 503 Kb59
95239 Zell 483 Jc50
97299 Zell a. Main 491 Ga53
79669 Zell i. Wiesental 517 Db71
56856 Zell (Mosel) 477 Cc51
73119 Zell u. Aichelberg 499 Fc63
36452 Zella / Rhön 481 Gb46
98544 Zella-Mehlis 482 Ha46
67308 Zellertal 488 Dd55
63533 Zellhausen 489 Ed52
97225 Zellingen 490 Fd53
54492 Zeltingen-Rachtig 487 Cb52
06679 Zembschen 471 Jd42
17440 Zemitz 430 Lc17
54313 Zemmer 486 Bd52
17129 Zemmin 430 La17
06918 Zemnick 460 Kd35
17459 Zempin, Seebad 430 Ld16
16837 Zempow 439 Kb24
39221 Zens 459 Jb35
94579 Zenting 504 Lc61
18246 Zepelin 428 Jc18
16341 Zepernick 450 Lc28
17209 Zepkow 439 Ka23
39279 Zeppernick 448 Jc33
39317 Zerben 448 Jc31
39261 Zerbst 459 Jd34
54314 Zerf 486 Bd55
29499 Zernien 437 Ha25
16775 Zernikow 439 Kd25
18249 Zernin 428 Jb19
16845 Zernitz 439 Ka27
39264 Zernitz 459 Jd34
15758 Zernsdorf 450 Ld31
16348 Zerpenschleuse 440 Lb26
17309 Zerrenthin 431 Ma21
15326 Zeschdorf 451 Mc30
26340 Zetel 433 Dc22
39624 Zethlingen 447 Hc28
17153 Zettemin 429 Ka20
09306 Zettlitz 472 Kd42
07937 Zeulenroda 483 Jd46
15848 Zeust 451 Mc32
15738 Zeuthen 450 Lc31
27404 Zeven 435 Fb23
16306 Zichow 441 Ma23
39638 Zichtau 447 Hd29
06420 Zickeritz 459 Jb37
19069 Zickhusen 427 Hd19
15926 Zieckau 461 Ld35
04618 Ziegelheim 472 Kb43
39291 Ziegelsdorf 448 Jc32
19372 Ziegendorf 438 Jb23
15537 Ziegenhals 450 Ld31
04720 Ziegra-Knobelsdorf 473 La42
06869 Zieko 460 Ka35
39326 Zielitz 448 Jb32
39619 Ziemendorf 437 Hd26
86473 Ziemetshausen 510 Gd66
17291 Ziemkendorf 441 Ma22
39291 Ziepel 448 Jc33
34289 Zierenberg 468 Fb40
23968 Zierow 427 Hd18
89446 Ziertheim 500 Gd63
19300 Zierzow 438 Ja23
14793 Ziesar 449 Ka32
18059 Ziesendorf 428 Jc17
17390 Ziethen 430 Lc18
23911 Ziethen 427 Ha20
38835 Zilly 458 Ha35
15295 Ziltendorf 451 Md32
78658 Zimmern ob Rottweil 508 Eb67
18374 Zingst 420 Kb13
04860 Zinna 460 Kd38
15345 Zinndorf 451 Ma29
03205 Zinnitz 462 Ma35
17454 Zinnowitz 430 Ld16
17392 Zinzow 430 Lb19
17419 Zirchow 431 Ma17
18528 Zirkow 421 Lb13
90513 Zirndorf 492 Hc56
17039 Zirzow 430 La20
17209 Zislow 438 Jd22
02763 Zittau 475 Nb43
14789 Zitz 449 Ka31
39638 Zobbenitz 447 Hd31
09517 Zöblitz 473 Lb45
19374 Zölkow 428 Jb21
15926 Zöllmersdorf 461 Ld35
06780 Zörbig 459 Jd37
06888 Zörnigall 460 Kc35
14715 Zollchow 448 Jd30
07922 Zollgrün 483 Jc47
85406 Zolling 512 Jc65
14662 Zootzen 439 Kb27
16798 Zootzen 440 La24
16909 Zootzen 439 Kb24
37449 Zorge 457 Gd38
85604 Zorneding 512 Jd68
55270 Zornheim 488 Dd53
15806 Zossen 450 Lb32
04680 Zschadraß 472 Kd41
04720 Zschaitz-Ottewig 473 La41
01619 Zscheila 461 Lb39
04838 Zschepplin 460 Kb38
06179 Zscherben 459 Jc39
06794 Zscherndorf 460 Ka37
04626 Zschernitzsch 472 Kb43
09405 Zschopau 473 La45
08321 Zschorlau 484 Kc46
06791 Zschornewitz 460 Ka37
04509 Zschortau 460 Ka39
39240 Zuchau 459 Jc36
18574 Zudar 421 La14
16831 Zühlen 439 Kc25
16515 Zühlsdorf 450 Lb28
04895 Züllsdorf 461 La37
19073 Zülow 427 Hc21
53909 Zülpich 476 Bd46
17309 Züsedom 431 Ma21
23992 Züsow 428 Ja18
17495 Züssow 430 Lb17
15938 Zützen 461 Ld34
16306 Zützen 441 Mb25
23992 Zurow 428 Ja18
86637 Zusamaltheim 511 Ha64
86441 Zusmarshausen 511 Ha65
74939 Zuzenhausen 498 Ec58
19258 Zweedorf 436 Gd22
66482 Zweibrücken 496 Cc58
74639 Zweiflingen 499 Fc58
04442 Zwenkau 472 Ka41
04886 Zwethau 461 La38
080 . . Zwickau 472 Kb45
88529 Zwiefalten 509 Fc67
94227 Zwiesel 504 Lc59
37345 Zwinge 457 Gc38
64673 Zwingenberg 489 Eb54
04509 Zwochau 460 Ka39
08297 Zwönitz 484 Kd46
08267 Zwota 484 Kb48

Bildnachweis

Abkürzungen:
BB = Bilderberg, C = Corbis, L = laif, Z = Zielske

Cover vorne oben: L/Zahn; Cover vorne unten: Huber; Cover hi. l. und r.: Z; hi. M.: Ifa; cover Rücken: Z; 2/3 - 12/13: Z; 14/15: L/Selbach; 16 o.: BB/Horacek; 16 l. o.: p-a/dpa; 16 l. M.: Huber/Gräfenhain; 16 l. u.: Tom Krausz; 17 r.: L/Raach; 17 1: P/Jessel; 17 2: argus/Schwarzbach; 17 3: L/Kreuels; 17 4: L/Hub; 19 o. l.: alimdi; 19 o. M. und o. r.: Mau/imagebroker; 20 o.: ifa/Aberham; 20 u. l.: Premium/Sekai Bunka; 20 u. r.: ifa/Kallhardt; 20/21: BB/Buschmann; 21 r.: Huber/Damm; 22 o. und u.: Z; 22/23 und 23 u.: BB/Engeler; 23 r. o.: L/Westrich; 23 r. u.: look/Zielske; 24 o.: look/Engel+Gielen; 24 l. o.: visum/Schlaeger; 24 l. o. und u.: Z; 25 l. o.: c/Zefa; 25 l. u.: Z; 26 o.: c; 26 l.: Z; 26 r.: Premium/Wothe; 27 o.: Z; 27 u.: visum/Nienzig; 28 o. l.: Z; 28 o. M. und o. r.: L/Modrow; 28/29: Z; 30 o. l.: visum/Franz; 30 o. r.: Okapia; 30 u.: Monheim; 30/31: Premium; 31 o.: Mauritius/imagebroker/K. Kreder; 31 u.: Schapo/Menges; 32 o. (alle 3): Okapia; 32 l.: artur/Grimmenstein; 32 u.: Huber/Gräfenhain; 32/33: Wandmacher; 33 u.: p-a/dpa; 34/35, 36 o. und l. o.: Z; 36 l. u.: L/Glücklich; 36 u.: BB/Schiesswohl; 37 1: Z; 37 2: Mau/imagebroker; 37 3: Z; 37 4: artur/Menges; 38 o. l.: L/Modrow; 38 o. r.: L/Hollandse Hoogte; 38 u.: Schmids Theater; 38/39 und 39 u.: Z; 40 o.: Monheim; 40 l. o.: L/Glaescher; 40 l. M.: blickwinkel/Mahlke; 40 l. u.: BB/Modrow; 40/41 und 42 o. l.: Z; 42 o. r.: L/Seelbach; 42 l. o. und l. M.: Z; 42 l. u.: p-a/dpa; 44 o.: stockmaritime; 44 l.: plainpicture/Grimm; 44/45: Bildagentur Hamburg/Kramer; 44 u.: plainpicture/Grimm; 45 u.: BB/Kunz; 46/47: Z; 48 o.: Keystone/Bahlo; 48 l.: L/Spohler; 48 M. und u.: Z; 50 o.: Huber; 50 l.: AKG; 50 u.: Huber; 51 l.: artur/Hutmacher; 51 r.: artur/Hutmacher; 52/53: Arco/Erl; 54 o.: f1online; 54 l.: FAN/Müller; 54 u.: Mau/Waldkirch; 55 1: K.-H. Oster; 55 2: ifa/Rauch; 55 3: Mau/Mader; 55 4: vision photos; 56 o.: Forum Fotoagentur; 57 1: L/Hahn; 57 2: L/Heeb; 57 3: D. Westerkamp; 57 4: visum/Steinmetz; 58 o.: BB/Böttcher; 58/59: BB/Ellerbrock; 59: Wandmacher; 60 o.: Bieker; 60 u. l.: Böttcher; 60 u. r.: Wandmacher; 60/61: Mauritius/M. Habel; 61 u.: DFA; 62 o.: Huber; 62 M.: Bieker; 62 u.: visum/Mosler; 63: Huber; 64 o.: blumebild; 64 u.: look/Johaentges; 64/65: Huber/Verden; 66 o.: Z; 66/67: Wandmacher; 68 o.: Z; 68/69: Z; 70 (alle 4): Wandmacher; 71 o.: Schilgen; 71 u.: Wandmacher; 72 o. l. und o. r.: Schilgen; 72 M.: Z; 72 u.: Huber/Giovanni; 73 r.: Wandmacher; 74 o. l., o. r. und M.: Huber; 74 u.: Mau/Kliem; 75 und 76 o.: Wandmacher; 76: Ifa/Rauch; 77 l. o.: Huber/Graefenhain; 77 l. u. und r. o.: Klammet; 77 r. u.: Wandmacher; 78/79 und 80 o.: Z; 80 l.: alimdi/Lubenow; 80 u.: Schapo/Niehuis; 81 (alle 4): Z; 82 o. l. und o. r.: AKG; 82/83: Z; 83 o.: bridgemanart; 84 o.: BB/Steinhilber; 84 u.: visum/Koal; 84/85, 85 u. l. und u. r.: Z; 86 o. l.: L/Kirchner; 86 o. r.: Z; 86 M.: L/Kirchner; 86 l.: alimdi/Lubenow; 87 o.: Schapo/Niehuis; 87 u.: L/Kreuels; 88 o.: L/Kirchner; 88 l.: L/Kirchner; 89 l.: blumebild; 89 r.: Premium/Dörr; 90 o. l.: L/Kirchner; 90 o. r.: argus/Schwarzbach; 90/91: Zahn; 92 o.: vario/Baumgarten; 93 l.: Getty/Dressler; 93 o. r.: visum/Steche; 93 u.: alimdi; 94 o. l.: L/Zahn; 94 o. r.: L/Kirchner; 94 l.: Schapo/Huber; 95: f1online/Steiner; 96 o.: Schapo/Huber; 96 M.: look/Wohner; 96 u.: NN; 97 o.: L/Kirchner; 97 u.: Mau/imagebroker; 98 o.: AKG; 98 l. o.: L/Kirchner; 98 l. u.: Böttcher; 98/99: Z; 100 o.: L/Babovic; 100 l.: Mauritius/W. Otto; 101: Z; 102 o. l. und o. r.: L/Kirchner; 102 l.: L/Huber; 102 M. und r.: Z; 103 o.: Look; 103 u.: argus; 104/105: L/Zahn; 106 o. l.: C; 106 o. r.: images/Littwin; 106 u.: Schilgen; 106/107: Mau; 107 u.: L/Vogel; 108 o. l.: p-a/AKG; 108 o. r.: p-a/dpa; 108 M.: Huber; 108 u.: p-a/ZB-Fotoreport; 109 l. o. und l. u.: L/Kirchner; 110 o. l. und o. r.: AKG; 110 l.: alimdi; 110 u.: Böttcher; 111 1: Freyer; 111 2: Huber; 111 3: Böttcher; 112 o. l. und o. r.: Monheim; 112 l.: Böttcher; 112 r.: Böttcher; 113 o.: Weißflog; 113 u. und 114 o.: L/Boening; 114/115: Böttcher; 115 o.: Getty/Greuel; 116 o. l.: Böttcher; 116 o. r.: DFA/Scheibner; 116 l. o.: Weisflog; 116 l. u.: blumebild; 116 u.: Böttcher; 117: L/Adenis; 118/119: Z; 120 o. l. und o. r.: L/Adenis; 120 l. o.: L/Boening; 120 l. u.: L/Westrich; 120 u.: L/Galli; 121 1 und 2: L/Langrock; 121 3: Z; 121 4: L/Galli; 122 o. l.: Look/U. Boettcher; 122 o. r.: L/Zenit; 122: Z; 123 l. o. und l. u.: L/Galli; 123 r. o.: archivBerlin/Henckelmann; 123 r. M.: L/Mecke; 123 r. u.: L/Adenis; 124 l. o. und l. u.: Caro/Teich; 124/125: L/Hoffmann; 126 o. l.: L/Plambeck; 126 o. r.: L/Boening; 126 M.: L/Langrock; 126 u.: L/Hahn; 127 o. und u. l.: Z; 127 u. r.: images/Scherhaufer; 128 o.: Look/K. Johaentges; 128 M.: Z; 128 u. l.: L/Chavakis; 128 u. r.: Getty/The image bank; 129 o.: Look/K. Johaentges; 129 u.: L/Hemis; 130 o.: L/Galli; 130 l. o.: artur/Staubach; 130 l. u.: L/Boening; 132 o.: Caro/Muhs; 132 M.: visum/Reents; 132 u.: L/Boening; 133 l.: L/Modrow; 133 r. o.: L/Boening; 133 r. u.: Schlegelmilch; 134/135: Z; 136 o.: Caro/Kaiser; 136 l. o.: Bieker; 136 l. u.: A1Pix; 136 u.: Z; 137 1: Wandmacher; 137 2, 3 und 4: Bieker; 138 o.: Look/B. Merz; 138 l.: Otto; 139 o. und u.: Bieker; 140 o. (alle 3): Wandmacher; 140 M.: Z; 140 l.: Otto; 140 u. und 141 (alle 4): Bieker; 142 o. l.: L/Hub; 142 o. r.: L/Schlösser; 142 l. o.: Z; 142 l. u.: Bieker; 142 u. und 143 l.: Z; 143 r.: Bieker; 144 o.: AKG; 144 M.: Z; 144 u.: BB; 145 o.: Monheim; 145 u.: ifa; 146 o.: BB; 146 u.: L/Daams; 146 r. o.: BB; 146 r. u.: L/Klein; 147 o.: Freyer; 147 M.: L/Linke; 147 u.: BBSackermann; 148 o. l.: L/Ogando; 148 o. r.: L/Linke; 148 l.: BB; 148/149: L/Linke; 149 r.: BB; 150 o. l.: C; 150 o. r.: artur; 150 l. o.: Otto; 150 l. u.: L/Fechner; 150 r.: Zielske; 151 o.: blickwinkel/Elch; 151 u.: L/Jonkmanns; 152 o. l.: p-a/AKG; 152 o. r.: p-a/dpa; 152 l. o.: artur/Riehle; 152 l. u.: Bieker; 152 r.: Alamy/Monheim; 153 o.: Bieker; 153 u.: DFA; 154/155: Z; 156 o. l.: Mauritius; 156 o. r.: bridgeman; 156 l. o. und l. u.: p-a/ZB-Fotoreport; 156 r.: Böttcher; 157: Otto; 158 o. l.: Huber; 158 o. r.: p-a/ZB-Fotoreport; 158 M.: Z; 158 u.: p-a/dpa; 159 o.: Huber; 159 u.: DFA; 160 o. l. und o. r.: Huber/Graefenhain; 160 l. o.: Monheim; 160 l. u.: Otto; 160/161: L/Selbach; 161 u.: p-a/ZB-Fotoreport; 162 o. l.: Z; 162 o. r.: Visum/Langreder; 162 M.: L/Kreuels; 162 u.: p-a/dpa; 163 o. und u.: Z; 164 o. l. und o. r.: L/Modrow; 164/165: Premium/Haenel; 164 u.: Z; 165 u.: blumebild; 166 o. l.: Engelhardt; 166 o. r.: Voller Ernst; 166 u.: C/White; 166/167: C/Hornak; 168 o.: AKG; 168 l. o.: BB/Sackermann; 168 l. u.: p-a/dpa; 168 r., 169 und 170/171: Z; 172 o. l.: blumebild; 172 o. r.: C; 172/173: Z; 173 u.: Olaf Doering; 174 o. l., o. r. und M.: Z; 174 u.: Jens Weisflog; 175 o. und u.: Z; 175 u.: Z; 176 o. l. und o. r.: L/Kirchner; 176 l.: BB/Ernsting; 176 r. u.: Z; 177 o.: L/Kirchner; 177 u.: L/Huber; 178 o., 178/179 und 180 o. l.: Z; 180 o. r.: Getty; 180 M.: Monheim; 180 u.: Alamy/Monheim; 181 l.: Z; 181 r. o.: Huber: 181 r. u.: mau/imagebroker; 182 o. l.: Look/Wohner; 182 o. r.: BB/Horacek; 182 l.: Z; 183 l.: Huber; 183 r.: L/Gaaster; 184 o.(beide): Olaf Schulz; 184/185: Z; 185 r. (alle): Olaf Schulz; 186/187: Z; 188 o.: bridgemanart; 188 M.: W. Otto; 188 u.: W. Otto; 189 o. l.: bridgemanart; 189 o. r.: Huber; 189 u.: transit/Haertrich; 190 o.: L/Babovic; 190 l.: Stadt Weimar; 190 r.: Huber; 191: L/Westrich; 192/193 (alle 4): L/Babovic; 194 o.: p-a; 194 l.: Böttcher; 194 r. o.: Herzig; 194 r. u.: DFA; 195 o.: L/Lecom; 195 u.: NN; 196 o. l.: L/Babovic; 196 o. r.: AKG; 196: Look/Wohner; 197 o.: Z; 197 u.: Böttcher; 198 o. l.: Huber; 198 o. r.: Böttcher; 198 M.: ifa/Siebert; 198 u.: photodigital; 199 o.: Wackenhut; 199 u.: L/Selbach; 200 o. l.: Z; 200 o. r.: DFA; 200 u.: photodigital; 200/201: Z; 201 u.: transit/Haertrich; 202/203: Z; 204 o.: Joerg Lantelme; 204 l. o.: L/Meyer; 204 l. u.: W. Otto; 204 r.: L/Emmler; 205: Z; 206 o. l.: Schilgen; 206 o. r.: Klammet; 206/207: Huber; 207 u.: Klammet; 208 o.: akg; 208/209: Huber/Graefenhain; 208 u.: Joerg Lantelme; 209 o.: W. Otto; 209 u.: p-a/dpa; 210 o. l.: L/Emmler; 210 o. r.: Z; 210/211: Z; 210 u. (alle 3): Herzig; 212 o. l.: L/Modrow; 212 o. r.: Schilgen; 212 M.: NN; 212 u.: Herzig; 213: Alamy/tbkmedia; 214 o.: Klaes; 214 M.: Huber; 215 1: Schilgen; 215 2 und 3: Klaes; 215 4: Wandmacher; 216 o. l. und o. r.: Herzig; 216: Huber; 217 o.: Huber/Graefenhain; 217 u.: C/Blair; 218 o. l.: Herzig; 218 o. r.: Look/Lubenow; 218 M.: Ifa/Everts; 218 u.: Herzig; 219: C/Roth; 220 o.: LookHoller; 220 l.: Klaes; 220 M. o. und M. u.: L/Emmler; 220 r.: Z; 220/221: Z; 224 o.: C/Szlukovenyi; 224 M.: Huber/Schmid; 224 u.: Ifa/Gich; 225 o.: Ifa/Lecom; 225 u.: Huber; 226 o. l. und o. r.: Huber/Schmid; 226 M.: Z; 226 u.: C/Zasca; 227 o.: Z; 227 u. l.: Huber; 227 u. r.: Getty; 228 o. l.: L/Linke; 228 o. r.: Premium; 228/229: L/Heuer; 230 o. l.: König; 230 o. r.: Okapia; 230 l.: Huber; 230 u.: Bieker; 230/231: Huber/Schmid; 231 u.: Martin Hanke; 232 o. und u.: Z; 233 o.: Look/Wohner; 233 u.: A1Pix/D; 234 o.: C; 234 M.: Mau/Gerth; 234 u.: AKG; 235: artur/Leistner; 236/237 und 238 o.: Otto; 238 M.: L/Hub; 238 u.: Villeroy&Boch; 239 o.: L/Zanettini; 239 u.: Huber/Schmid; 240 o.: p-a/HB; 240 M.: blickwinkel/Kopp; 241: Huber/Schmid; 242 o.: Huber; 242 u.: Visum/Pflaum; 243: Monheim 244 o. l.: Look/travelvista; 244 o. r.: Otto; 244 r.: FAN/Lubenow; 244 u.: Mau/Merten; 245: p-a/dpa; 246 o. l.: Huber; 246 o. M.: Otto; 246 o. r.: Huber; 246 M.: Mau/Merten; 246 u. l.: blickwinkel/Flohe; 246 u. r.: Ifa/Tschanz; 247 o.: L/Zanettini; 247 u.: L/Zanettini; 248/249: Bieker; 250 o. und 250/251: Romeis; 250 u. l.: Bieker; 250 u. r.: Romeis; 251 u. l.: Bieker; 251 u. r.: Herzig; 252 o.: Romeis; 252 u.: argus/Frischmuth; 253 o.: Bieker; 253 u.: Romeis; 254 o.: Huber/Schmid; 254 l. o.: L/Spohler; 254 l. u.: Huber/Schmid; 254 r. o.: ifa/Rauch; 254 r. u.: L/Heuer; 255: Romeis; 256 o. l. und o. r.: C; 256 M.: Mau/Otto; 256 u.: Okapia; 255 o.: A1PIX/BRI; 255 u.: Mau; 258 o. l. und o. r.: L/Emmler; 258 l. o.: C/Kehrer; 258 l. u.: p-a/dpa; 259 l. o.: Schilgen; 259 l. u.: Premium/Otto; 259 u.: Mau/CuboImages; 260 o. l. und o. r.: BB/Heimann; 260: L/Emmler; 260/261: L/Raach; 261: L/Emmler; 262 o. l.: Alamy/Am Corporation; 262 o. r.: L/Hughes; 262 u. l.: artur/Frahm; 262 u. r.: Caro/Rutter; 262/263: BB/Ernsting; 263 u. l.: Schapo/Huber; 263 u. r.: FAN/travelstock; 264 o.: BB/Ernsting; 264 l.: BB/Ernsting; 264 r.: L/Emmler; 265 o. und u.: L/Raach; 265 u.: L/Raach; 266 o. l.: Bieker; 266 o. M., o. r., 266/267 und 267 1: L/Emmler; 267 2: Z; 267 3: L/Emmler; 267 4: Z; 268 o. l.: Monheim, 268 o. r.: Alamy/Hess; 268 u. l.: buchcover/Hodum; 268 u. r.: L/Raach; 268/269: Huber; 269 u.: L/Eisermann; 270 o.: Mauritius/B. Protzel; 270 l. o.: F1online; 270 l. u.: L/Raach; 270 r. o.: L/Bialoberzki; 270 r. u.: Look/H. Wohner; 271 l.: Monheim; 271 r.: Look/Limberger; 272 o. l.: BB/Schmid; 272 o. r.: Z; 272/273: BB/Ellerbrock; 273 u. 1 und 2: Stockfood/Gillé; 273 u. 3: plainpicture; 273 u. 4: L/Raach; 274 o. l. und o. r.: Z; 274 M.: Bieker; 274 u.: Rolf Schultes; 275 o. und u.. Bieker; 276 o.: Romeis; 276 M.: Bieker; 276 u.: Z; 277: C/Vanni; 278/279: Bernd Ritschel; 280 o.: transit/Busse; 280 l. o.: Alamy/Interfoto; 280 l. u.: Bieker; 280 r.: Monheim; 281 1: ifa/Rauch; 281 2: alimdi/Siepmann; 282 3: A1PIX/AAC; 283 4: Huber/Schmid; 282 o.: artur/Hagen; 282 M.: Monheim; 282 u. l.: Fotoagentur Frank Boxler; 282 u. r.: BB/Steinhilber; 283 l.: Monheim/Bednorz; 283 r.: Monheim; 284 o. l.: R. Feldrapp; 284 o. r.: AKG/Lessing; 284 M.: Freyer; 284 u.: Mau/Knöll; 285 o.: BB/Steinhilber; 285 u. l.: Ernst Wrba; 285 u. r.: R. Feldrapp; 286 o. l.: C/Karmann; 286 o. r.: C/Leroy; 286 l.: Alamy/Inferfoto; 286 r.: Monheim; 287 o.: Z; 287 u.: Schapo/Huber; 288 o.: C; 288 l. u.: Freyer; 288 r. o.: Arco/Kiedrowsky; 288 r. u.: Z; 288 l.: Freyer; 289 r. o.: Look/Wohner; 289 r. u.: p-a/KPA; 290 o.: L/Hub; 290 M.: arco/Lenz; 290 u.: Alamy/Natural Visions; 291 o.: Huber; 291 u.: Mau/imagebroker; 292 o. l.: Mau; 292 o. r.: Premium/Delphoto; 292 m:. Ifa/Rölle; 292 u.: L/Kost; 293 l.: Huber; 293 r. o.: Huber; 293 r. u.: Huber/Schmid; 294 o.: Z; 294 l.: Huber; 294 r.: Huber; 295 o.: Schilgen; 295 u.: Z; 296 o. l.: BB/Madej; 296 o. r.: L/Firmhofer; 296 M.: Mauritius/O'Brien; 296 u.: Mauritius; 297 l.: Wackenhut; 297 r.: Huber/Schmid; 297 u.: Monheim/von Goetz; 298 o.: BB/Jakob; 298 M.: Huber/Römmelt; 298 u.: Frey; 299: Romeis; 300 o.: L/Adenis; 300/301 und 300 l. 1: Frei; 300 l. 2: Look/Greune, 300 l. 3: Look/Sauer; 302 o. l. und o. r.: Mau/Römmelt; 302 M.: blickwinkel/Hütter; 302 u.: L/Strauss; 303 o.: Bieker; 303 u.: L/Zahn; 304 o. l.: L/Werner; 304 o. r.: Premium/Sekai Bunka; 304 l. o.: Bieker; 304 l. M.: L/Zahn; 304 l. u.: Klaes; 304 r.: Mau/imagebroker; 305: Alamy/nagelstock.1/4 306 o. l.: Romeis; 306 o. M.: Mau/Merten; 306 o. r.: Mau/Beck; 306 M. l.: Mau/Hubatka; 306 M. r.: Mau/imagebroker; 306 u.: Mau/Age; 307 o. l.: Arco/Huetter; 307 o. r.: Mau/Westend61; 307 u.: Mau/Merten; 308 o. l.: Frei; 308 o. r.: Ifa/Vetter; 308 M.: Look/Wohner; 308 u. und 309 o.: Werner; 309 u.: Okapia; 310 o. l.: AKG; 310 o. r.: AKG; 310 M.: Z; 310 u.: argum/Einberger; 311: alimdi/Bahnmueller; 312 o. l.: AKG; 312 o. r.: Okapia; 312/313: L/Hub, 312 u.: Moneim; 313: Look/Terravista; 313 u.: Z; 314 o. l.: Ifa; 314 o. r.: C/Nowitz; 314 M.: DFA; 314 u.: p-a/HB; 315: Klammet; 316/317: Bieker; 318: Huber; 319 Karte(von l. o. im UZS) :Bieker, Z, Bieker, 2 x Z, Huber, Wandmacher, Huber, Wandmacher; 2 x Huber, 2 x Wandmacher; 320/321: Z; 321 u.: Premium; 322 Karte (von l. n. r., von o. n. u.): Z, Huber, Z, Wandmacher, Z, Huber, 2 x Z); 323 (Karte von l. n. r., von o. n. u.: Z, Premium, Zahn, 3 x Z) Z; 324: Z; 325 Karte (von . o. l. im UZS): Huber/Schmid, Mau/Hammel, Mau/Schütze, Herzig, Huber, Huber/Schmid, Huber/Helle, Huber/Giovanni; 326 o.: L/Zanettini; 326 u.: Z; 327 (v. l. o. im UZS): 3 x Z, DFA/Babovic, Schilgen; 328: Bieker; 329 Karte (von l. o. im UZS): Bieker, L, DFA/Babovic, Mau, Wandmacher, Bieker, Z, 2 x L/Emmler, Huber, Schilgen, Huber, Klammet; 330 o.: Z; 330 u.: Romeis; 331 Karte (von l. o. im UZS): L/Kirchner, Z, DFA, Schilgen, L/Eid, Huber, L/Modrow, Freyer, Huber; 332 o.: Bieker; 332 u.: Z; 333 Karte (von l. nach r., von o. nach u.): Bieker, Mau/Mollenhauer, 2 x Bieker, 3 x Z, Bieker, Z; 334 o.: Premium/Waldkirch; 334 u.: Bieker; 335 Karte (von l. o. im UZS): 5 x Bieker, Corbis/M. TAner, Klammet, Premium/Waldkirch, 3 x Klaes; 336 o. und u.: Bieker; 337 Karte (von l. o. im UZS):Bieker, Premium/AGF, Bieker, Ifa/Frima, Klaes, Z, Look/H. Wohner, Huber/Klaes, L/Eisermann, Bieker, Romeis, IMG; 338: L/Lecom; 339 Karte (von l. o. im UZS): 2 x DFA/Sackermann, Huber, Ifa/Ostgathe, Klammet, Z, 2 x Ifa/Eich; 340: Ifa; 341 Karte (von l. nach r., von o. nach u.):2 x Getty, Mau, Ifa, Premium/Haenel, L/Heuer, L/Gaasterland, Klaes, Huber, Z, Huber, Z; 342: Ifa/Rauch; 343 Karte (von l. nach r., von o. nach u.): Herzig, Mau/Gierth, 3 x Herzig, Romeis, Ifa/Nägele, Bieker, Ifa/Hilpert; 344/345 o.: Bieker; 345 u.: Romeis; 346 Karte (von l. nach r., von o. nach u.): Romeis, Huber, Romeis, Bieker, 2 x Herzig, 3 x Bieker, Premium, 2 x Bieker ;347 Karte (von l. nach r., von o. nach u.): 2 x Wackenhut, Huber, Wandmacher, 2 x Wackenhut, Bieker, Z, L/Bialobrzeski; 348 o. und u.: Romeis; 349 Karte (von l. o. im UZS): L/Eid, Klammet, Premium/Otto, Huber, 2 x Z, 2 x Mau, Huber/Schmid, Bieker; 350 o.: Z; 350 u.: Bieker; 351 Karte (von l. o. im UZS): Bieker, Freyer, Z, Bieker, Huber, 4 x Bieker, Z; 352: L/Emmler; 353 Karte (von l. o. im UZS): 2 x Bieker, Romeis, Huber, Freyer, Mau, Kustos, Dietrich, L/Emmler, 3 x Huber, Bieker; 354: BB/Ernsting; 355 Karte (von l. o. im UZS): NN, 2 x Huber/Schmid, Huber/Klaus, 4 x Bieker, L/Emmler, 3 x Bieker; 356 o.: Huber/Schmid; 356 u.: Freyer; 357 Karte (von l. nach r., von o. nach u.): Ifa/Rauch, Schilgen, Ifa/Otto, Premium, Z, Huber, Klammet, Huber/Schmid, C/Woolfitt, Huber; 358 o.: Huber; 359 Karte (von l. nach r., von o. nach u.): Romeis, Huber/Schmid, Huber, Romeis, 2 x Huber, Bieker, Ifa/Panstock, Huber, Romeis, Ifa/Fufy, Huber, Premium/Buss, Klammet; 360: Ifa/Wittek; 361 Karte (von l.o. im UZS): Schilgen, 2 x Huber, Ifa/Schulz, Bieker, 2 x Huber, Z, Schilgen; 362 o.: Bieker; 362 Karte (von l. nach r., von o. nach u.): Huber, Getty, Ifa/Stadler, Bieker, Huber, Premium/Sekai Bunka; 363 Karte (von l. o. im UZS): Bieker, Huber, Romeis, Wackenhut, Huber, Premium, Klaes; 364/365: BB; 366 o.: Huber; 366 u.: Getty/Slow Images; 367 o.: BA-online; 367 u.: L; 368 o. un u.: Z; 369 o.: Monheim; 369 M. und u.. C; 370 o.: Freyer; 370 M.: Freyer; 370 u.: Böttcher; 371 o.: Z; 371 M.: Herzig; 371 u.: C/Remondo; 372 (alle 3): C; 373 o.: Romeis; 373 M. l.: Z; 373 M. r.: Huber; 373 u.: Romeis; 374 o.: AKG; 374 M.: Z; 374 u.: Z; 375 o.: L/Riehle; 375 M.: L/Kreuels; 375 u.: L/Boening; 376/377: L; 378 o. l. un o. r.: L/Galli; 378 u.: L/Adenis; 379 o. und M.: artur; 379 u.: alimdi.net; 380/381: L/Boening; 382 o.: C; 382 u., 383 o. und u., 384 o. und u.: Z; 385 o.: Monheim; 385 M.: Blume; 385 u.: Otto; 386/387 und 388/389: Z; 390 o.: Bieker; 390 M.: Mauritius/Imagesbroker/J. Tack; 390 u.: L/Kreuels; 391 o.: L/Klein; 391 M.: Corbis/F. Mohnheim; 391 u.: Premium/Waldkirch; 392 o.: Klammet; 392 M.: Monheim; 392 u.: Z; 393 o.: Zielske; 393 M.: Huber; 393 u.: Zielske; 394/395: L; 396 o.: Premium 396 M.: L/Gaasterland; 396 u.: Huber; 397 o.: C/Yamashita; 397 M.: L/Z; 397 u.: L/Boening; 398 o.: Monheim; 398 M. und u.: Huber; 398 u.: Huber; 399 o.: L/Kreuels; 399 M.: L/Shirley; 399 u.: L/Shirley; 400 o., M. und u.: Monheim; 401(alle 4): C/Blair; 402 o.: L/Eid; 402 M.: L/Eid; 402 u.: Monheim; 403 o.: Kustos; 403 M.: Ernst Wrba; 403 u.: Monheim; 404 o.: Stoppel; 404 M.: Visum; 404 u.: Huber; 405 o.: C/archiv Iconographico; 405 M.: Ifa/Gruener; 405 u. und 406 o.: Z; 406 M.: Romeis; 406 u. und 407: Z; 408/409: Bieker; 410 o.: Freyer; 410 u.: BB; 411 o.: Romeis; 411 M.: Freyer; 411 u.: Huber;

Impressum

Königinstraße 11
80539 München
Telefon +49.89.45 80 20-0
Fax +49.89.45 80 20-21
www.kunth-verlag.de

Printed in Slovenia

Alle Fakten wurden nach bestem Wissen und Gewissen mit der größtmöglichen Sorgfalt recherchiert. Redaktion und Verlag können jedoch für die absolute Richtigkeit und Vollständigkeit der Angaben keine Gewähr leisten. Der Verlag ist für alle Hinweise und Verbesserungsvorschläge jederzeit dankbar.